全本全注全译丛书

中华经典名著

罗炳良◎译注

文史通义 上

中华书局

图书在版编目(CIP)数据

文史通义/罗炳良译注. —北京:中华书局,2012.10
(2024.6重印)
(中华经典名著全本全注全译丛书)
ISBN 978-7-101-08834-2

Ⅰ.文… Ⅱ.罗… Ⅲ.①史学理论-中国-清代②《文史通义》-译文③《文史通义》-注释 Ⅳ.K092.49

中国版本图书馆 CIP 数据核字(2012)第 169738 号

书　　名	文史通义(全二册)
译 注 者	罗炳良
丛 书 名	中华经典名著全本全注全译丛书
责任编辑	王守青　舒　琴
责任印制	管　斌
出版发行	中华书局
	(北京市丰台区太平桥西里 38 号　100073)
	http://www.zhbc.com.cn
	E-mail:zhbc@zhbc.com.cn
印　　刷	北京盛通印刷股份有限公司
版　　次	2012 年 10 月第 1 版
	2024 年 6 月第 8 次印刷
规　　格	开本/880×1230 毫米　1/32
	印张 48¼　字数 1000 千字
印　　数	26001-28000 册
国际书号	ISBN 978-7-101-08834-2
定　　价	128.00 元

目　录

上　册

下　册

卷六　外篇一

卷七　外篇二

前　言

　　清代的乾隆、嘉庆年间，中国传统学术文化出现两大发展趋势。一是乾嘉考据学发展趋势，产生出不少考据学大家，撰写的考史著作和考订的古籍更是汗牛充栋，在考证历史事实和考证史书讹误两方面都取得了辉煌的成就。二是文史理论总结趋势，产生出以浙东学派史家章学诚为代表的批评性与总结性相结合的史学思潮，对18世纪以前的整个中国史学作了系统的考察与总结，取得了重大的理论成就，其重要特征是以探讨史学理论为主兼及历史理论，成为中国古代史学理论发展史上的一座丰碑。而居于这座理论丰碑顶端的著作，就是章学诚的《文史通义》。

一

　　章学诚（1738—1801），字实斋，浙江会稽（今绍兴）人。其生活与从事学术活动的年代，正值乾隆中叶至嘉庆初年考据学风靡全国的时期。他生活在这样一个举世崇尚考据的时代，却不追随流俗从事考证，而是针砭学术，探究校雠源流和史学义例，注定了其学问不被主流社会接受，在乾嘉年间默默无闻，一生穷困潦倒，却又性情孤傲，命运坎坷。但是，仕途的挫折和治学的寂寞也造就了他不甘屈服世俗、勇于另辟学术蹊径的顽强性格，生命不止，著述不辍，不仅为清代乾嘉时期的中国史学开辟出一方新天地,而且对中国古代文史理论和治学方法论作出了特殊的贡献,奠定了他在中国学术史上举足轻重的地位。

章学诚少年时代资质并不聪慧,"二十岁以前,性绝驽滞,读书日不过三二百言,犹不能久识,学为文字,虚字多不当理"(《章学诚遗书·家书六》,文物出版社1985年版。以下凡引此书,只注篇名)。同时身体素质也不是很好,"幼多病,一岁中铢积黍计,大约无两月功。资质椎鲁,日诵才百余言,辄复病作中止"(《与族孙汝楠论学书》)。因体弱多病,时常废学。十五六岁以后,知识渐开,喜好泛览群书,在父亲章镳的启发诱导下,开始对史学发生兴趣,曾经在塾课之余取《左传》、《国语》等先秦典籍,试图按照纪、表、志、传体例编撰纪传体裁的《东周书》,已撰成百余卷,后为塾师发觉而终止。这为他后来专门从事史学研究奠定了基础。

乾隆二十七年(1762),章学诚入京师国子监读书,因不谙世故,屡屡受挫。他在后来的回忆中说:"始余入监舍,年方二十有五,意气落落,不可一世,不知人世艰也。然试其艺于学官,辄置下等。每大比,决科集试至三四百人,所斥落者不过五七人而已,余每在五七人中。祭酒以下,不余人齿;同舍诸生,视余若无物。"(《庚辛之间亡友列传》)当时只有沈业富、朱筠和朱棻元等极少数人了解章学诚,赏识其识解。沈业富俾其坐馆于家从事铅椠,朱棻元荐其与修《国子监志》,朱筠则招其入门受业。章学诚从朱筠问学,不仅得到朱筠言传身教,而且得交戴震、邵晋涵、周永年、洪亮吉等知名学者,学业大有长进。这一时期他治学的重点仍然在史学,"馆谷所入,自人事所需外,铢积黍累,悉以购书。性尤嗜史,而累朝正史计部二十有三,非数十金不能致,则层累求之,凡三年而始全"(《瀚云山房乙卯藏书目记》)。在艰难购书的基础之上,章学诚开始深入研究纪传体史书。他说:"自少性与史近,史部书帙浩繁,典衣质被,才购马、班而下,欧、宋以前十六七种。目力既短,心绪忽忽多忘,丹铅往复,约四五通,始有端绪;然犹不能举其词,悉其名数。尝以二十一家义例不纯,体要多舛,故欲遍察其中得失利病,约为科律,作书数篇,讨论笔削大旨。"(《与族孙汝楠论学书》)在京的十余年中,章学诚虽然屡试不第,蹭蹬科场,饱受世人讥讽,被人"视为怪物,诧为异类"(《与族孙汝楠论学书》),但却始终坚持自己的信念,从未动摇治史的决心,在学业上逐步趋于专精和成熟,为其文史撰述打下了基础。

乾隆四十三年(1778),章学诚经过七次科举考试,终于考中进士。然而他自知性格与社会格格不入,不敢走仕途之路,而以教读与著述为生。他晚年回忆自己"屡困棘闱,晚登甲第……自以迂疏,不敢入仕,文墨干人,前后奔走,几三十年"(《柯先生传》)。因为常常失职,生计无着落,不得不奔走各地谋生,足迹自京师而外,北到直隶永平府(今河北卢龙),西到陕西华州(今华县),南到湖北武昌府(今武汉市)、安徽亳州(今亳州市),流离患难,备尝艰辛。他后来回顾说:"自庚辰始赋远游,于今三十六年。余兹六尺之躯,亦备历崎岖险阻,颠倒狼狈,极人世可悲可愕之境,非一日矣。"(《瀚云山房乙卯藏书目记》)在这三十余年中,他曾经主讲永平书院、清漳书院、敬胜书院、莲池书院、定武书院、文正书院,为地方官吏撰修《天门县志》、《和州志》、《永清县志》、《亳州志》、《湖北通志》以及《史籍考》、《续资治通鉴》等书。坎坷多难的生活,寄人篱下的滋味,使得章学诚于"坎坷潦倒之中,几无生人之趣"(《与史余村论学书》);加以"至论学问文章,与一时通人全不相合……知己落落,不过数人"(《家书二》),饱受精神上的压抑和苦闷。然而他并没有向命运屈服,反而迸发出向艰难困苦的环境抗争的极大勇气,经常是"江湖疲于奔走……撰著于车尘马足之间"(《与邵二云论学》),始终不断地坚持史学义例和校雠心法的研究。尤其是晚年双目失明以后,仍然念念不忘著述之事,口授倩人代笔,直至生命的最后一刻。

章学诚在学术实践的基础上,非常注重积累治学经验,总结校雠义法和文史理论。他自称"鄙于读书无他长,子史诸集,颇能一览而得其指归"(《与胡雒君论校胡稚威集二简》),注重把握各家的著述宗旨;又特别声明"吾读古人文字，高明有余，沉潜不足，故于训诂考质，多所忽略，而神解精识，乃能窥及前人所未到处……遂能别出意见，不为训诂牢笼，虽时有卤莽之弊，而古人大体，乃时有所窥"（《家书三》）。正因为他具备这种学术素养，所以治学非常突出"鄙人所业，文史校雠，文史之争义例，校雠之辨源流"（《与孙渊如观察论学十规》）的特色，撰写出《文史通义》和《校雠通义》两部成一家之言的史学批评理论著作。章学诚在这两部名著里表明了"从事于文史校雠，盖将有所发明"（《上辛楣宫詹书》）的学术旨趣，形成了史学贵在著述成家的思想。他明确指出："拙撰《文史通义》，中间议论开辟，实有不得已而发挥，为千古史学辟其蓁芜。"（《与汪龙庄书》）在这部书里，最显著的特点是阐明史学家法和为史之意，辨析各种史书体裁义例，抨击治学各分畛域的积弊，宣扬史学经世致用的价值。同时，章学诚还把校雠学也纳入史学的大范畴。他指出："学术同堂而异室者，知之不易。北宋史才，尹氏之识，二刘之学，已各不相蒙；南丰曾氏史学，本于向、歆父子，乃校雠之学，非撰著之才也。"（《知非日札》）亦即校雠学可以包括在史学范畴之内。他还认为："获麟而后，迁、固极著作之能，向、歆尽条别之理，史家所谓规矩方圆之至也。"（《和州志志隅自叙》）这说明撰著之体和校雠之业都是中国史学的组成部分，同源而异流。因此，章学诚拟在《文史通义》外篇中作《校雠略》，作为内篇文史理论的羽翼之笔，这从《文史通义》内篇一《诗教》上下两篇的注文中可以得到证明。后来在撰写过程中内容不断增加，才扩充为一部自成体系的独立著作，定名为《校雠通义》。本书阐明了校雠学的目的与任务，考察了校雠学的起源和演变，提出了校雠学的基本理论和方法，成为集中国古代校雠学之大成的著作，其中的许多理论见解都能和《文史通义》相互补充发明，是章学诚留给后人的又一部极其重要的史学理论著作。

二

在中国古代史学史上，章学诚无疑是一位以阐述理论见长的史学家。他在史学上所取得的理论成就，表现出集理论总结之大成的特征，具有相当重要的地位和重大的理论建树。《文史通义》在史学理论上的贡献和价值，主要表现在以下三个方面。

第一，从中国古代史学的理论发展水平来看，章学诚史学的某些理论是带有全面总结性的成果，达到了传统史学中理论发展的最高阶段。他在《易教》、《史释》诸篇阐述的"六经皆史"理论，继承元、明两代学者对于经史关系的认识，不仅超出了前辈学者的认识范围，而且给"六经皆史"学说赋予以史明"道"的含义，达到了古代学者认识这个问题的最高水平。他在《史德》篇提出的以心术论"史德"理论，不仅继承了春秋时期孔子主张的"良史书法不隐"、唐代史学批评理论家刘知几推崇的"彰善贬恶，不避强御"思想，关注史家记载历史是否能起到彰善瘅恶的借鉴作用，而且继承了南朝梁刘勰提出的"素心说"、明代胡应麟提出的"公心说"，然后继续探讨史家具备褒善贬恶的公心以后其历史认识是否即可完全符合客观历史实际，达到历代史家关于历史认识论中史家主体和历史客体之间相互关系理论的最高水平。他在《申郑》、《答客问》诸篇阐述的撰述与记注、史法与史意理论，是继承汉代司马迁、唐代刘知几、宋代郑樵等人的思想而来，阐明历史学必须具备撰述和记注两家之书，而史学家修史必须做到心知其意，运用别识心裁，真正达到史学成一家之言而区别于其他学科的境界。可以看出，章学诚对中国古代史学理论做了全面总结，从这个意义上说，章学诚史学的理论建树标志着中国古代史学理论体系的成熟与终结。

第二，从中国古代史学的理论发展进程来看，章学诚史学的理论成就具有承前启后特点。其中有些问题是继承前代史学的理论成就而来，并对后世学的理论发展产生了极大的影响。他在《书教》诸篇对历史发展中"时势"的认识，就是继承汉代史家司马迁、唐代史家柳宗元和明末清初史家王夫之等人重"势"的思想而来，而对19世纪史家龚自珍、魏源等人从"时势"方面着手考察清代国势衰弱，寻求改革社会积弊思想的形成具有极大启示意义。他在《原道》诸篇对历史演变之"道"的认识，是继承唐代学者韩愈等人《原道》思想而来，并赋予其新的内涵，进而探讨社会历史发展法则和规律，为晚清学者龚自珍提出"欲知道者必先为史"的主张架设了学术阶梯。他在《史释》、《浙东学术》诸篇对史学"经世致用"的认识，乃是继承唐代史家杜佑，特别是明、清之际的史家顾炎武、黄宗羲、王夫之等人的经世致用思想的精神而来，针对清代中叶传统文化史上汉宋学术之争作出实事求是总结和评价，藉以促进新文化与社会平衡的发展，这对于嘉道以后乃至近代学者在新形势下认识中西文化优劣和提出文化救国主张都有直接关系。所有这些问题，都是章学诚在前人理论成就的基础上进一步总结而产生的新认识，然后形成内涵较为新颖的概念，并且对后代史学的理论发展产生了较大的影响，为中国近代甚至现代史学所继承和进一步发展。

第三，从中国古代史学的理论发展形式来看，章学诚史学所取得的理论成就内容更加丰富多彩。有些内容侧重于总结客观历史发展的理论，他关于"时势"推动社会历史发展进程的理论，关于"古""今"历史发展及其相互关系的理论，关于社会历史演变之"道"的理论，均为历史理论中极为重要的问题。而有些内容则侧重于总结史学本身的理论，他关于史学性质、史家素养、史学功用以及方志学义例中阐述的历史编纂学理论等等，都是史学理论中的核心问题。例如章学诚关于史书体裁之辩证发展的理论，和中国古代另一位史学理论家刘知几相比，具有两点极其明显的特征。一是章学诚论史书体裁义例，并非以静态的方法，横向比较两种体裁之间的异同，评价其各自的优劣，而是用动态方法，在史书体裁的发展变化之中横向和纵向加以比较，不但看到了不同体裁之间各有利弊，而且认识到同一体裁发展过程中不同阶段的优劣。更重要的是，他能够把不同体裁综合起来分析，从而揭示出各种体裁之间相互继承与创新的关系。二是章学诚论史书体裁义例，并不过多地拘泥于史法，强调史书体例的纯正划一，而是从史法和史意两方面入手,由史法求史意,避免以史意徇史法,灵活地看问题,形成了史书体裁辩证发展和演变的认识,对中国古代历史编纂学理论做出了新贡献。还有一些内容则偏重于总结史学方法论,他关于知人论世的史学批评方法论,提出史学批评必须考虑到被评价者所处的历史时代和具体环境,不能脱离历史人物的社会背景而抽象议论评价,这在中国古代史学中是最具历史主义的史学批评方法论。

章学诚《文史通义》的理论内涵涉及历史理论、史学理论、历史编纂学理论、史学批评方法论等领域中的许多问题,可谓丰富多彩,内容广泛。只有深入细致地研究这些问题,并给予实事求是的评价,才能对章学诚史学有一个比较全面、客观的认识,得出更加符合其实际价值的正确结论,这对于全面认识清代乾嘉时期史学的理论价值,乃至进而认识整个中国古代史学的理论价值,并以此为借鉴,吸收中国古代史学的理论精华,丰富和发展当代史学的理论内涵,创建有中国特色的历史学理论体系,都有极大的理论价值和现实意义。

三

章学诚所著《文史通义》在生前曾经刊印,但因该书撰写时间前后历时三十年之久,某些计划撰写的篇章直到去世也没能写出,所以只能选刊一小部分,而无法包括全部,刊刻完本。由于他生前未及编定篇目,临终前委托浙江萧山学者王宗炎校订。王宗炎校订的《文史通义》篇目为内篇六卷、外篇三卷,其中外篇内容为议论、序跋和尺牍。王宗炎逝世后,章学诚次子章华绂认为"谷塍先生订定目录一卷,查阅所遗尚多,亦有与先人原编篇次互异者,自应更正,以复旧观"(《大梁本序》),于道光十二年(1832)刊定《文史通义》内篇五卷、外篇三卷,并附《校雠通义》三卷,刊刻于河南开封,是为大梁本。章华绂刻本内篇已和王宗炎校订篇目有出入,外篇内容则完全不同,收录章学诚所撰写的各种方志序例。民国时期,浙江省立图书馆于1920年根据会稽徐氏抄本刊印《章氏遗书》，但未能包括章学诚的全部著作。1922 年，吴兴嘉业堂主人刘承幹根据王宗炎所定篇目，又广为搜集，刊刻《章氏遗书》五十卷。其内容包括《文史通义》内篇六卷、外篇三卷，《校雠通义》内篇三卷、外篇一卷，《方志略例》二卷，《文集》八卷，《湖北通志检存稿》四卷，《外集》二卷，《湖北通志未成稿》一卷，《信摭》、《乙卯札记》、《丙辰札记》、《知非日札》、《阅书随札》各一卷，《永清县志》十卷，《和州志》三卷，《历代纪年经纬考》、《历代纪元韵览》各一卷，书后另有《补遗》、《附录》和《校记》，比较全面地包括了章学诚的著作。从此，《文史通义》除大梁本之外又有另一个版本，即《章氏遗书》本。

　　20 世纪对于章学诚著作的整理与注释，比较重要的有以下几种。1935 年，叶长青的《文史通义注》作为无锡国学专修学校丛书之一印行，1970 年又由台湾广文书局出版。1956 年依据《章氏遗书》本整理的《文史通义》，由当时设在北京的古籍出版社出版。1948 年叶瑛依据大梁本《文史通义》整理著成《文史通义校注》，于 1985 年由北京的中华书局出版。该书整理吸收了叶长青注本的长处，同时利用《章氏遗书》本对大梁本加以校订、注释，旁征博引，资料翔实，对于世人理解《文史通义》很有裨益。1985 年北京的文物出版社影印嘉业堂刻本《章氏遗书》，另据其他各种抄本增补十余篇佚文，题名《章学诚遗书》，是迄今收录章学诚著作最为丰富的整理本。仓修良的《文史通义新编》，于 1993 年由上海古籍出版社出版。该书钩沉索隐，试图按照章学诚原意恢复《文史通义》本来面目，不仅包括了通行的两个版本中 218 篇文章，而且选录《章氏遗书》和部分逸佚的 85 篇重要文章，重新加以编排整理，内篇以《章氏遗书》本为主，增加大梁本多出之篇；外篇编为六卷，前三卷收录驳议、序跋、书说，后三卷收录方志序例、论文；而增补各篇则按类编入各卷之中，成为《文史通义》一个新的版本。严杰和武秀成的《文史通义全译》，于 1997 年由贵州人民出版社出版。另外，对于《校雠通义》的整理，有王重民编定的《校雠通义通解》，于 1987 年由上海古籍出版社出版。上述整理版本不仅方便了读者的阅读和使用，而且有助于准确地理解章学诚思想广博而深刻的内涵，为进一步研究提供了条件。

我从 2003 年开始，就给中国史学史专业硕士研究生讲授《文史通义》研读课程，至今将近十年。历届学生和我共同学习，相互讨论，不断加深对这部史学经典名著的认识和理解。这次译注章学诚的《文史通义》，我们通过对两个版本的比较，认为大梁本能够集中反映章学诚的文史理论成就，所以选择这个版本作为底本。同时借鉴叶瑛《文史通义校注》、严杰和武秀成《文史通义全译》以及其他研究章学诚著作中标点、翻译和研究的成果，择优吸收，在此基础上进一步注释和翻译。对于上述学者的成果，表示诚挚敬意和感谢！为全面反映章学诚的思想，对于《章氏遗书》本与《大梁本》共有的篇目，前者较后者多出的内容，本书均在注释中加以补录；两者差异较大的语句，则在注文中标出；至于两者个别文字不同而又没有实质性差别，则不再出注。在译注过程中，得到许多人的支持和帮助，张峰、刘开军、张宇、黄格林、陈健、刘燊楠、胡昕、金久红、刘伟等同志，或帮助校对文稿、或帮助核对引文，付出了辛苦的劳动，在此一并表示感谢！当然，本书也不可能面面俱到，一定存在这样那样的不足和缺陷，真诚地希望读者朋友们批评和指正。

2012 年 7 月 1 日，于北京师范大学历史学院

序

先君子幼资甚鲁^①，赋禀复瘠弱，少从童子塾，日诵百余言，常形呕呕^②。先大父顾而怜之^③，从不责以课程。惟性耽坟籍^④，不甘为章句之学^⑤。塾师所授举子业，不甚措意。塾课稍暇，辄取子史等书，日夕披览，孜孜不倦。观书常自具识力，知所去取，意所不惬，辄批抹涂改，疑者随时札记，以俟参考。自游朱竹君先生之门^⑥，先生藏书甚富，因得遍览群书，日与名流讨论讲贯，备知学术源流同异；以所闻见，证平日之见解，有幼时所见及，至老不可移者。乃知一时创见，或亦有关天授，特少时学力未充，无所取证，不能发挥尽致耳。从此所学益以坚定。著有《文史通义》一书，其中倡言立议，多前人所未发。大抵推原《官礼》^⑦，而有得于向、歆父子之传^⑧，故于古今学术渊源，辄能条别而得其宗旨。易箦时^⑨，以全稿付萧山王谷塍先生^⑩，乞为校定，时嘉庆辛酉年也^⑪。谷塍先生旋游道山^⑫。道光丙戌^⑬，长兄杼思^⑭，自南中寄出原草^⑮，并谷塍先生订定目录一卷。查阅所遗尚多，亦有与先人原编篇次互异者，自应更正，以复旧观。先

录成副本十六册,其中亥豕鲁鱼⑯,别无定本,无从校正。庚
寅辛卯⑰,得交洪洞刘子敬、华亭姚春木二先生⑱,将副本乞
为覆勘。今勘定《文史通义》内篇五卷,外篇三卷,《校雠通
义》三卷,先为付梓。尚有杂篇,及《湖北通志》检存稿并文
集等若干卷,当俟校定,再为续刊。

　　道光壬辰十月男华绂谨识⑲。

【注释】

①先君子:语出《礼记·檀弓上》:"门人问诸子思曰:'昔者,子之先
　君子丧出母乎?'"孔颖达《疏》曰:"子之先君子,谓孔子也。"指已
　故的祖父。后世多称呼已故的父亲。

②亟亟(jí):匆忙急迫的样子。

③先大父:对已故祖父的称呼。

④坟籍:语出范晔《后汉书》卷九十八《郭太传》:"就成皋屈伯彦学,
　三年业毕,博通坟籍。"泛指古代典籍。

⑤章句之学:语出范晔《后汉书》卷九十二《韩韶传》:"子融,字元
　长。少能辩理,而不为章句学。"指训诂之学,殚究一章一句
　之义。

⑥朱竹君:朱筠(1729—1781),字美叔,一字竹君,号笥河,清代顺
　天府大兴(今属北京)人。官至翰林院侍读学士,提督福建、安徽
　学政。绩学之士,多出其门。

⑦《官礼》:据班固《汉书》卷三十《艺文志》著录:"《周官经》六篇。"
　原注:"王莽时刘歆置博士。"颜师古《注》曰:"即今之《周官礼》
　也。亡其冬官,以《考工记》充之。"亦名《周官》、《周礼》,儒家六
　经之一。

⑧向、歆:西汉学者刘向和刘歆。刘向(约前77—前6),本名更生,

字子政。汉成帝时,校阅中秘群书,撰成《别录》,为我国目录学之祖。刘歆(?—23),字子骏。后改名秀,字颖叔。刘向之子,与父总校群书,撰有《七略》,是我国第一部图书分类目录。

⑨易箦(zé):据《礼记·檀弓上》记载,春秋时期鲁国曾参临终,以寝席过于华美,不符合当时的礼制,命其子曾元扶起,撤换寝席。易席之后,返席未安而死。后世比喻人之将死。箦,竹席。

⑩王谷塍(chéng):王宗炎(1755—1825或1826),字以徐,号谷塍,晚号晚闻居士,清代浙江萧山人。

⑪嘉庆辛酉:清仁宗嘉庆六年,公元1801年。

⑫道山:语出惠洪《冷斋夜话》卷七《东坡和陶诗》:"东坡在惠州,尽和渊明诗……寻又迁儋耳。久之,天下盛传子瞻已仙去矣。后七年北归……东坡至南昌,太守云:'世传端明已归道山,今尚尔游戏人间耶?'"原指仙山。后来称人死为归道山。

⑬道光丙戌:清宣宗道光六年,公元1826年。

⑭杼思:章学诚长子,名贻选,字杼思。

⑮南中:意为南方地区。

⑯亥豕鲁鱼:也作"鲁鱼亥豕"。亥豕,语出《吕氏春秋·察传》:"子夏之晋,过卫,有读史记者曰:'晋师三豕涉河。'子夏曰:'非也,是己亥也。夫己与三相近,豕与亥相似。'至于晋而问之,则曰'晋师己亥涉河'也。"鲁鱼,语出葛洪《抱朴子》内篇卷四《遐览》:"书三写,鱼成鲁,虚成虎。"指文字因字形相近而导致传写错误。

⑰庚寅辛卯:清宣宗道光十年至十一年,公元1830—1831年。

⑱洪洞刘子敬:刘师陆,字子敬,号青园,清代山西洪洞人。山西著名藏书家、金石学家。华亭姚春木:姚椿(1777—1853),字春木,一字子寿,号樗寮,清代江苏娄县(今上海松江区)人。以诗古文著名,讲学终其身。因为娄县是清世祖顺治十二年(1655)从华亭县析出,故姚椿籍贯亦作华亭。

⑲道光壬辰:道光十二年,公元 1832 年。男:儿子对父母的自称。

华绂:章学诚次子,名华绂,字绪迁。

【译文】

我已故的父亲幼年资质很愚钝,体质又瘦弱,少年时期在蒙童私塾读书,每天仅仅记诵百余字,常常表现出匆促费力的样子。祖父生前见此情景很怜惜他,从来不要求他必须完成课程。只是他天性对古代典籍痴迷,不愿意做训诂章句的学问。对于私塾教师教授的科举考试学业,不太上心。私塾课程稍有余暇,总是选取子部和史部书籍,日夜翻检阅读,孜孜不倦。读书每每具有独特的见识,知道哪些应当舍弃和择取,发现表意不恰当的地方,总是涂抹批改,有疑问之处随时记载下来,等待查找资料参考。自从进入朱竹君先生的门下,朱先生藏书非常丰富,因而得以遍览各种书籍,每天和学界名流讨论讲习,全面认识了学术发展的源流和内容的异同;用所闻所见的新知识,和平时的见解相互印证,则有在幼年时期形成,到老年时期而不改变的见识。这时才知道每个人一时的创见,或许也关系到先天的禀赋,只是因为少年时期学力尚未充实,没有东西可以拿来验证,所以不能发挥到最大限度。从此以后学习更加坚定。其著作有《文史通义》一书,书中倡导的言论和确立的意旨,大多属于前人没有阐发的思想。大概是从《周礼》中推求本原,而得到刘向、刘歆父子的学术传承,所以对于古往今来的学术源流,总是能够条别缕析而探得它们的宗旨。他临终前,把全部书稿托付给萧山王谷塍先生,请求代为校订,时间是在嘉庆辛酉年间。王谷塍先生不久离开人世。道光丙戌年间,我大哥章杼思,从南方寄来父亲原来的草稿,还有王谷塍先生校订完毕的目录一卷。经过查阅发现遗漏的内容还有很多,也有些地方与先父生前自己编订的篇目次序有差异,自然应当改正,以便恢复本来面目。先抄录成十六册副本,里面亥豕鲁鱼的错误,由于没有另外的校订本,没有办法参照校正。庚寅辛卯年间,有幸结识洪洞刘子敬、华亭姚春木二位先生,请求他们把副本重新校勘。现在刊定成《文史通义》内篇五卷，外篇三卷，《校雠通义》三卷，首先刊刻。
还有一些零杂篇章，以及《湖北通志》检存稿和文集等若干卷，应该等待
校订之后，再做后续刊印。

道光壬辰年十月儿子章华绂恭敬记述。

易教上

【题解】

《易教》上中下三篇,是章学诚关于"六经皆史"理论的明确论断和集中阐述,成为其史学理论的核心内容。自汉迄清,历代经学家尽管有汉学、宋学之分野,而宋学又有朱、陆之不同,但却一致认为六经是载道之书,主张求道必于六经,经外无道。章学诚则指出,古人没有空言著述,六经只不过是上古三代社会用人行政的政教典章遗迹,而非圣人空言垂教之书。《易经》记载阴阳卜筮,在形式上与其他五经不同,但在本质上并无差异,同样属于政教典章。这是因为:第一,上古三代天人合一,敬天道以尽人事。《诗经》、《尚书》、《周礼》、《乐经》、《春秋》五经偏重人事,而《周易》则偏重天道,包容广大,其教化作用在于用人行政之先,统摄礼、乐、刑、政所不能涉及的范围,在意识形态领域发挥的作用更为明显。第二,《易经》与历法、时令之书性质相同,都是探究天道而与人事相辅相成的载体,并且形成特定制度,作为历代统治者神道设教的工具。《周易》之象是通过卦和爻的符号表现出来,模拟的是客观事物的现象。它具有象征意义,能够阐述事物的道理,所以是周朝礼制中不可分割的组成部分,而与其他五经性质相同,互为表里。既然《易经》是上古三代悬象设教的政教典章遗迹,而不是私家空言著述,那么后世扬雄、王通、司马光等人模拟《易经》之作,就都属于貌同心异、不知而妄作的荒谬之举,世人应当引以为戒。

　　六经皆史也①。古人不著书,古人未尝离事而言理,六经皆先王之政典也②。或曰:《诗》、《书》、《礼》、《乐》、《春秋》,则既闻命矣。《易》以道阴阳③,愿闻所以为政典,而与史同科之义焉。曰:闻诸夫子之言矣④。"夫《易》开物成务,冒天下之道。"⑤"知来藏往,吉凶与民同患。"⑥其道盖包政教典章之所不及矣。象天法地⑦,"是兴神物,以前民用"⑧。其教盖出政教典章之先矣。《周官》太卜掌三《易》之法⑨,夏曰《连山》,殷曰《归藏》,周曰《周易》,各有其象与数⑩,各殊其变与占⑪,不相袭也。然三《易》各有所本,《大传》所谓庖羲、神农与黄帝、尧、舜是也⑫。《归藏》本庖羲,《连山》本神农,《周易》本黄帝⑬。由所本而观之,不特三王不相袭⑭,三皇五帝亦不相沿矣⑮。盖圣人首出御世,作新视听,神道设教⑯,以弥纶乎礼、乐、刑、政之所不及者,一本天理之自然;非如后世托之诡异妖祥⑰,谶纬术数⑱,以愚天下也。

【注释】

　　①六经皆史:据《章氏遗书》卷二十八《上朱中堂世叔》曰:"近刻数篇呈诲,题似说经,而文实论史。议者颇讥小子攻史而强说经,以为有意争衡,此不足辨也……古人之于经史,何尝有彼疆此界,妄分孰轻孰重哉?小子不避狂简,妄谓史学不明,经师即伏、孔、贾、郑,只是得半之道。《通义》所争,但求古人大体,初不知有经史门户之见也。"六经,语出《庄子·天运》:"丘治《诗》、《书》、《礼》、《乐》、《易》、《春秋》六经。"先秦古籍《周易》、《尚书》、

《诗经》、《周礼》、《乐经》、《春秋》，是儒家重要的典籍，包含着儒家的核心思想，被后世儒家尊为经典。

②六经皆先王之政典：据《庄子·天运》记载："老子曰：'……夫六经，先王之陈迹也，岂其所以迹哉！'"郭象《注》曰："所以迹者，真性也。夫任物之真性者，其迹则六经也。"先王，上古三代尧、舜、禹、汤、文、武、周公等先哲圣王。

③《易》以道（dǎo）阴阳：语出《庄子·天下》。道，引导，通达。

④夫子：孔子（前551—前479），名丘，字仲尼，春秋时期鲁国人，著名思想家、教育家，儒家学派创始人。

⑤夫《易》开物成务，冒天下之道：语出《周易·系辞上》："夫《易》何为者也？夫《易》开物成务，冒天下之道，如斯而已者也。"韩康伯《注》曰："冒，覆也。言《易》通万物之志，成天下之务，其道可以覆冒天下也。"

⑥知来藏往，吉凶与民同患：语出《周易·系辞上》："吉凶与民同患，神以知来，知以藏往。"孔颖达《疏》曰："吉凶与民同患者，《易》道以示人吉凶，民则亦忧患其吉凶，是与民同其所忧患也……神以知来，智以藏往者，此明著、卦德同神、智，知来藏往也。著定数于始，于卦为来；卦成象于终，于著为往。以著望卦，则是知卦象将来之事，故言神以知来。以卦望著，则是聚于著象往去之事，故言知以藏往也。"知，通"智"。

⑦象天法地：语出《周易·系辞上》："知崇礼卑。崇效天，卑法地。"韩康伯《注》曰："知以崇为贵，礼以卑为用。极知之崇，象天高而统物；备礼之用，象地广而载物也。"

⑧是兴神物，以前民用：语出《周易·系辞上》。韩康伯《注》曰："定吉凶于始也。"意为预卜吉凶，为民所用。

⑨《周官》太卜掌三《易》之法：据《周礼·春官》记载："太卜……掌三《易》之法，一曰《连山》，二曰《归藏》，三曰《周易》。其经卦皆

八，其别皆六十有四。”郑玄《注》曰：“《易》者，揲蓍变易之数可占者也……三《易》别卦之数亦同，其名、占异也。”贾公颜《疏》曰："名曰《连山》，似山出内气也者，此《连山易》。其卦以纯艮为首，艮为山，山上山下，是名《连山》。云气出内于山，故名《易》为《连山》。《归藏》者，万物莫不归而藏于其中者，此《归藏易》。以纯坤为首，坤为地，故万物莫不归而藏于其中，故名为《归藏》也……《周易》以纯乾为首，乾为天，天能周匝于四时，故名《易》为周也……云三《易》卦、别之数亦同者，三代《易》之卦皆八，而别皆六十四，亦如上三爻体别之数，故云亦同。云其名、占异也者，其名谓《连山》、《归藏》、《周易》，是名异也。占异者，谓《连山》、《归藏》占七八，《周易》占九六，是占异也。"《周官》，儒家六经之一的《礼》，又名《周礼》、《周官礼》。太卜，官名，掌管占卜事宜。

⑩各有其象与数：《易经》中用卦、爻等符号象征自然界和人类社会的事物与现象，称为象；用数字表示事物与现象的阴阳位置，称为数。使用象与数解释《周易》的一派，称为象数学派。《连山》、《归藏》阳爻称七，阴爻称八，《周易》阳爻称九，阴爻称六，故曰象与数不同。

⑪各殊其变与占：变指卦分常卦与变卦，用以解释各种事物与现象及其变化。占指视兆以察吉凶。《连山》、《归藏》占七八，《周易》占九六，故曰变与占不同。

⑫《大传》所谓庖（fú）羲、神农与黄帝、尧、舜：《大传》，即《周易大传》，简称《易传》，是后人对《易经》的解释，内容包括《象》上下、《象》上下、《系辞》上下、《文言》、《序卦》、《说卦》、《杂卦》，总称"十翼"。庖羲，也作"伏羲"，我国古史传说中的人类始祖，相传教民渔猎，制作八卦。神农，我国古史传说中的人物，相传发明农业和医药。黄帝，相传为姬姓，轩辕氏，发明各种器物和生活用具，被后人尊为中华民族的祖先。尧，妫姓，陶唐氏，名放勋，

相传为我国父系氏族社会后期部落联盟首领。舜,姚姓,有虞氏,名重华,相传被尧选定为继承人,成为部落联盟的首领。

⑬《归藏》本庖羲,《连山》本神农,《周易》本黄帝:据孔颖达《周易注疏》曰:"案《世谱》等群书,神农一曰连山氏,亦曰列山氏,黄帝一曰归藏氏。"章学诚云"《归藏》本庖羲,《连山》本神农,《周易》本黄帝",未注明出处,或者别有所据,或者记忆失误。

⑭三王:语出《礼记·乐记》:"五帝殊时,不相沿乐;三王异世,不相袭礼。"指夏禹、商汤和周文王。

⑮三皇五帝:传说中的远古帝王,后世众说纷纭,莫衷一是。关于三皇,有三大系统六种说法。一种以天皇、地皇、人皇(或泰皇)为三皇;另一种以伏羲、神农、祝融(或燧人、黄帝)为三皇;还有一种以伏羲、女娲、神农为三皇。关于五帝,有三大系统。一说以伏羲(太皞)、神农(炎帝)、黄帝、唐尧、虞舜为五帝;另一说以少昊、颛顼(高阳)、高辛、唐尧、虞舜为五帝;还有一说以黄帝、颛顼、帝喾、唐尧、虞舜为五帝。

⑯神道设教:语出《周易·观卦·彖辞》:"观天之神道,而四时不忒,圣人以神道设教,而天下服矣。"原指顺应自然之势,以教化万物。后来指假托鬼神之道统治世人。

⑰妖祥:语出《周礼·春官》:"眡祲掌十辉之法,以观妖祥,辨吉凶。"郑玄《注》曰:"妖祥,善恶之征。"意为凶兆和吉兆。

⑱谶(chèn)纬术数:语出黄宗羲《明儒学案》卷一《河东学案·同知薛思庵先生敬之》:"尧、舜之世,以德相尚,故无谶纬术数之可言。汉、唐以下,伪学日滋,故有谶纬术数之事。"谶,巫师和方士编造的预测吉凶的谶言。纬,附会儒家六经而编造的著作,包括《周易纬》、《尚书纬》、《诗经纬》、《周礼纬》、《乐经纬》、《孝经纬》、《春秋纬》,号称七纬。术,风角、占卜、推步等方术。数,阴阳、灾异、算命等气数。谶纬术数是利用谶语纬书附会臆测,推演阴阳

五行生克之理，以推知人事吉凶的各种迷信活动。

【译文】

六经都是史书。古人不著书立说，古人从未脱离具体的事物而空谈道理，六经都是古代先王的政教典章。有人说：《诗经》、《尚书》、《周礼》、《乐经》、《春秋》，就算你说的那样吧。《周易》用来通达阴阳之变，希望听听你把它作为政教典章，而与史书同为一类的缘故。回答说：我从孔子的言论中听到这个说法。"《周易》阐明万物而成就事业，涵盖天下的道理。""预知未来事物而收存过去知识，不论吉凶都与民众忧患相同。"它的功能包括了政教典章所无法涉及的内容。它模仿苍天而效法大地，"发挥神奇的功效，用来引领民众日用"。它的教化已经超出了政教典章之先。《周礼》记载太卜掌管三种《易》书的占卜方法，夏朝名叫《连山》，商朝名叫《归藏》，周朝名叫《周易》。它们各有自己的成象和卦数，各有不同的变化和占卜方法，并非相继沿袭。然而三《易》各有渊源，来源就是《周易大传》所说的伏羲、神农和黄帝、尧、舜。《归藏》源本伏羲，《连山》源本神农，《周易》源本黄帝。根据它们的源头来看，不仅三王不相继因袭，而且三皇、五帝也不相继沿用。大概是各代圣人开始统治天下时，要使社会耳目一新，依靠神妙的道理设立教义，用来统摄礼制、乐教、刑法、政事无法涉及的领域，完全是按照天道的自然法则；而不像后代帝王依靠诡异的吉凶预兆，谶纬术数，用来愚弄天下的民众。

夫子曰："我观夏道，杞不足征，吾得夏时焉。我观殷道，宋不足征，吾得坤乾焉。"① 夫夏时，夏正书也②。坤乾，《易》类也。夫子憾夏、商之文献无所征矣③，而坤乾乃与夏正之书同为观于夏、商之所得；则其所以厚民生与利民用者，盖与治历明时④，同为一代之法宪；而非圣人一己之心思，离事物而特著一书，以谓明道也。夫悬象设教⑤，与治历授时⑥，天道也。《礼》《乐》《诗》《书》，与刑、政、教、令，人事也。天与人参，王者治世之大权也⑦。韩宣子之聘鲁也⑧，观书于太史氏⑨，得见《易》象、《春秋》，以为周礼在鲁⑩。夫《春秋》乃周公之旧典⑪，谓周礼之在鲁可也，《易》象亦称周礼，其为政教典章，切于民用而非一己空言，自垂昭代而非相沿旧制⑫，则又明矣。夫子曰："《易》之兴也，其于中古乎？作《易》者，其有忧患乎？"⑬顾氏炎武尝谓《连山》《归藏》，不名为《易》。太卜所谓三《易》，因《周易》而牵连得名⑭。今观八卦起于伏羲⑮，《连山》作于夏后⑯，而夫子乃谓《易》兴于中古，作《易》之人独指文王⑰，则《连山》《归藏》不名为《易》，又其征矣。

【注释】

①我观夏道，杞不足征，吾得夏时焉。我观殷道，宋不足征，吾得坤乾焉：语出《礼记·礼运》：孔子曰："我欲观夏道，是故之杞，而不足征也，吾得夏时焉。我欲观殷道，是故之宋，而不足征也，吾得坤乾焉。"夏时、坤乾，郑玄《注》曰："得夏四时之书也。其书存者，有《夏小正》。得殷阴阳之书也。其书存者，为《归藏》。"乾为天、为阳，坤为地、为阴。杞，周武王灭商，封夏朝后裔为诸侯，建立杞国，封国在今河南杞县一带。宋，周武王灭商，封商纣王庶兄微子启为诸侯，建立宋国，封国在今河南商丘一带。

②夏正：《夏小正》，按月记载时令，相传为夏朝历法。

③夫子憾夏、商之文献无所征：语出《论语·八佾》："子曰：'夏礼，吾能言之，杞不足征也；殷礼，吾能言之，宋不足征。文献不足故也。足，则吾能征之矣。'"朱熹《集注》曰："文，典籍也；献，贤也。"贤，贤人言论。

④治历明时：语出《周易·革卦·象辞》："泽中有火，革。君子以治历明时。"郑玄《注》曰："历数时会，存乎变也。"底本因避清高宗弘历之讳，改"历"为"宪"，今一律回改。

⑤悬象设教：语出《周易·系辞上》："悬象著明，莫大乎日月。"悬象，天象。意为悬历象以教化民众。

⑥治历授时：语出《尚书·尧典》："乃命羲和，钦若昊天，历象日月星辰，敬授人时。"伪孔安国《传》曰："重、黎之后，羲氏、和氏世掌天地四时之官。故尧命之，使敬顺昊天。昊天，言元气广大。星，四方之中星。辰，日月所会。历象其分节，敬记天时，以授人也。"

⑦王者治世之大权：据《礼记·王制》记载："王制曰：乐正崇四术，立四教，顺先王《诗》、《书》、《礼》、《乐》以造士，春、秋教以《礼》、《乐》，冬、夏教以《诗》、《书》。"

⑧韩宣子之聘鲁：据《左传·昭公二年》记载："二年春，晋侯使韩宣子来聘，且告为政而来见，礼也。"韩宣子，名起，春秋时期晋国大夫。鲁，周武王封周公旦为诸侯，建立鲁国。周公为周室卿士，故其子伯禽之国，封地在今山东曲阜一带。

⑨太史氏：太史，夏、商、周三代官名，起草朝廷文书，记载军国大事，掌管天文历法，为史官及历官之长。

⑩得见《易》象、《春秋》，以为周礼在鲁：据《左传·昭公二年》记载：韩宣子"观书于太史氏，见《易》象与《鲁春秋》，曰：'周礼尽在鲁矣。吾乃今知周公之德与周之所以王也。'"

⑪周公：周文王之子，名旦，因其采邑在周（今陕西扶风一带），故称周公。佐武王灭商，成王即位后，以冢宰摄政，平定管、蔡叛乱。大规模分封诸侯，拱卫王室。营建成周，稳定东方。借鉴夏、商文化，制定周朝礼乐制度。

⑫昭代：语出宋代李昉等编《文苑英华》卷三百零二《褚亮·伤始平

李少府正己》诗:"声华满昭代,形影委穷尘。"意为清明的时代。古代人们多用来称颂本朝。

⑬《易》之兴也,其于中古乎?作《易》者,其有忧患乎:语出《周易·系辞下》。

⑭顾氏炎武尝谓《连山》、《归藏》,不名为《易》。太卜所谓三《易》,因《周易》而牵连得名:据顾炎武《日知录》卷一《三易》曰:"夫子言:'包羲氏始画八卦。'不言作《易》。而曰:《易》之兴也,其于中古乎!'又曰:'《易》之兴也,其当殷之末世,周之盛德邪?当文王与纣之事邪?'是文王所作之辞,始名为《易》。而《周官》太卜掌三《易》之法,一曰《连山》,二曰《归藏》,三曰《周易》。《连山》、《归藏》非《易》也,而云三《易》者,后人因《易》之名以名之也。"顾氏炎武,即顾炎武(1613—1682),本名绛,字宁人,号亭林,江苏昆山人,明、清之际著名思想家、史学家,著有《日知录》、《肇域志》、《天下郡国利病书》、《亭林文集》等书。

⑮八卦:《连山》、《归藏》、《周易》的八种基本卦形。名称为乾(☰)、坤(☷)、震(☳)、巽(☴)、坎(☵)、离(☲)、艮(☶)、兑(☱),分别象征天、地、雷、风、水、火、山、泽。

⑯夏后:夏朝国王,一般指夏禹。

⑰文王:姓姬,名昌,周族首领。在位时势力逐渐强大,不断蚕食商朝疆土,曾经一度被商纣王囚禁,在狱中作卦辞和爻辞。

【译文】

孔子说:"我想要考察夏朝的治道,其后人建立的杞国却没有足够的证据,我只得到夏朝时令一类的书。我想要考察商朝的治道,其后人建立的宋国却没有足够的证据,我只得到商朝阴阳一类的书。"夏朝的时令书,就是《夏小正》。商朝的阴阳书,属于《周易》一类。孔子对夏、商的文献不足验证治道而感到遗憾,却把阴阳之书与《夏小正》一类书同样作为考察夏、商治道时得到的文献;那么天地阴阳之书就是用来让民众生活富裕和方便民众利用,大概与那些制定历法、说明时令的书,同样作为一个朝代的法度章程,而不是圣人单凭自己一个人的想法,离开具体事物去专门撰写一部书,说是要阐明道理。利用阴阳之象设立教化,和制定历法颁布时令,属于天道范畴。《周礼》、《乐经》、《诗经》、《尚书》,与刑法、政事、教化、命令,属于人事范畴。天道和人事相互结合,是帝王治理国家的重要权术。韩宣子出使鲁国,在鲁国太史那里观看书籍,得以见到《周易》的卦象和鲁国史书《春秋》,认为周王室的礼法保存在鲁国。鲁《春秋》是周公遗留下来的典章制度,因此可以说周朝典制保存在鲁国,《周易》的卦象也被称作周朝的典制,那么它是政令教化和典章制度,适合民众日用而不是一个人自己的空洞言论,自身流布于清明的当代而不是沿袭的旧有制度,就很清楚了。孔子说:"《周易》的产生,大约是在中古时代吧? 作《周易》的人,大概心有忧患吧?"顾炎武曾经说《连山》、《归藏》,并不叫《易》。《周官》太卜所说的三《易》,是因为和《周易》有联系而得到《易》的名称。现在看八卦来源于伏羲,《连山》是夏王创作,而孔子却说《周易》兴起于中古时代,唯独把制作《周易》的人指为周文王,那么《连山》和《归藏》原本不叫做《易》,这又是一个证据。

或曰:文王拘幽①,未尝得位行道,岂得谓之作《易》以垂政典欤? 曰:八卦为三《易》所同,文王自就八卦而系之辞,商道之衰,文王与民同其忧患,故反复于处忧患之道,而要于无咎②,非创制也。武周既定天下,遂名《周易》③,而立一代之典教,非文王初意所计及也。夫子生不得位,不能创制立法,以前民用;因见《周易》之于道法,美善无可复加,惧其久而失传,故作《彖》、《象》、《文言》诸传④,以申其义蕴,所谓述而不作;非力有所不能,理势固有所不可也。

【注释】

① 文王拘幽：据司马迁《史记》卷四《周本纪》记载："崇侯虎谮西伯于殷纣曰：'西伯积善累德，诸侯皆向之，将不利于帝。'帝纣乃囚西伯于羑（yǒu）里。"西伯，西方诸侯之长，即周文王。羑里，在今河南汤阴北部。

② 文王与民同其忧患，故反复于处忧患之道，而要于无咎：据《周易·系辞下》记载："《易》之兴也，其当殷之末世，周之盛德邪？当文王与纣之事邪？是故其辞危。危者使平，易者使倾，其道甚大，百物不废，惧以始终，其要无咎，此之谓《易》之道也。"无咎，无过错，无过失。

③ 周武既定天下，遂名《周易》：据孔颖达《周易注疏》曰："案《世谱》等群书，神农一曰连山氏，亦曰列山氏，黄帝一曰归藏氏。既《连山》、《归藏》并是代号，则《周易》称周，取岐阳地名。毛《诗》云'周原膴膴'是也。又文王作《易》之时，正在羑里，周德未兴，犹是殷世也。故题周别于殷，以此文王所演，故谓之《周易》。其犹《周书》、《周礼》，题周以别余代。故《易纬》云'因代以题周'是也。"则是《周易》之名，因周代而起，文王之时已有《周易》之称。故《隋书》卷三十二《经籍志》说："文王作卦辞，谓之《周易》。"不必等到周武王既定天下之后，始名《周易》。周武，即周武王，姓姬，名发。周文王之子，继承其父之业，灭商建周。

④《彖》（tuàn）、《象》、《文言》诸传：据司马迁《史记》卷四十七《孔子世家》记载："孔子晚而喜《易》，序《彖》、《系》、《象》、《说卦》、《文言》，读《易》韦编三绝。"张守节《正义》曰："夫子作十翼，谓上《彖》、下《彖》、上《象》、下《象》、上《系》、下《系》、《文言》、《序卦》、《说卦》、《杂卦》也。"彖，也称彖辞，断各卦之义，说明各卦的基本概念。象，也称象辞，寓万物之象，解释卦爻图象寓涵的吉凶。文言，专门解释乾、坤二卦，申说义理。杂卦，杂糅众卦，错综其

义,或以同相类,或以异相明。

【译文】

　　有人问:周文王被拘禁,并没有得到王者之位来推行治道,怎么能够把他制作的《周易》说成流传下来的政教典章呢?回答说:八卦是《连山》、《归藏》、《周易》所共有,周文王独自根据八卦而附加解说,是因为商朝治道衰微,周文王和民众同处于忧患之中,所以反复考虑身处忧患的行事准则,关键在于不犯错误,并不是想建立一套国家制度。周武王平定天下之后,才正式命名为《周易》,而形成周朝的一代典章教法,这并不是周文王当初所想到的结果。孔子在世时没有权位,不能够设立法规和创建制度,作为民众生活日用的前提依据;因为看到《周易》对于道理和法规的阐述,已经完美到无可复加的程度,担心它由于时间久远会失传,所以作《彖》、《象》、《文言》等解释经义的传文,用来阐明《周易》蕴涵的义理,这就是他所说的传述而不创作;并不是孔子没有创作典章制度的能力,而是事理和时势不允许他这样做。

　　后儒拟《易》,则亦妄而不思之甚矣!彼其所谓理与数者①,有以出《周易》之外邪!无以出之,而惟变其象数法式,以示与古不相袭焉,此王者宰制天下,作新耳目,殆如汉制所谓色黄数五②,事与改正朔而易服色者为一例也③。扬雄不知而作④,则以九九八十一者,变其八八六十四矣。后代大儒,多称许之,则以其数通于治历,而蓍揲合其吉凶也⑤。夫数乃古今所共,凡明于历学者,皆可推寻,岂必《太玄》而始合哉⑥?蓍揲合其吉凶,则又阴阳自然之至理。诚之所至,探筹钻瓦⑦,皆可以知吉凶;何必支离其文,艰深其字,然后可以知吉凶乎?《元包》妄托《归藏》⑧,不足言也。司马《潜虚》⑨,又以五五更其九九,不免贤者之多事矣。故六经不可拟也。先儒所论仅谓畏先圣而当知严惮耳。此指扬氏《法言》，王氏《中说》⑩，诚为中其弊矣。若夫六经，皆先王得位行道，经纬世宙之迹，而非托于空言。故以夫子之圣，犹且述而不作。如其不知妄作，不特有拟圣之嫌，抑且蹈于僭窃王章之罪也，可不慎欤！

【注释】

①理：《周易》学中所蕴涵的义理。运用理与数解释《周易》一派学者，形成与象数学派相对立的义理学派。

②色黄数五：语出司马迁《史记》卷十二《孝武本纪》："［元封七年］夏，汉改历，以正月为岁首，而色尚黄，官名更印章以五字，因为太初元年。"汉代颜色崇尚黄色，旗帜、服饰等以黄色为尊；数字以五为定制，作为度量衡的标准。

③改正朔而易服色：语出《礼记·大传》："圣人南面而治天下，必自人道始矣。立权、度、量，考文章，改正朔，易服色，殊徽号，异器械，别衣服，此其所得与民变革者也。"郑玄《注》曰："权，称也。度，丈尺也。量，斗斛也。文章，礼法也。服色，车马也。徽号，旌旗之名也。器械，礼乐之器及兵甲也。衣服，吉凶之制也。"正，一年之始。朔，一月之始。改正朔即建立新的年号纪年。服色，车马舆服、牺牲礼器的颜色。易服色即每个新朝代建立后都改换与前代不同的颜色，以示改朝换代，象征朝代更迭的标志。

④扬雄（前53—18）：字子云，西汉蜀郡成都（今属四川）人，著名文学家。以赋成就最高，其《甘泉赋》、《长杨赋》、《羽猎赋》最有名。晚年仿《论语》作《法言》，仿《周易》作《太玄》，为世所讥。

⑤蓍揲（shī shé）：蓍为草名，古人用其茎作为占卜材料。揲，以蓍草占卜，用蓍草五十根，先取其一，余四十九根分为两叠，然后四根

一数,以定阳爻或阴爻。

⑥《太玄》:西汉扬雄撰,十卷。模仿《周易》两仪、四象、八卦、六十四卦、三百八十四爻等象数,分为一玄、三方、九州、二十七部、八十一家,七百二十九赞。八十一家,又称八十一首,仿六十四卦名,各首皆有名称。底本因避清圣祖玄烨之讳,改"玄"为"元",今一律回改。

⑦探筹钻瓦:古人使用的占卜方法。探筹,语出《荀子·君道》:"探筹投钩者,所以为公也。"即在覆盖的容器内抓取筹码,类似于今天的抽签抓阄。钻瓦,仿照古人钻龟之法。据司马迁《史记》卷一百二十八《龟策列传》记载:"神龟出于江水中,庐江郡常岁时生龟,长尺二寸者,二十枚输太卜官,因以吉日剔取其腹下甲,龟千岁乃满尺二寸。王者发军行将,必钻龟庙堂之上,以决吉凶。"后来为求方便,人们在瓦片上钻洞,然后用火烧烤,观察瓦上的裂痕解释吉凶。

⑧《元包》:北周卫元嵩撰,以《太玄》义本《连山》,以纯艮为首,遂袭《归藏》以纯坤为首,变乱八卦,臆度附会,不被世人认可。

⑨司马《潜虚》:司马指司马光(1019—1086),字君实,北宋陕西夏县(今属山西)人。著名政治家,因与王安石政见不合,退居洛阳十九年,撰修《资治通鉴》。《潜虚》,北宋司马光模仿扬雄《太玄》而作。《太玄》变《周易》八八六十四卦为九九八十一首,《潜虚》又变《太玄》九九八十一首,以五行为本,五行相乘为五五二十五。

⑩王氏《中说》:隋朝王通(584—618)弃官退居河汾,以讲学著述为生,死后被门人谥为文中子。其子福郊、福畤根据门人所记王通生前言论,模仿《论语》,以问答形式作成语录,名为《中说》,又名《文中子》。《中说》,底本原作《中论》,据《章氏遗书》本改。

【译文】

后世的儒者模仿《周易》,那就是谬误而不认真思索之极了!他们所谈论的理和数,有超出《周易》之外的内容吗!如果不能超越,而仅仅改变象和数的排列次序,来表示自己不是沿袭古人,就像是帝王治理天下,想让世人耳目一新,大约犹如汉代制度崇尚黄色而数字用五,这类事和帝王改变纪年正朔与重定车服颜色性质一样。扬雄不明白这个道理而妄作,就用九九八十一首,来变换八八六十四卦。后世的著名儒家,大都称赞其做法,那是因为扬雄使用的数和制定历法相通,而占卜方式与吉凶结果相符。那些数不论古人还是今人都使用,大凡通晓历法之学的人,都可以推算出来,难道一定要到扬雄作《太玄》才开始符合吗?占卜与吉凶结果相符,那是天地阴阳自然蕴涵的深奥道理。精诚所至,无论是探筹瞑索还是钻瓦卜知,都可以预知吉凶;又何必把《周易》的章句搞得支离破碎,把文字弄得艰涩难懂,然后才能预卜吉凶呢?《元包》荒谬地依托《归藏》义例,不值一提。司马光作《潜虚》,又用五五二十五更换《太玄》的九九八十一,不免是贤者多事了。所以六经不能模仿。前辈儒者谈及这类事情只是说敬畏先圣应当知道严肃和畏惧罢了。这用在针对扬雄撰《法言》,王通撰《中说》而言,确实击中了他们的要害。至于六经,都是上古三代君王掌握权位推行治道,治理天下遗留的事迹,并非依据空洞的言论来著作。因而凭孔子的圣明,尚且只传述而不创作。如果不明白这个道理而非分制作,不仅有比拟圣人的嫌疑,而且还陷于超越本分窃取帝王典章制度的罪行,怎么可以不慎重呢!

易教中

　　孔仲达曰[①]:"夫《易》者,变化之总名,改换之殊称。"先儒之释《易》义,未有明通若孔氏者也。得其说而进推之,《易》为王者改制之巨典,事与治历明时相表里,其义昭然若揭矣。许叔重释"易"文曰[②]:"蜥易,守宫[③],象形。秘书说[④],'日月为易',象阴阳也。"《周官》太卜,掌三《易》之法。郑氏注[⑤]:"易者,揲蓍变易之数可占者也。"朱子以谓"《易》有交易、变易之义"[⑥]。是皆因文生解,各就一端而言,非当日所以命《易》之旨也。三《易》之名,虽始于《周官》,而《连山》、《归藏》,可并名《易》,《易》不可附《连山》、《归藏》而称为三连、三归者,诚以《易》之为义,实该羲、农以来不相沿袭之法数也[⑦]。"易"之初见于文字,则帝典之"平在朔易"也[⑧],孔《传》谓岁改易[⑨],而周人即取以名揲卦之书,则王者改制更新之大义,显而可知矣。《大传》曰:"生生之谓易。"韩康伯谓"阴阳转易,以成化生"[⑩]。此即朱子交易、变易之义所由出也。三《易》之文虽不传[⑪],今观《周官》太卜有其法[⑫],《左氏》记占有其辞[⑬],则《连山》、《归藏》,皆有交易、变易之义。

是羲、农以来，《易》之名虽未立，而《易》之意已行乎其中矣。上古淳质，文字无多，固有具其实而未著其名者。后人因以定其名，则彻前后，而皆以是为主义焉，一若其名之向著者，此亦其一端也。

【注释】

①孔仲达：孔颖达（574—648），字仲达，又字冲远，唐代冀州衡水（今属河北）人。官至国子祭酒。长于经学，兼通历算，奉唐太宗之诏参与编撰《隋书》，又与颜师古等人撰写《五经正义》，兼取南北经学思想，成为唐代科举取士的标准教材。

②许叔重：许慎（约58—约147），字叔重，汉代汝南召陵（今河南郾城）人，著名文字学家。著有《说文解字》，是我国第一部系统分析字形、考究字源和解释字义的著作。

③守宫：蜥蜴的一种，又名壁虎、蝎虎、蝘蜓。因其经常守伏屋壁官墙捕捉蛾虫，故名守宫。

④秘书：语出范晔《后汉书》卷六十五《郑玄传》："时睹秘书纬术之奥。"段玉裁《说文解字注》曰："秘书，谓纬书。按《参同契》曰：'日月为易，刚柔相当。'"指谶纬图箓之类的书籍。

⑤郑氏：郑玄（127—200），字康成，东汉北海高密（今属山东）人。著名经学家，治学以今文经学为主，兼采古文经学，聚徒讲学，弟子数千，又遍注群经，对两汉经学作了系统总结，集汉学之大成，人称郑学。

⑥朱子以谓《易》有交易、变易之义：语出朱熹《周易本义》："《易》，书名也。其卦本伏羲所画，有交易、变易之义，故谓之《易》。"朱子，即朱熹（1130—1200），字元晦，又字仲晦，号晦庵，又号晦翁，别号紫阳，南宋徽州婺源（今属江西）人。著名思想家、史学家和教育家，集北宋以来理学之大成，建立起一套客观

唯心主义理论体系,被称为程朱学派、考亭学派。主要著作有《四书章句集注》《伊洛渊源录》《资治通鉴纲目》《八朝名臣言行录》《楚辞集注》《朱子语类》《朱文公文集》等。

⑦羲、农:伏羲和神农。

⑧帝典之"平在朔易":语出《尚书·尧典》:"申命和叔,宅朔方,曰幽都,平在朔易。"《尧典》记载上古帝王尧、舜用人行政诸事迹,故称帝典。平,均平。朔,北方。易,改易。意谓平均安排北方农时次序,成一岁之改易。

⑨孔《传》谓岁改易:语出《尚书·尧典》伪孔安国《传》:"易,谓岁改易于北方,平均在察其政,以顺天常。"孔《传》,指孔安国所作的《尚书传》。孔安国为西汉学者,据说曾经得到其先人孔子旧宅墙壁中藏匿的古文《尚书》,并为之作传,形成与今文学派对立的古文学派。今传孔安国《尚书传》,经清代学者考证,定为魏、晋时期的伪书,被后世称作伪孔安国《传》。

⑩韩康伯:韩伯(332—380),字康伯,东晋颍川长社(今河南长葛)人。累迁侍中、吏部尚书。曾经为《周易》的《系辞》《说卦》《序卦》《杂卦》等篇作注。

⑪三《易》之文虽不传:按《连山》《归藏》之文后世不传,《周易》之文流传至今。章学诚笼统地说三《易》之文不传,表达不准确。

⑫《周官》太卜有其法:据清代朱彝尊《经义考》卷四《易》记载:"贾公彦曰:夏、殷《易》以七、八不变为占,周《易》以九、六变者为占。"

⑬《左氏》记占有其辞:据《左传·襄公九年》记载:"穆姜薨于东宫。始往而筮之,遇艮之八。"保留下以七、八为占的《连山》或《归藏》中艮卦之阴爻八的记载。《左氏》即相传左丘明的《春秋左氏传》,通称《左传》。

【译文】

孔仲达说:"《易》,是变化的总名,改换的别称。"前辈儒家学者解释

《易》的含义,没有像孔氏这样明白晓畅的人。根据他的说法进一步推演,《易》是古代帝王改革制度的重要典章,事体和制定历法、说明时令相为表里,它的含意已经明白无疑了。许叔重解释"易"这个字说:"蜥易,守宫。象形字。纬书中说:'日与月合成易字。'象征阴阳。"《周礼》记载太卜这个官职,掌管三种《易》的占卜方法。郑玄注释说:"易,就是手持蓍草茎把变易的数字推算出来。"朱子认为"《易》有交易与变易的含义"。这些都是根据文字而作出的解释,各自从某一方面来阐述,而不是当初用来命名《易》的本意。三《易》这种名称,虽然从《周礼》才开始使用,但是《连山》与《归藏》,可以与《周易》并称三《易》,《周易》却不能附在《连山》、《归藏》后面而称作"三连"或者"三归",确实是因为《易》这一名称的含义,实际上包括了伏羲、神农以来并不相继沿袭的法则与变数。"易"最早见于文字的记载,是《尚书·尧典》中的"平在朔易",孔安国《传》说指的是"年岁改易",而周朝的人便用来称呼揲蓍卜卦的书,那么帝王改变制度革新政令的宗旨涵义,也就明白显露而可知了。《周易大传》说:"不断发生叫做易。"韩康伯认为是指"阴阳互相转化改易,从而促进变化生长"。朱子所说的交易与变易的含义就是由此产生。三《易》的卜文虽然没有流传下来,但是今天能看到《周礼》记载太卜掌握其方法,《左传》记载占卜事件留下其卜辞,那么《连山》与《归藏》,也都有交易和变易的含义。这就是自从伏羲、神农以来,虽然没有确立《易》的名称,但是《易》的含义已经被运用在其中了。上古时代人情朴实,文字不多,的确有具备了实质而没有确定名称的事物。后来的人因事显而确定名称,就把过去和当时贯通起来,都用那个名称代表主题思想,好像那个名称原来就有了,这也是三《易》得名的一个方面。

　　钦明之为敬也①,允塞之为诚也②,历象之为历也③,历象之历,作推步解④,非历书之名。皆先具其实而后著之名也。《易·革·象》曰:"泽中有火,君子以治历明时。"其《象》曰:

"天地革而四时成。汤、武革命⑤,顺乎天而应乎人。"历自黄帝以来,代为更变⑥,而夫子乃为取象于泽火,且以天地改时,汤、武革命为《革》之卦义;则《易》之随时废兴,道岂有异乎?《易》始羲、农,而备于成周⑦;历始黄帝,而递变于后世;上古详天道,而中古以下详人事之大端也。然卦气之说⑧,虽创于汉儒,而卦序、卦位⑨,则已具函其终始;则疑大挠未造甲子以前⑩,羲、农即以卦画为历象,所谓天人合于一也。《大传》曰:"古者,庖牺氏之王天下也,仰则观象于天,俯则观法于地,观鸟兽之文与地之宜,近取诸身,远取诸物,于是始作八卦,以通神明之德,以类万物之情。"此黄帝未作干支之前所创造也⑪。观于羲和分命⑫,则象、法、文、宜,其道无所不备,皆用以为授人时也。是知上古圣人,开天创制,立法以治天下,作《易》之与造历,同出一源,未可强分孰先孰后。故《易》曰:"开物成务,冒天下之道。"《书》曰:平秩敬授,作、讹、成、易⑬。皆一理也。

【注释】

①钦明之为敬也:语出《尚书·尧典》:"钦明文思,安安。"伪孔安国《传》曰:"钦,敬也。"

②允塞之为诚也:语出《尚书·舜典》:"温恭允塞。"孔颖达《疏》引毛《传》训"塞"为"实"。

③历象之为历也:语出《尚书·尧典》:"钦若昊天,历象日月星辰。"孔颖达《疏》曰:"以算术推步,累历其所行法象。"

④推步:语出范晔《后汉书》卷六十八《冯绲传》:"绲弟允,清白有孝行,能理《尚书》,善推步之术。"李贤《注》曰:"推步,谓究日月五

星之度,昏旦节气之差。"指推演历法。古人认为天体运行犹如人在行步,可以推测得知,故曰推步。

⑤汤、武革命:商汤和周武王,分别推翻夏、商王朝,建立商、周王朝。

⑥历自黄帝以来,代为更变:据司马迁《史记》卷二十六《历书》记载:"黄帝考定星历。"司马贞《索隐》曰:"《系本》及《律历志》,黄帝使羲和占日,常仪占月,臾区占星气,伶纶造律吕,大桡作甲子,隶首作算数,容成综此六术而著调历也。"

⑦成周:东周。西周立国后,为加强对东部地区的控制,命周公旦在洛邑(今河南洛阳)建立新都。西周灭亡以后,周平王东迁,定都于此,史称成周。

⑧卦气:语出《易纬稽览图》卷上:"甲子,卦气起中孚。"郑玄《注》曰:"卦气,阳气也。中孚,卦名也。"即以六十四卦分配四时气候。相传周文王以坎、离、震、兑为四时卦,自复至乾,自姤至坤为十二月消息卦。西汉京房等人又以所余四十八卦分布十二月,每月并消息卦共五卦,凡三十爻,以当一月日数。再以每月五卦,分配君臣等位,谓之卦气。

⑨卦序、卦位:八卦的次序和方位。相传孔子作《序卦》,确定诸卦次序。其方位是震东方,巽东南,离南方,坤西南,兑西方,乾西北,坎北方,艮东北。

⑩大桡:相传为黄帝时的史官,始作甲子,用干支相配记日。

⑪干支:天干和地支。古人取义于树木的干枝,创立甲、乙、丙、丁、戊、己、庚、辛、壬、癸十干,子、丑、寅、卯、辰、巳、午、未、申、酉、戌、亥十二支,以天干和地支轮流相配,六十年重复一次,俗称花甲或周甲。干支最早只用来记日,后来又用作纪年。

⑫羲和:尧任命的掌管天文历法的官员,由羲仲、羲叔、和仲、和叔四人分驻四方,观察天时,制订历法。

⑬平秩敬授，作、讹、成、易：语出《尚书·尧典》："平秩东作"、"平秩南讹"、"平秩西成"、"平在朔易"。平秩，平均安排耕作次序。敬授，敬记天时以授时令。作、讹、成、易，春东作，夏南讹，秋西成，冬朔易。讹，变化。指农作物生长变化。易，改变。指到达一年的改变期。

【译文】

钦恭神明被称作"敬"，允当实在被称作"诚"，推步天象被称作"历"，"历象"的"历"，应当解释为"推步"，不是指历书。都是首先具备了实质而后加上的名称。《周易·革卦·象辞》说："泽中有火，君子由此制定历法来说明时令。"它的《彖辞》说："天地间寒暑交替而四季形成。商汤、周武变革王命，上顺天意而下应人心。"历法自从黄帝以来，世代有变更，而孔夫子取泽和火的形象来象征变革历法，并且用天地改变时序、商汤与周武变革王命作为《革卦》大旨；那么《易》顺应时势而变化，其中的规律难道有什么不同吗？《易》产生于伏羲、神农时代，而到东周时代臻于完备；制定历法从黄帝开始，而在后代交替变更；这是上古时代天道周备，中古以来人事周备的总趋势。然而卦气的学说，尽管由汉代儒者创始，可是诸卦次序与诸卦方位的学说，就已经完全包括了卦气的整体；所以我怀疑大挠没有发明天干地支以前，伏羲、神农就用八卦象征天体运行，这就是常说的天道和人事合为一体。《周易大传》说："古时候，伏羲氏治理天下，抬头向天观察天文现象，低头向地观察地理法则，观察鸟兽羽毛的花纹和水土适宜的性质，近从人体取得形象，远从外物取得形象，于是就创制了八卦，用来通释神灵的德性，用来比类万物的情状。"这说明八卦在黄帝没有创作天干地支以前就已经创造出来。从羲和分别接受使命来看，那么天文现象、地理规律、鸟兽羽毛的花纹、水土适宜的性质，没有什么不包含在其原理之内，都被运用来授予民众时令。由此可知上古时代的圣人，开辟世界并且创建制度，树立法规来治理天下，创作《易》和制订历法，同语出一个本原，不能勉强区分哪个在先哪个在后。因此《易》书上说:"揭示事理,成就事业,包括天下的道理。"《尚书》上说:平均安排农事次序、恭敬授予时令,春耕作、夏生长、秋收成、冬改岁。讲的都是一个道理。

　　夫子曰:"加我数年,五十以学《易》,可以无大过矣。"①又曰:"吾学周礼,今用之,吾从周。"②学《易》者,所以学周礼也。韩宣子见《易》象、《春秋》,以为周礼在鲁。夫子学《易》而志《春秋》③,所谓学周礼也。夫子语颜渊曰④:"行夏之时,乘殷之辂,服周之冕,乐则《韶》舞。"⑤是斟酌百王,损益四代,为万世之圭臬也⑥。历象递变,而夫子独取于夏时;筮占不同,而夫子独取于《周易》。此三代以后,至今循行而不废者也。然三代以后,历显而《易》微;历存于官守,而《易》流于师传;故儒者敢于拟《易》,而不敢造历也。历之薄蚀盈亏⑦,有象可验,而《易》之吉凶悔吝⑧,无迹可拘;是以历官不能穿凿于私智,而《易》师各自为说,不胜纷纷也。故学《易》者,不可以不知天。观此,益知《太玄》、《元包》、《潜虚》之属,乃是万无可作之理,其故总缘不知为王制也。

【注释】

①加我数年,五十以学《易》,可以无大过矣:语出《论语·述而》。

②吾学周礼,今用之,吾从周:语出《礼记·中庸》。

③夫子学《易》而志《春秋》:语出明代孙瑴编《古微书》卷三十《孝经钩命诀》:"孔子在庶,德无所施,功无所就,志在《春秋》,行在《孝经》。"志,通"识",记识事物。

④颜渊:颜回(前521—前490),名回,字子渊,也称颜渊,孔子的学

生,以德行著称。

⑤行夏之时,乘殷之辂,服周之冕,乐则《韶》舞:语出《论语·卫灵公》。

⑥圭臬:语出唐杨炯《盈川集》卷一《盂兰盆赋》:"立宗庙,平圭臬。"圭即土圭,测量日影的仪器;臬即表臬,测量广狭的仪器。后世用来比喻准则、典范。

⑦薄蚀盈亏:语出明末清初王宏撰所作《周易筮述》卷二《揲法》:"日月之薄蚀盈亏之定算,三岁一闰,五年再闰,造化之端,一览无遗。"薄蚀,日月相掩。盈亏,月亮圆缺。

⑧吉凶悔吝:语出《周易·系辞上》:"吉凶者,得失之象也。悔吝者,忧虞之象也。"吉凶,得失之象,有得失即有吉凶。悔吝,忧虞之象,有忧虞即有悔吝。

【译文】

孔夫子说:"再给我几年时间,到五十岁的时候学《周易》,就可以不犯大的过错了。"又说:"我学的是周代的礼制,如果今天使用它,我主张遵从周代礼制。"学《周易》的原因,就是为了学习周代礼制。韩宣子看到《周易》的卦象和鲁国的《春秋》,认为周代礼制在鲁国得到保存。孔夫子学《周易》而记述《春秋》,这就是所说的学习周礼。孔夫子对颜渊说:"使用夏朝人的时令,乘坐商朝人的大车,顶戴周朝人的礼帽,听音乐要听舜时《韶》舞的音乐。"这是度量历代众多帝王的治迹,扬弃虞、夏、商、周四代制度,给千秋万代确立的典范。推算天体运行的方法不断变化,而孔夫子只认同夏朝的时令;占卜的各种方法不同,而孔夫子只选择《周易》。这是夏、商、周三代以后,一直到现在都沿用而没有废弃的制度。然而自从三代以后,历法的作用显著而《易》的影响不明显;历法由专职官员保存,而《易》由经师传承;所以儒家学者敢于模仿《易》,而不敢创作历法。历法中日食月食和日月的圆缺,都有天象可以验证,而《易》预言的吉凶悔吝,没有实物可以限制;所以主持历法的官员不能凭个人的聪明才智穿凿附会,而《易》学的经师各自著书立说,多得让人无法忍受。因此学《周易》的人，不可以不知道天。看到这些，更知道《太玄》、《元包》、《潜虚》一类书，是绝对没有可以创作的理由，它们模仿《周易》总归是不知道《周易》是帝王制度的缘故。

易教下

　　《易》之象也,《诗》之兴也①,变化而不可方物矣②。《礼》之官也③,《春秋》之例也,谨严而不可假借矣④。夫子曰:"天下同归而殊途,一致而百虑。"⑤君子之于六艺⑥,一以贯之⑦,斯可矣。物相杂而为之文⑧,事得比而有其类⑨。知事物名义之杂出而比处也,非文不足以达之,非类不足以通之;六艺之文,可以一言尽也。夫象欤,兴欤,例欤,官欤,风马牛之不相及也⑩,其辞可谓文矣,其理则不过曰通于类也。故学者之要,贵乎知类⑪。

【注释】

①兴:《诗经》六义之一。兴即兴起、引起,借他物引起所咏之词,为
　诗歌即景生情的表现手法。

②方物:语出《国语·楚语下》:"民神杂糅,不可方物。"韦昭《注》
　曰:"方,犹别也。物,名也。"意为辨别名分。

③官:据《礼记·明堂位》郑玄《注》曰:"周之六卿,其属各六十,则
　周三百六十官也。"《周礼》六卿,天官冢宰,地官司徒,春官宗伯,
　夏官司马,秋官司寇,冬官司空。

④《春秋》之例也，谨严而不可假借矣：据唐代孔颖达《春秋正义序》曰："夫子……因鲁史之有得失，据周经以正褒贬，一字所嘉，有同华衮之赠；一言所黜，无异萧斧之诛。"例，西晋杜预总结的《春秋》凡例，一曰微而显，二曰志而晦，三曰婉而成章，四曰尽而不污，五曰惩恶而劝善。

⑤天下同归而殊途，一致而百虑：语出《周易・系辞下》。

⑥六艺：语出汉代贾谊《新书》卷八《六术》："是故内法六法，外体六行，以与《书》、《诗》、《易》、《春秋》、《礼》、《乐》六者之术，以为大义，谓之六艺。"先秦时期，六艺指礼、乐、射、御、书、数六种科目，一曰五礼，二曰六乐，三曰五射，四曰五驭，五曰六书，六曰九数。汉代以后，指儒家的《周易》、《诗经》、《尚书》、《周礼》、《乐经》、《春秋》六经。

⑦一以贯之：语出《论语・里仁》："吾道一以贯之。"

⑧物相杂而为之文：语出《周易・系辞下》："物相杂故曰文。"文，通"纹"。

⑨事得比而有其类：语出《礼记・学记》："古之学者，比物丑类。"郑玄《注》曰："以事相况而为之。丑，犹比也。"

⑩风马牛之不相及也：语出《左传・僖公四年》："四年春，齐侯以诸侯之师侵蔡，蔡溃，遂伐楚。楚子使与师言曰：'君处北海，寡人处南海，唯是风马牛不相及也。不虞君之涉吾地也，何故？'"孔颖达《疏》曰："服虔云：'风，放也。牝牡相诱谓之风。'《尚书》称：'马牛其风。'此言风马牛，谓马牛风逸，牝牡相诱，盖是末界之微事。言此事不相及，故以取喻不相干也。"后用来比喻彼此之间毫不相关的事情。

⑪知类：语出《礼记・学记》："九年，知类通达，强立而不反，谓之大成。"郑玄《注》曰："知类，知事义之比也。"

【译文】

《周易》的卦象，《诗经》的比兴，千变万化而不可辨别名分。《周礼》的官制，《春秋》的凡例，义谨辞严而不容相互替代。孔夫子说："天下人到达同一目的地而可以通过不同的道路，形成一致观点而可以来自多种思虑。"君子对于六经，使用一个道理贯穿全体，这就可以了。物体互相错综而形成文理，事情相互并列就分出类别。可知各种事物的名称错杂而共处，没有文理就不能够表达出来，没有类别就不能够贯穿起来。六经的文理，可以用一句话概括。《周易》的卦象，《诗经》的比兴，《春秋》的凡例，《周礼》的官制，彼此之间风马牛不相及，然而它们的言辞可以说是文理，它们的道理却不过是贯穿类别。所以学者的要领，贵在知道类别。

　　象之所包广矣，非徒《易》而已①，六艺莫不兼之；盖道体之将形而未显者也。雎鸠之于好逑②，樛木之于贞淑③，甚而熊蛇之于男女④，象之通于《诗》也。五行之征五事⑤，箕毕之验雨风⑥，甚而傅岩之入梦赍⑦，象之通于《书》也。古官之纪云鸟⑧，《周官》之法天地四时⑨，以至龙翚章衣⑩，熊虎志射⑪，象之通于《礼》也。歌协阴阳⑫，舞分文武⑬，以至磬念封疆⑭，鼓思将帅⑮，象之通于《乐》也。笔削不废灾异⑯，《左氏》遂广妖祥⑰，象之通于《春秋》也。《易》与天地准，故能弥纶天地之道⑱。万事万物，当其自静而动，形迹未彰而象见矣。故道不可见，人求道而恍若有见者，皆其象也。

【注释】

①徒：仅仅，只有。

②雎鸠（jū jiū）之于好逑（qiú）：语出《诗经·周南·关雎》："关关雎

鸠,在河之洲。窈窕淑女,君子好逑。"汉代卫宏《诗序》曰:"《关
雎》,后妃之德也。"雎鸠,一种水鸟。逑,配偶。

③樛(jiū)木之于贞淑:语出《诗经·周南·樛木》三章。汉代卫宏
《诗序》曰:"《樛木》,后妃逮下也。言能逮下而无嫉妒之心焉。"
樛木,向下弯曲的树木。贞淑,比喻女子的美德。

④熊蛇之于男女:语出《诗经·小雅·斯干》:"大人占之,维熊维
罴,男子之祥;维虺维蛇,女子之祥。"古人认为梦见熊、罴生男
孩,梦见虺、蛇生女孩。

⑤五行之征五事:语出《尚书·洪范》:"一、五行:一曰水,二曰火,
三曰木,四曰金,五曰土……二、五事:一曰貌,二曰言,三曰视,
四曰听,五曰思。"

⑥箕(jī)毕之验雨风:语出《尚书·洪范》:"庶民惟星,星有好风,星
有好雨。"箕毕,星宿名称。箕星主风,毕星主雨。

⑦傅岩之入梦赉(lài):据伪古文《尚书·说命》记载:"[高宗]梦帝
赉予良弼,其代予言;乃审厥像,俾以形旁求于天下。说筑傅岩
之野,惟肖,爰立作相。"傅岩,地名。商王武丁(高宗)梦见天帝
赐赏辅相,于是按照梦中的形象在傅岩之地找到操筑的傅说
(yuè),任命为相。赉,赏赐。

⑧古官之纪云鸟:语出《左传·昭公十七年》:"郯子曰……昔者,黄
帝氏以云纪,故为云师而云名。炎帝氏以火纪,故为火师而火
名。共工氏以水纪,故为水师而水名。太皞氏以龙纪,故为龙师
而龙名。我高祖少皞挚之立也,凤鸟适至,故纪于鸟,为鸟师而
鸟名。"相传上古黄帝用云名作为官名,少昊用鸟名作为官名。

⑨《周官》之法天地四时:《周礼》六卿,天官冢宰、地官司徒、春官宗
伯、夏官司马、秋官司寇、冬官司空,所谓效法天地四时而设官。

⑩龙翟(dí)章衣:语出《礼记·礼器》:"礼有以文为贵者,天子龙衮,
诸侯黼,大夫黻,士玄衣纁裳。"古人用龙、蟒、翟、雉等鸟兽图案绣

　　在礼服上,表示身份地位的不同等级。龙翟,龙为传说中的瑞
　　兽,翟是长着长尾的野鸡。章衣,有文饰的服装。

⑪熊虎志射:语出《仪礼·乡射礼》:"凡侯,天子熊侯白质,诸侯麋
　　侯赤质,大夫布侯,画以虎、豹;士布侯,画以鹿、豕。"侯,箭靶。
　　质,靶底。周人射箭,因身份地位不同而在箭靶上画不同的动
　　物。天子画熊,诸侯画麋,大夫画虎和豹,士画鹿和猪。

⑫歌协阴阳:语出《礼记·乐记》:"是故先王本之情性,稽之度数,
　　制之礼义,合生气之和,道五常之行,使之阳而不散,阴而不密。"

⑬舞分文武:语出《礼记·乐记》:"比音而乐之,及干、戚、羽、旄。"
　　郑玄《注》曰:"干,盾也。戚,斧也。武舞所执也。羽,翟羽也。
　　旄,旄牛尾也。文舞所执。"传说上古三代的乐舞分为执干、戚的
　　武舞和执羽、旄的文舞。

⑭磬(qìng)念封疆:语出《礼记·乐记》:"石声磬,磬以立辨,辨以致
　　死。君子听磬声,则思死封疆之臣。"郑玄《注》曰:"石声磬,磬当
　　为罄字之误也。辨,谓分明于节义。"磬,用玉石制成的一种打击
　　乐器。君子听到磬声,就会思念因注重节义而死在边疆的功臣。

⑮鼓思将帅:语出《礼记·乐记》:"鼓鼙之声讙,讙以立动,动以进
　　众。君子听鼓鼙之声,则思将帅之臣。"郑玄《注》曰:"闻讙嚣则人
　　意动作。"鼓,用牛皮制成的一种打击乐器。鼙(pí),即鞞鼓,古代
　　军队中使用的乐鼓。君子听到鼓声,就会思念率领三军冲锋陷
　　阵的将帅。

⑯笔削不废灾异:据司马迁《史记》卷四十七《孔子世家》记载:"孔
　　子在位,听讼文辞有可与人共者,弗独有也。至于为《春秋》,笔
　　则笔,削则削,游、夏之徒,不能赞一辞。"又据《公羊传·隐公三
　　年》曰:"己巳,日有蚀之。何以书? 记异也。"笔削,孔子作《春
　　秋》确立的纪事原则。笔指记载史实,削指删除史实。

⑰《左氏》遂广妖祥:《左传·庄公十四年》记载蛇斗于郑;《左传·

昭公八年》记载石语于晋；等等。

⑱《易》与天地准，故能弥纶天地之道：语出《周易·系辞上》。韩康
伯《注》曰："作《易》以准天地。"准，平物的量器，意为准则。

【译文】

形象包括的范围广泛，不只是《易经》而已，六经无不兼容形象；它
是道的本体将要表露却还没有明显的东西。雎鸠象征美好的配偶，向
下弯曲的树木象征贞静善良的妇女，甚至熊、蛇预兆生男生女，这是形
象贯通于《诗经》。用五行代表五事，用箕星、毕星验证风雨，甚至傅说
的容貌进入天帝赐予武丁辅弼的梦境，这是形象贯通于《尚书》。上古
的官名用云、鸟作标记，《周礼》的官名效法天地四季，以至于用龙形、雉
形等图案文饰礼服，用熊、虎作为箭靶的图画，这是形象贯通于《周礼》。
歌曲协调阴阳之气，乐舞分文舞、武舞，以至于听磬声便想到边疆死事
功臣，听鼓声便思念征战将帅，这是形象贯通于《乐经》。孔子纪事不舍
弃自然灾害和特异现象的资料，《左传》于是广泛记录吉凶预兆，这是形
象贯通于《春秋》。《易经》与天地比肩，所以能够包容天地间的道理。
万事万物，当它们由静态转向动态的时候，形迹虽没有彰显而形象却显
现出来。所以道的本体不可能被窥见，人们探求道而隐隐约约见到的
东西，那都是它的形象。

有天地自然之象，有人心营构之象①。天地自然之象，
《说卦》为天为圜诸条②，约略足以尽之。人心营构之象，睽
车之载鬼③，翰音之登天④，意之所至，无不可也。然而心虚
用灵，人累于天地之间⑤，不能不受阴阳之消息⑥；心之营构，
则情之变易为之也⑦。情之变易，感于人世之接构⑧，而乘于
阴阳倚伏为之也⑨。是则人心营构之象，亦出天地自然之
象也。

【注释】

①营构：语出萧子显《南齐书》卷九《礼志》："前代帝皇，岂于上天之祀而昧营构？所不为者，深有情意。"意为经营结构。

②《说卦》为天为圆诸条：语出《周易·说卦》："乾为天，为圆，为君，为父，为玉，为金，为寒，为冰，为大赤，为良马，为老马，为瘠马，为驳马，为木果。"《说卦》，《易传》中的篇名，内容为解释八卦的性质和卦象。

③暌车之载鬼：据《周易·暌卦》记载："上九，暌孤，见豕负涂，载鬼一车。先张之弧，后说之弧，匪寇婚媾，往遇雨则吉。"涂，泥巴。说，通"脱"。

④翰音之登天：据《易周·中孚》记载："上九，翰音登于天，贞凶。"翰音，鸡鸣之声。

⑤累(lěi)：聚积，系累。

⑥消息：语出《周易·丰卦》："日中则仄，月盈则食。天地盈虚，与时消息。"意为一消一长，互为更替。

⑦情：语出王充《论衡》卷三《初禀》："情，接于物而然者也。"意为情感。

⑧接构：语出薛居正《旧五代史》卷一百二十五《高允权传》："[高绍基]乃杀[李]彬，绉奏云：'彬接构内外，谋杀都指挥使及行军副使，自据城池。'"意为接触，交往。

⑨倚伏：语出《老子》："祸兮，福之所倚；福兮，祸之所伏。"简称"倚伏"。倚，依托。伏，隐藏。意谓祸福相因，互相转化。

【译文】

有天地间自然形成的形象，也有人心中意想出来的形象。关于天地间自然形成的形象，《说卦》中"乾"为天为圆各条卦象，大略可以把它们完全包括了。关于人心意想出来的形象，《暌卦》里说大车里满载着鬼，《中孚》里说鸡鸣声传入天空，心意能够想到的地方，没有什么不可

以的事情。但是心本空虚而功用灵妙，人束缚于天地之间，不能不受到
阴阳之气消长的影响；人心意想的形象，则是情感变化所造成的结果。
情感的变化，是感触于人世的交往，凭借阴阳之气的转化而产生的结
果。那么人心意想出来的形象，也是来自于天地间自然形成的形象。

　　《易》象虽包六艺，与《诗》之比兴，尤为表里。夫《诗》之
流别，盛于战国人文，所谓长于讽喻，不学《诗》，则无以言
也。详《诗教》篇。然战国之文，深于比兴，即其深于取象者
也。《庄》、《列》之寓言也①，则触蛮可以立国②，蕉鹿可以听
讼③。《离骚》之抒愤也④，则帝阙可上九天⑤，鬼情可察九
地⑥。他若纵横驰说之士⑦，飞钳捭阖之流⑧，徙蛇引虎之营
谋⑨，桃梗土偶之问答⑩，愈出愈奇，不可思议。然而指迷从
道，固有其功；饰奸售欺，亦受其毒。故人心营构之象，有吉
有凶；宜察天地自然之象，而衷之以理，此《易》教之所以范
天下也。

【注释】

①《庄》、《列》：《庄》即《庄子》，战国时期道家代表人物庄周及其后
　　学的著作。原有五十二篇，现存三十三篇。《列》即《列子》，相传
　　为战国时期列御寇所著。今本后人疑为伪作。

②触蛮可以立国：《庄子·则阳》一则寓言说，有个国家建立在蜗牛
　　的左角上，叫做触氏；还有个国家建立在蜗牛的右角上，叫做蛮
　　氏，经常为争夺地盘而发生战争，死伤数万人，获胜一方追击败
　　兵，十五天才能够返回。

③蕉鹿可以听讼：《列子·周穆王》一则寓言说，郑国有个樵夫在野
　　外砍柴时遇到一头惊鹿，因防御而把鹿打死，又害怕被人看见，

就用芭蕉叶覆盖隐藏起来。后来忘记了藏匿的地方,就以为是做梦,顺路扬言此事,被别人听到,这个人按照樵夫的叙述找到了鹿。当天夜里,樵夫又梦见了藏鹿的地方,还梦见了得到鹿的那个人。次日清晨,樵夫根据梦境找到那个人,双方发生争执,到法官那里去告状。

④《离骚》:战国时期楚国诗人屈原的作品,善于抒发忧愤之情,被世人称为骚体。

⑤帝阙可上九天:语出屈原《离骚》:"指九天以为正兮,夫惟灵修之故也……吾令帝阍开关兮,倚阊阖而望予。"帝阙,天帝的宫门。九天,天的极高处。

⑥鬼情可察九地:语出屈原《招魂》:"魂兮归来,君无下此幽都些。"鬼情,鬼魂。九地,形容地下极深处。

⑦纵横驰说(shuì):语出司马迁《史记》卷六十五《吴起列传》:"要在强兵,破驰说之言从横者。"从横,纵横,战国时期的合纵与连横。合纵即山东六国联合抗秦,连横即秦联合一国而分化六国。驰说,苏秦、张仪等纵横家往来游说各国国君合纵或连横的行为。

⑧飞钳捭阖(bǎi hé):语出宋代王钦若等编《册府元龟》卷八百八十六《游说部》:"周室既衰,群雄竞逐,繇是坚白同异、矫尾厉角、飞钳捭阖、长短纵横之术起焉。"飞钳,游说时像钳子一样抓住对方心理的方法。捭阖,开合,游说时一擒一纵施展策略的方法。

⑨徙蛇引虎:徙蛇是范蠡游说齐相田成子的寓言。据《韩非子·说林上》记载,沼泽干枯,生活于其中的蛇将迁徙到别处,小蛇对大蛇说,我如果跟在你后面,人们就以为是蛇在爬行,会把你杀掉,不如咱俩相互衔着嘴,你背负我而行,人们就会认为我是神君而不敢加害。于是它们就这样穿越公路,见到的人都认为是神君,争先恐后避让。引虎是江一对楚昭王说的一则寓言。据《战国策·楚策一》记载,老虎捕捉各种野兽来吃,抓到了狐狸,狐狸多

对老虎说,天帝派我来掌管百兽,你怎么敢吃我呢? 老虎不信,
狐狸让老虎跟在自己后面走,看看野兽们是否害怕狐狸。野兽
们看见老虎来了,纷纷逃跑。老虎以为是它们害怕狐狸而逃避,
就把狐狸放了。

⑩桃梗土偶:苏秦游说齐国孟尝君不要去秦国的一则寓言。据《战
国策·齐策三》记载,苏秦路过淄水,见到土偶和桃梗对话。桃
梗对土偶说,你是西岸之土做成的人,到了雨季淄水上涨,你就
残破了。土偶说,我是淄水西岸之土,尽管残破了,仍然回归西
岸;你是淄水东部国家桃梗做成的人,如果淄水上涨把你漂走,
你将会漂流得无家可归!

【译文】

《周易》的卦象虽然包括了六经,但和《诗经》的比兴,更加表里相
应。《诗经》的流传,在战国时人们的文章里非常兴盛,正像人们所说的
善于讽喻,不学《诗经》,就没办法答对。详见《诗教》篇。这样一来战国
时期的文章精于比兴,也就在于它们精于选取形象。《庄子》、《列子》中
的寓言,蜗牛角上可以建立触国、蛮国,蕉叶覆盖死鹿可以引起诉讼。
《离骚》里抒发愤怨,叩天帝宫门可以直上九天,探寻鬼的情况可以察看
地府。其他像以合纵、连横的学说游说诸侯的策士,用飞钳、捭阖的办
法抓住人心的说客,蛇徙装神、狐假虎威的计谋,桃梗人与土偶人的问
答,议论越来越玄妙,简直不可思议。然而指点迷途走上正道,固然有
它们的功绩;掩饰奸邪施展骗术,人们也受到它们的毒害。所以人心意
想的形象,有的吉祥有的凶恶;应当考察天地间自然形成的形象,再用
事理把意象折中到恰当程度,这就是《周易》教化能够垂范天下的原因。

　　诸子百家,不衷大道,其所以持之有故而言之成理者,
则以本原所出,皆不外于《周官》之典守。其支离而不合道
者,师失官守,末流之学,各以私意恣其说尔。非于先王之

道,全无所得,而自树一家之学也。至于佛氏之学①,来自西域②,毋论彼非世官典守之遗,且亦生于中国,言语不通,没于中国,文字未达也。然其所言与其文字,持之有故而言之成理者,殆较诸子百家为尤盛。反复审之,而知其本原出于《易》教也。盖其所谓心、性、理、道,名目有殊,推其义指,初不异于圣人之言。其异于圣人者,惟舍事物而别见有所谓道尔。至于丈六金身③,庄严色相④,以至天堂清明,地狱阴惨,天女散花⑤,夜叉披发⑥,种种诡幻,非人所见,儒者斥之为妄,不知彼以象教,不啻《易》之龙血玄黄⑦,张弧载鬼⑧。是以阎摩变相⑨,皆即人心营构之象而言,非彼造作诳诬以惑世也。至于末流失传,凿而实之,夫妇之愚,偶见形于形凭于声者,而附会出之,遂谓光天之下⑩,别有境焉。儒者又不察其本末,攘臂以争,愤若不共戴天⑪,而不知非其实也。令彼所学,与夫文字之所指拟,但切入于人伦之所日用,即圣人之道也。以象为教,非无本也。

【注释】

①佛氏之学:佛教,公元前6至前5世纪古印度迦毗罗卫国王子乔达摩·悉达多(即释迦牟尼)创立。与基督教、伊斯兰教并称世界三大宗教。东汉末年传入中国,形成许多教派,至隋、唐达到鼎盛,对中国文化、社会生活产生了很大影响。

②西域:汉代以后对河西走廊以西地区的总称。狭义指葱岭以东,玉门关、阳关以西地区。广义指亚洲中西部、印度半岛、欧洲东部和非洲北部地区。

③丈六金身:语出范晔《后汉书》卷一百一十八《西域传》:"明帝梦

见金人长大,顶有光明,以问群臣。或曰:西方有神,名曰佛,其

形长丈六尺而黄金色。"佛经上说佛高一丈六尺,全身金黄色。

④色相:语出《法华经》:"诸佛身金色,百福相庄严。"佛教指一切事

物的形状外貌。

⑤天女散花:佛教故事。据《维摩经·观众生品》记载,维摩诘室有

一天女,用天花撒向诸菩萨与大弟子身上,来验证他们的向佛之

心,结果花撒在诸菩萨身上,全部坠落;大弟子因结习未尽,花即

着身不落。

⑥夜叉:梵语,又译阅叉、药叉。佛经中一种形象凶恶的鬼,位列天

龙八部众神之一。

⑦龙血玄黄:据《周易·坤卦》记载:"上六,龙战于野,其血玄黄。"

玄,天的深青色;黄,地的黄色。

⑧张弧载鬼:据《周易·睽卦》记载:"上九,睽孤,见豕负涂,载鬼一

车。先张之弧,后说之弧,匪寇婚媾,往遇雨则吉。"

⑨阎摩变相:阎摩即阎罗,梵语音译全称为"阎摩罗阇"。变相,佛

教绘画中描绘的佛像以及经文中的变异之事,也称经变。

⑩光天:语出《尚书·益稷》:"禹曰:'俞哉帝!光天之下,至于海隅

苍生。"意为光辉达于天下。

⑪不共戴天:语出《礼记·曲礼上》:"父之仇,弗与共戴天。"即不共

存于人世间,比喻仇恨极深。

【译文】

诸子百家学说,不能用"道"的最高标准折中到适当程度,然而它们

的主张有根据、言论有道理的原因,就在于它们产生的根源,都不超出

《周礼》各官职掌的范围。其中支离破碎而不符合道的内容,是因为官

师失去职位,而离开本原已远的学派,而又各自凭借个人的心意肆意发挥

自己的学说。并不是对于上古君王的道理,完全没有得到,而私自树立

的一家学说。至于佛教的学说,来自西方境地,且不说它不是世袭官职

职掌所遗留的学问,只就它进入中国后而言,语言互不相通,淹没在中国本土,文字不能够表达。但是佛教所说的教义和它的文字,主张有根据、言论有道理的内容,大概比起诸子百家来更加盛行。反复地详细考察,然后知道它的根源出于《易》教。佛教所说的心、性、理、道,名称与条目都和儒家有所不同,然而推究它们的意义和宗旨,原本与圣人的言论并没有什么不同。佛教与圣人不同的地方,只是抛开具体的事物而另外宣扬他们所说的"道"罢了。至于说佛有丈六金身,庄严的外貌,以至于说天堂清净光明,地狱阴暗凄惨,天女现身散花,夜叉披头散发,种种奇异变幻的景象,都不是人们见过的东西,儒者指责它们荒诞妖妄,不知道这是佛教以形象设教,和《周易》所说的龙交战流出青色与黄色的血,张弓射车上装载的鬼没什么两样。所以阎罗王地狱中描绘的种种变异形象,都是根据人的心意设想出的形象而言,而不是佛教编造出来欺骗和迷惑世人。到后代的宗派失去真传,穿凿附会而把它们指实,而那些愚夫愚妇,偶然见到显现出形状、依附着声音的奇异东西,就附会为真实的事渲染出来,于是说光明的天空之下还有别样境界。儒家学者又不考察那些言论的形成过程,捋起袖子伸出胳膊来争辩,愤怒得好像不共戴天,却不知道那并不是佛教的真实情况。假使让佛教徒所学的内容与文字所指称模拟的东西,符合贴近人际关系和日常应用的事物,那就是圣人的道了。用形象来进行教化,并不是没有根据的事情。

　　《易》象通于《诗》之比兴;《易》辞通于《春秋》之例。严天泽之分①,则二多誉,四多惧焉②。谨治乱之际,则阳君子,阴小人也③。杜微渐之端,《姤》一阴,而已惕女壮④。《临》二阳,而即虑八月焉⑤。慎名器之假⑥,五戒阴柔,三多危惕焉⑦。至于四德,尊元而无异称⑧,亨有小亨⑨,利贞有小利贞⑩,贞有贞吉贞凶⑪,吉有元吉⑫,悔有悔亡⑬,咎有无咎⑭,一字出入,谨严甚于《春秋》。盖圣人于天人之际,以谓甚可畏也⑮。《易》以天道而切人事,《春秋》以人事而协天道,其义例之见于文辞,圣人有戒心焉。

【注释】

①天泽之分:据《周易·履卦》记载:"上天下泽,履。君子以辩上下,定民志。"意为天高泽卑,有上下之分。

②二多誉,四多惧:据《周易·系辞下》记载:"二与四,同功而异位,其善不同,二多誉,四多惧,近也。"一卦六爻,阴爻处于臣位,从下往上数,第二爻在下,安稳远嫌,故多誉;第四爻在上,逼近君位,故多惧。

③阳君子,阴小人:据《周易·系辞下》记载:"阳卦多阴,阴卦多阳……其德行何也? 阳一君而二民,君子之道也。阴二君而一民,小人之道也。"八卦分为阳卦和阴卦两种,阳卦如震、坎,包含一阳爻二阴爻,象征一君二民;阴卦如巽、离,一阴二阳,象征二君一民。

④《姤》(gòu)一阴,而已惕女壮:《周易·姤卦》巽下乾上,从下往上数,第一爻为阴爻,故曰一阴。卦辞曰:"女壮,勿用取女。"姤,遇也。卦象一阴爻而五阳爻,比于人事,象征一女而遇五男,女壮至极,故戒毋娶此女。

⑤《临》二阳,而即虑八月:《周易·临卦》兑下坤上,从下往上数,第一、二两爻为阳爻,故说二阳。卦辞曰:"元亨利贞,至于八月有凶。"临,阴历十二月,二阳生。阳为君子,阳盛阴退,象征君子道长。七月三阴盛,阴为小人,象征君子道消。八月君子道消,小人道长,故有凶而忧虑。

⑥慎名器之假:语出《左传·成公二年》:"唯器与名,不可以假人。"

器,舆服等器物。名,爵位等称号。因其各有相应的等级,故不
可以随便假借。

⑦五戒阴柔,三多危惕:据《周易·系辞下》记载:"三与五,同功而
异位,三多凶,五多功,贵贱之等也。其柔危,其刚胜邪!"一卦六
爻,阳爻处于君位,从下往上数,第三爻在下,卑微危险,故多凶;
第五爻在上,尊贵显赫,故多功。所以第五爻应当为阳爻,警惕
不要以阴爻居于其位。

⑧尊元:据《周易·乾卦》记载:"乾,元亨利贞。"元,善;亨,通;利,
和;贞,正。八卦始于乾坤,六十四卦生于八卦,元亨利贞四德,
总括其要不过元而已,故曰尊元。

⑨小亨:据《周易·旅卦》记载:"小亨。"羁旅之人,仅图自保,不甚
光大,故曰小亨。

⑩小利贞:据《周易·遁卦》记载:"亨,小利贞。"阴柔开始渐长,阳
道尚未全灭。

⑪贞吉贞凶:据明代焦循《易通释》卷一曰:"《经》称贞吉二十
四……称贞凶九。"

⑫元吉:据《周易·坤卦》记载:"六五,黄裳元吉。"元,大也。以其
德能大,故得大吉。

⑬悔亡:据焦循《易通释》卷二曰:"按《易》爻称悔亡十八……而《象
辞》止《革》一卦称悔亡。"

⑭无咎:据焦循《易通释》卷二曰:"按《易》象称无咎者八,爻称无咎
者八十五。"

⑮盖圣人于天人之际,以谓甚可畏也:语出班固《汉书》卷五十六
《董仲舒传》:"臣谨按《春秋》之中,视前世已行之事,以观天人相
与之际,甚可畏也。"天人之际,天道与人事之间的关系。

【译文】

《周易》的卦象与《诗经》的比兴相通,《周易》的文辞与《春秋》的凡

例相通。严格区别天和泽的上下分界,就出现卦中第二爻多美誉,第四爻多恐惧。谨慎对待治与乱交替的关系,就出现阳卦属君子,阴卦为小人。杜防微渐的端绪,遇《姤卦》一阴,就已经担心女人壮盛。遇《临卦》二阳,就已经忧虑八月有祸。慎重对待权位的归属,就出现卦中第五爻须防备阴柔,而第三爻则多忧惧。至于"四德",以"元"为尊而没有异议,"亨"有"小亨","利贞"有"小利贞","贞"有"贞吉"、"贞凶","吉"有"元吉","悔"有"悔亡","咎"有"无咎",一个字的增与减,比《春秋》还要谨严。大概圣人对于天道和人事间的关系,认为应当很敬畏地对待。《周易》用天道来切合人事,《春秋》用人事来协和天道,它们的宗旨与凡例通过文辞表现出来,说明圣人在这方面有戒惧之心。

书教上

《书教》三篇,阐述中国古代史学特别是史书体裁发展与《尚书》之间的关系,是章学诚晚年撰写的比较成熟的史学理论篇章。他首先考察了上古三代与秦、汉以下史书体裁的嬗变和异同,揭示出由《尚书》到《史记》、《汉书》的传承和演变轨迹,批驳了前人强分记言、记事两种体裁和记言体出于《尚书》、记事体出于《春秋》的错误认识,提出编年、纪传同出《春秋》的见解。其次,他把古今史籍区分为记注和撰述两大部类,并借用《易经》中的"圆神"和"方智"两个范畴加以概括,强调必须认清两者的功能和性质,不能彼此混淆,更不能相互替代。章学诚由此进一步探讨了史书编撰中如何恰当处理文章奏议、掌故典制和史书纪传之间的关系,提出史书编纂不能一概而收,应当具备撰述和记注两家之学。最后,章学诚通过考察史书体裁演变的源流,认为编年、纪传、典制三种体裁各有利弊,只能相互共存,却不能相互取代,而南宋袁枢创立的纪事本末体则继承了《尚书》的教义,并吸收了各种体裁的长处,达到了体圆用神的效果。在此基础上,章学诚提出了创新史书体裁的设想,用本纪记载一代军国大事,列传采用纪事本末的义例分专题记载典章制度、诏诰章奏、人物生平等内容,删除原来的书志体例;改造过去史书中的年表,编撰人表;另外增加图,以便记载那些用文字无法完全表述清楚的名物度数，形成了新的综合体裁。他提出的关于史书体裁的理论观点，达到了中国传统史学中的最高水平，开近现代史家用综合体裁编撰历史的先河。当然，章学诚不恰当地拔高了《尚书》的作用，把史书体裁的发展看作简单循环地向《尚书》回归，而对袁枢《通鉴纪事本末》的评价未免过低，这些都成为其理论的局限性。

　　《周官》外史①，掌三皇五帝之书。今存虞、夏、商、周之策而已②，五帝仅有二③，而三皇无闻焉。左氏所谓《三坟》、《五典》④，今不可知，未知即是其书否也？以三王之誓、诰、贡、范诸篇⑤，推测三皇诸帝之义例，则上古简质，结绳未远，文字肇兴⑥，书取足以达微隐通形名而已矣⑦。因事命篇，本无成法，不得如后史之方圆求备，拘于一定之名义者也。夫子叙而述之，取其疏通知远⑧，足以垂教矣。世儒不达，以谓史家之初祖，实在《尚书》，因取后代一成之史法，纷纷拟《书》者，皆妄也。

【注释】

①外史：据《周礼·春官》记载，外史执掌书写朝廷对地方发布的政令，主管各诸侯国史册以及三皇五帝之书。

②虞、夏、商、周之策：《尚书》中包括《虞书》、《夏书》、《商书》和《周书》的简册。策，用绳子穿起来的竹简，用于书写文字。

③五帝仅有二：我国最早的史料《尚书》里保存了《尧典》和《舜典》两篇，仅仅记载了五帝之中唐尧、虞舜二人的事迹，其他三人则没有记载。

④《三坟》、《五典》：语出《左传·昭公十二年》："左史倚相趋过，王曰：'是良史也，子善视之。是能读《三坟》、《五典》、《八索》、《九

丘》。'"传说中的三皇五帝之书。据孔颖达《尚书正义》引孔安国《尚书序》曰:"伏羲、神农、黄帝之书,谓之《三坟》,言大道也。少昊、颛顼、高辛、唐、虞之书,谓之《五典》,言常道也。"而不知道具体内容。

⑤誓、诰、贡、范:《尚书》中的篇名,如《甘誓》、《召诰》、《禹贡》、《洪范》等篇。

⑥文字肇(zhào)兴:语出《世本·作篇》:"仓颉造文字。"肇兴,开始产生。

⑦达微隐通形名:揭示隐微而疏通形名。达,揭明。微隐,微细而隐幽。通,疏通。形名,形状和名称。

⑧疏通知远:语出《礼记·经解》:"疏通知远,《书》教也。"

【译文】

《周礼》的外史一职,掌管三皇五帝的典籍。现在仅存留下虞舜、夏、商、周的简册而已,五帝中只剩下尧、舜两人的典籍,而三皇的典籍则没有传闻了。《左传》里所说的《三坟》、《五典》,今天已经不能弄清楚了,不知道是否就是外史所掌管的书籍? 以夏、商、周三代诸王的誓、诰、贡、范等篇,来推测三皇五帝典籍的体例,那么上古时代简约质朴,离开用绳子打结以记事的年代不久,文字刚刚产生,典籍的作用只是能够表达隐约的意思、传达事物的形状和名称罢了。根据事情而写成篇章,本来就没有既定方法,不可能像后代撰修史书那样面面俱到追求完备,受固定的名义和形式所限制。孔夫子编排而叙述《尚书》,是利用它通达博古的性质,完全能够传布教化。世俗的儒者不明白这个道理,而是认为史家编撰历史著作的鼻祖,实际是《尚书》,于是拿后代固定不变的修史方法,纷纷模拟《尚书》而作史,这都是荒谬的做法。

　　三代以上之为史①,与三代以下之为史,其同异之故可知也②。三代以上,记注有成法③,而撰述无定名④;三代以下,撰述有定名,而记注无成法。夫记注无成法,则取材也难;撰述有定名,则成书也易。成书易,则文胜质矣⑤。取材难,则伪乱真矣。伪乱真而文胜质,史学不亡而亡矣。良史之才⑥,间世一出⑦,补偏救弊,愈且不支。非后人学识不如前人,《周官》之法亡,而《尚书》之教绝,其势不得不然也。

【注释】

①三代:中国古代夏(前21世纪—前16世纪)、商(前16世纪—前11世纪)、西周(前11世纪—前771)三个王朝。

②同异:此处偏重于异,指差异。

③记注:语出杜预《春秋左传序》:"诸所记注,多违旧章。"指史家对史实的记载、收集和编录。

④撰述:据刘知几《史通》卷十一《史官建置》曰:"书事记言,语出当时之简;勒成删定,归于后来之笔。"指史家熔铸史料而撰写具有宗旨的著作。

⑤文胜质:语出《论语·雍也》:"子曰:'质胜文则野,文胜质则史。文质彬彬,然后君子。'"文,文章的辞藻、文采。质,文章的内容、实质。

⑥良史:语出《左传·宣公二年》:"孔子曰:'董狐,古之良史也,书法不隐。'"即具备良好史学素养和专业特长的优秀史家。

⑦间(jiàn)世:语出萧子显《南齐书》卷四十三《江敩传》:"间世立后,礼无其文。"间,间隔、间断。

【译文】

三代以上撰修史书,与三代以下撰修史书,它们互不相同的缘故可以探知。三代以上,记注有一定的方法,而撰述没有固定的名称;三代以下,撰述有固定的名称,而记注没有一定的方法。记注没有一定的方法,搜集材料就困难;撰述有固定的名称,编成书籍就容易。编成书籍容易,文辞就胜过实质了。搜集材料困难,虚假就淆乱真实了。虚假淆乱真实而文辞胜过实质,史学表面上没有消亡而实际上却消亡了。优秀的史学人才,隔世才出现一个,却为弥补偏差和挽救弊端,感到疲乏不堪而无法支撑。并不是后人的学识比不上前人,是因为《周礼》的制度消亡,《尚书》的教化断绝,其形势不得不这样。

　　《周官》三百六十①,具天下之纤析矣②,然法具于官,而官守其书。观于六卿联事之义③,而知古人之于典籍,不惮繁复周悉,以为记注之备也。即如六典之文④,繁委如是⑤,太宰掌之⑥,小宰副之⑦,司会、司书、太史又为各掌其贰⑧,则六典之文,盖五倍其副贰,而存之于掌故焉⑨。其他篇籍,亦当称是⑩。是则一官失其守,一典出于水火之不虞⑪,他司皆得藉征于副策⑫。斯非记注之成法,详于后世欤?汉至元、成之间⑬,典籍可谓备矣。然刘氏《七略》⑭,虽溯六典之流别,亦已不能具其官;而律令藏于法曹⑮,章程存于故府⑯,朝仪守于太常者⑰,不闻石渠、天禄别储副贰⑱,以备校司之讨论,可谓无成法矣。汉治最为近古,而荒略如此,又何怪乎后世之文章典故⑲,杂乱而无序也哉?

【注释】

①《周官》三百六十:《周礼》六卿,各有属官六十,共计三百六十官。

②纤析:也作"纤悉",细微详尽。

③六卿联事:《周礼》六卿连事通职,相互辅佐,国有大事,一官不能独治,则六卿共举其职。

④六典:据《周礼·天官》记载:太宰、小宰、司会、司书、太史均掌建

邦之六典,一曰治典,二曰教典,三曰礼典,四曰政典,五曰刑典,六曰事典。

⑤繁委:繁复累积。

⑥太宰:又名冢宰,《周礼》六卿之一,掌建邦之六典,辅佐帝王,统领百官。

⑦小宰:太宰副职,掌管六典、八法、八则,以及邦国都鄙官府之治。

⑧司会、司书、太史:司会掌管六典、八法、八则,以及财用,考核官员政绩。司书掌管六典、八法、八则、九职、九正、九事,以及邦国版图,财物出纳。太史掌管六典,治理国家,负责典籍、历法、祭祀等事。

⑨掌故:语出班固《汉书》卷五十七下《司马相如传》:"宜命掌故悉奏其仪而览焉。"颜师古《注》曰:"掌故,太常官属,主故事者。"汉代官名,掌管礼乐制度等故事。也指国家的故事,即旧制旧例。

⑩称(chèn):相当,符合。

⑪不虞:语出《诗经·大雅·抑》:"用戒不虞。"郑玄《笺》曰:"用备不亿度而至之事。"指没有料到的事情。

⑫藉:通"借"。

⑬元、成:西汉元帝和成帝。汉元帝刘奭,公元前48—前33年在位。汉成帝刘骜,公元前32—前7年在位。

⑭刘氏《七略》:刘氏即刘向和刘歆。汉成帝时,书籍颇多散亡,命刘向等人校理皇家藏书,每一书校毕,刘向都条列篇目,撮录旨意。刘向死后,汉哀帝又命其子刘歆继承父业,总群书而成《七略》,包括《辑略》、《六艺略》、《诸子略》、《诗赋略》、《兵书略》、《术数略》、《方技略》七篇,是我国第一部图书分类目录。

⑮法曹:语出范晔《后汉书》卷三十四《百官志》:"法曹主邮驿科程事。"汉代指主管邮递事务的官署。汉代以后则称司法官署或法官为法曹。

⑯故府：语出《左传·定公元年》："士弥牟曰：'晋之从政者新。子姑受功归，吾视诸故府。'"即古代掌故之官的官署。

⑰太常：据班固《汉书》卷十九上《百官公卿表》记载："奉常，秦官，掌宗庙礼仪。有丞。景帝中六年，更名太常。"汉代九卿之一，掌管宗庙礼仪之事。

⑱石渠、天禄：语出范晔《后汉书》卷七十上《班彪传》："又有天禄、石渠典籍之府。"李贤《注》曰："《三辅故事》曰：'天禄、石渠，并阁名，在未央宫北，以阁秘书。'"即石渠阁与天禄阁，汉代设在长安城内的国家藏书处所。

⑲典故：语出范晔《后汉书》卷七十二《东平宪王苍传》："每赐谠见，辄兴席改容；中官亲拜，事过典故。"指常例、典制和掌故。

【译文】

《周礼》记载的三百六十个官职，具备了天下的详细事情，但是法度完备地存于官府，由官员掌管那些典籍。只要看看六卿联合办事的规则，就知道古人对于国家文献，不怕纷繁复杂、周备详细，用来作为记注的完备资料。就拿六典的文字来说，如此繁复累积，太宰主管，小宰辅佐，司会、司书、太史又各自为长官掌管副本，那么六典的文字，大概就有五倍的副本，保存在掌故那里。其他的文献，也应当如此。这样一来如果有一个官职失去自己的职守，有一部典籍遭受意料不到的水火灾害，其他官署都可以在副本中获得材料。这不就是记注的固定方法，比后世详细周密吗？汉代到元帝、成帝的时候，典籍可以说是完备了。然而刘氏父子的《七略》，虽然上溯六典的类别，也已经不能详细记载各类典籍完备地存于哪个官府；而法律诏令收藏在司法机构，制度故事存放在掌故府库，朝廷礼仪由太常主管保存，没有听说在石渠阁、天禄阁等藏书之处另外储存副本，用来预备校勘机构的搜讨商榷，可以说是没有固定的方法了。汉代政治最接近上古三代，却这样弃置苟简，又何必奇怪后代的文章和朝廷的典章故事，杂乱而没有秩序呢？

孟子曰①:"王者之迹息而《诗》亡;《诗》亡然后《春秋》作。"②盖言王化之不行也,推原《春秋》之用也。不知《周官》之法废而《书》亡,《书》亡而后《春秋》作。则言王章之不立也,可识《春秋》之体也。何谓《周官》之法废而《书》亡哉?盖《官礼》制密,而后记注有成法;记注有成法,而后撰述可以无定名。以谓纤悉委备,有司具有成书,而吾特举其重且大者,笔而著之,以示帝王经世之大略;而典、谟、训、诰、贡、范、官、刑之属③,详略去取,惟意所命,不必著为一定之例焉,斯《尚书》之所以经世也。至《官礼》废,而注记不足备其全;《春秋》比事以属辞④,而左氏不能不取百司之掌故,与夫百国之宝书⑤,以备其事之始末,其势有然也。马、班以下⑥,演左氏而益畅其支焉。所谓记注无成法,而撰述不能不有定名也。故曰:王者迹息而《诗》亡,见《春秋》之用;《周官》法废而《书》亡,见《春秋》之体也。

【注释】

①孟子:孟轲(约前372—前289),字子舆,战国时期鲁国邹(今山东邹城东南)人。主张仁政学说,提倡性善论和良知良能,对宋儒产生很大影响,被他们推尊为孔子之后道统的继承人,有"亚圣"之名。

②王者之迹息而《诗》亡;《诗》亡然后《春秋》作:语出《孟子·离娄下》。王者之迹息,周平王东迁,王命号令不行于诸侯,大一统局面结束。

③典、谟、训、诰、贡、范、官、刑:《尚书》中的篇名,如《尧典》、《大禹谟》、《伊训》、《大诰》、《禹贡》、《洪范》、《周官》、《吕刑》等篇。

④比事以属(zhǔ)辞：语出《礼记·经解》："属辞比事,《春秋》教也。"比事,按照一定的书法义例把发生在不同时间和不同地域的历史事实记载下来。属辞,运用具有不同含义的语词对历史事实加以褒贬。

⑤百国之宝书：语出《公羊传》何休《疏》："闵因叙云：昔孔子受端门之命,制《春秋》之义,使子夏等十四人求周史记,得百二十国宝书。"相传孔子修《春秋》,西观周室,得到周史记和一百二十国史书。泛指各诸侯国国史。

⑥马、班：马指司马迁(约前145或前135—?),字子长,西汉左冯翊夏阳(今陕西韩城南)人。著有《太史公书》(后通称《史记》),开创出纪传体通史史书体裁。班指班固(32—92),字孟坚,东汉扶风安陵(今陕西咸阳东北)人。著有《汉书》,开创出纪传体断代史史书体裁。

【译文】

孟子说："圣王的功绩灭绝后《诗》就消亡；《诗》消亡之后《春秋》就出现。"大概是说圣王的教化不能推行,以此来探究《春秋》的作用。他不知道《周礼》的制度废弃后《尚书》便消亡,《尚书》消亡之后《春秋》便产生。这是说圣王的典章制度荡然无存,由此可以认识《春秋》的体裁。什么叫《周礼》的制度废弃而《尚书》消亡呢？大概周礼的体制规模严密,然后记注有固定的方法；记注有固定的方法,然后撰述可以没有确定的名称。当时人们认为记注资料详细完备,官署里完整保存着已修成的典籍,我只要选取那些重大材料,记录下来加以撰述,以显示帝王治理国家的远大谋略；而典、谟、训、诰、贡、范、官、刑等类,文字或详或略、资料或弃或取,只按照意愿去剪裁,不必标明确定的凡例,这就是《尚书》能够治理国家的原因。到周礼制度被废弃以后,记注不能够提供齐全的资料；《春秋》排比史事褒贬历史,而《左传》不得不取用各官署的故事,与各国的史书,用来完备历史事件的首尾过程,这是形势造成这样的局面。司马迁、班固以下，推广《左传》的方法而使得这一支派更加兴盛。这就是所说的记注没有固定的方法，而撰述不得不有确定的名称。所以说：圣王的功绩灭绝后《诗》就消亡，可以认识《春秋》的作用；《周礼》的制度废弃后《尚书》便消亡，可以认识《春秋》的体裁。

　　《记》曰："左史记言，右史记动。"①其职不见于《周官》，其书不传于后世，殆礼家之愆文欤②？后儒不察，而以《尚书》分属记言，《春秋》分属记事③，则失之甚也。夫《春秋》不能舍传而空存其事目④，则左氏所记之言，不啻千万矣。《尚书》典谟之篇，记事而言亦具焉；训诰之篇，记言而事亦见焉。古人事见于言，言以为事，未尝分事言为二物也。刘知几以二典、贡、范诸篇之错出，转讥《尚书》义例之不纯⑤，毋乃因后世之空言⑥，而疑古人之实事乎！《记》曰："疏通知远，《书》教也。"⑦岂曰记言之谓哉？

【注释】

①左史记言，右史记动：语出班固《汉书》卷三十《艺文志》："左史记言，右史记事。"而据《礼记·玉藻》记载："动则左史书之，言则右史书之。"章学诚此处征引有误。

②愆(qiān)文：错误文字。譬如因串简而导致的过错。

③后儒不察，而以《尚书》分属记言，《春秋》分属记事：语出荀悦《申鉴》卷二《时事》："古者，天子、诸侯有事必告于庙，朝有二史，左史记言，右史记动（按《汉书》作'事'字。《玉藻》曰：'卒食，玄端而居。动则左史书之，言则右史书之。'）动为《春秋》（《春秋》记事），言为《尚书》（《尚书》记言）。"

④夫《春秋》不能舍传(zhuàn)而空存其事目：传是对经文注疏释义

的文字,例如解释《春秋》的《左传》、《公羊传》和《穀梁传》。《春秋》纪事简约,每件事实仅仅记载一条要目,如果没有《左传》作参考,就不清楚事件的内容。

⑤刘知几以二典、贡、范诸篇之错出,转讥《尚书》义例之不纯:语出刘知几《史通》卷一《六家》:"盖《书》之所主,本于号令,所以宣王道之正义,发话言于臣下,故其所载皆典、谟、训、诰、誓、命之文。至如《尧》、《舜》二典,直叙人事,《禹贡》一篇,惟言地理,《洪范》总述灾祥,《顾命》都陈丧礼,兹亦为例不纯者也。"刘知几(661—721),字子玄,唐代彭城(今江苏徐州)人。因避太子李隆基讳,以字行。曾任史官,参与《唐书》、《则天实录》等官修史书的编纂。又私撰《史通》,是中国古代著名的史学批评理论著作。他认为《尚书》为记言体史书,然而《尧典》和《舜典》记载人事,《禹贡》记载地理,《洪范》记载灾祥,《顾命》记载丧礼,都与记言体相矛盾,内容属于错出。

⑥毋乃:疑问副词,岂不。

⑦疏通知远,《书》教也:语出《礼记·经解》。

【译文】

《礼记》说:"左史记言语,右史记行动。"左史、右史的官职在《周礼》中没有记载,他们撰写的书没有流传后世,大概是治《礼》之家的错简吧? 后世儒者不明察,而把《尚书》分属记言之书,《春秋》分属记事之书,就大错特错了。《春秋》不可能抛开传文而仅仅保留空洞的条目,于是《左传》记载的语言文字,就不止成千上万了。《尚书》中的典谟等篇,记事实而言语也具备;训诰等篇,记言语而事实也体现。古人记事实在言语中表现出来,记言语也是为了配合记事,并没有把事实和言语分成两个事物。刘知几根据《尧典》、《舜典》、《禹贡》、《洪范》等篇内容错杂,反转过来指责《尚书》记事体例不纯,岂不是根据后世出现的空泛言论,而怀疑古人的真实事情吗? 《礼记》说:"通达博古,这是《尚书》的教化。"难道说指的只是记载言语吗？

　　六艺并立，《乐》亡而入于《诗》、《礼》，《书》亡而入于《春秋》，皆天时人事，不知其然而然也。《春秋》之事，则齐桓、晋文[1]，而宰孔之命齐侯[2]，王子虎之命晋侯[3]，皆训诰之文也，而左氏附传以翼经；夫子不与《文侯之命》同著于编[4]，则《书》入《春秋》之明证也。马迁绍法《春秋》[5]，而删润典谟，以入纪传；班固承迁有作，而《禹贡》取冠《地理》[6]，《洪范》特志《五行》[7]，而《书》与《春秋》不得不合为一矣。后儒不察，又谓纪传法《尚书》[8]，而编年法《春秋》[9]，是与左言右事之强分流别，又何以异哉？

【注释】

①齐桓、晋文：齐桓即齐桓公（？—前643），名小白，春秋时期齐国国君。公元前685—前643年在位，任用管仲为相，改革内政，国势强盛，联合中原各国奉行尊王攘夷政策，成为春秋五霸之首。晋文即晋文公（？—前628），名重耳，春秋时期晋国国君。公元前636—前628年在位，励精图治，国力渐强。曾经平定周王室之乱，主持践土（今河南原阳西南）会盟，成为春秋五霸之一。

②宰孔之命齐侯：据《左传·僖公九年》记载，公元前651年，齐桓公大会诸侯于葵丘，周襄王派宰孔赐胙，册封为霸主。宰孔，周室卿士。齐侯，即齐桓公。因周室分封齐国为侯爵，故称齐侯。

③王子虎之命晋侯：据《左传·僖公二十八年》记载，公元前632年，晋文公大会诸侯于践土，周襄王派王子虎赐胙，册封为霸主。王子虎，周室卿士。晋侯，即晋文公。因周室分封晋国为侯爵，故称晋侯。

④《文侯之命》：《尚书》中的篇名。据《书序》记载："平王锡晋文侯
　　秬鬯、圭瓒，作《文侯之命》。"周平王东迁，主要依靠晋国和郑国
　　的支持，所以册封晋文侯仇为方伯，使做诸侯之长。

⑤马迁：司马迁。章学诚为使行文骈俪对偶，因下文称"班固"而截
　　用"马迁"。

⑥《地理》：班固的《汉书》卷二十八《地理志》。

⑦《五行》：班固的《汉书》卷二十七《五行志》。

⑧纪传法《尚书》：宋代欧阳修、清代阎若璩、王鸣盛等人都认为，纪
　　传体史书的本纪取法《尚书》的《尧典》和《舜典》，书志、列传取法
　　《尚书》的贡、范、官、刑各篇，相互经纬成书。

⑨编年法《春秋》：唐代刘知几认为，东汉史家荀悦撰《汉纪》，依访
　　《左传》成书，所以说编年体取法《春秋》。

【译文】

　　六经并列，《乐经》消亡而并入《诗经》与《周礼》，《尚书》消亡而并入
《春秋》，都是由于时势和世事的变化，不知不觉中就变成这样。《春秋》
记载的事实，就是齐桓公、晋文公的事迹，而宰孔册封齐桓公的命辞，王
子虎册封晋文公的命辞，都属于训诰的文体，而《左传》把它们用来辅助
《春秋》经文；孔夫子修书时也没有把它们和《文侯之命》一同编著在《尚
书》里，这就是《尚书》并入《春秋》的明显证据。司马迁效法《春秋》，对
《尚书》中典谟的文辞删取润色，写进《史记》的纪传里；班固继承司马迁
作《汉书》，把《尚书》的《禹贡》文字拿来放在《地理志》篇首，把《洪范》文
字特地作成《五行志》，而《尚书》和《春秋》，就不得不合为一体了。后世
儒者不明察，又说纪传体史书效法《尚书》，编年体史书效法《春秋》，这
和所谓的左史记言语、右史记事实那样强分类别，又有什么区别呢？

书教中

    《书》无定体，故易失其传；亦惟《书》无定体，故托之者众。周末文胜^①，《官礼》失其职守^②，而百家之学^③，多争托于三皇五帝之书矣。艺植托于神农^④，兵法、医经托于黄帝^⑤，好事之徒，传为《三坟》之逸书而《五典》之别传矣。不知书固出于依托，旨亦不尽无所师承，《官礼》政举而人存^⑥，世氏师传之掌故耳^⑦。惟"三"、"五"之留遗^⑧，多存于《周官》之职守，则外史所掌之书，必其籍之别具，亦如六典各存其副之制也。左氏之所谓《三坟》、《五典》，或其概而名之，或又别为一说，未可知也。必欲确指如何为三皇之坟，如何为五帝之典，则凿矣。

【注释】

①周末文胜：语出《礼记·表记》："殷、周之质，不胜其文。"周末政教式微，著书议论，文多质少，故曰文胜。

②《官礼》失其职守：据司马迁《史记》卷二十六《历书》记载："幽、厉之后，周室微，陪臣执政，史不记时，君不告朔，故畴人子弟分散，或在诸夏，或在夷狄。"这是记载周王室礼崩乐坏之后，历官失去

职业的情况,其他各官大致类此。例如鲁哀公时期,据《论语·微子》记载:"太师挚适齐,亚饭干适楚,三饭缭适蔡,四饭缺适秦,鼓方叔入于河,播鼗武入于汉,少师阳、击磬襄入于海。"此虽列国之事,亦可推想王朝情况。

③百家之学:语出《晋书》卷五十五《夏侯湛传》:"颇阅六经之文,览百家之学。"即春秋、战国以来形成的诸子百家学说。

④艺植托于神农:据班固《汉书》卷三十《艺文志·诸子略》农家类著录:"《神农》二十篇。"原注云:"六国时,诸子疾时怠于农业,道耕农事,托之神农。"艺植,农家。

⑤兵法、医经托于黄帝:据班固《汉书》卷三十《艺文志·兵书略》阴阳类著录:"《黄帝》十六篇。"又同书《方技略》医经类著录:"《黄帝内经》十八卷,《外经》三十七卷。"后人多认为是伪托之书。

⑥政举而人存:语出《礼记·中庸》:"其人存,则其政举。"

⑦世氏:语出《孟子·告子下》:"士无世官,官事无摄。"三代职官世袭,称为世官,有些家族就用官名作为姓氏,故曰世氏。

⑧三、五:三皇五帝。也指《三坟》、《五典》。

【译文】

　　《尚书》没有固定的体裁,所以容易失传;也正因为《尚书》没有固定的体裁,所以假托的人众多。周末文辞胜过实质,掌管礼制的官员失去职业,诸子百家的学说,大多争相假托三皇五帝的书籍。农业假托神农,兵法、医书假托黄帝,喜欢多事的人,宣传成《三坟》的逸书和《五典》的别传。人们不知道这些书固然出于假托,意旨也不都是没有师承,这不过是《周礼》的政教举措被记载下来,由世司其职的官吏代代相传的掌故罢了。只是三皇五帝遗留的制度,大多保存在《周礼》各官掌管之中,那么外史掌管的书籍,一定是三皇五帝另外储备的书册,也就像六典各自存有副本的制度。《左传》所说的《三坟》、《五典》,也许是概括地取名,也许是另外一种传说,已经无法确知。一定要确切地指出哪部书是三皇的《坟》，哪部书是五帝的《典》，就穿凿附会了。

　　《逸周书》七十一篇①，多《官礼》之别记与《春秋》之外篇，殆治《尚书》者杂取以备经书之旁证耳。刘、班以谓孔子所论百篇之余②，则似逸篇，初与典、谟、训、诰，同为一书，而孔子为之删彼存此耳。毋论其书文气不类，醇驳互见，即如《职方》、《时训》诸解③，明用经记之文，《太子晋解》④，明取春秋时事，其为外篇别记，不待繁言而决矣。而其中实有典言宝训⑤，识为先王誓诰之遗者，亦未必非百篇之逸旨，而不可遽为删略之余也。夫子曰："信而好古。"⑥先王典诰，衰周犹有存者⑦，而夫子删之，岂得为好古哉？惟《书》无定体，故《春秋》、《官礼》之别记外篇，皆得从而附合之，亦可明《书》教之流别矣。

【注释】

①《逸周书》：据班固《汉书》卷三十《艺文志·六艺略》书类著录："《周书》七十一篇。"原注云："周史记。"西晋时期，汲郡发现战国时期魏王墓，有《周书》数篇，后人误称《逸周书》为《汲冢周书》。

②刘、班以谓孔子所论百篇之余：班固《汉书》著录"《周书》七十一篇"，颜师古《注》引刘向曰："周时诰誓号令也，盖孔子所论百篇之余也。"刘即刘向。班即班固。

③《职方》、《时训》：《职方》是《逸周书》第六十二篇，文字类似《周礼·夏官·职方氏》。《时训》是《逸周书》第五十二篇，文字类似《礼记·月令》。

④《太子晋解》：《太子晋》是《逸周书》第六十四篇，记载师旷与周太子晋问答之语。解，《逸周书》各篇题之"解"，乃西晋孔晁注疏时

所加。后人多误以为《逸周书》篇题固有之名，相沿成习。章学
诚亦然，故文中称《职方》、《时训》诸解和《太子晋解》。

⑤典言宝训：典言，语出杜佑《通典》卷六十八《礼》："今称舅子为内
兄弟，末俗所云，非典言也。"宝训，语出宋代李攸《宋朝事实》卷
二《登极赦》："仁宗乾兴元年二月十九日登极赦……恭念夙侍圣
颜，备承宝训。"意为典范语言和宝贵训诫，多用于帝王之称。

⑥信而好古：语出《论语·述而》。

⑦衰周：语出班固《汉书》卷二十二《礼乐志》："夫承千岁之衰周，继
暴秦之余敝，民渐渍恶俗，贪饕险诐，不闲义理。"东周时期国力
衰微，不能号令天下，故曰衰周。

【译文】

《逸周书》七十一篇，大多是《周礼》的别记和《春秋》的外篇，大概是
研究《尚书》的人一股脑拿来预备作为经书的旁证材料而已。刘向、班
固认为是孔子删定《尚书》百篇之后的剩余，这就好像此类遗逸的篇章，
原来和《尚书》中典、谟、训、诰等篇，同出于一书，而孔子删除逸篇保留
《尚书》而已。且不说《逸周书》文风语气不像《尚书》，纯正和驳杂并存，
就拿《职方解》、《时训解》来说，明显使用《周礼》、《礼记》的文字，《太子
晋解》，明显选取春秋时期的事实，那么《逸周书》属于外篇别记，不用多
说就可以确定了。其中确实有典范言论、帝王训诫，可以识别出是上古
帝王誓诰等篇的遗留，也未必不是《尚书》百篇的遗文逸旨，却不能认定
就是删除之后的剩余。孔子说："相信并且爱好古代文化。"三代帝王的
典诰等篇，到周朝衰落的时候还有一些保存下来，而孔夫子却删除它
们，难道能说这是爱好古代文化吗？只是《尚书》没有固定的体裁，所以
《春秋》、《周礼》的别记和外篇，都可以随类依附在里面，这也就可以清
楚《尚书》教化的源流了。

　　《书》无定体，故附之者杂。后人妄拟《书》以定体，故守

之也拘。古人无空言，安有记言之专书哉？汉儒误信《玉藻》记文，而以《尚书》为记言之专书焉。于是后人削趾以适屦①，转取事文之合者，削其事而辑录其文，以为《尚书》之续焉；若孔氏《汉魏尚书》②、王氏《续书》之类皆是也③。无其实，而但貌古人之形似，譬如画饼饵之不可以充饥④。况《尚书》本不止于记言，则孔衍、王通之所拟，并古人之形似而不得矣。刘知几尝患史策记事之中，忽间长篇文笔，欲取君上诏诰⑤，臣工奏章⑥，别为一类，编次纪传史中，略如书志之各为篇目⑦，是刘亦知《尚书》折而入《春秋》矣。然事言必分为二，则有事言相贯、质与文宣之际⑧，如别自为篇，则不便省览，如仍然合载，则为例不纯；是以刘氏虽有是说，后人讫莫之行也。至如论事章疏，本同口奏，辨难书牍，不异面论，次于纪传之中，事言无所分析，后史恪遵成法可也。乃若扬、马之辞赋⑨，原非政言，严、徐之上书⑩，亦同献颂，邹阳、枚乘之纵横⑪，杜钦、谷永之附会⑫，本无关于典要⑬，马、班取表国华，削之则文采灭如，存之则纪传猥滥，斯亦无怪刘君之欲议更张也。

【注释】

①削趾以适屦(jù)：也作削趾适屦、截趾适屦、刻足适屦、削足适履、刖足适履、刓足适履。屦、履，鞋子。意为砍掉脚趾以便适应鞋子的大小。比喻拘泥成例，生搬硬套，不达变通。

②孔氏《汉魏尚书》：西晋孔衍曾经删改汉、魏诸史，取其美词典言足为龟鉴的内容，撰成《汉尚书》、《后汉尚书》和《魏尚书》。孔氏，即孔衍(268—320)，字舒元，西晋鲁(今山东曲阜)人。历官

中书郎、太子中庶子、广陵相。

③王氏《续书》：隋朝王通曾经模仿《尚书》作史，起汉迄晋，撰成一百二十篇，名为《续尚书》，后亡佚。王氏，即王通。

④画饼饵之不可以充饥：语出宋僧普济《五灯会元》卷九《沩山祐禅师法嗣》："邓州香严智闲禅师……遂参沩山。山问：'……父母未生时，试道一句看！'师被一问，直得茫然归寮，将平日看过底文字，从头要寻一句酬对，竟不能得。乃自叹曰：'画饼不可充饥。'"比喻空想无济于事。

⑤诏诰：诏指诏书，诰指诰命。古代上级给下级的命令文告。秦、汉以后专指帝王的文书命令。

⑥奏章：语出刘勰《文心雕龙》卷五《章表》："章以谢恩……表以陈请。"古代臣僚向皇帝奏事的章表。

⑦书志：纪传体史书中记载典章制度的一种体例，《史记》称为"书"，《汉书》称为"志"。

⑧质与文宣之际：事实和辞藻相互衬托的时候。宣，宣扬，发扬。

⑨扬、马：扬，西汉扬雄，擅长辞赋，著名的有《长杨》、《甘泉》、《河东》、《羽猎》诸赋。马，指司马相如（179—117），字长卿，西汉蜀郡成都（今属四川）人。历官武骑常侍、中郎将。所作《子虚》、《上林》、《哀二世》、《大人》等赋，脍炙人口，成为汉赋代表作。

⑩严、徐：严，指严安，西汉临淄（今山东淄博）人。汉武帝时为丞相史、武骑令。上书引亡秦为教训，言用兵开边非常策。徐，指徐乐，西汉右北平无终（今天津蓟县）人。汉武帝时上书戒开边，若民困而反，就会重蹈陈涉起而亡秦的覆辙。两人上书，文辞实类献颂。

⑪邹阳、枚乘：邹阳，西汉临淄（今山东淄博）人。汉景帝时作《上吴王书》，劝吴王濞勿反。后投梁孝王，被人陷害下狱，作《狱中上梁王书》，获释。枚乘（？—140），字叔，西汉淮阴（今属江苏）人。

汉景帝时吴王濞谋反,他作《上吴王书》劝其勿反、罢兵,均不听。两人的上书,颇有战国游士纵横捭阖的论辩之风。

⑬杜钦、谷永:杜钦,字子夏,西汉南阳杜衍(今河南南阳西南)人。汉元帝时,大将军王凤辅政,任命他为武库令。元帝因日食地震诏求直言,杜钦上对策。谷永,字子云,西汉长安(今陕西西安)人。汉成帝因日食地震诏求直言,谷永上对策,与杜钦列在上等。两人对策结合灾异,大谈天人感应,实多附会之辞。

⑬典要:语出《周易·系辞下》:"《易》之为书也……变动不居,周流六虚,上下无常,刚柔相易,不可为典要。"韩康伯《注》曰:"不可立定准也。"意为经常不变的准则。

【译文】

《尚书》没有固定的体裁,所以依附的人庞杂。后人妄自揣度《尚书》有固定体裁,所以遵守它而受拘束。古人没有空泛的言论,怎么会有专门记录言语的书呢?汉代儒者错误地相信《玉藻》的传记文字,把《尚书》当做专门记录言语的书。于是后人削足适履,反过来把记载事实与记载言语相结合的作品,删掉它的记事部分而辑录它的言语,用来作为《尚书》的续篇。像孔衍的《汉尚书》与《魏尚书》、王通的《续尚书》之类都是。没有实质,只是与古人的形貌外表相似,就如同画饼而不能充饥。何况《尚书》本来不只记录言语,那么孔衍、王通的模仿,就连与古人外表相似都做不到。刘知几曾经担忧史书的记事中间忽然夹杂长篇文章,打算取君主的诏诰、臣下的奏章,另外作为一类,编排在纪传体史书中,大略像书志那样各自标出名目,这是刘知几也知道《尚书》并入《春秋》了。然而事实和言语一定要分成两类,当有事实和言语互相贯穿、实质和文辞互相衬托的时候,如果另外各自成篇,就不便阅览,如果仍然合在一起记载,就是体例不纯;所以刘知几虽然有这种说法,后人一直没有实行。至于论事的奏章,本来就和口头进言相同,辩驳的书信,无异于当面讨论,编在纪传当中,事实和言语没有可以分离之处,后代的史书谨遵既成的方法没有什么不可以。至于像扬雄、司马相如的辞赋，本来不是议论政事的文字，严安、徐乐的上书，也和呈献颂文相类似，邹阳、枚乘的纵横捭阖，杜钦、谷永的附会灾祥，原本和固定准则没有关系，司马迁、班固用来显示汉代国家的文才，删掉它们就失去了文采，保存它们又会使纪传文字猥杂芜滥，这也就不用奇怪刘知几想讨论改弦更张的方法了。

　　杜氏《通典》为卷二百①，而《礼典》乃八门之一，已占百卷，盖其书本《官礼》之遗，宜其于礼事加详也。然叙典章制度，不异诸史之文，而礼文疑似，或事变参差，博士经生②，折中详议，或取裁而径行，或中格而未用，入于正文，则繁复难胜，削而去之，则事理未备；杜氏并为采辑其文，附著礼门之后，凡二十余卷，可谓穷天地之际，而通古今之变者矣。史迁之书③，盖于《秦纪》之后④，存录秦史原文⑤。惜其义例未广，后人亦不复踵行，斯并记言记事之穷，别有变通之法，后之君子所宜参取者也。

【注释】

①杜氏《通典》：唐代杜佑采录《五经》群史、历代沿革废置、士大夫讲习议论，所记自远古至唐玄宗天宝年间，撰成《通典》一书。全书分为食货、选举、职官、礼、乐、兵刑、州郡、边防八门，成为我国第一部记载典章制度及其沿革的通史，开创出典制体史书体裁，与编年体、纪传体鼎足为三。杜氏，即杜佑（753—812），字君卿，京兆万年（今陕西长安）人。历任济南参军、岭南淮南节度使、丞相，封岐国公，卒谥安简。

②博士经生：秦、汉时期的学官名。博士，掌管书籍，研习掌故，以

备顾问。汉武帝置《五经》博士，专掌《五经》传授。经生，汉代
《五经》博士称为经生，后世则泛指研究经学的学者。

③史迁：司马迁。

④《秦纪》：司马迁《史记》卷六《秦始皇本纪》。

⑤秦史原文：司马迁《史记》卷六《秦始皇本纪》附录秦襄公以下各
位秦国国君在位年数及其埋葬之处。司马贞《索隐》曰："皆当据
《秦纪》为说，与正史小有不同，今取异说重列于后。"取材当是来
源于秦国国史原文。

【译文】

　　杜佑撰《通典》二百卷，《礼典》只是八门之一，却已经占了一百卷，大概这部书本来就是《周礼》的遗传，在礼仪制度方面记载应该更加详细。不过它叙述典章制度，和历代史书的文体没有什么不同，而遇到礼仪文字似是而非，事情有变化出入，博士和经生，详细讨论适宜方案，有的加以取舍而直接成文，有的合乎格式而没有被采用，这些议论放进正文，就显得繁芜复沓难以承受，删除舍弃它们，又显得事实和道理不全面。杜佑把这类文字一并采集编录，附在礼门后面，共有二十多卷，可以说是穷尽天地间事物的关系，而通晓从古到今的变化了。司马迁的书，大概在《秦始皇本纪》的后面，存录秦国史书的原文。可惜这种体例没有广泛运用，后人也没能够再跟着实行。这都是记载言语和记载事实的方法山穷水尽之后，另外找到的变通方法，后世修史的君子应当参考吸取。

　　滥觞流为江河①，事始简而终巨也。东京以还②，文胜篇富，史臣不能概见于纪传，则汇次为《文苑》之篇③。文人行业无多，但著官阶贯系，略如《文选》人名之注④，试榜履历之书，本为丽藻篇名，转觉风华消索；则知一代文章之盛，史文

不可得而尽也。萧统《文选》以还⑤，为之者众，今之尤表表者，姚氏之《唐文粹》⑥，吕氏之《宋文鉴》⑦，苏氏之《元文类》⑧，并欲包括全代，与史相辅，此则转有似乎言事分书，其实诸选乃是春华，正史其秋实尔⑨。史与文选，各有言与事，故仅可分华与实，不可分言与事。

【注释】

①滥觞(shāng)：语出《荀子·子道》："昔者，江出于岷山，其始出也，其源可以滥觞。"意为江河源头水流很小，只能浮起酒杯。常用于比喻事物的开端。觞，饮酒器具。

②东京：语出西晋皇甫谧《帝王世纪》："汉高帝……都长安……光武……都洛阳……是以时人谓洛阳为东京，长安为西京。"指东汉一代。因长安在西部，故称西京；洛阳在东部，故称东京。

③《文苑》：纪传体史书设立《文苑传》，始于南朝刘宋范晔撰《后汉书》。

④《文选》：又称《昭明文选》。南朝梁昭明太子萧统编选的一部自先秦至梁代的文章选集，共三十卷，包括诗文辞赋七百余篇，是我国现存最早的文章选集。

⑤萧统(501—531)：字德施，南兰陵(今江苏常州西北)人。南朝梁武帝之子，曾被立为太子，未即位而卒，谥昭明，世称昭明太子。

⑥姚氏之《唐文粹》：北宋真宗时期，姚铉纂集唐代文章一百卷，为《唐文粹》一书，去取谨严，选文典雅，汇集了唐代许多著名文章，开后世文人学者编辑一代文选之先河。姚氏，即姚铉(968—1012)，字宝之，北宋庐州合肥(今属安徽)人。善文辞，家富藏书，与柳开、穆修等人开宋代古文运动之先声。

⑦吕氏之《宋文鉴》：南宋吕祖谦仿照萧统《文选》体例，编辑北宋一

代文章,共计一百五十卷。吕氏,即吕祖谦(1137—1181),字伯
恭,南宋婺州(今浙江金华)人。南宋理学家,但注重经制事功,
开浙东学派之先声,学者称为东莱先生。主要著作有《大事记》、
《历代制度详说》、《左氏传说》、《东莱博议》等。

⑧苏氏之《元文类》:元代苏天爵编辑《元文类》七十五卷,选录元代
著名文章,保存了大量元代历史文献。苏氏,即苏天爵(1294—
1352),字伯修,元代真定(今河北正定)人。先后预修《武宗实
录》、《文宗实录》,主要著作有《元朝名臣事略》、《滋溪文稿》等。

⑨诸选乃是春华,正史其秋实尔:语出北齐颜之推《颜氏家训》卷上
《勉学》:"夫学者犹种树也,春玩其华,秋登其实。讲论文章,春
华也。修身利行,秋实也。"正史,《隋书》卷三十三《经籍志》把
《史记》、《汉书》等纪传体通史和断代史称为正史。刘知几《史
通》则把《春秋》、《左传》等编年体史书和《史记》、《汉书》等纪传
体史书都称为正史。《明史》卷九十六《艺文志》又以纪传、编年
二体,并称正史。清高宗乾隆年间,朝廷钦定《史记》至《明史》的
二十四部皇朝史为正史,沿用至今不变。

【译文】

源头汇聚而成江河,事情起初简单而最终巨大。东汉以来,文词兴
盛而篇章众多,史臣不能一概记载在纪传里,就汇编成《文苑传》。文人
事迹不多,只是标注官阶、籍贯、世系,大致像《文选》里的人名注释,考
试填报履历的名单,原本是想让篇名文采华丽,结果反而令人感到风华
衰落;由此可知一代文章的兴盛,史书的文字不可能包容殆尽。萧统
《文选》以后,编辑文选的人很多,至今最著名的选集,是姚铉的《唐文
粹》、吕祖谦的《宋文鉴》、苏天爵的《元文类》,都想要包括整个朝代,和
史书互相配合。这倒好像是把言语和事实分开来记载,其实各部选集
只是春天的花朵,正史才是秋天的果实。史书和文章选集,各自都有言语
和事实,因此只能够分为花朵和果实,不可以分为言语和事实。

　　四部既分①，集林大畅。文人当诰，则内制外制之集②，自为编矣。宰相论思③，言官白简④，卿曹各言职事⑤，阃外料敌善谋⑥，陆贽奏议之篇⑦，苏轼进呈之策⑧，又各著于集矣。萃合则有名臣经济、策府议林⑨，连编累牍，可胜数乎！大抵前人著录，不外别集总集二条⑩，盖以一人文字观也。其实应隶史部，追源当系《尚书》；但训诰乃《尚书》之一端，不得如汉人之直以记言之史目《尚书》耳。

【注释】

①四部：我国古代图书分类名称。曹魏荀勖著《中经新簿》，分经籍为四部。一曰甲部，包括六艺、小学等书，二曰乙部，包括诸子、兵书、数术，三曰丙部，包括史记、旧事、皇览簿、杂事，四曰丁部，包括诗赋、图赞、汲冢书。晋李冲调整次序，五经为甲部，史记为乙部，诸子为丙部，诗赋为丁部。《隋书》卷三十三《经籍志》加以总结，正式定名为经、史、子、集四部。

②内制外制：语出汉代蔡邕《独断》卷上："制书，帝者制度之命也。其文曰制诏。"中国封建朝代皇帝颁布的命令称为制。唐、宋时期，由翰林学士起草而不经过外朝者为内制，由中书舍人或知制诰起草而经过外朝者为外制。

③论思：语出萧统《文选》卷一《班孟坚·两都赋序》："故言语侍从之臣……朝夕论思，日月献纳。"原意为议论思考，后来多比喻谋划国事。

④白简：语出《晋书》卷四十七《傅玄传》："玄天性峻急，不能有所容，每有奏劾，或值日暮，捧白简，整簪带，竦踊不寐，坐而待旦。于是贵游慑服，台阁生风。"魏、晋时期，御史有所弹奏，使用白简。后来因称弹劾章奏为白简。

⑤卿曹：秦、汉以来，我国古代职官制度采用三公九卿制，各科官署称为曹，故曰卿曹。

⑥阃外：语出司马迁《史记》卷一百零二《冯唐列传》："臣闻上古王者之遣将也，跪而推毂曰：'阃以内者，寡人制之。阃以外者，将军制之。'"古代国都城郭的门槛称阃。后世因称在外领兵作战的将军为阃外。

⑦陆贽奏议：唐代陆贽所作奏议，指陈时弊，为世所重，后人编为《陆宣公奏议》。陆贽（754—805），字敬舆，苏州嘉兴（今属浙江）人。历任渭南尉、翰林学士、宰相，后被贬忠州别驾，卒谥宣。

⑧苏轼（1037—1101）：字子瞻，号东坡居士，北宋眉山（今属四川）人。历官翰林学士、兵部尚书、礼部尚书。因卷入北宋中叶党争，屡遭贬黜，远谪广东惠州，海南儋州。后遇赦回，至常州而卒，谥文忠。著作有《奏议》、《内制》、《外制》，后人编成《东坡七集》。

⑨名臣经济、策府议林：明代黄训编辑《名臣经济录》五十三卷，分为十门，收录明代洪武至嘉靖九朝名臣经邦济国的文章。中间缺建文一朝，是由于明成祖靖难之役以后，不承认其正统地位，故未编录。策府，也称册府，古代国家藏书机构。明代何乔新编《策府群玉》三卷，汇集各类议论文章，以备对策之用。

⑩别集总集：集的原意为收录各类文学著作的部类。后来汇集一个人所作的经义、论说、史传、诗赋、奏议、制诰等全部著作，称为别集；汇集多人各种形式的文学著作而成的书称为总集。

【译文】

书籍划分四部以后，集部极为盛行。文人掌管起草皇帝制诰，于是内制、外制的集子，就自己编定了。宰相对国事的议论谋划，台谏官的弹劾奏章，各署官员对自己职责的谈论，武将善察敌情的谋略，陆贽的奏议，苏轼进呈的对策，又各自收录在文集里。汇聚成书的则有《名臣经济》、《策府议林》，连篇累牍，能数得过来吗？大抵前人目录书里的记载，不外乎别集和总集两种，大概是把它们看作一个人的文字。其实这些应该属于史部，追溯源流应当归属《尚书》；只不过训诰是《尚书》一个方面的内容，不能像汉代人那样直接把《尚书》看成记载言语的史书罢了。

　　名臣章奏，隶于《尚书》，以拟训诰，人所易知。撰辑章奏之人，宜知训诰之记言，必叙其事，以备所言之本末，故《尚书》无一空言，有言必措诸事也①。后之辑章奏者，但取议论晓畅，情辞慨切，以为章奏之佳也，不备其事之始末。虽有佳章，将何所用？文人尚华之习见，不可语于经史也。班氏董、贾二传②，则以《春秋》之学为《尚书》也③，即《尚书》折入《春秋》之证也。其叙贾、董生平行事，无意求详，前后寂寥数言，不过为政事诸疏、天人三策备始末尔。贾、董未必无事可叙，班氏重在疏策，不妨略去一切，但录其言，前后略缀数语，备本末耳，不似后人作传，必尽生平，斤斤求备。噫！观史裁者，必知此意，而始可与言《尚书》、《春秋》之学各有其至当，不似后世类抄征事④，但知方圆求备而已也。

【注释】

①有言必措诸事：言与事相互结合。措，放置。诸，之于。

②班氏董、贾二传：班固《汉书》卷四十八《贾谊传》和卷五十六《董仲舒传》。董仲舒（179—前104），西汉信都广川（今河北枣强）人。曾为博士，任江都相、胶西王相。向汉武帝提出罢黜百家，独尊儒术的主张，对中国学术文化产生很大影响。奏上《天人三策》，宣扬天人感应。著有《春秋繁露》。贾谊（200—168），西汉

洛阳(今属河南)人。曾为博士,迁太中大夫,出为长沙王太傅、梁怀王太傅。其所作《论政事疏》、《论积贮疏》、《过秦论》,久负盛名。著作有《新书》十卷。

③以《春秋》之学为《尚书》:班固为董仲舒、贾谊二人作史传,义例出于属辞比事的《春秋》学;董仲舒的《天人三策》和贾谊的《论政事疏》诸篇,义例出于诰誓训诫的《尚书》学。《汉书》卷五十六《董仲舒传》全录其《天人三策》,《汉书》卷四十八《贾谊传》全录其《论政事疏》,所以章学诚说是以《春秋》之学为《尚书》。

④类抄:分类抄录事实的类比之书。比较著名的有清代潘永因编《宋稗类抄》三十卷,一说八卷;清代陈弘绪编《明文类抄》一百二十卷,已佚;徐珂编《清稗类抄》,共有九十二类一万三千余条。

【译文】

名臣的奏章,归属于《尚书》,用来比拟《尚书》的训诰,人们容易知晓。编辑奏章的人,应当知道《尚书》训诰记载言语,一定要叙述言语针对的事情,以便记载的言语首尾完整,所以《尚书》没有一句空泛的言语,有言语一定把它放置在事情当中。后世编辑奏章的人,只注重议论明白流畅,感情辞气慷慨激切,认为是奏章里的佳篇,而不把事情的过程记载完整。即使有佳篇,又有什么用?文人崇尚浮华的习惯见识,不可以用来谈论经史。班固作董仲舒、贾谊两篇传,是用《春秋》之学作为《尚书》体裁。这是《尚书》并入《春秋》的例证。他叙述贾谊、董仲舒的生平事迹,不刻意追求详细,前后略微写上几句话,不过是为贾谊的《论政事疏》诸篇、董仲舒的《天人三策》交代来龙去脉罢了。贾谊、董仲舒未必没有事迹可以叙述,班固重点在于疏策,不妨省略所有事迹,只收录他们的言论,前后稍微点缀几句,使事情首尾完整罢了,不像后人作传记,一定写出全部生平,过分计较追求完备。唉!考察史书体裁的人,一定要懂得这个道理,才可以共同谈论《尚书》、《春秋》之学各有自身最为恰当之处,不像后人分类抄录采集事实,只知道追求面面俱到而已。

书教下

《易》曰："筮之德圆而神，卦之德方以智。"①间尝窃取其义②，以概古今之载籍，撰述欲其圆而神，记注欲其方以智也。夫智以藏往，神以知来，记注欲往事之不忘，撰述欲来者之兴起，故记注藏往似智，而撰述知来拟神也。藏往欲其赅备无遗，故体有一定，而其德为方；知来欲其决择去取，故例不拘常，而其德为圆。《周官》三百六十，天人官曲之故③，可谓无不备矣。然诸史皆掌记注④，而未尝有撰述之官；祝史命告⑤，未尝非撰述，然无撰史之人。如《尚书》誓诰，自出史职，至于帝典诸篇，并无应撰之官。则传世行远之业，不可拘于职司，必待其人而后行；非圣哲神明⑥，深知二帝三王精微之极致，不足以与此。此《尚书》之所以无定法也。

【注释】

①筮之德圆而神，卦之德方以智：语出《周易·系辞上》。利用蓍草占卜，事先无法确知得卦成象，没有固定形象，解释灵活而神秘莫测，故曰圆而神；各卦的卦辞规范不变，不能随意附会，解释方正而体制固定，故曰方以智。

②间(jiān)尝窃取：据元代詹道传《四书纂笺·大学纂笺》卷一曰：
　　"间(如字)尝窃取程子之意。"一字有两音，依本音读的字，称为
　　如字。间尝，一度，曾经。窃，自谦之词，私下。
③天人官曲：语出《礼记·礼器》："人官有能也，物曲有利也。"意为
　　人居其官，各有所能；万物委曲，各有所利。指的是人与自然界
　　的关系以及人类的才智和事物的功能。
④史：史官。《周礼》记载有太史、小史、内史、外史、御史等名称。
⑤祝史：祝指《周礼·春官》记载的太祝，职掌祭祀祈祷，撰写祠、
　　命、诰、会、祷、诔六词。史指内史，凡天子册封诸侯、公卿、大夫，
　　即作册命。
⑥神明：语出《周易·系辞上》："神而明之，存乎其人。"又《荀子·
　　解蔽》曰："心者，形之君也，而神明之主也。"指人的精神智慧。

【译文】
　　《周易》说："蓍草占卜的性质灵活而变化莫测，卦象爻辞的性质方正而各有其体。"我曾经私下使用这个概念，用来概括从古到今的书籍，撰述需要圆通而变化莫测，记注需要方正而各有其体。方正用来汇聚过去的知识，神妙用来预知未来的事物，记注是希望过去的事情不被遗忘，撰述是希望未来的事物出现，所以记注汇聚过去的知识好像方正有体，著述预知未来的事物好像变化莫测。汇聚过去的知识需要完备没有遗漏，因此体裁有一定的限制，它的性质是方正有体；预知未来的事物需要有所选择取舍，因此体裁不受常规拘束，它的性质是圆通变化。《周官》三百六十个官职，自然界和人类社会中人官的才能和万物的效用，可以说没有不具备的了。然而各种史官都是掌管记注，却没有掌管撰述的职官。祝、史作的命、告，未尝不是撰述，但是没有撰史的人。例如《尚书》的誓诰，自然出于史官所作，至于《帝典》等篇，并没有奉命撰写的职官。那么流传后世通行久远的事业，不能够局限于有固定职掌的官署，一定要等到杰出的人出现之后才能发展；不是圣哲高明，深知尧、舜二

帝与夏、商、周三王精深微妙的极限，不能够达到这种境界。这就是《尚书》没有固定法则的原因。

　　《尚书》、《春秋》，皆圣人之典也。《尚书》无定法，而《春秋》有成例。故《书》之支裔①，折入《春秋》，而《书》无嗣音②。有成例者易循，而无定法者难继，此人之所知也。然圆神方智，自有载籍以还，二者不偏废也。不能究六艺之深耳，未有不得其遗意者也。史氏继《春秋》而有作③，莫如马、班，马则近于圆而神，班则近于方以智也。

【注释】

①支裔(yì)：据唐代林宝《元和姓纂》卷八记载："素和，鲜卑檀石槐之支裔。"意为分支，后代。

②嗣音：语出《诗经·郑风·子衿》："纵我不往，子宁不嗣音。"意为连续传寄音信。也作"嗣徽音"，意为继承前人的美德。

③史氏：上古三代史官世袭传承，以官为姓氏，故曰史氏。后代则指史家。

【译文】

《尚书》与《春秋》，都是圣人的典籍。《尚书》没有固定的法则，而《春秋》有既定的体例。所以《尚书》的支派，并入《春秋》，《尚书》却没有继承人。有既定体例的容易遵循，而没有固定法则的难以继承，这是人们所知道的事情。但是圆通而变化莫测与方正而体有一定，自从有书籍以来，二者就不偏废。人们不能探究六经的深奥罢了，否则没有得不到六经遗留的宗旨的人。史家继承《春秋》而撰作史书，没人比得上司马迁、班固，司马迁接近于圆通而变化莫测，班固接近于方正而体有一定。

《尚书》一变而为左氏之《春秋》，《尚书》无成法而左氏有定例①，以纬经也②。左氏一变而为史迁之纪传，左氏依年月而迁书分类例③，以搜逸也④。迁书一变而为班氏之断代⑤，迁书通变化，而班氏守绳墨，以示包括也。就形貌而言，迁书远异左氏，而班史近同迁书，盖左氏体直，自为编年之祖，而马、班曲备，皆为纪传之祖也。推精微而言，则迁书之去左氏也近，而班史之去迁书也远；盖迁书体圆用神，多得《尚书》之遗；班氏体方用智，多得《官礼》之意也。

【注释】

①左氏有定例：西晋杜预总结出《左传》撰述有五种凡例，故曰有定例。

②纬经：经指《尚书》、《春秋》，记事简略散乱；《左传》记事丰赡，体例谨严，可以弥补经书的不足，犹如经纬交织，故曰纬经。

③迁书分类例：司马迁撰《史记》，分为本纪、世家、书、表、列传五种类例。

④搜逸：搜求遗逸。编年体史书只能记载有年月可系的事件，纪传体史书可以把各种无年月可考的史料按类记载在不同体例之中，达到搜逸的效果。

⑤班氏之断代：据刘知几《史通》卷一《六家》曰："如《汉书》者，究西都之首末，穷刘氏之废兴，包举一代，撰成一书。"班固撰写《汉书》，开创断代史撰述体例。

【译文】

《尚书》一变而出现《左氏春秋》，《尚书》没有固定的法则而《左传》有确定的凡例，用来辅助经书。《左传》一变而出现司马迁的纪传体，《左传》按照年月顺序记事而司马迁《史记》区分类别体例，用来搜集逸事。司马迁的《史记》一变而出现班固的断代史,司马迁写书通达变化,而班固撰述遵守规矩,来表示总括无遗。就形象外貌来说,司马迁的《史记》和《左传》远远不同,而班固的《汉书》同司马迁《史记》相近。大概《左传》体裁直截,单独成为编年体鼻祖,而司马迁、班固撰述曲尽周备,都是纪传体鼻祖。推究精深微妙之处来说,那么司马迁的《史记》和《左传》接近,而班固的《汉书》和《史记》较远。大概司马迁的《史记》体裁圆通而作用神妙,更多得到《尚书》的遗传;班固的《汉书》体裁方正而作用周备,更多得到《周礼》的旨意。

　　迁书纪、表、书、传,本左氏而略示区分,不甚拘拘于题目也①。《伯夷列传》②,乃七十篇之序例,非专为伯夷传也。《屈贾列传》所以恶绛、灌之谗③,其叙屈之文,非为屈氏表忠,乃吊贾之赋也。《仓公》录其医案④,《货殖》兼书物产,《龟策》但言卜筮,亦有因事命篇之意,初不沾沾为一人具始末也。《张耳陈余》⑤,因此可以见彼耳。《孟子荀卿》⑥,总括游士著书耳。名姓标题,往往不拘义例,仅取名篇,譬如《关雎》、《鹿鸣》⑦,所指乃在嘉宾淑女,而或且讥其位置不伦,如孟子与三邹子⑧。或又摘其重复失检,如子贡已在《弟子传》⑨,又见于《货殖》。不知古人著书之旨,而转以后世拘守之成法,反訾古人之变通⑩,亦知迁书体圆而用神,犹有《尚书》之遗者乎!

【注释】

①拘拘(gōu):拳曲不伸。比喻拘束、限制。

②伯夷:商末孤竹国(在今河北卢龙南)国君长子,因不愿继承君位,与弟叔齐投奔西周。武王灭商,二人谏阻无效,逃避首阳山

（今河南偃师西北），不食周粟而饿死。

③《屈贾列传》所以恶绛、灌之谗：屈指屈原（前339—约前278），名
平，字原，又名正则，字灵均，战国时期楚国贵族。楚怀王时期任
左徒、三闾大夫，后因上官大夫进谗言而被疏远，忧愤而作《离
骚》。后来秦国攻破楚国都城，屈原自投汨罗江而死。贾指西汉
初年政治家贾谊。绛指周勃（？—169），西汉泗水沛（今属江苏）
人。随刘邦起兵，灭秦诛项，平定韩信等诸侯王之乱，与陈平定
计诛灭诸吕，安定汉室。因功封绛侯，官至右丞相，卒谥武。灌
指灌婴（？—176），西汉睢阳（今河南商丘）人。随刘邦起兵，略
定齐地，杀项羽，又与周勃、陈平共诛诸吕，拥立汉文帝。累官太
尉、丞相之职。两人曾经向皇帝进谗言，排挤贾谊。

④仓公：淳于意（约205—？），临淄（今山东淄博）人。曾任西汉齐国
太仓令，世称仓公。相传他得到黄帝、扁鹊脉书，精通医术，成为
汉初名医。今存应对汉文帝诏问所举二十五例疾病医案。

⑤张耳陈余：张耳（？—202），战国末大梁（今河南开封）人。与陈
余为刎颈之交。两人参加陈胜反秦起兵，随武臣略定赵地（今河
北邯郸地区）。武臣称赵王，张耳为丞相，陈余为大将军。后张
耳杀赵王歇投靠项羽，两人产生嫌隙。陈余率兵袭击张耳，张耳
败走投奔刘邦。后来跟随韩信破赵，斩杀陈余，被刘邦立为赵
王。陈余（？—204），战国末大梁（今河南开封）人。与张耳同为
魏国名士，好儒术。秦灭魏，与张耳相与亡匿于陈（今河南淮
阳）。赵王歇被杀后，陈余自立为赵王，后被韩信斩杀。

⑥荀卿：荀况（约前313—前238），字卿，战国时期赵国人。游学于
齐、秦、楚，曾任齐国稷下学宫祭酒，楚国兰陵令，后讲学而终。
他出身儒家，又广泛吸取各家精华，思想近于法家，提出性恶论、
法后王等主张。著有《荀子》一书，流传于世。

⑦《关雎》、《鹿鸣》：《诗经》中的两篇。《诗序》云：“《关雎》，乐得淑

女以配君子。"又云："《鹿鸣》,燕群臣嘉宾也。"

⑧三邹子:《史记》卷七十四《孟子荀卿列传》于孟子之后记载齐国
　邹忌、邹衍、邹奭,说明当时游说风气盛行。

⑨子贡:端木氏,名赐,春秋时期卫国人。孔子弟子。善于辞令,在
　鲁、卫两国做官,并出使各国。善于经商,相传三致千金。孔子
　周游列国,子贡出力居多。

⑩訾(zǐ):诋毁,诽谤。

【译文】

　　司马迁《史记》的纪、表、书、传,根据《左传》的内容而略微加以区分,并不太受题目的限制。《伯夷列传》,其实是七十篇列传的序例,不是专门给伯夷作传。《屈贾列传》是用来表示厌恶绛侯、灌婴进谗言,传中叙述屈原的那些文字,不是为屈原表白忠心,而是悼念贾谊的赋作。《仓公列传》记录他的医案,《货殖列传》夹杂记载各地物产,《龟策列传》只说卜筮之事,也有按照具体事情命名篇目的意思,原本就不是沾沾自喜地为某一个人详细记载生平经历。《张耳陈余列传》,由一个人的事迹可以看到另一个人的事迹。《孟子荀卿列传》,整体概括游士们著书游说风气。用传主的姓名作为篇目标题,往往不拘泥于含义和体例,仅仅是用来做个篇名,就好像《诗经》的篇名《关雎》、《鹿鸣》,内容所指乃是嘉宾和淑女。而有的人却指责《史记》排列人物的位置不伦不类,例如孟子与三邹子在一起。有的人又指摘《史记》内容重复而失于核检,例如子贡已列在《仲尼弟子列传》里,又出现在《货殖列传》里。不明白古人著书的宗旨,却倒过来用后人拘泥固守的既定方法,反而诋毁古人的灵活变通,他们还懂得《史记》体裁圆通而作用神妙,仍然留有《尚书》的遗意吗!

　　迁《史》不可为定法,固《书》因迁之体,而为一成之义例,遂为后世不祧之宗焉①。三代以下,史才不世出,而谨守

绳墨,待其人而后行,势之不得不然也。然而固《书》本撰述而非记注,则于近方近智之中,仍有圆且神者,以为之裁制,是以能成家,而可以传世行远也。后史失班史之意,而以纪、表、志、传,同于科举之程式②,官府之簿书③,则于记注撰述,两无所似,而古人著书之宗旨,不可复言矣。史不成家,而事文皆晦,而犹拘守成法,以谓其书固祖马而宗班也,而史学之失传也久矣!

【注释】

①不祧(tiāo)之宗:古代宗庙之数,天子七庙,诸侯五庙,卿大夫三庙,士一庙。远祖世次超过定制,则迁其神主于祧庙。只有始祖的神主永远不迁,谓之不祧之祖。

②科举之程式:唐、宋取士有进士、明经、三史诸科,谓之科举。科举考试题目和形式都有固定的程式,举子必须严格遵守,违式者即屏除不取。

③官府之簿书:官府各种机构登记、书写的各种文书,都有固定的体式,不能随意变更。

【译文】

司马迁《史记》的做法不可以作为固定的法则,班固《汉书》仿照司马迁的体裁,而形成固定的义法和体例,于是成为后世尊奉的鼻祖。夏、商、周三代以后,史学天才不是各代都有,那就谨慎遵守规矩,等待杰出的人才出现以后再作史,形势不得不这样。但是班固的《汉书》本来是撰述而不是记注,那么在近于方正和周备当中,仍然有圆通而神妙的精神,而且用来对全书剪裁布局,所以能够自成一家,可以流传后世通行久远。后世的史书失去了班固《汉书》的宗旨,却把纪、表、志、传体例,等同于科举的程式,官府的文书,那么在记注和撰述方面,都没有与两者相像之处,而古人著书的宗旨,更别再提了。史书不能自成一家,而记事和文字都隐晦不明,却还在执拗地遵守固定的法则,认为自己的书本来就是尊奉司马迁和效法班固,可是史学失去传承已经很久了!

　　历法久则必差,推步后而愈密,前人所以论司天也①。而史学亦复类此。《尚书》变而为《春秋》,则因事命篇,不为常例者,得从比事属辞为稍密矣。《左》、《国》变而为纪传②,则年经事纬,不能旁通者,得从类别区分为益密矣。纪传行之千有余年,学者相承,殆如夏葛冬裘③,渴饮饥食,无更易矣。然无别识心裁,可以传世行远之具,而斤斤如守科举之程式,不敢稍变;如治胥吏之簿书④,繁不可删。以云方智,则冗复疏舛,难为典据⑤;以云圆神,则芜滥浩瀚⑥,不可诵识⑦。盖族史但知求全于纪、表、志、传之成规⑧,而书为体例所拘,但欲方圆求备,不知纪传原本《春秋》,《春秋》原合《尚书》之初意也。《易》曰:"穷则变,变则通,通则久。"⑨纪传实为三代以后之良法,而演习既久,先王之大经大法,转为末世拘守之纪传所蒙,曷可不思所以变通之道欤⑩?

【注释】

①司天:语出《礼记·月令》:"乃命大史守典奉法,司天日月星辰之行。"指主管观察天象、制定和颁布历法的机构和官员。
②《左》、《国》:《左》指《左传》。《国》指《国语》,记载西周末年和春秋时期周、鲁、齐、晋、楚等国君臣事迹和言论的国别史,因多属治国之善语,故名《国语》。与《左传》相为表里,有《春秋》外传之称。

③夏葛(gé)冬裘(qiú)：语出《辽史》卷五十六《仪卫志》："上古之人，
网罟禽兽，食肉衣皮，以俪鹿韦掩前后，谓之鞹。然后夏葛冬裘
之制兴焉。"即夏装与冬装。葛，一种多年生草本植物，茎皮纤维
可以织布，轻便凉爽，夏天穿用。裘，用野兽皮毛制作的衣服，厚
重保暖，冬天穿用。鞸(bì)，革制的蔽膝。

④胥吏：语出柳宗元《柳河东全集》卷十七《梓人传》："郡有守，邑有
宰，皆有佐政，其下有胥吏。"指各级官府中管理文书档案事务的
吏人。

⑤典据：语出晋范宁《穀梁传序》："释《穀梁传》者虽近十家，皆肤浅
末学，不经师匠。辞理典据，既无可观，又引《左氏》、《公羊》以解
此传，文义违反，斯害也已。"意为有典故可以依据。

⑥浩瀚：原意指水势广大辽阔，引申为繁多、广大。

⑦诵识(zhì)：语出清代王士俊等纂《河南通志》卷六十二《儒林》：
"杜子春，河南缑氏人，治《周礼》。当[东汉]永平初，年已九十，
犹能诵识。"意为诵读记忆。

⑧族史：各家众多的史书。族，众多。

⑨穷则变，变则通，通则久：语出《周易·系辞下》。

⑩曷(hé)：何，怎么。

【译文】

历法使用时间久了必然出现误差，推步之术越到后来越精密。这
是前人用来评论天文历法的话。史学也类似这样。《尚书》一变而出现
《春秋》，于是那些根据事情写成篇章，不立常规的做法，得以通过排比
史事连缀文辞而渐渐周密了。《左传》、《国语》一变而出现纪传体史书，
于是以年月为经以史事为纬，不能触类旁通的做法，得以通过按类划分
而更加周密了。纪传体实行了一千多年，仿效的人前后相承，大概像夏
天穿葛布衣服，冬天穿裘皮衣服，渴了必须饮水，饿了必须吃饭一样，不
能改变了。然而没有独特见识与心灵裁制，可以用来流传后世通行久

远的方法,而拘谨得好像遵守科举的程式,不敢稍微改变;又好像处理官府小吏的文书,繁冗而不能删除。以此说它方正周备,那么它冗杂重复、粗疏错乱,难以作为典故来依据;以此说它圆通神妙,那么它杂乱冗滥、漫无边际,不能诵读和识记。大概众家史书只知道追求纪、表、志、传既定规则的完善,而书却被体例限制,只希望面面俱到,不知道纪传体原是来源于《春秋》,而《春秋》原本又符合《尚书》的初始宗旨。《周易》说:"事物穷尽时就发生变化,变化之后就能通达顺畅,通顺之后就能长久发展。"纪传体确实是夏、商、周三代以后的良好史法,而演变玩习为簿书程式时间长久以后,先圣明王的至善常道和基本方法,反而被末世胶执墨守的纪传体例所掩盖,怎么能不思考用来变通的方法呢?

左氏编年,不能曲分类例,《史》、《汉》纪、表、传、志,所以济类例之穷也①。族史转为类例所拘,以致书繁而事晦;亦犹训诂注疏②,所以释经,俗师反溺训诂注疏而晦经旨也。夫经为解晦,当求无解之初;史为例拘,当求无例之始。例自《春秋》左氏始也,盍求《尚书》未入《春秋》之初意欤③?

【注释】

①济:救济,帮助。

②训诂注疏:训诂,也称训故、诂训、故训,解释古书字义。注疏,对经文的解释称为注,包括传、笺、解、学等名目;而对传注的解释称为疏。

③盍(hé):何不。

【译文】

《左传》编年记事,不能曲折地划分类别。《史记》、《汉书》采用纪、表、传、志的体例,用来补救按类分例的困境。众家史书反过来被划分类别所束缚，以致史书内容繁杂而史事被隐晦；这也就像解释字义和经书，是要用来疏通经文，平庸的经师反而沉迷在训诂注疏当中而模糊了经文的宗旨。经文被注解弄得模糊，应当寻求未被注解以前的本初形态；史书被凡例束缚，应当寻求没有凡例以前的原始面貌。凡例从《春秋左氏传》开始出现，何不寻求《尚书》没有合入《春秋》以前的原意呢？

神奇化臭腐，臭腐复化为神奇，解《庄》书者①，以谓天地自有变化，人则从而奇腐云耳。事屡变而复初，文饰穷而反质，天下自然之理也。《尚书》圆而神，其于史也，可谓天之至矣②。非其人不行，故折入左氏，而又合流于马、班，盖自刘知几以还，莫不以谓《书》教中绝，史官不得衍其绪矣。又自《隋·经籍志》著录③，以纪传为正史，编年为古史，历代依之，遂分正附，莫不甲纪传而乙编年。则马、班之史，以支子而嗣《春秋》④，荀悦、袁宏⑤，且以左氏大宗⑥，而降为旁庶矣。司马《通鉴》病纪传之分⑦，而合之以编年。袁枢《纪事本末》又病《通鉴》之合⑧，而分之以事类。按本末之为体也，因事命篇，不为常格；非深知古今大体，天下经纶⑨，不能网罗隐括⑩，无遗无滥。文省于纪传，事豁于编年，决断去取，体圆用神，斯真《尚书》之遗也。在袁氏初无其意，且其学亦未足与此，书亦不尽合于所称。故历代著录诸家，次其书于杂史。自属纂录之家，便观览耳。但即其成法，沉思冥索，加以神明变化，则古史之原⑪，隐然可见。书有作者甚浅，而观者甚深，此类是也。故曰：神奇化臭腐，而臭腐复化为神奇，本一理耳。

【注释】

①《庄》书：《庄子》一书。

②天之至：天然的极限。

③《隋·经籍志》：唐太宗贞观十五年（641），诏修梁、陈、北齐、北周、隋《五代史志》，高宗显庆元年（656）成书，包括《礼仪》、《音乐》、《律历》、《天文》、《五行》、《食货》、《刑法》、《百官》、《地理》、《经籍》十志，共三十卷。诏附《隋书》而行，称《隋书》十志。《隋书》卷三十二至三十五《经籍志》四卷，在中国目录学史上占有重要地位。

④支子：语出《仪礼·丧服》："何如而可以为人后？支子可也。"贾公彦《疏》曰："支者，取支条之义，不限妾子而已。"李如圭《仪礼集释》卷十七《丧服》释曰："支子，嫡妻次子以下及妾子也。"中国古代宗法制度规定，正妻所生的长子为嫡长子，称为宗子，继承父业，其余儿子以及妾所生之子称为支子。

⑤荀悦、袁宏：荀悦（148—209），字仲豫，东汉颍川（今河南禹州）人。奉汉献帝之命，把班固《汉书》删繁就简，用编年体编纂成《汉纪》三十卷。袁宏（328—376），字彦伯，东晋阳夏（今河南太康）人。著《后汉纪》三十卷。

⑥大宗：语出《仪礼·丧服》："大宗者，尊之统也。"古代宗法制度实行嫡长子继承制，称为大宗，余子称为小宗。

⑦《通鉴》：《资治通鉴》，北宋史家司马光主持编纂的一部编年体史书，记事上起周威烈王二十三年（前403）韩、赵、魏三家分晋，下迄周世宗显德六年（959）后周失国，共计二百九十四卷，记载了一千三百六十二年的史事。

⑧袁枢《纪事本末》：南宋史家袁枢所撰《通鉴纪事本末》，四十二卷，始于《三家分晋》，终于《周世宗征淮南》，一事为一篇，共计二百三十九篇。本书开创了纪事本末体裁，与编年、纪传、典制共

同构成中国传统史学的四大史书体裁。

⑨经纶：语出《周易·屯卦》："云雷屯，君子以经纶。"原意为整理丝线，理出丝绪称经，编制为绳称纶。引申为筹划治理国家大事。

⑩隐括：语出《淮南子》卷十九《修务》："木直中绳，揉以为轮，其曲中规，隐括之力。"也作隐栝、檃括、檃栝，一种矫正竹木弯曲的工具。引申为修改、订正之义，一般指对原有文章的宗旨、内容、文字、情节进行剪裁和修改，熔铸成新篇。

⑪古史之原：远古史学的本原、准则。章学诚在此指的是《尚书》神圣制作的原则。

【译文】

神奇转化为臭腐，臭腐又转化为神奇，解释《庄子》一书的人，认为天地自有变化，神奇和臭腐不过是人的感觉罢了。事物多次变化就会回到当初，文饰到了尽头就会返归质朴，是天下自然而然的道理。《尚书》圆通而神妙，它对于史书，可以说是天然的极限了。没有杰出的人才不能流传下来，所以并入《左传》，又融合于司马迁、班固之书，大概从刘知几以后，没有人不认为《尚书》的教义中断，史官不能扩大它的事业了。况且自从《隋书·经籍志》著录书籍，以纪传体作为正史，编年体作为古史，历代依从《隋志》，就分出正宗和附属，没有人不把纪传体放在首位而编年体放在次要地位。于是司马迁、班固的史书，以支子的身份而继承《春秋》，荀悦、袁宏的书，却以《左传》宗子的身份，而降做旁支庶子了。司马光的《资治通鉴》不满纪传体记事分散，而把它们统合在编年体之中。袁枢的《通鉴纪事本末》又不满《资治通鉴》记事统合，而把它们区分在各类史事之下。查验纪事本末的体裁，依据史事确定篇章，不限固定的格式，不是深知从古至今的全貌，天下的治理谋划，不能网罗材料加以剪裁，既没有遗漏又没有冗滥。文字比纪传体简省，记事比编年体宽广，对材料抉择取舍，体裁圆通而作用神妙，这真是《尚书》的遗传。在袁枢的头脑里本来没有那样的意思，况且他的学识也不足以达到这样的程度,书也不完全合乎所称誉的标准。所以历代书目著录各家,都把这部书著录在杂史类,自然属于汇纂编录的一派,便于读书人观看阅览罢了。但是按照它既成的做法,深沉思考和幽冥探索,再加上奇妙的孕育变化,那么远古史学的本原,隐约可以发现。书有撰写的人用意很浅,而观览的人领会很深,就是这类情况。所以说:神奇转化为臭腐,臭腐又转化为神奇,本来是一个道理。

　　夫史为记事之书①。事万变而不齐,史文屈曲而适如其事,则必因事命篇,不为常例所拘,而后能起讫自如,无一言之或遗而或溢也。此《尚书》之所以神明变化,不可方物。降而左氏之传,已不免于以文徇例②,理势不得不然也。以上古神圣之制作,而责于晚近之史官,岂不悬绝欤!不知经不可学而能,意固可师而仿也。且《尚书》固有不可尽学者也,即《纪事本末》,不过纂录小书,亦不尽取以为史法,而特以义有所近,不得以辞害意也③。斟酌古今之史,而定文质之中,则师《尚书》之意,而以迁《史》义例,通左氏之裁制焉,所以救纪传之极弊,非好为更张也。

【注释】

①史为记事之书:许慎《说文解字》曰:“史,记事者也。”史字的本义为记事,后来指史职、史书、史事。

②徇:顺从,曲从。

③以辞害意:语出《孟子·万章上》:“故说诗者,不以文害辞,不以辞害志;以意逆志,是为得之。”意思是说,不能因为字面的解释而损害词句的意思,不能因为词句的解释而损害全诗的意思;要用自己的体会去揣度作者的原意,这样才能把握住诗意。

【译文】

　　史书是记事的书籍。事物万般变化而不能一律,史书文字曲伸婉转而恰好和所载事实相符合,就一定要根据史事确定篇目,不受固定体例的限制,然后能够自始至终运用自如,没有一句话或是遗漏或是多余。这就是《尚书》神妙变化,不可辨别名分的原因。降至《左传》,已经不免于以文字屈从凡例,情理时势不得不这样。用上古神明圣哲的创作,来要求后来近代的史官,难道不是相差太悬殊吗! 不知道经不能通过学习来创作,其意旨完全可以学习仿效。况且《尚书》本来就有不能全部学到的内容,就像《通鉴纪事本末》,不过是纂录的小书,也不必完全用来作为撰史方法,只是因为道理有接近《尚书》之处,不能因为有言语的赞美就妨碍对本意的理解。斟酌从古到今的史书,来确定文饰与实质的适中,那么效法《尚书》的宗旨,而用司马迁《史记》分类的体例,变通《左传》编年的体制,这是用来补救纪传体的严重弊病,不是喜好改弦更张。

　　纪传虽创于史迁,然亦有所受也。观于《太古年纪》、《夏殷春秋》、《竹书纪年》[①],则本纪编年之例,自文字以来,即有之矣。《尚书》为史文之别具,如用左氏之例,而合于编年,即传也。以《尚书》之义,为《春秋》之传,则左氏不致以文徇例,而浮文之刊落者多矣[②]。以《尚书》之义,为迁《史》之传,则八书三十世家,不必分类,皆可仿左氏而统名曰传。或考典章制作,或叙人事终始,或究一人之行,即列传本体。或合同类之事,或录一时之言,训诰之类。或著一代之文,因事命篇,以纬本纪。则较之左氏翼经,可无局于年月后先之累;较之迁《史》之分列,可无歧出互见之烦。文省而事益加明,例简而义益加精,岂非文质之适宜,古今之中道欤? 至于人名事类,合于本末之中,难于稽检,则别编为表,以经纬之;天象地形,舆服仪器③,非可本末该之④,且亦难以文字著者,别绘为图,以表明之。盖通《尚书》、《春秋》之本原,而拯马《史》、班《书》之流弊,其道莫过于此。至于创立新裁,疏别条目,较古今之述作,定一书之规模,别具《圆通》之篇⑤,此不具言。

【注释】

①《太古年纪》、《夏殷春秋》、《竹书纪年》:据班固《汉书》卷三十《艺文志》著录《太古以来年纪》二篇,次于《春秋》类,当是古史。又据刘知几《史通》卷一《六家》记载:"按《汲冢琐语》记太丁时事,目为《夏殷春秋》。"《竹书纪年》,西晋出土的刻在简牍上的编年体古史,记载夏、商、周、晋、魏史实,共十二篇。

②浮文:语出《晋书》卷七十九《谢安传》:"今四郊多垒,宜思自效,而虚谈废务,浮文妨要,恐非当今所宜。"意为华而不实的文章。

③舆服仪器:舆服为车乘和冠服的总称,按照使用者身份地位分为不同种类。仪器为观测天象、宗庙祭祀、日用器皿等各种器物的总称。

④该:具备。

⑤《圆通》:此篇未见流传。据《章氏遗书》卷九《与邵二与论修宋史书》曰:"今仍纪传之体,而参本末之法,增图谱之例,而删书志之名,发凡起例,别具《圆通》之篇。推论甚精,造次难尽,须俟脱稿,便当续上奉郢质也。"章学诚如此看重本篇,遗失的可能性不大,当是未成之作。

【译文】

纪传体虽然由司马迁创立,然而也是有所接受。从《太古年纪》、

《夏殷春秋》、《竹书纪年》来看,那么本纪编年的体裁,自有文字记载以来,就已经有了。《尚书》是史书的另类形式,如果采用《左传》的凡例,统合在编年记事之内,就成为传。用《尚书》的宗旨,给《春秋》作传注,那么《左传》就不至于以文词屈从凡例,而空泛的文字可以删去的就多了。用《尚书》的宗旨,给司马迁《史记》作列传,那么八篇书和三十篇世家,就没有必要分类,都可以仿照《左传》而总称为传。有的考察典章制度,有的叙述事件过程,有的探求一人行事,即列传的根本体裁。有的合载相同事迹,有的记录一时言语,例如训诰之类。有的汇编一代文章,根据史事写成篇目,用来配合本纪。这样比起《左传》辅助经文,可以不局限于记事年月先后的牵累;比起《史记》分类排列,可以没有记事参差互见的繁芜。文字省略而史事更加清晰,体例简单而义法更加精要,难道不是文饰和实质相互适宜,古往今来的折中之道吗? 至于人名和事迹,附合在纪事本末当中,不容易查考检索,就另外编成表,使它们相互配合;天体现象、地理形势,车乘冠服、礼仪器物,这些都无法用纪事本末体包括,况且也难用文字表达出来,就另外绘成图,使它们表现明了。大概贯通《尚书》、《春秋》的根本,而拯救司马迁《史记》、班固《汉书》末流的弊病,没有比这个再好的办法。至于创立新的体裁,厘定撰写条目,比较从古到今的著述,确定一部书的格局,另外详载在《圆通》一篇,这里不详尽论述。

　　邵氏晋涵云①:"纪传史裁②,参仿袁枢③,是貌同心异。以之上接《尚书》家言,是貌异心同。是篇所推,于六艺为支子,于史学为大宗;于前史为中流砥柱,于后学为蚕丛开山④。"

【注释】

①邵氏晋涵:邵晋涵(1743—1796),字与桐,号二云,自号南江,清代浙江余姚人。乾隆三十六年(1771)进士,授四库全书馆编修,

　　侍讲学士兼日讲起居注官,著作有《尔雅正义》、《南江邵氏遗书》
　　传世。清代中叶著名史学家,与章学诚同为浙东史学巨擘,两人
　　私交甚好。

②纪传史裁:章学诚借鉴《尚书》的教义和袁枢《通鉴纪事本末》的
　　优点提出的纪、传、表、图四种体例的新型纪传体史书。

③袁枢(1131—1205):字机仲,南宋建宁建安(今福建建瓯)人。宋
　　孝宗隆兴元年(1163)进士,历任兴化军、严州教授,太府丞兼国
　　史院编修官,工部侍郎兼国子祭酒,知江陵府。著作有《通鉴纪
　　事本末》,是我国第一部纪事本末体史书。

④蚕丛开山:泛指各项制度与各种学派的创始人。蚕丛,相传为远
　　古时代蜀国的开国君王。开山,佛教选择名山创建寺院,称为开
　　山。新建寺院的第一代住持为开山祖师。

【译文】

　　邵晋涵说:“新型纪传体的体裁,参照和仿效袁枢,这是外貌相同而
实质不同。用它往上承接《尚书》家的学问,这是外貌不同而实质相同。
本篇所推究的内容,对于六经来说是旁支庶子,对于史学来说是嫡传正
宗;对于以前史学来说是中流砥柱,对于后世史学来说是蚕丛开山。”

诗教上

【题解】

《诗教》上下两篇,是章学诚《文史通义》中论文的总纲。其主旨在于阐明后世文体至战国而齐备,而战国之文又来源于《诗经》之教。因为战国时期是官学向私学转变的关键时期,诸侯争霸和兼并战争导致贵族世袭制度的破坏,学在官府的垄断体制被打破,诸子百家纷纷著书立说,形成百家争鸣局面。然而诸子百家源于《周礼》各官所执掌,因此本原来源于六经之道,各家都得到了六经的一个方面,所以立论能够言之成理,持之有故。战国时期各家相互辩难,议论纵横,铺张文辞,是继承古代行人赋诗言志的传统,进一步文饰其辞,引人入胜,增强说理论证的效果,表达自己学说的宗旨,正是《诗》教的延续流变。这种衍变造成诸子百家各擅辞章以文其质,期于为世所用,形成周末文盛的局面,以致古代文质合一的学术发生根本性变化。后世兴起的辞章之学,各种文体无不渊源于战国时期。战国时期诸子百家纵横捭阖、寓言讽谏,寄情《诗经》与《离骚》,开后世各种文体的先河。章学诚从《文选》各种文体的选文中,举例证明秦、汉以后的文章与战国之文体一脉相承,从文学发展史的角度论证了古今文体的渊源流变,得出后世文体到战国时期已经具备的结论。与此同时,战国时期出现私家专门著述,逐渐离质而言文,产生了舍本而逐末的弊病。六朝以下私人文集之中除了各种文体的辞章之学以外,大量地充斥各种经义、史传、论说文章,造成文体的衰落。这主要是由于后世不明《诗经》之教的源流,评论文章拘于形貌而不重实质,不能探究个人著作的宗旨,仅仅把经、史、子、集各种文体的篇章汇编为一集,导致学术传承源流不清。所以,评论文章的人应当探求作者意旨,而不可拘于外表形式。章学诚把战国作为文学发展的一个关键时期,认为考察这个时期的文体有助于弄清文章演变盛衰的缘故。他的这些论述,涉及文章的内容与形式之间的关系,同时也涉及文学与社会之间的关系,成为章学诚文学理论中的重要内容。

周衰文弊,六艺道息,而诸子争鸣。盖至战国而文章之变尽,至战国而著述之事专,至战国而后世之文体备;故论文于战国,而升降盛衰之故可知也。战国之文,奇衺错出,而裂于道,人知之;其源皆出于六艺①,人不知也。后世之文,其体皆备于战国,人不知;其源多出于《诗》教②,人愈不知也。知文体备于战国,而始可与论后世之文。知诸家本于六艺,而后可与论战国之文,知战国多出于《诗》教,而后可与论六艺之文;可与论六艺之文,而后可与离文而见道③;可与离文而见道,而后可与奉道而折诸家之文也④。

【注释】

①其源皆出于六艺:班固《汉书》卷三十《艺文志》谓诸子之学出于六经,属于六经的分支和流传。章学诚又进而论证诸子之文章同样出于六经。《章氏遗书》补遗《论课蒙学文法》曰:"论事之文,疏通致远,《书》教也。传赞之文(即论人之文),抑扬咏叹;辞命之文,长于讽谕,皆《诗》教也。叙例之文与考订之文,明体达用,辨名正物,皆《礼》教也。叙事之文,比事属辞,《春秋》教也……若夫

《易》之为教,《系辞》尽言,类情体撰,其要归于洁净精微,说理之文所从出也。"

②其源多出于《诗》教:据班固《汉书》卷三十《艺文志》记载:"从横家者流,盖出于行人之官。"从,通"纵"。战国纵横之士,或游说诸侯,或相互论辩,继承古代行人传统,以文章寓言发表见解和主张,学术本于《诗》教。

③离:断绝,分离。

④折:折中,判断。

【译文】

周代衰落而文化弊坏,六经蕴涵的道闭塞不通,诸子相互争胜。大概到战国时期文章的变化穷尽,到战国时期著述的事业专精,到战国时期后世的文体完备;所以讨论战国时期的文章,可以明了文章升降盛衰的原因。战国的文章,奇异邪僻错杂纷陈,割裂了大道,人们都知道;它们的源头都语出六经,人们不知道。后世的文章,各类文体在战国时期就完备了,人们不知道;它们的源头大多语出《诗经》之教,人们更不知道。知道文体在战国完备,才可以相互谈论后世的文章。知道诸子渊源于六经,然后可以相互谈论战国的文章,知道战国文章大多语出《诗经》之教,然后可以相互谈论六经的文章;可以相互谈论六经的文章,然后可以相互分析文章而发现大道;可以相互分析文章而发现大道,然后可以相互尊奉大道来判断诸子的文章。

战国之文,其源皆出于六艺,何谓也?曰:道体无所不该,六艺足以尽之。诸子之为书,其持之有故而言之成理者,必有得于道体之一端,而后乃能恣肆其说①,以成一家之言也。所谓一端者,无非六艺之所该,故推之而皆得其所本;非谓诸子果能服六艺之教,而出辞必衷于是也。《老子》

说本阴阳②,《庄》、《列》寓言假象,《易》教也。邹衍侈言天地③,关尹推衍五行④,《书》教也。管、商法制⑤,义存政典,《礼》教也。申、韩刑名⑥,旨归赏罚,《春秋》教也。其他杨、墨、尹文之言⑦,苏、张、孙、吴之术⑧,辨其源委,挹其旨趣⑨,九流之所分部⑩,《七录》之所叙论⑪,皆于物曲人官,得其一致,而不自知为六典之遗也。

【注释】

① 恣(zì)肆:语出《新唐书》卷一百九十二《张巡传》:"更调真源令。土多豪猾,大吏华南金树威恣肆,邑中语曰:'南金口,明府手。'"意为放肆无忌。引申为文章、言论或书法气势豪放。

②《老子》:又名《道德经》,春秋时期道家学派创始人老聃的著作,为其后学根据他的学说编定。今本分为八十一章,一至三十七章为道经,主要讲宇宙论和本体论,三十八至八十一章为德经,主要讲政治观和人生观。

③ 邹衍:也称驺衍(约前305—前240),战国时期齐国人,阴阳家代表人物。认为天下有八十一州,九州为一个单元,有小海环绕,称作大九州;九个大九州又有大海环绕,以外就是天地边际。深观天地阴阳变化,提出五德转移学说。曾游历燕、赵、魏等国,受到诸侯礼遇,时人称为"谈天衍"。著作有《邹子》、《邹子始终》,原书已佚,清人有辑本。

④ 关尹:相传为春秋时期的人,曾经做函谷关尹,故名。一说姓尹名喜。老子出关时,随之西去,不知所终。著有《关尹子》九篇,已佚。今本系后人伪托。

⑤ 管、商:管指管仲(? —前645),名夷吾,又名敬仲,春秋时期颍上(今属安徽)人。齐国政治家,辅佐齐桓公成就霸业,尊王攘夷,

改革内政,齐国国力大振。著有《管子》一书。商指商鞅(约前390—前338),卫国公孙氏,名鞅,又称卫鞅、公孙鞅。入秦得到孝公重用,封于商(今陕西商州东南),故称商君、商鞅。以强国之术劝秦孝公变法,使秦国迅速走向强国争霸兼并道路,史称商鞅变法。孝公死后,旧贵族乘机反扑,商鞅被车裂。著有《商君书》二十九篇,今存二十四篇;《公孙鞅》二十七篇,已佚。

⑥申、韩:申指申不害(约前385—前337),郑国京(今河南荥阳东南)人,后为韩昭侯相。在韩国变法,尤重"术",要求君主监督臣下,操生杀之柄,课群臣之能,韩国一时强盛。著有《申子》六篇,今存辑本《大体》一篇。韩指韩非(前280—前233),战国时期韩国贵族,屡次上书国王变法,不被重用。其书传入秦国,受到秦王赏识,邀韩非入秦。后遭李斯陷害,自杀于狱中。其学说兼采商鞅的"法"、申不害的"术"、慎到的"势",提出一套君主专制和中央集权的政治主张,成为先秦法家思想的集大成者,对中国社会产生了重要影响。著作有《韩非子》一书。

⑦杨、墨、尹文:杨指杨朱,又称杨子、阳生、杨子君,战国时期魏国人。其学说散见于先秦诸子书中,主张"贵己"、"为我"、"重生",强调个人生命的价值,对当时社会影响很大,与墨子学派俱称显学。墨指墨翟(约前468—前376),战国时期鲁国人,一说宋国人,墨家学派创始人。游于齐、楚、宋诸国,反对诸侯兼并战争,提倡非攻、兼爱、尚贤、非命学说,与儒家学派并称显学。著有《墨子》一书,原为七十一篇,今存四十五篇,另外八篇有目无书。尹文(约前360—前280),又称尹文子,战国时期齐国人。名家代表人物,与宋钘齐名。著有《尹文子》一篇。今本疑为后人伪托。

⑧苏、张、孙、吴:苏指苏秦(?—前284),字季子,战国时期东周洛阳(今属河南)人。游说诸侯,发动齐、楚、赵、魏、韩五国共同攻秦,使秦国不敢出兵函谷关,史称合纵,因功封为武安君。后因

山东六国之间合纵破裂，苏秦被杀。著作有《苏子》三十一篇，已
佚。张指张仪(？—前309)，战国时期魏国人。先游说楚国无
效，后入秦成为惠文王客卿。劝说六国之中的某一弱小国家服
侍秦国，共同对抗其他国家，史称连横，因功封为武信君。后被
逐回魏国，相魏一年而卒。著有《张子》十篇，已佚。孙指孙武，
字长卿，春秋时期齐国安乐(今山东惠民)人。自齐入吴，被吴王
阖闾任为将，率兵攻破楚国郢都。著有《孙子兵法》一书，是我国
最早的兵书。吴指吴起(？—前381)，战国时期卫国左氏(今山
东定陶西)人。初仕鲁国，后入魏任西河守。又去魏适楚，被楚
悼王擢为令尹，主持变法，楚国富强。悼王死后，旧贵族发动叛
乱，吴起被杀。著有《吴起》四十八篇，今存《吴子》六篇。

⑨挹(yì)：牵引，援引。

⑩九流：班固《汉书》卷三十《艺文志》把春秋战国时期形成的儒、
墨、道、法、名、杂、农、阴阳、纵横九家，称为九流。与小说家合称
十家九流。后来作为各种学术流派的泛称，通常名为三教九流。

⑪《七录》：南朝梁阮孝绪撰，内篇为经典录、记传录、子兵录、文集
录、技术录，外篇为佛录、道录，共七篇，分五十五部，收书六千二
百八十八种，四万四千五百二十六卷，成为继《七略》、《七志》以
后的一部重要目录分类学专著，现已失传。

【译文】

战国的文章，它们的源头都语出六经，说的是什么呢？回答是：道
的本体无所不备，六经完全可以包括道的本体。诸子各家著书，那些
主张有根据、言论有道理的著作，一定是在道体的一部分有所得，然后
才能够畅论自己的学说，形成一家之言。所谓一个部分，没有不是六
经所包括的内容，所以推演开来都能求得它的根本；不是说诸子果真
能服膺六经的教化，发表言辞一定与六经符合。《老子》一书的学说根
据阴阳之道，《庄子》、《列子》托言论而借形象，是《周易》之教。邹衍谈

天说地夸大其辞,关尹子推演五行的学说,是《尚书》之教。管仲、商鞅的法制论,宗旨存留在治国典章里,是《周礼》之教。申不害、韩非的刑名说,宗旨归于赏善罚恶,是《春秋》之教。其他杨朱、墨子、尹文的言论,苏秦、张仪、孙武、吴起的策谋,辨别他们的源流,援引他们的宗旨,九流以此区分类别,《七录》以此叙列评论,都和六典所述自然界物的效用和人世间官的才能,具有一致的趋向,然而自己却不知道这是六典的遗留。

　　战国之文,既源于六艺,又谓多出于《诗》教,何谓也?曰:战国者,纵横之世也。纵横之学,本于古者行人之官①。观春秋之辞命,列国大夫②,聘问诸侯,出使专对,盖欲文其言以达旨而已。至战国而抵掌揣摩③,腾说以取富贵,其辞敷张而扬厉④,变其本而加恢奇焉⑤,不可谓非行人辞命之极也。孔子曰:"诵《诗》三百,授之以政,不达;使于四方,不能专对,虽多奚为?"⑥是则比兴之旨,讽谕之义,固行人之所肄也。纵横者流,推而衍之,是以能委折而入情,微婉而善讽也。九流之学,承官曲于六典,虽或原于《书》、《易》、《春秋》,其质多本于《礼》教⑦,为其体之有所该也。及其出而用世,必兼纵横,所以文其质也。古之文质合于一,至战国而各具之质;当其用也,必兼纵横之辞以文之,周衰文弊之效也。故曰:战国者,纵横之世也。

【注释】

　　①行人:古代官名。《周礼》秋官之属有大行人、小行人,掌管朝觐聘问,精于赋诗言志。

②大夫：古代官名。先秦时期按照天子、诸侯、卿、大夫、士的职位排列。

③抵（zhǐ）掌揣摩：据《战国策·秦策一》记载："[苏秦]乃夜发书，陈箧数十，得《太公阴符》之谋，伏而诵之，简练以为揣摩……期年，揣摩成，曰：'此真可以说当世之君也。'于是乃摹燕乌集阙，见说赵王于华屋之下，抵掌而谈，赵王大悦。"揣摩，本意指悉心探究真意，以相比合，后用为揣测、度量之意。抵掌，也作"抵掌"，击掌以助谈兴。

④敷（fū）张而扬厉：也作"铺张扬厉"。敷张，铺陈扩张。扬厉，本意为威武奋发，后用作发扬光大之意。

⑤恢奇：语出司马迁《史记》卷一百一十二《平津侯列传》："[公孙]弘为人恢奇多闻，常称以为人主病不广大，人臣病不俭节。"意为壮伟特出。

⑥诵《诗》三百，授之以政，不达；使于四方，不能专对，虽多奚为：语出《论语·子路》。虽多奚为，原文作"虽多亦奚以为"。

⑦本于《礼》教：三代政教合一，官府执掌教化，春秋战国时期的诸子百家都语出各官之学，所以本质根源于《礼》教。

【译文】

　　战国的文章，既然源头语出六经，又说大多语出《诗经》之教，说的是什么呢？回答是：战国，是纵横捭阖的时代。合纵连横的学说，源出古代行人之官。看春秋时期的应对言辞，各国的大夫，访问别的诸侯国，出使随机应对，大概要文饰自己的言辞来表达意思罢了。到战国时期就出现击掌揣摩的事情，依靠驰骋说词来获取富贵，他们的说词铺张扬厉，改变原来的模样而更加奇特，不能说不是行人应对言辞的极致。孔子说："诵读《诗经》三百篇，授予政事，却不通晓；出使四方，却不能独立应对，即使读得再多又有什么用呢？"那么比兴的旨意，讽谕的意义，本来就是行人所讲习的内容。纵横家一派，推究而加以发展，所以能回旋曲折而打动人情,精微委婉而善于讽谕。九流的学说,继承了六典关于人世间官和自然界物的功能,虽然有的源出《尚书》、《周易》、《春秋》,而它们的实质大多语出《礼》教,因为《礼》的本体可以包括。等到它们出现并运用于世,一定兼有纵横之术,用来文饰它们的实质。古时候文采和实质相互统一,到战国时期各家都具备了实质;当运用实质的时候,一定兼有纵横家的文辞来文饰,这是周代衰落而文章弊坏的结果。所以说:战国,是纵横捭阖的时代。

　　后世之文,其体皆备于战国,何谓也? 曰:子史衰而文集之体盛;著作衰而辞章之学兴。文集者,辞章不专家,而萃聚文墨,以为蛇龙之菹也①。详见《文集》篇。后贤承而不废者,江河导而其势不容复遏也。经学不专家,而文集有经义②;史学不专家,而文集有传记③;立言不专家④,即诸子书也。而文集有论辨。后世之文集,舍经义与传记、论辨之三体,其余莫非辞章之属也。而辞章实备于战国,承其流而代变其体制焉。学者不知,而溯挚虞所裒之《流别》⑤,挚虞有《文章流别传》⑥。甚且以萧梁《文选》,举为辞章之祖也,其亦不知古今流别之义矣。

【注释】

①蛇龙之菹(zū):语出《孟子·滕文公下》:“驱蛇龙而放之菹。”蛇龙,也作龙蛇,比喻非常之人。菹,底本误作“沮”,据《章氏遗书》本改。意为水草多的沼泽地。原意指龙蛇生活的大泽,后来比喻非常人才展示才能的舞台。

②经义:语出班固《汉书》卷八十五《谷永传》:“水灾浩浩,黎庶穷困如此,宜损常税小自润之时;而有司奏请加赋,甚缪经义,逆于民心,布怨趋祸之道也。”指历代经学家阐释儒家经书的义理。

③传记：史家撰写的著作。后世多以记载人物生平者为传，记载事件始末者为记。

④立言：语出《左传·襄公二十四年》："太上有立德，其次有立功，其次有立言。"孔颖达《疏》曰："立言，谓言得其要，理足可传……其身既没，其言尚存……老、庄、荀、孟、管、晏、杨、墨、孙、吴之徒，制作子书；屈原、宋玉、贾逵、扬雄、马迁、班固以后，撰集史传及制做文章，使后世学习，皆是立言者也。"即著书立说，确立一家之言。古人把立言与立德、立功并列为三不朽的事业。

⑤挚虞（？—311）：字仲洽，西晋长安（今陕西西安）人。曾经裒集古代文章，分类编录成《文章流别集》十卷。另外撰有《文章志》四卷，已佚。

⑥《文章流别传》：当是《文章流别集》之误。

【译文】

后世的文章，体裁都在战国完备，说的是什么呢？回答是：子书、史书衰落而文集的体裁兴盛，专门著作衰落而辞章文学兴起。文集这种体裁，不是专门的辞章一家，而把各类文章汇聚在一起，成为非常人物展示才华的舞台。详见《文集》篇。后世贤能继承而不废止，就像江河畅流而水势不容许再阻拦。经学不是专门家，而文集里有解说经义的文章；史学不是专门家，而文集里有传记文章；立言不是专门家，就是诸子书。而文集里有论辩文章。后世的文集，去掉解经文章、传记文章和论辩文章三种体裁，其余都属于辞章文学一类的文章。而辞章文学确实是在战国时期完备，后人继承这一流别而世代改变它的体裁。学者不清楚，却上溯挚虞编集的《流别》，挚虞有《文章流别传》。甚至把南朝萧梁时期编集的《文选》，拿来作为辞章文学的始祖，他们也实在不知道区分古今文章流派的宗旨了。

今即《文选》诸体，以征战国之赅备。挚虞《流别》，孔逭《文苑》^①，今俱不传，故据《文选》。京都诸赋^②，苏、张纵横六国，侈陈形势之遗也。《上林》、《羽猎》^③，安陵之从田^④，龙阳之同钓也^⑤。《客难》、《解嘲》^⑥，屈原之《渔父》、《卜居》^⑦，庄周之惠施问难也^⑧。韩非《储说》^⑨，比事征偶，《连珠》之所肇也^⑩。前人已有言及之者。而或以为始于傅毅之徒^⑪，傅玄之言^⑫。非其质矣。孟子问齐王之大欲^⑬，历举轻暖肥甘，声音采色，《七林》之所启也^⑭；而或以为创之枚乘，忘其祖矣^⑮。邹阳辨谤于梁王^⑯，江淹陈辞于建平^⑰，苏秦之自解忠信而获罪也^⑱。《过秦》、《王命》、《六代》、《辨亡》诸论^⑲，抑扬往复，诗人讽谕之旨，孟、荀所以称述先王^⑳，儆时君也。屈原上称帝喾^㉑，中述汤、武，下道齐桓，亦是。淮南宾客^㉒，梁苑辞人^㉓，原、尝、申、陵之盛举也^㉔。东方、司马^㉕，侍从于西京，徐、陈、应、刘^㉖，征逐于邺下^㉗，谈天雕龙之奇观也^㉘。遇有升沉，时有得失，畸才汇于末世^㉙，利禄萃其性灵，廊庙山林，江湖魏阙^㉚，旷世而相感，不知悲喜之何从，文人情深于《诗》、《骚》，古今一也。

【注释】

①孔逭《文苑》：据《隋书》卷三十五《经籍志》总集类著录："《文苑》一百卷，孔逭撰。"孔逭，南朝齐会稽（今浙江绍兴）人。富于辞藻，作《东都赋》，时人以才士称之。曾任卫军武陵王东曹掾。著有《三吴决录》，不传。

②京都诸赋：萧统《文选》收录班固《两都赋》，张衡《西京赋》、《东京赋》、《南都赋》，左思《三都赋》、《吴都赋》。

③《上林》、《羽猎》：萧统《文选》收录司马相如《上林赋》，扬雄《羽猎

赋》。

④安陵之从田：据《战国策·楚策一》记载，楚王在云梦泽狩猎，极
　尽欢娱，并且感叹自己死后和谁一起行乐。幸臣缠（一作"缱"）进
　言愿意陪葬楚王地下行乐，楚王非常高兴，封缠为安陵君。田，
　指畋游、狩猎。

⑤龙阳之同钓：据《战国策·魏策四》记载，魏王和宠臣龙阳君一起
　钓鱼，龙阳君钓到十几条鱼以后突然哭起来。魏王询问缘故，龙
　阳君说自己钓到大鱼后就想把前面钓的小鱼扔掉，由此联想到
　魏王如果再得到比自己容貌美好的宠臣就会把他抛弃，所以痛
　哭。魏王于是下令有敢进言美貌宠臣者，杀其全家。

⑥《客难》、《解嘲》：萧统《文选》收录东方朔《答客难》，扬雄《解嘲》，
　都是对问体。

⑦《渔父》、《卜居》：《楚辞》中的两篇，设为问答之辞，旧说作者为
　屈原。

⑧庄周之惠施问难：据《庄子·秋水》记载，庄周与惠施二人友善，
　相约游于濠梁之上，彼此有问答之辞。庄周（约前369—286），名
　周，字子休，战国时期宋国蒙（今河南商丘东北）人。曾为漆园
　吏，后不愿为吏事所累，终身不仕。是战国时期道家学派代表人
　物，著有《庄子》一书。惠施（约前370—约前310），也称惠子，战
　国时期宋国人。曾任魏惠王相，使魏惠王和齐威王在徐州会盟，
　互尊为王，联合抗秦。后被张仪排挤，离开魏国。著作有《惠子》
　一篇，已佚。

⑨《储说》：《韩非子》中的篇名，内容为积聚传说故事。其中《内储
　说》分上下两篇，《外储说》分左上、左下、右上、右下四篇。

⑩《连珠》：一种文体，内容简短而有寓意，文字骈偶而谐音韵，历历
　如贯珠，故名。《魏书》卷三十三《李先传》记载北魏明元帝拓跋
　嗣命李先读《韩子连珠》二十二篇，今《韩非子》书中无《连珠》，后

人以为或指《内外储说》。今天所能够见到的《连珠》作品,以汉代扬雄为最早。

⑪傅毅:字武仲,东汉扶风茂陵(今陕西兴平东北)人。汉章帝时为兰台令史,和班固、贾逵一起校书。后为大将军窦宪司马,卒。著有诗、赋、诔、颂、祝文、七激、连珠二十八篇。

⑫傅玄(217—278):字休奕,西晋北地郡泥阳(今陕西耀县东南)人。曹魏末年,任著作郎,撰集《魏书》。迁弘农太守。西晋建立,拜散骑常侍,掌谏职,执白简上书言事,刚正切直,为人所惮。官至司隶校尉,卒谥刚。著有《傅子》一书,今存辑本《傅鹑觚集》。萧统《文选》卷五十五《连珠》李善《注》引傅玄《连珠序》曰:"所谓连珠者,兴于汉章之世,班固、贾逵、傅毅三子受诏作之。"

⑬孟子问齐王之大欲:据《孟子·梁惠王上》记载,孟子问:"王之所大欲,可得闻与?"王笑而不言。孟子历举肥美香甜的食物、轻便温暖的衣服、绚丽斑斓的色彩、奇妙悦耳的声音、俯首帖耳的宠臣,都被齐宣王否定。最后孟子一针见血地指出,他的欲望是开辟土地,让秦、楚等大国朝拜,称霸中原而征服四夷,并说这种欲望只不过是缘木求鱼。齐王,即齐宣王,姓田名辟疆,齐威王的儿子,齐泯王的父亲,约公元前319年至前301年在位。

⑭《七林》:西汉枚乘假设吴客用七事游说吴太子,题作《七发》。此后"七"成为汉赋的一种形式。东汉傅毅作《七激》,张衡作《七辩》,崔骃作《七依》,马融作《七广》,曹植作《七启》,王粲作《七释》,张协作《七命》。西晋傅玄又集之以为《七林》。

⑮忘其祖:据《左传·昭公十五年》记载:"数典而忘其祖。"春秋时期晋国大夫籍谈朝觐周王室,说晋国从来没有得到过周王赏赐的器物。周景王历数从唐叔始封晋国就不断受到赐赏,责备籍谈身为掌管典籍之官的后人,竟然不知道祖先之事。后来用以比喻忘本,也指对自己国家历史的无知。

⑯邹阳辨谤于梁王：西汉邹阳投梁孝王，被人陷害下狱，在狱中作书上奏梁王，获释。《文选》收录邹阳《狱中上书自明》一篇。

⑰江淹陈辞于建平：宋建平王刘景好士，江淹在南兖州追随刘景，受广陵令郭彦文牵连下狱。江淹上书刘景，刘景阅后，立即把他释放。《文选》收录江淹《诣建平王上书》一篇。江淹（444—505），字文通，济阳考城（今河南兰考）人。历事南朝宋、齐、梁三代，以文章著称。

⑱苏秦之自解忠信而获罪：据《战国策·燕策一》记载，有人在燕昭王面前说苏秦是天下最不守信用的人，于是苏秦受到燕昭王冷遇。他为辩解自己因忠信而被谤获罪，给燕昭王编了一个故事。说的是他家的邻居，丈夫在外地做官，其妻与别人私通。丈夫将归，奸夫淫妇害怕丑行败露，设计毒死他。丈夫归家后，其妻让妾把一杯毒酒端给他，妾不忍心毒死丈夫，又不敢揭露其妻的行径，只好假装不慎将酒洒在地上。丈夫不明内情，大怒而鞭笞妾。

⑲《过秦》、《王命》、《六代》、《辨亡》诸论：西汉贾谊《过秦论》，东汉班彪《王命论》，曹魏曹冏《六代论》，西晋陆机《辨亡论》，都是论前代得失兴亡以为后世借鉴。

⑳孟、荀：孟指孟子，荀指荀子。

㉑帝喾（kù）：相传属古代五帝之一，为黄帝子玄嚣的后代，号高辛氏。

㉒淮南宾客：西汉淮南王刘安为人好学，喜聚图书，招集宾客方术之士数千人，撰有《淮南子》一书。《楚辞》、《文选》均收录其《招隐士》一篇，《汉书》卷三十《艺文志》著录《淮南王群臣赋》四十四篇。

㉓梁苑辞人：西汉窦太后少子梁孝王筑东苑，延揽四方豪杰，文学辞客，游说之士，莫不毕至。

㉔原、尝、申、陵：原指赵国平原君赵胜，尝指齐国孟尝君田文，申指楚国春申君黄歇，陵指魏国信陵君魏无忌。四人礼贤下士，宾客盈门，名重一时，人称战国四公子。

㉕东方、司马：东方指东方朔（前154—前93），字曼倩，西汉平原郡厌次（今山东惠民）人。汉武帝时，诏拜为郎，官至太中大夫。性格诙谐，语言滑稽，擅长辞赋。司马指司马相如。

㉖徐、陈、应、刘：徐指徐干，陈指陈琳，应指应玚，刘指刘桢。东汉末年曹操居于邺城，其子曹丕、曹植皆好文学，与徐干、陈琳、应玚、刘桢、王粲、阮瑀、孔融友善，号称建安七子，或邺下七子。

㉗邺下：东汉末年，曹操封魏王，定都于此，挟天子以令诸侯。邺城故址在今河北临漳西南。

㉘谈天雕龙：战国时期齐国三邹子中的邹衍喜言天地广大，五德终始，迂大而闳辩，故曰谈天；邹奭尽心修饰邹衍之文，若雕镂龙文，故曰雕龙。齐人有"谈天衍，雕龙奭"的称号。

㉙畸（jī）才：奇异之才。

㉚江湖魏阙（què）：语出《庄子·让王》："中山公子牟谓瞻子曰：'身在江海之上，心居乎魏阙之下。'"江湖，也称江海，泛指五湖四海各地，指代民间底层社会。魏阙，古代宫门外的阙门，是朝廷悬布法令之所，后来作为朝廷的代称。

【译文】

现在根据《文选》的各种文体，来验证战国时期文体的完备。挚虞的《流别》，孔逭的《文苑》，都没有流传下来，因此根据《文选》。《二京》、《三都》诸赋，是苏秦、张仪在六国中间合纵连横、夸耀谈论形胜的遗留。《上林赋》、《羽猎赋》，类似安陵君随行田猎，龙阳君陪同钓鱼。《答客难》、《解嘲》，类似屈原的《渔父》、《卜居》，庄周记载的与惠施相互诘问。韩非的《储说》，排比故事讲求对偶，是《连珠》体的开端。以前已经有人说到这一点。有的人认为是从傅毅等人开始，傅玄的话。就不符合实际了。孟子问齐王的最大愿望，一一列举轻暖肥甘，声音彩色，是《七林》的开始；而有的人认为是由枚乘首创，就是数典忘祖了。邹阳向梁孝王申辩所受的毁谤，江淹向建平王陈辞所受的牵连，类似苏秦自我辩解因为忠信反而获罪。《过秦》、《王命》、《六代》、《辨亡》等论，褒贬进退，有《诗经》作者讽谕的意旨，这是孟子、荀子用来述说先王功业，告诫当代君主的遗意。屈原上称帝喾，中述商汤、周武王，下道齐桓公，也是这样。淮南王招集宾客，梁孝王汇聚文人，犹如平原君、孟尝君、春申君、信陵君养士的盛举。东方朔、司马相如，在长安侍从汉武帝，徐干、陈琳、应玚、刘桢，在邺城聚游宴饮，犹如邹衍、邹奭谈天雕龙的奇观。际遇有升有沉，时机有得有失，奇异的人才汇集在没落的时代，利禄之念充满了人们的心灵，朝廷和山林，江湖和魏阙，年代久远而引发感慨，不知道悲伤或喜悦从哪里来。文人对《诗经》、《离骚》有深沉的情感，从古到今都是一样。

　　至战国而文章之变尽，至战国而后世之文体备，其言信而有征矣。至战国而著述之事专，何谓也？曰：古未尝有著述之事也，官师守其典章①，史臣录其职载。文字之道，百官以之治，而万民以之察，而其用已备矣。是故圣王书同文以平天下②，未有不用之于政教典章，而以文字为一人之著述者也。详见外篇《较雠略·著录先明大道论》③。道不行而师儒立其教④，我夫子之所以功贤尧、舜也。然而予欲无言⑤，无行不与⑥，六艺存周公之旧典，夫子未尝著述也。《论语》记夫子之微言⑦，而曾子、子思⑧，俱有述作以垂训，至孟子而其文然后闳肆焉，著述至战国而始专之明验也。《论语》记曾子之没，吴起尝师曾子，则曾子没于战国初年，而《论语》成于战国之时明矣。春秋之时，管子尝有书矣，《鬻子》、《晏子》⑨，后人所托。

然载一时之典章政教，则犹周公之有《官礼》也。记管子之言行，则习管氏法者所缀辑，而非管仲所著述也。或谓管仲之书，不当称桓公之谥，阎氏若璩又谓后人所加⑩，非《管子》之本文，皆不知古人并无私自著书之事，皆是后人缀辑，详《诸子》篇⑪。兵家之有《太公阴符》⑫，医家之有《黄帝素问》⑬，农家之《神农》、《野老》⑭，先儒以谓后人伪撰，而依托乎古人；其言似是，而推究其旨，则亦有所未尽也。盖末数小技，造端皆始于圣人，苟无微言要旨之授受，则不能以利用千古也。三代盛时，各守人官物曲之世氏，是以相传以口耳，而孔、孟以前，未尝得见其书也。至战国而官守师传之道废，通其学者，述旧闻而著于竹帛焉⑮。中或不能无得失，要其所自，不容遽昧也⑯。以战国之人，而述黄、农之说⑰，是以先儒辨之文辞，而断其伪托也；不知古初无著述，而战国始以竹帛代口耳，外史掌三皇五帝之书，及四方之志⑱，与孔子所述六艺旧典，皆非著述一类，其说已见于前。实非有所伪托也。然则著述始专于战国，盖亦出于势之不得不然矣。著述不能不衍为文辞，而文辞不能不生其好尚。后人无前人之不得已，而惟以好尚逐于文辞焉，然犹自命为著述，是以战国为文章之盛，而衰端亦已兆于战国也。

【注释】

①官师：据曹魏张辑撰《广雅》卷四《释诂》曰："师……官也。"三代学在官府，政教不分，官师合一，所以官师并称，异名同训。

②圣王书同文以平天下：语出《礼记·中庸》："今天下车同轨，书同文，行同伦。"

③外篇《较雠略·著录先明大道论》：章学诚原意欲将《校雠略》收
　入《文史通义》外篇，后因篇幅过大，于是独立成书，撰为《校雠通
　义》，篇名亦略有改动。《著录先明大道论》即《校雠通义》卷一
　《原道》篇："古无文字。结绳之治，易之书契，圣人明其用。曰：
　百官以治，万民以察……官守学业皆出于一，而天下以同文为
　治，故私门无著述文字。"

④师儒：三代学官。师，指诸侯师氏，有德行以教民者。儒，指诸侯
　保氏，有六艺以教民者。章学诚借用来指代私家讲学者，与本义
　有别。

⑤予欲无言：语出《论语·阳货》："子曰：'予欲无言。'子贡曰：'子
　如不言，则小子何述焉？'"。

⑥无行不与：语出《论语·述而》："吾无行而不与二三子者，是
　丘也。"

⑦《论语》：孔子讲学，回答弟子提问的言行，以及弟子之间的讨论，
　被他的弟子和再传弟子记载下来。孔子死后，门人编辑而论纂
　成书，故名《论语》，共计二十篇。唐代列为儒家经典，成为十二
　经之一。

⑧曾子、子思：曾子（前505—前436），名参，字子舆，春秋末年鲁国
　人。孔子弟子，以孝著称，与闵子骞齐名，二人成为后世孝行的
　代表。著有《曾子》十八篇，已佚，今《大戴礼记》中存有十篇。子
　思（前483—前402），名伋，孔子之孙。曾经受业于曾子，下传孟
　子。著有《子思》二十三篇，已佚。相传《大学》为曾子所撰，《中
　庸》为子思所撰。

⑨《鬻子》、《晏子》：鬻子，名熊，西周人，相传为周文王师，楚国的先
　祖。著有《鬻子》二十二篇，已佚。晏子（？—前500），名婴，字平
　仲，春秋时期齐国人。历事灵公、庄公、景公，三世为卿。长于辞
　令，名重诸侯。著有《晏子》八篇，又名《晏子春秋》。

⑩阎氏若璩:阎若璩(1636—1704),字百诗,号潜邱,山西太原人,迁居江苏淮安。治学长于考据,潜心研究三十余年,撰《尚书古文疏证》,列证一百二十八条,证明《古文尚书》为东晋梅赜伪撰。著作尚有《四书释地》、《潜邱札记》、《日知录补正》等。

⑪《诸子》篇:大梁本和《章氏遗书》本《文史通义》均无此篇,《校雠通义》卷三《汉志诸子》也没有此处提及的言论。关于上述言论,可参阅《言公》和《章氏遗书》本《文史通义》外篇《述学驳文》。

⑫《太公阴符》:此书班固《汉书》卷三十《艺文志》没有记载。《战国策·秦策一》记载苏秦"得《太公阴符》之谋"。《隋书》卷三十四《经籍志》著录《太公阴谋》、《太公阴符钤录》,均已佚。

⑬《黄帝素问》:此书见于《隋书》卷三十四《经籍志》,著录为九卷,内容为汇集各家医论,托名黄帝与岐伯问答,是我国最早的中医学典籍。

⑭《野老》:班固《汉书》卷三十《艺文志》农家类著录《野老》十七篇,历代注家认为是战国时期齐、楚之间居住在田野教民耕种的老农所作,故名《野老》,已佚。

⑮竹帛:竹简和绢帛。在没有发明纸以前,人们是把文字刻在竹简或写在绢帛上面。

⑯遽(jù):急忙,仓促。

⑰黄、农:黄帝和神农。

⑱四方之志:各诸侯国的史书。古代史书记志事物,故名为志,如《周志》、《军志》等。后代演变为地方志的称呼。

【译文】

到战国时期文章的变化穷尽,到战国时期后世的文体完备,这话确实而有证验了。到战国时期著述的事业专精,说的是什么呢?回答是:上古时期没有著述的事,官师掌管自己的典章,史臣记录自己的职事载籍。文字的道理,百官用它办理政事,民众用它观察事物,它的用处就已经完备了。因此圣王统一文字来平定天下,没有不把它用在政教典章上,而用文字作为从事个人著述的先例。详见外篇《较雠略·著录先明大道论》。道不能实行而儒家建立了教化,这就是我们的孔夫子功绩超过尧、舜的原因。然而孔子说"我想不说话","我所做的事没有不和各位一致",六经保存了周公遗留的典章,孔夫子没有个人著述。《论语》记录孔子的精微要妙言论,而曾子、子思,都有著作流传诲人,到孟子的文章然后就恢宏畅达了。这是著述到战国开始专精的明显证据。《论语》记载曾子的辞世,吴起曾经师从曾子,那么曾子卒于战国初期,《论语》成书在战国时期就明显了。春秋时期,管子曾有著述,《鬻子》、《晏子》,是后人伪托。但记载的是一个时期的典章制度和政治教化,就像周公时期有《周礼》一样。记载管子的言行,那是研习管子学说的人所编辑,而不是管仲本人所著的书。有人说管仲的书,不应当称呼齐桓公的谥号,阎若璩又说是后人增加上去,不是《管子》的原文,都不知道古人并没有个人著书的事,他们的书都是经过后人编辑。详见《诸子》篇。兵家有《太公阴符》,医家有《黄帝素问》,农家有《神农》、《野老》,前代儒者认为是后人伪作,而假托古人;这话似乎正确,而推究他们的意思,也有没有说透的地方。大概不入流的技艺方术,发端创始都是从圣人而来,如果没有精妙言论和精深旨意的传播与接收,就不能使它们数千年来发挥效用。夏、商、周三代兴盛的时候,官员各自职掌人世间职官和自然界事物的世袭位置,所以知识利用口耳相传,在孔子、孟子以前,没有见到他们的书。到战国时期官师传授知识的办法废弃,通晓上古学说的人,记述过去听到的内容而写成竹帛上的文字。其中也许不可能没有疏漏,但囊括它的来源,不容许就此隐匿。以战国时期的人,来记述黄帝、神农的言论,因此前代儒者著文辩说,断言它们是伪托之作;不知道上古本来没有著述,到战国才用竹帛文字代替了口耳相传,《周礼》外史掌管三皇五帝的书,以及各国史书,与孔子所记述的六经旧典籍,都不是著述一类,这种说法前面已经表述过。实在不是有什么伪托的结果。那么著述在战国开始专精，大概也是由于发展趋势不得不这样了。著述不能不发展为文辞，而文辞不能不出现偏好的风尚。后人没有前人那样的不得已而作，却只是凭着爱好在文辞方面争逐，但是还自称是著述，所以战国是文章兴盛的时期，而衰落的开端也已经在战国有了预兆。

诗教下

　　或曰：若是乎三代以后，六艺惟《诗》教为至广也。敢问文章之用，莫盛于《诗》乎？曰：岂特三代以后为然哉？三代以前，《诗》教未尝不广也。夫子曰："不学《诗》，无以言。"①古无私门之著述，未尝无达衷之言语也。惟托于声音，而不著于文字，故秦人禁《诗》、《书》，《书》缺有间②，而《诗》篇无有散失也。后世竹帛之功，胜于口耳；而古人声音之传，胜于文字；则古今时异，而理势亦殊也。自古圣王以礼乐治天下，三代文质，出于一也。世之盛也，典章存于官守，礼之质也；情志和于声诗③，乐之文也。迨其衰也，典章散，而诸子以术鸣。故专门治术，皆为《官礼》之变也。情志荡，而处士以横议④，故百家驰说，皆为声诗之变也。名、法、兵、农、阴阳之类，主实用者，谓之专门治术，其初各有职掌，故归于官，而为礼之变也。谈天、雕龙、坚白、异同之类⑤，主虚理者，谓之百家驰说。其言不过达其情志，故归于诗，而为乐之变也。**战国之文章，先王礼乐之变也**。六艺为《官礼》之遗，其说亦详外篇《较雠略》中《著录先明大道论》⑥。然而独谓《诗》教广于战国者，专门之业少，而纵横腾说之言多。后世专门子术之书绝伪体子书⑦，不足言也。而文集繁,虽有醇驳高下之不同,其究不过自抒其情志。故曰:后世之文体,皆备于战国,而《诗》教于斯可谓极广也。学者诚能博览后世之文集,而想见先王礼乐之初焉,庶几有立而能言,学问有主即是立,不尽如朱子所云肌肤筋骸之束而已也⑧。可以与闻学《诗》学《礼》之训矣。

【注释】

①不学《诗》,无以言:语出《论语·季氏》。

②《书》缺有间(jiàn):语出司马迁《史记》卷一《五帝本纪赞》:"书缺有间矣,其轶乃时时见于他说。"司马贞《索隐》曰:"言古典残缺有年载,故曰有间。"间,间隔,间断。

③声诗:语出《礼记·乐记》:"乐师辨乎声诗,故北面而弦。"古人认为诗乃弦歌讽喻之声,故曰声诗。

④处士以横议:语出《孟子·滕文公下》:"圣王不作,诸侯放恣,处士横议,杨朱、墨翟之言盈天下。"处士,先秦时期指不官于朝而居于家的士,后代指有才德而隐居不仕的人。

⑤坚白、异同:坚白即"离间白",战国时期名家公孙龙的哲学命题。他认为石头质地"坚"为触觉所感知,而颜色"白"为视觉所感知,于是断定"坚"和"白"相互分离,各自独立存在。这一命题强调物质的特殊性,而否认物质的统一性,因此得出"白马非马"的结论。异同即"合异同",战国时期名家惠施的哲学命题。他用"天与地卑,山与泽平"等范畴论证一切事物的异同都不是绝对,差异之中存在同一。这一命题夸大了概念的同一性,而忽视了个体的差异性。

⑥外篇《较雠略》中《著录先明大道论》:据《校雠通义》卷一《原道》曰:"六艺非孔氏之书,乃《周官》之旧典也。"

⑦专门子术之书：古人著书，言之成理，持之有故，宗旨专一，自成一家，然后才能够称为子书。唐、宋以后，类抄之书兴起，宗旨旁骛，内容繁杂，仍然杂陈于子书之中，导致专门子术之书的衰落。

⑧肌肤筋骸之束：朱熹注《论语·泰伯》曰："礼以恭敬辞逊为本，而有节文度数之详，可以固人肌肤之会，筋骸之束。故学者之中，所以能卓然自立，而不为事物之所摇夺者，必于此而得之。"

【译文】

有人说：像上面所说的夏、商、周三代以后，六经里只有《诗经》之教最广大。冒昧地询问文章的作用，没有比《诗经》更大的吗？回答是：难道仅仅三代以后是这样吗？三代以前，《诗经》之教未尝不广大。孔夫子说："不学《诗经》，就没有办法答对。"古代没有私家的著述，未尝没有表达内心的言语。因为凭借着声音，而不用文字表达，所以秦朝禁绝《诗经》、《尚书》，《尚书》缺失很长年限，而《诗经》的篇章没有散失。后世竹帛文字的功效，胜过口耳相传；而古人凭借声音的功效，胜过文字传授；这就是古今时代不同，那么事理形势也不一样。自古圣王用礼乐治理天下，三代时期的文与质，是合而为一的关系。在兴盛的时代，典章在官府保存，这是礼的实质；感情志向与配乐诗和谐，这是乐的文章。等到衰落的时代，典章散失，而诸子依靠学术争鸣。因此专门的治学方法，都是周代《周礼》的演变。感情志向放纵，而处士纵横议论，因此百家驰骋学说，都是配乐诗的演变。名、法、兵、农、阴阳家之类，主张和讲求实际用途，叫做专门的治学方法。他们起先各有掌管，因此归属于官，就形成礼的演变。谈天、雕龙、坚白、异同之类，主张和讲求抽象道理，叫做百家驰骋学说。他们的言论没有超出表达感情志向的范围，因此归属于诗，就形成乐的演变。战国时期的文章，是上古帝王礼乐的演变。六经是官府礼法的遗留，这一说法也详见外篇《较雠略》中《著录先明大道论》。但是着重说《诗经》之教在战国时期广大，是因为战国时期专门的学术少，而纵横驰骋学说的言论多。后世专门的子书断绝伪体的子书，不值得谈论。而文集繁多，虽然存在纯粹驳杂高低优劣的不同，终究不超语出我抒发感情志向的范围。所以说：后世的文体，都在战国时期完备，而《诗经》之教在这个时期可以说是非常广大。求学的人果真能博览后世的文集，而想见上古帝王礼乐的初始，差不多就有所建树而能够立言，学问有主张就是有建树，不完全像朱熹所说的礼是肌肤筋骨的约束而已。可以让他接受学《诗经》学《周礼》的教诲了。

　　学者惟拘声韵之为诗，而不知言情达志，敷陈讽谕，抑扬涵泳之文①，皆本于《诗》教。是以后世文集繁，而纷纭承用之文，相与沿其体，而莫由知其统要也。至于声韵之文，古人不尽通于《诗》，而后世承用诗赋之属，亦不尽出六义之教也②，其故亦备于战国。是故明于战国升降之体势，而后礼乐之分可以明，六艺之教可以别；《七略》九流诸子百家之言，可以导源而浚流；两汉、六朝、唐、宋、元、明之文，可以畦分而塍别③；官曲术业，声诗辞说，口耳竹帛之迁变，可坐而定矣。

【注释】

①涵泳：语出朱熹《朱子语类》卷五："此语或中或否，皆出臆度。要之，未可遽论。且涵泳玩索，久之当自有见。"意为沉浸，深入体会。

②六义：《诗经》的六种技艺，一曰风，二曰赋，三曰比，四曰兴，五曰雅，六曰颂。

③畦（qí）分而塍（chéng）别：区分条别之意。畦，古代五十亩田为一畦。塍，田间土埂，作为各畦的分界。

【译文】

求学的人只是拘泥于有声韵的是诗,却不知道抒发感情、表达志向,铺张渲染、讽谏晓喻,高下起伏、耐人体会的文章,都源出《诗经》之教。因此后世文集繁盛,而众多因袭套用的文章,互相沿用这种文体形式,却无从知道文体的要领。至于有声韵的文章,古人不完全与《诗经》相通,而后世因袭套用的诗赋一类,也不完全语出《诗经》六义的教化,这原因也是在战国时期完备地形成。所以明了战国时期盛衰变化的趋势,然后礼乐的区分可以清楚,六经的教化可以区别;《七略》的九流诸子百家言论,可以开导源头而疏浚支流;两汉、六朝、唐、宋、元、明的文章,可以像畦塍划分田野一样分别得清清楚楚;人官物曲和学术事业,配乐诗和论说辞,从口耳相传到竹帛文字记录的变迁,就可以轻易地论定了。

演畴皇极①,训诰之韵者也,所以便讽诵,志不忘也。六象赞言②,爻、系之韵者也③,所以通卜筮,阐幽玄也。六艺非可皆通于诗也,而韵言不废,则谐音协律,不得专为《诗》教也。传记如《左》、《国》,著说如《老》、《庄》,文逐声而遂谐,语应节而遽协,岂必合《诗》教之比兴哉?焦贡之《易林》④,史游之《急就》⑤,经部韵言之不涉于诗也。《黄庭经》之七言⑥,《参同契》之断字⑦,子术韵言之不涉于诗也。后世杂艺百家,诵拾名数,率用五言七字,演为歌诀,咸以取便记诵,皆无当于诗人之义也。而文指存乎咏叹,取义近于比兴,多或滔滔万言,少或寥寥片语,不必谐韵和声,而识者雅赏其为《风》、《骚》遗范也。故善论文者,贵求作者之意指,而不可拘于形貌也。

【注释】

①演畴皇极：据清代胡渭《洪范正论》卷一引"孔氏颖达《正义》曰：此经开源于首，复更演说，非复一问一答之势，必是箕子自为之也。"演畴，推演论说《洪范》九畴。皇极，据伪孔安国《传》曰："皇，大；极，中也。凡立事当用大中之道。"

②六象：谓六爻之象，即每卦六爻的象辞。孔子释六爻之《象辞》，多用韵语，与六爻之《系辞》相同。

③爻、系：《周易》的爻辞和系辞。

④焦贡之《易林》：据《隋书》卷三十四《经籍志》五行类著录："《易林》十六卷，焦赣撰。"焦贡，即焦赣，字延寿，西汉梁国人。以好学受到梁王重视。从孟喜学《易》，又授《易》于京房。《易林》把每卦演为六十四卦，共四千零九十六卦。每卦系辞，均为韵语。

⑤史游之《急就》：据班固《汉书》卷三十《艺文志》小学类著录："《急就》一篇，元帝时黄门令史游作。"史游，西汉人，汉元帝时任黄门令。《急就篇》，又称《急就章》，按类编成韵语，作为蒙童识字课本。

⑥《黄庭经》：据《新唐书》卷五十九《艺文志》道家类著录："《老子黄庭经》一卷。"《黄庭经》约成书于汉代，用七言歌诀撰写，讲解道家养生修炼内容，被尊奉为道教经典。

⑦《参同契》：据《新唐书》卷五十九《艺文志》五行类著录："魏伯阳《周易参同契》二卷。"魏伯阳，一说名翱，自号云牙子，东汉会稽上虞（今属浙江）人。传说以炼丹升仙。曾借《周易》卦象，用韵语论述作丹之意，撰有《参同契》一书，是道教最早的系统论述炼丹的著作。

【译文】

《洪范》推演九畴大中之道，是《尚书》训诰一类的韵文，用来方便诵读，记住而不遗忘。六爻的象辞辅助卦辞，是《易传》的韵文，用来疏通卜筮,阐发幽隐玄妙的事物。六经不是都可以与诗相通,而韵语并不废弃,那么调谐音律,就不能被《诗经》之教所独占。传人记事的书如《左传》、《国语》,著书立说的书如《老子》、《庄子》,文字追随声律于是和谐,语言应和节奏就此协调,难道一定符合《诗经》之教的比兴吗? 焦赣的《易林》,史游的《急就章》,是经部的韵文而与诗无关。《黄庭经》的七言歌诀,《参同契》的句尾文字,是子部术数的韵文而与诗无关。后世各种杂流技艺的派别,诵习名目,大多用五言或七言的句子,演绎成歌诀,全是因为选择便于记诵,都不符合诗人的准则。而文章主旨在于咏叹,内容接近比兴,多的或是滔滔万言,少的或是寥寥数语,不必调谐声韵,而有见识的人赞赏它们是《风》、《骚》遗留的规范。所以善于评论文章的人,贵在探求作者的意旨,而不能拘泥于外在形式。

传曰:"不歌而诵谓之赋。"①班氏固曰:"赋者古诗之流。"②刘氏勰曰③:"六艺附庸,蔚为大国。"④盖长言咏叹之一变,而无韵之文可通于诗者,亦于是而益广也。屈氏二十五篇,刘、班著录⑤,以为《屈原赋》也。《渔父》之辞,未尝谐韵,而入于赋,则文体承用之流别,不可不知其渐也。文之敷张而扬厉者,皆赋之变体,不特附庸之为大国,抑亦陈完之后⑥,离去宛邱故都⑦,而大启疆宇于东海之滨也。后世百家杂艺,亦用赋体为拾诵,窦氏《述书赋》⑧,吴氏《事类赋》⑨,医家药性赋,星卜命相术业赋之类。盖与歌诀同出六艺之外矣。然而赋家者流,犹有诸子之遗意,居然自命一家之言者,其中又各有其宗旨焉。殊非后世诗赋之流,拘于文而无其质,茫然不可辨其流别也。是以刘、班《诗赋》一略⑩,区分五类,而屈原、陆贾、荀卿⑪,定为三家之学也。说详外篇《较雠略》中《汉志诗赋论》^⑫。马、班二史,于相如、扬雄诸家之著赋,俱详载于列传,自刘知几以还,从而抵排非笑者,盖不胜其纷纷矣,要皆不为知言也。盖为后世《文苑》之权舆^⑬,而《文苑》必致文采之实迹,以视范史而下^⑭,标《文苑》而止叙文人行略者,为远胜也。然而汉廷之赋,实非苟作,长篇录入于全传,足见其人之极思,殆与贾疏董策^⑮,为用不同,而同主于以文传人也。是则赋家者流,纵横之派别,而兼诸子之余风,此其所以异于后世辞章之士也。故论文于战国而下,贵求作者之意指,而不可拘于形貌也。

【注释】

①不歌而诵谓之赋:语出《汉书》卷三十《艺文志·诗赋略》。

②赋者古诗之流:语出萧统《文选》卷一《班孟坚·两都赋序》。

③刘氏勰:刘勰(约465或466—532或538),字彦和,南朝梁东莞郡莒县(今属山东)人,世居京口(今江苏镇江)。历任奉朝请、临川王记室、东宫通事舍人、步兵校尉。早年曾居佛门十余年,博通经论。晚年出家,改名慧地,未几卒。著有《文心雕龙》一书,是我国古代文学批评理论巨著。

④六艺附庸,蔚为大国:语出刘勰《文心雕龙》卷二《诠赋》。按刘勰原文乃"六义附庸,蔚成大国",章学诚引用时笔误。

⑤刘、班著录:班固《汉书》卷三十《艺文志》著录图书本于刘向、刘歆父子《七略》,故合称刘、班。

⑥陈完:也称田完,字敬仲,陈厉公少子。公元前672年,陈国内乱,出奔至齐,齐桓公任命他为工正。其后世子孙壮大,篡夺齐国政权,史称田氏代齐。

⑦宛邱:春秋时期陈国都城,在今河南淮阳。

⑧窦氏《述书赋》:窦氏,指窦泉(jì),字灵长,唐代扶风(今陕西凤翔)人。唐德宗时,历官范阳功曹、检校户部员外郎、汴宋节度参谋。攻书法,善草隶。他撰《述书赋》二卷,叙述唐德宗以前历代书法,穷究指要,品评精核。

⑨吴氏《事类赋》:吴氏,指吴淑(947—1002),字正仪,宋代润州丹阳(今江苏镇江)人。历官大理评事、水部员外郎、职方员外郎。善书法,尤攻篆隶。他著有《事类赋》三十卷,子目一百篇,每篇收集典故、辞藻为一赋,并且亲自加以注释。赋既工雅,注与赋又同出一手,事无舛误,历来受到重视。

⑩刘、班《诗赋》一略:班固《汉书》卷三十《艺文志·诗赋略》。该《略》分为五类:屈原赋、陆贾赋、孙卿赋、杂赋、歌诗。

⑪陆贾:秦、汉之际楚人,随刘邦定天下,时时在刘邦面前称道《诗经》、《尚书》,劝说他马上得天下,不能马上治天下的道理。刘邦命其总结秦朝兴亡之故,撰成《新语》。有辩才,曾经两次出使南越,说服赵佗对汉称臣。其赋作今已失传。

⑫外篇《较雠略》中《汉志诗赋论》:据《校雠通义》卷三《汉志诗赋》曰:"惟《诗赋》一略,区为五种……今观《屈原赋》二十五篇以下,共二十家为一种;《陆贾赋》三篇以下,共二十一家为一种;《孙卿赋》十篇以下,共二十五家为一种;名类相同,而区种有别,当日必有其义例。"

⑬权舆:语出《尔雅·释诂》:"权舆,始也。"意为起始,发端。

⑭范史:范晔《后汉书》。全书一百二十卷,其中本纪十卷、列传八十卷为南朝宋范晔撰,志三十卷为西晋司马彪撰《续汉书》的八志,北宋时期合为一书,流传至今。

⑮贾疏董策:贾疏,指班固《汉书》卷四十八《贾谊传》中的《陈政事疏》诸疏。董策,指班固《汉书》卷五十六《董仲舒传》中的《天人三策》。

【译文】

《传》说："不歌唱而诵读叫做赋。"班固说："赋是从诗发展出来的支派。"刘勰说："《诗经》六义之一的附庸，扩张成为大国。"这大概是长声咏叹的诗歌的一个变化，而无韵之文可以和诗相通的地方，从此途径就更加宽广了。屈原的二十五篇作品，刘歆、班固著录，称作《屈原赋》。《渔父》的文辞，没有谐韵，而列入赋体，那么对文体因袭沿用的流派，不能不知道它的变化过程。文章中铺张扬厉的形式，都是赋的变体，不仅是附庸成为大国，更像陈完的后代，离开故都宛邱，而在东海边缘大规模开疆拓土。后世各种杂耍技艺的流派，也采用赋体作为诵习文本，窦臮《述书赋》，吴淑《事类赋》，医家的药性赋，占星、占卜、算命、相面的方术赋之类。大概和歌诀一同超出六经之外了。然而赋家一流，仍然有诸子的遗意，竟然自称是一家之言，其中又各有自己的宗旨。完全不像后世的诗赋一流，拘泥于文辞而没有实质，茫然不能辨别它们的流派。因此刘歆、班固的《诗赋略》，划分出五类，而屈原、陆贾、荀卿，被确定为三家之学。这一观点详见外篇《较雠略》中《汉志诗赋论》。司马迁、班固的两部史书，对于司马相如、扬雄诸家的赋作，都详尽地收录在他们的传里，自从刘知几以来，跟着诋斥讥笑的人，多得不计其数，总而言之都不是有见识的言论。司马迁、班固的做法，大概是后世史书《文苑传》的发端，而《文苑传》必然记载文采的实际事迹，用这个标准来看范晔《后汉书》以下，标明《文苑传》却只是叙述文人事略的史书，远远胜过它们。然而汉代的赋，实在不是率意之作，把长篇赋作收进作者全传，能够看出他的遐想所及，大概与贾谊的奏疏、董仲舒的对策，用途不同，而目的同样是凭借文章使人名传后世。那么赋家一流，属于纵横家的派别，又兼有战国诸子的余风，这是他们和后世致力于辞章的文人不同的原因。因此论战国以后的文章，贵在探求作者的意旨，而不能拘泥于外在形式。

论文拘形貌之弊，至后世文集而极矣。盖编次者之无识，亦缘不知古人之流别，作者之意指，不得不拘貌而论文也。集文虽始于建安^①，魏文撰徐、陈、应、刘文为一集^②，此文集之始，挚虞《流别集》，犹其后也。而实盛于齐、梁之际；古学之不可复，盖至齐、梁而后荡然矣。挚虞《流别集》，乃是后人集前人。人自为集，自齐之《王文宪集》始^③，而昭明《文选》又为总集之盛矣。范、陈、晋、宋诸史所载^④，文人列传，总其撰著，必云诗、赋、碑、箴、颂、诔若干篇^⑤，而未尝云文集若干卷；则古人文字，散著篇籍，而不强以类分可知也。孙武之书，盖有八十二篇矣，说详外篇《较雠略》中《汉志兵书论》^⑥。而阖闾以谓"子之十三篇，吾既得而见"^⑦，是始《计》以下十三篇^⑧，当日别出独行，而后世始合之明征也。韩非之书，今存五十五篇矣。而秦王见其《五蠹》、《孤愤》^⑨，恨不得与同时。是《五蠹》、《孤愤》，当日别出独行，而后世始合之明征也。《吕氏春秋》自序^⑩，以为良人问十二纪^⑪，是八览六论^⑫，未尝入序次也。董氏《清明》、《玉杯》、《竹林》之篇^⑬，班固与《繁露》并纪其篇名^⑭，是当日诸篇，未入《繁露》之书也。夫诸子专家之书，指无旁及，而篇次犹不可强绳以类例；况文集所裒，体制非一，命意各殊，不深求其意指之所出，而欲强以篇题形貌相拘哉！

【注释】

①建安：东汉献帝刘协的年号，公元196—220年。

②魏文撰徐、陈、应、刘文为一集：语出萧统《文选》卷四十二《魏文帝·与吴质书》："徐、陈、应、刘，一时俱逝……顷撰其遗文，都为

一集。"魏文,指魏文帝曹丕(187—226),字子桓,曹魏沛国谯县
(今安徽亳州)人。曹操次子,代汉称帝,建都洛阳,国号魏,公元
220—226年在位。卒谥文帝,庙号世祖。与父曹操、弟曹植在文
学上齐名,并称三曹,著有《典论》,为文学评论名著。又伤悼徐
干、陈琳、应玚、刘桢逝世,搜集数人遗文,编为一集。

③《王文宪集》:南朝齐人王俭,卒谥文宪,撰有《七志》、《元徽四部
书目》,其遗作被编为《王文宪集》。

④范、陈、晋、宋:南朝宋范晔的《后汉书》,西晋陈寿的《三国志》,唐
代房玄龄等编撰的《晋书》,南朝梁沈约的《宋书》。

⑤碑、箴(zhēn)、颂、诔(lěi):碑,刻于石碑、墓碑上的文字,如碑阴、
墓志铭等。箴,用于规诫的一种有韵文体,如官箴等。颂,一种
用韵的文体,大都篇幅较短,主要用于对人歌功颂德。诔,用来
叙述死者德行并致哀悼的一种文体,多用于尊上对卑下者。

⑥外篇《较雠略》中《汉志兵书论》:据《校雠通义》卷三《汉志兵书》
曰:"孙武《兵法》八十二篇……盖十三篇为经语,故进之于阖间;
其余当是法度名数,有如形势、阴阳、技巧之类,不尽通于议论文
词,故编次于中下,而为后世亡逸者也。十三篇之自为一书,在
阖间时已然,而《汉志》仅记八十二篇之总数,此其所以益滋后人
之惑矣。"

⑦阖间:又作"阖庐",即春秋末年吴国公子光(? —前496),使专诸
刺杀吴王僚,自立为吴王。任用伍子胥为将,屡败楚兵,攻入楚
都郢。后为越王勾践所败,伤趾而死。

⑧《计》:孙武所著《孙子兵法》的篇名,为十三篇之首。

⑨秦王见其《五蠹》、《孤愤》:据司马迁《史记》卷六十三《韩非列传》
记载:"秦王见《孤愤》、《五蠹》之书,曰:'嗟乎! 寡人得见此人,
与之游,死不恨矣!'"秦王,指秦王嬴政。《五蠹》、《孤愤》,韩非
所著《韩非子》中两篇的篇名。

⑩《吕氏春秋》：战国末年，秦相吕不韦招集门客共同编纂的一部书。全书分为十二纪、八览、六论，共一百六十篇。内容以儒道两家思想为主，兼采其他各家，为杂家代表作。

⑪良人问十二纪：语出吕不韦《吕氏春秋·序意》："维秦八年，岁在涒滩，秋甲子朔，朔之日，良人问十二纪。"良人，即乡大夫，古代乡官。十二纪，春、夏、秋、冬四时，各分孟、仲、季三月，每月为一纪，从《孟春纪》至《季冬纪》，共有十二纪。

⑫八览六论：八览指《有始览》、《孝行览》、《慎大览》、《先识览》、《审分览》、《审应览》、《离俗览》、《恃君览》。六论指《开春论》、《慎行论》、《贵直论》、《不苟论》、《似顺论》、《士容论》。

⑬董氏《清明》、《玉杯》、《竹林》：董氏指董仲舒。《清明》、《玉杯》、《竹林》，董仲舒《春秋繁露》中的篇名。本书在宋代已有四个版本，内容多寡不同。据宋代祝穆《古今事文类聚》别集卷二《儒学部》引程大昌《秘书省书〈繁露〉后》曰："《玉杯》、《清明》、《竹林》，特各居其篇卷之一。"今传本《春秋繁露》有《玉杯》、《竹林》而无《清明》。

⑭《繁露》：《春秋繁露》，董仲舒撰。十七卷，八十二篇。其中第三十九、四十、五十四篇后世逸佚。据班固《汉书》卷五十六《董仲舒传》记载："《闻举》、《玉杯》、《蕃露》、《清明》、《竹林》之属，复数十篇，十余万言，皆传于后世。"今传本《蕃露》（即《繁露》）作为书名，其余作为篇名，而且《闻举》、《清明》未见，已非旧观。

【译文】

评论文章拘泥于外在形式的弊病，发展到后世的文集而达到极端。大概编辑的人缺乏见识，也是因为不知道古人的流派，作者的意旨，不得不拘泥于外在形式而评论文章。编辑文集虽然从建安时期开始，魏文帝编纂徐干、陈琳、应玚、刘桢文章成为一集，这是文集的开始。挚虞的《流别集》，还在他的后面。而实际上在齐、梁之际才盛行。古代学术已经无法恢复，大概到齐、梁以后就完全丧失了。挚虞《流别集》，是后人编辑前人的文集。一人单独编成一集，从齐朝的《王文宪集》开始，而昭明《文选》又成为总集的盛举了。范晔《后汉书》、陈寿《三国志》、《晋书》、《宋书》诸史所记载，文人的列传，总括传主的著作，一定说诗、赋、碑、箴、颂、诔若干篇，而没有说文集若干卷；那么古人的文字，零散记录的篇章，而不勉强按类区分就可以知晓了。孙武的著作，大概有八十二篇，这一说法详见外篇《较雠略》中《汉志兵书论》。而吴王阖闾间说"你的十三篇兵法，我已经全部看过"，这是从《计》篇以下的十三篇，当时单独流行，到后世才和其他篇合在一起的明显证据。韩非的著作，现存五十五篇。而秦王见到他的《五蠹》、《孤愤》，遗憾不能和他生活在同一时代。这是《五蠹》、《孤愤》，当时单独流行，到后世才和其他篇合在一起的明显证据。《吕氏春秋》自序，认为良人问十二纪，这是八览、六论，没有排列在书中。董仲舒的《清明》、《玉杯》、《竹林》等篇，班固与《繁露》一起记载篇名，这是当时各篇，没有列入《春秋繁露》书中。诸子专门之家的书，意旨不涉及其他方面，而篇章编排尚且不能勉强用类别去衡量；何况文集所汇集的文章，体裁不止一种，命意各不相同，不去深究它的意旨如何产生，却想勉强用篇题外形来框定呢？

赋先于诗①，骚别于赋，赋有问答发端，误为赋序②，前人之议《文选》，犹其显然者也。若夫《封禅》、《美新》、《典引》③，皆颂也。称符命以颂功德，而别类其体为符命④，则王子渊以圣主得贤臣而颂嘉会⑤，亦当别类其体为主臣矣。班固次韵⑥，乃《汉书》之自序也。其云述《高帝纪》第一，述《陈项传》第一者，所以自序撰书之本意，史迁有作于先，故己退居于述尔。今于史论之外，别出一体为史述赞⑦，则迁书自序，所谓作《五帝纪》第一，作《伯夷传》第一者，又当别出一体为史作赞矣。汉武诏策贤良⑧，即策问也。今以出于帝制⑨，遂于策问之外，别名曰诏⑩。然则制策之对，当离诸策而别名为表矣⑪。贾谊《过秦》，盖《贾子》之篇目也⑫。今传贾氏《新书》⑬，首列《过秦》上下二篇，此为后人辑定，不足为据。《汉志》，《贾谊》五十八篇，又赋七篇，此外别无论著，则《过秦》乃《贾子》篇目明矣。因陆机《辨亡》之论⑭，规仿《过秦》，遂援左思"著论准《过秦》"之说⑮，而标体为论矣⑯。左思著论之说，须活看，不可泥。魏文《典论》，盖犹桓子《新论》、王充《论衡》之以论名书耳⑰。《论文》⑱，其篇目也。今与《六代》、《辨亡》诸篇，同次于论；然则昭明《自序》，所谓"老、庄之作，管、孟之流，立意为宗，不以能文为本"，其例不收诸子篇次者；岂以有取斯文，即可裁篇题论，而改子为集乎？《七林》之文，皆设问也。今以枚生发问有七⑲，而遂标为七，则《九歌》、《九章》、《九辨》⑳，亦可标为九乎？《难蜀父老》㉑，亦设问也。今以篇题为难，而别为难体㉒，则《客难》当与同编，而《解嘲》当别为嘲体，《宾戏》当别为戏体矣㉓。《文选》者，辞章之圭臬，集部之准绳㉔，而淆乱芜秽，不可殚诘㉕；则古人流别，作者意指，流览诸集，孰是深窥而有得者乎？集人之文，尚未得其意指，而自衷所著为文集者，何纷纷耶？若夫总集别集之类例，编辑撰次之得失，今古详略之攸宜㉖，录选评抄之当否，别有专篇讨论，不尽述也。

【注释】

①赋先于诗，骚别于赋：据宋人吴子良《荆溪林下偶谈》卷二《离骚名义》曰："太史公言：《离骚》者，遭忧也。离训遭，骚训忧。屈原

以此命名,其文则赋也。故班固《艺文志》有《屈原赋》二十五篇。梁昭明集《文选》,不并归赋门,而别名之曰骚。后人沿袭,皆以骚称,可谓无义。篇题名义且不知,况文乎!"屈原著《离骚》,其文为赋体,所以班固《汉书》径称《屈原赋》二十五篇。萧统《文选》把《离骚》从赋体析出,别名为骚体,又把赋体编次于诗体之前,后人以为编次伦类失当。

②赋有问答发端,误为赋序:据苏轼《苏轼文集》卷四十九《答刘沔都曹书》曰:"梁萧统集《文选》,世以为工。以轼观之,拙于文而陋于识者,莫统若也。宋玉赋《高唐》、《神女》,其初略陈所梦之因,如子虚、亡是公相与问答,皆赋矣。而统谓之叙,此与儿童之见何异?"

③《封禅》、《美新》、《典引》:《文选》收录的司马相如《封禅文》、扬雄《剧秦美新》、班固《典引》三篇。

④别类其体为符命:《文选》把《封禅文》、《剧秦美新》、《典引》三篇文章,别为符命一类。

⑤王子渊以圣主得贤臣而颂嘉会:王子渊,即王褒,字子渊,犍为资中(今四川资阳)人。汉宣帝时,擢为谏议大夫。以善辞赋著称,著有《甘泉宫赋》、《洞箫赋》。《文选》收录他的《圣主得贤臣颂》一篇。

⑥班固次韵:司马迁《史记》卷一百三十《太史公自序》叙述其各篇作意,间作韵语。班固继承司马迁的做法,在《汉书》卷一百《叙传》中用韵语叙述各篇主旨,所以称为次《史记》之韵。

⑦史述赞:萧统《文选》设史述赞一类,收录《汉书》的《述高纪赞》、《述成纪赞》、《述韩彭英卢吴传赞》等篇。

⑧汉武诏策贤良:据班固《汉书》卷六《武帝纪》记载:"元光元年……五月,诏贤良曰:'朕闻昔在唐、虞,画像而民不犯,日月所烛,莫不率俾。周之成、康,刑错不用,德及鸟兽,教通四海。海

外肃眘,北发渠搜,氏羌徕服。星辰不孛,日月不蚀,山陵不崩,川谷不塞。麟凤在郊薮,河洛出图书。呜虖!何施而臻此与?今朕获奉宗庙,夙兴以求,夜寐以思,若涉渊水,未知所济。猗与,伟与!何行而可以章先帝之洪业修德,上参尧、舜,下配三王?朕之不敏,不能远德,此子大夫之所睹闻也。贤良明于古今王事之体,受策察问,咸以书对,著之于篇,朕亲览焉。'于是董仲舒、公孙弘等出焉。"汉武,即汉武帝刘彻(156—前87),汉景帝子,在位五十四年,实行推恩削藩以加强中央集权的政策;罢黜百家,独尊儒术,在思想领域确立儒家正统地位;经济上官府垄断工商业,重农抑商;北击匈奴,通西域,开发西南夷。上述政策使西汉国力达到鼎盛,同时也激化了各种社会矛盾。贤良,汉代选拔人才的科目之一。

⑨帝制:皇帝的命令。分为四种类型:一曰策书,二曰制书,三曰诏书,四曰戒书。

⑩别名曰诏:萧统《文选》设立策问类和诏类,而以汉武帝《策贤良诏》入诏类。

⑪表:臣子向帝王上的一种奏疏。共有四种类型:一曰章,二曰奏,三曰表,四曰驳议。

⑫《贾子》:据班固《汉书》卷三十《艺文志》儒家类著录:"《贾谊》五十八篇。"

⑬《新书》:后人裒录贾谊《过秦论》、《吊湘赋》以及其他文章而成,按照《汉书·艺文志》的记载分割成五十八篇,共十卷。

⑭《辨亡》之论:萧统《文选》收录西晋陆机所撰《辨亡论》,是辨析东吴灭亡原因之作。

⑮左思:字太冲,西晋齐国临淄(今山东淄博)人。辞赋壮丽,撰有《齐都赋》、《三都赋》。《三都赋》构思十年,铺叙魏、蜀、吴三都之盛。既成,张载、刘逵、卫权诸人为之作注、序、解,名重当时,时

人争相传写,洛阳一时纸贵。

⑯标体为论:萧统《文选》设立论体,收录曹丕《典论·论文》一篇。

⑰桓子《新论》、王充《论衡》:桓子,即桓谭(?—56),字君山,东汉沛国相(今安徽濉西西北)人。反对谶纬之学,触怒汉光武帝,险些被杀。好文学,明于识鉴。著有《新论》一书,二十九篇,已佚,清人有辑本。王充(27—97),字仲任,东汉会稽上虞(今属浙江)人。游洛阳太学,博览群书。历任郡功曹、治中等官。治经不守章句,敢于怀疑经典。所著《论衡》一书,三十卷,八十五篇,今《招致》一篇遗佚。

⑱《论文》:魏文帝曹丕所撰《典论》中的一篇。《典论》五卷,二十篇,久佚,惟《论文》一篇尚存,收入萧统《文选》。

⑲枚生:枚乘。

⑳《九歌》、《九章》、《九辨》:屈原的《九歌》、《九章》,宋玉的《九辨》,萧统《文选》收入骚体类。

㉑《难蜀父老》:原名《喻巴蜀檄》,司马相如撰。萧统《文选》收入檄体类。

㉒别为难体:萧统《文选》无难体类。章学诚所见坊市流俗本《文选》有析出司马相如《喻巴蜀檄》,别题《难蜀父老》,归入难体类。

㉓《宾戏》:班固所撰《答宾戏》。萧统《文选》把它和东方朔的《答客难》、扬雄的《解嘲》,一起放在设论体类。

㉔准绳:语出《孟子·离娄上》:"圣人既竭目力焉,继之以规矩准绳,以为方员平直,不可胜用也。"准即水平仪,用以揆平取正;绳即墨线,用以端直上下。比喻行为准则。

㉕殚(dān):穷尽。

㉖攸:助词,与"所"意思接近。

【译文】

把赋体放在诗体前面,又使骚体和赋体相互区别,赋有问答语作为发端，却误认为赋序，前人对《文选》的这些议论，还是比较明显的问题。至于《封禅文》、《剧秦美新》、《典引》，都是颂体。称述符命用来歌颂功德，《文选》却另外作为一类称作符命体，那么王子渊用《圣主得贤臣颂》来讴歌英才群集，也应当另外作为一类称作"主臣"体了。班固用韵语写作，是《汉书》的自序。他说的述《高帝纪》第一，述《陈项传》第一，是用来说明自己撰书的本意。司马迁在其前已称为"作"，因此班固谦逊退让改称"述"。现在《文选》在史论之外，另外设立一类史述赞体，那么司马迁《史记》自序，所说的作《五帝纪》第一，作《伯夷传》第一，也应当另外设立一类史作赞体了。汉武帝诏令策问贤良，就是策问。现在《文选》因为语出皇帝的命令，就在策问之外，另外取名为诏体。那么制策的对答，应当从策类分离出来而另外称为表体了。贾谊《过秦论》，大概是《贾子》中的篇名。今传贾谊《新书》，开端列《过秦论》上下两篇，这是后人编定的本子，不能当做凭据。《汉书·艺文志》，《贾谊》五十八篇，又有赋七篇。此外没有别的论著，那么《过秦论》是《贾子》的篇名就清楚了。因为陆机《辨亡论》效法《过秦论》，《文选》就援引左思"著论准《过秦》"的说法，标明它是论体。左思关于著论的说法，必须灵活看待，不可拘泥。魏文帝《典论》，大概就像桓谭的《新论》、王充的《论衡》用论作书名而已。《论文》，是它的一个篇目名称。现在《文选》把它和《六代论》、《辨亡论》等篇，一起放置在论体类；那么昭明太子自序，所说"老子、庄子的著作，管子、孟子一类人，以立意为宗旨，不以擅长文辞为根本"，《文选》的体例不收诸子的文章，难道因为要采用这篇文章，就可以截取篇章题目上的论名，改子部为集部吗？《七林》的文章，都是假设问答。现在《文选》因为枚乘文章里发问有七次，就标明为七体类，那么《九歌》、《九章》、《九辨》，也可以标明为九体类吗？《难蜀父老》，也是假设问难。现在《文选》因为篇题有"难"字，就另外设立难体，那么《答客难》应当和它编在一类，而《解嘲》应当另立嘲体，《答宾戏》应当另立戏体了。《文选》，是辞章的标杆，集部的准绳，却混乱芜滥，不可尽数究诘；那么古人的流派,作者的意旨,浏览各种文集,有哪个人是深入观察而有所收获呢?编集别人的文章,尚且得不到他们的意旨,而裒集自己著作编成文集的人,为什么纷至沓来呢? 至于总集、别集的体例,编辑、撰著的得失,今古详细与简略做得是否适宜,编录、选辑、评论、摘抄得是否适当,另外有专篇讨论,这里不一一叙述。

经解上

《经解》上中下三篇，是章学诚阐发"六经皆史"理论的重要篇章。章学诚有感于诸子杂艺各派言道支离破碎，各道其所道，而儒家学者对道尊崇太过，推尊得近乎神秘，不近人情，所以主张正本清源，对儒家经典重新作出解释，推原经术，阐明大道。他首先探讨儒家经典被尊称为经的由来，认为六经原本不称经，只不过是三代政教典章的遗留，属于史籍的范畴。后来孔门弟子研习的人多了，出现许多解释儒家典籍的书，为了区分两者方便起见，便把这些阐述儒家典籍的书籍称作传，而把《诗经》、《尚书》、《周礼》、《乐经》、《周易》、《春秋》称为六经。先有传而后才出现经之名，犹如先有子而后才出现父之名。先秦时期，诸子百家的典籍也称为经，而且很可能先于儒家，儒家为了和诸子抗衡，才把自己一派传习的六种史籍也叫做经，远没有形成后世独尊六经的局面。其次，章学诚一一分析了诸子、释老、地理、杂艺各派称经的内涵，不过是后学尊其始祖，发展门派的需要，和儒家尊崇六经宗旨相同。因此，儒家的六经并不因为其他各家学派和各类学术各尊其经而受到损害，后世儒者不必大惊失色，攘臂相争，加剧门户学派的分裂而造成大道的消亡。再次，章学诚认为儒家学者研习六经，目的在于通过上古政教典章明道，所以人们因为尊崇六经而推及解经之传，经典的范围不断扩大，由六经发展到十三经。然而后世一些人不明此理，纷纷模拟六经，都是荒谬浅陋之举。

　　六经不言经，三传不言传①，犹人各有我而不容我其我也。依经而有传，对人而有我，是经、传、人、我之名，起于势之不得已，而非其质本尔也。《易》曰："上古结绳而治，后世圣人易之以书契，百官以治，万民以察。"②夫为治为察，所以宣幽隐而达形名，布政教而齐法度也，未有以文字为一家私言者也。《易》曰："云雷屯，君子以经纶。"③经纶之言，纲纪世宙之谓也。郑氏注，谓"论撰书、礼、乐，施政事"。经之命名，所由昉乎④！然犹经纬、经纪云尔，未尝明指《诗》、《书》六艺为经也。三代之衰，治教既分，夫子生于东周⑤，有德无位，惧先圣王法积道备，至于成周，无以续且继者而至于沦失也，于是取周公之典章，所以体天人之撰而存治化之迹者，独与其徒，相与申而明之。此六艺之所以虽失官守，而犹赖有师教也。然夫子之时，犹不名经也。逮夫子既殁，微言绝而大义将乖⑥，于是弟子门人，各以所见、所闻、所传闻者，或取简毕⑦，或授口耳，录其文而起义。左氏《春秋》，子夏《丧服》诸篇⑧，皆名为传，而前代逸文，不出于六艺者，称述皆谓之传，如孟子所对汤、武及文王之囿是也⑨。则因传而有经之名，犹之因子而立父之号矣。

【注释】

①三传：《春秋》三传，分别为《左传》、《公羊传》、《穀梁传》。

②上古结绳而治，后世圣人易之以书契，百官以治，万民以察：语出

《周易·系辞下》。书契，古代使用刀具在竹木上刻字，称为书契。

③云雷屯，君子以经纶：语出《周易·屯卦》。

④昉（fǎng）：开始。

⑤东周：周成王时，周公在洛邑（今河南洛阳）筑城，作为管理东方殷遗民的重镇。西周灭亡以后，周平王迁都于此，迄周赧王之世，史称东周。

⑥逮夫子既殁，微言绝而大义将乖：语出班固《汉书》卷三十《艺文志》："昔仲尼没而微言绝，七十子丧而大义乖。"

⑦简毕：语出《礼记·学记》："今之教者，呻其佔毕。"郑玄《注》曰："简谓之毕。"简指简牍，古代刻在竹木上的文字。毕也指简札，历代注家以简谓之毕。

⑧子夏《丧服》：《丧服》，《仪礼》中的一篇，相传子夏为之作传。子夏（前507—？），姓卜名商，字子夏，春秋末年晋国（一说卫国）温（今河南温县）人。孔子学生，以文学著称。孔子死后，到魏国西河讲学，传承六经。魏文侯尊子夏为师，李克、吴起、田子方、段干木等人都向他问学。

⑨孟子所对汤、武及文王之囿：据《孟子·梁惠王下》记载，齐宣王问孟子，历史上究竟有没有商汤流放夏桀、武王讨伐商纣和周文王的园囿方圆七十里这些事，孟子回答说："于《传》有之。"

【译文】

六经不自称经，三传不自称传，就像每人都是我却不容许用我来作自己的名称一样。依据经才有传，相对于别人才有我，这是经、传、人、我的名称，由于情势不得不这样而产生，并不是它的实质本来如此。《周易》说："远古时期用结绳的方法记事，后世的圣人改变为用文字记事，百官用以治理政事，民众用以观察事物。"进行治理和进行观察，是用来彰显隐微的事物和表达事物的名称，发布政教措施而统一法度，没有把文字作为一家私言的事情。《周易》说："云和雷构成屯卦，君子因此整理丝线经纬。"整理丝线经纬这话，说的是治理天下。郑玄注释，说"讨论著作礼乐，施行政事"。经书的命名，是从这里开始的吧！然而这还只是经纬、经纪的意思罢了，没有明确指出《诗》、《书》等六部书是经。夏、商、周三代的衰落时期，治理和教化已经分开，孔夫子出生在东周，有德行没有权位，担心先世圣王的长久法度与完备治道，到了东周时期，没有办法继续下去以至于消亡，于是取周公的典章，用来体现天道和人事的规律而保存治理教化事迹的内容，唯独和他的学生，一起陈述而阐明它。这就是六经虽然失去官府的掌管，却还依仗有教师的传授。但是孔子那个时候，还不称作经。等到孔子死后，精微的言论断绝而重要的意旨乖舛，于是弟子门人各自凭借所看到、所听到、所辗转听到的内容，有的写在竹简上，有的口耳相传，记载了经书的内容而阐明意义。左氏的《春秋》，子夏的《丧服》等篇，都称作传，而前代的逸文，不是语出六经的书，后人述说时都叫做传，例如孟子所对答的商汤、周武王之事及文王园囿之事就是这样。这是由于有传才有了经的名称，就像由于有儿子才有了父亲的称呼一样。

　　至于官师既分，处士横议，诸子纷纷，著书立说，而文字始有私家之言，不尽出于典章政教也。儒家者流，乃尊六艺而奉以为经，则又不独对传为名也。荀子曰："夫学始于诵经，终于习礼。"① 庄子曰："孔子言治《诗》、《书》、《礼》、《乐》、《易》、《春秋》六经。"② 又曰："繙十二经，以见老子。"③ 荀、庄皆出子夏门人④，而所言如是，六经之名，起于孔门弟子亦明矣。

【注释】

①夫学始于诵经,终于习礼:语出《荀子·劝学》。

②孔子言治《诗》、《书》、《礼》、《乐》、《易》、《春秋》六经:语出《庄子·天运》。

③繙(fān)十二经,以见老子:语出《庄子·天道》。繙,反复,翻译。十二经,历代注家主要有三说。一说为儒家六经,再加六纬,合为十二经;另一说为《周易》上下经,与《十翼》合称十二经;还有一说指《春秋》记载的十二公,称为十二公经。

④荀、庄皆出子夏门人:据《春秋穀梁传序》杨士勋《疏》曰:"穀梁子名俶,字元始,鲁人。一名赤,受经于子夏,为经作传,故曰《穀梁传》。"又据韩愈《韩昌黎全集》卷二十《送王秀才序》云:"子夏之学,其后有田子方。子方之后,流而为庄周。故周之书,喜称子方之为人。"

【译文】

到官吏和教师的职责分离之后,处士纵横议论,诸子纷纷扰扰,撰著书籍并建立学说,文字才有了私家的言论,不完全语出官府典章政教。儒家一派,于是尊重六部书籍而崇奉为经,又不仅是相对于传而确立名称。荀子说:"学习从诵读经开始,到研习礼结束。"庄子说:"孔子说自己研究《诗经》、《尚书》、《周礼》、《乐经》、《周易》、《春秋》六经。"又说:孔子"反复演绎十二经,以见老子"。荀子、庄子都受业于子夏的门人,而他们这样说,六经的名称从孔门弟子中产生,也就清楚了。

然所指专言六经,则以先王政教典章,纲维天下,故《经解》疏别六经,以为入国可知其教也①。《论语》述夫子之言行,《尔雅》为群经之训诂②,《孝经》则又再传门人之所述③,与《缁衣》、《坊》、《表》诸记④,相为出入者尔。刘向、班固之徒,序类有九⑤,而称艺为六,则固以三者为传,而附之于经,所谓离经之传,不与附经之传相次也。当时诸子著书,往往自分经传,如撰辑《管子》者之分别经言⑥,《墨子》亦有《经》篇⑦,《韩非》则有《储说》经传⑧,盖亦因时立义,自以其说相经纬尔,非有所拟而僭其名也。经同尊称,其义亦取综要⑨,非如后世之严也。圣如夫子,而不必为经;诸子有经,以贯其传:其义各有攸当也。后世著录之家,因文字之繁多,不尽关于纲纪,于是取先圣之微言,与群经之羽翼⑩,皆称为经。如《论语》、《孟子》、《孝经》,与夫大小《戴记》之别于《礼》⑪,《左氏》、《公》、《穀》之别于《春秋》⑫,皆题为经,乃有九经、十经、十三、十四诸经⑬,以为专部,盖尊经而并及经之支裔也。而儒者著书,始严经名,不敢触犯,则尊圣教而慎避嫌名⑭,盖犹三代以后,非人主不得称我为朕也⑮。然则今之所谓经,其强半皆古人之所谓传也。古之所谓经,乃三代盛时,典章法度,见于政教行事之实,而非圣人有意作为文字以传后世也。

【注释】

①入国可知其教:语出《礼记·经解》:"孔子曰:'入其国,其教可知也。其为人也,温柔敦厚,《诗》教也;疏通知远,《书》教也;广博易良,《乐》教也;絜静精微,《易》教也;恭俭庄敬,《礼》教也;属辞比事,《春秋》教也。'"

②《尔雅》:班固《汉书》卷三十《艺文志》著录为三卷二十篇,今传本十九篇,是汉代学者编辑前人遗留下来的解释名物制度词义之书而成。晋人郭璞最早作注解,历代经学家用来注释六经文字,

成为儒家十三经之一。

③《孝经》:孔门后学记载的典籍,内容为孔子向曾子宣讲孝道,是儒家十三经之一。

④《缁衣》、《坊》、《表》诸记:《礼记》中的《缁衣》、《坊记》、《表记》三篇。

⑤序类有九:班固《汉书》卷三十《艺文志·六艺略》把儒家典籍分为《周易》、《尚书》、《诗经》、《周礼》、《乐经》、《春秋》、《论语》、《孝经》、小学九类。

⑥经言:《管子》书中自《牧民》至《幼官图》九篇,为经言。其余各篇分别为外言、内言、短语、杂篇等等。

⑦《经》篇:《墨子》书中有《经上》、《经下》、《经说上》、《经说下》四篇。

⑧《储说》经传:《韩非子》书中有《内外储说》六篇,每篇首段标举论点,揭明意义,犹如经文,以下则详细解说首段所举事例,犹如传文。

⑨综要(zèng yāo):总括要束。综,语出刘向《列女传》卷一《母仪传·鲁季敬姜》:"文伯相鲁,敬姜谓之曰:'吾语汝,治国之要尽在经矣……推而往,引而来者,综也。"经,织物的纵线。这里指织布。综,古代织机上使经线上下交错以便纬线穿插的装置。要,语出《国语·鲁语下》:"夫盟,信之要也。"韦昭《注》曰:"要,犹结也。"即约束、结束、要束之意。

⑩羽翼:原意为鸟类和飞虫用来飞行的翅膀。因为羽翼居于身体两侧,故引申为辅佐,用来比喻左右辅助之人。

⑪大小《戴记》:汉初,河间献王刘德搜集到孔门弟子及后学论《礼》的记载一百三十一篇,献与朝廷,刘向曾经加以整理、补充,共计二百一十四篇。其后戴德删其繁重,谓之《大戴记》,原书八十五篇,今存三十九篇。其侄戴圣又把八十五篇删削为四十六篇,谓

之《小戴记》。汉末马融补益《月令》、《明堂位》、《乐记》三篇,共
　四十九篇,成为今本《礼记》,为十三经之一。

⑫《公》、《穀》:战国时期齐人公羊高的《春秋公羊传》和战国时期鲁
　人穀梁赤的《春秋穀梁传》。两书着重阐释《春秋》的微言大义,
　是今文经学的重要典籍。

⑬九经、十经、十三、十四诸经:唐代以《周易》、《诗经》、《尚书》合三
　《礼》(《周礼》、《仪礼》、《礼记》)与三《传》(《左传》、《公羊传》、《穀
　梁传》)为九经。沈约《宋书》卷三十九《百官志》以《周易》、《尚
　书》、《毛诗》、《礼记》、《周官》、《仪礼》、《春秋左氏传》、《公羊传》、
　《穀梁传》为九经,《论语》、《孝经》合为一经,共十经。宋代在唐
　人九经基础上,增加《论语》、《孟子》、《尔雅》、《孝经》,称为十三
　经。南宋又在十三经之外增加《大戴礼记》,合称十四经。

⑭嫌名:中国古代规定臣僚、子孙必须避让君主、父祖的名讳,不能
　冒犯。近而扩展到与君主、父祖姓名声音相近的字,也需要避
　讳,以远嫌疑,称为嫌名。

⑮朕(zhèn):东汉蔡邕《独断》卷上曰:"朕,我也。古者尊卑共之,贵
　贱不嫌,则可同号之义也……至秦,天子独以为称。汉因而不改
　也。"先秦时期作为指代自身的词,不分上下贵贱均可使用。自
　秦始皇建立起中央集权制度以后,规定只有皇帝可以称"朕",其
　他任何人不许使用。

【译文】

　　然而孔门所说的经专指六经,那是因为上古帝王的政教典章,治理
天下,所以《经解》区别六经,认为进入一个国家可以知道那里的教化。
《论语》记述孔子的言行,《尔雅》是群经的训诂书籍,《孝经》又是再传门
人所记述的文字,和《缁衣》、《坊记》、《表记》等篇,内容互有同异。刘
向、班固等人,把经部分作九类,而称为六艺,那么原本就是把其中三类
当做传,附在经后,所谓独立于经书的传,不和依附于经书的传排列在

一起。当时诸子各家的著述，往往在书中自己区分经传。如撰辑《管子》的人划分出经言，《墨子》也有《经》篇，《韩非子》则把《储说》分作经传，大概也是根据时势确定义理，用自己的学说互相配合罢了，不是有所模仿而冒用经的名称。经等同于尊称，它的意义也取自总括要束，不像后世那样严格。譬如孔夫子那样的圣人，著述也不一定称经；诸子著述中有经的部分，用来贯穿其中传的部分：它们的意义各有适用的地方。后世的书目著录之家，因为书籍繁多，不都是有关大纲要义，于是选取先世圣人的精微言论，与群经的辅助书籍，都称作经。例如《论语》、《孟子》、《孝经》，和大戴、小戴《礼记》区别于《周礼》，《左传》、《公羊传》、《穀梁传》区别于《春秋》，全部署名为经，于是有了九经、十经、十三经、十四经等，作为专门的部类，大概是尊崇经书而连带涉及经书的旁系支流。因而儒家学者著书，开始严格遵守经的名称，不敢触犯，便是尊崇圣人教化而小心避开嫌名，大概像夏、商、周三代以后，不是君主就不能称自己为朕一样。那么如今所说的经，其中大半都是古人所说的传。古时候所说的经，是夏、商、周三代兴盛时期，政典章程与法令制度，表现在政治教化行事方面的实迹，而不是圣人有意识地创作出文章用来流传后世。

经解中

事有实据，而理无定形。故夫子之述六经，皆取先王典章，未尝离事而著理。后儒以圣师言行为世法[①]，则亦命其书为经，此事理之当然也。然而以意尊之，则可以意僭之矣。盖自官师之分也，官有政，贱者必不敢强干之[②]，以有据也。师有教，不肖者辄敢纷纷以自命，以无据也。孟子时，以杨、墨为异端矣。杨氏无书，墨翟之书，初不名经。虽有《经》篇、《经说》，未名全书为经。而庄子乃云："苦获、邓陵之属，皆诵《墨经》。"[③]则其徒自相崇奉而称经矣。东汉秦景之使天竺[④]，《四十二章》，皆不名经；佛经皆中国繙译，竺书无经字。其后华言译受，附会称经，则亦文饰之辞矣。《老子》二篇[⑤]，刘、班著录，初不称经[⑥]，《隋志》乃依阮《录》[⑦]，称《老子经》，意者阮《录》出于梁世，梁武崇尚异教[⑧]，则佛老皆列经科，其所仿也。而加以《道德真经》[⑩]，与《庄子》之加以《南华真经》、《列子》之加以《冲虚真经》，则开元之玄教设科[⑪]，附饰文致，又其后而益甚者也。韩退之曰[⑫]："道其所道，非吾所谓道。"[⑬]则名教既殊[⑭]，又何妨于经其所经，非吾所谓经乎？

【注释】

①圣师:孔子,被后世尊奉为至圣先师。

②干(gān):求取。

③苦获、邓陵之属,皆诵《墨经》:语出《庄子·天下》:"相里勤之弟子五侯之徒,南方之墨者苦获、己齿、邓陵之属,俱诵《墨经》。"

④秦景之使天竺:汉明帝曾经派遣蔡愔、秦景等人去天竺求佛,邀其高僧摄摩腾、竺法兰二人回归东汉,翻译成《四十二章经》一卷,成为印度最早传入中国的佛经。秦景,汉明帝时任博士弟子。天竺,古印度的名称。

⑤《老子》二篇:《老子》书中的《道经》和《德经》。

⑥初不称经:班固《汉书》卷三十《艺文志》道家类著录《老子邻氏经传》、《老子傅氏经说》、《老子徐氏经说》,都称《老子》为经,与章说不同。

⑦阮《录》:阮孝绪《七录》。

⑨梁武崇尚异教:梁武帝即萧衍(464—549),字叔达,南朝南兰陵(今江苏武进西北)人。代齐建立梁朝,公元502—549年在位。治国儒佛并重,既立国学,又信佛法,三次舍身同泰寺,尤长于绎释佛典,制《涅槃》、《大品》诸经义计数百卷,总集佛教经典五千四百卷。异教,儒家学者称佛教、道教为异教。

⑩《道德真经》:《老子》一书,唐以前注家均没有《道德经》之名。自唐玄宗作注释,始改定章句,称为《道德真经》,又诏《庄子》称为《南华真经》、《列子》称为《冲虚真经》、《文子》称为《通玄真经》,合称道教四真经。

⑪开元之玄教设科:唐玄宗开元二十九年(741),始置崇玄学科,研习《老子》、《庄子》、《列子》、《文子》,称为道举。

⑫韩退之:韩愈(768—824),字退之,河阳(今河南孟县)人。为唐宋古文八大家之首,提倡儒家道统之说,反对佛老之教。卒谥

文,世称韩文公。

⑬道其所道,非吾所谓道:语出韩愈《韩昌黎全集》卷十一《原道》。

⑭名教:语出袁宏《后汉纪》卷二十六《孝献皇帝纪》:"夫君臣父子,名教之本也。"名,谓名分。教,谓教化。指以正名定分为主要内容的封建礼教。

【译文】

事情有确实的凭据,而道理没有固定的形状。所以孔夫子阐述六经,都是取上古帝王的典章,并没有离开事情而解说道理。后世儒家学者把至圣先师的言行当做世代相传的规范,也就把他的书称为经,这是情理应当如此。然而依照私意尊崇它,也就可以依照私意僭越它了。大概自从官吏和教师的职责分离以后,官吏有政事,地位低下的人一定不敢无所顾忌地求取,因为那是有凭据的实事。教师行教化,品行不好的人总是敢于纷纷扰扰地自称教师,因为那是没有凭据的虚文。孟子的时候,把杨朱、墨翟看作异端。杨朱没有著作,墨翟的著作,本来不叫做经。虽然有《经》篇、《经说》,没有把全书称为经。而庄子却说:"苦获、邓陵那些人,都诵习《墨经》。"那么这是墨子的门徒自己崇奉墨子的著作而称为经了。东汉秦景出使天竺,译出佛经《四十二章》,都不称为经;佛经都是中国翻译的名称,天竺佛书没有经字。以后翻译成汉语,附会称为经,那么也就是文饰的言词了。《老子》二篇,刘向、班固著录,原来并不称为经,《隋书·经籍志》才依据阮孝绪《七录》,称为《老子经》,想必是阮孝绪《七录》成书在萧梁时代,梁武帝崇尚异教,那么佛教、道教都排列经类,是《七录》仿效的依据。而《老子》加上《道德真经》的名称,以及《庄子》加上《南华真经》的名称,《列子》加上《冲虚真经》的名称,则是开元时期为道教设立玄学科目,增益粉饰文采,又是在《七录》以后而更加严重了。韩退之说:"异端用道来称呼自己所谓的道,不是我们所说的道。"那么教义既然不同,又何妨用经来称呼他们所谓的经,不是我们所说的经呢!

　　若夫国家制度,本为经制。李悝《法经》^①,后世律令之所权舆;唐人以律设科^②,明祖颁示《大诰》^③,师儒讲习,以为功令^④,是即《易》取经纶之意,国家训典,臣民尊奉为经,义不背于古也。孟子曰:"行仁政,必自经界始。"^⑤地界言经,取经纪之意也。是以地理之书,多以经名,《汉志》有《山海经》^⑥,《隋志》乃有《水经》^⑦,后代州郡地理,多称图经^⑧,义皆本于经界,书亦自存掌故,不与著述同科,其于六艺之文,固无嫌也。

【注释】

①李悝《法经》:李悝(前455—前395),战国时期魏国大臣,曾任上郡太守、相国等官。辅佐魏文侯实行变法,经济上"尽地力之教"发展农业生产,"善平籴"调节物价,政治上"食有劳而禄有功"废除世卿世禄,根据事功选拔官吏,魏国因此而富强。《法经》,李悝变法时期制定的法律,分为《盗法》、《贼法》、《囚法》、《捕法》、《杂法》、《具法》六篇,是我国古代第一部比较完备的法典,已佚。

②唐人以律设科:唐代科举考试设立明法科,培养法律人才。

③明祖颁示《大诰》:明祖,即明太祖朱元璋(1328—1398),字国瑞,安徽濠州(今安徽凤阳)人。少时为人放牧,后入皇觉寺为僧。元末农民战争中投郭子兴,并且依靠这支力量不断发展壮大,相继消灭其他各支武装力量,于1368年建立明朝。死后谥为高皇帝,庙号太祖。《大诰》,明太祖洪武十八年(1385)颁布的法律,包括《御制大诰》《大诰续编》和《大诰三编》,内容分为揽纳户、安保过付、诡寄田粮、民人经该不解物、洒派抛荒田土、倚法为奸、空引偷军、黥刺在逃、官吏长解卖囚、寰中士夫不为君用十条。

④功令:原指国家考核学者的学规,后来通常指国家法令。《大诰》

与明律具有同等法律效力,故为功令。

⑤行仁政,必自经界始:语出《孟子·滕文公上》。经界,丈量土地,划分界限。

⑥《山海经》:班固《汉书》卷三十《艺文志》数术略著录十三篇,《隋书》卷三十三《经籍志》地理类著录二十三卷,陈振孙《直斋书录解题》著录十八卷。作者不详,约成书于战国时期,是一部保存了丰富的上古神话传说和各种物产资源内容的古地理书。

⑦《水经》:《隋书》卷三十三《经籍志》地理类著录三卷,陈振孙《直斋书录解题》著录经三卷,注四十卷。旧说汉代桑钦撰,清人戴震考证为三国魏人所作。原书记载河流水道一百三十七条,内容极为简略,且有不少错乱。北魏郦道元作注,增至一千二百五十二条,并且详述河流经过地区的山川、关津、城邑、祠庙、墓冢、人物、事件、传闻等内容,文字超过原书二十倍,保存了大量的历史资料。

⑧图经:附有地图的地理志书。宋代以前称图经,宋、元以来改称方志。章学诚则认为图经属于地理专门之书,而方志来源于古代诸侯国史,两者性质不同,详见外篇论方志。

【译文】

至于国家制度,本来就是经理节制。李悝著《法经》,成为后世法令的起始;唐代把法律设为一个考试科目,明太祖颁布《大诰》,儒家学者讲读研习,视为国家规定的法令,这就是《周易》取用经纶的意思,国家的法典,臣民当做经尊奉,不违背古代的含义。孟子说:"实行仁政,必须从经界开始。"对地界而称经,就是取用经纪的意思。所以地理方面的书,大多用经命名。《汉书·艺文志》有《山海经》,《隋书·经籍志》有《水经》,后世的州郡地理书,大多称作图经,含义都是根据经界而来,书中也保存着掌故,不与撰述之书同类,它们对于六经来说,根本没有什么应当避忌的嫌疑。

　　至于术数诸家,均出圣门制作。周公经理垂典,皆守人官物曲,而不失其传。及其官司失守,而道散品亡,则有习其说者,相与讲贯而授受,亦犹孔门传习之出于不得已也。然而口耳之学,不能历久而不差,则著于竹帛,以授之其人,_{说详《诗教上》篇}。亦其理也。是以至战国而羲、农、黄帝之书,一时杂出焉。其书皆称古圣,如天文之甘、石《星经》①,方技之《灵》、《素》、《难经》②,其类实繁,则犹匠祭鲁般③,兵祭蚩尤④,不必著书者之果为圣人,而习是术者,奉为依归,则亦不得不尊以为经言者也。

【注释】

①甘、石《星经》:甘指楚人甘德,石指魏人石申,皆为战国时期天文学家,测定恒星数百颗,撰有《星经》一书,已佚。今本《星经》二卷,托名汉甘公、石申撰,采摭《晋》、《隋》两书《天文志》成书,大约出现在唐、宋时期。

②方技之《灵》、《素》、《难经》:方技指医药以及养生之类的技术。泛指医、卜、星、相等术。《灵》即《灵枢》,又名《黄帝针经》,九卷,为论述针灸学的中医著作。《素》即《素问》,又名《黄帝素问》。《难经》,中医学著作,旧题秦越人(即扁鹊)撰,共八十一难,分为十三篇,以问答体解释《内经》疑义,对诊脉法问难最详。

③鲁般:姓公输,名般,春秋时期鲁国人。又称鲁般、公输般,也作鲁班、公输班。相传发明云梯、撞车等攻城器械,砣等磨具,墨斗、锯等木匠工具,被后世尊奉为建筑和木匠的祖师。

④蚩(chī)尤:传说为父系氏族社会时期东方九黎族首领,发明和制造兵器。后与黄帝在坂泉(今河北涿鹿)交战,兵败被杀。后世兵家奉为始祖,祭祀蚩尤。

【译文】

至于杂艺技术诸家,都语出圣门创作。周公治理国家传下典章,官吏遵守人世间和自然界事物的职责,而不会失去传承。到了官署职司失掉职守,治理方法散失而各类学问亡佚,于是有研习那些学说的人,通过互相讲习来传授与接收,也就像孔子门下传授与学习是出于不得已一样。然而口耳相传的学问,不能经历久远而不产生差错,于是就写成文字,把它们传授给合适的人,解说详见《诗教上》篇。这也是应有的道理。所以到了战国时期伏羲、神农、黄帝的书,在同一时间纷杂出现。这类书都号称是上古圣人所作,如天文类的甘、石《星经》,方技类的《灵枢》、《素问》、《难经》,它们的种类实在繁多,就像工匠祭祀鲁班,兵家祭祀蚩尤,不一定著书的人果真是圣人,而研习这一种技术的人,把它们当做尊奉的对象,也就不得不尊崇它们为经书圣言。

又如《汉志》以后,杂出春秋、战国时书,若师旷《禽经》①,伯乐《相马》之经②,其类亦繁,不过好事之徒,因其人而附合,或略知其法者,托古人以鸣高,亦犹儒者之传梅氏《尚书》③,与子夏之《诗大序》也④。他若陆氏《茶经》⑤,张氏《棋经》⑥,酒则有《甘露经》⑦,货则有《相贝经》⑧,是乃以文为谐戏,本无当于著录之指。譬犹毛颖可以为传⑨,蟹之可以为志⑩,琴之可以为史⑪,荔枝、牡丹之可以为谱耳⑫。此皆若有若无,不足议也。

【注释】

①师旷《禽经》:前人未见著录,陈振孙《直斋书录解题》卷十二始有师旷《禽经》一卷,称晋张华注。后人多认为是唐、宋间人所作,托名师旷。师旷,字子野,春秋时期晋国的乐师。目盲,善于弹

琴和审音辨律。

②伯乐《相马》之经:伯乐是古代传说的善于相马的人,一说姓孙名
　阳,人称孙阳伯乐,春秋时期秦国人,为秦穆公陈说相马的经验;
　一说即邮无恤,也作邮无正,字子良,号伯乐,春秋时期赵国人,
　为赵简子家臣,善相马。《相马》之经,《隋书》卷三十四《经籍志》
　五行类著录《相马经》一卷,无撰人姓名,注称梁有伯乐《相马
　经》;《旧唐书》卷四十七《经籍志》农家类、《新唐书》卷五十九《艺
　文志》农家类均著录伯乐《相马经》一卷。

③梅氏《尚书》:梅氏指梅赜,又作梅颐、枚赜,字仲真,东晋汝南西
　平(今河南汝南)人。任领军司马、豫章太守等官。晋元帝时,梅
　赜把《古文尚书》和《尚书孔安国传》献给朝廷,立于学官。宋、
　元、明、清学者对此书均有怀疑,至清初学者阎若璩最终确证为
　梅赜伪造。

④《诗大序》:旧说《毛诗》首篇《关雎》下有序文,自"后妃之德也"至
　"用之邦国焉"谓之小序,序明篇旨;自"风,风也"至末尾谓之大
　序,总论《诗经》纲领。相传大序是子夏所作,小序是子夏与毛公
　合作。

⑤陆氏《茶经》:陆氏指陆羽(733—约804),字鸿渐,唐复州竟陵(今
　湖北天门)人。攻古调歌诗,隐居著书。精于茶道,后人尊为茶
　圣、茶神。著有《茶经》一卷,是我国第一部系统论述茶叶种植、
　制作、品鉴和烹饮的专著。

⑥张氏《棋经》:张氏指北宋张拟,宋仁宗皇祐年间任翰林学士。著
　有《棋经》一卷,十三篇,对后世围棋发展有较大影响。

⑦《甘露经》:甘露,又名天酒。唐代汝阳王李琎著有《甘露经》,记
　载酒类、酒具以及饮酒风俗,已佚。

⑧《相贝经》:《新唐书》卷五十九《艺文志》著录《相贝经》一卷,不著
　撰人姓名。

⑨毛颖可以为传：韩愈为抒发不得志的心情，以毛颖指代毛笔，作《毛颖传》。

⑩蟹之可以为志：唐代陆龟蒙著有《蟹志》，清代焦循著有《续蟹志》。

⑪琴之可以为史：宋代朱长文著有《琴史》六卷，记载历代一百五十五位精通琴理的人以及琴的发展历史。

⑫荔枝、牡丹之可以为谱：宋代蔡襄著有《荔枝谱》一卷，欧阳修著有《洛阳牡丹记》一卷，为此类著作中的名著。

【译文】

又比如《汉书·艺文志》以后，纷杂出现春秋、战国时期的书籍，像师旷的《禽经》、伯乐的《相马经》，它们的种类也很繁多，不过是喜好多事的人，依托古人而附会上去，或者是稍微懂得那类方法的人，假托古人用来表现自己高明，也就像儒家的学者传布梅氏的《尚书》，与子夏的《诗大序》。其他像陆氏的《茶经》，张氏的《棋经》，美酒便有《甘露经》，货币便有《相贝经》，这些是用文字作诙谐游戏，本来不符合著述的要义。譬如毛颖可以用来作传，螃蟹可以用来作志，琴瑟可以用来作史，荔枝、牡丹可以用来作谱罢了。这些都可有可无，不值得评论。

盖即数者论之，异教之经，如六国之各王其国①，不知周天子也。而《春秋》名分，人具知之，彼亦不能窃而据也。制度之经，时王之法，一道同风，不必皆以经名，而礼时为大②，既为当代臣民，固当率由而不越③；即服膺六艺，亦出遵王制之一端也。术艺之经，则各有其徒，相与守之，固无虞其越畔也④。至谐戏而亦以经名，此赵佗之所谓妄窃帝号，聊以自娱⑤，不妨谐戏置之，六经之道，如日中天，岂以是为病哉！

【注释】

① 六国:战国时期齐、楚、燕、韩、赵、魏、秦七国都称王,与周天子名号相同。因为秦国在崤山、函谷关以西,其他六国在崤山、函谷关以东,习惯上称为山东六国。章学诚似用此称呼。

② 礼时为大:语出《礼记·礼器》:"礼时为大,顺次之,体次之,宜次之,称次之。"

③ 率由:语出《诗经·大雅·假乐》:"不愆不忘,率由旧章。"意为遵循。

④ 越畔:超越界限,引申为僭越。

⑤ 赵佗之所谓妄窃帝号,聊以自娱:语出司马迁《史记》卷一百一十三《南越尉佗列传》记载的赵佗上汉文帝书。秦朝末年,真定(今河北正定)人赵佗(? —137)先后任南海郡龙川令、南海尉,乘楚汉战争中原大乱之机,占据南海、桂林、象郡,自立为南越武王。西汉建立后,封他为南越王。吕后专政,赵佗自称南越武帝,发兵攻打长沙边邑。汉文帝即位后,遣使遗书责让,赵佗上书谢罪说:"老臣妄窃帝号,聊以自娱。"

【译文】

根据上述几类事例来说,异教的经书,就像战国时期六国各自在国内称王,似乎不知道有周天子。但是《春秋》记载的名位职分,人们都知道,六国君主也不能窃据天子之位。典章制度的经纶,当代君主的法典,治道与风俗统一,不一定都用经来称呼,而礼制以顺时最为重要,既然是当代的臣民,本来就应该遵循而不僭越;就像服膺六经,也是出于遵循王制的一个方面。杂技艺的经典,都各有他们的传人,相互共同遵守,根本不用担心它们超出界限。至于诙谐游戏之文也用经称呼,这是赵佗所说的"胡乱窃取帝号,暂且自我娱乐",不妨当做诙谐玩笑置之不理,六经的道理,如同太阳在正午中天,难道还把它们当做可担忧的事情吗?

经解下

异学称经以抗六艺,愚也。儒者僭经以拟六艺,妄也。六经初不为尊称,义取经纶为世法耳,六艺皆周公之政典,故立为经。夫子之圣,非逊周公,而《论语》诸篇不称经者,以其非政典也。后儒因所尊而尊之,分部隶经,以为传固翼经者耳。佛老之书,本为一家之言,非有纲纪政事;其徒欲尊其教,自以一家之言,尊之过于六经,无不可也。强加经名以相拟,何异优伶效楚相哉①! 亦其愚也。扬雄、刘歆,儒之通经者也。扬雄《法言》,盖云时人有问,用法应之,抑亦可矣。乃云象《论语》者②,抑何谬邪? 虽然,此犹一家之言,其病小也。其大可异者,作《太玄》以准《易》,人仅知谓僭经尔,不知《易》乃先王政典而非空言,雄盖蹈于僭窃王章之罪,弗思甚也。详《易教》篇。卫氏之《元包》,司马之《潜虚》,方且拟《玄》而有作,不知《玄》之拟《易》已非也。刘歆为王莽作《大诰》③,其行事之得罪名教,固无可说矣。即拟《尚书》,亦何至此哉? 河汾六籍④,或谓好事者之缘饰⑤,王通未必遽如斯妄也。诚使果有其事,则六经奴婢之诮⑥,犹未得其情矣。奴婢未尝不服劳于主人，王氏六经，服劳于孔氏者，又何在乎？

【注释】

①优伶效楚相：据司马迁《史记》卷一百二十六《滑稽列传》记载，楚相孙叔敖死后，其子穷困得砍柴度日。楚国艺人优孟抱不平，就穿上孙叔敖的衣服，模仿孙叔敖的动作，给楚王演戏。楚王以为孙叔敖复生，想让优孟做相。优孟说不愿为相，因为前相孙叔敖死后子孙无立锥之地，就是下场。楚王于是向优孟谢罪，赐给孙叔敖之子四百户封邑，作为奉祀孙叔敖之地。优谓俳优，伶谓乐人，后世统称演员为优伶。

②象《论语》：据班固《汉书》卷八十七下《扬雄传下》记载："故人时有问雄者，常用法应之，谍以为十三卷，象《论语》，号曰《法言》。"颜师古《注》曰："谍与撰同。"

③刘歆为王莽作《大诰》：据班固《汉书》卷八十四《翟方进传》记载，东郡太守翟义起兵讨王莽，王莽于是模仿《周书》作《大诰》，表示自己将还政于君，颁布于天下。王莽（前45—23），字巨君，汉元帝王皇后之侄。西汉末年，以外戚辅政。后自立为帝，改国号为新朝，公元8—23年在位。因实行改制而引起国内动乱，绿林军攻入长安时被杀死。章学诚以为《大诰》为刘歆所作，史无明文记载，大概是因为刘歆依附王莽而推论。

④河汾六籍：隋朝王通居河汾之间聚徒讲学，并模仿儒家六经，撰《续尚书》一百五十篇，《续诗》三百六十篇，《元经》五十篇，《赞易》七十篇，《礼论》二十五篇，《乐论》二十篇，今皆不传。

⑤缘饰：语出司马迁《史记》卷一百一十二《平津侯列传》："缘饰以儒术。"颜师古《汉书注》曰："缘饰者，譬之于衣，加纯缘者。"意为文饰、装饰。

⑥六经奴婢：据五代、宋人说部记载，有人问唐代刘贲怎么看待王通之书与六经的关系，他回答说："若以人望人，《文中子》于六籍，犹奴婢之于郎主也。"后世遂以《文中子》为"六经奴婢"。

【译文】

异端学说称经来抗衡六经，是愚蠢的做法；儒家学者冒用经名来模拟六经，是荒谬的做法。六经起初并不是尊称，只是取经纶的意思作为世间的法则而已，六经都是周公的政教典章，所以被确立为经。孔夫子的圣明，不逊于周公，然而《论语》各篇不称作经，因为它不是政教典章。后世儒家学者因为《论语》尊奉六经而尊崇《论语》，划分类别归属经部，那是认为传本来就是辅助经的著作。佛教、道教的书，本来是自己一家之言，不涉及法制政事；教徒想尊崇他们的宗教，自己把一家之言，尊崇得超过六经，没有什么不可以。硬要加上经的名称来相比拟儒家，这和优孟模效楚相有什么两样呢？不过说明他们愚蠢罢了。扬雄、刘歆，是儒学中通晓经典的人。扬雄《法言》，大概是说当时人有疑问，用合乎法则的话回答，也还可以。却说要效法《论语》，这是多么荒谬啊！虽然如此，这只是一家之言，弊病很小。非常值得惊异的是，他作《太玄》用来比照《周易》，人们只知道他冒用经名而已，不知道《周易》是上古帝王的政教典章而不是空泛言论，扬雄大概是犯了超越本分窃取帝王典章制度的罪行，太不慎重考虑了。详见《易教》篇。卫元嵩的《元包》，司马光的《潜虚》，还要模仿《太玄》而撰写，不知道《太玄》模仿《周易》已经错了。刘歆为王莽作《大诰》，他的行为得罪纲常礼教，自然没有什么可辩解了。即使模仿《尚书》，又为什么到这种地步？王通居河汾仿作六籍，有人说是喜好多事的人文饰之词，王通未必就率尔做出这样荒谬的举动。假使果真有这种事，那么把他的书讥讽为六经奴婢，还没有揭示出真实情况。奴婢未尝不为主人效劳，王通仿作的六经，为孔子效劳的地方，又在哪里呢？

束皙之《补笙诗》①,皮日休之《补九夏》②,白居易之《补汤征》③,以为文人戏谑而不为虐④,称为拟作,抑亦可矣。标题曰补,则亦何取辞章家言,以缀《诗》、《书》之缺邪?

【注释】

①束皙(xī)之《补笙诗》:《诗经·小雅》中有《南陔》、《白华》、《华黍》、《由庚》、《崇丘》、《由仪》六篇,是乡饮酒礼上用笙演奏的音乐,有声而无词,称为笙诗。束皙惜其不备,一一作诗补之,题为《补亡诗》,后由昭明太子收入《文选》。束皙(约261—约300),字广微,西晋阳平元城(今河北大名东北)人。历官佐著作郎、博士、尚书郎,以疾罢归,授徒而终。撰《晋书》三帝纪和十志,整理《汲冢竹书》。

②皮日休之《补九夏》:据《周礼·春官》记载,凡有乐事钟师用钟鼓演奏王夏、肆夏、昭夏、纳夏、章夏、齐夏、族夏、陔夏、骜夏,谓之《九夏》。其诗载在《乐》章,《乐》崩而诗亡。后皮日休作《补周礼九夏》,收入《皮子文薮》卷三。皮日休(约834—约883),字逸少,一字袭美,唐代襄阳(今属湖北)人。历任著作郎、太常博士等官。参加黄巢起义,任翰林学士,失败后下落不明。善诗文,著有《皮子文薮》。

③白居易之《补汤征》:据司马迁《史记》卷三《殷本纪》记载:"汤征诸侯。葛伯不祀,汤始伐之……作《汤征》。"今传《尚书》无《汤征》篇。白居易掇拾《史记》等书记载的商汤誓词,作成《补逸书》一篇,收入《白氏长庆集》卷四十六。白居易(772—846),字乐天,唐下邽(今陕西渭南东北)人。历官校书郎、左拾遗、中书舍人、刑部尚书。一生诗作有三千多首,大都反映社会现实,揭露政治腐败,脍炙人口,妇孺皆知。著有《白氏长庆集》。

④戏谑(xuè)而不为虐:语出《诗经·卫风·淇奥》:"善戏谑兮,不

为虐兮。"郑玄《笺》曰:"君子之德,有张有弛,故不常矜庄,而时
戏谑。"戏谑,开玩笑。虐,残暴。

【译文】

　　束皙的《补笙诗》,皮日休的《补九夏》,白居易的《补汤征》,当做文
人游戏玩笑而不是搞恶作剧,称之为拟作,也就可以了。既然把题目标
名为补,为什么又要采用文学家的语言,来补缀《诗经》、《尚书》的亡
佚呢?

　　至《孝经》,虽名为经,其实传也。儒者重夫子之遗言,
则附之经部矣。马融诚有志于劝忠①,自以马氏之说,援经
征传,纵横反复,极其言之所至可也。必标《忠经》②,亦已异
矣。乃至分章十八,引《风》缀《雅》,一一效之,何殊张载之
拟《四愁》③,《七林》之仿《七发》哉! 诚哉非马氏之书,俗儒
所依托也。宋氏之《女孝经》④,郑氏之《女论语》⑤,以谓女子
有才,嘉尚其志可也。但彼如欲明女教,自以其意立说可
矣。假设班氏惠姬⑥,与诸女相问答,则是将以书为训典,而
先自托于子虚、亡是之流⑦,使人何所适从? 彼意取其似经
传耳,夫经岂可似哉? 经求其似,则诨骗有卦⑧,见《辍耕
录》⑨。靴始收声⑩,有《月令》矣⑪。皆谐谑事。

【注释】

　①马融(79—166):字季长,东汉扶风茂陵(今陕西兴平东北)人。
　　官居议郎、武都太守、南郡太守之职。博通经籍,为世通儒,生徒
　　千余,郑玄、卢植皆出其门下。遍注六经及《列女传》、《老子》、
　　《淮南子》、《离骚》诸书。
　②《忠经》:旧题马融撰,郑玄注。模仿《孝经》而成,共十八章。宋

代王应麟《玉海》引《两朝国史·志》,记载海朋撰《忠经》一卷。清代四库馆臣定为后人诈题马、郑之书。

③张载之拟《四愁》:西晋张载曾经模仿东汉张衡《四愁诗》,作《拟四愁诗》,其中一首被《文选》收录。张载,字孟阳,西晋安平国武邑(今河北武邑)人。历官佐著作郎、弘农太守、中书侍郎。著有《张孟阳集》,今存辑本。

④宋氏之《女孝经》:宋氏,当为郑氏之误。郑氏乃唐代朝散郎侯莫陈邈之妻,因其侄女被册立为永王妃,于是模仿《孝经》,撰十八章劝诫之辞,每章开端都假借曹大家(gū)立言,称为《女孝经》。

⑤郑氏之《女论语》:郑氏,当为宋氏之误。宋氏乃唐代女学士尚宫宋若莘,模仿《论语》,以晋代韦逞母亲宋氏指代孔子,以曹大家等人指代孔子弟子颜回、闵子骞,著《女论语》十篇,内容皆为妇道所尚。其妹宋若昭为之注解。

⑥班氏惠姬:班昭(约49—约120),一名姬,字惠班,东汉扶风安陵(今陕西咸阳东北)人。班彪之女,班固之妹,续完班固未竟的《汉书》,又教授马融章句。汉和帝诏入宫中,教授皇后嫔妃。因嫁曹世叔为妻,故称曹大家。

⑦子虚、亡是:西汉司马相如撰《子虚赋》、《上林赋》,假设子虚、亡是公、乌有先生为问答之辞。后世遂把根本不存在的假设事情称为子虚亡是,也称子虚乌有。

⑧诨骗有卦:据陶宗仪《辍耕录》卷十《辊呇谝三卦》记载,淮南潘纯作《辊卦》讽刺靠插科打诨而得高官的人,平江蔡卫作《呇卦》讽刺贪婪吝啬的人,扶风马琬作《谝卦》讽刺靠巧舌如簧而骗取利益的人,并记载了三卦的卦辞,认为切中时弊,讽刺得当。

⑨《辍耕录》:又名《南村辍耕录》,三十卷,元末陶宗仪撰。内容记载元代典章制度、掌故时事、历史地理、人文风俗等各个方面,是元人笔记中价值较大的著作。

⑩靴始收声：据蒲松龄《聊斋志异》卷一《王六郎》记载，有一乡下穷人，儿时的玩伴做了肥缺之官，心想投奔他一定会得到很多好处。于是竭尽财力准备行装，跋涉千里赶到那里，结果大失所望。因为路费用尽，无奈卖了自己骑乘的马，狼狈而归。他的弟弟很幽默，仿照《月令》的体例作文嘲笑他说："是月也，哥哥至，貂帽解，伞盖不张，马化为驴，靴始收声。"指从此收心，不再着靴外出干求。

⑪《月令》：《礼记》篇名，记述每年农历十二个月的时令、政事以及相关事情。

【译文】

　　至于《孝经》，虽然名字称作经，而其实质是传。儒家学者重视孔夫子的遗言，就附在经部里了。马融果真有志向劝勉世人忠诚，就用自己的言论，援用经书征引传记，纵横反复申论，说尽想要说的话完全可以。一定要标明《忠经》，已经够奇特了。竟至于分成十八章，引用《风》、《雅》来点缀，一一仿效，这和张载模拟《四愁》，《七林》仿照《七发》，有什么不同呢？确实不是马融的著作，而是平庸儒者所依托。宋氏的《女孝经》，郑氏的《女论语》，如果认为女子有才能，褒奖崇尚她们的志向完全可以。但是她们如果想阐明女子教育，用自己的意思立说就可以了。假设班昭的话，和众女子互相问答，便是将要把这书当做训诫法则，却先自己托名子虚、亡是公一类，使人怎么办才好呢？她们的意思是这样著书和经传相似，经难道可以貌似吗？对经而寻求貌似，那么插科打诨和吹嘘蒙骗有《辊》、《吝》、《谝》三卦，见《辍耕录》。靴子从此停止响声，有《月令》了。都是游戏玩笑的事。

　　若夫屈原抒愤，有辞二十五篇，刘、班著录，概称之曰《屈原赋》矣。乃王逸作《注》①，《离骚》之篇，已有经名。王氏释经为径②，亦不解题为经者，始谁氏也。至宋人注屈，乃云"一本《九歌》以下有传字"③，虽不知称名所始，要亦依经而立传名，不当自宋始也。夫屈子之赋，固以《离骚》为重，史迁以下，至取《骚》以名其全书④，今犹是也。然诸篇之旨，本无分别，惟因首篇取重，而强分经传，欲同正《雅》为经⑤，变《雅》为传之例⑥；是《孟子》七篇，当分《梁惠王》经，与《公孙》、《滕文》诸传矣。

【注释】

①王逸：字叔师，南郡宜城（今属湖北）人，东汉文学家。历任校书郎、侍中等职，著有《楚辞章句》，是最早的《楚辞》完整注本。

②王氏释经为径：王氏指王逸。释经为径，王逸《楚辞章句》卷一《离骚经章句序》曰："屈原执履忠贞而被谗邪，忧心烦乱，不知所诉，乃作《离骚经》。离，别也。骚，愁也。经，径也。言己放逐离别，中心愁思，犹陈直径以风谏君也。"

③一本《九歌》以下有传字：语出宋代朱熹《楚辞辩证》卷上："洪氏目录《九歌》下注云：一本此下皆有'传'字。晁氏本则自《九辩》以下，乃有之。"

④取《骚》以名其全书：据司马迁《史记》卷一百三十《太史公自序》记载："屈原放逐，著《离骚》。"又据班固《汉书》卷六十二《司马迁传》记载："屈原放逐，乃赋《离骚》。"皆举首篇以名其全书。

⑤正《雅》：郑玄注《诗经》，认为西周前期的诗歌颂文、武之德，《风》有《周南》、《召南》等篇，《雅》有《文王》、《鹿鸣》等篇，称为《诗经》的正经，亦即正《风》、正《雅》。

⑥变《雅》：郑玄注《诗经》，认为西周自懿王以后，政教衰微，周室大坏，故从周懿王时期的诗到记载陈灵公淫乱之诗，称为变《风》、变《雅》。唐陆德明《经典释文》认为，自《邶风》至《豳风》一百三

十五篇，为变《风》；自《六月》至《何草不黄》五十八篇，为变《小雅》；自《民劳》至《召旻》十三篇，为变《大雅》。

【译文】

至于屈原抒发怨愤，有楚辞二十五篇，刘向、班固著录，把它总称作《屈原赋》。而王逸作注时，《离骚》一篇，已经有经的名称。王氏把"经"解释为"径"，也不知道题名为经，从什么人开始。到宋代的人注释屈原的作品，于是说"有一种版本《九歌》以下各篇有'传'字"。虽然不知道称呼传名从什么时候开始，总之也是依据经名而确立传名，不应当从宋代才开始。屈原的辞赋，固然以《离骚》最为重要，司马迁以下，竟至取《骚》名来称呼他的全部作品，至今还是这样。然而各篇的意旨，本来没有区别，只是因为第一篇受到重视，而勉强区分经传，想和《诗经》"正雅"为经，"变雅"为传的体例一致；照这样《孟子》的七篇文章，也应当分成《梁惠王》经，和《公孙丑》、《滕文公》各传了。

夫子之作《春秋》，庄生以谓议而不断①，盖其义寓于其事其文，不自为赏罚也。汉、魏而下，仿《春秋》者，盖亦多矣。其间或得或失，更仆不能悉数②。后之论者，至以迁、固而下，拟之《尚书》；诸家编年，拟之《春秋》。不知迁、固本纪，本为《春秋》家学③，书、志、表、传，殆犹《左》、《国》内外之与为终始发明耳④。诸家《阳秋》⑤，先后杂出，或用其名而变其体，《十六国春秋》之类⑥。或避其名而拟其实，《通鉴纲目》之类⑦。要皆不知迁、固之书，本绍《春秋》之学，并非取法《尚书》者也。故明于《春秋》之义者，但当较正迁、固以下其文其事之中⑧，其义固何如耳⑨。若欲萃聚其事，以年分编，则荀悦、袁宏之例具在，未尝不可法也。必欲于纪传、编年之外，别为《春秋》，则亦王氏《元经》之续耳⑩。夫异端抗经，不足道也。儒者服习六经，而不知经之不可以拟，则浅之乎为儒者矣！

【注释】

①庄生以谓议而不断：语出《庄子·齐物论》："《春秋》经世，先王之志，圣人议而不辩。"庄生，即庄子。

②更仆不能悉数：语出《礼记·儒行》："遽数之不能终其物，悉数之乃留，更仆未可终也。"仆，古代主持礼仪的傧相。原意是说礼仪繁琐，虽更代其仆，也难全部数清楚。后来用"更仆难数"作为成语，形容事物繁多，数不胜数。

③《春秋》家学：章学诚批评前人所谓纪传体出于《尚书》，编年体出于《春秋》的说法，在《章氏遗书》卷七《史篇别录例议》中明确提出"编年、纪传，同出《春秋》"的观点。所以，他认为司马迁《史记》以下的纪传体，尤其是本纪编年纪事，来源于《春秋》家学。

④《左》、《国》内外：历代学者多认为《左传》是《春秋》的内传，《国语》是《春秋》的外传。

⑤诸家《阳秋》：《阳秋》即《春秋》。东晋简文帝司马昱之母郑太后，小名阿春，东晋史家因避讳而称《春秋》为《阳秋》。《隋书》卷三十三《经籍志》记载习凿齿《汉晋阳秋》，孙盛《晋阳秋》，檀道鸾《续晋阳秋》，此所谓诸家《阳秋》。

⑥《十六国春秋》：一百卷，又《序例》一卷，《年表》一卷，北魏史家崔鸿撰。记载北方十六国史事，每国各自为卷，称为"录"，记其君臣事迹，则称为"传"。原书早佚，今传本为明代屠乔孙等人伪作。清代汤球作《十六国春秋缉补》，保存了部分原书内容。

⑦《通鉴纲目》：南宋史家朱熹撰，五十九卷。朱熹根据司马光《资治通鉴》内容，运用《春秋》学义例，大书为纲，效法《春秋》，分注为目，效法《左传》。此书对当时和后世影响很大，历代续作不

断,形成《纲目》学。

⑧其文其事:语出《孟子·离娄下》:"晋之《乘》,楚之《梼杌》,鲁之《春秋》,一也:其事则齐桓、晋文,其文则史。孔子曰:'其义则丘窃取之矣。'"文,指史书的文章结构、文学审美、文字表述。事,指史书所记载和包含的历史事实。

⑨义:史书的指导思想、撰述宗旨、理论意义。

⑩王氏《元经》:王氏,即王通,模仿《春秋》而作《元经》五十篇,已佚。

【译文】

　　孔夫子作《春秋》,庄子认为是评议而不判断,大概《春秋》的宗旨寄托在记事和文辞之中,自己不加赏罚褒贬。汉、魏以下,模仿《春秋》的人,大概也很多了。这当中有的成功有的失败,多得换很多人来说也说不尽。以后的评论者,以至于把司马迁、班固以下的纪传体史书,比作《尚书》;把各家编年体史书,比作《春秋》。他们不知道司马迁、班固之书的本纪,本来是《春秋》家的学问,书、志、表、传,大约像《左传》、《国语》作为《春秋》的内传、外传相互配合对《春秋》原委作出阐释。诸家《春秋》体史书,先后纷杂出现,有的用《春秋》的名称而改变它的体例,《十六国春秋》之类。有的避开《春秋》的名称而模仿它的实质,《通鉴纲目》之类。总之都不知道司马迁、班固的著作,本来接续《春秋》的学问,并不是效法《尚书》。所以明了《春秋》宗旨的人,只应当考察司马迁、班固以下史书的文辞和记事当中,它们的意旨本来是什么样子。如果想要汇集史事,按年分别编排,那么荀悦、袁宏的成例都在,未尝不可以效法。一定要在纪传体和编年体之外,另外再撰写《春秋》,那也不过是王通《元经》的续书罢了。异端与经典匹敌,不值得称道。儒家学者研习六经,却不知道经不可以模拟,成为这种儒家学者就太浅陋了!

卷二　内篇二

原道上

【题解】

《原道》上中下三篇，是集中反映章学诚关于社会历史发展理论问题的文章。"原道"之名，就是"推求道之本原"的意思。在章学诚之前，撰写《原道》的有《淮南子》、刘勰《文心雕龙》和韩愈三家，其义各有侧重。章学诚在前人的基础上，袭用前人相同的名称，进一步阐发新意。首先，他针对历代学者普遍认为"道在六经"的假设，针砭固守六经求道的危害。章学诚在此继续阐发"六经皆史"的观点，认为六经只是先王政典，而不是载道之书。他主张"道不离器"，认为"即器而求道"才能发现道的真谛。既然六经是先王政典，也就是上古三代遗留下来的史书，所以探求上古三代之道可以通过六经达到目的；而三代以后的历史发展，是先王所未见，六经所不言，当然不能局限在六经中考察后世之道。因此，章学诚主张根据历史的发展变化，探究历代社会演变之道。他认为道之大原出于天，天地生人而产生人伦日用之道，三代圣人创法立制，是顺应社会发展趋势的产物。至周公集历圣之大成，制礼作乐，把儒家之道发展到顶峰。孔子有德无位，不能创法立制，只能学周公之道而立其教。这样章学诚从根本上扭转了历代学者盲目推崇孔子，因空言求道而轻视事功，无补于人事的积弊，继承和发展了司马迁、柳宗元、王夫之等人注重时势的历史观，对历史发展法则作了可贵的探索。其次,章学诚针对学术界长期以来辞章、义理、考证三家分途,形成唐、宋古文运动"因文见道"与"文以载道"、宋明理学"义理明道"和乾嘉朴学"考据明道"三种途径,作了总结和评论。他认为这三种明道主张都有合理之处,加深了人们对道的认识,为深入求道作出了贡献。问题在于三家各标独得,抬高自己,认为只有自己的方法可以明道,而排斥其他明道的途径。宋明理学家攻击唐、宋文学家"溺于器而不知道",所以"工文害道"。清代朴学家又攻击宋明理学家"舍器而言道",致使求道"腾架空虚"。三家互分畛域,门户相争,最终割裂了道的整体内涵。章学诚认为三家之中任何一家仅仅依靠自身的力量和方法,都不足以言道,正确的方法是相互尊重,交相为用,把辞章、义理、考证三者合而为一,才能够得到道的全体。章学诚上述看法确实发前人所未发,超越以前各家《原道》的境界,对于探求历史发展法则作出了新贡献。难怪当时一般人看不懂,仅仅根据题目来评论文章沿袭宋人语录习气,认为陈腐可憎,即使和章学诚相知甚深的著名史学家邵晋涵,也没有理解他撰写这篇文章的真正意图,在跋语里作了文不对题的评论。今天应当正确认识和发掘章学诚的历史理论,为当前史学发展提供借鉴。

　　道之大原出于天①,天固谆谆然命之乎②?曰:天地之前,则吾不得而知也。天地生人,斯有道矣,而未形也。三人居室③,而道形矣,犹未著也。人有什伍而至百千④,一室所不能容,部别班分,而道著矣。仁、义、忠、孝之名,刑、政、礼、乐之制,皆其不得已而后起者也。

【注释】

①道之大原出于天:语出班固《汉书》卷五十六《董仲舒传》董仲舒《天人三策》。天,董仲舒以为是可以主宰人类社会的人格神。

章学诚则取其语而变其义,认为是自然界和人类社会发展趋势,
形成道法自然的观点。

②天固谆谆(zhūn)然命之乎:语出《孟子·万章上》:"天与之者,谆
谆然命之乎?"谆谆,教诲不倦的样子。

③三人居室:人类为群居社会,三人言其极少。

④什伍:古代户籍和军队的基本编制。居民以五家为伍,十家为
什。军队以五人为伍,十人为什。

【译文】

道的本原来源于天。难道天原来就反复不断地发布命令吗?回答
是:天地产生之前的情况,那是我无法得知的事情。天地间产生了人
类,这样便有了道,只是还没有成型。三个人在屋子里一起生活,道就
成型了,但是还不够显著。人从一什一伍直至成百上千,一个屋子容纳
不下,就按部班区分类别,道也就明显了。仁爱、节义、忠诚、孝悌的名
称,刑法、政事、礼仪、乐教的制度,都是不能不如此而后才产生出来。

人生有道,人不自知①;三人居室,则必朝暮启闭其门
户,饔飧取给于樵汲②,既非一身,则必有分任者矣。或各司
其事,或番易其班,所谓不得不然之势也,而均平秩序之义
出矣。又恐交委而互争焉,则必推年之长者持其平,亦不得
不然之势也,而长幼尊卑之别形矣。至于什伍千百,部别班
分,亦必各长其什伍,而积至于千百,则人众而赖于干济③,
必推才之杰者理其繁,势纷而须于率俾④,必推德之懋者司
其化⑤,是亦不得不然之势也;而作君作师⑥,画野分州⑦,井
田、封建、学校之意著矣⑧。故道者,非圣人智力之所能为,
皆其事势自然,渐形渐著,不得已而出之,故曰天也。

【注释】

①人生有道，人不自知：《章氏遗书》本作"人之生也，自有其道，人不自知，故未有形"。

②饔飧（yōng sūn）取给于樵汲：饔飧，语出《孟子·滕文公上》："贤者与民并耕而食，饔飧而治。"饔，早饭。飧，晚饭。樵汲，语出《旧唐书》卷一百九十一《神秀传》："僧神秀……便往事弘忍，专以樵汲自役，以求其道。"樵，砍柴。汲，打水。

③干（gàn）济：干练的办事能力。干，办理，主治。

④率俾：相率而使。率，统领。俾，使任。

⑤懋（mào）：崇高，盛大。

⑥作君作师：语出伪古文《尚书·泰誓上》："天佑下民，作之君，作之师。"作，兴起，创造。

⑦画野分州：据班固《汉书》卷二十八上《地理志上》记载："昔在黄帝……方制万里，画壄分州，得百里之国万区。"画，划分。壄，古"野"字。分州，据《尚书·禹贡》曰："禹别九州。"

⑧井田、封建、学校：夏、商、周三代制度。井田制度是三代土地制度，据说古代把土地划分成一块一块百里见方的形状，每方九百亩，八家各耕百亩，中间百亩为公田和庐舍。封建制度是三代的封邦建国制度，按照公、侯、伯、子、男五等爵位分封诸侯国，夹辅王室。学校制度是三代教育制度，据说夏朝称校，商朝称序，周朝称庠，统名为学，故称学校。

【译文】

　　人类产生就有了道，而人自己却没有觉察。三个人在一间屋子里居住，就必然需要早晚开门和关门，砍柴汲水供给早饭和晚饭，既然不是一个人所能胜任，就必然需要有分工担负的人。有的各自负责一种职事，有的互换班次轮流来做，这就是所谓不得不如此的形势，而均平秩序的原则就产生了。又恐怕互相推卸或者互相争夺，就必然需要推

举年龄大的人维持公平，这也是不得不如此的形势，而长幼尊卑的区别
就出现了。至于一什一伍上千成百的人，分部班按类别区分，也必然有
人分别掌管每什每伍，而积累到上千成百，那么人数众多就需要办事干
练，必然要推举才能杰出的人治理繁难之事，局面复杂纷乱就需要统率
使任，必然要推举德行崇高的人执掌教化，这也是不得不如此的形势；
而设立君主设立教师，划定地界划分州境，井田、封建、学校的涵义就显
著了。所以道这个东西，并不是圣人的智慧和力量能够创造，都是事物
的趋势自然发展，逐渐成型逐渐显著，不得已而表现出来，所以说是来
源于天。

《易》曰："一阴一阳之谓道。"① 是未有人而道已具也。
"继之者善，成之者性。"② 是天著于人，而理附于气③。故可
形其形而名其名者，皆道之故，而非道也。道者，万事万物
之所以然，而非万事万物之当然也。人可得而见者，则其当
然而已矣。人之初生，至于什伍千百，以及作君作师，分州
画野，盖必有所需而后从而给之，有所郁而后从而宣之，有
所弊而后从而救之④。羲、农、轩、颛之制作⑤，初意不过如是
尔。法积美备，至唐、虞而尽善焉，殷因夏监⑥，至成周而无
憾焉。譬如滥觞积而渐为江河，培塿积而至于山岳⑦，亦其
理势之自然；而非尧、舜之圣，过乎羲、轩，文、武之神，胜于
禹、汤也⑧。后圣法前圣，非法前圣也，法其道之渐形而渐著
者也。三皇无为而自化⑨，五帝开物而成务，三王立制而垂
法，后人见为治化不同有如是。当日圣人创制，则犹暑之必
须为葛⑩，寒之必须为裘，而非有所容心，以谓吾必如是而后
可以异于圣人，吾必如是而后可以齐名前圣也。此皆一阴

一阳往复循环所必至,而非可即是以为一阴一阳之道也。一阴一阳往复循环者,犹车轮也。圣人创制,一似暑葛寒裘,犹轨辙也。

【注释】

①一阴一阳之谓道:语出《周易·系辞上》。

②继之者善,成之者性:《周易·系辞上》孔颖达《疏》曰:"继之者善也者,道是生物开通,善是顺理养物,故继道之功者惟善行也。成之者性也者,若能成就此道者,是人之本性。"

③理附于气:理和气都是中国古代哲学概念。理是精神性的存在,气是物质性的存在,二者何为世界本原,就成为古代唯物论和唯心论的分水岭。

④盖必有所需而后从而给之,有所郁而后从而宣之,有所弊而后从而救之:底本作"盖必有所需而后从而给救之",有脱误。据《章氏遗书》本补正。

⑤轩、颛:轩指黄帝轩辕氏。颛指颛顼高阳氏。

⑥殷因夏监(jiàn):语出《论语·为政》:"殷因于夏礼,所损益可知也。周因于殷礼,所损益可知也。"监,即"鉴",借鉴。

⑦培塿(pǒu lǒu):小土丘。

⑧禹:又称崇禹、戎禹、伯禹、大禹,姒姓,鲧之子,夏朝的建立者。

⑨无为而自化:语出《老子》:"我无为而民自化。"

⑩则犹:《章氏遗书》本作"只觉事势出于不得不然,一似"。

【译文】

《周易》说:"一阴一阳叫做道。"这说明没有人类的时候道就已经具备了。"继道之功唯有顺理养物,而成道之功则依赖人的本性。"这是天道附着于人,事理依附于气。所以可以表现出形状而且能够称呼名字的东西,都是道借以显现的事迹,而不是道本身。道,是万事万物之所以表现出这个样子的原因,而不是万事万物所表现出来的样子。人们能够见到的东西,只是万事万物所表现出来的样子而已。从人类诞生,以至于发展到一什一伍上千成百,再到设立君主设立教师,划分州境划定地界,大概一定是有需要然后随之供给,有郁积然后随之疏导,有弊端然后随之补救。伏羲、神农、轩辕、颛顼的发明创造,本意不过是这样罢了。制度积累优点完备,到唐尧、虞舜时期就非常完善了。殷商沿袭夏朝的传承,到成周时期就没有缺憾了。这就像源头积水而逐渐形成江河,小丘积土而逐渐成为山岳,也是事理形势的自然发展;而不是唐尧、虞舜的圣德,超过伏羲、轩辕,文王、武王的神妙,胜过夏禹、商汤。后世圣人效法前世圣人,实际不是效法前世圣人,而是效法道的逐渐成型逐渐显著。三皇无为之治而风俗自然醇化,五帝揭示事理而成就事业,三王建立制度而传下法则,后人看到他们进行治理教化的不同就是这样罢了。当时圣人创立制度,就像夏天必须制作葛布衣服,冬天必须制作裘皮衣服,而不是先有什么想法装在心里,认为我一定要这样然后才可以和圣德之人不同,我一定要这样然后才可以和前世圣人齐名。这都是一阴一阳往复循环所必定到达的结果,而不可以把这个结果当做一阴一阳的道。一阴一阳往复循环,就像行驶的车轮一样。圣人创立制度,好比夏天制作葛布衣服和冬天制作裘皮衣服,就像行车留下的轨辙一般。

　　道有自然,圣人有不得不然,其事同乎?曰:不同。道无所为而自然,圣人有所见而不得不然也[①]。圣人有所见,故不得不然;众人无所见,则不知其然而然。孰为近道?曰:不知其然而然,即道也[②]。非无所见也,不可见也。不得不然者,圣人所以合乎道,非可即以为道也。圣人求道,道无可见,即众人之不知其然而然,圣人所藉以见道者也。故不知其然而然,一阴一阳之迹也。学于圣人,斯为贤人。学于贤人,斯为君子。学于众人,斯为圣人。非众可学也,求道必于一阴一阳之迹也。自有天地,而至唐、虞、夏、商,迹既多而穷、变、通、久之理亦大备。周公以天纵生知之圣③,而适当积古留传,道法大备之时,是以经纶制作,集千古之大成④,则亦时会使然⑤,非周公之圣智能使之然也。盖自古圣人,皆学于众人之不知其然而然,而周公又遍阅于自古圣人之不得不然,而知其然也。周公固天纵生知之圣矣,此非周公智力所能也,时会使然也。譬如春、夏、秋、冬,各主一时,而冬令告一岁之成,亦其时会使然,而非冬令胜于三时也。故创制显庸之圣⑥,千古所同也。集大成者,周公所独也。时会适当然而然,周公亦不自知其然也。

【注释】

①圣人有所见而不得不然也:《章氏遗书》本此下有“故言圣人体道可也,言圣人与道同体不可也”。

②不知其然而然,即道也:语出《庄子·齐物论》:“因是已已而不知其然,谓之道。”

③天纵生知:语出《论语·子罕》“固天纵之将圣”和《论语·季氏》“生而知之者上也”。天纵,天之纵使。生知,生而知之。

④集千古之大成:古乐一变为一成,九变而乐终。至九成完毕,称为大成。后引申称集前人主张、学说等形成完整体系为集大成。

⑤时会:犹言时运,指四时的运行,或指当时的运数。

⑥创制显庸:创立制度,显用于天下。庸,即“用”。

【译文】

道是自然如此,圣人是不得不如此,两件事相同吗? 回答是:不同。道无所作为就自然如此,圣人有所识见就不得不如此。圣人有所识见,因此不得不如此；众人无所识见，所以不知道是什么缘故而如此。哪一个与道接近呢？回答是：不知道是什么缘故而如此，那就是道。并非没有看见什么，而是不可能看见。不得不如此，是圣人符合道的原因，不能就认为是道。圣人探求道，道不可能看见，根据众人不知道是什么缘故而如此，圣人凭借它来见道。所以不知道是什么缘故而如此，是一阴一阳的迹象。向圣人学习，这就是贤人。向贤人学习，这就是君子。向众人学习，这就是圣人。不是说向众人可以学到东西，而是因为探求道一定要通过一阴一阳的迹象。自从天地产生以来，到唐尧、虞舜、夏禹、商汤，道的迹象已经很多而且穷尽而变化、变化而通达、通达而长久的道理也很完备了。周公有天所任使和生而知之的圣德，而且恰好处在古代文化积累留传，治理法则很完备的时候，所以治理国家创立制度，集千百年来之大成，那也是时运造成这样，不是周公的德行才智能够造成这样。大概自古以来的圣人，都从众人不知道是什么缘故而这样当中学到东西，而周公又看遍了自古以来圣人的不得不如此，就知道了应该如此。周公固然是天所任使和生而知之的圣人了，但这不是周公的才智与力量所能达到，而是时与运造成这样。这就好比春、夏、秋、冬，各自掌管一个季节，而冬季宣告一年的成功，也是四时运行造成这样，而不是冬季胜过其他三个季节。所以创立制度显示功用的圣人，千百年来都是一样。集大成的时运，是周公独有的机遇。时运正好应当这样而这样，周公自己也不知道它是这样。

　　孟子曰："孔子之谓集大成。"①今言集大成者为周公，毋乃悖于孟子之指欤？曰：集之为言，萃众之所有而一之也。自有天地，而至唐、虞、夏、商，皆圣人而得天子之位，经纶治化，一出于道体之适然。周公成文、武之德，适当帝全王备，殷因夏监，至于无可复加之际，故得藉为制作典章，而以周道集古圣之成，斯乃所谓集大成也。孔子有德无位，即无从得制作之权，不得列于一成，安有大成可集乎？非孔子之圣逊于周公也，时会使然也。孟子所谓集大成者，乃对伯夷、伊尹、柳下惠而言之也②。恐学者疑孔子之圣，与三子同③，无所取譬，譬于作乐之大成也。故孔子大成之说，可以对三子，而不可以尽孔子也。以之尽孔子，反小孔子矣。何也？周公集羲、轩、尧、舜以来之大成，周公固学于历圣而集之，无历圣之道法，则固无以成其周公也。孔子非集伯夷、尹、惠之大成④，孔子固未尝学于伯夷、尹、惠，且无伯夷、尹、惠之行事，岂将无以成其孔子乎？夫孟子之言，各有所当而已矣，岂可以文害意乎？

【注释】

①孔子之谓集大成：语出《孟子·万章下》："孟子曰：'伯夷，圣之清者也；伊尹，圣之任者也；柳下惠，圣之和者也；孔子，圣之时者也。孔子之谓集大成。集大成也者，金声而玉振之也。'"

②对伯夷、伊尹、柳下惠而言之也：《章氏遗书》本此下有"意谓伯夷、尹、惠皆古圣人"。伊尹，相传商汤娶有莘氏女，伊尹作为陪嫁奴隶随侍，受到商汤任用。后辅佐商汤灭夏。柳下惠，即展氏，名获，字禽，春秋时期鲁国人。曾任士师，食邑在柳下，私谥为惠，故称柳下惠。以讲究礼节著称。

③与三子同：《章氏遗书》本此下有"公孙丑氏尝有若是其般之问矣。故言三子之偏，与孔子之全"。

④非：《章氏遗书》本无此字。

【译文】

孟子说："孔子称得上是集大成。"现在说集大成的人是周公，不是违背孟子的宗旨吗？回答是：集这个言辞的解释，是聚汇众人所有的东西在一起。自从天地产生以来，到唐尧、虞舜、夏禹、商汤，都是由圣人取得天子的位置，治理国家宣布教化，完全语出道本身的自然而然。周公助成文王、武王的圣德，正好处在五帝三王法度完备，殷商沿袭夏朝的传承，到周朝已经到达顶点的时候，所以能够凭借来创立典章制度，而用周的文明集古代圣人之成，这就是所说的集大成。孔子有德行而没有权位，就不可能得到创法立制的权力，不能够排列在先圣的一成之中，怎么能有大成可集呢？并不是孔子的圣德比周公逊色，而是时运造成这样。孟子所说的集大成，是针对伯夷、伊尹、柳下惠而言。恐怕学者误以为孔子的圣德，和伯夷等三人相同，没什么东西拿来做比喻，就比喻成演奏音乐的大成。所以孔子集大成的说法，可以对伯夷等三人来说，却不可以完全概括孔子。用这个比喻完全概括孔子，反而是小看孔子了。为什么呢？周公集伏羲、轩辕、唐尧、虞舜以来之大成，周公本来就是向历代圣人学习汇集而成，没有历代圣人的治道和法则，就必然没有什么可以成就周公。孔子不是集伯夷、伊尹、柳下惠之大成，孔子本来就没有向伯夷、伊尹、柳下惠学习，况且没有伯夷、伊尹、柳下惠的行为事迹，难道就没有什么能够成就孔子吗？孟子说的话，各自有所针对的方面罢了，难道可以因为文辞就妨碍对意思的理解吗？

达巷党人曰[①]："大哉孔子！博学而无所成名。"[②]今人皆嗤党人不知孔子矣[③]；抑知孔子果成何名乎？以谓天纵生知之圣，不可言思拟议，而为一定之名也，于是援天与神，以为圣不可知而已矣。斯其所见，何以异于党人乎？天地之大，可一言尽。孔子虽大，不过天地[④]，独不可以一言尽乎？或问何以一言尽之，则曰学周公而已矣。周公之外，别无所学乎？曰：非有学而孔子有所不至；周公既集群圣之成，则周公之外,更无所谓学也。周公集群圣之大成,孔子学而尽周公之道,斯一言也,足以蔽孔子之全体矣⑤。"祖述尧、舜"⑥,周公之志也。"宪章文、武"⑦,周公之业也。一则曰:"文王既没,文不在兹?"⑧再则曰:"甚矣吾衰,不复梦见周公。"⑨又曰:"吾学周礼,今用之。"又曰:"郁郁乎文哉! 吾从周。"⑩哀公问政,则曰:"文、武之政,布在方策。"⑪或问"仲尼焉学"⑫?子贡以谓"文、武之道,未坠于地"⑬。"述而不作"⑭,周公之旧典也。"好古敏求"⑮,周公之遗籍也。党人生同时而不知,乃谓无所成名,亦非全无所见也。后人观载籍,而不知夫子之所学,是不如党人所见也。而犹嗤党人为不知,奚翅百步之笑五十步乎⑯?故自古圣人,其圣虽同,而其所以为圣,不必尽同,时会使然也。惟孔子与周公,俱生法积道备无可复加之后,周公集其成以行其道,孔子尽其道以明其教,符节吻合⑰,如出于一人,不复更有毫末异同之致也⑱。然则欲尊孔子者,安在援天与神,而为恍惚难凭之说哉?

【注释】

①达巷党:达巷,党名。党,古代编户齐民,五百家为一党。

②大哉孔子! 博学而无所成名:语出《论语·子罕》。

③嗤(chī):讥笑。

④孔子虽大,不过天地:《章氏遗书》本作"孔子之大,亦天地也。"

⑤蔽:概括。

⑥祖述尧、舜:语出《礼记·中庸》。

⑦宪章文、武:语出《礼记·中庸》。

⑧文王既没,文不在兹:语出《论语·子罕》。

⑨甚矣吾衰，不复梦见周公：语出《论语·述而》。原文为："甚矣吾
　衰也！久矣吾不复梦见周公。"

⑩郁郁乎文哉！吾从周：语出《论语·八佾》。

⑪文、武之政，布在方策：语出《礼记·中庸》。方，书写文字的木
　版。策，刻写文字的竹简。

⑫仲尼焉学：语出《论语·子张》。

⑬文、武之道，未坠于地：语出《论语·子张》。

⑭述而不作：语出《论语·述而》。

⑮好古敏求：语出《论语·述而》。原文作"好古敏以求之"。

⑯奚翅百步之笑五十步：据《孟子·梁惠王上》曰："兵刃既接，弃甲
　曳兵而走，或百步而后止，或五十步而后止，以五十步笑百步则
　何如？"章学诚反用成语"五十步笑百步"，讽刺意味更浓。奚翅，
　也作"奚啻"，意为岂但，何止。

⑰符节：古代朝廷用作凭证的信物。用竹木或金属制成虎兽等形
　状，上书文字，剖分为二，君王和将军等人各执一半，使用时以相
　互吻合作为验证。

⑱毫末异同：微小的差异。毫末，细毛的末端，比喻极其细微。异
　同，不一样。

【译文】

　　达巷党里的人说："伟大的孔子啊！学问广博却没有在某一方面成
名。"今天的人们都嘲笑党里的人不了解孔子；可是他们自己是否知道
孔子在哪方面成名呢？他们说孔子是天所任使和生而知之的圣人，不
可以用言论和思想来形容谈论，而确定某一方面的名声，因此援用天和
神的名称，认为神圣得无法被人们了解罢了。他们这种见识，和达巷人
又有什么不同呢？天地的广大，可以用一句话说尽。孔子虽然伟大，也
大不过天地，唯独不能用一句话说尽吗？有人问怎样用一句话说尽孔
子，那么就回答说只不过学周公罢了。周公以外，再没有其他可学的

吗？回答是：并不是另外有学问而孔子不能够达到；周公既然已经聚集前代圣人之大成，那么周公以外，更没有别的所谓学问了。周公集前代圣人之大成，孔子学周公而学尽周公之道，这一句话，完全能够概括孔子的全部了。"遵循尧、舜之道"，是周公的志向。"效法文王、武王"，是周公的事业。一处说："文王已经去世，文化传统不就在我这里吗？"另一处说："我衰朽得太厉害了，没有再梦见周公。"又说："我学的是周礼制度，至今使用它。"又说："文化多么兴盛啊！我赞同周代。"鲁哀公询问政事，便说："文王、武王的政治措施，陈列在典籍上。"有人问："仲尼是向谁学习？"子贡认为"文王、武王之道，没有斯文扫地"。"传述而不创作"，是针对周公时的典章而言。"喜好古代文化孜孜探求"，是针对周公传下的书籍而言。达巷党里的人和孔子生活在同一时期而不了解孔子，就说孔子不在某一方面成名，也不是完全没有见识。后世的人通过阅览书籍，却不了解孔子学习的是什么，还不如达巷党人的见识了。然而却讥笑党里的人不了解孔子，这岂不是逃跑一百步的士兵嘲笑逃跑五十步的士兵吗？所以自古以来的圣人，他们的圣德虽然相同，然而他们成为圣人的途径不一定完全相同，这是时运造成的结果。只有孔子和周公，都生在制度积累治道完备而臻于极盛以后，周公集大成以实行治道，孔子发挥道以阐明教化，就像符节一样吻合，好像语出同一个人，不再有丝毫微细的差别。那么想尊崇孔子的人，哪里需要援用天和神的名称，而得出模糊不清又难为凭据的解释呢？

或曰：孔子既与周公同道矣，周公集大成，而孔子独非大成欤？曰：孔子之大成，亦非孟子所谓也。盖与周公同其集羲、农、轩、顼、唐、虞、三代之成，而非集夷、尹、柳下之成也①。盖君师分而治教不能合于一，气数之出于天者也。周公集治统之成，而孔子明立教之极，皆事理之不得不然，而非圣人异于前人②,此道法之出于天者也。故隋、唐以前,学校并祀周、孔③,以周公为先圣,孔子为先师,盖言制作之为圣,而立教之为师。故孟子曰:"周公、仲尼之道一也。"④然则周公、孔子,以时会而立统宗之极,圣人固藉时会钦? 宰我以谓"夫子贤于尧、舜"⑤,子贡以谓"生民未有如夫子"⑥,有若以夫子较古圣人⑦,则谓"出类拔萃"⑧,三子皆舍周公,独尊孔氏。朱子以谓事功有异是也⑨。然而治见实事,教则垂空言矣。后人因三子之言,而盛推孔子,过于尧、舜,因之崇性命而薄事功,于是千圣之经纶,不足当儒生之坐论矣⑩。伊川论禹、稷、颜子,谓禹、稷较颜子为粗。朱子又以二程与颜、孟切比长短。盖门户之见,贤者不免,古今之通患⑪。夫尊夫子者,莫若切近人情。不知其实,而但务推崇,则玄之又玄,圣人一神天之通号耳,世教何补焉? 故周、孔不可优劣也,尘垢秕糠,陶铸尧、舜,庄生且谓寓言,曾儒者而袭其说钦⑫? 故欲知道者,必先知周、孔之所以为周、孔⑬。

【注释】

①所谓也。盖与周公同其集羲、农、轩、顼、唐、虞、三代之成,而非集夷、尹、柳下之成也:《章氏遗书》本作"仅对夷、齐、尹、惠之谓也。又不同于周公之集也。孟子曰:'集大成也者,金声而玉振之也。'窃取其义以拟周、孔,周公其玉振之大成,孔子其金声之大成钦! 周公集羲、轩、尧、舜以来之道法,而于前圣所传,损益尽其美善,玉振之收于其后者也。孔子尽周公之道法,不得行而明其教,后世纵有圣人,不能出其范围,金声之宣于前者也"。

②圣人异于前人:《章氏遗书》本作"圣人故欲如是,以求异于前人"。

③并祀周、孔：据《礼记·文王世子》记载："凡始立学者，必释奠于先圣先师。"郑玄《注》曰："先圣，周公若孔子。"据《新唐书》卷十五《礼乐志》记载："武德二年，始诏国子学立周公、孔子庙；七年，高祖释奠焉，以周公为先圣，孔子配……贞观二年，左仆射房玄龄、博士朱子奢建言：'周公、尼父俱圣人，然释奠于学，以夫子也。大业以前，皆孔丘为先圣，颜回为先师。'乃罢周公，升孔子为先圣，以颜回配。"

④周公、仲尼之道一也：语出《孟子·滕文公上》："陈良，楚产也，悦周公、仲尼之道，北学于中国。"和《孟子·离娄下》："先圣后圣，其揆一也。"

⑤宰我以谓"夫子贤于尧、舜"：语出《孟子·公孙丑上》："宰我曰：'以予观于夫子，贤于尧、舜远矣。'"宰我，名予，字子我，春秋末年鲁国人。孔子学生，善于言辞。

⑥生民未有如夫子：语出《孟子·公孙丑上》："自生民以来，未有如夫子也。"

⑦有若（前508或前518—?）：名若，字子有，春秋末年鲁国人。主张孝悌。因貌类孔子，在孔子死后一度被众弟子立为师，尊称为有子。

⑧出类拔萃：语出《孟子·公孙丑上》："圣人之于民，亦类也。出于其类，拔乎其萃。自生民以来，未有盛于孔子也。"

⑨三子皆舍周公，独尊孔氏。朱子以谓事功有异是也：《章氏遗书》本作"三子得毋阿所好欤！曰：朱子之言尽之矣，语圣则不异，事功则有异也"。按"语圣则不异，事功则有异"乃朱熹引用二程语，章学诚误将程子引作朱子。

⑩后人因三子之言，而盛推孔子，过于尧、舜，因之崇性命而薄事功，于是千圣之经纶，不足当儒生之坐论矣：《章氏遗书》本作"立言必折衷夫子，大贤而下，其言不能不有所偏矣。宰我、子贡、有若，孟子并引其言，以谓知足知圣矣。子贡之言固无弊，而宰我

'贤于尧、舜',且曰'远',使非朱子疏别为事功,则无是理也"。

⑪"伊川论"至"古今之通患":《章氏遗书》本没有这段夹注文字。伊川,即程颐(1033—1107),字正叔,世称伊川先生,河南洛阳人。与兄程颢同为北宋著名理学家。稷,又称后稷,姬姓,周人始祖。尧、舜时期任农官,教民耕种。颜子,即颜渊。二程,指程颢和程颐。程颢(1032—1085),字伯淳,世称明道先生,河南洛阳人。北宋著名理学家,与弟程颐齐名。世称程颢为大程,程颐为小程,合称二程。二人思想学说基本一致,形成宋代学术中的洛学。著作有《二程遗书》、《二程外书》、《二程粹言》、《程氏经说》、《明道文集》、《伊川文集》、《伊川易传》等,后人合编为《二程全书》。

⑫不知其实,而但务推崇,则玄之又玄,圣人一神天之通号耳,世教何补焉? 故周、孔不可优劣也,尘垢秕(bǐ)糠,陶铸尧、舜,庄生且谓寓言,曾儒者而袭其说欤:《章氏遗书》本作"虽固体于道之不得不然,而已为生民之所未有矣。盖周公集成之功在前王,而夫子明教之功在万世也。若歧视周、孔而优劣之,则妄矣"。尘垢秕糠,陶铸尧、舜,语出《庄子·逍遥游》:"以天下为事之人,物莫之伤,大浸稽天而不溺,大旱金石流、土山焦而不热,是其尘垢秕糠,将犹陶铸尧、舜者也。"秕,未成熟的干瘪谷物。糠,谷物的皮屑。

⑬必先:《章氏遗书》本作"在"。

【译文】

有人说:孔子既然和周公是同道,周公集大成,而孔子唯独不是大成吗? 回答是:孔子的大成,也不是孟子所说的意思。孔子是和周公一样萃集伏羲、神农、轩辕、颛顼、唐尧、虞舜、三代的成就,而不是萃集伯夷、伊尹、柳下惠的成就。大概君主和教师分离而治理与教化不能结合在一起,这是自然形成的气运和命数。周公萃集治理法统的成就,而孔子阐明确立教化的标准,都是事理发展不得不这样,而不是圣人要和前人立异,这是自然形成的道理和法则。所以隋、唐以前,学校同时祭祀周公、孔子，把周公作为先圣，孔子作为先师，大概是说制定礼乐制度是圣，建立教化是师。所以孟子说："周公、孔子之道相互一致。"那么周公、孔子依据时运而确定治理与教化的最高标准，圣人本来是凭借时势么？宰我认为孔夫子"比尧、舜贤明"，子贡认为"天下没有像孔夫子一样的人"，有若把孔夫子和古代的圣人比较，认为他"出类拔萃"，三人都舍弃周公，唯独尊崇孔子。朱子认为圣人事业与功绩有不同的地方，就是这种情况。然而治理表现为实际事务，教化则流于空泛的言论。后人根据三人的言论，而极力推崇孔子，超过尧、舜，因此尊崇性命学说而轻视事业功绩，于是千古圣人的治理业绩，不能够满足于儒生的高谈阔论了。伊川先生论夏禹、后稷、颜子，说夏禹、后稷比颜子粗疏。朱子又用二程和颜子、孟子深刻地比较长短。大概门户之见，贤人也不能避免，这是从古到今的通病。尊崇孔夫子，没有比深刻贴近人情世故重要。不了解孔子的实际情况，而仅仅致力于推崇，那是玄妙之上再加玄妙，圣人变成一个神与天的通称名号而已，对社会教化有什么裨益呢？所以对周公、孔子不能评判优劣，天神的尘埃秕糠，造就尧、舜，庄子还只说是寓言，作为儒者竟然沿用他的说法吗？所以想要了解道的人，一定要先了解周公、孔子成为周公、孔子的缘故。

原道中

韩退之曰:"由周公而上,上而为君,故其事行;由周公而下,下而为臣,故其说长。"①夫说长者,道之所由明,而说长者,亦即道之所由晦也。夫子明教于万世②,夫子未尝自为说也。表章六籍,存周公之旧典,故曰:"述而不作,信而好古。"又曰:"盖有不知而作之者,我无是也。""子所雅言,《诗》、《书》执《礼》"③,所谓明先王之道以导之也。非夫子推尊先王,意存谦牧而不自作也④,夫子本无可作也。有德无位,即无制作之权。空言不可以教人,所谓无征不信也。教之为事,羲、轩以来,盖已有之。观《易大传》之所称述⑤,则知圣人即身示法,因事立教,而未尝于敷政出治之外,别有所谓教法也。虞廷之教,则有专官矣;司徒之所敬敷⑥,典乐之所咨命⑦;以至学校之设,通于四代;司成、师保之职⑧,详于《周官》。然既列于有司,则肄业存于掌故,其所习者,修、齐、治、平之道⑨,而所师者,守官典法之人。治教无二,官师合一,岂有空言以存其私说哉?儒家者流,尊奉孔子,若将私为儒者之宗师,则亦不知孔子矣。孔子立人道之极,岂有意于立儒道之极耶⑩？儒也者，贤士不遇明良之盛⑪，不得位而大行，于是守先王之道，以待后之学者，出于势之无可如何尔。人道所当为者，广矣，大矣。岂当身皆无所遇，而必出于守先待后，不复涉于人世哉⑫？学《易》原于羲画⑬，不必同其卉服野处也⑭。观《书》始于虞典⑮，不必同其呼天号泣也⑯。以为所处之境，各有不同也。然则学夫子者，岂曰屏弃事功，预期道不行而垂其教邪？

【注释】

①由周公而上，上而为君，故其事行；由周公而下，下而为臣，故其说长：语出韩愈《韩昌黎全集》卷十一《原道》。

②夫子明教于万世：《章氏遗书》本作"夫子尽周公之道，而明其教于万世"。

③述而不作，信而好古；盖有不知而作之者，我无是也；子所雅言，《诗》、《书》执《礼》：语出《论语·述而》。

④谦牧：语出《周易·谦卦》："谦谦君子，卑以自牧也。"牧，修养。

⑤《易大传》之所称述：《周易·系辞下》"古者庖牺氏之王天下也"至"百官以治，万民以察，盖取诸夬"一段文字。司马谈《论六家要旨》引《周易·系辞》文，为区别于其师杨何所作《易传》，故称《系辞》为《易大传》。章学诚此处是沿用前人称呼。

⑥司徒之所敬敷（fū）：语出《尚书·舜典》："帝曰：契！百姓不亲，五品不逊，汝作司徒，敬敷五教，在宽。"司徒，古代执掌教化之官。敷，施，布。

⑦典乐之所咨命：语出《尚书·舜典》："帝曰：夔！命汝典乐。教胄子，直而温，宽而栗，刚而无虐，简而无傲。"又《尚书·尧典》："帝曰：咨！汝羲暨和。"伪孔安国《传》曰："咨，嗟。"叹息之词。

⑧司成、师保：据《礼记·文王世子》记载："大司成论说在东序。"郑玄《注》曰："大司成，司徒之属，师氏也。"师保，指师氏和保氏。司成、师、保，执掌教育贵族子弟。

⑨修、齐、治、平：语出《礼记·大学》："古之欲明明德于天下者，先治其国。欲治其国者，先齐其家。欲齐其家者，先修其身。欲修其身者，先正其心。欲正其心者，先诚其意。欲诚其意者，先致其知。致知在格物，物格而后知至，知至而后意诚，意诚而后心正，心正而后身修，身修而后家齐，家齐而后国治，国治而后天下平。"

⑩岂有意于立儒道之极耶：《章氏遗书》本作"未可以谓立儒道之极也"。

⑪明良：语出《尚书·益稷》："乃赓载歌曰：元首明哉！股肱良哉！庶事康哉！"

⑫涉：相互关联。

⑬羲画：据《周易·系辞下》记载伏羲始画八卦。

⑭卉服野处：形容蛮荒不开化。卉服，语出《尚书·禹贡》"岛夷卉服"。野处，语出《周易·系辞下》"上古穴居而野处"。

⑮虞典：指《尚书·舜典》。

⑯呼天号泣：伪古文《尚书·大禹谟》和《孟子·万章上》都记载舜耕于田，"号泣于旻天"。

【译文】

韩退之说："从周公往上，都是在上做君王的人，所以他们的措施能够实行；从周公往下，都是在下做臣子的人，所以他们的学说占有优势。"学说占有优势，道由此得到阐明；而学说占有优势，也正是道由此蒙受隐晦。孔夫子阐明教化流传万代，孔夫子并没有自己创立学说。表述彰明六经，保存周公的历史典籍，所以说："传述而不创作，相信并喜好古代文化。"又说："大概有不了解历史而创作学说的人，我没有这样做。""孔子用通行语言,讲授《诗经》、《尚书》并实施《周礼》",这就是所说的阐明先圣明王之道来教导世人。并不是孔子推崇先圣明王,心存谦逊修养而不自己创作,而是孔夫子本来就没有什么可创作的内容。有德行但没权位,就没有创法立制的权力。空泛的言论不能教导世人,这就是常说的没有证据就无法让人相信。把教化作为一项事业,自从伏羲、轩辕以来,大概就已经有了。分析《周易大传》所讲的内容,就知道圣人亲身示范指明法则,根据事物建立教化,而没有在敷陈政令治理事务之外,另外还有所谓的教育方法。舜在位时的教育,就有专职官员了;司徒的恭敬颁布,掌乐官的叹息任命;以至于学校的设立,贯穿虞、夏、商、周四代;司成、师保的官职,详细记载于《周官》。既然教官列在有关职能部门,那么学业就保存在掌故那里,学生所学习的内容,是修身、齐家、治国、平天下的道理,而他们所跟随的教师,是身居官位掌管法度的人。政治和教化没有差别,官员和教师合为一体,怎么能有空洞的言论来保存那些私家的学说呢?儒家一派,尊敬和崇奉孔子,好像要把他私自占有为儒家的宗师,那就是不了解孔子了。孔子树立人世间道的最高标准,难道只把心思放在树立儒家之道的最高标准吗?儒家流派,是贤士没有遇到君明臣良的盛世,得不到权位来广泛施行主张,于是遵守先圣明王之道,而等待后世儒家学者推行,不过是出于形势的无可奈何罢了。人世间所应当做的事,太广泛了,太重大了。难道每个人生前都怀才不遇,而一定要走遵守先圣明王之道以等待后世儒家学者的路,不再涉及人世间的事情吗?学习《周易》从伏羲画卦开始,没必要像伏羲那样穿草织衣服居住在野外。诵读《尚书》从《舜典》开始,没必要像舜那样呼天哭地。因为人们所处的环境,各有不同。那么学孔子的人,难道说要摒弃事业和功绩,预料到主张当时不能施行而使其学说流传后世吗?

《易》曰:"形而上者谓之道,形而下者谓之器。"①道不离器，犹影不离形。后世服夫子之教者自六经，以谓六经载道之书也，而不知六经皆器也。《易》之为书，所以开物成务，掌于《春官》太卜，则固有官守而列于掌故矣。《书》在外史，《诗》领大师②，《礼》自宗伯③，乐有司成④，《春秋》各有国史。三代以前，《诗》、《书》六艺，未尝不以教人，不知后世尊奉六经⑤，别为儒学一门，而专称为载道之书者。盖以学者所习，不出官司典守，国家政教；而其为用，亦不出于人伦日用之常，是以但见其为不得不然之事耳，未尝别见所载之道也。夫子述六经以训后世，亦谓先圣先王之道不可见，六经即其器之可见者也。后人不见先王，当据可守之器而思不可见之道。故表章先王政教，与夫官司典守以示人，而不自著为说，以致离器言道也。夫子自述《春秋》之所以作，则云："我欲托之空言，不如见诸行事之深切著明。"⑥则政教典章，人伦日用之外，更无别出著述之道，亦已明矣。秦人禁偶语《诗》、《书》，而云"欲学法令，以吏为师"⑦。夫秦之悖于古者，禁《诗》、《书》耳。至云学法令者，以吏为师，则亦道器合一，而官师治教，未尝分歧为二之至理也。其后治学既分，不能合一，天也。官司守一时之掌故，经师传授受之章句，亦事之出于不得不然者也。然而历代相传，不废儒业，为其所守先王之道也。而儒家者流，守其六籍，以谓是特载道之书耳。夫天下岂有离器言道，离形存影者哉？彼舍天下事物、人伦日用，而守六籍以言道，则固不可与言夫道矣。

【注释】

①形而上者谓之道,形而下者谓之器:语出《周易·系辞上》。器,指有形状的具体事物。道,指形体背后的法则和规律。

②大师:据《周礼·春官》记载:"[大师]教六诗:曰风,曰赋,曰比,曰兴,曰雅,曰颂。"大师,也作太师,掌乐之官,为春官宗伯属官。

③宗伯:据《周礼·春官》记载:"大宗伯之职,掌建邦之天神、人鬼、地示之礼,以佐王建保邦国。"宗伯为春官之首,主管宗教礼仪。

④乐有司成:章学诚此说不确。司成是教育贵族子弟之官。掌乐之官乃大司乐,为宗伯属官。

⑤不知:《章氏遗书》本作"非如"。

⑥我欲托之空言,不如见诸行事之深切著明:语出司马迁《史记》卷一百三十《太史公自序》所引孔子语:"我欲载之空言,不如见之于行事之深切著明也。"

⑦欲学法令,以吏为师:语出《史记》卷六《秦始皇本纪》。

【译文】

《易经》说:"没有形体的东西称为道,有形体的东西称为器。"道不能离开器,就像影子不能离开形体。后世服膺孔子教诲的人从六经开始,认为六经是载道的书籍,却不知道六经都是器。《易经》一书,用来揭示事理与成就事业,由春官太卜掌管,原来就有官员掌管而由掌故保存了。《尚书》归外史掌管,《诗经》由太师主持,《周礼》有宗伯负责,音乐有司成主管,《春秋》有各诸侯国史官记载。夏、商、周三代以前,《诗经》、《尚书》等六经,未尝不用来教人,但不知道像后世那样尊奉六经,另外形成儒学一门,而专门称作载道的书籍。大概因为求学的人所学习的内容,不超出官府所掌管,国家政治教化的范围;而经书的作用,也不超出人际关系和日常应用,所以只看到那是不得不这样的事情,并没有另外看见所载的道。孔夫子传述六经用来垂训后世,也说是上古圣王的道不可能看到,六经就是可以看到的他们的器。后人见不到上古圣王,应当根据可以保存的器来思考不能看见的道。所以表彰上古圣王的政治教化，和官府所掌管的典籍来昭示世人，而不自己著作立说，以至于离开器而谈论道。孔夫子自己表述作《春秋》的原因，则说："我与其用自己的空言议论来表达，还不如用事实来表现更深刻明显。"那么在政治教化和典章制度，人际关系和日常应用之外，再没有另外由著述来表达的道，也已经很清楚了。秦朝人禁止私下互相谈论《诗经》、《尚书》，而说"要想学法令，以吏作为教师"。秦朝有悖于上古的地方，在于禁绝《诗经》、《尚书》而已。至于说要学法令的人，以吏作为教师，那也是道和器合而为一，而官员和教师、治理和教化，并没有分为二途的至当道理。此后治理和教化既已分离，不能合而为一，是自然规律。官府保存一个时代的典章制度，经师传授相互传承的章句注疏，也是事情出于不得不这样。然而历代相互传承，不废弃儒学，正因为它遵循的是上古圣王的道。而儒家一派，固守他们的六经，认为这只是载道的书籍。天下难道有离开器谈论道，离开形体存留影子的情况吗？那些抛开天下事物、人际关系和日常应用的人，固守六经来议论道，那自然就不能共同谈论道了。

《易》曰："仁者见之谓之仁，智者见之谓之智，百姓日用而不知"矣①。然而不知道而道存，见谓道而道亡。大道之隐也，不隐于庸愚，而隐于贤智之伦者纷纷有见也。盖官师治教合，而天下聪明范于一②，故即器存道，而人心无越思。官师治教分，而聪明才智，不入于范围，则一阴一阳，入于受性之偏，而各以所见为固然，亦势也。夫礼司乐职，各守专官，虽有离娄之明③，师旷之聪，不能不赴范而就律也。今云官守失传，而吾以道德明其教，则人人皆自以为道德矣。故夫子述而不作，而表章六艺，以存周公旧典也，不敢舍器而言道也。而诸子纷纷,则已言道矣。庄生譬之为耳、目、口、鼻④,司马谈别之为六家⑤,刘向区之为九流。皆自以为至极,而思以其道易天下者也。由君子观之,皆仁智之见而谓之,而非道之果若是易也。夫道因器而显,不因人而名也。自人有谓道者,而道始因人而异其名矣。仁见谓仁,智见谓智是也。人自率道而行,道非人之所能据而有也。自人各谓其道,而各行其所谓,而道始得为人所有矣。墨者之道⑥,许子之道⑦,其类皆是也。夫道自形于三人居室,而大备于周公、孔子,历圣未尝别以道名者,盖犹一门之内,不自标其姓氏也。至百家杂出而言道,而儒者不得不自尊其所出矣。一则曰尧、舜之道,再则曰周公、仲尼之道,故韩退之谓“道与德为虚位”也⑧。夫“道与德为虚位”者,道与德之衰也。

【注释】

①仁者见之谓之仁,智者见之谓之智,百姓日用而不知矣:语出《周易·系辞上》。百姓,语出《诗经·小雅·天保》:“群黎百姓,遍为尔德。”又《尚书·尧典》曰:“百姓昭明,协和万邦,黎民于变时雍。”三代百姓与黎民对称,指的是百官。春秋、战国以后,庶民始称百姓,不再作为百官之用。矣,《章氏遗书》本作“道之所由隐也。夫见亦谓之,则固贤于日用不知矣”。

②范:铸造器物的模具。引申为规范、榜样。

③离娄之明:语出《孟子·离娄上》。朱熹《集注》曰:“离娄,古之明目者。”后世用离娄作为视力最好的代表。

④庄生譬之为耳、目、口、鼻:语出《庄子·天下》:“天下大乱,贤圣不明,道德不一。天下多得一察焉以自好。譬如耳、目、鼻、口,皆有所明,不能相通,犹百家众技也,皆有所长,时有所用。虽

然,不该不遍,一曲之士也。”

⑤司马谈别之为六家:司马谈为司马迁之父,汉武帝时期的史官,任太史令。司马迁《史记》卷一百三十《太史公自序》记载司马谈论述阴阳、儒、墨、名、法、道德六家学术要旨。

⑥墨者之道:据《孟子·滕文公下》记载:“圣王不作,诸侯放恣,处士横议,杨朱、墨翟之言盈天下。天下之言不归杨,则归墨……杨墨之道不息,孔子之道不著。”墨者即墨家。

⑦许子之道:据《孟子·滕文公上》记载:“有为神农之言者许行,自楚之滕……其徒数十人,皆衣褐,捆屦,织席以为食。”许子指许行,战国时期楚国人。许行主张人人耕作,自给自足,反对社会分工和商品交换。

⑧道与德为虚位:语出韩愈《韩昌黎全集》卷十一《原道》。

【译文】

《易经》说:“仁者看见道说它是仁,智者看见道说它是智,百官天天利用道却不认识。”然而不认识道而道能存在;把看见的东西称为道而道却消亡。大道的隐匿,不是因为平庸愚昧的人而隐匿,而是因为贤人智者纷纭阐述见解而隐匿。大概官员和教师、治理和教化合一,那么天下的聪明规范统一,因此根据器来保存道,而人心没有越轨的想法。官员和教师、治理和教化分离,而人们的聪明才智,不再纳入统一规范,那么一阴一阳的变化,各自接近人们天性的一面,人们各自把所见到的当做道的本来面貌,这也是发展趋势。主持礼仪的机构与掌管音乐的官员,各自固守专门的官职,虽然有离娄那样的深邃视力,师旷那样的灵敏听力,也不能不受到约束而服从规矩。现在官员职守失去传承,而我用道德阐明官守的教化,那人人都认为自己的教化是道德了。所以孔夫子传述而不创作,却表彰六经,以保存周公时代的典籍,不敢抛开器而谈论道。而诸子各派,就已经谈论道了。庄子把各家比喻为耳、目、口、鼻,司马谈把诸子区别为六家,刘向把诸子区分为九流。诸子都自认为达到最高水平,而想用自家的道改变天下。这在君子看来,都是以仁者或智者的见解来称呼道,而不是道果真像他们那样可以改变。道凭借器而显现,不凭借人而得名。自从人之中有了命名道的事情,道才根据不同的人而有不同的名称了。仁者看见说它是仁,智者看见说它是智,就是如此。人自然遵循道而行动,道不是人能够据为己有的东西。自从人们各自命名自己的道,而各自按照他们所命名的行事,道方才可以被人占有了。墨家的道,许行的道,这一类都是如此。道自从在三人居住的房屋里形成,到周公、孔子时代已经很完备,历代圣贤并没有另外再用道来称呼,大概就像一家之内,不再各自标明姓氏。等到诸子百家纷纷出现而论道,而儒家学者不得不自己尊崇他们的来源了。一是说尧、舜之道,二是说周公、孔子之道,所以韩退之说"道和德成为空虚名号"。"道和德成为空虚名号",标志着道和德的衰落。

原道下

　　人之萃处也①，因宾而立主之名。言之庞出也②，因非而立是之名。自诸子之纷纷言道，而为道病焉，儒家者流，乃尊尧、舜、周、孔之道，以为吾道矣。道本无吾，而人自吾之，以谓庶几别于非道之道也。而不知各吾其吾，犹三军之众，可称我军，对敌国而我之也；非临敌国，三军又各有其我也。夫六艺者，圣人即器而存道；而三家之《易》③，四氏之《诗》④，攻且习者，不胜其入主而出奴也⑤。不知古人于六艺，被服如衣食⑥，人人习之为固然，未尝专门以名家者也。后儒但即一经之隅曲⑦，而终身殚竭其精力，犹恐不得一当焉，是岂古今人不相及哉？其势有然也。古者道寓于器，官师合一，学士所肄，非国家之典章，即有司之故事，耳目习而无事深求，故其得之易也。后儒即器求道，有师无官，事出传闻，而非目见，文须训故，而非质言，是以得之难也。夫六艺并重，非可止守一经也；经旨闳深，非可限于隅曲也；而诸儒专攻一经之隅曲，必倍古人兼通六艺之功能，则去圣久远，于事固无足怪也。但既竭其心思耳目之智力，则必于中独见天地之高深，因谓天地之大，人莫我尚也；亦人之情也。而不知特为一经之隅曲，未足窥古人之全体也。训诂章句，疏解义理⑧，考求名物⑨，皆不足以言道也。取三者而兼用之，则以萃聚之力，补遥溯之功，或可庶几耳。而经师先已不能无抵牾，传其学者，又复各分其门户，不啻儒墨之辨焉；则因宾定主，而又有主中之宾，因非立是，而又有是中之非，门径愈歧，而大道愈隐矣。

【注释】

① 萃处：聚集相处。

② 庞出：纷乱出现。

③ 三家之《易》：据班固《汉书》卷三十《艺文志》记载："《易经》十二篇，施、孟、梁邱三家。"《汉书》卷八十八《儒林传》记载："丁宽字子襄，梁人也。初，梁项生从田何受《易》。时宽为项生从者，读《易》精敏，材过项生，遂事何……宽授同郡砀田王孙。王孙授施雠、孟喜、梁丘贺，繇是《易》有施、孟、梁丘之学。"施雠、孟喜、梁邱贺三家《周易》，汉代皆立于学官，置博士。

④ 四氏之《诗》：据班固《汉书》卷八十八《儒林传》记载："汉兴……言《诗》，于鲁则申培公，于齐则辕固生，燕则韩太傅……毛公，赵人也，治《诗》，为河间献王博士。"汉初《鲁诗》始于鲁人申培，《齐诗》始于齐人辕固，《韩诗》始于燕人韩婴，后三家皆立于学官。《毛诗》始于鲁人毛亨，授赵人毛苌，汉平帝时立于学官。东汉以后《毛诗》独盛，其余三家渐废。《齐诗》亡于曹魏，《鲁诗》亡于西晋，《韩诗内传》亡于北宋，仅存《外传》。

⑤ 入主而出奴：语出韩愈《韩昌黎全集》卷十一《原道》："入者主之，出者奴之。"意思是把自己尊崇的学术看作主人，而把自己排斥

的学术视为奴仆,形容学术思想上的门户之见和派系纷争。

⑥被服:衾被衣服之类。后以被服之不离身,比喻亲身感受。

⑦隅曲:犹言冰山一角。隅,角落。曲,深隐之处,也指偏僻之所。

⑧义理:据《孟子·告子上》曰:"心之所同然者,何也? 谓理也,义也。"朱熹《集注》引程子曰:"在物为理,处物为义,体用之谓也。"指阐发经义和探究名理的学问。

⑨名物:据《周礼·天官》记载:"庖人掌共六畜、六兽、六禽,辨其名物。"贾公彦《疏》曰:"此禽兽等皆有名号物色,故云辨其名物。"后来泛指事物的名称与特征。

【译文】

人们聚集在一处,因为有宾客而确立主人这个名称。言论庞杂纷出,因为有不对而确立对这个概念。自从诸子纷纷谈论道,给道造成危害,儒家一派,于是尊崇尧、舜、周公、孔子之道,把它当做自己的道了。道本来不归属我,但是人们却说它归属我,认为这样差不多就可以和并不是道的所谓道区别开来。他们却不知道各自用我来称呼自己,就像三军将士,可以称作我军,那是对于敌对国家而称我军;没有面临敌对国家,三军内部又各自称为我军一样。六经,是圣人根据器来保存道;而三家的《周易》,四姓的《诗经》,研究和学习的人,经受不住他们彼此轩轾的门户之见。不知道古人对于六经,感到像衣食一般不能离开,人人习以为常事,并没有专门标举为一家的学问。后世儒生只是根据一部经书的一角,一辈子耗尽自己的精力,还担心不能得到恰当的理解,这难道是现代的人赶不上古代的人吗? 是形势造成这样。古代道包含在器中,官员和教师合而为一,学生所学习的内容,不是国家的典章,就是官府的旧例,耳目习惯而不需要深入探究,所以他们求道容易。后世儒生根据器来探求道,有教师而没有官守,事迹语出传闻,而不是亲眼见到,文字依靠注释,而不是平易的语言,所以求道困难。六经同样重要,不能只是固守一部经书;经书意旨宏大深奥,不能局限于理解一角;

而广大儒生专门研究一部经书的一角,一定要用古人兼通六经的成倍功效,那是距离圣人的年代久远,对于这种事本来不值得大惊小怪。但是既然用尽了他们心思耳目的智力,那么必定会在内心独自见到天地的高深,于是以为普天之下,别人无法超过我;这也是人之常情。却不知道这仅仅是一部经书的一角,不能够观察到古人的全貌。注释章句,疏通义理,考证名物,都不能够完全说透道的内涵。把这三者结合起来运用,那么用聚集起来的能力,弥补遥遥追寻古人的功效,或许可以接近道了。然而经师们开始就已经不能避免相互矛盾,传承他们学说的人,又各自划分他们的门户,不亚于儒家和墨家的区别;那么因为宾客才确定主人,而又有主人中的宾客,因为错误才确立正确,而又有正确中的错误,门派越来越分歧,而大道越发隐晦了。

"上古结绳而治,后世圣人易之以书契,百官以治,万民以察。"夫文字之用,为治为察,古人未尝取以为著述也。以文字为著述,起于官师之分职,治教之分途也。夫子曰:"予欲无言。"欲无言者,不能不有所言也。孟子曰:"予岂好辨哉?予不得已也。"①后世载笔之士②,作为文章,将以信今而传后,其亦尚念欲无言之旨,与夫不得已之情,庶几哉言出于我,而所以为言,初非由我也。夫道备于六经,义蕴之匦于前者,章句训诂足以发明之。事变之出于后者,六经不能言,固贵约六经之旨,而随时撰述以究大道也。太上立德,其次立功,其次立言,立言与立功相准。③盖必有所需而后从而给之,有所郁而后从而宣之,有所弊而后从而救之,而非徒夸声音采色,以为一己之名也。《易》曰:"神以知来,智以藏往。"知来,阳也。藏往,阴也。一阴一阳,道也。文章之用,或以述事,或以明理。事溯已往,阴也。理阐方来,阳也。其至焉者,则述事而理以昭焉,言理而事以范焉,则主适不偏④,而文乃衷于道矣。迁、固之史,董、韩之文,庶几哉有所不得已于言者乎? 不知其故,而但溺文辞,其人不足道已。即为高论者,以谓文贵明道,何取声情色采以为愉悦,亦非知道之言也。夫无为之治而奏薰风⑤,灵台之功而乐钟鼓⑥,以及弹琴遇文⑦,风雩言志⑧,则帝王致治,贤圣功修,未尝无悦目娱心之适;而谓文章之用,必无咏叹抑扬之致哉⑨?

【注释】

①予岂好辨哉? 予不得已也:语出《孟子·滕文公下》。

②载笔:语出《礼记·曲礼上》:"史载笔。"原意指史官携带文具记录王事,后来泛指史家记载历史。

③立功:《章氏遗书》本作"功德"。

④适(dí):专主。

⑤无为之治而奏薰风:无为之治,语出《论语·卫灵公》:"子曰:无为而治者,其舜也与!"无为,顺应自然变化,不强求改变现状。奏薰风,语出《孔子家语·辩乐解》:"舜弹五弦之琴,造《南风》之诗。其诗曰:南风之薰兮,可以解吾民之愠兮。南风之时兮,可以阜吾民之财兮。"

⑥灵台之功而乐钟鼓:据《诗经·大雅·灵台》记载,周文王受命而民归附,作灵台演奏乐章。

⑦弹琴遇文:据《史记》卷四十七《孔子世家》记载,孔子向师襄子学琴,学到最高境界,仿佛见到周文王。于是此曲被命名为《文王操》。

⑧风雩(yú)言志：语出《论语·先进》："子路、曾晳、冉有、公西华侍坐。子曰：'……点，尔何如？'……对曰：'异乎三子者之撰。'子曰：'何伤乎？亦各言其志也。'曰：'莫春者，春服既成，冠者五六人，童子六七人，浴乎沂，风乎舞雩，咏而归。'夫子喟然叹曰：'吾与点也！'"点，曾晳名点，曾参之父。雩，古代祈雨的祭祀礼仪。

⑨必无咏叹抑扬之致哉：《章氏遗书》本此下有"但溺于文辞之末，则害道已"。

【译文】

"上古时代把绳子打结记事治理事务，后代的圣人用刀刻文字代替结绳，百官用它治理政事，民众用它观察事物。"文字的用处，是用来治理和观察，古人没有把文字用来著述。把文字用作著述，起源于官员和教师职务分离，治理和教化分开途径。孔夫子说："我想不说话。"想不说话，就意味着不能不有什么要说。孟子说："我难道喜欢争辩吗？我是不得已。"后世著书立说的士人，写成文章，将要用来取信当世并流传后世，也还要想一想"想不说话"的旨意，和"不得已"的心情吧，这差不多就能言语语出于我，而说出言语的缘故，原本不是因为我。道在六经中完备地存在，此前隐匿的含义，用章句训诂的方法完全可以阐发；后来发生的事情，六经不可能说到，本来贵在检束六经的宗旨，而随着形势变化来撰述探究大道。最高境界是树立道德规范，其次是建立功业，再其次是留下名言，留下名言和建立功业大致相当。大概一定有需要然后随时供给，有郁积然后随时疏通，有弊病然后随时补救，而不是仅仅夸耀声韵辞藻，用来谋求个人的名声。《易经》说："神妙用来预知未来的事物，智慧用来汇聚过去的知识。"预知未来的事物，就是阳。汇聚过去的知识，就是阴。一阴一阳，就是道。文章的用途，或者用来记述事情，或者用来阐明道理。记事追溯过去，属于阴。阐理预知未来，属于阳。那些达到极致的文章，记事而道理由此明显，说理而事情由此包括，那么主旨不偏颇，而文章于是就符合道了。司马迁、班固的史书，董仲舒、韩愈的文章,差不多就是有不得已的情况才发表言论吧？不懂得立言的缘故,而只是沉溺在文辞里,这种人就不值得提起了。即使那些发出高论的人,强调文章贵在明道,何必要用声韵、情感、辞藻来引起愉悦,也不是阐明道的正确言论。舜无为治理而弹奏薰风歌诗,周文王建灵台而敲击钟鼓取乐,以及孔子弹琴想象文王,曾晳希望在求雨场所吹吹风来表达志向,那么上古帝王使天下大治,贤明圣人修身立功,未尝没有悦目赏心的舒畅;难道文章的用途,就一定不能有吟咏抒情和声调起伏的情趣吗？

子贡曰:"夫子之文章,可得而闻也。夫子之言性与天道,不可得而闻也。"①盖夫子所言,无非性与天道,而未尝表而著之曰,此性此天道也。故不曰性与天道,不可得闻;而曰言性与天道,不可得闻也。所言无非性与天道,而不明著此性与天道者,恐人舍器而求道也。夏礼能言,殷礼能言,皆曰"无征不信"。则夫子所言,必取征于事物,而非徒托空言,以为明道也。曾子真积力久,则曰:"一以贯之。"②子贡多学而识,则曰:"一以贯之。"③非真积力久,与多学而识,则固无所据为一之贯也。训诂名物,将以求古圣之迹也,而侈记诵者,如货殖之市矣④。撰述文辞,欲以阐古圣之心也,而溺光采者,如玩好之弄矣。异端曲学⑤,道其所道,而德其所德,固不足为斯道之得失也。记诵之学,文辞之才,不能不以斯道为宗主,而市且弄者之纷纷忘所自也。宋儒起而争之,以谓是皆溺于器而不知道也。夫溺于器而不知道者,亦即器而示之以道,斯可矣。而其弊也,则欲使人舍器而言道。夫子教人博学于文⑥,而宋儒则曰:"玩物而丧志。"⑦曾子教人辞远鄙倍⑧,而宋儒则曰:"工文则害道。"⑨夫宋儒之言,岂非末流良药石哉⑩? 然药石所以攻脏腑之疾耳。宋儒之意,似见疾在脏腑,遂欲并脏腑而去之。将求性天,乃薄记诵而厌辞章,何以异乎? 然其析理之精,践履之笃⑪,汉、唐之儒,未之闻也。孟子曰:"义理之悦我心,犹刍豢之悦我口。"⑫义理不可空言也,博学以实之,文章以达之,三者合于一,庶几哉周、孔之道虽远,不啻累译而通矣。顾经师互诋,文人相轻,而性理诸儒⑬,又有朱、陆之同异⑭,从朱从陆者之交攻,而言学问与文章者,又逐风气而不悟,庄生所谓"百家往而不反,必不合矣"⑮,悲夫!

【注释】

①夫子之文章,可得而闻也。夫子之言性与天道,不可得而闻也:语出《论语·公冶长》。性,中国古代哲学范畴,通常指人的本性。历代学者围绕人性善恶的讨论,提出各种不同的看法。

②一以贯之:语出《论语·里仁》:"子曰:'参乎! 吾道一以贯之。'……曾子曰:'夫子之道,忠恕而已矣。'"

③一以贯之:语出《论语·卫灵公》:"子曰:'赐也! 女以予为多学而识之者与?'对曰:'然。非与?'曰:'非也。予一以贯之。'"

④货殖:经商。货,聚积财货。殖,经营生利。

⑤曲学:偏颇狭隘的言论。也指孤陋寡闻的人。

⑥夫子教人博学于文:语出《论语·雍也》:"子曰:'君子博学于文,约之以礼,亦可以弗畔矣夫!'"

⑦玩物而丧志:语出朱熹、吕祖谦《近思录》卷二:"明道先生以记诵博识为玩物丧志。"明道先生,指程颢。

⑧曾子教人辞远鄙倍:语出《论语·泰伯》:"曾子言曰:'……君子

所贵乎道者三：动容貌，斯远暴慢矣；正颜色，斯近信矣；出辞气，
斯远鄙倍矣。"倍：通"背"，指背理。

⑨工文则害道：语出程颢、程颐《二程遗书》卷十八："问：'作文害道
否？'曰：'害也。凡为文，不专意则不工，若专意，则志局于此，又
安能与天地同其大也？《书》云：玩物丧志。为文，亦玩物也。'"

⑩药石：药物的总称。药，方药。石，砭石。因为药石可以治病，后
用来比喻规诫。

⑪践履：实际履行。

⑫义理之悦我心，犹刍豢之悦我口：语出《孟子·告子上》。刍豢，
泛指家畜。刍，吃草料的牲畜，如牛、羊等。豢，吃谷食的牲畜，
如猪、狗等。

⑬性理诸儒：宋明理学中宣扬心性之学的陆王学派和宣扬天理之
学的程朱学派。

⑭朱、陆之同异：朱指朱熹。陆指陆九渊（1139—1193），字子静，南
宋抚州金溪（今属江西）人，世称象山先生。其学说以主静存心
为要，提倡心性说，认为心即理。朱、陆鹅湖之会，议论多有异
同。朱倡道问学，主张内外交修；陆倡尊德性，主张专尚涵养。
至明代王守仁发展陆九渊学说，形成陆王学派。后学门户各异，
纷纷交攻，势同水火。

⑮百家往而不反，必不合矣：语出《庄子·天下》。反，通"返"。

【译文】

子贡说："孔夫子论文章，可以听得到。孔夫子关于人性和天道的
言论，不能够听到。"大概孔夫子所谈论的内容，没有不是人性和天道，
只是没有指明和标著它说，这是人性这是天道。所以不说人性和天
道，不能够听到，而是说关于人性和天道的言论，不能够听到。他所谈
论的没有不是人性和天道，而不指明标著这是人性和天道的原因，是
担心人们放弃器而求道。夏代的礼制他能够说出来，殷代的礼制他也

能够说出来,都说"没有验证就不确实"。那么孔夫子所谈论的内容,一定是从事物中取得验证,而不是仅仅依据空洞言论,认为这是阐明道。曾子诚心积累又长期努力,孔子便说:"用一个道理贯串全体"。子贡学得很多又能记住,孔子便说:"用一个道理贯串全体"。不是诚心积累又长期努力,和学得很多又能记住,那么本来就没有可凭借来用一个道理作贯串。解释名物,是要用来寻求古代圣人的事迹,而夸大记诵作用的人,就像集市经商购物了。撰写文章,是要用来阐明古代圣人的思想,而沉溺于文采的人,就像观赏玩好物品了。异端思想和邪僻学说,各自把他们自己的道称作道,把他们自己的德称为德,本来就不足以造成对道的影响。记诵的学问,撰文的才能,不能不用儒家之道作为宗主,而如同购物和赏玩的人纷纷忘掉了本原。宋代儒家学者起来争辩,认为这些都是沉溺于器而不知求道。对沉溺于器而不知求道的人,那就根据器而把道指示给人看,这就可以了。而他们的弊病,就是要使人抛开器而谈论道。孔夫子教导人们广泛学习文化知识,而宋代儒家学者却说:"沉迷于所喜爱的事物就会丧失志向。"曾子教导人们言辞远离粗俗和背理,而宋代儒家学者却说:"善于做文章就会妨害道。"宋代儒家学者的言论,难道不是针对学术末流的对症药物吗?但是药物是用来治疗五脏六腑疾病的物质。宋代儒家学者的意思,就像是发现疾病在五脏六腑,于是要连同五脏六腑一起割掉。将要探究人性和天道,却轻视记诵而厌恶文章,这有什么不同呢?然而宋代儒家学者分析道理的精辟,亲身实践的坚定,对于汉代和唐代的儒家学者来说,都是没有听说过的新内容。孟子说:"义理使我的心情愉快,就像美味让我的口腹愉快一样。"义理不能空泛地谈论,用博学来充实它,用文章来表达它,这三者合在一处,那么周公、孔子之道虽然离得远,也许可以像不同的语言经过辗转翻译而通晓了。但是经师们互相诋毁,文人们互相轻视,而讲求人性与天理的儒家学者们,又有朱学、陆学的分歧,信奉朱学与信奉陆学的人互相攻击,而谈论学问和文章的人，又追随风气而不醒悟，就像庄子所说的"百家各自走一路而不回返，一定不能合一了"，真可悲啊！

　　邵氏晋涵曰："是篇初出，传稿京师，同人素爱章氏文者皆不满意，谓蹈宋人语录习气①，不免陈腐取憎，与其平日为文不类，至有移书相规诫者。余谛审之②，谓朱少白名锡庚。曰③：此乃明其《通义》所著一切，创言别论，皆出自然，无矫强耳。语虽浑成，意多精湛，未可议也。"

　　族子廷枫曰④："叔父《通义》，平日脍炙人口，岂尽得其心哉？不过清言高论，类多新奇可喜，或资为掌中之谈助耳。不知叔父尝自恨其名隽过多⑤，失古意也。是篇题目，虽似迂阔，而意义实多创辟。如云道始三人居室，而君师政教，皆出乎天；贤智学于圣人；圣人学于百姓；集大成者，为周公而非孔子，学者不可妄分周、孔；学孔子者，不当先以垂教万世为心；孔子之大，学周礼一言，可以蔽其全体；皆乍闻至奇，深思至确，《通义》以前，从未经人道过，岂得谓陈腐耶？诸君当日诋为陈腐，恐是读得题目太熟，未尝详察其文字耳。"

【注释】

①宋人语录：宋代理学家讲学，门人弟子各自记录他们论学之语，
　谓之语录。如《上蔡语录》、《元城语录》、《朱子语录》等等。

②谛（dì）审：仔细审视。

③朱少白：朱锡庚，字少白，章学诚业师朱筠次子。

④廷枫：章廷枫，章学诚远方族侄。

⑤名隽(jùn)：俊秀超群。

【译文】

邵晋涵说："这篇文章刚写出来的时候，文稿传布京城，同人中一向喜爱章氏文章的人都不满意，认为因袭宋人语录习气，不免陈腐得令人厌恶，和他平时写的文章不一样，甚至有人写信对他规劝告诫。我仔细审察这篇文章，对朱少白名叫锡庚说：这是阐明他著《文史通义》的全部内容，独创言语和特别议论，都是出于自然，没有故意掩饰做作。语言虽然没有雕琢，思想却有很多精湛的地方，不可以轻易评论。"

族侄章廷枫说："叔父的《文史通义》，平时脍炙人口，难道完全符合人们的心意吗？只是那些清高的言论，触类新奇使人喜爱，有的人借用来当做击掌谈资罢了。他们不知道叔父曾经遗憾自己出众的语言过多，丧失了古人的旨意。这篇文章的题目，虽然好像迂阔，但思想多有创新。例如说道从三人居住在一间房屋开始产生，而君主、教师、政治、教化，都来源于自然；贤人智者向圣人学习；圣人向民众学习；集大成的人，是周公而不是孔子，学者不可以妄自区分周公和孔子；学孔子的人，不应当预先把垂训教导后世万代作为自己的内心目标；孔子的伟大，学习周代礼制一句话，就可以概括他整个人；都是猛一听觉得非常奇特，深刻思考觉得很确切，在《文史通义》以前，从来没有人说过，难道能说是陈腐吗？诸位同人当时诋毁说陈腐，恐怕是读《原道》这个题目太熟悉了，没有仔细考察这篇文章的内容罢了。"

原学上

【题解】

《原学》上中下三篇，是由《原道》推论而出，旨在阐发其未尽之意。章学诚在《原道》篇强调道不离器，反对徒守六经而言道，此篇则由论道和器的关系延伸到论学与事的关系，批评了思而不学和学而不思两种不良学风，指出宋明理学和乾嘉汉学各自存在的弊病。上篇论述下学上达的道理，认为下学人事，自可上达天理。章学诚反对仅仅把诵读经书当做学问，认为诵读《诗经》、《尚书》不过是求学问的途径，而不是目标。他强调博学多识，学于形下之器而贵自得。主张学者通过探究前贤的行事，从而得到启发，加以效法，通过自己的心得而求道。中篇论述学不遗事，学者学于事而后可以言学问。章学诚认为，孔子教导人们知行合一，从具体事物中学习，才能得到学问。由于知易行难，以致后人陷入思而不学的误区。诸子百家形成各种学派，学始因人而名，割裂了原来统一的学问。思而不学的弊病，造成了异端的出现。宋明理学家空谈义理之弊，也是由于没有摆正知和行、思与学的关系，重视性理而轻视事功，其末流则陷入异端理障。下篇批评当代学者学而不思的缺陷，指出从事考据的人矜奇炫博，以博古记诵为学问；从事辞章的人以善于作文为能事，终身殚精竭虑于辞藻声韵；从事理学的人似乎能够思考，但却空疏不实，无当于道。这三种学术倾向都没有思考学术的作用,形成知其然而不知其所以然的学风。尤其是乾嘉时期的考据学家,其末流陷入为考据而考据的泥潭,忽视现实社会的需要,埋头考据文本事实,不关注学问的用途,最后导致学术发展失衡的弊端。章学诚认为,学者趋时而好名造成的学术风气更加偏颇,出现畸轻畸重循环往复的问题。因此,他强调真正的学者应当持风气而不徇风气,用学问来持世救偏,达到经世致用的效果。

《易》曰:"成象之谓乾,效法之谓坤。"①学也者,效法之谓也。道也者,成象之谓也。夫子曰:"下学而上达。"②盖言学于形下之器,而自达于形上之道也。士希贤,贤希圣,圣希天。希贤希圣,则有其理矣。"上天之载,无声无臭"③,圣如何而希天哉? 盖天之生人,莫不赋之以仁、义、礼、智之性,天德也④;莫不纳之于君臣、父子、夫妇、兄弟、朋友之伦,天位也⑤。以天德而修天位,虽事物未交隐微之地,已有适当其可,而无过与不及之准焉,所谓成象也。平日体其象,事至物交,一如其准以赴之,所谓效法也。此圣人之希天也,此圣人之下学上达也。伊尹曰:"天之生斯民也,使先知觉后知,使先觉觉后觉也。"⑥人生禀气不齐⑦,固有不能自知适当其可之准者,则先知先觉之人,从而指示之,所谓教也。教也者,教人自知适当其可之准,非教之舍己而从我也。故士希贤,贤希圣,希其效法于成象,而非舍己之固有而希之也。然则何以使知适当其可之准欤? 何以使知成象而效法之欤? 则必观于生民以来,备天德之纯,而造天位之极者,求其前言往行⑧,所以处夫穷、变、通、久者而多识之,而后有以自得所谓成象者,而善其效法也。故效法者,必见于行事。《诗》、《书》诵读,所以求效法之资,而非可即为效法也。然古人不以行事为学,而以《诗》、《书》诵读为学者,何邪?盖谓不格物而致知,则不可以诚意,行则如其知而出之也。故以诵读为学者,推教者之所及而言之,非谓此外无学也。子路曰:"有民人焉,有社稷焉,何必读书,然后为学?"⑨夫子斥以为佞者,盖以子羔为宰⑩,不若是说,非谓学必专于诵读也。专于诵读而言学,世儒之陋也。

【注释】

①成象之谓乾,效法之谓坤:语出《周易·系辞上》。

②下学而上达:语出《论语·宪问》。

③上天之载,无声无臭(xiù):语出《诗经·大雅·文王》。臭,气味。

④天德:语出《礼记·中庸》:"苟不固聪明圣知,达天德者,其孰能知之?"指天生之德性,即仁、义、礼、智。

⑤天位:语出《孟子·万章下》:"弗与共天位也。"即天所待贤人之位。原意指爵位,章学诚引作君臣、父子、夫妇、兄弟、朋友五伦。

⑥天之生斯民也,使先知觉后知,使先觉觉后觉:语出《孟子·万章上》。

⑦禀气:人身体禀赋的元气与血气。气,语出《淮南子》卷一《原道》:"气者,生之充也。"又《管子·心术下》曰:"气者,身之充也。"古人认为气是生命力量的来源,充满人体。

⑧前言往行:语出《周易·大畜·象传》:"君子以多识前言往行,以畜其德。"畜,通"蓄"。

⑨子路曰:"有民人焉,有社稷焉,何必读书,然后为学":语出《论语·先进》。子路(前542—前480),仲氏,名由,字子路,一字季路。春秋末年鲁国卞(今山东泗水)人,孔子弟子。勇而有信,长

于政事。曾任季孙氏之宰,协助孔子"坠三都",削弱鲁国三桓势力。随孔子周游列国,任卫国大夫孔悝之宰。后在卫国内乱中,为遵守礼法,在交战中停手结缨,被杀而死。

⑩子羔为宰:子羔(前521或前511—?)即高柴,名柴,字子羔。春秋末年卫国人,一说齐国人,孔子弟子。曾任卫国士师,掌管刑狱。宰,春秋时期卿大夫所封采邑的长官。子羔先后任鲁国费郈(今山东东平东南)、武城(今山东费县)和成(今山东泰安东南)三邑之宰。

【译文】

《易经》说:"形成形象叫做乾,仿效法则叫做坤。"学,说的是仿效法则;道,说的是形成形象。孔夫子说:"在下学习人事而向上通达天道。"大概说的是向有形体的器学习,而自然通晓形体之上的道。士人仰慕贤人,贤人仰慕圣人,圣人仰慕上天。仰慕贤人仰慕圣人,那是有道理了。"上天的载育,没有声音没有气味",圣人怎样能仰慕上天呢? 大概上天生育人们,都赋予每个人仁、义、礼、智的品性,这是天生的德性;都把他们放置在君臣、父子、夫妇、兄弟、朋友的人际关系当中,这是天生的位置。用天生的德性来修整天生的位置,即使事物没有互相接触的隐晦不显著的地方,已经有了正好适合,而不会超过或者没有达到的准则,这是说的形成形象。平时体验道的形象,事物来临互相接触,完全按照它的准则而应对,这是说的仿效法则。这就是圣人仰慕上天,这就是圣人在下学习人事而向上通达天道。伊尹说:"上天生育人民,是让先知者启发后知者,让先觉者启发后觉者。"人生来资质不一样,本来就有自己无法知道正好处在适合位置的准则,那么先知先觉的人,因此把准则指示给他们,这是说的教化。教化,就是教导人们自己知道正好处在合适位置的准则,不是教导人们舍弃自己的天性而服从我。所以士人仰慕贤人,贤人仰慕圣人,仰慕的是他们对形成形象的仿效,而不是舍弃自己本来已有的天性去仰慕他们。那么怎样能够使人们知道正好处在合适位置的准则呢？怎样能够使人们知道形象的形成并仿效它呢？这就必须观察人类产生以来，具备纯粹的天生德性，而达到天生位置顶端的人，探究他们以往的言论业绩，与他们处在穷尽、变化、通达、长久境地的方法而多方牢记，然后能够自己获得所说的形成形象，从而完善他们的仿效法则。所以仿效法则，一定要从处理事务中表现出来。诵读《诗经》、《尚书》，是用来求得仿效法则的资本，而不能认为这就是仿效法则。然而古人不把处理事务当做学习，而把诵读《诗经》、《尚书》当做学习，这是为什么呢？大概是认为不探究事物的原理而获得知识，就不能够使心意真诚，处理事务就会按照各人所拥有的知识进行。所以把诵读《诗经》、《尚书》当做学习，推原教化者所涉及的内容而言，不是说除此之外再没有可学习的东西了。子路说："有民众在那里可以治理，有土地神和谷神在那里可以祭祀，为什么一定要读书，然后才算作学习呢？"孔夫子把他斥责为花言巧语的人，大概认为如果让子羔作县宰，不会像子路那样辩解，不是说学习一定要专门诵读经书。专门诵读经书而谈论学习，是平庸儒者的浅薄见识。

原学中

古人之学，不遗事物，盖亦治教未分，官师合一，而后为之较易也。司徒敷五教①，典乐教胄子②，以及三代之学校，皆见于制度。彼时从事于学者，入而申其占毕③，出而即见政教典章之行事，是以学皆信而有征，而非空言相为授受也。然而其知易入，其行难副，则从古已然矣。尧之斥共工也④，则曰："静言庸违。"⑤夫静而能言，则非不学者也。试之于事而有违，则与效法于成象者异矣。傅说之启高宗也⑥，则曰："非知之艰，行之惟艰。"⑦高宗旧学于甘盘⑧，久劳于外，岂不学者哉？未试于事，则恐行之而未孚也。又曰："人求多闻，时惟建事，学于古训乃有获。"⑨说虽出于古文，其言要必有所受也。夫求多闻而实之以建事，则所谓学古训者，非徒诵说，亦可见矣。夫治教一而官师未分，求知易而实行已难矣；何况官师分，而学者所肄，皆为前人陈迹哉？夫子曰："学而不思则罔，思而不学则殆。"⑩又曰："吾尝终日不食，终夜不寝，以思，无益，不如学也。"⑪夫思亦学者之事也，而别思于学，若谓思不可以言学者，盖谓必习于事，而后可以言学,此则夫子诲人知行合一之道也⑫。诸子百家之言,起于徒思而不学也。是以其旨皆有所承禀,而不能无敝耳。刘歆所谓某家者流,其源出于古者某官之掌,其流而为某家之学,其失而为某事之敝。夫某官之掌,即先王之典章法度也。流为某家之学,则官守失传,而各以思之所至,自为流别也。失为某事之敝,则极思而未习于事,虽持之有故,言之成理,而不能知其行之有病也。是以三代之隆,学出于一,所谓学者,皆言人之功力也。统言之,十年曰幼学是也⑬。析言之,则十三学乐,二十学礼是也⑭。国家因人功力之名,而名其制度,则曰乡学、国学⑮,学则三代共之是也⑯。未有以学属乎人,而区为品诣之名者。官师分而诸子百家之言起,于是学始因人品诣以名矣,所谓某甲家之学,某乙家之学是也。学因人而异名,学斯舛矣。是非行之过而至于此也,出于思之过也。故夫子言学思偏废之弊,即继之曰:“攻乎异端,斯害也已。”⑰夫异端之起,皆思之过,而不习于事者也。

【注释】

①五教:父义,母慈,兄友,弟恭,子孝。

②胄子:古代帝王与贵族长子,皆入国学,称为胄子。

③申其占毕:语出《礼记·学记》:“今之教者,呻其占毕,多其讯。”申,通“呻”,吟诵。占,阅视。毕,指竹简。意为教师吟诵其所视简策之文。

④共工:尧的臣子,担任水官不善,被尧流放到幽州,为“四凶”之一。

⑤静言庸违:语出《尚书·尧典》。庸,通"用"。意为静则能言,用则违背。

⑥傅说(yuè)之启高宗:傅说,商王武丁时的贤臣。传说曾为刑徒,在傅岩从事版筑劳役,遂以为姓。武丁举以为相,商朝得以振兴。高宗,名昭,商王小乙之子,少时生活于民间,知稼穑艰难,民间疾苦。即位后任用傅说、甘盘辅政,国势复兴。曾经征伐鬼方、土方、夷方等周边地区,扩大疆域。在位五十九年,被称为盛君。死后被尊为高宗,庙号武丁。

⑦非知之艰,行之惟艰:语出伪古文《尚书·说命中》。

⑧高宗旧学于甘盘:语出伪古文《尚书·说命下》:"台小子,旧学于甘盘。"甘盘,也作甘般,商王武丁时贤臣。

⑨多闻,时惟建事,学于古训乃有获:语出伪古文《尚书·说命下》。

⑩学而不思则罔,思而不学则殆:语出《论语·为政》。罔,迷茫。殆,通"怠",疲倦。

⑪吾尝终日不食,终夜不寝,以思,无益,不如学也:语出《论语·卫灵公》。

⑫知行合一:明代哲学家王守仁提出的哲学认识论命题。反对宋儒程朱一派"知在行先"的命题,主张"知行并进"。此论虽倡自王守仁,但前贤先秦诸子已有论及者。王守仁把行统一于知,以诚意证知行,阐述更加精密。

⑬十年曰幼学:语出《礼记·曲礼上》:"人生十年曰幼,学。"

⑭十三学乐,二十学礼:语出《礼记·内则》:"十有三年,学乐,诵诗,舞勺。成童,舞象,学射御。二十而冠,始学礼。"

⑮乡学、国学:语出《礼记·学记》:"古之教者,家有塾,党有庠,术有序,国有学。"乡学,指地方所办的学校,即庠、序一类。国学,指周天子都城和各诸侯国国都设立的学校。

⑯三代共之:语出《孟子·滕文公上》:"设为庠、序、学、校以教之。

庠者,养也;校者,教也;序者,射也。夏曰校,殷曰序,周曰庠,学则三代共之,皆所以明人伦也。"

⑰攻乎异端,斯害也已:语出《论语·为政》。异端,指诸子百家之书。

【译文】

古人学习,不忽略事物,大概也是治理和教化没有分离,官员和教师合而为一,于是学习比较容易。司徒传布五伦教化,主乐官教育贵族子弟,以及夏、商、周三代的学校,都通过制度表现出来。那时从事学习的人,进入学校就吟诵书籍,走出学校就从事政治教化和典章制度的实际事务,所以学习的东西都真实而有验证,而不是用空洞的言论互相传授和接受。但是知识容易获得,实行起来很难符合,这是自古以来就已经如此了。尧责备共工,便说:"平时话说得很好而行动起来却相违背。"平时能够说得好,就不是不学习的人。试行到做事却相违背,就和仿效形成形象的人不同了。傅说启发殷高宗,就说:"不是获得知识困难,而是实行起来困难。"高宗从前在甘盘那里学习,长期在民间劳碌,难道是不学习的人吗?没有通过行事试验,便担心实行起来不能使人信服。傅说又说:"人追求见闻广博,时代要求做出实事,学习古代圣贤的教导才有收获。"说法虽然出于古文《尚书》,但这些话一定有所承受而来。追求见闻广博而做出实事来充实,那么所说的学习古代圣贤的教导,不是仅仅诵读,也就可以想见了。治理和教化合一且官员和教师没有分离的时候,求得知识容易而实行起来已经困难了;何况官员和教师分离后,学习的人所练习的内容,都是前人早就做过的事情呢?孔夫子说:"学习而不思考就迷茫,思考而不学习就危险。"又说:"我曾经整天不吃东西,彻夜不睡觉,用来思考,没有好处,比不上学习。"思考也是学习的人分内之事,而孔子把思考从学习里区别出来,好像认为思考不能算作学习,大概是说一定要从事物中学习,然后才能算作学习,这就是孔夫子教导人们求知和实践合而为一的道理。诸子百家的言论,来源于仅仅思考而不学习。所以他们的宗旨虽然有所承受，却不可能没有弊病。刘歆所说的某一家学派，源头语出古代某一官职的掌管，流变为某一家的学说，过失是某一事的毛病。某一官职的掌管，就是上古帝王的典章法度。流变为某一家的学说，就是官员职守失去传承，人们各自依据思考所得，自立为不同的学派。过失是某一事的毛病，就是苦心思索而没有在行事中学习，虽然提出的主张有根据，言论有道理，却无法知道实行起来有弊病。所以夏、商、周三代兴盛时期，学问语出一个源头，那时所说的学习，都是指人们的功力。笼统地说，十岁叫做幼学，就是这样。分开来说，那么十三岁学音乐，二十岁学礼仪，就是这样。国家根据人们功力的名称，而称呼那些制度，就叫做乡学、国学，学校的名称在夏、商、周三代一致，就是这样。从没有把学问归属个人，而划分为品类的名称。官员和教师的职责分离而诸子百家的言论兴起，于是学问才依据人们的品类而命名了，所谓某甲家的学派，某乙家的学派，就是这样。学问根据人而有了不同的名称，学问就错乱了。这不是实行的过度而造成这样的结局，而是出于思考的过度。所以孔夫子谈论学习或思考偏废的弊病时，接着就说："从事异端邪说，这是祸害。"异端邪说的产生，都是因为思考过度，而不从事物中学习。

原学下

　　诸子百家之患，起于思而不学；世儒之患，起于学而不思；盖官师分而学不同于古人也。后王以谓儒术不可废，故立博士，置弟子①，而设科取士②，以为诵法先王者劝焉。盖其始也，以利禄劝儒术，而其究也③，以儒术徇利禄，斯固不足言也。而儒宗硕师，由此辈出，则亦不可谓非朝廷风教之所植也。夫人之情，不能无所歆而动④，既已为之，则思力致其实，而求副乎名。中人以上，可以勉而企焉者也。学校科举，奔走千百才俊，岂无什一出于中人以上者哉？去古久远，不能学古人之所学，则既以诵习儒业，即为学之究竟矣⑤。而攻取之难，势亦倍于古人，故于专门攻习儒业者，苟果有以自见，而非一切庸俗所可几⑥，吾无责焉耳。学博者长于考索⑦，岂非道中之实积⑧？而骛于博者⑨，终身敝精劳神以徇之，不思博之何所取也。才雄者健于属文⑩，岂非道体之发挥？而擅于文者，终身苦心焦思以构之，不思文之何所用也。言义理者似能思矣，而不知义理虚悬而无薄⑪，则义理亦无当于道矣。此皆知其然，而不知所以然也。程子曰：凡事思所以然，天下第一学问⑫。人亦盍求所以然者思之乎？天下不能无风气，风气不能无循环，一阴一阳之道，见于气数者然也。所贵君子之学术，为能持世而救偏，一阴一阳之道，宜于调剂者然也。风气之开也，必有所以取；学问、文辞与义理，所以不无偏重畸轻之故也⑬。风气之成也，必有所以敝；人情趋时而好名，徇末而不知本也。是故开者虽不免于偏，必取其精者，为新气之迎；敝者纵名为正，必袭其伪者，为末流之托；此亦自然之势也。而世之言学者，不知持风气，而惟知徇风气，且谓非是不足邀誉焉，则亦弗思而已矣。

【注释】

①弟子：生徒。学生视师如父兄，故称弟子。汉代称弟子员，由太常或各郡国选送京师太学，学习经学。

②设科取士：语出班固《汉书》卷八十八《儒林传赞》："自武帝立《五经》博士，开弟子员，设科射策，劝以官禄，讫于元始，百有余年，传业者寖盛，支叶蕃滋，一经说至百余万言，大师众至千余人。"即设置考试科目选拔人才。

③究：到底，终极。

④歆：欣羡，歆慕。

⑤究竟：穷极，完毕。

⑥几：通"冀"，希望。

⑦学博者长于考索：《章氏遗书》本此下有"侈其富于山海"。考索，考证索据。

⑧实积：切实积累。

⑨骛（wù）：从事，追求。

⑩才雄者健于属（zhǔ）文：《章氏遗书》本此下有"矜其艳于云霞"。属文，撰写文章。

⑪薄：依附。

⑫程子曰：凡事思所以然，天下第一学问：据程颢、程颐《二程粹言》卷一《论学篇》曰："善学者，当求其所以然之故，不当诵其文，过目而已也。"又据《二程粹言》卷二《论心性篇》曰："穷物理者，穷其所以然也。天之高，地之厚，鬼神之幽显，必有所以然者。苟曰天惟高耳，地惟厚耳，鬼神惟幽显耳，是则辞而已，尚何有哉！"本文中程子之语，当是章学诚总结程颢以上言论，作出的概括。《章氏遗书》卷九《答沈枫墀论学》有"明道先生之论学曰：凡事思所以然，天下第一学问"的话，可以为证。

⑬畸（jī）轻：过分偏轻。畸，特异。

【译文】

诸子百家的弊病，起源于仅仅思考而不学习；世俗儒家的弊病，起源于仅仅学习而不思考；大概官员和教师分离以后学习的方式就和古人不同了。后世帝王认为儒家的学术不能废弃，所以设立博士，设置弟子，又设立科名录取士人，用来劝勉学习和效法上古帝王典籍的人。大概起初实行的时候，是以利禄劝勉儒家学术，而到了后来，是以儒家学术曲从利禄，这本来不值得说了。而宗师大儒，从这些人当中产生，也不能说不是朝廷的教化所培养的结果。人的情感，不可能没有所美慕而无端感动，既然已经从事儒学，就想努力取得实效，而追求和名称相副。中等资质以上的人，可以努力而达到。学校和科举考试，让成百上千的优秀人才奔走竞争，难道没有十分之一超过中等资质以上的人吗？距离古代久远，不可能学习古人所学习的内容，那么后人就把学习儒家的学业，当做就是学习的最高境界了。而钻研获取的难度，势必也比古人成倍增加，所以对于专门钻研学习儒家学业的人，假如果真有成就来自我表现，而不是所有平庸的人能够依附，我就不会责备他们了。学问渊博的人擅长考证索据，难道不是道体内部的切实积累吗？而有些追求渊博的人，终生费心劳神来曲从它，而不考虑渊博用来做什么。才能雄健的人善于做文章，难道不是对道体的充分发挥吗？而有些擅长做文章的人，一生煞费苦心来结构，而不考虑文章有什么用处。谈论义理的人似乎能够思考了，却不知道如果义理凭空虚设而没有依附，那么义理也就不会符合道了。他们都是只知道是这样，而不知道为什么是这样。程子说："凡事都思考为什么这样，是天下第一等学问。"人们何不探求事情为什么这样而思考呢？天下不可能没有风气，风气不可能没有循环，这是一阴一阳变化的道，在运数中显示的缘故。君子的学术之所以可贵，是因为能够扶持世风来纠正偏向，这是一阴一阳变化的道，适用于调整的缘故。一种风气开创的时候，一定有被选取的东西；学问、文章和义理，不可能没有或重或轻的偏颇。一种风气形成的时候，一定有使它衰败的因素；人情迎合时风而喜爱名声，曲从末流而不知道根本。所以开创风气的人虽然不免偏颇，却一定吸取前人的精华，作为新风气的先导；使其衰败的纵使号称正确，却一定沿袭前人虚假的东西，作为末流的依托；这也是自然的趋势。而世间谈论学术的人，不知道扶持风气，只知道曲从风气，并且认为不这样就不能求取声誉，那也是不思考罢了。

博约上

【题解】

《博约》上中下三篇，是章学诚针对清代乾嘉时期考据学风的流弊有为而言，围绕学者治学博与约的关系，根据浙东学派治学贵有著述宗旨而自成一家的传统，作出的辩证阐述。章学诚论学，认为学问必须见诸实事才能经世致用，反对空疏的治史学风。但和当时主流学者标榜的兼收并蓄，矜奇炫博，一物不知以为己耻有本质区别。这些人治学面面俱到，广泛积累材料，犹如货殖之市，百物杂陈，而不知选择，结果陷入驳杂而寡要的泥潭。章学诚认为治学固然需要知识渊博，但更重要的是贵有宗主，形成自己的专长，不必因为其他方面不如别人而自惭形秽。和自己关注的领域有关的知识，虽纤芥不遗；与自己研究领域无关的知识，虽丘山应弃。这样才能形成自得之学，而不分神旁骛，一事无成。他指出唐代韩愈"钩玄提要"和宋代苏轼"按类而求"的治学方法，从根本上来说仍然是追求博闻，属于治学功力而不是学问。功力和学问，外表极为相似而本质截然不同。清代考据学家记诵名数，搜剔遗逸，纂辑类比，考订异同，都属于博闻强记的待问之学，是学者治学应当具备的功力，而不是各自成家的学问。功力是学问产生的基础，但不能认为功力本身就是学问。章学诚把功力和学问的关系比作糟粕和美酒、粪土和嘉禾的关系，没有糟粕和粪土就没有美酒与嘉禾，但是后者才是人们追求的最有价值的东西。考据学派把功力当做学问，就像指糟粕和粪土为美酒与嘉禾一样错误。章学诚认为博与约的关系是学贵博而能约，世界上没有不博而能约的人，然而也没有不约而能博的人。因为学本于性情，有的人功力有余而性情不足，有的人则具备灵性而功力不深，性有所偏而所长不能兼备，必须能够由博返约，才能形成自得之学。极其所至，则以专家为归宿。所以他提出学必求其心得，业必贵于专精的主张，要求学者根据自己的资质和天赋确定治学重点，而不能此山望彼山高，旁骛游离而一事无成。最后章学诚指出专门成家和道欲通方并不矛盾，因为每个人的自得之学都是道之一隅，对扩充道的内涵有贡献，综合起来就可以得到道的全体。他的观点，对于今天的人治学仍然有借鉴意义。

　　沈枫墀以书问学①，自愧通人广坐②，不能与之问答。余报之以学在自立，人所能者，我不必以不能愧也。因取譬于货殖，居布帛者，不必与知粟菽，藏药饵者，不必与闻金珠；患己不能自成家耳。譬市布而或缺于衣材，售药而或欠于方剂，则不可也。或曰：此即苏子瞻之教人读《汉书》法也③，今学者多知之矣。余曰：言相似而不同，失之毫厘，则谬以千里矣。或问苏君曰："公之博赡，亦可学乎？"苏君曰："可，吾尝读《汉书》矣，凡数过而尽之。如兵、农、礼、乐，每过皆作一意求之，久之而后贯彻。"④因取譬于市货，意谓货出无穷，而操贾有尽⑤，不可不知所择云尔。学者多诵苏氏之言，以为良法，不知此特寻常摘句，如近人之纂类策括者尔⑥。问者但求博赡，固无深意。苏氏答之，亦不过经生决科之业⑦，今人稍留意于应举业者，多能为之，未可进言于学问也。而学者以为良法，则知学者鲜矣。夫学必有所专，苏氏之意，将以班书为学欤？则终身不能竟其业也，岂数过可得而尽乎？将以所求之礼、乐、兵、农为学欤？则每类各有高深，又岂一过所能尽一类哉？就苏氏之所喻，比于操贾求货，则每过作一意求，是欲初出市金珠，再出市布帛，至于米粟药饵，以次类求矣。如欲求而尽其类欤？虽陶朱、猗顿之富⑧，莫能给其贾也。如约略其贾，而每种姑少收之，则是一无所成其居积也。苏氏之言，进退皆无所据，而今学者方奔走苏氏之不暇，则以苏氏之言，以求学问则不足，以务举业则有余也。举业比户皆知诵习，未有能如苏氏之所为者，偶一见之，则固矫矫流俗之中，人亦相与望而畏之；而其人因以自命，以谓是学问，非举业也，而不知其非也。苏氏之学，出于纵横⑨。其所长者，揣摩世务，切实近于有用，而所凭以发挥者，乃策论也⑩。策对必有条目，论锋必援故实，苟非专门夙学⑪，必须按册而稽，诚得如苏氏之所以读《汉书》者尝致力焉，则亦可以应猝备求，无难事矣。韩昌黎曰："记事者必提其要，纂言者必钩其玄。"⑫钩玄提要，千古以为美谈；而韩氏所自为玄要之言，不但今不可见，抑且当日绝无流传，亦必寻章摘句，取备临文撷拾者耳。而人乃欲仿钩玄提要之意而为撰述，是亦以苏氏类求，误为学问，可例观也。或曰：如子所言，韩、苏不足法欤？曰：韩、苏用其功力，以为文辞助尔，非以此谓学也。

【注释】

①沈枫墀(chí)：沈在廷，字枫墀，清江苏高邮人。清高宗乾隆四十八年(1783)举人，官内阁中书。其父沈业富，号既堂，乾隆三十年(1765)任顺天乡试分校官，向主考荐章学诚之文，不录，大为惋惜，因馆之于家。

②通人：语出王充《论衡》卷十三《超奇》："博览古今者为通人。"指学识渊博贯通的人。

③苏子瞻之教人读《汉书》法：据沈作喆《寓简》卷八记载："王庠应制举时，问读书之法于眉山。眉山以书答云：'……卑意欲少年为学者，每一书皆作数次读之。书之富如入海，百货皆有。人之精力，不能尽取，但得其所欲求者尔。故愿学者每次作一意求之，如欲求古今兴亡治乱、圣贤作用，且只以此意求之，勿生余念。又别作一次求事迹、故实、典章、文物之类，亦如之。他皆仿此。此虽似愚钝，而他日学成，八面受敌，与涉猎者不可同日而语也……承下问，不敢不尽也。'……此书今集中不载，学者当书绅，故表而出之。"眉山，指苏轼。书绅，把要牢记的话写在绅带上。后因称记住别人的话为书绅。

④可，吾尝读《汉书》矣，凡数过而尽之。如兵、农、礼、乐，每过皆作一意求之，久之而后贯彻：语出杨慎《丹铅余录》卷十："尝有人问于苏文忠公曰：'公之博洽可学乎？'曰：'可。吾尝读《汉书》矣，盖数过而始尽之。如治道、人物、地理、官制、兵法、财货之类，每一过专求一事。不待数过，而事事精核矣。'"

⑤贾：通"价"，价钱。

⑥策括：据苏轼《苏轼文集》卷二十五《议学校贡举状》曰："近世士人，纂类经史，缀辑时务，谓之策括。"策，对策。括，贴括。唐、宋时期士人为应付科举考试，编辑材料以供记忆，称为策括。

⑦决科：应付科举考试。

⑧陶朱、猗顿：陶朱即范蠡，字少伯，春秋末年楚国宛（今河南南阳）人。后入越国，帮助越王勾践灭吴。后离开越国，游齐国，变姓名，改称鸱(chī)夷子皮。游历至陶（今山东定陶西北），改称陶朱公。善于经商，三致千金。猗顿，战国时大商人，以经营河东池盐致富，与王侯抗礼。一说本鲁国穷士，饥寒交迫，闻陶朱公富，往问其术。陶朱公教以致富之法，乃赴河西猗氏（今山西临猗南）蓄养牛羊，富等王侯。因为在猗氏发迹，故称猗顿。后世用陶朱、猗顿比喻巨富。

⑨苏氏之学，出于纵横：语出陆世仪《思辨录辑要》卷三十二《异学类》："庄生才气大，其意便欲蔑裂行检，挥斥儒术。弊之所极，不但是魏、晋风流，凡东坡放纵一流人都是。人知苏氏之学，出于纵横；而不知其放恣之习，源于庄子也。"

⑩策论：策指策问，论指议论。宋代科举考试，以策论取士。

⑪夙(sù)学：饱学之士。

⑫记事者必提其要，纂言者必钩其玄：语出韩愈《韩昌黎全集》卷十二《进学解》。

【译文】

沈枫墀写信询问关于学习问题，自己惭愧在学识渊博的人面前和众人聚坐的场合，不能和他们问答讨论。我回信告诉他学习在于自立，别人能做到的事情，我没必要因为自己不能而惭愧。于是用经商的事情做比喻，积存布帛的人，不必知道粮食的情况，储藏药物的人，不必打听金银珠宝的情况；应该担心的是自己不能成为专家而已。假如卖布的人有时缺乏衣料，卖药的人有时不能配齐方药，那就不行了。有人说：这就是苏子瞻教人读《汉书》的方法，当今学者大多知道这个了。我回答说：话语相似却不相同，开始出现毫厘之失，最终就有千里之谬了。有个人问苏君："您的渊博翔赡，也能够学到吗？"苏君说："可以，我曾经读过《汉书》了，总共读了数遍而穷尽它的全部内容。例如军事、农业、礼制、舞乐，每读一遍都确定一个主题搜寻，久而久之就能全部贯通。"
于是用买货物做比喻，意思是说货物层出不穷，而买主的钱有用完的时
候，不能不懂得有所选择而已。学者大多诵习苏氏的话，认为是好方
法，不知道这只是平常的寻章摘句，犹如近代人按类编纂科举考试资料
罢了。询问的人只是追求渊博，本来没有深刻的意思。苏氏回答他，也
不过是经生获取科名的学业，现在的人稍微留意应试科举学业，大多能
够做到，不能进一步提升到谈论学问的境界。然而学者认为是好方法，
可见懂得学习的人太少了。学习一定要有专门领域，苏氏的意思，是准
备把班固的《汉书》当做学问吗？那么终身不能完成这一学业，难道读
几遍就能够穷尽吗？是准备把所寻求的礼制、舞音、军事、农业当做学
问吗？那么每一类各有高深的内容，又怎么能够读一遍就可以穷尽一
类呢？根据苏氏所做的说明，用拿钱购买货物做比喻，那么每一遍用一
个主题搜求，是想要第一次去买金银珠宝，第二次去买布帛，至于粮食、
药物，都按照次序一类一类地搜求了。如果想要搜求而买光所有的品
类吗？即使像陶朱、猗顿那样富有，也不能支付全部价钱。如果估计自
己的钱财，而每一种货物姑且少收买一些，那就是一种都没有完成自己
的储藏。苏氏的话，进退都没有根据，而当今学者正跟在苏氏后面忙不
迭跑，就是因为苏氏的话，用来探求学问尽管不够，用来从事科举学业
则绰绰有余。科举学业家家户户都知道诵读学习，却没有人能像苏氏
那样做，偶然见到那样做的人，就已经在世俗之中很出众，人们也相互
觑视而敬畏；而那个人也因而自命不凡，认为这就是学问，不是科举学
业，却不知道这是错误的认识。苏氏的学术，语出纵横家。这种学术所
擅长的方法，是用心揣测世事，切实而接近实用，而凭借来表达发挥的
内容，就是策论。策问的对答一定要有条目，议论的词锋一定要援引典
故，如果不是专门研究而且学识丰富的人，必须按照书本检索，确实像
苏氏用来读《汉书》的方法下工夫，那么也可以用它应付突发情况并预
备需求，就没有困难的事了。韩昌黎说："记事的著作一定要提出要点，

立论的著作一定要发掘深意。"发掘深意并提出要点,千百年来把它当做美谈;而韩氏自己撰写的具有深意和要点的语言,不仅现在看不到,而且当时绝迹没有流传,也一定是寻章摘句,拿来预备写文章的时候从中选取罢了。而人们却想要仿照发掘深意并提出要点的意境来著述,这也像是把苏氏按类寻求的方法,错误地当成学问,可以一例看待。有人说:如果像您所说,那么韩愈、苏轼不值得效法吗? 回答说:韩愈、苏轼运用他们的功力,把这当做撰文修辞的帮助而已,不是用来谈论学问。

博约中

　　或曰:举业所以觇人之学问也。举业而与学问科殊,末流之失耳。苟有所备以俟举,即《记》之所谓博学强识以待问也①,宁得不谓之学问欤? 余曰:博学强识,儒之所有事也。以谓自立之基,不在是矣。学贵博而能约,未有不博而能约者也。以言陋儒荒俚②,学一先生之言以自封域,不得谓专家也。然亦未有不约而能博者也。以言俗儒记诵漫漶③,至于无极,妄求遍物,而不知尧、舜之知所不能也④。博学强识,自可以待问耳,不知约守,而只为待问设焉,则无问者,儒将无学乎? 且问者固将闻吾名而求吾实也;名有由立,非专门成学不可也,故未有不专而可成学者也。或曰:苏氏之类求,韩氏之钩玄提要,皆待问之学也,子谓不足以成家矣。王伯厚氏搜罗摘抉⑤,穷幽极微;其于经、传、子、史,名物制数,贯串旁骛,实能讨先儒所未备。其所纂辑诸书,至今学者资衣被焉⑥,岂可以待问之学而忽之哉? 答曰:王伯厚氏,盖因名而求实者也。昔人谓韩昌黎因文而见道⑦,既见道,则超乎文矣。王氏因待问而求学,既知学,则超乎待问矣。然王氏诸书，谓之纂辑可也，谓之著述，则不可也；谓之学者求知之功力可也，谓之成家之学术，则未可也。今之博雅君子，疲精劳神于经、传、子、史，而终身无得于学者，正坐宗仰王氏⑧，而误执求知之功力，以为学即在是尔。学与功力，实相似而不同。学不可以骤几⑨，人当致攻乎功力则可耳。指功力以谓学，是犹指秫黍以谓酒也⑩。

【注释】

①博学强识以待问：语出《礼记·曲礼上》："博闻强识而让。"又《礼记·儒行》曰："夙夜强学以待问。"

②荒俚：蛮荒粗俗。荒，废弃，弃置。俚，鄙俗。

③漫漶（huàn）：模糊不可辨识。

④尧、舜之知所不能：语出《孟子·尽心上》："尧、舜之知而不遍物，急先务也。"

⑤王伯厚：王应麟（1223—1296），字伯厚，号深宁居士，庆元府鄞县（今属浙江）人。南宋末年，官至礼部尚书兼给事中，后辞官乡居。入元不仕，隐居著述。谙熟典制，长于考证，学识渊博。著作有《玉海》二百卷，《困学纪闻》二十卷，《深宁集》一百卷。

⑥衣（yì）被：原意是给别人穿衣盖被。后来引申为养护，加惠。

⑦韩昌黎因文而见道：语出程颢、程颐《二程遗书》卷十八《伊川先生语四》："退之晚来为文，所得处甚多。学本是修德，有德然后有言。退之却倒学了，因学文日求所未至，遂有所得。如曰：'轲之死，不得其传。'似此言语，非是蹈袭前人，又非凿空撰得出，必有所见，若无所见，不知所传者何事。"

⑧坐：由于，因为。

⑨几（jī）：几乎，接近。

⑩秫黍(shú shǔ)：皆为农作物，可以做食物，多用来酿酒。秫，一种粘高粱。黍，一种黏米谷。

【译文】

有人说：科举学业是用来测试人的学问。科举学业和学问形成不同类别，只是末流的过错罢了。如果有所准备来等待应举，就是《礼记》所说的多学牢记等待询问，难道能不称为学问吗？我说：多学牢记，是儒家学者分内的事情。所说的自立根基，不在这方面。学问贵在广博而能简约，没有不广博而能够简约。用这话来说浅薄儒生荒陋鄙俗，仅学某一先生的言论来自我划定范围，不能称作专家。然而也没有不简约而能够广博。用这话来说平庸儒生记诵模糊不辨，以至于漫无边际，妄想达到通晓一切事物，却不知道这是尧、舜的智慧也不能做到。多学牢记，自然可以等待询问，不知道奉行简约，而只是为等待询问安排，那么如果没有问的人，儒生将不学习了吗？况且问的人本来是要听到我的名声而求得我的实质；名声是由于有所树立，不能专门成一家的学问根本不行，所以没有不专精而能成就学问的人。有人说：苏氏的按类寻求所需材料，韩氏的发掘深意并提出要点，都是等待询问之学，您认为不能够成为专家了。王伯厚搜罗摘择，穷尽幽隐臻于精微；他对于经、传、子、史各类书籍，名号物色与制度法式，贯穿起来并旁征博引，确实能够搜讨前辈儒生所不具备的知识。他纂辑的各种书籍，直到现在学者还借此受到恩惠，难道能因为是等待询问之学就轻视他吗？回答说：王伯厚这个人，大概是根据名称而寻求实质的人。前人说韩昌黎凭借文章而见道，既然见道，就超越文章了。王氏凭借等待询问而探求学问，既然知道学问，就超越等待询问了。然而王氏的各种书籍，称之为纂辑可以，称之为著述，就不行了；称之为学者探求知识的功力可以，称之为自成一家的学术，就不行了。如今的渊博文雅君子，在经、传、子、史上消耗精神，却终身在学问上没有收获，正因为尊崇信仰王氏，而错误地遵守探求知识的功力，认为学问就在这里。学问和功力，实际上相似却不相同。学问不能一蹴而就,人们应当在功力方面下工夫完全可以。指着功力叫做学问,这就像指着秫和黍叫做酒一样。

夫学有天性焉,读书服古之中,有入识最初,而终身不可变易者是也。学又有至情焉,读书服古之中,有欣慨会心,而忽焉不知歌泣何从者是也。功力有余,而性情不足,未可谓学问也。性情自有,而不以功力深之,所谓有美质而未学者也。夫子曰:"发愤忘食,乐以忘忧,不知老之将至。"①不知孰为功力,孰为性情。斯固学之究竟,夫子何以致是?则曰:"好古敏以求之者也。"今之俗儒,且憾不见夫子未修之《春秋》②,又憾戴公得《商颂》③,而不存七篇之缺目④,以谓高情胜致,至相赞叹。充其僻见,且似夫子删修,不如王伯厚之善搜遗逸焉⑤。盖逐于时趋,而误以襞绩补苴谓足尽天地之能事也⑥。幸而生后世也,如生秦火未毁以前,典籍具存,无事补辑,彼将无所用其学矣。

【注释】

①发愤忘食,乐以忘忧,不知老之将至:语出《论语·述而》。

②夫子未修之《春秋》:据《公羊传·庄公七年》记载:"不修《春秋》曰:雨星不及地尺而复。君子修之曰:星陨如雨。"先秦时期各诸侯国国史大都名为《春秋》。今传本《春秋》,据说是孔子根据《鲁春秋》笔削而成,后人故称《鲁春秋》为未修《春秋》。

③戴公得《商颂》:据《国语·鲁语下》记载,春秋宋戴公时,宋国大夫正考父从周太师那里得到《商颂》十二篇,以《那》为首。

④七篇之缺目:宋国正考父所得十二篇《商颂》,孔子修《诗经·商颂》仅收录五篇,七篇亡佚,并不知其篇目。

⑤王伯厚之善搜遗逸：宋代王应麟搜集汉代经学家遗存，辑有《周易郑氏注》一卷，《三家诗考》一卷，开后世辑佚学之先河。

⑥襞(bì)绩补苴(jū)：襞，底本作误作"擘"，据《章氏遗书》本改正。襞绩，通"襞积"。原意是衣裙上的褶子，引申为掇拾、编辑。补苴，语出刘向《新序》卷六《刺奢》："今民衣弊不补，履决不苴。"原意为缝补衣服和用草垫鞋底，引申为补缀、辑佚。

【译文】

学习中具有天性，读书好学和服膺古人的过程当中，有最先得到的认识，而终身不能改变就是这种情况。学习又有极深情感，读书学习和服膺古人的过程当中，有欢欣慨叹心领神会，而忽然间不知欢歌悲泣从何而来就是这种情况。功力有余，而天性和情感不足，不能称作学问。自身有天性和感情，而不用功力加深它，这就是所说的有美好的材质而没有学习。孔夫子说："发愤学习而忘记吃饭，从中得到欢乐而忘记忧愁，以致不觉得老年将要到来。"不知道什么是功力，什么是天性和情感。这本来是学习的最高境界，孔夫子为什么能达到这样呢？他说："我是爱好古代文化而勤勉学习探求的人。"现在的世俗儒生，尚且遗憾不能见到孔夫子没有整理过的《春秋》，又遗憾宋戴公得到《商颂》，而没有保存其中七篇的篇目，认为谈论这些是高雅的情趣，甚至互相赞叹。发挥他们的偏僻见解，好像孔夫子对古代典籍的删修，还不如王伯厚善于搜辑佚文。大概是追逐时代趋向，而误认为堆积资料补缀旧籍就足以穷尽天地之间的才能之事。幸而他们生在后世，假如生在秦国焚书古籍未毁以前，典籍都存在，不需要从事补辑，那些人将没有地方使用自己的学术了。

博约下

或曰：子言学术，功力必兼性情，为学之方，不立规矩，但令学者自认资之所近与力能勉者，而施其功力，殆即王氏良知之遗意也①。夫古者教学，自数与方名②，诵诗舞勺③，各有一定之程，不问人之资近与否，力能勉否。而子乃谓人各有能有所不能，不相强也，岂古今人有异教与？答曰：今人不学，不能同于古人，非才不相及也，势使然也。自官师分，而教法不合于一，学者各以已之所能私相授受，其不同者一也。且官师既分，则肄习惟资简策④，道不著于器物，事不守于职业，其不同者二也。故学失所师承，六书九数⑤，古人幼学，皆已明习，而后世老师宿儒，专门名家，殚毕生精力求之，犹不能尽合于古，其不同者三也。天时人事，今古不可强同，非人智力所能为也。然而六经大义，昭如日星，三代损益，可推百世。高明者由大略而切求，沉潜者循度数而徐达⑥。资之近而力能勉者，人人所有，则人人可自得也，岂可执定格以相强欤？王氏致良知之说，即孟子之遗言也。良知曰致，则固不遗功力矣。朱子欲人因所发而遂明⑦，孟子所谓察识其端而扩充之⑧,胥是道也⑨。而世儒言学,辄以良知为讳,无亦惩于末流之失,而谓宗指果异于古所云乎?

【注释】

①王氏良知:王氏即王守仁(1472—1528),字伯安,学者称阳明先生,明代余姚(今属浙江)人。明弘治进士。正德年间,以平定宁王宸濠叛乱之功,拜南京兵部尚书,封新建伯。发明孟子"良知"之说,认为仁、义、礼、智、信等伦理道德观念是上天赋予人的本能。王守仁以此补充《大学》格物致知思想,提出"致良知"学说。他认为"良知"就是天理,人们运用反身而求诸内心的修养,自然可以符合天理道德标准,而反对程朱一派客观唯心主义哲学,形成陆王学派,对后世影响很大。

②数与方名:语出《礼记·内则》:"六年,教之数与名方。"数即算术,古代六艺之一。方名,四方名称,指辨别方向。

③诵诗舞勺(zhuó):语出《礼记·内则》:"十有三年,学乐,诵诗,舞勺。"舞勺,古代的一种文舞,适合儿童学习。后世因称未成年为舞勺之年。

④肄习惟资简策:据杜预《春秋经传集解序》曰:"大事书之于策,小事简牍而已。"孔颖达《疏》曰:"单执一札谓之简,连编诸简乃名为策。"简即竹简或木简,把竹或木削成狭长的薄片,作为书写工具。策也作"册",用绳子连穿在一起的记事竹简或木简。

⑤六书九数:据《周礼·地官》记载,保氏教国子六艺,内容为五礼、六乐、五射、五驭、六书、九数。郑玄注"六书"为象形、会意、转注、处事、假借、谐声。按处事即指事,谐声即形声,是古人分析汉字总结出的六种造字方法。郑玄注"九数"为方田、粟米、差分、少广、商功、均输、方程、赢不足、旁要。分别属于计算百分法、立方圆锥体积、勾股方程等九种计量方法。

⑥沉潜:语出《尚书·洪范》:"沉潜刚克,高明柔克。"伪孔安国《传》曰:"沉潜谓地……高明谓天。"后世称人性格深沉含蓄为沉潜,性格高亢明爽为高明。

⑦朱子欲人因所发而遂明:朱子即朱熹,其《孟子集注》卷三《公孙丑章句上》曰:"四端在我,随处发见。知皆即此推广,而充满其本然之量,则其日新又新,将有不能自已者矣。能由此而遂充之,则四海虽远,亦吾度内,无难保者;不能充之,则虽事之至近而不能矣。"

⑧孟子所谓察识其端而扩充之:语出《孟子·公孙丑上》:"恻隐之心,仁之端也;羞恶之心,义之端也;辞让之心,礼之端也;是非之心,智之端也。人之有是四端也,犹其有四体也。有是四端而自谓不能者,自贼者也;谓其君不能者,贼其君者也。凡有四端于我者,知皆扩而充之矣,若火之始然,泉之始达。苟能充之,足以保四海;苟不充之,不足以事父母。"

⑨胥(xū):皆,都。

【译文】

有人说:您谈论学术,功力必须兼容天性和感情,治学的方法,不事先确立规矩,只是让学者自己认识资质可以接近和能力可以达到的程度,而施展自己的功力,这大约就是王阳明良知学说的遗意。古时候的教学,从数目和四方的名称,到诵读诗和学习勺舞,各有一定的进度,不论人的资质是否相近,能力是否可以达到。而您却说人各有能做到和不能做到的事情,不能勉强,难道古人和今人有不同的教育方法吗?回答说:今人缺乏学问,不能和古人相提并论,不是才能比不上古人,而是时势造成这样。自从官员和教师职责分离,教育和法度不能合而为一,学者各用自己的专长私自互相传播和接收,这是不同于古代的第一点。况且官员和教师职责既然分离,那么学习就只能凭借书籍,道不附着在事物上,事务不由专门职业掌管,这是不同于古代的第二点。所以学习失去师承，六书九数，古人幼年学童，都已经熟练学习，而后世年高望重的宗师大儒，专门研究而且成名成家的人，竭尽毕生精力探求，还不能和古代学术完全符合，这是不同于古代的第三点。天时与人事，不能勉强让今天和古代相同，这不是人的智力所能做到的事情。然而六经的重要意义，像太阳和星辰一样昭著，夏、商、周三代的变革，可以推广到百代以后。高爽明朗的人通过了解大概宗旨而迅速求得，沉静含蓄的人遵循法度术数而慢慢达到。资质接近和能力可以达到的方面，每个人都具备，那么每个人都可以自己有所收获，难道能用固定的标准来强求别人吗？王氏致良知的学说，就是孟子遗留下来的言论。把良知叫做格致，那就本来不废弃功力了。朱子想要人们根据自身所发出的德行而充实明显，孟子所说的观察仁、义、礼、智的开端而把它们扩展充实，都是这个道理。而世俗儒生谈论学问，常常把良知当做忌讳，这不是对末流的过失有所惩戒，而认为良知的宗旨果真和古人所说的不同吗？

或曰：孟子所谓扩充，固得仁、义、礼、智之全体也。子乃欲人自识所长，遂以专其门而名其家，且戒人之旁骛焉，岂所语于通方之道欤①？答曰：言不可以若是其几也②。道欲通方，而业须专一，其说并行而不悖也。圣门身通六艺者七十二人③，然自颜、曾、赐、商④，所由不能一辙⑤。再传而后，荀卿言《礼》，孟子长于《诗》、《书》，或疏或密，途径不同，而同归于道也。后儒途径所由寄，则或于义理，或于制数，或于文辞，三者其大较矣。三者致其一，不能不缓其二，理势然也。知其所致为道之一端，而不以所缓之二为可忽，则于斯道不远矣。徇于一偏，而谓天下莫能尚⑥，则出奴入主，交相胜负，所谓物而不化者也⑦。是以学必求其心得，业必贵于专精,类必要于扩充,道必抵于全量,性情喻于忧、喜、愤、乐,理势达于穷、变、通、久,博而不杂,约而不漏,庶几学术醇固⑧,而于守先待后之道,如或将见之矣。

【注释】

①通方:通晓为政之道。也指贯穿事物全体。

②言不可以若是其几(jī):语出《论语·子路》。据朱熹《集注》卷七《子路第十三》曰:"几,期也……言一言之间,未可以如此而必期其效。"

③圣门身通六艺者七十二人:语出司马迁《史记》卷四十七《孔子世家》:"孔子以《诗》、《书》、《礼》、《乐》教弟子,盖三千焉。身通六艺者,七十有二人。"

④颜、曾、赐、商:颜即颜回,字子渊。曾即曾参,字子舆。赐即端木赐,字子贡。商即卜商,字子夏。

⑤不能一辙:辙的本意为车辙,即车轮轧过的痕迹。后引申为治学途径。孔门弟子中,颜回在德行之科,曾子行为笃实,子贡在言语之科,子夏在文学之科,故云不能一辙。

⑥尚:通"上",超越。

⑦物而不化:物化一词原于《庄子·齐物论》,意为变幻、变化。物而不化的意思是不达变通,不知变化。

⑧醇(chún)固:纯粹牢固。

【译文】

有人说:孟子所说的扩展充实,本来就讲到仁、义、礼、智的全部内容。您却想要人们认识自己的长处,用来作为专门之业并且自成一家,还告诫人们不可涉猎太宽,这难道能用来谈论贯通全体的道吗?回答说:话不可以像这样马上见到功效。道要贯通全体,而学业必须专一,这两种说法同时实行并不相冲突。孔圣人门下通晓六经的有七十二人,但是从颜回、曾参、端木赐、卜商开始,所走的已经不是一条路径。传承两代以后,荀卿讲论《周礼》,孟子以治《诗经》、《尚书》见长,有的疏放有的周密,途径虽然不同,但却一同归向大道。后世儒生所凭借的途径,有的在义理方面,有的在典制度数方面,有的在文辞方面,这三方面是主要途径。在三者当中致力于其中一个方面,不能不放松其余两个方面,道理与形势正是这样。懂得所致力的是道的一个方面,而不认为放松的两个方面可以忽略,那就离道不远了。偏向一个方面,而认为天下没有能超过自己的人,就会形成门户之见,互相争胜负,这是人们所说不达变通之道了。所以学习必须追求内心有所体会,学业必须重视专一精深,物类必须求取推广充实,大道必须达到贯穿全体,天性和感情通过忧愁、欢喜、愤怒、快乐来说明,通晓事理趋势的穷尽、变化、通达、长久,广博而不芜杂,简约而不遗漏,差不多就可以学术纯正牢固,对于遵守上古君王之道以等待后代学者的道理,或许将会发现它了。

言公上

【题解】

《言公》上中下三篇,是章学诚论述古今学术变迁的文章,主旨在于揭明古今学术立言宗旨不同,因而造成学术发展的面貌各异。近现代学者刘咸炘、程千帆、叶瑛等人,均给予高度评价。章学诚认为,上古官师合一,治教不分,道术为天下公器,没有把立言据为私有的事例。古人立言不求名,言虽出于我,而所以为言,不必由我。孔子述周公之旧典,未尝托于空言。诸子百家之书,也是其后学口耳相传,至战国而笔之于书,不能断言全是后人伪托。尤其是史学撰述,司马迁删润《尚书》、《春秋》、《国语》、《战国策》、《楚汉春秋》,撰成《史记》,班固依据《史记》撰成《汉书》,皆本前人史书,犹有言公之遗意,不可谓之抄袭。战国以后官师治教分离,后人去道日远,言公之意渐晦,好名之心大盛。实不充而争于名,道不足而争于文,导致学术成为私有之物。人们为炫耀个人才智,获取个人名声,忘记立言为公之意,不仅把古人言论据为己有,而且剽窃同时代人的文章。或者为掩盖剽窃痕迹而更改他人原文,使其本意丧失;或者辑录古书不注明出处而任意改编,使古义不存。更有甚者,各种学派以文章作为私人武器,互争门户,造成无休止的学术纷争。章学诚特别指出,如果不懂得修辞立其诚和立言明道的宗旨,而以文章作为争名夺利的工具,那么文章可以明道,也可以叛道,并不取决于文章的工拙。文辞只是工具,关键在于如何运用,如果仅仅善于文辞,而不以明道为宗主,就会迷失方向。章学诚进一步推古人言公之宗旨,运用别具一格的赋体文章,指出言公之意在后世文章中的运用。他总结出制诰之公、馆局之公、文移之公、书记之公、募集之公、乐府之公、点窜之公、拟文之公、假设之公、制义之公十个方面,推论言公之意无所不通,要求世人识言公之微旨,收明道之功效,意义深远。

　　古人之言,所以为公也,未尝矜于文辞,而私据为己有也。志期于道,言以明志,文以足言①。其道果明于天下,而所志无不申,不必其言之果为我有也。《虞书》曰②:"敷奏以言,明试以功。"③此以言语观人之始也。必于试功而庸服④,则所贵不在言辞也。誓诰之体,言之成文者也。苟足立政而敷治,君臣未尝分居立言之功也。周公曰:"王若曰多方。"⑤诰四国之文也。说者以为周公将王之命,不知斯言固本于周公,成王允而行之⑥,是即成王之言也。盖圣臣为贤主立言,是谓贤能任圣,是亦圣人之治也。曾氏巩曰⑦:"典谟载尧、舜功绩,并其精微之意而亦载之,是岂寻常所及哉?当时史臣载笔,亦皆圣人之徒也。"⑧由是观之,贤臣为圣主述事,是谓贤能知圣,是亦圣人之言也。文与道为一贯,言与事为同条,犹八音相须而乐和⑨,不可分属一器之良也。五味相调而鼎和⑩,不可标识一物之甘也。故曰:古人之言,所以为公也,未尝矜于文辞,而私据为己有也。

【注释】

　　①言以明志,文以足言:语出《左传·襄公二十五年》:"仲尼曰:

《志》有之：'言以足志，文以足言。'不言，谁知其志？"

②《虞书》：《尚书》中的一部分，今本内容包括《尧典》、《舜典》、《大禹谟》、《皋陶谟》、《益稷》五篇。

③敷奏以言，明试以功：语出《尚书·舜典》。

④庸服：语出《尚书·舜典》："车服以庸。"

⑤王若曰多方：语出《尚书·多方》："王若曰：'猷！告尔四国多方。'"四国，四方诸侯之国。多方，各方诸侯。

⑥成王：姓姬名诵，周武王之子。即位时年幼，命叔父周公摄政。亲政后采取一系列措施，巩固周王朝统治，政局比较稳定。与其祖文王、父武王、子康王，并称文、武、成、康之治。

⑦曾氏巩：曾巩（1019—1083），字子固，北宋建昌军南丰（今属江西）人。官至中书舍人。工文章，散文成就最高，为唐宋八大家之一。著作有《隆平集》、《元丰类稿》。

⑧典谟载尧、舜功绩，并其精微之意而亦载之，是岂寻常所及哉？当时史臣载笔，亦皆圣人之徒也：语出曾巩《元丰类稿》卷十一《南齐书目录序》，章学诚概括节选引用。

⑨八音相须：语出《尚书·舜典》："四海遏密八音。"伪孔安国《传》曰："八音，金、石、丝、竹、匏、土、革、木。"须，通"需"，需要。

⑩五味相调而鼎和：语出《礼记·礼运》："五味六和。"郑玄《注》曰："五味，酸、苦、辛、咸、甘也。"鼎，古代一种烹饪器具，常见者为三足两耳。

【译文】

古人的言论，是要拿来作为公用，没有在文辞方面矜夸，而私自据为己有。志向期望着道，用语言来表明志向，用文辞来充分修饰语言。他们的道果真在天下显明，而且所期望的志向无不表达，不一定那些言论最终被我占有。《虞书》说："诸侯报告治绩，天子明确考察其功效。"这是根据言语观察人的开端。一定要在考察功效后赏赐车马衣服，那么所看重的并不在于言辞。誓诰的体裁,是语言形成的文章。如果足够建立政纲和施行治理,君臣没有各自占有立言的功劳。周公说:"王这样说各方诸侯。"是告诫四方诸侯的文辞。解说的人认为周公奉行成王的命令,不知道这些言论本来语出周公,成王同意并且颁行,这就是成王的言论。大概圣德臣子为贤明君主立言,这叫做贤人能任用圣人,这也是圣人的治效。曾巩说:"《尚书》的典谟记载尧、舜的功绩,连同他们精深微妙的思想也记载上,这难道是平常人能够比得上的吗? 当时史臣记载笔削,也都是圣人同一类人。"由此来看,贤明臣子为圣明君主记述事情,这叫做贤人能了解圣人,这也是圣人的言论。文辞和道体互相贯穿,语言和事情互相通达,就像各种乐器互相配合而音乐和谐,不能单独归功于一种乐器的精良;各种味道互相调和而炊事和谐,不能单独指出一种食品的味道美。所以说:古人的言论,是要拿来作为公用,没有在文辞方面矜夸,而私自据为已有。

　　司马迁曰:"《诗》三百篇,大抵贤圣发愤所为作也。"①是则男女慕悦之辞,思君怀友之所托也。征夫离妇之怨,忠国忧时之所寄也。必泥其辞,而为其人之质言,则《鸱鸮》实鸟之哀音②,何怪鲋鱼忿诮于庄周③,《苌楚》乐草之无家④,何怪雌风慨叹于宋玉哉⑤? 夫诗人之旨,温柔而敦厚⑥,主文而谲谏,言之者无罪,闻之者足戒⑦,舒其所愤懑,而有裨于风教之万一焉,是其所志也。因是以为名,则是争于艺术之工巧,古人无是也。故曰:古人之言,所以为公也,未尝矜于文辞,而私据为已有也。

【注释】

　　①《诗》三百篇,大抵贤圣发愤所为作也:语出《史记》卷一百三十

《太史公自序》。

②《鸱鸮(chī xiāo)》:《诗经·豳风》篇名。鸱鸮,鸟名,猫头鹰的一种。古人以为恶鸟,比喻奸邪之人。据《尚书·金縢》记载:"武王既丧,管叔及其群弟乃流言于国曰:'公将不利于孺子。'周公乃告二公曰:'我之弗辟,我无以告我先王。'周公居东二年,则罪人斯得,于后公乃为诗以贻王,名之曰《鸱鸮》。"周公在诗中借鸱鸮之言诉说处境艰难,向成王表明自己摄政受人猜疑而自己光明磊落的心迹。

③鲋(fù)鱼忿诮于庄周:《庄子·外物》记载的寓言,大意说庄周家贫,向监河侯借粟。监河侯说自己很快会得到一笔钱,到时候借给庄周三百金。庄周愤怒地说:"我来的路上看到车辙里有条鲋鱼呼救,让我给他斗升之水活命。我说将游历吴越,可以引西江之水救你。鲋鱼听了很气愤,说我只要斗升之水就可以活命,照你这样说,还不如早点到干鱼店里找我!"以此讽刺监河侯的吝啬。

④《苌(cháng)楚》:《诗经·桧风·隰有苌楚》。苌楚即羊桃,诗中假托羊桃的口气悲叹自己生活痛苦,不如山野草木之乐。

⑤雌风慨叹于宋玉:萧统《文选》卷十三《宋玉·风赋》,描写宋玉、景差二人陪同楚襄王游兰台宫,忽然一阵风吹来,楚王感到很爽快,就说自己和民众一起享受飒爽。宋玉说这只是大王的雄风,民众不敢共享,只能沐浴雌风。接着写楚王的雄风和民众的雌风,表现国王与民众差别悬殊,对楚王暗含讥讽。宋玉,战国时期楚国人,继屈原之后,与唐勒、景差以辞赋名世。一说为屈原弟子,曾侍楚顷襄王。班固《汉书》卷三十《艺文志》著录其赋十六篇,大多亡佚。今传作品多后人伪托,只有《九辩》、《招魂》属原作,较为可信。

⑥温柔而敦厚:语出《礼记·经解》:"温柔敦厚,《诗》教也。"

⑦主文而谲(jué)谏,言之者无罪,闻之者足戒:语出《诗经》《关雎》卫宏《序》。谲谏,委婉规谏。

【译文】

司马迁说:"《诗经》三百篇,大约是贤人、圣人忧愤创作的诗篇。"这样男女之间爱慕的言辞,就是思念君主与怀想友人的寄托;远征男子和独居妇人的怨恨,就是忠于国家和忧虑时局的寄托。一定要拘泥于言辞,以为是那些人的真话,那么《鸱鸮》确实是鸟的哀鸣,何必惊诧庄周被鲋鱼愤怒讥诮?《芣楚》美慕野草无家,何必惊诧宋玉以雌风表达感慨?《诗经》作者的旨意,温柔而且敦厚,注重文辞而委婉地规谏,说的人不会得罪,听的人完全能够警惕,抒发作者的激愤抑郁,而对教化多少会有些微裨益,这是作者的心志。凭借作诗讽喻来求取名声,就是竞争才艺技术的工巧,古人没有这种做法。所以说:古人的言论,是要拿来作为公用,没有在文辞方面矜夸,而私自据为己有。

夫子曰:"述而不作。"六艺皆周公之旧典,夫子无所事作也。《论语》则记夫子之言矣。"不恒其德"①,证义巫医,未尝明著《易》文也。"不忮不求"之美季路②,"诚不以富"之叹夷、齐③,未尝言出于《诗》也。"允执厥中"之述尧言④,"玄牡昭告"之述汤誓⑤,未尝言出于《书》也。《墨子》引《汤誓》。《论语》记夫子之微言,而《诗》、《书》初无识别,盖亦述作无殊之旨也。王伯厚常据古书出孔子前者,考证《论语》所记夫子之言,多有所本。古书或有伪托,不尽可凭,要之古人引用成说,不甚拘别。夫子之言,见于诸家之称述,诸家不无真伪之参,而子思、孟子之书,所引精粹之言,亦多出于《论语》所不载。而《论语》未尝兼收,盖亦详略互托之旨也。夫六艺为文字之权舆,《论语》为圣言之荟粹,创新述故,未尝有所庸心⑥,盖取足以明道而立教,而圣作明述⑦,未尝分居立言之功也。故曰:古人之言,所以为公也,未尝矜其文辞,而私据为己有也。

【注释】

①不恒其德:引文语出《论语·子路》:"子曰:南人有言曰:'人而无恒,不可以作巫医。'善夫!'不恒其德,或承之羞。'子曰:不占而已矣。""不恒其德,或承之羞"二句,引自《周易·恒卦·爻辞》,孔子取以证巫医不可无恒德。

②"不忮(zhì)不求"之美季路:语出《论语·子罕》:"子曰:'衣敝缊袍,与衣狐貉者立而不耻者,其由也与? 不忮不求,何用不臧?'子路终身诵之。""不忮不求,何用不臧"二句,引自《诗经·卫风·雄雉》,孔子取以赞美子路不以富贵动其心。季路,仲由之字,又字子路。忮,愤怒。求,贪婪。

③"诚不以富"之叹夷、齐:语出《论语·季氏》:"齐景公有马千驷,死之日,民无德而称焉。伯夷、叔齐饿于首阳之下,民到于今称之。诚不以富,亦只以异。其斯之谓与?""诚不以富,亦只以异"二句,引自《诗经·小雅·我行其野》。《论语》引文在第十二篇《子张》中"子张问崇德辨惑"条下。朱熹《集注》引程子曰:"此错简,当在第十六篇'齐景公有马千驷'之上。因此下文亦有'齐景公'字而误也。"章学诚遵从程颐之说,以为孔子以此赞美伯夷和叔齐。

④"允执厥中"之述尧言:语出《论语·尧曰》:"尧曰:'咨! 尔舜! 天之历数在尔躬,允执其中。四海困穷,天禄永终。'""允执厥中"语出伪古文《尚书·大禹谟》,孔子用以赞美尧、舜。

⑤"玄牡昭告"之述汤誓:语出《论语·尧曰》:"曰:'予小子履,敢用玄牡,敢昭告于皇皇后帝:有罪不敢赦。帝臣不蔽,简在帝心。朕躬有罪,无以万方;万方有罪,罪在朕躬。'""玄牡昭告"语出伪

　　古文《尚书·汤诰》。《国语·周语上》内史过引和《墨子·兼爱
　　下》引均作《汤誓》。孔子用以赞美商汤。

⑥庸心：用心。

⑦圣作明述：语出《礼记·乐记》："故知礼乐之情者能作,识礼乐之
　　文者能述。作者之谓圣,述者之谓明。明圣者,述作之谓也。"

【译文】

　　孔夫子说："传述而不创作。"六经都是周公时代的典章,孔夫子没
有什么可以创作的制度。《论语》就是记录孔夫子的言论了。"不恒久
保持德行",用来证明巫师和医师的职业特点,没有标明是《周易》的文
辞。用"不嫉妒又不贪求"来称赞子路,用"诚然不因为富裕"来赞叹伯
夷和叔齐,没有说是语出《诗经》。用"确实能不偏不倚地把握中点"来
表述尧的话,用"以黑色公牛明告天帝"来表述汤的誓词,没有说是语
出《尚书》。《墨子》引作《汤誓》。《论语》记载孔夫子的精微语言,而引
用《诗经》、《尚书》从来不加标著,大概也是传述和创作没有区别的宗
旨。王伯厚常常根据语出孔子以前的古书,考证《论语》里所记载的孔夫
子言论,大多都有来源。古书有的属于伪托,不完全可以作为依据,总之古
人引用已有说法,不太拘于区别。孔夫子的言论,在各家的述说中可以
见到,各家不免有真伪的混杂,而子思、孟子的著作,所引精粹的言论,也
大多是《论语》没有记载的内容。而《论语》没有一并收入,大概也是有详
有略相互依托的宗旨。六经是著作的开始,《论语》是圣人言论的荟
萃,开创新意与传述旧说,没有加以用心区别,大概是用来充分阐明大
道而树立教化,而圣人创作与贤人传述,没有各自占据立言的功劳。
所以说：古人的言论,是要拿来作为公用,没有在文辞方面矜夸,而私
自据为己有。

　　周衰文弊,诸子争鸣,盖在夫子既殁,微言绝而大义之
已乖也。然而诸子思以其学易天下,固将以其所谓道者,争

天下之莫可加①,而语言文字,未尝私其所出也。先民旧章,存录而不为识别者,《幼官》、《弟子》之篇②,《月令》、《土方》之训是也③。《管子·地圆》,《淮南·地形》,皆土训之遗。辑其言行,不必尽其身所论述者,管仲之述其身死后事④,韩非之载其李斯《驳议》是也⑤。庄子《让王》、《渔父》之篇,苏氏谓之伪托⑥;非伪托也,为庄氏之学者所附益尔。《晏子春秋》,柳氏以谓墨者之言⑦。非以晏子为墨,为墨学者述晏子事,以名其书,犹孟子之《告子》、《万章》名其篇也⑧。《吕氏春秋》,先儒与《淮南鸿烈》之解同称⑨,盖谓集众宾客而为之,不能自命专家,斯固然矣。然吕氏、淮南⑩,未尝以集众为讳,如后世之掩人所长以为己有也。二家固以裁定之权,自命家言,故其宗旨,未尝不约于一律,吕氏将为一代之典要,刘安托于道家之支流。斯又出于宾客之所不与也。诸子之奋起,由于道术既裂,而各以聪明才力之所偏,每有得于大道之一端,而遂欲以之易天下。其持之有故,而言之成理者,故将推衍其学术,而传之其徒焉。苟足显其术而立其宗,而援述于前,与附衍于后者,未尝分居立言之功也。故曰:古人之言,所以为公也,未尝矜其文辞,而私据为己有也。

【注释】

①争天下之莫可加:语出《庄子·天下》:"天下之治方术者多矣,皆以其有为不可加矣。"

②《幼官》、《弟子》:《幼官图》和《弟子职》,均为《管子》篇名。前者阐说五行政令,后者讲述弟子从师古礼。

③《月令》、《土方》:《月令》为《礼记》篇名。《周礼·夏官》的属官有

土方氏和训方氏,掌管四方邦国之土地,训导四方邦国之民。《管子·地圆》、《淮南子·地形》,皆为土训之遗。

④管仲之述其身死后事:今传《管子》书中,如毛嫱、西施、吴王好剑、威公之死、五公子之乱,都是管仲死后之事,皆其后学附会成书。

⑤韩非之载其李斯《驳议》:今传《韩非子·存韩》书中,前半部分载韩非上秦王嬴政书,后半部分从"诏以韩客之所上书,书言韩子之未可举,下臣斯"以下,乃李斯上书驳斥韩非之言,显然是后人附益而成。李斯(?—208),战国时期韩国上蔡(今属河南)人。从荀卿学法令,为郡小吏。后游历秦国,被秦王嬴政拜为客卿,后官廷尉。秦国下令驱逐客卿,他向秦王奏上《谏逐客书》,对秦国发展壮大起了重要作用。秦灭六国后,任丞相。主张废分封,建郡县,焚《诗》、《书》,禁私学,制定小篆标准文字,加强专制统治。秦始皇死后,默许赵高矫诏杀害始皇长子扶苏,立少子胡亥为帝。不久,被赵高杀害。

⑥苏氏谓之伪托:苏氏指苏轼。据《苏轼文集》卷十一《庄子祠堂记》曰:"至于《让王》、《说剑》,皆浅陋不入于道……去其《让王》、《说剑》、《渔父》、《盗跖》四篇,以合于《列御寇》之篇……然后悟而笑曰:是固一章也。庄子之言未终,而昧者剿之以入其言。余不可不辨。"

⑦柳氏以谓墨者之言:柳氏指柳宗元(773—819),字子厚,唐代河东解(今山西运城)人。贞元进士,官至礼部员外郎。永贞改革失败后,被贬永州司马,后迁柳州刺史。与唐代韩愈倡导古文运动,并列唐宋八大家之中。著作有《柳河东集》。据《柳河东全集》卷四《辩晏子春秋》曰:"司马迁读《晏子春秋》,高之,而莫知其所以为书。或曰晏子为之而人接焉,或曰晏子之后为之,皆非也。吾疑其墨子之徒有齐人者为之。墨好俭,晏子以俭名于世,

故墨子之徒，尊著其事，以增高为己术者。且其旨多尚同、兼爱，非乐、节用，非厚葬久丧者，是皆出墨子。"

⑧《告子》、《万章》名其篇：告子，名不害，孟子同时代人，与孟子辩性，认为性无善恶之分。万章，孟子弟子。二人名字均在篇首，故作为篇名。

⑨《淮南鸿烈》：又名《淮南子》，西汉淮南王刘安及其门客所撰。全书内篇二十一篇，内容为论道之言，外篇三十三篇，内容为杂说，糅合道、法、儒、阴阳各派学说，属于杂家著作。后世仅存内篇，汉代高诱作注，名为《淮南鸿烈解》。鸿，大也。烈，明也。即大明礼教道体之言。解，高诱本为"注疏"之意，章学诚误作"题解"之意。

⑩吕氏、淮南：吕氏指吕不韦（？—235），战国末年卫国濮阳（今属河南）人。原为阳翟（今河南禹州）大商人，在赵国都城邯郸（今属河北）遇见秦国质子异人，以为奇货可居，入秦游说秦昭王太子安国君爱姬华阳夫人收为义子。安国君继位后，异人改名子楚，被立为太子。子楚继位后，被任命为相国，封文信侯。嬴政继位后，仍然担任相国，被尊为仲父。门下食客三千，家僮万人。招集宾客各著所闻，汇集为八览、六论、十二纪，备天地万物古今之事，融合先秦各派学说，名为《吕氏春秋》。嬴政亲政后，因嫪毐案获罪，被罢相国，迁居河南封地。不久诏迁蜀地，忧惧饮鸩自尽。淮南指刘安（179—122），汉高祖刘邦之孙，淮南王刘长之子，袭封淮南国国王。为人好学，善于文辞，才思敏捷。招集宾客方术之士数千人，共同编撰《淮南鸿烈》一书。汉景帝时期曾准备参与吴楚七国之乱，因国相反对而作罢。汉武帝时期暗整武备，企图谋反，事泄自杀，宾客被株连者数千人。

【译文】

周代衰落而文化弊坏，诸子相互论辩，大概在孔夫子已经去世，精微的言论断绝而要旨乖舛之后。然而诸子想用他们的学说改变天下，原本是要用他们所说的道，争夺天下无以复加的地位，而对于语言文字，没有把他们所撰述的据为私有。古代贤人的典籍，保存下来而不辨明属于哪派的情况，例如《幼官》、《弟子》等篇，《月令》、《土方》诸训就是如此。《管子·地圆》、《淮南子·地形》，都是土方氏、训方氏的遗留。辑录某人的言行，不必完全是那人生前所论述的情况，例如《管子》书中记述了管仲死后的事，《韩非子》书中记载了李斯的反驳奏议就是如此。《庄子》的《让王》、《渔父》等篇，苏轼认为它们是伪托，实际不是伪托，是庄子学派的人所增加的而已。《晏子春秋》，柳宗元认为是墨家的言论。不是把晏子视为墨家，是信奉墨家学说的人记述晏子的事，用晏子的名字命名这本书，就像《孟子》一书用《告子》、《万章》命名它的篇名。《吕氏春秋》，前辈儒生把它和《淮南鸿烈》一书相提并论，大概认为都是招集许多宾客而编撰的书，不能自命为专门一家，这原本不错。但是吕氏、淮南王，没有把招集众人著书当做忌讳，像后世的人掩盖别人的长处据为自己所有。两家本来就是使用裁定各家的权力，形成自己的一家言论，所以他们书中的宗旨，未尝不用一种标准相制约，吕氏打算成为一个时代的固定准则，刘安寄托在道家的支派。这又是语出宾客们所不能参与的宗旨。诸子的兴起，是由于道术已经分裂，而各自运用聪明才力所偏重的一面，常常在大道的某一部分有所收获，于是就想用它来改变天下。那些主张有根据，言论有道理的人，因而打算推广他们的学术，把它传授给自己的门徒。如果足以显扬他们一家的学术，那么在前援引陈述的人，与在后依附扩大的人，没有各自占有立言的功绩。所以说：古人的言论，是要拿来作为公用，没有在文辞方面矜夸，而私自据为己有。

夫子因鲁史而作《春秋》，孟子曰"其事齐桓、晋文，其文则史"，孔子自谓窃取其义焉耳。载笔之士，有志《春秋》之业,固将惟义之求,其事与文,所以藉为存义之资也。世之讥史迁者,责其裁裂《尚书》、《左氏》、《国语》、《国策》之文①,以谓割裂而无当,出苏明允《史论》②。世之讥班固者,责其孝武以前之袭迁书③,以谓盗袭而无耻,出郑渔仲《通志》④。此则全不通乎文理之论也。迁史断始五帝,沿及三代、周、秦,使舍《尚书》、《左》、《国》,岂将为凭虚、亡是之作赋乎⑤? 必谓《左》、《国》而下,为迁所自撰,则陆贾之《楚汉春秋》⑥,高祖、孝文之《传》⑦,皆迁之所采摭,其书后世不传,而徒以所见之《尚书》、《左》、《国》,怪其割裂焉,可谓知一十而不知二五者矣⑧。固书断自西京一代,使孝武以前,不用迁史,岂将为经生决科之同题而异文乎? 必谓孝武以后,为固之自撰,则冯商、扬雄之纪,刘歆、贾护之书⑨,皆固之所原本,其书后人不见,而徒以所见之迁史,怪其盗袭焉,可谓知白出而不知黑入者矣⑩。以载言为翻空欤? 扬、马词赋,尤空而无实者也。马、班不为《文苑传》⑪,藉是以存风流文采焉,乃述事之大者也。以叙事为征实欤? 年表传目,尤实而无文者也。《屈贾》、《孟荀》、《老庄申韩》之标目⑫,《同姓侯王》、《异姓侯王》之分表⑬,初无发明,而仅存题目,褒贬之意,默寓其中,乃立言之大者也。作史贵知其意,非同于掌故,仅求事文之末也。夫子曰:“我欲托之空言,不如见诸行事之深切著明也。”此则史氏之宗旨也。苟足取其义而明其志,而事次文篇,未尝分居立言之功也。故曰:古人之言,所以为公也,未尝矜其文辞,而私据为己有也。

【注释】

①《国策》：战国时期纵横游说之士策谋和议论的汇编，按国别编排。西汉刘向校订为三十三篇，定名《战国策》。

②出苏明允《史论》：苏洵（1009—1066），字明允，号老泉，北宋眉州眉山（今属四川）人。官秘书省校书郎，参与撰修《太常因革礼》。精通《五经》、百家之说，尤长于古文。为唐宋八大家之一，与其子苏轼、苏辙合称三苏。著作有《嘉祐集》。据《嘉祐集》卷九《史论下》曰："迁之辞淳健简直，足称一家，而乃裂取六经、传记，杂于其间，以破碎汩乱其体。《五帝》、《三代纪》多《尚书》之文，《齐》、《鲁》、《晋》、《楚》、《宋》、《卫》、《陈》、《郑》、《吴》、《越世家》，多《左传》、《国语》之文，《孔子世家》、《仲尼弟子传》，多《论语》之文。夫《尚书》、《左传》、《国语》、《论语》之文非不善也，杂之则不善也。今夫绣绘锦縠，衣服之穷美者也，尺寸而割之，错而纫之以为服，则绨缯之不若。迁之书，无乃类是乎！"

③孝武：汉武帝刘彻，谥号为孝武，庙号为世宗。

④出郑渔仲《通志》：郑渔仲，即郑樵（1104—1162），字渔仲，南宋兴化军莆田（今属福建）人。不应科举，筑草堂于夹漈山，读书三十年，学者称夹漈先生。广游名山大川，实地考察各种知识，对经史子集、天文地理、草木鱼虫、文字音韵无不精通。平生著述多达八十余种，大多散佚，今存《通志》、《尔雅注》、《诗辨妄》、《夹漈遗稿》。据郑樵《通志·总序》曰："班固者，浮华之士也。全无学术，专事剽窃……班固不通旁行邪上，以古今人物强立差等，且谓汉绍尧运，自当继尧，非迁作《史记》厕于秦、项，此则无稽之谈也。由其断汉为书，是致周、秦不相因，古今成间隔。自高祖至武帝，凡六世之前，尽窃迁书，不以为惭。自昭帝至平帝，凡六世资于贾逵、刘歆，复不以为耻。况又有曹大家终篇，则固之自为书也几希。往往出固之胸中者，《古今人表》耳，他人无此谬也。

后世众手修书，道旁筑室，掠人之文，窃钟掩耳，皆固之作俑也。"

⑤凭虚、亡是之作赋：张衡《西京赋》有凭虚公子，司马相如《上林赋》有亡是公，皆为虚拟人物。

⑥《楚汉春秋》：西汉陆贾撰，九篇，记载项羽和刘邦反秦斗争和汉惠帝、文帝之事。

⑦高祖、孝文之《传》：班固《汉书》卷三十《艺文志》儒家类著录《高祖传》十三篇，注谓"高祖与大臣述古语及诏策也"；又著录《孝文传》十一篇，注谓"文帝所称及诏策"。

⑧知一十而不知二五：语出司马迁《史记》卷四十一《越王勾践世家》："且王之所求者，斗晋楚也。晋楚不斗，越兵不起，是知二五而不知十也。"

⑨冯商、扬雄之纪，刘歆、贾护之书：司马迁之后续《史记》者，据刘知几《史通》卷十二《古今正史》记载："其后刘向、向子歆及诸好事者，若冯商、卫衡、扬雄、史岑、梁审、肆仁、晋冯、段肃、金丹、冯衍、韦融、萧奋、刘恂等，相次撰续，迄于哀、平间，犹名《史记》。"唐章怀太子李贤注范晔《后汉书》卷七十上《班彪传》曰："好事者，谓扬雄、刘歆、阳城衡、褚少孙、史孝山之徒也。"冯商，字子高，西汉冯翊阳陵（今陕西咸阳东北）人。善为文，治经长于《周易》。曾受诏续《太史公书》。《汉书》卷三十《艺文志》六艺略著录冯商所续《太史公》七篇。贾护，字季君，西汉魏郡黎阳（今河南浚县）人。汉哀帝时，待诏为郎。治经长于《左传》，与刘歆齐名。郑樵《通志·总序》和章学诚《文史通义》内篇五《答客问上》都说班固《汉书》资于刘歆、贾逵，则贾护当是贾逵之误。

⑩知白出而不知黑入：语出《韩非子·说林下》："杨朱之弟杨布，衣素衣而出。天雨，解素衣，衣缁衣而反。其狗不知而吠之。杨布怒，将击之。杨朱曰：'子毋击也，子亦犹是。曩者，使女狗白而往，黑而来，子岂能毋怪哉？'"文义与"知二五而不知一十"相同。

女,通"汝"。

⑪马、班不为《文苑传》:司马迁《史记》卷一百一十七《司马相如列传》和班固《汉书》卷八十七《扬雄传》,分别收录二人辞赋入传,以显其风流文采,而不设立《文苑传》。

⑫《屈贾》、《孟荀》、《老庄申韩》之标目:章学诚《文史通义》内篇一《书教下》曰:"《屈贾列传》所以恶绛、灌之谗,其叙屈之文,非为屈氏表忠,乃吊贾之赋也……《孟子荀卿》,总括游士著书耳。名姓标题,往往不拘义例,仅取名篇。"又据司马迁《史记》卷六十三《老庄申韩列传》曰:"申子卑卑,施之于名实,韩子引绳墨,切事情,明是非,其极惨礉少恩,皆原于道德之意。"此皆明合传之义。

⑬《同姓侯王》、《异姓侯王》之分表:班固《汉书》列《异姓诸侯王表》于卷十三,同姓《诸侯王表》于卷十四。

【译文】

孔夫子依据鲁国史书而作《春秋》,孟子说"它所记载的史事是齐桓公、晋文公,所使用的文字是史书的文字",孔子自己说借用了褒贬的大义。挥笔记事的人,如果有志于《春秋》的事业,本来应该只探求大义,那些事情和文字,只是借用来保存大义的载体。后世讥剌司马迁的人,指责他割裂《尚书》、《左传》、《国语》、《战国策》的文字,认为割裂得不恰当,语出苏明允《史论》。后世讥剌班固的人,指责他记载汉武帝以前的史实沿袭司马迁《史记》,认为剽窃沿袭而不知羞耻,语出郑渔仲《通志》。这是完全不通文理的论调。司马迁《史记》的断限从五帝开始,延续到三代、周、秦,假使不用《尚书》、《左传》、《国语》,难道要像用凭虚公子、亡是公作赋那样虚构吗?一定要说《左传》、《国语》以后的史事,是司马迁自己所撰写,那么陆贾的《楚汉春秋》,汉高祖与汉文帝的传记,都是司马迁所采摘的史书,这些书后世没有流传下来,却只是根据所见到的《尚书》、《左传》、《国语》,责怪司马迁从中割裂,可以说是知道一十等于十而不知道二五也等于十了。班固《汉书》断限为西汉一代,假使记载武帝以前的史实，不用司马迁《史记》，难道要像经生考试做相同题目下的不同文章一样吗？一定要说武帝以后的史事，是班固自己所撰写，那么冯商、扬雄的记载，刘歆、贾护的续书，都是班固所依据的文本，这些书后人没有见到，却只是根据所见到的司马迁《史记》，责怪班固剽窃《史记》，可以说是知道某个人穿着白衣出去却不知道穿着黑衣回来都是同一个人了。把记言当做凭空腾说吗？扬雄和司马相如的赋，就特别空泛而没有实质内容。司马迁、班固不另立《文苑传》，是凭借他们的辞赋来保存一代风流文采，正是极其重要的记事。把叙事当做求真征实吗？年表与列传的题目，就特别质直而没有文采。《史记》的《屈贾》、《孟荀》、《老庄申韩》等传的标明题目，《汉书》的《同姓诸侯王》、《异姓诸侯王》的分别列表，本来没有发挥，只是存留题目，褒贬的含意，暗暗寓涵在里面，正是极其重要的立言。撰写史书重要的是知道大义，不是像保存掌故的官员那样，只是寻求事情和文字的细枝末节。孔夫子说："我认为把自己的观点用议论来表达，不如用事实来表现更真切明显。"这就是史家的宗旨。如果足以撷取大义来表明意旨，而排列事迹和编录文章，没有各自占据立言的功劳。所以说：古人的言论，是要拿来作为公用，没有在文辞方面矜夸，而私自据为己有。

　　汉初经师，抱残守缺①，以其毕生之精力，发明前圣之绪言，师授渊源，等于宗支谱系；观弟子之术业，而师承之传授，不啻凫鹄黑白之不可相淆焉②，学者不可不尽其心也。《公》、《榖》之于《春秋》，后人以谓假设问答以阐其旨尔。不知古人先有口耳之授，而后著之竹帛焉，非如后人作经义，苟欲名家，必以著述为功也。商瞿受《易》于夫子③，其后五传而至田何④。施、孟、梁邱⑤，皆田何之弟子也。然自田何而上，未尝有书，则三家之《易》，著于《艺文》⑥，皆悉本于田何以上口耳之学也。是知古人不著书，其言未尝不传也。治韩《诗》者，不杂齐、鲁，传伏《书》者⑦，不知孔学⑧；诸家章句训诂，有专书矣。门人弟子，据引称述，杂见传、纪、章、表者，不尽出于所传之书也，而宗旨卒亦不背乎师说。则诸儒著述成书之外，别有微言绪论，口授其徒，而学者神明其意，推衍变化，著于文辞，不复辨为师之所诏，与夫徒之所衍也。而人之观之者，亦以其人而定为其家之学，不复辨其孰为师说，孰为徒说也。盖取足以通其经而传其学，而口耳竹帛，未尝分居立言之功也。故曰：古人之言，所以为公也，未尝矜于文辞，而私据为己有也。

【注释】

①抱残守缺：语出班固《汉书》卷三十六《楚元王传附刘歆传》："犹欲保残守缺，挟恐见破之私意，而无从善服义之公心。"指泥古者墨守经书遗文，不可割舍。

②凫鹄（fú hú）黑白：语出《庄子·天运》："夫鹄不日浴而白，乌不日黔而黑。""凫"当为"乌"。凫，野鸭。乌，乌鸦。鹄，天鹅。

③商瞿（前522—?）：名瞿，字子木，春秋末年鲁国人。孔子学生，好《周易》。孔子传《周易》于商瞿，《周易》学遂传于后世。

④田何：字子庄，也作子装，西汉齐国人。后徙杜陵（今陕西西安），号杜田生。《周易》自商瞿传桥庇，桥庇传馯臂子弓，馯臂传周丑，周丑传孙虞，孙虞传田何，是为五传。西汉言《周易》者，皆宗田何。

⑤施、孟、梁邱：施雠、孟喜、梁邱贺。田何传《周易》于丁宽，丁宽传田王孙，田王孙传施雠、孟喜、梁邱贺。

⑥《艺文》：班固《汉书》卷三十《艺文志》。其《六艺略》周易类著录：

　　"《章句》,施、孟、梁丘氏,各二篇。"

⑦伏《书》:伏生所传《尚书》。伏生,名胜,字子贱,西汉济南人。曾
　　为秦博士。秦朝诏焚《诗》、《书》,伏生藏《尚书》于墙壁。汉初,
　　仅存二十九篇,教授于齐、鲁之间。文帝诏晁错往受《尚书》,其
　　学始传。今文《尚书》二十八篇,即来源于伏生所传。

⑧孔学:西汉鲁共王刘余从孔子宅壁得到《尚书》五十九篇,皆蝌蚪
　　文字。孔安国以今文解读,为《尚书》作传,成其家学,是为古文
　　《尚书》。其书后世不传,至东晋梅赜献古文《尚书》及孔安国
　　《传》,即今所通行者。历代均有学者怀疑,至清代阎若璩定为
　　伪书。

【译文】

　　汉初的经师,怀抱残籍固守缺典,用他们毕生的精力,发挥前代圣人未尽的言论,师从传授的渊源,等同于宗族的谱系;考察弟子的学业,而师承的传心和授业,如同野鸭和天鹅的毛色黑白不能相混淆,学者不可以不尽心。《公羊传》、《穀梁传》和《春秋》的关系,后人认为是假设问答以阐明《春秋》的宗旨。不知道古人先有口耳相传的授业,后来把文字写在竹帛上,不像后人阐释经书大义,如果想称为一家,一定要把著述成书作为功效。商瞿跟随孔夫子学习《周易》,以后经过五传到田何。施雠、孟喜、梁丘贺,都是田何的弟子。然而从田何以上,没有成书,那么施、孟、梁丘三家的《周易》学,在《汉书·艺文志》上著录,都是完全根据田何以上口耳相传的学说。由此可知古人不著书,而他们的言论未尝不流传。研究韩《诗》的人,不夹杂齐《诗》、鲁《诗》,传授伏生《尚书》的人,不知道孔安国的学说;各家学说的解说注释,都有专书。门人弟子,援引称述,杂见于传、纪、章、表的内容,不完全语出所传授的书,而宗旨终究不违背宗师的学说。那么诸位儒师在著述成书以外,另有精微的言论与未尽的说法,口授给自己的门徒,而从学的门徒尊崇宗师的意旨,推广发挥加以变化,用文辞表现出来,不再辨别是宗师所教诲的

内容，还是门徒所发挥的内容。而旁人观察门徒，也依据那人的师承而定为哪一家的学说，不再辨别哪些是宗师的说法，哪些是门徒的说法。大概是用来足以通晓所习经书而传承自家学说，至于口耳相传还是写成文字，没有各自占据立言的功劳。所以说：古人的言论，是要用来作为公用，没有在文辞方面矜夸，而私自据为己有。

言公中

　　呜呼！世教之衰也，道不足而争于文，则言可得而私矣；实不充而争于名，则文可得而矜矣。言可得而私，文可得而矜，则争心起而道术裂矣。古人之言，欲以喻世；而后人之言，欲以欺世。非心安于欺世也，有所私而矜焉，不得不如是也。古人之言，欲以淑人^①；后人之言，欲以炫己。非古人不欲炫，而后人偏欲炫也，有所不足与不充焉，不得不如是也。孟子曰："矢人岂不仁于函人哉？操术不可不慎也。"^②古人立言处其易，后人立言处其难。何以明之哉？古人所欲通者，道也。不得已而有言，譬如喜于中而不得不笑，疾被体而不能不呻，岂有计于工拙敏钝，而勉强为之效法哉？若夫道之所在，学以趋之，学之所在，类以聚之，古人有言，先得我心之同然者^③，即我之言也。何也？其道同也。传之其人，能得我说而变通者，即我之言也。何也？其道同也。穷毕生之学问思辨于一定之道^④，而上通千古同道之人以为之藉，下俟千古同道之人以为之辅，其立言也，不易然哉？惟夫不师之智，务为无实之文，则不喜而强为笑貌，无病而故为呻吟，已不胜其劳困矣；而况挟恐见破之私意⑤，窃据自擅之虚名，前无所藉，后无所援，处势孤危而不可安也，岂不难哉？夫外饰之言，与中出之言，其难易之数可知也。不欲争名之言，与必欲争名之言，其难易之数，又可知也。通古今前后，而相与公之之言，与私据独得，必欲己出之言，其难易之数，又可知也。立言之士，将有志于道，而从其公而易者欤？抑徒竞于文，而从其私而难者欤？公私难易之间，必有辨矣。呜呼！安得知言之士，而与之勉进于道哉？

【注释】

①淑：善良。多指人品。

②矢人岂不仁于函人哉？操术不可不慎也：语出《孟子·公孙丑上》："孟子曰：'矢人岂不仁于函人哉？矢人唯恐不伤人，函人唯恐伤人。巫匠亦然。故术不可不慎也。'"矢，箭。函，铠。

③先得我心之同然者：语出《孟子·告子上》："口之于味也，有同耆焉；耳之于声也，有同听焉；目之于色也，有同美焉。至于心，独无所同然乎？心之所同然者何也？谓理也，义也。圣人先得我心之所同然耳。"

④学问思辨：语出《礼记·中庸》："博学之，审问之，慎思之，明辨之，笃行之。"

⑤挟恐见破之私意：语出班固《汉书》卷三十六《楚元王传附刘歆传》所载刘歆《移让太常博士书》。

【译文】

唉！世风教化衰落的时候，道不充足而在文辞上竞争，那么言论就可以据为私有了；实质不完备而在名声上竞争，那么文辞就可以用来夸耀了。言论可以据为私有，文辞可以用来夸耀，那么争斗心理就产生而道德学术就分裂了。古人的言论，想要用来开导世人；而后人的言论，想要用来欺骗世人。不是存心要欺骗世人，是因为占有了言论而用来夸耀，不得不这样。古人的言论，想要用来使人善良；后人的言论，想要用来炫耀自己。不是古人不想炫耀，而后人偏偏要炫耀，是因为有不充足和不完备的地方，不得不这样。孟子说："造箭的人难道比造甲的人不仁慈吗？从事谋生职业不可不谨慎。"古人立言处在容易的境地，后人立言处在困难的境地。怎么证明这个说法呢？古人所要通晓的东西，是道。不得已而有言论，比如内心喜悦而不得不笑，疾病缠身而不能不呻吟，难道会计较精巧拙劣与聪明愚笨，而勉强来仿效吗？至于道所在的地方，学术就趋向那里，学术所在的地方，同类就聚集在那里，古人有言论，早已说出我想说的话，就是我的言论。为什么呢？彼此的道完全相同。传授给适当的人，能学到我的学说而又加以变通，就是我的言论。为什么呢？彼此的道完全相同。在一定的道的范围内穷尽一生学习、询问、思考、辨别，向上沟通千古同道的人作为凭借，向下等待后世同道的人作为辅助，他们的立言，不是很容易吗？只有那些穿凿不学的小聪明，硬要写出没有实质的文章，于是不高兴却勉强装出笑脸，没有病却故意发出呻吟，已经疲劳困顿得受不了；又何况怀着害怕被看穿的私心，窃据自己占有的虚名，前面没有凭借，后面没有援助，处在孤立不稳的境地不能安心，难道不困难吗？经过外部修饰的言论，和内心发出的言论相比，它们困难和容易的程度可以知道。不想争夺名声的言论，和一定想争夺名声的言论相比，它们困难和容易的程度，也可以知道。贯通古今前后，而共同作为公用的言论，和私自占据为独家所有，而一定想要归于自己的言论相比，它们困难和容易的程度，也可以知道。立言的士人，将要立志求道，是遵循那些公有而容易的呢？还是仅仅在文辞上竞争，遵循那些私有而困难的呢？公有和私有与困难和容易之间，一定可以区别出来了。唉！怎么能找到了解言论得失的士人，可以和他们共勉而进一步达到求道的境地呢？

古未有窃人之言以为己有者,伯宗梁山之对①,既受无后之诮,而且得蔽贤之罪矣②。古未有窃人之文以为己有者,屈平属草稿未定,上官大夫见而欲夺③,既思欺君,而且以谗友矣④。窃人之美,等于窃财之盗⑤,老氏言之断断如也⑥。其弊由于自私其才智,而不知归公于道也。向令伯宗荐辇者之贤,而用缟素哭祠之成说⑦,是即伯宗兴邦之言也,功不止于梁山之事也。上官大夫善屈平而赞助所为宪令焉,是即上官造楚之言也,功不止于宪令之善也。韩琦为相⑧,而欧阳修为翰林学士⑨。或谓韩公无文章,韩谓"琦相而用修为学士,天下文章,孰大于琦?"⑩呜呼!若韩氏者,可谓知古人言公之旨矣。

【注释】

①伯宗梁山之对:据《左传·成公五年》及《国语·晋语五》记载,晋国梁山崩塌,晋侯召大夫伯宗入朝问讯。伯宗在途中遇见一位驾车人,告诉他应对晋侯处理此事的措施说:"山有朽壤而崩,可若何? 国主山川,故山崩川竭,君为不举,降服,垂缦,彻乐,出次,祝币,史辞以礼焉。其如此而已。"伯宗入朝,不提见到驾车人一事,而是作为自己的计策进献给晋侯。

②既受无后之诮,而且得蔽贤之罪:据《韩诗外传》卷八记载:"君问伯宗何以知之。伯宗不言受辇者,诈以自知。孔子闻之曰:'伯宗其无后,攘人之善。'"后来伯宗在三郤之乱中被杀,其子伯州犁奔楚。

③屈平属草稿未定,上官大夫见而欲夺:屈平即屈原。据司马迁《史记》卷八十四《屈原列传》记载,楚怀王让屈原制定宪令,屈原的草案尚未定稿,上官大夫就想强取占为己有。一说夺并非抢

夺草稿,乃是夺志,即强迫屈原改变初衷,更改内容。

④既思欺君,而且以谗友:据司马迁《史记》卷八十四《屈原列传》记载:"上官大夫见而欲夺之,屈平不与,因谗之曰:'王使屈平为令,众莫不知。每一令出,平伐其功曰,以为非我莫能为也。'王怒而疏屈平。"

⑤窃人之美,等于窃财之盗:语出《颜氏家训》卷上《慕贤》:"用其言,弃其身,古人所耻。凡有一言一行取于人者,皆显称之,不可窃人之美,以为己力,虽轻虽贱者,必归功焉。窃人之财,刑辟之所处;窃人之美,鬼神之所责。"

⑥老氏言之断断如也:老氏指老子。今传《道德经》未见"窃人之美,等于窃财之盗"一类的话,或许是章学诚误记。断断,确实,决然无疑。

⑦缟(gǎo)素哭祠:缟素指白色丧服。哭祠指发生重大灾祸,帝王及大臣到祠庙痛哭请罪。

⑧韩琦(1008—1075):字稚圭,北宋相州安阳(今属河南)人。宋仁宗天圣年间进士。与范仲淹一同经略西夏事宜,参与庆历新政。官至枢密使、宰相。英宗朝继续执政,封魏国公。神宗朝罢相,以重臣出判相州、大名等地。著作有《安阳集》。

⑨欧阳修为翰林学士:欧阳修(1007—1072),字永叔,号六一居士,北宋吉州永丰(今属江西)人。宋仁宗天圣年间进士。庆历年间,知谏院,支持庆历新政。新政失败后,被贬官滁州知州。后累官枢密使、参知政事。积极倡导文风改革,成为北宋文坛领袖,位列唐宋八大家之一。撰有《新唐书》、《新五代史》、《欧阳文忠公集》等。翰林学士,唐代始置此官,历经宋、元、明、清不废。其执掌范围历代虽然略有不同,但主要职能是代皇帝在内廷起草诏旨,参与机密,称为内制。

⑩琦相而用修为学士,天下文章,孰大于琦:语出《朱子语类》卷一

百三十五："本朝韩魏公为相。或谓公之德业无愧古人，但文章有所不逮。公曰：'某为相，欧阳永叔为翰林学士，天下之文章，莫大于是！'"

【译文】

古代没有窃取别人的言论当做自己私有的人，伯宗关于梁山崩塌的对答，既受到断子绝孙的讥诮，又犯了掩盖贤人的罪过。古代没有窃取别人的文章当做自己私有的人，屈原制定律令草案还没有定稿，上官大夫见了准备强取占为己有，既想欺骗国君，又借此说友人的坏话。窃取别人的优点，等同于窃取别人财物的盗贼，老子断然说过这样的话。这个弊病是因为把才能智慧看作私有，而不知道归于公有来符合道。假如伯宗荐举驾车人贤能，而采用穿着白色丧服在祠庙痛哭祭祀的说法，这就成了伯宗振兴国家的言论，功绩不仅仅限于应对梁山崩塌的措施。假如上官大夫善待屈原而协助他完成宪令，这就成了上官大夫成就楚国的言论，功绩不仅仅限于把宪令制定完善。韩琦担任宰相，欧阳修担任翰林学士，有人说韩公没有文章辞采，韩琦说："我做宰相而任用欧阳修做学士，天下的章辞文采，有谁能比我更大？"唉！像韩氏这样，可以说是懂得古人言论公用的宗旨了。

窃人之所言，以为己有者，好名为甚，而争功次之。功欺一时，而名欺千古也。以己之所作，伪托古人者，奸利为甚，而好事次之；好事则罪尽于一身，奸利则效尤而蔽风俗矣。齐邱窃《化书》于谭峭[①]，郭象窃《庄》注于向秀[②]，君子以谓憸薄无行矣[③]。作者如有知，但欲其说显白于天下，而不必明之自我也。然而不能不恫心于窃之者[④]，盖穿窬肤箧之智[⑤]，必有窜易更张以就其掩著，而因以失其本指也。刘炫之《连山》[⑥]，梅赜之《古文尚书》，应诏入献，将以求禄利也。侮圣人之言，而窃比河间、河内之蒐讨⑦，君子以为罪不胜诛矣。夫坟典既亡⑧，而作伪者之搜辑补苴，如古文之采辑逸书，散见于记传者，几无遗漏。亦未必无什一之存也。然而不能不深恶于作伪者，遗篇逸句，附于缺文，而其义犹存；附会成书，而其义遂亡也。向令易作伪之心力，而以采辑补缀为己功，则功岂下于河间之《礼》，河内之《书》哉？王伯厚之《三家诗考》，吴草庐之《逸礼》⑨，生于宋、元之间，去古浸远，而尚有功于经学。六朝古书不甚散亡，其为功，较之后人，必更易为力，惜乎计不出此，反藉以作伪。郭象《秋水》、《达生》之解义⑩，非无精言名理可以为向之亚也；向令推阐其旨，与秀之所注，相辅而行，观者亦不辨其孰向孰郭也，岂至遽等穿窬之术哉？不知言公之旨，而欲自私自利以为功，大道隐而心术不可复问矣。

【注释】

①齐邱窃《化书》于谭峭：据吴任臣《十国春秋》卷三十四《谭峭传》记载："谭峭字景升，故唐国子司业洙之子也……道过金陵，见宋齐邱有仙骨，虽溺机智而异于众人，出所著《化书》授齐邱，曰：'是书之化，其道无穷，曷序而流于后世。'齐邱遂夺而传之。"因改名《齐邱子》。齐邱，即宋齐丘（887—959），初字昭回，改字子嵩，五代庐陵（今属江西）人。帮助李昇建立南唐，任左丞相。后出为镇南军节度使。李璟继位，再次任相，封楚国公。因争权夺利被放逐，后自缢死。《化书》，六卷，谭峭撰，论述道、术、德、仁、食、俭六化。谭峭，字景升，五代泉州（今属福建）人。为道士，隐居终南山。

②郭象窃《庄》注于向秀：据《世说新语》卷二《文学》记载："初，注

《庄子》者数十家,莫能究其旨要。向秀于旧注外为解义,妙析奇致,大畅玄风。唯《秋水》、《至乐》二篇未竟而秀卒。秀子幼,义遂零落,然犹有别本。郭象者,为人薄行,有俊才,见秀义不传于世,遂窃以为己注,乃自注《秋水》、《至乐》二篇,又易《马蹄》一篇,其余众篇,或定点文句而已。后秀义别本出,故今有向、郭二《庄》,其义一也。"郭象(约252—312),字子玄,西晋河南(今河南洛阳东)人。辟司徒掾,迁黄门侍郎。好《老》、《庄》,尚清谈。力倡"独化论",主张名教即自然,为玄学大师。向秀(约227—272),字子期,西晋河南怀(今河南武陟西南)人。官黄门侍郎、散骑常侍。为竹林七贤之一。有《庄子》注。

③儇(xuān)薄无行:轻佻而无德行。

④恫(tōng)心:痛心。

⑤穿窬(yú)胠(qū)箧(qiè):泛指各种盗窃行为。穿,穿墙。窬,越墙。胠,从旁边打开。箧,箱筐。

⑥刘炫之《连山》:刘炫,字光伯,隋河间景城(今河北献县东北)人。开皇年间,预修国史,除殿内将军。朝廷下诏购求遗书,刘炫伪造百余卷,题名为《连山易》、《鲁史记》等,献给朝廷,得到赏赐。后被人告发,朝廷赦免其死罪,除名罢归。

⑦河间、河内之蒐(sōu)讨:河间指汉景帝之子河间献王刘德(?—130),修学好古,搜求古籍,得到先秦古文《周官》、《尚书》、《礼记》、《孟子》、《老子》等书。河内指汉宣帝时河内郡一女子,发掘旧宅老屋,搜得《周易》、《周礼》、《尚书》各一篇,献给朝廷。按《尚书》一篇即《泰誓》,于是二十九篇成为定本。

⑧坟典:三《坟》五《典》。

⑨吴草庐之《逸礼》:吴草庐即吴澄(1249—1333),字幼清,号草庐,元代抚州崇仁(今属江西)人。官至翰林学士。元代著名理学家。著作有诸经《纂言》、《老子注》等。致力于掇拾逸经,以补

《仪礼》之遗,撰成《仪礼逸经传》二卷。

⑩《达生》:当为《庄子·至乐》。此云《达生》,误。

【译文】

窃取别人所说的言论,当做自己私有的人,喜好名声最严重,其次是争夺功劳。功劳欺骗一时,而名声欺骗千古。用自己所作的文章,伪托古人的人,诈取利益最严重,其次是喜欢多事。喜欢多事的罪过仅限于一个人,诈取利益就会让别人效法而败坏风尚了。宋齐丘剽窃谭峭的《化书》,郭象剽窃向秀的《庄子》注,君子认为是轻佻浅薄而品行不端。作者地下如果有知觉,只想使自己学说大白于天下,而不一定要通过自己显白。然而不能不对盗窃者的行为感到痛心,大概穿洞翻墙与撬箱盗窃之类的小聪明,一定会对原作改动变更迁就他们的遮掩之处,因而失掉了原著的本来面目。刘炫的《连山易》、梅赜的《古文尚书》,应诏进献朝廷,将要用来求取官俸钱财。轻慢圣人的言论,而私自与河间献王、河内女子的搜求古籍相比附,君子认为他们的罪过大得杀头都不能抵罪。古书已经亡佚,而造伪者的搜辑补缀,例如《古文尚书》采辑逸文,散见在典籍中的文字,几乎没有遗漏。也不一定没有十分之一的真文字保存下来。然而不能不深切痛恨造伪者,遗佚的篇章语句,附在残缺的文字中,那么它的原意还能够保存;被附会成完整的书,而它的原意就消亡了。假使造伪者把作假所用的心思和精力,变换为把采辑补缀当做自己的功绩,那么他们的功劳难道比河间献王对于《周礼》、河内女子对于《尚书》的功劳小吗?王伯厚的《三家诗考》、吴草庐的《逸礼》,他们生活在宋、元之间,距离古代更加遥远,尚且对经学有功劳。六朝时古书散亡不严重,当时人要作出成绩,和后人相比,必然更加容易做到,可惜不在这方面动脑筋,反而凭借有利条件来造伪。郭象对《秋水》、《达生》篇的解说,不是没有精辟的言论和深刻的道理可以作为向秀第二;假如他推演阐发《庄子》的意旨,和向秀的注互相配合流传,读者也不能辨别哪些是向秀的意思哪些是郭象的意思,难道至于遂被认为和穿洞翻墙的手段

一样吗？不知道言论公用的宗旨，而想要自己占有自己利用当做自己
的功劳，于是大道隐匿而人们的心术不能再问究了。

　　学者莫不有志于不朽，而抑知不朽固自有道乎？言公
于世，则书有时而亡，其学不至遽绝也。盖学成其家，而流
衍者长，观者考求而能识别也。孔氏古文虽亡，而史迁问故
于安国①；今迁书具存，而孔氏之《书》，未尽亡也。韩氏之
《诗》虽亡，而许慎治《诗》兼韩氏②；今《说文》具存，而韩婴之
《诗》，未尽亡也。刘向《洪范五行传》与《七略别录》虽亡③，
而班固史学出刘歆；歆之《汉记》，《汉书》所本。今《五行》、《艺
文》二志具存，而刘氏之学未亡也。亦有后学托之前修者，
褚少孙之藉灵于马迁④，裴松之之依光于陈寿⑤，非缘附
骥⑥，其力不足自存也。又有道同术近，其书不幸亡逸，藉同
道以存者，《列子》残缺，半述于庄生⑦；杨朱书亡，多存于《韩
子》⑧；盖庄、列同出于道家，而杨朱为我，其术自近名法也。
又有才智自骋，未足名家，有道获亲，幸存斧琢之质者⑨，告
子杞柳湍水之辨⑩，藉孟子而获传；惠施白马三足之谈⑪，因
庄生而遂显；虽为射者之鹄⑫，亦见不羁之才，非同泯泯也⑬。
又有琐细之言，初无高论，而幸入会心，竟垂经训。孺子濯
足之歌⑭，通于家国；时俗苗硕之谚⑮，证于身心。其喻理者，
即浅可深；而获存者，无俗非雅也。凡若此者，非必古人易
而后人难也，古人巧而后人拙也，古人是而后人非也，名实
之势殊，公私之情异，而有意于言与无意于言者，不可同日
语也。故曰：无意于文而文存，有意于文而文亡。

【注释】

①史迁问故于安国：据班固《汉书》卷八十八《儒林传》记载："安国为谏大夫，授都尉朝。而司马迁亦从安国问故。迁书载《尧典》、《禹贡》、《洪范》、《微子》、《金縢》诸篇，多古文说。"

②许慎治《诗》兼韩氏：据范晔《后汉书》卷一百零九下《儒林列传》记载，许慎"作《说文解字》十四篇"。《说文解字》引用《诗经》以毛《诗》为主，而兼采韩《诗》。例如解释"馗，九达道也。"《兔罝》"施于中逵"，《韩诗》作馗；"茦，蒺藜也。"《墙有茨》，《韩诗》茨作茦；"漼，深也。"《新台》"新台有洒"，《韩诗》洒作漼。前者为毛《诗》，后者为韩《诗》。

③刘向《洪范五行传》与《七略别录》虽亡：班固《汉书》卷三十《艺文志》书类著录刘向《五行传记》十一卷。又据班固《汉书》卷三十六《楚元王传附刘向传》记载："向见《尚书·洪范》箕子为武王陈五行阴阳休咎之应，向乃集合上古以来，历春秋、六国至秦、汉符瑞灾异之记，推迹行事，连传祸福，著其占验，比类相从，各有条目，凡十一篇，号曰《洪范五行传》。"另据《隋书》卷三十三《经籍志》著录："《七略别录》二十卷，刘向撰。"此书宋代已佚，清人严可均有辑本《别录》一卷。

④褚少孙：西汉颍川（今河南禹州）人，寓居沛（今江苏沛县）。元帝、成帝时期为博士，师事王式，治鲁《诗》，遂有鲁《诗》褚氏之学，号褚先生。曾补司马迁《史记》所缺，作《武帝本纪》、《三王世家》、《日者列传》、《龟策列传》等篇。

⑤裴松之之依光于陈寿：裴松之（372—451），字世期，南朝宋河东闻喜（今属山西）人。累官中书侍郎。奉诏为陈寿《三国志》作注，博征载籍，多达一百四十余种，保存了大量后世失传的珍贵材料。陈寿（233—297），字承祚，西晋巴西安汉（今四川南充北）人。少从蜀谯周学，仕蜀为散骑黄门侍郎等官。西晋建立后，历

仕著作郎、治书侍御史等官。受命整理故蜀丞相诸葛亮遗著,编成《诸葛亮集》二十四篇。晋灭吴后,搜集三国资料,撰成《三国志》六十五卷。其他著述有《益部耆旧传》、《古国志》等。

⑥附骥:也称作"附骥尾"。语出司马迁《史记》卷六十一《伯夷列传》:"颜渊虽笃学,附骥尾而行益显。"据司马贞《索隐》曰:"苍蝇附骥尾而致千里,以譬颜回因孔子而名彰也。"后用来比喻依附先辈或名人而出名。

⑦《列子》残缺,半述于庄生:班固《汉书》卷三十《艺文志》著录《列子》八篇。后其书散佚,据张湛《列子注序》曰:"及至江南,仅有存者,《列子》唯余《杨朱》、《说符》、目录三卷。比乱,[刘]正舆为扬州刺史,先来过江,复在其家得四卷,寻从辅嗣女婿赵季子家得六卷,参校有无,始得全备。"则今本为后人所编,未必全备。《庄子》书中有《列御寇》篇,其他各处也屡有称引,保存了大量资料。

⑧杨朱书亡,多存于《韩子》:杨朱无著作传世,其学说多存于先秦诸子书中,以《列子》各篇居多,《孟子》也有称引。《韩非子》只引用两条,章说不确。

⑨斧琢之质:据《庄子·徐无鬼》记载,庄子路过惠子之墓,给手下人讲了一则故事:郢地有个人涂墙,不小心把白灰沾到自己鼻尖上,让石匠给他削掉。石匠抡起斧子削掉白灰,丝毫没有伤到郢人的鼻子,郢人也面无惧色。后来宋国国君听说这件事,召石匠表演。石匠说我虽然可以表演,但配合我表演的对象已经死了,所以无法表演。庄子通过这则故事说明惠子死后,他也没有能够论学的对手了。琢,当作"斫"。质,射侯,箭靶。泛指目标。

⑩告子杞(qǐ)柳湍水之辨:语出《孟子·告子上》:"告子曰:'性犹杞柳也,义犹桮棬也;以人性为仁义,犹以杞柳为桮棬。'孟子曰:'子能顺杞柳之性而以为桮棬乎? 将戕贼杞柳而后以为桮棬也? 如将戕贼杞柳而以为桮棬,则亦将戕贼人以为仁义与? 率天下

之人而祸仁义者，必子之言夫！'告子曰：'性犹湍水也，决诸东方则东流，决诸西方则西流。人性之无分于善不善也，犹水之无分于东西也。'孟子曰：'水信无分于东西，无分于上下乎？人性之善也，犹水之就下也。人无有不善，水无有不下。今夫水，搏而跃之，可使过颡；激而行之，可使在山。是岂水之性哉？其势则然也。人之可使为不善，其性亦犹是也。'"杞柳，树名，枝条柔韧，可以编制箱、筐等器物。桮棬（bēi quān），器名，先用枝条编成杯盘之形，再以漆加工制成杯盘。

⑪惠施白马三足之谈：三足，语出《庄子·天下》："惠施以此为大观于天下，而晓辩者。天下之辩者，相与乐之，卵有毛，鸡三足。""白马"不是惠施之论，语出《公孙龙子》的《白马论》，以为"白马非马"。

⑫射者之鹄（gǔ）：射箭者所瞄准的箭靶靶心。这里指学术论辩、抨击的对象和目标。

⑬泯泯（mǐn）：纷杂紊乱之貌。

⑭孺子濯足之歌：语出《孟子·离娄上》："有孺子歌曰：'沧浪之水清兮，可以濯我缨；沧浪之水浊兮，可以濯我足。'孔子曰：'小子听之！清斯濯缨，浊斯濯足矣。自取之也。'夫人必自侮，然后人侮之；家必自毁，而后人毁之；国必自伐，而后人伐之。"

⑮时俗苗硕之谚：语出《礼记·大学》："好而知其恶，恶而知其美者，天下鲜矣。故谚有之曰：'人莫知其子之恶，莫知其苗之硕。'此谓身不修不可以齐其家。"

【译文】

学者没有不立志成为不朽之人，可是也知道不朽本来有自身的法则吗？言论由社会公用，那么书有时会亡佚，里面的学说不至于很快灭绝。大概学说自成一家，流传得就长远，借鉴的人探索研究而能够识别出来。孔安国的古文《尚书》虽然亡佚了，而司马迁曾向孔安国询问旧事；现在《史记》全部存在，而孔氏的古文《尚书》，就没有完全亡佚。韩婴的《诗经》虽然亡佚了，而许慎研究《诗经》兼用韩氏之说；现在《说文》全部存在，而韩婴的《诗经》，就没有完全亡佚。刘向的《洪范五行传》和《七略别录》虽然亡佚了，而班固的史学语出刘歆，刘歆的《汉记》，是《汉书》所依据的史料。现在《汉书》的《五行志》、《艺文志》全部存在，而刘氏的学说就没有亡佚。也有后学依靠前贤的事例，褚少孙借助司马迁的英名，裴松之依靠陈寿的光耀，如果不是因为依附名人，他们的能力不能够独立存在。又有志趣相同或学术相近，他们的书不幸亡逸，凭借志趣相同的书而保存下来，《列子》残缺，大半在《庄子》书中得到转述；杨朱的著述亡逸，大多保存在《韩非子》中；大概庄子、列子同出于道家，而杨朱主张自利，他的学术接近名家和法家。又有自己施展才智，不足以成为一家，获得接近有道者的机会，有幸保存下学术论辩的对象，告子用杞柳与湍水做比喻的强辩，凭借孟子而获得流传；惠施关于白马和鸡三足的议论，依靠庄子于是显扬；他们虽然是射手的箭靶子，却也显现出不受束缚的才能，和言论纷乱的人不一样。又有琐细的话，本来没有什么高明的见解，但幸运地被闻听者会意，竟然保存在经书里流传下来。小孩子的"濯足"之歌，道理和家庭、国家相通；民间"苗硕"的谚语，道理用来证明身心修养。那些阐明道理的语言，根据浅显可以深入；而得到保存的内容，就在文雅和通俗之间。凡是像这样的情况，不一定是古人做起来容易而后人做起来困难，古人灵巧而后人笨拙，古人正确而后人错误，而是因为名称和实质的形势不同，公和私的情况不同，因而有意于立言和无意于立言，不可以相提并论。所以说：无意于做文章而文章存在，有意于做文章而文章消亡。

今有细民之讼，两造具辞①，有司受之，必据其辞而赏罚其直枉焉。所具之辞，岂必乡曲细民能自撰哉？而曲直赏罚，不加为之辞者，而加之讼者，重其言之之意，而言固不必计其所出也。墓田陇亩，祠庙宗支，履勘碑碣②，不择鄙野，以谓较论曲直，舍是莫由得其要焉。岂无三代钟鼎③，秦、汉石刻，款识奇古④，文字雅奥，为后世所不可得者哉？取辨其事，虽庸而不可废；无当于事，虽奇而不足争也。然则后之学者，求工于文字之末，而欲据为一己之私者，其亦不足与议于道矣。

【注释】

①两造：争讼的双方，即原告和被告。

②碑碣(jié)：碑刻的总名。方首为碑，圆首为碣。用来作为坟墓、田界、工程的标记，刻有说明文字。

③钟鼎：古代吉金器物，里面或外面铸刻文字，以纪功德。

④款识(zhì)：古代刻在钟鼎彝器上的标志。一说阴字凹入者为款，阳字突出者为识。另一说刻在器外为款，刻在器内为识。还有一说花纹为款，篆刻为识。

【译文】

今天如果有小民打官司，原告和被告准备好状词，官府受理他们的案件，一定根据他们的状词来奖赏或者处罚有理一方和无理一方。他们所准备的状词，难道一定是乡村小民能自己撰写出来的吗？但是对无理和有理的奖赏与处罚，不施加给写状词的人，而施加给打官司的人，注重的是打官司的人所说的内容，而状词原本就不需要考虑语出何人。坟墓田地的界垄，祠庙里的宗族支派，要实地察看碑石，不挑拣凭据是否粗俗朴野，认为评论双方的无理和有理，舍弃这些就没有办法找到其中的关键问题。难道没有夏、商、周三代的铜器，秦、汉的石刻，字形罕见古老，文字典雅深奥，是后世所不能企及的器物吗？拿来分辨事情，即使平庸也不可以废弃；不适用于事情，即使罕见也不值得争取。

那么后世的学者,在文字的细枝末节上追求工巧,而且想要占据作为自己私用,那也就不值得和他们谈论道了。

　　或曰:指远辞文①,《大传》之训也。辞远鄙背,贤达之言也。"言之不文,行之不远"②,辞之不可以已也。今曰求工于文字之末者非也,其何以为立言之则欤? 曰:非此之谓也。《易》曰:"修辞立其诚。"③诚不必于圣人至诚之极致,始足当于修辞之立也。学者有事于文辞,毋论辞之如何,其持之必有其故,而初非徒为文具者,皆诚也。有其故,而修辞以副焉,是其求工于是者,所以求达其诚也。"《易》奇而法,《诗》正而葩"④,"《易》以道阴阳",《诗》以道性情也。其所以修而为奇与葩者,则固以谓不如是,则不能以显阴阳之理与性情之发也。故曰:非求工也。无其实而有其文,即六艺之辞,犹无所取,而况其他哉?

【注释】

①指远辞文:语出《周易·系辞下》:"其旨远,其辞文。"

②言之不文,行之不远:语出《左传·襄公二十五年》:"仲尼曰:《志》有之:'言以足志,文以足言。'不言,谁知其志? 言之无文,行而不远……慎辞哉!"

③修辞立其诚:语出《周易·乾卦·文言》:"子曰:'君子进德、修业。忠信所以进德也,修辞立其诚,所以居业也。'"

④《易》奇而法,《诗》正而葩(pā):语出韩愈《韩昌黎全集》卷十二《进学解》。葩,原意指草木的花,引申为华美之意。

【译文】

有人说:意旨深远而言辞有文采,是《周易大传》的教导。言辞远离粗俗和乖庆,是贤人的言论。"语言没有文采,就不能流传久远",文辞是不可以废止的内容。现在说在文字的细枝末节上追求工巧不正确,那言辞为什么能够作为立言的准则呢？回答说：指的不是这个意思。《易经》说："修饰言辞要树立真诚。"真诚不一定到了圣人至诚的最高境界,才够得上符合树立修饰言辞的标准。学者从事撰述文辞,姑且不论言辞怎么样,他提出的主张一定有根据,而本来不是仅仅作没有实际内容的空文,都属于真诚。有立论根据,而修饰言辞来辅助,那么在文辞方面追求工整,就是用来追求达到自己的真诚。"《周易》奇妙而守法,《诗经》纯正而华美","《周易》用来疏通阴阳之说",《诗经》用来通达性情。它们经过修饰而形成奇妙和华美的原因,就是坚定认为不这样做,就不能用来显示阴阳变化的道理和性情的抒发。所以说：不是为了追求工巧。没有实质而只有文采,即使是六经的言辞,尚且没有什么可以采用,何况其他呢？

文,虚器也；道,实指也。文欲其工,犹弓矢欲其良也。弓矢可以御寇,亦可以为寇,非关弓矢之良与不良也。文可以明道,亦可以叛道,非关文之工与不工也。陈琳为袁绍草檄[①],声曹操之罪状[②],辞采未尝不壮烈也。他日见操,自比矢之不得不应弦焉[③]。使为曹操檄袁绍,其工亦必犹是尔。然则徒善文辞,而无当于道,譬彼舟车之良,洵便于乘者矣[④],适燕与粤[⑤],未可知也。

【注释】

①陈琳为袁绍草檄(xí)：陈琳(？—217),字孔璋,东汉广陵(今江苏扬州)人。有文学,为建安七子之一。避乱到冀州,依附袁绍,替袁绍作文声讨曹操。檄,据班固《汉书》卷一下《高帝纪下》颜师

古《注》曰："檄者,以木简为书,长尺二寸,用征召也。其有急事,则加以鸟羽,插之示速疾也。"文章的一类,用于征召、声讨、晓谕对方。文见萧统《文选》卷四十四《陈孔璋为袁绍檄豫州》。

②曹操(155—220):字孟德,小名阿瞒,汉末沛国谯县(今安徽亳州)人。以讨黄巾为名,起兵称雄。建安元年(196),迎汉献帝都许(今河南许昌东),挟天子以令诸侯,势力逐渐壮大,渐次平定北方各支军队,统一了黄河流域,奠定了三国鼎立的局面。先后任东郡太守、车骑将军、丞相,封魏王。曹丕称帝后,追尊为魏武帝。精通兵法,著有《孙子略解》、《兵法接要》等书。诗歌、散文造诣很高,与子曹丕、曹植并称"三曹"。

③比矢之不得不应弦:元代郝经《续后汉书》卷六十六《陈琳传》记载,袁绍失败后,陈琳归降曹操。曹操对他说:"卿昔为本初移书,但可罪状孤而已,恶恶止其身,何乃上及父祖邪?"陈琳谢罪说:"矢在弦上,不得不发。"曹操爱惜其才而没有加罪。

④洵(xún):诚然,确实。

⑤燕(yān)与粤(yuè):燕指河北一带,为周代北燕国旧地。粤指两广一带,为古代百越聚居之地。

【译文】

文辞,是空虚的名器;道,是实在的宗旨。文辞想让它工巧,就像弓箭想让它精良一样。弓箭可以防御强盗,也可以用它当强盗,这和弓箭精良不精良没有关系。文辞可以阐明道,也可以用它背离道,这和文辞的工巧不工巧没有关系。陈琳替袁绍起草檄文,声讨曹操的罪状,语气和文才未尝不壮怀激烈。后来见到曹操,自己比作箭不得不随着弓弦射出。假使他替曹操作檄文声讨袁绍,文辞的工巧也必然如此。那么仅仅善于文辞,而与道不相符合,就像那些精良的车船,确实是方便乘坐车船的人了,但是往燕地还是粤地,就无法确知了。

圣人之言,贤人述之,而或失其指。贤人之言,常人述之,而或失其指。人心不同,如其面焉①。而曰言托于公,不必尽出于己者,何也？盖谓道同而德合,其究终不至于背驰也。且赋诗断章②,不啻若自其口出③,而本指有所不拘也。引言互辨,与其言意或相反,而古人并存不废也。前人有言,后人援以取重焉,是同古人于己也。前人有言,后人从而扩充焉,是以己附古人也。仁者见仁,知者见知,言之从同而异,从异而同者,殆如秋禽之毛,不可遍举也。是以后人述前人,而不废前人之旧也。以为并存于天壤,而是非失得,自听知者之别择,乃其所以为公也。君子恶夫盗人之言,而遽铲去其迹,以遂掩著之私也。若夫前人已失其传,不得已而取裁后人之论述,是乃无可如何,譬失祀者④,得其族属而主之,亦可通其魂魄尔。非喻言公之旨,不足以知之。

【注释】

①人心不同,如其面焉:语出《左传·襄公三十一年》子产之言。

②赋诗断章:语出《左传·襄公二十八年》:"赋诗断章,余取所求焉。"先秦时期各诸侯国使节出使,经常诵读《诗经》中的词句表达意图。有时为了达到目的,就不顾原词内容而断章取义。

③不啻若自其口出:语出《尚书·秦誓》:"人之彦圣,其心好之,不啻如自其口出。"

④失祀:因无子孙而失去祭祀祖先的人。

【译文】

圣人的言论,贤人转述它们,而或许错失旨意。贤人的言论,平常人转述它们，而或许错失旨意。人心不相同，就像他们的面貌不同一样。现在说言论归属公用，不一定完全由自己说出，这是什么意思？大概是说道相同而品德相合，那么结果终究不会背道而驰。况且诵读《诗经》断章取义，不异于自己口中说出的话，而不局限于本来的意思。引用他人言论互相辩论，和自己所说的意思有时相反，而古人一起保留不废弃。前人有言论，后人援引来自己借重，这是让古人和自己相同。前人有言论，后人进一步把它扩大充实，这是把自己依附古人。仁者见的是仁，智者见的是智，言论相同而意思相反，言论相反而意思相同，大约像秋天鸟身上长出的细毛，多得不能全部举出。所以后人转述前人的言论，而不废弃前人言论的旧貌。认为共同保留在天地之间，而是非与得失，自然听任了解的人辨别选择，这就是言论公用的途径。君子厌恶盗取别人的言论，而马上铲除窃取的痕迹，以便完成遮盖掩蔽的自私行径。至于前人言论已经失传，不得已而选取后人的论述，这是没有办法的事。就像家族祭祀断绝子孙的死者，得到同族后人立牌位祭祀他，也可以沟通他的灵魂了。不理解言论公用的宗旨，就不能够懂得这些道理。

言公下

于是泛滥文林，回翔艺苑[①]；离形得似，弛羁脱韅[②]；上窥作者之指，下挹时流之撰。口耳之学既微，竹帛之功斯显。窟巢托足[③]，遂启璇雕[④]；毛叶御寒，终开组纂[⑤]。名言忘于太初[⑥]，流别生于近晚。譬彼觱沸酌于觞窦[⑦]，斯褰裳以厉津[⑧]；堤防拯于横流，必方舟而济乱[⑨]。推言公之宗旨，得吾道之一贯。惟日用而不知，鸮炙忘乎飞弹[⑩]。试一揽夫沿流，蔚春畦之葱蒨[⑪]。

【注释】

①回翔艺苑：语出韩愈《韩昌黎全集》卷一《复志赋》："朝驰骛乎书林兮，夕翱翔乎艺苑。"

②弛羁（jī）脱韅（xiǎn）：比喻摆脱外在束缚。羁，马笼头。韅，马肚带。

③窟巢托足：语出《孟子·滕文公下》："当尧之时，水逆行，泛滥于中国，蛇龙居之，民无所定，下者为巢，上者为营窟。"

④璇（xuán）：美玉之名。

⑤组纂：也作"纂组"。语出《楚辞·招魂》："纂组绮缟，结琦璜些。"

意为赤色丝绶,泛指精美的丝织品。

⑥太初:古代指天地未分以前的元气。后来也指远古时期为太初。

⑦觱(bì)沸酌于觞窦:觱沸,语出《诗经·小雅·采菽》:"觱沸槛泉。"意为泉水涌出。窦,沟渎。

⑧褰(qiān)裳以厉津:褰裳,撩起下衣。厉,语出《诗经·邶风·匏有苦叶》:"深则厉,浅则揭。"厉指穿着衣服涉深水,揭指褰衣而过。津,渡口。

⑨方舟而济乱:语出《庄子·山木》:"方舟而济于河。"方舟,两船相并。济,渡河。乱,语出《尔雅·释水》:"正绝流曰乱。"横渡河流之意。

⑩鹢(xiāo)炙忘乎飞弹:语出《庄子·齐物论》:"见卵而求时夜,见弹而求鹢炙。"时夜,鸡的别称。鹢炙,炙鹢鸟为食。鹢,斑鸠。一说猫头鹰。章学诚反用《庄子》之典,意为得到烤炙的鹢肉而扔掉弓弹。

⑪葱蒨(qiàn):青翠茂盛。

【译文】

这时遨游在文学之林,徘徊在艺术之苑;脱离外形而得到神似,放松马络而肚带宽缓;向古代探究作者的宗旨,向当代援引时人的编撰。口耳相传的学问已经衰落,文字的功用于是明显。在洞穴里安身,结果引出玉雕的宫室;用兽皮树叶御寒,终究引出精美的彩缎。远古名言不知语出何人,流派产生在后世近年。譬如江河的源头涓涓流出,就撩起裤角涉水过河;堤坝拯救人们免于洪水,必须两船相并渡向对岸。推究言论公用的宗旨,获得我们道内中心的贯穿。日常利用而不了解道,好似吃到烤鸟肉忘掉打鸟的弹丸。尝试着沿流水采摘花草,旺盛的春季田野青翠鲜艳。

若乃九重高拱①,六合同风②。王言纶绰③,元气寰中④。

秉钧燮鼎之臣⑤，襄谟殿柏⑥；珥笔执简之士⑦，承旨宸枫⑧。于是西掖挥麻⑨，北门视草⑩。天风四方⑪，渊雷八表⑫。敷洋溢之德音⑬，述忧勤之怀抱。崇文则山《韶》海《濩》⑭，厉武则泰秩汃驱⑮。敷政则云龙就律⑯，恤灾则鸠鹄回腴⑰。斯并石室金縢⑱，史宬尊藏掌故⑲；而缥函缃轴⑳，学士辑为家书。左史右史之纪，王者无私；内制外制之集，词臣非擅。虽木天清闷㉑，公言自有专官；而竹箦茅檐㉒，存互何妨于外传也。制诰之公。

【注释】

①九重高拱：九重，指帝王居所。语出《楚辞·九辩》："君之门以九重。"宋代洪兴祖《补注》谓"天子有九门"。高拱，高高拱手。形容安坐无事。

②六合：语出《庄子·齐物论》："六合之外，圣人存而不论。"指天地与东西南北四方。泛指宇宙。

③王言纶绂（fú）：语出《礼记·缁衣》："王言如纶，其出如绋。"后世称帝王诏令为纶绂。纶，丝绶。绋，绳索。

④寰中：据许慎《说文解字·穴部》："寰，王者封畿内县也。"寰中谓寰宇之内，即天下。

⑤秉钧燮鼎：秉钧，语出《诗经·小雅·节南山》："秉国之均。"毛《传》曰"均，平也"。比喻执掌国政。燮鼎，语出伪古文《尚书·说命下》，商王武丁命傅说："若作和羹，尔惟盐梅。"用调鼎燮味比喻治理政事。

⑥殿柏：据班固《汉书》卷八十三《朱博传》记载，朱博任御史大夫，殿廷院中植列柏树，乌鸦数千集宿其上，晨去暮来。后世遂称御史台为柏台。

⑦珥(ěr)笔：语出萧统《文选》卷三十七《曹子建·求通亲亲表》："执鞭珥笔，出从华盖，入侍辇毂。"李善《注》曰："珥笔，载笔也。"古代侍从之臣插笔于冠侧，以备记事。

⑧宸枫：汉代官殿中多种枫树，故曰枫宸。宸，屋宇，特指帝王宫殿。

⑨西掖挥麻：西掖，语出李昉等《太平御览》卷二百二十《职官部》："应劭《汉官仪》曰：左右曹受尚书事。前世文士以中书在右，因谓中书为右曹，亦称西掖。"麻，唐代用麻纸书写诏书，分为黄麻和白麻两种，白麻更为重要。据《新唐书》卷四十六《百官志》记载："凡拜免将相，号令征伐，皆用白麻。"

⑩北门视草：北门，即北门学士。唐高宗命文学之臣于翰林院起草诏令，因翰林院在银台之北，故学士们常从皇宫北门出入，当时称为北门学士。视草，语出班固《汉书》卷四十四《淮南王传》："时武帝方好艺文，以安属为诸父，辩博善为文辞，甚尊重之，每为报书及赐，常召司马相如等视草乃遣。"原意为看草稿。后来也称文臣起草诏书为视草。

⑪天风四方：语出《周易·姤卦·象辞》："天下有风，姤。后以施命诰四方。"

⑫渊雷八表：渊雷，语出《庄子·在宥》："渊默而雷声。"八表，语出陶潜《陶渊明集》卷一《停云》诗："八表同昏，平路伊阻。"即八方之外，指极远的地方。

⑬德音：语出《诗经·大雅·皇矣》："貊其德音。"服虔曰："在己为德，施行为音。"唐、宋时期，皇帝以诏书的形式颁布民间，给予各种恩惠抚恤，称为德音。

⑭山《韶》海《濩》(hù)：语出《庄子·天下》："舜有《大韶》……汤有《大濩》。"《韶》、《濩》都是乐舞名称，形容四海崇文奏乐。

⑮泰秩汃(bīn)驱：语出《尔雅·释地》："东至于泰远，西至于邠国。"

泰,指东方极远之地。秣,粮草。邠,《说文》引作"汃",指西方极
远之地。驱,奔走。

⑯云龙就律:云龙,语出《周易·乾卦·文言》:"云从龙。"就律,语
出《礼记·乐记》:"八风从律而不奸。"比喻明君和贤臣相互
和谐。

⑰鸠鹄回腴:语出司马光《资治通鉴》卷一百六十三《梁纪》:"时江
南连年旱蝗,江、扬尤甚,百姓流亡……死者蔽野。富室无食,皆
鸟面鹄形。"鸠即鸠形,指胸骨突起。鹄即鹄面,指脸上无肉。形
容身体瘦弱。腴,身体丰满肥胖。

⑱石室金縢(téng):石室,语出司马迁《史记》卷一百三十《太史公自
序》:"䌷史记石室金匮之书。"司马贞《索隐》曰:"石室、金匮,皆
国家藏书之处。"金縢,语出《尚书·金縢》:"公归,乃纳册于金縢
之匮中。"孔颖达《疏》曰:"王、郑皆云:'縢,束也。'……郑云:'凡
藏秘书,藏之于匮,必以金缄其表。'"说的是周公为成王作祈祷
祝词,放入金丝封束的匣盒。

⑲史宬(chéng):明、清设置皇史宬,专门储藏历朝帝王手迹、实录、
秘籍。宬,藏书之室。

⑳缥(piāo)函缃(xiāng)轴:语出《隋书》卷三十二《经籍志》:"总括
群书……盛以缥囊,书用缃素。"缥,青白色的帛。缃,浅黄色
的帛。

㉑木天清閟(bì):木天,语出沈括《梦溪笔谈》卷二十四:"内诸司舍
屋,唯秘阁最宏壮,阁下穹隆高敞,相传谓之木天。"閟,语出《诗
经·鲁颂·閟宫》毛《传》:"閟,闭也。先妣姜嫄之庙,在周常闭而
无事。"原意是关闭,引申为幽静。

㉒竹簟茅檐:语出欧阳修《居士集》卷四十三《内制集序》:"予且老
矣,方买田淮颍之间。若夫凉竹簟之暑风,曝茅檐之冬日,睡余
支枕,念昔平生仕宦出处,顾瞻玉堂,如在天上。"

【译文】

至于帝王安坐朝堂,四方教化一道同风。发布诏令,生气精神充满寰中。主持朝政的大臣,赞襄谋划于殿柏之侧;插笔执简的文士,领受旨意于枫宸之中。于是西掖书写诏令,北门起草文稿。像天风吹遍四方,似沉雷震动八表。颁布恩惠广泛的德音,表达操劳国事的怀抱。重视文治就演奏崇高壮阔的《韶》与《濩》,激励武威就招徕远方驰驱供应粮草。施行政令就有君臣准则和谐,救济灾害就使灾民重现丰腴。这些都在石室用金线封缄,皇史宬尊敬收藏故实制度;青帛套而黄帛轴,士人编作一家之书。左史、右史记事,王者没有私心;内制、外制有集,词臣不得专擅。虽然秘书之阁清静幽深,公用言论自有专门官员掌管;而竹席上与茅檐下闲居之人,不妨个人私自保存并在外流传。制诰之公。

　　至于右文稽古^①,购典延英^②。鸾台述史^③,虎观谈经^④。议簿校帜^⑤,六天、五帝、三统、九畴之论^⑥,专家互执;《礼》仇《书》讼^⑦,齐言、鲁故、孔壁、梁坟之说^⑧,称制以平^⑨。《正义》定著乎一家^⑩,《晋史》约删以百卷^⑪。六百年之解诂章疏,《五经正义》,取两汉六朝专家之说而定于一。十八家之编年纪传^⑫。《晋史》一十八家。譬彼漳分江合^⑬,济伏河横^⑭,淮申沔曲^⑮,汩兮朝宗于谷王^⑯;翡翠空青^⑰,蔚蓝芝紫^⑱,水碧砂丹^⑲,烂兮章施于采绚。凡以统车书而一视听,齐钧律而抑邪滥^⑳。虽统名乎敕定,实举职于儒臣。领袖崇班,表进勒名首简;群工集事,一时姓氏俱湮。盖新庙献功,岂计众匠奔趋,而将作用纪^㉑?明禋成礼^㉒,何论庖人治俎,而尸祝辞陈^㉓!馆局之公。

【注释】

①右文稽古：语出宋代唐士耻《灵岩集》卷一《求遗书诏》："敕门下：朕右文稽古，执道御今。"意为崇尚文治，考求古事。

②购典延英：据班固《汉书》卷三十《艺文志》记载："汉兴，改秦之败，大收篇籍，广开献书之路。迄孝武世，书缺简脱……于是建藏书之策，置写书之官，下及诸子传说，皆充秘府。至成帝时，以书颇散亡，使谒者陈农求遗书于天下。"延英，语出范晔《后汉书》卷七十上《班彪传附班固传》："开东阁，延英雄。"

③鸾台述史：据《旧唐书》卷四十二《职百官志》记载："光宅元年九月，改……门下省为鸾台。"述史，按唐代门下省执掌审查、封驳、签署、下发诏令，没有撰史职责。疑此处"鸾台"当为"兰台"之误。兰台是汉代宫廷藏书之处，由兰台令史掌书奏。东汉班固曾任兰台令史，奉诏撰《光武本纪》及诸传记，后世因称史官为兰台。"兰台述史"与上面"购典延英"和下面"虎观谈经"同为汉代之事，符合逻辑。如果章学诚指的是唐代，则"鸾台"当为"兰台"或"麟台"之误。高宗龙朔二年（662），改秘书省为兰台。武则天垂拱二年（686），又改名麟台。中宗复辟以后，恢复旧名。秘书省掌著作，有撰述史书职责。

④虎观谈经：据范晔《后汉书》卷三《章帝纪》记载，汉章帝招集博士、议郎和诸儒在白虎观讨论《五经》异同，皇帝亲自裁决，结集为《白虎通义》，又名《白虎通德论》。

⑤议簧校帜：议簧，语出《诗经·小雅·巧言》："巧言如簧。"乐器中发声的薄片称作簧，灵活有弹性。形容议论如簧，使人迷惑。校帜，考订旗帜、服色等颜色标志以确定德运。

⑥六天、五帝、三统、九畴：据《礼记·郊特牲》孔颖达《疏》引郑玄说，认为天有六天，即大帝与太微宫五帝坐星合称六天。五帝，语出《周礼·春官》：小宗伯"兆五帝于四郊"。郑玄《注》谓青帝

灵威仰、赤帝赤熛怒、白帝白招拒、黑帝汁光纪、黄帝含枢纽。三统，指夏、商、周三代正统。据《白虎通义》卷下《三正》记载："本天有三统，谓三微之月也。明王者当奉顺而成之，故受命各统一正也……周为天正，色尚赤也。殷为地正，色尚白也……夏为人正，色尚黑。"周正建子，以阴历十一月为岁首；商正建丑，以阴历十二月为岁首；夏正建寅，以阴历正月为岁首。九畴，相传禹治理天下的九类大法。据《尚书·洪范》记载："初一曰五行，次二曰敬用五事，次三曰农用八政，次四曰协用五纪，次五曰建用皇极，次六曰乂用三德，次七曰明用稽疑，次八曰念用庶征，次九曰向用五福，威用六极。"

⑦《礼》仇《书》讼：《礼》仇，指治《周礼》的各家互相仇视。据范晔《后汉书》卷六十五《郑玄传》记载："初，中兴之后，范升、陈元、李育、贾逵之徒争论古今学，后马融答北地太守刘瑰及玄答何休，义据通深，由是古学遂明。"《书》讼，指治《尚书》的各家互相争讼。据班固《汉书》卷七十五《夏侯胜传》记载："胜从父子建，字长卿，自师事胜及欧阳高，左右采获，又从《五经》诸儒问与《尚书》相出入者，牵引以次章句，具文饰说。胜非之曰：'建所谓章句小儒，破碎大道。'建亦非胜为学疏略，难以应敌。建卒自颛门名经。"

⑧齐言、鲁故、孔壁、梁坟：齐言，即齐地语言。据《公羊传·庄公二十八年》记载："《春秋》，伐者为客，伐者为主。"何休《注》曰："伐人者为客，读伐，长言之，齐人语也。见伐者为主，读伐，短言之，齐人语也。"鲁故，班固《汉书》卷三十《艺文志》诗类著录《鲁故》二十五卷。孔壁，据班固《汉书》卷三十《艺文志》书叙记载："古文《尚书》者，出孔子壁中。武帝末，鲁共王坏孔子宅，欲以广其宫，而得古文《尚书》及《礼记》、《论语》、《孝经》凡数十篇，皆古字也。"梁坟，指发现战国时期魏国墓葬一事，因魏国又称梁国，故

名梁坟。据《晋书》卷五十一《束皙传》记载:"太康二年,汲郡人不(fōu)准盗发魏襄王墓……得竹书数十车……漆书皆科斗字……武帝以其书付秘书,校缀次第,寻考指归,而以今文写之。"凡七十五篇,包括《竹书纪年》、《汲冢周书》、《穆天子传》等。

⑨称制:行使皇帝的权力。

⑩《正义》:《五经正义》。唐太宗因《五经》文字讹谬,经解歧异,诏孔颖达、颜师古等人考订文字,撰定义疏,名为《五经正义》。唐高宗颁行天下,作为明经科考试依据。

⑪《晋史》:《晋书》。唐太宗诏房玄龄等撰修《晋书》,总成十纪、二十志、七十列传,合叙例、目录,共计一百三十二卷。

⑫十八家之编年纪传:据《隋书》卷三十三《经籍志》记载,南北朝时期撰修纪传体《晋书》的有王隐、虞预、朱凤、何法盛、谢灵运、臧荣绪、萧子云、萧子显八家;撰修编年体《晋纪》的有陆机、干宝、曹嘉之、习凿齿、邓粲、孙盛、刘谦之、王韶之、徐广、檀道鸾、郭季产十一家。唐修《晋书》,以各家为依据,因习凿齿之书正汉伪魏,斥而不用,故称十八家。

⑬漳分江合:漳分,指漳河自河北涉县以上分为清漳和浊漳,前者源出山西平定,后者源出山西长子。江合,《禹贡》认为长江正源为岷江,至四川灌县分流,形成岷江、沱江、锦江数支,至新津县,各支复合为一条水流。

⑭济伏河横:济水源出河南济源王屋山,向东南注入黄河。其故道本来过黄河而南流,东流至山东境内,与黄河平行入海。后下游为黄河水所占,不复存在。

⑮淮申洄曲:淮河源出河南桐柏山,至江苏注入洪泽湖。下游原有入海河道,后被黄河侵占,黄河后又北徙,淮河故道遂淤塞。今淮河下游出洪泽湖,经高邮等地流入长江。洄水源出陕西略阳,又名沮水,流经洄县,始称洄水,与汉水合流后,注入长江。

⑯朝宗于谷王：朝宗，语出《尚书·禹贡》："江汉朝宗于海。"原指诸
　侯朝见天子，借指百川入海。谷王，语出《老子》："江海所以能为
　百谷王者，以善下之，故能为百谷王。"谷，河川。海纳百川，故称
　百谷之王。

⑰空青：一种矿石，青色，又名杨梅青。产于铜矿之中，中空有水者
　为上品。可入药明目，也可作雕刻材质或绘画原料。

⑱蔚：草名，即牡蒿。

⑲水碧：一种矿石，即水晶，又名水玉。

⑳钧律：钧指音调。语出《国语·周语下》韦昭《注》：大钧为宫、商，
　细钧为角、徵、羽。律指声律。据班固《汉书》卷二十一上《律历
　志上》记载："律十有二，阳六为律，阴六为吕。"

㉑将作：官名。秦称将作少府，汉称将作大匠。掌管官殿、宗庙、陵
　墓营造事宜。

㉒明禋(yīn)：洁净真诚地祭祀。禋为燔柴升烟祭祀天神，也泛指
　祭祀。

㉓庖(páo)人治俎(zǔ)，而尸祝辞陈：语出《庄子·逍遥游》："庖人虽
　不治庖，尸祝不越樽俎而代之矣。"庖人，制作祭祀牺牲的人。
　俎，祭祀时盛牛羊等贡品的礼器。尸祝，祭祀礼仪中主持祈祷
　的人。

【译文】

　　至于重视文化考察古事，搜购古籍招揽英才。在鸾台记述历史，
在白虎观谈论《五经》。议论巧舌如簧争辩服色，六天、五帝、三统、九
畴等论题，专家各持一说；治《周礼》对立而治《尚书》互讼，齐人语音、
鲁人训诂、孔子宅壁藏书、魏王墓中竹简等学说，皇帝平息纷争。《五
经正义》审定各家经说为一家，《晋史》删定各家记载为百卷。六百年
来的注释阐发，《五经正义》采取两汉、六朝专家之说而确定为一家之说。
十八家史书的编年纪传。《晋史》一十八家。犹如漳河源头分流而长江

源头合流，济水隐伏而黄河纵横，淮河直流而沔水曲折，汩汩东流奔向大海；翡翠绿与空青翠，牡蒿蓝而芝草紫，水碧绿而朱砂红，灿烂得像装饰着多彩的图案。一切都为统合制度和划一舆论，调谐韵律而抑制邪音。虽然统称是皇帝命令编定，实际尽责任全凭儒臣。领衔大臣职位高贵，章表呈进名字写在首位；群臣完成任务，不久姓名就默默无闻。大概新的宗庙告成，哪里计较众多工匠奔劳，而营造大臣管理全局？洁净地祭祀完成礼仪，哪里论及厨师烹煮祭物，而尸祝陈辞告神！馆局之公。

　　尔其三台八座①，百职庶司，节镇统部②，郡县分治。罗群星于秋旻③，茁百谷于东菑④。簿书稠匝，卷牒纷披。文昌武库⑤，礼司乐署之灿烂，若辐凑而运轴于车轮；甲兵犴讼⑥，钱货农田之条理，若棋置而列枰以方罫⑦。雁行进蓝田之牒，准令式而文行⑧；牛耳招平原之徒⑨，奉故事而画诺⑩。是则命笔为刀⑪，称书曰隶⑫。遣言出自胥徒⑬，得失归乎长吏⑭。盖百官治而万民察，所以易结绳而为书契。昧者徒争于末流，知者乃通其初意。文移之公。

【注释】

①三台八座：三台，语出《周礼·大宗伯》贾公彦《疏》："三台一名天柱，上台司命为太尉，中台司中为司徒，下台司禄为司空。"秦、汉以尚书为中台，御史为宪台，谒者为外台。八座，据宋代赵与时《宾退录》卷六记载："后汉以六曹尚书并令、仆为八座，魏以五曹尚书、二仆、一令为八座……唐以两仆射、六尚书为八座。高承《事物纪原》又谓隋、唐至今，令、仆为宰相，故六尚书及左右丞为八座。未知孰是。"

②节镇：唐、宋时期设置节度使的大藩州郡称为节镇，也指节度使。

③秋旻（mín）：秋季的天空。语出《尔雅·释天》："秋为旻天。"旻，通"闵"，怜恤，哀伤。意为闵万物之凋落。

④东菑（zī）：东边的田亩。菑，已耕一年的田。语出《尔雅·释地》："田一岁曰菑。"

⑤文昌武库：文昌，即斗魁上六星的总称。语出司马迁《史记》卷二十七《天官书》："斗魁戴匡六星曰文昌宫。"唐武则天光宅元年（684）为文昌台，又改名文昌都省，故唐人以文昌为尚书省的别称。武库，星宿名，即魁宿。语出《晋书》卷十一《天文志》："西方奎十六星，天之武库也。"因称掌管兵器的官署。据司马迁《史记》卷八《高祖本纪》："萧丞相营作未央宫，立东阙、北阙、前殿、武库、太仓。"汉代武库署设置武库令、丞，属执金吾。

⑥犴（àn）讼：狱讼。犴，牢狱。

⑦列枰（píng）以方罫（guǎi）：枰，棋盘。罫，棋盘上的方格。

⑧雁行进蓝田之牒，准令式而文行：语出韩愈《韩昌黎全集》卷十三《蓝田县丞厅壁记》："丞位高而偪，例以嫌不可否事。文书行，吏抱成案诣丞，卷其前，钳以左手，右手摘纸尾，雁鹜行以进，平立睨丞曰：'当署。'丞涉笔占位署惟谨。"

⑨牛耳招平原之徒：牛耳，语出《左传·定公八年》："卫人请执牛耳。"孔颖达《疏》曰："盟用牛耳，卑者执之，尊者涖之。"招平原之徒，招呼平原君赵胜的门客。据司马迁《史记》卷七十六《平原君列传》记载："毛遂奉铜盘而跪，进之楚王曰：'王当歃血而定从，次者吾君，次者遂。'遂定从于殿上。毛遂左手持盘血，而右手招十九人曰：'公相与歃此血于堂下。公等录录，所谓因人成事者也。'"

⑩画诺：在文书上签字画押表示同意。据范晔《后汉书》卷九十七《党锢列传》记载，汝南太守宗资信任功曹范滂，郡事皆范滂裁

决,宗资画押许诺。郡人作歌谣说:"汝南太守范孟博,南阳宗资
主画诺。"

⑪命笔为刀:把笔命名为刀笔。据司马迁《史记》卷九十六《张丞相
列传附周昌列传》张守节《正义》曰:"古用简牍,书有错谬,以刀
削之,故号曰刀笔吏。"

⑫称书曰隶:据班固《汉书》卷三十《艺文志》记载:"是时始造隶书
矣,起于官狱多事,苟趋省易,施之于徒隶也。"即把书称作隶书。

⑬胥徒:胥指古代官府中办理文书的小隶,徒指官府中步行供役使
的人。后来泛指官府衙役。

⑭长吏:吏秩之尊者。语出班固《汉书》卷五《景帝纪》:"吏六百石
以上,皆长吏也。"泛指上级官长。

【译文】

那些朝廷三公八座,百官众司,节度使统领本部,郡县分级治理。
就像群星罗列在秋天夜空,百谷生长在东方田地。簿籍文书繁冗重迭,
案卷公文纷杂堆积。文昌和武库,礼仪机构与音乐官署光彩耀眼,像车
辐凑集使车轮随轴转动;军事和司法、钱币货物与农田水利条理分明,
像安置棋子在棋盘上占据空地。蓝田县吏雁一般斜行递上案牒,县丞
按照程式而颁行公文;毛遂执牛耳结盟招呼平原君门客,宗资依照惯例
而签署同意。这样把笔叫做刀笔,把字体称为隶体。运用文词出自小
吏,得失责任归属长官。大概文字助百官治理与民众观察,因此变结绳
记事为书写文契。愚昧的人只是在枝节上相争,聪明的人才通晓最初
的原意。文移之公。

若夫侯王将相,岳牧群公①。铃阁启事②,戟门治戎③。
称崇高之富贵,具文武之威风。则有书记翩翩④,风流名
士⑤,幕府宾客⑥,文学掾史⑦。鹗击海滨,仲连飞书于沙
漠⑧;鹰扬河朔,孔璋驰檄于当涂⑨。王粲慷慨而依刘,赋传

荆阙⑩;班固偈傥以从窦,铭勒狼居⑪。刍毁涂摧,死魄感惠连之吊⑫;莺啼花发,生魂归希范之书⑬。斯或精诚贯金石之坚,忠烈奋风云之气。输情则青草春生,腾说则黄涛夏沸。感幽则山鬼夜啼,显明则海灵朝霁⑭。并能追查入冥,传心达志。变化从人,曲屈如意。盖利禄之途既广,则揣摩之功微至。中晚文人之集,强半提刀之技⑮。既合驭而和鸾,岂分途而争帜? 书记之公。

【注释】

①岳牧:相传尧、舜时期设置四岳、十二州牧,分管事务和方国诸侯,合称岳牧。后来用做地方封疆大吏的泛称。

②铃阁:语出《晋书》卷三十四《羊祜传》:"祜在军,常轻裘缓带,身不被甲,铃阁之下,侍卫者不过十数人。"指将帅居住地。

③戟门:古代军营以戟为门。又唐制规定,官、阶、勋都达到三品的官员,允许立戟于私宅之门,以示显贵和殊荣。

④书记翩翩:语出萧统《文选》卷四十二《魏文帝·与吴质书》:"元瑜书记翩翩,致足乐也。"阮瑀,字元瑜。翩翩,形容风采、文辞的美好。

⑤风流名士:语出《世说新语》卷五《伤逝》:"卫洗马以永嘉六年丧……丞相王公教曰:'……此君风流名士,海内所瞻。'"卫洗马,即卫玠。又《世说新语》卷四《品藻》曰:"[韩康伯]居然有名士风流。"指名士有才而不拘礼法的气派。韩康伯,即韩伯。

⑥幕府:语出司马迁《史记》卷八十一《廉颇蔺相如列传附李牧列传》:"市租皆输入莫府。"司马贞《索隐》曰:"古者,出征为将帅,军还则罢,理无常处,以幕帷为府署,故曰幕府。"莫府,幕府。原意为将军府署,后来也指地方封疆大吏的官署。

⑦文学掾(yuàn)史：汉代郡国设置文学，魏、晋因袭不废。唐代太子与诸王府设置文学，侍奉文章。掾史，古代朝廷和地方郡县设置的分曹治事胥吏，如廷掾、狱掾，佐史、令史等。

⑧鹢击海滨，仲连飞书于沙漠：据司马迁《史记》卷八十三《鲁仲连列传》记载，齐将田单攻打被燕国占据的聊城，久攻不下。鲁仲连用弓箭把写好的劝降书射进城内，燕将见而自杀，城被攻破。齐王要奖赏鲁仲连，他不愿受赏，逃到海边隐居。韩愈《韩昌黎全集》卷五《嘲鲁连子》曰："鲁连细而黠，有似黄鹢子。"

⑨鹰扬河朔，孔璋驰檄于当涂：语出曹植《曹子建集》卷九《与杨德祖书》："孔璋鹰扬于河朔。"陈琳，字孔璋。鹰扬，原意指雄鹰奋扬，后来比喻威武或大展雄才。河朔，指黄河以北地区。陈琳曾在冀州任袁绍记室，为袁绍草檄声讨曹操，故曰鹰扬河朔。当涂，语出范晔《后汉书》卷一百五《袁术传》李贤《注》曰："当涂高者，魏也。"当涂高，汉末流行"代汉者当涂高"谶语，故时人用以指代曹操的魏国。

⑩王粲慷慨而依刘，赋传荆阙：王粲(177—217)，字仲宣，东汉山阳高平(今山东邹城)人。汉末避乱荆州，依附刘表，不受重用，作《登楼赋》抒发怀才不遇的感情。

⑪班固倜傥以从窦，铭勒狼居：汉和帝命大将军窦宪击匈奴，以班固为中护军，参议军事。汉军大破单于，至燕然山(今蒙古杭爱山)，命班固作赋记功，勒石宣扬威德。狼居，指汉武帝命卫青、霍去病击匈奴，封狼居胥山之事。章学诚误合二事为一处，不确。

⑫刍毁涂摧，死魄感惠连之吊：南朝宋刘义康修治府城，发掘出一座古墓，命谢惠连作祭文，迁移改葬。萧统《文选》卷六十《谢惠连·祭古冢文》中有"刍灵已毁，涂车既摧"之句。刍灵、涂车，古人送葬，用茅草扎束成人马，用泥土做成车，在墓前焚毁，认为可

以供死者在阴间享用。惠连,即谢惠连(397—433),南朝刘宋陈郡阳夏(今河南太康)人。曾任彭城王刘义康参军。

⑬莺啼花发,生魂归希范之书:南朝梁临川王萧宏北伐,命丘迟作书招降自梁投北魏的陈伯之。萧统《文选》卷四十三《丘希范·与陈伯之书》"暮春三月,江南草长。杂花生树,群莺乱飞。见故国之旗鼓,感平生于畴日。抚弦登陴,岂不怆恨!"陈伯之得书大为感动,后复率众归梁。丘迟(464—508),字希范,南朝梁吴兴乌程(今浙江湖州)人。曾任临川王萧宏记室。

⑭海灵朝霁(jì):韩愈《韩昌黎全集》卷三十一《南海神庙碑》记载广州刺史孔戣祭祀南海神庙,前一天风雨交加,但孔戣不为所动,结果"将事之夜,天地开除,月星明概",祭祀顺利进行。霁,原意指雨停,后来延伸到雨雪止、云雾散,又引申为威严、愤怒消逝和收敛。

⑮捉刀:语出《世说新语》卷五《容止》:曹操接见匈奴使者,让侍从崔琰假冒曹操,自己扮做侍从持刀站立床头。会见结束,曹操让间谍问匈奴使者自己的印象。使者回答:"魏王雅望非常,然床头捉刀人,此乃英雄也。"后世把代替别人做文章称为捉刀。

【译文】

至于侯王将相,封疆诸公。帅府有下属陈述事情,军门立戟治理兵戎。符合崇高官位的富贵,具有文臣武将的威风。于是有书信奏记文辞优美,称得上风流名士,有幕府宾客,有文学掾史。鹞子展翅海滨,鲁仲连从沙漠发出急信;雄鹰奋飞河北,陈琳作檄文声讨魏武。王粲投靠刘表而发感慨,作赋流传荆州;班固豪爽地随窦宪出征,把铭文刻在狼居胥山。草人毁而泥车废,死者魂魄感激谢惠连的凭吊;黄莺唱而春花开,生者归来是由于丘迟致书相召。有的真诚使坚固的金石开裂,有的忠烈振起风云之气。抒发感情就有青草春天生长,驰骋说辞就有浊浪夏季冲荡。感动幽暗世界就有山鬼夜晚啼哭,显现光明天地就有海神清晨转喜。都能到达幽深之境,传达心志。变化随从人心,婉转符合心意。大概追求利禄的道路既然宽广,那么揣摩的功夫就巧妙细微。中古和近代文人的文集,大半都是捉刀代笔的技艺。既然已经配合驾驭而车铃相应,难道还会分道扬镳而争夺旗帜? 书记之公。

　　盖闻富贵愿足,则慕神仙。黄白之术既绌[1],文章之尚斯专。度生人之不朽,久视弗若名传;既惩愚而显智,遂以后而胜前。则有爵擅七貂[2],抑或户封十万,当退食之委蛇[3],或休沐之闲宴[4]。耻汩没于世荣,乃雅羡乎述赞。于是西园集雅[5],东阁宾儒[6],列铅置椠[7],纷墨披朱[8]。求艺林之胜事[9],遂合力而并图。或抱荆山之璞[10],或矜隋侯之珠[11],或宝燕市之石[12],或滥齐门之竽[13];皆怀私而自媚,视匠指而奔趋。既取多而用闳[14],譬峙粮而聚稿。藉大力以赅存,供善学之搜讨。立功固等乎立言,何尝少谢于专家之独造也哉? 募集之公。

【注释】

① 黄白之术:语出班固《汉书》卷四十四《淮南王传》:"《中篇》八卷,言神仙黄白之术。"黄指黄金,白指白银。道士通过炼丹之术化为黄金和白银。

② 爵擅七貂:据萧统《文选》卷二十一《左太冲·咏史诗》曰:"金张藉旧业,七叶珥汉貂。"汉代侍中、中常侍冠帽上加貂尾作为装饰。

③ 退食之委蛇(wēi yí):语出《诗经·召南·羔羊》:"退食自公,委蛇委蛇。"委蛇,雍容自得之貌。

④ 休沐之闲宴:据宋代庞元英《文昌杂录》卷五记载:"汉律,吏五日

得一休沐，言休息以洗沐也。"闲宴，语出班固《汉书》卷六十五
《东方朔传》："得赐清谦之闲。"谦，通"宴"。

⑤西园：汉代上林苑。语出萧统《文选》卷三《张平子·东京赋》：
"岁惟仲冬，大阅西园。"曹植《曹子建集》卷五《公宴诗》曰："清夜
游西园，飞盖相追随。"

⑥东阁：据班固《汉书》卷五十八《公孙弘传》记载："弘自见为举首，
起徒步，数年至宰相，封侯。于是起客馆，开东阁，以延贤人。"后
世指称宰相延揽款待宾客之所为东阁，也作东阁。

⑦列铅置椠(qiàn)：语出葛洪《西京杂记》卷三："扬子云好事，常怀
铅提椠，从诸计吏访殊方绝域四方之语，以为裨补辅轩所载。"
铅、椠是古人书写文字用的粉笔和木板。

⑧纷墨披朱：语出陈寿《三国志》卷三十一《王朗传附王肃传》注引
《魏略》："[董]遇善治《老子》，为《老子》作训注。又善《左氏传》，
更为作朱墨别异。"墨指黑色，朱指朱红色。古人校雠、批注和编
撰书籍时，分别用墨、黄、朱等各种颜色加以区别。

⑨艺林：语出魏收《魏书》卷八十四《常爽传》："顷因暇日，属意艺
林，略撰所闻，讨论其本。"指典籍著述之事或藏书之处。

⑩荆山之璞：据《韩非子·和氏》记载，春秋时期有个楚国人和氏在
楚山(今湖北南漳西)发现一块玉璞，献给楚厉王。厉王让玉匠
辨认，玉匠说是石头。厉王便以欺君罪砍掉和氏左脚。楚武王
即位后，和氏又以同样的下场砍掉右脚。楚文王即位后，和氏不
敢再献，抱着玉璞在楚山之下痛哭三天三夜，哭得眼睛流出血。
文王使人询问缘故，和氏说因为悲伤宝玉被说成石头，贞士被视
为欺诳。文王命人剖开玉璞，果然得到宝玉，命名为和氏璧。

⑪隋侯之珠：据《淮南子》卷六《览冥》高诱《注》记载，周代封于汉水
东边的姬姓诸侯国隋国国君见一条大蛇受伤，给它敷药治疗。
后来大蛇从江中衔来一颗明月珠报答隋侯，于是称为隋侯之珠。

⑫宝燕市之石:据萧统《文选》卷二十一《应璩·百一诗》李贤《注》引《阚子》记载,宋国有个愚人,得到一块燕国的石头,当做珍宝收藏。周人请求观赏,他斋戒七天,穿上礼服,恭敬地拿出来展示。周人告诉他这只是一块普通的燕国石头,没有珍藏价值,他听后大怒,收藏得更加严密。

⑬滥齐门之竽:据《韩非子·内储说上》记载,齐宣王喜欢听吹竽,一定要三百人一起吹,南郭处士不会吹竽,混在队伍里装腔作势,同样领到赏赐。宣王死后,湣王即位,喜欢听一个一个地吹,南郭处士只好逃走。

⑭取多而用闳:语出《左传·昭公七年》:"其用物也弘矣,其取精也多矣。"

【译文】

大概听说富贵的愿望得到满足,人们就美慕神仙。炼丹之术既受排斥,崇尚文章的风气就地位独占。思量世人若要不朽,长生不老不如名声流传;既惩戒愚笨又显露才智,于是以后生而超过前贤。就有官爵七代拥有貂尾,或者食邑户数授予十万;或当退朝归家吃饭时从容自得,或是休假沐浴时闲居悠然。羞于在世间荣华中埋没文才,平素就美慕记述颂赞。于是在西园聚集雅士,开东阁接待名儒,布置好笔和纸,铺展开墨和朱。追求文坛的胜事,就一起出力共同追逐。有的怀抱荆山的璞玉,有的夸耀隋侯的宝珠,有的珍视燕市的石头,有的在齐都滥竽充数;他们都怀有个人才艺而自己喜爱,按照官长的意志而奔跑疾趋。既大量搜取广泛占有,就好像储备粮食积聚草料。凭借庞大势力来全面保存,供给善于学习的人研究探讨。立下功绩本来和立言相当,何尝有一点不如专家的独特创造呢? 募集之公。

至如《诗》、《骚》体变,乐府登场①。《朱鹭》、《悲翁》、《上邪》、《如张》之篇题②,学士无征于诠解;呼豨、瑟二、存吾、几令之音拍③,工师惟记乎铿锵④。则有拟议形容,敷陈推表。好事者为之说辞,伤心人别有怀抱。金羁白马⑤,酒市钗楼⑥,年少之乐也;关山杨柳⑦,行李风烟⑧,离别之情也。草蓐禽肥⑨,马骄弓逸⑩,游猎之快也;陇水呜咽⑪,塞日昏黄⑫,征戍之行也。或以感愤而申征夫之怨,或以悒郁而抒去妾之悲;或以旷怀而恢游宴之兴,或以古意而托艳冶之词。盖传者未达其旨,遂谓《子夜》乃女子之号⑬,《木兰》为自叙之诗⑭。苟不背于六义之比兴,作者岂欲以名姓而自私! 乐府之公。

【注释】

①《诗》、《骚》体变,乐府登场:据胡应麟《诗薮》内编卷一记载:"四言盛于周,汉一变而为五言。《离骚》盛于楚,汉一变而为乐府。体虽不同,词实并驾,皆变之善者也。"乐府,主管音乐的官府。汉武帝时立乐府,采集民间歌谣和乐曲,造为诗赋,称为乐府诗。

②《朱鹭》、《悲翁》、《上邪》、《如张》:据郭茂倩《乐府诗集》记载,汉代乐府有铙歌十八首,其中第一首为《朱鹭》,第二首为《思悲翁》,第三首为《艾如张》,第十五首为《上邪》。

③呼豨、瑟二,存吾、几令:乐府歌词中的衬字。据杨慎《丹铅总录》卷二十一《诗语类·铙歌曲》曰:"汉铙歌曲多不可句。沈约云:《乐志》记载:'乐人以声音相传,训诂不可复解。凡古乐录,皆大字是辞,细字是声,声辞合写,故致然尔。'"大概原来是有声而无字的曲调余音,写成乐府诗后按照音调填上的辞。呼豨,语出沈约《宋书》卷二十二《乐志》汉铙歌《有所思》:"妃呼豨,秋风肃肃晨风飔。"瑟二,据宋人朱彧《萍州可谈》卷一《瑟二调歌》记载:"子瞻曾为先公言:'书传间出叠字,皆作二小画于其下。乐府有《瑟二调歌》,平时读作瑟瑟,后到海南,见一黥卒,自云元系教坊

瑟二部头。方知当作瑟二,非瑟瑟也。'"即乐府曲调瑟瑟调。存吾,语出沈约《宋书》卷二十二《乐志》汉饶歌《临高台》:"令我主寿万年,收中吾。"几令,语出沈约《宋书》卷二十二《乐志》宋鼓吹《晚芝曲》:"几令吾几令诸韩乱法正令吾。"

④工师惟记乎铿锵:据班固《汉书》卷三十《艺文志》记载:"汉兴,制氏以雅乐声律世在乐官,颇能纪其铿锵鼓舞,而不能言其义。"铿锵,乐器发出的声音。

⑤金羁白马:语出曹植《曹子建集》卷六《白马篇》:"白马饰金羁,连翩西北驰。"羁,马笼头。

⑥酒市钗楼:语出李白《李太白文集》卷四《少年行》:"五陵年少金市东,银鞍白马度春风。落花踏尽归何处,笑入胡姬酒肆中。"钗楼,多指青楼。

⑦关山杨柳:语出唐代薛用弱《集异记》:"开元中,诗人王昌龄、高适、王之涣齐名……一日天寒微雪,三诗人共诣旗亭,贳酒小饮……俄有妙妓四辈,寻续而至……须臾,次至双鬟,发声则曰:'黄河远上白云间,一片孤城万仞山。羌笛何须怨杨柳,春风不度玉门关。'"此诗即王之涣《凉州词》。

⑧行李:语出《左传·僖公三十年》:"行李之往来。"本义指使人,后引申为出行时携带的衣装。

⑨草蒨禽肥:语出陈寿《三国志》卷二《魏文帝纪》注引曹丕《典论》:"时岁之暮春,勾芒司节,风和扇物,弓燥手柔,草浅兽肥。与族兄子丹猎于邺西。"

⑩马骄弓逸:语出李白《李太白文集》卷二《行行且游猎》:"胡马秋肥宜白草,骑来蹴影何矜骄。"

⑪陇水呜咽:语出左克明编《古乐府》卷三《陇头歌》:"陇头流水,鸣声幽咽。遥望秦川,肝肠断绝。"陇头,指陇山头,在今陕西陇县西北。

⑫塞日昏黄：语出《全唐诗》卷一百四十三王昌龄《从军行》："大漠风尘日色昏，红旗半卷出辕门。前军夜战洮河北，已报生擒吐谷浑。"

⑬《子夜》：南朝乐府歌名。据沈约《宋书》卷十九《乐志》记载："《子夜哥》者，有女子名子夜，造此声。晋孝武太元中，琅邪王轲之家，有鬼哥《子夜》。"哥，通"歌"。

⑭《木兰》：北朝民歌《木兰诗》。诗中描述女子木兰代父从军，得胜归家。李亢《独异志》卷上记载："古有女木兰者，代其父从征，身被戎装，凡十三年，同伙之卒，不知其是女儿。"

【译文】

　　至于《诗经》、《离骚》诗体改变，乐府诗取代它们登场。《朱鹭》、《思悲翁》、《上邪》、《艾如张》的篇题，学士解释找不到证据；"呼豨"、"瑟二"、"存吾"、"几令"的音拍，乐师只记下音调铿锵。于是有揣度思虑形容描写，铺陈展开发挥创造。喜欢多事的人给它们写出歌词，内心痛苦的人从中另有寄予怀抱。骑乘的白马戴上金笼头，流连酒店歌舞楼，是年轻人的欢悦；关山折尽杨柳，行旅滚滚风烟，是离别人的情愁。青草茂盛而野禽肥美，骏马健壮而弓技超群，是游猎人的快乐；陇头流水呜咽，边塞日色昏黄，是征戍人的行程。有的以感慨而申诉征人的怨恨，有的以忧愁而抒发被抛弃女子的悲伤；有的以开阔的胸怀而铺张游乐的兴致，有的以古人的口气寄托艳丽情爱的言辞。大概传授的人没有理解乐府诗的意思，于是说《子夜》是女子的名称，《木兰》是主人公自叙的诗。如果不违背六义中比兴的原则，作者难道想用姓名使作品私有！乐府之公。

　　别有辞人点窜，略仿史删①。因袭成文，或稍加点窜，惟史家义例有然。诗文集中，本无此例。间有同此例者，大有神奇臭腐之别，不可不辨。**凤困荆墟，悲迷阳于南国**②；庄子改《凤兮歌》。

《鹿鸣》萍野，诵《宵雅》于《东山》③。魏武用《小雅》诗。女萝薜荔，《陌上》演《山鬼》之辞④；绮绤流黄，《狭斜》袭《妇艳》之故⑤。乐府《陌上桑》与《三妇艳》之辞也。梁人改《陇头》之歌⑥，增减古辞为之。韩公删《月蚀》之句⑦，删改卢仝之诗⑧。岂惟义取断章，不异宾筵奏赋。歌古人诗，见己意也。以至河分冈势，乃联春草青痕⑨；宋诗僧用唐句。积雨空林，爰入水田白鹭⑩。譬之古方今效，神加减于刀圭⑪；赵壁汉师，变旌旗于节度⑫。艺林自有雅裁，条举难穷其数者也。苟为不然，效出于尤⑬。仿同谷之《七歌》⑭，宋后诗人颇多。拟河间之《四愁》⑮，傅玄、张载，尚且为之，大可骇怪。非由中以出话，如随声而助讴。直是孩提学语，良为有识所羞者矣。点窜之公。

【注释】

①史删：史学要删。语出司马迁《史记》卷十四《十二诸侯年表序》："为成学治古文者要删焉。"章学诚在本书外篇三《覆崔荆州书》一文中说："要删，犹云删要以备用尔。"

②凤困荆墟，悲迷阳于南国：语出《论语·微子》"楚狂接舆歌而过孔子曰：'凤兮，凤兮！何德之衰？往者不可谏，来者犹可追。已而，已而！今之从政者殆而！'"又据《庄子·人世间》曰："孔子适楚，楚狂接舆游其门曰：'凤兮，凤兮！何如德之衰也？来世不可待，往世不可追也。天下有道，圣人成焉。天下无道，圣人生焉。方今之时，仅免刑焉。福轻乎羽，莫之知载。祸重乎地，莫之知避。已乎，已乎！临人以德。殆乎，殆乎！画地而趋。迷阳，迷阳！无伤吾行。吾行却曲，无伤吾足。'"迷阳，即荆棘，生于山野，上有尖刺，践之伤足。

③《鹿鸣》萍野，诵《宵雅》于《东山》：《诗经·小雅·鹿鸣》："呦呦鹿

鸣，食野之萍。我有嘉宾，鼓瑟吹笙。"魏武帝曹操作《短歌行》，直接引用这四句诗。《诗经·小雅·东山》序："《东山》，周公东征也。"曹操《苦寒行》曰："悲彼《东山》诗，悠悠使我哀。"《宵雅》，语出《礼记·学记》："宵雅肄三。"郑玄《注》曰："宵之言小也，肄，习也，习《小雅》之三。"

④ 女萝薜荔，《陌上》演《山鬼》之辞：据郭茂倩《乐府诗集》卷二十八《陌上桑》，题名《楚辞抄》，套用《山鬼》词句而略加改动。例如把"若有人兮山之阿，被薜荔兮带女萝"之句改为"今有人，山之阿，被服薜荔带女萝"。女萝，即松萝，一种地衣类植物，多依附松树生长，呈丝状下垂。《诗传》以为菟丝，误。薜荔，又名木莲、木馒头，一种依附树木生长的蔓生藤本植物。《山鬼》，《楚辞·九歌》中的篇名。

⑤ 绮纻流黄，《狭斜》袭《妇艳》之故：语出元代左克明编《古乐府》卷四《长安有狭斜行》："大妇织绮纻，中妇织流黄。小妇无所为，挟瑟上高堂。丈人且徐徐，调弦讵未央。"绮，一种带花纹的丝织品。纻，用苎麻纤维织成的布。流黄，一种褐黄色的绢。齐王融作《三妇艳》，稍加改动。其诗曰："大妇织绮罗，中妇织流黄。小妇独无事，挟瑟上高堂。丈人且安坐，调弦讵未央。"

⑥ 梁人改《陇头》之歌：《陇头》为汉乐府名。郭茂倩《乐府诗集》卷二十五《梁·陇头歌辞》与《陇头流水歌辞》，当是根据汉乐府古辞改写而成。

⑦ 韩公删《月蚀》之句：韩公指韩愈。《月蚀》为唐代诗人卢仝作品。韩愈《月蚀诗效玉川子作》，乃是删节卢仝《月蚀》而成。

⑧ 卢仝（约796—835）：号玉川子，唐济源人（今属河南），祖籍范阳（今河北涿州）。初隐少室山，后居洛阳。作《月蚀》、《茶歌》诸诗，语多奇警。甘露之变时，因留宿宰相王涯家，被捕误杀。有《玉川子诗集》传世。

⑨河分冈势,乃联春草青痕:宋僧惠崇集唐人诗句,作诗云:"河分冈势断,春入烧痕青。"惠崇弟子吟诗赠其师曰:"河分冈势司空曙,春入烧痕刘长卿。不是师偷古人句,古人诗句似师兄。"

⑩积雨空林,爱入水田白鹭:唐、宋诗人多认为王维《积雨辋川庄作》"漠漠水田飞白鹭,阴阴夏木啭黄鹂"是在李嘉祐"水田飞白鹭,夏木啭黄鹂"诗前加上"漠漠"、"阴阴"而成。其实王维年代在前,李嘉祐在后,此说不确。

⑪刀圭:古代量药的工具,状似刀头圭角,故名刀圭。一刀圭为一方寸匕的十分之一。

⑫赵壁汉师,变旌旗于节度:语出司马迁《史记》卷九十二《淮阴侯列传》:"韩信、张耳已入水上军,军皆殊死战,不可败。信所出奇兵二千骑,共候赵空壁逐利,则驰入赵壁,皆拔赵帜,立汉帜二千。"

⑬效出于尤:语出《左传·僖公二十四年》:"尤而效之,罪又甚焉。"

⑭同谷之《七歌》:杜甫自秦州赴同谷县(今甘肃成县),寓居同谷,有《乾元中寓居同谷县作歌七首》。

⑮河间之《四愁》:河间,汉代曾为王国,治所在乐城(今河北献县东南)。张衡不愿久在朝廷,出任河间国相,郁郁不得志,作《四愁诗》。

【译文】

此外有辞人删改文字,大致仿照史家的笔削。因袭已成的文字,有的略微加以删改,只有史家的体例有这种情况,诗文集里,本来没有这种体例。偶尔有和这种体例相同的情况,大有神奇和臭腐的分别,不能不加辨别。凤凰被困荆州之野,悲叹南国荆棘遍地;庄子改《风兮歌》。引用《鹿鸣》萍野的诗句,诵读《小雅》的《东山》。魏武帝曹操用《小雅》诗。女萝、薜荔,《陌上桑》推演《山鬼》的辞语;绮纨、流黄,《三妇艳》袭用《狭邪行》的旧句。指的是乐府《陌上桑》和《三妇艳》的词句。梁人改动《陇头歌》的歌辞,增减古辞字数写成。韩愈删减《月蚀诗》的词句,删改卢仝的诗。难道只是截取章节表达自己的意思?不异于宴席上诵读诗赋表达志向。歌唱古人的诗,来表达自己的意思。以至"河分冈势"的诗句,下联乃是"春草青痕";宋诗僧用唐人诗句。"积雨空林"一诗,里面写进"水田白鹭"。好比古药方今天仍然有效,神妙全在于用药量的增减;赵军营垒被汉兵占领,改换旌旗全在于指挥部署。文苑中自有规范的剪裁,逐条列举难以穷尽数目。如果不这样做,仿效就变成过错。仿效杜甫在同谷的《七歌》,宋以后诗人模仿的颇多。模拟张衡在河间的《四愁》,傅玄、张载尚且这样做,非常值得惊诧奇怪。不是从自己心中发出的话语,就如同随着别人的歌声而助唱。这简直是婴儿学说话,实在被有见识的人所羞耻。点窜之公。

又有诗人流别,怀抱不同。变韵言兮裁文体,拟古事兮达私衷。旨原诸子之寓辞,文人沿袭而成风;后人不得其所自,因疑作伪而相攻。盖伤心故国,斯传塞外之书;李陵《答苏武书》①,自刘知几以后,众口一辞,以为伪作。以理推之,伪者何所取乎?当是南北朝时,有南人羁北,而事类李陵,不忍明言者,拟此书以见志耳。灰志功名,乃托河边之喻;世传鬼谷子《与苏秦张仪书》②,言河边之树,处非其地,故招剪伐,托喻以招二子归隐,疑亦功高自危之人所托言也。读者以意逆志,不异骚人之赋。出之本人,其意反浅,出之拟作,其意甚深,同于骚也。其后词科取士③,用拟文为掌故。庄严则诏、诰、章、表,威猛则文檄露布④。作颂准于王褒,著论裁于贾傅⑤。兹乃为矩为规⑥,亦趋亦步⑦。庶几他有心而予忖⑧,亦足阐幽微而互著⑨。拟文之公。

【注释】

①李陵《答苏武书》:萧统《文选》卷四十一收录。刘知几《史通》卷十八作《杂说下》以为"观其文体不类西汉人,殆后来所为,假称陵作也"。苏轼《苏轼文集》卷四十九《答刘沔都曹书》以为"陵与武书,词句儇浅,正齐、梁间小儿所拟作,决非西汉文"。李陵(? —前74),字少卿,西汉陇西成纪(今甘肃秦安)人。武帝时官拜骑都尉,屯兵酒泉抗击匈奴。天汉二年(前99),随贰师将军李广利击匈奴,因兵少被擒。武帝族灭其家,遂决心归顺匈奴,任右校王。居匈奴二十余年,病死。苏武(? —前60),字子卿,西汉京兆杜陵(今陕西西安)人。天汉元年(前100),以中郎将出使匈奴,被匈奴扣压。坚贞不屈,宁死不降。后被匈奴流放北海边牧羊,十九年持汉节不变。昭帝时因汉与匈奴议和,被释还朝,官拜典属国。宣帝即位,赐爵关内侯。

②鬼谷子《与苏秦张仪书》:鬼谷子,即王诩,相传一名利,一名诩,战国时期齐国人。隐居鬼谷山,因号鬼谷先生。善于纵横捭阖之术,苏秦、张仪皆师事之。据唐代欧阳询《艺文类聚》卷三十六引袁淑《真隐传》记载:"鬼谷先生,不知何许人也……居鬼谷山,因以为称。苏秦、张仪师之,遂立功名。先生遗书责之曰:'若二君岂不见河边之树乎?仆御折其枝,波浪荡其根,上无径尺之阴,身被数千之痕。此木岂与天地有仇怨,所居然也。子不见嵩、岱之松柏,华、霍之檀桐乎?上枝干于青云,下根通于三泉,千秋万岁,不受斧斤之患。此木岂与天地有骨肉哉?盖所居然也。'"

③词科取士:唐、宋时期进士科考试,以辞赋优劣选拔人才。

④露布:据唐代封演《封氏闻见记》卷四《露布》记载:"露布,捷书之别名也。诸军破贼,则以帛书建诸竿上,兵部谓之露布……所以名露布者,谓不封检,露而宣布,欲四方速知。"

⑤贾傅:贾谊,曾任长沙王和梁怀王太傅,故称贾傅。

⑥为矩为规：矩和规是木匠校正方形和圆形的器具。《礼记·经解》曰："规矩诚设，不可欺以方圆。"《孟子·离娄上》亦曰："公输子之巧，不以规矩，不能成方员。"后来引申为准则、礼法。

⑦亦趋亦步：语出《庄子·田子方》："颜渊问于仲尼曰：'夫子步亦步，夫子趋亦趋，夫子驰亦驰，夫子奔逸绝尘，而回瞠若乎后矣。'"原指学生向教师学习，后来形容一意模仿或追随别人。

⑧他有心而予忖：语出《诗经·小雅·巧言》："他人有心，予忖度之。"

⑨阐幽微：语出《周易·系辞下》："夫《易》彰往而察来，而微显阐幽。"

【译文】

又有诗人分成流派，怀抱各不相同。改变韵语来结构文章体裁，模拟古事来表达内心感情。宗旨来源于诸子假借他人寄托言辞，文人沿袭诸子的方法形成风气；后人不知道这方法的来由，于是怀疑是作伪而指责攻击。大概是怀念祖国而伤心，这才传递塞外的书信；李陵《答苏武书》，自从刘知几以来，众口一词，认为是伪作。按道理推究它，作伪的人想要用来干什么呢？应当是南北朝时期，有南方人寄居在北方，而经历类似李陵，不忍心公开说出，模拟这封书信来表现心思而已。对功名意志消沉，于是假借河边之树做比喻。世上流传鬼谷子《与苏秦张仪书》，说河边的树，生长在不适当的地方，所以招来剪伐，假借比喻来召唤两人归隐，怀疑也是功绩高而自己感到处境危险的人所假托的言论。读者用自己的意思揣度作者的心意，不异于屈原等人的辞赋。出于本人的言论，其中意思反而浅显，出于拟作的言论，其中意思很深刻，和楚辞相同。以后通过辞赋取士，模拟作文成为惯例。言词庄严就有诏、诰、章、表，言词威猛就有檄文、露布。作颂以王褒为标准，著论依贾谊文剪裁。这就有矩有规，亦趋亦步。期望他人的心思我能推测到，足以阐发幽隐细微而分别显著。拟文之公。

又如文人假设，变化不拘。《诗》通比兴，《易》拟象初。庄入巫咸之座①，屈造詹尹之庐②。楚太子疾，有客来吴③。乌有、子虚之徒，争谈于较猎④；凭虚、安处之属，讲议于京都⑤。《解嘲》、《客难》、《宾戏》之篇衍其绪，镜机、玄微、冲漠之类浚其途⑥。此则寓言十九⑦，诡说万殊者也。乃其因事著称，缘人生义。譬若酒袭杜康之名⑧，钱用邓通之字⑨。空槐落火，桓温发叹于仲文之迁⑩；庾信《枯树赋》所借用者⑪。其实殷仲文迁东阳，在桓温久卒之后。素月流天，王粲抽毫于应、刘之逝⑫。谢庄《月赋》所借用者⑬。其实王粲卒于应、刘之前。斯则善愁即为宋玉，岂必楚廷？旷达自是刘伶⑭，何论晋世？善读古人之书，尤贵心知其意。愚者介介而争⑮，古人不以为异也已。假设之公。

【注释】

①庄入巫咸之座：语出《庄子·应帝王》："郑有神巫曰季咸，知人之生死、存亡、祸福、寿夭，期以岁月旬日若神。郑人见之，皆奔而走。列子见之而心醉。"庄指庄子，按文意应为列子。据《列子·黄帝》记载："有神巫自齐来处于郑，命曰季咸。"

②屈造詹尹之庐：语出《楚辞·卜居》："屈原既放，三年不得复见，竭志尽忠，而蔽障于谗，心烦虑乱，不知所从，乃往见太卜郑詹尹曰：'余有所疑，愿因先生决之。'"

③楚太子疾，有客来吴：语出萧统《文选》卷三十四《枚叔·七发》："楚太子有疾，而吴客往问之，曰：'伏闻太子玉体不安，亦少间乎？'"

④乌有、子虚之徒，争谈于较猎：语出萧统《文选》卷七《司马长卿·子虚赋》："楚使子虚使于齐，王悉发车骑与使者出畋。畋罢，子

虚过姹(chà)乌有先生。"姹,夸耀。子虚狩猎归来,拜访乌有先生,夸耀楚王游猎之盛,意在胜过齐国。乌有先生加以反驳。较猎,通"校猎",用木栏做围场,猎取禽兽。

⑤凭虚、安处之属,讲议于京都:语出萧统《文选》卷二《张平子·西京赋》:"有凭虚公子者,心奓体忲,雅好博古,学乎旧史氏,是以多识前代之载,言于安处先生。"张衡作《西京赋》和《东京赋》,记载凭虚公子和安处先生分别称颂西京长安和东京洛阳。

⑥镜机、玄微、冲漠:语出曹植《曹子建集》卷九《七启》:"玄微子隐居大荒之庭,飞遁离俗,澄神定灵,轻禄傲贵,与物无营,耽虚好静,羡此永生。独驰思于天云之际,无物象而能倾。于是镜机子闻而将往说焉。"张协《七命》:"冲漠公子含华隐曜,嘉遁龙盘。"

⑦寓言十九:语出《庄子·寓言》郭象《注》:"寄之他人,则十言而九见信。"寓言,有所寄托而虚构的言论。十九,十分之九。

⑧杜康:相传黄帝时宰人,善于造酒。一说字仲宁,号酒泉太守。宰人,掌管膳食的官。

⑨邓通:西汉蜀郡南安(今四川乐山)人,汉文帝时为黄头郎,官至上大夫。文帝赐给他蜀郡严道铜山,允许他自己铸钱,由是邓氏之钱布满天下。景帝即位后,没收其财产并免官,贫困而死。

⑩空槐落火,桓温发叹于仲文之迁:语出庾信《庾子山集》卷一《枯树赋》。描写殷仲文风流儒雅,知名海内,外任东阳太守,闷闷不乐,对庭院槐树叹息说:"此树婆娑,生意尽矣……火入空心,膏流断节。"赋中又借用桓温北伐途经金城,看到自己从前栽种的柳树已经十围,感叹"木犹如此,人何以堪"的典故,描述"桓大司马闻而叹曰:'昔年种柳,依依汉南;今看摇落,悽悽江潭。树犹如此,人何以堪!'"桓温(312—373),字元子,东晋谯国龙亢(今安徽怀远西)人。任荆州刺史,掌握兵权。曾经数次率兵北伐前秦,收复洛阳,并攻入关中地区。因拥立简文帝之功,位居大司

马之职,专擅朝政。后因觊觎帝位不成,忧愤而卒。仲文,殷仲文(? —407),东晋陈郡(今河南淮阳)人。随桓玄篡位,封东兴公。桓玄失败后,他归顺刘裕,官为尚书。出为东阳太守,郁郁不得志。后以谋反罪,为刘裕所杀。

⑪庾信(? —581):字子山,南阳新野(今属河南)人。初仕梁,累迁通直散骑常侍。文名甚盛,为士民传诵。与徐陵同为宫廷文学代表,号称"徐梁体"。后出使西魏,被扣留在长安。历仕西魏、北周,官至骠骑大将军,拜洛州刺史。常怀思乡之情,作《哀江南赋》、《枯树赋》。其文颇多散佚,后人辑为《庾子山集》二十卷。

⑫素月流天,王粲抽毫于应、刘之逝:语出萧统《文选》卷十三《谢希逸·月赋》:"陈王初丧应、刘,端忧多暇,绿苔生阁,芳尘凝榭,悄然疚怀,不怡中夜。乃清兰路,肃桂苑,腾吹寒山,弭盖秋坂,临浚壑而怨遥,登崇岫而伤远。于时斜汉左界,北陆南躔,白露暧空,素月流天。沉吟齐章,殷勤陈篇,抽毫进牍,以命仲宣。"应、刘,指应场和刘桢。仲宣,指王粲,字仲宣。

⑬谢庄(421—466):字希逸,南朝宋陈郡阳夏(今河南太康)人。历官司徒左长史、吏部尚书、中书令、金紫光禄大夫。善于诗文,著文集九卷,已佚。明人辑有《谢光禄集》。

⑭刘伶:字伯伦,西晋沛国(今安徽濉西西北人)人。曾任建威参军。晋武帝召对策问,盛言无为之治,以无用罢官。任情放达,不拘礼法,为竹林七贤之一。著《酒德颂》一篇,被后人尊为酒神。

⑮介介:语出范晔《后汉书》卷五十四《马援传》:"介介独恶是耳。"李贤《注》曰:"介介,犹耿耿也。"形容内心不安,无法忘怀。

【译文】

又比如文人假设,变通不受拘束。《诗经》贯通比兴起义,《周易》模仿形象初始。庄子进入巫季咸的座位,屈原造访郑詹尹的室庐。楚国太子生病,有宾客来自吴。乌有、子虚一类人,争辩帝王狩猎;凭虚公子、安处先生一类人，议论西京东都。《解嘲》、《答客难》、《答宾戏》等篇延伸他们的开端，镜机子、玄微子、冲漠公子一类疏通他们的道路。这是寓言占了十分之九，诡异的说法各不相从属。于是根据事情加上名称，凭借人物产生意义。譬如酒沿用杜康的姓名，钱使用邓通的名字。空心的槐树落上火焰，桓温叹息殷仲文外迁；这是庾信《枯树赋》所借用的典故。事实上殷仲文调任东阳太守，在桓温死去很久以后。洁白的月亮运行天空，王粲挥笔祭奠应玚、刘桢去世。这是谢庄《月赋》所借用的典故。事实上王粲死在应玚、刘桢之前。这属于容易发愁就成为宋玉，难道一定要身在楚国宫廷？心胸旷达自然是刘伶，何必辩论是否在晋朝之世？善于读懂古人的书，特别贵在心知其意。愚笨的人感觉内心不安而争辩，古人并不认为这些事属于怪异。假设之公。

　　及夫经生制举①，演义为文②；虽源出于训故，实解主于餐新。截经书兮命题，制变化兮由人。长或连篇累章，短或片言只字。脱增减兮毫厘，即步移兮影徙。为圣贤兮立言，或庸愚兮申志。并欲描情摩态，设身处地。或语全而意半，或神到而形未。如云去而尚留，如马跃而未逝。纵收俄顷之间③，刻画几希之际④。水平剂量⑤，何足喻其充周；历算交躔⑥，曾莫名其微至。《易》奇《诗》正⑦，《礼》节《乐》和⑧，以至《左》夸、《庄》肆、屈幽、《史》洁之文理⑨，无所不包；天人性命，经济阔通，以及儒纷、墨俭、名铏、法深之学术⑩，无乎不备。惟制颁于功令，而义得于师承。严民生之三事⑪，约智力于规绳。守共由之义法，申各尽之精能。体会为言，曾何嫌乎拟圣；因心作则，岂必纵己说而成名？制义之公。

【注释】

①制举：唐、宋以来科举取士制度。语出《新唐书》卷四十四《选举志》："其天子自诏者曰制举，所以待非常之才焉。"在正常的科举考试之外，由皇帝亲自在殿阁诏试的科目，称为制举或制科。唐代制举科目多达八十余种，宋以后大为缩减，其中最常用的有贤良方正直言极谏科、才识兼茂明于体用科、博学鸿词科。

②演义为文：义指经义，演义，即演绎《四书》、《五经》大义。北宋神宗、王安石变法期间，废除科举策论考试，改试经义，以王安石撰写的《三经新义》为依据。《章氏遗书》补遗《论课蒙学文法》曰："《四书》文字本于经义，与论同出一源。其途径之分，则自演人口气始，盖代圣贤以立言，所贵设身处地，非如论说之为我欲言也。"

③俄顷：顷刻，一会儿。

④几(jǐ)希：无几，很少。相差甚微。

⑤水平剂量：水平指用水准器测量平度。语出刘熙《释名》卷一《释天》："水，准也，准平物也。"剂量指铸造量具。语出《周礼·考工记》："权之然后准之，准之然后量之。"权之，称铸器金属的重量。准之，让制器用的模型平正。量之，测量铸器金属液的体积。

⑥躔：语出许慎《说文解字·足部》："躔，践也。"徐锴《说文系传》卷四曰："星之躔次，星所履行也。"指日月星辰运行的轨迹。

⑦《易》奇《诗》正：语出韩愈《韩昌黎全集》卷十二《进学解》："《易》奇而法，《诗》正而葩。"

⑧《礼》节《乐》和：语出司马迁《史记》卷一百三十《太史公自序》："《礼》以节人，《乐》以发和。"

⑨《左》夸、《庄》肆、屈幽、《史》洁：《左》夸，语出韩愈《韩昌黎全集》卷十二《进学解》："《春秋》谨严，《左氏》浮夸。"《庄》肆，《庄子·天下》自叙其学"弘大而辟，深闳而肆"。屈幽、《史》洁，语出柳宗元《柳河东全集》卷三十四《答韦中立论师道书》："参之《离骚》以

致其幽,参之太史公以著其洁。"

⑩儒纷、墨俭、名钒(pī)、法深:语出司马迁《史记》卷一百三十《太史公自序》记载司马谈论六家要旨,批评儒家博而寡要,墨家俭而难遵,法家严而少恩。班固《汉书》卷三十《艺文志·诸子略》叙述名家曰:"及警(jiào)者为之,则苟钩钒析乱而已。"警,揭发他人隐私。钒,析破。

⑪民生之三事:语出《国语·晋语一》:"栾共子曰:'成闻之,民生于三,事之如一。父生之,师教之,君食之。非父不生,非食不长,非教不知生之族也,故壹事之。'"

【译文】

　　还有经生应试制举,推演经义作文;虽然根源语出对经文的解释,其实解答主要在于吸收新论。截取经书来出题,应付变化在个人。长文有的连篇累牍,短文有的片言只语。倘若有一毫一厘的增减,就像移动脚步影子也转移。有的替圣贤来树立箴言,有的是常人来申明心意。都想要描摹情态,设身处地。有的语言周全而意思表达一半,有的神气已到而外表没有统一。好像云飘散却还在逗留,好像马跳跃而没有远离。放纵收拢在片刻之间,描写刻画在细微之际。水准取平和量料铸器,怎么能够比喻它的充足;历法计算日月星辰交错运行,竟然无法说出它的细致。《周易》奇妙而《诗经》雅正,《周礼》节制而《乐经》和谐,直至夸张的《左传》、放达的《庄子》、幽怨的《离骚》、简练的《史记》的各家文理,全部包容;天人之际和赋性运命,治国之道博大通达,以至于儒家纷繁、墨家俭朴、名家破碎、法家严刻的各家学术,无所不备。制度由国家功令公布,而道理得于师法传承。严格人生的三种恭敬侍奉,约束智力不出规矩准绳。遵守共同适用的道德法则,施展各人最大的精明才能。根据体会发表言论,怎么能够心存模拟圣人的嫌疑;发自内心确立准则,难道一定张扬自己学说而成名? 制义之公。

　　凡此区分类别，鳞次部周。夭华媚春，硕果酣秋。极浅深之殊致，标左右之分流。其匿也几括①，其争也寇雠。其同也交誉，其异也互纠。其合也沾沾而自喜②，其违也耿耿而孤忧③。孰鸿鹄而高举④，孰鷃鹊而啁啾⑤？孰梧桐于高冈⑥，孰茅苇于平洲⑦？众自是而人非，喜伐异而党俦⑧。饮齐井而相捽，曾不知伏泉之在幽⑨。由大道而下览夫群言，奚翅激、谤、叱、吸、叫、嚎、突、咬之殊声，而酝酿于鼻、口、耳、枅、圈、臼、洼、污之异窍。厉风济而为虚⑨，知所据而有者，一土囊之噫啸⑩。能者无所竞其名，黠者无所事其剽⑪。颛者无所恃其辨⑫，夸者无所争其耀。识言公之微旨，庶自得于道妙。或疑著述不当入辞赋，不知著述之体，初无避就，荀卿有《赋篇》矣⑬，但无实之辞赋，自不宜涸著述尔⑭。

【注释】

①几括：通"机栝（kuò）"。语出《庄子·齐物论》："其发若机栝，其司是非之谓也。"机指弩牙，是弩上发射的机关。栝指箭栝，箭末端扣弦之处。

②沾沾而自喜：语出司马迁《史记》卷一百零七《魏其武安侯列传》："魏其者，沾沾自喜耳。"沾沾，轻薄的样子。

③耿耿而孤忧：语出《诗经·邶风·柏舟》："耿耿不寐，如有隐忧。"耿耿，警惕戒备的样子。

④鸿鹄（hú）而高举：语出《楚辞·惜誓》："黄鹄之一举兮，知山川之纡曲；再举兮，睹天地之圜方。"鸿鹄，古籍多作"黄鹄"，即天鹅。举，起来，飞起。

⑤鷃（yàn）鹊而啁啾（zhōu jiū）：语出《荀子·礼论》："小者是燕爵，犹有啁噍之顷焉。"鷃鹊，也作燕雀、燕爵，麻雀一类小鸟。啁啾，

象声词,细碎的声音。

⑥梧桐于高冈:语出《诗经·大雅·卷阿》:"凤凰鸣矣,于彼高冈。梧桐生矣,于彼朝阳。"

⑦茅苇于平洲:语出苏轼《苏轼文集》卷四十九《答张文潜县丞书》:"地之美者,同于生物,不同于所生。惟荒瘠斥卤之地,弥望皆黄茅白苇。"

⑧俦(chóu):同辈,伴侣。

⑨饮齐井而相捽(zuó),曾不知伏泉之在幽:语出《庄子·列御寇》:"齐人之井,饮者相捽也。"陆德明《经典释文》卷二十八《庄子音义下》曰:"言穿井之人,为己有造泉之功而捽饮者,不知泉之天然也。"捽,揪住厮打。

⑨激、谪(hè)、叱、吸、叫、嚎、宎(yào)、咬(jiāo)之殊声,而酝酿于鼻、口、耳、枅(jī)、圈、臼、洼、污之异窍。厉风济而为虚:语出《庄子·齐物论》:"山林之畏佳,大木百围之窍穴,似鼻,似口,似耳,似枅,似圈,似臼,似洼者,似污者。激者,谪者,叱者,吸者,叫者,嚎者,宎者,咬者,前者唱于,而随者唱喁。冷风则小和,飘风则大和,厉风济,则众窍为虚。"激,水流冲击声。谪,射箭声。宎,深谷发声。咬,哀鸣声。枅,柱上方木。济,停止。

⑩土囊:大洞穴。语出萧统《文选》卷十三《宋玉·风赋》:"夫风生于地,起于青蘋之末,侵淫溪谷,盛怒于土囊之口。"

⑪黠(xiá):聪慧,机敏,狡猾。

⑫覈:尖刻,性急。

⑬《赋篇》:《荀子·赋篇》分《礼》、《知(智)》、《云》、《蚕》、《箴》五篇,论艺文兼论学术。

⑭溷(hùn):语出《楚辞·离骚》:"世溷浊而不分兮。"意为混乱,混淆。

【译文】

所有这些划分范围与分别门类,似鱼鳞紧密排列与部属环绕四周。像繁盛的花朵喜爱春天,硕大的果实陶醉深秋。穷尽浅与深的不同意趣,标明左与右的各自分流。不发言时像箭在弦上,争辩时犹如向敌寻仇。相同的互相赞赏,不同的互相纠谬。与众人符合就沾沾自喜,和众人违背就耿耿自愁。谁是天鹅高飞,谁是燕雀啁啾?谁是梧桐挺立高冈,谁是茅苇长满平洲?众人以为自己正确而别人不对,喜欢攻击不同意见而纠合朋友。齐国人饮用井水而互相殴打,竟然不知道井水本在地下流。由大道而俯看各家言论,何止像急流声、射箭声、喝斥声、吸气声、高喊声、号哭声、深谷声、哀叹声等不同的声音,酝酿在鼻子、嘴巴、耳朵、柱孔、杯口、春臼、深池、浅塘等不同的孔窍。大风一停各种声音都消失,于是知道所据有的各种声音,不过是一个洞穴的出气呼叫。具有才能的人没有地方竞争自己的名声,聪慧狡猾的人没有地方进行自己的偷盗。性急的人没有地方倚仗自己的强辩,夸口的人没有地方比赛自己的炫耀。认识言公的微妙旨意,差不多能自己体会道的奥妙。有人怀疑著述不应当掺入辞赋体,不知道著述的体裁,本来就没有什么避忌或者追求,荀卿早就有《赋篇》了,只不过没有实质内容的辞赋,自然不宜混入著述罢了。

卷三　内篇三

史　德

【题解】

　　本篇内容讨论著书者的心术——史德,核心问题是探讨史学家的修史素养。唐代刘知几曾经提出史学家必须具备才、学、识三种素养,才能成为良史。章学诚认为只有才、学、识还不够,因为文人的所谓才、学、识和史学家的才、学、识不能相提并论,混为一谈。他在此基础上进一步强调著书者必须注重心术,通过辨析心术来考察史学家的素养,从而提出史德范畴。章学诚的史德概念,既包括史学家伦理道德修养的内涵,更主要的是突出史学家修史时能够临文摄心,不使气,不恣情,以避免主观认识超越历史的客观真实,造成对历史的歪曲,做到情正而气平,最终达到传人者文如其人、记事者文如其事的境界。章学诚提出的史德范畴,触及到史学家的主观认识和客观历史相互关系的理论,把中国传统史学关于史家素养的理论发展到最高水平。近代梁启超综合两家之言,重新排定位置,最终确定了德、才、学、识的次序。从此以后,这四个概念成为中国史学批评中考察史学家素养的基本范畴,对中国古代史学理论的丰富和发展至关重要。

　　才、学、识三者①,得一不易,而兼三尤难,千古多文人而少良史,职是故也②。昔者刘氏子玄③,盖以是说谓足尽其理矣④。虽然,史所贵者义也,而所具者事也,所凭者文也。孟子曰:"其事则齐桓、晋文,其文则史,义则夫子自谓窃取之矣。"非识无以断其义,非才无以善其文,非学无以练其事,三者固各有所近也,其中固有似之而非者也。记诵以为学也⑤,辞采以为才也⑥,击断以为识也⑦,非良史之才、学、识也。虽刘氏之所谓才、学、识,犹未足以尽其理也。夫刘氏以谓有学无识⑧,如愚估操金⑨,不解贸化⑩。推此说以证刘氏之指,不过欲于记诵之间,知所抉择,以成文理耳。故曰:古人史取成家,退处士而进奸雄,排死节而饰主缺,亦曰一家之道然也⑪。此犹文士之识,非史识也。能具史识者,必知史德⑫。德者何?谓著书者之心术也。夫秽史者所以自秽⑬,谤书者所以自谤⑭,素行为人所羞,文辞何足取重。魏收之矫诬⑮,沈约之阴恶⑯,读其书者,先不信其人,其患未至于甚也。所患夫心术者,谓其有君子之心,而所养未底于粹也。夫有君子之心,而所养未粹,大贤以下,所不能免也。此而犹患于心术,自非夫子之《春秋》⑰,不足当也。以此责人,不亦难乎?是亦不然也。盖欲为良史者,当慎辨于天人之际⑱,尽其天而不益以人也。尽其天而不益以人,虽未能至,苟允知之,亦足以称著述者之心术矣。而文史之儒⑲,竞言才、学、识,而不知辨心术以议史德,乌乎可哉⑳!

【注释】

①才、学、识:才指才能,才艺。在历史学中,指史家收集和掌握文献的能力,运用和创新史书体裁义例的能力,以及文章结构与文字表述的能力。学指史家各方面的学问和知识,既包括历史学

专业知识,也包括各门社会科学知识乃至自然科学知识。识指史家观察历史的器识,承担历史责任的胆识和评价历史问题的见识。

②职:因为,由于。

③刘氏子玄:刘知几,字子玄。

④是说谓足尽其理:据《新唐书》卷一百三十二《刘子玄传》记载:"礼部尚书郑惟忠尝问:'自古文士多,史才少,何耶? 对曰:'史有三长,才、学、识,世罕兼之,故史者少。夫有学无才,犹愚贾操金,不能殖货。有才无学,犹巧匠无楩柟斧斤,弗能成室。善恶必书,使骄君贼臣知惧,此为无可加者。'时以为笃论。"

⑤记诵以为学:清代历史考证学者记载名物,考求度数,搜罗佚文,补苴罅漏,被章学诚称作记诵之学。

⑥辞采以为文:六朝、隋、唐时期的骈俪文章,以及这一时期用骈文修撰的史书,被章学诚称作辞章之学。

⑦击断以为识:宋明以来的一派史家或脱离历史事实而抽象驰骋议论,或不顾历史事实而肆意予夺褒贬,被章学诚称作义理之学。击断,随心所欲地抨击论断。

⑧刘氏以谓有学无识:刘知几的原话是:"夫有学无才,犹愚贾操金,不能殖货。"章学诚把"有学无才"误引为"有学无识"。

⑨愚估:通"愚贾(gǔ)",指不善于经营的商人。

⑩贸化:贸易经营之道。

⑪一家之道:据刘知几《史通》卷二十《忤时》曰:"古者刊定一史,纂成一家,体统各殊,指归咸别。夫《尚书》之教也,以疏通知远为主。《春秋》之义也,以惩恶劝善为先。《史记》则退处士而进奸雄,《汉书》则抑忠臣而饰主缺。"

⑫史德:史家的道德素养。

⑬秽史:前人对魏收所撰《魏书》的诬称。刘知几《史通》卷十二《古

今正史》记载:"齐天保二年,敕秘书监魏收博采旧闻,勒成一史……上自道武,下终孝靖,纪传与志,凡百三十卷。收诌齐氏,于魏室多不平……由是世薄其书,号为秽史。"今天的学者们通过深入研究,已经为之平反。

⑭谤书:前人对司马迁所撰《史记》的诬称。据陈寿《三国志》卷六《董卓传》注引谢承《后汉书》曰:"蔡邕在王允坐,闻卓死,有叹惜之音。允……便使收付廷尉。邕……愿黥首为刑以继汉史。公卿惜邕才,咸共谏允。允曰:'昔武帝不杀司马迁,使作谤书,流于后世。方今国祚中衰,戎马在郊,不可令佞臣执笔在幼主左右,后令吾徒并受谤议。'遂杀邕。"历代学者多认为属于不实之词,不能作为定论。

⑮魏收之矫诬:魏收(506—572),字伯起,北朝巨鹿下曲阳(今河北晋县西)人。历任北魏、东魏、北齐史官,官至尚书右仆射,进爵特进。撰修《魏书》一百三十卷,今存。私人撰述大都散佚,后人辑有《魏特进集》一卷。此处当曰沈约之矫诬,据刘知几《史通》卷五《采撰》记载:"沈氏著书,好诬先代,于晋则故造奇说,在宋则多出谤言,前史所载,已讥其谬矣。"

⑯沈约(441—513):字休文,南朝吴兴武康(今浙江德清西)人。历仕宋、齐、梁三朝,官至尚书令,卒谥隐侯。撰有《南齐书》一百卷,流传至今。其余《宋文章志》、《齐纪》、《梁高祖纪》等,均已散佚。后人辑有《沈隐侯集》一卷。此处当曰魏收之阴恶,据刘知几《史通》卷五《采撰》记载:"而魏收党附北朝,尤苦南国,承其诡妄,重加诬语。遂云司马睿出于牛金,刘骏上淫陆氏,可谓助桀为虐,幸人之灾。寻其生绝胤嗣,死遭剖斫,盖亦阴过之所致也。"

⑰夫子之《春秋》:孔子根据鲁国史官编修的《鲁春秋》以及周王室和各诸侯国史书记载删修而成《春秋》一书,记事上起鲁隐公元

年(前 722),下迄鲁哀公十四年(前 481),共计 242 年的历史。汉代以后,被列为儒家经典六经之一。

⑱天人之际:自西汉司马迁《报任安书》称撰《史记》"究天人之际,通古今之变,成一家之言"以来,天人关系就成为历代史学家不断探讨的理论问题。近代史家何炳松把本篇的"人"解释为史学家的主观认识,大致不错;而把"天"仅仅解释为客观历史,则不够准确。章学诚所说的"天"指史家主观认识和客观历史的相互结合,要求主观与客观必须完全符合,只有主观与客观名副其实才能称之为"天"。换言之,"天"是讲史学家的天职,历史学的天分。

⑲文史之儒:缺乏史学素养的文人学士和荒村学究式的一类史家。

⑳乌乎:疑问助词,相当于现代汉语的"怎么"。

【译文】

才艺、学问、见识三种特长,每个人具备一种已经很不容易,要想三者兼备就更加困难,千百年来文人学士层出不穷而有高深造诣的史家很少,正是由于这个缘故。前代的学者刘子玄,大概以为用这种说法解释就完全可以把这个道理讲透了。尽管如此,然而史学所注重的是思想,所具备的是事实,所凭借的是文辞。孟子说:"先秦国史记载的事实是齐桓公和晋文公的事迹,它们的文辞构成史书,而思想则被孔子修《春秋》所继承了。"不具备见识无法评判史学思想,不具备才艺无法完善史书文辞,不具备学问无法提炼历史事实,才艺、学问、见识三种特长和史文、史事、史义三种要素本来相互对接,然而其中也有似是而非的东西存在。如果把记诵名数当做学问,掇拾辞藻当做才艺,击断议论当做见识,不是优秀史家的才艺、学问和见识。即使刘知几所说的才艺、学问和见识,也还不足以讲透其中的道理。刘知几认为如果史家只有学问而没有见识,就像资金掌握在愚钝的商人手中,却不精通贸易之道。把这一说法推演开来考察刘知几的宗旨,他只不过是想在泛泛记诵之间，知道应当怎样抉择史实，让史书文辞合理而已。所以他说：古人撰修史书能够判别家学，《史记》贬抑高节处士而推崇奸雄之人，《汉书》排斥殉节之士而掩饰帝王缺失，这是成一家之言的宗旨所使然。这种看法还是文人的见识，而不是史家的见识。能够具备史家见识的人，一定要懂得史德。德是什么呢？说的是著书之人的心术。那些撰修污秽史书的人恰恰玷污了自己，撰修讥谤史书的人恰恰诽谤了自己，他们的行事为人所不齿，文章也不为当世所重视。魏收修史矫诬失实，沈约修史阴恶诽谤，人们阅读这类史书，首先对他们的人品表示怀疑，所以造成的危害尚未达到非常严重的程度。这里所说的担忧心术，是指史家尽管具备君子的正直品格，但他们的史学修养还没达到纯粹的境界。已经具备了君子的正直品格，而史学素养不纯粹，自道德高深的圣贤以外，人人都不能避免。在这种情况下还担忧心术，除非是孔子修《春秋》，其他人都达不到这个标准。用这样的标准要求别人，不是也太难做到了吗？其实也不是这样。大凡想成为优秀史家的人，应当谨慎地处理史学主体与客体之间的关系，完全尽到主观与客观相副的天职而不把个人的主观认识强加在客观历史之上。完全做到恰如其分而不掺杂主观臆见评论历史，尽管无法实现，但如果明白这个道理，也就符合著书者的心术了。而那些不具备史家素养的文学之士，纷纷强调才艺、学问、见识，却不懂得通过辨明心术强调史德修养，这怎么可以呢？

夫是尧、舜而非桀、纣，人皆能言矣。崇王道而斥霸功[1]，又儒者之习故矣。至于善善而恶恶[2]，褒正而嫉邪，凡欲托文辞以不朽者，莫不有是心也。然而心术不可不虑者，则以天与人参，其端甚微，非是区区之明所可恃也[3]。夫史所载者事也，事必藉文而传，故良史莫不工文，而不知文又患于为事役也[4]。盖事不能无得失是非，一有得失是非，则出入予夺相奋摩矣⑤。奋摩不已,而气积焉⑥。事不能无盛衰消息,一有盛衰消息,则往复凭吊生流连矣⑦。流连不已,而情深焉。凡文不足以动人,所以动人者,气也。凡文不足以入人,所以入人者,情也。气积而文昌,情深而文挚;气昌而情挚,天下之至文也。然而其中有天有人,不可不辨也。气得阳刚,而情合阴柔。人丽阴阳之间⑧,不能离焉者也。气合于理,天也;气能违理以自用,人也。情本于性,天也;情能汩性以自恣⑨,人也。史之义出于天,而史之文,不能不藉人力以成之。人有阴阳之患,而史文即忤于大道之公,其所感召者微也。夫文非气不立,而气贵于平。人之气,燕居莫不平也⑩。因事生感,而气失则宕⑪,气失则激,气失则骄,毗于阳矣⑫。文非情不深,而情贵于正。人之情,虚置无不正也。因事生感,而情失则流,情失则溺,情失则偏,毗于阴矣。阴阳伏沴之患⑬,乘于血气而入于心知,其中默运潜移,似公而实逞于私,似天而实蔽于人,发为文辞,至于害义而违道,其人犹不自知也。故曰心术不可不慎也。

【注释】

①崇王道而斥霸功:语出班固《汉书》卷五十六《董仲舒传》:"夫仁人者,正其谊不谋其利,明其道不计其功。是以仲尼之门,五尺之童,羞称五伯,为其先诈力而后仁谊也。"伯,通"霸"。

②善善而恶(wù)恶:好善嫉恶。语出《公羊传·昭公二十年》:"君子之善善也长,恶恶也短。恶恶止其身,善善及子孙。"

③区区:小,少。

④役:驱使,制约。

⑤奋摩(mó)：强烈摩擦。

⑥气：充满人体的意气、精神。语出《孟子·公孙丑上》："夫志，气之帅也；气，体之充也。"赵岐《注》曰："气，所以充满形体为喜怒也。"

⑦流连：乐而忘返。语出《孟子·梁惠王下》："流连荒亡，为诸侯忧。从流下而忘反谓之流，从流上而忘反谓之连，从兽无厌谓之荒，乐酒无厌谓之亡。先王无流连之乐、荒亡之行。"

⑧丽：附着。语出《周易·离卦》："日月丽乎天，百谷草木丽乎土。"

⑨汩(gǔ)：扰乱。语出《尚书·洪范》："汩陈其五行。"孔颖达《疏》曰："言五行陈列皆乱也。"

⑩燕居：语出《论语·述而》："子之燕居。"朱熹《集注》曰："燕居，闲暇无事之时。"意为闲暇休息。

⑪宕(dàng)：今作"荡"。原意为水流过去，引申为放荡，不受约束。

⑫毗(pí)：损伤。语出《庄子·在宥》："人大喜邪，毗于阳。大怒邪，毗于阴。"

⑬沴(lì)：语出《庄子·大宗师》："阴阳之气有沴。"指天地四时之气不和而引起的灾害。

【译文】

称赞尧、舜而指责桀、纣，这话人人都会说。尊崇王道而贬斥霸功，又是儒生所谙熟的故事。至于赞颂善良而憎恶丑恶，褒扬正义而痛恨邪恶，凡是想通过著书立说求得名声不朽的人，都有这种愿望。然而心术不能不考虑的缘故，是因为天道与人意互相掺合，其端绪非常细微，不是依仗小小的明辨能力就能做到。史书所记载的是史事，史事必须依托文辞而流传，所以优秀的史家无不擅长文辞，却不知道文辞容易受到史事的制约。大概事情不可能没有是非得失，而一旦有是非得失，那么取舍定夺之间就会产生巨大摩擦。不停地奋力摩擦，胸中的神气就积蓄起来。事情不可能没有盛衰消长，而一旦有盛衰消长，那么来回凭吊感慨就会产生流连之意。不断地流连不舍，心中的感情就逐渐加深。大凡文章本身并不足以打动人，能够用来打动人的东西，是作者的精神。大凡文章本身并不足以吸引人，能够用来吸引人的东西，是作者的情感。神气饱满则文辞繁茂，感情深厚则文辞真挚；神气饱满而感情深厚，那就是天下最美的文章。然而其中有天道有人意，不可不加分辨。神气得自阳刚，而情感合于阴柔。人附着在阴阳之间，不能与之分离。神气符合理性，这是天道；神气也能违背理性而为己所用，这是人意。情感出于人性，这是天道；情感也能汩乱人性而随心所欲，这是人意。史学的大义出于天道，而史书的文辞，却不能不借助人力来完成。人有来自阴阳两方面的忧患，那么史书的文辞就会违逆天道的公正，它所起到的感召作用就很微弱。文章没有文气就不能自立，而文气贵在平和。人的神气，闲居时没有不平和的状态。遇到事情就生出感慨，而神气失去平和就动摇不定，神气失去平和则易于激动，神气失去平和则骄恣放纵，便损伤了阳气。文章没有情感便不能深入，而情感贵在平正。人的情感，安闲时没有不平正的状态。遇到事情就生出感慨，而情感失去平正则游移不定，情感失去平正则易于沉迷，情感失去平正则产生偏颇，便损伤了阴气。这种潜藏的阴阳不和的灾害，顺着血气进入人的内心，在心中潜移默化，貌似公允而实际让私心放纵，似乎符合天道而实际受主观蒙蔽，撰写出文字，以至于损害大义并且违背大道，而作者本人并没有觉察。所以说对心术不可不慎重。

　　夫气胜而情偏，犹曰动于天而参于人也。才艺之士，则又溺于文辞，以为观美之具焉，而不知其不可也。史之赖于文也，犹衣之需乎采，食之需乎味也。采之不能无华朴，味之不能无浓淡，势也。华朴争而不能无邪色，浓淡争而不能无奇味。邪色害目，奇味爽口①，起于华朴浓淡之争也。文辞有工拙，而族史方且以是为竞焉，是舍本而逐末矣。以此为文，未有见其至者。以此为史，岂可与闻古人大体乎^②？

【注释】

①邪色害目，奇味爽口：语出《老子》："五色令人目盲，五音令人耳聋，五味令人口爽。"爽，差失，错乱。

②古人大体：语出《庄子·天下》："后世之学者，不幸不见天地之纯，古人之大体。"大体，根本，全貌。

【译文】

神气过盛与情感偏颇，还可以说是改变天道而夹杂人意。那些才学辞艺之人，却又沉湎于文辞之中，把作品当做观赏华美的工具，却不知道这样不行。史书依赖文辞，就像衣服需要色彩，饮食需要味道。色彩不能没有华丽与质朴，味道不能没有浓重与清淡，这是客观趋势。华丽与质朴相争就不能不出现光怪的色彩，浓重与清淡相争就不能不产生奇特的味道。光怪的色彩伤害眼睛，奇特的味道破坏味觉，这是由于华丽与质朴、浓重与清淡相互竞争。文辞有工巧与拙朴，而众多的史书正以此为追逐目标，这就舍本逐末了。用这样的标准撰写文章，不可能达到至善至美；用这样的标准撰修史书，怎么能够得知古人的根本呢？

韩氏愈曰："仁义之人，其言蔼如。"^①仁者情之普，义者气之遂也。程子尝谓："有《关雎》、《麟趾》之意，而后可以行《周官》之法度。"^②吾则以谓通六义比兴之旨，而后可以讲春王正月之书^③。盖言心术贵于养也。史迁百三十篇，《报任安书》所谓"究天地之际，通古今之变，成一家之言"^④；自序以谓"绍名世，正《易传》，本《诗》、《书》、《礼》、《乐》之际"^⑤，其本旨也。所云发愤著书^⑥，不过叙述穷愁，而假以为辞耳。

后人泥于发愤之说，遂谓百三十篇，皆为怨诽所激发，王允亦斥其言为谤书⑦。于是后世论文，以史迁为讥谤之能事，以微文为史职之大权⑧，或从羡慕而仿效为之；是直以乱臣贼子之居心，而妄附《春秋》之笔削，不亦悖乎！今观迁所著书，如《封禅》之惑于鬼神，《平准》之算及商贩，孝武之秕政也⑨。后世观于相如之文，桓宽之论⑩，何尝待史迁而后著哉？《游侠》、《货殖》诸篇，不能无所感慨，贤者好奇⑪，亦洵有之。余皆经纬古今，折衷六艺⑫，何尝敢于讪上哉⑬？朱子尝言⑭，《离骚》不甚怨君，后人附会有过。吾则以谓史迁未敢谤主，读者之心自不平耳。夫以一身坎轲，怨诽及于君父，且欲以是邀千古之名，此乃愚不安分，名教中之罪人，天理所诛，又何著述之可传乎？夫《骚》与《史》，千古之至文也。其文之所以至者，皆抗怀于三代之英⑮，而经纬乎天人之际者也。所遇皆穷，固不能无感慨。而不学无识者流，且谓诽君谤主，不妨尊为文辞之宗焉，大义何由得明，心术何由得正乎？夫子曰："《诗》可以兴。"⑯说者以谓兴起好善恶恶之心也⑰。好善恶恶之心，惧其似之而非，故贵平日有所养也。《骚》与《史》，皆深于《诗》者也。言婉多风⑱，皆不背于名教，而梏于文者不辨也⑲。故曰必通六义比兴之旨，而后可以讲春王正月之书。

【注释】

①仁义之人，其言蔼如：语出韩愈《韩昌黎全集》卷十六《答李翊书》。

②有《关雎》、《麟趾》之意，而后可以行《周官》之法度：语出程颢、程颐《二程外书》卷十二："明道云：必有《关雎》、《麟趾》之意，然后

可行周公法度。"《麟趾》,即《诗经·周南·麟之趾》。《诗序》认为是赞美周文王子孙众多而且鲜明。

③春王正月之书:史书。语出《春秋》隐公"元年春,王正月"。《公羊传》曰:"元年者何?君之始年也。春者何?岁之始也。王者孰谓?谓文王也。曷为先言王而后言正月?王正月也。何言乎王正月?大一统也。"

④究天地之际,通古今之变,成一家之言:语出班固《汉书》卷六十二《司马迁传》中的《报任安书》。任安(?—前91),字少卿,西汉荥阳(今属河南)人。汉武帝年间,为大将军卫青舍人。后任益州刺史,监北军使者等官。戾太子举兵反叛,使人持节令任安发兵,任安受节而闭门不出。戾太子死后,武帝追究任安受节而不发兵,怀有贰心,腰斩。生前与司马迁友善,故司马迁作《报任安书》,诉说心迹。天地之际,《报任安书》作"天人之际"。

⑤绍名世,正《易传》,本《诗》、《书》、《礼》、《乐》之际:语出司马迁《史记》卷一百三十《太史公自序》。原文"正《易传》"下有"继《春秋》"三字。

⑥发愤著书:据司马迁《史记》卷一百三十《太史公自序》曰:"太史公遭李陵之祸……退而深惟曰:'夫《诗》、《书》隐约者,欲遂其志之思也。昔西伯拘羑里,演《周易》。孔子厄陈、蔡,作《春秋》。屈原放逐,著《离骚》。左丘失明,厥有《国语》。孙子膑脚,而论兵法。不韦迁蜀,世传《吕览》。韩非囚秦,《说难》、《孤愤》。《诗》三百篇,大抵贤圣发愤之所为作也。此人皆意有所郁结,不得通其道,故述往事,思来者。'于是卒述陶唐以来,至于麟止。"

⑦王允亦斥其言为谤书:语出陈寿《三国志》卷六《董卓传》注引谢承《后汉书》。王允(137—192),字子师,东汉太原祁县(今属山西)人。汉灵帝时拜豫州刺史,镇压黄巾起义。汉献帝即位后,拜太仆,迁守尚书令,后任司徒。与吕布合谋刺杀董卓。后来董

卓部将李傕、郭汜叛乱，杀害王允。

⑧微文：隐晦讽刺之文。语出萧统《文选》卷四十八《班孟坚·典引序》："司马迁著书，成一家之言，扬名后世，至以身陷刑之故，反微文刺讥，贬损当世，非谊士也。"

⑨秕(bǐ)政：弊政。

⑩桓宽之论：桓宽，字次公，西汉汝南(今河南上蔡西南)人。治《公羊春秋》，学识渊博。汉宣帝时为郎，官至庐江太守丞。曾经整理汉昭帝时期丞相、御史大夫桑弘羊和诸郡贤良、文学在盐铁会议上辩论盐铁官营问题的资料，撰成《盐铁论》。

⑪贤者好奇：语出扬雄《法言》卷十二《君子》："仲尼多爱，爱义也。子长多爱，爱奇也。"

⑫折衷六艺：语出司马迁《史记》卷四十七《孔子世家》："中国言六艺者，折中于夫子。"折中，即折衷，意为取其中正无偏，作为判断事物的标准。

⑬讪(shàn)：诽谤，讥刺。

⑭朱子尝言：语出朱熹《朱子语类》卷一百三十七："且屈原一书，近偶阅之，从头被人错解了。自古至今，讹谬相传，更无一人能破之者，而又为说以增饰之。看来屈原本是一个忠诚恻怛爱君底人。观他所作《离骚》数篇，尽是归依爱慕不忍舍去怀王之意，所以拳拳反复，不能自已。何尝有一句是骂怀王？亦不见他有褊躁之心，后来没出气处，不奈何方投河殒命。而今人句句尽解做骂怀王，枉屈说了屈原。只是不曾平心看他语意，所以如此。"同书卷一百三十九又云："《楚辞》不甚怨君，今被诸家解得都成怨君，不成模样。"

⑮三代之英：语出《礼记·礼运》："孔子曰：大道之行也，与三代之英，丘之未逮也，而有志焉。"指上古三代的精英人物。

⑯诗可以兴：语出《论语·阳货》："子曰：小子何莫学夫《诗》？《诗》

可以兴,可以观,可以群,可以怨。"又《论语·泰伯》:"子曰:兴于《诗》,立于《礼》,成于《乐》。"

⑰说者以谓兴起好善恶恶之心:语出朱熹《四书章句集注》:"兴,起也。诗本性情,有邪有正,其为言既易知,而吟咏之间,抑扬反复,其感人又易入。故学者之初,所以兴起其好善恶恶之心而不能自已者,必于此而得之。"

⑱风:通"讽",微言劝告。

⑲梏(gù):原意指手铐。引申为禁锢,束缚。

【译文】

韩愈说:"仁爱正义的人,他们的话也和蔼可亲。"仁是情感的扩充,义是神气的畅达。程颢曾经说过:"具备《关雎》、《麟趾》诗中的贤良之心,然后才能施行《周礼》记载的法规制度。"我却以为通晓六义中比兴的旨意,然后才可以谈论笔削褒贬的史书。大概是说心术贵在修养。司马迁的《史记》一百三十篇,《报任安书》所说的"推求天道与人事之间的关系,通晓古今变化的规律,形成一家学说";《太史公自序》所说的"继承清明之世,订正《易传》,依据《诗》、《书》、《礼》、《乐》的际会",这是《史记》的宗旨。他所说的发泄愤懑而著书,不过是叙述穷困忧愁,而用来假托的言辞。后人拘泥于发愤之说,于是认为一百三十篇,都是由怨恨毁谤所激发,王允也指责它是谤书。于是后世评论文章,把司马迁当做极尽讥谤之能事,把隐约讥讽当做史官一大职权,有的还从羡慕进而到仿效去做;这简直是用乱臣贼子之心,妄自比附《春秋》笔削的手法,不是太荒谬了吗!现在看司马迁所写的《史记》,如《封禅书》记载武帝对鬼神的迷惑,《平准书》记载征收赋税算计商贩,这是汉武帝政治的腐败。后人看司马相如的文章,桓宽的《盐铁论》就明白,何曾要等到司马迁著书之后才彰显于世呢?《游侠列传》、《货殖列传》等篇,不能不有些感慨,贤者出于好奇之心,这也确实存在。其余的都是贯穿古今,折中于六经,何曾敢于诽谤皇上?朱熹曾经说过,《离骚》对楚国国君不是很怨恨,后人附会得过分了。我却认为司马迁也不敢诽谤君主,是读者自己心中不平的缘故。因为一生的坎坷遭遇,就怨恨诽谤到君主身上,而且还想用它获取千古名声,这真是愚蠢而又不安本分,是名教中的罪人,天理不容,又有什么著作值得流传后世呢?《离骚》与《史记》,都是千古以来最完美的文章。他们的文章之所以能达到最高的境界,因为他们的情怀都以夏、商、周三代的精英自相期许,又以推究天道与人事的关系为己任。但他们的遭遇都很穷困,自然不能没有感慨。而那些不学无术又没有见识的人,尚且说讥刺君主和毁谤皇上,并不妨碍尊奉他们为文章之宗师,大义怎么能够彰显,心术怎么能够端正呢?孔子说:"《诗经》可以激发人的情志。"解说《诗经》的人认为是激发人们爱好善良憎恨邪恶的心志。爱好善良憎恨邪恶的心志,最担心的是外表相似而实质不同,所以要重视平常的修养。《离骚》与《史记》,都深得《诗经》的精髓。言辞委婉而多含讽喻,都不违背名教,而拘泥于文辞的人却分辨不清。所以说一定要通晓六义中的比兴之意,然后才可以谈论笔削褒贬的史书。

史　释

【题解】

本篇主旨在于通过对史职的解释,阐述浙东史学关于"史学所以经世,固非空言著述"的宗旨,目的在于惩戒宋学末流空谈义理的流弊。章学诚指出,古代史官虽然品位有高下,职掌各不相同,但在本质上没有区别,他们的共同之处在于保存掌故寓涵先王道法。《周官》记载的府史之史和内史、外史、太史、小史、御史,性质就是如此。府史之史守掌故以存先王之法,内史、外史、太史、小史、御史等五史通经术存先王之道,所以道与法、掌故和经术相互结合,融为一体。五史虽然能推论经术精微以言道,但一定结合史所守掌故之原委,而非空谈说经,所以三代以上文无空言,道无空理。三代以下去古愈远,官师治教分离,学者不懂得府史之史通于五史的道理,所以舍器而求道,荒掌故而通经术。于是他们为探求上古三代之道,舍今而求古,舍人伦日用而求学问精微,用功愈勤,离道愈远。章学诚认为,清代考据学者治学同样存在弊病,主要缺陷在于不通当代而动矜博古,陷入烦琐考据。其实当代典制乃是损益古代典制而来,与《诗经》、《尚书》六艺的精神一脉相承。如果不明白这个道理,那么考证再深入,学问再精深,即使考证清楚嫘祖发明养蚕、神农培育作物,也不能御寒和充饥。因此,博古必须通今,不能舍弃官司掌故和人伦日用,这样的学问才有经世致用的价值。

　　或问《周官》府史之史①，与内史、外史、太史、小史、御史之史②，有异义乎？曰：无异义也。府史之史，庶人在官供书役者，今之所谓书吏是也③。五史，则卿、大夫、士为之④，所掌图书、纪载、命令、法式之事，今之所谓内阁六科、翰林中书之属是也⑤。官役之分，高下之隔，流别之判，如霄壤矣⑥。然而无异义者，则皆守掌故，而以法存先王之道也。

【注释】

①府史：语出《周礼·天官》："治官之属……府六人，史十有二人。"又"宰夫之职……五曰府，掌官契以治藏。六曰史，掌官书以赞治。"其余地官、春官、夏官、秋官、冬官所属各职司，均有府史之职。府的职责是掌管收藏文书及器物，史的职责是掌管起草文书。

②小史、御史：小史为《周礼·春官》宗伯之属官，掌管王国之治，确定贵族世系，辨别尊卑辈分。御史为《周礼·春官》宗伯之属官，掌管治理诸侯国和民众的法令，为君王起草诏令，同时检查在职官员的任缺。秦、汉以后，其职能转变为专职监察官。

③书吏：官府中承办文书的吏人。

④卿、大夫、士：周王室和诸侯国职官名称，各分上中下三个等级。

⑤内阁六科、翰林中书：明、清设置的国家机构。内阁，明代废丞相，建内阁作为处理国家政务的中枢机构，设置三殿、三阁大学士。清代沿袭其名，但重要事务由议政王大臣会议、军机处办理，内阁实际上成为办理一般事务的机构，职权仅限于传达诏旨、公布文告等范围。六科，明代和清代均设置吏、户、礼、兵、刑、工六科。清代雍正年间并入督察院，设置掌印给事中、给事中，主要任务是发送各科与内阁之间的文书，并督察在京各衙门

公事。翰林,明、清两代设翰林院,负责掌管撰修前朝和当代国史,给皇帝讲解经史,保存图书文籍,草拟典礼制诰,撰写文章。官员有掌院学士、侍读学士、侍讲学士、侍读、侍讲、修撰、编修、检讨、庶吉士等,统称翰林。中书,明、清两代在内阁设置中书,掌管撰写文书,记载事迹,翻译外文,缮写诰敕等事宜。中书科中书,专门负责缮写诰敕。

⑥霄壤:天与地。比喻距离极远。

【译文】

有人问《周官》里府史的史,和内史、外史、太史、小史、御史的史,有不一样的含义吗? 回答说:没有不同的含义。府史的史,指在官府中掌管文书之类差事的平民,也就是今天所说的书吏就是这样。五史,则由卿、士、大夫担任,掌管图书、记录、命令、法律制度等事宜,也就是今天所称的内阁六科、翰林中书之类就是这样。职责上官与役的分别,地位上高与低的间隔,品级上入流与不入流的划分,有如天壤之别。然而没有差异的是,他们都主管典章制度,以一定的准则存留尧、舜、禹、汤、文、武治国平天下的政治教化之道。

　　史守掌故而不知择,犹府守库藏而不知计也。先王以谓太宰制国用①,司会质岁之成②,皆有调剂盈虚、均平秩序之义,非有道德贤能之选,不能任也,故任之以卿士、大夫之重③。若夫守库藏者,出纳不敢自专,庶人在官,足以供使而不乏矣。然而卿士、大夫,讨论国计,得其远大,若问库藏之纤悉,必曰府也④。

【注释】

①太宰制国用:语出《周礼·天官》太宰之职"以九职任万民……以

九赋敛财贿……以九式均节财用……以九贡致邦国之用"。分别以九种职务、九种赋税、九种方式、九种贡品裁制国用,并具体列举了各自的九种名称。

②司会质岁之成:语出《礼记·王制》:"司会以岁之成质于天子。"又《周礼·天官》司会"凡在书契版图者之贰,以逆群吏之治,而听其会计,以参互考日成,以月要考月成,以岁会考岁成"。质,评判。会,会计。成,成事。意为司会把一年成事的统计文书上报天子评判。

③卿士:周王朝执政者。语出《左传·隐公三年》:"郑武公、庄公为平王卿士。"杜预《注》曰:"卿士,王卿之执政者。"其最高长官为太师、太保等职。

④问库藏之纤悉,必曰府:周代未见记载,章学诚似乎是用后代典故推论而言。据司马迁《史记》卷五十六《陈丞相世家》记载,汉文帝由代王即位以后,需要掌握整个国家情况,一次问右丞相周勃:"全国一年判决的诉讼案件有多少?"周勃回答:"不知道。"又问:"一年钱粮收入和支出是多少?"周勃又回答不上来,吓出一身冷汗。汉文帝照问左丞相陈平,陈平说:"这些事都有主管的官员负责。"文帝问道:"主管的官员是哪一位?"陈平说:"陛下问断案就找廷尉,问钱粮就找治粟内史。"文帝说:"如果各部门都有主管的官员,那么你还主管什么事呢?"陈平回答:"主管大臣。陛下既然让我当宰相,宰相的任务是对上辅佐天子,协理阴阳,顺应四时;对下抚育万物,各得其宜;对外镇抚四夷,诸侯宾服;对内亲附百姓,使官员各尽其职。"汉文帝称善。

【译文】

府史的史掌管典章制度而不知道取舍,就像府史的府主管官库收藏而不知道统计。先王认为太宰制定国家预算,司会评判全年的统计文书,都有调剂盈亏和秩序均平的含义,如果不是有道德有才能的人才,不能担任此职,所以任命卿士、大夫这样的贵族担任。至于看守库藏的人,支出和收入都不敢擅自做主,平民在官府里,就足以供人驱使而够用了。然而卿士、大夫,讨论国家大计,从远大之处着眼,如果询问府库收藏的详细情况,一定还得找府、史之府。

五史之于文字,犹太宰司会之于财货也。典、谟、训、诰,曾氏以谓"唐、虞、三代之盛,载笔而纪,亦皆圣人之徒"①,其见可谓卓矣。五史以卿士、大夫之选,推论精微;史则守其文诰、图籍、章程、故事②,而不敢自专;然而问掌故之委折③,必曰史也。

【注释】

①曾氏:曾巩。

②文诰、图籍:文诰是古代一种训诫勉励的文告。语出《国语·周语上》:"先王耀德不观兵,有威让之令,有文告之辞。"图籍指地图与户籍。语出《荀子·荣辱》:"修法则、度量、刑辟、图籍。"杨倞《注》曰:"图谓摹写土地之形,籍谓书其户口之数也。"

③委折:原委曲折。

【译文】

五史对于文字记载的关系,就像太宰、司会对于钱财货物的关系。典、谟、训、诰之文,曾巩认为"唐尧、虞舜以及夏、商、周三代兴盛时期,携带笔墨记载王事的史官,也是圣贤一类的人",他的看法可以说很高明了。五史选用卿士、大夫担任,推求和讨论精深和隐微的内容;府史之史则主管文诰、图籍、规程条例、典章制度,而不敢自己专断;然而询问典章制度的原委曲折,一定还得找府史的史。

夫子曰:"民可使由之,不可使知之。"①先王道法,非有二也,卿士、大夫能论其道,而府史仅守其法;人之知识,有可使能与不可使能尔。非府史所守之外,别有先王之道也。夫子曰:"俎豆之事,则尝闻之矣。"②曾子乃曰:"君子所贵乎道者三。笾豆之事,则有司存。"③非曾子之言异于夫子也,夫子推其道,曾子恐人泥其法也。子贡曰:"文武之道,未坠于地,在人。夫子焉不学,亦何常师之有?"④"入太庙,每事问。"⑤则有司贱役,巫祝百工⑥,皆夫子之所师矣。问礼问官⑦,岂非学于掌故者哉? 故道不可以空铨⑧,文不可以空著。三代以前未尝以道名教,而道无不存者,无空理也。三代以前未尝以文为著作,而文为后世不可及者,无空言也。盖自官师治教分,而文字始有私门之著述,于是文章学问,乃与官司掌故为分途,而立教者可得离法而言道体矣。《易》曰:"苟非其人,道不虚行。"⑨学者崇奉六经,以谓圣人立言以垂教,不知三代盛时,各守专官之掌故,而非圣人有意作为文章也。

【注释】

①民可使由之,不可使知之:语出《论语·泰伯》。

②俎豆之事,则尝闻之矣:语出《论语·卫灵公》。俎豆,古人祭祀时用来盛肉食的两种器皿。这里指礼仪细节。

③君子所贵乎道者三。笾豆之事,则有司存:语出《论语·泰伯》:"曾子有疾,孟敬子问之。曾子言曰:'鸟之将死,其鸣也哀;人之将死,其言也善。君子所贵乎道者三:动容貌,斯远暴慢矣;正颜色,斯近信矣;出辞气,斯远鄙倍矣。笾豆之事,则有司存。'"

④文武之道,未坠于地,在人。夫子焉不学,亦何常师之有:语出
　　《论语·子张》。

⑤入太庙,每事问:语出《论语·八佾》。太庙,天子的祖庙。春秋
　　时期,鲁国对周公庙也称太庙。

⑥巫祝:古代从事沟通鬼神职业的人。百工:各种工匠。

⑦问礼问官:据司马迁《史记》卷四十七《孔子世家》记载,孔子曾经
　　向老聃询问周礼的内容。另据《左传·昭公十七年》记载,孔子
　　曾经向郯(tán)国国君郯子询问少昊氏为什么用鸟作官名。

⑧铨:通"诠",解释。

⑨苟非其人,道不虚行:语出《周易·系辞下》。

【译文】

　　孔夫子说:"对于民众可以让他们照着圣贤的规定去做,却不能让他们知道为什么要这样做。"先王的道统和法度,并不是两种东西,卿士、大夫能够谈论大道,而府与史仅能墨守先王法度;人的智慧与见识,有可以使他论道与不可使他论道的差异。并非在府和史所掌管法度之外,另外还有先王的大道。孔夫子说:"祭祀礼仪方面的事情,我听说过。"曾参则说:"君子所应当看重的道有三个方面。至于祭祀和礼节仪式,自有主管这些事务的官员负责。"并非曾参说的话跟孔夫子不一样,而是因为孔夫子推论大道,而曾参担心人们拘泥于具体的法度礼节而忽略大道。子贡说:"文王、武王的大道,并没有失传,而是散在民间。孔夫子在哪里不学习呢,又怎么会有固定的教师呢?""进了帝王祖庙,遇到任何不懂的事都要发问。"那么主管的官吏和卑贱的杂役,掌管祭祀的人和手工业者,都是孔子求教的人。向老聃问礼和向郯子问官,难道不是在学习典章制度吗?所以道不可以空洞地诠释,文章也不可以空洞地写作。三代以前从未用道来命名自己的教化,然而道无所不在,是因为没有空洞地说理。三代以前从未把文章当做著作,而文章为后世所不能企及,是因为没有空洞的言论。大概自从官员与教师、政治与

教化分途以后，而文字开始有了私家著述，于是文章和学问，才和官府的典章制度区分开来，而立言垂教的人可以离开具体的法度而谈论道的本体了。《周易》说："如果没有贤明之士探求阐发，那么大道就难以凭空推行。"学者尊崇奉行六经，认为这是圣人创立学说以垂示教诲，不知道夏、商、周三代兴盛之时，各有专门官员掌管典章制度，并不是圣人有意为后世创做文章。

　　《传》曰："礼时为大。"又曰："书同文。"盖言贵时王之制度也。学者但诵先圣遗言，而不达时王之制度，是以文为鞶帨缔绣之玩①，而学为斗奇射覆之资②，不复计其实用也。故道隐而难知，士大夫之学问文章，未必足备国家之用也。法显而易守，书吏所存之掌故，实国家之制度所存，亦即尧、舜以来，因革损益之实迹也。故无志于学则已，君子苟有志于学，则必求当代典章，以切于人伦日用；必求官司掌故，而通于经术精微；则学为实事，而文非空言，所谓有体必有用也。不知当代而言好古，不通掌故而言经术，则鞶帨之文，射覆之学，虽极精能，其无当于实用也审矣。

【注释】

①鞶帨（pán shuì）缔（chī）绣：鞶帨，语出扬雄《法言》卷七《寡见》："今之学也，非独为之华藻也，又从而绣其鞶帨。"鞶，扎束衣服的大带。帨，妇女用的佩巾。缔绣，语出《尚书·益稷》伪孔安国《传》："葛之精者曰缔。五色备曰绣。"缔，一种细葛布。

②射覆：语出班固《汉书》卷六十五《东方朔传》："上尝使诸数家射覆。"数家，数术之家。射覆，古代一种游戏，用器皿扣住东西，让人猜测。

【译文】

《礼记》的《传》说:"制定礼法以符合时事为最高原则。"又说:"书写使用形体统一的文字。"大概是说注重所处时代帝王的制度。学者只是记诵先代圣人遗留下来的文章,而不通晓所处时代帝王的制度,是把文章当做类似肇帨绨绣的玩物,把学问当做类似竞相比斗猜测覆器之物的异能,不再考虑它的实用价值。所以大道隐藏而难以知晓,士大夫的学问文章,未必能满足国家的需要。法令显著而容易遵守,书吏所保存的掌故,实为国家制度的渊源,也就是尧、舜以来,历代因袭、变革、减损、增益的实际过程。所以无志于求学就罢了,君子假如有志于求学,那么一定要探求当代典章制度,以切合社会日常生活;一定要探求官司掌故,以便通晓经学的精微大义;那么学术就成为实在的事物,文章也不是空洞的言论,这就是所说的有本体一定有实用。不了解当代而标榜好古,不通晓掌故而讲论经术,那么肇帨一类华而无实的文章,射覆一类争奇斗异的学问,虽然极尽精深之能事,但它们没有实用价值也就确定无疑了。

孟子曰:"力能举百钧,而不足举一羽。明足察秋毫之末,而不见舆薪。"①难其所易,而易其所难,谓失权度之宜也②。学者昧今而博古,荒掌故而通经术,是能胜《周官》卿士之所难,而不知求府史之所易也。故舍器而求道,舍今而求古,舍人伦日用而求学问精微,皆不知府史之史通于五史之义者也。

【注释】

①力能举百钧,而不足举一羽。明足察秋毫之末,而不见舆薪:语出《孟子·梁惠王上》。钧,古代以三十斤为一钧。秋毫之末,鸟

　　兽在秋天长出的新羽毛称作秋毫,末指秋毫的尖端,比喻极其细
　　微的东西。

②权度:权和度原意是度量衡,引申为比较、权衡。

【译文】

　　孟子说:"力气大到能举起三千斤的东西,却不能拿起一片羽毛。视力好得能看到秋天鸟兽身上毫毛的末端,却看不到一车木柴。"难以完成容易办到的事,而轻易完成难办的事,可以说是没有掌握好权衡轻重的准则。学者不知道当今而博通古代,荒废掌故而通晓经术,是能够胜任《周官》卿士难以办到的事,而不知道寻求府与史容易办到的事。所以舍弃具体事物或名物制度而探求深奥的道理,舍弃所处时代的制度而探求上古三代的典章,舍弃社会日常生活而探求精深微妙的学问,都是因为不知道府史的史跟五史的大义相通的缘故。

　　以吏为师,三代之旧法也。秦人之悖于古者,禁《诗》、《书》而仅以法律为师耳。三代盛时,天下之学,无不以吏为师。《周官》三百六十,天人之学备矣。其守官举职,而不坠天工者①,皆天下之师资也。东周以还,君师政教不合于一,于是人之学术,不尽出于官司之典守。秦人以吏为师,始复古制。而人乃狃于所习②,转以秦人为非耳。秦之悖于古者多矣,犹有合于古者,以吏为师也。

【注释】

①天工:天的职能。语出《尚书·皋陶谟》:"天工,人其代之。"古人认为帝王效法天象而建立官职,代行天之职权。

②狃(niǔ):拘囿,局限。

【译文】

以官吏作为教师，这是夏、商、周三代的旧法。秦人违背三代的地方，在于禁绝《诗经》、《尚书》而仅仅以法律作为学习对象。三代兴盛的时候，天下的学问，无一不是以官吏作为教师。《周官》所记载的三百六十种官职，关于天道和人事的学问已经非常完备了。那些恪守官位尽心尽职，而不败坏上天职能的人，都是天下人可以求学的教师。东周以后，君主与教师、政治与教化不再合而为一，于是人们的学术，不完全语出主管官吏的职业。秦人以官吏作为教师，才开始恢复古代制度。然而人们拘泥传统看法，反而认为秦人做得不对。秦朝违背古代的地方很多，但还是有合乎古制的地方，那就是以官吏作为教师。

孔子曰："生乎今之世，反古之道，裁及其身者也。"①李斯请禁《诗》、《书》，以谓儒者是古而非今，其言若相近，而其意乃大悖。后之君子，不可不察也。夫三王不袭礼，五帝不沿乐。不知礼时为大，而动言好古，必非真知古制者也。是不守法之乱民也，故夫子恶之。若夫殷因夏礼，百世可知。损益虽曰随时，未有薄尧、舜，而诋斥禹、汤、文、武、周公而可以为治者。李斯请禁《诗》、《书》，君子以谓愚之首也。后世之去唐、虞、三代，则更远矣。要其一朝典制，可以垂奕世而致一时之治平者②，未有不于古先圣王之道，得其仿佛者也③。故当代典章，官司掌故，未有不可通于《诗》、《书》六艺之所垂。而学者昧于知时，动矜博古，譬如考西陵之蚕桑④，讲神农之树艺⑤，以谓可御饥寒而不须衣食也。

【注释】

①生乎今之世，反古之道，裁及其身者也：语出《礼记·中庸》。裁，

古"灾"字。反,通"返"。

②奕(yì)世:一代接一代。语出《国语·周语上》:"奕世载德,不忝前人。"奕,重,累。

③仿佛:大略,梗概。

④西陵:语出司马迁《史记》卷一《五帝本纪》:"黄帝居轩辕之丘,而娶于西陵之女,是为嫘祖。"西陵为古代部落或邦国,其女子嫘(léi)祖嫁给黄帝为妻,教民养蚕制丝,后被封为蚕神。

⑤树艺:也作"树蓺",种植。

【译文】

孔子说:"生在当今之世,而返求古代的治国之道,灾祸就要降临在他身上。"李斯奏请禁绝《诗经》、《尚书》流传,认为儒生称赞古代而非议今世,他的言论看似跟孔子相近,而他的用意却大相违背。后世的君子,不可以不明察。夏、商、周三王各不袭用前王的礼制,黄帝、帝喾、颛顼、尧、舜五帝各不沿用前代的乐名。不知道制定礼法以符合时事为最高原则,而动不动就矜言好古,一定不是真正知道古代制度的人。这是不遵守法律的违法作乱的人,所以孔夫子厌恶他们。至于殷代因革夏代的礼制,即使百世之后也可以知道。对古代制度减损和增益虽然说是随着时代变化而产生,也没有鄙薄尧、舜,而诋斥禹、汤、文、武、周公而可以得到治理。李斯请求禁止《诗经》、《尚书》流传,君子认为这是最愚蠢的做法。后世距离唐、虞、三代,就更加遥远了。关键是一朝的典章制度,可以一代代地流传而使得国家获取一时的治理和太平,都是对于古代圣王治理天下的道法得到一个大致梗概。所以当代典章制度,官府的掌故,都可以和《诗经》、《尚书》六艺所流传的大旨相通。然而学者对当代一窍不通,动辄夸耀自己通晓古代,这就像考证清楚西陵氏种桑养蚕,讲述清楚神农氏种植庄稼,以为可以抵御饥寒而不需要穿衣吃饭一样。

史　注

【题解】

　　本篇的主旨在于阐明史学乃专门之业，必有法外传心，才能在事与文的基础上体现出史义。而史注正是传承家学的重要手段，作用非常明显。章学诚考察了史注发展演变的过程，认为三《传》注释《春秋》，裴骃为《史记》作注，应劭为《汉书》作解，不但有功于原著，而且传承其学术，使家学进一步发扬光大。魏、晋、南北朝、隋、唐时期，著作蜂起，一代之史至数十家。尤其是史馆集众修史，更无法成一家之言。这些作者前无家学师承，完全凭一己之力撰成一史，后无注家为之注解，孤行于世，难以传世，造成了史学家法的衰微。然而并未完全消亡，所以还有席惠明注《秦记》、刘孝标注《世说新语》、裴松之注《三国志》、颜师古注《汉书》，存饩羊于一线。宋、元以来，史注之法不讲，史书仅仅注重体例完备而缺乏史义，纪事越来越繁复芜滥，导致史学家法完全失传。章学诚在刘知几《史通·补注》篇的基础上进一步研究史注，不赞同刘知几对史注颇有微词的做法，重新评价了史注的作用和价值。他把史注划分为他注与自注两种类型，认为给他人之书作注固然重要，但史家著书运用自注尤其不可缺少。自注的价值有三：一是保存修史中正文刊落的资料，有助于后人看清历史的全貌；二是注释征引大量文献，后世可以用来校正史书《艺文志》著录得失；三是通过自注可以发现撰史之人的见识广狭、功力疏密，乃至是否存在掩盖、剽窃前人成果的心术不端行为。

　　昔夫子之作《春秋》也，笔削既具，复以微言大义，口授其徒①。三传之作，因得各据闻见，推阐经蕴，于是《春秋》以明。诸子百家，既著其说，亦有其徒相与守之，然后其说显于天下。至于史事，则古人以业世其家，学者就其家以传业。孔子问礼，必于柱下史②。盖以域中三大③，非取备于一人之手，程功于翰墨之林者也④。史迁著百三十篇，《汉书》为《太史公》，《隋志》始曰《史记》。乃云：“藏之名山，传之其人。”⑤其后外孙杨恽，始布其书⑥。班固《汉书》，自固卒后，一时学者，未能通晓。马融乃伏阁下⑦，从其女弟受业⑧，然后其学始显。夫马、班之书，今人见之悉矣，而当日传之必以其人，受读必有所自者，古人专门之学，必有法外传心，笔削之功所不及，则口授其徒，而相与传习其业，以垂永久也。迁书自裴骃为注⑨，固书自应劭作解⑩，其后为之注者⑪，犹若干家，则皆阐其家学者也⑫。

【注释】

①以微言大义，口授其徒：语出司马迁《史记》卷十四《十二诸侯年表序》：“孔子明王道，干七十余君莫能用，故西观周室，论史记旧闻，兴于鲁而次《春秋》。上记隐，下至哀之获麟，约其辞文，去其烦重，以制义法。王道备，人事浃。七十子之徒，口受其传指，为有所刺讥褒讳挹损之文辞，不可以书见也。”微言大义，精微的语言和深奥的意义。

②柱下史：老聃。相传他曾经做过周朝的柱下史，管理王室藏书。

③域中三大：《老子》以天、地、道为三大。熊明遇《纲鉴合编·序》以天、道、史为三大。魏裔介《兼济堂文集》卷七《新乡县志序》以天、君、史为三大。意为天下三种最重要的事物。

④程功于翰墨之林：从文章总类中考核功绩。程，考核，衡量。翰墨，笔墨，文章。林，比喻聚集在一起的许多同类人物或事物。

⑤藏之名山，传之其人：语出班固《汉书》卷六十二《司马迁传》。名山，能够永久保存图书的地方。其人，能够传播《史记》的人。

⑥外孙杨恽，始布其书：语出班固《汉书》卷六十二《司马迁传》："迁既死后，其书稍出。宣帝时，迁外孙平通侯杨恽祖述其书，遂宣布焉。"杨恽（？—前54），字子幼，西汉华阴（今属陕西）人。宣帝时任左曹，因告发霍氏谋反，封平通侯，迁中郎将。好讦人阴私，积怨甚多。为人告发，免为庶人。后因给友人书语多怨诽，以大逆不道罪名被腰斩。

⑦阁下：东观，汉代洛阳著名藏书机构。

⑧女弟：班固的妹妹班昭。

⑨裴骃：字龙驹，裴松之之子，河东闻喜（今属山西）人。官至南中郎参军。采集经史百家及先儒旧说，为司马迁《史记》作注，撰成《集解》八十卷。

⑩应劭：字仲远，东汉汝南南顿（今河南项城西南）人。官至泰山太守。博学多闻，著述丰富，撰有《汉官礼仪》、《风俗通义》等书。又为《汉书》作解，撰有《汉书集解音义》二十四卷。

⑪后为之注者：《史记》裴注之后，有梁邹诞生《史记音义》三卷，唐刘伯庄《史记音义》二十卷，司马贞《索隐》三十卷，张守节《正义》三十卷，陈伯宣《史记注》一百三十卷等。《汉书》自应解之外，有汉服虔《汉书音训》一卷，三国韦昭《汉书音义》七卷，西晋晋灼《汉书集注》十三卷，梁刘孝标《汉书注》一百四十卷，陈姚察《汉

　　书训纂》三十卷,隋萧该《汉书音义》十二卷,包恺《汉书音》十二
　　卷,唐颜师古《汉书注》一百二十卷等。
⑫家学:据司马迁《史记》卷二十六《历书》裴骃《集解》引如淳曰:
　　"家业世世相传为畴。律,年二十三,传之畴官,各从其父学。"古
　　代专门术业,父子相传,故谓之家学。

【译文】

　　从前孔夫子撰写《春秋》,编纂修定之后,又把微言大义,口授给他
的弟子。左氏、公羊、穀梁三家作《春秋传》,因而能够根据各自的所闻
和所见,推演阐发经文蕴含的意义,于是《春秋》才明白易晓。诸子百家
各派,创建自己的学说之后,也有各派的弟子共同遵守传习,然后他们
的学说得以名扬天下。至于史学事业,古人是作为世代相承的职业,求
学的人必须到他们家中去受业。孔子学习礼制,一定要去请教柱下史老
聃。大概是因为史学与天、道并称宇宙间"三大",不是通过一人之手就
可以完备,也不是通过笔墨著述就能够衡量它的成就。司马迁撰写了
一百三十篇《史记》,《汉书》称之为《太史公》,《隋书·经籍志》开始叫做《史
记》。于是说:"把它藏到名山之中,传给那个能够精通此学的人。"后来
到了司马迁的外孙杨恽,才开始传播此书。班固的《汉书》,自从班固去
世之后,一时之间有学问的人,竟然不能解通弄懂。马融就到东观藏书
阁,跟随班固的妹妹班昭受业学习,然后《汉书》方才名扬天下。司马
迁、班固的书,今天的人看到都很熟悉了,而当时传授此书一定要靠专
门的人,受业一定要有师承渊源,这是因为古人的专门家学,一定有常
法之外的心心相印,笔削纂修的文字功能无法表达的意思,就通过口授
给他们的弟子,相互辗转传习自家的学业,以便永久流传。司马迁的
《史记》自裴骃作注释,班固的《汉书》自应劭作疏解,后来给他们的书作
注的人,还有若干家,都是为了阐明他们的家学。

　　魏、晋以来,著作纷纷①,前无师承,后无从学。且其为

文也,体既滥漫,绝无古人笔削谨严之义;旨复浅近,亦无古人隐微难喻之故②;自可随其诣力,孤行于世耳。至于史籍之掌,代有其人,而古学失传,史存具体③。惟于文诰案牍之类次④,月日记注之先后,不胜扰扰,而文亦繁芜复沓,尽失迁、固之旧也。是岂尽作者才力之不逮,抑史无注例,其势不得不日趋于繁富也。古人一书,而传者数家。后代数人,而共成一书。夫传者广,则简尽微显之法存⑤。作者多,则抵牾复沓之弊出。循流而日忘其源,古学如何得复,而史策何从得简乎? 是以《唐书》倍《汉》⑥,《宋史》倍《唐》⑦,检阅者不胜其劳,传习之业,安得不亡?

【注释】

　①著作纷纷:魏、晋、南北朝时期,私家修史之风盛行。据《隋书》卷三十三《经籍志》记载:"魏、晋以来,其道逾替。南、董之位,以禄贵游;政、骏之司,罕因才授……于是尸素之俦,盱衡廷阁之上;立言之士,挥翰蓬茨之下,一代之记,至数十家。"撰写东汉历史的著作有范晔《后汉书》等十家,撰写三国史的著作有陈寿《三国志》等十余家,撰写两晋历史的著作有臧荣绪《晋书》等十九家。

　②古人隐微难喻之故:语出司马迁《史记》卷一百一十《匈奴列传》:"孔氏著《春秋》,隐、桓之间则章,至定、哀之际则微,为其切当世之文,而罔褒忌讳之辞也。"史家修史,时代远则不需避忌,时代近则有所忌讳,则用隐微之言。

　③具体:形体完整。这里指史书体裁形式完备。

　④案牍:官府文书。

　⑤简尽微显之法:《春秋》笔削褒贬之法。语出《左传·成公十四年》:"《春秋》之称,微而显,志而晦,婉而成章,尽而不污。"

⑥《唐书》倍《汉》:《唐书》指新、旧两《唐书》。《旧唐书》二百卷,后晋刘昫(xù)监修,张昭远等人撰;《新唐书》二百二十五卷,北宋欧阳修、宋祁等人撰。《汉》指班固的《汉书》一百二十卷。

⑦《宋史》:四百九十六卷,元脱脱监修,欧阳玄等人撰,记载两宋三百二十年历史。

【译文】

魏、晋以来,著作纷纷出现,前面没有师承渊源,后面没有弟子传习。而且这类著作的文章,体例既已杂乱,根本没有古人笔削谨严的用意;宗旨又很浅显,也没有古人隐晦难明的变故;自然可以凭着作者所达到的水准,单独在人世间流传。至于史书的掌管,每个朝代都有专人负责,但是古代史学的优良传统已经失传,史书仅仅保留了完备的体裁形式。只是对诏敕文诰和文案书牍的分类排比,每月每日记事的先后顺序,纷乱不堪,而文字也繁芜杂沓,完全失去了司马迁、班固过去的史法。这难道完全是因为作者才力比不上古人,也是因为史书不再使用注释的体例,发展趋势不得不日益趋向冗滥繁富。古人的一部书,传承的人有数家。后代合数人之力,共同撰成一部书。传承的人广泛,那么《春秋》简略、详尽、隐微、显露的笔法就能保存下来。作者人多,那么纷乱、矛盾、重复、拖沓的弊病就会出现。追随潮流而逐渐淡忘它的起源,古代的史学传统如何能够恢复,史书的文字怎么能够精简呢? 所以《唐书》的卷帙比《汉书》增加了一倍,《宋史》又比《唐书》扩大了一倍,翻阅的人劳苦不堪,传承研习的事业,怎么能不消亡呢?

夫同闻而异述者,见崎而分道也。源正而流别者,历久而失真也。九师之《易》①,四氏之《诗》,师儒林立,传授已不胜其纷纷。士生三古而后②,能自得于古人,勒成一家之作,方且徬徨乎两间③,孤立无徒,而欲抱此区区之学,待发挥于子长之外孙④,孟坚之女弟⑤,必不得之数也。太史《自叙》之作,其自注之权舆乎⑥? 明述作之本旨,见去取之从来,已似恐后人不知其所云,而特笔以标之。所谓不离古文⑦,乃考信六艺云云者⑧,皆百三十篇之宗旨,或殿卷末,或冠篇端,未尝不反复自明也。班《书》年表十篇⑨,与《地理》、《艺文》二志皆自注,则又大纲细目之规矩也。其陈、范二史⑩,尚有松之、章怀为之注⑪。至席惠明注《秦记》⑫,刘孝标注《世说新语》⑬,则杂史支流,犹有子注⑭,是六朝史学家法未亡之一验也⑮。自后史权既散⑯,纪传浩繁,惟徐氏《五代史注》⑰,亦已简略,尚存饩羊于一线⑱。而唐、宋诸家,则茫乎其不知涯涘焉⑲。宋范冲修《神宗实录》,别为《考异》五卷⑳,以发明其义。是知后无可代之人,而自为之解。当与《通鉴举要》、《考异》之属㉑,同为近代之良法也。

【注释】

①九师之《易》:据班固《汉书》卷三十《艺文志》等书记载,西汉淮南王刘安聘请九位精于《周易》学的经师,把他们讲论的学说编集起来,称为《淮南九师书》,又名《淮南九师道训》。此书已佚,清人有辑本。

②三古:语出班固《汉书》卷三十《艺文志》:"世历三古。"颜师古《注》引孟康曰:"伏羲为上古,文王为中古,孔子为下古。"

③两间:天地之间。语出《宋史》卷四百三十五《胡安国传》:"则至刚可以塞两间,一怒可以安天下矣。"

④子长:司马迁,字子长。

⑤孟坚:班固,字孟坚。

⑥太史《自叙》之作,其自注之权舆乎:司马迁《史记》卷一百三十

《太史公自序》叙述各篇作意，称"作《五帝本纪》"等，章学诚认为是史家自注的开端。其实应当属于正文，阐述撰述宗旨，不同于子注。他在《章氏遗书》卷七《史篇别录叙例》指出："史家自注之例，或谓始于班氏诸志，其实史迁诸表，已有子注矣。"这是正确的表述。

⑦不离古文：语出司马迁《史记》卷一《五帝本纪》："余尝西至空峒，北过涿鹿，东渐于海，南浮江淮矣。至长老皆各往往称黄帝、尧、舜之处，风教固殊焉。总之，不离古文者近是。"古文，指司马迁著《史记》记载中国历史源头依据的《五帝德》和《帝系姓》二书。

⑧考信六艺：语出司马迁《史记》卷六十一《伯夷列传》："学者载籍极博，犹考信于六艺。《诗》、《书》虽缺，然虞、夏之文可知也。"

⑨班《书》年表十篇：《汉书》有《异姓诸侯王表》、《诸侯王表》、《王子侯表》、《高惠高后文功臣表》、《景武昭宣元成功臣表》、《外戚恩泽侯表》、《百官公卿表》、《古今人表》八表。其中《王子侯表》、《百官公卿表》各分上下两篇，故曰十篇。

⑩陈、范二史：陈寿《三国志》和范晔《后汉书》。

⑪松之、章怀：松之即裴松之。章怀，即李贤（653—684），字明允，唐高宗第六子。上元二年（675）被立为皇太子，后来被废。武则天称帝，迫令自杀。睿宗即位后，追谥"章怀"，后人习惯称为章怀太子。曾经招集学者张大安、刘讷言等人，为范晔《后汉书》纪传作注。

⑫席惠明注《秦记》，据《隋书》卷三十三《经籍志》记载："《秦记》十一卷，宋殿中将军裴景仁撰，梁雍州主簿席惠明注。"《秦记》，据刘知几《史通》卷十二《古今正史》记载五胡十六国时期前秦史书，有"秦秘书郎赵整参撰国史……整卒，［吉］翰乃启［车］频纂成其书，以元嘉九年起，至二十八年方罢，定为三卷。而年月失次，首尾不伦。河东裴景仁又正其讹僻，删为《秦纪》十一篇。"

⑬刘孝标注《世说新语》：刘孝标，名骏，以字行，南朝梁平原（今属山东）人。曾任荆州户曹参军。为刘义庆《世说新语》作注，援引汉、魏、晋代诸史数百家，皆出于正史之外。

⑭子注：古书正文之下夹注的双行小字。

⑮家法：语出范晔《后汉书》卷九十一《左雄传》："雄又上言：'郡国孝廉……皆先诣公府诸生试家法。'"李贤《注》曰："儒有一家之学，故称家法。"

⑯自后史权既散：《章氏遗书》本此下有小注"详《三变》篇"。《三变》篇今已不存。

⑰徐氏《五代史注》：徐氏即徐无党，北宋婺州永康（今浙江金华）人。仁宗皇祐年间进士，历任知县、郡教授。从欧阳修学古文，并为其《新五代史》作注。

⑱饩（xì）羊：用于祭祀而尚未宰杀的羊。语出《论语·八佾》："子贡欲去告朔之饩羊。"朱熹《集注》曰："告朔之礼：古者天子常以季冬颁来岁十二月之朔于诸侯，诸侯受而藏之祖庙。月朔，则以特羊告庙，请而行之。饩，生牲也。"

⑲涯涘（sì）：原意为水边，引申为界限，边际。

⑳范冲修《神宗实录》，别为《考异》：范冲（1067—1141），字元长，两宋之际成都华阳（今四川成都市）人。北宋哲宗绍圣初进士，南宋高宗年间历任两淮转运副使、宗正少卿、翰林侍读学士、龙图阁直学士。高宗命他重修《神宗实录》，成书二百卷，并作《考异》一书。据《宋史》卷二百零三《艺文志》著录："《神宗实录考异》五卷，范冲撰。"又据《宋史》卷四百三十五《范冲传》："冲之修《神宗实录》也，为《考异》一书，明示去取，旧文以墨书，删去者以黄书，新修者以朱书，世号朱墨史。"

㉑《通鉴举要》、《考异》：《通鉴举要》即《通鉴举要历》，司马光撰，八十卷，为《资治通鉴》一书的删要节本。《考异》即《资治通鉴考

异》,三十卷,司马光撰,说明《资治通鉴》采用史料之异同以及取舍之故。

【译文】

同时受业闻见而各人表述不同,是因为见解不同而分道扬镳;源头纯正而支流分别,是因为历时长久而失去真貌。九位经师说《周易》,四家之学传《诗经》,经师儒宗林立,各家传授已纷乱不堪。儒士生在三古之后,能够自通古人而获取真知,编撰成一家著作,尚且在人世间徘徊不定,孤独一人而没有同道,竟想怀抱这区区之学,期待有司马子长的外孙、班孟坚的妹妹那样的人来发扬传播,一定会落一个空想的下场。司马迁撰写《太史公自序》,大概就是自注的开端吧? 阐明撰述的本意,展示取舍的依据,已经像是在担心后人不明白他所说的意思,因而特地笔录标明。他所说的"不离古文",乃至"考信六艺"等话,都是《史记》一百三十篇的宗旨,有的放在卷末,有的冠于篇首,未尝不是反复自我说明。班固《汉书》的十篇年表,与《地理》、《艺文》二志都有自注,这又立下了大纲与细目的规矩。陈寿和范晔的两部史书,尚且有裴松之与章怀太子为它们作注。到席惠明注《秦记》,刘孝标注《世说新语》,则是杂史一类正史分支,仍然有子注,这是六朝时期史学家法尚未消亡的一个凭证。自此以后史官的职能涣散,纪传体史书卷帙浩繁,只有徐无党著《新五代史注》,也已经比较简略了,但仍如饩羊一般保有一线生机。而唐、宋其他各家,则茫然不着边际。宋代范冲修撰《神宗实录》,另外又撰写《神宗实录考异》五卷,来阐发《实录》的义例。这是知道后世不会有可以替他作注的人,而自己为它注解。应当与《通鉴举要》及《通鉴考异》之类,共同成为近代优良的修史法则。

刘氏《史通》,画补注之例为三条[①],其所谓小书人物之《三辅决录》、《华阳士女》[②],与所谓史臣自刊之《洛阳伽蓝》、《关东风俗》者[③],虽名为二品,实则一例。皆近世议史诸家之不可不亟复者也。惟所谓思广异闻之松之《三国》④、刘昭《后汉》一条⑤，则史家之旧法，与《索隐》、《正义》之流⑥，大同而小异者也。

【注释】

①刘氏《史通》，画补注之例为三条：刘知几《史通》卷五《补注》篇把史注分为三类：一是"文言美辞列于章句，委曲叙事存于细书"；二是"好事之子，思广异闻，而才短力微，不能自达，庶凭骥尾，千里绝群，遂乃掇众史之异词，补前书之所缺"；三是"躬为史臣，手自刊削，虽志存该博，而才缺伦叙，除烦则意有所吝，毕载则言有所妨，遂乃定彼榛楛，列为子注"。第一、三两种属于自注，采用的是大书分注形式；第二种是为他人之书作注。

②《三辅决录》、《华阳士女》：《三辅决录》七卷，东汉赵岐撰，晋挚虞注。记载汉代京畿地区京兆尹、左冯翊、右扶风三辅之地人物事迹。《华阳士女》当即《华阳国志》，晋常璩（qú）撰，十二卷。记载上古至东晋巴蜀地理及人物，其中人物传记有《先贤士女总赞》三卷，收录士女四百余人。

③《洛阳伽（qié）蓝》、《关东风俗》：《洛阳伽蓝》即《洛阳伽蓝记》，五卷，北魏杨衒（xuàn）之撰。记载京城洛阳地区寺院兴衰以及人物、风俗、地理、传闻等内容。伽蓝，梵语"僧伽蓝摩"的简称，意为僧众居住的园院，后因称佛寺为伽蓝。《关东风俗》即《关东风俗传》，三十卷，北齐宋孝王撰。记载北齐一代朝士以及见闻。

④松之《三国》：裴松之《三国志注》。

⑤刘昭《后汉》：刘昭，字宣卿，南朝梁平原高唐（今山东章丘西北）人。梁武帝时，累迁征北行参军。好学能文，精通《老》、《庄》。他鉴于范晔《后汉书》成就卓著，率先为之作注。又为西晋司马彪所撰《续汉书》中的《律历》、《礼仪》、《祭祀》、《天文》、《五行》、

《郡国》、《百官》、《舆服》八志作注，来弥补范晔《后汉书》无志的
缺憾。

⑥《索隐》、《正义》：《索隐》即唐司马贞《索隐》，三十卷，依据徐广、
裴骃旧注，广征博引，纠正抵牾，音义并重。《正义》即唐张守节
《正义》，三十卷，突出特点表现在注释地理和音义两方面。

【译文】

刘知几撰《史通》，把补注的体例划分为三种，他所说的属于史传小
书和人物杂记的《三辅决录》、《华阳国志》，与他所说的史家为自己的书
作注的《洛阳伽蓝记》、《关东风俗传》，虽然名义上分为两类，其实是同
一体例。这些都是近代史学评论家们不可不尽快恢复的内容。只有他
所说的属于想要扩充异闻的裴松之《三国志注》、刘昭《后汉书注》这一
条，则是史家传统的方法，与《索隐》、《正义》之类的史注，基本相同而稍
有差异。

夫文史之籍，日以繁滋，一编刊定，则征材所取之书，不
数十年，尝失亡其十之五六，宋、元修史之成规①，可覆按
焉②。使自注之例得行，则因援引所及，而得存先世藏书之
大概，因以校正艺文著录之得失，是亦史法之一助也。且人
心日漓③，风气日变，缺文之义不闻④，而附会之习，且愈出而
愈工焉。在官修书，惟冀塞责，私门著述，苟饰浮名，或剽窃
成书，或因陋就简。使其术稍黠，皆可愚一时之耳目，而著
作之道益衰。诚得自注以标所去取，则闻见之广狭，功力之
疏密，心术之诚伪，灼然可见于开卷之顷，而风气可以渐复
于质古，是又为益之尤大者也。然则考之往代，家法既如
彼；揆之后世，系重又如此；夫翰墨省于前，而功效多于旧，
孰有加于自注也哉？

【注释】

①宋、元修史之成规：宋、元时期撰修实录、国史成书之后，朝廷为防止泄露，规定其草稿除少量备用者外，例皆焚毁。于是很多参考文献，在正史修成之后就亡佚了。

②覆按：考察核实。

③漓（lí）：薄。指风俗不醇厚。

④缺文之义：语出《论语·卫灵公》："子曰：吾犹及史之缺文也。"史官记史，遇到有疑问的地方便缺而不记，称为缺文，被历代史家视为纪事原则。

【译文】

文史方面的典籍，日益繁富滋多，一部新书撰成之后，它所征引取材的书籍，不到数十年，就会亡佚十分之五六，宋、元两朝修史形成的原则，可以查考验证。如果自注的体例得以施行，那么由于征引所涉及的资料，而得以保存前代藏书的大致概貌，用来校正史书《艺文志》著录典籍的得失，这也是一项有助于提高修史的方法。况且人心日益浇薄，世风日益颓败，存疑不书的古义听不到，而附会的陋习，反而越来越工巧。在官府机构中修史，只求敷衍了事，私家著述，苟且粉饰虚名，有的剽窃成书，有的因陋就简。假使他的手段稍微狡猾一点，都可以一时之间蒙蔽人们的耳目，而著书的正确方法日益衰落。如果能用自注来标明取舍，那么作者见闻的广博与狭窄，功力的稀疏与缜密，心术的诚实与虚伪，在开卷之际就可以一目了然，而质朴的古风也可以逐渐回复，这又是最为有益的一个方面。那么考查前代，史学家法既如上所述；揆测后世，关系又如此重大；文字比前人简省，而功效却多于过去，还有什么方法比自注更好呢？

传 记

【题解】

本篇之作的目的,在于辨析史部书中传记的义例。章学诚对传记体史书的起源、历史演变加以考察,指出古人经史不分,文无定体,关于"传"和"记"的区分没有截然划界。元、明以来,渐分支派,开始把记载人物的文章称为"传",记载事迹的文章称为"记"。更有甚者,自明代嘉靖以后,流行两种偏颇观点,一是认为人死以后才能作传,不能为生人立传;二是认为写传是史家的专职,不担任史官,就没有权利为他人作传。章学诚对上述两种错误观点作了有理有据的批判,认为这是不明事理的言论。他认为"传"有正传和别传的区别,前者综括一人生平,需要盖棺才能定论,所以要等人死以后再作传,而别传可以就一人较为特殊的某一方面作传,完全可以在其生前撰写。至于辨职之说,尤其荒谬。因为史官只有在撰修史书的过程中才需要作传,如果不在官府参与修史活动,就没必要作传。假如他们在修史工作以外替别人做传,那和社会上的文人为人作传没有区别。如果说不允许私人作传,只能由史家承担,那么无异于史家把官府的修史机构作为舞文贩墨的工具,这样做毫无道理。同时,章学诚还根据自己撰修《湖北通志》的实践经验,针对别人对他的攻击,辨析《文苑英华》有正传之体和寓言游戏等非传之正体的区别,指出其编辑类例不当,应当给予纠正。

　　传记之书,其流已久,盖与六艺先后杂出。古人文无定体,经史亦无分科。《春秋》三家之传①,各记所闻,依经起义,虽谓之记可也。经《礼》二戴之记②,各传其说,附经而行,虽谓之传可也。其后支分派别,至于近代,始以录人物者,区为之传;叙事迹者,区为之记。盖亦以集部繁兴,人自生其分别,不知其然而然,遂若天经地义之不可移易。此类甚多,学者生于后世,苟无伤于义理,从众可也。然如虞预《妒记》③、《襄阳耆旧记》之类④,叙人何尝不称记?《龟策》、《西域》诸传,述事何尝不称传? 大抵为典为经,皆是有德有位,纲纪人伦之所制作,今之六艺是也。夫子有德无位,则述而不作,故《论语》、《孝经》,皆为传而非经,而《易·系》亦止称为《大传》。其后悉列为经,诸儒尊夫子之文,而使之有以别于后儒之传记尔。周末儒者,及于汉初,皆知著述之事,不可自命经纶,蹈于妄作;又自以立说当禀圣经以为宗主,遂以所见所闻,各笔于书而为传记。若二《礼》诸记,《诗》、《书》、《易》、《春秋》诸传是也。盖皆依经起义,其实各自为书,与后世笺注自不同也⑤。后世专门学衰,集体日盛,叙人述事,各有散篇,亦取传记为名,附于古人传记专家之义尔。明自嘉靖而后⑥,论文各分门户,其有好为高论者⑦,辄言传乃史职,身非史官,岂可为人作传? 世之无定识而强解事者,群焉和之,以谓千古未之前闻。夫后世文字,于古无有,而相率而为之者,集部纷纷,大率皆是。若传则本非史家所创,马、班以前,早有其文。孟子答苑囿、汤、武之事,皆曰:"于传有之。"彼时并未有纪传之史,岂史官之文乎! 今必以为不居史职，不宜为传，试问传记有何分别？ 不为经师，又岂宜更为记耶？ 记无所嫌，而传为厉禁，则是重史而轻经也。文章宗旨，著述体裁，称为例义。今之作家，昧焉而不察者多矣。独于此等无可疑者，辄为无理之拘牵。殆如村俚巫妪，妄说阴阳禁忌，愚民举措为难矣。明末之人，思而不学，其为瞽说⑧，可胜唾哉！ 今之论文章者，乃又学而不思，反袭其说，以矜有识，是为古所愚也。

【注释】

①《春秋》三家之传：《春秋》三传，包括《左传》、《公羊传》和《穀梁传》。

②经《礼》二戴之记：戴德的《大戴礼记》和戴圣的《小戴礼记》。

③虞预《妒记》：虞预当为虞通之之误。据《隋书》卷三十三《经籍志》记载："《妒记》二卷，虞通之之传。"又据李延寿《南史》卷二十三《王诞传附王藻传》记载："宋世诸［公］主莫不严妒，明帝每疾之……使近臣虞通之撰《妒妇记》。"虞通之，南朝梁会稽余姚（今属浙江）人。善言《周易》，官至步兵校尉。

④《襄阳耆旧记》：东晋习凿齿撰，五卷。记载襄阳人物、山川、城邑、牧守等内容。

⑤笺（jiān）注：注释文字。

⑥嘉靖：明世宗朱厚熜年号，公元 1522—1566 年。

⑦好为高论者：据顾炎武《日知录》卷十九《古人不为人立传》曰："列传之名，始于太史公，盖史体也。不当作史之职，无为人立传者。故有碑，有志，有状，而无传……自宋以后，乃有为人立传者，侵史官之职矣。"

⑧瞽（gǔ）说：不合事理的谬论。瞽的原意为眼瞎，引申为没有识别

能力。

【译文】

传与记两类书，流传已经很久，大概和六经先后共同出现。古人的文章没有固定体裁，经书与史书也不分家。《春秋》的《左传》、《公羊》、《穀梁传》，各自记载所见所闻，依据经文确立内容，即使称它为"记"也可以。《周礼》有大小二戴的《礼记》，各自传授自己的学说，依附经文而流传，即使称它为"传"也可以。后来逐渐形成不同流派，到了近代，开始把记载人物的文体，区分为传；叙述事迹的文体，区分为记。大概也是由于集部著作繁荣兴盛，人们自然产生出区别传记之意，不知道为什么要这样却这样做了，于是就像天经地义一般不可改变。这类情况很多，求学的人生活在后世，如果不妨害儒家义理，那么从众随俗也可以。但是像虞预的《妒记》、习凿齿的《襄阳耆旧记》一类典籍，记叙人物又何尝不称作"记"呢？《史记》的《龟策传》、《汉书》的《西域传》各种史传，叙述事情又何尝不称作"传"呢？大概制作典和经，都是有德行有官位的人，为治国安邦而撰写，今天流传的六经就是这样。孔夫子有德行而没官位，就只传述而不创作，所以《论语》和《孝经》，都是传而不是经，而《周易·系辞》也只称为《大传》。后来全部归入经书之列，是儒生们为了尊崇孔夫子的文章，使它与后世儒生所作的传记有所区别罢了。东周末期的儒生，直到西汉初年也一样，都知道著述的事业，不能自命为治理天下的言论，陷入妄作的泥坑；又自认为立说应当秉承儒家经典作为宗主，于是各自把所见所闻，都记录在书中作为传记。例如二戴《礼记》，《诗经》、《尚书》、《周易》、《春秋》各家的传就是这样。大概都是根据经文确立文义，其实是各自别为一书，与后代的笺注自不相同。后世师徒相传的专门之学已经衰落，集部体裁的著作日益兴盛，记载人物和叙述事情，各自都有独立成篇的文章，也用"传"、"记"作为篇名，不过是依附于古人传记专门之学的意思罢了。明代自嘉靖以后，评论文章各分门派，其中有好发高论的人，动辄说作传是史官的职责，自己不是史官，怎么能为别人写传呢？世上那些没有主见而又不懂装懂的人，于是一起随声附和，认为身非史官而为人作传是前所未闻的事情。后世的一些文章，在古代没有，而世人却接连不断地撰写，纷繁复杂的集部著作，大致都是这类作品。至于传体原本就不是史家所创立，司马迁、班固以前，早就有了这种文章。孟子回答弟子询问关于周文王苑圃和商汤、周武王的革命事情，都说："在传里有记载。"那时并没有纪传体的史书，难道是史官的文章吗？现在一定要说不担任史官的职务，就不适宜作传，试问传与记有什么区别？不是经师的人，又怎么适宜再作记呢？作记没有什么嫌疑，而传则严加限制，那就是注重史书而轻视经书。文章的宗旨，著述的体裁，称为义例。现在的著作家们，对义例蒙昧不知而又不加分辨的人多了。唯独对传记这类毫无疑问的事情，总是做出无理的纠缠。简直就像乡下的巫婆，胡乱编造阴阳禁忌，让无知的信民处处感到手足无措。明朝末年的人，喜欢思考而不好读书，他们的瞽词妄说，多得唾不过来！如今评论文章的人，又只顾读书而不思考，反而沿袭他们的谬说，自夸见多识广，这是受了古人的愚弄。

辨职之言，尤为不明事理。如通行传记，尽人可为，自无论经师与史官矣。必拘拘于正史列传，而始可为传，则虽身居史职，苟非专撰一史，又岂可别自为私传耶？若但为应人之请，便与撰传，无以异于世人所撰。惟他人不居是官，例不得为，己居其官，即可为之，一似官府文书之须印信者然；是将以史官为胥吏，而以应人之传，为倚官府而舞文之具也，说尤不可通矣。道听之徒，乃谓此言出大兴朱先生①，不知此乃明末之矫论，持门户以攻王、李者也②。

【注释】

①大兴朱先生：朱筠(1729—1781)，字美叔，一字竹君，清代顺天府大兴(今北京大兴)人，学者称为笥河先生。曾任安徽学政等官，奏请朝廷开四库全书馆。章学诚早年随朱筠学古文，故尊称他为朱先生。

②王、李：王世贞和李攀龙。据《明史》卷二百八十七《李攀龙传》记载："攀龙才思劲鸷，名最高，独心重世贞，天下亦并称王、李。"两人共主文坛，为士林领袖。文学上主张文必秦汉，诗必盛唐，余不足观。王世贞(1526—1590)，字元美，明代苏州太仓(今属江苏)人。官至南京刑部尚书。李攀龙(1514—1570)，字于麟，明代山东历城(今山东济南)人。官至河南按察使。

【译文】

关于分辨职业的观点，尤其不明事理。如通行的传记，每个人都可以写，自然不必讲究是经师还是史官了。一定要拘泥于正史的列传，才可以称为传，那么即使身居史官之职，如果不是专门撰写一部史书，又怎么可以另外撰写私传呢？如果只是为了应付别人的请求，便给他们作传，那就与世人所作的传没有区别。只是别人不在史官的位置上，按例不应作传，自己身为史官，就可以给人作传，就像官府的文书必须盖公章那样；这是把史官当做官府中的办事员，而把应人之请替别人作传，当做依靠官府舞文弄墨的工具，这种说法就更加不通了。有些道听途说的人，竟然认为这话语出大兴朱先生，不知道这是明末之人的虚妄之说，出于门派之见用来攻击王世贞和李攀龙。

朱先生尝言："见生之人，不当作传。"①自是正理。但观于古人，则不尽然。按《三国志》庞淯母赵娥②，为父报仇杀人，注引皇甫《烈女传》云③："故黄门侍郎安定梁宽为其作

传。"④是生存之人，古人未尝不为立传。李翱撰《杨烈妇
传》⑤，彼时杨尚生存。恐古人似此者不乏。盖包举一生而
为之传，《史》、《汉》列传体也。随举一事而为之传，《左氏》
传经体也。朱先生言，乃专指列传一体尔。

【注释】

①见(xiàn)："现"的本字。

②庞淯(yù)母赵娥：庞淯，字子异，三国魏九泉表氏(今甘肃高台
　西)人。初为凉州从事、武威主簿等官。曹操辟为掾属。魏文帝
　拜为驸马都尉，迁西海太守。官至中散大夫，赐爵关内侯。庞淯
　外祖父赵安为同县李寿所杀，三个儿子同时病死，无男人报仇，
　于是女儿赵娥伺机刺杀李寿，并主动投案自首。长官被感动，准
　备私自释放，赵娥不肯逃走。后来赶上全国大赦，得以免死。黄
　门侍郎梁宽，记述其事，为赵娥作传。

③皇甫《烈女传》：皇甫即皇甫谧(215—282)，字士安，自号玄晏先
　生，西晋安定朝那(今宁夏固原东南)人。家贫，躬耕稼穑。一生
　不仕，勤学不殆，博综典籍。后患风痹，仍手不释卷，著述不辍，
　时人谓之"书淫"。著有《帝王世纪》、《列女传》、《高士传》、《逸士
　传》诸书。《烈女传》当为《列女传》，六卷，已失传。

④梁宽：东汉安定郡(今甘肃泾川北)人。曹魏建立后，官至黄门
　侍郎。

⑤李翱撰《杨烈妇传》：李翱(772—841)，字习之，唐陇西成纪(今甘
　肃秦安东)人。官至山南东道节度使。曾经师从韩愈学习古文，
　成为唐代古文运动中的重要人物。著有《李文公集》。《杨烈妇
　传》，唐德宗建中四年(783)，叛军李希烈攻陷汴京(今河南开
　封)，分兵攻打项城(今河南沈丘)。县令李侃不知所措，其妻杨
　氏劝他募兵抗敌，并亲自为士兵煮饭。最后终于击退叛军，保住

县城。李翱为之作传，称"杨氏至兹犹存"。

【译文】

朱先生曾经说过："活着的人，不应该立传。"这当然是正确的道理。但从古人来看，也并非完全如此。考察《三国志》所记载的庞淯母亲赵娥，替父亲报仇而杀死仇人，裴松之在注释中引皇甫谧的《烈女传》说："以前的黄门侍郎安定人梁宽为她作传。"那么对于健在的人，古人也未尝不给他们立传。李翱撰写《杨烈妇传》，当时杨氏也还活着。恐怕古人类似这样的例子并不少。大概总括一生而为之立传，这是《史记》、《汉书》列传的体例。随意选取一件事情而为之作传，这是左氏为《春秋》经作传的体例。朱先生的话，乃是专指正史列传这一体例而言。

邵念鲁与家太詹^①，尝辨古人之撰私传，曰："子独不闻邓禹之传，范氏固有本欤？"^②按此不特范氏，陈寿《三国志》，裴注引东京、魏、晋诸家私传相证明者，凡数十家^③。即见于隋、唐《经籍》、《艺文志》者，如《东方朔传》、《陆先生传》之类^④，亦不一而足，事固不待辨也。彼挟兔园之册^⑤，但见昭明《文选》、唐宋八家鲜入此体^⑥，遂谓天下之书，不复可旁证尔。

【注释】

①邵念鲁与家太詹：邵念鲁即邵廷采（1648—1711），字念鲁，一字允斯，清代浙江余姚人。曾经追随黄宗羲，学习经世大略。曾经主讲姚江书院，平生于历算、占候、阵图、击剑无所不学。留意搜访明末遗事，著有《东南纪事》、《西南纪事》、《思复堂集》。家太詹，章大来，字太颛，号对山，清代浙江会稽（今浙江绍兴）人。康熙年间岁贡生，官至训导。师从毛奇龄，工诗文。著有《后甲

集》、《玉屏山房集》。卒赠太子詹事府詹事,故称太詹。家,古人用来称呼同姓之人。

②子独不闻邓禹之传,范氏固有本钦:语出章大来《后甲集》卷上《书念鲁先生传后》。

③裴注引东京、魏、晋诸家私传相证明者,凡数十家:据清代赵翼《廿二史札记》卷六《裴松之三国志注》统计,裴注引用汉、魏以来私传不下二十余家,其中有《献帝传》、《曹瞒传》、《郑玄别传》、《荀彧别传》、《祢衡传》、《荀氏家传》、《邴原别传》、《程晓别传》、《王弼传》、《孙资别传》、《曹志别传》、《陈思王传》、《王朗家传》、《何氏家传》、《裴氏家记》、《刘廙别传》、《任昭别传》、《钟会母传》、《虞翻别传》、《赵云别传》、《费祎别传》、《华佗别传》、《管辂别传》、《诸葛恪别传》、何劭《王弼传》、会稽《邵氏家传》、陆机《顾谭传》等。

④《东方朔传》、《陆先生传》:《隋书》卷三十三《经籍志》杂传类著录《东方朔传》八卷,不著撰人姓名。又著录《陆先生传》一卷,孔稚珪撰。

⑤兔园之册:兔园是汉代梁孝王修筑的园林。唐代虞世南奉秦王李世民之命,撰《兔园策》十卷,分四十八门,用韵语记录古今事。又唐太宗之子蒋王李恽命僚佐杜嗣先等人,仿效应试科目,自设问对,引经史作为训注。至五代时,《兔园策》流行民间,作为村塾教授蒙童之书。语出《新五代史》卷五十五《刘岳传》:“《兔园册》者,乡校俚儒教田夫牧子之所诵也。”后世用来称呼内容浅近的书籍。

⑥唐宋八家:语出《明史》卷二百八十七《茅坤传》:“坤善古文,最心折唐顺之。顺之喜唐、宋诸大家文,所著《文编》,唐、宋人自韩、柳、欧、三苏、曾、王八家外,无所取,故坤选《八大家文抄》。”八家即韩愈、柳宗元、欧阳修、苏洵、苏轼、苏辙、曾巩、王安石。

【译文】

邵念鲁与我的本家章太詹，曾经辩论古人撰写私传的问题，说："您难道没听说《后汉书·邓禹传》，作者范晔原本是有私传作依据的吗？"这种情况并不只是范晔，陈寿的《三国志》，裴松之在注文中引用东汉、魏、晋诸家私传互相证明，共计数十家。即使见于《隋书·经籍志》与《旧唐书·经籍志》、《新唐书·艺文志》的书，如《东方朔传》、《陆先生传》之类，也不可尽举，此事自然不须多辨。那些捧着儿童启蒙读物，只看到昭明太子《文选》与唐宋八大家中很少有这种文体的人，于是认为天下的书中，再也找不到可以旁证的材料了。

往者聘撰《湖北通志》①，因恃督府深知②，遂用别识心裁，勒为三家之学③。人物一门，全用正史列传之例，撰述为篇。而隋、唐以前，史传昭著，无可参互详略施笔削者，则但揭姓名，为《人物表》④。说详本篇《序例》⑤。其诸史本传，悉入《文征》，以备案检。所谓三家之学，《文征》以拟《文选》。其于撰述义例，精而当矣。时有金人⑥，穷于宦拙，求余荐入书局，无功冒餐给矣。值督府左迁⑦，小人涎利构谗，群刺蜂起，当事惑之，檄委其人校正。余方恃其由余荐也，而不虞其背德反噬，昧其平昔所服膺者，而作诪张以罔上也⑧。别有专篇辨例⑨。乃曰《文征》例仿《文选》、《文苑》⑩，《文选》、《文苑》本无传体。因举《何蕃》、《李赤》、《毛颖》、《宋清》诸传⑪，出于游戏投赠，不可入正传也。上官乃亟赞其有学识也，而又阴主其说，匿不使余知也。嘻！《文苑英华》有传五卷，盖七百九十有二，至于七百九十有六，其中正传之体，公卿则有兵部尚书梁公李岘⑫，节钺则有东川节度卢坦⑬，皆李华撰传⑭。

文学如陈子昂⑮，卢藏用撰传⑯。节操如李绅⑰，沈亚之撰传⑱。贞烈如杨妇、李翱。窦女⑲，杜牧⑳。合于史家正传例者，凡十余篇，而谓《文苑》无正传体，真丧心矣！

【注释】

①聘撰《湖北通志》：清高宗乾隆年间，毕沅任湖广总督，纂修《湖北通志》，聘请幕僚章学诚主持其事，经过三年完成。后因毕沅离任，当权者命人另加删削，重新刊刻，已然面目全非。章学诚将原稿整理为《湖北通志检存稿》二十卷、《湖北通志未成稿》一卷，今存《章氏遗书》中。

②督府：湖广总督毕沅。清代总督管辖一省或二三省的军政和民政，为地方最高长官。

③三家之学：章学诚纂修方志创立的三种体例，内容为《志》、《掌故》、《文征》。据《章氏遗书》卷二十四《为毕制府撰湖北通志序》曰："方志义本百国《春秋》，掌故义本三百《官礼》，文征义本十五《国风》。"

④《人物表》：《章氏遗书》卷二十四《湖北通志·凡例》曰："方志人物，为正史列传之遗。而志为史所取裁，于法宜详于史。近来志家，乃反删节史传，误仿地理类书摘取人物典故之例，非史裁也。但古人名在史传，本自昭彰，原不藉方志表扬。若一概全抄，便成漫漶；若一概删去，又成缺典。今将史传彰著之人，录其本传入于《文征》，本志不复重为立传，但列其名为《人物表》，览者自可互考而知。"又说："［方志］人物，为诸史列传之遗。方志备史氏取裁，法宜详于史传。而方志诸家，反节史传。即史传所无而新增者，亦约取事略，不为传体，未免草率。今略仿《钦定八旗通志》之例，人物详为列传，其史传所有者，则列于《人物表》。否则列传重重相因，简帙不胜繁也。"

⑤《序例》:《湖北通志·人物表叙例》,见《章氏遗书》卷二十四《湖北通志检存稿》。

⑥佥(qiān)人:奸邪小人。佥,通"憸"。

⑦督府左迁:清高宗乾隆五十九年(1794),湖广总督毕沅因奏报湖北白莲教案不详实,降补山东巡抚,并罚八年养廉银。左迁,降职。

⑧诪(zhōu)张:语出《尚书·无逸》:"民无或胥诪张为幻。"意为欺诳。

⑨辨例:《章氏遗书》卷二十七《湖北通志辨例》。

⑩《文苑》:《文苑英华》,宋太宗命李昉等编撰,一千卷。收集南朝梁末至唐代诗文,接续萧统《文选》。

⑪《何蕃》、《李赤》、《毛颖》、《宋清》诸传:《何蕃传》、《毛颖传》为韩愈撰,载《韩昌黎全集》卷十四《杂著》和卷三十六《杂文》。《李赤传》、《宋清传》为柳宗元撰,载《柳河东全集》卷十七。

⑫李岘(xiàn,709—766):唐太宗第三子李恪孙,以门荫入仕,曾任唐肃宗、唐代宗两朝宰相,累官兵部尚书。卒赠梁国公。李华撰《李岘传》,收入《文苑英华》卷七百九十二。

⑬卢坦(749—817):字保衡,唐代河南洛阳人。官至户部侍郎,出为东川节度使。《文苑英华》卷七百九十二收入《卢坦传》,未著撰人姓名。

⑭李华(?—约767):字遐叔,唐代赵州赞皇(今属河北)人。精于散文,与萧颖士齐名。著作散佚,后人辑有《李遐叔文集》。李华于卢坦为前辈,无法为卢坦作传。由于《文苑英华》收录的《卢坦传》次于《李岘传》之后,故章学诚误以为撰人同为李华。

⑮陈子昂(约659—700或661—702):字伯玉,唐代梓州射洪(今属四川)人。官麟台阁正字,迁右拾遗。倡导诗文改革,标举汉、魏风骨。后辞官归里,为地方官诬陷,死于狱中。著作有《陈伯玉集》。

⑯卢藏用(?—约714)：字子潜，唐代幽州范阳(今河北涿州)人。历官左拾遗、吏部侍郎、黄门侍郎。后因依附太平公主，被流放岭南。为人诡佞，专事权贵，获讥于世。

⑰李绅(772—846)：字公垂，唐代润州无锡(今属江苏)人。元和年间进士，历官右拾遗、翰林学士、中书侍郎。任武宗朝宰相，出为淮南节度使。

⑱沈亚之(781—832)：字下贤，唐代吴兴(今浙江湖州)人。元和年间进士，一生仕宦不显。师从韩愈，长于传奇小说。著有《沈下贤集》。沈亚之《李绅传》，收入《文苑英华》卷七百九十五。

⑲窦女：小字桂娘，唐代河南汴州(今河南开封)人。叛军李希烈攻破汴州，桂娘被掳去，假意从贼，获取信任。后用计引起叛军内讧，最终为叛将吴少诚杀害。

⑳杜牧(803—852)：字牧之，唐代京兆万年(今陕西西安)人。官至中书舍人。诗与李商隐齐名，时人号称"小李杜"。著有《樊川文集》。杜牧《窦烈女传》，收入《文苑英华》卷七百九十六。

【译文】

　　以前我受聘撰写《湖北通志》，因为依仗总督对我的深刻信任，于是就别出心裁，在《通志》中辟为三家之学。人物这一门类，完全利用正史列传的体例，各自撰写成篇。隋、唐以前的人物，史传上记载得非常清楚，没有多少可用来补充详略加以删削的内容，就只提出姓名，列为《人物表》。此说详见该篇《序例》。他们在正史中的传文，全部归入《文征》，以备考查检索。所谓三家之学，《文征》模仿《文选》设立。这在撰述义例上，是精审而妥当了。当时有个小人，仕途穷困潦倒，央求我推荐进入书局，不过是滥竽充数白吃干饭罢了。碰巧总督降职离任，这个小人为一己私利而恶意毁谤，指责中伤蜂拥而起，当权者被他迷惑，下文委任此人进行校正。我正仗着他是由我推荐来的人，没想到他竟然忘恩负义反咬一口，抛弃平素所信服的见解，而故作欺诳之语蒙骗上司。另有专篇《湖北通志辨例》。竟然说《文征》的体例是模仿《文选》、《文苑英华》而来，而《文选》、《文苑英华》原本没有"传"这种体裁。于是举出《何蕃传》、《李赤传》、《毛颖传》、《宋清传》等等，认为这些"传"都是出于游戏投赠，不能归入正传之列。上司于是极力称赞他具有学识，又暗中采纳这种学说，背着不让我知道。唉！《文苑英华》有传五卷，从七百九十二卷，到七百九十六卷，其中属于正传体的传记，公卿大臣则有兵部尚书梁公李岘，方镇将帅则有东川节度使卢坦，都是李华写的传。文学方面像陈子昂，卢藏用作传。节操方面像李绅，沈亚之作传。忠贞节烈如杨氏妇人、李翱作传。窦氏之女，杜牧作传。符合史家正传体例的文章，总计十余篇，而此人却说《文苑英华》中没有正传之体，真是丧心病狂了！

宋人编辑《文苑》，类例固有未尽，然非金人所能知也。即传体之所采，盖有排丽如碑志者，庾信《邱乃敷敦崇传》之类①。自述非正体者，《陆文学自传》之类②。立言有寄托者，《王承福传》之类③。借名存讽刺者，《宋清传》之类④。投赠类序引者，《强居士传》之类⑤。俳谐为游戏者，《毛颖传》之类⑥。亦次于诸正传中；不如李汉集韩氏文⑦，以《何蕃传》入杂著，以《毛颖传》入杂文，义例乃皎然矣。

【注释】

①《邱乃敷敦崇传》：王秉恩《章氏遗书校记》曰："按'敷'字衍文，《庾子山集》只作'邱乃敦崇'。浙本、粤雅本均多一'敷'字。今抄本亦然，应删。"庾信《邱乃敦崇传》，收入《文苑英华》卷七百九十二。

②《陆文学自传》：陆羽撰，收入《文苑英华》卷七百九十三。

③《王承福传》：韩愈撰，收入《文苑英华》卷七百九十三。

④《宋清传》：柳宗元撰，收入《文苑英华》卷七百九十四。

⑤《强居士传》：释皎然撰，收入《文苑英华》卷七百九十六。

⑥《毛颖传》：韩愈撰，收入《文苑英华》卷七百九十三。

⑦李汉：字南纪，李唐宗室。少事韩愈，韩愈以女妻之。元和七年
　　（812）进士，历官屯田员外郎、史馆修撰、知制诰、吏部侍郎。后
　　出为邠州刺史，改汾州司马。会昌年间卒。韩愈死后，李汉收集
　　其遗文共七百余篇，合为四十一卷，编成《昌黎先生集》。

【译文】

　　宋朝人编辑《文苑英华》，在分类体例上本来就有不尽完善的地方，但这不是小人所能知道的事情。即如书中采录的传体，有的铺排骈俪如同碑刻墓志，庾信的《丘乃敦敦崇传》之类。有的是作者为自己作传而不属于正规的传体，《陆文学自传》之类。有的文字含有作者的寄托，《王承福传》之类。有的假托此名而意在讽刺，《宋清传》之类。有的投赠文字有如序引，《强居士传》之类。有的诙谐滑稽实为游戏，《毛颖传》之类。也都编在那些正传之中；比不上李汉编次韩愈文集，把《何蕃传》归入杂著，把《毛颖传》列入杂文，义例就一清二楚了。

习　固

【题解】

　　本篇进一步阐发《原学》篇的未尽之意,从方法论的角度解释知识的起源问题。章学诚认为学者之间之所以存在辩论,是因为人具有分辨是非的愿望;而分辨是非的愿望之所以产生,就在于想要弄清真假得失。他以是尧非桀作为学者辩论是非的标准和终极结果,认为真正懂得尧是桀非的人,学问并不在于是尧非桀本身,而在于确定是非之前的推求和创见。因为这样才可以明白是非的原因,而不至于盲目地尊信是非的标准。否则就像替别人打架,仅仅是为了取胜而致力拼搏,至于为什么要打架却不清楚。因此,章学诚反对人云亦云、学而不思的学风,认为这是世俗儒生的通病。这些人往往习惯于接受前人推求出来的结论,而自己却不加思考,跟随世风流俗的趋向,从而造成学术发展的偏颇。这样求学实际上是不知道是非的真正所在,自然得出的结论也就不是真知灼见,没有学术价值。只有破除"习固然而言"的传统思维方式,养成遇事问所以然的良好习惯,才能够得到超越前人的知识创新成果。

　　辨论乌乎起?起于是非之心也。是非之心乌乎起?起于嫌介疑似之间也[①]。乌乎极?极于是尧非桀也。世无辨尧、桀之是非，世无辨天地之高卑也。目力尽于秋毫^②，耳力穷乎穴蚁^③。能见泰山，不为明目；能闻雷霆，不为聪耳。故尧、桀者，是非之名，而非所以辨是非也。嫌介疑似，未若尧、桀之分也。推之而无不若尧、桀之分，起于是非之微，而极于辨论之精也。故尧、桀者，辨论所极；而是非者，隐微之所发端也^④。

【注释】

①嫌介疑似之间：疑惑不定，是非难辨。

②目力尽于秋毫：秋毫指鸟兽秋天长出的新羽毛。据《商君书·错法》记载，古代有个名叫离朱的人，视力非常好，能够在百步之外看见秋毫的尖部。

③耳力穷乎穴蚁：穴蚁指洞穴里的蚂蚁。据《晋书》卷八十四《殷仲堪传》记载，殷仲堪的父亲殷师耳朵患病，听觉太强，听到床下蚂蚁活动的声音，总说听到牛在打架。

④隐微：语出《礼记·中庸》："莫见乎隐，莫显乎微。"

【译文】

辨论是怎么产生的呢？产生于人有分辨是非的愿望。分辨是非的愿望又是怎么产生的呢？产生于是非难辨而疑惑不定。它的终点在哪里呢？终点在于分出尧是桀非。世人无须分辨尧、桀的是与非，世人也无须分辨天地的高与低。眼力最好的能看到秋天鸟兽羽毛的末端，听觉最灵的能听到蚁穴里蚂蚁的动静。能看见泰山，不能算视力强；能听见惊雷，不能算听觉好。所以说尧与桀，只是是非的一种标志，而不能用他们来辨别是非。是非难辨而疑惑不定，不像尧、桀那样是非分明。通过推求也就没有什么不像尧、桀那样是非分明，是从是非的细微隐秘之处开始，而最终达到辨论的精深细密之处。所以说尧和桀，是辨论的最终结果；而是与非，则是从细微隐秘之处进行辨析的开端。

隐微之创见，辨者矜而宝之矣。推之不至乎尧、桀，无为贵创见焉。推之既至乎尧、桀，人亦将与固有之尧、桀而安之也。故创得之是非，终于无所见是非也。

【译文】

在细微隐秘的地方获得一点发现，辩论者们便珍惜地把它当做瑰宝了。如果对它进行推求不能达到尧是桀非的境界，那么这种创建就没什么可贵。而推求之后达到了尧是桀非的境界，那么世人将把它看成尧是桀非这类固有的东西自然接受下来。所以创获发现的是非，结果却看不见是非的所在。

尧、桀无推者也。积古今之是非而安之如尧、桀者，皆积古今人所创见之隐微而推极之者也。安于推极之是非者，不知是非之所在也。不知是非之所在者，非竟忘是非也，以谓固然而不足致吾意焉尔。

【译文】

尧是桀非无须进行推求。人们所积累的从古至今的是是非非的认识能像尧是桀非那样习惯地接受下来，都是累积古今之人细微隐秘的发现而推求到极点的是非。习惯于接受已经推求到极点的是非，并不知道是非的真正所在；不知道是非的真正所在，并不是竟然忘记了是非，而是认为本来就这样再用不着把心思花费在这上面。

触乎其类而动乎其思，于是有见所谓诚然者，非其所非而是其所是,矜而宝之,以谓隐微之创见也。推而合之,比而同之,致乎其极,乃即向者安于固然之尧、桀也。向也不知所以,而今知其所以,故其所见有以异于向者之所见,而其所云实不异于向之所云也。故于是非而不致其思者,所矜之创见,皆其平而无足奇者也。

【译文】

　　有的人也会触类旁通而受到一些启发,察见到确实如此的一些问题,于是就否定他所否定的内容而肯定他所肯定的内容,还珍惜地把它当做瑰宝,认为这是从细微隐秘之中产生的一个创见。推求也正好符合,比核也正好相同,达到了它的最高境界,原来就是以前习惯于原本就有的尧是桀非观念。过去不知道它为什么,而现在知道了为什么,所以现在所看到的内容已经不同于过去所看到的内容,但所说的结果却和过去所说的没有什么不同。所以对是非不假思索的人,所炫耀的创见,都是平淡无奇的东西。

　　酤家酿酒而酸①,大书酒酸减直于门,以冀速售也。有不知书者,入饮其酒而酸,以谓主人未之知也。既去而遗其物,主家追而纳之,又谓主人之厚己也。屏人语曰②:“君家之酒酸矣,盍减直而急售?”主人闻之而哑然也③。故于是非而不致其思者,所矜之创见,乃告主家之酒酸也。

【注释】

①酤家酿酒而酸:语出《韩非子·外储说右上》:“宋人有酤酒者,升概甚平,遇客甚谨,为酒甚美,县(xuán)帜甚高,著然不售,酒酸。”县,悬挂。

②屏（bǐng）：避开，退避。

③哑（è）然：失笑的样子。语出《周易·震卦》："笑言哑哑。"孔颖达
　《疏》曰："哑哑，笑语之声也。"

【译文】

　　从前有个卖酒人家酿造的酒变酸了，于是在门口写了酒酸减价几个大字，希望快点卖出去。有个不识字的人，进去喝酒才发觉酒酸了，以为店家还不知道此事。他离开时把东西遗忘在酒家，这家主人追上来把东西交给他，他又认为是店主厚待自己。于是避开别人告诉店主说："您家的酒酸了，何不减价赶快卖掉？"主人听了这话不禁哑然失笑。所以说对是非不加以思索的人，所矜夸的创见，就像告诉店主酒酸了一样。

　　尧、桀固无庸辨矣。然被尧之仁，必有几，几于不能言尧者，乃真是尧之人也。遇桀之暴，必有几，几于不能数桀者，乃真非桀之人也。千古固然之尧、桀，犹推始于几，几不能言与数者，而后定尧、桀之固然也。故真知是非者，不能遽言是非也。真知是尧非桀者，其学在是非之先，不在是尧非桀也。

【译文】

　　尧和桀本来是不用辨析了。但是人们承受尧的仁爱，一定还有隐微的东西不为人知，如果能推求到细微得难以用语言表述尧的地步，那才算是真正肯定尧的人。人们所遭遇到桀的暴虐，一定还有隐微的地方不为人知，如果能推求到细微得不能数说桀的地步，那才算是真正否定桀的人。千古以来已有定论的尧、桀，仍然可以从隐微之处开始推求，细微到不能用言辞称赞与数说的地步，然后才能确定先前尧是桀非

的观点。所以真正知道是非的人，不能匆忙评定是非。真正知道尧是桀非的人，他的学识在确定是非之前，而不在于肯定尧否定桀本身。

　　是尧而非桀，贵王而贱霸^①，尊周、孔而斥异端，正程、朱而偏陆、王^②，吾不谓其不然也；习固然而言之易者，吾知其非真知也。

【注释】

①贵王而贱霸：尊崇王道而轻视霸功。王指夏、商、周三代的王政，霸指春秋五霸的力政。

②正程、朱而偏陆、王：程、朱指北宋程颢、程颐和南宋朱熹创立的程朱理学，陆、王指南宋陆九渊和明代王守仁创立的陆王心学。

【译文】

　　称赞尧而非难桀，崇尚王道而轻视霸功，尊崇周公、孔子而排斥异端邪说，以程朱理学为正统而以陆王心学为偏颇，我不是说他们这样说不对；但因袭前人的见解能很容易就说出的东西，我知道这并不是真正的见解。

朱　陆

【题解】

　　本篇从辨析朱陆异同开始，然后溯源沿流，深刻揭示和分析两派末流学者由于门户之见相互攻击而产生的学术流弊。章学诚是清代浙东学派巨擘，主张经世致用而不空言义理，学有宗主而不存门户之见。根据这个原则，他归纳出朱学的特征偏于道问学，优点在于博学多闻和通经服古，缺陷是支离破碎；陆学的特征偏于尊德性，优点在于发明本心而治学空灵，缺陷是虚无不实。朱陆既分，两派后学相互攻击，至明末而弊害丛生。两派末流都是专己守残，束书不观，高谈性天，荒俚无稽。章学诚把陆王学派的末流称为伪陆王，他们攻击朱学固然不得要领；然而朱学末流假窃朱学之形似，章学诚认为他们也只能称为伪陆王而不能称为伪朱，他们攻击陆王属于伪陆王攻击真陆王，也是不自量力。接着他针对以戴震为代表的乾嘉汉学进行批判，认为汉学家治学繁密特征渊源于朱熹道问学的路径。然而戴震对朱熹的批评，在章学诚看来是心术不醇的表现。其表现主要有两个方面：一是“饮水而忘源”，戴震继承朱学而来却又攻击朱子学说，愤若不共戴天，是忘记了自己的学术传承；二是“表里不一”，戴震在著作里攻击朱学隐微其辞，讲学口说则肆意诋毁，言论与著述不一致。由于戴震的倡导，造成学者不痛诋朱子就不能被视为通人的局面，败坏了学术风气。在今天看来，戴震对程朱理学的批判有其合理性和进步意义,不能一概否定,可能在方法上存在偏激之处。章学诚对戴震的批评,也是得失参半,需要后人做一番细致的考察,正确评价其利弊得失。

　　天人性命之理①,经传备矣。经传非一人之言,而宗旨未尝不一者,其理著于事物,而不托于空言也。师儒释理以示后学,惟著之于事物,则无门户之争矣。理,譬则水也。事物,譬则器也。器有大小浅深,水如量以注之,无盈缺也②。今欲以水注器者,姑置其器,而论水之挹注盈虚③,与夫量空测实之理,争辨穷年,未有已也,而器固已无用矣。

【注释】

①天人性命之理:中国古代探讨天人关系和人性论的范畴。天人,语出班固《汉书》卷六十二《司马迁传》:"欲以究天人之际。"性命,语出《周易·乾卦》:"乾道变化,各正性命。"孔颖达《疏》曰:"性者,天生之质,若刚柔迟速之别。命者,人所禀受,若贵贱寿夭之属。"

②盈缺:盈满与损缺。

③挹(yì)注:取彼器之水注入他器。挹,舀,酌取。

【译文】

　　天道与人道、性理与运命的道理,经传之中说的很完备了。经传不是一个人的言论,但是宗旨没有不一致的地方,原因在于它的道理附着在具体事物,而不是依托空洞的言论。经师阐释道理以晓示后学,只有依附在具体事物之上,那就没有门户派别之争了。道理,好比是水;事物,好比是器皿。器皿有大小深浅之别,把水按照它的容量灌注进去,那就不会有盈缺。现在想用水来灌注器皿,姑且把器物弃置一边,而专门讨论灌水的盈缺问题，与测量容器的道理，穷年累月不停地争辩下去，器物固然已经无用了。

　　子夏之门人，问交于子张①。治学分而师儒尊知以行闻②，自非夫子，其势不能不分也。高明沉潜之殊致，譬则寒暑昼夜，知其意者，交相为功，不知其意，交相为厉也。宋儒有朱、陆③，千古不可合之同异，亦千古不可无之同异也。末流无识，争相诟詈④，与夫勉为解纷⑤，调停两可⑥，皆多事也。然谓朱子偏于道问学⑦，故为陆氏之学者，攻朱氏之近于支离⑧；谓陆氏之偏于尊德性⑨，故为朱氏之学者，攻陆氏之流于虚无⑩；各以所畸重者，争其门户，是亦人情之常也。但既自承朱氏之授受，而攻陆、王，必且博学多闻，通经服古，若西山、鹤山、东发、伯厚诸公之勤业⑪，然后充其所见，当以空言德性为虚无也。今攻陆王之学者，不出博洽之儒，而出荒俚无稽之学究⑫，则其所攻，与其所业相反也。问其何为不学问，则曰支离也。诘其何为守专陋，则曰性命也。是攻陆、王者，未尝得朱之近似，即伪陆、王以攻真陆、王也，是亦可谓不自度矣。

【注释】

①子夏之门人，问交于子张：语出《论语·子张》："子夏之门人问交于子张。子张曰：'子夏云何？'对曰：'子夏曰：可者与之，其不可者拒之。'子张曰：'异乎吾所闻：君子尊贤而容众，嘉善而矜不能。我之大贤与，于人何所不容？我之不贤与，人将拒我，如之何其拒人也？'"问交，咨询交往之道。子张（前503—？），颛孙氏，

名师,字子张。春秋末年陈国人,孔子弟子。待人宽厚,举止从
容。后来成为儒家八派之一。

②尊知以行闻:当曰"尊闻以行知"。语出班固《汉书》卷五十六《董
仲舒传》:"曾子曰:'尊其所闻,则高明矣。行其所知,则光
大矣。'"

③宋儒有朱、陆:南宋理学家朱熹集大成的理学和陆九渊创立的心
学。二者虽同出北宋程颢和程颐,但各有宗主,治学路径互异,
彼此论辩多有不合。

④诟詈(gòu lì):辱骂,责骂。

⑤解纷:排解纷乱。语出司马迁《史记》卷一百二十六《滑稽列传》:
"谈言微中,亦可以解纷。"同书卷八十三《鲁仲连列传》也记载:
"所谓贵于天下之士者,为人排患释难,解纷乱而无取也。"

⑥调停:居间和解。语出苏辙《栾城后集》卷十三《颍滨遗老传》:
"自元祐初革新庶政,至是五年矣,一时人心已定。惟元丰旧党
分布中外,多起邪说以摇撼在位。吕微仲与中书侍郎刘莘老二
人尤畏之,皆持两端为自全计,遂建言欲引用其党,以平旧怨,谓
之调停。"

⑦道问学:语出《礼记·中庸》:"故君子尊德性以道问学。"朱熹主
张即物穷理,格物致知,这种治学方法被称作"道问学"。

⑧支离:分散。语出萧统《文选》卷十一《汉王文考·鲁灵光殿赋》:
"捷猎鳞集,支离分赴。"陆九渊有诗云:"简易工夫终久大,支离
事业竟浮沉。"讥讽朱熹格物致知的方法支离破碎。

⑨尊德性:陆九渊主张心即理,发明本心,注重内省,认知天理,这
种治学方法被称作"尊德性"。德性,儒家指人的自然禀性。

⑩虚无:语出司马迁《史记》卷一百三十《太史公自序》:"道家无
为……其术以虚无为本。"道家指"道"的本体无处不在,却又无
形可见。后来也指学问空疏不实。

⑪西山、鹤山、东发、伯厚：西山指真德秀（1178—1235），字景元、景希，号西山，世称西山先生，南宋建州浦城（今属福建）人。宁宗庆元年间进士，历任江东转运副使、知泉州、潭州、福州，拜参知政事。学宗朱熹，是南宋后期著名理学家。著有《真文忠公集》。鹤山指魏了翁（1178—1237），字华父，号鹤山，南宋邛州蒲江（今属四川）人。庆元年间进士，历任知嘉定府、汉州、眉州、潼川府路安抚使兼知泸州、福建路安抚使兼知福州。擢端明殿学士、同签书枢密院事。南宋后期著名理学家，著有《九经要义》、《鹤山集》。东发指黄震（1213—1280），字东发，南宋庆元慈溪（今属浙江）人。理宗宝祐年间进士，历任吴县尉、浙东提举常平主管文字、浙东提举常平，擢史馆检阅，与修宁宗、理宗两朝国史。学宗周敦颐、二程、朱熹，著有《黄氏日抄》。伯厚指王应麟，字伯厚。

⑫学究：唐、宋科举中设立的科目名称，中试者也称为学究。后来逐渐扩大为儒生的泛称。多含贬义，经常讽刺腐儒为学究。

【译文】

　　子夏的弟子，向子张请教交友的问题。政治与学术分离之后的经师大儒各自尊崇听到的师说来推行已有的知识，如果不是孔夫子，那么势必分出不同的学派。高亢明爽与含蓄深沉的不同性格，就像寒暑昼夜一样，知道它的作用，就能互相交替呈现功效，不知道它的作用，就会互相交替产生危害。宋代儒家学派有朱学与陆学，千古以来不能弥合他们的异同，千古以来也不能没有他们的异同。两派末流之徒没有见识，竟然相互辱骂，或者勉强排解纠纷，调停折中两派观点，都属于多事之举。既然说朱子之学偏重于"道问学"，所以尊崇陆氏之学的人，攻击朱学近于支离琐碎；说陆氏之学偏重于"尊德性"，所以尊崇朱子之学的人，攻击陆学流于空疏；双方以各自所偏重的学问，争立自己的门户，这也是人之常情。但是既然继承朱子传授的衣钵，而攻击陆王心学，一定是学问渊博与见多识广，通晓经学与信服古人，像真西山、魏鹤山、黄东发、王伯厚诸位那样勤勉学业，然后充实发挥他们的见解，才应该把空谈德性看作虚无。现在攻击陆王心学的人，不是语出渊博的学者，反而出于荒诞浅陋的老学究，那么他们的攻击言论，与他们所从事的学业恰恰相反。询问他们为什么不研究学问，则说经传注疏支离琐碎；责问他们为什么抱残守缺孤陋寡闻，则说意在性命之学。这样看来攻击陆王心学的人，连与朱子相似之处也没有得到，那就是伪陆王之学来攻击真陆王之学，这也可以说是自不量力了。

　　荀子曰："辨生于末学。"①朱、陆本不同，又况后学之哓哓乎②？但门户既分，则欲攻朱者，必窃陆、王之形似；欲攻陆、王，必窃朱子之形似。朱之形似必繁密，陆、王形似必空灵，一定之理也。而自来门户之交攻③，俱是专己守残④，束书不观⑤，而高谈性天之流也。则自命陆、王以攻朱者，固伪陆、王；即自命朱氏以攻陆、王者，亦伪陆、王，不得号为伪朱也。同一门户，而陆、王有伪，朱无伪者，空言易，而实学难也。黄、蔡、真、魏⑥，皆承朱子而务为实学，则自无暇及于门户异同之见，亦自不致随于消长盛衰之风气也。是则朱子之流别，优于陆、王也。然而伪陆、王之冒于朱学者，犹且引以为同道焉，吾恐朱氏之徒，叱而不受矣。

【注释】

①辨生于末学：语出《韩昌黎全集》卷十一《读墨子》："余以为辩生于末学，各务售其师之说，非二师之道本然也。"章学诚误记为荀子之言。

②哓哓(xiāo)：争辩的声音。

③门户之交攻：朱、陆两派后学，尊崇朱熹的人诋毁陆九渊之学为

"狂禅",尊崇陆九渊的人诋毁朱熹之学为"俗学",交相攻击。

④专己守残:语出班固《汉书》卷三十六《楚元王传附刘歆传》:"若必专己守残,党同门妒道真,违明诏失圣意,以陷于文吏之议,甚为二三君子不取也。"

⑤束书不观:顾炎武《亭林文集》卷三《与友人论学书》云:"窃叹夫百余年以来之为学者,往往言心言性,而茫乎不得其解也……今之君子则不然,聚宾客门人之学者数十百人,譬诸草木,区以别矣,而一皆与之言心言性,舍多学而识,以求一贯之方,置四海之困穷不言,而终日讲危微精一之说……是故性也,命也,天也,夫子之所罕言,而今之君子之所恒言也;出处、去就、辞受、取与之辨,孔子、孟子之所恒言,而今之君子所罕言也。"

⑥黄、蔡、真、魏:黄指黄榦(1152—1221),字直卿,号勉斋,南宋福州闽县(今福建福州)人,受业于朱熹,朱熹以女妻之。学习志艰思苦,彻夜达旦,成为南宋后期正宗朱学的重要传人。著有《勉斋集》。蔡指蔡元定和蔡沈父子。蔡元定(1135—1198),字季通,南宋建阳(今属福建)人。隐居不仕,筑室西山,学者尊称西山先生。从其父蔡发学习,精通二程《语录》、邵雍《皇极经世书》、张载《正蒙》等理学著作。闻朱熹之名,亲往受业。朱熹视为老友,不敢抑居弟子之列。著作有《洪范解》、《西山公集》等。蔡沈(1167—1230),字仲默,隐居九峰,学者称九峰先生。蔡元定之子,家学渊源深厚。少事朱熹,传其《洪范》之学。著有《洪范皇极》、《书经集传》等书。真,指真德秀。魏,指魏了翁。

【译文】

荀子说:"辩论产生于末学浅薄之徒。"朱、陆原本就不相同,又何况后世学人争论喋喋不休呢?但是既然已经分出门派,那么想攻击朱子的人,一定要窃取与陆、王形似的地方;想攻击陆、王的人,一定要窃取与朱子形似的地方。朱子的形似之处一定繁复细密,陆、王的形似之处一定空灵超逸,这是必然的道理。但从来门派之间互相攻击,都是固执己见和抱残守缺,把经史束之高阁而不愿观览,空谈性命与天道的一类人。那么自命为陆王学派来攻击朱子的人,固然是伪陆、王;即使是自命为朱子学派来攻击陆、王的人,也是伪陆、王,不得号称伪朱子。同一个门派,陆、王有伪,而朱子无伪,是因为空谈容易,而扎实的学问很难。黄榦、蔡元定与蔡沈、真德秀、魏了翁,都是继承朱子而努力探求实学之人,那么自然无暇顾及门派异同的争辨,也自然不至于追随此消彼长和循环盛衰的风气。如此说来朱子的流派,胜过陆、王学派。然而假冒朱学的伪陆、王,还把朱子学派引为志同道合的人,我担心朱子的门徒,要大声呵斥而不接受了。

　　传言有美疢①,亦有药石焉。陆、王之攻朱,足以相成而不足以相病。伪陆、王之自谓学朱而奉朱,朱学之忧也。盖性命、事功、学问、文章,合而为一,朱子之学也。求一贯于多学而识,而约礼于博文,是本末之兼该也②。诸经解义不能无得失③,训诂考订不能无疏舛④,是何伤于大体哉?且传其学者,如黄、蔡、真、魏,皆通经服古,躬行实践之醇儒,其于朱子有所失,亦不曲从而附会⑤,是亦足以立教矣。乃有崇性命而薄事功,弃置一切学问文章,而守一二章句集注之宗旨⑥,因而斥陆讥王,愤若不共戴天,以谓得朱之传授,是以通贯古今、经纬世宙之朱子,而为村陋无闻、傲狠自是之朱子也⑦。且解义不能无得失,考订不能无疏舛,自获麟绝笔以来⑧,未有免焉者也。今得陆、王之伪,而自命学朱者,乃曰:墨守朱子,虽知有毒,犹不可不食⑨。又曰:朱子实兼孔子与颜、曾、孟子之所长。噫! 其言之是非,毋庸辨矣。

朱子有知，忧当如何邪？

【注释】

①美疢(chèn)：语出《左传·襄公二十三年》："臧孙曰：'季孙之爱我，疢疾也。孟孙之恶我，药石也。美疢不如恶石，夫石犹生我，疢之美，其毒滋多。'"指没有痛苦的疾病。

②兼该：包括两方面或多方面。

③诸经解义：朱熹于诸经之义多有发明，撰有《周易本义》、《周易启蒙》、《诗集传》、《大学章句》、《中庸章句》、《论语集注》、《孟子集注》。

④训诂考订：朱熹治学，同样注重训诂和考证。《朱文公文集》卷三十八《答袁机仲来教疑河图洛书是后人伪作》曰："生于今世而读古人之书，所以能辨其真伪者，一则以其义理之所当否而知之，二则以其左验之异同而质之，未有舍此两途而能直以臆度悬断之者也。"《朱文公文集》卷八十《福州州学经史阁记》曰："天地阴阳事物之理，修身事亲齐家及国，以至于平治天下之道，与凡圣贤之言行，古今之得失，礼乐之名数，下而至于食货之源流，兵刑之法制……若非考诸载籍之文，沉潜参伍以求其故，则亦无以明。"朱熹对六经及《左传》、《国语》、《战国策》、《世本》等六十余种史书均有辨析，成为宋代最具辨伪眼光和辨伪成就最高的史家。

⑤曲从而附会：后人对前人经解注疏的错误曲意顺从和曲加弥缝。真德秀、魏了翁、黄榦、蔡元定与蔡沈等人，治学折中诸儒，归于至当，虽于朱熹学说，亦不肯苟同，均以安心求是为指归。

⑥一二章句集注：朱熹撰《大学章句》、《中庸章句》、《论语集注》、《孟子集注》，合称《四书章句集注》。明、清以来，成为科举取士的依据，学者尊奉几乎超过六经。

⑦村陋无闻：语出《礼记·学记》："独学而无友，则孤陋而寡闻。"

⑧获麟绝笔：语出《春秋·哀公十四年》："十有四年春，西狩获麟。"相传孔子作《春秋》，见获麟而辍笔。杜预《注》曰："麟者仁兽，圣王之嘉瑞也。时无明王，出而遇获。仲尼伤周道之不兴，感嘉瑞之无应，故因鲁《春秋》而修中兴之教。绝笔于获麟一句，所感而作，固所以为终也。"

⑨墨守朱子，虽知有毒，犹不可不食：墨守，语出范晔《后汉书》卷一百零九《儒林传下》："何休……作《公羊墨守》。"章怀太子李贤《注》曰："言《公羊》之义不可攻。如墨翟之守城也。"战国时期墨翟善于守城，后世遂把防守坚固称作"墨守"，引申为尊奉经说而坚守不变。章学诚《章氏遗书》外编卷三《丙辰札记》云："程、朱流弊，虽较陆、王为轻，而迂怪不近人情，则与狂禅相去亦不甚远。如陆当湖最为得程、朱之深矣，犹附和砒霜可吃之谬论，况他人远不若当湖先生者乎？"陆当湖即陆陇其，治学专宗朱熹，排斥陆、王。据陆陇其《三鱼堂外集》卷四《经学》曰："今之论学者，无他，亦宗朱子而已。宗朱子者为正学，不宗朱子者即非正学。汉儒不云乎：'诸不在六艺之科，孔子之术者，皆绝其道，勿使并进，然后统纪可一，而法度可明。'今有不宗朱子之学者，亦当绝其道，勿使并进。"

【译文】

《左传》记载有无痛的疾病，也有治疗疾病的药石。陆、王攻击朱子，足以相辅相成而不至于相互为害。伪陆、王自认为学习和信奉朱子，这是朱子之学的忧患。大概性命之学与事功之学、学问与文章，结合在一起，这是朱子之学。在博学多识中探求一以贯之的宗旨，把礼节约束寄寓在广博的文献学习之中，这是本末兼顾的方法。对诸经义理的疏解不可能没有缺点错误，对名物度数的训诂考订不可能没有疏漏讹舛，这对朱学的整体又有什么伤害呢？况且传授朱学的人，如黄榦、蔡元定与蔡沈、真德秀、魏了翁,都是通晓经书并信服古人,亲自进行实践而学识精纯的儒者,他们对朱子的某些失误,也不曲意顺从和附会弥缝,这也就完全可以树立规范进行教化了。可是有人尊崇性理天命而鄙薄事功之学,抛弃一切学问文章,墨守着一二种章句集注的宗旨,因而斥责陆九渊并讥讽王守仁,愤恨得像不共戴天之敌,以为自己得到了朱子的传授,这是把贯通古今、治理天下的朱子,当做孤陋寡闻、傲慢凶狠而自以为是的朱子。况且解释经义不可能没有缺点错误,考据订正不可能没有疏漏讹舛,自从孔子作《春秋》以后,没有谁能够避免。现在只得到陆、王的假貌,而自命为学习朱子的人,竟然说:坚决固守朱子,虽然知道有毒,还是不能不吃。又说:朱子实际上兼有孔子与颜回、曾子、孟子的长处。哎呀!这种言论的是非曲直,无须辩论了。朱子如果有知,当是怎样的忧心啊!

　　告子曰:"不得于言,勿求于心,不得于心,勿求于气。"①不动心者,不求义之所安,此千古墨守之权舆也。是非之心,人皆有之②。不能充之以义理,而又不受人之善,此墨守之似告子也。然而藉人之是非以为是非,不如告子之自得矣。

【注释】

①不得于言,勿求于心,不得于心,勿求于气:语出《孟子·公孙丑上》。

②是非之心,人皆有之:语出《孟子·告子上》。

【译文】

　　告子说:"如果语言有所不通,就不必从心里去探求道理;如果心里有所不安,就不必从意气上去寻求帮助。"告子的不动心,是不求道义上是否安妥,这是千古以来墨守不变的开端。是非之心,人人都有。既不用儒家经义道理充实内心，又不吸收别人的优点长处，这种墨守陈规正如告子一般。但是拿别人的是非观点作为自己的是非标准，还不如告子那样出于自己的心得。

藉人之是非以为是非，如佣力佐斗①，知争胜而不知所以争也。故攻人则不遗余力②，而诘其所奉者之得失为何如，则未能悉也。故曰：明知有毒，而不可不服也。

【注释】

①佣力：受雇替别人出力。佣，受雇为人劳动。

②不遗余力：语出《战国策·赵策三》："秦之攻我也，不遗余力矣。"意为竭尽全力。

【译文】

借用别人的是非观点作为自己的是非标准，就像受雇佣的劳力帮人打架，只知道争得胜负却不知道为什么去争。因此攻击别人的时候则不遗余力，而责问他所尊崇的学说有哪些得失长短，却不能详细讲出来。所以说：明明知道有毒，却不能不服用。

末流失其本，朱子之流别，以为优于陆、王矣。然则承朱氏之俎豆，必无失者乎？曰：奚为而无也。今人有薄朱氏之学者①，即朱氏之数传而后起者也②。其与朱氏为难③，学百倍于陆、王之末流，思更深于朱门之从学，充其所极，朱子不免先贤之畏后生矣④。然究其承学，实自朱子数传之后起也⑤，其人亦不自知也。而世之号为通人达士者⑥，亦几几乎褰裳以从矣⑦。有识者观之，齐人之饮井相捽也。性命之说，易入虚无。朱子求一贯于多学而识，寓约礼于博文，其事繁而密,其功实而难;虽朱子之所求,未敢必谓无失也。然沿其学者,一传而为勉斋、九峰⑧,再传而为西山、鹤山、东发、厚斋⑨,三传而为仁山、白云⑩,四传而为潜溪、义乌⑪,五传而为宁人、百诗⑫,则皆服古通经,学求其是,而非专己守残,空言性命之流也。自是以外,文则入于辞章,学则流于博雅,求其宗旨之所在,或有不自知者矣。生乎今世,因闻宁人、百诗之风,上溯古今作述,有以心知其意,此则通经服古之绪⑬,又嗣其音矣。无如其人慧过于识,而气荡乎志,反为朱子诟病焉⑭,则亦忘其所自矣。夫实学求是,与空谈性天不同科也。考古易差⑮,解经易失,如天象之难以一端尽也。历象之学,后人必胜前人,势使然也。因后人之密而贬羲和,不知即羲和之遗法也。今承朱氏数传之后,所见出于前人,不知即是前人之遗绪,是以后历而贬羲和也。盖其所见,能过前人者,慧有余也。抑亦后起之智虑所应尔也,不知即是前人遗蕴者,识不足也。其初意未必遽然,其言足以慑一世之通人达士,而从其井捽者,气所荡也。其后亦遂居之不疑者,志为气所动也。攻陆、王者,出伪陆、王,其学猥陋⑯,不足为陆、王病也。贬朱者之即出朱学,其力深沉,不以源流互质,言行交推,世有好学而无真识者,鲜不从风而靡矣。

【注释】

①今人有薄朱氏之学者:此指戴震。《章氏遗书》卷二《书朱陆篇后》曰:"戴君学问,深见古人大体,不愧一代巨儒,而心术未醇,颇为近日学者之患,故余作《朱陆》篇正之。"

②朱氏之数传而后起：戴震治学远承明末清初顾炎武，近则受业于江永。江永推崇朱子之学，撰《礼书纲目》、《近思录集注》两书，阐发义理根源，圣学体用，足终朱子未竟之绪。此谓戴震承朱氏数传而后起。

③与朱氏为难：据《章氏遗书》补遗《又与朱少白书》曰："戴君之误，误在诋宋儒之躬行实践，而置己身于功过之外。至于校正宋儒之讹误可也，并一切抹杀，横肆诋呵。至今休、歙之间，少年英俊，不骂程、朱，不得谓之通人，则真罪过，戴氏实为作俑。"

④先贤之畏后生：语出杜甫《杜工部诗集》卷七《戏为六绝》："今人嗤点流传赋，不觉前贤畏后生。"

⑤究其承学，实自朱子数传之后起也：据《章氏遗书》补遗《又与朱少白书》曰："然通经服古，由博反约，即是朱子之教。一传而为蔡九峰、黄勉斋，再传而为真西山、魏鹤山，三传而为黄东发、王伯厚。其后如许白云、金仁山、王会之，直至明初宋潜溪、王义乌。其后为八股时文中断。至国初而顾亭林、黄梨洲、阎百诗，皆俎豆相承，甚于汉之经师谱系。戴氏亦从此数公入手，而痛斥朱学，此饮水而忘其源也。"

⑥达士：语出《吕氏春秋·知分》："达士者，达乎生死之分。"指通达明白之人。

⑦几几(jī)乎褰裳以从：几几乎，近于，差不多。褰裳以从，撩起下衣涉水而相从。语出《诗经·郑风·褰裳》："子惠思我，褰裳涉溱。"

⑧勉斋、九峰：黄榦和蔡沈。

⑨再传而为西山、鹤山、东发、厚斋：四人分别指真德秀、魏了翁、黄震、王应麟。按真德秀师从朱熹弟子詹体仁，魏了翁师从朱熹弟子辅广与李燔，故真、魏二人为再传弟子。据《宋元学案》记载，黄震师从王文贯，王文贯师从余端臣，余端臣师从辅广；王应麟师从王埜(yě)和徐几，王埜师从真德秀，故黄、王二人为四传弟

子。上引《又与朱少白书》曰"三传而为黄东发、王伯厚",亦误。

⑩三传而为仁山、白云:仁山指元代学者金履祥,师从王柏、何基,何基师从黄榦,故为朱熹三传弟子。白云指元代学者许谦,师从金履祥,故应为朱熹四传弟子。

⑪四传而为潜溪、义乌:潜溪指明代学者宋濂,师从闻人梦吉,闻人梦吉师从闻人铣,闻人铣师从何基、王柏。义乌指明代学者王祎(yī),师从黄溍(jìn),黄溍师从石一鳌,石一鳌师从王世杰,王世杰师从徐侨,徐侨师从朱熹。故宋、王二人应为五传弟子。

⑫五传而为宁人、百诗:明末清初学者顾炎武和阎若璩。他们与朱熹宋学的师承关系不详。《章氏遗书》补遗《又与朱少白书》也说宋濂、王祎与顾炎武、阎若璩之间"为八股时文中断",则其定顾、阎二人为朱熹五传弟子,缺乏依据。

⑬绪:残余。学术上指前人遗留下来的未竟事业。

⑭反为朱子诟病:《章氏遗书》卷二《书朱陆篇后》曰:"戴君学术,实自朱子道问学而得之,故戒人以凿空言理,其说深探本原,不可易矣。顾以训诂名义,偶有出于朱子所不及者,因而丑贬朱子,至斥以悖谬,诋以妄作……而口谈之谬,乃至此极,害义伤教,岂浅鲜哉!"

⑮考古:考证古代名物制度、历史事件。

⑯猥(wěi)陋:杂滥烦琐,庸俗荒陋。

【译文】

后世末流失去根本的精神实质,朱子这一流派,认为胜过陆、王一派了。然而继承朱子的衣钵,就一定没有失误吗?回答说:怎么能没有呢?现在有个鄙薄朱子之学的人,就是朱子数传弟子当中的后起之秀。他向朱子发难,学问超过陆、王学派末流百倍,思想比朱门弟子更深刻,充分展示他所达到的造诣,朱子也不免要产生前贤畏惧后生的感觉了。然而推究他的渊源师承,实际是语出朱子数代相传的一个后起之才,那人自己也不知道。当世号称学识渊博通达的人,也差不多都撩起下衣跟随他下水了。这种情景在有识之士看来,觉得就像齐国人凿井自以为有造泉之功而推搡汲水的人一样。性理与天命的学说,容易堕入虚无的泥潭。朱子在博学多识中探求一以贯之的宗旨,把礼节约束寄寓在广博的文献学习之中,这种事业繁复而细密,这种功绩充实而艰难,即使是朱子本人所进行的探求,也不敢说一定没有失误。然而继承朱子学说的人,第一代弟子为黄勉斋、蔡九峰,第二代弟子为真西山、魏鹤山、黄东发、王厚斋,第三代弟子为金仁山、许白云,第四代弟子为宋潜溪、王义乌,第五代弟子为顾宁人、阎百诗,都是信服古人并通晓经书,治学追求真理,而不是固执己见和抱残守缺,空谈性理天命的一类人。除此之外,有的人撰文流于辞章之学,治学陷入广博典雅,寻求他们的宗旨所在,就连他们自己也不知道。生在当今之世,耳闻顾宁人、阎百诗的学风,向上推求古今人的著述,能够从心里领会作者的意图,这是前人通晓经书并信服古人事业的绪余,又有接续的知音了。无奈那人聪慧超过了见识,意气动摇了心志,反而对朱子进行辱骂指责,那就是忘记了自己学问从何而来了。朴实的学问探求客观真实,与空谈性理天命不属于同类。考证古代的事物容易出现差错,解释经书的文义容易产生失误,如同天文现象很难从一个方面穷尽一样。历法之学,后人一定胜过前人,这是发展趋势造成的结果。因为后人历法的精密而贬斥羲和,这是不明白后世制订历法本来是羲和遗留下来的方法。现在承接朱子数传之后,所见高出于前人,却不知道这就是前人遗留下来的事业,这就像用后世的历法来贬斥羲和一样。大概那人的见解,之所以能超过前人,是因为聪慧超群。这也是后起之秀的才智应该如此,但却不知道那就是前人遗留下的事业,是因为见识不足。他起初的原意不一定是现在的样子,他的言论足以震慑住当世见识渊博通达的学者,而使他们跟随着自己争斗,这是被意气动摇的缘故。此后他自己对此也不加怀疑,是因为心志被意气动摇了。攻击陆、王的人,语出伪陆、王,他们的学问猥琐鄙陋，不足以对陆、王之学造成危害。贬斥朱子的人就是从朱子之学中产生出来，他的学力深沉，不从源流上相互对证，言行上加以比较推求，世上那些好学而没有真知灼见的人，很少有人不随着风气而倾倒在他面前了。

　　古人著于竹帛，皆其宣于口耳之言也。言一成而人之观者，千百其意焉，故不免于有向而有背。今之黠者则不然，以其所长，有以动天下之知者矣。知其所短，不可以欺也，则似有不屑焉①。徙泽之蛇，且以小者神君焉②。其遇可以知而不必且为知者，则略其所长，以为未可与言也；而又饰所短，以为无所不能也。雷电以神之，鬼神以幽之，键箧以固之，标帜以市之，于是前无古人，而后无来者矣。天下知者少，而不必且为知者之多也；知者一定不易，而不必且为知者之千变无穷也；故以笔信知者，而以舌愚不必深知者，天下由是靡然相从矣③。夫略所短而取其长，遗书具存，强半皆当遵从而不废者也。天下靡然从之，何足忌哉！不知其口舌遗厉，深入似知非知之人心，去取古人，任偏衷而害于道也④。语云："其父杀人报仇，其子必且行劫。"⑤其人于朱子盖已饮水而忘源；及笔之于书，仅有微辞隐见耳，未敢居然斥之也。此其所以不见恶于真知者也。而不必深知者，习闻口舌之间，肆然排诋而无忌惮，以谓是人而有是言，则朱子真不可不斥也。故趋其风者，未有不以攻朱为能事也。非有恶于朱也，惧其不类于是人，即不得为通人也。夫朱子之授人口实⑥，强半出于《语录》⑦。《语录》出于弟子门人杂记，未必无失初旨也。然而大旨实与所著之书相表里,则朱子之著于竹帛,即其宣于口耳之言。是表里如一者,古人之学也。即以是义责其人,亦可知其不如朱子远矣,又何争于文字语言之末也哉!

【注释】

①似有不屑:据《章氏遗书》卷二《书朱陆篇后》曰:"其于史学义例、古文法度,实无所解,而久游江湖,耻其有所不知,往往强为解事;应人之求,又不安于习故,妄矜独断……又有请学古文辞者,则曰古文可以无学而能。余生平不解为古文辞,后忽欲为之,而不知其道,乃取古人之文,反复思之,忘寝食者数日,一夕忽有所悟。翼日,取所欲为文者,振笔而书,不假思索而成,其文即远出《左》、《国》、《史》、《汉》之上。"

②徙泽之蛇,且以小者神君焉:据《韩非子·说林上》记载,沼泽干涸,生活于其中的蛇将迁徙到别处,小蛇对大蛇说,我如果跟在你后面,人们就以为是蛇在爬行,会把你杀掉,不如咱俩相互衔着嘴,你背负我而行,人们就会认为我是神君而不敢加害。于是它们就这样穿越公路,见到的人都认为是神君,争先恐后避让。

③靡然:披靡、倒下的样子。

④惼(biǎn)衷:心胸狭隘、急躁。

⑤其父杀人报仇,其子必且行劫:语出苏轼《苏轼文集》卷四《荀卿论》。

⑥口实:话柄,借口。语出伪古文《尚书·仲虺之诰》:"予恐来世以台(yí)为口实。"台,我。

⑦《语录》:《朱子语录》,收录朱熹弟子记录的朱熹讲学言论。朱熹死后,李道传编辑《语录》四十六卷,黄士毅编辑《语类》一百三十八卷,李性传编辑《续录》四十卷,蔡杭编辑《后录》二十六卷,王似编辑《续类》四十卷,最后黎靖德将以上五种合编为《朱子语类》一百四十卷。

【译文】

　　古人写在竹简和绢帛上的文字，都是他们口头上所讲的语言。言辞一成不变而读言辞的人，理解却千差万别，所以不免有人赞成有人反对。现在狡黠的人却不是这样，用他所擅长的方面，来打动吸引天下的有识之士。他知道自己的短处，不能蒙骗世人，便装成似乎不屑一谈的样子。干涸的沼泽地里的蛇迁居他处，人们尚且把小蛇看作神君。当他遇到那些可以成为有识之士但不一定能算作有识之士的人，则略去人家所擅长的东西，认为不可以共同谈论；但又掩饰他的缺陷，使人以为他无所不能。用雷电来神化它，装鬼弄神来深奥它，锁上箱子来加固它，插上标记来兜售它，于是他成了前无古人，又后无来者的一位人物。天下有真识的人少，而不一定能算作有真知的人则为数甚多；具备真知的人有独立的见解不容易改变，而不一定算得上具备真知的人则千变万化没有穷尽；所以他用笔来取信于那些有真知的人，而用口舌愚弄那些不一定能深知的人，天下人因此如风吹草伏无不随从他了。舍其短处而取其所长，他遗留下来的著作都还保存着，多半都应当遵从而不可废弃。天下的人如风吹草伏，有什么可顾忌的呢！不知道他口头上遗留下的祸患，却已经深入似知非知这类人的心中，对古人进行取舍扬弃，放纵狭隘的私心而损害了儒家大道。俗话说："如果父亲杀人报仇，那么儿子一定会打家劫舍。"那人对朱子大概已经是饮水而忘源了；待到写入书中，还仅有委婉的批评隐约可见，而不敢明显贬斥朱子。这也是他不被有真知灼见的人憎恶的原因。而那些不一定能深知的人，对他嘴边上的言论已听习惯了，放肆诋毁而毫无忌惮，认为这样的人都有这种言论，那么朱子真是不能不排斥了。所以趋附于这种风气的人，没有谁不把攻击朱子作为擅长的本领。不是对朱子有什么憎恶，而是害怕与这个人不相同，便不能成为学识渊博的人。大凡朱子被人攻击的话柄，多半语出他的《语录》。《语录》出于弟子门人的杂记，不一定没有失去朱子本意的地方。然而主要的宗旨实际上与他所著的书相为表里,那么朱子所写在著作里的内容,也就是他在口头上说的言论。这么说来表里如一,是古人的治学传统。就从这个意义上来要求那人,也可以知道他比朱子相差得太远了,又何必在语言文字方面的细枝末节上争长论短呢!

文　德

【题解】

　　本篇内容讨论文史撰述与批评的态度问题，前与《史德》篇相互发明，后与《质性》篇互为表里。在中国古代文论中，东汉王充的《论衡》，南朝梁刘勰的《文心雕龙》、北齐杨愔的《文德论》，都提倡文德之说。他们主要是围绕作者的文辞修养和文德之操展开论述，未尝于才、学、识之外讨论文德。章学诚所论文德与前人不同，专指作者的论撰态度而不涉及文辞修养。这种态度包含两个基本内容，一是临文必敬，二是论古必恕。他明确揭橥"敬非修德之谓"的宗旨，并非沿袭前人探讨文人品德和修辞素养问题，而是强调"临文必敬"，也就是作者对撰文应当心存敬畏态度，而不能随心所欲，放任自流。只有主敬才能心平而气摄，从容变化以合法度，不至于最终害义而违道。"恕非宽容之谓"的宗旨，核心内容就是文史批评"能为古人设身而处地"着想。这是继承《孟子·万章下》的"论古之人，颂其诗，读其书，不知其人，可乎？是以论其世也"的传统，强调文史批评中必须考察"古人之世"和"古人之身处"，然后才不至于苛求前贤，能够作出正确评价。由此可以看出，章学诚论文德的内涵对中国古代文史批评"知人论世"方法论的发展，增添了极为重要的内容，成就超越前人。

　　凡言义理,有前人疏而后人加密者,不可不致其思也。古人论文,惟论文辞而已矣①。刘勰氏出,本陆机氏说而昌论文心②;苏辙氏出,本韩愈氏说而昌论文气③;可谓愈推而愈精矣。未见有论文德者④,学者所宜深省也。夫子尝言"有德必有言"⑤,又言"修辞立其诚",孟子尝论"知言"、"养气"⑥,本乎集义,韩子亦言,"仁义之途","《诗》、《书》之源"⑦,皆言德也。今云未见论文德者,以古人所言,皆兼本末,包内外,犹合道德文章而一之⑧;未尝就文辞之中言其有才,有学,有识,又有文之德也。凡为古文辞者,必敬以恕。临文必敬⑨,非修德之谓也。论古必恕⑩,非宽容之谓也。敬非修德之谓者,气摄而不纵,纵必不能中节也⑪。恕非宽容之谓者,能为古人设身而处地也⑫。嗟乎! 知德者鲜⑬,知临文之不可无敬恕,则知文德矣。

【注释】

①古人论文,惟论文辞:语出《论语·卫灵公》:"子曰:'辞达而已矣。'"又据《左传·襄公二十五年》引孔子语曰:"非文辞不为功,慎辞哉!"司马迁《史记》中的《十二诸侯年表》、《孔子世家》均谓孔子"约其文辞"而修《春秋》。可知自孔子以来,尚论文辞就成为中国古代文论传统。

②刘勰氏出,本陆机氏说而昌论文心:萧统《文选》卷十七《陆士衡·文赋序》曰:"余每观才士之所作,窃有以得其用心。"刘勰进一步发展其说,据《文心雕龙》卷十《序志》曰:"夫文心者,言为文之用心也。昔涓子《琴心》,王孙《巧心》,心哉美矣! 故用之焉。"陆机(261—303),字士衡,西晋吴郡华亭(今上海松江区)人。东吴名将陆逊之后,任牙门将领兵。晋灭吴,隐居读书。后与弟陆

云入洛阳,文才倾动一时,世称二陆。曾官平原内史,故世称陆平原。后卷入八王之乱,受谗被杀。所作《辩亡论》、《五等论》、《文赋》诸篇,都是重要的史论和文论。

③苏辙氏出,本韩愈氏说而昌论文气:韩愈《韩昌黎全集》卷十六《答李翊书》曰:“气,水也。言,浮物也。水大而物之浮者,大小毕浮。气之与言,犹是也。气盛则言之短长与声之高下皆宜。”苏辙进一步发展,在《栾城集》卷二十二《上枢密韩太尉书》曰:“文者,气之所形。然文不可以学而能,气可以养而致。”苏辙(1039—1112),字子由,号颖滨遗老,北宋眉州眉山(今属四川)人。与父苏洵、兄苏轼合称“三苏”,名列唐宋八大家。

④未见有论文德者:“文德”一词,古已有之。伪古文《尚书·大禹谟》曰:“帝乃诞敷文德。”《周易·小畜卦》曰:“君子以懿文德。”《论语·季氏》曰:“远人不服,则修文德以来之。”其义均指文教德化,与章学诚所论文德无关。

⑤有德必有言:语出《论语·宪问》:“子曰:‘有德者必有言。’”

⑥知言、养气:语出《孟子·公孙丑上》:“[孟子]曰:‘我知言,我善养吾浩然之气。’[公孙丑曰]:‘敢问何谓浩然之气?’[孟子]曰:‘难言也。其为气也,至大至刚,以直养而无害,则塞于天地之间。其为气也,配义与道;无是,馁也。是集义所生者,非义袭而取之也。行有不慊于心,则馁矣。’”知言,指善于分析言论。养气,指培养浩然之气。

⑦仁义之途,《诗》、《书》之源:语出韩愈《韩昌黎全集》卷十六《答李翊书》:“行之乎仁义之途,游之乎《诗》、《书》之源,无迷其途,无绝其源,终吾身而已矣。”

⑧合道德文章而一:据顾炎武《日知录》卷十九《修辞》曰:“典、谟、爻、象,此二帝三王之言也。《论语》、《孝经》,此夫子之言也。文章在是,性与天道亦不外乎是。故曰:有德者必有言。”

⑨临文必敬:《论语·宪问》记载:"子路问君子。子曰:'修己以敬。'"《孟子·离娄上》亦曰:"责难于君谓之恭,陈善闭邪谓之敬。"古人言"敬",指的是修德。章学诚说的不是这个意思,而是把"敬"解释为撰文时一种严肃的态度。

⑩论古必恕:语出《论语·卫灵公》:"子贡问曰:'有一言而可以终身行之者乎?'子曰:'其恕乎! 己所不欲,勿施于人。'"古人言"恕",指的是宽容。章学诚说的不是这个意思,而是把"恕"解释为评价古人时一种设身处地的方法。

⑪纵必不能中节:语出《礼记·中庸》:"喜怒哀乐之未发,谓之中;发而皆中节,谓之和。"纵,指临文不能收敛心气。中节,指合乎礼节法度。

⑫设身而处地:据《礼记·中庸》记载:"凡为天下国家有九经,曰修身也,尊贤也,亲亲也,敬大臣也,体群臣也,子庶民也,来百工也,柔远人也,怀诸侯也。"朱熹《中庸章句》注"体群臣也"一句说:"体谓设以身处其地而察以心也。"即设想自身处于其境。

⑬知德者鲜:语出《论语·卫灵公》:"子曰:'由! 知德者鲜矣。'"由,即仲由,字子路。鲜,少。

【译文】

大凡论述宗旨和道理,有前人粗疏而后人进一步精密的地方,不可不多加思索。古人论述文章,只是谈论文辞而已。自刘勰出现以后,依据陆机之说而首先提倡"文心";苏辙出现以后,依据韩愈之说而首先提倡"文气";可以说越推求越精密了。但是没见过有人论述"文德",学者们应该深刻反省。孔子曾说"有道德的人一定有好的文辞",又说"做文章应当出于诚挚的感情",孟子曾经论述"知言"、"养气",认为产生于道义的积累。韩愈也说过,"使自己沿着仁义的道路","游走在儒家经典的源头",都讲到了道德修养的问题。现在说没有见到论述文德的人,是因为古人所说的话,都兼括本末,包含内外,还是把道德和文章合为一体而言；没有人根据文辞内涵论述作者有才能、有学问、有见识，此外又有撰文之德。凡撰写古典文章，一定要抱着"敬"和"恕"的态度。下笔撰文一定要持之以"敬"，并不是说的品德修养。评论古人一定要行之以"恕"，并不是说的心存宽容。"敬"不是指品德修养，而是指"气"被收敛而不放纵，放纵就一定不能合乎礼节法度。"恕"不是说要待人宽厚，而是指能为古人设身处地考虑。唉！懂得道理的人太少了，知道下笔撰文不能没有"敬"和"恕"，那就知道"文德"了。

　　昔者陈寿《三国志》，纪魏而传吴、蜀①，习凿齿为《汉晋春秋》②，正其统矣。司马《通鉴》仍陈氏之说③，朱子《纲目》又起而正之④。是非之心，人皆有之。不应陈氏误于先，而司马再误于其后，而习氏与朱子之识力，偏居于优也。而古今之讥《国志》与《通鉴》者，殆于肆口而骂詈⑤，则不知起古人于九原⑥，肯吾心服否邪？陈氏生于西晋，司马生于北宋，苟黜曹魏之禅让⑦，将置君父于何地？而习与朱子，则固江东南渡之人也，惟恐中原之争天统也。此说前人已言⑧。诸贤易地则皆然⑨，未必识逊今之学究也。是则不知古人之世，不可妄论古人文辞也。知其世矣，不知古人之身处，亦不可以遽论其文也。身之所处，固有荣辱隐显、屈伸忧乐之不齐，而言之有所为而言者，虽有子不知夫子之所谓⑩，况生千古以后乎？圣门之论恕也，"己所不欲，勿施于人"，其道大矣。今则第为文人论古必先设身，以是为文德之恕而已尔。

【注释】

　①《三国志》，纪魏而传吴、蜀：据《隋书》卷三十三《经籍志》正史叙

例曰:"及三国鼎峙,魏氏及吴并有史官。晋时巴西陈寿删集三
国之事,唯魏帝为纪,其功臣及吴、蜀之主,并皆为传。"清代乾隆
年间刊刻殿本《三国志·目录考证》曰:"史家之例,帝曰本纪,臣
曰列传。"陈寿著书,为魏帝立本纪,尊为正统皇朝,为吴、蜀二帝
立传,视为闰位皇朝。

②习凿齿为《汉晋春秋》:习凿齿(? —384),字彦威,东晋襄阳(今
属湖北)人。桓温辟为从事,累迁别驾。后出为荥阳太守,因足
疾辞官归里。著有《汉晋春秋》、《襄阳耆旧记》。《汉晋春秋》纪
事起于汉光武帝,终于晋愍帝。记载三国历史,以蜀乃汉朝宗室
尊为正统,魏为篡逆。至司马昭平蜀,始为汉亡而晋兴。

③司马《通鉴》仍陈氏之说:北宋司马光主持编撰《资治通鉴》,与陈
寿《三国志》一样以曹魏为正统,蜀、吴为闰位。《资治通鉴》卷六
十九《魏文帝纪》黄初二年"夏,四月,丙午,汉中王即皇帝位于武
担之南,大赦,改元章武。以诸葛亮为丞相,许靖为司徒"条下
"臣光曰……臣今所述,止欲叙国家之兴衰,著生民之休戚,使观
者自择其善恶得失,以为劝戒,非若《春秋》立褒贬之法,拨乱世
反诸正也。正闰之际,非所敢知,但据其功业之实而言之……然
天下离析之际,不可无岁、时、月、日以识事之先后。据汉传于
魏,而晋受之,晋传于宋,以至于陈,而隋取之,唐传于梁,以至于
周,而大宋承之,故不得不取魏、宋、齐、梁、陈、后梁、后唐、后晋、
后汉、后周年号,以纪诸国之事,非尊此而卑彼,有正闰之辨也。
昭烈之于汉,虽云中山靖王之后,而族属疏远,不能纪其世数名
位,亦犹宋高祖称楚元王后,南唐烈祖称吴王恪后,是非难辨,故
不敢以光武及晋元帝为比,使得绍汉世之遗统也。"

④朱子《纲目》又起而正之:南宋朱熹撰《通鉴纲目》,于汉献帝建安
二十六年夏四月先主即位改元条下"昭烈皇帝章武元年"。刘友
益《纲目书法》曰:"大书章武何? 绍昭烈于高、光也。魏篡立,吴

割据,昭烈亲中山靖王之裔,名正言顺,舍此安归?《纲目》揭章
武之元而大书之,然后正闰顺逆,各得其所。故曰统正于下而人
道定矣(原注:本习凿齿《汉晋春秋》)。"

⑤骂詈(lì):斥责,谩骂。语出司马迁《史记》卷九十《魏豹列传》:
"汉王慢而侮人,骂詈诸侯、群臣,如骂奴耳。"

⑥起古人于九原:语出《礼记·檀弓下》:"赵文子与叔誉观乎九原。
文子曰:'死者如可作也,吾谁与归?'"郑玄《注》曰:"作,起也。"
九原,山名,在今山西新绛北。郑玄《注》曰:"晋卿大夫之墓地在
九原。"后世因称墓地为九原。

⑦曹魏之禅(shàn)让:指公元220年,曹丕废汉献帝而自立,建立魏
国。假托上古禅让之名,文饰其废立之实。此后成为历代篡权
夺位的借口。禅让,语出《尚书·尧典》。孔颖达《疏》曰:"若尧、
舜禅让圣贤,禹、汤传授子孙。"相传上古尧、舜以帝位让于贤者,
称为禅让。

⑧此说前人已言:《四库全书总目》卷四十五《三国志提要》、梁章钜
《退庵随笔》卷十六引翟颢语,都从时代背景分析和论述了陈寿、
习凿齿、司马光、朱熹四人的正统观念,得出知人论世的评价。
《四库全书总目》成书于乾隆四十七年(1782),初刻于乾隆五十
四年(1789),翟颢卒于乾隆五十三年(1788),而据《章氏遗书》卷
二十八《跋丙辰山中草》记载,章学诚于嘉庆元年(1796)撰成《文
德》篇,故称前人已有此说。

⑨诸贤易地则皆然:语出《孟子·离娄下》:"禹、稷、颜子,易地则
皆然。"

⑩有子不知夫子之所谓:据《礼记·檀弓上》记载:"有子问于曾子
曰:'问丧于夫子乎?'曰:'闻之矣。丧欲速贫,死欲速朽。'有子
曰:'是非君子之言也。'曾子曰:'参也闻诸夫子也。'有子又曰:
'是非君子之言也。'曾子曰:'参也与子游闻之。'有子曰:'然。

然则夫子有为言之也。'曾子以斯言告于子游。子游曰:'甚哉!
有子之言似夫子也。昔者,夫子居于宋,见桓司马自为石椁,三
年而不成。夫子曰:若是其靡也,死不如速朽之愈也! 死之欲速
朽,为桓司马言之也。南宫敬叔反,必载宝而朝。夫子曰:若是
其货也,丧不如速贫之愈也! 丧之欲速贫,为敬叔言之也。'曾子
以子游之言告于有子。有子曰:'然。吾固曰非夫子之言也。'曾
子曰:'子何以知之?'有子曰:'夫子制于中都,四寸之棺,五寸之
椁,以斯知不欲速朽也。昔者,夫子失鲁司寇,将之荆,盖先之以
子夏,又申之以冉有,以斯知不欲速贫也。'"有子,即有若。

【译文】

　　从前陈寿撰《三国志》,给魏帝立本纪而为吴蜀二主立传,习凿齿撰
《汉晋春秋》,纠正了《三国志》以魏为正统的做法。司马光撰《资治通
鉴》,沿袭陈寿之说法,朱子撰《通鉴纲目》,又起来纠正《资治通鉴》的做
法。辨别是非的心,人人都具备。不应该陈寿已经错在前面,司马光在
他后面又出现错误,而习凿齿和朱熹的见识能力,偏偏特别高明。古往
今来讥讽《三国志》和《资治通鉴》的人,简直是在肆意谩骂,却不知道如
果让古人从坟墓中站出来对质,我们的观点是否会让他们心服呢? 陈
寿生于西晋,司马光生于北宋,如果贬黜曹魏的禅让,那将把晋、宋两朝
皇帝受禅置于什么地位呢? 而习凿齿和朱熹,本来就是江东南渡之人,
唯恐中原之国要与他们争正统的地位。这种说法前人已经说过。诸位贤
达变换一下位置都会如此,他们的学识不一定比不上今天那些迂腐的
儒生。这样说来不了解古人所处的时代,就不能妄自评论古人的文章。
了解了他们所处的时代,却不熟悉古人所处的境况,也不可以仓促地
评论他们的文章。古人所处的境况,固然有荣耀与屈辱、隐晦与显达、
委屈与顺畅、忧虑与欢乐的不同,而言辞是针对具体情况而说的话,即
使有子也不知道孔子说话所针对的是什么,何况生在千古之后的人
呢? 孔门论述"恕"道,强调"自己不想做的事,不要强加给别人",它包

含的道理太大了。现在只为文人论述古人必须先为他们设身处地,以此作为"文德"之"恕"罢了。

　　韩氏论文,"迎而拒之,平心察之"①。喻气于水,言为浮物。柳氏之论文也,"不敢轻心掉之","怠心易之","矜气作之","昏气出之"②。夫诸贤论心论气③,未即孔、孟之旨④,及乎天人性命之微也。然文繁而不可杀⑤,语变而各有当。要其大旨则临文主敬,一言以蔽之矣。主敬则心平,而气有所摄,自能变化从容以合度也。夫史有三长,才、学、识也。古文辞而不由史出⑥,是饮食不本于稼穑也。夫识生于心也,才出于气也。学也者,凝心以养气,炼识而成其才者也。心虚难恃,气浮易弛。主敬者,随时检摄于心气之间,而谨防其一往不收之流弊也。夫缉熙敬止⑦,圣人所以成始而成终也,其为义也广矣。今为临文检其心气,以是为文德之敬而已尔。

【注释】

　　①迎而拒之,平心察之:语出韩愈《韩昌黎全集》卷十六《答李翊书》。

　　②不敢轻心掉之,怠心易之,矜气作之,昏气出之:语出柳宗元《柳河东全集》卷三十四《答韦中立论师道书》。

　　③论气:上引韩愈、苏辙之外,曹丕《典论·论文》也说:"文以气为主,气之清浊有体,不可力强而致。"具体体现在人,则说"徐干时有齐气";"孔融体气高妙,有过人者"。大约把"气"界定为文人的才性禀赋,与韩、苏论"气"内涵不同。

　　④孔、孟之旨:据《周易·说卦》记载:"昔者,圣人之作《易》也,将以

顺性命之理。是以立天之道,曰阴与阳;立地之道,曰柔与刚;立
人之道,曰仁与义。"

⑤文繁而不可杀:语出《公羊传·僖公二十二年》:"《春秋》辞繁而
不杀者,正也。"何休《注》曰:"杀,省也。"

⑥古文辞而不由史出:前人论文,如刘勰《文心雕龙》卷一《宗经》、
颜之推《颜氏家训》卷上《文章》,皆谓文本于经。章学诚主张"六
经皆史",《春秋》、《左传》均为史书,故谓古文辞由史而出。

⑦缉熙敬止:语出《诗经·大雅·文王》。缉熙,光明。敬止,敬仰。

【译文】

韩愈论述古文,主张"迎面拒绝它,平心静气考察它"。他把"气"比
喻成水,把"言辞"比作水上漂浮之物。柳宗元论述古文,表示"不敢以
轻率随便的态度掉弄文章","不敢以怠惰的心情轻视文章","不敢以骄
矜的心情写做文章","不敢以昏聩的心情发表文章"。诸位贤达论心论
气,没有切中孔、孟的宗旨,涉及精微的天人性命之学。但是文辞虽然
繁复却不可减省,语言虽有不同变化却各有适当之处。总括它的大意
就是下笔撰文时注重敬畏的态度,用这句话就可以概括了。注重"敬"
就心中平静而气有所约束,能够从容变化合乎法度。史家有三长,即史
才、史学、史识。如果撰写古文而不从史学中汲取营养,就像饮食不是
从耕种和收获中来一样。见识从心里产生,才情从气中培养。学问,就
是集中心思来培养文气,磨练见识来成就才情。心虚便难以依赖,气浮
则容易松懈。注重"敬",是为了随时在心气之间有一种约束,谨防心气
一发而不可收的通病。心地光明而又恭敬,这就是圣人之所以能善始
善终的表现,"敬"的含义非常广大。现在只为下笔撰文要约束作者的
心气,只是把它作为"文德"之"敬"而已。

文　理

　　清高宗乾隆五十四年（1789），章学诚赴太平（今安徽当涂）投安徽学政徐立纲，与张曾献、左眉一起游学，时常聚谈论文。他有感于自明代归有光、茅坤至清代方苞、姚鼐等文人标榜文必两汉与盛唐，主张学习《左传》、《史记》与韩愈、欧阳修撰文的法度，模拟古文的格律声色，但却仅仅得到其皮毛与形似，以致内容平庸的现象，提语出己对文章的理解。章学诚认为，文章自有其理，立言之要在于有物，人见其物而形成的不约而同的感情，就是做文章的道理。归有光等人的缺陷，就在于圈点和模拟古文的法度，把古人文章里的疏宕顿挫、意度波澜作为文理，机械模仿，结果不但得到的只是古文的皮毛，而且束缚了自己的手脚，变成邯郸学步的蠢行。章学诚正确指出，摘比和类纂古文法度，只能用作自己学习揣摩的工具，对自己学习会有所帮助；如果当做古文秘传加以珍重，甚至作为指示和教授别人的法宝，不仅厚诬古人，而且贻误后学。他最后得出结论说，文章有一定之妙，而无一定之法，撰写文章关键在于要有自己的心得，求自得于学问，表达真实的感情，针对具体问题而发论，这样才能神气充盈，见解深刻。在章学诚看来，这才是撰文的根本，也就是撰文之理。这篇文章针砭时弊，议论通达，是章学诚文学批评理论的重要著作，为中国古代文学批评理论丰富和发展作出了贡献。

　　偶于良宇案间①，见《史记》录本，取观之，乃用五色圈点，各为段落，反复审之，不解所谓。询之良宇，哑然失笑，以谓己亦厌观之矣。其书云出前明归震川氏②，五色标识③，各为义例，不相混乱。若者为全篇结构，若者为逐段精彩，若者为意度波澜④，若者为精神气魄，以例分类，便于拳服揣摩⑤，号为古文秘传。前辈言古文者，所为珍重授受，而不轻以示人者也。又云："此如五祖传灯⑥，灵素受箓⑦，由此出者，乃是正宗；不由此出，纵有非常著作，释子所讥为野狐禅也⑧。余幼学于是，及游京师，闻见稍广，乃知文章一道，初不由此。然意其中或有一二之得，故不遽弃，非珍之也。"

【注释】

①良宇：左眉，字良宇，号静庵，安徽桐城人。清高宗乾隆年间副贡生。师从姚鼐，学习古文。著有《静安文集》、《静安诗集》、《尚书蔡传正讹》。

②归震川：归有光（1507—1571），字熙甫，号震川，明代苏州昆山（今属江苏）人。徙居嘉定安亭江上，聚徒讲学，弟子常数百人，称为震川先生。明世宗嘉靖四十四年（1565）进士，官至南京太仆寺丞。散文注重唐、宋，与王慎中、唐顺之、茅坤等被称为"唐宋派"。著作有《三吴水利录》、《马政志》、《震川文集》等。

③五色标识：据归有光《评点史记·例意》曰："《史记》起头处来得勇猛者圈，缓些者点……硃圈点处总是意句与叙事好处，黄圈点处总是气脉。亦有转折处用黄圈而事乃联下去者。墨掷是背理处，青掷是不好要紧处，硃掷是好要紧处，黄掷是一篇要紧处。"

④意度（dù）波澜：文章的意境风格和跌宕起伏。

⑤拳服：语出《礼记·中庸》："得一善，则拳拳服膺而弗失之矣。"意

为诚心信服。

⑥五祖传灯：五祖指佛教禅宗的五位祖师，始祖达摩，二祖慧可，三祖灿，四祖道信，五祖弘忍。传灯，语出《大般若经》："佛所言如灯传照。"佛教认为佛法如明灯普照，可以驱除黑暗，所以把传法叫做传灯。据宋僧普济《五灯会元》卷一《东土祖师》记载，唐代五祖弘忍禅师有两个徒弟神秀和慧（一作惠）能，弘忍让二人分别作一偈语，以观其禅心。神秀曰："身是菩提树，心如明镜台。时时勤拂拭，莫使惹尘埃。"慧能曰："菩提本无树，明镜亦非台。本来无一物，何处惹尘埃？"弘忍于是传给慧能，是为六祖。神秀自立门户，亦称六祖。于是禅宗分为南、北两派。

⑦灵素受箓（lù）：灵素即林灵素，字通叟，北宋温州（今属浙江）人。早年学佛，因不堪其师笞骂，逃出佛门去做道士。北宋末年宋徽宗尊崇道教，林灵素受到宠信，赐号"通真达灵先生"，并敕建上清宝箓宫。好为大言，欺世惑众，门徒甚盛。后来宋徽宗察觉虚妄不实，贬归故里。受箓，原意是道家接受天尊受箓，这里指传授继承道统。

⑧释子所讥为野狐禅：由于佛教为释迦牟尼所创，所以也称佛教为释教，佛教徒为释子。佛教禅宗称外道异端为野狐禅。据佛教史籍记载，从前有一老者谈禅，因错一字，把"不昧因果"说成"不落因果"，五百年坠为野狐之身。后遇百丈大智禅师点化，始得解脱。

【译文】

我偶然在左良宇的书桌上，见到一个《史记》的抄本，拿过来一看，竟是用五色圈点，各自分为段落，反复审察，也没有明白它的意思。询问左良宇，他也不禁嘿嘿发笑，说自己对它也看厌烦了。此书据说是语出明朝的归震川，用五种颜色作标志，各自表示一种义例，彼此不相混乱。哪种表示全篇结构，哪种表示各段精彩，哪种表示意境风格与跌宕起伏,哪种表示精神气魄,按例分类,以便读者揣摩体会和诚恳信奉,号称是古文秘传。这是前辈讲古文的人,所说的慎重传授,而不轻易拿给人看的书。他又说:"这就像禅宗五祖传授佛法,道家林灵素接受符箓,由他们这里传授出去的东西,就是正宗;不是从这里传授的东西,即便有非同凡响的著作,也是像佛门弟子所讥讽的'野狐禅'。我幼时学习此书,到游学京师之后,见闻逐渐广博,才知道文章这门学问,并非从这里入手。但猜想其中或许会有一两点可取之处,所以没有马上扔掉,并不是我珍视它。"

余曰:文章一道,自元以前,衰而且病,尚未亡也。明人初承宋、元之遗,粗存规矩。至嘉靖、隆庆之间①,晦蒙否塞②,而文几绝矣。归震川氏生于是时,力不能抗王、李之徒③,而心知其非,故斥凤洲以为庸妄④。谓其创为伪体秦、汉⑤,至并官名地名,而改用古称⑥,使人不辨作何许语,故直斥之曰文理不通⑦,非妄言也。然归氏之文,气体清矣,而按其中之所得,则亦不可强索。故余尝书识其后,以为先生所以砥柱中流者⑧,特以文从字顺,不汨没于流俗⑨;而于古人所谓阃中肆外⑩,言以声其心之所得⑪,则未之闻尔。然亦不得不称为彼时之豪杰矣。但归氏之于制艺⑫,则犹汉之子长,唐之退之,百世不祧之大宗也。故近代时文家之言古文者,多宗归氏。唐宋八家之选,人几等于《五经》四子所由来矣⑬。惟归、唐之集⑭,其论说文字皆以《史记》为宗;而其所以得力于《史记》者,乃颇怪其不类。盖《史记》体本苍质,而司马才大,故运之以轻灵。今归、唐之所谓疏宕顿挫,其中无物⑮,遂不免于浮滑,而开后人以描摹浅陋之习。故疑归、唐诸子,得力于《史记》者,特其皮毛,而于古人深际,未之有见。今观诸君所传五色订本,然后知归氏之所以不能至古人者,正坐此也。

【注释】

①隆庆:明穆宗朱载垕的年号,公元 1567—1572 年。

②否塞(pǐ sè):堵塞不通。

③王、李之徒:王世贞、李攀龙等人。

④斥凤洲以为庸妄:据钱谦益《牧斋初学集》卷八十三《题归太仆文集》记载:"熙甫生与王弇州同时……尝为人叙其文曰:'今之所谓文者,未始为古人之学,苟得一二庸妄人为之巨子,以诋排前人。'弇州笑曰:'妄诚有之,庸则未敢闻命。'熙甫曰:'唯庸故妄,未有妄而不庸者也。'"王世贞,号凤洲。

⑤创为伪体秦、汉:归有光《震川先生别集》卷七《与沈敬甫十八首》曰:"今世相尚以琢句为工,自谓欲追秦、汉,然不过剽窃齐、梁之余,而海内宗之,翕然成风,可为悼叹耳。"

⑥官名地名,而改用古称:据顾炎武《日知录》卷十九《文人求古之病》曰:"以今日之地为不古而借古地名,以今日之官为不古而借古官名,舍今日恒用之字,而借古字之通用者,皆文人所以自盖其俚浅也。归有光《震川先生别集》卷七《与沈敬甫》也指出:"古者六卿之长称大,亦因有少,所以别之。后来如大将军,亦是官制定名。大银台不知何出?此近来恶俗,不可蹈之。"章学诚《章氏遗书》卷八《书郎通议墓志后》更明确指出:"夫官名地名,必遵当代制度,不可滥用古号,以混今称。"

⑦斥之曰文理不通:钱谦益《牧斋初学集》卷八十三《题归太仆文集》记载:"传闻熙甫上公车,赁骡车以行,熙甫俨然中坐,后生弟子执书夹侍。嘉定徐宗伯年最少,从容问李空同文云何,因取集

中《于肃愍庙碑》以进。熙甫读毕,挥之曰:‘文理那得通!’"李空同,即李梦阳,号空同子,著有《空同子集》。

⑧砥柱中流:比喻坚强不屈。语出《尚书·禹贡》:"厎柱析城。"厎柱即砥柱,山名。原在今河南三门峡东北黄河中,又名三门山。因修三门峡水库,山已不见。

⑨不汩(gǔ)没于流俗:据曾国藩《书归震川文集后》曰:"当时颇崇茁轧之习,假齐、梁之雕琢,号为力追周、秦者,往往而有。熙甫一切弃去,不事涂饰,而选言有序,不刻画而足以昭物情,与古作者合符。"汩没,淹没,沉没。

⑩闳(hóng)中肆外:语出韩愈《韩昌黎全集》卷十二《进学解》:"先生之于文,可谓闳其中而肆其外矣。"闳,大。肆,扩张。

⑪言以声其心之所得:语出扬雄《法言》卷五《问神》:"故言,心声也。书,心画也。声、画形,君子、小人见矣。"

⑫归氏之于制艺:据《明史》卷二百八十七《归有光传》记载:"有光制举义,湛深经术,卓然成大家。后德清胡友信与齐名,世并称归、胡。"古代科举考试撰写文章,展示举子的才艺,称为制艺,也称制义。明、清两代则称撰写八股文为制艺。

⑬四子:孔子《论语》,曾子《大学》,子思《中庸》,孟轲《孟子》,合称"四子书",通称《四书》。明、清八股考试提高其地位,与《五经》相等。

⑭归、唐之集:归指归有光的《震川先生文集》。唐指唐顺之(1507—1560),字应德,明代江苏武进人。官至右佥都御史,凤阳巡抚。于学无所不窥,精通古文,有大家之风。与归有光、茅坤同为"唐宋派",著作有《荆川先生文集》。

⑮归、唐之所谓疏宕顿挫,其中无物:方苞《方望溪全集》卷五《书归震川文集后》曰:"震川之文,乡曲应酬者十六七,而又徇请者之意,袭常缀琐,虽欲大远于俗言,其道无由。其发于亲旧,及人微

而语无忌者,盖多近古之文。至事关天属,其尤善者,不俟修饰
而情辞并得,使览者恻然有隐,其气韵盖得之子长,故能取法于
欧、曾,而少更367其形貌耳。孔子于《艮》五爻辞释之曰:'言有序。'
《家人》之象系之曰:'言有物。'凡文之愈久而传,未有越此者也。
震川之文,于所谓有序者盖庶几矣,而有物者则寡焉。"

【译文】

　　我说:文章这门学问,自从元代以前,已经开始衰败并且产生弊
病,但尚未消亡。明代学人起初继承宋、元遗留下来的传统,还粗略保
存了一些规矩。到了嘉靖、隆庆之间,昏暗闭塞,文章几乎灭绝了。归
震川生活在这个时候,没有力量与王世贞、李攀龙之流抗衡,而心中知
道他们的失误,所以斥责王世贞为平庸虚妄。说他们创作的是秦、汉
伪体古文,以至于连同官名、地名,都改用古代的名称,使人分不清他
们在说些什么话,所以坦率斥责他们文理不通,这并不是狂妄之言。
但归氏的文章,文气体格清朗,而要考察他文章里的心得,那也不可勉
强寻求。所以我曾经在其文集之后写过一篇跋文,认为归先生之所以
能成为中流砥柱,只因为他的文章文从字顺,没有淹没在流俗之中;但
是对古人所说的蓄积宏富和用笔豪放,言辞是传达内心方面的心得,
还没有听说过。然而也不得不称其为当时的豪杰了。但是归氏对于
八股文,就像汉代的司马迁,唐代的韩愈,都是百世不祧之祖。所以近
代时文家讲古文,多尊崇归氏。唐宋八大家的文选,人们几乎把它等
同于《四书》、《五经》形成的途径一样。只不过归有光、唐顺之的文集,
在讨论文章方面都以《史记》为宗旨;而他们那些得力于《史记》的地
方,竟又奇怪它们与《史记》不同。大概是《史记》的风格本来就雄健质
朴,而司马迁才力雄大,所以能轻灵地驾驭。现在归、唐二人所说的疏
放顿挫,其中没有什么东西,于是不免流于浮滑,而开启后人描摹浅陋
的风气。所以我疑心归、唐诸人,得力于《史记》的地方,只不过得到一
些皮毛,而对于古人深层的内涵,却没有看见。现在看到诸君所传的

五色评点本，然后才明白归氏之所以达不到古人的境界，正是由于这个缘故。

　　夫立言之要，在于有物①。古人著为文章，皆本于中之所见，初非好为炳炳烺烺，如锦工绣女之矜夸采色已也②。富贵公子，虽醉梦中，不能作寒酸求乞语；疾痛患难之人，虽置之丝竹华宴之场，不能易其呻吟而作欢笑。此声之所以肖其心，而文之所以不能彼此相易，各自成家者也。今舍己之所求，而摩古人之形似，是杞梁之妻，善哭其夫③，而西家偕老之妇，亦学其悲号；屈子自沈汨罗④，而同心一德之朝，其臣亦宜作楚怨也；不亦僇乎⑤？至于文字，古人未尝不欲其工。孟子曰："持其志，无暴其气。"⑥学问为立言之主，犹之志也；文章为明道之具，犹之气也。求自得于学问，固为文之根本；求无病于文章，亦为学之发挥。故宋儒尊道德而薄文辞，伊川先生谓工文则害道⑦，明道先生谓记诵为玩物丧志⑧，虽为忘本而逐末者言之；然推二先生之立意，则持其志者，不必无暴其气。而出辞气之远于鄙倍，辞之欲求其达，孔、曾皆为不闻道矣。但文字之佳胜，正贵读者之自得；如饮食甘旨，衣服轻暖，衣且食者之领受，各自知之，而难以告人。如欲告人衣食之道，当指脍炙而令其自尝⑨，可得旨甘；指狐貉而令其自被⑩，可得轻暖，则有是道矣。必吐己之所尝而哺人以授之甘，搂人之身而置怀以授之暖，则无是理也。

【注释】

①立言之要,在于有物:语出《周易·家人卦》:"君子以言有物而行
有恒。"《章氏遗书》补遗《评沈梅村古文》曰:"《易》曰:'言有物而
行有恒。'又曰:'修辞立其诚。'所谓物与诚者,本于人心之所不
容已。仁者见仁,智者见智,要于实有所见,故其所言,自成仁智
而不诬,不必遽责圣贤道德之极至,始谓修辞之诚也。"

②初非好为炳炳烺烺,如锦工绣女之矜夸采色:语出柳宗元《柳河
东全集》卷三十四《答韦中立论师道书》:"始吾幼且少,为文章,
以辞为工。及长,乃知文者以明道,是故不苟为炳炳烺烺,务采
色夸声音而以为能也。"炳炳烺烺,光明显赫。指文章的辞采
声韵。

③杞梁之妻,善哭其夫:语出《孟子·告子下》:"华周、杞梁之妻,善
哭其夫,而变国俗。"杞梁,即杞殖,春秋时期齐国大夫。据《左
传·襄公二十三年》记载,公元前550年,齐庄公袭击莒国,杞梁
战死。其妻护柩而归,路遇齐庄公。庄公使人吊丧,杞梁之妻不
受,说:"殖之有罪,何辱命焉? 若免于罪,犹有先人之敝庐在,下
妾不得与郊吊。"庄公于是按照礼节到杞梁之家吊唁。《左传》只
是记载和宣扬妇人守礼,而《韩诗外传》及《说苑》等书则附会成
杞梁之妻迎丧于郊,伏尸痛哭,行人无不坠泪,哭至第十日,城墙
为之崩塌。后世据此进一步演化出孟姜女哭倒长城的故事。

④屈子自沈(chén)汨(mì)罗:屈子指屈原。战国时期,楚怀王听信
谗言,把屈原流放到江南。屈原目睹朝政日益腐败,秦兵攻破楚
都郢,深感救国无路,悲愤绝望,自投汨罗江而死。沈,也作
"沉",淹没水中。汨罗,在今湖南东北部,注入洞庭湖。

⑤傎(diān):颠倒,荒谬。

⑥持其志,无暴其气:语出《孟子·公孙丑上》。

⑦伊川先生:程颐。

⑧明道先生：程颢。

⑨脍炙(kuài zhì)：脍与炙，均为佳肴美味。

⑩指狐貉(hé)而令其自被(pī)：狐与貉均为哺乳动物，皮毛很珍贵，可以制作衣服。被，通"披"，穿戴。

【译文】

　　著书立说的根本，在于言之有物。古人撰写文章，都是语出内心的见解，原本不喜欢追求绚丽的文采，如同织锦的工匠和绣花的女子炫耀彩色一样。富贵之家的公子，即使在醉梦中，也说不出寒酸乞求的话；疾病缠身和遭遇灾难的人，即使置身于歌舞宴会的场所中，也无法改变他的痛苦呻吟而发出欢声笑语。这就是声音能够表达内心感受，而文章不能彼此对换，各自成家的原因。现在舍弃自己的追求，却从外表上模仿古人的相似之处，这就像杞梁的妻子，善于为夫痛哭，而西边邻居白头偕老的妇人，也来学她那样悲伤地哭嚎；屈原自沉于汨罗江，而在同心同德的朝代，他们的臣子也应该发出《楚辞》那样的哀怨；不也太荒谬了吗？至于文字，古人从来就没有不想让它工巧。孟子说："要坚定自己的心志，不要乱用自己的意气感情。"学问是著书立说的根本，就像孟子所说的"志"；文章为阐明道理的工具，就像孟子所说的"气"。研讨学问追求自己的心得，固然是做文章的根本；撰写文章讲求去病无疵，这也是治学的一种发挥。所以宋代理学家尊崇道德而鄙视文辞，伊川先生认为追求文字工巧则会损害儒家之道，明道先生说博闻强记是在玩物丧志，虽然这些话是针对舍本逐末的人来说；但推求二位先生的立论本意，那么"持其志"的人，不一定就得"无暴其气"。而主张讲话的时候多考虑言辞和声调以远离粗野和背理；言辞要追求达意，孔子、曾子也都成了没有领会这一道理的人了。但是文字的精彩优美，价值就在读者自己的心得；正如饮食的甘美，衣服的轻暖，穿衣、吃饭的人自身体验，各自心里明白，却难以告诉别人。如果想要告诉他人衣食之法，应当指着脍鱼烤肉让他自己去品尝，便可以尝到美味；指着狐貉皮衣让他自己去穿，就可以感觉到它的轻便暖和，是有这种方法。一定要把自己尝过的东西吐出来喂人以便给他甜味，把别人的身子搂进自己怀里以便给他温暖，没有这种道理。

　　韩退之曰："记事者必提其要，纂言者必钩其玄。"其所谓钩玄提要之书，不特后世不可得而闻，虽当世籍、湜之徒①，亦未闻其有所见，果何物哉？盖亦不过寻章摘句，以为撰文之资助耳。此等识记，古人当必有之。如左思十稔而赋《三都》②，门庭藩溷，皆著纸笔，得即书之。今观其赋，并无奇思妙想，动心骇魄③，当藉十年苦思力索而成。其所谓得即书者，亦必标书志义，先掇古人菁英，而后足以供驱遣尔。然观书有得，存乎其人，各不相涉也。故古人论文，多言读书养气之功，博古通经之要，亲师近友之益，取材求助之方，则其道矣。至于论及文辞工拙，则举隅反三④，称情比类，如陆机《文赋》⑤，刘勰《文心雕龙》⑥，钟嵘《诗品》⑦，或偶举精字善句，或品评全篇得失，令观之者得意文中，会心言外，其于文辞思过半矣。至于不得已而摘记为书，标识为类，是乃一时心之所会，未必出于其书之本然。比如怀人见月而思，月岂必主远怀？久客听雨而悲，雨岂必有愁况？然而月下之怀，雨中之感，岂非天地至文？而欲以此感此怀，藏为秘密，或欲嘉惠后学，以谓凡对明月与听霖雨⑧，必须用此悲感，方可领略，则适当良友乍逢，及新昏宴尔之人⑨，必不信矣。是以学文之事，可授受者规矩方圆⑩；其不可授受者心营意造⑪。至于纂类摘比之书，标识评点之册，本为文之末务，不可揭以告人，只可用以自志。父不得而与子，师

不得以传弟。盖恐以古人无穷之书,而拘于一时有限之心
手也。

【注释】

①籍、湜(shí):籍指张籍(约767—约830),字文昌,唐代和州乌江
(今安徽和县乌江镇)人。德宗贞元十五年(799)进士,历官太常
寺太祝、水部员外郎、国子司业。问学于韩愈,世称韩门弟子。
与当时名士多有交游,尤为韩愈、白居易所器重。长于乐府诗,
与王建齐名,并称张、王。著作有《张司业集》。湜指皇甫湜(约
777—约830或约835),字持正,唐代睦州新安(今浙江淳安)人。
宪宗元和元年(806)进士,官至工部郎中。师从韩愈学习古文,
文风奇僻险奥。与李翱、张籍齐名。其著作散佚,后人编为《皇
甫持正文集》。

②左思十稔(rěn)而赋《三都》:据《晋书》卷九十二《左思传》记载:
"左思字太冲,齐国临淄人也……复欲赋《三都》……乃诣著作郎
张载,访岷、邛之事。遂构思十年,门庭藩溷,皆著纸笔,遇得一
句,即便疏之……及赋成……安定皇甫谧……为其赋序,张载为
注《魏都》,刘逵注《吴》、《蜀》……司空张华见而叹曰:'班、张之
流也。'……于是豪贵之家,竞相传写,洛阳为之纸贵。"稔,谷物
成熟。谷物一年一熟,所以古代称年为稔。藩溷(hùn),藩篱和
厕所。

③骇(hài):通"骇",意为惊骇。

④举隅(yú)反三:语出《论语·述而》:"子曰:不愤不启,不悱(fěi)
不发。举一隅不以三隅反,则不复也。"隅,房屋的四角。愤,郁
积,憋闷。悱,想说又不能恰当说出的样子。

⑤《文赋》:西晋陆机作品。以赋体论思想和艺术的关系,各种文体
的特点和得失,以及修辞音律等等。南朝梁萧统收入《文选》。

⑥《文心雕龙》：南朝梁刘勰著，共计十卷五十篇。此书论文章之体制及其工拙。以文章须雕琢乃成，故取战国齐人邹奭别称雕龙奭之义，取名《文心雕龙》。

⑦钟嵘《诗品》：钟嵘（？—约518），字仲伟，南朝梁颍川长社（今河南长葛）人。历任中军临川王行参军、西中郎将、晋安王记室。曾经品评汉魏至梁一百二十余位诗人之诗作，分为上中下三品，著成《诗品》，是我国古代第一部诗歌批评专著。

⑧霖（lín）雨：连绵不停的大雨。

⑨新昏宴尔：昏为"婚"的本字，意为结婚。宴尔，安乐舒适的样子。

⑩可授受者规矩方圆：据《孟子·尽心下》曰："梓、匠、轮、舆，能与人规矩，不能使人巧。"又据《孟子·告子上》曰："大匠诲人必以规矩，学者亦必以规矩。"

⑪心营意造：别出心裁，独断制作。

【译文】

　　韩退之说："记载事情的著作一定要能抓住它的要点，汇纂言论的著作一定要探取它的精微。"他所说的"钩玄提要"的书，不但后世的人没有听说过，即使当时的张籍、皇甫湜等人，也没听说他们看见过这类书，究竟是什么样的东西？大概也不过是一些寻章摘句之类的书，以便作为撰写文章的参考帮助罢了。这类标记摘抄的东西，古人应该一定有。就像左思用十年工夫撰写《三都赋》，庭院厕所都安放着纸笔，一有所得便书写下来。现在考察一下他的赋，并没有什么奇思妙想，也没有令人惊心动魄，应当是凭借着十年苦思努力搜索而写成。他所说的一有心得便书写下来，也一定是从前人的著作中标记妙处和寻求精义，先摘取古人的精华，然后就足够供作者驱使了。但是看书有无心得，在于各人本身，人与人之间互不相关。所以古人谈论文章，大多提到读书养气的功夫，博通古代经书的重要，与师友交往的益处，取材求助的方法，就是学做文章的道理。至于论及文辞的工巧与拙劣，则举一反三，根据文情依类排比,如陆机的《文赋》,刘勰的《文心雕龙》,钟嵘的《诗品》,有的偶尔举出精字佳句,有的品评全篇得失,让读者从文中知悉作者的本意,同时又能会心言外,这类书对于文辞的认识大体上就正确了。至于不得已而摘抄记录成书,标志分类,这也是一时心中有所感悟,不一定是因为这类书本来就如此。比如想念亲友的人看见月亮而产生怀念之情,月亮难道一定关系着远方的怀念? 久在异乡的客人听到雨声而产生悲伤之意,雨中难道一定含有愁苦的境况? 然而月下的怀念,雨中的感触,难道不是天地间最美的文字吗? 如果想把这种感触和情怀作为秘密珍藏起来,或想把它当做恩惠施予后来的学子,认为凡是遥对明月与耳听霖雨,一定要用这种悲伤的情怀才能领略,那么正当好友突然相逢,以及宴尔新婚之人,一定不会相信了。因此学习文章这种事情,可以传授和接受的是规矩法度,无法传授和接受的是作者的匠心独运。至于按类编纂与摘抄排比的书籍,圈点评阅的册子,本来是学习文章的细枝末节,无法揭示出来告诉他人,只能自己用来帮助记忆。父亲不可把它传给儿子,教师不能把它传给弟子。这是害怕把古人无穷无尽的书籍,局限在某人一时有限的心法手笔之中。

律诗当知平仄[①],古诗宜知音节[②]。顾平仄显而易知,音节隐而难察;能熟于古诗,当自得之。执古诗而定人之音节,则音节变化,殊非一成之诗所能限也。赵伸符氏取古人诗为《声调谱》[③],通人讥之,余不能为赵氏解矣。然为不知音节之人言,未尝不可生其启悟;特不当举为天下之式法尔。时文当知法度,古文亦当知有法度。时文法度显而易言,古文法度隐而难喻,能熟于古文,当自得之。执古文而示人以法度,则文章变化,非一成之文所能限也。归震川氏取《史记》之文,五色标识,以示义法;今之通人,如闻其事必窃笑之,余不能为归氏解也。然为不知法度之人言,未尝不可资其领会;特不足据为传授之秘尔。据为传授之秘,则是郢人宝燕石矣④。夫书之难以一端尽也,仁者见仁,智者见智。诗之音节,文之法度,君子以谓可不学而能,如啼笑之有收纵,歌哭之有抑扬;必欲揭以示人,人反拘而不得歌哭啼笑之至情矣。然使一己之见,不事穿凿过求,而偶然浏览,有会于心,笔而志之,以自省识,未尝不可资修辞之助也。乃因一己所见,而谓天下之人,皆当范我之心手焉,后人或我从矣,起古人而问之,乃曰:"余之所命,不在是矣!"毋乃冤欤?

【注释】

①平仄(zè):平声与仄声。诗文格律用字,把四声中的平声字称"平",上、去、入三声字称"仄"。写诗用字讲求平仄交替,使声律和谐,有一定法度和格式。不符合平仄格式,被称作"失黏"。

②音节:语出宋代严羽《沧浪集》卷一《诗辩》:"诗之法有五:曰体制,曰格力,曰气象,曰兴趣,曰音节。"其中的音节,指诗歌的音韵格律。

③赵伸符氏取古人诗为《声调谱》:赵伸符即赵执信(1662—1744),字伸符,号秋谷,清代山东益都(今山东淄博)人。清圣祖康熙十八年(1679)进士,改翰林院庶吉士,散馆授编修,擢左春坊右赞善。作诗追求性真,力去浮靡。曾经向王士禛请教古诗声调,王士禛秘而不宣。于是发掘唐人文集中的古诗,排比钩稽其平仄声调,考察出唐诗的声调规律,撰成《声调谱》一书。其他著作还有《谈龙录》、《怡山堂集》。

④郢人宝燕石:"郢人"当作"宋人",语出萧统《文选》卷二十一《应

璩百一诗》:"宋人遇周客,惭愧靡所知。"

【译文】

律诗应当懂得平仄,古诗应该懂得音节。但平仄显然易知,音节隐晦难察;如果能熟悉古诗,应当自然能体会到。根据古诗给人们规定音节,那么音节变化多端,完全不是一成不变的古诗所能框限。赵伸符根据古人的诗歌撰成《声调谱》,学识渊博的人讥讽他,我就无法为赵氏作辩解了。但是给不懂音节的人讲说,未尝不可以让他得到一些启发,只是不应该把它奉为天下的法式罢了。八股文应当知道遵法度,古文也应当知道有法度。八股文的法度显而易见,古文的法度则隐晦难晓,能够熟悉古文,应当自然能体会到。拿古文来给别人揭示法度,那么文章变化多端,不是一成不变的范文所能框限。归震川根据《史记》的文字,加以五色圈点,以便揭示义例法度;今天学识渊博的学者,如果听到这种事一定会私下取笑他,我也无法替归氏作辩解。但是对于不知法度的人来说,未尝不可以帮助他深入领会;只是不值得把它作为传授的秘诀罢了。当做传授的秘诀,那就像楚国人把燕地的石头当做宝石来珍藏一样。书籍难以从一个方面穷尽,仁者见仁,智者见智。诗歌的音节,文章的法度,君子认为可以不学就会,有如悲啼欢笑有收有放,歌唱哭泣有抑有扬,如果一定要揭示出来告诉别人,别人反而会受到限制得不到歌哭啼笑最真实的情感了。但是如果让个人的见识,不去穿凿附会和过分推求,而是偶然浏览,有心领神会之处,用笔记录下它,以便自己记忆,未尝不可以作为修饰言辞的帮助。如果根据个人一己之见,而认为普天之下的人,都应该规范到我的心法手笔之中,后人有些是随从我了,但把古人从九泉之下叫起来一问,竟然回答说:"我的命题立意,不在这个方面了!"不是很冤枉吗?

文　集

【题解】

  本篇通过考察历代文集的演变过程,讨论其渊源流变,品评其优劣得失。章学诚指出,我国古代秦、汉时期的学术发展注重专家之学,旨意明确,不相混杂。刘向《别录》、刘歆《七略》循流溯源,尚能确定哪家之学语出何官之掌,看出家学渊源。其中《诗赋略》,实为后世文集之滥觞。魏、晋时期,专家之学衰落,开始出现文集。但其初只包括辞赋,义主辞藻。南朝齐王俭撰《七志》,变辞赋之名为文翰,诗赋之外,包容杂文,然而也只限于文学方面,内容清晰。所以梁萧统撰《文选》,惟收沉思翰藻之文。梁阮孝绪撰《七录》,改文翰之名为文集,《文集录》与《经典录》、《纪传录》、《子兵录》并列为四部。《隋书·经籍志》因之,仍是主于翰藻,范围比较明确。尽管如此,《七录》、《隋志》已开后世恶滥之源。因为在文集分类方面,尽管把《楚辞》类单独析出,列为一目,却没有并列设置《诗赋》类、《五言》类,而是把《楚辞》以外的文章分为"别集"和"总集",可谓名实不符。从此之后,辞赋不列专家而文人有别集,故文集内容开始繁杂。至唐人撰文,举凡一人的经、史、子三类论著,都收入该作者别集,内容极为庞杂。宋代以来,文集必须包括经、史、子、集四部分内容,已约定俗成作为惯例。一个人即使没担任过史官,甚至治学不以史学见长,也一定要无病呻吟地撰写几篇史论或传记,收入个人文集之中。其余经、子类文章，也是如此。渐至后来，经部小说、史部地理、子部释家，都出现本非集类而命名为集的现象。由于文集内容芜滥，四部不能分，九流不能别，以致著录之家没有定法，造成学术源流混乱。此文与《诗教下》相互发明，体现出章学诚辨章学术、考镜源流的学术宗旨，对校雠学的发展作出了贡献。

　　集之兴也，其当文章升降之交乎？古者朝有典谟，官存法令，风诗采之间里①，敷奏登之庙堂②，未有人自为书，家存一说者也。刘向校书，叙录诸子百家，皆云出于古者某官某氏之掌，是古无私门著述之征也。余详外篇③。自治学分途，百家风起，周、秦诸子之学，不胜纷纷；识者已病道术之裂矣。然专门传家之业，未尝欲以文名，苟足显其业，而可以传授于其徒，诸子俱有学徒传授，《管》、《晏》二子书，多记其身后事④，《庄子》亦记其将死之言⑤，《韩非・存韩》篇之终以李斯驳议，皆非本人所撰，盖为其学者，各据闻见而附益之尔。则其说亦遂止于是，而未尝有参差庞杂之文也。两汉文章渐富，为著作之始衰。然贾生奏议，编入《新书》⑥；即《贾子书》。唐《集贤书目》始有《新书》之名⑦。相如词赋，但记篇目；《艺文志》⑧：《司马相如赋》二十九篇，次《屈原赋》二十五篇之后，而《叙录》总云诗赋一百六家，一千三百一十八篇。盖各为一家言，与《离骚》等。皆成一家之言，与诸子未甚相远，初未尝有汇次诸体，裒焉而为文集者也。自东京以降，讫乎建安、黄初之间⑨，文章繁矣。然范、陈二史，《文苑传》始于《后汉书》。所次文士诸传，识其文笔⑩，皆云所著诗、赋、碑、箴、颂、诔若干篇，而不云文集若干卷，则文集之实已具，而文集之名犹未立也。《隋志》云："别集之名，东京所创。"盖未深考。自挚虞创为《文章流别》，学者便之，于是别聚古人之作，标为别集；则文集之名，实仿于晋代⑪。陈寿定《诸葛亮集》二十四篇，本云《诸葛亮故事》，其篇目载《三国志》，亦子书之体。而《晋书·陈寿传》云，定《诸葛集》，寿于目录标题，亦称《诸葛氏集》，盖俗误云。而后世应酬牵率之作，决科俳优之文⑫，亦泛滥横裂，而争附别集之名，是诚刘《略》所不能收⑬，班《志》所无可附⑭。而所为之文，亦矜情饰貌，矛盾参差，非复专门名家之语无旁出也⑮。夫治学分而诸子出，公私之交也。言行殊而文集兴，诚伪之判也。势屡变则屡卑⑯，文愈繁则愈乱。苟有好学深思之士，因文以求立言之质，因散而求会同之归，则三变而古学可兴。惜乎循流者忘源，而溺名者丧实，二缶犹且以钟惑⑰，况滔滔之靡有底极者⑱！

【注释】

①风诗采之闾里：语出《礼记·王制》："岁二月东巡守……命大师陈诗，以观民风。"三代、春秋、战国时期，朝廷确立采诗制度，派专人到民间收集诗辞歌谣，以观察民俗风情，故曰风诗。至于采集风诗之人，汉代学者刘歆认为是"轩车使者、遒人使者，以岁八月巡路，□代语童谣歌戏"；班固认为是"行人振木铎徇于路，以采诗"；何休认为是"男年六十、女年五十无子者，官衣食之，使之民间求诗"。众说纷纭，莫衷一是。

②敷奏登之庙堂：敷奏指向王室陈述和进言，即把采集到的风诗闻于天子。庙堂指太庙和明堂，借指朝廷和帝王。

③余详外篇：外篇指《较雠略》。据章学诚《校雠通义》卷一《原道》曰："理大物博，不可殚也，圣人为之立官分守，而文字亦从而纪焉。有官斯有法，故法具于官；有法斯有书，故官守其书；有书斯

有学,故师传其学;有学斯有业,故弟子习其业。官守学业皆出
于一,而天下以同文为治,故私门无著述文字。私门无著述文
字,则官守之分职,即群书之部次,不复别有著录之法也。"

④《管》、《晏》二子书,多记其身后事:关于《管子》一书,晁公武《郡
斋读书志》卷十一记载:"杜佑《指略序》云……其书载管仲将没,
对桓公之语,疑后人续之。"关于《晏子》一书,陈振孙《直斋书录
解题》卷九记载:"案《崇文总目》谓其书已亡,世所传者,盖后人
采婴行事而成。故柳宗元谓墨氏之徒有齐人者为之,非婴所自
著也。"

⑤《庄子》亦记其将死之言:据《庄子·列御寇》记载:"庄子将死,弟
子欲厚葬之。庄子曰:吾以天地为棺椁,以日月为连璧,星辰为
珠玑,万物为赍送,吾葬具岂不备邪!"

⑥贾生奏议,编入《新书》:贾生指贾谊,撰《新书》,又名《贾子》,乃
后人编集而成。卢文弨《抱经堂文集》卷十《书校本贾谊新书后》
曰:"《新书》非贾生所自为也,乃习于贾生者,萃其言以成此书
耳。《过秦论》,史迁全录其文。《治安策》,见班书者乃一篇,此
离而为四五。后人以此为是贾生平日所草创(《朱子语录》),岂
其然欤?书中为《汉书》所不载者,虽往往类《说苑》、《新序》、《韩
诗外传》,然如青史氏之记,具载胎教之古礼,《修政语》上下两
篇,多帝王之遗训,《保傅篇》、《容经》并陈古礼,具有源本。其解
《诗》之驺虞,《易》之潜龙亢龙,亦深得经义,魏、晋人决不能为。
故曰:是习贾生者萃而为之,其去贾生之世不大相绝远,可
知也。"

⑦《集贤书目》:唐人韦述撰,一卷。《新唐书》卷五十八《艺文志》著
录此书,今已失传。

⑧《艺文志》:班固《汉书》卷三十《艺文志》。

⑨黄初:魏文帝曹丕的年号,公元220—226年。

⑩文笔:语出刘勰《文心雕龙》卷九《总术》:"今之常言,有文有笔。以为无韵者,笔也;有韵者,文也。"

⑪仿:当作"昉",开始。

⑫俳优:语出《荀子·王霸》:"俳优、侏儒、妇女之请谒以悖之。"古代以乐舞谐戏的艺人,被称作俳优。

⑬刘《略》:刘歆《七略》。

⑭班《志》:班固《汉书》卷三十《艺文志》。

⑮专门名家之语无旁出:章学诚《校雠通义》卷一《宗刘》曰:"汉、魏、六朝著述,略有专门之意,至唐、宋诗文之集,则浩如烟海矣。今即世俗所谓唐宋大家之集论之,如韩愈之儒家,柳宗元之名家,苏洵之兵家,苏轼之纵横家,王安石之法家,皆以平生所得,见于文字,旨无旁出,即古人之所以自成一子者也。其体既谓之集,自不得强列以诸子部次矣。"

⑯势:《章氏遗书》本作"声"。故此处"势"当作"声势"解释。

⑰二缶(fǒu)犹且以钟惑:语出《庄子·天地》:"以二缶钟惑,而所适不得矣。"郭象《注》曰:"各自信据,故不知所之。"缶、钟均为古代量器,二缶等于一钟。意为各执一器,则不知所适。

⑱滔滔之靡有底极者:《章氏遗书》外编卷三《丙辰札记》曰:"盖自东都而后,文集日繁。其为之者,大抵应酬取给,鲜有古人立言之旨。故文人撰述,但有赋、颂、碑、箴、铭、诔诸体,而子、史专门著述之书,不稍概见。而其文亦华胜于质,不能定为谁氏之言,何家之学也。其故由于无立言之质,致文靡而文不足贵,非文集之体必劣于子史诸书也。"

【译文】

文集的兴起,大概正当文章盛衰交替之际吧?古时候朝廷有《典》、《谟》,官府有法令制度,风诗采自民间闾巷,奏章上呈给帝王,没有个人独自著书,人人自创一说的情况。刘向校书,为诸子百家撰写提要,都说明语出古代某官某氏主管,这是古代没有私家著述的一个证据。其余详见外篇。自从政治与学术分道扬镳,诸子百家如风而起,周、秦诸子的学说,不胜纷纷扰扰,有识之士对治道与学术分裂已经表示不满了。但那些世代相传的专门学说,并没有想用文章来扬名,如果足以表现他的学术,而可以传授给他的弟子,诸子都有弟子传授,《管子》、《晏子》两部书,多记载他们身后的事情,《庄子》也记载了他临死的话,《韩非子·存韩》篇以李斯的驳议殿后,都不是本人所撰,大概是继承他们学说的弟子,各自根据自己的见闻而增添进去。那么他的学说也只限于在弟子中流传,而没有那些参差抵牾和庞杂混乱的文章。两汉时期文章渐渐丰富,这正是著作开始衰落的时候。然而贾谊的奏议,编入《新书》,即《贾子书》。唐代《集贤书目》著录才开始有《新书》之名。司马相如的词赋,只记篇目。《汉书·艺文志》记载:《司马相如赋》二十九篇,编排在《屈原赋》二十五篇之后,而《艺文志·诗赋略序》总称诗赋一百零六家,一千三百一十八篇。大概各自都被看作一家之言,与《离骚》等同。它们都自成一家之言,与诸子相差不是太远,原本没有汇纂各种文体,聚在一起而编为文集。自从东汉之后,到汉献帝建安、魏文帝黄初之间,文章已经很繁盛了。但范晔、陈寿的两部史书,《文苑传》创始于《后汉书》。所编纂的那些文人列传,记载他们的文章,都说所著诗、赋、碑、箴、颂、诔若干篇,而不说文集若干卷,则是文集之实已经具备,而文集之名尚未确立。《隋书·经籍志》说:“别集之名,是东汉所创立。”大概没有深入考察。自从挚虞开创《文章流别集》这种形式,学者感到很方便,于是另外汇聚古人的作品,标为“别集”;那么文集的名称,实际上始于晋代。陈寿编定《诸葛亮集》二十四篇,本来名为《诸葛亮故事》,其篇目载于《三国志·蜀书·诸葛亮传》,也是子书的体例。而《晋书·陈寿传》则说,定名为《诸葛集》,陈寿在目录标题上也称为《诸葛氏集》,大概是世俗误传。而后世应酬草率的作品,科举策问与优伶戏谑的文辞,也泛滥交错,争相依附在个人文集的名目之下,这确实是刘歆的《七略》不能收录,班固的《汉书·艺文志》无法归属。而他们所作的文章，也矜夸修饰，参差矛盾，不再像有专门传授而能自成一家的言辞那样没有旁骛。政治与学术分离便产生了诸子百家，这正当官学与私学交替之际。言辞与行事不一致便出现了文集，这是真诚与虚假区分的标志。声势越变就越卑微，文章越繁就越纷乱。如果有好学深思的人，根据文章来探求创立学说的本质，根据分离来寻求回归一途，那么经历三次变革便可以复兴古学。可惜的是沿着流变行进的人忘记了它的源头，而沉溺于名分的人丧失了它的实质，对二缶与一钟的容量大小犹且感到疑惑，又何况面对那些滔滔不绝而漫无边际的问题呢？

　　昔者，向、歆父子之条别，其《周官》之遗法乎？聚古今文字而别其家，合天下学术而守于官，非历代相传有定式，则西汉之末，无由直溯周、秦之源也。《艺文志》有录无书者，亦归其类，则刘向以前必有传授矣。且《七略》分家，亦有未确据，当是刘氏失其传。班《志》而后，纷纷著录者，或合或离，不知宗要，其书既不尽传，则其部次之得失，叙录之善否，亦无从而悉考也。荀勖《中经》有四部[①]，诗赋、图赞[②]，与汲冢之书归丁部[③]。王俭《七志》[④]，以诗赋为文翰志，而介于诸子、军书之间，则集部之渐日开，而尚未居然列专目也。至阮孝绪撰《七录》[⑤]，惟技术、佛、道分三类，而经典、纪传、子兵、文集之四录，已全为唐人经、史、子、集之权舆；是集部著录，实仿于萧梁[⑥]，而古学源流，至此为一变，亦其时势为之也[⑦]。呜呼！著作衰而有文集，典故穷而有类书[⑧]。学者贪于简阅之易，而不知实学之衰；狃于易成之名，而不知大道之散。江河日下，豪杰之士，从狂澜既倒之后，而欲障百川于东流[⑨]，其不为举世所非笑，而指目牵引为言词，何可得耶？

【注释】

①荀勖《中经》：荀勖（？—289），字公曾，西晋颍川颍阴（今河南许昌）人。官秘书监，终尚书令。根据刘向《别录》，整理成《中经新簿》一书，按甲、乙、丙、丁四部分类。

②图赞：撰写在图画上的赞美诗文。

③汲冢之书：据《晋书》卷五十一《束皙传》记载："太康二年，汲郡人不准盗发魏襄王墓……得竹书数十车……武帝以其书付秘书，校缀次第，寻考指归，而以今文写之。"凡七十五篇，世称汲冢竹书。

④王俭《七志》：王俭（452—489），字仲宝，南朝宋、齐琅琊临沂（今属山东）人。历任秘书丞、中书令、侍中等官，卒谥文宪。《七志》：据《隋书》卷三十二《经籍志》记载："元徽元年，秘书丞王俭……别撰《七志》。一曰《经典志》，纪六艺、小学、史记、杂传。二曰《诸子志》，纪今古诸子。三曰《文翰志》，纪诗赋。四曰《军书志》，纪兵书。五曰《阴阳志》，纪阴阳图纬。六曰《术艺志》，纪方技。七曰《图谱志》，纪地域及图书。其道、佛附见。"

⑤阮孝绪撰《七录》：阮孝绪（479—536），字士宗，南朝梁陈留尉氏（今属河南）人。隐居不仕，著述而终。撰有《七录》一书，始置《文集录》，著录前人诗赋之文。《隋书·经籍志》沿用其例，遂以荀况等人的诗赋之文称为集。

⑥仿：即"昉"。

⑦时势：语出《孟子·公孙丑上》："齐人有言曰：'虽有智慧，不如乘势，虽有镃基，不如待时。'"意为时运与形势。

⑧类书：语出《四库全书总目》卷一百三十五《子部·类书叙》："类事之书，兼收四部，而非经、非史、非子、非集……《皇览》始于魏文……《隋志》载入子部……历代相承，莫之或易。"类书是从各种书籍摘录资料，分门别类编辑成书，以备翻检查阅。《新唐书》卷五十九《艺文志》始在子部设置类书一目。最早的类书始于魏

文帝时期编纂的《皇览》,后来失传。现存最早的类书为唐代虞世南编纂的《北堂书抄》。故蒋伯超《南漘楛语》卷六曰:"《艺文类聚》、《北堂书抄》,类书之鼻祖也。"

⑨从狂澜既倒之后,而欲障百川于东流:语出韩愈《韩昌黎全集》卷十二《进学解》:"障百川而东之,回狂澜于既倒。"

【译文】

以前,刘向、刘歆父子对群书分类整理,大概是《周礼》遗留下来的方法吧?聚集古往今来的文字以辨别它们的学术流派,汇合普天之下的学术而由官府掌管保存,如果不是历代相传有固定的方式,那么到西汉末年,就无从直接上溯到周、秦的源头。《汉书·艺文志》中有目录而失传的书,也将它们归了类,那么刘向以前一定是有传授了。但是《七略》对各家的分类,也有些没有说明确凿的根据,当是从刘氏开始失传。班固《艺文志》之后,纷纷纭纭的目录著作,在分类方面有的聚合有的离析,不知道纲领体要,既然那些书没有全部流传下来,那么它们分类编排的得失,著录的完善与疏漏,也无从详细考察了。荀勖的《中经新簿》分为四部,诗赋、图赞,与汲冢竹书一起归入丁部。王俭的《七志》,把诗赋列为文翰志,介于诸子与兵书之间,则是集部的演变正在逐渐定型,但尚未明确标为专门的一目。到阮孝绪撰《七录》,对方技、佛教、道教等书分为三类,而经典、纪传、子兵、文集等四录,已经完全成了唐人经、史、子、集四部分类的开端;这样看来集部的著录,实际上开始于萧梁时代,而古代学术的源流,至此出现一次巨变,这也是那个时代的形势造成的事实。唉!著作衰落因而有了文集,典故陷入窘境便有了类书。学者贪图于检阅的便利,却不知道这是实学的衰退;习惯于容易成就的虚名,而不知道这是儒家大道的散乱。世风如江河日下,豪迈俊杰之士,在狂澜既倒之后,想要阻挡住滔滔东流的百川之水,而不为举世所非难讥笑,不被众人指指点点而留下话柄,怎么能够避免呢?

　　且名者,实之宾也①。类者,例所起也。古人有专家之学,而后有专门之书;有专门之书,而后有专门之授受。郑樵盖尝云尔②。即类求书,因流溯源,部次之法明,虽《三坟》、《五典》,可坐而致也。自校雠失传,而文集类书之学起,一编之中,先自不胜其庞杂;后之兴者,何从而窥古人之大体哉? 夫《楚词》,屈原一家之书也③。自《七录》初收于集部,《隋志》特表《楚词》类④,因并总集别集为三类,遂为著录诸家之成法。充其义例,则相如之赋,苏、李之五言⑤,枚生之《七发》,亦当别标一目,而为赋类、五言类、《七发》类矣。总集别集之称,何足以配之? 其源之滥,实始词赋不列专家,而文人有别集也。《文心雕龙》,刘勰专门之书也。自《集贤书目》收为总集,《隋志》已然。《唐志》乃并《史通》、《文章龟鉴》、《史汉异义》为一类⑥;遂为郑《略》、马《考》诸子之通规⑦。郑《志》以《史通》入通史类,以《雕龙》入文集类。夫渔仲校雠,义例最精,犹舛误若此,则俗学之传习已久也。充其义例,则魏文《典论》,葛洪《史抄》⑧,张鷟《文士传》⑨,《典论·论文》篇如《雕龙》,《史抄》如《史汉异义》,《文士传》如《文章龟鉴》,类皆相似。亦当混合而入总集矣。史部子部之目何得而分之?《典论》,子类也。《史抄》、《文士传》,史类也。其例之混实由文集难定专门,而似者可乱真也。著录既无源流,作者标题,遂无定法。郎蔚之《诸州图经集》⑩,则史部地理而有集名矣。《隋志》所收。王方庆《宝章集》⑪,则经部小学而有集名矣。《唐志》所收。玄觉《永嘉集》⑫,则子部释家而有集名矣。《唐志》所收。百家杂艺之末流,识既庸暗,文复鄙俚,或抄撮古人,或自明小数^⑬，本非集类，而纷纷称集者，何足胜道？虽曾氏《隆平集》^⑭，亦从流俗，当改为传志，乃为相称。然则三集既兴，九流必混，学术之迷，岂特黎邱有鬼^⑮，歧路亡羊而已耶^⑯？

【注释】

①名者，实之宾也：语出《庄子·逍遥游》。

②郑樵盖尝云尔：语出《通志》卷七十二《图谱略序例》："有专门之书，则有专门之学。有专门之学，则其学必传，而书亦不失。"

③《楚词》，屈原一家之书：按《楚词》当作《楚辞》。王逸《楚辞章句序》曰："屈原……依诗人之义而作《离骚》，上以讽谏，下以自慰。遭时暗乱，不见省纳，不胜愤懑，遂复作《九歌》以下凡二十五篇。楚人高其行义，玮其文采，以相教传。"《隋书》卷三十五《经籍志》曰："其后贾谊、东方朔、刘向、扬雄，嘉其文彩，拟之而作。盖以原楚人也，谓之《楚辞》。"

④《隋志》特表《楚词》类：语出《四库全书总目》卷一百四十八《集部·楚辞类叙》："《隋志》集部，以《楚辞》别为一门，历代因之。"其实《隋书》中《经籍志》的分类是沿袭阮孝绪《七录》而来。据唐代僧人道宣《广弘明集》卷三记载《七录》分类目录，其中《文集录》分为楚辞部、别集部、总集部、杂文部。

⑤苏、李之五言：苏指汉代苏武，李指汉代李陵。五言即五言古诗。苏、李之诗，《文选》、《初学记》、《古文苑》、《艺文类聚》等书均有收录，其中有后人伪托之作。

⑥《史通》、《文章龟鉴》、《史汉异义》为一类：据《新唐书》卷六十《艺文志》著录："刘子玄《史通》二十卷……裴杰《史汉异义》二卷……倪宥《文章龟鉴》一卷。"

⑦郑《略》、马《考》：郑樵所撰《通志》中的《艺文略》和马端临所撰《文献通考》中的《经籍考》。

⑧葛洪《史抄》：据《新唐书》卷五十八《艺文志》著录："葛洪《史记抄》十四卷，又《汉书抄》三十卷，《后汉书抄》三十卷。"葛洪（283—343或363），字稚川，自号抱朴子，东晋丹阳句容（今属江苏）人。曾任谘议参军、丞相府掾等低级官员。好神仙导养之法，辞官炼丹。著有《抱朴子》、《神仙传》等书。

⑨张骘（zhì）《文士传》：据《新唐书》卷五十八《艺文志》著录："张骘《文士传》五十卷。"本书由东晋张隐、南朝齐张骘先后编成，记载战国至南朝刘宋时期的文人雅事。已佚。

⑩郎蔚之《诸州图经集》：据《隋书》卷三十三《经籍志》地理类著录："《隋诸州图经集》一百卷，郎蔚之撰。"郎蔚之即郎茂（约541—约614），字蔚之，隋恒山新乐（今属河北）人。初仕北齐，隋文帝时累迁户部侍郎，炀帝时拜尚书左丞。

⑪王方庆《宝章集》：据《新唐书》卷五十七《艺文志》小学类著录："王方庆《宝章集》十卷。"王方庆名綝（？—702），以字行，唐雍州咸阳（今属陕西）人。历仕唐高宗、武则天之朝，官至宰相。曾经将其先人王羲之、王献之等人墨宝献给朝廷，武则天命崔融编撰成书，赐给王方庆。

⑫玄觉《永嘉集》：据《新唐书》卷五十九《艺文志》释家类著录："玄觉《永嘉集》十卷，庆州刺史魏靖编次。"玄觉（665—713），唐代僧人。俗姓陈，字明道，永嘉（今浙江温州）人。居温州龙兴寺，精通《华严经》。著有《永嘉集》。

⑬小数：语出《孟子·告子上》："今夫弈之为数，小数也。"焦循《正义》云："数，术也。"指微弱的技能。

⑭曾氏《隆平集》：曾氏即曾巩。曾巩于宋神宗元丰四年（1081）奉诏修《五朝国史》，历时八月而罢史任，未及成书。于是将底稿汇纂成《隆平集》。本书二十一卷，记北宋太祖至英宗五朝史事。卷一至卷三内容分为圣绪、符应、都城、官名等二十六门，每门只

有若干条,类似书志体例。卷四以后为人物列传,共计二百八十四人,各以其官为类。

⑮黎邱有鬼:据《吕氏春秋·疑似》记载,梁国北部有个黎丘部落,出了一个神奇的鬼,善于模仿别人的子孙、兄弟模样。当地有个老汉赶集喝醉了酒,黎丘鬼就在半路变成老汉儿子的样子搀扶老汉回家,一路上却苦苦折磨老汉。老汉回家酒醒以后,责怪自己的儿子不该这样,儿子发誓说自己没做这件事,而是到邻村讨债去了,有证人可以询问。老汉相信了,说一定是那个奇鬼捉弄我,早听说过有这种事。第二天故意又去集市喝酒,如果再遇到这种事,准备刺杀那个奇鬼。结果第二天老汉的儿子怕父亲喝醉酒回不了家,就去路上接他。老汉看见自己的儿子,以为又是奇鬼变幻,于是拔出宝剑刺死了儿子。这个故事说明老汉的心智被貌似儿子的奇鬼所迷惑,最后杀死了自己的真儿子。

⑯歧路亡羊:据《列子·说符》记载,杨子的邻居蓄养的羊跑了,于是率领家人四处寻找,又请求杨子的仆人帮助搜寻。杨子问邻居:“丢了一只羊,用得着这么多人去追吗?”邻居回答:“因为有很多岔道。”等追羊的人们回来之后,杨子又问:“抓到羊了吗?”邻居说:“羊跑了。”杨子再问:“是怎么跑的呢?”邻居又回答:“岔道之中,又出现岔道。我不知道该往哪条岔路走,所以就回来了。”

【译文】

况且名称,要依附于实质。类别,要根据体例确定。古人有各家世代相传的学问,然后才有自成一家的著作;有自成一家的著作,然后才有专门的传授和学习。郑樵曾经这样说过。根据类别探求书的内容,沿着流变追溯源头,分类编排的方法明确了,即使是远古的《三坟》《五典》,也可以毫不费力地找到。自从校雠之法失传,而后文集、类书的学术兴起，一部著作之中，首先自身已经不胜庞杂；后世学习的人，又从哪里能窥见古人著述的全貌呢？《楚词》，是屈原一家的书。自从《七录》开始收归集部，《隋书·经籍志》特地标明"《楚词》"一类，因而与"总集"、"别集"并列为三类，于是就成为各家著录的固定法式。推衍它的义例，那么司马相如的赋，苏武、李陵的五言诗，枚乘的《七发》，也应当另外各自标出一个类目，称为赋类、五言类、《七发》类了。总集、别集的名称，哪能完全与之相配呢？这种泛滥不着边际的起源，实际上是从词赋不列为专门的一家，而文人各有别集开始。《文心雕龙》，是刘勰的专家著作，自从《集贤书目》收入总集之后，《隋书·经籍志》已经如此。《新唐书·艺文志》便把它与《史通》、《文章龟鉴》、《史汉异义》并归一类，于是成了郑樵《通志·艺文略》、马端临《文献通考·经籍考》诸书著录的通则。郑樵《通志》把《史通》归入通史类，把《文心雕龙》归入文集类。郑渔仲对于校雠，义例最为精审，仍有这样的讹误，可见世俗目录学的传习已经很久了。推衍它的义例，那么魏文帝的《典论》，葛洪的《史抄》，张鹭的《文士传》，《典论·论文》篇如同《文心雕龙》，《史抄》如同《史汉异义》，《文士传》如同《文章龟鉴》，类别都很相似。也应当混合在一起归入总集了。史部、子部的类别怎么能够与它相互区分开呢？《典论》，属于子类；《史抄》、《文士传》，属于史类。著录义例的混乱实际上是由于文集难以确定为专门的一类，而貌似者又可以假乱真造成的结果。著录之法既然没有源流可寻，作者标立书名，也就没有固定的法则。郎蔚之的《诸州图经集》，则是属于史部地理类著作而用了文集之名，《隋书·经籍志》收录。王方庆的《宝章集》，则为经部小学类著作而用了文集之名，《新唐书·艺文志》收录。玄觉的《永嘉集》，则为子部释家书而用了文集之名，《新唐书·艺文志》收录。百家杂说以及各种技艺末流之辈，见识既平庸肤浅，文辞又鄙陋粗俗，或者是抄录撮合古人的东西，或者是标明自己的雕虫小技，本不属于集部种类，却纷纷争着以"集"来命名的著作，哪里能一一列举得过来呢？即使是曾氏的《隆平集》，也顺从世俗以"集"命名，应当改为"传"或"志",才算相称。但是集部的三类既然已经产生,各家学说必然混杂难辨,学术上的迷惑混乱,难道只是像黎丘有鬼、歧路亡羊那样简单吗?

篇　卷

【题解】

本篇考察"篇"、"卷"与"册"等书籍计量单位名称的起源、性质、功能及其演变过程，批评后世使用名实混乱造成的弊端。章学诚认为，先秦时期使用竹简刻字，把文字内容完整的竹简穿在一起，就是一篇文章。所以古人的文章都是单独成篇，统计也用"篇"作为计量单位。秦、汉以来，人们把文字写在缣帛上面，根据缣帛的长短来确定书写文字多寡，于是开始用"卷"作为计量单位。二者的区别，不仅是因物定名，而且含义不同。"篇"关系到文章内容和意义是否完整，而"卷"则仅仅表示书写缣帛材料的长短。因此，一卷之内可以包括数篇文章，而一篇文章却不能分割为数卷，否则意义就不完整。倘若遇到"篇"长"卷"短的情况，就分成子卷。《史记》、《汉书》都是"卷"多"篇"少，就是析出子卷的缘故。魏、晋以来，名实渐混。南朝梁刘昭为范晔《后汉书》纪传作注，把司马彪《续汉书》八志分成三十卷补入，开后世割篇徇卷之例，大失古人"篇"、"卷"之意。五代以后，雕版印刷之术盛行，卷轴之书变为纸册，于是"卷"、"册"名称更加混乱。后世著录之家，有些只计"册"而不计"卷"，至于"篇"更无人问津，造成学术源流不明。章学诚主张作者著书和目录之家著录书籍，都应当论"篇"，而不当计"卷"和"册"，这样就不用担心后世出现缺卷的问题了。必欲计"卷"和"册"，也应当量书册长短铨配卷数,避免造成"卷"、"册"参差不齐的混乱。

　　《易》曰:"艮其辅,言有序。"①《诗》曰:"出言有章。"②古人之于言,求其有章有序而已矣。著之于书,则有简策。标其起讫,是曰篇章③。孟子曰:"吾于《武城》,取二三策而已矣。"④是连策为篇之证也。《易大传》曰:"二篇之策,万有一千五百二十。"⑤是首尾为篇之证也。左氏引《诗》,举其篇名,而次第引之,则曰某章云云⑥。是篇为大成,而章为分阕之证也⑦。要在文以足言,成章有序,取其行远可达而已。篇章简策,非所计也。后世文字繁多,爰有较雠之学⑧。而向、歆著录,多以篇卷为计。大约篇从竹简,卷从缣素⑨,因物定名,无他义也。而缣素为书,后于竹简,故周、秦称篇,入汉始有卷也。第彼时竹、素并行,而名篇必有起讫;卷无起讫之称,往往因篇以为之卷;故《汉志》所著几篇,即为后世几卷,其大较也。然《诗经》为篇三百,而为卷不过二十有八⑩;《尚书》、《礼经》,亦皆卷少篇多⑪,则又知彼时书入缣素,亦称为篇。篇之为名,专主文义起讫,而卷则系乎缀帛短长,此无他义,盖取篇之名书,古于卷也。故异篇可以同卷,而分卷不闻用以标起讫。至班氏《五行》之志、《元后》之传,篇长卷短,则分子卷⑫。是篇不可易,而卷可分合也。嗣是以后,讫于隋、唐,书之计卷者多,计篇者少。著述诸家,所谓一卷,往往即古人之所为一篇;则事随时变,人亦出于不自知也。惟司马彪《续后汉志》,八篇之书⑬,分卷三十,割篇徇卷,大变班书子卷之法,作俑唐、宋史传,失古人之义矣。《史》、《汉》之书,十二本纪、七十列传、八书、十志之类,但举篇数,全书自了然也。《五行志》分子卷五,《王莽传》分子卷三,而篇目仍合为一,总卷之数,仍与相符,是以篇之起讫为主,不因卷帙繁重而苟分也。自司马彪以八志为三十卷⑭,遂开割篇徇卷之例,篇卷混淆,而名实亦不正矣。欧阳《唐志》五十⑮,其实十三志也,年表十五,其实止四表也。《宋史》列传二百五十有五,《后妃》以一为二,《宗室》以一为四,李纲一人⑯,传分二卷,再并《道学》、《儒林》,以至《外国》、《蛮夷》之同名异卷,凡五十余卷,其实不过一百九十余卷耳。

【注释】

①艮其辅,言有序:语出《周易·艮卦》。艮,止。辅,面颊。意为止于颊,处于中,出言有次序。

②出言有章:语出《诗经·小雅·都人士》。

③篇章:语出《文心雕龙》卷七《章句》:"积句而成章,积章而成篇。"章指作品的段落。

④吾于《武城》,取二三策而已矣:语出《孟子·尽心下》。《武城》当作"《武成》",《尚书》中的篇名。记载武王伐纣灭商之事。孟子认为记事存在许多夸大成分,故仅取二三策而已。

⑤二篇之策,万有一千五百二十:语出《周易·系辞上》。二篇,《易经》上下两篇。策,语出《礼记·曲礼上》:"龟为卜,策为筮。"占卜用的蓍草称作策。六十四卦共计三百八十四爻,阳爻与阴爻各占一半,一阳爻的蓍草数为三十六策,一百九十二阳爻合为六千九百一十二策;一阴爻的蓍草数为二十四策,一百九十二阴爻合为四千六百零八策,总共一万一千五百二十策。

⑥左氏引《诗》,举其篇名,而次第引之,则曰某章云云:据《左传·宣公十二年》记载:"武王克商,作《颂》曰:'载戢干戈,载櫜弓矢。我求懿德,肆于时夏,允王保之。'又作《武》,其卒章曰:'耆定

　　武功。'"

⑦章为分阕(què)：阕，语出《礼记·文王世子》："有司告以乐阕。"郑玄《注》云："阕，终也。"乐曲每演奏一遍终止，称为一阕。诗文的段落也称作阕，意义和章相同。

⑧较雠之学：据萧统《文选》卷六《左太冲·魏都赋》李善《注》引刘向《别录》曰："雠校，一人读书，校其上下，得谬误为校。一人持本，一人读书，若怨家相对。"较雠，通"校雠"。

⑨缣(jiān)素：白色绸绢。古人用作书写材料，称为帛书。

⑩为卷不过二十有八：据班固《汉书》卷三十《艺文志·六艺略》记载："《诗经》二十八卷，齐、鲁、韩三家。"《毛诗》章句与三家略有出入，故曰："《毛诗》二十九卷。"

⑪《尚书》、《礼经》，亦皆卷少篇多：据班固《汉书》卷三十《艺文志·六艺略》著录："《尚书》古文经四十六卷，为五十七篇。"今传《尚书》二十卷，五十八篇，包括今文《尚书》三十三篇，伪古文《尚书》二十五篇。《礼经》即《仪礼》，据班固《汉书》卷三十《艺文志·六艺略》著录："《礼》古经五十六卷，经七十篇。"今本《仪礼》五十卷，十七篇。

⑫班氏《五行》之志、《元后》之传，篇长卷短，则分子卷：班固《汉书》卷二十七上、卷二十七中之上、卷二十七中之下、卷二十七下之上、卷二十七下之下，内容为《五行志》。又《汉书·元后传》未分子卷，当是《外戚传》之误。《汉书》卷九十七上、卷九十七下为《外戚传》。子卷，各卷之中分出的上下或上中下小卷。

⑬司马彪《续后汉志》，八篇之书：司马彪(？—306)，字绍统，河内温县(今属河南)人，西晋高阳王司马睦长子。官秘书丞。撰《续汉书》八十卷，起自汉光武帝刘秀，终于汉献帝刘协。其中纪传亡于宋代，只有《律历》、《礼仪》、《祭祀》、《天文》、《五行》、《郡国》、《百官》、《舆服》八篇志书存世。

⑭司马彪以八志为三十卷：章学诚此说不确。《续汉书》八志析为三十卷一事，与司马彪无关。此乃南朝梁刘昭为范晔《后汉书》作注，为弥补《后汉书》有纪传而无志的缺陷，把司马彪《续汉书》的八篇志补入，一并注释。范晔原定撰《后汉书》纪、志、传百篇，是效法班固《汉书》而作，《汉书》纪、志、表、传百篇，后人析为一百二十卷；而范晔《后汉书》只成纪传九十篇，十志未及撰写而遇害。所以刘昭把《续汉书》八志分成三十卷，以便凑够一百二十卷。故始作俑者应为刘昭，而不是司马彪。

⑮欧阳《唐志》：《新唐书》的编撰，以宰相曾公亮监修，欧阳修负责撰写纪、志、表，宋祁负责撰写列传，故称欧阳《唐志》。

⑯李纲（1083—1140）：字伯纪，南北宋之际邵武（今属福建）人。宋徽宗政和年间进士，官太常少卿。钦宗即位，除兵部侍郎、尚书右丞，坚决抵抗金兵南侵，取得东京保卫战的胜利。后以主战被贬谪。南宋建立后，任宰相七十五天，请正张邦昌等降金伪官之罪，派张所、傅亮经营河北、河东抗金活动，命宗泽留守开封，朝纲粗定。因主和派排挤，被解职，先后出任湖广安抚使、江西安抚制置大使等职。卒谥忠定，著有《梁溪集》。

【译文】

《易经》说："管住嘴不要妄言，说话要有条理。"《诗经》说："应对言辞要有章法文理。"古人对于言辞，只追求有章法有条理而已。把文辞写成书，就有了简册；标明文章起始与终止，这就叫做篇章。孟子说："我对于《武成》一篇，能取信采用的不过两三片简牍罢了。"这是简册编串起来成为篇的证据。《周易大传》说："《易经》上、下两篇占筮所得的蓍草数，共有一万一千五百二十根。"这是首尾完整才能成为篇的证据。左氏引用《诗经》，举出它的篇名，然后依次引用，则称某章如何如何。这是篇为完备的整体，而章为分段的证据。关键在于用文采来充分表达语言，积辞成章而具备条理，追求的不过是能使它流传久远并且足以表达思想感情而已。篇章简册，不是古人所计较的内容。后世文字繁多，于是产生出校雠的学问。刘向、刘歆著录古书，大多用"篇"和"卷"作为著录单位。大约"篇"是从竹简而来，"卷"是从绢帛而来，根据物体来确定名称，没有什么别的含义。用绢帛来书写文字，晚于竹简，所以周朝与秦朝著录文章称"篇"，到汉代才开始有"卷"的名称。只是那时竹简与绢帛同时使用，称"篇"一定有首尾；而"卷"不是表示起止的名称，往往根据篇目来确定卷数，所以《汉书·艺文志》著录的是几篇，也就是后世的几卷，这是大概的情况。然而《诗经》定为三百篇，而卷数才不过二十八；《尚书》、《仪礼》，也都是卷数少篇目多，那么又可知当时书写在绢帛上，也可称为"篇"。"篇"作为一个名称，专门注重文义的起始与结束，而"卷"则关系到联结绢帛的长短，此外没有什么别的含义，大概采用"篇"来标明书籍，时代比"卷"更早。所以不同的篇目可以同在一卷，而分卷没听说可以用来标志起始与结束的含义。到班固《汉书》中的《五行志》、《元后传》，篇幅长而卷轴短，便分出子卷。这样说来是"篇"不能改变，而"卷"可以分合。继此之后，直到隋、唐，著录书籍用"卷"计量的多，用"篇"计量的少。著书立说的各家，他们所说的一卷，往往就是古人所说的一篇；这是事情随着时代而变化，作者自己也就不知不觉这样做了。只有司马彪的《续汉书》，八篇志文，分为三十卷，割裂篇目而曲从卷数的需要，大大改变了班固《汉书》中采用子卷的做法，为唐、宋正史编撰首先开了恶例，失去古人的本意了。《史记》、《汉书》这两种书，十二本纪、七十列传、八书、十志之类，只举篇数，全书自然就明白了；《汉书·五行志》分为五个子卷，《王莽传》分为三个子卷，但篇目却仍合为一个，总的卷数，仍旧与篇数相符，这是以篇的起止为主，并不因为卷帙浩繁而随意割裂开来。自从司马彪将八志分为三十卷，于是开割裂篇目来曲从分卷的先例，篇卷混淆不清，那名实也不相符了。欧阳修编撰的《新唐书》有"志"五十卷，其实只有十三种志；年表十五卷，其实只有四个表。《宋史》列传二百五十五卷，《后妃传》把一篇分为二卷，《宗室传》把一篇分为四卷，李纲一个人,传分成二卷,再把《道学传》、《儒学传》合并起来,以及《外国传》、《蛮夷传》等一传分为多卷的情况,共五十余卷,那么《宋史》其实也不过一百九十余卷罢了。

　　至于其间名小异而实不异者,道书称弓①,即卷之别名也,元人《说郛》用之②。蒯通《隽永》称首③,则章之别名也,梁人《文选》用之。此则标新著异,名实故无伤也。唐、宋以来,卷轴之书④,又变而为纸册;则成书之易,较之古人,盖不啻倍蓰已也⑤。古人所谓简帙繁重,不可合为一篇者,分上中下之类。今则再倍其书,而不难载之同册矣。故自唐以前,分卷甚短。六朝及唐人文集,所为十卷,今人不过三四卷也。自宋以来,分卷遂长。以古人卷从卷轴,势自不能过长;后人纸册为书,不过存卷之名,则随其意之所至,不难巨册以载也。以纸册而存缣素为卷之名,亦犹汉人以缣素而存竹简为篇之名,理本同也。然篇既用以计文之起讫矣,是终古不可改易,虽谓不从竹简起义可也。卷则限于轴之长短,而并无一定起讫之例。今既不用缣素而用纸册,自当量纸册之能胜而为之界。其好古而标卷为名,从质而标册为名,自无不可;不当又取卷数与册本,故作参差,使人因卷寻篇,又复使人挟册求卷,徒滋扰也。夫文之繁省起讫,不可执定;而方策之重⑥,今又不行;古人寂寥短篇,亦可自为一书,孤行于世。盖方策体重,不如后世片纸,难为一书也。则篇自不能孤立,必依卷以连编,势也。卷非一定而不可易,既欲包篇以合之,又欲破册而分之,使人多一检索于离合之外,又无关于义例焉,不亦扰扰多事乎? 故著书但当论篇,不当计卷。卷不关于文之本数，篇则因文计数者也。故以篇为计，自不忧其有缺卷，以卷为计，不能保其无缺篇也。必欲计卷，听其量册短长，而为铨配可也。不计所载之册，而铢铢分卷⑦，以为题签著录之美观，皆是泥古而忘实者也。《崇文》、《宋志》⑧，间有著册而不详卷者。明代《文渊阁目》⑨，则但计册而无卷矣。是虽著录之缺典，然使卷册苟无参差，何至有此弊也。古人已成之书，自不宜强改。

【注释】

①弓(juǎn)：通"卷"。

②《说郛(fú)》：元、明之际陶宗仪编，采录汉、魏至宋、元六百余种小说、笔记汇编成书。原书一百卷，后佚三十卷。明代弘治年间，上海郁文博仍补为一百卷。清顺治年间姚安陶珽刊刻，增为一百二十卷，称为《重校说郛》，已非原貌。近人张宗祥据明抄本校补，复为百卷之数，由上海商务印书馆涵芬楼排印。

③蒯通《隽永》：蒯通，本名蒯彻，避汉武帝刘彻讳，改为今名。秦、汉之际范阳(今河北定兴南固城镇)人。以善辩著称。曾经劝韩信背弃刘邦，与楚、汉三足鼎立，韩信不从。临死前感叹："悔不用蒯通之言！"后来汉高祖刘邦听说他策反过韩信，准备把他下油锅烹死，赖言辞雄辩而幸免。著有《隽永》八十一首，论战国说士权变策谋，并自序其说。已佚。

④卷轴之书：唐代以前的书籍，大多采用卷轴装帧。以木杆等材料制成一尺长的轴，把书写好的绢帛沿轴卷起，称为卷轴。

⑤倍蓰(xǐ)：语出《孟子·滕文公上》："或相倍蓰。"赵岐《注》曰："蓰，五倍也。"

⑥方策：也作"方册"，指古代书写用的长方形木片和简策。

⑦铢铢（zhū）：比喻精细、微小。铢，古代重量单位，为一两的二十四分之一。

⑧《崇文》、《宋志》：《崇文》指《崇文总目》，北宋仁宗景祐年间，王尧臣、欧阳修等人将崇文院藏书编定书目，共计六十六卷，著录图书三万六百六十九卷。今有清人辑佚残本。《宋志》指元代史家所修《宋史》中的《艺文志》。

⑨《文渊阁目》：《文渊阁书目》，十四卷，明代杨士奇等人编。明成祖永乐年间，南京图书运至北京。至明英宗正统六年（1441），移储文渊阁，统一编目，按照《千字文》排序，从"天"字到"往"字，凡二十号，著录图书七千二百九十七种。此书尽管存在只记书名、册数，而无撰人、卷数的缺陷，但却是现存明代最重要的国家藏书目录。

【译文】

至于这其中出现的名称稍微不同而实质并没有差别的情况，如道家典籍中所称的"弓"，就是"卷"的别名，元代人编纂的《说郛》使用这个名称；蒯通撰写的《隽永》称"首"，则是"章"的别名，梁朝人编的《文选》使用这个名称。这不过是为了标新立异，名义和实际并没有受到损害。唐、宋以来，卷轴形式的书籍，又演变成了册页形式的纸书，那么成书容易，与古人相比，大概不只超过几倍了。古人所说的简册部头繁重，不能合为一篇的情况，如分上中下之类。现在就是再多出一倍的书，也不难把它载入同一册之中了。所以自唐代以前，分卷很短。六朝及唐朝人的文集，分成十卷的书，今人只不过分为三四卷。从宋代以来，分卷逐渐拉长。因为古人称"卷"来源于卷轴，势必不能过长；后人用册页形式来装订书籍，只不过保存了一个"卷"的名称，那么可以随人的意愿而确定分量的多少，就不难用巨册来装载。以册页形式的纸书而保存帛书称"卷"的名称，也就像汉代人用帛书而保存竹简称"篇"的名称，道理原本相同。但"篇"既然用来表示文章的起始与终止，这是从古到今都没有改变的事实，即使说"篇"的意义不是来源于竹简也可以。"卷"则限于卷轴的长短，而并没有固定的表示内容起止的义例。现在既然不用绢帛而采用册页形式，自然应当根据纸书的册页所能胜任的容量而为文章确定分合界限。人们好古而用"卷"字标名，根据实际则标用"册"字为名，自然没有什么不可以；只是不该又把卷数与册本，故意弄得错乱不齐，让人们根据卷次来寻找篇目，又再让人们凭借册本来寻求卷次，凭空增加了烦扰。文章繁简起止的古义，既不能坚持不变；而繁重的简牍，现在又不再使用；古人沉寂无名的短篇，也可以自成一书，单独流传于世。大概是简牍繁重，不像后世的几张纸，难以自成一书。那么"篇"自然不能孤立使用，必须依据"卷"来联结成编，这是大势所趋。"卷"也不是固定而不能改变，既想把"篇"包举合并进来，又想突破"册"而把"篇"分开，使人在"篇"、"卷"的离合之外多增加了一次检索，又与义例无关，这不是徒增纷乱自找麻烦么？所以著书只应当论篇数，不应当算卷数。"卷"与文章本来的数目无关，"篇"则是根据文章来计算数量。所以用"篇"为计量单位，自然不用担忧书有缺卷；以"卷"为计量单位，就不能保证它没有缺篇。如果一定要采用"卷"来计算，听任他们根据书册的长短，而进行统筹安排完全可以。不考虑书册的分量，而进行细微的分卷，把它作为题签著录的一种美观的形式，那都是拘泥古制而忘记实质的人。《崇文总目》、《宋史·艺文志》，有些著录册数而不注明卷数。明代的《文渊阁书目》，则只著录册数而不记载卷数。这虽然是由于著录典籍缺少准则可依，但如果"卷"、"册"没有这种参差不齐的情况，怎么至于出现这种弊端呢！古人已有的书，自然不宜强作改动。

天　喻

【题解】

　　本篇进一步引申《原道》、《原学》之义,阐明学术研究的主旨在于开辟新的学术风气,挽救现有学术出现的流弊。章学诚以天文历法研究做比喻,指出学术上同时产生或先后产生的学术流派,创始时期都是出于补偏救弊的需要,为矫正前人学术的弊病,不得已而标立新名,甚至矫枉过正。后人评价前人学术的利弊得失,应当循流溯源,区分清楚主流和末流,而不能心存门户之见,彼此轩轾,甚至相互诋毁。针对乾嘉时期推尊汉学而贬抑宋学的风气,章学诚认为宋学自有其学术价值,后代既不应该遵信太过,也不应该过分贬低,做出了客观公允的评价。章学诚重点强调学术贵在因时制宜,反对追随学术风气而加重学术偏颇,只有能够开创风气,补偏救弊的学术,才能发挥经世致用的价值。

　　夫天,浑然而无名者也。三垣、七曜、二十八宿、一十二次、三百六十五度、黄道、赤道①,历家强名之以纪数尔。古今以来,合之为文质损益②,分之为学业事功,文章性命。当其始也,但有见于当然,而为乎其所不得不为,浑然无定名也。其分条别类,而名文名质,名为学业事功,文章性命,而不可合并者,皆因偏救弊,有所举而诏示于人,不得已而强为之名,定趋向尔。后人不察其故而徇于其名,以谓是可自命其流品,而纷纷有入主出奴之势焉。汉学宋学之交讧③,训诂辞章之互诋④,德性学问之纷争⑤,是皆知其然而不知其所以然也。

【注释】

①三垣、七曜、二十八宿(xiù)、一十二次、三百六十五度、黄道、赤道:三垣,指上垣太微宫垣,十星;中垣紫微宫垣,十五星;下垣天市宫垣,二十二星。七曜,日、月、金、木、水、火、土。二十八宿,二十八舍,东方角、亢、氐、房、心、尾、箕,北方斗、牛、女、须、危、室、壁,西方奎、娄、胃、昴(mǎo)、毕、觜(zī)、参(shēn),南方井、鬼、柳、星、张、翼、轸(zhěn)。一十二次,星体十二躔次,用以观测星体运动的时间和位置。其名称分别是:子为玄枵(xiāo),丑为星纪,寅为析木,卯为大火,辰为寿星,巳为鹑(chún)尾,午为鹑火,未为鹑首,申为实沈,酉为大梁,戌为降娄,亥为娵訾(jū zī)。三百六十五度:凡二十八宿及诸星皆循天左行,一日一夜一周天为一度,计一年为三百六十五周天又四分之一度。黄道,古人认为太阳绕地而行,其运行轨道就是黄道。赤道,指天球赤道,为天球两极中间形成的圆圈。

②文质损益:语出《论语·为政》:"子曰:'殷因于夏礼,所损益可知也;周因于殷礼,所损益可知也。其或继周者,虽百世可知也。'"又据班固《汉书》卷六十《杜周传》记载:"[杜]钦对曰:'……殷因于夏,尚质。周因于殷,尚文。'"

③汉学宋学之交讧:清人姚鼐《惜抱轩文集》卷六《复蒋松如书》曰:"今世学者,乃思一切矫之,以专宗汉学为至,以攻驳程、朱为能。

倡于一二专己好名之人,而相率而效者,因大为学术之害。"汉学,原指汉代经学中的章句训诂之学。清代乾嘉时期的学者推尊汉人的治学方法,从事训诂考据之学,称为朴学,也称汉学。宋学,指宋代形成的与章句训诂相对的义理解经之学,主要指程朱理学和陆王心学。

④训诂辞章之互诋:戴震《东原文集》卷九《与方希原书》曰:"古今学问之途,其大致有三。或事于义理,或事于制数,或事于文章。事于文章者,等而末者也。然自子长、孟坚、退之、子厚诸君子为之,曰是道也,非艺也。以云道,道固有存焉者矣。如诸君子之文,亦恶睹其非艺欤?"训诂,指清代的考据朴学。辞章,指唐、宋以来形成的辞章文学。

⑤德性学问之纷争:德性,指宋代陆九渊心学一派尊德性的学说。学问,指宋代朱熹理学一派道问学的学问。关于两派纷争的情况,章学诚《朱陆》篇有详细解释,可以参考。

【译文】

天,是浑然一体而没有名称的东西。三垣、七曜、二十八宿、一十二次、三百六十五度、黄道、赤道,都是制订历法的专家为了纪数而勉强取的名称。古往今来,合在一起则有尚文、尚质相互增减,分开来就形成学问与功利,文章与性命。在起初的时候,人们只看见事物的客观情形,所做的也是为顺应自然趋势不得已而采取的行动,浑然一体而没有确定的名称。它们区分出门类与派别,取名为文或取名为质,称之为学问和功利,文章和性命,不能合并的缘故,都是想根据学术的偏颇来纠正弊端,标举出来对人们有所告诫启示,不得已才勉强为它们取名,不过是确定一个矫枉纠偏的趋向罢了。后人不明白其中的缘故而曲从它的名称,认为据此可以确立自己的学派和品位,纷纷扰扰而有喧宾夺主之势。汉学与宋学互相讥讽,考据之学与辞章之学互相诋毁,尊德性与道学问两派互相纷争,都是因为他们只知其然而不知其所以然。

学业将以经世也,如治历者,尽人功以求合于天行而已矣,初不自为意必也①。其前人所略而后人详之,前人所无而后人创之,前人所习而后人更之,譬若《月令》中星不可同于《尧典》②,太初历法不可同于《月令》③,要于适当其宜而可矣。周公承文、武之后,而身为冢宰,故制作礼乐,为一代成宪④。孔子生于衰世,有德无位,故述而不作,以明先王之大道⑤。孟子当处士横议之时,故力距杨、墨,以尊孔子之传述⑥。韩子当佛老炽盛之时,故推明圣道,以正天下之学术⑦。程、朱当末学忘本之会,故辨明性理,以挽流俗之人心⑧。其事与功,皆不相袭,而皆以言乎经世也。故学业者,所以辟风气也。风气未开,学业有以开之。风气既弊,学业有以挽之。人心风俗,不能历久而无弊,犹羲和、保章之法⑨,不能历久而不差也。因其弊而施补救,犹历家之因其差而议更改也。历法之差,非过则不及。风气之弊,非偏重则偏轻也。重轻过不及之偏,非因其极而反之,不能得中正之宜也。好名之士,方且趋风气而为学业,是以火救火,而水救水也⑩。

【注释】

①意必:语出《论语·子罕》:"子绝四:毋意,毋必,毋固,毋我。"意,臆测他人或未发生的事情。必,固执己见而一意孤行。

②《月令》中星不可同于《尧典》:中星,二十八宿按照一定的轨道运转,依次每月在天中的星,称作中星。如《礼记·月令》记载:"仲秋之月,日在奎,昏弧中。"而《尚书·尧典》则记载:"宵中星虚,以殷仲秋。"同为八月之夜,《月令》以弧为中星,《尧典》则以虚为

中星。意为以时变化而有所不同。

③太初历法不可同于《月令》：太初历法，汉武帝太初元年（前104），
命唐都、落下闳等人制订历法，使用夏正，以阴历正月为岁首，称
为《太初历》。孔颖达《月令正义》注疏《月令》九月"为来岁授朔
日"曰："即是九月为岁终，十月为授历。"以阴历十月为岁首。
《月令》抄自《吕氏春秋》，记载的是秦朝历法，故与使用夏朝历法
的《太初历》不同。

④周公承文、武之后，而身为冢宰，故制作礼乐，为一代成宪：据司
马迁《史记》卷四《周本纪》记载："周初定天下，周公恐诸侯畔周，
公乃摄行政当国……兴正礼乐，度制于是改。"《尚书大传》亦曰：
"周公居摄六年，制礼作乐。"

⑤孔子生于衰世，有德无位，故述而不作，以明先王之大道：据班固
《汉书》卷八十八《儒林传》记载："周道既衰，坏于幽、厉……陵夷
二百余年，而孔子兴……于是叙《书》则断《尧典》，称乐则法《韶》
舞，论《诗》则首《周南》，缀周之礼，因《鲁春秋》举十二公行事，绳
之以文、武之道，成一王法，至获麟而止。盖晚而好《易》，读之韦
编三绝，而为之传。皆因近圣之事，以立先王之教。故曰：述而
不作，信而好古。"

⑥孟子当处士横议之时，故力距杨、墨，以尊孔子之传述：据《孟
子·滕文公下》曰："圣王不作，诸侯放恣，处士横议，杨朱、墨翟
之言盈天下。天下之言不归杨，则归墨。杨氏为我，是无君也；
墨氏兼爱，是无父也。无父无君，是禽兽也……杨、墨之道不息，
孔子之道不著，是邪说诬民，充塞仁义也。仁义充塞，则率兽食
人，人将相食。吾为此惧，闲先圣之道，距杨、墨，放淫辞，邪说者
不得作。作于其心，害于其事；作于其事，害于其政。圣人复起，
不易吾言矣。"扬雄《法言》卷二《吾子》亦曰："古者，杨、墨塞路，
孟子辞而辟之，廓如也。"

⑦韩子当佛老炽盛之时，故推明圣道，以正天下之学术：韩子指韩
　愈，首倡儒家道统之说，与佛、道二教相对抗。据《新唐书》卷一
　百七十六《韩愈传赞》记载："自晋讫隋，老佛显行，圣道不断如
　带，诸儒倚天下正议，助为怪神。愈独喟然引圣，争四海之惑，虽
　蒙讪笑，跲而复奋。始若未之信，卒大显于时。昔孟轲拒杨、墨，
　去孔子才二百年。愈排二家，乃去千余岁，拔衰反正，功与齐而
　力倍之。"所谓"跲而复奋"，是指唐宪宗元和十四年（819），宪宗
　迎取佛骨，大肆佞佛，韩愈上表谏阻，被贬为潮州刺史。仍然不
　改初衷，继续反佛。被贬之前的元和八年（813），韩愈作《进学
　解》，表示"觝排异端，攘斥佛老"。被贬第二年移官袁州之后，有
　人谣传韩愈和僧人交往，皈依佛教。孟简致书询问此事，韩愈态
　度很坚决。《韩昌黎全集》卷十八《与孟尚书书》曰："汉氏已来，
　群儒区区修补，百孔千疮，随乱随失，其危如一发引千钧，绵绵延
　延，寖以微灭。于是时也，而唱释老于其间，鼓天下之众而从之。
　呜呼！其亦不仁甚矣。释老之害，过于杨、墨。韩愈之贤，不及
　孟子。孟子不能救之于未亡之前，而韩愈乃欲全之于已坏之后。
　呜呼！其亦不量其力，且见其身之危，莫之救以死也。虽然，使
　其道由愈而粗传，虽灭死，万万无恨……又安得因一摧折自毁其
　道，以从于邪也！"
⑧程、朱当末学忘本之会，故辨明性理，以挽流俗之人心：据《宋史》
　卷四百二十七《道学传序》记载："至宋中叶，周敦颐……乃得圣
　贤不传之学……仁宗明道初年，程颢及弟颐实生。及长，受业周
　氏。已乃扩大其所闻，表彰《大学》、《中庸》二篇，与《语》、《孟》并
　行……迄宋南渡，新安朱熹得程氏正传，其学加亲切焉。大抵以
　格物致知为先，明善诚身为要。《诗》、《书》六艺之文，与夫孔、孟
　之遗言，颠错于秦火，支离于汉儒，幽沉于魏、晋、六朝者，至是皆
　焕然而大明，秩然而各得其所。此宋儒之学，所以度越诸子，而

上接孟氏者欤!"

⑨保章:《周礼·春官》保章氏,掌管测量日月星辰的变动,记录天
　象变异,以辨别人世间的吉凶祸福。

⑩以火救火,而水救水:语出《庄子·人间世》:"若唯无诏,王公必
　将乘人而斗其捷,而目将荧之,而色将平之,口将营之,容将形
　之,心且成之。是以火救火,以水救水。"郭象《注》曰:"适不能
　救,乃更足以成彼之盛。"

【译文】

学问将要用来治理国家,就像研治历法的人,穷尽人力以便合乎天
的运行规律而已,一点都不固执己见。前人所忽略的东西后人使它变
得周详,前人所没有的东西后人去开创它,前人所习惯的东西后人再改
变它,就像《月令》记载的中星与《尧典》的记载就不可能相同,太初历法
与《月令》中的历法也不可能相同,关键在于适合当时的情况就可以了。
周公在文王、武王之后,而身为冢宰摄理政事,故能制作礼乐,成为一代
典章制度。孔子生于衰乱之世,有道德而无官位,故只传述旧章而不创
立新制,以便阐明先王的大道。孟子处在世人乱发议论的时代,所以极
力反对杨朱、墨翟的学说,以便尊崇孔子传述的学说。韩愈身当佛、道
盛行的年代,所以推行阐明圣王之道,以便端正天下学术的趋向。二程
与朱熹正逢后世学者忘本之际,所以辨明性理,以便挽救世俗人心。他
们的事业与功绩,都不是相继沿袭,却都以治理天下为目标。所以说学
业,是用来开创风气的工具。风气尚未开创,学业要有办法打开它;风
气既已衰败,学业要有办法挽救它。人心和风俗,不可能历时久远而没
有弊病,就像羲和、保章的历法,不可能使用长久而不出现误差。根据
它的弊端而采取补救的措施,如同历法家根据历法的误差而讨论更改
的措施一样。历法的误差,不是超前了就是落后了;风气的弊端,不是
偏重了就是偏轻了。重与轻、过与不及的偏差,不凭借它达到极限的时
机而纠正过来,就不能达到不偏不倚的适中程度。追求名声的读书人,

正在追随风气而治学,这简直是用火来救火,用水来救水。

　　天定胜人,人定亦能胜天①。二十八宿,十二次舍②,以环天度数,尽春秋中国都邑。夫中国在大地中,东南之一隅耳。而周天之星度③,属之占验④,未尝不应,此殆不可以理推测,盖人定之胜于天也。且如子平之推人生年、月、日、时⑤,皆以六十甲子,分配五行生克⑥。夫年月与时,并不以甲子为纪,古人未尝有是言也。而后人既定其法,则亦推衍休咎而无不应,岂非人定之胜天乎?《易》曰"先天而天弗违"⑦,盖以此也。学问亦有人定胜天之理。理分无极太极⑧,数分先天后天⑨,图有《河图》、《洛书》⑩,性分义理气质⑪,圣人之意,后贤以意测之,遂若圣人不妨如是解也。率由其说,亦可以希圣,亦可以希天。岂非人定之胜天乎?尊信太过,以谓真得圣人之意固非;即辨驳太过,以为诸儒诟詈,亦岂有当哉?

【注释】

①天定胜人,人定亦能胜天:语出司马迁《史记》卷六十六《伍子胥列传》:"申包胥亡于山中,使人谓子胥曰:'……吾闻之,人众者胜天,天定亦能破人。'"又刘祁《归潜志》卷十二《辩亡》曰:"《传》曰:'人众亦能胜天,天定亦能胜人。'"定,定数。

②十二次舍:古代天文学以日月所会之处为星次。日月一年十二会,故有十二次舍。

③星度:星象度数。

④占验:根据星象占卜人事吉凶。古人认为人的祸福、夭寿、贫富

等方面均有定数，取决于星象的位置及其运行方式，因此根据人
的生辰时日可以推算其命运。

⑤子平：徐子平，精于占卜星命之数。曾经注释禄命学经书《珞琭
子》，著《珞琭子赋注》二卷，根据人的生辰八字推算命运，预言吉
凶祸福，世称其术为"子平术"。

⑥五行生克：古人把金、木、水、火、土五种物质称作"五行"，认为它
们相生相克，构成宇宙万物。相生为金生水、水生木、木生火、火
生土、土生金；相克即金克木、木克土、土克水、水克火、火克金。

⑦先天而天弗违：语出《周易·乾卦·文言》。

⑧理分无极太极：语出《周易·系辞上》："《易》有太极，是生两仪。
两仪生四象，四象生八卦。"又《老子》曰："知其白，守其黑，为天
下式。为天下式，常德不忒，复归于无极。"太极指原始的混沌之
气。无极指派生宇宙万物的本原。宋代周敦颐《太极图说》认
为："无极而太极。太极动而生阳，动极而静，静而生阴。静极复
动，一动一静，互为其根。分阴分阳，两仪立焉。阳变阴合，而生
水、火、木、金、土。五气顺布，四时行焉。五行，一阴阳也。阴
阳，一太极也。太极，本无极也。"朱熹等理学家则认为"理"就是
"太极"。故章学诚曰"理分无极太极"。

⑨数分先天后天：语出《周易·乾卦》："先天而天弗违，后天而奉天
时。"先天即先于天时而行事。后天指后于天时而行事。宋代邵
雍以象数言《周易》，著《先天图》。其《观物外篇》曰："先天之学，
心也。后天之学，迹也……出入有无生死者，道也。"《先天卦位
图说》又曰："先天之学，心法也。故图皆从中起，万化万事生于
心也。"

⑩图有《河图》、《洛书》：语出《周易·系辞上》："河出图，洛出书，圣
人则之。"古代传说有龙马从黄河背负《河图》而出，又有神龟从
洛水背负《洛书》而出。伏羲据《河图》作八卦，是为《周易》；大禹

据《洛书》演九畴,是为《洪范》。

⑪性分义理气质:据《二程遗书》卷六记载程颐曰:"论性不论气,不
备。论气不论性,不明。"朱熹《朱文公文集》卷五十八《答黄道
夫》之言曰:"天地之间,有理有气。理也者,形而上之道也,生物
之本也。气也者,形而下之气也,生物之具也。是以人物之生,
必禀此理,然后有性;必禀此气,然后有形。"理气之说,是程朱理
学的重要范畴。故把人性分为义理之性与气质之性,认为感觉
和欲望等生理要求属于气质之性,道德和伦理等是天赋予人的
义理之性。

【译文】

天命的定数胜过人的谋划,人的谋划也能胜过天命的定数。二十
八宿,十二躔次,用环天度数,囊括了春秋时代中国的城邑。中国在大
地之中,不过处于东南部的一个角落而已。但周天的星象度数,占卜时
与之相联,没有不灵验,这恐怕也是不能以常理推测,大概是人算胜过
了天命。况且像徐子平推算人出生的年、月、日、时,都是用六十干支,
来分配五行生克。年、月与时,并不是用甲子来表示,古人也从未说过
这种言论。但后人制定这种方法之后,用来推算吉凶祸福而无不应验,
难道不是人算胜过天命吗?《易经》说的"先于天象而动天就不违背
他",大概就是这个缘故。学问也有人算胜过天命定数的道理。理学有
无极、太极之分,象数有先天、后天之别,图书有《河图》《洛书》,人性分
为义理之性与气质之性,圣人之意,后世贤者根据自己的理解来推侧,
于是就不妨把圣人也看作是这样理解。遵循他们的解说,也可以效法
圣人,也可以效法天道。难道不是人算胜过天命吗? 尊崇信奉得太过
分了,认为果真得到了圣人的用意固然不对;但如果辩驳得太过分了,
认为那是儒生们在互相诟骂,又怎么合适呢?

师 说

【题解】

本篇继承《原学》之意,进一步深入探究为学成才之道,考察传道受业中师徒之间的关系。章学诚认为,唐代韩愈撰《师说》,主要是针对当时社会上学者以相师为耻的风气感发的针砭,尽管对扭转鄙俗陋习有积极意义,但论述为师之道却过于笼统,没有触及师道的根本问题。因此,他又作《师说》加以申论,深入阐明师徒关系的本质。章学诚指出,所谓"师"有两类,一类是"可易之师",另一类是"不可易之师"。前者讲授的知识比较普通,这类知识换做别人也能讲授。弟子既可向甲师学习,也可向乙师学习,无关传道的宏旨。后者则是具有别识心裁的专家之师,只有从其人受学,才能得到法外传心,非其人就不可能从他人之处得到心传。因此,求学应当寻找"不可易之师",终生追随,事之如君亲,然后才能学到真知灼见,肩负起传道的责任。至于那些在不同时期跟随学习的"可易之师",平时对他们敬爱有加就可以了。假如当世找不到"不可易之师",不得已也可以向古人学习,以周公、孔子作为学习的模范,最终得以成德达材。这篇文章虽是针对前人而发,但对于今人求学也有启发,在端正当今的学风方面具有非常积极的意义。

韩退之曰:"师者,所以传道受业解惑者也。"[①] 又曰:"师

不必贤于弟子,弟子不必不如师。""道之所在,师之所在
也。"又曰:"巫医百工之人,不耻相师。"而因怪当时之人,以
相师为耻,而曾巫医百工之不如。韩氏盖为当时之敝俗而
言之也,未及师之究竟也。《记》曰:"民生有三,事之如一,
君、亲、师也。"② 此为传道言之也。授业解惑,则有差等矣。
业有精粗,惑亦有大小,授且解者之为师,固然矣;然与传道
有间矣。巫医百工之相师,亦不可以概视也。盖有可易之
师,与不可易之师,其相去也,不可同日语矣。知师之说者,
其知天乎? 盖人皆听命于天者也,天无声臭③,而俾君治之。
人皆天所生也,天不物物而生④,而亲则生之。人皆学于天
者也,天不谆谆而诲⑤,而师则教之。然则君子而思事天也,
亦在谨事三者而已矣。

【注释】

①师者,所以传道受业解惑者也:语出韩愈《韩昌黎全集》卷十二
《师说》。

②民生有三,事之如一,君、亲、师也:语出《国语·晋语一》:"武公
伐翼,杀哀侯。止栾共子曰:'苟无死,吾以子见天子,令子为上
卿,制晋国之政。'辞曰:'成闻之,民生于三,事之如一。父生之,
师教之,君食之。非父不生,非食不长,非教不知,生之族也,故
壹事之。'"

③天无声臭:语出《诗经·大雅·文王》:"上天之载,无声无臭。"

④物物:对万物的支配。语出《庄子·山木》:"物物而不物于物,则
胡可得而累邪?"

⑤谆谆:语出《诗经·大雅·抑》:"诲尔谆谆。"

【译文】

韩愈说:"教师,是用来传授真理、讲授专业知识、解答疑难的人。"又说:"教师不一定比学生高明,学生也不一定比不上教师。""真理在谁手上,谁就是教师。"又说:"巫医和各种工匠,都不耻于拜师学艺。"因而奇怪当时社会上的人,耻于拜师学习,竟然连巫医和工匠都不如。韩愈大概是针对当时的陋俗而发论,没有涉及教师最根本的问题。《国语》说:"人生在世对待三种人,应当一视同仁地侍奉他们,那就是君主、父亲和教师。"这是针对传授真理的教师所说。讲授学业和解答疑惑,那就有差别等次了。学问有精有粗,疑惑也有大有小,传授知识并且解答疑惑的人被称作教师,这当然应该了;但是和传授真理相比还有一定差距。巫医和工匠之间师从学习,也不能一概等同视之。大概是因为有可以改换的教师,也有不可以改换的教师,他们之间的差别,也就不可同日而语了。懂得师道的人,大概也知道天道吧? 大概人都听命于天,天没有声音也没有气味,因而让君主来治理人。人都是天所生育,天不能支配人类产生,因而使父母生育儿女。人都向天学习,天不能谆谆教诲,因而由教师来负责教育。那么君子想要敬奉天上,也就在于恭敬地侍奉君主、父亲、教师三种人而已。

人失其道,则失所以为人,犹无其身,则无所以为生也。故父母生而师教,其理本无殊异。此七十子之服孔子[①],所以可与之死,可与之生,东西南北,不敢自有其身,非情亲也,理势不得不然也。若夫授业解惑,则有差等矣。经师授受,章句训诂;史学渊源,笔削义例;皆为道体所该。古人"书不尽言,言不尽意"[②]。竹帛之外,别有心传,口耳转受,必明所自,不啻宗支谱系不可乱也。此则必从其人而后受,苟非其人,即已无所受也,是不可易之师也。学问专家,文章经世,其中疾徐、甘苦,可以意喻,不可言传③。此亦至道所寓,必从其人而后受,不从其人,即已无所受也,是不可易之师也。苟如是者,生则服勤,左右无方,没则尸祝、俎豆④,如七十子之于孔子可也。至于讲习经传,旨无取于别裁⑤;斧正文辞⑥,义未见其独立;人所共知共能,彼偶得而教我;从甲不终,不妨去而就乙;甲不我告,乙亦可询;此则不究于道,即可易之师也。虽学问文章,亦末艺耳。其所取法,无异梓人之慧琢雕⑦,红女之传缔绣⑧,以为一日之长,拜而礼之,随行隅坐⑨,爱敬有加可也。必欲严昭事之三⑩,而等生身之义,则责者罔,而施者亦不由衷矣。

【注释】

①七十子之服孔子:语出《孟子·公孙丑上》:"以德服人者,中心悦而诚服也,如七十子之服孔子也。"

②书不尽言,言不尽意:语出《周易·系辞上》:"子曰:'书不尽言,言不尽意。'然则圣人之意,其不可见乎!"

③疾徐、甘苦,可以意喻,不可言传:语出《庄子·天道》:"轮扁曰:'……斫轮,徐则甘而不固,疾则苦而不入。不徐不疾,得之于手而应于心,口不能言,有数存焉于其间。'"轮扁,春秋时期齐国人,善于制作车轮。他听说齐桓公在堂上读书,于是放下手中的工具,和齐桓公论道。他说,砍木料制作车轮,慢了就松软而不坚固,快了就胶滞而难入。不快不慢,得心应手,口里说不出来,其中却有深奥的技巧。

④生则服勤,左右无方,没则尸祝俎豆:语出《礼记·檀弓上》:"事师无犯无隐,左右就养无方,服勤至死,心丧三年。"服勤,竭力侍奉。无方,没有固定的规矩。心丧,弟子为师守丧,不穿丧服,只

在心中悼念。尸祝、俎豆,古代人死以后,子孙或弟子找一个人代替他接受祭祀,称为尸。祝则是主持祭祀转告鬼神言辞的人。俎是放祭肉的桌几,豆是盛祭肉的器皿,引申为祭祀和崇奉之意。

⑤别裁:语出杜甫《杜工部诗集》卷七《戏为六绝》:"别裁伪体亲风雅,转益多师是汝师。"因诗有伪体,故须区别而裁去,以崇正体。

⑥斧正:语出《庄子·徐无鬼》一则寓言,说郢地有个人涂墙,不小心把白灰沾到自己鼻尖上,让石匠给他削掉。石匠抡起斧子削掉白灰,丝毫没有伤到郢人的鼻子,郢人也面无惧色。后世用来作为请别人指正作品的谦辞。

⑦梓(zǐ)人之惎(jì)琢雕:语出《周礼·考工记》:"梓人为笋簴……谓之小虫之属,以为雕琢。"梓人,木工。惎,教授。笋簴(sǔn jù),也作笋虡,古代悬钟磬的木架,横曰笋,直曰簴。

⑧红(gōng)女:语出班固《汉书》卷四十三《郦食其传》:"农夫释耒,红女下机。"红女即女功,指从事纺织和刺绣的女子。

⑨随行隅坐:随行,语出《礼记·王制》:"父之齿随行。"意为对于父辈年纪的人,应让其先走,自己跟随其后,以表示尊敬。隅坐,语出《礼记·檀弓上》:"童子隅坐而执烛。"古代席地而坐,尊者坐中间正席,卑者坐角落旁位。

⑩昭事:恭敬地服侍。

【译文】

人失掉了尊师之道,就失去了做人的资格,犹如没有了身体,就失去了生存基础。所以父母生育而教师训教,两者的道理本来没有什么不同。这就是七十弟子侍奉孔子,可以和他一道死,可以和他一起活,无论东西南北,不敢把生命看作属于自己的缘故,不是出于感情的亲密,而是道理和形势决定不得不如此。至于传授知识和解答疑惑,那就有差别等次了。经师相互传承,分章析句和解释词义;史学渊源不绝,笔削褒贬和书法义例,都是儒家大道所包括的内容。古人在"书中不能详尽地表达自己的语言,而语言又不能完全表达心中的意思"。竹简帛书所载之外,另外还有心得传授,口耳相传,一定要标明来源,就像宗族里各支的谱系不容混淆。这就是说一定要师从特定的人而后才能得到传授,如果不是那个特定的人,那么自己就没有途径得到古人的心传,这就是不可改换的教师。学问上自成一家,以文章治国救世,其中快慢、甘苦的体验,可以意会,不可言传。这也是大道所在之处,必须师从特定之人而后才能得到传授,不拜那个特定的人为师,自己将一无所得,这也是不可改换的教师。如果像这样,那么他活着的时候弟子便应竭力服侍,事事躬亲而没有定规,去世以后就应为他立尸祝祷祭祀,就像七十弟子对待孔子那样也可以。至于讲解经传,没有别出心裁的旨意;删润文辞,看不出有什么独立的见解;别人都知道并且能做到,只是偶然有机会教授我知识;师从某甲没有结果,不妨离去再拜某乙为师;某甲不告诉我,某乙也可请教;这与儒家大道没有什么关涉,属于那种可以改换的教师。即使是学问与文章,也属于雕虫小技。这种教师的法则,和工匠教人雕刻,工女教人刺绣一样,把他们当做一技之长,礼拜尊敬,跟随陪侍他们,加倍地尊敬拥戴就可以了。一定要人严格地奉行恭敬服侍君、亲、师的准则,把他们与生身父母等同起来,那么要求别人的人属于欺骗,而照此去做的人也是情不由衷。

　　巫医百工之师,固不得比于君子之道,然亦有说焉。技术之精,古人专业名家,亦有隐微独喻[①],得其人而传,非其人而不传者,是亦不可易之师,亦当生则服勤,而没则尸祝者也。古人饮食,必祭始为饮食之人[②],不忘本也。况成我道德术艺,而我固无从他受者乎? 至于弟子不必不如师,师不必贤于弟子,则观所得为何如耳。所争在道,则技曲艺业之长,又何沾沾而较如不如哉?

【注释】

①隐微独喻：语出《庄子·天道》："语之所贵者，意也。意有所随。意之所随者，不可以言传也。"

②祭始为饮食之人：据《春秋公羊传·襄公二十九年》记载："饮食必祝。"何休《注》曰："祝，因祭祝也。"又《论语·乡党》记载："虽疏食、菜羹、瓜祭，必齐如也。"齐，通"斋"。朱熹《集注》曰："古人饮食，每种各出少许，置之豆间之地，以祭先代始为饮食之人，不忘本也。"

【译文】

巫医与各种工匠的教师，固然不能和儒家所说的教师相比，但是也有一定的说法。技术上的深湛，古代专门从事某种事业的专家，对隐秘精微之处也有独到的见解，师从特定的人就能得到他的传授，不是那个特定的人就得不到这种传授，这也是不可改换的教师，也应当在他活着的时候尽心尽力地服侍，在他去世以后则为他祝祷祭祀。古人在饮食的时候，一定要祭祀最先制作这些食物的人，表示不忘本。何况是成就我的道德技艺，而我本来是无法从另外的人那里得到传授的人呢？至于说弟子不一定不如教师，教师也不一定比弟子高明，那就要看他所取得的成绩是什么样的了。所追求的是儒家大道，那么技术艺业方面的长处，又何必那么固执地计较如不如呢？

嗟夫！师道失传久矣①。有志之士，求之天下，不见不可易之师；而观于古今，中有怦怦动者②，不觉辙然而笑③，索焉不知涕之何从④，是亦我之师也。不见其人，而于我乎隐相授受⑤，譬则孤子见亡父于影像，虽无人告之，梦寐必将有警焉。而或者乃谓古人行事，不尽可法，不必以是为尸祝也。夫禹必祭鲧⑥，尊所出也。兵祭蚩尤，宗创制也。若必选人而宗之，周、孔乃无遗憾矣。人子事其亲，固有论功德，而祧祢以奉大父者邪⑦？

【注释】

①师道：拜师求教之道。也指教师的道德、作用与社会尊师风尚。

②怦怦（pēng）：语出《楚辞·九辩》："心怦怦兮谅直。"原意为心急，后用来形容心跳的样子。

③辴（chǎn）然：语出《庄子·达生》："桓公辴然而笑。"形容笑的样子。

④索焉不知涕之何从：语出《礼记·檀弓上》："夫子曰：'予乡者入而哭之，遇于一哀而出涕。予恶夫涕之无从也，小子行之。'"索焉，形容流泪的样子。

⑤隐相授受：《章氏遗书》卷九《与朱沧湄中翰论学书》曰："惟夫豪杰之士，自得师于古人，取其意之所诚然而中实有所不得已者，力求其至，所谓君子求诸己也……即其天质之良，而悬古人之近己者以为准，勿忘勿助，久之自有会心焉。所谓途辙不同，而同期于道也。"

⑥鲧（gǔn）：传说为禹的父亲，因治水无功，被舜杀死。

⑦祧（tiāo）祢（nǐ）以奉大父：意为越过父亲直接承继祖父。祧，把神主牌位迁入远祖之庙。祢，父亲死后在宗庙设立神主牌位。大父，指祖父。

【译文】

　　唉！从师重道失传已经很久了。有志之士，找遍天下，也没见到那种不可改换的教师；但考察古代人物，有使自己怦然心动的人，不禁辴然而笑，热泪潸下不知从何而来，这也是我的教师。没看见那个特定的人，而对我在暗中传授，如同孤儿从相片图画上见到去世的父亲，尽管没人告诉他，睡梦中一定会有所警示。但也有人却认为古人的言行，不是都可以效法,不一定要因此为他们祭祀祝祷。大禹一定要祭祀鲧,是为了尊奉他的先人;兵家祭祀蚩尤,是为了尊奉他创立的新制。如果一定要选择人来尊崇,那么尊崇周公、孔子就没有遗憾了。做儿子的尊奉父母,难道有根据功业与道德,把父亲的神主迁入祖庙而祭祀祖父的吗?

假　年

　　人生在世，不过百年之间。而人类不断积累的知识和各种典籍，却日益浩繁，汗牛充栋。如此一来，人们很自然地会感到人生短促，面临以有涯之生逐无涯之学的困扰。于是就有人提出"假年"的假说，认为假如人借到年龄而长寿，都能够活到五百岁，就可以读遍天下所有的书，不会留下遗憾了。以后随着时代的推移，书籍必然进一步增多，那么人的寿命也应当随着递增。这种似是而非的观点，居然还被当做名言。章学诚用诙谐幽默的语言做了辛辣的讽刺，指出这是不懂得学习的愚人妄言。他认为学问取决于人的质性，而不在于年寿短长。人们之所以达不到圣贤的境界，是因为资质所限，而不是年龄短促。一个人到了四五十岁仍然默默无闻，也就没有发展前途了，这样的人即使活到一千岁，也不会取得成就。更重要的是，章学诚明确提出学者求学的目的是为充实自己，修身养性，而不是务博炫人，夸耀己能。学问不论对于个人还是社会，就像饥寒需要衣食一样。人们对衣食的需要，能够吃饱穿暖就满足了。"假年"的论调，好比一个人想要长生不老，为的是吃遍天下的食物，穿遍天下的衣服一样荒唐。因此，章学诚认为每个人都应当根据自己的资质条件选定不同学习内容，以求尽心尽性，这样才能使身心有所获得，而不至于为追求矜奇炫博而误入歧途，一事无成。

客有论学者①,以谓书籍至后世而繁,人寿不能增加于前古,是以人才不古若也②。今所有书,如能五百年生,学者可无遗憾矣。计千年后,书必数倍于今,则亦当以千年之寿副之,或传以为名言也。余谓此愚不知学之言也。必若所言,造物虽假之以五千年③,而犹不达者也。

【注释】

①客:古人文章,常常采用主客问答形式,把辩论的对方称为“客”。

②不古若:倒装句式,即不若古。

③造物:语出《庄子·大宗师》:“伟哉!夫造物者,将以予为此拘拘也。”古人指创造万物之神。

【译文】

有个谈论治学的人,认为书籍到后世越来越繁富,而人的寿命却不比古代的人更长,所以后人的才华比不上古人。现在积累下来的全部书籍,如果能有五百岁的寿命去读,学者就可以没有遗憾了。推想千年之后,书籍一定比今天又多数倍,那么也应当有千岁的寿命才能与它相称,有的人把这话传为名言。我认为这是愚昧无知的言论。一定像他所说的那样,造物主即使给他五千年的寿命,也仍然不能通达古今。

学问之于身心,犹饥寒之于衣食也。不以饱暖慊其终身①,而欲假年以穷天下之衣食,非愚则罔也。传曰:“至诚能尽其性,则能尽人之性;能尽人之性,则能尽物之性。”②人之异于物者,仁义道德之粹③,明物察伦之具⑤,参天赞地之能⑥,非物所得而全耳。若夫知觉运动,心知血气之禀于天者,与物岂有殊哉?夫质大者所用不得小,质小者所资不待大,物各有极也。人亦一物也。鲲鹏之寿十亿⑦,虽千年其犹稚也。蟪蛄不知春秋⑧，期月其大耋也⑨。人于天地之间，百年为期之物也。心知血气，足以周百年之给欲，而不可强致者也。

【注释】

①慊(qiè)：快意，满意。

②至诚能尽其性，则能尽人之性；能尽人之性，则能尽物之性：语出《礼记·中庸》。

③仁义道德之粹：语出《孟子·尽心上》：孟子曰："……君子所性，仁、义、礼、智根于心，其生色也，睟(suì)然见于面，盎于背，施于四体，四体不言而喻。"睟然，润泽之貌。

⑤明物察伦之具：语出《孟子·离娄下》：孟子曰："……舜明于庶物，察于人伦，由仁义行，非行仁义也。"

⑥参天赞地之能：语出《礼记·中庸》："唯天下至诚，为能尽其性；能尽其性，则能尽人之性；能尽人之性，则能尽物之性；能尽物之性，则可以赞天地之化育；可以赞天地之化育，则可以与天地参矣。"

⑦鲲鹏之寿十亿：语出《庄子·逍遥游》："北冥有鱼，其名为鲲。鲲之大，不知其几千里也。化而为鸟，其名为鹏。鹏之背，不知其几千里也。"又曰："上古有大椿者，以八千岁为春，八千岁为秋。"十亿之说，可能是综合两者而言。

⑧蟪蛄(huì gū)不知春秋：语出《庄子·逍遥游》。蟪蛄，一种夏季生长的蝉。

⑨期(jī)月其大耋(dié)：期月，一整月。耋，古人八十岁称为耋。这里泛指年老。

【译文】

学问对于身心来说，有如饥寒对于衣食一样。不因饱暖而感到终生满足,却想延长寿命来享用完天下的衣食,这不是愚蠢就是欺骗。
《中庸》说:"最真诚的人才能充分发挥自己的本性,也就能充分发挥天
下众人的本性;能充分发挥天下众人的本性,就能充分发挥万物的本
性。"人与其他生物的差异,就在于具有纯粹的仁义道德,明察事物人情
的才干,参与协助天地化育万物的能力,这都是其他生物所不能具备的
性质。至于知觉运动,心智血气等受之于天的禀赋,与其他生物难道有
区别吗? 质地高大的东西不能小用,质地低下的东西不能大用,事物各
有自己的极限。人也是万物中的一种。鲲鹏的寿命有十亿岁,即使活
了千年也还幼稚;蟪蛄不知道春秋二季的存在,活一个月就算长寿了。
人在天地万物之间,属于百年为期限的一种动物。他们的心智血气,完
全能满足百年寿限的需求,但却不能强行达到。

　　夫子"十五志学","七十而从心所欲,不逾矩"①。圣人,
人道之极也。人之学为圣者,但有十倍百倍之功,未闻待十
倍百倍之年也。一得之能,一技之长,亦有志学之始,与不
逾矩之究竟也。其不能至于圣也,质之所限也,非年之所促
也。颜子三十而夭②,夫子曰:"惜乎! 吾见其进也,未见其
止也。"③盖痛其不足尽百年之究竟也。又曰:"后生可畏。
四十五十而无闻焉,斯不足畏。"④人生固有八十九十至百年
者,今不待终其天年,而于四十五十,谓其不足畏者,亦约之
以百年之生,度其心知血气之用,固可意计而得也。五十无
闻,虽使更千百年,亦犹是也。

【注释】

　　①十五志学,七十而从心所欲,不逾矩:语出《论语·为政》:"子曰:
　　　'吾十有五而志于学,三十而立,四十而不惑,五十而知天命,六

十而耳顺,七十而从心所欲,不逾矩。'"

②颜子三十而夭:颜子指颜回。据司马迁《史记》卷六十七《仲尼弟
　　子列传》记载:"回年二十九,发尽白,蚤死。孔子哭之恸。"

③惜乎! 吾见其进也,未见其止也:语出《论语·子罕》:"子谓颜
　　渊,曰:'惜乎! 吾见其进也,未见其止也。'"

④后生可畏。四十五十而无闻焉,斯不足畏:语出《论语·子罕》。

【译文】

孔夫子"十五岁立志做学问","到七十岁便能随心所欲,又不超越规矩"。圣人,是人世间的最高准则。人们学做圣人,只有十倍百倍的努力,没听说期待十倍百倍的年龄。偶尔的收获,微小的技能,也有立志学习的开端,与不超越规矩的终结。人们不能到达圣人的境界,是因为受到资质的限制,而不是因为寿命的短促。颜回三十岁便夭折了,孔夫子说:"太可惜了! 我只看见他不断进步,从未见他止步不前。"大概是在为颜回没能穷尽百年的最终结果而悲伤。他又说:"年轻人值得敬畏。如果到四五十岁还没出什么名声,这种人也就不值得畏惧了。"人生固然有活到八九十岁甚至百岁的例子,现在不等他活到那个时候,而在他四五十岁时候,就认为他不值得畏惧,也是以百年之寿约略估计,衡量其心智与血气的功用,固然可以根据推测得到答案。五十岁而没有名声,即使再过千百年,也还是这个样子。

神仙长生之说,诚渺茫矣。同类殊能,则亦理之所有,故列仙洞灵之说①,或有千百中之十一,不尽诬也。然而千岁之神仙,不闻有能胜于百岁之通儒,则假年不足懋学之明征也。禹惜分阴②,孔子"发愤忘食,乐以忘忧,不知老之将至"。又曰:"假我数年,五十以学《易》。"③盖惧不足尽百年之能事,以谓人力可至者,而吾有不至焉,则负吾生也。蟪

蛄纵得鲲鹏之寿,其能止于啾啾之鸣也。盖年可假,而质性不可变;是以圣贤爱日力④,而不能憾百年之期蹙⑤,所以谓之尽性也。世有童年早慧,诵读兼人之倍蓰而犹不止焉者,宜大异于常人矣。及其成也,较量愚柔百倍之加功⑥,不能遽胜也。则敏钝虽殊,要皆画于百年之能事,而心知血气,可以理约之明征也。今不知为己,而骛博以炫人⑦,天下闻见不可尽,而人之好尚不可同;以有尽之生,而逐无穷之闻见;以一人之身,而逐无端之好尚;尧、舜有所不能也。孟子曰:"尧、舜之智,而不遍物。尧、舜之仁,不遍爱人。"⑧今以凡猥之资,而欲穷尧、舜之所不遍,且欲假天年于五百焉;幸而不可能也,如其能之,是妖孽而已矣。

【注释】

①洞灵:道教称神仙居住的地方为洞府与灵山。

②禹惜分阴:语出《晋书》卷六十六《陶侃传》:"侃……常语人曰:'大禹圣者,乃惜寸阴;至于众人,当惜分阴。'"

③假我数年,五十以学《易》:语出《论语·述而》。假,原著作"加"。

④日力:语出《孟子·公孙丑下》:孟子曰:"予岂若是小丈夫然哉?谏于其君而不受,则怒,悻悻然见于其面,去则穷日之力而后宿哉?"原意指一天的力量,后来泛指时间、光阴。清人汪中《述学》别录《与朱武曹书》:"盛年不再,日力可惜。"即取此义。

⑤蹙(cù):急促,紧迫。

⑥较(jiào)量愚柔百倍之加功:语出韩愈《韩昌黎全集》卷十二《进学解》:"校短量长,惟器是适。"较量,比较,衡量。愚柔,愚笨柔弱。加功,加倍努力用功。

⑦不知为己,而骛博以炫人:语出《论语·宪问》:"古之学者为己,

今之学者为人。"虞世南《北堂书抄》卷八十三引《新序》："齐王问
墨子曰：'古之学者为己，今之学者为人，何如？'对曰：'古之学
者，得一善言，以附其身。今之学者，得一善言，务以悦人。'"为
己，充实自身。炫人，向别人炫耀。悦人，取悦别人。

⑧尧、舜之智，而不遍物。尧、舜之仁，不遍爱人：出《孟子·尽心上》。

【译文】

神仙长生不老之说，确实非常渺茫。同类之中能力有差别，也在情
理之中，所以洞府灵山神仙长生之说，或许千百个之中出现几个，也不完
全是骗人。但是千岁的神仙，不曾听说他们的学问能胜过百岁的通儒，
就是延长寿命不足以丰富学问的明显验证。大禹珍惜分秒光阴，孔子
"发愤努力就忘了吃饭，心情快乐就忘了忧愁，不知道衰老将要到来"。又
说："让我多活几年，五十岁时来学习《易经》。"大概是害怕不能完成人生
百岁所能做到的事情，认为人的力量可以做到，但我却没有做到，那就辜
负了我的一生。蟪蛄纵然能够获得鲲鹏那样长的寿命，它的才能也仅限
于啾啾地鸣叫。这是因为即使寿命可以延长，而其性质也不能改变。所
以圣人贤士珍惜光阴，而不能埋怨人生百年的短促，这就叫做尽人之性。
世上有的人童年时期很聪颖，记诵能力超过常人数倍而仍然努力不止，
应该和常人存在较大差别了。等他长大成人，与百倍用功的平庸懦弱之
人相比较，也不能马上就胜出。看来敏捷和迟钝虽然不同，但终究都受
到人生百年能力的限制，这也是心智血气，可以根据常理推测的一个明
显证据。现在求学的人不知道是为了充实自己，而是追求渊博以便向人
炫耀，天下的见闻不可能穷尽，而人的爱好也不可能一致；用有限的人生，
去追求无穷无尽的见闻；以一人之身，去尝试无数的爱好；尧、舜也做不
到。孟子说："尧、舜的智慧，不能通晓万事万物；尧、舜的仁爱，不能博爱
天下之人。"现在有人凭借平庸的资质，想要穷尽尧、舜都无法穷尽的东
西，而且还想延长寿命活五百岁；幸亏这不可能，如果他能做到，那也不过
是个妖怪而已。

　　族子廷枫曰："叔父每见学者,自言苦无记性,书卷过目辄忘,因自解其不学。叔父辄曰:'君自不善学耳。果其善学,记性断无不足用之理。书卷浩如烟海,虽圣人犹不能尽。古人所以贵博者,正谓业必能专,而后可与言博耳。盖专则成家,成家则已立矣。宇宙名物①,有切己者,虽锱铢不遗②。不切己者,虽泰山不顾。如此用心,虽极钝之资,未有不能记也。不知专业名家,而泛然求圣人之所不能尽,此愚公移山之智③,而同斗筲之见也④。'此篇盖有为而发,是亦为夸多斗靡者,下一针砭⑤。故其辞亦庄亦谐,令人自发深省,与向来所语学者,足相证也。"

【注释】

①宇宙:语出《淮南子》卷十一《齐俗》:"往古来今谓之宙,四方上下谓之宇。"宇指空间,宙指时间。

②锱铢(zī zhū):古代重量单位。据《礼记·儒行》孔颖达《疏》曰:"按算法,十黍为参,十参为铢,二十四铢为两,八两为锱。"比喻数量极小。

③愚公移山:语出《列子·汤问》:"太行、王屋二山,方七百里,高万仞。本在冀州之南,河阳之北。北山愚公者,年且九十,面山而居,惩山北之塞,出入之迂也,聚室而谋曰:'吾与汝毕力平险,指通豫南,达于汉阴,可乎?'杂然相许。其妻献疑曰:'以君之力,曾不能损魁父之丘,如太行、王屋何!且焉置土石?'杂曰:'投诸渤海之尾,隐土之北。'遂率子孙荷担者三夫,叩石垦壤,箕畚运于渤海之尾。邻人京城氏之孀妻,有遗男,始龀,跳往助之。寒暑易节,始一反焉。河曲智叟笑而止之,曰:'甚矣!汝之不慧。以残年余力,曾不能毁山之一毛,其如土石何?'北山愚公长息曰:'汝心之

固,固不可彻,曾不若孀妻弱子。虽我之死,有子存焉。子又生孙,孙又生子。子又有子,子又有孙。子子孙孙,无穷匮也。而山不加增,何苦而不平?'河曲智叟亡以应。操蛇之神闻之,惧其不已也,告之于帝。帝感其诚,命夸蛾氏二子负二山,一厝朔东,一厝雍南。自此冀之南,汉之阴,无陇断焉。"后用来比喻坚定不移,有志事成。

④斗筲(shāo)之见:语出《论语·子路》:"斗筲之人,何足算也。"斗为量器,也是量名,十升为斗。筲为竹器,容一斗二升。用来比喻人的才识短浅,器量狭窄。

⑤针砭(biān):针指针灸,砭指砭石,是用来治病的方法。比喻劝告、规诫。

【译文】

族侄章廷枫说:"叔父每每听到读书人说,自己苦于没有记性,书籍读过之后就忘,因而为自己不读书作辩解。叔父总是说:'你这是不善于学习罢了。如果善于学习,记性绝对没有不够用的道理。书籍浩如烟海,即使是圣人也不可能全部读完。古人重视学识渊博的原因,正是认为学业必须先能专深,而后方可共同谈论广博。大概专精就能自成一家,成一家就已经有所建树了。天下的各种事物,凡是与自己相关的东西,即使轻如鸿毛也不应遗弃;与自己无关的东西,即使重于泰山也不屑一顾。这样用心学习,即使是最愚钝的资质,也没有不能记住的东西。不懂得学业专精与自成一家,而空泛地追求连圣人都不能穷尽的知识,这是愚公移山的智慧,而见识却如同井底之蛙。'这篇文章是有针对性而发表的议论,同时也为夸耀知识渊博和争强好胜的人,下了一剂针砭良药。所以文章用词既庄重又诙谐,使人自发深省,与前面谈论治学的文章,足以互相印证。"

感　遇

【题解】

　　古往今来,怀才不遇者不计其数,时常引发文人墨客感叹人生际遇无定,君臣遇合之难。唐人陈子昂、张九龄都有《感遇》之篇,抒发情怀。章学诚一生未进仕途,所以不像前人那样追求君臣遇合,而是着重感叹学者治学与时代的际遇关系。他生活在举世崇尚考据的乾嘉时代,不追随时尚,而是专门从事文史撰述义例和校雠学术源流的研究,不受时代重视,知己落落,备感寂寞。这种身世和遭遇,更增添了章学诚对学术与世道遇合之难的感慨。因此,他在文章里重点撰写学术显晦与时代风气的相互关系,借以抒发心中的郁积。章学诚认为,古今时异事殊,不可同日而语。古代学术简而易,只求适当其用而已。后世学术曲而难,学术本身虽然有价值,也不一定能受到社会关注,还必须讲求用其学术之学术。学术正确而不懂趋时逢世,就会受到时人摈斥;善于逢迎而学术不精,又会受到后世讥议。学者趋避有工拙,学术有当否,求其遇合,盖难自全。正确的态度应当是追求自得之学,而不能一味追随时尚,迎合世俗,至于生前身后是否遇合,顺其自然罢了。今天读来,仍然有借鉴价值。

古者官师政教出于一,秀民不艺其百亩^①,则饩于庠序②，不有恒业，谓学业。必有恒产③，无旷置也。周衰官失，道行私习于师儒④，于是始有失职之士，孟子所谓尚志者也⑤。进不得禄享其恒业，退不得耕获其恒产，处世孤危，所由来也。士与公、卿、大夫，皆谓爵秩，未有不农不秀之间，可称尚志者也。孟子所言，正指为官失师分，方有此等品目。圣贤有志斯世，则有际可公养之仕⑥，三就三去之道⑦，遇合之际，盖难言也。夫子将至荆，先之以子夏，申之以冉有⑧。泄柳、申详，无人乎缪公之侧，则不能安其身⑨。孟子去齐，时子致矜式之言⑩，有客进留行之说⑪。相需之殷，而相遇之疏，则有介绍旁通⑫，维持调护，时势之出于不得不然者也。圣贤进也以礼，退也以义，无所撄于外⑬，故自得者全也。士无恒产⑭，学也禄在其中⑮，非畏其耕之馁，势有不暇及也。虽然，三月无君，则死无庙祭，生无宴乐⑯，霜露怛心，凄凉相吊⑰，圣贤岂必远于人情哉！君子固穷⑱，枉尺直寻，羞同诡御⑲，非争礼节，盖恐不能全其所自得耳。古之不遇时者，隐居下位⑳。后世下位，不可以幸致也。古之不为仕者，躬耕乐道㉑。后世耕地，不可以幸求也。古人廉退之境，后世竭贪幸之术而求之，犹不得也。故责古之君子，但欲其明进退之节，不苟慕夫荣利而已。责后之君子，必具志士沟壑、勇士丧元之守而后可㉒；圣人处遇，固无所谓难易也；大贤以下，必尽责其丧元沟壑而后可，亦人情之难者也。

【注释】

①秀民不艺其百亩：百亩，语出《孟子·滕文公上》："夏后氏五十而贡，殷人七十而助，周人百亩而彻。"具体形式是："请野九一而

助,国中什一使自赋……方里而井,井九百亩,其中为公田。八家皆私百亩,同养公田;公事毕,然后敢治私事,所以别野人也。"秀民,德才优异之士。艺,种植。

②饩(xì)于庠序:语出明代孙继皋《宗伯集》卷九《江西瑞州府上高县儒学教谕致仕清庵俞公暨配张孺人合葬墓志铭》:"公之从兄廉宪是堂公方举于乡,而春涛公已饩于庠序。"饩,馈赠食物。庠序,古代教育机构,后世泛指学校。

③恒产:语出《孟子·滕文公上》:"民之为道也,有恒产者有恒心,无恒产者无恒心。"恒产指土地、庄园、房屋等不动产。

④道行私习于师儒:道指六经,行指德行。师儒,这里指私人讲学的教师。

⑤孟子所谓尚志:语出《孟子·尽心上》:"王子垫问曰:'士何事?'孟子曰:'尚志。'曰:'何谓尚志?'曰:'仁义而已矣。杀一无罪非仁也,非其有而取之非义也。居恶在?仁是也;路恶在?义是也。居仁由义,大人之事备矣。'"尚志,崇奉高尚的志向行为。

⑥际可公养之仕:语出《孟子·万章下》:"孔子有见行可之仕,有际可之仕,有公养之仕。于季桓子,见行可之仕也;于卫灵公,际可之仕也;于卫孝公,公养之仕也。"见行可之仕,看到可以推行自己的主张而出仕为官。际可之仕,因为受到礼遇接待而出仕为官。公养之仕,因为国家以礼养贤而出仕为官。

⑦三就三去之道:语出《孟子·告子下》:"陈子曰:'古之君子何如则仕?'孟子曰:'所就三,所去三。迎之致敬以有礼;言,将行其言也,则就之。礼貌未衰,言弗行也,则去之。其次,虽未行其言也,迎之致敬以有礼,则就之。礼貌衰,则去之。其下,朝不食,夕不食,饥饿不能出门户。君闻之曰,吾大者不能行其道,又不能从其言也,使饥饿于我土地,吾耻之。周之,亦可受也,免死而已矣。'"就,留下。去,离开。

⑧夫子将之荆，先之以子夏，申之以冉有：语出《礼记·檀弓上》：
　"夫子失鲁司寇，将之荆，盖先之以子夏，又申之以冉有。"荆指楚
　国。冉有（前522—？），名求，字子有，春秋时期鲁国人。孔子弟
　子，优于从政。曾任季氏宰，帮助季氏搜刮民脂民膏增加财富。
　孔子对弟子们说："冉求不是我的学生，你们可以大张旗鼓地去
　声讨他。"

⑨泄柳、申详，无人乎缪公之侧，则不能安其身：语出《孟子·公孙
　丑下》。泄柳，又称子柳，战国时期鲁国人，有贤名。鲁穆公曾经
　拜访他，闭门不纳。申详，战国时期陈国人。相传与泄柳同为鲁
　穆公礼敬。一说为孔子学生子张之子。缪公，即鲁穆公（？—前
　376），名显，或名不衍。战国时期鲁国国君，公元前407—前376
　年在位，任用公仪休为相，国泰民安。

⑩孟子去齐，时子致秺式之言：语出《孟子·公孙丑下》："孟子致为
　臣而归……他日，王谓时子曰：'我欲中国而授孟子室，养弟子以
　万钟，使诸大夫国人皆有所秺式。子盍为我言之！'时子因陈子
　而以告孟子，陈子以时子之言告孟子。"时子，战国时期齐国臣
　子。秺式，恭敬效法。

⑪有客进留行之说：语出《孟子·公孙丑下》："孟子去齐，宿于昼。
　有欲为王留行者，坐而言。不应，隐几而卧。"

⑫介绍：语出司马迁《史记》卷八十三《鲁仲连列传》："胜请为绍介
　而见之于先生。"司马贞《索隐》曰："绍介，犹媒也。凡礼，宾至必
　因介以传辞。绍者，继也。介不一人，故礼云介绍而传命。"

⑬撄（yīng）：扰乱。

⑭士无恒产：语出《孟子·梁惠王上》："无恒产而有恒心者，惟士
　为能。"

⑮学也禄在其中：语出《论语·卫灵公》："子曰：'君子谋道不谋食。
　耕也，馁在其中矣；学也，禄在其中矣。君子忧道不忧贫。'"

⑯三月无君，则死无庙祭，生无宴乐：语出《孟子·滕文公下》："周霄问曰：'古之君子仕乎？'孟子曰：'仕。传曰：孔子三月无君，则皇皇如也；出疆必载质。公明仪曰：古之人三月无君，则吊。''三月无君则吊，不以急乎？'曰：'士之失位也，犹诸侯之失国家也。《礼》曰：诸侯耕助，以供粢盛；夫人蚕缫，以为衣服。牺牲不成，粢盛不洁，衣服不备，不敢以祭。惟士无田，则亦不祭。牲杀、器皿、衣服不备，不敢以祭，则不敢以宴，亦不足吊乎？'"

⑰霜露怛心，凄凉相吊：语出《礼记·祭义》："霜露既降，君子履之，必有凄怆之心，非其寒之谓也。"

⑱君子固穷：语出《论语·卫灵公》："在陈绝粮，从者病，莫能兴。子路愠见曰：'君子亦有穷乎？'子曰：'君子固穷，小人穷斯滥矣。'"

⑲枉尺直寻，羞同诡御：语出《孟子·滕文公下》："陈代曰：'不见诸侯，宜若小然；今一见之，大则以王，小则以霸。且《志》曰枉尺而直寻，宜若可为也。'孟子曰：'昔齐景公田，招虞人以旌，不至，将杀之。志士不忘在沟壑，勇士不忘丧其元。孔子奚取焉？取非其招不往也。如不待其招而往，何哉？且夫枉尺而直寻者，以利言也。如以利，则枉寻直尺而利，亦可为与？昔者赵简子使王良与嬖奚乘，终日而不获一禽。嬖奚反命曰：天下之贱工也。或以告王良。良曰：请复之。强而后可，一朝而获十禽。嬖奚反命曰：天下之良工也。简子曰：我使掌与女乘。谓王良，良不可，曰：吾为之范我驰驱，终日不获一；为之诡遇，一朝而获十。《诗》云：不失其驰，舍矢如破。我不贯与小人乘，请辞。御者且羞与射者比；比而得禽兽，虽若丘陵，弗为也。如枉道而从彼，何也？且子过矣：枉己者，未有能直人者也。'"枉尺，弯曲。寻，古代长度单位，八尺为一寻。诡御，不按礼法驾御。

⑳隐居下位：语出《孟子·万章下》："孟子曰：'仕非为贫也，而有时

乎为贫；娶妻非为养也，而有时乎为养。为贫者，辞尊居卑，辞富居贫。辞尊居卑，辞富居贫，恶乎宜乎？抱关击柝。孔子尝为委吏矣，曰：会计当而已矣。尝为乘田矣，曰：牛羊茁壮长而已矣。位卑而言高，罪也；立乎人之本朝，而道不行，耻也。'”

㉑躬耕乐道：语出《孟子·万章上》：“万章问曰：'人有言，伊尹以割烹要汤。有诸？'孟子曰：'否，不然。伊尹耕于有莘之野，而乐尧舜之道焉。非其义也，非其道也，禄之以天下，弗顾也；系马千驷，弗视也。非其义也，非其道也，一介不以与人，一介不以取诸人。汤使人以币聘之，嚣嚣然曰：我何以汤之聘币为哉？我岂若处畎亩之中，由是以乐尧、舜之道哉？汤三使往聘之，既而幡然改，曰：与我处畎亩之中，由是以乐尧、舜之道，吾岂若使是君为尧、舜之君哉？吾岂若使是民为尧、舜之民哉？吾岂若于吾身亲见之哉？天之生此民也，使先知觉后知，使先觉觉后觉也。予，天民之先觉者也，予将以斯道觉斯民也。非予觉之，而谁也？思天下之民匹夫匹妇有不被尧、舜之泽者，若己推而内之沟中。其自任以天下之重如此，故就汤而说之以伐夏救民。吾未闻枉己而正人者也，况辱己以正天下者乎？圣人之行不同也，或远，或近，或去，或不去，归洁其身而已矣。吾闻其以尧、舜之道要汤，未闻以割烹也。'”

㉒志士沟壑、勇士丧元：语出《孟子·万章下》：“万章曰：'庶人，召之役，则往役；君欲见之，召之，则不往见之，何也？'曰：'往役，义也；往见，不义也……千乘之君求与之友而不可得也，而况可召与？齐景公田，招虞人以旌，不至，将杀之。志士不忘在沟壑，勇士不忘丧其元。孔子奚取焉？取非其招不往也。'”意为志士坚守节操而不怕弃尸沟壑，勇士见义而为不怕丢掉脑袋。

【译文】

古时候官员和教师、政治和教化合二为一，才德优异之士如果不在

百亩之田耕作,就在学校里传道授业,如果没有固定职业,指学业。就
一定有田园资产,不存在荒废职业而无所事事的人。周代衰落后官员
失去职业,道德与学问在教师与儒者中间私下传习,于是开始出现失去
职业的士人,这就是孟子所说的"尚志"之人。出仕不能凭学业享有俸
禄,退隐又不能通过耕种获得家产,立身处世孤立危急,这就是缘由。
士与公、卿、大夫,都是爵位和禄秩的称号,没有既不会耕种又缺乏才艺,可
以称为"尚志"的人。孟子所说,正是指官员与教师分离这种情形,方才有了
这种名称。圣人贤士有志于治理这个世道,于是有人因国君礼贤下士和
享受国家供养而做官,有三留三去的进退原则,至于君臣之间是否投
合,这就难说了。孔夫子将到楚国去,先派子夏去安排,接着又派冉有
去帮忙。泄柳、申详,如果没有贤人在鲁缪公身边,他们就不能安身。
孟子离开齐国,时子向他转达齐王想请他安居下来以便国内的士大夫
与平民能有所效法的一番话,还有客人为挽留孟子而进言。互相需要
是这么殷切,而彼此遇合的机缘又这么疏阔,于是就有了介绍传递消
息,维护调理,也是形势所逼而不得不如此。圣人贤士按照礼节出仕,
也按照道义退隐,一点也不受外界的干扰,所以他们自身所获得的东西
就很完备。读书人没有固定的家产,把俸禄寄托在学业之中,不是惧怕
耕种的饥饿,而是形势所迫无暇顾及。虽然如此,如果三个月没有得到
国君任用,则人死了不能立庙祭祀,活着也不敢参加宴饮娱乐,踩着霜
露则心中悲戚,孤寂凄凉而感伤不已,圣贤怎么就一定与常人的感情相
差很远呢!君子固然有走投无路的时候,但对于弯曲一尺以便伸直八
尺的利己行为,却也同王良以违背规矩驾车而感到羞耻一样,并不是为
了争什么礼节,而是害怕不能保全自己所获得的道义罢了。古代生不
逢时的人,隐居在卑下的位置。后世卑下的位置,却不能够侥幸获得。
古代不愿做官的人,亲自耕田种地而喜好圣贤之道。后世就连耕田种
地,也不能够侥幸得到。古人谦让退避的境地,后世的人竭尽贪婪的手
段去追求,也还得不到。所以要求古代的君子,只希望他分清做官与退

隐的原则界限，不苟且贪图名利就行了。要求后世的君子，一定要具有
有志之士不怕弃尸山沟、勇士不怕丢掉脑袋的操守才算可以。圣人处
世遇合，固然无所谓困难和容易；但对大贤以下的人，一定要求他们必
须具备不怕丢掉脑袋和不怕弃尸山沟的操守才算可以，这也是人之常
情所难做到。

　　商鞅浮尝以帝道①，贾生详对于鬼神②，或致隐几之
倦③，或逢前席之迎④，意各有所为也。然而或有遇不遇者，
商因孝公之所欲⑤，而贾操文帝之所难也⑥。韩非致慨于《说
难》⑦，曼倩托言于谐隐⑧，盖知非学之难，而所以申其学者难
也。然而韩非卒死于说，而曼倩尚畜于俳⑨，何也？一则露
锷而遭忌⑩，一则韬锋而幸全也⑪。故君子不难以学术用天
下，而难于所以用其学术之学术。古今时异势殊，不可不辨
也。古之学术简而易，问其当否而已矣。后之学术曲而难，
学术虽当，犹未能用，必有用其学术之学术，而其中又有工
拙焉。身世之遭遇，未责其当否，先责其工拙。学术当而趋
避不工，见摈于当时；工于遇而执持不当，见讥于后世。沟
壑之患逼于前，而工拙之效驱于后。呜呼！士之修明学术，
欲求寡过，而能全其所自得，岂不难哉！

【注释】

①商鞅浮尝以帝道：据司马迁《史记》卷六十八《商君列传》记载：
　　"乃遂西入秦，因孝公宠臣景监以求见孝公。孝公既见卫鞅，语
　　事良久。孝公时时睡，弗听。罢而孝公怒景监曰：'子之客，妄人
　　耳。安足用邪？'景监以让卫鞅。卫鞅曰：'吾说公以帝道，其志

不开悟矣。'……卫鞅复见孝公。公与语,不自知膝之前于席也。
语数日不厌。景监曰:'子何以中吾君? 吾君之欢甚也。'鞅曰:
'吾说君以帝王之道,比三代,而君曰久远,吾不能待。且贤君者
各及其身显名天下,安能邑邑待数十百年以成帝王乎? 故吾以
强国之术说君,君大说之耳。'"

②贾生详对于鬼神:据司马迁《史记》卷八十四《贾生列传》记载:
"后岁余,贾生征见,孝文帝方受厘,坐宣室。上因感鬼神事,而
问鬼神之本。贾生因具道所以然之状。至夜半,文帝前席。既
罢,曰:'吾久不见贾生,自以为过之,今不及也。'……贾生数上
疏,言诸侯或连数郡,非古之制,可稍削之。文帝不听。"

③隐几(yìn jī):语出《孟子·公孙丑下》:"隐几而卧。"又《庄子·徐
无鬼》曰:"南伯子綦隐几而坐,仰天而嘘。"隐,倚附,靠着。几,
几案,茶几。

④前席:向前移动坐席。

⑤孝公:秦孝公(前381—前338),姓嬴名渠梁,战国时期秦国国君。
在位二十四年,任用商鞅变法,废除贵族世袭制,以军功授爵,废
除分封制,设立郡县,迁都咸阳,初征田赋,秦国从此走向富强。

⑥文帝:汉文帝(202—157),姓刘名恒,韩高祖刘邦之子。初封代
王,吕后死,大臣尽诛诸吕,迎立为帝。在位二十三年,轻徭薄
赋,与民休息,社会经济逐渐恢复,人民安居乐业。其子景帝因
之,史称"文景之治"。

⑦韩非致慨于《说难》:据司马迁《史记》卷六十三《韩非列传》记载:
"韩非者,韩之诸公子也。喜刑名法术之学,而其归本于黄老……
悲廉直不容于邪枉之臣,观往者得失之变,故作《孤愤》、《五蠹》、
《内外储》、《说林》、《说难》十余万言。然韩非之说之难,为《说
难》书甚具,终死于秦,不能自脱。"

⑧曼倩托言于谐隐:据班固《汉书》卷六十五《东方朔传》记载:"武

帝初即位……令待诏公车……居有顷，闻上过，朱儒皆号泣顿首。上问：'何为？'对曰：'东方朔言，上欲尽诛臣等。'上知朔多端，召问朔：'何恐朱儒为？'对曰：'……朱儒长三尺余，奉一囊粟，钱二百四十。臣朔长九尺余，亦奉一囊粟，钱二百四十。朱儒饱欲死，臣朔饥欲死。'……上大笑。因使待诏金马门，稍得亲近……时有幸倡郭舍人……曰：'臣愿复问朔隐语。'……朔应声辄对，变诈锋出，莫能穷者。"谐隐，语出刘勰《文心雕龙》卷三《谐谳》："谐之言，皆也。辞浅会俗，皆悦笑也……谳者，隐也。遁辞以隐意，谲譬以指事也。"

⑨曼倩尚畜于俳：据班固《汉书》四十六上《严助传》记载："〔东方〕朔、〔枚〕皋不根持论，上颇俳优畜之。"

⑩露锷（è）：锋芒外露。锷，剑刃。

⑪韬（tāo）锋：隐藏锋芒。韬，掩藏。

【译文】

商鞅不着实际地以帝王之道试探秦孝公，贾谊对汉文帝详细陈述鬼神之事，一个让帝王听得趴在桌子上打盹解乏，一个则让帝王听得入迷而不知不觉地向前移动座位，想必他们各自心中都想有所作为。然而一个最终得到了赏识而另一个却未被重用，是因为商鞅顺逢孝公的愿望，而贾谊所言则是文帝感到难办的事。韩非在《说难》中感慨推行自己学说的困难，而曼倩则借诙谐滑稽之言来寄托讽喻，大概也知道学术本身不困难，而是难在如何申明推广自己的学说。但是韩非最终死于自己所游说的秦国，而曼倩却依然被当做艺人供养，这是为什么呢？一个是锋芒太露而遭人妒忌陷害，一个则因韬光养晦而侥幸保全。所以君子不是难在用学术治理天下，而是难在怎样使用学术的这种学术上面。古今时代不同形势有别，不能不分辨清楚。古代的学术简单容易掌握，只是关注它是否恰当就够了。后世的学术曲折而艰难，学说虽然正确，也还不能使用，必须要有使用这一学说的手段才行，而这种手段又有灵巧与拙笨的区别。一生的经历遭遇，不是要求他的学术是否确当，而是先要求他使用学术的手段是否精巧高明。学说正确合理但不善于投其所好和避其所害，就会被当世所摈弃；精通迎合技巧但所持学说不当，就会受到后世的讥议。弃尸山沟的祸患在前面逼迫，而使用学术手段精巧与笨拙的不同效果又在后面驱赶。唉！读书人阐明自己的学说，要想少犯错误，而能保全自己所获得的学问，难道不是很困难吗！

　　且显晦时也，穷通命也，才之生于天者有所独，而学之成于人者有所优，一时缓急之用，与一代风尚所趋，不必适相合者，亦势也。刘歆经术而不遇孝武，李广飞将而不遇高皇①，千古以为惜矣。周人学武，而世主尚文，改而学文，主又重武；方少而主好用老，既老而主好用少，白首泣涂②，固其宜也。若夫下之所具，即为上之所求，相须綦亟③，而相遇终疏者，则又不可胜道也。孝文拊髀而思颇、牧，而魏尚不免于罚作④；理宗端拱而表程、朱，而真、魏不免于疏远⑤；则非学术之为难，而所以用其学术之学术，良哉其难也。望远山者，高秀可挹，入其中而不觉也。追往事者，哀乐无端，处其境而不知也。汉武读相如之赋，叹其飘飘凌云，恨不得与同时矣⑥；及其既见相如，未闻加于一时侍从诸臣之右也。人固有爱其人而不知其学者，亦有爱其文而不知其人者。唐有牛、李之党⑦，恶白居易者，缄置白氏之作，以谓见则使人生爱，恐变初心⑧。是于一人之文行殊爱憎也。郑畋之女，讽咏罗隐之诗，至欲委身事之；后见罗隐貌寝，因之绝口不道⑨。是于一人之才貌分去取也。文行殊爱憎，自出于党私;才貌分去取,则是妇人女子之见也。然而世以学术相贵,读古人书,常有生不并时之叹;脱有遇焉,则又牵于党援异同之见,甚而效郑畋女子之别择于容貌焉;则士之修明学术,欲求寡过,而能全其所自得,岂不难哉?

【注释】

①李广飞将而不遇高皇:据司马迁《史记》卷一百零九《李将军列传》记载:"李将军广者,陇西成纪人也……尝从行,有所冲陷折关及格猛兽。而文帝曰:'惜乎,子不遇时!如令子当高帝时,万户侯岂足道哉?'"李广(?—119),西汉陇西成纪(今甘肃秦安)人。曾任陇西、北地、右北平等郡太守。勇猛善战,匈奴闻其名而避之,不敢犯边,称之为"飞将军"。高皇指汉高祖刘邦。

②周人学武,而世主尚文,改而学文,主又重武;方少而主好用老,既老而主好用少,白首泣涂:语出王充《论衡》卷一《逢遇》:"昔周人有仕数不遇,年老白首,泣涕于涂者。人或问之:'何为泣乎?'对曰:'吾仕数不遇,自伤年老失时,是以泣也。'人曰:'仕奈何不一遇也?'对曰:'吾年少之时学为文,文德成就,始欲仕宦,人君好用老。用老主亡,后主又用武。吾更为武,武节始就,武主又亡。少主始立,好用少年,吾年又老,是以未尝一遇。'仕宦有时,不可求也。"

③綦(qí):极,甚。

④孝文拊髀(fǔ bì)而思颇、牧,而魏尚不免于罚作:据班固《汉书》卷五十《冯唐传》记载:"上既闻廉颇、李牧为人,良说,乃拊髀曰:'嗟乎!吾独不得廉颇、李牧为将,岂忧匈奴哉?'唐曰:'主臣!陛下虽有廉颇、李牧,不能用也。'上怒,起入禁中。良久,召唐让曰:'公众辱我,独亡间处乎?'唐谢曰:'鄙人不知忌讳。'……乃卒复问唐曰:'公何以言吾不能用颇、牧也?'唐对曰:'……臣大

父言李牧之为赵将,居边,军市之租,皆自用飨士,赏赐决于外,不从中复也。委任而责成功,故李牧乃得尽其知能……今臣窃闻魏尚为云中守,军市租尽以给士卒,出私养钱,五日一杀牛,以飨宾客、军吏、舍人。是以匈奴远避,不近云中之塞……坐上功首虏差六级,陛下下之吏,削其爵,罚作之。繇此言之,陛下虽得李牧,不能用也。'……文帝说。是日,令唐持节赦魏尚,复以为云中守。"拊髀,用手拍大腿,表示振奋。颇、牧,指战国时期赵国名将廉颇和李牧。罚作,汉代刑罚之一,对罪行较轻的犯人处罚一年苦役。

⑤理宗端拱而表程、朱,而真、魏不免于疏远:据明代何乔新《椒邱文集》卷七记载:"宋自理宗嗣位以来,国势不竞,邻敌方张。幸而有一二君子焉,如真德秀、魏了翁,皆有辅世长民之德,而负天下之望者也……奈何弥远专政,忠贤是媢,恺壬是亲? 于是真、魏二公,相继贬斥。当时附弥远者,乃云:'真德秀乃真小人,魏了翁乃伪君子。'呜呼,小人之无忌惮,一至此哉!"理宗,指宋理宗赵昀(1205—1264),南宋皇帝。在位期间大力表彰程朱理学,淳祐元年(1241)诏令以周敦颐、张载、二程、朱熹五人从祀孔子,并亲自撰写《道统十三赞》,确立了理学的正统地位。端拱,正身端坐,拱手礼敬。真、魏,指南宋理学家真德秀和魏了翁。

⑥汉武读相如之赋,叹其飘飘凌云,恨不得与同时矣:据司马迁《史记》卷一百一十七《司马相如列传》记载:"蜀人杨得意为狗监,侍上。上读《子虚赋》而善之,曰:'朕独不得与此人同时哉!'得意曰:'臣邑人司马相如自言为此赋。'上惊,乃召问相如。相如曰:'有是。然此乃诸侯之事,未足观也。请为天子游猎赋。'赋成,奏之……赋奏,天子以为郎……相如见上好仙道,因曰:'上林之事未足美也,尚有靡者。臣尝为《大人赋》,未就,请具而奏之。'……相如既奏《大人》之颂,天子大说,飘飘有凌云之气,似游天地之

间意。"

⑦牛、李之党：唐宪宗、穆宗时期，朝廷中形成以牛僧孺、李宗闵为
　首的一派和以李德裕为首的一派，轮流执政，相互排挤。两派斗
　争长达四十余年，给唐代政治造成严重影响，史称牛、李党争。

⑧恶白居易者，缄置白氏之作，以谓见则使人生爱，恐变初心：据孙
　光宪《北梦琐言》卷一《李太尉抑白少傅》记载："白少傅居易，文
　章冠世，不跻大位。先是，刘禹锡大和中为宾客时，李太尉德裕
　同分司东都。禹锡谒于德裕曰：'近曾得白居易文集否？'德裕
　曰：'累有相示，别令收贮，然未一披。今日为吾子览之。'及取
　看，盈其箱笥，没于尘坌。既启之而复卷之，谓禹锡曰：'吾于此
　人，不足久矣。其文章精绝，何必览焉。但恐回吾之心，所以不
　欲观览。'其见抑也如此。"《章氏遗书》卷二十二《上毕抚台书》亦
　曰："昔李文饶恶白乐天，缄置其诗，不以寓目，以谓见诗则爱，恐
　易初心。是爱其文，不必爱其人也。"白居易之妻，为牛党杨颖士
　堂妹，因此受到李党排斥。他为避免陷入党争旋涡，惴惴小心，
　求闲职以远害。虽仕途不显，却生活安定。

⑨郑畋(tián)之女，讽咏罗隐之诗，至欲委身事之；后见罗隐貌寝，
　因之绝口不道：据《旧五代史》卷二十四《罗隐传》记载："罗隐，余
　杭人。诗名于天下，尤长于咏史，然多所讥讽，以故不中第。大
　为唐宰相郑畋、李蔚所知。隐虽负文称，然貌古而陋。畋女幼有
　文性，尝览隐诗卷，讽诵不已。畋疑其女有慕才之意。一日隐至
　第，郑女垂帘而窥之，自是绝不咏其诗。"郑畋(约820—882)，字
　台文，唐荥阳(今属河南)人。历任翰林学士、知制诰、兵部侍郎、
　宰相等官，封荥阳郡侯。以平黄巢功，进位司空。后引疾辞官，
　进检校司徒、太子太保。卒谥文昭。罗隐(833—909)，字昭谏，
　号江东生，唐余杭新城(今浙江富阳)人。历任钱塘县令、著作
　郎、节度判官等。朱温建立后梁，授官给事中。著有《罗江东

集》。貌寝，也作"貌侵"，相貌短小丑陋。

【译文】

况且显贵与黯然取决于时势，困窘与通达取决于命运，有的人在某些方面天生具有突出才华，获得学术成功的条件也有优势，但一个时期学术应用方面的缓滞与急需，与一代风尚的趋向，不一定恰好适合，这也是必然的形势。刘歆精通经学却没有遇上独尊儒术的汉武帝，李广善战却没有遇上创业皇帝汉高祖，千古以来都认为可惜了。周代有人学习武艺，而当时的国君却崇尚文治，改行学文以后，国君又注重武艺；年方少壮时而君主喜欢使用年长的人，等到老年君主又喜欢使用年轻的人，白发苍苍而哭泣于路，这也是必然之事。至于说到臣下所具备的特长，就是主上所需求的东西，相互需要那么急切，但君臣遇合最终又是那么疏远，那也有说不完的事例。汉文帝拍打着大腿思念廉颇、李牧这样的良将，但身边的将才魏尚仍不免被罚做苦力；宋理宗庄重恭敬地表彰程、朱道学，而真德秀、魏了翁仍不免被疏远；那么不是学术本身有什么艰难，而是怎样使用学术的学术，才确实艰难！遥望远山，高峻秀丽似乎可以揽入怀中，但进入山中就感觉不到了；追忆往事，哀伤欢乐无端而生，但身临其境就浑然不知了。汉武帝读司马相如的辞赋，感叹它飘飘然有凌云之气，悔恨自己不能与相如同时而生了；等见到相如之后，也没听说把他看得比当时诸位侍从大臣更重要。世上的人固然有喜爱某个人而不了解他的学问，也有的人喜爱某人的诗文而不了解他本人。唐代有牛、李两个朋党，李党人物因为憎恨白居易，就把白氏的作品封存起来，说是看了就会使人产生喜爱之心，害怕改变原先的看法。这是对一个人的文章和品行爱憎不同。郑畋的女儿，吟咏罗隐的诗，以至于想委身嫁给他；后来看到罗隐相貌丑陋，从此绝口不提他的诗。这是对一个人的才华和容貌分别有所取舍。对文章与品行爱憎不同，自然是由于朋党的私见；对才华和相貌取舍有别，则是出于妇道人家的见识。然而世人以学术互相尊敬，读古人的书，常有生不同时的感叹;倘或有幸相遇,却又受制于党同伐异的偏见,甚至效法郑畋的女儿对人的外貌挑三拣四;那么读书人阐明自己的学说,要想少出差错,而能保全自己所获得的知识,难道不是很困难吗?

　　淳于量饮于斗石①,无鬼论相于狗马②,所谓赋《关雎》而兴淑女之思③,咏《鸣鹿》而致嘉宾之意也④。有所托以起兴,将以浅而入深,不特诗人微婉之风,实亦世士羔雁之质⑤,欲行其学者,不得不度时人之所喻以渐入也。然而世之观人者,闻《关雎》而索河洲⑥,言《鹿鸣》而求苹野⑦,淑女嘉宾则弃置而弗道也。中人之情,乐易而畏难,喜同而恶异,听其言而不能察其言之所谓者,十常八九也。有贱丈夫者,知其遇合若是之难也,则又舍其所长,而强其所短,力趋风尚,不必求惬于心。风尚岂尽无所取哉? 其开之者,尝有所为;而趋之者,但袭其伪也。夫雅乐不亡于下里,而亡于郑声⑧,郑声工也。良苗不坏于蒿莱,而坏于莠草⑨,莠草似也。学术不丧于流俗,而丧于伪学,伪学巧也。天下不知学术,未尝不虚其心以有待也。伪学出,而天下不复知有自得之真学焉。此孔子之所以恶乡愿⑩,而孟子之所为深嫉似是而非也⑪。然而为是伪者,自谓所以用其学术耳。昔者夫子未尝不猎较,而簿正之法卒不废,兆不足行而后去也⑫。然则所以用其学术之学术,圣贤不废也。学术不能随风尚之变,则又不必圣贤,虽梓、匠、轮、舆⑬,亦如是也。是以君子假兆以行学,而遇与不遇听乎天。昔扬子云早以雕虫获荐,而晚年草玄寂寞⑭;刘知几先以词赋知名,而后因述史减誉⑮。诚知其不可奈何,而安之若命也。

【注释】

①淳于量饮于斗石：据司马迁《史记》卷一百二十六《滑稽列传》记载："淳于髡者，齐之赘婿也……威王大说，置酒后宫，召髡，赐之酒。问曰：'先生能饮几何而醉？'对曰：'臣饮一斗亦醉，一石亦醉。'威王曰：'先生饮一斗而醉，恶能饮一石哉？其说可得闻乎？'髡曰：'赐酒大王之前，执法在傍，御史在后，髡恐惧俯伏而饮，不过一斗，径醉矣。若亲有严客，髡卷韝鞠䠊，侍酒于前，时赐余沥，奉觞上寿，数起，饮不过二斗，径醉矣。若朋友交游，久不相见，卒然相睹，欢然道故，私情相语，饮可五六斗，径醉矣。若乃州闾之会，男女杂坐，行酒稽留，六博投壶，相引为曹，握手无罚，目眙不禁，前有坠珥，后有遗簪，髡窃乐此，饮可八斗而醉二叁。日暮酒阑，合尊促坐，男女同席，履舄(xì)交错，杯盘狼藉，堂上烛灭，主人留髡而送客，罗襦襟解，微闻芗泽。当此之时，髡心最欢，能饮一石。'"淳于髡，复姓淳于，因受髡刑，故名。战国时期齐国人，多次出使诸侯国，并接待他国使者。为人滑稽多智，长于讽谏。卷韝(juàn gōu)，束袖并加臂套。䠊(jì)，通"踞"，跪地直起身。舄，也作"舄"，鞋。

②无鬼论相于狗马：据《庄子·徐无鬼》记载："徐无鬼因女商见魏武侯……少焉，徐无鬼曰：'尝语君，吾相狗也，下之质，执饱而止，是狸德也；中之质，若视日；上之质，若亡其一。吾相狗又不若吾相马也。吾相马，直者中绳，曲者中钩，方者中矩，圆者中规，是国马也，而未若天下马也。天下马有成材，若恤若失，若丧其一，若是者，超轶绝尘，不知其所。'武侯大悦而笑。徐无鬼出，女商语：'先生独何以说吾君乎？吾所以说吾君者，横说之则以《诗》、《书》、《礼》、《乐》，从说之则以《金板》、《六韬》，奉事而大有功者不可为数，而吾君未尝启齿。今先生何以说吾君，使吾君说若此乎？'徐无鬼曰：'……久矣夫，莫以真人之言謦欬(qǐng kài)

吾君之侧乎！'"徐无鬼，相传为战国时期魏国隐士。曾见魏武
侯，说以无为而治。魏武侯(? —前370)，名击，战国时期魏国国
君。与韩、赵三家分晋。女商，魏武侯的宠臣。真人之言，纯真
的语言。謦欬，原意为咳嗽，后用来比喻谈笑。

③赋《关雎》而兴淑女之思：据《诗经·周南·关雎》卫宏《序》曰：
"《关雎》，乐得淑女，以配君子，忧在进贤，不淫其色，哀窈窕，思
贤才，而无伤善之心焉。是《关雎》之义也。"

④咏《鸣鹿》而致嘉宾之意：据《诗经·小雅·鹿鸣》卫宏《序》曰：
"《鹿鸣》，燕群臣嘉宾也。"

⑤羔雁之质：据《礼记·曲礼下》记载："凡挚，天子鬯，诸侯圭，卿
羔，大夫雁，士雉，庶人之挚匹，童子委挚而退。"质、挚，通"贽"，
古人的见面礼。鬯，黑黍酒。圭，玉珪。羔，羊羔。雁，大雁。
匹，鸭。

⑥闻《关雎》而索河洲：语出《诗经·周南·关雎》："关关雎鸠，在河
之洲。"毛《传》曰："水中可居者曰洲。"

⑦言《鹿鸣》而求苹野：语出《诗经·小雅·鹿鸣》："呦呦鹿鸣，食野
之苹。"毛《传》曰："苹，蓱也。"蓱，也作"萍"，一种草本植物，称作
白蒿，又叫籟蒿。

⑧雅乐不亡于下里，而亡于郑声：语出萧统《文选》卷四十五《宋
玉·对楚王问》："客有歌于郢中者，其始曰下里巴人，国中属而
和者数千人。"又《论语·阳货》记载："子曰：恶紫之夺朱也，恶郑
声之乱雅乐也，恶利口之覆邦家者。"雅乐，古代帝王郊天、祭祖、
朝贺、宴享演奏的庙堂舞乐。下里，即下里巴人，古代民间通俗
乐曲。郑声，春秋战国时期郑国地区的靡靡之音。

⑨良苗不坏于蒿莱，而坏于莠(yǒu)草：语出《孟子·尽心下》："孔
子曰：'恶似而非者。恶莠，恐其乱苗也。'"蒿莱，野蒿，杂草。莠
草，俗称狗尾草，茎叶与禾苗非常相似，结出的秕实不能吃。

⑩孔子之所以恶乡愿：语出《论语·阳货》："子曰：'乡原（yuàn），德之贼也。'"乡原，即乡愿，指乡下外貌谨厚而实际上与流俗合污的伪君子。

⑪孟子之所为深嫉似是而非：据《孟子·尽心下》记载："万子曰：'一乡皆称原人焉，无所往而不为原人，孔子以为德之贼，何哉？'［孟子］曰：'非之无举也，刺之无刺也，同乎流俗，合乎污世，居之似忠信，行之似廉洁，众皆悦之，自以为是，而不可与入尧舜之道，故曰德之贼也。'"

⑫夫子未尝不猎较，而簿正之法卒不废，兆不足行而后去：据《孟子·尽心下》记载孟子和万章问答说："'孔子之仕于鲁也，鲁人猎较，孔子亦猎较。猎较犹可，而况受其赐乎？'曰：'然则孔子之仕也，非事道与？'曰：'事道也。''事道奚猎较也？'曰：'孔子先簿正祭器，不以四方之食供簿正。'曰：'奚不去也？'曰：'为之兆也。兆足以行矣而不行，而后去，是以未尝有所终三年淹也。'"猎较，古代打猎时争夺猎物用来祭祀的一种风俗。簿正之法，用文书规定祭祀使用的祭物和礼器。兆，征兆，开端。

⑬梓、匠、轮、舆：语出《孟子·尽心下》曰："梓、匠、轮、舆，能与人规矩，不能使人巧。"梓、匠，木工。轮、舆，即轮人和舆人，古代专门造车的工匠。

⑭扬子云早以雕虫获荐，而晚年草玄寂寞：据扬雄《法言》卷二《吾子》记载："或问：'吾子少而好赋？'曰：'然。童子雕虫篆刻。'俄而曰：'壮夫不为也。'"又据班固《汉书》卷八十七《扬雄传》记载："孝成帝时，客有荐雄文似相如者……哀帝时，丁、傅、董贤用事，诸附离之者，或起家至二千石。时雄方草《太玄》，有以自守，泊如也。"扬子云，即扬雄。

⑮刘知几先以词赋知名，而后因述史减誉：据刘知几《史通》卷十《自叙》曰："予辄不自揆，亦窃比于扬子云者，有四焉。何者？扬

雄尝好雕虫小伎,老而悔其少作;余幼喜诗赋,而壮都不为,耻以文士得名,期以述者自命。其似一也。扬雄草《玄》,累年不就,当时闻者,莫不哂其徒劳;余撰《史通》,亦屡移寒暑,悠悠尘俗,共以为愚。其似二也。扬雄撰《法言》,时人竞尤其妄,故作《解嘲》以酬之;余著《史通》,见者亦互言其短,故作《释蒙》以拒之。其似三也。扬雄少为范逡、刘歆所重,及闻其撰《太玄经》,则嘲以恐盖酱瓿。然刘、范之重雄者,盖贵其文采,若《长杨》、《羽猎》之流耳。如《太玄》深奥,难以探赜,既绝窥逾,故加讥诮。余初好文笔,颇获誉于当时,晚谈史传,遂减价于知己。其似四也。"

【译文】

淳于髡用斗和石来衡量自己因心境而异的酒量,徐无鬼对君主谈论相马相狗的不同,这就是所说的吟诵《关雎》就产生爱慕淑女的情思,吟咏《鹿鸣》以表达对嘉宾的敬意。以起兴的手法来寄托用意,逐渐地从表面而深入,不只是诗人委婉讽喻的一种风格,实际上也是读书人手秉羔雁一类的礼物,想推行自己的学说,不得不考虑当时人是否能明白而采用逐渐深入的办法。但是现实中的读书人,听到《关雎》便考问河洲在哪里,而说到《鹿鸣》便寻求草野之所在,对淑女、嘉宾就废弃而不提了。中等资质人的心态,贪图容易而畏惧艰难,喜欢求同而厌恶殊异,听了别人的话而不能明察话中的含义,通常有十之八九。那些资质低下的人,知道彼此投合是这样困难,就舍弃自己的专长,硬要从事自己不擅长的学问,极力迎合当时的风尚,不一定考虑内心是否满意。世俗风尚难道没有一点可取之处吗?那些开创风尚的人,曾经也有所作为;可是后来的追随者,却只是继承了他们伪劣的一面。雅乐不会亡于下里巴人这类民歌,而害怕亡于郑国的音乐,因为郑国的音乐淫靡精巧。禾苗不会坏于野蒿,而害怕坏于莠草,因为莠草与禾苗很相似。学术不会毁于世俗的东西,而害怕毁于假冒的学术,因为假冒的学术善于巧装。天下的人不知道学术,未尝不虚心等待。假冒的学术一出来,天下的人就不再知道有语出心得的真学术了。这就是孔子为什么憎恶乡愿，孟子为什么痛恨似是而非的缘故。然而制造这种虚假学术的人，却自以为这就是使用学术的学术。从前孔夫子狩猎未尝不和别人一样争夺猎物，但是他用文书规定祭器与祭品的方法却没有废弃，试行的结果表明不能推行他的政治主张然后才离去。那么关于怎样使用学术的学术，即使是圣贤也不废弃。而学术不能追随着风尚而变化，则又不用说是圣贤，即使是车工木匠，也是如此。所以君子凭借征兆来推行自己的学说，而能不能得到赏识就听天由命了。从前扬子云早年凭借辞赋而获得时贤的称赞，晚年却因为撰写《太玄》而受到冷落；刘知几先前凭借辞赋而知名于世，后来却因为撰《史通》而声誉顿减。他们的确知道这是无可奈何的事，但却能安之若命。

辨 似

【题解】

　　本篇之作，专为抨击学术上的似是而非陋习。学术之要，在于辨明是非。是非之所以难明，不仅在于本身的复杂和评价标准的不同，而且还由于似是而非的干扰。这种似是而非的学术，就是伪学。章学诚在上一篇《感遇》中已经指出，学术不会毁于世俗的东西，而害怕毁于假冒的学术，因为假冒的学术善于巧装。在这一篇中，他进一步深入剖析伪学形成的原因，提出了判断伪学的标准。他认为学术最大的祸患就在于对古人之言不求其是，而是曲解附会，把一些似是而非的内容强加给古人，混淆视听，以假乱真，贻误后人。所以对于那些表面看来相似的言论，如果仔细考察它们的出发点和针对性，就能看到两者之间存在天壤之别。同时，章学诚有感于自己的言谈议论被他人剽窃而失其本旨，所以对当时学界似是而非的剽窃之作深恶痛绝。他揭露暗袭古人之意而伴更其貌、引申前人之意而讳言出处、窃取古人之意当做自己的新解等种种弊病，告诫世人治学应当求是不求似，求似必不得是的道理。

　　人藏其心，不可测度也①。言者心之声②，善观人者，观其所言而已矣。人不必皆善，而所言未有不托于善也。善观人者，察其言善之故而已矣。夫子曰："始吾于人也，听其言而信其行;今吾于人也,听其言而观其行。"③恐其所言不出于意之所谓诚然也。夫言不由中,如无情之讼④,辞穷而情易见,非君子之所患也。学术之患,莫患乎同一君子之言,同一有为言之也,求其所以为言者,咫尺之间⑤,而有霄壤之判焉,似之而非也。

【注释】

①人藏其心,不可测度也:语出《礼记·礼运》。

②言者心之声:语出扬雄《法言》卷五《问神》:"故言,心声也。"

③始吾于人也,听其言而信其行;今吾于人也,听其言而观其行:语出《论语·弓冶长》。

④无情之讼:语出《礼记·大学》:"子曰:'听讼,吾犹人也。必也使无讼乎! 无情者不得尽其辞。大畏民志,此谓知本。'"郑玄《注》曰:"情,犹实也。无实者,多虚诞之辞。"

⑤咫(zhǐ)尺:比喻距离很近。咫,周代以八寸为咫。

【译文】

人心不外露,无法测量。言语就是人的心声,善于观察人的人,只要观察他所说的话就可以了。人不一定都很善良,但所说的话无不表现得很善良。善于观察人的人,观察他说话动听的缘故就可以了。孔夫子说:"起初我对待人,听了他的话就相信他的行为;现在我对待人,听了他的话还要考察他的行为。"恐怕他所说的话不是出于真心实意。言不由衷,犹如没有实情的官司,无言以对实情就显现出来,这不是君子所忧虑的事情。学术上的忧患,没有比同为君子之言,同属于有所针对性而言这种情况更令人担忧的了,探求他们说这些话的缘故,咫尺之间,就有了天壤之别,因为它们表面相似而实际上并不相同。

天下之言,本无多也。言有千变万化,宗旨不过数端可尽,故曰言本无多。人则万变不齐者也。以万变不齐之人,而发为无多之言,宜其迹异而言则不得不同矣。譬如城止四门,城内之人千万,出门而有攸往,必不止四途,而所从出者,止四门也。然则趋向虽不同,而当其发轫不得不同也①。非有意以相袭也,非投东而伪西也,势使然也。

【注释】

①发轫(rèn):语出《楚辞·离骚》:"朝发轫于苍梧兮。"洪兴祖《楚辞补注》曰:"轫,止车之木。将行,则发之。"意为拿开抵住车轮的木头起程。比喻事物的开端。

【译文】

天下的言论,原本没有多少。言语有千变万化,但主要的旨意不过数条就能概括完,所以说言论本来不多。人却千变万化各不一样。以千变万化各不一样的人,去说原本不多的话,难怪他们行事不同而言论却不得不相同了。就像一个城市只有四座城门,城内的人有千千万万,出门后所去的地方,一定不止四条道路,而他们从城里出来的路,却只有四座城门。那么趋向虽然不同,但在起初的时候,却不得不相同。不是有意地要仿效,也不是要朝东去而伪装成朝西走,这是形势所造成的结果。

树艺五谷①,所以为烝民粒食计也②。仪狄曰③:"五谷不可不熟也。"问其何为而祈熟,则曰:"不熟无以为酒浆也。"教民蚕桑,所以为老者衣帛计也④。蚩尤曰:"蚕桑不可不植也。"诘其何为而欲植,则曰:"不植无以为旌旗也。"夫仪狄、蚩尤,岂不诚然须粟帛哉?然而斯民衣食,不可得而赖矣。

【注释】

①树艺五谷：语出《孟子·滕文公上》："后稷教民稼穑，树艺五谷；
五谷熟而民人育。"赵岐《注》云："树，种。艺，植。五谷，稻、黍、
稷、麦、菽也。"

②烝民粒食：烝民，语出《诗经·大雅·烝民》，毛《传》曰："烝，众。"
粒食，语出《尚书·益稷》："懋迁有无化居，烝民乃粒。"伪孔安国
《传》曰："米食曰粒。"

③仪狄：相传为夏禹之臣。徐坚《初学记》卷二十六《服食部》引《世
本》曰："仪狄始作酒醪。"又据《战国策·魏策二》记载："昔者，帝
女令仪狄作酒而美，进之禹。禹饮而甘之，遂疏仪狄，绝旨酒。
曰：'后世必有以酒亡其国者。'"

④教民蚕桑，所以为老者衣帛计：语出《孟子·梁惠王上》："五亩之
宅，树之以桑，五十者可以衣帛矣。"又《孟子·尽心上》曰："五亩
之宅，树墙下以桑，匹妇蚕之，则老者足以衣帛矣。"

【译文】

种植五谷，是用来供应民众吃饭的粮食。仪狄说："五谷不能不
熟。"问他为什么祈求五谷成熟，他却说道："不熟就没有东西用来造
酒。"教给民众养蚕种桑，是用来供应老人穿衣的丝帛。蚩尤说："蚕桑
不能不种植。"追问他为什么要种植，他却说道："不种植就没有东西用
来制作旗帜。"仪狄、蚩尤，难道不是诚心需要粮食和绢帛吗？然而这些
民众的衣食，却没有依赖而无法得到保障了。

《易》曰："阴阳不测之为神。"①又曰："神也者，妙万物而
为言也。"②孟子曰："大而化之之谓圣，圣而不可知之之谓

神。"③此神化神妙之说所由来也。夫阴阳不测,不离乎阴阳也。妙万物而为言,不离乎万物也。圣不可知,不离乎充实光辉也。然而曰圣、曰神、曰妙者,使人不滞于迹,即所知见以想见所不可知见也。学术文章,有神妙之境焉。末学肤受④,泥迹以求之,其真知者,以谓中有神妙,可以意会而不可以言传者也⑤。不学无识者,窒于心而无所入,穷于辨而无所出,亦曰可意会而不可言传也。故君子恶夫似之而非者也⑥。

【注释】

①阴阳不测之谓神:语出《周易·系辞上》。

②神也者,妙万物而为言者也:语出《周易·说卦》。

③大而化之之谓圣,圣而不可知之之谓神:语出《孟子·尽心下》。

④末学肤受:语出萧统《文选》卷三《张平子·东京赋》:"乃莞尔而笑曰:'若客所谓末学肤受,贵耳而贱目者也。'"三国吴薛综《注》曰:"末学,谓不经根本;肤受,谓皮肤之不经于心胸。"指学问不求根本,仅及皮毛。

⑤意会:语出萧统《昭明太子集》卷四《答湘东王求文集及诗苑英华书》:"观汝诸文,殊与意会,至于此书,弥见其美。"指内心领会。

⑥君子恶夫似之而非者也:语出《孟子·尽心下》:"孔子曰:'恶似而非者:恶莠,恐其乱苗也;恶佞,恐其乱义也;恶利口,恐其乱信也;恶郑声,恐其乱乐也;恶紫,恐其乱朱也;恶乡原,恐其乱德也。'"

【译文】

《周易》说:"阴阳变化不可预测就叫做'神'。"又说:"所谓'神',就是说它奇妙地化育万物而又无法解释。"孟子说:"既能光大地表现出来又能融化贯通就称之为'圣',圣德到了不可预测的境界就称之为'神'。"这就是神化、神妙之说的由来。阴阳变化不可预测,还是没有离开阴阳;说它奇妙地化育万物,还是没有离开万物;圣德不可测知,还是没有离开充实与光辉。那么称作"圣"、称作"神"、称作"妙",都是为了使人不拘泥于表象,而根据所知所见的东西来推想所不知不见的东西。学术文章,有神妙的意境。浅陋的学者,拘泥于表象来寻求它。那些有真知灼见的人,认为其中有神妙之处,可以心领神会却无法用语言传达。不学无知的人,心灵阻塞不通什么也学不进去,言辞拙劣困窘什么也说不出来,也说可以心领神会却无法用语言传达。所以君子憎恶似是而非的东西。

伯昏瞀人谓列御寇曰:"人将保汝矣,非汝能使人保也,乃汝不能使人毋汝保也。"①然则不能使人保者下也,能使人毋保者上也,中则为人所保矣。故天下惟中境易别,上出乎中而下不及中,恒相似也。学问之始,未能记诵,博涉既深,将超记诵。故记诵者,学问之舟车也。人有所适也,必资乎舟车;至其地,则舍舟车矣。一步不行者,则亦不用舟车矣。不用舟车之人,乃托舍舟车者为同调焉。故君子恶夫似之而非者也。程子见谢上蔡多识经传②,便谓玩物丧志,毕竟与孔门"一贯"不似③。

【注释】

①伯昏瞀(mào)人谓列御寇曰:"人将保汝矣,非汝能使人保也,乃汝不能使人毋汝保也":语出《庄子·列御寇》。伯昏瞀人,春秋时期郑国人,一说楚国人,贤而能隐。子产、列御寇都曾经师事之。列御寇,也作列圄寇、列圉寇,即列子。战国时期郑国人,一

说与郑穆公同时,一说在庄子之前。主张清静无为,崇尚虚玄,
被道家奉为先贤。著有《列子》一书。保,归依,依附。

②程子见谢上蔡多识经传,便谓玩物丧志:语出《二程外书》卷十二
引《上蔡语录》:"昔录《五经》语作一册,伯淳见,谓曰:'玩物丧
志。'"程子,即程颢。谢上蔡,即谢良佐(1050—1103),字显道,
北宋蔡州上蔡(今属河南)人。受学于二程,与游酢、杨时、吕大
临号称程门四大弟子,学者称为上蔡先生。著有《上蔡语录》等
著作。

③一贯:即"一以贯之",语出《论语·里仁》及《论语·卫灵公》。

【译文】

伯昏瞀人对列御寇说:"人们将要归附你了,不是你能使人归附,而
是你不能使人不归附你。"那么不能使人归附属于下等人,能使人不归
附属于上等人,中等人则是为人所归附。所以天下只有中等的境界容
易分别,上等超出中等而下等又不及中等,上等与下等往往很相似。学
问开始的时候,还不能记诵,等广泛涉猎很深之后,将会超越记诵。所
以说记诵,是研治学问的车船。人们要到什么地方,一定要借助车船;
到了目的地,就舍弃车船不用了。一步路都不走的人,那也不用车船。
不用车船的人,于是便把到达目的地后舍弃车船的人视作志趣相投的
人。所以君子憎恶似是而非的东西。程颢看见谢上蔡往往记诵经传上的
内容,就说他玩物丧志,这毕竟与孔夫子所讲的"一以贯之"不太相似。

理之初见,毋论智愚与贤不肖,不甚远也。再思之,则
恍惚而不可恃矣。三思之,则眩惑而若夺之矣。非再三之
力,转不如初也。初见立乎其外,故神全,再三则入乎其中,
而身已从其旋折也。必尽其旋折,而后复得初见之至境焉,
故学问不可以惮烦也。然当身从旋折之际,神无初见之全,

必时时忆其初见，以为恍惚眩惑之指南焉①，庶几哉有以复其初也。吾见今之好学者，初非有所见而为也，后亦无所期于至也，发愤攻苦，以谓吾学可以加人而已矣，泛焉不系之舟②，虽日驰千里，何适于用乎？乃曰学问不可以惮烦。故君子恶夫似之而非者也。

【注释】

①指南：语出崔豹《古今注》卷上《舆服》："黄帝与蚩尤战于涿鹿之野。蚩尤作大雾，兵士皆迷。于是作指南车，以示四方，遂擒蚩尤，而即帝位。"比喻指引、指导。

②泛焉不系之舟：语出《庄子·列御寇》："巧者劳而知者忧。无能者无所求，食而遨游，泛若不系之舟，虚而遨游者也。"指学问泛滥而无宗主。

【译文】

最初认识一个道理，不论聪明还是愚蠢、贤良方正还是品行不端的人，都相差不远。进一步思考，就有些恍惚不可靠了。思考多次，就会头晕眼花好像失去了自我。如果不再三下工夫思考，反而不如最初的见解清晰。最初观察思考是站在事物的外围，所以人的精神状态完全集中，再三观察思考就已经进入事物内部之中，而人的身心已经随着事物的反复变化而开始变化。一定要穷尽它的变化，然后才能再次达到最初认识事物时所见到的最高境界，所以学问不能害怕麻烦。但当身心随着事物变化而变化的时候，精神状态也没有最初认识事物时那么完全集中，一定要时常回忆最初认识事物时的情景，作为精神状态恍惚迷惑时的指南，这才差不多能回到最初认识事物时的境界。我看到现在有些好学的人，起初并不是因为有什么发现感悟而来读书，后来也没有要达到什么境界的目标，发愤苦攻，以为我的学问可以超越别人了，好像随风飘浮没有拴挂的船一样，即使一日飞驰千里，又有什么用处呢？这种人竟然也说做学问不能害怕麻烦。所以君子憎恶似是而非的东西。

夫言所以明理，而文辞则所以载之之器也。虚车徒饰①，而主者无闻，故溺于文辞者，不足与言文也。《易》曰："物相杂，故曰文。"又曰："其指远，其辞文。"②《书》曰："政贵有恒，辞尚体要。"③《诗》曰："辞之辑矣，民之洽矣。"④《记》曰："毋剿说，毋雷同，则古昔，称先王。"⑤传曰："辞达而已矣。"⑥曾子曰："出辞气，斯远鄙倍矣。"⑦经传圣贤之言，未尝不以文为贵也。盖文固所以载理，文不备，则理不明也。且文亦自有其理，妍媸好丑，人见之者，不约而有同然之情，又不关于所载之理者，即文之理也。故文之至者，文辞非其所重尔，非无文辞也。而陋儒不学，猥曰"工文则害道"。故君子恶夫似之而非者也。

【注释】

①虚车徒饰：语出周敦颐《通书》卷下《文辞》："文，所以载道也。轮辕饰而人弗庸，徒饰也。况虚车乎！"

②其旨远，其辞文：语出《周易·系辞下》。

③政贵有恒，辞尚体要：语出伪古文《尚书·毕命》。

④辞之辑矣，民之洽矣：语出《诗经·大雅·板》。辑、洽，和谐，协洽。

⑤毋剿（chāo）说，毋雷同，则古昔，称先王：语出《礼记·曲礼上》。剿说，剿，通"勦"，抄袭别人的言论。

⑥辞达而已矣：语出《论语·卫灵公》。

⑦出辞气,斯远鄙倍矣:语出《论语·泰伯》。

【译文】

言语用来阐明道理,而文辞则是用来记载道理的工具。空旷的车子徒然有华丽的装饰,车子的主人却湮没无闻,所以沉溺于文辞的人,就不值得共同谈论文辞。《周易》说:"阴阳两类物像相互错杂,所以就叫做'文'。"又说:"它的意旨很深远,它的言辞有文采。"《尚书》说:"政令贵在持之以恒,文辞贵在简明扼要。"《诗经》说:"言辞和蔼可亲,民众就会与你融洽一致。"《礼记》说:"不要抄袭别人的言论,不要随声附和,要效法古人说话,称引先王的言论作为依据。"《论语》说:"言辞足以表达意思就行了。"曾子说:"说话时多考虑言辞和语气,这样就可以避免粗鄙和背理。"经书上圣贤所说的话,未尝不重视文辞。这大概是因为文辞用来记载事理,文辞不完备,那么道理就不明确。况且文辞也有它自己的规律,美丑好坏,读到过它的人,不约而同地产生出同样的感情,而又与所阐述的道理无关,这就是文理。所以文章的最高境界,只是文辞不被特别看重罢了,并非不要文辞。而浅陋的儒生不学无知,苟且曲说"工于文辞就会损害思想内容"。所以君子憎恶似是而非的东西。

陆士衡曰:"虽杼轴于予怀,怵他人之我先;苟伤廉而愆义,亦虽爱而必捐。"①盖言文章之士,极其心之所得,常恐古人先我而有是言;苟果与古人同,便为伤廉愆义,虽可爱之甚,必割之也。韩退之曰:"惟古于文必己出,降而不能乃剿袭。"②亦此意也。立言之士,以意为宗③,盖与辞章家流不同科也。人同此心,心同此理。宇宙辽扩,故籍纷揉④,安能必其所言古人皆未言邪?此无伤者一也。人心又有不同,如其面焉。苟无意而偶同,则其委折轻重,必有不尽同者,人自得而辨之。此无伤者二也。著书宗旨无多,其言则万千而未有已也,偶与古人相同,不过一二,所不同者,足以概其偶同。此无伤者三也。吾见今之立言者,本无所谓宗旨,引古人言而申明之,申明之旨,则皆古人所已具也。虽然,此则才弱者之所为,人一望而知之,终归覆瓿⑤,于事固无所伤也。乃有黠者,易古人之貌,而袭其意焉。同时之人有创论者,申其意而讳所自焉。或闻人言其所得,未笔于书,而遽窃其意以为己有;他日其人自著为书,乃反出其后焉⑥。且其私智小慧,足以弥缝其隙,而更张其端,使人瞢然莫辨其底蕴焉⑦。自非为所窃者觌面质之⑧,且穷其所未至,其欺未易败也。又或同其道者,亦尝究心,反复勘其本末,其隐始可攻也。然而盗名欺世,已非一日之厉矣。而当时之人,且曰某甲之学,不下某氏,某甲之业,胜某氏焉。故君子恶夫似之而非者也。

【注释】

①陆士衡曰:"虽杼轴于予怀,怵他人之我先;苟伤廉而愆(qiān)义,亦虽爱而必捐":语出萧统《文选》卷十七《陆士衡·文赋》。陆士衡,即陆机。杼轴,本义指织布机,比喻作者酝酿和组织文章。怵,害怕,恐惧。愆,违背。捐,舍弃。

②惟古于文必己出,降而不能乃剿袭:语出韩愈《韩昌黎全集》卷三十四《南阳樊绍述墓志铭》:"惟古于词必己出,降而不能乃剽贼。后皆指前公相袭,从汉迄今用一律。"

③立言之士,以意为宗:语出萧统《昭明太子集》卷五《文选序》:"老、庄之作,管、孟之流,盖以立意为宗,不以能文为本。"

④纷揉:纷杂错乱。

⑤覆瓿(bù):据班固《汉书》卷八十七下《扬雄传下》记载:"巨鹿侯

芭常从雄居,受其《太玄》、《法言》焉。刘歆亦尝观之,谓雄曰:'空自苦。今学者有禄利,然尚不能明《易》,又如《玄》何?吾恐后人用覆酱瓿也。'雄笑而不应。"瓿,酱坛。比喻著作毫无价值。

⑥或闻人言其所得,未笔于书,而遽窃其意以为己有;他日其人自著为书,乃反出其后焉:据《章氏遗书》外编卷一《信摭》记载:"邵二云侍读撰《尔雅正义》,尝以所独解者为人言之。乡曲獧子,于邵书未成,先窃其说,刊为别解。幸邵知之早,及以《正义》授刻,凡与其人谈及者,皆改易以避雷同。盖同时之人,未知孰先孰后,恐滋后人惑也。"又《章氏遗书》卷九《与邵二云论学》云:"鄙性浅率,生平所得,无不见于言谈;至笔之于书,亦多新奇可喜。其间游士袭其谈锋,经生资为策括,足下亦既知之,斯其浅焉者也。近则遨游南北,目见耳闻,自命专门著述者,率多阴用其言,阳更其貌,且有明翻其说,暗剿其意。几于李义山之散缊,身无完肤;杜子美之残膏,人多沾丐。才非先哲,而涉境略同,言之可惭,亦可慨也。"

⑦瞢(méng)然:懵懂、糊涂的样子。

⑧觌(dí)面:当面,见面。

【译文】

陆士衡说:"虽然文章出于我的构思,但还是害怕他人已经写在我之前;假使伤害正直的品行而违反道义,即便我很喜爱也一定弃掷不言。"大概是说写文章的人,费尽心思而得到的佳句,常常害怕古人在我之前已经说过这样的话;假使确实与古人相同,再用就有伤正直与道义,即使可爱至极,也一定要割舍。韩退之说:"古时候文辞一定从自己锤炼而出,后来不能自己创新就进行抄袭。"说的也是这个意思。创立学说的人,以立意为宗旨,大概与诗人作家不属于同一门类。人们怀有相同的内心,心中存有相同的道理。宇宙幅员辽阔,古籍纷纭错杂,哪能一定保证自己所说的言辞都是古人没说过的话呢?这是没有什么损

害的第一点。人心又各有不同,就如同人的面孔一样。如果是不经意
间偶然相同,那么言辞的原委经过与轻重变化,一定有不完全相同之
处,人们自然能分辨出来。这是没有什么损害的第二点。著书立说的
宗旨并不多,而书中使用的文词却是千言万语还不止。偶然与古人相
同,不过一二处,所不相同的言辞,足以概括那些偶尔相同的内容。这
是没有什么损害的第三点。我看到现在一些著书立说的人,原本没有
什么学术宗旨,引用古人的言论来申述一通,阐明的旨意,却都是古人
已经具备的宗旨。尽管如此,但这些都是才能低弱的人所做的事,人们
一望可知,终归只把它当做盖酱坛的废纸,对事情自然没有什么损害。
竟然还有狡猾的人,对古人的言论改头换面,而沿袭古人的旨意。同一
时代有创立新说的人,就阐明申述人家的旨意而不说明观点的来源。
或者听到别人谈论读书的心得,还没来得及写入书中,就急忙把人家的
旨意窃为己有;日后人家自己撰写成书,反而落在了后面。况且剽窃者
凭借自己的小聪明,足以弥补那些漏洞,而另外改换门面,使人眼花缭
乱而无法认清他的底细。如果不是被剽窃的人当面质问,而且深究他
还没有领悟的那些内容,那么他的欺骗就不容易败露。或者有同行的
学者,也曾经专心研究过,反复考察他著书的前后过程,那么他的秘密
才能被揭穿。但是他的欺世盗名,危害社会已经不是一两天了。而当
时的人,还说某甲的学问,不在某乙之下,某甲的学业,胜过某乙。所以
君子憎恶似是而非的东西。

　　万世取信者,夫子一人而已。夫子之言不一端,而贤者
各得其所长[1],不肖者各误于所似。"诲人不倦"[2],非渎蒙
也[3]。"予欲无言",非绝教也。"好古敏求",非务博也。"一
以贯之",非遗物也。盖一言而可以无所不包,虽夫子之圣,
亦不能也。得其一言,不求是而求似,贤与不肖,存乎其人,

夫子之所无如何也。孟子善学孔子者也。夫子言仁知④，而孟子言仁义⑤，夫子为东周⑥，而孟子王齐、梁⑦；夫子"信而好古"，孟子乃曰："尽信书，则不如无书。"⑧而求孔子者，必自孟子也⑨。故得其是者，不求似也。求得似者，必非其是者。然而天下之误于其似者，皆曰吾得其是矣。

【注释】

①贤者各得其所长：语出韩愈《韩昌黎全集》卷二十《送王秀才序》："吾尝以为孔子之道，大而能博，门弟子不能遍观而尽识也。故学焉而皆得其性之所近。"

②诲人不倦：语出《论语·述而》。

③渎蒙：语出《周易·蒙卦》："匪我求童蒙，童蒙求我……再三渎，渎则不告。"孔颖达《疏》曰："渎，蒙也。"亵渎、轻慢之意。

④夫子言仁知：语出《周易·系辞上》："仁者见之谓之仁，知者见之谓之知。"又《论语·雍也》曰："子曰：'知者乐水，仁者乐山。知者动，仁者静。知者乐，仁者寿。'"

⑤孟子言仁义：语出《孟子·梁惠王上》："孟子对曰：'王何必曰利？亦有仁义而已矣。王曰何以利吾国？大夫曰何以利吾家？士庶人曰何以利吾身？上下交征利而国危矣。万乘之国，弑其君者，必千乘之家；千乘之国，弑其君者，必百乘之家。万取千焉，千取百焉，不为不多矣。苟为后义而先利，不夺不餍。未有仁而遗其亲者也，未有义而后其君者也。王亦曰仁义而已矣，何必曰利？'"

⑥夫子为东周：语出《论语·阳货》："公山弗扰以费畔，召，子欲往。子路不说，曰：'末之也，已，何必公山氏之之也。'子曰：'夫召我者，而岂徒哉？如有用我者，吾其为东周乎？'"

⑦孟子王齐、梁：语出《孟子·梁惠王》："[孟子]曰：王如知此，则无望民之多于邻国也。不违农时，谷不可胜食也；数罟不入洿池，鱼鳖不可胜食也；斧斤以时入山林，材木不可胜用也。谷与鱼鳖不可胜食，材木不可胜用，是使民养生丧死无憾也。养生丧死无憾，王道之始也。"又《孟子·公孙丑上》记载："[孟子]曰：以齐王，由反手也。"

⑧尽信书，则不如无书：语出《孟子·尽心下》。

⑨求孔子者，必自孟子：语出韩愈《韩昌黎全集》卷二十《送王秀才序》："故求观圣人之道者，必自孟子始。"

【译文】

　　取信于后世万代的人，只有孔夫子一人而已。孔夫子的言论不只一个方面，贤明的人各自获得了孔夫子言论的精华，而不成才的人却被一些貌似的东西贻误。"教导人不知疲倦"，并不是瞧不起童蒙。"我想不再发表言论"，并不是拒绝教育人。"爱好古代文化而勤奋探求"，并不是追求广博。"用一种基本观念贯穿全部"，并不是要遗弃其他的事物。大约用一句话就能够无所不包，即使像孔夫子这样的圣人也做不到。得到一句话，不求正确而求貌似，贤明圣德与品行不端，都取决于各人，孔夫子对此也无可奈何。孟子是善于学习孔子的人。孔夫子讲仁智，而孟子讲仁义；孔夫子要复兴东周，而孟子要使齐、梁称王；孔夫子"以相信的态度爱好古代文化"，而孟子却说："完全相信书，就不如没有书。"但是探求孔子真谛的人，一定要从孟子入手。所以得到前人正确思想的人，不追求表面的貌似。追求表面貌似的人，一定得不到前人的真谛。然而天下被表面貌似误导的人，都说我得到了其中的真谛。

卷四　内篇四

说　林

【题解】

本篇题名,曾见于先秦著作《韩非子》之中,是学者撰写学术著作喜用的形式。唐代司马贞《史记索隐》解释说:"《说林》者,广引诸事,其多如林,故曰《说林》也。"属于作者选录的记事汇编。章学诚沿用其名,而内容却不相同。本篇并非专述典故和事件,而是杂述见闻感触,发表有针对性的看法,属于论说思想见解的总汇。因为文章并非成于一时,所以本篇与《章氏遗书》本《说林》不仅文字有出入,而且内容多寡不同,后者比前者多出八个小节。全篇论述没有重心,但论述范围不出学问文章方面,其目的仍然是阐述治学主张。近代学者刘咸炘《文史通义识语》认为,本篇首尾两段最精要。按两节文字论述道公而学私,学贵持世纠偏,经世致用,可以视为本篇文章的主题。其他各节论述,多有精彩之处,足以和《原道》、《原学》、《言公》、《辨似》诸篇相互发明,很有参考价值。

道,公也。学,私也。君子学以致其道①,将尽人以达于天也。人者何? 聪明才力,分于形气之私者也②。天者何? 中正平直,本于自然之公者也。故曰道公而学私。

【注释】

①君子学以致其道:语出《论语·子张》。

②形气:形体和元气。古人认为万物之生,皆秉元气,故称形气。

【译文】

　　大道,是公用之物。学习,是私人的事。君子通过学习来认识掌握大道,是要彻底发挥人的能力而达到天人合一的境界。人指的是什么?指聪慧明通和才艺能力,这是人在秉受元气时得到的个人私有的东西。天指的是什么? 指中允公正和公平正直,这是来源于天道自然而形成的天下共有的东西。所以说大道为公用而学习为私事。

　　道同而术异者,韩非有《解老》、《喻老》之书①,列子有《杨朱》之篇②,墨者述晏婴之事③,作用不同,而理有相通者也。术同而趣异者,子张难子夏之交④,荀卿非孟子之说⑤,张仪破苏秦之从⑥,宗旨不殊,而所主互异者也。

【注释】

①《解老》、《喻老》:《韩非子》书中的篇名,两篇内容分别解释《老子》书中的论点和段落,表达作者的法治主张。司马贞为《史记》卷六十三《韩非列传》作《索隐》曰:"今按《韩子》书有《解老》、《喻老》二篇,是大抵亦崇黄、老之学耳。"后世多认为不一定是韩非之作,而是道家之徒融会法家之言,为法家后学附益而入《韩非子》。

②列子有《杨朱》之篇:列子即列御寇。《杨朱》,《列子》书中的篇目。古本《列子》散佚,今传本乃魏、晋人裒辑成书。《杨朱》篇主张"贵己"、"为我",与列子"贵虚"宗旨不合,后人多认为是把古代未亡的杨朱之书附益入《列子》。

③墨者述晏婴之事：《晏子春秋》一书，为墨家学者记述晏婴之事，以名其书。

④子张难子夏之交：据《论语·子张》记载，子张不赞同子夏的交友之道，提出驳难。

⑤荀卿非孟子之说：据《荀子·非十二子》记载："略法先王而不知其统，犹然而材剧志大，闻见杂博。案往旧造说，谓之五行，甚僻违而无类，幽隐而无说，闭约而无解。案饰其辞而祗敬之曰：此真先君子之言也。子思唱之，孟轲和之。世俗之沟犹瞀儒，嚾嚾然不知其所非也，遂受而传之，以为仲尼、子游为兹厚于后世。是则子思、孟轲之罪也。"

⑥张仪破苏秦之从：据司马迁《史记》卷七十《张仪列传》记载："仪相秦四岁，立惠王为王……免相，相魏以为秦。欲令魏先事秦，而诸侯效之。魏王不肯听仪……仪惭，无以归报。留魏四岁，而魏襄王卒，哀王立。张仪复说哀王，哀王不听。于是张仪阴令秦伐魏，魏与秦战，败。明年，齐又来败魏于观津。秦复欲攻魏，先败韩申差军，斩首八万，诸侯震恐。而张仪复说魏王曰：'……今从者一天下，约为昆弟，刑白马以盟洹水之上，以相坚也。而亲昆弟，同父母，尚有争钱财，而欲恃诈伪反复苏秦之余谋，其不可成亦明矣。'……哀王于是乃倍从约，而因仪请成于秦。张仪归，复相秦。"从，通"纵"，即合纵。

【译文】

大道相同而学术内涵可以不同，例如韩非撰有《解老》、《喻老》这样的书文，列子撰有《杨朱》这样的篇章，墨家叙述晏子的事迹编成《晏子春秋》，可见各家作用不同，但道理却有相通之处。学术内涵相同而个人的主张见解可以不同，例如子张批评子夏关于交友的言论，荀卿非难孟子效法先王的主张，张仪攻击破坏苏秦的合纵策略，宗旨没有什么差别，但他们的具体观点各不相同。

渥洼之驹①,可以负百钧而致千里②,合两渥洼之力,终不可致二千里。言乎绝学孤诣③,性灵独至,纵有偏缺,非人所得而助也。两渥洼驹,不可致二千里;合两渥洼之力,未始不可负二百钧而各致千里。言乎鸿裁绝业④,各效所长,纵有抵牾,非人所得而私据也。

【注释】

①渥洼之驹:神马。语出司马迁《史记》卷二十四《乐书》:"又尝得神马渥洼水中。"渥洼,水名。在今甘肃安西境内。相传此地产神马。

②百钧:语出《孟子·梁惠王上》:"吾力足以举百钧。"赵岐《注》曰:"百钧,三千斤也。"则一钧为三十斤。

③绝学孤诣:绝学,语出班固《汉书》卷七十三《韦贤传论》:"汉承亡秦绝学之后,祖宗之制因时施宜。"本义指中断的三代之学,引申为造诣独到的学术。孤诣,独到的造诣。

④鸿裁绝业:鸿裁,语出刘勰《文心雕龙》卷二《铨赋》:"故知殷人辑颂,楚人理赋,斯并鸿裁之寰域,雅文之枢辖也。"即宏伟的体制,多指文章。绝业,语出班固《汉书》卷六十二《司马迁传》:"惟汉继五帝末流,接三代绝业。"本意指中断的三代事业,引申为非凡独特的学业。

【译文】

渥洼产的神马,可以载重三千斤奔跑一千里,汇合两匹神马的力量,终究还是不能奔跑两千里。用来说明造诣独到之学,取决于特有的聪明才智,这种学问纵然有所偏缺,别人也不能给予帮助。两匹神马,不能奔跑二千里路;汇合两匹神马的力量,未尝不可载重六千斤而各跑一千里。用来说明鸿篇巨制的非凡学业,各自施展固有的特长,即使有互相矛盾之处，也不是哪个人能够据为私有。

　　文辞非古人所重，草创讨论，修饰润色①，固已合众力而为辞矣。期于尽善，不期于矜私也。丁敬礼使曹子建润色其文，以谓后世谁知定吾文者②，是有意于欺世也。存其文而兼存与定之善否，是使后世读一人之文，而获两善之益焉，所补岂不大乎③？

【注释】

①文辞非古人所重，草创讨论，修饰润色：语出《左传·襄公三十一年》："郑国将有诸侯之事，子产乃问四国之为于子羽，且使多为辞令，与裨谌乘以适野，使谋可否，而告冯简子使断之。事成，乃授子大叔使行之，以应对宾客，是以鲜有败事。"又《论语·宪问》曰："为命，裨谌草创之，世叔讨论之，行人子羽修饰之，东里子产润色之。"

②丁敬礼使曹子建润色其文，以谓后世谁知定吾文者：据曹植《曹子建集》卷九《与杨德祖书》记载："昔丁敬礼尝作小文，使仆润饰之。仆自以才不过若人，辞不为也。敬礼谓仆，卿何所疑难？文之佳恶，吾自得之，后世谁相知定吾文者邪？吾常叹此达言，以为美谈。"丁敬礼，即丁廙，字敬礼，三国魏沛郡（治所在今江苏沛县）人。与兄丁仪与曹植友善。文帝即位，被诛。曹子建，即曹植。

③所补岂不大乎：《章氏遗书》本此下尚有独立一节文字，补录于此：

　　才之长短不可掩，而时之今古不可强。司马迁述《尚书》、《左》、《国》之文，孑孑而不足；述战国、楚、汉之文，恢恢而有余，

非特限于才，抑亦拘于时也。惟其并存而无所私，故听人决择而
己不与也。

【译文】

文辞不是古人所看重的东西，共同起草讨论，一起修改润色，自然
已经汇合了众人的力量来锤炼文辞。以求达到尽善尽美，不希望用来
自我夸耀。丁敬礼让曹子建为他润色文章，说后世有谁知道改定我文
章的人，这是有意在欺骗世人。保存原来文章而同时又保存对它进行
修改好坏的情况，这样可以使后人读一个人的文章，从中获得两方面的
益处，所带来的补益岂不是很大吗？

司马迁袭《尚书》、《左》、《国》之文①，非好同也，理势之
不得不然也。司马迁点窜《尚书》、《左》、《国》之文，班固点
窜司马迁之文②，非好异也，理势之不得不然也③。有事于
此，询人端末，岂必责其亲闻见哉？张甲述所闻于李乙，岂
盗袭哉？人心不同，如其面也。张甲述李乙之言，而声容笑
貌④，不能尽为李乙，岂矫异哉？

【注释】

①司马迁袭《尚书》、《左》、《国》之文：据范晔《后汉书》卷七十《班彪
传》记载："孝武之世，太史令司马迁采《左氏》、《国语》，删《世
本》、《战国策》，据楚、汉列国时事，上自黄帝，下讫获麟，作本纪、
世家、列传、书、表，凡百三十篇，而十篇缺焉。"又据苏洵《嘉祐
集》卷九《史论下》曰：《史记》中"五帝、三代《纪》多《尚书》之文；
齐、鲁、晋、楚、宋、卫、陈、郑、吴、越《世家》，多《左传》、《国语》之
文"。

②班固点窜司马迁之文：据赵翼《廿二史札记》卷二《汉书移置史记

文》曰："《汉书》,武帝以前纪传,多用《史记》原文,惟移换之法,别
见剪裁。"清代黄生《字诂》曰："点,谓涂其字;窜,谓除其句也。"

③非好同也,理势之不得不然也……非好异也,理势之不得不然
也:语出刘勰《文心雕龙》卷十《序志》:"及其品列成文,有同乎旧
谈者,非雷同也,势自不可异也;有异乎前论者,非苟异也,理自
不可同也。"

④声容笑貌:语出《孟子·离娄上》:"孟子曰:'恭者不侮人,俭者不
夺人。侮夺人之君,惟恐不顺焉,恶得为恭俭? 恭俭岂可以声音
笑貌为哉?'"

【译文】

司马迁沿用《尚书》、《左传》、《国语》的文字,不是喜欢与前人雷同,而
是因为情理与事势不得不这样。司马迁删改《尚书》、《左传》、《国语》的文
字,班固删改司马迁的文字,不是喜欢与前人殊异,也是因为情与事势不
得不这样。好比这里发生一件事,向人询问事情的原委经过,难道一定
要求他亲自听到和看见吗? 张某叙述从李某那里听到的事情,难道就是
盗用偷袭吗? 人心各自不同,就像人的面孔一样。张某叙述李某的话,
但是讲述的音容笑貌,不可能完全都像李某,难道是有意与他不同吗?

孔子学周公①,周公监二代②,二代本唐、虞,唐、虞法前
古,故曰:"道之大原出于天。"③盖尝观于山下出泉,沙石隐
显,流注曲直,因微渐著,而知江河舟楫之原始也。观于孩
提呕哑④,有声无言,形揣意求,而知文章著述之最初也。

【注释】

①孔子学周公:语出扬雄《法言》卷一《学行》:"孔子,习周公者也。
颜渊,习孔子者也。"又《淮南子》卷二十一《要略》:"孔子修成、康

之道,述周公之训,以教七十子,使服其衣冠,修其篇籍,故儒者
之学生焉。"

②周公监(jiàn)二代:语出《论语·八佾》:"子曰:'周监于二代,郁
郁乎文哉!吾从周。'"监,通"鉴",借鉴。

③道之大原出于天:语出班固《汉书》卷五十六《董仲舒传》:"道之
大原出于天,天不变道亦不变。"

④呕哑(ōu yā):语出白居易《白氏长庆集》卷十《念金銮子二首》:
"况念夭札时,呕哑初学语。"象声词,指婴儿说话的声音。

【译文】

孔子向周公学习,周公借鉴夏、商二代,二代本于唐尧、虞舜,唐尧、
虞舜又效法前代,所以说:"大道的根源出于上天。"大概曾经观察山下
流出的泉水,在沙石中时隐时现,流动的曲折与笔直,从细微的源头逐
渐变成巨大的水流,因而知道江河船只的初始状况;观察小孩子的咿呀
学语,有声音而没有言词,从表情动作上去揣求,因而知道文章著述最
初的状况。

有一代之史,有一国之史,有一家之史,有一人之史。
整齐故事,与专门家学之义不明,详《释通》、《答客问》。而一代
之史,鲜有知之者矣。州县方志,与列国史记之义不明①,详
《方志》篇②。而一国之史,鲜有知之者矣。谱牒不受史官成
法③,详《家史》篇④。而一家之史,鲜有知之者矣。诸子体例
不明,文集各私撰著,而一人之史,鲜有知之者矣。

【注释】

①列国史记:西周、春秋、战国时期,周王室和各诸侯国都设置史
官,记载和撰写史书,统称为史记。具体名称各异,有的称《志》,

有的称《春秋》,有的称《乘》,有的称《梼杌》,有的称《纪年》等等。

②《方志》篇:今已散佚不传。据《章氏遗书》卷十四《方志辨体》曰:"古之方志,虽有著录,而传者无多。惟宋《志》尚十余家,元、明《志》之可称者,亦十余家。虽与流俗不可同日而语,而求之古人义例,鲜能无憾。余别有专篇讨论,不复赘言。"此处文意,又见本书外篇一《州县请立志科议》:"有天下之史,有一国之史,有一家之史,有一人之史。传、状、志、述,一人之史也;家乘、谱牒,一家之史也;部、府、县志,一国之史也;综纪一朝,天下之史也。"

③谱牒:中国古代记载氏族或宗族世系的书籍。先秦时期仅用于王室记载和辨别昭穆世系,汉代以后流行于世家大族之间用以区别门第,宋代以后普及到普通家庭用来尊祖敬宗。

④《家史》篇:今已散佚不传。此处文意,见《章氏遗书》卷二十一《高邮沈氏家谱序》:"谱牒之学,溯自生民之初,大原出于天也……则古学失传,而谱牒为士大夫所不讲,非一日矣……学诚以谓谱牒之学,历有渊源。近代家自为书,殆于人心之不同如面矣。然有一书而仅备一人之用者,有一书而可供通族之用者,有一书而可为天下推行与后世之取法者,不特用心公私,亦征学识有广隘也。"又见《章氏遗书》卷二十三《家谱杂议》:"谱学之传,已久失矣。后人撰辑家谱,例以义起,但能熟于史法,变而通之,无不可也……惟修谱本为家史,体例自有一定,岂得出入任情,茫无成法欤?"

【译文】

　　有记载一个朝代的史书,有记载一个方国的史书,有记载一个家族的史书,有记载一个人物的史书。整理编排前朝旧事与自成一家之言的两种史书义例隐晦不明,详见《释通》、《答客问》两篇。那么就很少有人懂得一代之史的含义了。州县方志与诸侯国史书的义例隐晦不明,详见《方志》篇。那么就很少有人懂得一国之史的含义了,谱牒不采取史官修史的规则撰修,详见《家史》篇。那么就很少有人懂得一家之史的含义了;诸子之书的体例隐晦不明,文集撰著各逞私意,那么就很少有人懂得一人之史的含义了。

　　展喜受命于展禽①,则却齐之辞,谓出展禽可也,谓出展喜可也。弟子承师说而著书,友生因咨访而立解,后人援古义而敷言②,不必讳其所出,亦自无愧于立言者也。

【注释】

①展喜受命于展禽:据《左传·僖公二十六年》记载:"夏,齐孝公伐我北鄙……公使展喜犒师,使受命于展禽。齐侯未入竟,展喜从之,曰:'寡君闻君亲举玉趾,将辱于敝邑,使下臣犒执事。'齐侯曰:'鲁人恐乎?'对曰:'小人恐矣,君子则否。'齐侯曰:'室如县罄,野无青草,何恃而不恐?'对曰:'恃先王之命。昔周公、太公股肱周室,夹辅成王。成王劳之,而赐之盟曰:世世子孙,无相害也。载在盟府,大师职之。桓公是以纠合诸侯,而谋其不协,弥缝其缺,而匡救其灾,昭旧职也。及君即位,诸侯之望曰:其率桓之功。我敝邑用不敢保聚,曰:岂其嗣世九年,而弃命废职,其若先君何?君必不然。恃此以不恐。'齐侯乃还。"展喜,字乙,春秋时期鲁国人,生平事迹不详。展禽,即柳下惠。

②敷言:铺叙言辞。

【译文】

　　展喜接受展禽的命令,那么展喜劝说齐军撤退回国的一番辞令,说语出展禽可以,说出于展喜也可以。弟子继承教师的学说而撰著成书,朋友根据咨询请教的内容而确立自己的见解,后人采用古人的意思而敷演成文,不一定隐瞒它们的出处,这对于著书立说自然也没有任何愧色。

子建好人讥诃其文，有不善者，应时改定[①]；讥诃之言可存也，改定之文亦可存也。意卓而辞踬者[②]，润丹青于妙笔[③]；辞丰而学疏者，资卷轴于腹笥[④]。要有不朽之实，取资无足讳也。

【注释】

①子建好人讥诃其文，有不善者，应时改定：语出曹植《曹子建集》卷九《与杨德祖书》："世人之著述，不能无病。仆常好人讥弹其文，有不善，应时改定。"

②踬(zhì)：跌倒。引申为困顿，挫折。

③丹青：丹砂和青雘，是两种可以制成颜料的矿石。泛指绚丽的色彩。

④腹笥(sì)：语出范晔《后汉书》卷一百一十上《边韶传》："腹便便，《五经》笥。"笥，书箱。以腹比笥，指腹中所记诵的书籍或腹中的学问，形容学识丰富。

【译文】

曹子建喜欢别人指摘与批评他的文章，有不妥善的地方，随时改正过来。指摘的言辞可以保存下来，改定的文字也可以保存下来。文意精深而言辞不畅的文章，就通过他人的妙笔来增添文采；言辞丰富而学问疏浅的文章，就借助他人腹中的书籍来弥补学问。关键是应该有不朽的实质内容，拿来借鉴的东西不值得隐瞒。

陈琳为曹洪作书上魏太子[①]，言破贼之利害，此意诚出曹洪，明取陈琳之辞，收入曹洪之集可也。今云："欲令陈琳为书，琳顷多事，故竭老夫之思。"又云："怪乃轻其家邱，谓为倩人。"[②]此掩著之丑也，不可入曹洪之集矣。

【注释】

①陈琳为曹洪作书上魏太子：据萧统《文选》卷四十一《陈孔璋·为曹洪与魏文帝书》曰："得九月二十日书，读之喜笑，把玩无厌。亦欲令陈琳作报，琳顷多事，不能得为。念欲远以为欢，故自竭老夫之思。辞多不可一二，粗举大纲，以当谈笑……间自入益部，仰司马、扬、王遗风，有子胜斐然之志，故颇奋文辞，异于他日。怪乃轻其家丘，谓为倩人，是何言欤？"曹洪（？—232），字子廉，三国魏谯（今安徽亳州）人。曹操族弟，官拜征南将军，屯兵江陵，抵御东吴。曹丕称帝，拜大将军。魏太子，指曹丕。

②轻其家邱，谓为倩（qiàn）人：家邱，也作"家丘"，即"东家丘"之省称。据明代彭大翼《山堂肆考》卷一百零四《人品》引《孔子家语》云："孔子西家有愚夫，不能识孔子是圣人，曰：'彼东家丘，吾知之矣。'"后用来比喻尚未广为人知的贤人。倩人，请别人为自己做事。这里指请人代笔。

【译文】

陈琳替曹洪写信给魏太子，谈到击破盗贼的利害，这番意思自然出于曹洪，公开把陈琳的文辞拿过来，收入曹洪的集子里也可以。但现在曹洪说："我想叫陈琳代写，赶上陈琳事情很多，所以还是费尽我老头子的心思自己动手写。"又说："奇怪你竟然轻视我为东家丘，说是请人代笔。"这是掩饰别人代著的丑行，所以不能收入曹洪的文集了。

譬彼禽鸟，志识其身，文辞其羽翼也。有大鹏千里之身①，而后可以运垂天之翼。鹢雀假雕鹗之翼②，势未举而先踬矣，况鹏翼乎？故修辞不忌夫暂假，而贵有载辞之志识，与己力之能胜而已矣。噫！此难与溺文辞之末者言也。

【注释】

①大鹏千里之身：语出《庄子·逍遥游》："北冥有鱼，其名为鲲。鲲之大，不知其几千里也。化而为鸟，其名为鹏。鹏之背，不知其几千里也。怒而飞，其翼若垂天之云。"

②鷃(yàn)雀假雕鹗(è)之翼：鷃雀，古书上指麻雀一类的小鸟。萧统《文选》卷三十四《曹子建·七启》李善《注》引许慎《淮南子注》："鷃雀飞不过一尺。"鹗，一种性情凶猛的水鸟，俗称鱼鹰。据班固《汉书》卷五十一《邹阳传》曰："臣闻鸷鸟累百，不如一鹗。"

【译文】

用禽鸟来做比喻，宗旨见识是禽鸟的身躯，文章辞采是禽鸟的翅膀。有大鹏那样千里之长的身躯，然后才能挥动遮天蔽日的翅膀。鷃雀借用雕鹰的翅膀，还未摆好起飞的架势就先跌倒了，何况是大鹏的翅膀呢？所以修辞不忌讳暂时借用，贵在具有承载文辞的宗旨见识，与自己的力量是否能够胜任而已。唉！这些话很难对沉迷于文辞末节的肤浅之辈说。

诸子一家之宗旨，文体峻洁①，而可参他人之辞。文集，杂撰之统汇，体制兼该，而不敢入他人之笔。其故何耶？盖非文采辞致②，不如诸子；而志识卓然有其离文字而自立于不朽者，不敢望诸子也。果有卓然成家之文集，虽入他人之代言，何伤乎③！

【注释】

①峻洁：严谨整洁。

②辞致：文章的情致意趣。

③何伤乎：《章氏遗书》本此下尚有独立一节文字，补录于此：

集之始于《流别》也，后人汇聚前人之作，欲以览其全也。亦犹撰次诸子，即人以名其书之意也。诸子之书，载其言并记其事，以及他人之言其言者，而其人之全可见也。文集萃其文，《文章流别集》。别著其事，《文章志》。以及他人之论其文者，《文章论》。故挚虞之《流别》，本与《文章志》、《论》三书相辅而行也，则其人之全亦可见也。今无挚氏之三书，而编次卓然不朽之文集，则关于其人之行事，与人之言其言，与论其人与文者，故当次于其书，以备其人之本末也，是则一人之史之说也。

【译文】

诸子之书具有自成一家的宗旨，文体严谨整洁，可以参用他人的文辞；文集，属于各种杂撰的汇总，各种体裁齐备，却不敢掺杂他人的文笔。这是什么缘故呢？大概不是文采和言辞的情致，比不上诸子之书；而是离开文辞而能够自立于不朽之地的高超宗旨见识，不敢和诸子相比。果真有卓然不凡自成一家的文集，虽然收入他人代笔的文章，又有什么妨碍呢！

　庄周《让王》、《渔父》诸篇，辨其为真为赝[1]；屈原《招魂》、《大招》之赋，争其为玉为瑳[2]；固矣夫！文士之见也。

【注释】

①《让王》、《渔父》诸篇，辨其为真为赝：苏轼《苏轼文集》卷十一《庄子祠堂记》认为《让王》、《说剑》、《渔父》、《盗跖》四篇是后人伪托庄周之作，"皆浅陋不入于道……庄子之言未终，而昧者剿之以入其言"。

②《招魂》、《大招》之赋，争其为玉为瑳（cuō）：王逸《楚辞·招魂章句》曰："《招魂》者，宋玉之所作也。"其《楚辞·大招章句》又曰："《大招》者，屈原之所作也。或曰景差。疑不能明也。"明代黄维

章、清代林云铭等人,始驳王逸之说,重新归属屈原之作。玉,指
宋玉。瑳,指景瑳,也作景差,战国时期楚国人,善辞赋,与宋玉、
唐勒齐名。

【译文】

　　庄周的《让王》、《渔父》等几篇文章,后人辩论它们是真还是假;屈
原的《招魂》、《大招》这两篇辞赋,后人争论它们是出于宋玉还是景瑳。
这些文人的见解,多么固执浅薄啊!

　　醴泉①,水之似醴者也②。天下莫不饮醴,而独恨不得饮
醴泉。甚矣! 世之贵夫似是而非者也。

【注释】

①醴(lǐ)泉:语出《尔雅·释天》:"甘雨时降,万物以嘉,谓之醴泉。"
　本义指及时雨。后来涵义发生变化。东汉王充《论衡》卷十七
　《是应》曰:"醴泉,乃谓甘露也。今儒者说之,谓泉从地中出,其
　味甘若醴,故曰醴泉。"据《礼记·礼运》曰:"故天降膏露,地出醴
　泉。"指甘美的泉水。

②醴:语出《诗经·周颂·丰年》:"为酒为醴,烝畀祖妣。"指甜酒。

【译文】

　　醴泉,就是像醴酒一样甘甜的泉水。天下没有人不喝醴酒,却唯独
对不能喝到甘甜如醴的泉水感到遗憾。世人看重那些似是而非的东
西,太过分了!

　　著作之体,援引古义,袭用成文,不标所出,非为掠美,
体势有所不暇及也。亦必视其志识之足以自立,而无所藉
重于所引之言;且所引者,并悬天壤,而吾不病其重见焉,乃

可语于著作之事也。考证之体，一字片言，必标所出。所出之书，或不一二而足，则必标最初者；譬如马、班并有，用马而不用班。最初之书既亡，则必标所引者；譬如刘向《七略》既亡[①]，而部次见于《汉·艺文志》；阮孝绪《七录》既亡，而缺目见于《隋·经籍志》注。则引《七略》、《七录》之文，必云《汉志》、《隋注》。乃是慎言其余之定法也[②]。书有并见，而不数其初，陋矣。引用逸书而不标所出，使人观其所引，一似逸书犹存。罔矣。以考证之体，而妄援著作之义，以自文其剽窃之私焉，谬矣。

【注释】

①刘向《七略》：据班固《汉书》卷三十六《楚元王传附刘歆传》记载："河平中，受诏与父向领校秘书。讲六艺、传记、诸子、诗赋、数术、方技，无所不究。向死后，歆……复领《五经》，卒父前业。歆乃集六艺群书，种别为《七略》。"刘歆撰《七略》，是在其父刘向《别录》的基础上完成，所以后世把它视为刘氏父子的共同成果。章学诚此处称刘向《七略》，当是本于此义。

②慎言其余：语出《论语·为政》："子曰：'多闻缺疑，慎言其余，则寡尤。'"

【译文】

著书作文的体裁，援引古书的义理，袭用现成的文字，没有标明出处，不算掠人之美，因为在情理与时势上无暇顾及。当然也一定要看著作的宗旨见识是否能够独立存在，没有什么需要借重于所引用的言辞；而且所引用的文字，同时在世上流传，而且我并不担心它们与我的著作重复出现，这样才可以讲论著作的事情。考证的体裁，片言只字，都必须标明出处。征引的书籍，有的不止一二种，那就一定要标最早的出处；譬如司马迁、班固的书中都有，使用《史记》而不用《汉书》。最早的书籍如果已经亡佚,那就一定要标明引用它们的书;譬如刘向的《七略》已经亡佚,但其分类尚见于《汉书·艺文志》;阮孝绪的《七录》已经亡佚,但其所载亡缺书目还见于《隋书·经籍志》自注。那么引《七略》、《七录》的文字,就一定要标出《汉志》、《隋注》。这是对残缺的内容出言谨慎的成规定法。引用内容相同的书,而不选择最早的出处,这就是浅陋了。引用亡佚的书,而不标明语出何处,使人看了作者所引用的书,简直就像佚书还存在一样。这就是欺骗了。作为考证的体裁,妄自援引著作的义例,以便自我掩饰剽窃的私心,这就是荒谬了。

文辞,犹三军也;志识,其将帅也。李广入程不识之军,而旌旗壁垒一新焉①,固未尝物物而变,事事而更之也。知此意者,可以袭用成文,而不必己出者矣。

【注释】

①李广入程不识之军,而旌旗壁垒一新焉:据司马迁《史记》卷一百零九《李将军列传》记载:"程不识故与李广俱以边太守将军屯。及出击胡,而广行无部伍行阵,就善水草屯舍止,人人自便,不击刁斗以自卫,莫府省约文书籍事;然亦远斥侯,未尝遇害。程不识正部曲行伍营阵,击刁斗,士吏治军簿至明,军不得休息;然亦未尝遇害……是时汉边郡,李广、程不识皆为名将。然匈奴畏李广之略,士卒亦多乐从李广而苦程不识。"又据《新唐书》卷一百三十六《李光弼传》记载:"初,与郭子仪齐名,世称李、郭,而战功推为中兴第一。其代子仪朔方也,营垒、士卒、麾帜无所更,而光弼一号令之,气色乃益精明云。"章学诚此处盖混用二事。

【译文】

文辞,就像三军;宗旨见识,就像三军将帅。李广接管程不识的军队,旌旗营垒为之一新,原本就没有样样东西都改换,件件事情都变更。

明白这个意思的人，可以沿用现成的文字，而不一定非要出于自己所作。

文辞，犹舟车也；志识，其乘者也。轮欲其固，帆欲其捷，凡用舟车，莫不然也。东西南北，存乎其乘者矣。知此义者，可以以我用文，而不致以文役我者矣。

【译文】

文辞，就像车船；宗旨见识，就像驾驶车船的人。车轮希望它牢固，船帆希望它迅捷，凡是使用车船的人，没有人不是这样。而驶向东西南北，则由驾驶的人来决定。明白这个道理的人，可以任凭自己使用文字，而不至于让自己受到文字的驱使。

文辞，犹品物也；志识，其工师也。橙、橘、楂、梅①，庖人得之，选甘脆以供笾实也②；医师取之，备药毒以疗疾疢也③。知此义者，可以同文异取，同取异用，而不滞其迹者矣。古书断章取义④，各有所用，拘儒不达，介介而争。

【注释】

①楂（zhā）：也作柤、查、楂，即山楂。

②笾（biān）：古人祭祀或宴飨时用来装祭品的一种竹器。

③疢（chèn）：疾病。

④断章取义：语出刘勰《文心雕龙》卷七《章句》："寻诗人拟喻，虽断章取义，然章句在篇，如茧之抽绪，原始要终，体必鳞次。"意为任意截取诗文一章一句为己所用，而不考虑作者本来的意思。

【译文】

文辞,就像物品;宗旨见识,就像制作它的工匠与技师。橙子、橘子、山楂、梅子,厨师得到后,选择又甜又脆的果品用来供作祭祀和宴会的笾豆之物;医师拿过来,备作药物以便治疗疾病。明白这个道理的人,相同的文字可以有不同的取用方法,取用相同的文字可以有不同的用途,而不拘执于表象的痕迹。引用古书时断章取义,各有自己的用意,固执守旧的儒生不明白这个道理,因此耿耿于怀而争论不休。

文辞,犹金石也①;志识,其炉锤也。神奇可化臭腐,臭腐可化神奇②。知此义者,可以不执一成之说矣。有所得者即神奇,无所得者即臭腐。

【注释】

①金石:语出《荀子·劝学》:"锲而不舍,金石可镂。"指金银、玉石一类物品。

②神奇可化臭腐,臭腐可化神奇:语出《庄子·知北游》:"故万物一也,是其所美者为神奇,其所恶者为臭腐,臭腐复化为神奇,神奇复化为臭腐,故曰通天下一气耳。"

【译文】

文辞,就像金银和玉石;宗旨见识,就像熔炉与铁锤。神奇可以化为腐臭,腐臭也可以化为神奇。明白这个道理的人,可以不拘守一成不变的结论。有自己的心得就是神奇,没有自己的心得就是腐臭。

文辞,犹财货也;志识,其良贾也①。人弃我取,人取我与②,则贾术通于神明。知此义者,可以斟酌风尚而立言矣。风尚偏趋,贵有识者持之。

【注释】

①良贾(gǔ)：善于经营的商人。贾，指居货待售的坐商。

②人弃我取，人取我与：据司马迁《史记》卷一百二十九《货殖列传》记载："当魏文侯时，李克务尽地力，而白圭乐观时变，故人弃我取，人取我与。"

【译文】

文辞，就像钱财和货物；宗旨见识，就像善于经营的商人。别人抛弃的我买过来，别人需求的我卖出去，那么这样的经商之术就出神入化了。明白这个道理的人，可以把握社会风尚而著书立说。风尚的偏颇趋向，贵在有识之士来把握它。

　　文辞，犹药毒也；志识，其医工也。疗寒以热①，热过而厉甚于寒；疗热以寒②，寒过而厉甚于热。良医当实甚③，而已有反虚之忧④，故治偏不激，而后无余患也。知此义者，可以拯弊而处中矣。

【注释】

①疗寒以热：用热性药物治疗寒病。据李时珍《本草纲目》卷一上《神农本经名例》注引宗奭曰："寒、热、温、凉，是药之性。"

②疗热以寒：用寒性药物治疗热病。《黄帝内经素问》卷九《热论》曰："今夫热病者，皆伤寒之类也。"泛指因外感而引起的热性病。

③实：中医所说的实病。《黄帝内经素问》卷六《玉机真藏论》曰："脉盛，皮热，腹胀，前后不通，闷瞀，此谓五实。"唐代王冰《注》曰："实，谓邪气盛实。"泛指由于寒热等邪气亢盛所引起的疾病。

④虚：中医所说的虚病。《黄帝内经素问》卷六《玉机真藏论》曰："脉细，皮寒，气少，泄利前后，饮食不入，此谓五虚。"唐代王冰

《注》云："虚，谓真气不足也。"

【译文】

文辞，就像药品；宗旨见识，就像医生。用性热的药物治疗寒病，但热性过了度结果会比原来的寒病更利害；用性寒的药物治疗热病，但寒性过了度结果会比原来的热病更利害。高明的医生当病人寒热之性过盛的时候，就已经有了由过盛而变为亏缺的忧虑，所以治疗寒热之病不采用过激的手段，然后才不会留下后患。明白这个道理的人，可以拯救积弊而做到中庸适度了。

转桔槔之机者①，必周上下前后而运之。上推下挽，力所及也。正前正后，力不及也。倍其推，则前如坠，倍其挽，则后如跃②，倍其力之所及，以为不及之地也。人之聪明知识，必有力所不及者，不可不知所倍以为之地也。

【注释】

①桔槔(jié gāo)之机：语出《庄子·天地》："凿木为机，后重前轻，挈水若抽，数如沃汤，其名为槔。"安装在井上的汲水工具。在井旁设立一坐杠杆，靠井的一端系水桶，另一端绑坠石块等重物，一起一落汲水，可以节省力气。

②倍其推，则前如坠，倍其挽，则后如跃：语出《庄子·天运》："且子独不见夫桔槔者乎？引之则俯，舍之则仰。"章学诚所言"推"、"挽"与"前坠"、"后跃"对应关系混乱，不符合杠杆原理，疑此处文字有误。

【译文】

转动桔槔汲水的人，一定要上下前后环绕着来运转。朝上举往下拉，这是力量能够触及的地方。正前方与正后方，则是力量够不到的地方。加倍用力一举，那么前头就像忽然坠落，加倍用力一拉，那么后头就像凌空跃起，在力所能及的地方加倍用力，以便代替力所不及的地方。人的聪明和智识，一定有力所不能及的地方，不可不懂得应当在力所能及的地方加倍努力。

五味之调，八音之奏，贵同用也。先后尝之，先后听之，不成味与声矣。邮传之达①，刻漏之直②，贵接续也。并驰同止，并直同休，不成邮与漏矣。书有数人共成者，历先后之传而益精，获同时之助而愈疏也；先后无争心，而同时有胜气也；先后可授受，而同时难互喻也；先后有补救，而同时鲜整暇也③。

【注释】

①邮传(zhuàn)：驿站以及驿站的车马。语出《孟子·公孙丑上》："孔子曰：'德之流行，速于置邮而传命。'"焦循《正义》曰："马递曰置，步递曰邮。"又据《左传·成公五年》记载："晋侯以传召伯宗。"中国古代在交通线路上按照固定的距离设置驿站，置备车辆和马匹，供应官府传递文书和官员往来使用。

②刻漏之直：刻漏也称"漏刻"、"漏壶"。语出东汉许慎《说文解字》："漏，以铜受水，刻节，昼夜百刻。"又萧统《文选》卷五十六《陆佐公·新漏刻铭》李善《注》引司马彪《续汉书》曰："孔壶为漏，浮箭为刻，下漏数刻，以考中星昏明星焉。"古代计时工具，以铜为壶，底部穿孔，壶内立一根带刻度的箭形浮标，随着壶中之水下漏，箭上刻度不断显露出来，可以观察时间。直，通"值"，轮到。

③整暇：也作"好整以暇"。据《左传·成公十六年》记载，晋楚城濮之战，栾铖对晋厉公曰："日臣之使于楚也，子重问晋国之勇。臣

对曰:'好以众整。'曰:'又何如?'臣对曰:'好以暇。今两国治
戎,行人不使,不可谓整。临事而食言,不可谓暇。请摄饮焉。"
意为形容从容不迫。

【译文】

五味的调和,八音的演奏,贵在同时并用。先后去品尝,先后去聆
听,就不成味道和音乐了。驿站传递文书,漏壶计时值班,贵在延续不
断。所有的传车驿马共同驱驰或者一齐停止,所有的值班计时同时工
作或者一齐休息,就不成邮递与计时了。著书有数人共同完成的情况,
经历先后相传就会越来越精密,获得同时人相助就会越来越粗疏;因为
先后相隔没有争胜的念头,而同时代人有好胜的意气;有先有后可以传
授,而同时之人难以相互理喻;先后相继有补救,而同时之人则很少有
从容不迫的时候。

　　人之有能有不能者,无论凡庶圣贤,有所不免者也。以
其所能而易其不能,则所求者,可以无弗得也。主义理者拙
于辞章,能文辞者疏于征实,三者交讥而未有已也。义理存
乎识,辞章存乎才,征实存乎学,刘子玄所以有三长难兼之
论也。一人不能兼,而咨访以为功,未见古人绝业不可复绍
也。私心据之,惟恐名之不自我擅焉,则三者不相为功,而
且以相病矣。

【译文】

　　人有能做到也有不能做到的地方,无论是民众还是圣人贤士,都不
免有这种情况。用自己能力的长处代替自己能力的短处,那么所追求
的目标,就没有什么不能达到。注重儒家义理之学的人拙于写作诗文,
擅长文章的人在征引事典上又有欠缺,三者互相讥讽而无休无止。义

理之学依赖见识,诗文创作依赖才华,征引事典依赖学问,所以刘子玄有才、学、识三长难兼一身的言论。一人不能兼有众长,因而向他人咨询访问取长补短,那么古人中断的学问不见得不能再接续下来。以私心占有学问,唯恐不是由自己来独擅其名,那么三者不仅不能互相补益,而且还互相损害了。

　　所谓好古者,非谓古之必胜乎今也,正以今不殊古,而于因革异同,求其折衷也。古之糟魄,可以为今之精华。非贵糟魄而直以为精华也,因糟魄之存,而可以想见精华之所出也。如类书本无深意,古类书尤不如后世类书之详备,然援引古书,为后世所不可得者,藉是以存,亦可贵宝矣。古之疵病,可以为后世之典型①。非取疵病而直以之为典型也,因疵病之存,而可以想见典型之所在也。如《论衡》最为偏驳②,然所称说,有后世失其传者,未尝不藉以存。是则学之贵于考征者,将以明其义理尔。

【注释】

①典型:语出《诗经·大雅·荡》:"虽无老成人,尚有典刑。"郑玄《笺》曰:"犹有常事故法,可按用也。"刑,通"型",指常规,旧法。

②《论衡》最为偏驳:东汉王充著《论衡》一书,对两汉流行的谶纬神学迷信思想作了尖锐的批判,同时对孔子和孟子的思想提出非难,以致遭到当时和后世的訾议。章学诚对《论衡》也有相同看法,书中多有指责。

【译文】

所谓爱好古代的文化,不是说古代就一定胜过今天,正因为今天与古代没有什么截然不同,因而想在沿革的同异方面,寻求折中的方法。

古代的糟粕,可以变为今天的精华。不是看重糟粕而直接把它当做精华,而是根据糟粕的存在,可以想见精华所产生的地方。例如类书本来没有深意,古代的类书尤其不如后世的类书详备,但是它援引的古代书籍,是后世无法看到的典籍,借此书得以保存,也值得当做宝贝珍惜了。古代的毛病,可以作为后世的法则。不是把毛病拿过来直接把它作为法则,而是根据毛病的存在,可以想见法则所在的地方。例如《论衡》最为驳杂不纯,但它所称引的说法,有的后代已经失传了,未尝不是凭借它而得以保存下来。如此说来治学重视考证的原因,不过是为了用它来阐明儒家的义理罢了。

　　出辞气,斯远鄙悖矣。悖者修辞之罪人,鄙则何以必远也? 不文则不辞,辞不足以存,而将并所以辞者亦亡也。诸子百家,悖于理而传者有之矣,未有鄙于辞而传者也。理不悖而鄙于辞,力不能胜;辞不鄙而悖于理,所谓五谷不熟,不如荑稗也①。理重而辞轻,天下古今之通义也。然而鄙辞不能夺悖理,则妍媸好恶之公心,亦未尝不出于理故也。

【注释】

①五谷不熟,不如荑稗(tí bài):语出《孟子·告子上》:"孟子曰:五谷者,种之美者也,苟为不熟,不如荑稗。"荑,通"稊",草名。形似禾苗,籽粒细小,只能做饲料。稗,草名。形似禾苗,籽粒细小,不可食。

【译文】

　　说话时多考虑言辞声调,就可以远离粗鄙与背理。背理是修辞的罪人,粗鄙却又为什么一定要远远避开呢? 没有文采就不成言辞,言辞不足以流传,那么连同表达言辞的思想内容也将一起消亡。诸子百家,违背道理而流传下来的情况存在，但却没有言辞粗鄙而流传下来的情况。道理没有违背而言辞很粗鄙，只是能力不能胜任；言辞不粗鄙却违背道理，这就是所谓的五谷不熟，还不如稊稗。道理重要而言辞轻微，这是天下古今共同的认识。然而粗鄙的言辞胜不过错误的道理，这是因为喜欢美丽厌恶丑陋的共同心理，也未尝不是出于一定的道理的缘故。

　　波者水之风，风者空之波，梦者心之华，文者道之私。止水无波①，静空无风，至人无梦②，至文无私。

【注释】

①止水：语出《庄子·德充符》："人莫鉴于流水，而鉴于止水。"指静止不动的水。原意是静止的水可以作为镜子照影。后用来比喻心情宁静，胸怀纯洁。

②至人无梦：语出《庄子·逍遥游》："至人无己，神人无功，圣人无名。"又据《庄子·大宗师》曰："古之真人，其寝不梦。"至人，道德修养达到最高境界的人。真人，道家称存养本性的得道之人。

【译文】

波是水上的风，风是天空的波，梦是心中的花，文章是大道的私心。静止的水面没有波，宁静的天空没有风，超凡脱俗的人没有梦，最完美的文章没有私心。

　　演口技者①，能于一时并作人畜、水火、男妇、老稚千万声态非真一口能作千万态也。千万声态，齐于人耳，势必有所止也。取其齐于耳者以为止，故操约而致声多也。工绘事者，能于尺幅并见远近、浅深、正侧、回互千万形状②，非真尺幅可具千万状也。千万形状齐于人目，势亦有所止也。取其齐于目者以为止，故笔简而著形众也。夫声色齐于耳目，义理齐于人心，等也。诚得义理之所齐，而文辞以是为止焉，可以与言著作矣。

【注释】

①口技：俗名像声。中国古代传统杂技之一。表演者能逼真地模仿各种声响。由于常隔壁表演，所以又叫隔壁戏。清代张潮《虞初新志》卷一引林嗣环《秋声诗自序》称为口技，极其生动细腻地描述口技表演过程。

②回互：也作"迴互"，回环交错。

【译文】

表演口技的人，能在一时之间同时表演人畜、水火、男女、老幼等成千上万种声音情态，并不是真的能用一张嘴做出成千上万种声音情态。成千上万种声音情态，汇聚在人的耳朵，势必要有所限制。只选取那些能汇聚到人耳的声音，所以用简单的道具就能造成声音众多的效果。善于绘画的人，能在一尺见方的条幅内同时表现远近、浅深、正面侧面、回环交错等成千上万种形状，并不是真的在尺幅之内可以具备成千上万种形状。成千上万种形状一起展现在人的眼前，势必也要有所限制，只选取那些能展现在眼前的形状，所以用笔简略而表现的形状很多。声音色彩汇集于人的耳目，儒家义理汇集于人的心中，这是一样的道理。如果义理已得到充分表现，那么文辞的使用就到此为止，这样就可以共同谈论著作了。

天下有可为其半，而不可为其全者。偏枯之药，可以治偏枯①；倍其偏枯之药，不可以起死人也。此说见《吕氏春秋》^②。天下有可为其全，而不可为其半者。樵夫担薪两钧，捷步以趋；去其半而不能行，非力不足，势不便也。风尚所趋，必有其弊，君子立言以救弊，归之中正而已矣。惧其不足夺时趋也，而矫之或过^③，则是倍用偏枯之药而思起死人也。仅取救弊，而不推明斯道之全量，则是担薪去半，而欲恤樵夫之力也^④。

【注释】

①偏枯：语出《黄帝内经素问》卷十二《风论》："风之伤人也……或为偏枯。"疾病名称。即偏瘫，半身不遂。

②此说见《吕氏春秋》：据《吕氏春秋·别类》记载："鲁人有公孙绰者，告人曰：'我能起死人。'人问其故，对曰：'我固能治偏枯。今吾倍所以为偏枯之药，则可以起死人矣。'物固有可以为小，不可以为大；可以为半，不可以为全者也。"

③矫（jiǎo）之或过：本想矫正枉曲，不能适中，反至太过。

④而欲恤樵夫之力也：《章氏遗书》本此下尚有独立一节文字，补录于此：

　　　　厉风可以拔百围之木，而不可以折径寸之草；钱镈可以刈蔓野之草，而不可以伐拱把之木。大言炎炎，不计小辨；小智察察，不究大道。

【译文】

天下有些事情只能做好局部，而不能在整体上全部做好。救治偏瘫的药，可以治疗好偏瘫；把偏瘫药量加大一倍，却不能够将死人救活。此说见《吕氏春秋》。天下有些事情从整体上可以做好，分开局部却无法做。打柴的人挑着六十斤重的柴草，快步朝前奔走；拿掉柴担一头却不能行走，不是力量不够，而是形势上不方便。风尚的趋向变化，一定有它的弊病,君子著书立说来纠正弊端,回归到不偏不倚的中正之道就行了。害怕不足以压倒时尚的趋势,或许矫枉过正,这就像加倍使用偏瘫之药而想把死人救活一样。只管纠正弊端,而不明白这个事情的全部道理,这就像挑柴草拿掉一头,而想照顾挑柴的人省力一样。

　　十寸为尺,八尺曰寻。度八十尺而可得十寻,度八百寸而不可得十寻者,积小易差也①。一夫之力,可耕百亩,合八夫之力而可耕九百亩者②,集长易举也。学问之事,能集所长,而不泥小数,善矣。

【注释】

①积小易差:语出班固《汉书》卷五十一《枚乘传》:"夫铢铢而称之,至石必差;寸寸而度之,至丈必过。石称丈量,径而寡失。"

②合八夫之力而可耕九百亩:语出《孟子·滕文公上》:"方里而井,井九百亩,其中为公田。八家皆私百亩,同养公田;公事毕,然后敢治私事。"焦循《正义》曰:"助法,八家皆私百亩,同养公田。则每以二亩半为庐井宅园圃,余八十亩,八家同养。"

【译文】

　　十寸为一尺,八尺为一寻。量八十尺可以得到十寻,量八百寸却不能够得到十寻,因为一点一点积累起来容易产生误差。一个男人的力量,可以耕地一百亩,汇合八个男人的力量却可以耕地九百亩,因为聚集了他们配合的长处而容易完成。学问上的事情,能汇集众人之所长,而不拘泥细微的差别,那就太好了。

　　风会所趋,庸人亦能勉赴;风会所去,豪杰有所不能振也。汉廷重经术,卒史亦能通六书,吏民上书,讹误辄举劲^①。后世文学之士，不习六书之义者多矣。羲之俗书，见讥韩氏^②，韩氏又云："为文宜略识字。"^③岂后世文学之士，聪明智力，不如汉廷卒史之良哉？风会使然也。越人相矜以燕语，能为燕语者，必其熟游都会，长于阅历，而口舌又自调利过人者也。及至燕，则庸奴贱婢，稚女髫童^④，皆燕语矣。以是矜越语之丈夫，岂通论哉？仲尼之门，五尺童子羞称五霸^⑤。必谓五尺童子，其才识过于管仲、狐、赵诸贤焉^⑥，夫子之所不许也。五谷之与稊稗，其贵贱之品，有一定矣。然而不熟之五谷，犹逊有秋之稊稗焉。而托一时风会所趋者，诩然自矜其途辙，以谓吾得寸木，实胜彼之岑楼焉^⑦，其亦可谓不达而已矣。尊汉学，尚郑、许^⑧，今之风尚如此，此乃学古，非即古学也，居然唾弃一切，若隐有所恃。

【注释】

①卒史亦能通六书，吏民上书，讹误辄举劾：据许慎《说文解字·叙》记载："汉兴，有草书。尉律，学童十七以上始试，讽籀书九千字，乃得为史。又以八体试之，郡移太史并课，最者以为尚书史。书或不正，辄举劾之。"

②羲之俗书，见讥韩氏：语出韩愈《韩昌黎全集》卷五《石鼓歌》："羲之俗书趁姿媚，数纸尚可博白鹅。"宋人王得臣《麈史》卷中《书画》曰："王右军书多不讲偏旁，此退之所谓'羲之俗书趁姿媚'者也。"

③为文宜略识字：语出韩愈《韩昌黎全集》卷十三《科斗书后记》。

④髫（tiáo）童：语出陶潜《陶渊明集》卷五《桃花源记》："黄发垂髫，并怡然自乐。"指儿童下垂之发。后也指代儿童。

⑤仲尼之门，五尺童子羞称五霸：语出《荀子·仲尼》："仲尼之门

人,五尺之竖子,言羞称乎五伯。"五霸,春秋时期称霸的五个诸
侯。一说为齐桓公、晋文公、楚庄王、吴王阖闾、越王勾践。另一
说为齐桓公、宋襄公、晋文公、秦穆公、楚庄王。

⑥狐、赵诸贤:狐指狐偃,字子犯,晋文公重耳之舅,故称舅犯,也称
咎犯,春秋时期晋国人。官拜大夫,随重耳流亡十九年。重耳即
位后,拜为上军之佐。晋文公霸业,多出其谋。赵指赵衰(? —
前622),字子余,春秋时期晋国人。随重耳流亡十九年,助其回
国即位。拜为大夫,旋升为卿,任上军之将。佐晋文公、晋襄公
两朝,功绩卓著。

⑦吾得寸木,实胜彼之岑楼:语出《孟子·告子下》:"不揣其本,而
齐其末,方寸之木可使高于岑楼。"岑楼,像山一样高耸的楼。

⑧郑、许:郑玄和许慎。

【译文】

风气所向,庸人也能勉强追随;风气一过,豪杰也有不能重振的地
方。汉朝重视经学,走卒小吏也能通晓六书,官吏民众上书,如果文字
有讹误就会受到弹劾。后代的文人学者,不熟悉六书的人太多了。王羲
之那种通俗写法的书体,受到了韩愈的讥讽。韩氏又说:"写诗作文的人应
该略微懂些文字。"难道后代的文人学士,聪明才智,还不如汉朝的走卒
小吏优秀吗? 这是风气造成的局面。越地人以能说燕地话互相夸耀,
能懂燕地语言的人,一定是游历熟悉都城,阅历丰富,而且口舌又自然
伶俐过人的人。等到了燕地,连平庸奴隶和卑贱婢女,以及幼女男童,
都能说燕地话。用他们来向讲越地语言的大丈夫夸耀,难道是通达的
观点吗? 孔子门下,五尺高的儿童也羞于称颂五霸。一定要说五尺高
的儿童,他们的才能见识超过了管仲、狐偃、赵衰诸位贤士,孔夫子也不
会同意。五谷与稊稗,它们的品种贵贱,已经有定论了。但是没有成熟
的五谷,仍然比不上秋天丰收的稊稗。依托于一时风气所向的人,很神
气地夸耀自己所开辟的路径,认为自己所得到的寸木,实际上胜过了别

人的高楼,这也可以说是不明达事理了。尊崇汉学,崇尚郑玄、许慎,现在的风尚如此,这是学古,并非就是古学,竟然对一切唾弃不顾,似乎背后有所倚仗。

　　王公之仆圉①,未必贵于士大夫之亲介也②。而是仆圉也,出入朱门甲第③,诩然负异而骄士大夫曰:"吾门大。"不知士大夫者固得叱而系之,以请治于王公,王公亦必挞而楚之,以谢闲家之不饬也④。学问不求有得,而矜所托以为高,王公仆圉之类也⑤。

【注释】

①仆圉(yǔ):供给役使的人。仆,驾车的人。圉,养马的人。

②介:语出《礼记·聘仪》:"聘礼,上公七介,侯伯五介,子男三介。"引导宾主相见和传递宾主之言的人。

③朱门甲第:朱门指红漆门,语出《晋书》卷八十九《麴允传》:"麴允,金城人也。与游氏世为豪族。西州为之语曰:'麴与游,牛羊不数头。南开朱门,北望青楼。'"古代王公贵族大门漆成红色以示尊贵,因而后世称豪门为朱门。甲第,豪门贵族宅第。语出司马迁《史记》卷十二《孝武本纪》:"其以二千户封地士将军[栾]大为乐通侯,赐列侯甲第,僮千人。"裴骃《集解》曰:"《汉书音义》曰:有甲乙第次,故曰第。"

④闲家之不饬(chì):语出《周易·家人卦》:"闲有家,悔亡。"闲,捍卫,防御。饬,整顿,治理。

⑤王公仆圉之类也:《章氏遗书》本此下尚有独立两节文字,补录于此:

　　人生不饥,则五谷可以不艺也;天下无疾,则药石可以不聚也。学问所以经世,而文章期于明道,非为人士树名地也。

汉廷治河,必使治《尚书》者,《尚书》岂为治河设哉? 学术固期于经世也。文史之儒,以为《尚书》所载,经纬天地,今只用以治河,则是道大而我小之也,此则后世之士务求赅遍而不切实用之通病也。得一言而致用,愈于通万言而无用者矣。

【译文】

王公家里驾车养马的人,未必比士大夫的亲信和引人地位高。但是这类驾车养马的人,出入豪门大院,很神气地自认为不同凡响而骄傲地对士大夫说:"我的门第大。"却不知道士大夫固然可以大声斥责并把他们绑起来,以便请王公治罪,王公也一定会用鞭子抽打得他们痛苦不堪,以表示治家不够谨严的歉意。学问不求有自己的心得,而夸耀所依托的靠山以为高明,这和王公家里驾车养马的人是同一种类型。

"丧欲速贫,死欲速朽",有子以谓非君子之言[①];然则有为之言[②],不同正义,圣人有所不能免也。今之泥文辞者,不察立言之所谓,而遽断其是非,是欲责人才过孔子也[③]。

【注释】

①"丧(sàng)欲速贫,死欲速朽",有子以谓非君子之言:据《礼记·檀弓上》记载:"有子问于曾子曰:'问丧于夫子乎?'曰:'闻之矣。丧欲速贫,死欲速朽。'有子曰:'是非君子之言也。'"丧,失去。这里指失去官职和俸禄。

②有为(wèi)之言:有为即有缘故,有用意,有所指之意。《全唐诗》卷五百九十九于濆《拟古讽》曰:"草木本无情,此时如有为。"也作"有谓"。据李肇《唐国史补》卷下记载:"于司空頔,因韦太尉《奉圣乐》,亦撰《顺圣乐》以进。每宴,必使奏之。其曲将半,行缀皆伏,独一卒舞于其中。幕客韦绶笑曰:'何用穷兵独舞?'言虽诙

谐，一时亦有谓也。"

③是欲责人才过孔子也：《章氏遗书》本此下尚有独立一节文字，补
　　录于此：

　　　　樊迟问仁，子曰："爱人。"问知，子曰："知人。"他日问仁，子
　　曰："仁者先难而后获。"问知，子曰："务民之义，敬鬼神而远之。"
　　同一樊迟，同一问仁问知，而所言先后各殊，则言岂一端而已哉？
　　必有所为，而不可以强执也。幸而其言出于夫子也，出之他人，
　　必有先后矛盾之诮矣。

【译文】

　　"丧失了禄位就希望赶快贫困，死了就希望尸体赶快腐烂"，有子认
为这不像君子说的话。那么针对某些特定场合而说的话，与正常的说
话含义不同，这在圣人孔夫子身上也难免出现。现在沉迷于文辞的人，
不考察别人发表这番言论所针对的具体情况，而匆忙给它定下是非结
论，这是想要求人们的才能必须超过孔子。

　　《春秋》讥佞人①。《公羊传》。夫子尝曰："恶佞口之覆邦
家者。"②是佞为邪僻之名矣。或人以为"雍也仁而不佞"③。
或人虽甚愚，何至惜仁人以不能为邪僻？且古人自谦称不
佞，岂以不能邪僻为谦哉？是则佞又聪明才辨之通称也。
荀子著《性恶》，以谓圣人为之"化性而起伪"④。伪于六书，
人为之正名也⑤。荀卿之意，盖言天质不可恃，而学问必藉
于人为，非谓虚诳欺罔之伪也。而世之罪荀卿者，以谓诬圣
为欺诳，是不察古人之所谓，而遽断其是非也。

【注释】

　　①《春秋》讥佞人：据《公羊传·庄公十七年》记载："春，齐人执郑

瞻。郑瞻者何？郑之微者也。此郑之微者，何言乎齐人执之？
书甚佞也。"何休《注》曰："为甚佞，故书恶之。"佞，花言巧语，阿
谀奉承。

②恶佞口之覆邦家者：语出《论语·阳货》。佞口，原文为"利口"。

③雍也仁而不佞：语出《论语·弓冶长》。雍，即冉雍（前522—?），
字仲弓，春秋时期鲁国人。孔子弟子。有德行，通政事。曾任鲁
国季氏宰。

④荀子著《性恶》，以谓圣人为之"化性而起伪"：据《荀子·性恶》
曰："人之性恶，其善者伪也……故圣人化性而起伪。伪起而生
礼义。"

⑤伪于六书，人为之正名也：据《荀子·性恶》杨倞《注》曰："伪，为
也，矫也。矫其本性也。凡非天性而人作为之者，皆谓之伪。故
伪字人傍为，亦会意字也。"

【译文】

《春秋》讥刺佞人。见《公羊传》。孔夫子曾经说过："憎恨佞人之口
颠覆国家。"这样看来"佞"是一个邪恶不正的名称了。有人以为"冉雍
有仁德却没有佞才"。那个人即使非常愚蠢，何至于可惜仁人不能做邪
恶不正的事情？而且古人自己谦称"不佞"，难道是把不能邪恶不正作
为谦逊吗？这样看来"佞"又是聪慧明识与才智机辩的通称。荀子撰
《性恶》篇，认为圣人为了"改变人的恶劣本性而兴起了人为的做法"。
"伪"字从六书上讲，就是人为它正名。荀卿的意思，大概是说天生的资
质不可依赖，而学问一定要借助于人为，指的不是欺骗虚伪的"伪"。然
而世上指责荀卿的人，认为他诬蔑圣人为欺骗，这是没有明察古人所说
的意思，就匆忙判断他的对错。

古者文字无多，转注通用①，义每相兼。诸子著书，承用
文字，各有主义，如军中之令，官司之式，自为律例②，其所立

之解,不必彼此相通也。屈平之灵修^③,庄周之因是^④,韩非之参伍^⑤,鬼谷之捭阖^⑥,苏、张之纵衡^⑦,皆移置他人之书而莫知其所谓者也。佛家之根、尘、法、相^⑧,法律家之以、准、皆、各、及、其、即、若^⑨,皆是也^⑩。

【注释】

①转注:六书之一。据许慎《说文解字·叙》曰:"转注者,建类一首,同意相受,考、老是也。"段玉裁《注》曰:"转注,犹言互训也。注者,灌也。数字展转,互相为训,如诸水相为灌注,交输互受也。"

②律例:刑法的正条及其成例。律是法律的本文,例是为补充律文不足而设的条例或例案。

③屈平之灵修:语出《楚辞·离骚》:"指九天以为正兮,夫惟灵修之故也。"王逸《注》曰:"灵,谓神也。修,远也。能神明远见者,君德也,故以喻君。"

④庄周之因是:语出《庄子·齐物论》:"是以圣人不由,而照之于天,亦因是也。"郭象《注》曰:"夫怀豁者,因天下之是非,而自无是非也。"

⑤韩非之参伍:语出《韩非子·扬权》:"虚静无为,道之情也。参伍比物,事之形也。参之以比物,伍之以合虚,根干不革,则动泄不失矣。"元代何犿《注》曰:"参,三也;伍,五也。谓所陈之事,或三之以比物之情,或五之以合虚之数,常令根干坚植,不有移革。如此,则动之散皆无所失泄也。"

⑥鬼谷之捭阖:语出《鬼谷子·捭阖》:"捭阖者,道之大化,说之变也。必豫审其变化。"

⑦苏、张之纵衡:据司马迁《史记》卷六十九《苏秦列传》记载:"夫衡人者,皆欲割诸侯之地以予秦……故窃为大王计,莫如一韩、魏、

齐、楚、燕、赵以从亲。"司马贞《索隐》曰:"按衡人,即游说纵横之士也。东西为横,南北为纵。秦地形东西横长,故张仪相秦,为秦连横。"

⑧根、尘、法、相:皆为佛教术语。根、尘,语出宋僧普济《五灯会元》卷十六《法云白禅师法嗣》:"根尘同源,缚脱无二。"佛教把色之所依而能取境者,谓之根,包括眼、耳、鼻、舌、身、意六根;根之所取者,谓之尘,包括色、声、香、味、触、法六尘,合称根尘。法、相,语出慧远《大乘义章》卷二:"一切世谛,有为无为,通名法相。"法指宇宙之本原、道理、法术,相指诸法之相状,包含体相与义相二者。泛指事物的形象、性质、名称、概念及含义等等。佛教通过对"法相"的定义和解释,表现其特定的教义,形成不同的教派。

⑨以、准、皆、各、及、其、即、若:古代法律上的律分八字。据清代贺长龄《皇朝经世文编》卷九十一《刑政二·律例上》引王明德《刑名八字义序》曰:"律有以、准、皆、其、各、及、即、若八字,各为分注,冠于律首,标曰'八字之义'。相传谓之'律母'。谚曰:'读书不读律,致君尧、舜终无术。'而先辈指示读律之法,又云:'必于八字之义,先为会通融贯,而后可与言读法。'"

⑩皆是也:《章氏遗书》本此下尚有独立两节文字,补录于此:

韩子曰:"博爱之谓仁。"宋儒讥之,以为必如周子所言"德爱曰仁"而后可。数百年来,莫不奉宋儒为笃论矣。今考周子初无"德爱曰仁"之说也。《通书·诚几德》篇有曰:"诚,无为。几,善恶。德,爱曰仁,宜曰义,曰礼,曰智,曰信。"皆有说焉。周子之意若曰:诚者何谓? 无为是也。几者何谓? 善恶是也。德者何谓? 在爱曰仁,在宜曰义,礼、智与信,俱在德也。德有五者,韩子《原性》之篇,已明著矣,与周子无殊旨也。"博爱曰仁",即周子之"爱曰仁"也,合《原性》而观之,则韩子之说,较周子为尤备也。以其出于韩子,则删去《原性》而摘"博爱"之为偏;出于周子，则割截句读而以"德爱"为至论。同一言也，不求至是，而但因人而异听，不啻公甫之母与妻焉，此论古之深患也。

李汉序韩氏文曰："文者，贯道之器。"其言深有味也。宋儒讥之，以为道无不在，不当又有一物以贯之。然则"率性之谓道"，不当又有一物以率之矣。

【译文】

古时候文字不多，辗转训释互相通用，字义常常相互兼容。诸子各家著书，沿用前人的文字，各有自己的主张含义，就像军中的命令，官府的制度，自己制定法律条例，各家所确立的解释，不一定要彼此相通。屈原所称的"灵修"，庄子所称的"因是"，韩非所称的"参伍"，鬼谷子所称的"捭阖"，苏秦、张仪所称的"纵横"，都是改用在他人文章中就不知道它所指的是什么意思。佛教的"根"、"尘"、"法"、"相"，法律的"以"、"准"、"皆"、"各"、"及"、"其"、"即"、"若"，也都是这样。

冯暖问孟尝君，收责反命，何市而归？则曰："视吾家所寡有者。"①学问经世，文章垂训，如医师之药石偏枯，亦视世之寡有者而已矣。以学问文章，徇世之所尚，是犹既饱而进粱肉，既暖而增狐貉也。非其所长，而强以徇焉，是犹方饱粱肉，而进以糠秕，方拥狐貉，而进以裋褐也②。其有暑资裘而寒资葛者，吾见亦罕矣。

【注释】

①冯暖问孟尝君，收责反命，何市而归？则曰："视吾家所寡有者"：语出《战国策·齐策四》："齐人有冯谖者，贫乏不能自存，使人属孟尝君，愿寄食门下……后孟尝君出记，问门下诸客：'谁习计会，能为文收责于薛者乎？'冯谖署曰'能'……于是约车治装，载

券契而行，辞曰：'责毕收，以何市而反？'孟尝君曰：'视吾家所寡
有者。'驱而之薛，使吏召诸民当偿者，悉来合券。券遍合，起，矫
命以责赐诸民，因烧其券，民称万岁。长驱到齐，晨而求见。孟
尝君怪其疾也，衣冠而见之，曰：'责毕收乎？来何疾也？'曰：'收
毕矣。''以何市而反？'冯谖曰：'君云视吾家所寡有者。臣窃计
君宫中积珍宝，狗马实外厩，美人充下陈，君家所寡有者以义耳。
窃以为君市义。'"冯暖，也作"冯谖（xuān）"，孟尝君田文的门下
食客。责，通"债"。薛，孟尝君的封邑。史载孟尝君曾一度失去
齐国相位，到薛邑避难，受到当年被冯暖免债的人们热烈欢迎。
后来冯暖游说秦王与齐王，使孟尝君得复相位。

②裋褐（shù hè）：语出司马迁《史记》卷六《秦始皇本纪》论引贾谊
曰："夫寒者利裋褐，而饥者甘糟糠。"司马贞《索隐》曰："谓褐布
竖裁，为劳役之衣，短而且狭，故谓之裋褐，亦曰竖褐。"指短而窄
的粗陋衣服。

【译文】

　　冯煖问孟尝君，收取完债息返回复命，买什么东西带回来？孟尝君
回答说："看看我们家缺少什么就买什么吧。"学问治理国事，文章垂示
训教，就像医生用药物治疗偏瘫一样，也需要看世上所缺少的东西而决
定了。用学问与文章，来追随世人所崇尚的东西，就像已经吃饱了还要
送上精美的膳食，已经穿暖了还要增添狐貉的皮衣。不是自己所擅长
的东西，而勉强去追随它，就像已经吃饱了精美的饭食，却送来糠皮和
瘪谷，已经穿上了狐貉皮衣，却送来粗布衣服。对于在暑天里供给人皮
裘衣服而在冬天里资助人葛布衣服的事情，我所看到的太稀少了。

　　宝明珠者，必集鱼目①。尚美玉者，必竞碔砆②。是以身
有一影，而罔两居二三也③。罔两乃影旁微影，见《庄子》注。然
而鱼目碔砆之易售，较之明珠美玉为倍捷也。珠玉无心，而

碔砆有意,有意易投也。珠玉难变,而碔砆能随,能随易合也。珠玉自用,而碔砆听用,听用易惬也。珠玉操三难之势而无一定之价,碔砆乘三易之资而求价也廉,碔砆安得不售,而珠玉安得不弃乎?

【注释】

①宝明珠者,必集鱼目:语出明代徐元太《喻林》卷六十《人事门》:"物有异类,形有同色。白石如玉,愚者宝之。鱼目似珠,愚者取之。"

②尚美玉者,必竞碔砆:语出《战国策·魏策一》:"白骨疑象,武夫类玉,此皆似之而非者也。"武夫,通"碔砆",一种像玉的石头。

③罔两:语出《庄子·齐物论》:"罔两问景。"郭象《注》曰:"罔两,景外之微阴也。"今作"魍魉"。景,通"影"。

【译文】

爱惜明珠的人,一定会收集鱼目;崇尚美玉的人,一定会竞购碔砆。以致身上有一个影子,而罔两却有二三个。罔两就是影子旁边隐微的淡影,见《庄子》注。但是鱼目和碔砆出售很容易,与明珠与美玉相比要快捷一倍。珠玉无心,但碔砆有意,有意就容易投机。珠玉难变,但碔砆能随意而变,能随意就容易相合。珠玉自用,但碔砆却任人使用,任人使用就容易让人满足。珠玉处在这三种艰难的形势之下而又没有一定的价钱,碔砆利用这三种容易的条件而要求的价格又很低廉,碔砆怎么能卖不出,而珠玉又怎么能不被抛弃呢?

鸩之毒也,犀可解之①。瘴之厉也,槟榔苏之②。有鸩之地,必有犀焉。瘴厉之乡,必有槟榔。天地生物之仁,亦消息制化之理有固然也③。汉儒传经贵专门,专门则渊源不紊也。其弊专已守残，而失之陋。刘歆《七略》，论次诸家流别，而推《官礼》之遗焉④，所以解专陋之瘴厉也。唐世修书置馆局⑤，馆局则各效所长也。其弊则漫无统纪⑥，而失之乱。刘知几《史通》，扬榷古今利病⑦，而立法度之准焉，所以治散乱之瘴厉也。学问文章，随其风尚所趋，而瘴厉时作者，不可不知槟榔犀角之用也。

【注释】

① 鸩之毒也，犀可解之：语出许慎《说文解字·鸟部》："鸩，毒鸟也。"其羽毛可以泡制毒酒。又李时珍《本草纲目》卷五十一上《兽之二·犀》曰："犀角……杀钩吻、鸩羽、蛇毒。"

② 瘴之厉也，槟榔苏之：语出唐代刘恂《岭表异录》卷下："岭南或见物，自空而下，始如弹丸，渐如车轮，遂四散，人中之即病，谓之瘴母。"又《本草纲目》卷三十一《果之三·槟榔》："槟榔……御瘴疠。"槟榔，多年生乔木，属棕榈科，生长在热带地区，果实可以入药。

③ 制化：彼此克制与吉凶转化。

④ 刘歆《七略》，论次诸家流别，而推《官礼》之遗：章学诚《校雠通义》卷一《原道》曰："刘歆盖深明乎古人官师合一之道，而有以知乎私门初无著述之故也。何则？其叙六艺而后，次及诸子百家，必云某家者流，盖出于古者某官之掌，其流而为某氏之学，失而为某氏之弊。其云某官之掌，即法具于官，官守其书之义也。其云流而为某家之学，即官司失职，而师弟传业之义也。其云失而为某氏之弊，即孟子所谓生心发政，作政害事。辨而别之，盖欲庶几于知言之学者也。"

⑤ 唐世修书置馆局：据《旧唐书》卷四十三《职官志》记载："历代史

官,隶秘书省著作局……贞观三年闰十二月,始移史馆于禁中,在门下省北。宰相监修国史……遂成故事也。"馆指弘文(后改昭文)、集贤、史馆三馆,局指秘书省著作局,合称馆局,为国家藏书、修史机构。

⑥其弊则漫无统纪:据刘知几《史通》卷十一《史官建置》记载:"近代趋竞之士,尤喜居于史职,至于措辞下笔者,十无一二焉。既而书成缮写,则署名同献;爵赏既行,则攘袂争受;遂使是非无准,真伪相杂。"又据刘知几《史通》卷二十《忤时》曰:"顷史官注记,多取禀监修,杨令公则云'必须直词',宗尚书则云'宜多隐恶'。十羊九牧,其令难行;一国三公,适从何在?"

⑦刘知几《史通》,扬榷(què)古今利病:刘知几《史通叙录》曰:"尝以载削余暇,商榷史篇,下笔不休,遂盈筐箧。"又据《四库全书总目》卷八十八《史通提要》曰:"内篇皆论史家体例,辨别是非。外篇则述史籍源流,及杂评古人得失。"《史通》共二十卷,五十二篇。其中内篇十卷,三十九篇;外篇十卷,十三篇。内篇中的《体统》、《纰缪》、《弛张》三篇内容后来亡佚,有目无文,故全书保存下来四十九篇。

【译文】

鸩鸟羽毛的毒性,犀牛的角可以消解它。瘴气引起的疾病,槟榔可以治好它。有鸩鸟的地方,一定有犀牛;流行瘴疬的蛮荒之乡,一定有槟榔。天地生育万物的仁德,也是本来就有滋生消亡与相生相克的道理。汉代的儒生讲解经文注重专门传授,专门受授则渊源关系不会混乱。其弊端在于个人独断与抱残守缺,而失之于狭隘孤陋。刘歆的《七略》,论定各家流派,而推阐《周官》之法的遗蕴,就是用来救治孤陋这种瘴疬。唐代修史设置馆局,史官在史馆里可以各自施展自己的长处。其弊端则是漫无纲纪,而失之于散乱。刘知几的《史通》,评论古今史学的利弊,而确立修史的法度准则,就是用来治疗散乱这种瘴疬。学问与文章,如果一味追随风尚所向,而瘴疠不时地发作起来,不能不懂得槟榔和犀角的作用。

　　所虑夫药者,为其偏于治病,病者服之可愈,常人服之,或反致于病也。夫天下无全功,圣人无全用。五谷至良贵矣,食之过乎其节,未尝不可以杀人也。是故知养生者,百物皆可服。知体道者,诸家皆可存。六经三史①,学术之渊源也。吾见不善治者之瘴厉矣。

【注释】

①三史:据钱大昕《十驾斋养新录》卷六记载:"《续汉书·郡国志》:'今录中兴以来郡县改易,及《春秋》、三史会同征伐地名。'三史,谓《史记》、《汉书》、《东观汉纪》也……自唐以来,《东观纪》失传,乃以范蔚宗书当三史之一。"范蔚宗书,即范晔《后汉书》。

【译文】

　　药令人担忧的缘故,是它偏于治病,病人服用它可以痊愈,正常人服用它,或许反而招来病。天下没有十全十美的功效,圣人也不是万能。五谷最宝贵了,但食用它们超过限度,未尝不可以杀死人。所以懂得养生的人,各种东西都可以服用。懂得躬行正道的人,各家学说都可以并存。六经三史,是学术的渊薮。我却看见它们成为不善于治学的人所患的瘴疠。

　　学问文章,聪明才辨,不足以持世,所以持世者,存乎识也。所贵乎识者,非特能持风尚之偏而已也,知其所偏之中,亦有不得而废者焉。非特能用独擅之长而已也,知己所擅之长,亦有不足以该者焉。不得而废者,严于去伪,风尚所趋，不过一偏，惟伪托者，并其偏得亦为所害。**而慎于治偏，真有得者，但治其偏足矣。则可以无弊矣。不足以该者，缺所不知，而善推能者**；无有其人，则自明所短，而悬以待之，人各有能有不能，充类至尽①，圣人有所不能，庸何伤乎？今之伪趋逐势者，无足责矣。其间有所得者，遇非己之所长，则强不知为知，否则大言欺人，以谓此外皆不足道②。夫道大如天，彼不见天者，曾何足论。己处门内，偶然见天，而谓门外之天皆不足道，有是理乎？曾见其人，未暇数责。亦可以无欺于世矣。夫道公而我独私之，不仁也。风尚所趋，循环往复，不可力胜，乃我不能持道之平，亦入循环往复之中，而思以力胜，不智也。不仁不智，不足以言学也。不足言学，而嚣嚣言学者乃纷纷也③。

【注释】

①充类至尽：语出《孟子·万章下》："夫谓非其有而取之者盗也，充类至义之尽也。"把同类事物加以比照推论，引申到极致而揭示出共同本质。

②大言欺人，以谓此外皆不足道：《章氏遗书》卷二《书朱陆篇后》云："凡戴君所学，深通训诂，究于名物制度，而得其所以然，将以明道也……其自尊所业，以谓学者不究于此，无由闻道。不知训诂名物，亦一端耳，古人学于文辞，求于义理，不由其说，如韩、欧、程、张诸儒，竟不许以闻道，则亦过矣。"又《章氏遗书》卷二十九《又与正甫论文》曰："近日言学问者，戴东原氏实为之最，以其实有见于古人大体，非徒矜考订而求博雅也。然戴氏之言又有过者……马、班之史，韩、柳之文，其与于道，犹马、郑之训诂，贾、孔之疏义也，戴氏则谓彼皆艺而非道，此犹资舟楫以入都，而谓陆程非京路也。"

③嚣嚣(áo)：也作"聱聱"。语出《诗经·小雅·十月之交》："无罪
　　无辜，谗口嚣嚣。"形容声音众多的样子。

【译文】

　　学问与文章，聪明与才智，不足以维持世道，能够用来维持世道的
东西，在于见识。见识之所以可贵，不只是能够把握风尚的偏差而已，
还知道风尚的偏差之中，也有不可废弃的东西。不只是能够使用独自
擅长的东西而已，还知道自己所擅长的方面，也有不足以包罗全部的地
方。对于不能废弃的内容，要严格去除虚假的东西，风尚所向，不过有些
偏差，只有那些伪托虚假的东西，连同风尚偏差中的独自心得也被它损害。
慎重纠治其偏差，对真正有心得的东西，只纠治其偏差就可以了。那么就
可以没有弊端了。不足以包罗全部，就把不懂的内容暂时保留着，而善
于去推戴高明的人；没有那样的人，那就自己说明不懂的地方，而留待
后来人解决，人各有所能也有所不能，推类扩充到极端，圣人也有所不能，
这有什么妨碍呢？现今假冒追逐时尚的人，就不值得去责怪了。其中有点
创见的人，遇到不是自己所擅长的东西，却强不知以为知，要不然就说些大
话来欺骗人，认为除他研究的内容之外都不值得谈论。道大如天，那些没看
见过天的人，根本就不值得去议论他们。自己身处门内，偶然见到一片蓝
天，却说门外的天空不值得谈论，有这种道理吗？我曾经见过这种人，还没
有空闲来一一指责他们。这样也可以于世无欺了。大道属于公有而个
人独自据为己有，这是不仁厚。风尚的发展变化，循环往复，不可用人
力战胜它，而个人不能维持大道的平正，也卷入到风尚的循环往复之
中，却想用人力去战胜它，这是不明智。不仁不智，就不足以谈论学问。
不足以谈论学问，但熙熙攘攘谈论学问的人却无处不在。

知　难

【题解】

　　人类不同于其他生物的一个显著特征,就在于自身具备优越的认知能力。一方面需要探索和认识自然界以获取各种知识,另一方面也需要社会上人与人之间的相互认知。每个人不但有了解他人的需求,而且也有使别人了解自己的愿望。然而伯牙绝弦于钟期,卞和悲号于荆璞,知音之难遇,千古以为恨事。章学诚生活在举世崇尚考据功力而轻视思想的乾嘉时期,以其特立独行的性格,从事校雠学术和文史义例的研究,与当时通人论学多不相合,大有独立苍茫之感。时人知之者很少,以致翁方纲竟然向人询问章学诚治学究竟属于什么路数,其学术孤怀绝诣,可见一斑。这种境遇不能不让他深怀感慨,对"知难"问题理解更加深刻。章学诚把"知"划分为"读其书"、"知其言"与"知其所以为言"三个递进层次,分别列举出"遇合之知难"、"同道之知难"和"身后之知难"三种情况,作出深入细致的分析。他认为人与人之间,尤其是后人与前人之间,之所以相知之难,主要由三种原因决定。一是人与人之间情感不同,不能设身处地理解对方;二是缺乏自知之明,抬高自己而贬低别人;三是有心争胜,爱憎由己。章学诚强调"知难",寄慨深长,用来纾解怀才不遇的愤懑之情,藉以自慰。本篇和前面《感遇》篇一样,章学诚在文章结尾表达了闇然自修,知天安命,以求适合自己的学问而不为外界诱惑的坚定意志,为后人治学立身做出了表率,尤为难能可贵。

　　为之难乎哉?知之难乎哉?夫人之所以谓知者,非知其姓与名也,亦非知其声容之与笑貌也;读其书,知其言,知其所以为言而已矣。读其书者,天下比比矣;知其言者,千不得百焉。知其言者,天下寥寥矣;知其所以为言者,百不得一焉。然而天下皆曰:我能读其书,知其所以为言矣。此知之难也。人知《易》为卜筮之书矣①;夫子读之,而知作者有忧患②,是圣人之知圣人也。人知《离骚》为词赋之祖矣③;司马迁读之,而悲其志④,是贤人之知贤人也。夫不具司马迁之志,而欲知屈原之志,不具夫子之忧,而欲知文王之忧,则几乎罔矣。然则古之人,有其忧与其志,不幸不得后之人有能忧其忧,志其志,而因以湮没不章者⑤,盖不少矣。

【注释】

①《易》为卜筮之书:语出班固《汉书》卷三十《艺文志》:"及秦燔书,而《易》为筮卜之事,传者不绝。"

②夫子读之,而知作者有忧患:语出《周易·系辞下》:"《易》之兴也,其于中古乎?作《易》者,其有忧患乎?"相传《系辞》为孔子所作,故曰孔子知作《周易》之人有忧患。

③《离骚》为词赋之祖:语出刘勰《文心雕龙》卷一《辨骚》:"然其文辞丽雅,为词赋之宗。"

④司马迁读之,而悲其志:语出司马迁《史记》卷八十四《屈原列传赞》:"余读《离骚》、《天问》、《招魂》、《哀郢》,悲其志。"

⑤湮(yān)没不章:语出宋代欧阳守道《巽斋文集》卷十二《四书集

义序》："昔者，孔子、曾子、子思、孟子著书以遗后人，千五百年湮
没不章。"湮没，埋没。章，通"彰"。

【译文】

　　是行为难呢，还是认识难呢？人们所说的认识，不是说知道某个人
的姓与名，也不是说熟悉某个人的音容笑貌；读某个人的书，理解某个
人的话，并知道某个人为什么说这些话罢了。读某个人的书的人，天下
随处可见了；能理解某个人的话的人，千人之中还不到一百个。理解某
个人的话的人，天下寥寥无几；能知道某个人为什么说这些话的人，一
百个里面也找不到一个。然而天下的人都说：我能够读某个人的书，知
道某个人为什么要这样说了。这就是认识理解的困难。人们都知道
《周易》是占卜用的书了；孔夫子读到它，就知道作者心里有忧患，这是
圣人能理解圣人。人们都知道《离骚》为词赋的鼻祖了；司马迁读到它，
就为屈原的志向而感到悲伤，这是贤人能理解贤人。如果不具备司马
迁的志向，而想知道屈原的志向；不具备孔夫子的忧患，而想知道文王
的忧患，那几乎是自欺欺人了。然而古代的人，具备自己的忧患与志
向，不幸没有遇到后世之人能理解他的忧患，理解他的志向，因而湮没
无闻的事例，大概有不少了。

　　刘彦和曰："《储说》始出，《子虚》初成，秦皇、汉武恨不
同时，既同时矣，韩囚马轻。"①盖悲同时之知音不足恃也。
夫李斯之严畏韩非②，孝武之俳优司马③，乃知之深，处之当，
而出于势之不得不然，所谓迹似不知而心相知也。贾生远
谪长沙，其后召对宣室，文帝至云，久不见生，自谓过之，见
之乃知不及。君臣之际，可谓遇矣。然不知其治安之奏，而
知其鬼神之对，所谓迹似相知而心不知也。刘知几负绝世
之学，见轻时流，及其三为史臣，再入东观④，可谓遇矣。然

而语史才则千里降追⑤，议史事则一言不合⑥，所谓迹相知而心不知也。夫迹相知者，非如贾之知而不用，即如刘之用而不信矣。心相知者，非如马之狎而见轻，即如韩之谗而遭戮矣。丈夫求知于世，得如韩、马、贾、刘，亦云盛矣；然而其得如彼，其失如此。若可恃，若不可恃；若可知，若不可知，此遇合之知所以难言也。

【注释】

①刘彦和曰："《储说》始出，《子虚》初成，秦皇、汉武恨不同时，既同时矣，韩囚马轻"：语出刘勰《文心雕龙》卷十《知音》。刘彦和，即刘勰，字彦和。

②李斯之严畏韩非：语出司马迁《史记》卷六十三《韩非列传》："［韩非］与李斯俱事荀卿，斯自以为不如非。"

③孝武之俳优司马：语出班固《汉书》卷六十四上《严助传》："相如常称疾避事……上颇俳优畜之。"

④三为史臣，再入东观：语出刘知几《史通》卷十《自叙》。原注曰："则天朝为著作佐郎，转左史。今上初即位，又除著作。长安中，以本官兼修国史。会迁中书舍人，暂罢其任。神龙元年，又以本官兼修国史，迄今不之改。今之史馆，即古之东观也。"

⑤语史才则千里降追：语出刘知几《史通》卷二十《忤时》："求史才则千里降追，语宦途则十年不迁。"

⑥议史事则一言不合：语出刘知几《史通》卷十《自叙》："长安中年，会奉诏预修唐史。及今上即位，又敕撰《则天大圣皇后实录》。凡所著述，尝欲行其旧议。而当时同作诸士，及监修贵臣，每与其凿枘相违，龃龉难入。"

【译文】

刘彦和说:"韩非子的《储说》才开始流传,司马相如的《子虚赋》刚刚写成,秦始皇、汉武帝就恨不得与他们同时,后来见面了,韩非却进了监狱而司马相如也没受到重视。"大概是在悲叹同时代的知音不足依赖。李斯非常害怕韩非,汉武帝把司马相如当做优伶,是对他们了解很深刻,处置得很适当,而出于形势所趋不得不如此,这就是所谓的形迹上似乎不了解而内心非常了解。贾谊被贬谪到遥远的长沙,后来在宣室被召见,汉文帝以至于说道,很久没见到你,自以为超过你了,见面后才知道比不上。君臣之间,可说是彼此默契了。然而文帝不赏识贾谊治国安邦的奏疏,而赏识他关于鬼神的对话,这就是所谓的形迹上似乎很了解而心里并不了解。刘知几具有举世无双的学问,却受到当时人的轻视,等到三次成为史官,两次进入史馆,可以说是遇到知音了。然而说到修史之才就不远千里降敕追还,而相互议论史事却一言不合,这就是所谓的形迹上很了解而心里并不了解。形迹上的了解,不是像贾谊那样知而不用,就是像刘知几那样用而不信了。心里的相知,不是像司马相如那样被玩弄轻视,就是像韩非那样受谗言陷害而遭杀身之祸了。大丈夫在世上寻求知遇,能像韩、马、贾、刘,也可说盛大隆重了;然而他们所得是那样丰厚,而所失又是这样巨大。好像可以依赖,又好像不可以依赖;似乎能够了解,又似乎不能够了解,这就是君臣遇合的这种了解很难说清楚的原因。

庄子曰:"天下之治方术者,皆以其有为不可加矣。"夫"耳、目、口、鼻,皆有所明,而不能相通"①。而皆以己之所治,为不可加,是不自知之过也。天下鲜自知之人,故相知者少也。凡封己护前不服善者,皆不甚自知者也。世传萧颖士能识李华《古战场文》②,以谓文章有真赏。夫言根于心,其不同也如面。颍士不能一见而决其为华，而漫云华足以及此，是未得谓之真知也。而世之能具萧氏之识者，已万不得一；若夫人之学业，固有不止于李华者，于世奚赖焉？凡受成形者，不能无殊致也。凡禀血气者，不能无争心也。有殊致，则入主出奴，党同伐异之弊出矣。有争心，则挟恐见破，嫉忌诋毁之端开矣。惠子曰："奔者东走，追者亦东走；东走虽同，其东走之心则异。"③ 今同走者众矣，亦能知同走之心欤④？若可恃，若不可恃；若可知，若不可知，此同道之知所以难言也。

【注释】

① 天下之治方术者，皆以其有为不可加矣：语出《庄子·天下》。

② 萧颍士能识李华《古战场文》：据《新唐书》卷二百零三《李华传》记载："颍士健爽自肆，时谓不及颍士，而华自拟过之。因作《吊古战场文》，极思研榷。已成，污为故书，杂置梵书之庋。它日，与颍士读之，称工。华问：'今谁可及。'颍士曰：'君加精思，便能至矣。'华愕然而服。"萧颍士（708—759），字茂挺，唐兰陵郡兰陵（今山东苍山西南）人。开元年间进士。历任秘书省正字、集贤校理、史馆待制等官，调河南府参军、扬州工曹参军。与李华齐名，世号萧、李。著作散佚，后人辑为《萧茂挺文集》。

③ 惠子曰："奔者东走，追者亦东走；东走虽同，其东走之心则异"：语出《韩非子·说林上》："慧子曰：'往者东走，逐者亦东走，其东走则同，其所以东走之为则异。'故曰同事之人，不可不审察也。"王先慎《集解》："卢文弨曰：慧、惠同。"惠子，即惠施。

④ 今同走者众矣，亦能知同走之心欤：《章氏遗书》本作"今同业者众矣，岂能皆出于同心"。

【译文】

　　庄子说:"天下研究道术的人,都认为自己的学问是无以复加了。""耳、目、口、鼻,都有它们的功能,却不能互相通用。"都认为自己研究的学问,成就无以复加,这是没有自知之明的过错。天下有自知之明的人很罕见,所以能彼此深知的人很少。凡是固步自封,掩饰过错,不信服善言善行,都是不怎么有自知之明的人。世人相传萧颖士能够鉴识李华的《古战场文》,认为这是文章能得到真正的赏识。言语根植于思想,言语的不同就如同人的面孔一样。萧颖士不能一见到此文就断定为李华的文章,而只是空泛地说李华足以写出这样的文章,因此不能称之为真正的了解。然而世上能具备萧氏这种见识的人,已经是一万个当中也难得一个;至于说到人的学业,固然有超过李华的人,在世上又能依赖谁赏识呢?大凡受天地化育而成形的东西,不可能没有不同的地方。大凡具有血气的物种,不可能没有竞争之心。有不同的地方,那么就会持有门户之见,党同伐异的弊病就出现了。有竞争之心,那么就会挟带恐怕被别人看穿的私心,妒忌毁谤的大门就打开了。惠子说:"逃走的人朝东跑,追赶的人也朝东跑;朝东奔跑虽然相同,但他们朝东奔跑的用心却不一样。"当今一同奔走的人很多了,也能知道他们一同奔走的用心吗? 好像可以依赖,又好像不可以依赖;似乎能够了解,又似乎不能够了解,这就是同行之间的这种了解很难说清楚的原因。

　　欧阳修尝慨《七略》、四部,目存书亡,以谓其人之不幸①。盖伤文章之不足恃也。然自获麟以来,著作之业,得如马迁、班固,斯为盛矣。迁则藏之名山,而传之其人,固则女弟卒业,而马融伏阁以受其书,于今犹日月也。然读《史》、《汉》之书,而察徐广、裴骃、伏虔、应劭诸家之诂释②,其间不得迁、固之意者,十常三四焉③。以专门之攻习,犹未达古人之精微,况泛览所及,爱憎由己耶?夫不传者,有部目空存之慨;其传者,又有推求失旨之病,与爱憎不齐之数。若可恃,若不可恃;若可知,若不可知,此身后之知所以难言也。

【注释】

①欧阳修尝慨《七略》、四部,目存书亡,以谓其人之不幸:据《新唐书》卷五十七《艺文志序》记载:"自汉以来,史官列其名氏篇第,以为六艺、九种、七略,至唐始分为四类,曰经、史、子、集,而藏书之盛,莫盛于开元。其著录者,五万三千九百一十五卷,而唐之学者自为之书者,又二万八千四百六十九卷。呜呼!可谓盛矣……然凋零磨灭,亦不可胜数。岂其华文少实,不足以行远欤?而俚言俗说,猥有存者,亦其有幸不幸者欤?今著于篇,有其名而亡其书者,十盖五六也,可不惜哉!"

②徐广、裴骃、伏虔、应劭诸家之诂释:据《隋书》卷三十三《经籍志》著录:"史记八十卷,宋南中郎外兵参军裴骃注。《史记音义》十二卷,宋中散大夫徐野民撰……《汉书集解音义》二十四卷,应劭撰。《汉书音训》一卷,服虔撰。"徐广,字野民,东晋东莞姑幕(今山东诸城西北)人。晋孝武帝时,除秘书郎,典校秘书省。转员外散骑常侍。官至秘书监。著有《晋纪》、《答礼问》等书,均亡佚。伏虔,即服虔,字子慎。初名重,后改名虔。东汉河南荥阳人。入太学授业,长于文论。中平末年,任九江太守。撰有《春秋左氏传解谊》,以《左传》驳难何休的今文经学。

③三四:《章氏遗书》本作"四五"。

【译文】

欧阳修曾经感叹《七略》、四部之中,许多书目录尚存而书已亡佚,认为这是那些人的不幸。大概是感伤文章不足以依赖。然而自《春秋》以后,著作这一事业,能如司马迁、班固那样,就算很兴盛了。司马迁则把《史记》藏入名山，而传给后来能继承他事业的人，班固的《汉书》则由他的妹妹班昭接续事业，由马融进入东观藏书阁师从班昭传习此书，在今天仍像日月那样光照千古。但是读《史记》、《汉书》，考察一下徐广、裴骃、服虔、应劭诸家的注释，其中不符合司马迁、班固原意的地方，时常有十分之三四。通过专门的研治学习，仍然未能通晓古人精深隐微的东西，何况是泛览所及，爱憎由己呢？ 没有传下来的书，有书目空存的感叹；那些流传下来的书，又有探求作者旨意失当的疵病，与爱憎不公正的情况。好像可以依赖，又好像不可以依赖；似乎能够了解，又似乎不能够了解，这就是死后的这种了解很难说清楚的原因。

　　人之所以异于木石者，情也。情之所以可贵者，相悦以解也。贤者不得达而相与行其志，亦将穷而有与乐其道；不得生而隆遇合于当时，亦将殁而俟知己于后世。然而有其理者，不必有其事，接以迹者，不必接以心。若可恃，若不可恃；若可知，若不可知。后之视今，亦犹今之视昔①。嗟乎！此伯牙之所以绝弦不鼓②，而卞生之所以抱玉而悲号者也④。夫鹦鹊啁啾，和者多也。茅苇黄白，靡者众也。凤高翔于千仞⑤，桐孤生于百寻⑥，知其寡和无偶，而不能屈折以从众者，亦势也。是以君子发愤忘食，暗然自修⑦，不知老之将至，所以求适吾事而已。安能以有涯之生，而逐无涯之毁誉哉？

【注释】

①后之视今，亦犹今之视昔：语出《晋书》卷八十《王羲之传》所载王羲之《兰亭集序》。

②伯牙之所以绝弦不鼓：据《吕氏春秋·本味》记载："伯牙鼓琴，钟子期听之。方鼓琴，而志在太山。钟子期曰：'善哉乎鼓琴！巍

巍乎若太山。'少选之间,而志在流水。钟子期又曰:'善哉乎鼓
琴!汤汤乎若流水。'钟子期死,伯牙破琴绝弦,终身不复鼓琴,
以为世无足复为鼓琴者。"

④卞生:卞和,一作和氏。春秋时期楚国人,得到和氏之璧。

⑤凤高翔于千仞:语出萧统《文选》卷六十《贾谊·吊屈原文》:"凤
凰翔于千仞兮,览德辉而下之。"

⑥桐孤生于百寻:语出萧统《文选》卷三十四《枚叔·七发》:"龙门
之桐,高百尺而无枝。"

⑦暗然自修:语出《礼记·中庸》:"君子之道,暗然而日章。"

【译文】

　　人和树木、石头不同的原因,就在于有情。情可贵的原因,就在于
能给人带来愉快和理解。贤明的人不能仕途通达而与君王一道推行自
己的主张,也一定会在穷困中快乐地探求儒家之道;不能活着的时候在
当世受到隆重的礼遇,也一定会在死后等待着后世的知己。然而有这
个道理,不一定有这种事情,形迹上能彼此相通的人,不一定内心里彼
此相通。好像可以依赖,又好像不可以依赖;似乎能够了解,又似乎不
能够了解。后世看今天,也就像今天看过去一样。唉!这就是伯牙之
所以扯断琴弦不弹,卞生之所以怀抱玉石而悲伤号哭的缘故。燕雀啾
啾,跟着叫唤的小鸟很多。黄色的茅草与雪白的芦苇,随风伏倒遍地皆
是。凤凰在千丈高空上飞翔,梧桐孤独地生长在百丈高山,是因为知道
自己很少有伴可以为伍,但又不能委屈自己以顺从大家,这是势所必
然。所以君子发愤努力以至于忘记了吃饭,独自闭门学习,不知道衰老
将要到来,只是为了求得与自己的事业相适合罢了。怎么能够以有限
的生命,去追求无穷无尽的毁谤和赞誉呢?

释　通

【题解】

　　在中国古代历史编纂学上,撰修通史与撰修断代史一直是史家的两种修史义例,并行而不悖。由于中国古代皇朝更替频繁,断代史更适合于记载各个朝代的历史,所以从东汉至唐代前期,以班固《汉书》和荀悦《汉纪》为代表的纪传体断代史和编年体断代史相互争衡,并驾齐驱,而通史撰述则不受重视,成就极其有限。唐、宋两代,通史撰述重新复兴,而且产生出编年体《资治通鉴》、纪传体《通志》、典制体《通典》、《文献通考》等代表性的通史著作,形成通史撰述的高潮。历史编纂学上的成就,又为史学理论家考察和对比这两种修史义例提供了条件。刘知几通过比较《史记》与《汉书》,认为通史纪事不如断代史纪事完备周详,得出断代史比通史优越的结论。章学诚则发扬中国古代史学的通史家风,对通史撰述的优劣得失作了细致的考察。本篇内容论述了"通"的概念含义以及史部书籍标"通"名称的由来,对史家撰修通史的利弊得失作了详尽的论述。章学诚指出,通史撰修具有"免重复"、"均类例"、"便铨配"、"平是非"、"去抵牾"、"详邻事"六个方面的便利条件,是断代史所不具备的特点;尤其是在"具剪裁"和"立家法"两方面,更是断代史所不具备的长处;当然同时也存在"无短长"、"仍原题"、"忘标目"三种弊病。需要指出的是,章学诚把裴璘的《大和通选》作为文征体通史的代表,主张历史编纂学应当给文征体确立重要地位,和纪传、编年、典制三体并列。他的这个意见,应当引起高度重视。章学诚提出撰述通史应当具备两条标准:一是包容别识心裁的思想,能够成一家之言;二是通史必须包容贯通古今和社会全方位内容。按照这两个标准,他对历代通史撰修中某些史家循流忘源而形成类比摘抄之书和不明义例而造成明通实不通的两种现象,给予尖锐批评,这对于今人编撰的大量只注意古今时间方面纵通而忽视历史空间和内容方面横通的各类所谓通史著作,尤其具有针砭意义。

《易》曰:"惟君子为能通天下之志。"[①]说者谓君子以文明为德,同人之时,能达天下之志也[②]。《书》曰:"乃命重、黎,绝地天通。"[③]说者谓人神不扰,各得其序也[④]。夫先王惧人有匿志,于是乎以文明出治,通明伦类,而广同人之量焉。先王惧世有棼治,于是乎以人官分职,绝不为通,而严畔援之防焉[⑤]。自六卿分典,五史治书,内史、外史、太史、小史、御史。学专其师,官守其法,是绝地天通之义也。数会于九,书要于六,杂物撰德[⑥],同文共轨,是达天下志之义也。夫子没而微言绝,七十子丧而大义乖。汉氏之初,《春秋》分为五,《诗》分为四[⑦];然而治《公羊》者,不议《左》、《穀》;业韩《诗》者,不杂齐、鲁;专门之业,斯其盛也。自后师法渐衰,学者聪明旁溢,异论纷起。于是深识远览之士,惧《尔雅》训诂之篇,不足以尽绝代离辞,同实殊号[⑧],而缀学之徒[⑨],无由汇其指归也;于是总《五经》之要,辨六艺之文,石渠《杂议》之属[⑩],班固《艺文志》:《五经杂议》十八篇。始离经而别自为书,则通之为义所由仿也。刘向总校《五经》[⑪],编录三礼[⑫],其于戴氏诸记，标分品目，以类相从，而义非专一，若《檀弓》、《礼运》诸篇，俱题通论⑬，则通之定名所由著也。《隋志》有《五经通义》八卷，注，梁有九卷，不著撰人。《唐志》有刘向《五经通义》九卷。然唐以前，记传无考。

【注释】

①惟君子为能通天下之志：语出《周易·同人卦》。

②说者谓君子以文明为德，同人之时，能达天下之志也：语出《周易·同人卦》王弼《注》："君子以文明为德。"孔颖达《疏》曰："唯君子之人，于同人之时，能以正道通达天下之志。"文明，文德辉耀，文采光明。同人，与人同和，彼此和谐。

③乃命重、黎，绝地天通：语出《尚书·吕刑》。

④说者谓人神不扰，各得其序也：语出伪孔安国《传》："重，即羲。黎，即和。尧命羲和，世掌天地四时之官，使人神不扰，各得其序，是谓绝地天通。言天神无有降地，地祇不至于天，明不相干。"

⑤畔援：语出《诗经·大雅·皇矣》："帝谓文王，无然畔援。"毛《传》曰："无是畔道，无是援取。"郑玄《笺》曰："畔援，犹跋扈也。"即专横跋扈之意。

⑥杂物撰德：语出《周易·系辞下》。孔颖达《疏》曰："言杂聚天下之物，撰数众人之德。"撰，历数，列举。

⑦《春秋》分为五，《诗》分为四：班固《汉书》卷三十《艺文志》颜师古《注》引韦昭曰：《春秋》"谓左氏、公羊、穀梁、邹氏、夹氏也"；《诗经》"谓毛氏、齐、鲁、韩"。

⑧绝代离辞，同实殊号：语出郭璞《尔雅注序》："夫《尔雅》者，所以通诂训之指归，叙诗人之兴咏，总绝代之离词，辩同实而殊号者也。"绝代，时间隔绝的远古时代。离辞，异词。同实殊号，实质

相同而名称各异。

⑨缀学之徒：语出《大戴礼记·小辨》："公曰：'请学忠信之备。'子曰：'……若丘也，缀学之徒，安知忠信？'"意为掇拾补缀前人学术的人。

⑩石渠《杂议》之属：据班固《汉书》卷七十三《韦贤传附韦玄成传》记载："玄成受诏，与太子太傅萧望之，及《五经》诸儒，杂论同异于石渠阁，条奏其对。"又班固《汉书》卷三十《艺文志·六艺略》记载："《五经杂议》十八篇，石渠论。"

⑪刘向总校《五经》：据班固《汉书》卷三十《艺文志》记载："至成帝时，以书颇散亡，使谒者陈农求遗书于天下。诏光禄大夫刘向校经传、诸子、诗赋，步兵校尉任宏校兵书，太史令尹咸校数术，侍医李柱国校方技。每一书已，向辄条其篇目，撮其指意，录而奏之。"

⑫三礼：《周礼》、《仪礼》和《礼记》。

⑬《檀弓》、《礼运》诸篇，俱题通论：刘向校书，曾经对《礼记》加以分类，尚可从孔颖达《礼记正义》所引郑玄《目录》窥见梗概。郑玄《目录》每篇都有"此于《别录》属某某"的记载，其"某某"类目可考见的有：一、通论，二、制度，三、丧服，四、吉礼或吉事，五、祭祀，六、子法或世子法，七、乐记，八、明堂或明堂阴阳。郑玄在《檀弓》、《礼运》等十五六篇题目之下，并题曰："此于《别录》属通论。"

【译文】

《周易》说："只有君子才能通晓天下人的心意。"解释的人认为君子文德辉耀，在赞同他人的同时，能够通达天下人的心意。《尚书》说："尧于是命令羲和，断绝天地之间的沟通。"解释的人认为尧这样做是要达到使人和神互不干扰，各自回到应存在的位置。上古先王害怕人们隐匿自己的心意，于是以光耀四方的德行来治理天下，通达晓明日常人伦之理，使人们不断扩大和谐相处的心胸。先王害怕世上有纷乱的政治，于是将人和官的职责分开,彼此各不相通,严格防止出现专横跋扈的局面。自从六卿分别治理政事,五史分开管理文书,内史、外史、太史、小史、御史。学业的传授有专门的教师,官员各自遵守法则,这就是隔绝天地不为相通的意思。算数的方法有九种,造字的方法有六种,杂聚天下万物并列举众人的品德,书写使用相同的文字,车辆使用一致的轨道,这就是通达天下人心意的意思。孔夫子死后精微的言辞就断绝了,七十弟子死后孔门的微言大义也出现了混乱。西汉初年,《春秋》分为五家,《诗经》分为四家;然而研究《公羊传》的人,从不议论《左传》和《穀梁传》;传习《韩诗》的人,从不夹杂《齐诗》和《鲁诗》;专门的学问,在这个时候最为兴盛。此后师承之法渐渐衰弱,学者的聪明才智逐渐流于旁门左道,奇异的见解纷纷出现。于是那些有远见卓识的人,担心《尔雅》这些训诂的书籍,不能够穷尽不同时代的不同词语,以及实质一样但名称已经改变的词语,而那些从事缀辑前人旧文的人,也无从汇聚其宗旨;于是总括《五经》的要义,辨别六艺的文字,石渠阁诸儒们讨论经义之异同而形成的《五经杂议》之类,班固的《汉书·艺文志》记载,《五经杂议》共十八篇。开始脱离经文而独自成书,这是"通"的含义在书里使用的开端。刘向汇总《五经》加以校勘,编辑三部礼书,对于戴氏的各篇礼记,分门标目,按类编辑,各类篇目的思想并不一致,比如《檀弓》、《礼运》等篇,都题作"通论",那么"通"作为确定的名称由此而日益显著。《隋书·经籍志》记载有《五经通义》八卷,注文说,梁朝有九卷,没有标明撰人。《旧唐书·经籍志》、《新唐书·艺文志》有刘向《五经通义》九卷,但是唐代以前的记传之书并没有记载,无法考证。

　　班固承建初之诏,作《白虎通义》①。《儒林传》称《通义》,固本传称《通德论》,后人去义字,称《白虎通》,非是。应劭愍时流之失,作《风俗通义》②。盖章句训诂,末流浸失,而经解论议家言,起而救之。二子为书,是后世标通之权舆也。自是依经起义,则有集解、杜预《左传》③,范宁《穀梁》④,何晏《论语》⑤。集注、荀爽《九家易》⑥,崔灵恩《毛诗》⑦,孔伦、裴松之《丧服经传》⑧。异同、许慎《五经异义》⑨,贺玚《五经异同评》⑩。然否何休《公羊墨守》⑪,郑玄《驳议》⑫,谯周《五经然否论》⑬。诸名;离经为书,则有六艺、郑玄论⑭。圣证、王肃论⑮。匡谬、唐颜师古《匡谬正俗》⑯。兼明宋邱光庭《兼明书》⑰。诸目。其书虽不标通,而体实存通之义,经部流别,不可不辨也。若夫尧、舜之典,统名《夏书》;《左传》称《虞书》为《夏书》。马融、郑玄、王肃三家,首篇皆题《虞夏书》⑱。伏生《大传》⑲,首篇亦题《虞夏传》。《国语》、《国策》,不从周记;《太史》百三十篇,自名一子;本名《太史公书》⑳,不名《史记》也。班固《五行》、《地理》,上溯夏、周。《地理》始《禹贡》㉑,《五行》合《春秋》,补司马迁之缺略,不必以汉为断也。古人一家之言,文成法立,离合铨配,惟理是视,固未尝别为标题,分其部次也。梁武帝以迁、固而下,断代为书,于是上起三皇,下讫梁代,撰为《通史》一编㉒,欲以包罗众史。史籍标通,此滥觞也。嗣是而后,源流渐别。总古今之学术,而纪传一规乎史迁,郑樵《通志》作焉。《通志》精要,在乎义例。盖一家之言,诸子之学识,而寓于诸史之规矩,原不以考据见长也。后人议其疏陋,非也。统前史之书志,而撰述取法乎官《礼》,杜佑《通典》作焉。《通典》本刘秩《政典》㉓。合纪传之互文,纪传之文,互为详略。而编次总括乎荀、袁,荀悦《汉纪》三十卷,袁宏《后汉纪》三十卷,皆易纪传为编年。司马光《资治通鉴》作焉。汇公私之述作,而铨录略仿乎孔、萧,孔逭《文苑》百卷、昭明太子萧统《文选》三十卷。裴潾《太和通选》作焉㉔。此四子者,或存正史

之规，《通志》是也。自《隋志》以后，皆以纪传一类为正史。或正编
年之的，《通鉴》。或以典故为纪纲，《通典》。或以词章存文
献，《通选》。史部之通，于斯为极盛也。大部总选，意存掌故者，
当隶史部，与论文家言不一例。至于高氏《小史》、唐元和中，高峻
及子迥。姚氏《统史》唐姚康复。之属㉕，则撙节繁文㉖，自就隐
括者也。罗氏《路史》、宋罗泌。邓氏《函史》明邓元锡。之
属㉗，则自具别裁，成其家言者也。谯周《古史考》、苏辙《古史》、
马骕《绎史》之属㉘，皆采摭经传之书，与通史异。范氏《五代通
录》㉙，宋范质以编年体，纪梁、唐、晋、汉、周事实。熊氏《九朝通
略》㉚，宋熊克合吕夷简《三朝国史》，王珪《两朝国史》，李焘、洪迈等
《四朝国史》㉛，以编年体为九朝书。标通而限以朝代者也。易姓
为代，传统为朝。李氏《南北史》㉜，李延寿。薛、欧《五代史》㉝，
薛居正、欧阳修俱有《五代史》。断代而仍行通法者也。已上二
类，虽通数代，终有限断㉞，非如梁武帝之《通史》，统合古今。其余
纪传故事之流，补缉纂录之策，纷然杂起，虽不能一律以绳，
要皆仿萧梁《通史》之义，而取便耳目，史部流别，不可不知
也。夫师法失传，而人情怯于复古，末流浸失，而学者囿于
见闻。训诂流而为经解，一变而入于子部儒家，应劭《风俗通
义》，蔡邕《独断》之类㉟。再变而入于俗儒语录，程、朱语录㊱，记
者有未别择处，及至再传而后浸失，故曰俗儒。三变而入于庸师
讲章。《蒙存》、《浅达》之类㊲，支离蔓衍，甚于语录。不知者习而
安焉，知者鄙而斥焉，而不知出于经解之通，而失其本旨者
也。载笔汇而有通史，一变而流为史抄，《小史》、《通史》之类，
但节正史，并无别裁，当入史抄。向来著录，入于通史，非是。史部

有史抄,始于《宋史》。再变而流为策士之括类,《文献通考》之类,虽仿《通典》,而分析次比,实为类书之学。书无别识通裁,便于对策敷陈之用。三变而流为兔园之摘比,《纲鉴合纂》及《时务策括》之类⑧。不知者习而安焉,知者鄙而斥焉,而不知出于史部之通,而亡其大原者也。且《七略》流而为四部,类例显明,无复深求古人家法矣。然以语录讲章之混合,则经不为经,子不成子也。策括类摘之淆杂,则史不成史,集不为集也。四部不能收,九流无所别,纷纭杂出,妄欲附于通裁,不可不严其辨也。夫古人著书,即彼陈编,就我创制,所以成专门之业也。后人并省凡目,取便检阅,所以入记诵之陋也。夫经师但殊章句,即自名家;费直之《易》⑨,申培之《诗》⑩,《儒林传》言其别无著述训诂,而《艺文志》有《费氏说》、《申公鲁诗》,盖即口授章句也。史书因袭相沿,无妨并见;如史迁本《春秋》、《国策》诸书,《汉书》本史迁所记,及刘歆所著者,当时两书并存,不以因袭为嫌。专门之业,别具心裁,不嫌貌似也。剿袭讲义⑪,沿习久而本旨已非,明人修《大全》,改先儒成说以就己意⑫。摘比典故,原书出而舛讹莫掩,记诵之陋,漫无家法,易为剽窃也。然而专门之精,与剽窃之陋,其相判也,盖在几希之间,则别择之不可不慎者也。

【注释】

①班固承建初之诏,作《白虎通义》:据范晔《后汉书》卷一百零九上《儒林传上》记载:"建初中,大会诸儒于白虎观,考详同异,连月乃罢。肃宗亲临称制,如石渠故事,顾命史臣,著为《通义》。"又据范晔《后汉书》卷七十下《班彪传附班固传》记载:"天子会诸

儒,讲论《五经》,作《白虎通德论》,令固撰集其事。"建初,汉章帝
年号,公元76—84年。肃宗,指汉章帝刘炟。《白虎通义》,后人
省称《白虎通》。据《新唐书》卷五十七《艺文志》著录:"班固等
《白虎通义》六卷。"今传本四卷,共计四十四篇,汇集汉章帝建初
四年(79)在白虎观评议《五经》同异的结果成书。

②应劭愍时流之失,作《风俗通义》:据范晔《后汉书》卷七十八《应
奉传附应劭传》记载:"劭字仲远……撰《风俗通》,以辩物类名
号,释时俗嫌疑。"《风俗通》即《风俗通义》,《隋志》、两《唐志》均
著录为三十卷。后其书有散佚,至宋代陈振孙《直斋书录解题》
卷十著录:"今惟存十卷。"

③杜预《左传》:杜预《春秋左氏经传集解》。据《隋书》卷三十二《经
籍志》著录:"《春秋左氏经传集解》三十卷,杜预撰。"

④范宁《穀梁》:范宁《春秋穀梁传集解》。据《隋书》卷三十二《经籍
志》著录:"《春秋穀梁传》十二卷,范宁集解。"范宁(339—401),
字武子,东晋南阳顺阳(今河南淅川东)人。抑玄学,崇儒学,兴
学重教,生徒多达千余。曾任余杭县令、临淮太守、豫章太守等
官。著作有《春秋穀梁传集解》。

⑤何晏《论语》:何晏《论语集解》。据《隋书》卷三十二《经籍志》著
录:"《集解论语》十卷,何晏集。"何晏(190—249),字平叔,曹魏
南阳宛(今河南南阳)人。累官散骑侍郎,尚书,典选举。娶魏公
主,封列侯。好《老》、《庄》,与夏侯玄、王弼等人倡导清谈玄学之
风。后依附曹爽,为司马懿所杀。著作有《论语集解》。

⑥荀爽《九家易》:《周易荀爽九家注》。据《隋书》卷三十二《经籍
志》著录:"《周易荀爽九家注》十卷。"荀爽(128—190),字慈明,
东汉颍川颍阴(今河南许昌)人。精通《春秋》、《论语》,经术深
湛。东汉末年为郎中,痛陈时弊。遭党锢之祸,去官著述。献帝
即位,征拜平原相,迁司空。与王允等谋除董卓,病卒不果。著

作有《周礼》、《周易》、《诗经》三《传》,《尚书正经》,《春秋条例》等。

⑦崔灵恩《毛诗》:据《隋书》卷三十二《经籍志》著录:"《集注毛诗》二十四卷,梁桂州刺史崔灵恩注。"崔灵恩,南朝梁清河东武城(今山东武城西北)人。初仕北魏,任太常博士。后归梁,官步兵校尉,兼国子博士,桂州刺史。遍习《五经》,尤精三传、三礼。著有《集注周礼》、《集注毛诗》、《左氏经传义》等。

⑧孔伦、裴松之《丧服经传》:据《隋书》卷三十二《经籍志》著录:"《集注丧服经传》一卷,晋庐陵太守孔伦撰……《集注丧服经传》一卷,宋太中大夫裴松之撰。"孔伦,东晋人,曾任庐陵太守。

⑨许慎《五经异义》:据《隋书》卷三十二《经籍志》著录:"《五经异义》十卷,后汉太尉祭酒许慎撰。"

⑩贺玚《五经异同评》:据《隋书》卷三十二《经籍志》著录:"《五经异同评》一卷,贺玚撰。"贺玚(452—510),字德琏,南朝梁会稽山阴(今浙江绍兴)人。梁武帝开《五经》馆,兼《五经》博士。梁初制订礼乐,多采其建议。曾任步兵校尉。著作有《礼易老庄讲疏》、《宾礼仪注》等。

⑪何休《公羊墨守》:据《隋书》卷三十二《经籍志》著录:"《春秋公羊墨守》十四卷,何休撰。"何休(129—182),字邵公,东汉任城樊(今山东曲阜)人。精研六经,为诸儒之冠。遭党锢之祸,闭门著述。后召拜议郎,终谏议大夫。所撰《春秋公羊解诂》,为《公羊传》制定义例,系统阐发《春秋》中的微言大义。另外著有《公羊墨守》、《左氏膏肓》、《穀梁废疾》。

⑫郑玄《驳议》:据《隋书》卷三十二《经籍志》著录:"《驳何氏汉议》二卷,郑玄撰。"

⑬谯(qiáo)周《五经然否论》:据《隋书》卷三十二《经籍志》著录:"《五经然否论》五卷,晋散骑常侍谯周传。"谯周(201—270),字

允南,三国蜀巴西西充(今四川阆中西南)人。博通经史,擅长书札。任劝学从事、光禄大夫。后归魏,蜀主刘禅降魏,受魏封为阳城亭侯。入晋后,曾任散骑常侍、骑都尉等官。著作有《古史考》。

⑭郑玄论:据《隋书》卷三十二《经籍志》著录:"《六艺论》一卷,郑玄撰。"

⑮王肃论:据《隋书》卷三十二《经籍志》著录:"《圣证论》十二卷,王肃撰。"王肃(195—256),字子雍,曹魏东海郡(治今山东郯城)人。曾任中领军,加散骑常侍。遍注群经,与郑玄经学抗衡,世称"王学"。

⑯颜师古《匡谬正俗》:据《旧唐书》卷四十六《经籍志》著录:"《匡谬正俗》八卷,颜师古撰。"颜师古(581—645),名籀,以字行,唐京兆万年(今陕西西安)人。历官中书舍人、秘书监、中书侍郎等官。受诏考订《五经》文字,撰为《五经正义》。著作有《汉书注》、《匡谬正俗》、《急就章注》等。

⑰邱光庭《兼明书》:据《宋史》卷二百零二《艺文志》著录:"丘光庭《兼明书》四卷。"丘光庭,五代乌程(今浙江湖州)人。官太学博士。著有《兼明书》、《康教论》等书。

⑱马融、郑玄、王肃三家,首篇皆题《虞夏书》:语出《尚书注疏·原目》。孔颖达《疏》曰:"马融、郑玄、王肃别录题皆曰《虞夏书》,以虞、夏同科,虽虞事亦连夏。"

⑲伏生《大传》:《尚书大传》,旧题伏生撰,当由伏生弟子杂记师说而成书。

⑳本名《太史公书》:语出班固《汉书》卷八十《东平思王传》:"上疏求诸子及《太史公书》。"又据范晔《后汉书》卷七十八《杨终传》记载:"后受诏删《太史公书》为十余万言。"至《隋书》卷三十三《经籍志》始云:"《史记》一百三十卷,目录一卷,汉中书令司马迁撰。"

㉑《禹贡》:《尚书·夏书》中的一篇,成书于战国时期,篇中保存了我国古代许多重要的地理资料。班固《汉书》卷二十八《地理志》,多采《禹贡》之说。

㉒《通史》:据姚思廉《梁书》卷三《武帝纪下》记载:"又造《通史》,躬制赞序,凡六百卷。"又据刘知几《史通》卷一《六家》记载:"至梁武帝,又敕其群臣,上自太初,下终齐室,撰成《通史》六百二十卷。其书自秦以上,皆以《史记》为本,而别采他说,以广异闻。至两汉已还,则全录当时纪传,而上下通达,臭味相依。又吴、蜀二主,皆入《世家》,五胡及拓跋氏,列于《夷狄传》。大抵其体皆如《史记》,其所为异者,唯无表而已。"

㉓刘秩《政典》:据晁公武《郡斋读书志》卷十四《类书类》记载:"《通典》二百卷,右唐杜佑撰。先是,刘秩采经史,自黄帝迄唐天宝末,制度沿革废置,论议得失,仿《周礼》六官法,为《政典》三十五篇,房琯称其过刘向。佑以为未尽,因广之,参以新礼,为二百篇。"刘秩,字祚卿,刘知几之子。官至阆州刺史。著《政典》三十五卷。

㉔裴潾《太和通选》:据《新唐书》六十《艺文志》著录:"裴潾《太和通选》三十卷。"裴潾(?—838),唐河东闻喜(今属山西)人。历仕宪宗、穆宗、敬宗、文宗四朝,曾任左补阙、起居舍人、刑部郎中、兵部侍郎。文宗大和年间,集历代文章,续梁昭明子《文选》,成《太和通选》三十卷,并音义目录一卷奏上朝廷。太和,又作"大和",唐文宗年号,公元827—835年。

㉕高氏《小史》、姚氏《统史》:据《新唐书》卷五十八《艺文志》著录:"高氏《小史》一百二十卷,高峻初六十卷,其子迥釐益之。"本书记载上古至唐文宗时期的历史。先由高峻依据《史记》至《隋书》以及唐朝前期诸帝实录,编成六十卷。高迥复为釐定,补入宪宗、穆宗、敬宗、文宗四朝史事,成为定本。又据《新唐书》卷五十

⑧《艺文志》著录:"姚康复《统史》二百卷。"姚康复,又称姚康、姚元康,字汝谐,唐代吴兴武康(今浙江德清)人。唐宪宗元和十五年(820)进士。唐文宗时期任户部员外郎、兵部郎中、金吾将军。唐宣宗大中年间任太子詹事。

㉖撙(zǔn)节:约束,节制。

㉗罗氏《路史》、邓氏《函史》:据《四库全书总目》卷五十《路氏提要》曰:"《路史》四十七卷,宋罗泌撰……凡《前纪》九卷,述初三皇至阴康、无怀之事。《后纪》十四卷,述太昊至夏履癸之事。《国名纪》八卷,述上古至三代诸国姓氏、地理,下逮两汉之末。《发挥》六卷,《余论》十卷,皆辨难考证之文。"罗泌,字长源,南宋吉州庐陵(今江西吉安)人。读书不仕,于宋孝宗乾道六年(1170)著成《路史》。又据《明史》卷九十七《艺文志》著录:"邓元锡《函史》上编九十五卷,下编二十卷。"《四库全书总目》卷五十《函史提要》则曰:"上编八十一卷,下编二十一卷。"邓元锡(1527或1528—1593),字汝极,号潜谷,明代南城(今属江西)人。明世宗嘉靖举人,不应进士之举,杜门著述。后应征翰林待诏,卒于途。著有《函史》、《明书》、《五经绎》、《潜学稿》。

㉘谯周《古史考》、苏辙《古史》、马骕《绎史》:据《隋书》卷三十三《经籍志》著录:"《古史考》二十五卷,晋义阳亭侯谯周撰。"《古史考》乃谯周为补《史记》所载先秦史事之缺而撰。又据陈振孙《直斋书录解题》卷四著录:"《古史》六十卷,门下侍郎眉山苏辙子由撰。因马迁之书,上观《诗》、《书》,下考《春秋》及秦、汉杂录,为七本纪,十六世家,三十七列传。"本书纪事上起伏羲、神农,下迄秦始皇,为纪传体史书。另据《四库全书总目》卷四十九《绎史提要》曰:"《绎史》一百六十卷,国朝马骕撰……是编纂录开辟至秦末之事,首为世系图、年表,不入卷数,次太古十卷,次三代二十卷,次春秋七十卷,次战国五十卷,次别录十卷。"马骕(1621—

1673），字宛斯，又字聪御，清初山东邹平人。顺治年间进士，曾任灵璧知县。终生研究先秦历史，人称"马三代"。

㉙范氏《五代通录》：据《宋史》卷二百零三《艺文志》著录："范质《五代通录》六十五卷。"范质（911—964），字文素，大名宗城（今河北威县东）人。五代时历任知制诰、中书舍人、宰相。宋初加侍中，封鲁国公。依据五代《实录》三百六十卷，删其繁文，撮其要言，自乾化壬申（912）至梁亡十二年间，简牍散亡，则采当时制敕碑碣以补其缺，撰成《五代通录》。

㉚熊氏《九朝通略》：据《宋史》卷二百零三《艺文志》著录："熊克《九朝通略》一百六十八卷。"熊克，字子复，南宋建宁建阳（今属福建）人。高宗绍兴年间进士，任绍兴府诸暨知县。宋孝宗时官至起居郎，兼院直学士。出知台州，卒。所著《九朝通略》，记载北宋九朝历史，今已失传。

㉛吕夷简《三朝国史》、王珪《两朝国史》，李焘、洪迈等《四朝国史》：吕夷简（978—1044），字坦夫，北宋寿州（今安徽寿县）人。宋仁宗时任宰相，监修国史。天圣八年（1030），领衔奏上北宋太祖、太宗、真宗《三朝国史》一百五十卷。王珪（1019—1085），字禹玉，北宋成都华阳（今属四川）人。宋神宗时任宰相，监修国史。元丰五年（1082），领衔奏上北宋仁宗、英宗《两朝国史》一百二十卷。李焘（1115—1184），字仁甫，一字子贞，号巽岩。孝宗时期，长期主持修史工作。先后用四十年时间，撰成《续资治通鉴长编》九百八十卷，今存五百二十卷。洪迈（1123—1202），字景卢，南宋鄱都阳（今江西波阳）人。孝宗淳熙年间，以提举佑神观同修国史。淳熙十三年（1186）奏上北宋神宗、哲宗、徽宗、钦宗《四朝国史》三百五十卷。全书修成历时三十年，李焘之功居多，最后由洪迈专典而成。

㉜李氏《南北史》：据《旧唐书》卷四十六《经籍志》著录："《南史》八

十卷,《北史》一百卷,李延寿撰。"李延寿,字遐龄,唐相州(今河南安阳)人。任符玺郎兼修国史,参与《晋书》、《隋书》的撰修。以一人之力,整理宋、齐、梁、陈、魏、齐、周、隋南北八朝史事,编成《南史》与《北史》。

㉝ 薛、欧《五代史》:薛居正《旧五代史》和欧阳修《新五代史》。薛居正(912—981),字子平,开封浚仪(今河南开封)人。历仕后唐、后晋、后汉、后周,官至刑部侍郎。北宋建立后,任宰相,监修国史。开宝七年(974),领衔奏上《梁唐晋汉周书》一百五十卷,总名《五代史》。宋仁宗时期,欧阳修以一人之力撰成《五代史记》七十四卷。后人为区别二书,称薛史为《旧五代史》,欧史为《新五代史》。

㉞ 虽通数代,终有限断:章学诚认为史家截取数代为史与通史义例不同,不能称作"通史",而应当称为"集史"。据《章氏遗书》外编卷三《丙辰札记》曰:"刘知幾六家分史,未为笃论。《史记》一家,自是通史……至李氏《南北史》乃是集史,并非通史……刘氏牵合为一,非其质矣。"又据《章学诚遗书》佚篇《史考摘录》曰:"集史之书,体与通史相仿,而实有淄渑之分。通史远自古初,及乎作者之世,别出心裁,成其家学,前人纵有撰述,不复取以为资,如梁武不因史迁,郑樵不因梁武是也。集史则代有所限,合数代而称为一书,以继前人述作,为一家言,事与断代之史约略相似。而断代又各自为书,体例不一,集史则就其所有诸体而画一之,使不至于参差足矣,事取因人,义求整齐,与通史之别出心裁,无所资藉,断代之各自为书者,又各不同也。"

㉟ 蔡邕《独断》:据陈振孙《直斋书录解题》卷六著录:"《独断》二卷,汉议郎陈留蔡邕伯喈撰。记汉世制度、礼文、车服及诸帝世次,而兼及前代礼乐。"蔡邕(132—192),字伯喈,东汉陈留圉(今河南杞县南)人。汉灵帝时任议郎,因议论朝政被流放朔方。董卓

专权,受命为左中郎将。后为王允所捕,死于狱中。精通经学、音律、书法,具有史才。另有《蔡中郎集》。

㊱程、朱语录:《二程语录》和《朱子语录》。前者为清初学者张伯行依据《二程遗书》次第编辑而成,十八卷;后者即黎靖德所编《朱子语类》。

㊲《蒙存》、《浅达》:过去乡村私塾教学用的浅显粗俗启蒙读物。

㊳《纲鉴合纂》及《时务策括》:《纲鉴合纂》即《加批王凤洲袁了凡先生纲鉴合纂》,三十九卷,明代王世贞、袁黄二人合编。纪事年代从周朝(前十一世纪)至元朝顺帝至正二十八年(1368),前后长达二千四百余年。《时务策括》是读书人为应付科举策试,简括经史及时务主要内容编成的资料。语出《苏轼文集》卷二十五《议学校贡举状》:"近世士人纂类经史,缀缉时务,谓之策括。待问条目,搜抉略尽,临时剽窃,窜易首尾,以眩有司,有司莫能辨也。"

㊴费直之《易》:据班固《汉书》卷三十《艺文志》记载:"民间有费、高二家之说。"费直,字长翁,西汉东莱(今山东掖县)人。曾任单父县令。专以《易传》解说经文,开创西汉古文《周易》学中的"费氏学"派。东汉郑众、马融、郑玄,曹魏王弼等人,均尊用其说。清人马国翰辑有《费氏易》一卷,《费氏易林》一卷。

㊵申培之《诗》:据班固《汉书》卷三十《艺文志》记载:"《诗经》二十八卷,鲁、齐、韩三家。《鲁故》二十五卷,《鲁说》二十八卷。"申培又称申公、申培公,西汉鲁国(今山东曲阜一带)人。谢绝宾客,退居家教,弟子受业者千余人。文帝时,立为博士,开创西汉今文《诗经》中的"鲁诗学"派。清人马国翰辑有《鲁诗故》三卷。

㊶剿袭:抄袭他人的作品,以为己作。

㊷明人修《大全》,改先儒成说以就己意:据顾炎武《日知录》卷十八《四书五经大全》记载:"陈氏栎作《四书发明》,胡氏炳文作《四书

通》，而定宇之门人倪氏士毅合二书为一，颇有删正，名曰《四书辑释》。自永乐中，命儒臣纂修《四书大全》，颁之学官，而诸书皆废。倪氏《辑释》，今见于刘用章剡所刻《四书通义》中，永乐中所纂《四书大全》特小有增删，其详其简，或多不如倪氏。《大学》、《中庸或问》则全不异，而间有舛误。至《春秋大全》则全袭元人汪克宽《胡传纂疏》，但改其中'愚按'二字为'汪氏曰'，及添庐陵李氏等一二条而已。《诗经大全》则全袭元人刘瑾《诗经通释》，而改其中'愚按'二字为'安成刘氏曰'。其余三经，后人皆不见旧书，亦未必不因前人也。"

【译文】

建初年间班固奉汉章帝的诏令，撰写《白虎通义》。《后汉书·儒林传》称作《通义》，《班固传》称其为《通德论》，后人去掉"义"字，称为《白虎通》，这样不对。应劭担忧时风流俗的失误，而作《风俗通义》。大概分章断句与辞语训诂，在后世逐渐迷失了方向，因而解释经典议论经义的一家之言，就起来进行拯救。班固、应劭二人的著作，是后人以"通"作标题的开始。从此以后依据经书解释大义，则有"集解"、例如杜预的《春秋左氏经传集解》，范宁的《穀梁传集解》，何晏的《论语集解》。"集注"、例如苟爽的《九家易》，崔灵恩的《集注毛诗》，孔伦、裴松之的《集注丧服经传》。"异同"、例如许慎的《五经异义》，贺玚的《五经异同评》。"然否"例如何休的《公羊墨守》，郑玄的《驳何氏汉议》，谯周的《五经然否论》。等名；脱离经文而独自成书，则有"六艺"、例如郑玄的《六艺论》。"圣证"、例如王肃的《圣证论》。"匡谬"、例如颜师古的《匡谬正俗》。"兼明"例如宋邱光庭的《兼明书》。等名目。这些书虽然并未以"通"作标题，但体裁上却含有贯通的意思，经部的渊源流别，不可不详加辨别。至于《尧典》、《舜典》，统称为《夏书》；《左传》称《虞书》为《夏书》。马融、郑玄、王肃三人的著作，首篇都题为《虞夏书》。伏生的《尚书大传》，首篇也题为《虞夏传》。《国语》、《战国策》，都不称为《周记》；《太史公书》共一百三十篇，自称为一家子书;原本叫做《太史公书》,不叫做《史记》。班固《汉书》中的《五行志》和《地理志》,上溯到了夏朝和周朝。《地理志》始于《禹贡》,《五行志》与《春秋》接合,补司马迁《史记》的缺漏,不一定仅以汉代为断限。古人著书成一家之言,文章写成之后体例也就确定下来,分散聚合与权衡调配,只是根据内容的要求,本来就没有另立题目,划分部类。梁武帝认为司马迁、班固之后,断代为史,于是命人上起三皇,下至梁代,撰成《通史》一书,想要将众多史书网罗在内。史部著作以"通"作标题,这是最早的事例。从此以后,源流逐渐分离。总揽古今学术,纪传体史书皆以司马迁的《史记》为典范,于是有了郑樵的《通志》;《通志》的精要之处,在于它的义例。大概一家之言,诸子的学识,都体现在史书的义例法则之中,本来就不是以考据见长。后人非议它的粗疏,这是不对的做法。把前代史籍中的书志汇总起来,撰述的体例依据官府的典章制度,于是有了杜佑的《通典》;《通典》是根据刘秩的《政典》编撰而成。整合纪传互文的纷杂,本纪和列传的文字,互为详略。在编排材料上总括荀悦、袁宏做法,荀悦《汉纪》三十卷,袁宏《后汉纪》三十卷,都改纪传体为编年体。于是有了司马光的《资治通鉴》;汇集官修和私修的史著,而选录大致仿照孔、萧二人的体例,孔逭的《文苑》一百卷,昭明太子萧统的《文选》三十卷。于是有了裴潾的《太和通选》。这四位学人,有的保存了正史的体例,《通志》就是如此。自《隋书·经籍志》以后,都以纪传体一类为正史。有的端正编年体的规范,例如《资治通鉴》。有的以典章制度为线索大纲,例如《通典》。有的以言辞文章来保存文献,例如《太和通选》。史部中以"通"为名的书籍,这个时期最为兴盛。大部头的总括了一代或数代的选集,有意识保存掌故,应当归入史部,与文论家们所说的文选并不相同。至于高氏的《小史》、唐代元和年间,高峻及其儿子高迥编撰。姚氏的《统史》唐代姚康复撰。之类,则是裁抑繁琐的文字,对原有的内容加工改写的一种体例。罗氏的《路史》、宋代罗泌撰。邓氏的《涵史》明代邓元锡撰。之类,则属于别识心裁,自成一家之言的著作。例如谯周的《古史考》、苏辙的《古史》、马骕的

《绎史》之类,都是采集摘抄经传而成书,与通史不同。范氏的《五代通录》,宋代范质以编年体来记载梁、唐、晋、汉、周的史实。熊氏的《九朝通略》,宋代熊克综合吕夷简的《三朝国史》,王珪的《两朝国史》,李焘和洪迈等人的《四朝国史》,以编年体裁写成九朝史。虽然以"通"为标题但却以朝代为断限。改换姓氏称为"代",传承帝业称为"朝"。李氏的《南史》与《北史》,李延寿。薛、欧的《五代史》,薛居正、欧阳修都有《五代史》。都是以断代为内容却采用通史写法的著作。以上两类史书,虽然疏通数代,终究还是有特定的断限,不像梁武帝的《通史》,总揽古今。其他的纪传典故史书,补苴编录的书策,纷纷兴起,虽然不能用统一的标准来要求它们,但都是仿效梁武帝编纂《通史》的义例,为了阅读方便,史部的源流派别,不能不知道。后世师承之法已经失传,人情害怕复古,末流逐渐迷失方向,学者的见闻受到局限。训诂之学演变为经书的解释之学,一变而形成子部儒家的书籍,例如应劭的《风俗通义》、蔡邕的《独断》之类。再变就形成俗儒语录著作,程颢、程颐、朱熹的《语录》,记录者有些地方并没有进行辨别和选择,后来流传过程中渐渐出现讹误,所以称为俗儒。三变就成为平庸教师授课的讲义。例如《蒙存》、《浅达》之类的启蒙通俗读物,支离破碎,蔓延开来,其危害比语录更大。不知道的人习以为常,安心受教,知道的人鄙视并加以排斥,却不明白是由于经书疏解的流通盛行,失去了它原本的宗旨。史书汇总起来而有了通史,一变而演化为史书的摘抄,《小史》、《通史》之类,只是截取正史的内容,并没有别出心裁,所以应当归入"史抄"类。以前的著录,都将其归入"通史",这样不对。史部有"史抄"类,开始于《宋史》。再变而演化为参加科举考试的读书人的应试书籍,《文献通考》之类的书籍,虽然仿照《通典》的做法,但只分析剪裁排比资料,实际上是类书之学。书中没有特别的见解和会通的体裁,只是方便科举考试敷衍陈述问题。三变而演化为儿童启蒙读物,《纲鉴合纂》以及《时务策括》之类的书籍。不知道的人习以为常,安心受教,知道的人鄙视并加以排斥,但却并不明白是由于史部书籍的流通盛行,失去了它原本的宗旨。

况且从七略分类方法到四部分类方法,分门别类非常明显,不再需要深
究古人的师承家法了。然而把语录、讲义一类混杂进来,那么归入经部
却不能称为经书,归入子部却不能称为子书。把杂编摘抄一类混杂进
来,那么归入史部却不能称为史书,归入集部却不能称为文集。四部不
能将其收录在内,用九流之法又无法进行区别,纷纭错杂而出,妄想归
入通史之列,不能不严加分辨。古人撰著一书,采用他人的旧文,融进
自己创制的体裁之中,用来成就专门的学业。后人合并省略总目,为的
是方便翻检阅览,这是造成记诵之陋学的原因。儒家经师只要对章句
的解释与他人不同,就可以独自成为一家;费直治《周易》、申培治《诗经》,
《汉书·儒林传》中说两家再没有其他的著作和训诂的书籍,但《汉书·艺文
志》中记载有《费氏说》和《申公鲁诗》,大概是口头传授的章句注释。史书世
代沿袭,不妨同时并存;例如司马迁的《史记》本于《春秋》、《战国策》等书,
《汉书》本于司马迁的《史记》,以及刘歆的著作,当时两书并存于世,并不以
相因沿袭为嫌疑。专门的学问,具备别识心裁,不害怕外表相似。抄袭
讲义,沿用的时间长了其原本的主旨也就变了;明朝人修《四书大全》,修
改前代儒家学者的观点来适合自己的意思。摘比典故,只要把原书找出
来对照就无法遮掩它的讹误,记诵之学的鄙陋,毫无家法可言,容易进
行剽窃。然而专门之学的精深,与剽窃之徒的粗陋,二者的差别,大概
相差甚微,那么甄别选择就不能不谨慎。

　　通史之修,其便有六:一曰免重复,二曰均类例,三曰便
铨配,四曰平是非,五曰去抵牾,六曰详邻事。其长有二:一
曰具翦裁,二曰立家法。其弊有三:一曰无短长,二曰仍原
题,三曰忘标目。何谓免重复?夫鼎革之际[①],人物事实,同
出并见。胜国无征[②],新王兴瑞,即一事也。前朝草窃[③],新
主前驱[④],即一人也。董卓、吕布,范、陈各为立传[⑤],禅位册

诏,《梁》、《陈》并载全文⑥,所谓复也。《通志》总合为书,事可互见,文无重出,不亦善乎? 何谓均类例? 夫马立《天官》,班创《地理》,《齐志·天文》,不载推步⑦;《唐书·艺文》不叙渊源⑧;依古以来,参差如是。郑樵著《略》,虽变史志章程,自成家法;但六书七音⑨,原非沿革,昆虫草木⑩,何尝必欲易代相仍乎? 惟通前后而勒成一家,则例由义起,自就隐括。《隋书·五代史志》,梁、陈、北齐、周、隋。终胜沈、萧、魏氏之书矣。沈约《宋志》、萧子显《南齐志》、魏收《魏志》,皆参差不齐也。何谓便铨配? 包罗诸史,制度相仍。惟人物挺生,各随时世。自后妃宗室,标题著其朝代;至于臣下,则约略先后,以次相比。《南北史》以宗室分冠诸臣之上,以为识别,欧阳《五代史》,始标别朝代。然子孙附于祖父,世家会聚宗支。《南北史》王、谢诸传,不尽以朝代为断。一门血脉相承,时世盛衰,亦可因而见矣。即楚之屈原,将汉之贾生同传⑪,周之太史,偕韩之公子同科⑫,古人正有深意,相附而彰,义有独断,末学肤受,岂得从而妄议耶? 何谓平是非? 夫曲直之中,定于易代。然晋史终须帝魏⑬,而周臣不立韩通⑭,虽作者挺生,而国嫌宜慎,则亦无可如何者也。惟事隔数代,而衡鉴至公,庶几笔削平允,而折衷定矣。何谓去抵牾? 断代为书,各有裁制,详略去取,亦不相妨。惟首尾交错,互有出入,则抵牾之端,从此见矣。居摄之事,班殊于范⑮;二刘始末,刘表、刘焉。范异于陈⑯。统合为编,庶几免此。何谓详邻事? 僭国载纪,四裔外国⑰,势不能与一代同其终始;而正朔纪传⑱,断代为编,则是中朝典故居全⑲,而蕃国载纪乃参半也⑳。惟南北统史,则后梁、东魏悉其端①,而五代汇编,斯吴越、荆、潭终其纪也②。凡此六者,所谓便也。何谓具翦裁?通合诸史,岂第括其凡例,亦当补其缺略,截其浮辞,平突填砌,乃就一家绳尺。若李氏《南、北》二史,文省前人,事详往牒,故称良史。盖生乎后代,耳目闻见,自当有补前人,所谓凭藉之资,易为力也。何谓立家法?陈编具在,何贵重事编摩?专门之业,自具体要。若郑氏《通志》,卓识名理,独见别裁,古人不能任其先声,后代不能出其规范;虽事实无殊旧录,而辨名正物③,诸子之意,寓于史裁,终为不朽之业矣。凡此二者,所谓长也。何谓无短长?纂辑之书,略以次比,本无增损,但易标题,则刘知几所谓“学者宁习本书,怠窥新录”者矣④。何谓仍原题?诸史异同,各为品目,作者不为更定,自就新裁。《南史》有《孝义》而无《列女》,详《列女》篇⑤。《通志》称《史记》以作时代,《通志》汉、魏诸人,皆标汉、魏,称时代,非称史书也。而《史记》所载之人,亦标《史记》,而不标时代,则误仍原文也。一隅三反,则去取失当者多矣。何谓忘题目?帝王、后妃、宗室、世家,标题朝代,其别易见。臣下列传,自有与时事相值者,见于文词,虽无标别,但玩叙次,自见朝代。至于《独行》、《方伎》、《文苑》、《列女》诸篇,其人不尽涉于世事,一例编次,若《南史》吴逵、韩灵敏诸人⑥,几何不至于读其书不知其世耶?凡此三者,所谓弊也。

【注释】

①鼎革:语出《周易·杂卦》:“革,去故也;鼎,取新也。”鼎为烹物之器,腥者使熟,坚者使柔,故有更新之义。后世用来指称改朝

换代。

②胜国无征：胜国，语出《周礼·秋官》："[士师]若祭胜国之社稷，则为之尸。"贾公彦《疏》曰："据周胜殷谓之胜，据殷亡即云亡国。"亡国为当今之国所胜，故称所灭之国"胜国"。无征，《章氏遗书》本作"亡征"，即灭亡的征兆。

③草窃：语出《尚书·微子》："殷罔不小大，好草窃奸宄。"伪孔安国《传》曰："草野窃盗又为奸宄于内外。"江声《尚书集注音疏》曰："莠害苗为草窃。"指啸聚山林的草野窃盗。

④前驱：语出《诗经·魏风·伯兮》："伯也执殳，为王前驱。"孔颖达《疏》曰："前驱在车之右，其当有勇力以用五兵。"古代武士在战车右边护卫，称作"前驱"，也称"车右"。后世指先导、前导。

⑤董卓、吕布，范、陈各为立传：范晔《后汉书》卷一百零二《董卓传》，卷一百零五《吕布传》；陈寿《三国志》卷六《董卓传》，卷七《吕布传》。董卓（？—192），字仲颖，东汉陇西临洮（今甘肃岷县）人。汉灵帝时期，任并州牧。昭宁元年（189），率兵入洛阳，废少帝，立献帝，独揽朝政。又挟持献帝迁都长安，自封太师。后被王允、吕布所杀。吕布（？—198），字奉先，东汉五原九原（今内蒙古包头西北）人。先为董卓部将，后与王允合谋杀董卓。趁黄巾之乱，割据徐州。建安三年（198），兵败，为曹操所杀。

⑥禅位册诏，《梁》、《陈》并载全文：禅位册诏，指梁敬帝萧方智传位给陈武帝陈霸先的禅位诏书。此诏既载于姚思廉《梁书》卷六《敬帝纪》，又载于姚思廉《陈书》卷二《高祖纪》。

⑦《齐志·天文》，不载推步：萧子显《南齐书》卷十二至十三《天文志》只记载南齐一代的天象变化，而不记载日月五星运行的度数和昏旦节气的差异。

⑧《唐书·艺文》，不叙渊源：班固《汉书》的《艺文志》与唐修《隋书》的《经籍志》区分类目著录书籍，各类有大序，各目有小序，叙述

书籍的渊源流变。而《旧唐书》的《经籍志》和《新唐书》的《艺文志》则只分类记载书目,而没有叙述渊源的大序和小序。

⑨六书七音:郑樵《通志》二十略中有《六书略》和《七音略》。七音,也称"七声",古代音乐中的宫、商、角、徵、羽、变宫、变徵。

⑩昆虫草木:郑樵《通志》二十略中有《昆虫草木略》,记载各种生物和植物。

⑪楚之屈原,将汉之贾生同传:司马迁《史记》将战国时期的屈原与汉代的贾谊合为一传,是因为二人遭遇相似,都受到君主的排斥和疏远的缘故。不拘时代,而以类相从。

⑫周之太史,偕韩之公子同科:司马迁《史记》中老子、庄子与申不害、韩非同在一传,是因为老、庄之学,末流入于申、韩的刑名法术。老子曾任周朝守藏室史,故称为"周之太史"。韩非出身于韩国贵族,故称为"韩之公子"。

⑬晋史终须帝魏:唐以前有十八家晋史,除习凿齿《汉晋春秋》以蜀为正统外,均以晋武帝司马炎受魏禅,故尊魏为正统而称帝。唐代官修《晋书》,也以魏为正统。

⑭周臣不立韩通:欧阳修《新五代史》不为韩通立传,目的在于避嫌。据王应麟《困学纪闻》卷十四《考史》记载:"我艺祖赠韩通中书令,制曰:'易姓受命,王者所以徇至公;殉难不苟,人臣所以明大节。'大哉,王言! 表忠义以厉臣节,英主之识远矣。欧阳公《五代史》不为韩通立传,刘原父讥之曰:'如此是第二等文字。'"又据宋人王大成《野老记闻》记载:"子瞻问欧阳公曰:'《五代史》可传后也乎?'公曰:'修于此窃有善善恶恶之志。'苏公曰:'韩通无传,恶得为善善恶恶?'公默然。通,周臣也。陈桥兵变,归戴永昌,通摄甲誓师,出抗而死。"韩通(? —960),五代并州太原(今山西太原西南)人。周世宗在位时期,以军功授侍卫马步军都虞候。后任忠武军、归德军、天平军节度使。宋太祖陈桥兵

变,在京亲军组织抵抗,被军校王彦升杀害。永昌,指宋太祖,死后葬于永昌陵。

⑮居摄之事,班殊于范:西汉平帝元始五年(5),外戚大臣王莽毒死汉平帝,太皇太后王氏诏王莽仿周公故事,居摄践祚,自称"假皇帝",臣民谓之"摄皇帝"。次年,立年仅二岁的刘婴为皇太子,号曰"孺子",年号即为"居摄元年"。至居摄三年(8),废婴自立为帝,国号"新"。班固《汉书》卷九十九《王莽传》详载此事,意在彰显王莽篡权之罪;而范晔撰《后汉书》卷一《光武纪》在刘宋时期,无须再赘述,故叙事从王莽地皇三年(22)起,无一语述及摄政之事。居摄,因皇帝年幼不能亲政,由大臣代居其位,处理政事。

⑯二刘始末,范异于陈:二刘,指刘表和刘焉。刘表(142—208),字景升,东汉山阳高平(今山东鱼台东北)人。鲁恭王的后裔。汉末战乱,占据荆州(今湖北江陵),先后任刺史、州牧。在位期间保境安民,战乱较少,故中原人多归附。后病死,其子刘琮归降曹操。刘焉(?—194),字君郎,江夏竟陵(今湖北潜江县西北)人。鲁恭王的后裔。历任南阳太守、宗正、太常等职。灵帝时,为益州牧。后遭变乱,徙居成都,病死于途。范晔《后汉书》为二人立传,详细记载;陈寿《三国志》纪事简要,故二人之传叙事简略。

⑰僭国载纪,四裔外国:僭国,指割据一方的地方政权,被视为非正统王朝。载记,古代史书的一种体例,用于记载不能列入正统而又曾建立政权的割据者的事迹。四裔,指中原王朝以外的周边少数民族。外国,指不奉中国历代王朝正朔而仅仅对中国保持朝贡关系并接受中国封号的外国政权。

⑱正朔纪传:正统皇朝编撰的纪传体史书。

⑲中朝:在中原地区建立的正统皇朝。

⑳蕃国:受正统皇朝册封并对其臣属的附庸政权。

㉑后梁、东魏悉其端：后梁,指南北朝时期萧氏在江陵(今属湖北)
建立的地方政权。公元 554 年,梁岳阳王萧詧归降西魏。次年,
被西魏立为梁帝,成为西魏、北周的附庸。共历三帝,公元 587
年为隋所灭。东魏,北朝之一。公元 534 年,北魏大丞相高欢逼
迫孝武帝元修出走关中,另建朝廷。高欢立元善见为帝,迁都邺
城(今河北临漳西南),统治洛阳以东原北魏的疆域。后人把关
中政权称作"西魏",关东政权称作"东魏"。公元 550 年,孝静帝
元善见被高洋废黜,东魏为北齐所代。

㉒吴越、荆、潭：吴越,五代时期十国之一。公元 907 年,朱温代唐
建立后梁,封镇海节度使钱镠为吴越王,建都杭州(今属浙江)。
共经历五主,于公元 978 年降于北宋。荆,即荆南,又称南平,五
代时十国之一。公元 924 年,后唐封荆南节度使高季兴为南平
王,建都荆州(今湖北江陵)。共经历五主,于公元 963 年为北宋
所灭。潭,即楚,五代时十国之一。公元 907 年,后梁封湖南马
殷为楚王,建都潭州(今湖南长沙)。共经历六主,于公元 951 年
为南唐所灭。

㉓辨名正物：通过辨析名称来确定事物的正确含义。

㉔学者宁习本书,怠窥新录：语出刘知几《史通》卷一《六家》："况
《通史》已降,芜累尤深,遂使学者宁习本书,而怠窥新录。且撰
次无几,而残缺遂多,可谓劳而无功,述者所宜深诫也。"批评梁
元帝《通史》、北魏济阴王元晖业《科录》等书。

㉕《列女》篇：今传《文史通义》两个版本均无此篇。大梁本《文史通
义》外篇二《永清县志列女列传序例》曰："李延寿《南》、《北》二
史,同出一家。《北史》仍《魏》、《隋》之题,特著《列女》;《南史》因
无《列女》原题,乃以萧矫妻羊以下,杂次《孝义》之篇,遂使一卷
之中,男女无所区别,又非别有取义,是直谓之缪乱而已,不得妄
托于马、班之例也。"《章氏遗书》外编卷十二《永清县志·列女列

传》文字相同。

㉖吴逵、韩灵敏：吴逵，晋吴兴（今浙江湖州）人。家贫，岁饥馑，阖
门死者十三人。夫妻白天为人佣作，夜间烧制砖甓。一年之间，
置备十三棺，七座墓冢。太守赙赠，不苟接受，以羔雁礼之。后
卒于家。韩灵敏，南朝齐会稽剡（今浙江嵊县）人。早孤，与兄韩
灵珍并有孝行。兄亡无子，灵敏事嫂如母。两人俱载《南史》卷
七十三《孝义传》。

【译文】

通史的编纂，便利之处有六点：一为避免重复，二为统一体例，三为
便于安排组织，四为是非评判公允，五为去除前后矛盾之处，六为详细
记载邻国之事。它的长处有两方面：一为合理剪裁，二为创立家法。它
的弊端有三点：一为没有短长，二为沿袭原题，三为忘记标目。什么叫
做避免重复呢？在朝代更替之际，人物与事实，在不同的史书里同时出
现。前代即将灭亡的征兆，新朝乘势兴起的祥瑞，实际上就是同一件
事。前朝的草寇盗贼，新朝的帝王前驱，实际上就是同一个人。董卓、
吕布二人，范晔的《后汉书》与陈寿的《三国志》各自为其立传，禅让帝位
的册书诏令，《梁书》和《陈书》都录载了全文，这就叫做重复。《通志》将
这些内容总合在一书之中，史事的记载可以用互文的方法，文章就可以
避免重复，不是很好吗？什么叫做统一体例呢？司马迁在《史记》中创
立了《天官书》，班固在《汉书》中创立了《地理志》，《南齐书·天文志》不
记载日月星辰运行的度数，《新唐书·艺文志》没有叙述各类书籍的渊
源流变，自古以来，都是这样参差不齐。郑樵著《通志·二十略》，虽然
改变了史书中"志"的体例，自成一家之法；但六书、七音，原本就不是相
互沿革的内容，昆虫草木，何尝一定要一代一代相互因仍承袭呢？只有
通达前后而编纂自成一家，那么义例由所要表达的思想而创立，自己可
以对旧文加以剪裁。《隋书·五代史志》，包括梁、陈、北齐、周、隋五代。
终究比沈约、萧子显、魏收的史书优长。沈约《宋书》的志、萧子显《南齐

书》的志、魏收《魏书》的志，都参差不齐。什么叫做便于安排组织呢？通史包罗众史，制度相沿，只有出类拔萃的人物，各自随时代而显现。从后妃到宗室，在标题上标注他们所处的朝代；至于臣子，则大致根据时间的前后，按次序排列。《南北史》将宗室放在臣子之上，作为识别的标帜，欧阳修的《五代史》，才开始标明朝代。但是子孙的传记都附在祖父传记之下，世家大族将同一宗族的人汇聚到一起。例如《南北史》中王、谢诸家传记，都不完全以朝代为断限。一门中血脉相承，时代盛衰的变化，都可以借此而显示出来。即使楚国的屈原与汉代的贾谊同传，周代的太史老子与韩国的公子韩非合编，前人正有深刻的寓意在内，合为一传而相得益彰，用意别有独到之处，后世之人所学鄙陋肤浅，怎么能够妄加评论呢？什么叫做是非评判公允呢？是非曲直的判断，只有在改朝换代之后才能下结论。然而撰修晋代史书终究还是要以曹魏作为正统，而《新五代史》却不给后周的臣子韩通立传，虽然作者才华突出，但是本朝的嫌疑更应当慎重，这也是无可奈何的事情。只有相隔数代之后，才能做出至为公允的评判，差不多就可以褒贬得当，而评判有定论了。什么叫做去除相互矛盾的地方呢？断代修史，各有自己的剪裁体例，详略取舍，互不干扰妨碍。只有首尾交错的时候，才会互相有所出入，那么互相矛盾的内容，从这些地方就看出来了。王莽摄政的事情，班固和范晔的记载就不一样；二刘的兴亡始末，即刘表、刘焉。范晔与陈寿的记载也不相同。将它们统合为一编，就可以避免这个问题了。什么叫做详细记载邻国之事呢？非正统王朝的历史记载，周边少数民族与外国，势必不能与正统王朝的兴亡同始共终；然而正统王朝的历史记载，以朝代为断限，那么正统王朝的典章制度与掌故记载非常齐全，而割据政权、少数民族政权与外国政权的记载就只有一半。只有南朝、北朝有统一的历史，那么后梁和东魏的历史才能详细地知道其开端；而五代的历史合编在一起，这样吴越、荆南、楚等小国才能记载其终归。总共这六条，是通史便利的地方。什么叫做合理剪裁呢？融合贯通众史，岂能仅仅概括它们的凡例，还应当增补缺漏与简略的内容，去掉那些多余的辞藻，处理结构上的起伏与文字上的详略，根据一家的准则来整齐史实。例如李延寿撰修《南史》与《北史》，文字较前人简练，但事情却比过去的记载更加详细，所以被称为"良史"。大概生在后代，耳濡目见，自然应该补充前人的缺略，所谓凭借已有的资助，更容易发挥功效。什么叫做创立家法呢？旧的史籍都还在，为什么要重视重新编纂呢？专门的学问，自身具有主体旨要。例如郑樵的《通志》，对事物和道理的辨别具有远见卓识，能够别出心裁，前人不能成为他的先导，后人不能超出他所创立的模式；虽然事实与过去的史书没有多大的差别，但分析名称与辨正事物，把自己成一家之言的思想，都表现在史书的剪裁体例中，最终创造出不朽的事业。这两个方面，就是所说的长处。什么叫做没有短长呢？编纂而成的书，简单地加以排比史料，本来没有增加或者减少，只是更换了标题，这就是刘知几所说的"学习的人宁愿读原来的史书，也懒得看新编录的史书"了。什么叫做沿袭原题呢？众史互有异同，各自标名立目，编撰通史的作者不加以更定，让它符合新书的剪裁。《南史》中有《孝义传》却无《列女传》，详见《列女篇》。《通志》用"《史记》"名称作为所应标注的时代，《通志》中汉、魏时代的人，都标"汉"、"魏"等字，称呼时代，而不是称史书。而《史记》中所记载的人，也标"《史记》"，而不标明时代，则是错误地沿用了原书的文字。举一反三，那么舍取有失允当的情况很多了。什么叫做忘记标目呢？帝王后妃，宗室世家，在标目中标明时代，他们的区别就很容易看到。臣子的列传，本身有与时事相关的事件，在文章中显示出来，虽然没有标著，但玩味传文的次序，自然能清晰地看出朝代。至于《独行》、《方伎》、《文苑》、《列女》这些篇章，记载的人并不都参与世事，把他们一齐编纂排列起来，例如《南史》中的吴逵、韩灵敏等人，何尝不是读他们的传记也不知道他们生活的年代呢？这三个方面，就是所说的弊端。

　　《说文》训通为达①，自此之彼之谓也。通者，所以通天下之不通也。读《易》如无《书》，读《书》如无《诗》②。《尔雅》治训诂，小学明六书③，通之谓也。古人离合撰著，不言而喻，汉人以通为标目，梁世以通入史裁，则其体例，盖有截然不可混合者矣。杜佑以刘秩《政典》为未尽，而上达于三五，《典》之所以名通也。奈何魏了翁取赵宋一代之掌故，亦标其名谓之《国朝通典》乎④？既曰国朝，画代为断，何通之有？是亦循名而不思其义者也。六卿联事，职官之书，亦有通之义也。奈何潘迪取有元御史之职守⑤，亦名其书谓之《宪台通纪》耶⑥？又地理之学，自有专门，州郡志书，当隶外史。详《外篇·亳州志议》。前明改元代行省为十三布政使司⑦，所隶府、州、县、卫⑧，各有本志。使司幅员既广，所在府县，惧其各自为书，未能一辙也，于是裒合所部，别为通志⑨。通者，所以通府、州、县、卫之各不相通也。奈何修通志者，取府、州、县山川、人物，分类为编，以府领县，以县领事实人文，摘比分标，不相联合？如是为书，则读者但阅府县本志可矣，又何所取于通哉？夫通史人文，上下千年，然而义例所通，则隔代不嫌合撰。使司所领，不过数十州县，而斤斤分界，惟恐越畔为虞，良由识乏通材，遂使书同胥史矣⑩。

【注释】

①《说文》训通为达：语出《说文解字·辵部》："通，达也。"《说文》，东汉许慎《说文解字》。

②读《易》如无《书》，读《书》如无《诗》：据李翱《李文公集》卷六《答朱载言书》记载："六经之词也，创意造言，皆不相师。故其读《春

秋》也,如未尝有《诗》也;其读《诗》也,如未尝有《易》也;其读《易》也,如未尝有《书》也。"指彼此之间互不因袭混同。

③小学明六书:古代小学教授六艺,隋、唐以后,包括文字学、训诂学、音韵学三类。文字学中包括象形、会意、转注、处事、假借、谐声六种造字方法。

④《国朝通典》:据陈振孙《直斋书录解题》卷五记载:"《国朝通典》二百卷,不著名氏。或言魏鹤山所为。似方草创,未成书也。"国朝,古代指称本朝。

⑤潘迪:字履道,元代大名元城(今河北大名)人。博学能文,历官翰林院编修、国子助教、国子司业、集贤学士。著作有《易春秋学庸述解》、《格物类编》、《六经发明》等。

⑥《宪台通纪》:据钱大昕《补元史艺文志二》著录:"潘迪《宪台通纪》二十三卷。"章学诚、钱大昕均以为《宪台通纪》作者为潘迪,其实乃赵承禧编纂,潘迪只不过为此书作序而已。宪台,指御史台。赵承禧,字宗吉,元代晋宁(今山西临汾)人。历官监察御史。于元顺帝至元二年(1336)编成《宪台通纪》,记载元世祖至元五年(1268)至元顺帝至元二年御史台事。

⑦改元代行省为十三布政使司:元代除京师附近地区直隶于中书省外,其他地区设置十一个行中书省,简称行省,为地方最高行政区划。各行省设置丞相、平章等官,总领各省区的政务。布政使司,明太祖洪武九年(1376),改行中书省为承宣布政使司。明宣宗宣德以后,全国的府、州、县等分统于南北两京和十三布政使司。每司设左、右布政使各一人,为一省的最高行政长官。然而人们仍然习惯称之为"行省",简称"省"。

⑧卫:明代军事体制。在边防要害地区设卫,每卫有军士五千六百人,其长官称指挥使,分属于各省的都指挥使司。每卫防地可以包括几个府,一般驻扎在某地即称为某卫,其官署称为卫指挥使

司。后来逐渐向行政体制演变。

⑨裒合所部，别为通志：据《章氏遗书》卷十四《地志统部》曰："如修
统部通志，必集所部府州而成。然统部自有统部志例，非但集诸
府州志可称通志，亦非分拆统部通志之文，即可散为府州志也。
诸府之志，又有府志一定义例。既非可以上分通志而成，亦不可
以下合州县属志而成。苟通志及府、州、县志，可以互相分合为
书，则天下亦安用此重见叠出之缀旒为哉？"通志，指各布政使司
纂修的省一级方志。

⑩胥史：胥和史，官府中办理文书的两种小吏。这里指代胥史抄录
的文案。

【译文】

《说文》中解释"通"为"达"，就是从此到彼的意思。通，就是沟通天
下原本不相沟通的事物。读《周易》就好像没有《尚书》，读《尚书》就好
像没有《诗经》。《尔雅》专门研究经书的训诂，小学阐明六书，这就是所
说的通。古人的书分为专门或合为通论，不用解释就能明白，汉代人以
"通"作为标目，梁代史家用"通"的名称命名史书，那么它们的体例，就
有截然不可混淆的地方了。杜佑认为刘秩的《政典》尚不完备，因而上
溯三皇五帝，这就是《通典》所以称为"通"的原因。为什么魏了翁只选
取赵宋一代的典章故事加以编纂，却也把书名称作《国朝通典》呢？既
然称作国朝，以宋代为断限，有什么贯通可言呢？这也是只看它的名称
而不思考它的宗旨的缘故。六卿联合处理事务，叙述官制的书，也有贯
通的意义。为什么潘迪选择元代御史的职守，却也将其书称为《宪台通
纪》呢？还有地理这门学问，本身属于专门之学，州郡等地方志，应当由
外史掌管。详见《外篇·亳州志议》。明朝把元代的行省改为十三个布政
使司，所属的府、州、县、卫，都各自有本级别的地方志。布政使司所管
辖的范围既然非常广阔，所在的府县，害怕彼此各自修书，而不能统一，
于是汇合所辖各个地区的方志，另撰通志。所谓通，就是沟通府、州、

县、卫原来各不相通的地方。为什么编修通志的人,将府、州、县的山川、人物,进行分类编纂,以府统领各县,以县统领掌故人文,摘录排比分类标目,各自不相关联呢? 这样编撰通志,那么读者只要阅读府、县原来的方志就可以了,又何必选择通志体裁呢? 通史所记载的人文情况,上下长达千年之久,然而只要义例相通,那么即使远隔数代也不妨合撰在一起。布政使司所统领的地方,不过数十个州县而已,却斤斤计较于州县的分界,唯恐越界引起麻烦,这的确是因为缺乏有见识的通才,于是把史书变成衙门小吏所抄录的文书了。

横　通

【题解】

　　章学诚论学注重自得之学，主张求其是而辨其似，非常反感各种似是而非的假冒学术，并把它们痛斥为伪学。在前面的《朱陆》篇中，他揭露了伪朱学与伪陆王学的危害，做出辛辣的讽刺。本篇撰述宗旨与之相同，目的在于严格区别学者治学求通方面的真假优劣。章学诚重视学术上的会通，尤其强调修史必须贯彻通史家风。他对会通宗旨有两方面标准，一是对学业融会贯通，而不能心存门户，划分畛域；二是能够别出心裁，治学贵有心得，而不是方圆求备的摘比纂录治学。只要符合这两个标准，无论从事专门独断的学业，还是从事兼览博考的学问，都属于通人之列。然而另有一类表面貌似通人，而实际上并无心得的人，容易鱼目混珠，不能不严于区分。例如书商、藏书之家和刻书之家，由于经常接触各方面专家学者，积累了各种信息，熟悉通人论谈，所以各种知识非常丰富，言谈话语时有新奇之处。他们与通人交往，谈学论文似乎无所不知，表面看来和通人的博览兼通极为相似，然而求其实质，则多为游谈无根之学，道听途说之辈，仅仅得到通人的一些皮毛，并没有自己的心得体会。章学诚把这类人称为"横通"，以便和真正的通人相互区别。横通之人知识面宽，无疑对社会有益，可以弥补通人的某些不及之处。然而他们往往自诩通人，喜欢夸耀学问，而真正有学问的通人为让他们高兴,也往往过分替他们吹嘘,以致混淆了两者的界限。这篇文章不仅对当时学界做了针砭,而且对后世那些自封为学者,以讲学为名到处招摇撞骗的学术败类,也有讽刺和警示意义。

　　通人之名,不可以概拟也,有专门之精,有兼览之博。各有其不可易,易则不能为良;各有其不相谋,谋则不能为益。然通之为名,盖取譬于道路,四冲八达①,无不可至,谓之通也。亦取其心之所识,虽有高下、偏全、大小、广狭之不同,而皆可以达于大道,故曰通也。然亦有不可四冲八达,不可达于大道,而亦不得不谓之通,是谓横通②。横通之与通人,同而异,近而远,合而离。

【注释】

①冲:语出许慎《说文解字·行部》:"冲,通道也。"

②横通:语出《管子·八观》:"郭周不可以外通,里域不可以横通。"唐代房玄龄《注》曰:"横通,谓从旁而通也。"意为不循正道而旁通。

【译文】

　　通人这个名称,不可以一概而论。有专门之学的精深,有综览广蓄的渊博,各自都有不能替代的方面,互相替代就不能产生好的结果;各自都有不能互相干预的地方,互相干预就不会产生益处。那么"通"的取名,大概是以道路来做比喻,四通八达,无处不可到,故称之为通。也可以用人心中的见识做比喻,虽然有高下、偏全、大小、广狭的不同,但都可以通向真理,所以叫做通。然而也有不能四通八达,不能通向真理,却又不得不称之为通,这就是横通。横通与通人,似同而实异,似近而实远,似合而实离。

老贾善于贩书^①，旧家富于藏书^②，好事勇于刻书，皆博雅名流所与把臂入林者也^③。礼失求野^④，其闻见亦颇有可以补博雅名流所不及者，固君子之所必访也。然其人不过琴工碑匠，艺业之得接于文雅者耳。所接名流既多，习闻清言名论，而胸无智珠^⑤，则道听涂说，根底之浅陋，亦不难窥。周学士长发^⑥，以此辈人谓之横通，其言奇而确也。故君子取其所长，而略其所短，譬琴工碑匠之足以资用而已矣。无如学者陋于闻见，接横通之议论，已如疾雷之破山^⑦，遂使鱼目混珠，清流无别^⑧。而其人亦遂嚣然自命，不自知其通之出于横也。江湖挥麈^⑨，别开琴工碑匠家风，君子所宜慎流别也。

【注释】

①老贾：经商资深的坐贾。

②旧家：世代传承之家。

③把臂入林：语出《世说新语》卷四《赏誉下》："谢公道：'豫章若遇七贤，必自把臂入林。'"谢公，指谢安。豫章，指谢鲲。七贤，指竹林七贤。意为携手一道归隐山林。

④礼失求野：语出班固《汉书》卷三十《艺文志》："仲尼有言：'礼失而求诸野。'"据《左传·昭公十七年》记载："秋，郯子来朝，公与之宴。昭子问焉，曰：'少皞氏鸟名官，何故也？'郯子曰：'吾祖也，我知之。'……仲尼闻之，见于郯子而学之。既而告人曰：'吾闻之，天子失官，学在四夷，犹信。'"

⑤智珠：语出《文苑英华》卷二百二十三《张祜·赠志凝上人》："愿为尘外契，一就智珠明。"指本性的智慧。

⑥周学士长发：周长发，字兰坡，清代浙江山阴（今浙江绍兴）人。

历康、雍、乾三朝,授翰林院庶吉士,检讨官,迁侍读学士。参与撰修《皇朝文类》、《续文献通考》、《词林典故》等书。著作有《赐书堂集》。

⑦疾雷之破山:语出《庄子·齐物论》:"疾雷破山,风振海,而不能惊。"

⑧清流:语出陈寿《三国志》卷二十二《陈群传》:"陈群动仗名义,有清流雅望。"封建时代用来称呼负有时望的清高士大夫。

⑨江湖挥麈(zhǔ):江湖,泛指五湖四海各地。挥麈,魏、晋人清谈,往往挥动麈尾作为谈助。后世因称谈论为挥麈。麈尾,一种鹿科动物的尾巴,可以用来做拂尘。

【译文】

多年经商的人善于贩书,世家大族富于藏书,好事的人争相刻书,这些都是学识渊博的名流愿意密切交往的人。都邑失礼则于野外寻求,他们的见闻也多有可以弥补博学名流所欠缺的东西,自然是君子一定要造访的人物。然而那些人不过像琴师、刻碑匠一样,术艺与学问都是通过与文雅之士的交往得来。他们接触的名流多了,经常听到一些清高的名言警论,但却因为胸中缺乏灵性智慧,那么道听途说之言,学问根底的浅陋,也就不难窥见。周长发学士,把这种人称作横通之辈,这话真是神奇而又确切。所以君子采用他们的长处,而不计较他们的短处,譬如琴师与刻碑匠足以供应使用就可以了。无奈有的学者见闻浅陋,听到横通之人的议论,惊讶得像迅雷炸开山顶一样,于是使得鱼目混珠,与清望名流没有区别。而那人也就轻狂地自命不凡,竟连自己也不知道知识渊博是出于横通。在江湖上到处讲学论艺,别开一种琴师、刻碑匠一样的家风,君子应当谨慎考察与辨析其渊源流别。

徐生善礼容①,制氏识铿锵②;汉廷讨论礼乐,虽宿儒耆学③,有不如徐生、制氏者矣。议礼乐者,岂可不与相接？然石渠、天禄之议论,非徐生、制氏所得参也。此亦礼乐之横通者也。

【注释】

①徐生善礼容:据班固《汉书》卷八十八《儒林传》记载:"汉兴,鲁高堂生传《士礼》十七篇,而鲁徐生善为颂。孝文时,徐生以颂为礼官大夫,传子至孙延、襄。襄,其资性善为颂,不能通经。延颇能,未善也。襄亦以颂为大夫,至广陵内史。延及徐氏弟子公户满意、桓生、单次,皆为礼官大夫……诸言《礼》为颂者,由徐氏。"颂,通"容",指礼的容貌威仪。

②制氏识铿锵:据班固《汉书》卷二十二《礼乐志》记载:"汉兴,乐家有制氏,以雅乐声律,世世在大乐官。但能记其铿枪鼓舞,而不能言其义。"

③耆(qí)学:年老博学的人。

【译文】

徐生精通礼制仪容,制氏善识雅乐声律;汉代朝廷讨论礼乐,即使是年高博学之士,也有不如徐生、制氏的人了。讨论礼乐的人,怎么可以不与他们来往呢？然而石渠阁与天禄阁讨论和校理儒家经典,却不是徐生和制氏所能参与的场合。这也是在礼乐方面可以称为横通的人。

横通之人可少乎？不可少也。用其所通之横,以佐君子之纵也。君子亦不没其所资之横也。则如徐生之礼容,制氏之铿锵,为补于礼乐,岂少也哉？无如彼不自知其横也,君子亦不察识其横也,是礼有玉帛①,而织妇琢工,可参高堂之座②,乐有钟鼓③,而熔金制革,可议河间之记也④。
故君子不可以不知流别,而横通不可以强附清流,斯无
恶矣。

【注释】

①礼有玉帛:语出《论语·阳货》:"子曰:'礼云礼云,玉帛云乎
　　哉?'"玉帛,指玉帛之类的礼器。

②高堂:高堂生,字伯,西汉鲁国(今山东曲阜一带)人。所传《士
　　礼》十七篇,即今传本《仪礼》。

③乐有钟鼓:语出《论语·阳货》:"子曰……乐云乐云,钟鼓云乎
　　哉?"钟鼓,指钟鼓之类的乐器。

④河间之记:据班固《汉书》卷三十《艺文志》记载:"武帝时,河间献
　　王好儒,与毛生等共采《周官》及诸子言乐事者,以作《乐记》,献
　　八佾之舞,与制氏不相远。"河间,指河间献王刘德。

【译文】

　　横通的人可以缺少吗?不能缺少。用他们所熟悉的横通,来辅助
和弥补君子的贯通。君子也不掩盖自己借助了他们横通的东西。就像
徐生通晓的礼制仪容,制氏熟知的雅乐声律,有益于礼乐,难道还少吗?
无奈他们自己不知道这是出于横通,君子也没有察觉到他们的横通,这
就是说礼制中有玉帛二物,而织帛的妇女和雕琢玉器的工匠,也可以登
上鲁高堂生的座位来讨论《仪礼》,乐舞中有钟鼓二器,而制作钟鼓的工
匠,也可以评议河间献王的《乐记》。所以君子不能不知道渊源流别,而
横通的人也不可以牵强附会渊博的名流,这样就没有什么害处了。

　　评妇女之诗文,则多假借;作横通之序跋①,则多称许;
一则怜其色,一则资其用也。设如试院之糊名易书②,俾略

知臭味之人，详晰辨之，有不可欺者矣。虽然，妇女之诗文，不过风云月露，其陋易见。横通之序跋，则称许学术，一言为智为不智③，君子于斯，宜有慎焉。

【注释】

①跋（bá）：足后为跋。故称署名、题词于书卷文字之后为跋，也称跋尾。

②糊名易书：糊名又称弥封，语出《新唐书》卷四十五《选举志》：“初试选人皆糊名，令学士考判。武后以为非委任之方，罢之。”即把试卷封缄姓名，匿名评阅。唐代用于选官，至宋代又用于科举。易书又名誊录，语出吴曾《能改斋漫录》卷一《糊名考校》：“取士至仁宗始有糊名考校之律，虽号至公，尚未绝其弊。其后袁州人李夷宾上言，请别加誊录，因著为令，而后识认字画之弊始绝。”即把试卷请别人重新抄录一遍，防止考官因认识笔迹而作弊。

③一言为智为不智：语出《论语·子张》：“子贡曰：君子一言以为知，一言以为不知，言不可不慎也。”知，通“智”。

【译文】

评价妇女的诗文，就会有更多的宽容；为横通的人作序跋，就会有更多的称许。一是因为爱怜她们的美色，一是因为借助他们的实用。假如像科举考试机构一样糊名誊录试卷，即使让略知文墨的人，加以详细辨认，也欺瞒不过去了。虽然如此，妇女的诗文，不过写些风云月露之类的东西，诗作的浅陋显而易见。为横通的人所作的序跋，则是称许他们的学术，一句话就可以表现人的明智与不明智，君子对待这些东西，应当非常慎重。

　　横通之人，无不好名。好名者，陋于知意者也①。其所依附,必非第一流也。有如师旷之聪,辨别通于鬼神,斯恶之矣。故君子之交于横通也,不尽其欢,不竭其忠^②,为有试之誉^③,留不尽之辞,则亦足以相处矣^④。

【注释】

①知意:语出司马迁《史记》卷一《五帝本纪》:"非好学深思,心知其意,故难为浅见寡闻道也。"

②不尽其欢,不竭其忠:语出《礼记·曲礼上》:"君子不尽人之欢,不竭人之忠,以全交也。"指交友不一味讨人欢心,也不一味要求别人效忠。

③有试之誉:语出《论语·卫灵公》:"子曰:吾之于人也,谁毁谁誉?如有所誉者,其有所试矣。"指经过考察试验以后再加以褒贬毁誉。

④则亦足以相处矣:《章氏遗书》本此下尚有独立一节文字,补录于此:

辛亥修《麻城志》,有呈《食货志》稿者,内论行市经纪,**即市司评物价者也**。乃曰:"贫人荒年,需升斗活八口家,与钱不如数,睫毛长一尺,无顾盼情;出百钱为寿,辄强颜作鸩鹅笑。"此乃《聊斋志异》小说内讥贪鄙教官者。其人窃以责行市经纪,则风马牛矣。此公以藏书之富著名也。

【译文】

横通的人,都喜好名声。喜好名声的人,在心知其意方面都很浅薄。他们所依附的人,一定不是第一流学者。假如有像师旷那样的听觉,辨别是非有如鬼神一样灵验,就会很厌恶他们了。所以君子与旁通之人交往,不要讨取他们无穷的欢心,也不要受到他们无限的爱戴,称赞他们要有根有据,说话要留有余地,那么也就足以和他们相处了。

繁　称

【题解】

　　中国古代非常讲究称谓的学问，无论是孔子所说的"名不正则言不顺"，还是《尔雅》辨名正物，都受到古人高度重视。对于人类自身的称呼，先民也制订出完整的礼制。《周礼》对于人们生名、冠字、死谥，规定得比较严格，有条而不紊。秦、汉以后，称谓逐渐繁琐，给社会造成混乱。本篇宗旨就是揭示这种现象产生的原因，希望引起人们对这个问题的关注。文章前半部分论述人名称谓，分析魏、晋以来门阀士族标榜郡望，以郡望代替姓氏，例如王姓称"瑯琊"，李姓称"陇西"，刘姓称"彭城"；甚至用隐语指代姓氏，例如庄姓称"漆园"，牛姓称"太牢"，司马称"典午"等等。唐、宋以后，又有别号的出现，更增加了称谓的混乱。文章后半部分论述书名称谓，子、史、别集，名称各尚新奇，诙谐嘲弄，随意标名，无关文义，无理取闹。这种不良风气不仅给读者阅读带来麻烦，更为严重的是渗入史学领域，后世对前代历史记载无法理解。刘知几在《史通·称谓》篇里对这种现象曾经作过批评，认为"史论立言，理当雅正"，然而"近代为史，通多此失"。到章学诚撰写《文史通义》，这个问题更为严重。因此，他对上述现象作了全面考察，并加以详细辨析，告诫后人引起重视。

尝读《左氏春秋》,而苦其书人名字,不为成法也[1]。夫幼名,冠字,五十以伯仲,死谥,周道也[2]。此则称于礼文之言,非史文述事之例也。左氏则随意杂举,而无义例;且名字、谥行以外[3],更及官爵、封邑,一篇之中,错出互见;苟非注释相传,有受授至今,不复识为何如人。是以后世史文,莫不钻仰左氏[4],而独于此事,不复相师也。

【注释】

[1]书人名字,不为成法:据黄彻《䂬溪诗话》卷一记载:"诸史列传,首尾一律。惟左氏传《春秋》则不然,千变万化,有一人而称目至数次异者。族氏、名字、爵邑、号谥,皆密布其中,而寓诸褒贬。"

[2]周道:周朝礼制,载《礼记·檀弓上》。

[3]谥行:谥号与排行。

[4]钻仰:语出《论语·子罕》:"颜渊喟然叹曰:'仰之弥高,钻之弥坚。'"何晏《集解》曰:"言不可穷尽。"意为因为仰慕而钻研探求。

【译文】

曾经读《春秋左氏传》,苦于《左传》记载人的名字,没有一定的规律。年幼时称呼名,二十岁行加冠礼以后称呼字,五十岁以后则以伯仲排行相称呼,人死则称呼谥号,这是周朝的礼法制度。这只是用于礼节文字中的称呼,不是史书叙事的体例。左氏却随意错杂称举,没有义例;况且在名称、表字、谥号、排行之外,进一步涉及官职、爵位、封邑,一篇行文之中,错杂互见;如果不是有注释相传,有师承授受流传到今天,就再也不知道是什么人了。所以后世的史书,无不仰慕效法《左传》,而唯独对于此事,不再学习它的做法。

史迁创列传之体,列之为言,排列诸人为首尾①,所以标异编年之传也。然而列人名目,亦有不齐者,或爵,淮阴侯之类②。或官,李将军之类③。或直书名,虽非左氏之错出,究为义例不纯也。或曰:迁有微意焉。夫据事直书,善恶自见,《春秋》之意也。必标目以示褒贬,何怪沈约、魏收诸书,直以标题为戏哉④!况七十列传,称官爵者,偶一见之,余并直书姓名,而又非例之所当贬;则史迁创始之初,不能无失云尔。必从而为之辞,则害于道矣。

【注释】

①列之为言,排列诸人为首尾:语出刘知几《史通》卷二《列传》:"盖纪者,编年也。传者,列事也。编年者,历帝王之岁月,犹《春秋》之经;列事者,录人臣之行状,犹《春秋》之传。"列,胪列。故有胪列一人行事,亦谓之列传。

②淮阴侯:韩信(? —196),秦、汉之际淮阴(今属江苏)人。楚汉战争中,不被项羽重用,转投刘邦,拜为大将军,帮助刘邦击灭项羽。汉朝建立,受封楚王,成为异姓诸侯王之一。后来被诬告谋反,降为淮阴侯,直至为吕后所杀。

③李将军:西汉名将李广。

④沈约、魏收诸书,直以标题为戏:沈约《宋书》卷九十五《索虏列传》,记载北魏历史,因北魏人编发如绳索,故称索虏。同书卷九十九《二凶传》,记载南朝宋元凶刘劭与始兴王刘濬二人,因称二凶。魏收作史,据刘知几《史通》卷四《题目》记载:"其有魏世邻国编于魏史者,于其人姓名之上,又列之以邦域,申之以职官。至如江东帝主,则云僭晋司马睿,岛夷刘裕。河西酋长,则云私署凉州牧张寔,私署凉王李暠。此皆篇中所具,又于卷首具列。

必如收意,使其撰《两汉书》、《三国志》,题诸盗贼传,亦当云僭西楚霸王项羽,伪宁朔王隗嚣。自余陈涉、张步、刘璋、袁术,其位号皆一一具言,无所不尽也。"此即章氏所谓以标题为戏。

【译文】

司马迁创立列传的体例,"列"所说的意思,就是排列众人事迹的始末,用来表示与编年之传的不同。但是标列诸人名目,也有不统一的地方,有的称呼爵位,例如淮阴侯之类。有的称呼官职,例如李将军之类。有的直接写姓名,虽然不像《左传》那样错综复杂,终究还是义例不一致。有人说:"司马迁这样做隐含着深意。"根据事实本来面目忠实地记载下来,善恶自然会表现出来,这是《春秋》的用意。一定要通过标立传目来显示褒贬,难怪沈约、魏收等人修撰的史书,简直是把标题当做儿戏!况且《史记》七十列传,称呼官职和爵位的列传,只是偶然一见,其余的列传都是直接书写姓名,而且按照义例称官称爵又不是应当贬斥的人;那么司马迁创始之初,只是做不到没有缺失罢了。一定要弥缝此事而为他辩解,就会损害大道了。

唐末五代之风诡矣,称人不名不姓①,多为谐隐寓言,观者乍览其文,不知何许人也。如李曰陇西,王标琅琊,虽颇乖忤,犹曰著郡望也②。庄姓则称漆园③,牛姓乃称太牢④,则诙嘲谐剧,不复成文理矣。凡斯等类,始于骈丽华词,渐于尺牍小说⑤,而无识文人,乃用之以记事;宜乎试牍之文,流于茁轧⑥,而文章一道入混沌矣。

【注释】

①称人不名不姓:顾炎武《日知录》卷十九《文人求古之病》引何孟春《余冬序录》曰:"今人称人姓必易以世望,称官必用前代职名,

称府、州、县必用前代郡邑名，欲以为异。不知文字间著此，何益于工拙？此不惟于理无取，且于事复有碍矣。李姓者称陇西公，杜曰京兆，王曰琅邪，郑曰荣阳，以一姓之望而概众人，可乎？此其失，自唐、宋、五季间孙光宪辈始。《北梦琐言》称冯涓为长乐公，《冷斋夜话》称陶谷为五柳公，类以昔人之号而概同姓，尤是可鄙。"

②郡望：据钱大昕《十驾斋养新录》卷十二记载："自魏、晋以门第取士，单寒之家屏弃不齿，而士大夫始以郡望自矜……言王必琅邪，言李必陇西，言张必清河，言刘必彭城，言周必汝南，言顾必武陵，言朱必沛国。其所祖何人，迁徙何自，概置弗问。此俗习之甚可笑者也。"魏、晋至隋、唐时期，各州郡显贵的世家大族，称作郡望，意为被当地所仰望。

③庄姓则称漆园：据司马迁《史记》卷六十三《庄周列传》记载："周尝为蒙漆园吏。"故后人以"漆园"指代庄子。门阀制度形成以后，人们为标榜郡望，凡姓庄的人都被称作"漆园"。

④牛姓乃称太牢：据《旧唐书》卷一百七十二《牛僧孺传》记载："尤为德裕所恶……又目为'太牢公'，其相憎恨如此。"太牢，语出《礼记·王制》："诸侯无故不杀牛。"孔颖达《疏》曰："谓太牢也。"古代原指祭祀、宴会用的牛、羊、猪三牲。后来专指祭祀的牛。

⑤尺牍：语出司马迁《史记》卷一百一十《匈奴列传》："汉遗单于书，牍以尺一寸。"汉代诏书、法令等等，写在一尺一寸长的简牍之上，简称尺牍。后世用作书信的通称。

⑥试牍之文，流于苗轧：据沈括《梦溪笔谈》卷九《人事》记载："嘉祐中，士人刘几累为国学第一人，骤为怪崄之语，学者翕然效之，遂成风俗，欧阳公深恶之。会公主文，决意痛惩……有一举人论曰：'天地轧，万物茁，圣人发。'公曰：'此必刘几也。'戏续之曰：'秀才剌，试官刷。'乃以大朱笔横抹之，自首至尾，谓之红勒帛。"

试牍，试卷。茁轧，比喻文辞怪异晦涩。

【译文】

唐朝末年以至于五代风气就诡异了，称呼人不称名不用姓，往往使用诙谐隐语和寓言，读者猛然看到这样的文章，不知道指的是什么人。例如姓李的人称"陇西"，姓王的人标"琅琊"，虽然很怪僻不合情理，但还可说是标榜郡望。姓庄的人称作"漆园"，姓牛的人称作"太牢"，那就滑稽可笑，不再成文理了。凡此之类，开始兴起于华丽的骈体文词，逐渐用于书信和笔记小说，而缺乏见识的文人，竟用这类称呼作为记事语言；难怪科举试卷文章，演变成"茁轧"之类怪异的风气，而作文之道陷入一种混乱无序之中。

自欧、曾诸君①，扩清唐末五季之诡僻，而宋、元三数百年，文辞虽有高下，气体皆尚清真，斯足尚矣。而宋人又自开其纤诡之门者，则尽人而有号，一号不止，而且三数未已也。夫上古淳质，人止有名而已。周道尚文，幼名冠字②。故卑行之于尊者，多避名而称字。故曰字以表德。不足而加之以号③，则何说也？流及近世，风俗日靡，始则去名而称字，渐则去字而称号；于是卑行之于所尊，不但讳名，且讳其字，以为触犯，岂不诡且渎乎？孔子曰："名不正则言不顺。"④称号讳字，其不正不顺之尤者乎？

【注释】

①欧、曾诸君：北宋欧阳修、曾巩等人，倡导古文运动，大力扭转六朝以来骈体浮靡文风，具有摧陷廓清的功绩。

②幼名冠字：据《仪礼·士冠礼》记载："冠而字之，敬其名也。"古代男子二十行加冠礼，取字以表德。字与名之间具有相互关联，主

要有三种对应关系。一是名与字为同义，例如诸葛亮字孔明，"亮"与"明"意思相同；二是字为名之释义，例如苏轼字子瞻，取古人乘车扶轼而望之意；三是名与字为反义，例如朱熹字元晦，"熹"与"晦"意思相反。

③加之以号：语出《周礼·春官》："太祝掌……辨六号。"郑玄《注》曰："号谓尊其名，更为美称。"

④名不正则言不顺：语出《论语·子路》。

【译文】

自从欧阳修、曾巩等人，扫清了唐末五代诡异怪僻的文风之后，宋、元三百多年之间，文章虽然有高下之分，但是文气风格都崇尚清新自然，这也足以值得尊崇效法了。不过宋人自己又另外开辟一条纤细诡异的路径，就是每个人都有号，取一个号不够，而且有三四个号还不肯罢休。上古时期风气淳朴，人只有名而已。周朝崇尚文教，年幼时称名而成年后称字。因此行辈身份低贱的人对于行辈身份高贵的人，多避开称名而称呼其字。所以说字用来旌表德行。称字表德感到不足又给人加上号，这又有什么说法呢？流行到近代，风俗一天天颓靡下去，起初避开人名而称字，渐渐地又避去字而称号，于是行辈身份低贱的人对于行辈身份高贵的人，不但不能直呼其名，而且还不能称呼其字，认为称名称字就是触犯尊长，这难道不是对尊长的谄媚和亵渎吗？孔子说："名称不端正说话就不得当。"称呼号而避讳字，大概这是不正不顺最为严重的事吧？

号之原起，不始于宋也。春秋、战国，盖已兆其端矣。陶朱、鸱夷子皮①，有所托而逃焉者也。鹖冠、鬼谷诸子②，自隐姓名，人则因其所服所居而加之号也。皆非无故而云然也。唐开元间③，宗尚道教，则有真人赐号，南华、冲虚之类④。

法师赐号⑤，叶靖法师之类⑥。女冠赐号⑦，太真玉妃之类⑧。僧伽赐号⑨，三藏法师之类⑩。三藏在太宗时，不始开元，今以类举及之。此则二氏之徒所标榜⑪，后乃逮于隐逸，陈抟、林逋之类⑫。寻播及于士流矣。然出朝廷所赐，虽非典要，犹非本人自号也。度当日所以荣宠之意，已死者同于谥法⑬，未死者同于头衔⑭，盖以空言相赏而已矣。

【注释】

①陶朱、鸱夷子皮：二者都是春秋时期越国大夫范蠡的别号。据司马迁《史记》卷一百二十九《货殖列传》记载："范蠡既雪会稽之耻，乃喟然而叹曰：'计然之策七，越用其五而得意，既已施于国，吾欲用之家。'乃乘扁舟浮于江湖，变名易姓，适齐为鸱夷子皮，之陶为朱公。"

②鹖冠、鬼谷诸子：据班固《汉书》卷三十《艺文志》著录："《鹖冠子》一篇。"鹖冠子，班固认为是战国时期楚人，隐居深山，以鹖羽做冠，因以为号。又据司马迁《史记》卷六十九《苏秦列传》记载："苏秦者……东事师于齐，而习之于鬼谷先生。"鬼谷先生即鬼谷子，相传为战国时期楚人，一说为战国时期齐国人王诩，隐居鬼谷（今河南登封东南），因以为号。

③开元：唐玄宗李隆基年号，公元713—741年。

④南华、冲虚：庄子和列子。据《唐会要》卷五十记载："天宝元年二月二十二日敕文：'追赠庄子南华真人，所著书为《南华真经》。'……至其年三月十九日，宰臣李林甫等奏曰：'庄子既号南华真人，文子请号通玄真人，列子号冲虚真人，庚桑子号洞灵真人。其庄子、文子、列子、庚桑子，并望随号称。'从之。"

⑤法师：据《唐六典》卷四记载："道士修行有三号，其一曰法师，其

二曰威仪师，其三曰律师。"法师为唐代道士三种称号之一。佛教对精通经典理论并能讲解佛法的僧人，也称为法师。

⑥叶靖法师：姓叶，名静（一作靖），又名静能（一作靖能），唐代道士，明州（今浙江宁波）人。据《太平广记》卷七十二《道术二·叶静能》记载："唐汝阳王好饮，终日不乱，客有至者，莫不留连旦夕。时术士叶静能常过焉，王强之酒，不可，曰：'某有一生徒，酒量可为王饮客矣。然虽侏儒，亦有过人者。明日使谒王，王试与之言也。'明旦，有投刺曰：'道士常持满。'王引入，长二尺。既坐，谈胚浑至道，次三皇五帝、历代兴亡、天时人事、经传子史，历历如指诸掌焉。王呿口不能对。既而以王意未洽，更咨话浅近谐戏之事，王则欢然，谓曰：'观师风度，亦常饮酒乎？'持满曰：'唯所命耳。'王即令左右行酒。已数巡，持满曰：'此不足为饮也，请移大器中，与王自挹而饮之，量止则已，不亦乐乎！'王又如其言，命醇醪数石，置大斛中，以巨觥取而饮之。王饮中醺然，而持满固不扰，风韵转高。良久，忽谓王曰：'某止此一杯，醉矣。'王曰：'观师量殊未可足，请更进之。'持满曰：'王不知度量有限乎？何必见强。'乃复尽一杯，忽倒，视之，则一大酒榼，受五斗焉。（出《河东记》）"

⑦女冠：女道士。唐代出家的女道徒头戴黄冠。古代女子不戴冠帽，因为女道士戴冠，故称"女冠"。

⑧太真玉妃：指杨贵妃，小字玉环。据《新唐书》卷七十六《后妃传上》记载："玄宗贵妃杨氏……始为寿王妃……遂召内禁中，异之。即为自出妃意者，丐籍女官，号太真。"女官，即女冠。

⑨僧伽：梵语。据明代陈耀文《天中记》卷三十五《佛》记载："僧伽大论，秦言众多比丘一处和合，是名僧伽。譬如大树丛林，是名为林。"原意指众和尚，后单人也称僧伽，简称为僧。

⑩三藏法师：玄奘（602—664），唐代唯识宗创始人之一。唐太宗年

间，曾经游学天竺，历经十七年回到长安。后在弘福寺、慈恩寺译出经、论七十五部。撰有《大唐西域记》一书。按佛教经、律、论为三藏，精通三藏的高僧被称为三藏法师，并非朝廷赐号。

⑪二氏之徒所标榜：二氏指释氏和老氏，即佛、道二教。标榜，语出范晔《后汉书》卷九十七《党锢传》："海内希风之流，遂共相摽榜。"章怀太子《注》曰："摽榜犹相称扬也。榜与榜同，古字通。"惠栋《后汉书补注》引胡三省曰："立表以示人曰标，揭书以示人曰榜。标榜，犹言表揭也。"

⑫陈抟（tuán）、林逋（bū）：陈抟（？—989），字图南，号扶摇子，亳州真源（今河南鹿邑东）人。后唐长兴年间，举进士不第，归隐武当山，习辟谷之术。后移居华山。北宋太平兴国年间，两度至京师，宋太宗赐号希夷先生，数月后还山。好说《易经》，著有《先天图》、《无极图》，成为宋代理学源头之一。林逋（967—1028），字君复，北宋钱塘（今浙江杭州）人。隐居西湖孤山，种梅养鹤，终身不仕，时人有"梅妻鹤子"之称。卒后，宋仁宗赐谥和靖先生。

⑬谥法：西周制度规定，贵族死后，依据其生前事迹评定一个称号以示褒贬，叫做谥法。秦始皇废除不用。西汉恢复，直至清代沿用。帝王谥号由礼官议定奏上，品官谥号礼部太常司议定，朝廷颁赐。士大夫死后，由亲族或门生故吏议定谥号，称为私谥。

⑭头衔：据封演《封氏闻见记》卷五《官衔》记载："官衔亦曰头衔。所以名为衔者，如人口衔物，取其连续之意。"

【译文】

号的起源，并不始于宋代。春秋、战国时期，已经有萌芽发端了。陶朱公、鸱夷子皮，这是有所寄托和避世的外号。鹖冠子、鬼谷子等人，这是自己把姓名隐藏起来，别人根据他们的穿戴和居处给他们增加一个称号。上述诸人都不是无缘无故而起的号。唐朝开元年间，朝廷尊奉崇尚道教，于是出现真人的赐号，例如南华真人、冲虚真人之类。

又有法师的赐号,例如叶靖法师之类。给女道士的赐号,例如太真玉妃之类。给佛教徒的赐号,例如三藏法师之类。三藏法师在唐太宗年间,不始于开元,现在因为按类举例而连在一起叙述。这都是道教、佛教之徒喜欢炫耀标榜,后来才用到隐逸之士身上,例如陈抟、林逋之类。不久就在文人之中流传开来。然而这些都出于朝廷所赐,虽然不合固定准则,也还不是本人所取的称号。揣度当日之所以要赏赐嘉号的用意,对于已死的人如同谥法,未死的人则与头衔相同,只是用空名加以奖赏罢了。

自号之繁,仿于郡望,而沿失于末流之已甚者也。盖自六朝门第争标郡望,凡称名者,不用其人所居之本贯,而惟以族姓著望,冠于题名,此刘子玄之所以反见笑于史官也①。沿之既久,则以郡望为当时之文语而已矣。既以文语相与鲜新,则争奇吊诡②,各随其意,自为标榜。故别号之始,多从山、泉、林、薮以得名,此足征为郡望之变,而因托于所居之地者然也。渐乃易为堂、轩、亭、苑,则因居地之变,而反托于所居之室者然也。初则因其地,而后乃不必有其地者,造私臆之山川矣。初或有其室,而后乃不必有其室者,构空中之楼阁矣③。识者但知人心之尚诡,而不知始于郡望之滥觞,是以君子恶夫作俑也④。

【注释】

①刘子玄之所以反见笑于史官:据刘知几《史通》卷五《因习下》自注记载:"时修国史,予被配纂《李义琰传》。琰家于魏州昌乐,已经三代,因云:'义琰,魏州昌乐人也。'监修者大笑,以为深乖史体。遂依李氏旧望,改为陇西成纪人。"

②吊诡:语出《庄子·齐物论》:"是其言也,其名为吊诡。"指怪异,
　诡异。

③空中之楼阁:据翟灏《通俗编》卷二十四《居室》曰:"《梦溪笔谈》:
　'登州四面临海,春夏时,遥见空际有城市楼阁之状,土人谓之海
　市。'今凡言行虚构者,世率取此譬之。"原意指海市蜃楼,后来比
　喻虚构的事物。

④君子恶夫作俑:据《孟子·梁惠王上》记载:"仲尼曰:'始作俑者,
　其无后乎!'"赵岐《注》曰:"俑,偶人也,用之送死。仲尼重人类,
　谓秦穆公时以三良殉葬,本由有作俑者也。恶其始造,故曰此人
　其无后嗣乎!"后世以作俑比喻开创罪恶的先例。

【译文】

　　自取名号的繁乱,起源于标榜郡望,发展到后世末流出现不可收拾
的局面。大概从六朝开始高门之家争相标榜郡望,凡是称呼人名,不用
那个人所居住的本来籍贯,而只将世家大族显著的郡望冠置名字前面,
这就是刘知几撰史反而被史官讥笑的缘故。沿袭时间久远,就把标榜
郡望作为当时卖弄文采的词语了。既然把它作为卖弄文采的语言而彼
此以新奇相尚,那么就会争奇斗异,各自随意而起,自我争相标榜。所
以开始的别号,多数是根据山、泉、林、薮而得名,这足以证明是从郡望
演变来,而依照居住地域特征起名。渐渐地又改为堂、轩、亭、苑,却又
是沿着依照居住地域特征起名的变化轨迹,反过来依托于所居之室起
名。开始的时候还是按照所居之地,后来就不一定真有此地,完全凭个
人想象编造山川之名了;开始的时候或许还有那个居室的名字,后来就
不一定真有那么个居室,完全凭个人想象构筑空中楼阁了。有识之士
只知道人心崇尚诡异,却不知道源头始于郡望,所以君子憎恨首开罪恶
先例的人。

　　峰、泉、溪、桥,楼、亭、轩、馆,亦既繁复而可厌矣,乃又

有出于谐声隐语，此则宋、元人之所未及开，而其风实炽于前明至近日也。或取字之同音者为号，或取字形离合者为号。夫盗贼自为号者，将以惑众也。赤眉、黄巾[1]，其类甚多。娼优自为号者，将以媚客也。燕、莺、娟、素之类甚多。而士大夫乃反不安其名字，而纷纷称号焉，其亦不思而已矣。

【注释】

[1] 赤眉、黄巾：新莽末年，樊崇率领饥民百余人在莒县（今属山东）起义，大败王莽军队，发展到十余万人。起义军全部把眉毛染成朱红色，自称赤眉军。拥立刘盆子为帝，攻入长安。公元 27 年，因粮尽退出，困降刘秀。东汉灵帝时期，张角创立太平道，徒众多达数十万，组成三十六方，遍及全国。公元 184 年，张角发动三十六方同时起义，起义军头裹黄巾，自称黄巾军。起义军多次击败董卓、卢植官军，坚持斗争长达近十个月，最后在曹操等各地军阀镇压下失败。

【译文】

以峰、泉、溪、桥，楼、亭、轩、馆作为别号，已经够繁复讨厌了，竟然又出现一类源自谐声和隐语的称号，这是宋、元人还没来得及开辟的一条路，这种风气从明代到近日才开始盛行。有的取同音字作为号，有的拆合字形作为号。盗贼自己立号，是为了用它来蛊惑民众；例如赤眉、黄巾，这一类的事例很多。娼妓优伶自己立号，是为了用它来献媚客人。例如称燕、莺、娟、素之类的事例很多。而士大夫竟然不安分于本人的名字，却纷纷称用别号，这也是出于不加思考的缘故。

逸囚多改名，惧人知也。出婢必更名，易新主也。故屡逸之囚，转卖之婢，其名必多，所谓无如何也。文人既已架字而立号，苟有寓意，不得不然，一已足矣。顾一号不足，而至于三且五焉。噫！可谓不惮烦矣。

【译文】

逃亡的囚徒大多改名，因为害怕被人认出来；卖出的婢女一定改名，因为换了新的主人。所以屡次逃跑的囚犯，辗转贩卖的婢女，他们的名字一定很多，这是出于无可奈何。文人既然已经在名字上面叠床架屋而立号，假如想要有所寄托含义，不得不如此，一个就已经足够了。然而他们使用一个号还不够，以至于有三五个之多。唉！真可以说不怕麻烦了。

古人著书，往往不标篇名。后人较雠①，即以篇首字句名篇②。不标书名，后世较雠，即以其人名书，此见古人无意为标榜也。其有篇名书名者，皆明白易晓，未尝有意为吊诡也。然而一书两名，先后文质，未能一定，则皆较雠诸家，易名著录，相沿不察，遂开歧异；初非著书之人，自尚新奇，为吊诡也。

【注释】

①较雠：通"校雠"，指校勘和著录。

②以篇首字句名篇：先秦古籍大多不著篇名，后人为方便称呼起见，往往用各篇开端的关键词作为篇名。例如《论语》中的《学而》、《八佾》，《孟子》中的《梁惠王》、《公孙丑》等篇名，都是如此。

【译文】

古人著书立说，往往不标示篇名。后人整理的时候，就把篇首的字句作为篇名。也不标示书名，后人整理的时候，就用著书人的名字作为书名,由此可见古人无意于自我标榜。那些有篇名书名的著作,大都明白易晓,并不曾故意弄些怪僻奇异的名称。那么一本书有两个名字,前后书名的文采与质朴,不能划一固定,都是校雠之家,改变书名而著录的结果,历代相沿而没有察觉,于是出现歧异;这原本不是著书的人,自己崇尚新奇,有意弄出怪名堂。

　　有本名质而著录从文者,有本名文而著录从质者,有书本全而为人偏举者,有书本偏而为人全称者,学者不可不知也。本名质而著录从文者,《老子》本无经名,而书尊《道德》①;《庄子》本以人名,而书著《南华》之类是也。汉称《庄子》。唐则敕尊《南华真经》,在开元时。《隋志》已有《南华》之目②。本名文而著录从质者,刘安之书,本名《鸿烈解》,而《汉志》但著《淮南内外》;蒯通之书,本名《隽永》,而《汉志》但著《蒯通》本名之类是也。《隽永》八十一首,见本传,与《志》不符③。书名本全而为人偏举者,《吕氏春秋》有十二纪、八览、六论,而后人或称《吕览》④;《屈原》二十五篇,《离骚》其首篇,而后世竟称《骚赋》之类是也。刘向名之《楚辞》,后世遂为专部。书名本偏而为人全称者,《史记》为书策纪载总名⑤,而后人专名《太史公书》;孙武八十余篇,有图有书,而后人即十三篇称为《孙子》之类是也⑥。此皆较雠著录之家所当留意。已详《较雠通义》⑦。虽亦质文升降,时会有然,而著录之家,不为别白,则其流弊,无异别号称名之吊诡矣。

【注释】
　　①《老子》本无经名,而书尊《道德》:据《隋书》卷三十四《经籍志》著

录:"《老子道德经》二卷。"

②《隋志》已有《南华》之目:据《隋书》卷三十四《经籍志》著录:"《南华论》二十五卷,梁旷撰。"

③《隽永》八十一首,见本传,与《志》不符:据班固《汉书》卷三十《艺文志》著录:"《蒯子》五篇。"八十一首,底本原作"一十八首",据《章氏遗书》本和《汉书》卷四十五《蒯通传》改。

④《吕氏春秋》有十二纪、八览、六论,而后人或称《吕览》:据司马迁《史记》卷十四《十二诸侯年表序》记载:"吕不韦者,秦庄襄王相,亦上观尚古,删拾《春秋》,集六国时事,以为八览、六论、十二纪,为《吕氏春秋》。"又据司马迁《史记》卷一百三十《太史公自序》记载:"不韦迁蜀,世传《吕览》。"十二纪,底本原作"十纪",据《章氏遗书》本改。

⑤《史记》为书策纪载总名:先秦时期,周王室和各诸侯国史,统称《史记》。司马迁和班固撰史,多称引周史记和诸侯史记。

⑥孙武八十余篇,有图有书,而后人即十三篇称为《孙子》:据班固《汉书》卷三十《艺文志》著录:"吴《孙子兵法》八十二篇,图九卷。"又据司马迁《史记》卷六十五《孙子列传》张守节《正义》曰:"《七录》云:《孙子兵法》三卷。按十三篇为上卷,又有中下二卷。"

⑦《较雠通义》:《校雠通义》,章学诚撰,三卷。

【译文】

有的书本来名称很质朴而著录时改成文雅,有的书本来名称很有文采而著录时改成质朴,有的书名本来是全称而被后人改用偏称,有的书名本来是偏称而被后人改为全称,治学的人不应该不知道。本来名称很质朴而著录时改成文雅的书,例如《老子》本来没有经的名称,而被后世尊为《道德经》;《庄子》本来是用人的名字作为书名,而目录书上著录为《南华真经》之类就是这种情况。汉代称《庄子》。唐代则下诏尊为《南华真经》,在玄宗开元时期。《隋书·经籍志》已有《南华》的名称。本来名称有文采而著录时改成质朴的书,例如刘安编撰的书,本来的名称叫做《鸿烈解》,而《汉书·艺文志》只著录为《淮南内外篇》;蒯通撰写的书,本来的名称叫做《隽永》,而《汉书·艺文志》只著录为《蒯通》本名之类,就是这种情况。《隽永》八十一篇,见蒯通本传,与《汉书·艺文志》所载篇数不一致。本来名称是全称而被人改用偏称的书,例如《吕氏春秋》有十二纪、八览、六论,而后人有的称作《吕览》;屈原赋共二十五篇,《离骚》只是它的首篇,而后代竟然称作《骚赋》之类就是这种情况。刘向取名为《楚辞》,后世便成为一个专门的部类。本来名称用的是偏称而被人改为全称的书,例如《史记》本来是史策记载的总称,而后人用来专门称呼司马迁《太史公书》;孙武的书本来共有八十余篇,既有图又有书,而后人仅把十三篇称作《孙子》之类,就是这种情况。这些都是校雠学家和目录学家们所应当留意的事情。已经在《校雠通义》里详述。尽管这是时代尚质尚文不断变化,时运趋势造成的结果,但目录学家如果不加以辨别说明,那么它的流弊,也就无异于利用别号来称名字的怪僻奇异了。

子史之书,名实同异,诚有流传而不能免者矣。集部之兴,皆出后人缀集,故因人立名,以示志别;东京讫于初唐,无他歧也。中叶文人,自定文集,往往标识集名,《会昌一品》①,元、白《长庆》之类②,抑亦支矣。然称举年代,犹之可也。或以地名,杜牧《樊川集》③,独孤及《毗陵集》之类④。或以官名,韩偓《翰林集》⑤。犹有所取。至于诙谐嘲弄,信意标名,如《锦囊》⑥、李松。《忘筌》⑦、杨怀玉。《披沙》⑧、李咸用。《屠龙》⑨、熊曒。《聱书》⑩、沈颜。《漫编》⑪,元结。纷纷标目,而大雅之风,不可复作矣。

【注释】

①《会昌一品》：全名《会昌一品集》，二十卷，唐李德裕撰。集中内容多为制敕、表状等。因李德裕在唐武宗会昌年间（841—846）官居一品，故以名书。

②元、白《长庆》：元稹的《元氏长庆集》与白居易的《白氏长庆集》。两书因在唐穆宗长庆年间（821—824）编集，故以名书。

③杜牧《樊川集》：据《新唐书》卷六十《艺文志》著录："杜牧《樊川集》二十卷。"此集收录诗文四百五十首，由杜牧外甥裴延翰编集而成。因杜牧有宅第在樊川（今陕西西安南），故以名书。

④独孤及《毗陵集》：据《新唐书》卷六十《艺文志》著录："独孤及《毗陵集》二十卷。"由门人梁肃编集而成，凡诗、赋三卷，文十七卷。因独孤及曾任常州刺史，常州古称毗陵郡，故以名书。独孤及（725—777），字至之，唐代河南洛阳人。唐玄宗天宝末年进士。历官左拾遗、礼部员外郎。古文与李华、萧颖士等齐名。

⑤韩偓《翰林集》：据《四库全书总目》卷一百五十一《集部·别集类》著录："《韩内翰别集》一卷，唐韩偓撰。"《韩内翰别集》，即《翰林集》，因作者曾经任职翰林院，故以名书。韩偓（844—约914），字致尧（一作致光），自号玉樵山人，唐代京兆万年（今陕西西安）人。唐昭宗龙纪元年进士。历官翰林学士、中书舍人、翰林承旨学士。唐朝灭亡以后，南下投闽王王审知，卒于福建。著有《翰林集》，又名《玉山樵人集》、《韩内翰别集》。

⑥《锦囊》：据《宋史》卷二百零八《艺文志》著录："李松《锦囊集》三卷。"

⑦《忘筌》：据《宋史》卷二百零八《艺文志》著录："杨怀玉《忘筌集》三卷。"杨怀玉，宋真宗时期人。后因参与周怀政谋逼真宗传位一事，被贬杭州都监。

⑧《披沙》：据陈振孙《直斋书录解题》卷十九著录："李推官《披沙

集》六卷,唐李咸用撰。"李咸用,生活在大中、咸通年间,与来鹏时代相同。工诗,屡试不第。尝应辟为推官。

⑨《屠龙》:据《宋史》卷二百零八《艺文志》著录:"熊皦(jiǎo)《屠龙集》五卷。"熊皦,五代时人,后唐末帝清泰年间进士。任延安刘景岩从事。后晋天福中,劝说刘景岩归顺,以功擢右司谏。后来受到牵连,贬商州上津县令。

⑩《聱书》:据《新唐书》卷六十《艺文志》著录:"沈颜《聱书》十卷。"沈颜,字可铸,湖州德清(今属浙江)人。唐昭宗天复年间进士。唐朝灭亡以后,投南方吴政权,任淮南巡官,迁知制诰、翰林学士。睿帝杨溥顺义年间卒。

⑪《漫编》:据《新唐书》卷五十九《艺文志》著录:"《漫说》七篇,元结。"《新唐书》卷六十《艺文志》著录:"元结《文编》十卷。"或许章学诚误合为一书而称《漫编》。元结(715—772),字次山,自号猗玗子、浪士、漫叟、漫郎、聱叟等,唐代河南(今河南洛阳)人。玄宗天宝年间进士。历任道州、容州刺史,加容州都督兼经略守捉使。著作有《漫说》、《浪书》、《文编》、《元次山文集》等。

【译文】

子书与史书,名称与实质的差异,确实有流传过程中不能避免的情况了。集部的兴起,全都语出后人的编纂,所以根据人来命名文集,以示区别;从东汉直到唐朝初年,没有不一致的情况。唐代中期的文人,自己编定文集,往往标示集名,如《会昌一品集》、元白《长庆集》之类,也就成为一个支派了。然而名称标举年代,也还可以。有的用地名,例如杜牧的《樊川集》、独孤及的《毗陵集》之类。有的用官名,例如韩偓的《翰林集》。仍然有所取法。至于诙谐嘲弄,随意标名,例如《锦囊集》、李松撰。《忘筌集》、杨怀玉撰。《披沙集》、李咸用撰。《屠龙集》、熊皦撰。《聱书》、沈颜撰。《漫编》,元结撰。标名纷繁杂乱,而文雅大气的风度,无法再重现了。

子史之书,因其实而立之名,盖有不得已焉耳。集则传文之散著者也。篇什散著,则皆因事而发,各有标题,初无不辨宗旨之患也。故集诗集文,因其散而类为一人之言,则即人以名集,足以识矣。上焉者,文虽散而宗旨出于一,是固子史专家之遗范也。次焉者,文墨之佳,而萃为一,则亦雕龙技曲之一得也。其文与诗,既以各具标名,则固无庸取其会集之诗文而别名之也。人心好异,而竞为标题,固已侈矣。至于一名不足,而分辑前后,离析篇章①,或取历官资格②,或取游历程途③,富贵则奢张荣显,卑微则酝酿寒酸,巧立名目,横分字号;遂使一人诗文,集名无数,标题之录,靡于文辞,篇卷不可得而齐,著录不可从而约;而问其宗旨,核其文华,黄茅白苇,毫发无殊;是宜概付丙丁④,岂可猥尘甲乙者乎⑤? 欧、苏诸集,已欠简要,犹取文足重也。近代文集,逐狂更甚,则无理取闹矣。

【注释】

①分辑前后,离析篇章:例如《隋书》卷三十五《经籍志》著录:"梁仪同三司《徐勉前集》三十五卷,《徐勉后集》十六卷。"

②或取历官资格:例如《隋书》卷三十五《经籍志》著录:"梁太子洗马《王筠集》十一卷,王筠《中书集》十一卷,王筠《临海集》十一卷,王筠《左佐集》十一卷,王筠《尚书集》九卷。"

③或取游历程途:例如《宋史》卷二百零八《艺文志》著录:"王十朋《南游集》二卷。"又如焦竑《国史经籍志》卷五《别集类》著录:"刘大谟《蜀游集》六卷,陈善《黔南类编》十卷。"另据《四库全书总目》卷一百七十六《别集类存目》注录,明代唐龙撰《黔南集》、《江

右集》、《关中集》、《晋阳集》等书。

④丙丁:语出《吕氏春秋·孟夏纪》:"其日丙丁。"高诱《注》曰:"丙
丁,火日也。"五行之中,丙丁为火,故称火为丙丁。

⑤甲乙:四部分类法。

【译文】

　　子书与史书,根据它们的实质而确定书名,是有不得已的地方。文
集则收录作者分篇撰写的传世文章。分篇撰写的文章,都是因事而发
论,各有标题,原本没有不辨宗旨的担忧。所以汇集诗作与汇集文章,
根据散篇而归结为一人之言,那么根据作者的名字来命名此人文集,就
足以识别了。上等的文集,文章虽然分散但宗旨却一致,这本来就是诸
子和史家遗留下来的自成一家之说的传统。次等的文集,把文字好的
篇章汇集在一起,那也是撰写文章技艺的一种心得。文章与诗作,既然
各自己都有标题,那么自然无须把汇集起来的诗文再取一个别的名称。
人心喜好奇异,争相另标名称,本来已经过分了。至于一个名称不够,
而分纂为前集与后集,把原有著作再拆分开,有的用任官资格标名,有
的用游历路线标名,富贵之人则夸耀荣华显达,卑微之徒则包含着寒
酸,巧立名目,强拆字号,于是使得一个人的诗文,出现无数个文集的名
称,标题的著录,比文辞更奢靡,篇卷的记载无法一致,著录也不可能简
要;然而问究它们的宗旨,检核它们的文采,犹如黄色的茅草和白色的
芦苇,丝毫没有差别;这类文集都应该付之一炬,怎么可以把它们冗滥
地列入四部之中呢?欧阳修、苏轼等人的文集,已经缺乏简要,然而收集的
文章仍然足以流传。近代的文集,追随恶习更加狂乱,简直就是无理取
闹了。

匡　谬

【题解】

　　本篇是针对历代文史著作中普遍存在的几种显著流弊，匡谬正俗，考究得失。一是后人著书，尽管各篇之间没有相承互继的关系，却误仿《周易》、《史记》的义例，在《书序》里牵强拉扯，叙述次第，标为"故作某篇第一"，"故述某篇第二"。二是后人著书，受《周易》象数之学的影响，不顾内容本身和著述宗旨，宁可续凫断鹤，也要让篇章结构一定要和象数相互符合，妄自效法天干地支、物候时令之数，结果由于拘泥形式而破坏了内容的完整。三是后人研读古人之书，对于《论语》、《孟子》等书的篇名，不顾原著去取章首字句标名的事实，主观臆度寻求篇外之意，结果造成穿凿附会与求之过深的弊端。四是前人著书，假设问答之体，目的在于阐扬文义，所以不用真名实姓；后人著书，目的在于借人之问或受人之请抬高自己，更有甚者，作者为了自我标榜而假托别人说过某些话，诬人而取名。章学诚对以上各种谬戾做出尖锐批评，切中某些学者著述之病，对于后人避免此类弊病也有借鉴意义。

　　书之有序，所以明作书之旨也，非以为观美也。序其篇者，所以明一篇之旨也。至于篇第相承，先后次序，古人盖有取于义例者焉，亦有无所取于义例者焉，约其书之旨而为之，无所容勉强也。《周易·序卦》二篇①，次序六十四卦相承之义，《乾》、《坤》、《屯》、《蒙》而下，承受各有说焉②。《易》义虽不尽此，此亦《易》义所自具，而非强以相加也。吾观后人之序书，则不得其解焉。书之本旨，初无篇第相仍之义例，观于古人而有慕，则亦为之篇序焉。猥填泛语，强结韵言，以为故作某篇第一，故述某篇第二。自谓淮南、太史、班固、扬雄③，何其惑耶？夫作之述之，诚闻命矣。故一故二，其说又安在哉？且如《序卦》，《屯》次《乾》、《坤》，必有其义。盈天地间惟万物，《屯》次《乾》、《坤》之义也。故受之以《屯》者，盖言不可受以《需》、《讼》诸卦，而必受以《屯》之故也。《蒙》、《需》以下，亦若是焉而已矣。此《序卦》之所以称次第也。后人序篇，不过言斯篇之不可不作耳。必于甲前乙后，强以联缀为文，岂有不可互易之理，如《屯》、《蒙》之相次乎？是则摹《易》序者，不如序《诗》、《书》之为得也④。《诗》、《书》篇次，岂尽无义例哉？然必某篇若何而承某篇，则无是也。六艺垂教，其揆一也。何必优于《易》序，而歉于《诗》、《书》之序乎？赵岐《孟子篇序》⑤，尤为穿凿无取。

【注释】

①《周易·序卦》二篇：据《周易·序卦》孔颖达《疏》曰："《序卦》者，文王既由六十四卦，分为上下二篇，其先后之次，其理不见，故孔子就上下二经，各序其相次之义，故谓之《序卦》焉。"《周易》包括《经》与《传》两部分。《序卦》是《易传》十篇中的一篇，专门叙述六十四卦的排列次序。因为六十四卦分为上下二篇，所以人们习惯上也把《序卦》视为上下二篇。相传《易传》为孔子所作，实

际上是战国至秦、汉之际的著作。

②《乾》、《坤》、《屯》、《蒙》而下，承受各有说：据《周易·序卦》记载：
"有天地，然后万物生焉。盈天地之间者唯万物，故受之以屯。
屯者，盈也。屯者，物之始生也。物生必蒙，故受之以蒙。蒙者，
蒙也，物之稚也。"《乾》、《坤》指天、地，天地辟而万物生，故置于
卦首。下接《屯》，指万物始生而充盈天地之间。下接《蒙》，指事
物幼稚。下接《需》，指养育稚物。下接《讼》，因为养育而有争
讼。各卦的次序不能混乱，所以《乾》、《坤》二卦之后不可接
《需》、《讼》二卦。

③淮南、太史、班固、扬雄：淮南，指淮南王刘安。太史，指司马迁。
刘安、司马迁、班固、扬雄四人著作之序，即《淮南子》卷二十一
《要略》、《史记》卷一百三十《太史公自序》、《汉书》卷一百《叙
传》、《法言·序》，皆阐明述作之意而著其次第。

④序《诗》、《书》：《诗经》和《尚书》各篇篇首之序。据《隋书》卷三十
二《经籍志》记载："先儒相承，谓之《毛诗》。序子夏所创，毛公及
敬仲又加润益。"据班固《汉书》卷三十《艺文志》记载："故《书》之
所起远矣，至孔子纂焉，上断于尧，下讫于秦，凡百篇而为之序，
言其作意。"刘咸炘《文史通义识语》曰："《易序》，叙其次第。《书
序》，撮其大旨。《诗序》，注其本事。"

⑤赵岐《孟子篇序》：赵岐作《孟子篇叙》曰："孟子以为圣王之盛，惟
有尧、舜。尧、舜之道，仁义为上，故以梁惠王问利国，对以仁义
为首篇也。仁义根心，然后可以大行其政，故次以公孙丑问管、
晏之政，答以曾西之所羞也。政莫美于反古之道，滕文公乐反
古，故次以文公为世子，始有从善思礼之心也。奉礼之谓明，明
莫甚于离娄，故次以离娄之明也。明者当明其行，行莫大于孝，
故次以万章问舜往于田号泣也。孝道之本在于情性，故次以告
子论情性也。情性在内而主于心，故次以《尽心》也。"完全是模

仿《周易序》的臆度之作。

【译文】

著书配有序文,是用来说明著书的宗旨,而不是为了美观。为一篇而作的序,是用来说明一篇的宗旨。至于各篇的相互承接,先后次序,古人有的是依据义例而定,也有的与义例无关,概括其书的要旨而安排次第,不容勉强。《周易·序卦》二篇,阐明六十四卦排列次序的意义,《乾》、《坤》、《屯》、《蒙》四卦以下,每卦前后相承都有解说。《周易》的宗旨虽然不完全在此,但这也是《周易》本身所具备的意义,而不是勉强加上去。我看后人所作的书序,却不得其解。著作本来的旨意,原本没有篇目次序上前后相承的义例,作者看到古人而心生美慕,也就给每篇作序。随便填上空泛的言辞,勉强联结成韵语,就成为"故作某篇第一","故述某篇第二"。自认为是仿效淮南王刘安、太史公司马迁、班固、扬雄,怎么这样让人不解呢?撰著某篇与叙述某篇,诚然是听说过了。故作第一与故述第二,这个道理又在哪里呢?就像《序卦》,把《屯》卦置于《乾》、《坤》二卦之下,一定有它的含义。充满天地之间只有万物,这就是把《屯》卦置于《乾》、《坤》二卦之下的意义。《序卦》说所以承受《屯》卦相接的意思,是说不可以承受《需》、《讼》诸卦相接,而一定要承受《屯》卦的缘故。《蒙》、《需》各卦以下,也就像这样罢了。这就是《序卦》要说明各卦次第的原因。后人为篇章作序,不过是要说明这一篇不可不作罢了。一定要在甲篇居前乙篇在后的次序上,勉强连缀成文,哪里有不能相互置换的道理,就像《屯》、《蒙》那样的前后次序呢?所以这样模仿《周易》的序,还不如《诗经》、《尚书》的序那样得当。《诗经》与《尚书》的篇次,难道就完全没有义例吗?然而一定要说某篇如何而承接某篇,却没有这个道理。六经垂示教训,它们的道理准则一致。何必要推崇《周易》的序,而不满于《诗经》与《书》的序呢?赵岐的《孟子篇序》,最为穿凿附会而不可取。

　　夫书为象数而作者①，其篇章可以象数求也。其书初不关乎象数者，必求象数以实之，则凿矣。《易》有两仪四象②，八八相生③，其卦六十有四，皆出天理之自然也。《太玄》九九为八十一，《潜虚》五五为二十五，拟《易》之书，其数先定，而后擒文④，故其篇章，同于兵法之部伍，可约而计也。司马迁著百三十篇，自谓绍名世而继《春秋》⑤，信哉，三代以后之绝作矣。然其自拟，则亦有过焉者也。本纪十二，隐法《春秋》之十二公也⑥。《秦纪》分割庄襄以前，别为一卷⑦，而末终汉武之世，为作《今上本纪》，明欲分占篇幅，欲副十二之数也。夫子《春秋》，文成法立，纪元十二，时世适然，初非十三已盈，十一则歉也。汉儒求古，多拘于迹，识如史迁，犹未能免，此类是也。然亦本纪而已，他篇未必皆有意耳。而治迁书者之纷纷好附会也，则曰十二本纪，法十二月也，八书法八风，十表法十干，三十世家法一月三十日，七十列传法七十二候，百三十篇法一岁加闰⑧，此则支离而难喻者矣。就如其说，则表法十干，纪当法十二支，岂帝纪反用地数，而王侯用天数乎？岁未及三，何以象闰⑨？七十二候，何以缺二⑩？循名责实⑪，触处皆矛盾矣。然而子史诸家，多沿其说，或取阴阳奇偶，或取五行生成，少则并于三五，多或配至百十，宁使续凫断鹤⑫，要必象数相符。孟氏七篇，必依七政⑬，屈原《九歌》，难合九章⑭，近如邓氏《函史》之老阳少阳⑮，《景岳全书》之八方八阵⑯，则亦几何其不为儿戏耶？

【注释】

①象数：语出《左传·僖公十五年》："龟，象也。筮，数也。"杜预《注》曰："言龟以象示，筮以数告，象数相因而生，然后有占，占所以知吉凶。"象，指《周易》中言天、地、山、泽等事物的形象。数，指《周易》中阴爻和阳爻组成的占数。汉代孟喜等人解释《周易》，根据卦形、占数等内容推测事物的变化，称为象数学派。

②两仪四象：语出《周易·系辞上》："是故易有太极，是生两仪，两仪生四象，四象生八卦，八卦定吉凶，吉凶生大业。"两仪，指阴阳。四象，指四时。

③八八相生：据班固《汉书》卷三十《艺文志》记载："文王以诸侯顺命而行道……于是重《易》六爻，作上下篇。"所谓重（chóng）《易》六爻，即使八卦重叠，演为八八六十四卦。

④摛（chī）文：铺张文字，遣词作文。摛，传布，舒展。

⑤绍名世而继《春秋》：语出司马迁《史记》卷一百三十《太史公自序》："先人有言：'自周公卒五百岁而有孔子，孔子卒后至于今五百岁，有能绍明世，正《易传》，继《春秋》，本《诗》、《书》、《礼》、《乐》之际？'意在斯乎！意在斯乎！小子何敢让焉。"

⑥《春秋》之十二公：《春秋》记载的鲁国十二位国君，即隐公、桓公、庄公、闵公、僖公、文公、宣公、成公、襄公、昭公、定公、哀公。

⑦《秦纪》分割庄襄以前，别为一卷：《史记》以秦庄襄王之前为《秦本纪》，自秦始皇起为《秦始皇本纪》。刘咸炘《文史通义识语》曰："此谓史公本纪法十二公，史公恐无此意。分割《秦纪》，别有用意。庄襄以后既为纪，庄襄以前自不得仍为世家，故并为纪，而分割以别。岂前人讥之，不知其不得已也？"可备一说。

⑧十二本纪，法十二月也，八书法八风，十表法十干，三十世家法一月三十日，七十列传法七十二候，百三十篇法一岁加闰：语出张守节《史记正义·论史例》："作本纪十二，象岁十二月也。作表

十,象天之刚柔十日,以记封建世代终始也。作书八,象一岁八节,以记天地、日月、山川、礼乐也。作世家三十,象一月三十日,三十辐共一毂,以记世禄之家、辅弼股肱之臣忠孝得失也。作列传七十,象一行七十二日。言七十者,举全数也,余二日,象闰余也。以记王侯、将相、英贤略立功名于天下可序列也。合百三十篇,象一岁十二月及闰余也。"本纪、书、世家、列传,均为古代史书的体例。书,班固撰《汉书》,把《史记》中的"书"改为"志"。以后历代正史相沿不变。世家,《史记》用来记载王侯开国传家,子孙世代承袭,故称"世家"。后来的史书,只有《新五代史》中有列国《世家》,《宋史》中有十国《世家》,大都并入列传。八风、八节,语出《易纬·通卦验》:"八节之风,谓之八风。立春条风至,春分明庶风至,立夏清明风至,夏至景风至,立秋凉风至,秋分阊阖风至,立冬不周风至,冬至广莫风至。"指八种季候风。

⑨岁未及三,何以象闰:我国古代农历,大月三十天,小月二十九天,全年354天或355天。由于每年的天数比公历太阳年约差十一天,所以三年需要设置一个闰月,十九年里共需要设置七个闰月。

⑩七十二候,何以缺二:根据《逸周书》、《吕氏春秋·十二纪》等书的记载,中国古代以五日为一候,一月六候,三候为一节气。一年有二十四节气,共七十二候。人们往往根据动、植物或其他自然现象变化的征候,来说明节气变化。《史记》只有七十个列传,故曰缺二。

⑪循名责实:语出《韩非子·定法》:"因任而授官,循名而责实。"又据《淮南子·主术》曰:"故有道之主……循名责实,使有司任而弗诏,责而弗教。"意为就其名而求其实,通过察言观行,考察是否做到名副其实。

⑫续凫断鹤:语出《庄子·骈拇》:"长者不为有余,短者不为不足。

是故凫胫虽短,续之则忧。鹤胫虽长,断之则悲。"后用来比喻违背事物本性的做法,意同拔苗助长。

⑬孟氏七篇,必依七政,语出赵岐《孟子篇叙》:"篇所以七者,天以七纪,璇玑运度,七政分离,圣以布曜,故法之也。"七政,语出《尚书·舜典》:"在璇玑玉衡,以齐七政。"孔颖达《疏》曰:"七政,谓日月与五星也。"即日、月、金、木、水、火、土。

⑭屈原《九歌》,难合九章:据萧统《文选》卷三十二《屈平·九歌》五臣《注》曰:"[张]铣曰……九者,阳数之极,自谓否极,取为歌名矣。"姚宽《西溪丛语》卷上曰:"《九歌》章句,名曰九而载十一篇,何也?曰:九以数名之,如《七启》、《七发》,非以其章名。"

⑮邓氏《函史》之老阳少阳:据《章氏遗书》卷九《家书三》记载:"祖父尝辨《索隐》,谓'十二本纪法十二月,十表法十干'诸语,斥其支离附会。吾时年未弱冠,即觉邓氏《函史》上下篇卷分配阴阳老少为非,特未能遽笔为说耳。"老阳少阳,据沈括《梦溪笔谈》卷七《象数》记载:"《易》象九为老阳,七为少;八为少阴,六为老。"《周易》象数之学,以九为老阳,六为老阴;七为少阳,八为少阴。以奇偶而言,三为奇,二为偶,三奇为老阳,三偶为老阴,一奇两偶为少阳,两奇一偶为少阴。

⑯《景岳全书》之八方八阵:据《四库全书总目》卷一百零四《医家类》著录:"《景岳全书》六十四卷,明张介宾撰。是书首为《传忠录》三卷,统论阴阳六气及前人得失。次《脉神章》三卷,录诊家要语。次为《伤寒典》、《杂证谟》、《妇人规》、《小儿则》、《痘疹诠》、《外科钤》,凡四十一卷……次《新方》二卷,《古方》九卷,皆分八阵:曰补,曰和,曰寒,曰热,曰固,曰因,曰攻,曰散。又别辑《妇人》、《小儿》、《痘疹》、《外科方》四卷终焉。其命名皆沿明末纤佻之习。至以伤寒为《典》,杂症为《谟》,既僭经名,且不符字义,尤为乖谬。"

【译文】

著书是为象数而作，其篇章的先后次第就可以用象数来探求。其书原本与象数无关，一定要探求象数来证实它，那就是穿凿了。《周易》有阴阳两仪和四时之象，八八相重而生，产生六十四卦，都是出于天道理数的自然法则。扬雄的《太玄经》九九相重为八十一，司马光的《潜虚》五五相重为二十五，都是模仿《易经》撰写的书，预先确定其象数，然后再撰文，所以它们的篇章，如同兵法中军队的编制，可以约略计算出来。司马迁著《史记》一百三十篇，自称要继承圣明的时代以接续孔子的《春秋》，确实如此，成为夏商周三代之后的绝作了。但是他自己拟定的义例，也有过分的地方。本纪十二篇，暗中效法《春秋》的十二公。《秦本纪》分割秦庄襄王以前的史实，另外又编纂为一卷，而最后止于汉武帝时代，为汉武帝撰作《今上本纪》，很明显是为了分开多占篇幅，以便让它符合十二这个数字。孔夫子作《春秋》，史文成篇而确立规则，纪元有十二位国君，因为所处的时代恰好就是这样，原本不是记载十三位就超过，记载十一位就不够。汉代儒生考求古人著作，大多拘泥于表象，例如司马迁这样有见识的人，也不能不受其影响，撰写十二纪就是如此。然而也只限于本纪而已，其他篇目未必都有这样的用意。历代研究《史记》的人纷纷加以附会，就说十二本纪，是仿效十二月，八书是仿效八风，十表是仿效十天干，三十世家是仿效一月三十天，七十列传是仿效七十二候，一百三十篇是仿效一年再加上一个闰月，这样就支离破碎很难弄明白了。就算按照他们的说法，那么"表"如果仿效十天干，"本纪"应当是仿效十二地支，难道皇帝本纪反而使用表示地数的十二地支，而王侯却使用表示天数的十天干吗？年数不满三年，怎么能象征添加闰月？七十二候，为什么缺少二个？根据名称来探求他们学说的实质，到处都有互相矛盾的地方。然而子部与史部的各家撰述，大多沿用这种说法，或者运用阴阳奇偶之数解说，或者使用五行相生之理解说，篇幅少的书则合并成三五个篇章，篇幅多的书则相配到百十个篇章,宁肯把野鸭的短腿接长或白鹤的长腿截短,总归一定要使篇章与象数互相符合。解说《孟子》七篇,一定要依据日月五星,而屈原的《九歌》,却与九章之数不合,近代如邓氏《函史》所分的老阳和少阳,《景岳全书》所分的八方与八阵,那又和儿戏相差多少呢?

　　古人著书命篇,取辨甲乙,非有深意也。六艺之文,今具可识矣。盖有一定之名,与无定之名,要皆取辨甲乙,非有深意也。一定之名,典、谟、贡、范之属是也。《帝典》、《皋陶谟》、《禹贡》、《洪范》,皆古经定名。他如《多方》、《多士》、《梓材》之类,皆非定名。无定之名,风诗《雅》、《颂》之属是也。皆以章首二字为名。诸子传记之书,亦有一定之名与无定之名,随文起例,不可胜举;其取辨甲乙,而无深意,则大略相同也。象数之书,不在其例。夫子没而微言绝,《论语》二十篇,固六艺之奥区矣[①]。然《学而》、《为政》诸篇目,皆取章首字句标名,无他意也。《孟子》七篇,或云万章之徒所记[②],或云孟子自著[③],要亦诵法《论语》之书也。《梁惠王》与《公孙丑》之篇名,则亦章首字句,取以标名,岂有他哉? 说者不求篇内之义理,而过求篇外之标题,则于义为凿也。师弟问答,自是常事,偶居章首而取以名篇,何足异哉? 说者以为卫灵公与季氏,乃当世之诸侯大夫,孔子道德为王者师,故取以名篇,与《公冶》、《雍也》诸篇,等于弟子之列尔。《孟子》篇名有《梁惠王》、《滕文公》,皆当世之诸侯,而与《万章》、《公孙丑》篇同列,亦此例也[④]。此则可谓穿凿而无理者矣。就如其说,则《论语》篇有《泰伯》,古圣贤也;《尧曰》,古圣帝也,岂亦将推夫子为尧与泰伯之师乎[⑤]? 微子[⑥],孔子祖也。《微子》名篇，岂将以先祖为弟子乎？且诸侯之中，如齐桓、晋文，岂不贤于卫灵？弟子自是据同时者而言，则鲁哀与齐景亦较卫灵为贤⑦，不应取此也。晏婴、蘧瑗⑧，岂不贤于季氏？同在章中，何不升为篇首，而顾去彼取此乎？孟子之于告子，盖卑之不足道矣。乃与公孙、万章，跻之同列，则无是非之心矣。执此义以说书，无怪后世著书，妄拟古人而不得其意者，滔滔未已也。

【注释】

①奥区：语出范晔《后汉书》卷七十上《班彪传附班固传》："防御之阻，则天下之奥区焉。"李贤《注》曰："奥，深也。言秦地险固，为天下深奥之区域。"即深奥之处，也指内地、腹地。

②或云万章之徒所记：语出赵岐《孟子题辞》："此书孟子之所作也。"孙奭《疏》曰："唐林慎思续《孟子》书二卷，以谓《孟子》七篇，非轲自著，乃弟子共记其言。韩愈亦云：'孟轲之书，非轲自著；轲既没，其徒万章、公孙丑相与记轲所言焉。'"

③或云孟子自著：朱熹从文章风格的一致性上论证《孟子》为孟轲自作。据《朱文公文集》卷五十一《答董叔重》曰："'《史记》谓《孟子》之书，孟子自作；赵岐谓其徒所记。今观七篇文字，笔势如此，决是一手所成，非《鲁论》比也。然其间有如云孟子道性善，言必称尧、舜，亦恐是其徒所记，孟子必曾略加删定也。'……或恐是如此。"又同书卷五十二《答吴伯丰》曰："'《孟子集解》序说引《史记·列传》，以为《孟子》之书，孟子自作。韩子曰轲之书非自著。先生谓二说不同，《史记》近是。而《滕文公》首章（道性善处）注则曰：门人不能尽记其词。又于第四章（决汝汉处）注曰：记者之误。不知如何？'前说是，后两处失之。熟读七篇，观其笔

势,如熔铸而成,非缀辑所就也。"

④说者以为卫灵公与季氏,乃当世之诸侯大夫,孔子道德为王者师,故取以名篇,与《公冶》、《雍也》诸篇,等于弟子之列尔。《孟子》篇名有《梁惠王》、《滕文公》,皆当世之诸侯,而与《万章》、《公孙丑》篇同列,亦此例也:据《孟子·梁惠王上》赵岐《注》曰:"圣人及大贤有道德者,王公侯伯及卿大夫咸愿以为师。孔子时,诸侯问疑质礼,若弟子之问师也。鲁、卫之君,皆尊事焉。故《论语》或以弟子名篇,而有《卫灵公》、《季氏》之篇。孟子亦以大儒为诸侯师,是以《梁惠王》、《滕文公》题篇,与《公孙丑》等而为一例也。"卫灵公,卫襄公之子,公元前534年立为国君,公元前493年卒。《左传》、《论语》等书多称其无道,在位乏善政。季氏,又称季孙氏,为鲁桓公少子季友的后裔。从季文子起,季武子、季平子、季桓子、季康子等相继执掌鲁国政权,与孟孙氏、叔孙氏并称三桓。

⑤泰伯:周太王长子。太王欲立幼子季历,泰伯与弟仲雍一起躲避到江南,文身断发,改从当地风俗,当地人奉为君长,成为周代吴国的始祖。

⑥微子:名启,商纣王的庶兄,封于微。周公旦平定武庚等人的叛乱后,封于宋,成为周代宋国的始祖。孔子的先祖孔父嘉是宋国宗室后裔,所以称微子为孔子之祖。

⑦鲁哀与齐景:鲁哀指鲁哀公(?—前467),春秋末年鲁国国君。公元前494—前467年在位。齐景指齐景公(?—前490),名杵臼。春秋时期齐国国君。公元前547—前490年在位。

⑧晏婴、蘧(qú)瑗:晏婴(?—前500),字平仲,春秋时期夷维(今山东南密)人。任齐国大夫,历仕灵公、庄公、景公三朝,善于辞令,颇多政绩。蘧瑗,字伯玉,春秋时期卫国大夫,以品行高洁著称。

【译文】

古人著书时给文章取名，只是用来作为甲篇和乙篇的区别，没有更深的含义。六经中的文章，现在的人都能读懂了。大概有固定不变的名称，也有不固定的名称，总归都是为了区别甲篇和乙篇，没有更深的含义。固定不变的名称，例如典、谟、贡、范之类就属于这种情况。《尚书》中的《帝典》、《皋陶谟》、《禹贡》、《洪范》，都是古代经书中固定的名称。其他如《尚书》中的《多方》、《多士》、《梓材》之类，都不是固定不变的名称。不固定的名称，例如风诗中《雅》、《颂》之类就属于这种情况。其诗都是以章首二字作为诗题。诸子传记一类书籍，也有固定的名称与不固定的名称，根据文章内容而确定义例，不胜枚举；它们只是用来区别甲篇与乙篇，而没有更深的含义，却大致相同。象数方面的书，不在此例之中。孔夫子去世后微言大义随之断绝，《论语》二十篇，本来就是儒家经典的深奥之处了。然而《学而》、《为政》等篇目，都是取用章首的字句标作篇名，没有其他的意义。《孟子》七篇，有人说是万章等弟子的记录，有人说是孟子自己撰写，总之也是称颂效法《论语》的著作。《梁惠王》与《公孙丑》的篇名，那也是篇章起首的字句，用来标作篇名，怎么能有别的意思呢？解说的人不推求篇中的思想内容，而过于讲求篇外的标题，那么得出的所谓深义也就显得穿凿附会了。师徒之间相互问答，自然是平常的事情，名字偶然处在篇首而用来作为篇名，有什么值得大惊小怪呢？解说的人以为卫灵公与季氏，是当代的诸侯和大夫，孔子的道德为王侯所效法，所以用来作为篇名，与《公冶长》、《雍也》等篇一样，同属于弟子之列。《孟子》篇名有《梁惠王》、《滕文公》，二人都是当代的诸侯，却与《万章》、《公孙丑》等篇同在弟子之列，也是这样的体例。这就可以说穿凿附会而没有道理了。如果根据他们的说法，那么《论语》中有《泰伯》一篇，泰伯是古代的圣贤；有《尧曰》一篇，尧为古代的圣君，难道也将把孔子推尊为尧与泰伯的教师吗？微子，是孔子的祖先，用《微子》作为篇名，难道是要把祖先当做学生吗？况且诸侯之中，像齐桓公、晋文公，难道不比卫灵公更贤明吗？弟子自然是从同时代这个角度而言，那么同时代的鲁哀公与齐景公也比卫灵公较为贤明，不应该取卫灵公作为篇名。晏婴、蘧瑗，难道不比季氏更贤明吗？同在一篇之中，为什么不把他们提升到篇首，而反倒舍彼而取此呢？孟子对于告子，大概是轻视得不屑一顾了，却也和公孙丑、万章等人，提升到同等的地位，这简直是没有是非曲直之心了。采用这种观点来解说古书，难怪后人著书立说，妄自效法古人却不能真正理解古人用意的人，连续不断地出现。

　　或曰：附会篇名，强为标榜，盖汉儒说经，求其说而不免太过者也。然汉儒所以为此，岂竟全无所见，而率然自伸其臆欤？余曰：此恐周末贱儒，已有开其端矣。著书之盛，莫甚于战国；以著书而取给为干禄之资，盖亦始于战国也。故屈平之草稿，上官欲夺，而《国策》多有为人上书①，则文章重，而著书开假借之端矣。《五蠹》、《孤愤》之篇，秦王见之，至恨不与同生，则下以是干，上亦以是取矣。求取者多，则矜榜起，而饰伪之风亦开。余览《汉·艺文志》，儒家者流，则有《魏文侯》与《平原君》书②。读者不察，以谓战国诸侯公子，何以入于儒家？不知著书之人，自托儒家，而述诸侯公子请业质疑，因以所问之人名篇居首，其书不传，后人误于标题之名，遂谓文侯、平原所自著也。夫一时逐风会而著书者，岂有道德可为人师，而诸侯卿相，漫无择决，概焉相从而请业哉？必有无其事，而托于贵显之交以欺世者矣。《国策》一书，多记当时策士智谋，然亦时有奇谋诡计，一时未用，而著书之士，爱不能割，假设主臣问难以快其意，如苏子之于薛公及楚太子事③，其明征也。然则贫贱而托显贵交言,愚陋而附高明为伍,策士夸诈之风,又值言辞相矜之际,天下风靡久矣。而说经者目见当日时事如此,遂谓圣贤道德之隆,必藉诸侯卿相相与师尊,而后有以出一世之上也。呜呼! 此则囿于风气之所自也。

【注释】

①《国策》多有为人上书:据《战国策·赵策一》记载,苏秦为齐王上书游说赵王,就是为人上书一例。

②《魏文侯》与《平原君》书:据班固《汉书》卷三十《艺文志》儒家类著录:"《魏文侯》六篇……《平原君》七篇,朱建也。"

③苏子之于薛公及楚太子事:据《战国策·齐策三》记载:"楚王死,太子在齐质。苏秦谓薛公曰:'君何不留楚太子,以市其下东国。'薛公曰:'不可。我留太子,郢中立王,然则是我抱空质而行不义于天下也。'苏秦曰:'不然。郢中立王,君因谓其新王曰:与我下东国,吾为王杀太子。不然,吾将与三国共立之。然则下东国必可得也。'苏秦之事,可以请行,可以令楚王亟入下东国,可以益割于楚,可以忠太子而使楚益入地,可以为楚王走太子,可以忠太子使之亟去,可以恶苏秦于薛公,可以为苏秦请封于楚,可以使人说薛公以善苏子,可以使苏子自解于薛公。"以下历陈其说,显然为虚拟之辞。

【译文】

有人说:附会篇名,强作标榜,大概是汉代儒生解说经书,探求篇名之意而不免太过分的缘故。然而汉代经师这样做的原因,难道竟然完全没有见闻根据,而轻率地申述自己的臆说吗? 我回答说:这种情况恐怕在周代末年卑微的儒生那里,已经开始出现了。著书的盛况,没有比战国时期更兴盛了;把著书用作谋求俸禄的资本,大概也开始于战国。所以屈原的草稿,上官大夫想夺为己有,而《战国策》里多记载代替他人上书之事，则是文章受到重视，而著书打开假借他人之手的门径了。《五蠹》《孤愤》两篇文章，秦王看见后，以至于恨不能与作者同时而生，则是下面的人用文章求取禄位，国君也是凭文章来取用人才。通过文章求取禄位的人多了，那么夸耀标榜就逐渐兴起，而粉饰假托之风也出现。我观览《汉书·艺文志》，儒家一类的著作，就有《魏文侯》与《平原君》两种书。读者不深入考察，认为战国时的诸侯与公子，怎么归类到儒家？殊不知是著书的人，自托于儒家，叙述诸侯与公子向自己请教学业和质问疑难，因而以请教学业之人的名字作为篇名放在卷首，其书没有流传下来，后人误解标题的名称，于是认为是魏文侯、平原君自己所撰写的书。一时之间追逐时尚而著书的人，哪有道德可称且能为人师，而诸侯卿相之人，毫无选择，一律追随他请教学业呢？一定是本来没有这种事情，而假托于所交游的显贵来欺世盗名的人了。《战国策》一书，大多记载当时游说之士的智谋，然而也时常有奇谋诡计，一时之间没有被国君用上，而著书的人，又不能忍痛割爱，就假设主客互相问答辩难以求心中快慰，例如苏秦策对薛公及楚太子之事，就是一个明显的例证。然而贫贱之人依托显贵之身交相进言，愚陋之人攀附高明之士作为同类，谋士夸耀欺诈的风气，又恰逢以言辞互相炫耀的时代，天下之人竞相仿效已经很久了。而解说经书的人目睹当日时事如此，于是认为有崇高道德的圣人贤士，一定要借重诸侯卿相拜师推尊，然后才能获得超越一世之上的资本。唉！这种认识是局限于从当时风气之中产生而来。

假设问答以著书，于古有之乎？曰：有从实而虚者，《庄》《列》寓言，称述尧、舜、孔、颜之问答①，望而知其为寓也。有从虚而实者，《屈赋》所称渔父、詹尹②，本无其人，而入以屈子所自言，是彼无而屈子固有也，亦可望而知其为寓也。有从文而假者，楚太子与吴客，乌有先生与子虚也。有从质而假者，《公》《穀》传经，设为问难③，而不著人名是也。后世之士摛词掞藻④，率多诡托，知读者之不泥迹也。考质疑难，必知真名。不得其人，而以意推之，则称或问，恐其以虚构之言，误后人也。近世著述之书，余不能无惑矣。理之易见者，不言可也。必欲言之，直笔于书，其亦可也。作者必欲设问，则已迂矣。必欲设问，或托甲乙，抑称或问，皆可为也。必著人以实之，则何说也？且所托者，又必取同时相与周旋，而少有声望者也，否则不足以标榜也。至取其所著，而还诘问之，其人初不知也，不亦诬乎？且问答之体，问者必浅，而答者必深；问者有非，而答者必是。今伪托于问答，是常以深且是者自予，而以浅且非者予人也，不亦薄乎？君子之于著述，苟足显其义，而折是非之中，虽果有其人，犹将隐其姓名而存忠厚，况本无是说而强坐于人乎？诬人以取名，与劫人以求利，何以异乎？且文有起伏，往往假于义有问答，是则在于文势则然，初不关于义有伏匿也。倘于此而犹须问焉，是必愚而至陋者也。今乃坐人愚陋，而以供己文之起伏焉，则是假推官以叶韵也⑤。昔有居下僚而吟诗谤上官者，上官召之，适与某推官者同见。上官诘之，其人复吟诗以自解，而结语云，问某推官。推官初不知也，惶惧无以自白，退而诘其何为见诬。答曰：非有他也，借君衔以叶韵尔⑥。

【注释】

①《庄》、《列》寓言,称述尧、舜、孔、颜之问答:《庄子·逍遥游》记载"尧让天下于许由",《庄子·齐物论》记载"昔者尧问于舜",《庄子·大宗师》和《列子·仲尼篇》记载"颜回问仲尼"等段落,均为假设问答之语。

②《屈赋》所称渔父、詹尹:渔父,语出《楚辞·渔父》篇。詹尹,语出《楚辞·卜居》篇。皆为假托人物。

③《公》、《穀》传经,设为问难:《公羊传》与《穀梁传》皆自为问答之词,借以阐发经义。

④摛词捴(shàn)藻:摛词,义同"摛文"。捴藻,铺张辞藻。捴,舒展,发播。

⑤假推官以叶(xié)韵:唐、宋时期,设置推官,作为节度使、观察使的僚属,掌管推勘刑狱诉讼,属于幕职官系统。元、明时期,各府皆置推官,掌管本府刑狱之事,属于州县官系统。清代康熙以后废除。假,通"借"。叶韵,通"谐韵",指作韵文时在句末或联末用韵。

⑥昔有居下僚而吟诗谤上官者,上官召之,适与某推官者同见。上官诘之,其人复吟诗以自解,而结语云,问某推官。推官初不知也,惶惧无以自白,退而诘其何为见诬。答曰:非有他也,借君衔以叶韵尔:据徐釚《词苑丛谈》卷十一记载:"王齐叟字彦龄,元祐枢密彦霖之弟也。任侠有声。初官太原,作词数十曲,嘲郡邑同僚,并及府帅。帅怒甚,因群吏入谒,面数折之曰:'君恃尔兄,谓吾不能治尔耶?'彦龄敛版顿首谢,且请其故。帅告之。复趋进,微声吟曰:'居下位,即恐被人谗。昨日但吟《青玉案》,几时曾唱《望江南》?'下句不属,回顾适见兵官,乃曰:'请问马都监。'帅不觉失笑,众亦匿笑而退。时都监仓惶失措,伺其出,诘之曰:'素不相识,何故以我作证?'王笑曰:'不过借公叶韵耳。'"章学诚所

云"推官",疑为"都监"之误。

【译文】

用假设问答形式著书,在古代就有吗? 回答说:有的书看起来实有其人而实际上并无其事,例如《庄子》、《列子》中的寓言,叙述尧与舜、孔子与颜回的问答,一看就知道它是寓言。有的书看起来为虚构而实际上并不虚妄,例如屈原《楚辞》中所称的渔父、詹尹,本来没有这些人,而加进屈原自己所说的话,那么渔父这些人虽然不存在,但屈原固然是实有,这也可以一看就知道它是寓言。有的书假托得很有文采,例如枚乘《七发》中的楚太子与吴客,司马相如《子虚》中的乌有先生与子虚。有的书假托得很质朴,例如《公羊传》、《穀梁传》解释经文,假设相互问难,而不写出问答之人的名字,就属于这一类。后世的文人雅士铺陈辞藻,大都是诡异的假托,因为他们知道读者对此不会拘泥形迹。考辨与质问疑难,一定要知道问难者的真名。没有真人而凭主观推测,就称为"或问",害怕文章以虚构的言论,误导后人。近代撰述的书籍,我就不能没有疑惑了。对于显而易见的道理,不说也可以。假如一定要说,直接写入书中,那也就可以了。作者一定要假设问答,那就已经迂拙了。一定要假设问答,或者托名甲乙,或者称作"或问",都是可以使用的形式。一定要标著人名来坐实它,那又有什么说道呢? 而且所假托的人,又一定是选取同一时代与自己有过交往,而且还略有声望的人,否则不足以标榜自己。等到取来作者的著作,而回头询问文中的问难者,那人根本不知道有此事,岂不是诬陷吗? 况且问答之体,提问的内容一定很浅显,而回答的内容一定很深奥;提问的内容有错误,而回答的内容一定正确。现在伪托于问答,这是经常把深奥与正确的内容归属自己,而把浅陋与错误的内容推给别人,岂不是刻薄吗? 君子对于著述,如果足以表明文义,而评判是非中节,即使真有其人,还要遮掩对方的姓名以保存忠厚的用心,更何况原本没有那样的话而强行加在别人头上呢? 诬陷人来获取名声,与抢劫人来谋取钱财,有什么区别呢? 况且文章有起伏变化,往往借助于内容的有问有答,这取决于文章气势变化所至,本来与文义上的埋伏隐匿没有关联。倘若在这些地方还必须发问,这一定是愚蠢而又最浅陋的人。现在把别人推到愚蠢浅陋的位置,而供作自己的文章跌宕起伏之用,这就如同借推官这个头衔来押韵一样。从前有个身为僚属而吟诗毁谤上司的人,上司把他叫来,恰好与一位推官同时进见。上司责问他,那个人又吟诗来自我辩解,诗的末尾说,可以问这位推官。那位推官根本不知道这回事,惶恐不安又无法自我表白,出来以后便责问那人为什么诬陷他。那个人回答说:"没有别的缘故,只是借您的官衔来押韵罢了。"

　　问难之体,必屈问而申答,故非义理有至要,君子不欲著屈者之姓氏也。孟子拒杨、墨,必取杨、墨之说而辟之,则不惟其人而惟其学。故引杨、墨之言,但明杨、墨之家学,而不必专指杨朱、墨翟之人也。是其拒之之深,欲痛尽其支裔也。盖以彼我不两立,不如是,不足以明先王之大道也。彼异学之视吾儒,何独不然哉? 韩非治刑名之说①,则儒墨皆在所搉矣。墨者之言少,而儒则《诗》、《书》六艺,皆为儒者所称述,故其历诋尧、舜、文、周之行事,必藉儒者之言以辨之。故诸《难》之篇,多标儒者,以为习射之的焉②。此则在彼不得不然也,君子之所不屑较也。然而其文华而辨,其意刻而深,后世文章之士,多好观之。惟其文而不惟其人,则亦未始不可参取也。王充《论衡》,则效诸《难》之文而为之。效其文者,非由其学也,乃亦标儒者而诘难之。且其所诘,传记错杂,亦不尽出儒者也。强坐儒说,而为志射之的焉,王充与儒何仇乎? 且其《问孔》、《刺孟》诸篇之辨难③,以为儒说之非也,其文有似韩非矣。韩非绌儒,将以申刑名也。王充之意,将亦何申乎? 观其深斥韩非鹿马之喻以尊儒④,且其自叙,辨别流俗传讹,欲正人心风俗⑤,此则儒者之宗旨也。然则王充以儒者而拒儒者乎? 韩非宗旨,固有在矣。其文之隽,不在能斥儒也。王充泥于其文,以为不斥儒,则文不隽乎? 凡人相诟,多反其言以诟之,情也。斥名而诟,则反诟者必易其名,势也。今王充之斥儒,是彼斥反诟,而仍用己之名也。

【注释】

①韩非治刑名之说:据司马迁《史记》卷六十三《韩非列传》记载,韩非"喜刑名法术之学,而其归本于黄、老"。刑名,原意指事物的形体与名称。先秦法家把"刑名"与"法术"相互结合,用"名"指称名分、法令,主张循名责实,赏功罚罪。因而后世称法家学说为"刑名"、"刑名之学"或者"刑名法术之学"。

②诸《难》之篇,多标儒者,以为习射之的焉:《韩非子》卷十五至十六两卷有《难一》、《难二》、《难三》、《难四》。其攻儒家之言,例如《难一》:"历山之农者侵畔,舜往耕焉,期年圳亩正。河滨之渔者争坻,舜往渔焉,期年而让长。东夷之陶者器苦窳,舜往陶焉,期年而器牢。仲尼叹曰:'耕渔与陶,非舜官也,而舜往为之者,所以救败也。舜其信仁乎! 乃躬藉处苦而民从之,故曰圣人之德化乎!'或问儒者曰:'方此时也,尧安在?'其人曰:'尧为天子。'然则仲尼之圣尧奈何? 圣人明察在上位,将使天下无奸也。今耕渔不争,陶器不窳,舜又何德而化? 舜之救败也,则是尧有失也。贤舜则去尧之明察,圣尧则去舜之德化,不可两得也。"

③《问孔》、《刺孟》诸篇:王充《论衡》卷九有《问孔》篇,卷十有《刺

孟》篇。两文以《论语》、《孟子》为批评对象，把孔子与孟子言论
中自相矛盾之处一一列举，逐条加以质问和批驳。

④深斥韩非鹿马之喻以尊儒：《韩非子·外储说右上》曰："夫马似
鹿者，而题之千金。然而有百金之马，而无一金之鹿者，马为人
用，而鹿不为人用也。"王充《论衡》卷十《非韩》曰："韩子之术，明
法尚功……故其论儒也，谓之不耕而食，比之于一蠹。论有益与
无益也，比之于鹿马。马之似鹿者千金，天下有千金之马，无千
金之鹿，鹿无益，马有用也。儒者犹鹿，有用之吏犹马也。夫韩
子知以鹿马喻，不知以冠履譬。使韩子不冠，徒履而朝，吾将听
其言也。加冠于首而立于朝，受无益之服，增无益之仕，言与服
相违，行与术相反，吾是以非其言而不用其法也。"

⑤其自叙，辨别流俗传讹，欲正人心风俗：王充《论衡》卷三十《自
纪》曰："充既疾俗情，作讥俗之书。又闵人君之政，徒欲治人，不
得其宜，不晓其务，愁精苦思，不睹所趋，故作政务之书。又伤伪
书俗文，多不实诚，故为《论衡》之书。"

【译文】

诘问辩难的体例，一定要让提问的人屈服而回答的人充分申述，所
以如果不是儒家经义道理至关重要的内容，君子不希望标著屈服之人
的姓名。孟子抵制杨朱、墨翟，一定要选取杨朱和墨翟的学说来加以批
驳，那就不只是针对他们本人而是针对他们的学说。所以引用杨朱和
墨翟的言论，只是表明杨朱和墨翟两家的学说，而不一定专指杨朱和墨
翟这两个人。这表明孟子的抵制很深刻，希望彻底铲除他们的流派。
大概因为彼此两种学说不能同时共存，如果不这样做，就不能够阐明先
王的大道。那些异端邪说对待我们的儒学，何尝不是这样呢？韩非研
究刑名学说，那么儒家和墨家两派学说都在他所摈弃之列。墨子的言
论很少，而儒家则有《诗经》、《尚书》六经，都为儒生所称引阐述，所以韩
非对尧、舜、文王、周公事迹一一诽谤，一定要借助儒家的言论来进行辩

驳。所以他的各篇《难》文,大多标明儒家人物,作为练习射箭的靶子。这对于他来说也是不得不这样,君子不屑于对此计较。然而韩非的文章华美善辩,其用意深刻,后世撰写文章的人,大多喜欢阅读。只看他的文章而不论他的为人,那也未尝不可以作为参考。王充的《论衡》,就是仿效韩非的各篇《难》文写作而成。仿效韩氏的文章,而不是语出法家的学说,竟然也标明儒者而加以责难。况且他所进行的责难,文中援据的传记之书错杂而出,也不完全出于儒家。把这些东西强行指责为儒家学说,而作为瞄准射击的靶子,王充与儒家有什么仇怨呢?而且他在《问孔》、《刺孟》等篇的论辩责难,认为儒家学说有错误,这类文章有些像韩非的风格了。韩非排斥儒学,是为了阐明和申述刑名之说。王充的用意,又是为了申明什么呢?反观他严厉驳斥韩非鹿与马的比喻来尊崇儒学,而且他自己作叙说,要辨别世俗流传的讹误,想纠正人心风俗,这都是儒家的宗旨。那么王充是以儒家来排斥儒家吗?韩非的宗旨,自然有针对性所在了。他的文章意味深长,并不在于能斥责儒家。王充拘泥于学习韩非的文章,以为不斥责儒家,文章就没有深长的意味吗?大凡世人互相辱骂,大多会用对方的语言反过来去辱骂对方,这是情理之中的事情。如果指名道姓地辱骂,那么用对方的话反骂对方也一定要改换名字,这是必然的形势。现在王充贬斥儒家,这是借用对方的语言反骂对方,却仍然使用自己的名字。

质　性

本篇题目命名，颇费斟酌。庐江何氏抄本题做《庄骚》，萧山王宗炎编目题做《性情》，通行本则题做《质性》。据《章氏遗书》本《质性》篇前序文曰："前人尚论情文相生，由是论家喜论文情，不知文性实为元宰。离性言情，珠亡椟在，撰《质性》篇。"可知章学诚原本题做《质性》，改为《性情》似乎不合其意。文章虽为论文而作，其义实不止于论文。章学诚鉴于前人抛开文性而尚论文情局限，进一步由表及里，深入考察撰文的实质，突出强调文性的重要。他认为文生于情，情本于性，情为性的表现形式，性是情的内在本质，所以文性是文情的主宰。因此，文章专门考察文性的内涵，对文性做出质询和评判，故取名为《质性》。章学诚提出存三德而去三伪，则文性达于至善。所谓三德，就是"正直"、"刚克"与"柔克"，具备三德就符合孔子所要求的"中行"、"狂者"与"狷者"的标准。所谓三伪，就是貌似"中行"、"狂者"与"狷者"的"伪中行"、"伪狂"与"伪狷"。要做到著诚去伪，尤其应该严于"中行"、"狂狷"真伪之辨，把那些真"中行"、真"狂狷"以外而"自命为《骚》者"与"附庄而称达者"之流的"伪中行"、"伪狂"与"伪狷"之人，剔除出来，以免他们危害德性，从而实现立言之本。本篇与《史德》、《文德》相互发明，足以发前人之覆。

　　《洪范》三德①，正直协中，刚柔互克②，以剂其过与不及；是约天下之心知血气，聪明才力，无出于三者之外矣。孔子之教弟子，不得中行，则思狂狷③，是亦三德之取材也。然而乡愿者流，貌似中行而讥狂狷，则非三德所能约也。孔、孟恶之为德之贼④，盖与中行狂狷，乱而为四也。乃人心不古，而流风下趋，不特伪中行者，乱三为四，抑且伪狂伪狷者流，亦且乱四而为六；不特中行不可希冀，即求狂狷之诚然，何可得耶？孟子之论知言，以为生心发政，害于其事⑤。吾盖于撰述诸家，深求其故矣。其曼衍为书⑥，本无立言之旨，可弗论矣。乃有自命成家，按其宗旨，不尽无谓；而按以三德之实，则失其本性，而无当于古人之要道，所谓似之而非也。学者将求大义于古人，而不于此致辨焉，则始于乱三而六者，究且因三伪而亡三德矣。呜呼！质性之论，岂得已哉？

【注释】

①《洪范》三德：据《尚书·洪范》记载："三德：一曰正直，二曰刚克，三曰柔克。"孔颖达《疏》曰："此三德者，人君之德张弛有三也。一曰正直，言能正人之曲使直。二曰刚克，言刚强而能立事。三曰柔克，言和柔而能治。"

②正直协中，刚柔互克：据司马迁《史记》卷三十八《宋微子世家》裴骃《集解》引郑玄《注》曰：正直，"中平之人"。又曰"克，能也。刚而能柔，柔而能刚，宽猛相济，以成治立功"。又据《左传·文公五年》宁嬴引《商书》曰：沉渐刚克，高明柔克。"杜预《注》曰："沉渐，犹滞溺也。高明，犹亢爽也。言各当以刚柔胜己本性，乃能成全也。"

③孔子之教弟子，不得中行，则思狂狷(juān)：据《论语·子路》记

载:"子曰:不得中行而与之,必也狂狷乎! 狂者进取,狷者有所
不为也。"邢昺《疏》曰:"中行,行能得其中者也……狂者进取于
善道,知进而不知退。狷者守节无为,应进而退也。二者俱不得
中,而性恒一。欲得此二人者,以时多进退,取其恒一也。"中行,
即中庸。据范晔《后汉书》卷一百一十一《独行传序》曰:"孔子
曰:'与其不得中庸,必也狂狷乎?'"指言行合乎中道,没有过与
不及之患。狂者,据《孟子·尽心下》记载:"[万章曰]:'敢问何
如斯可谓狂矣?'[孟子]曰:'如琴张、曾皙、牧皮者,孔子之所谓
狂矣。''何以谓之狂也?'曰:'其志嘐嘐然,曰古之人,古之人。
夷考其行,而不掩焉者也。'"指性格狂放,勇于进取之人。狷者,
据《孟子·尽心下》记载:"孟子曰:'孔子不得中道而与之,必也
狂狷乎! 狂者进取,狷者有所不为也。孔子岂不欲中道哉? 不
可必得,故思其次也。'……'狂者又不可得,欲得不屑不洁之士
而与之,是狷也,是又其次也。'"指安分守己、洁身自好之人。

④孔、孟恶之为德之贼:据《论语·阳货》记载:"子曰:'乡原,德之
贼也。'"又据《孟子·尽心下》记载:"[孟子曰]:'孔子曰:过我门
而不入我室,我不憾焉者,其惟乡原乎! 乡原,德之贼也。'[万
章]曰:'何如斯可谓之乡原矣?'曰:'何以是嘐嘐也? 言不顾行,
行不顾言,则曰古之人,古之人。行何为踽踽凉凉? 生斯世也,
为斯世也,善斯可矣。阉然媚于世也者,是乡原也。'万子曰:'一
乡皆称原人焉,无所往而不为原人,孔子以为德之贼,何哉?'曰:
'非之无举也,刺之无刺也,同乎流俗,合乎污世,居之似忠信,行
之似廉洁,众皆悦之,自以为是,而不可与入尧、舜之道,故曰德
之贼也。孔子曰,恶似而非者:恶莠,恐其乱苗也;恶佞,恐其乱
义也;恶利口,恐其乱信也;恶郑声,恐其乱乐也;恶紫,恐其乱朱
也;恶乡原,恐其乱德也。君子反经而已矣。经正,则庶民兴;庶
民兴,斯无邪慝矣。'"

⑤孟子之论知言，以为生心发政，害于其事：据《孟子·公孙丑上》记载："[公孙丑曰]：'敢问夫子恶乎长？'[孟子]曰：'我知言，我善养吾浩然之气。'……'何谓知言？'曰：'诐辞知其所蔽，淫辞知其所陷，邪辞知其所离，遁辞知其所穷。生于其心，害于其政；发于其政，害于其事。圣人复起，必从吾言矣。'"

⑥曼衍：语出《庄子·天下》："以卮言为曼衍。"成玄英《疏》曰："卮言，不定也。曼衍，无心也。"又《庄子·齐物论》曰："和之以天倪，因之以曼衍。"陆德明《经典释文》曰："司马[彪]云：曼延，无极也。"指变化不定，变化无穷。

【译文】

《洪范》里说的三种品德，端正人的曲直而行中庸之道，刚柔相互调剂，以防止过与不及两种弊端；以此来约束天下人的心智与血气，聪明与才力，就不会超出这三德之外了。孔子教育弟子，如果交不到言行合乎中庸的人做朋友，那就同狂放激进和安分洁身的人交往，这也是三德取材的范围。但是乡愿之类的人，表面上合乎中庸之道而讥讽过于激进和过于安分的人，却不是三德所能够约束的。孔子、孟子厌恶地把他们称为"德之贼"，大概是说他们与中行、狂者、狷者搅在一起，混杂成四种人。人心不如上古醇质，世俗风气日益下滑，不仅是伪中行之人，将三种人混杂成四种人，而且伪狂、伪狷之类的人，又将四种人混杂为六种人；不仅中行不可希望企求，就是寻求狂者与狷者的那种真诚，又怎么能得到呢？孟子论述识别各种言论，认为错误的言辞从思想中产生并且施行到政治措施中去，一定会危害到国家各种事务。我曾经在各类著作之家的思想里，深入地考察其中的原因了。那些推衍变化而漫无边际的书，本来没有创立一家之言的主旨，可以不必讨论了。竟然有自以为能独立成家的著作，考察它的宗旨，也不全都没有价值；然而根据三德的实质来考察，就失去了它的本性，而与古人的要旨不相符合，这就是所谓的似是而非。学者将要从古人那里探求大义，而不对此加以细致的辨别,那将从把三种人混杂为六种人开始,最终由于三伪而抛弃三德了。唉!质性的讨论,怎么能够不管呢?

《易》曰:"言有物而行有恒。"①《书》曰:"诗言志。"②吾观立言之君子,歌咏之诗人,何其纷纷耶?求其物而不得也,探其志而茫然也,然而皆曰:吾以立言也,吾以赋诗也。无言而有言,无诗而有诗,即其所谓物与志也。然而自此纷纷矣。

【注释】

①言有物而行有恒:语出《周易·家人卦》:"君子以言有物而行有恒。"王弼《注》曰:"君子以言必有物,而口无择言;行必有恒,而身无择行也。"

②诗言志:语出《尚书·舜典》。孔颖达《疏》曰:"作诗者自言己志,则诗是言志之书。"

【译文】

《周易》说:"说话必须有实际内容而行为必须持久不变。"《尚书》说:"诗表达思想。"我看到著书立说的君子,赋诗咏叹的诗人,怎么那么多呢?考察文中的实际内容却什么也找不到,探求作者的思想也茫然不知所在,然而大家都说:我据此创立了一家之说,我因此作成了诗赋。没有言论而称有了言论,没有诗作而说有了新诗,这就是他们所说的内容与思想。然而从此以后这类作品就纷纷产生了。

有志之士,矜其心,作其意,以谓吾不漫然有言也。学必本于性天,趣必要于仁义①,称必归于《诗》、《书》,功必及于民物②,是尧、舜而非桀、纣,尊孔、孟而拒杨、墨;其所言者,圣人复起,不能易也。求其所以为言者,宗旨茫然也。譬如《彤弓》、《湛露》,奏于宾筵,闻者以谓肄业及之也③。或曰:宜若无罪焉④。然而子莫于焉执中⑤,乡愿于焉无刺也。惠子曰:"走者东走,逐者亦东走;东走虽同,其东走之情则异。"观斯人之所言,其为走之东欤? 逐之东欤? 是未可知也。然而自此又纷纷矣。

【注释】

①要:语出《礼记·乐记》:"要其节奏。"郑玄《注》曰:"要,犹会也。"意为会同,符合。

②民物:语出张载《西铭》:"民吾同胞,物吾与(yǔ)也。"与,给予,援助。

③譬如《彤弓》、《湛露》,奏于宾筵,闻者以谓肄业及之也:据《左传·文公四年》记载:"卫宁武子来聘,公与之宴,为赋《湛露》及《彤弓》。不辞,又不答赋。使行人私焉。对曰:'臣以为肄业及之也。昔诸侯朝正于王,王宴乐之,于是乎赋《湛露》。则天子当阳,诸侯用命也。诸侯敌王所忾而献其功,王于是乎赐之彤弓一,彤矢百,玈弓矢千,以觉报宴。今陪臣来继旧好,君辱贶之,其敢干大礼以自取戾!"卫国宁武子因为鲁文公在宴席上赋诗不合礼法,既不辞谢,也不赋诗回应。问其原因,就假装不明白,说自己以为是鲁国乐工为练习而演奏的诗,所以没有答赋。

④宜若无罪焉:语出《孟子·离娄下》:"孟子曰:'是亦羿有罪焉。'公明仪曰:'宜若无罪焉。'"

⑤子莫于焉执中:语出《孟子·尽心上》:"孟子曰:'杨子取为我,拔一毛而利天下,不为也。墨子兼爱,摩顶放踵利天下,为之。子莫执中,执中为近之,执中无权,犹执一也。所恶执一者,为其贼

道也,举一而废百也。'"子莫,赵岐《注》曰:"鲁之贤人也。"执中,
采取中间态度,选择中间道路。

【译文】

　　有思想之学者,端正心态,振作意志,宣称自己不随意发表言论。
学问一定出于人性天理,旨趣一定符合仁义道德,说话一定称举《诗经》
和《尚书》,功德一定普及民众与万物,称赞尧、舜而责难桀、纣,尊崇孔、
孟之道而抵制杨朱、墨子邪说;他所说的话,即使圣人起死回生,也不能
改变。探求他为什么这样说,则茫然不知其宗旨。就像在宴会上赋《彤
弓》与《湛露》,观听的人以为是乐工为练习而演奏的乐诗。有人说:这
好像没有什么过错。然而子莫对此采取折中态度,乡愿对此无所讥刺。
惠子说:"奔跑的人向东跑,追逐的人也向东跑;往东跑虽然方向一致,
但他们往东跑的心思却不同。"观察这个人的言论,他是奔跑者朝东跑
呢,还是追逐者朝东跑呢? 这还无法知道。然而自此以后这类东西纷
纷涌现了。

　　豪杰者出,以谓吾不漫然有言也,吾实有志焉,物不得
其平则鸣也[1]。观其称名指类[2],或如诗人之比兴,或如说客
之谐隐,即小而喻大,吊古而伤时,嬉笑甚于裂眦[3],悲歌可
以当泣[4],诚有不得已于所言者。以谓贤者不得志于时,发
愤著书以自表见也。盖其旨趣,不出于《骚》也。吾读骚人
之言矣:"纷吾有此内美,又重之以修能。"[5]太史迁曰:"余读
《离骚》,悲其志。"[6]又曰:"明道德之广崇,治乱之条贯,其志
洁,其行廉,皭然泥而不滓,虽与日月争光可也。"[7]此贾之所
以吊屈,而迁之所以传贾也[8];斯皆三代之英也。若夫托于
《骚》以自命者,求其所以牢骚之故而茫然也[9]。嗟穷叹老,
人富贵而己贫贱也,人高第而己摈落也[10],投权要而遭按剑

也⑪，争势利而被倾轧也，为是不得志，而思托文章于《骚》、《雅》⑫，以谓古人之志也；不知中人而下，所谓"齐心同所愿，含意而未伸"者也⑬。夫科举擢百十高第，必有数千贾谊，痛哭以吊湘江⑭，江不闻矣。吏部叙千百有位⑮，必有盈万屈原，搔首以赋《天问》⑯，天厌之矣。孟子曰："有伊尹之志则可，无伊尹之志则篡也。"⑰吾谓牢骚者，有屈、贾之志则可，无屈、贾之志则鄙也。然而自命为骚者，且纷纷矣。

【注释】

①物不得其平则鸣也：语出《韩昌黎全集》卷十九《送孟东野序》。

②称名指类：语出《周易·系辞下》："其称名也小，其取类也大。"

③嬉笑甚于裂眦(zì)：语出司马迁《史记》卷七《项羽本纪》："头发上指，目眦尽裂。"又柳宗元《柳河东全集》卷十四《对贺者》："嘻笑之怒，甚乎裂眦；长歌之哀，过于恸哭。"眦，许慎《说文解字·目部》："眥，目匡也。"指眼眶。裂眦，眼眶欲裂，形容愤怒之极。

④悲歌可以当泣：语出郭茂倩《乐府诗集》卷六十二《杂曲歌辞·悲歌行》："悲歌可以当泣，远望可以当归。"

⑤纷吾有此内美，又重之以修能：语出《楚辞·离骚》。

⑥余读《离骚》，悲其志：语出司马迁《史记》卷八十四《屈原列传》。

⑦明道德之广崇，治乱之条贯，其志洁，其行廉，皭(jiào)然泥而不滓(zǐ)，虽与日月争光可也：语出司马迁《史记》卷八十四《屈原列传》。皭，洁白、干净。滓，沉渣，污垢。

⑧贾之所以吊屈，而迁之所以传贾：据司马迁《史记》八十四《贾生列传》记载："天子议以为贾生任公卿之位。绛、灌、东阳侯、冯敬之属尽害之……于是天子后亦疏之，不用其议，乃以贾生为长沙王太傅。贾生既辞往行，闻长沙卑湿，自以寿不得长，又以适去，

意不自得,及渡湘水,为赋以吊屈原。"屈原、贾谊二人心迹相似,故司马迁撰《史记》合为《屈原贾生列传》。

⑨牢骚:语出班固《汉书》卷八十七上《扬雄传上》:"又旁《惜诵》以下至《怀沙》一卷,名曰《畔牢愁》。"牢愁,韦昭训为牢骚。意为抑郁不平。旁,依。畔,离。牢,无聊。

⑩高第:中国古代科举考试,获中者谓之及第。名列前茅者,称为高第。也指选士、举官、考绩列入高等。

⑪按剑:语出司马迁《史记》卷六十九《苏秦列传》:"韩王勃然作色,攘臂瞋目,按剑仰天太息。"指用手按剑,准备出剑击刺之势,表示充满强烈的敌意。

⑫《骚》、《雅》:《楚辞》中的《离骚》和《诗经》中的大、小《雅》。由于"风"、"雅"列为六义中的两类,所以后人有时用《风》或《雅》代指《诗经》。

⑬齐心同所愿,含意而未伸:语出萧统《文选》卷二十九《古诗十九首·今日良宴会》。

⑭贾谊痛哭以吊湘江:湘江为湖南境内最大的河流。屈原怀石自沉汨罗江,属于湘江的支流,所以贾谊被贬长沙,过湘江而吊屈原。

⑮吏部:三省六部体制下的官署名。隋、唐列为六部之首,掌管全国官吏的任免、考核、升降、铨叙等事务,长官有吏部尚书、吏部侍郎。其后历代相沿不改。

⑯搔首以赋《天问》:据王逸《楚辞章句》卷三《天问章句序》曰:"《天问》者,屈原之所作也。何不言问天? 天尊不可问,故曰《天问》也。屈原放逐,忧心愁悴,彷徨山泽,经历陵陆,嗟号旻昊,仰天叹息。见楚有先王之庙,及公卿祠堂,图画天地山川神灵,琦玮僪佹,及古贤圣怪物行事,周流罢倦,休息其下,仰见图画,因书其壁,呵而问之,以渫愤懑,舒泻愁思。"

⑰有伊尹之志则可,无伊尹之志则篡也:语出《孟子·尽心上》:"公
　孙丑曰:'伊尹曰:予不狎于不顺! 放太甲于桐,民大悦。太甲
　贤,又反之,民大悦。贤者之为人臣也,其君不贤,则固可放与?'
　孟子曰:'有伊尹之志则可,无伊尹之志则篡也。'"

【译文】

　　豪杰之士出现,宣称自己不漫无目的发表言论,确实有自己的思
想,事物受到不公平的待遇就要鸣冤。观察他们所称引比类的事物,有
的像诗人的比喻寄托,有的像说客的诙谐隐喻,用小事物来比喻大道
理,凭吊古人而伤感时事,嬉笑胜过愤怒,悲歌可以当哭,诚然有不得已
而说的话。认为这是贤人在世不得志,发愤著书来自我表现。大概他
们的旨趣,又不出于《离骚》。我读过屈原的诗句了:"我既有这么多内
在的美德,再加上才能的培养。"太史公马迁说:"我读《离骚》,为屈原
的志向而悲伤。"又说:"阐明道德的广大崇高,以及治理天下的条理,他
的志向高洁,他的行为廉正,洁净得像出污泥而不染,即使与日月相比
也毫不逊色。"这就是贾谊凭吊屈原,而司马迁给贾谊立传的缘故。这
些人都是堪比三代的精英。至于假托《离骚》而以《离骚》自许的人,探
求一下他们发牢骚的缘故就感到很茫然。嗟叹穷困衰老,别人富裕高
贵而自己贫穷低贱,别人高中榜首而自己却名落孙山,投靠权贵却遭到
权贵的怒叱,争权夺利却受到倾轧排挤,因为如此不得志,而想把文章
依托于《离骚》、《诗经》,认为这是古人的心志;不知道中等以下的人,都
是古诗中所说的"齐心抱着共同的愿望,心中的理想还未实现"的人。
科举考试中有百十个人名列高榜,一定有数千个落第的人,像贾谊那样
痛哭凭吊湘江,湘江是听不到了。吏部给千百个人授予官位,一定有上
万个得不到官职的人,像屈原那样搔头而赋《天问》,天也听厌烦了。孟子
说:"有伊尹那样的志向就可以,没有伊尹那样的志向就是篡夺权位。"我
说发牢骚的人有屈原和贾谊那样的志向就可以,没有屈原和贾谊那样的
志向就是卑微鄙陋。然而自许为《离骚》作品的人,却比比皆是。

有旷观者,从而解曰:是何足以介也①,吾有所言,吾以适吾意也。人以吾为然,吾不喜也,人不以吾为然,吾不愠也。古今之是非,不欲其太明也;人我之意见,不欲其过执也。必欲信今,又何为也? 有言不如无言之为愈也②。是其宗旨盖欲托于庄周之齐物也③。吾闻庄周之言曰:"内圣外王之学,暗而不明"也;"百家往而不反,道术将裂"也④;"寓言十九,卮言日出"⑤。然而稠适上遂,充实而不可以已⑥,则非无所持,而漫为达观,以略世事也。今附庄而称达者,其旨果以言为无用欤? 虽其无用之说,可不存也。而其无用之说,将以垂教欤? 则贩夫皂隶⑦,亦未闻其必薪有用也⑧。豕腹饕餮⑨,羊角戢戢⑩,何尝欲明古今之是非,而执人我之意见也哉? 怯之所以胜勇者,力有余而不用也。讷之所以胜辨者,智有余而不竞也。蛟龙战于渊,而螳蚁不知其胜负⑪;虎豹角于山,而狉狸不知其强弱⑫;乃不能也,非不欲也。以不能而托于不欲,则夫妇之愚,可齐上智也⑬。然而遁其中者,又纷纷矣。

【注释】

①介:介意,在意。

②有言不如无言之为愈也:语出《淮南子》卷十六《说山》:"人无言而神,有言者则伤。"《章氏遗书》本"有言"下,尚有"而启人争"四字。愈,更好,更胜。

③庄周之齐物:《庄子·齐物论》郭象《注》曰:"夫自是而非彼,美己而恶人,物莫不皆然。故是非虽异,而彼我均也。"齐物,庄子的一种哲学思想,也是认识论与方法论。认为天下的一切事物,都

是相对存在,例如生死夭寿,是非得失,物我有元。所以人们应当同等对待,避免绝对看问题。然而这种思想也容易流入相对论,忽视事物之间的差异。

④内圣外王之学,暗而不明,百家往而不反,道术将裂:语出《庄子·天下》:"是故内圣外王之道,暗而不明,郁而不发,天下之人,各为其所欲焉,以自为方。悲夫!百家往而不反,必不合矣。后世之学者,不幸不见天地之纯,古人之大体,道术将为天下裂。"内圣外王,指内心备圣人之德,发之于外,则施望王者之政。这是中国古代思想家和政治家提倡的修身为政的最高理想。

⑤寓言十九,卮(zhī)言日出:语出《庄子·寓言》:"寓言十九,重言十七,卮言日出,和以天倪。"郭象《注》曰:"寄之他人,则十言而九见信。"又曰:"夫卮满则倾,空则仰,非持故也。况之于言,因物随变,唯彼之从,故曰日出。日出,谓日新也。"卮,指随从人意而变,没有自己主见的言论。一说为支离破碎之言。

⑥稠(tiáo)适上遂,充实而不可以已:语出《庄子·天下》:"其书虽瑰玮,而连犿无伤也;其辞虽参差,而諔诡可观。彼其充实不可以已,上与造物者游,而下与外死生无终始者为友。其于本也,弘大而辟,深闳而肆。其于宗也,可谓稠适而上遂矣。虽然,其应于化而解于物也,其理不竭,其来不蜕,芒乎昧乎,未之尽者。"稠适,底本原作"适调",据《章氏遗书》本改,调通,适合。遂,上达。

⑦皂隶:语出《左传·昭公七年》:"人有十等,下所以事上,上所以供神也。故王臣公,公臣大夫,大夫臣士,士臣皂,皂臣舆,舆臣隶,隶臣僚,僚臣仆,仆臣台。"原指古代的贱役,后来作为衙门差役的通称。

⑧蕲(qí):底本原作"靳",据《章氏遗书》本改。通"祈",祈求。

⑨饕餮(tāo):杜预《春秋经传集解》文公十八年《注》曰:"贪财为饕,贪食为餮。"后世也称贪食为饕。

⑩羊角戢戢(jí)：语出《诗经·小雅·无羊》："尔羊来思，其角濈
　　濈。"毛《传》曰："聚其角而息，濈濈然。"濈濈，也作"戢戢"，和睦
　　聚集在一起。

⑪螾(yǐn)蚁：螾，通"蚓"，蚯蚓。蚁，蚂蚁。

⑫狌(shēng)狸：语出《庄子·秋水》："骐骥骅骝，一日而驰千里，捕
　　鼠不如狸狌。"狌，鼬鼠，俗称黄鼬，黄鼠狼。狸，狸猫。

⑬夫妇之愚，可齐上智：语出《礼记·中庸》："夫妇之愚，可以与知
　　焉。及其至也，虽圣人亦有所不知焉。"

【译文】

有一位开朗达观的人，对此解释说：这又何必值得耿耿于怀，我有
想要说的话，我是为了顺遂自己的意愿。别人认为我的话对，我不欣
喜；别人认为我的话不对，我也不恼恨。古今的是非界限，不想弄得太
明白；别人与我的意见，也不想过于执著坚持。一定要取信于今人，又
是为了什么呢？有言论还不如没有言论更好。这么说此人的宗旨是想
要依托于庄子的"齐物"之说。我听庄周说过："内圣外王的学问，晦暗
而不明"；"各家学说离开大道去而不返，道术将被弄得支离破碎"；"寄
托寓意的言论占十分之九，毫无主见的言论日出不穷"。然而庄子对道
的认识非常通达并达到高超的境界，内心充实而不能停止，那么庄子并
非没有自己的学说，而随意说一些达观的话，来超脱世事。时下那些依
托庄周而自称旷达的人，他们的观点果真以为言论无用吗？那么连同
他们无用的学说，都可以不保存下去。那些无用的学说，将要用来垂训
后世吗？那么小商小贩与衙门的差役，也没听说他们一定祈求有用。
肥猪大腹便便贪婪地吃食，羊儿把角聚在一起休息，何曾想要辨明古今
的是是非非，而对他人与自己的意见斤斤计较？胆怯的人之所以能胜
过勇敢的人，是因为力量有余而没有使用。木讷的人之所以能胜过善
辩的人，是因为智慧有余却不争胜。蚊与龙在深渊相斗，蚯蚓和蚂蚁并
不知道谁胜谁负；虎与豹在山上较量，黄鼬和狸猫并不知道谁强谁弱；

这是因为它们没有这个能力，而不是不想知道。把不能知道假托为不想知道，那么即使愚昧的夫妇，也能和最聪明的人相比了。然而以此为挡箭牌而躲避其中的人，却不知有多少了。

《易》曰："一阴一阳之谓道。"阳变阴合，循环而不穷者，天地之气化也。人秉中和之气以生，则为聪明睿智。毗阴毗阳，是宜刚克柔克，所以贵学问也。骄阳渗阴，中于气质，学者不能自克，而以似是之非为学问，则不如其不学也。孔子曰："不得中行而与之，必也狂狷乎！狂者进取，狷者有所不为。"庄周、屈原，其著述之狂狷乎？屈原不能以身之察察，受物之汶汶①，不屑不洁之狷也。庄周独与天地精神相往来，而不傲倪于万物②，进取之狂也。昔人谓庄、屈之书，哀乐过人。盖言性不可见，而情之奇至如庄、屈，狂狷之所以不朽也。乡愿者流，托中行而言性天，剽伪易见，不足道也。于学见其人，而以情著于文，庶几狂狷可与乎！然而命骚者鄙，命庄者妄。狂狷不可见，而鄙且妄者，纷纷自命也。夫情本于性也，才率于气也。累于阴阳之间者，不能无盈虚消息之机③。才情不离乎血气，无学以持之，不能不受阴阳之移也。陶舞愠戚④，一身之内，环转无端，而不自知。苟尽其理，虽夫子愤乐相寻⑤，不过是也。其下焉者，各有所至，亦各有所通。大约乐至沉酣，而惜光景，必转生悲；而忧患既深，知其无可如何，则反为旷达。屈原忧极，故有轻举远游、餐霞饮瀣之赋⑥；庄周乐至⑥，故有后人不见天地之纯、古人大体之悲；此亦倚伏之至理也。若夫毗于阴者，妄自期许，感慨横生，贼夫骚者也。毗于阳者，狷狂无主，动称自然，贼夫庄者也。然而亦且循环未有已矣。

【注释】

①屈原不能以身之察察，受物之汶汶(mén)：语出《楚辞·渔父》："屈原曰：'吾闻之，新沐者必弹冠，新浴者必振衣。安能以身之察察，受物之汶汶者乎？宁赴湘流，藏于江鱼之腹中，安能以皓皓之白，而蒙世俗之尘埃乎！'"察察，纯洁清白的样子。汶汶，尘垢污浊的样子。

②庄周独与天地精神相往来，而不傲倪于万物：语出《庄子·天下》："独与天地精神往来，而不敖倪于万物，不谴是非，以与世俗处。"敖倪，通"傲睨"，傲然睥睨，蔑视一切。

③盈虚消息：语出《周易·丰卦》："日中则昃，月盈则食。天地盈虚，与时消息，而况于人乎？"

④陶舞愠戚：语出《礼记·檀弓下》："人喜则斯陶，陶斯咏，咏斯犹，犹斯舞，舞斯愠，愠斯戚，戚斯叹，叹斯辟，辟斯踊矣。"因高兴或愤怒而手舞足蹈。

⑤夫子愤乐相寻：语出《论语·述而》："叶公问孔子于子路，子路不对。子曰：'女奚不曰：其为人也，发愤忘食，乐以忘忧，不知老之将至云尔。'"朱熹《集注》曰："未得则发愤而忘食，已得则乐之而忘忧，以是二者俛焉，日有孳孳，而不知年数之不足。但自言其好学之笃耳。"

⑥轻举远游、餐霞饮瀣(xiè)之赋：语出《楚辞·远游》："悲时俗之迫阨兮，愿轻举而远游。"又曰："餐六气而饮沆瀣兮，漱正阳而含朝霞。"沆瀣，露水。

⑥庄周乐至：语出《庄子·至乐》："故曰：至乐无乐，至誉无誉。"郭象《注》曰："忘欢而后乐足，乐足而后身存。将以为有乐耶？而至乐无欢。将以为无乐耶？而身以存而无忧。"

【译文】

《周易》说:"一阴一阳互相变化称为道。"阴阳变化结合,循环往复没有穷尽,这是天地之气化育的结果。人秉受中和之气而降生,就形成聪明睿智。阴阳受到损伤,应当用刚柔济克的办法调剂,所以要重视学问的修养。阳气强盛阴气不和,侵入人的元气与本性,学者不能自我约束,而把似是而非的东西当做学问,那就还不如不学。孔子说:"得不到言行合乎中庸的人相互交往,那就一定要与狂放激进的人或安分洁身的人交往。狂放的人积极进取,安分的人则有所不为。"庄周和屈原,恐怕就是著述方面的狂放与狷介之士吧? 屈原不能用清白的身躯,来承受外物的污浊,是不屑于同流合污的狷介之士。庄周独自与天地精神互相往来,而不傲视轻蔑万事万物,是狂放进取之士。前人说庄子和屈原的书,悲伤与欢乐超过了常人。大概是指根于本性的中行无法见到,而真情能像庄子和屈原那样奇特,这也是狂放与狷介之士能够不朽的原因。乡愿之流,假托中行而谈论本性与天道,他们的剽窃虚伪显而易见,不值得一提。从一个人的学问中能够看到他的本性,而在文章之中寄托着真情,差不多就是可以相交为友的狂放、狷介之士吧! 然而自许为屈骚的人很鄙陋,自命为庄学的人又很虚妄。狂放和狷介之士不可见,而那些鄙陋与虚妄的人,纷纷假托和冒充。情感语出于本性,才华受元气支配。系累于阴阳之间的人,不能没有盈满亏缺与消减增长的时候。才情离不开血气,没有学问修养来维持,就不能不受到阴阳变化的推移。喜悦舞蹈和恼怒忧伤,在一身之内,循环婉转而无休无止,自己却不知道。假如穷尽其理,即使是孔夫子发愤忘忧地进行探寻,也不过如此。圣人以下的人,各有所到的境地,也各有所通的学问。大约欢乐到了沉醉的境界,而怜惜光景,一定转而生出悲伤;而忧患既已很深,明白对此无可奈何,就反而变为旷达。屈原忧伤至极,所以有轻身高飞游历远方、把彩霞清露作为食物饮料的辞赋;庄周欢乐至极,所以有因后人见不到天地的纯美、古人的全貌而产生的悲哀;这也是祸福互相依存转化最深刻的道理。至于阴气受损的人，妄自期待成为屈原，于是横生感慨，那是戕害《离骚》的人。阳气受损的人，性情猖狂没有主旨，动辄称道自然无为，那是戕害庄学的人。然而这两种伪狂伪狷的人还是无休无止地不断出现了。

　　族子廷枫曰："论史才史学，而不论史德，论文情文心，而不论文性①，前人自有缺义。此与《史德》篇，俱足发前人之覆②。"

【注释】

①文性：语出宋僧文莹《湘山野录》卷中："仆射相国王公至道……一子即庆之是也。器格清粹，天与文性。"为文之本质。文生于情，情本于性。情者性之动，性者情之质。

②发前人之覆：语出《庄子·田子方》："微夫子之发吾覆也，吾不知天地之大全也。"王先谦《注》曰："覆，谓有所蔽而不见。"后世称揭开学术障蔽为发覆。

【译文】

　　族侄章廷枫说："讨论史家的才能与史家的学问，而不讨论史家的修养；讨论文章的情趣与文章的用心，而不讨论文章的本性，前人之说自然存在缺陷。此篇与《史德》篇都足以发前人所未发。"

黜 陋

**【题解】

　　本篇专论历代文人的文集中存在的弊病,分析其内容庞杂芜滥的
种种问题,最终归结为一些不良文人黜于徇名而陋于知意的结果。章
学诚主要归纳出四种现象,逐一进行针砭。一是"取蒲于董泽",表现为
文人从浩如烟海的史籍中取前人史传加以删改,收入自己文集。二是
"承考于《长杨》",表现为文人为父母作传而大肆敷陈自己的功绩,假借
父母教子有方而达到自我吹嘘目的。三是"矜谒者之通",表现为替别
人作传,对请求者的奉承话夸大其词,以示自己的学问受到社会的广泛
尊重。四是"著卜肆之应",表现为文人假托受人邀请而虚构碑传之文,
然后收入自己文集,简直到了厚颜无耻而无所不用其极的地步。凡此
种种,都是因为文人好名而采取的歪门邪道,不仅使文章因缺乏实际见
闻内容而变得空洞,而且也没有多少新的学术见解,徒为增加文集的卷
帙;更重要的是败坏了学术风气,造成人心风俗更加浇薄,给学术界带
来很坏的影响。章学诚专门著文针砭,议论诙谐幽默,足资警戒。

　　取蒲于董泽①,承考于《长杨》②,矜谒者之通③,著卜肆
之应④,人谓其黜也;非黜也,陋也。名者实之宾,徇名而忘
实⑤,并其所求之名而失之矣;质去而文不能独存也。太上

忘名⑥,知有当务而已⑦,不必人之谓我何也。其次顾名而思义⑧,天下未有苟以为我树名之地者,因名之所在,而思其所以然,则知当务而可自勉矣。其次畏名而不妄为,尽其所知所能,而不强所不知不能。黠者视之,有似乎拙也;非拙也,交相为功也。最下徇名而忘实。

【注释】

①取蒲于董泽:据《左传·宣公十二年》记载:"楚熊负羁囚知罃。知庄子以其族反之。厨武子御,下军之士多从之。每射,抽矢菆,纳诸厨子之房。厨子怒曰:'非子之求,而蒲之爱;董泽之蒲,可胜既乎?'"反之,返回作战。菆(zōu),好箭。房,箭筒。蒲,蒲柳,即水杨,可以做箭杆。董泽,在今山西闻喜东北。既,通"墍(jì)",拿,取。

②承考于《长杨》:据班固《汉书》卷八十七下《扬雄传》所收《长杨赋序》记载:"明年,上将大夸胡人以多禽兽。秋,命右扶风,发民入南山,西自褒斜,东至弘农,南驱汉中,张罗网罝罘,捕熊罴、豪猪、虎豹、狖玃、狐兔、麋鹿,载以槛车,输长杨射熊馆……令胡人手博之,自取其获,上亲临观焉。是时农民不得收敛。雄从至射熊馆还,上《长杨赋》。"据萧统《文选》卷九《扬子云·长杨赋》李善《注》引《三辅黄图》曰:"长杨宫有射熊馆,在鳌屋。"考,据《尔雅·释亲》曰:"父为考。"承考,祖述,承继。

③矜谒者之通:据《礼记·曲礼下》记载:"问士之子,长,曰能典谒矣;幼,曰未能典谒也。"郑玄《注》曰:"谒,请也。"孔颖达《疏》曰:"主宾客告请之事。"意为以请求者的赞誉之词来矜夸炫耀。

④著卜肆之应:据班固《汉书》卷七十二《王贡两龚鲍传》记载:"蜀有严君平……君平卜筮于成都市……裁日阅数人,得百钱足自

养,则闭肆下帘而授《老子》。"卜肆,占卜算命的铺子。意为显示
算卦铺子的灵验。

⑤徇(xùn)名:语出司马迁《史记》卷八十四《贾生列传》所收《鹏鸟
赋》:"贪夫徇财兮,烈士徇名。"裴骃《集解》引"瓒曰:以身从物曰
徇。"舍身为名,追求名声。

⑥太上忘名:太上,语出《礼记·曲礼上》:"太上贵德。"又《墨子·
亲士》:"太上无败。"孙诒让《墨子间诂》曰:"太上,对其次为文,
谓等之最居上者。"忘名,语出颜之推《颜氏家训》卷上《名实》:
"上士忘名。"

⑦知有当务而已:语出《孟子·尽心上》:"孟子曰:'知者无不知也,
当务之为急;仁者无不爱也,急亲贤之为务。'"

⑧顾名而思义:据《世说新语》卷六《俳调》记载:"桓南郡与道曜讲
《老子》,王侍中为主簿,在座。桓曰:'王主簿可顾名思义。"刘义
庆《注》曰:"老子明道,祯之字思道,故曰顾名思义。"桓南郡,指
桓玄。王侍中,指王祯之。意为见到名称而思及含义。

【译文】

在董泽里取用蒲柳做箭,祖述仿效扬雄的《长杨赋》,以请求人的赞
誉之词相夸耀,彰显卖卦铺子算命的灵验,人们称赞这种人很聪明;那
不是聪明,而是浅陋。名称依附于实质,追求名称而忘记实质,那么连
同所追求的名称也将一起丢失;因为实质丢失文采不能独立存在。最
高境界是忘记名声,知道有当前应该做的事就行了,不必管别人说我怎
么样。其次是根据名称而思索事物的意义,天下没有可以轻易给我树
立名声的地方,根据名称的所在,而考虑名称为什么是这样,就能知道
当前应该做的事加以自勉了。再次是敬畏名声而不妄自行动,尽量按
照自己知道的东西与力所能及去做,不要强行去做自己所不知道和不
能做的事。在聪明人看来,似乎有些笨拙;这不是笨拙,而是互相补益
显示功效。最下等的状况是追求名声而忘记实质。

　　取蒲于董泽，何谓也？言文章者宗《左》、《史》①。《左》、《史》之于文，犹六经之删述也②。《左》因百国宝书；《史》因《尚书》、《国语》及《世本》、《国策》、《楚汉春秋》诸记载，己所为者十之一，删述所存十之九也。君子不以为非也。彼著书之旨，本以删述为能事，所以继《春秋》而成一家之言者，于是兢兢焉，事辞其次焉者也。古人不以文辞相矜私，史文又不可以凭虚而别构；且其所本者，并悬于天壤，观其入于删述之文辞，犹然各有其至焉；斯亦陶熔同于造化矣③。吾观近日之文集，而不能无惑也。传记之文，古人自成一家之书，不以入集；后人散著以入集，文章之变也。既为集中之传记，即非删述专家之书矣；笔所闻见，以备后人之删述，庶几得当焉。黠于好名而陋于知意者，窥见当世之学问文章，而不能无动矣，度己之才力，不足以致之；于是有见史家之因袭④，而点次其文为传记，将以渊海其集焉⑤，而不知其不然也。宣城梅氏之历算⑥，家有其书矣。裒录历议，书盈二卷，以为传而入文集⑦，何为乎？退而省其私，未闻其于律算有所解识也。丹溪朱氏之医理⑧，人传其学矣。节抄医案，文累万言，以为传而入文集⑨，何为乎？进而求其说，未闻其于方术有所辨别也。班固因《洪范》之传而述《五行》，因《七略》之书而叙《艺文》。班氏未尝深于灾祥，精于校雠也，而君子以谓班氏之删述，其功有补于马迁；又美班氏之删述，善于因人而不自用也⑩。盖以《汉书》为庙堂，诸家学术，比于大镛藃鼓之陈也⑪。今为梅、朱作传者，似羡宗庙百官之美富，而窃取庭燎反坫⑫，以为蓬户之饰也。虽然，亦可谓拙矣。经师授受，子术专家，古人毕生之业也。苟可猎取菁华[13]，以为吾文之富有，则四库典籍，犹董泽之蒲也，又何沾沾于是乎？

【注释】

①《左》、《史》：《左传》和司马迁的《史记》，被后人视为古文之祖。

②删述：相传孔子删定六经，述而不作以存先王旧典，后人用来表示删修、编纂与著述。

③陶熔同于造化：据《章氏遗书》卷十四《与陈观民工部论史学》曰："夫工师之为巨室度材，比于燮理阴阳；名医之制方剂炮炙，通乎鬼神造化。史家诠次群言，亦若是焉已尔。是故文献未集，则搜罗咨访，不易为功。观郑樵所谓八例求书，则非寻常之辈所可能也；观史迁之东渐南浮，则非心知其意不能迹也。此则未及著文之先事也。及其纷然杂陈，则贵抉择去取。人徒见著于书者之粹然善也，而不知刊而去者中有苦心，而不能显也。既经裁取，则贵陶溶变化。人第见诵其辞者之浑然一也，而不知化而裁者中有调剂，而人不知也。即以刊去而论，文劣而事庸者无足道矣，其间有介两端之可，而不能不出于一途；有嫌两美之伤，而不能不忍于割爱；佳篇而或乖于例，事足而恐徇于文，此皆中有苦心而不能显也。如以化裁而论，则古语不可入今，则当疏以达之；俚言不可杂雅，则当温以润之；辞则必称其体，语则必肖其人；质野不可用文语，而猥鄙须删；急遽不可以为宛辞，而曲折仍见；文移须从公式，而案牍又不宜徇；骈丽不入史裁，而诏表亦岂可废？此皆中有调剂，而人不知也。"

④史家之因袭：据《章氏遗书》卷十四《与陈观民工部论史学》曰："即如文士撰文，惟恐不自己出；史家之文，惟恐出之于己，其大本先不同矣。史体述而不造，史文而出于己，是为言之无征，无

征且不信于后也。"

⑤渊海：语出王充《论衡》卷十六《乱龙》："子骏，汉朝智囊，笔墨渊海。"大海深渊。比喻才思、义理深广。

⑥宣城梅氏：梅文鼎（1633—1721），字定九，号勿庵，清代安徽宣城人。致力于历算之学，一生著述多达八十余种，著名者有《历学骈枝》二卷。

⑦哀录历议，书盈二卷，以为传而入文集：清代杭世骏《道古堂文集》卷三十《梅定九征君传》，详录梅氏历议，书盈两卷。

⑧丹溪朱氏：朱震亨（1281—1358），字彦修，元代婺州义乌（今属浙江）人，学者称丹溪先生。创立阳常有余，阴常不足之说，被医家称作养阴派。著有《格致余论》、《局方发挥》等书。

⑨节抄医案，文累万言，以为传而入文集：元、明之际戴良《九灵山房集》卷十《丹溪翁传》，全录朱震亨医方。

⑩君子以谓班氏之删述，其功有补于马迁；又美班氏之删述，善于因人而不自用也：语出刘勰《文心雕龙》卷四《史传》："及班固述汉，因循前业。观司马迁之辞，思实过半。"

⑪镛鼖（yōng fén）：语出《诗经·大雅·灵台》："贲鼓维镛。"毛《传》曰："贲，大鼓也。镛，大钟也。"镛，古代一种大钟乐器。贲也作"鼖"，古代军队使用的大鼓。

⑫庭燎反坫（diàn）：庭燎，语出《诗经·小雅·庭燎》。陆德明《经典释文》曰："郑云：在地曰燎，执之曰烛。又云：树之门外曰大烛，于内曰庭燎，皆照众为明。"即庭中用来照明的火炬。反坫，语出《论语·八佾》："邦君为两君之好，有反坫。"何晏《集解》曰："郑曰：反坫，反爵之坫，在两楹之间……与邻国为好会，其献酢之礼，更酌，酌毕则必反爵于坫上。"古代宴会，宾主敬酒后须把各自的酒杯放回，称为反坫。坫，堂中土台。

⑬菁（jīng）华：语出《尚书大传》卷一《帝载歌》："菁华已竭，褰裳去

之。"意为精华,华英。

【译文】

取用董泽里的蒲柳,说的是什么意思呢?谈论文章的人都尊奉《左传》与《史记》。《左传》、《史记》对于文字,就像六经的编删一样严谨。《左传》采用诸侯各国的史书;《史记》根据《尚书》、《国语》以及《世本》、《战国策》、《楚汉春秋》等记载,自己所写的内容只占十分之一,删削保存前人的地方有十分之九。君子不认为这样做不对。他们著书的宗旨,本来就是通过删修编纂作为表现才能之事,所以继《春秋》之后而成一家之言的人,在这方面都兢兢业业,而叙事与文辞还在其次。古人不用文辞互相夸耀并据为己有,史书的文字又不可以凭空另外虚构;而且他们所依据的文献,同时高悬于天地之间,考察那些删削后保存下来的文字,仍然各有其独到之处;这也是人工陶冶形同天工造化了。我看到近来的文集,却不能没有疑惑。传记一类的文字,古人自成一家之书,不收入文集;后人把零散的单篇传记收入文集,这是文章的一种变化。既然作为集中的传记,那就不是删修编纂而成的自成一家的著作了;记录下作者的所见所闻,以供后人著述时采用,差不多还比较恰当。追求名声很狡猾而理解真意却肤浅的人,看见当代的学问与文章,不能不心有所动了;揣测自己的才力,又达不到那样的水平;于是有的人发现史家的因袭,也将他人的文字略作修改编次作为自己撰写的传记,以便扩充自己文集的卷帙,却不知道这样不对。宣城梅氏的历法,家家都有他的书了。有人汇集他有关历法的奏议,编成二卷,作成梅氏之传而收入自己的文集,这是要做什么呢?退一步考察一下这个人的情况,没听说他对音律历法有何见识。丹溪朱氏的医疗理论,人们已经继承他的学说了。有人节抄治疗处方,文字累计上万言,把它作成朱氏之传而收入自己的文集,这是要做什么呢?进一步探求这个人的学说,没听说他对医药能有什么辨别。班固根据《洪范·五行传》而纂成《汉书·五行志》,根据《七略》一书而纂成《汉书·艺文志》。班氏并不深谙吉凶变异的征兆,也不精通校雠之学,然而君子认为班氏的删修编纂,对司马迁的《史记》有所补益;又称赞班氏的删修编纂,善于继承前人而不妄自师心自用。大概是把《汉书》作为庙堂,而把诸家的学说,比喻成陈列其中的大钟大鼓。现在为梅、朱作传的人,似乎很美慕宗庙百官的堂皇富丽,而窃取庙堂所用的大烛与放置酒具的站台,用作贫穷之家的装饰。虽然如此,也可说是很笨拙了。经学先生传授经学,诸子学术自成一家,这都是古人毕生从事的学业。如果可以把猎取精华,作为丰富自己文章的手段,那么经、史、子、集各类典籍,犹如董泽的蒲柳取不胜取,又何必对此沾沾自喜呢?

承考于《长杨》,何谓也? 善则称亲,过则归己①,此孝子之行,亦文章之体也。《诗》《书》之所称述,远矣。三代而后,史迁、班固俱世为史,而谈、彪之业,亦略见于迁、固之叙矣②。后人乃谓固盗父书,而迁称亲善③。由今观之,何必然哉? 谈之绪论,仅见六家宗旨④,至于留滞周南,父子执手欷歔,以史相授⑤,仅著空文,无有实迹。至若彪著《后传》,原委具存⑥,而三纪论赞,明著彪说⑦,见家学之有所授受;何得如后人之所言,致启郑樵诬班氏以盗袭之嫌哉? 第史迁之叙谈,既非有意为略;而班固之述彪,亦非好为其详;孝子甚爱其亲,取其亲之行业而笔之于书,必肖其亲之平日,而身之所际不与也。吾观近日之文集,而不能无惑焉。其亲无所称述欤? 缺之可也。其亲仅有小善欤? 如其量而录之,不可略而为漏,溢而为诬可也。黠于好名而陋于知意者,侈陈己之功绩,累牍不能自休,而曲终奏雅⑧,则曰吾先人之教也。甚至敷张己之荣遇,津津有味其言,而赋卒为乱⑨,则曰吾先德之报也。夫自叙之文,过于扬厉,刘知几犹讥其言志不让,率尔见哂矣⑩。况称述其亲,乃为自诩地乎? 夫张汤有后⑪,史臣为荐贤者劝也;出之安世之口,则悖矣。伯起世德⑫,史臣为清忠者幸也;出之秉、赐之书⑬,则舛矣。昔人谓《长杨》、《上林》诸赋,侈陈游观,而末寓箴规,以谓讽一而劝百。斯人之文,其殆自诩百,而称亲者一欤?

【注释】

①善则称亲,过则归己:语出《礼记·坊记》。

②迁、固之叙:司马迁《史记》卷一百三十《太史公自序》和班固《汉书》卷一百《叙传》。

③后人乃谓固盗父书,而迁称亲善:据刘勰《文心雕龙》卷四《史传》记载:"及班固述汉……其十志该富,赞序弘丽,儒雅彬彬,信有遗味。至于宗经矩圣之典,端绪丰赡之功,遗亲攘美之罪,征赂鬻笔之愆,公理辨之究矣。"公理,仲长统,字公理。其书《昌言》已佚,言不可考。但据此知汉人已有班固攘父美之说。又据颜之推《颜氏家训》卷上《文章》记载:"班固盗窃父史。"另据裴骃《史记集解序·正义》曰:"司马迁引父致意,班固父修而蔽之,优劣可知矣。"

④六家宗旨:司马谈撰《论六家要旨》。

⑤留滞周南,父子执手欷歔(xī xū),以史相授:据司马迁《史记》卷一百三十《太史公自序》记载:"是岁,天子始建汉家之封,而太史公留滞周南,不得与从事,故发愤且卒。而子迁适使反,见父于河、洛之间。太史公执迁手而泣曰:'余先,周室之太史也。自上世尝显功名于虞、夏,典天官事。后世中衰,绝于予乎? 汝复为太史,则续吾祖矣。今天子接千岁之统,封泰山,而余不得从行,

是命也夫！命也夫！余死，汝必为太史。为太史，无忘吾所欲论
著矣……自获麟以来，四百有余岁，而诸侯相兼，史记放绝。今
汉兴，海内一统，明主贤君忠臣死义之士，余为太史而弗论载，废
天下之史文，余甚惧焉。汝其念哉！'迁俯首流涕曰：'小子不敏，
请悉论先人所次旧闻，弗敢缺。'"周南，指河南洛阳一带。唏嘘，
哽咽，叹息。

⑥彪著《后传》，原委具存：据范晔《后汉书》卷七十上《班彪传》记
载："司马迁著《史记》，自太初以后，缺而不录……彪乃继采前史
遗事，傍贯异闻，作《后传》数十篇，因斟酌前史，而讥正得失。"

⑦三纪论赞，明著彪说：据班固《汉书》卷九《元帝纪赞》颜师古《注》
引应劭曰："《元、成帝纪》，皆班固父彪所作。臣，则彪自说也。"
今传《汉书》中《韦贤传》、《翟方进传》、《元后传》赞，俱称"司徒掾
班彪曰"云云。颜师古《注》曰："《汉书》诸赞皆固所为。其有叔
皮先论述者，固亦俱显以示后人。而或者谓固窃盗父名，观此可
以免矣。"三纪，据今传《汉书》与郑樵《通志·总序》当作"二纪"，
指《元帝纪》和《成帝纪》，当是章氏笔误或刻本之误。

⑧曲终奏雅：语出司马迁《史记》卷一百一十七《司马相如列传》：
"相如虽多虚辞滥说，然其要归，引之节俭，此与《诗》之风谏何
异？扬雄以为靡丽之赋，劝百风一，犹驰骋郑、卫之声，曲终而奏
雅，不已戏乎！"风，通"讽"。原为扬雄非议相如之语，后世转而
指结局的美好。

⑨赋卒为乱：语出《楚辞·离骚》："乱曰：'已矣哉！国无人，莫我知
兮。'"王逸《注》曰："乱，理也。所以发理词指，总撮其要也。"又
《论语·泰伯》曰："子曰：'师挚之始，《关雎》之乱，洋洋乎盈耳
哉！'""始"是乐曲的开端，即序曲。"乱"是乐曲的终结，即合奏
乐。泛指诗辞歌赋末尾结束全文之词。

⑩刘知几犹讥其言志不让，率尔见哂矣：据刘知几《史通》卷九《序

传》记载:"历观扬雄已降,其自叙也,始以夸尚为宗。至魏文帝、傅玄、梅陶、葛洪之徒,则又逾于此者矣。何则? 身兼片善,行有微能,皆剖析具言,一二必载;岂所谓宪章前圣,谦以自牧者欤?"又据《论语·先进》记载:"子路率尔而对曰:'千乘之国,摄乎大国之间,加之以师旅,因之以饥馑,由也为之,比及三年,可使有勇,且知方也。'夫子哂之。"

⑪张汤有后:据班固《汉书》卷五十九《张汤传赞》曰:"汉兴以来,侯者百数,保国持宠,未有若富平者也。汤虽酷烈,及身蒙谷,其推贤扬善,固宜有后。"张汤(?—115),西汉杜陵(今陕西西安东南)人。武帝时任廷尉、御史大夫等职。善于举荐贤者,严厉镇压豪强地主。后为朱买臣等人陷害,自杀。富平,指张安世(?—前62),字子孺。张汤之子。昭帝时任右将军、光禄勋,封富平侯。昭帝死,与大将军霍光策立宣帝,任大司马之职。

⑫伯起世德:据范晔《后汉书》卷八十四《杨震传论》曰:"延光之间,震为上相,抗直方以临权枉,先公道而后身名,可谓怀王臣之节,识所任之体矣。遂累叶载德,继踵宰相。信哉! 积善之家,必有余庆。先世韦、平,方之蔑矣。"杨震(?—124),字伯起,东汉弘农华阴(今属陕西)人。官至太尉。后为樊丰诬陷罢官,自杀。延光,汉安帝年号,公元122—124年。韦,指韦贤。平,指平当。两人均为西汉名臣。

⑬秉、赐:秉即杨秉,杨震之子。赐即杨赐,杨秉之子。官高爵显,传承家声。

【译文】

　　祖述仿效《长杨赋》,说的是什么意思呢? 有善行就称说是父母所为,有过错就归为自己之身,这是孝子的行为,也是写文章的一种体式。《诗经》、《尚书》所称赞叙述的先例,已经相隔很远了。三代以后,司马迁与班固都是世世代代做史官,而司马谈、班彪的学术业绩,也略见于司马迁、班固的自叙中了。后人竟然说班固盗窃父亲的著作，而司马迁则称赞父亲的德行。在今天看来，怎么就必然如此呢？司马谈遗留下来的学说，仅仅看到他对于六家宗旨的论述，至于滞留在周南，父子俩手拉着手哭泣，把史业传给司马迁，仅有几句空话记载，没有具体事迹。至于班彪继《史记》所著的《后传》，原委经过都有详细记载，而三个本纪的论赞，明确标出乃班彪之说，可以看出家传史学的传授关系；哪里像后人所说的那样，以致开启郑樵诬称班固有盗窃抄袭的嫌疑。只是司马迁叙述司马谈，既不是有意简略；而班固叙述班彪，也不是喜欢详细；孝子非常爱戴自己的父亲，采录父亲的德行功业而载入书中，一定要像他父亲生前的做法，而自己的际遇则不应掺杂进去。我看到近来的文集，却不能没有疑惑。他的父亲没有什么可称道吗？空着不写也可以。他的父亲只有些微善行吗？按照他父亲的实际情况加以记载，不能过于省略而变成遗漏，也不要添枝加叶变成欺骗就可以。追求名声很狡猾而理解真意却肤浅的人，大谈自己的功绩，连篇累牍而不肯罢休，等到文章末尾唱个高调，说道这是我先人教育的结果。甚至铺张笔墨大书特书自己荣耀的经历，对那些话津津乐道，等到文章最后加个总结，说道这是对我先人之德的回报。自序的文字，过于矜夸渲染，刘知几还讥讽他们自言志向毫不谦让，轻率而被讥笑了。况且称赞叙述自己的父亲，反而变成自我吹嘘的途径？称誉张汤有后，这是史官为鼓励世人效仿推荐贤士而说的话，若语出张安世之口，那就荒谬了。赞扬伯起世代有德，这是史官为清廉忠贞之士感到庆幸，若出于杨秉、杨赐笔下，那就错误了。过去人们说《长杨》、《上林》等赋，夸张铺陈游览所见，而在末尾寄托规劝惩戒，认为这是讽刺一分而劝诫百倍。上述一类人的文章，差不多是百倍地自我吹嘘，而称赞先人的文字只有百分之一吧？

　　矜谒者之通，何谓也？国史叙《诗》①，申明六义。盖诗无达言②，作者之旨，非有序说，则其所赋，不辨何谓也？今之《诗序》，以谓传授失其义，则可也；谓无待于序，不可也。
《书》之有序，或者外史掌三皇五帝之书，当有篇目欤？今之
《书序》，意亦经师授受之言，仿《诗序》而为者欤？读书终
篇，则事理自见；故《书》虽无序，而书义未尝有妨也。且
《书》故有序矣③，训诰之文终篇记言，则必书事首简，以见训
诰所由作。是记事之《书》无需序，而记言之《书》本有序也。
由是观之，序之有无，本于文之明晦，亦可见矣。吾观近日
之文集，而不能无惑也。树义之文，或出前人所已言也，或
其是非本易见也，其人未尝不知之，而必为之论著者，其中
或亦有微意焉，或有所托而讽焉，或有所感而发焉；既不明
言其故矣，必当序其著论之时世，与其所见闻之大略，乃使
后人得以参互考质，而见所以著论之旨焉。是亦《书》序训
诰之遗也。乃观论著之文，论所不必论者，十常居七矣，其
中岂无一二出于有为之言乎？然如风诗之无序，何由知其
微旨也。且使议论而有序，则无实之言类于经生帖括者，亦
稍汰焉④，而人多习而不察也。至于序事之文，古人如其事
而出之也。乃观后世文集，应人请而为传志，则多序其请之
之人，且详述其请之之语。偶然为之，固无伤也；相习成风，
则是序外之序矣。虽然，犹之可也。黯于好名而陋于知意
者，序人请乞之辞，故为敷张扬厉以谀己也。一则曰：吾子
道德高深，言为世楷，不得吾子为文，死者目不瞑焉。再则
曰：吾子文章学问，当代宗师，苟得吾子一言，后世所征信
焉。己则多方辞让，人又搏颡固求⑤。凡斯等类，皆入文辞，
于事毫无补益，而借人炫己，何其厚颜之甚邪？且文章不足

当此,是诬死也;请者本无是言,是诬生也。若谓事之缘起,不可不详,则来请者当由门者通谒⑥,刺揭先投⑦,入座寒温,包苴后馈⑧,亦缘起也,谒亦详而志之乎? 而谓一时请文称誉之辞,有异于是乎?

【注释】

①国史叙《诗》:据卫宏《诗序》曰:"国史明乎得失之迹,伤人伦之废,哀刑政之苛,吟咏性情,以风其上。"孔颖达《毛诗正义》曰:"国史者,《周官》大史、小史、外史、御史之等,皆是也……《駉》云:'史克作是颂。'史官自有作诗者矣,不尽是史官为之也。"

②诗无达言:语出董仲舒《春秋繁露》卷三《精华》:"所闻诗无达诂。"达诂,意为"通训"、"通释"。宋代楼钥校本曰:"按诂,他本误作话。"章学诚曰"诗无达言",当由"诗无达话"而来。

③《书》故有序矣:例如伪古文《尚书·汤诰序》曰:"汤既黜夏命,复归于亳,作《汤诰》。"又如伪古文《尚书·伊训序》曰:"成汤既没,太甲元年,伊尹作《伊训》,肆命徂后。"

④经生帖括者,亦可稍汰焉:帖括,语出《新唐书》卷四十四《选举志》:"明经者,但记帖括。"唐代考试制度,明经科以帖经方法试士,即把经文粘贴盖住若干字,令应试者对答。后来考生鉴于帖经难记,就总括经文,编成歌诀记诵,称为"帖括"。可,底本无此字,据《章氏遗书》补。

⑤搏颡(sǎng):伏地叩首。搏,底本原作"博",据《章氏遗书》本改,意为拍击、撞击。颡,额头。

⑥通谒:语出司马迁《史记》卷八《高祖本纪》:"乃绐为谒曰'贺钱万',实不持一钱。"司马贞《索隐》曰:"谒,谓以札书姓名,若今之通刺,而兼载钱谷也。"即通报名刺,请求拜见。

⑦刺揭:语出汉代刘熙《释名》卷六《释书契》:"书姓字于奏上曰书

刺。"揭,标志。奏,笺奏。刺,名片、名帖。

⑧包苴:语出《荀子·大略》:"苞苴行与。"杨倞《注》曰:"货贿必以
物苞裹,故总谓之苞苴。"又钟泰《庄子发微》曰:"古者馈人鱼肉
之类,用茅苇之叶,或苞之,或苴之,故曰苞苴。"苞,通"包",包
裹。苴,承藉。

【译文】

以请求人的赞誉之词相夸耀,说的是什么意思呢? 王室的史官为
《诗经》作序,申明六义,大概是因为诗没有贯通全书的训释,作者的旨
意,如果没有诗序解说,那么诗人所赋的诗,就分辨不清说的是什么。
今天留存的《诗序》,说它的传授失掉诗的原义,那是可以;认为没有必
要依赖《诗序》,那就不可以。《尚书》有序,或者外史负责三皇五帝时的
典籍,应当有篇目吧? 现在的《书序》,想来也应当是经师传授的话,是
仿照《诗序》而作的吧? 读书从头读到尾,那么事物的道理自然就显现
出来;所以《尚书》即使没有序,书中之义也不会受到妨碍。况且《尚书》
原来就有序了,训诂一类的文章通篇记言,那么一定会把事情记载在篇
首的简册上,用来表明作训诂的缘由。这是记事的《尚书》不需要序,记
言的《尚书》本来就有序。由此看来,有没有书序,根本在于文章明白与
隐晦,这也是显而易见了。我看到近来的文集,却不能没有疑惑。树立
宗旨道义的文章,有些出于前人已经说过的话,有些是非本来很容易看
明白,作者也不是不知道,却一定要对此撰文论述,其中或许也有一些
隐含的意思,或者有所寄托讽劝,或者有所感触发为文辞;既然不便明
言其中的缘故了,就一定需要作序说明撰写论著的时代,与所见所闻的
大略梗概,从而使后人能够互相参考比较,看出为什么要撰文论述的旨
意。这也是《尚书》为训诂作序遗留下来的方法。然而考察这些论说文
章,论述不必要论述的问题,十篇之中常有七篇了,其中难道没有一二
篇是出于有针对性的内容而写的吗? 但就像《诗经》中的《国风》没有序
那样,通过什么途径知道它那隐微的旨意。况且议论文章如果有序,那

些形同考生所用的贴括一类不切实际的言论,也可以稍加裁汰,但人们大多习以为常而没有觉察。至于为叙事之文作序,古人都是按照实际情况写出来。然而考察后世的文集,应他人之请而替人作碑传志铭,大多要把请求的人写入序中,而且详细叙述此人请求的言语。偶尔这样做,固然没有什么危害;互相学习形成风气,那就成了序外之序了。尽管如此,也还可以。追求名声很狡猾而理解真意却肤浅的人,在序中写别人请求的语言,故意铺张渲染来夸耀自己。有一类说:您道德崇高深邃,言语为世人楷模,得不到您撰写的文章,死者是死不瞑目。还有一类说:您的文章学问,是当代的泰斗,如果能得到您的一句话,就能够取信于后世。自己则千方百计地辞谢推让,别人又叩头坚决请求。凡此之类,都载入文中,对事情毫无补益,而借他人来炫耀自己,怎么这样厚颜无耻呢? 况且文章够不上这种称誉,这是欺骗死去的人;请求的人根本没有说这些话,这是欺骗活着的人。如果说交代事情的缘起,不可不详细记载,那么前来请求的人应当由看门人通报,先把名片投递上去,入座以后彼此寒暄,最后送上润笔的馈赠,这也是事情的缘起,为什么不详细记载下来呢? 还是认为当时请求作传的赞誉之辞,和这些话有所不同呢?

　　著卜肆之应,何谓也? 著作降而为文集,有天运焉,有人事焉。道德不修,学问无以自立,根本蹶而枝叶萎①,此人事之不得不降也。世事殊而文质变,人世酬酢②,礼法制度,古无今有者,皆见于文章。故惟深山不出则已矣,苟涉乎人世,则应求取给,文章之用多而文体分,分则不能不出于文集。其有道德高深,学问精粹者,即以文集为著作,所谓因事立言也。然已不能不杂酬酢之事,与给求之用也,若不得为子史专家,语无泛涉也。其误以酬酢给求之文为自立而纷纷称集者，盖又不知其几矣。此则运会有然，不尽关于人事也。吾观近日之文集，而不能无惑也。史学衰，而传记多杂出，若东京以降，《先贤》、《耆旧》诸传③、《拾遗》、《搜神》诸记④，皆是也。史学废，而文集入传记，若唐、宋以还，韩、柳志铭⑤，欧、曾序述⑥，皆是也。负史才者不得身当史任，以尽其能事，亦当搜罗闻见，核其是非，自著一书，以附传记之专家。至不得已，而因人所请，撰为碑、铭、序、述诸体，即不得不为酬酢应给之辞，以杂其文指，韩、柳、欧、曾之所谓无可如何也。黠于好名而陋于知意者，度其文采不足以动人，学问不足以自立，于是思有所托以附不朽之业也，则见当世之人物事功，群相夸诩，遂谓可得而藉矣。藉之，亦似也；不知传记专门之撰述，其所识解又不越于韩、欧文集也，以谓是非碑志不可也。碑志必出子孙之所求，而人之子孙未尝求之也，则虚为碑志以入集，似乎子孙之求之，自谓庶几韩、欧也。夫韩、欧应人之求而为之，出于不得已，故欧阳自命在五代之史⑦，而韩氏欲诔奸谀于既死，发潜德之幽光，作唐之一经⑧，尚恨托之空言也。今以人所不得已而出之者，仰窥有余羡⑨，乃至优孟以摩之，则是词科之拟诰⑩，非出于丝纶⑪，《七林》之答问，不必有是言也；将何以征金石⑫，昭来许乎⑬？夫舍传记之直达，而效碑志之旁通，取其似韩、欧耶？则是矉里也⑭。取其应人之求为文望邪？则是卜肆也。昔者西施病心而矉，里之丑妇，美而效之；富者闭门不出，贫者挈妻子而去之。贱工卖卜于都市，无有过而问者，则曰：某王孙厚我，某贵卿神我术矣⑮。

【注释】

①蹶（guì）：动摇。

②酬酢：古代朝聘宴飨之礼，主客互相敬酒，主敬客酒曰"献"，客还答曰"酢"，主复答敬曰"酬"。后来用作朋友之间的交往应酬。

③《先贤》、《耆旧》诸传：据《隋书》卷三十三《经籍志》杂传类著录，自《海内先贤传》、《四海耆旧传》以下，共有二十余种《先贤传》、《耆旧传》一类著作。

④《拾遗》、《搜神》诸记：据《隋书》卷三十三《经籍志》杂史类著录："《王子年拾遗记》十卷，萧绮撰。"王嘉，字子年。本书为东晋王嘉撰，南朝梁萧绮曾经加以整理。内容主要是宣传神仙方术之事。又据《隋书》卷三十三《经籍志》杂传类著录："《搜神记》三十卷，干宝撰。"所记内容多为神灵怪异。今本为后人从《法苑珠林》、《太平御览》等书中辑录而成，已非原貌。

⑤韩、柳志铭：韩指韩愈，柳指柳宗元。据方苞《方苞集》集外文卷四《古文约选序例》曰："退之、永叔、介甫，俱以志铭擅长。但序事之文，义法备于《左》、《史》。退之变《左》、《史》之格调，而阴用其法；永叔摩《史记》之格调，而曲得其风神；介甫变退之之壁垒，而阴用其步伐。"志铭，古代文体的一种。志为散文，铭为韵文。常刻在器物或石碑上，用于规诫、褒赞、颂功、纪念等场合。

⑥欧、曾序述：欧指欧阳修，曾指曾巩。据姚鼐《古文辞类纂·序》曰："余撰次古文辞，不载史传，以不可胜录也。惟载太史公、欧阳永叔表、志、序、论数首，序之最工者也。向、歆奏校书各有序，世不尽传，传者或伪，今存子政《战国策序》一篇，著其概。其后目录之序，子固独优已。"述，又称述赞。古代文体名称，属于史论的一种，全篇用韵撰文。据刘知几《史通》卷四《论赞》记载："马迁《序传》后，历写诸篇，各叙其意。既而班固变为诗体，号之曰述。范晔改彼述名，呼之以赞。"《文选》专门列有"史述赞"一

个门类。

⑦欧阳自命在五代之史:据陈振孙《直斋书录解题》卷四记载:"《新
五代史》七十四卷,欧阳修撰。其为说曰:'昔孔子作《春秋》,因
乱世而立法。余为本纪,以治法而正乱君。'"

⑧韩氏欲诛奸谀于既死,发潜德之幽光,作唐之一经:据韩愈《韩昌
黎全集》卷十六《答崔立之书》曰:"仆虽不贤,亦且潜究其得失,
致之乎吾相,荐之乎吾君,上希卿大夫之位,下犹取一障而乘之。
若都不可得,犹将耕于宽闲之野,钓于寂寞之滨,求国家之遗事,
考贤人哲士之终始,作唐之一经,垂之于无穷,诛奸谀于既死,发
潜德之幽光。二者将必有一可。"

⑨余羡:存有无限仰慕之情。

⑩词科之拟诰:科举名称之一。宋代的宏词科、词学兼茂科、情学
宏词科,清代的博学宏词科,均属此科。主要选拔学问渊博、文
辞清丽、能草拟朝廷制诰的人才。诰,古代一种训诫勉励的文
体。隋、唐以后,专指帝王授官、封赠的命令。

⑪丝纶:语出《礼记·缁衣》:"王言如丝,其出如纶。"纶,古代官吏
系印的丝带。后世称帝王的诏书为"丝纶"。

⑫征金石:钟鼎碑刻记载的文字,可以作为考史凭证。

⑬昭来许:语出《诗经·大雅·下武》:"昭兹来许。"毛《传》曰:"许,
进。"昭,昭示。来许,指后进,晚辈。

⑭睇(pín)里:语出《庄子·天运》:"故西施病心而睇其里,其里之丑
人见而美之,归亦捧心而睇其里。其里之富人见之,坚闭门而不
出;贫人见之,挈妻子而去之走。彼知睇美,而不知睇之所以美。"
睇,通"颦",皱眉。

⑮某王孙厚我,某贵卿神我术:据《章氏遗书》外编卷三《丙辰札记》
曰:"好名与好胜不同。好名徇人而忘己,好胜专己而非人。故
好胜,贤者亦所不免。而好名,则人品心术皆无所取也……余少

长在外,晚归乡里。乡人以其所著请余序跋,则其先往往已有人
为题品。其所题者,则有'向与章实斋典籍言之有合',或云'向
与章进士实斋,尝反复辨难,实斋服膺余言',又或云'余尝以质
章君实斋',甚至言'章实斋请正于余',其实全无影响。余何足
取重,而烦诸君谆谆不置? 然其所言,则不但非余所知,且多余
所不解。炫惑视听,疑误后人。"

【译文】

　　显示卖卦铺子的灵验,说的是什么意思呢? 著作后来变为文集,有
自然的气数,也有人为的因素。不加强道德修养,学问无法自立,根基
动摇枝叶就会萎枯,这就是人为造成的不得不下降的缘故。世事不同
而尚文尚质不断变化,人世的宴请应酬,社会的礼法制度,古代没有而
今天产生的内容,都在文章里表现出来。所以说闭门不出深山则罢了,
如果涉足到人世,就会有应酬请求与取索给予,文章的用途多了文体就
出现分途,文体出现分途就不能不超出文集的范围。有一些道德高深、
学问精粹的人,即以文集作为著作,所谓根据具体事情而著书立说。但
是已经不能不夹杂应酬之事,以及文字供求的功用,似乎不能成为子书
与史书那样能自成一家、语言不杂涉其他内容的著作。那些误把交往
应酬和取索给予文字作为自己的建树而纷纷称作文集的人,又不知有
多少了。这些都是时运际会造成的局面,不完全关系到人为之事。我
看到近来的文集,却不能没有疑惑。史学衰落以后,传记大多比较芜
杂,如东汉以来,《先贤传》、《耆旧传》等一类的传,《拾遗记》、《搜神记》
等一类的记,都是如此。史学废弃之后,文集里开始收入传记,例如唐、
宋以来,韩愈、柳宗元文集里的墓志与碑铭,欧阳修、曾巩文集里的序
论,都是如此。身负史学才能的人不能亲自担任史官,以便彻底发挥自
己修史的才能,也应当搜罗见闻,考核史料的是非,私自撰成一书,把它
归入到属于传记专门之家的范围。至于万不得已,根据他人的请求,撰
写碑、铭、序、述等体裁的文章,就不得不写些交往应酬和取索给予的文

字,使文章的旨意变得杂乱,这就是韩、柳、欧、曾所说的无可奈何的事情。追求名声很狡猾而理解真意却肤浅的人,估量自己的文采不足以打动别人,学问不足以自成一家,于是想有所依托来攀附专家不朽的事业,看见当代人物的事业功绩,都在互相夸耀吹捧,就认为可以有所依托了。依托它们,也是似是而非;不知道传记属于专门的著述,他的见解又没有超出韩、欧文集的范围,认为这样做非借助碑志不可。碑志一定出于子孙的请求,而别人的子孙并没有请求,那么就假托为人撰写碑志而收入文集,似乎是别人子孙请求他撰写的碑志,自认为与韩、欧也差不多。韩、欧是为应付别人子孙的请求而撰写碑志,出于不得已,所以欧阳修以《五代史》高自期许,而韩愈想讨伐死去的奸诈奉承之人,让隐而未彰的美德发出潜隐的光辉,为唐代撰写一种经书,尚且还遗憾只是托空言而著述。现在对前人不得已而写出来的东西,仰头观望而生出无限的仰慕之情,以至于像优孟那样来摹拟撰写,就像科举考试中文人草拟诰命,并不是出于帝王的诏书,如同《七林》一书中的答问,不一定真有这些话;这样将怎么取信于史书,昭示于后人呢? 舍弃传记的直截通达,而仿效碑志的旁杂互通,是要追求与韩、欧之文相似吗? 那就变成东施效颦了。是追求答应别人请求作为文章的声望吗? 那就成了卖卦的铺子。从前西施因胸口疼痛而皱起眉头,乡村中的丑妇,以为这样很美就跟着仿效;结果富人见了她就闭门不出,穷人见了她就携带妻子儿女逃走。卑微的卖卦先生在都市里算卦,没有人过来求神问卜,于是编造说:某某王孙公子非常看重我,某某达官贵人夸赞我卜术很神了。

俗　嫌

【题解】

　　古往今来,历代文人墨客无不感慨文章涉世之难,其中甘苦疾徐,只有自己能够感受深切,而社会上能够真正理解的人寥寥无几。唐代文豪杜甫在《偶题》一诗感叹说:"文章千古事,得失寸心知。"就是最真切的写照。章学诚为人特立独行,不随流俗而俯仰,对此感受更加深刻。本篇通过追溯前贤的际遇,尤其是根据自己撰写文章时常遭到无知者弹射的亲身经历,更深刻地感受到撰写涉世之文作者动辄得咎的悲哀。究其原因,主要在于世人嫌疑忌讳很多,而读者之中知意解人者极少,以至于社会上对文字的使用处处设防,作者进退维谷,难以下笔。章学诚俯仰一世,知己落落,难以语诸文事,不得已默待知音于来世,发语出勒名山之业,俟知者发之的感叹,宁肯甘于寂寞也不屈从流俗,表现出可贵的坚强意志。

　　文字涉世之难,俗讳多也。退之遭李愬之毁①,《平淮西碑》本未略李愬功②。欧阳辨师鲁之志③,从古解人鲜矣④。往学古文于朱先生⑤。先生为《吕举人志》⑥。吕久困不第,每夜读甚苦。邻妇语其夫曰:"吕生读书声高,而音节凄悲,岂其中有不自得邪?"其夫告吕。吕哭失声曰:"夫人知我。假主文者,能具夫人之聪,我岂久不第乎?"由是每读则向邻墙三揖。其文深表吕君不遇伤心;而当时以谓佻薄,无男女嫌,则聚而议之。又为《某夫人志》[⑦]。其夫教甥读书不率[⑧],挞之流血。太夫人护甥而怒[⑨],不食。夫人跪劝进食。太夫人怒,批其颊。夫人怡色有加,卒得姑欢[⑩]。其文于慈孝友睦,初无所间;而当时以谓妇遭姑挞,耻辱须讳,又答甥挞妇,俱乖慈爱,则削而去之。余尝为《迁安县修城碑》[⑪],文中叙城久颓废,当时工程更有急者[⑫],是以大吏勘入缓工[⑬];今则为日更久,圮坏益甚[⑭],不容更缓。此乃据实而书,宜若无嫌。而当时阅者,以谓碑叙城之宜修,不宜更著勘缓工者以形其短。初疑其人过虑,其后质之当世号知文者,则皆为是说,不约而同。又尝为人撰《节妇传》[⑮],则叙其生际穷困,亲族无系援者,乃能力作自给,抚孤成立。而其子则云:"彼时亲族不尽穷困,特不我母子怜耳。今若云云,恐彼负惭,且成嫌隙。请但述母氏之苦,毋及亲族不援。"此等拘泥甚多,不可更仆数矣。亦间有情形太逼,实难据法书者,不尽出拘泥也。又为朱先生撰《寿幛题辞》云[⑯]:"自癸巳罢学政归[⑰],门下从游,始为极盛。"而同人中,有从游于癸巳前者,或愤作色曰:"必于是后为盛,是我辈不足重乎?"又为梁文定较注《年谱》云[⑱]:"公念嫂夫人少寡,终身礼敬如母。遇有拂意,必委曲以得其欢。"而或乃曰:"嫂自应敬,今云念其少寡而敬,则是防嫂不终其节,非真敬也。"其他琐琐,为人所摘议者,不可具论,姑撮大略于此;亦可见文章涉世,诚难言矣。夫文章之用,内不本于学问,外不关于世教,已失为文之质;而或怀挟偏心^⑲，诋毁人物，甚而攻发隐私，诬涅清白；此则名教中之罪人，纵幸免刑诛，天谴所必及也。至于是非所在，文有抑扬；比拟之余，例有宾主；厚者必云不薄，醇者必曰无疵；殆如赋诗必谐平仄^⑳，然后音调；措语必用助辞，然后辞达。今为醇厚著说，惟恐疵薄是疑；是文句必去焉哉乎也，而诗句须用全仄全平，虽周、孔复生，不能一语称完善矣。嗟乎！经世之业，不可以为涉世之文。不虞之誉，求全之毁^㉑，从古然矣。读古乐府，形容蜀道艰难，太行诘屈^㉒，以谓所向狭隘，喻道之穷；不知文字一途，乃亦崎岖如是。是以深识之士黯默无言，自勒名山之业^㉓，将俟知者发之，岂与容悦之流较甘苦哉^㉔！

【注释】

①退之遭李愬（sù）之毁：据《旧唐书》卷一百六十《韩愈传》记载："元和十二年八月，宰臣裴度为淮西宣慰处置使，兼彰义军节度使，请愈为行军司马……淮蔡平，十二月随度还朝，以功授刑部侍郎。仍诏愈撰《平淮西碑》，其辞多叙裴度事。时先入蔡州擒吴元济，李愬功第一，愬不平之。愬妻出入禁中，因诉碑辞不实。诏令磨愈文。宪宗命翰林学士段文昌重撰文，勒石。"

②《平淮西碑》：载韩愈《韩昌黎全集》卷三十。

③欧阳辨师鲁之志：欧阳修曾撰《尹师鲁墓志铭》，尹氏家人不满其简略。新进士孔嗣宗请赴颍州，与欧阳修辩论。欧阳修特撰《论尹师鲁墓志》一文，辨明义例。尹师鲁，即尹洙（1001—1047），字师鲁，北宋河南府（今河南洛阳）人。历知泾、渭等州，官至起居舍人。与欧阳修倡议古文，世称河南先生。著有《河南先生文集》。

④解人：语出《世说新语》卷二《文学》："谢安年少时，请阮光禄道《白马论》，为论以示谢。于时谢不即解阮语，重相咨尽。阮乃叹曰：'非但能言人不可得，正索解人亦不可得。'"阮光禄，即阮裕。指见识高明而且能通晓人意之人。

⑤学古文于朱先生：朱先生指朱筠。据《章氏遗书》卷二十九《与汪龙庄简》曰："忆初入都门，朱大兴先生一见，许以千古。然言及时文，则云：'足下与此无缘，不能学，然亦不足学也。'弟云：'家贫亲老，不能不望科举。'朱先生曰：'科举何难？科举何尝必要时文？由子之道，任子之天，科举未尝不得，即终不得，亦非不学时文之咎也。'弟信其说，故但教人为文，而不教人为揣摩之文。"

⑥《吕举人志》：朱筠《笥河文集》卷九《庚午科举人吕君行状》。

⑦《某夫人志》：朱筠《笥河文集》卷九《王母高太夫人行状》。

⑧不率：不率教，指不服从教导，不遵循法度。

⑨太夫人：汉代定制，列侯之母许称太夫人。后世官吏、豪绅之母，不论存亡，都称太夫人。

⑩姑：古代妇人称呼丈夫的母亲为姑。

⑪《迁安县修城碑》：《章氏遗书》卷十六《迁安县重修城垣碑》。迁安县：今河北迁安市。

⑫工程：语出《新唐书》卷一百二十六《魏知古传》："会造金仙、玉真观，虽盛夏，工程严促。"原意为工作期限，后泛指一切工作、工事以及有关程序法式。

⑬大吏：封疆大吏，指总督、巡抚等独当一面的地方官员。

⑭圮（pǐ）：坍塌。

⑮《节妇传》：《章氏遗书》卷十八《书董节妇事》。

⑯《寿幛题辞》：《章氏遗书》卷二十三《朱先生五十初度屏风题辞》。古人祝寿时赠给寿诞者的锦幛，上面有题字赠言，称为寿幛。

⑰癸巳：清高宗乾隆三十八年，公元1773年。

⑱为梁文定校注《年谱》：《章氏遗书》卷二十一《梁文定公年谱书后》。梁文定，即梁国治（1723—1786），字阶平，号瑶峰，浙江会稽人。乾隆进士，官至东阁大学士，兼户部尚书。卒谥文定公。

⑲偏心：语出《庄子·山木》："有虚船来触舟，虽有偏心之人，不怒。"陆德明《经典释文》曰："偏，急也。"指心胸偏激狭窄。

⑳赋诗：底本原作"诗赋"，据《章氏遗书》本改。

㉑不虞之誉，求全之毁：语出《孟子·离娄上》："孟子曰：'有不虞之誉，有求全之毁。'"

㉒蜀道艰难，太行诘屈：古乐府中有《蜀道难》，歌词内容多写入蜀道路的艰难。唐人李白乐府《蜀道雄》写蜀道之崎岖艰险，魏武帝曹操乐府《苦寒行》写太行山的蜿蜒曲折与行军艰苦，都是有名的诗作。诘屈，曲折，弯曲。

㉓名山之业：语出班固《汉书》卷六十二《司马迁传》："藏之名山，传之其人。"即藏之名山的事业，指不朽的著述。

㉔容悦：语出《孟子·尽心上》："孟子曰：'有事君人者，事是君则为容悦者也。'"意为逢迎取媚。

【译文】

文章涉及世事就难，因为世俗忌讳很多。韩退之遭到李愬的谤毁，《平淮西碑》本来没有抹杀李愬的功绩。欧阳修辩解尹师鲁墓志，自古以来善解文章的人太少了。以前我跟随朱先生学习古文。先生写过一篇《吕举人志》。吕氏久困科场考试不中，每天夜里都发奋苦读。邻居有位妇人对丈夫说："吕生读书声音很高，但语调凄凉悲伤，恐怕是心中不如意吧？"她丈夫告诉吕生，吕生失声恸哭说："您的夫人了解我。假如评定文章的主考官，能够具备夫人这样的明察，我怎么会屡次考不中呢？"因此每次读书都对着邻居的墙作三次揖。这篇文章深深地表达了吕君不遇知音的伤心；可是当时人却认为这是轻薄，不避男女嫌疑，大家就聚在一起纷纷议论。朱先生又撰写过《某夫人志》。她丈夫教外甥读书而外甥不听话,被鞭打得流出血来。老太太疼爱外孙因此大怒,拒绝吃饭。夫人下跪劝婆婆用餐。老太太生气,打了她的脸颊。可是夫人面带笑容更加殷勤,终于博得了婆婆的欢心。这篇文章对慈爱、孝敬、友善与和睦,本来没有什么妨碍;然而当时人认为媳妇遭到婆婆打骂,这种耻辱应当避讳,而且鞭打外甥与殴打媳妇,都违背慈爱之道,就把这些地方删削掉了。我曾经写过《迁安县修城碑》,文字之中叙述县城城墙久已坍塌,但因当时还有其他更紧急的工程,所以地方长官把它列入暂缓的工程;现在时间更久了,倒塌也更加严重,不容许再延缓。这是根据实际情况加以记述,应该没有嫌疑。但当时读了这篇碑文的人,认为碑文叙述城墙应当修理,不应该又写把它当做缓期工程而显示地方官吏的短处。起初我怀疑是那些人多虑了,后来又把文章拿给当代号称懂文章的人评判,都是一样的说法,大家不约而同。我又曾经为人撰写《节妇传》,叙述她活着的时候生活穷困,家族中没有伸手援助的人,竟然能够极力劳作而供养全家,把孤儿抚养成人。但是她儿子却说:“那时家族中并不都是穷困之家,只是不怜悯我们母子罢了。现在这样说,恐怕他们感到惭愧,而且会造成仇怨。请求只叙述母亲的艰苦,不要牵扯家族不援助的事情。”这类顾忌很多,数都数不过来了。也偶尔有情形太过逼迫露骨,实在难以按照常规来记载的事例,并不都是出于顾忌。我又为朱先生撰写《寿幛题辞》说:“自从癸巳年间罢免学政回来,他门下追随求学的人,才开始达到极盛时期。”而同人之中,那些跟随朱先生学习在癸巳年以前的人,有人愤然变色说:“一定要说在此之后达到极盛,那么是说我们这些人不值得重视吗?”我又为梁文定校注《年谱》写道:“文定公想到嫂夫人年少而寡,终身像敬重母亲一样敬重她。遇到她不顺心的时候,必定要想方设法让她欢心。”然而却有人说:“对嫂子自然应当敬重,现在说想到她是年少守寡而加以敬重,那么是为了防备嫂子改嫁而不保晚节,而不是真正的敬重。”其他细碎的事情,被人所指责议论的地方,无法一一论述,这里姑且摘取大致梗概;也可以看出文章关涉到世事,确实是很难说了。文章的功用,修身不以学问为根本,经世又与人世教化无关,已经失去了写文章的实质;而有的人怀着狭隘的心胸,谤毁别人,甚至攻击揭发他人的隐私,诬蔑玷污他人的清白;这是礼教中的罪人,纵然幸免于刑法的惩治,也必然要遭到上天的责罚。至于是非所在的地方,文字上会有贬抑与褒扬;比拟的时候,照例会有宾主的区别;宽厚的人一定会说没有鄙薄,纯粹的人一定会说没有瑕疵;大概就像作诗一定要讲究平仄,然后音节才会协调;选词造句一定要用助词,然后辞句才能通顺明白。现在为纯粹厚道的人著书立传,唯恐他们会疑心有瑕疵和鄙薄,于是文句一定要去掉"焉"、"哉"、"乎"、"也"这类助词,而诗句必须采用全仄全平的格调,即使是周公、孔子再生,也不可能有一句被称为是完善的话了。唉!治理天下的学业,不可以写关涉世事的文章。有意料不到的赞美,有求全责备的诋毁,自古以来就是如此。读古乐府,形容入蜀道路的艰难,太行山行进的曲折,以为所向狭隘,比喻道路不通;不知道文章这条路,竟然也是如此崎岖不平。所以有远见的人默然无语,独自从事不朽的著述,将来等待深通文章之道的人来发现它,怎么能和阿谀逢迎之辈计较甘苦呢!

针 名

【题解】

中国古代学者非常重视名实之间的关系，不断做出深入探讨。先秦时期的名家、道家和儒家，都给后世留下经典的言论。尽管各家的宗旨与涵义不尽相同，但都强调循名责实的正确态度和途径。可见无论任何时代，也无论任何社会，"名"都不可舍，也不可不好"名"。但是，好名者应当建立在名副其实的基础之上，追求实至而名归的自然境界，如果徇名而忘实，矫揉造作，以伪乱真，甚至采取各种卑劣手段，欺世盗名，那么所追求之名就成为没有实质的虚名，与儒家的名教思想相违背，进而危害学术与社会。前贤把这类汲汲求名的人与汲汲求利的人相提并论，予以鄙视。本篇承继前面《黠陋》一文，进一步鞭挞追求名声很狡猾而理解真意却肤浅的人。章学诚揭露这类人追逐风尚，揣摩人情，曲意逢迎，就虚弃实，为盗取名声而无所不用其极，败坏人心风俗，实为道德之贼。这类人尽管往往能够获取一时之名，然而遇到真知之人，洞悉他们骗名的伎俩，也就黔驴技穷而原形毕露。最终好名者丧名，也就成为自然结果，但却不是必然之事。历代都有一些浪得虚名之人，不仅蒙蔽当时，而且欺骗后世。这篇文章的意义，就在于提醒人们不能一劳永逸，应当坚持不懈去做斗争。

名者,实之宾。实至而名归,自然之理也,非必然之事也。君子顺自然之理,不求必然之事也。君子之学,知有当务而已矣;未知所谓名,安有见其为实哉? 好名者流,徇名而忘实,于是见不忘者之为实尔。识者病之,乃欲使人后名而先实也。虽然,犹未忘夫名实之见者也。君子无是也。君子出处①,当由名义。先王所以觉世牖民②,不外名教。伊古以来,未有舍名而可为治者也。何为好名乃致忘实哉?曰:义本无名,因欲不知义者由于义,故曰名义。教本无名,因欲不知教者率其教,故曰名教。揭而为名,求实之谓也③。譬犹人不知食,而揭树艺之名以劝农;人不知衣,而揭盆缲之名以劝蚕④;暖衣饱食者,不求农蚕之名也。今不问农蚕,而但以饱暖相矜耀,必有辍耕织而忍饥寒,假借糠秕以充饱,隐裹败絮以伪暖,斯乃好名之弊矣。故名教名义之为名,农蚕也。好名者之名,饱暖也。必欲骛饱暖之名,未有不强忍饥寒者也。

【注释】

①君子出处:语出《周易·系辞上》:"君子之道,或出或处,或默或语。"

②牖(yǒu)民:语出《诗经·大雅·板》:"天之牖民,如埙如箎。"毛《传》曰:"牖,导也。"

③揭而为名,求实之谓也:据《尹文子·大道上》曰:"名也者,正形者也。形正由名,则名不可差⋯⋯名有三科,法有四呈。一曰命物之名,方、圆、白、黑是也。二曰毁誉之名,善、恶、贵、贱是也。三曰况谓之名,贤、愚、爱、憎是也⋯⋯今万物具存,不以名正之

则乱。万名具列,不以形应之则乖。故形名者,不可不正也。善名命善,恶名命恶,故善有善名,恶有恶名。圣、贤、仁、智,命善者也。顽、嚚、凶、愚,命恶者也。今即圣、贤、仁、智之名,以求圣、贤、仁、智之实,未之或尽也。即顽、嚚、凶、愚之名,以求顽、嚚、凶、愚之实,亦未或尽也。使善恶尽然有分,虽未能尽物之实,犹不患其差也。故曰名不可不辨也。"

④盆缫(sāo):语出《礼记·祭义》:"夫人缫,三盆手。"郑玄《注》曰:"三盆手者,三淹也。凡缫,每淹大总而手振之,以出绪也。"缫,通"缲",缲丝。盆,浸淹,指浸泡蚕茧准备抽丝。绪,丝。

【译文】

名称,依附于实质。实质具备而名分归附,这是自然的道理,却不是必然的事情。君子顺从自然的道理,不追求必然的事情。君子的学识,知道有当前应该做的事就行了;不知道所谓的名,又怎么能看见它的实质呢?好名之辈,追求名声而忘记了实质,于是见到没有忘记的名分就把它当做实质。有识之士对此不满,是想要让人们把名分放在后面而把实质摆在前面。尽管如此,这还是那种没有忘记名分与实质的见解。君子不是这样。君子出仕隐退,应当遵循名义。先王用来启发世人开导民众的内容,不外乎名教。自古以来,没有舍弃名分而可以治理好国家的事例。为什么追求名分就会导致忘记实质呢?回答说:道理本来没有名称,因为想让不懂道理的人遵循道理行事,所以称为名义。教化本来没有名称,因为想让不懂教化的人服从教化,所以称为名教。揭示并且确立名称,是为了探求它的实质。譬如人们不知道种植粮食,就揭示栽培种植的名称来劝人务农;人们不知道编织衣服,就揭示盆手缫丝的名称来劝人养蚕;穿得暖和吃得饱的人,不问耕种养蚕的名称。现在不问耕种和蚕桑,只以饱暖互相夸耀,一定有人停下耕织忍受饥寒,依靠糠秕来冒充饱食,暗裹破旧的棉絮来伪装温暖,这就是追求名分所造成的弊病了。所以说名教与名义所称的"名",指的是耕种和蚕桑;追求名分的人所称的"名",指的则是饱暖。一定要追求饱暖之名,就没有不是强忍饥寒的人。

　　然谓好名者丧名,自然之理也,非必然之事也。昔介之推不言禄,禄亦弗及①。实至而名归,名亦未必遽归也。天下之名,定于真知者②,而羽翼于似有知而实未深知者。夫真知者,必先自知。天下鲜自知之人,故真能知人者不多也。似有知而实未深知者则多矣。似有知,故可相与为声名。实未深知,故好名者得以售其欺。又况智干术驭,竭尽生平之思力,而谓此中未得一当哉? 故好名者往往得一时之名,犹好利者未必无一时之利也。

【注释】

①介之推不言禄,禄亦弗及:据《左传·僖公二十四年》记载:"晋侯赏从亡者,介之推不言禄,禄亦弗及。推曰:'献公之子九人,唯君在矣。惠、怀无亲,外内弃之。天未绝晋,必将有主。主晋祀者,非君而谁? 天实置之,而二三子以为己力,不亦诬乎! 窃人之财,犹谓之盗,况贪天之功以为己力乎? 下义其罪,上赏其奸,上下相蒙,难与处矣。'其母曰:'盍亦求之,以死谁怼。'对曰:'尤而效之,罪又甚焉;且出怨言,不食其食。'其母曰:'亦使知之,若何?'对曰:'言,身之文也。身将隐,焉用文之,是求显也。'其母曰:'能如是乎? 与女偕隐。'遂隐而死。晋侯求之不获,以绵上为之田,曰:'以志吾过,且旌善人。'"介之推,又称介推、介子推。春秋时晋国贵族,追随晋公子重耳流亡国外。重耳回国即位后,介之推辞谢功赏,与母亲隐居绵山而死。又传说晋文公采用烧山的办法,逼他出来受赏做官,他因不愿出来而被烧死。

②真知：语出《庄子·大宗师》："且有真人而后有真知。"意为正确而深刻的认识。

【译文】

　　然而说追逐名分的人会丢掉名声，这是自然的道理，不是必然的事情。从前介子推不提及禄位，禄位也没有赏给他。实质具备名分就会归附，但是名分也不一定马上就来。天下的名称，由具有真知灼见的人来确定，而用冒似有见解实际上并没有深刻见识的人作为辅助。具有真知灼见的人，一定首先了解自己。天下很少有能了解自己的人，所以能真正了解别人的人不多。冒似有见解而实际上并没有深刻见解的人却很多。冒似有见解，所以可以共同赢得名声。实际上并没有深刻的见解，所以追求名声的人能够兜售自己的欺诈。又何况运用智慧去牟取和采用权术去驾驭，竭尽平生的心思精力，能说他在这里面得不到一点适宜的东西吗？所以好名的人往往能获取一时的名声，就像追求赢利的人不一定没有一时的利益一样。

　　且好名者，固有所利而为之者也。如贾之利市焉①，贾必出其居积②，而后能获利；好名者，亦必浇漓其实③，而后能徇一时之名也。盖人心不同如其面，故务实者，不能尽人而称善焉。好名之人，则务揣人情之所向，不必出于中之所谓诚然也。且好名者，必趋一时之风尚也。风尚循环，如春兰秋鞠之互相变易④，而不相袭也。人生其间，才质所优，不必适与之合也。好名者，则必屈曲以徇之，故于心术多不可问也。唇亡则齿寒⑤，鲁酒薄而邯郸围⑥，此言势有必至，理有固然也⑦。学问之道，与人无忮忌⑧；而名之所关，忮忌有所必至也。学问之道，与世无矫揉；而名之所在，矫揉有所必然也。故好名者，德之贼也。

【注释】

①利市:语出《周易·说卦》:"为近利市三倍。"意为贸易所得利润。也指商人牟取暴利。

②居积:语出王充《论衡》卷二十六《知实》:"子贡善居积……故货殖多,富比陶朱。"意为囤积居奇。

③浇漓:也作"浇醨"。指风俗浮薄。

④春兰秋鞠:语出《楚辞·九歌·礼魂》:"春兰兮秋菊,长无绝兮终古。"洪兴祖《楚辞补注》曰:"春兰秋菊,各一时之秀也。"鞠,通"菊"。

⑤唇亡则齿寒:语出《左传·僖公五年》:"晋侯复假道于虞以伐虢,宫之奇谏曰:'虢,虞之表也。虢亡,虞必从之。晋不可启,寇不可玩,一之谓甚,其可再乎?谚所谓辅车相依,唇亡齿寒者,其虞虢之谓也。'"意为嘴唇失去了,牙齿就会感觉寒冷。比喻两者关系十分紧密。

⑥鲁酒薄而邯郸围:据《庄子·胠箧》记载:"故曰:唇竭则齿寒,鲁酒薄而邯郸围,圣人生而大盗起。"陆德明《经典释文》曰:"楚宣王朝诸侯,鲁恭公后至而酒薄……宣王怒,乃发兵与齐攻鲁。梁惠王常欲击赵,而畏楚救。楚以鲁为事,故梁得围邯郸。言事相由也,亦是感应。"《经典释文》又引许慎《淮南子注》曰:"楚会诸侯,鲁、赵俱献酒于楚王,鲁酒薄而赵酒厚。楚之主酒吏,求酒于赵,赵不与。吏怒,乃以赵厚酒易鲁薄酒,奏之。楚王以赵酒薄,故围邯郸也。"邯郸,赵国都城,今属河北省。

⑦势有必至,理有固然:语出《战国策·齐策四》:"谭拾子曰:'事有必至,理有固然,君知之乎!'"谭拾子,孟尝君食客。司马迁《史记》卷七十五《孟尝君列传》以为冯谖之事。君,指孟尝君。

⑧忮(zhì)忌:忌恨。

【译文】

　　况且追求名声的人，本来就是有利可图而去追求。犹如商人想买卖赢利，商人一定要把囤积的货物拿出来，然后才能获利；好名的人，也一定要使其实质变得浮华，然后才能获得一时的名声。大概人心不同就像人的面孔，所以追求实质的人，不能让每一个人都说好。好名的人，那么一定要揣摩世俗人情的趋向，而不一定出于心中所谓的诚实。而且好名的人，一定会趋附当时的风尚。风尚循环变化，就如春兰秋菊互相变换，而不互相沿袭。人生活在风尚中间，才能品性方面的长处，不一定恰好与之相合。好名的人，就一定曲意追随风尚，所以对他们的心术多不可追究。失去嘴唇牙齿就会感到寒冷，鲁国的酒味苦薄而赵国的邯郸就遭到围攻，这是说有必然的趋势，也有自然的道理。研究学问，与人们没有忌恨；而名分所关联之处，忌恨就一定会出现。研治学问，与世事没有故意做作；而名声所在之处，就一定会有矫揉造作。所以说好名的人，就是戕害道德的人。

　　若夫真知者，自知之确，不求人世之知之矣。其于似有知实未深知者，不屑同道矣。或百世而上，得一人焉，吊其落落无与俦也①，未始不待我为后起之援也。或千里而外，得一人焉，怅其遥遥未接迹也②，未始不与我为比邻之洽也③。以是而问当世之知，则寥寥矣，而君子不以为患焉。浮气息，风尚平，天下之大，岂无真知者哉？至是而好名之伎，亦有所穷矣。故曰：实至而名归，好名者丧名，皆自然之理也，非必然之事也。卒之事亦不越于理矣。

【注释】

　　①落落无与俦：语出范晔《后汉书》卷四十九《耿弇传》："帝谓弇曰：

'……将军前在南阳，建此大策，常以为落落难合，有志者事竟成也。'"李贤《注》曰："落落，犹疏阔也。"形容孤独，与人不合。

②接迹：也作"接武"。据刘勰《文心雕龙》卷十《物色》曰："古来辞人，异代接武，莫不参伍以相变，因革以为功。"武，足迹。即足迹前后相随。泛指人或事前后相接。

③比邻之洽：语出《诗经·小雅·正月》："洽比其邻，昏姻孔云。"洽，和谐。比，亲近。形容邻里关系和谐亲近。

【译文】

　　至于具有真知的人，对自己的了解非常正确，不求人世间别人了解自己了。他对于貌似有见识而实际上并没有深刻见识的人，不屑于和他们成为志同道合的人了。或许百世以上，能有这样一个人，凭吊他孤独而无伴，他未尝不是在等待我作为后起的接援。或许千里之外，能有这样一个人，惆怅与他遥遥相隔而不能前后相随，他未尝不能与我作近邻而融洽相处。所以要问当代有真知的人，那就寥寥无几了，然而君子并不以此为担忧。浮薄风气停息，风尚和平不争，天下这么大，难道还没有具有真知灼见的人吗？到这时候追求名声的伎俩，也就有些枯竭了。所以说：有了实质而名分就会归附，追求名分的人会丢掉名声，这都是自然的道理，不是必然的事情。最终事情也不会超越这个道理了。

砭 异

【题解】

　　本篇内容承接上篇而作，揭露好名之人另一种惯用的伎俩就是故意标新立异。章学诚为针砭这类弊病，深入探究，鞭辟入里，以抉其病根之所在。他指出大凡好名之人，必然想要表现得与众不同。然而他们内心既没有真知灼见，也没有新的发现，只不过是因人成说，和别人并无显著区别。但是由于好名之心作祟，耻于和众人见解相同，于是故意求新求异，试图在外表上超越别人。他们或矫众人成说，故意为其不然；或师心自用，凿空立论。凡此种种，都给学术带来极大危害。章学诚运用逻辑推理，揭露出凡是喜好标新立异的人，都是由于内心不足，没有真才实学；而拿不出真东西又把持不定争名好胜之心，所以想方设法不择手段地故作惊人之论，希望引起世人的注意。往复不已，恶性循环，其病根就在于好名。

　　古人于学求其是，未尝求异于人也。学之至者，人望之而不能至，乃觉其异耳，非其自有所异也。夫子曰："俭，吾从众。泰也，虽违众，吾从下。"[①]圣人方且求同于人也。有时而异于众，圣人之不得已也。天下有公是，成于众人之不知其然而然也，圣人莫能异也。贤智之士，深求其故，而信其然。庸愚未尝有知，而亦安于然。而负其才者，耻与庸愚同其然也，则故矫其说以谓不然。譬如善割烹者，甘旨得人同嗜②，不知味者，未尝不以谓甘也。今耻与不知味者同嗜好，则必啜糟弃醴③，去脍炙而寻藜藿④，乃可异于庸俗矣。语云："后世苟不公，至今无圣贤。"万世取信者，夫子一人而已矣。夫子之可以取信，又从何人定之哉？公是之不容有违也。夫子论列古之神圣贤人，众矣。伯夷求仁得仁⑤，泰伯以天下让⑥，非夫子阐幽表微⑦，人则无由知尔。尧、舜、禹、汤、文、武、周公，虽无夫子之称述，人岂有不知者哉？以夫子之圣，而称述尧、舜、禹、汤、文、武、周公，不闻去取有异于众也，则天下真无可以求异者矣。是非之心，人皆有之。至于声、色、臭、味，天下之耳、目、口、鼻，皆相似也。心之所同然者，理也，义也⑧。然天下歧趋，皆由争理义，而是非之心，亦从而易焉。岂心之同然，不如耳、目、口、鼻哉？声、色、臭、味有据而理义无形。有据则庸愚皆知率循，无形则贤智不免于自用也。故求异于人，未有不出于自用者也。治自用之弊，莫如以有据之学，实其无形之理义，而后趋不入于歧途也。夫内重则外轻，实至则名忘。凡求异于人者，由于内不足也。自知不足，而又不胜其好名之心，斯欲求异以加人，而人亦卒莫为所加也。内不足，不得不矜于外，实不至，不得不骛于名，又人情之大抵类然也。以人情之大抵类然，而求异者固亦不免于出此，则求异者何尝异人哉？特异于坦荡之君子尔⑨。夫马，毛鬣相同也，龁草饮水⑩，秣刍饲粟⑪，且加之鞍鞯而施以箝勒⑫，无不相同也，或一日而百里,或一日而千里;从同之中而有独异者,圣贤豪杰,所以异于常人也。不从众之所同,而先求其异,是必诡衔窃辔⑬,踶跃噬龁⑭,不可备驰驱之用者也。

【注释】

①俭,吾从众。泰也,虽违众,吾从下:语出《论语·子罕》:"子曰:'麻冕,礼也。今也纯,俭,吾从众。拜下,礼也。今拜乎上,泰也。虽违众,吾从下。'"朱熹《集注》引"程子曰:'君子处世,事之无害于义者,从俗可也。害于义,则不可从矣。'"麻冕,用麻料编织的礼帽,顶戴符合传统的礼制。纯,用丝料编织的礼帽。因为用料比麻冕少,所以俭省。拜下,古代臣子见君,先在堂下叩头行礼,符合传统的礼制。拜上,升堂之后再叩头行礼。这是傲慢的表现。

②善割烹者,甘旨得人同嗜:据《孟子·告子上》曰:"口之于味,有同耆也;易牙先得我口之所耆者也。如使口之于味也,其性与人殊,若犬马之与我不同类也,则天下何耆皆从易牙之于味也?至于味,天下期于易牙,是天下之口相似也……故曰:口之于味也,有同耆焉。"割烹,炮制食物。耆,通"嗜",爱好,欲望。

③啜(chuò)糟弃醴:品尝糟粕而抛弃美酒。啜,吃,尝。糟,酒渣。醴,甜酒。

④藜藿(lí huò):泛指粗劣的饭菜。藜,灰菜。藿,豆叶。

⑤伯夷求仁得仁:语出《论语·述而》:"子贡……入曰:'伯夷、叔齐,何人也?'曰:'古之贤人也。'曰:'怨乎?'曰:'求仁而得仁,又何怨?'"

⑥泰伯以天下让:语出《论语·泰伯》:"子曰:'泰伯,其可谓至德也已矣!三以天下让,民无得而称焉。'"

⑦阐幽表微:语出《周易·系辞下》:"夫《易》,彰往而察来,而微显

阐幽。"指阐发与揭示隐微的事物或道理。

⑧声、色、臭、味，天下之耳、目、口、鼻，皆相似也。心之所同然者，
　　理也，义也：语出《孟子·告子上》："故曰：口之于味也，有同耆
　　焉；耳之于声也，有同听焉；目之于色也，有同美焉。至于心，独
　　无所同然乎？心之所同然者何也？谓理也、义也。圣人先得我
　　心之所同然耳。故理、义之悦我心，犹刍豢之悦我口。"耆，通
　　"嗜"，爱好，欲望。义，正义。理，公理。

⑨坦荡之君子：语出《论语·述而》："子曰：'君子坦荡荡，小人长戚
　　戚。'"郑玄《注》曰："坦荡荡，宽广貌。"

⑩龁(hé)草饮水：语出《庄子·马蹄》："马，蹄可以践霜雪，毛可以
　　御风寒，龁草饮水，翘足而陆，此马之真性也。"龁，咬，嚼。

⑪秣(mò)刍饲粟：语出《诗经·周南·广汉》："言秣其马。"毛《传》
　　曰："秣，养也。"

⑫加之鞍鞯(jiān)而施以箝(qián)勒：鞍鞯，语出郭茂倩《乐府诗集》
　　卷二十五《木兰诗》："西市买鞍鞯。"指马鞍与马鞍的垫子。箝
　　勒，也作"钳勒"，语出袁宏《后汉纪》卷二十一《孝桓皇帝纪》："四
　　牡横驰，皇路险倾，必将钳勒鞭挞，以救奔败。"指嚼勒和笼头一
　　类羁马器具。

⑬诡衔窃辔：语出《庄子·马蹄》。陆德明《经典释文》曰："诡衔，吐
　　出衔也。窃辔，啮辔也。"

⑭踶跤(dì guì)噬(shì)龁：形容牲畜不服驾驭。踶，踢，踏。跤，骡
　　马用后蹄踢人。噬，咬。

【译文】

古人对于学问追求它的真理，没有追求与别人不同。学问到达最
高境界之人，人们仰望但却不能到达那种境界，于是觉得与人不同，并
不是他本身有所不同。孔夫子说："节俭，我随同大家的做法。在堂上
行礼很傲慢，尽管违背众人的意愿，我仍然主张在堂下行礼。"圣人尚且

寻求与众人一致。有的时候与众人不同,那是圣人不得已。天下有公认的真理,在众人不知道它会这样的时候就已经这样了,圣人也不能另搞一套。贤达聪明的人,深入探求其中原因,然后相信它的正确。平庸愚昧的人并没有什么见解,也习惯地接受这些真理。以才华自负的人,耻于和平庸之辈具有同样的见识,就故意矫拧那些观点说它不对。比如善于烹调的人,食物的美味博得人们的共同喜好,不善于辨别滋味的人,未尝不以为那是美味。现在耻于和不善于辨别滋味的人有共同的嗜好,就一定要食用酒渣而废弃美酒,撤去精细的鱼肉而寻找灰菜与豆叶,才可以和庸俗之人不同了。俗话说:"后世如果不公道,至今不会出圣贤。"取信于万世的人,只有孔夫子一人而已。孔夫子能够取信于世,又依靠什么人来评判呢? 大家公认的真理不容许有任何违背。孔夫子论述古代的圣人与贤人,有很多了。伯夷追求仁德就得到了仁德,泰伯把天下让给了季历,如果没有孔夫子阐发幽隐表明精微,人们就无从知道这些事情。唐尧、虞舜、夏禹、商汤、周文王、周武王、周公,即使没有孔夫子的称赞论述,人们难道还有不知道的吗? 以夫子这样的圣人,来称赞论述唐尧、虞舜、夏禹、商汤、周文王、周武王、周公,没听说夫子的取舍和众人有什么不同,那么天下果真没有可以追求歧异的人了。判断是非的心,每个人都会有。至于声音、颜色、气味、滋味,天下人的耳、目、口、鼻,都有相似的反应。内心之中相同的东西,是理,是义。然而天下分歧的趋势,都是由于互争理义,而判断是非的心,也随之而改变。难道是内心的认同,不如耳、目、口、鼻吗? 因为声音、颜色、气味、滋味有依据而理义却没有形体。有依据则平庸愚蠢的人都知道遵循,没有形体则贤明聪颖的人不免会自行其是。所以追求与众人的不同,没有不是出于自行其是的人。惩治自行其是的弊端,不如用有根据的学问,来充实没有形体的理义,然后趋向就不会误入歧途。内心充实就会看轻外在的东西,具备了实质就会忘记名分。大凡追求和别人不同的人,是由于内心不够充实。自己知道不足,却又承受不住好名之心的诱惑,于是就追求新异来超越别人,而人们也终究没有接受他所强加的东西。内心不充实,就不得不向别人炫耀,没有实质,就不得不追逐名分,这又是人情之中大抵相同的表现。根据人情之中大抵相同的表现,而追求新异的人本来也不免语出这一范围,那么追求新异的人何曾与他人有不同呢? 只不过与襟怀坦荡的君子相异罢了。马,鬃毛都相同,吃草饮水,喂养饲料,并且加上鞍垫和套上笼头,没有不相同之处,有的马一天奔跑百里,有的马一天奔跑千里;随从相同之中而又有独特之处,这就是圣人与豪杰,用来表现和平常人不同的途径。不随从众马相同的方面,而先寻求与它们的不同,这样一定会吐出嚼子撕扯缰绳,又踢又咬,不可供人骑乘奔走之用。

砭俗

【题解】

　　本篇之作,仍为针砭世俗拘忌之文。章学诚论文,皆本于质,反对各类无实质内容的作品。《章氏遗书》补遗《答朱少白书》云:"文体不废应酬……鄙著正因世俗拘文体为优劣,而不察文之优劣,并不在体貌推求,故撰《砭俗》之篇,欲人略文而求实也。"这段话已经明确点出这篇文章的主旨。文章针对社会上的文人鄙视寿屏祭幛一类文字,尤其是拘泥于世俗而形成种种禁忌,做出细致的分析批判。因此,章学诚主要针砭了两类作者的鄙俗:一类是拘泥于古代没有先例,而不屑于撰写寿言之体;另一类是徇于世俗禁忌而强作解说,形成许多非礼之礼。他认为,文章的优劣不在于采用何种撰写文体,而取决于所要表现的内容和实质。文生于质,只要言之有物,即使寿祝哀诔之文,也完全能够因质而施文,内容丰富充实。因质施文,不但文章可以变化自如,而且后人也可以超越前人,不断开辟新境界,推进内容与体裁创新。

　　文章家言及于寿屏祭幛①,几等市井间架②,不可入学士之堂矣。其实时为之也。涉世不得废应酬故事,而祝嘏陈言③,哀挽习语④,亦无从出其性灵,而犹于此中斤斤焉,计工论拙,何以异于梦中之占梦欤⑤?夫文所以将其意也⑥,意无所以自申,而概与从同,则古人不别为辞,如冠男之祝⑦,醮女之命⑧,但举成文故牍而已矣。文胜之习,必欲为辞,为之而岂无所善? 则遂相与矜心作意,相与企慕仿效,滥觞流为江河,不复可堙阏矣⑨。夫文生于质也,始作之者,未通乎变,故其数易尽,沿而袭之者之所以无善步也。既承不可遏之江河,则当相度宣防⑩,资其灌溉,通其舟楫,乃见神明通久之用焉。文章之道,凡为古无而今有者,皆当然也。称寿不见于古⑪,而叙次生平,一用记述之法,以为其人之不朽,则史传竹帛之文也。挽祭本出辞章,而历溯行实,一用诔谥之意⑫,以为其人之终始,则金石刻画之文也。文生于质,视其质之如何而施吾文焉,亦于世教未为无补,又何市井间架之足疑,而学士之不屑道哉?

【注释】

①寿屏祭幛:为祝寿和哀挽而撰写的文字。寿屏,给寿诞者赠予的带有寿言、寿词、诗词、书画内容的条幅。祭幛,送给死者的带有哀辞、祭语、挽联等内容的条幅。

②市井间架:市井指聚众买卖之地,也作为街市的通称。间架指房屋的结构与格局。

③祝嘏(jiǎ):祝指祝祈,嘏指予福。后世称祝寿为祝嘏。

④哀挽:语出《太平御览》卷五百九十六《文部·哀辞》:"《文章流别论》曰:哀辞者,诔之流也。"又崔豹《古今注》卷中《音乐》曰:"[田]横自杀,门人伤之,为之悲歌……使挽柩者歌之,世呼为挽歌。"后世称悼词哀歌为哀挽。

⑤梦中之占梦:语出《庄子·齐物论》:"梦之中又占其梦焉。"

⑥将:语出《诗经·大雅·烝民》:"肃肃王命,仲山甫将之。"意为奉

行,秉承。

⑦冠男之祝:语出《仪礼·士冠礼》:"始加祝曰:'令月吉日,始加元服。弃尔幼志,顺尔成德。寿考维祺,介尔景福!'再加曰:'吉月令辰,乃申尔服。敬尔威仪,淑慎尔德。眉寿万年,永受胡福!'三加曰:'以岁之正,以月之令,咸加尔服。兄弟具在,以成厥德。黄耇无疆,受天之庆!'"冠,即加冠礼。古代贵族子弟到二十岁时举行加冠仪式,表示成年。元服,即冠。

⑧醮(jiào)女之命:语出《仪礼·士昏礼》:"父送女,命之曰:'戒之敬之!夙夜无违命。'母施衿结帨曰:'勉之敬之!夙夜无违宫事。'庶母及门内施鞶,申之以父母之命,命之曰:'敬恭听宗尔父母之言,夙夜无愆,视诸衿鞶!'"郑玄《注》曰:"酌而无酬酢曰醮。"后世把女子出嫁称作醮。

⑨堙阏(yīn è):堙指填埋,阏指堵塞。

⑩相度(xiàng duó)宣防:相度,意为观察、估量、审视。宣防,语出班固《汉书·沟洫志》:"自河决瓠子后,二十余岁,岁因以数不登……上乃使汲仁、郭昌发卒数万人,塞瓠子决河……筑宫其上,名曰宣防。"又作"宣房",故址在河南濮阳西南。意为防治水灾。

⑪称寿不见于古:据顾炎武《日知录》卷十三《生日》记载:"生日之礼,古人所无。《颜氏家训》曰:'江南风俗,儿生一期,为制新衣,盥浴装饰。男则弓矢纸笔,女则刀尺针缕,并加饮食之物及珍宝服玩,置之儿前,观其发意所取,以验贪廉智愚,名之为试儿。亲表聚集,因成宴会。自兹以后,二亲若在,每至此日,常有饮食之事。无教之徒,虽已孤露,其日皆为供顿,酣畅声乐,不知有所感伤。梁孝元年少之时,每八月六日载诞之辰,常设斋讲。自阮修容薨后,此事亦绝。'是此礼起于齐、梁之间。逮唐、宋以后,自天子至于庶人,无不崇饰此日,开筵召客,赋诗称寿,而于昔人反本乐生之意,去之远矣。"

⑫诔谥：诔，语出刘勰《文心雕龙》卷三《诔碑》："诔者，累也，累其德
　行，旌之不朽也。"谥，语出《礼记·檀弓上》："死谥，周道也。"孔
　颖达《疏》曰："殷以上有生号，仍为死后之称，更无别谥。尧、舜、
　禹、汤之例是也。周则死后别立谥，故总云周道也。"

【译文】

　　撰文之家谈到寿屏挽悼，几乎看作市井中的房屋结构，认为不能进
入学术的殿堂。其实这是时势所造成的结果。在世俗中生活不可能废
弃应酬的事情，祝寿用的陈辞滥调，哀悼用的习惯用语，也没有途径表
现出文章的性灵，而对此仍然斤斤计较，考察它们的工巧笨拙，这与在
梦中解说梦的吉凶有什么区别呢！文章是要用来秉承作者的思想，没
有自己要表达的思想，而一概与他人相同，那么古人并不另外撰写新
辞，例如男子行加冠礼的祝文，女子出嫁父母的诫词，只不过是采用案
牍上现成的文字罢了。追求文采的风气，一定要另撰新辞，重撰之辞难
道没有一点优胜的地方吗？于是人们相互夸耀心得和创意，相互仰慕
仿效，起初只能浮起酒杯的源头就流淌成滔滔江河，不可能再堵塞住
了。文章由实质决定，起初作文的人，不能通晓变化，所以文章气数容
易完结，这是后来沿袭的人不善于继承的原因。既然承继的是不可遏
制的江河，那么就应该加以考察防治，利用河水灌溉，沿河通行舟船，才
能发现人的神智发挥的变通永久的作用。撰写文章的方法，凡是古代
没有而当今产生的文体，都有其必然结果。祝寿不见于古代，但是叙述
生平，用的全是记述的方法，把它作为寿诞者不朽的文字，那就是史书
传记的文字。挽辞祭文原本出于辞章，然而一一追述死者生平事迹，完
全采用诔文与赠谥的旨意，作为此人一生的总结，那就是刻于金石碑版
的文字。文章由实质决定，根据实质的具体情况而撰写自己的文章，对
于人世教化也不是没有补益，又有什么理由把它疑为市井中的房屋结
构，以致学者们都不屑于谈论呢？

夫生有寿言，而死有祭挽，近代亡于礼者之礼也。礼从宜，使从俗①，苟不悖乎古人之道，君子之所不废也。文章之家，卑视寿挽，不知神明其法，弊固至乎此也。其甚焉者，存祭挽而耻录寿言。近世文人，自定其集，不能割爱而间存者，亦必别为卷轴，一似雅郑之不可同日语也②。汪钝翁以古文自命③，动辄呵责他人，其实有才无识，好为无谓之避忌，反自矜为有识，大抵如此。此则可谓知一十而昧二五也。彼徒见前人文集有哀诔而无寿言，以谓哀诔可通于古，而祝嘏之辞，为古所无也。不知墓志始于六朝④，碑文盛于东汉⑤，于古未有行也。中郎碑刻⑥，昌黎志铭⑦，学士盛称之矣。今观蔡、韩二氏之文集，其间无德而称，但存词致⑧，所与周旋而俯仰者⑨，有以异于近代之寿言欤？宽于取古，而刻以绳今，君子以为有耳而无目也。必以铭志之伦，实始乎古，则祝嘏之文，未尝不始于《周官》，六祝之辞⑩，所以祈福祥也。以其文士为之之晚出，因而区别其类例，岂所语于知时之变者乎？

【注释】

①礼从宜，使从俗：语出《礼记·曲礼上》。

②雅郑：雅乐与郑声。古代儒家以宫廷音乐为雅乐，以郑国一带靡靡之音为郑声。后世以"雅郑"指正大之音与淫邪之声。

③汪钝翁：汪琬（1624—1691），字苕文，号钝庵，清代长州（今江苏吴县）人。顺治年间进士，官任刑部郎中。康熙年间，授翰林院编修之职，参与修纂《明史》。曾经结庐太湖尧峰山，闭门著述，时人称为尧峰先生。为文偏重于古文辞，体裁近于南宋诸家。著作有《钝翁类稿》、《尧峰诗文抄》等。

④墓志始于六朝：据封演《封氏闻见记》卷六《石志》记载："古葬无石志，近代贵贱通用之……［王］俭所著《丧礼》云：'施石志于圹里，《礼》无此制。魏侍中缪袭改葬父母，制墓下题版文。原此旨，将以千载之后，陵古迁变，欲后人有所闻知。其人若无殊才异德者，但纪姓名、历官、祖父、姻媾而已。若有德业，则为铭文。'按俭此说，石志宋、齐以来有之矣。"此为墓志始于六朝之说。

⑤碑文盛于东汉：据刘勰《文心雕龙》卷三《诔碑》记载："后汉以来，碑碣云起，才锋所断，莫高蔡邕。"此为碑文盛于东汉之说。

⑥中郎碑刻：中郎，指蔡邕。其散文长于碑记，工整典雅，颇受世人推重。今传《蔡中郎集》有《司空文烈侯杨公碑》、《陈太丘碑》、《郭有道碑》等，闻名于世。

⑦昌黎志铭：据茅坤编《唐宋八大家文抄》卷首《昌黎文抄引》曰："昌黎之奇，于碑志尤为巉削。"又曾国藩《读书录·韩昌黎集》曰："或先叙世系而后铭功德，或先表其能而后及世系，或有志无诗，或有诗无志，皆韩公创法，后来文家踵之，遂援为金石定例。"

⑧词致：语出《隋书》卷四十一《苏威传附苏夔》："十四诣学，与诸儒论议，词致可观，见者莫不称善。"意为文辞的意趣、情调。

⑨周旋而俯仰：语出《左传·定公十五年》："将左右周旋，进退俯仰，于是乎取之。"意为交往和应付。

⑩六祝之辞：据《周礼·春官》记载："太祝掌六祝之辞，以事鬼、神、示，祈福祥，求永贞。一曰顺祝，二曰年祝，三曰吉祝，四曰化祝，五曰瑞祝，六曰策祝。"指祭祀鬼神的六种祈祷词。

【译文】

活着有祝寿的言辞，死了有祭悼的挽联，这是近代消失在礼仪中的一种礼。礼法的制定要适合时宜，使者出使要顺从风俗，假如不违背古人的准则，那么君子就不会废弃。撰文之家，鄙视祝寿和哀悼之文，却不知道完善这种文体的写法，弊病才会发展到这种地步。其中更为严重的人，保存祭奠悼念的文章而耻于收录祝寿的文字。近代的文人，自己编定文集，不能忍痛割爱而间或保存这类文字，也一定另外编排成卷，完全像雅乐与郑声不可同日而语一样。汪钝翁以古文自命，动不动就训斥别人，其实是有才无识，喜欢搞些没有意义的禁忌，反而自我炫耀以为有见识，大抵就是这样。这可以说是只知道一十而不明白二五。他只看到前人文集中有哀悼的诔文而没有祝寿的文章，认为诔文可以和古代一脉相承，而祝寿之辞，却为古代所无。不知道墓志始于六朝，碑文盛行于东汉，在上古也没有流行。蔡中郎的碑刻，韩昌黎的墓志，学者都极为称赞了。今天看蔡、韩二人的文集，其中没有德行可加以称颂，只留存一些文辞的情趣，赠给与他们有周旋交际的人，这类文章和近代的祝寿之辞有什么区别呢？对待古代的事物很宽容，而要求今人的做法却很苛刻，君子认为这是有耳朵而没有眼睛。一定要认为墓志碑铭一类文章，确实是从上古开始，那么祝寿之辞，未尝不是从《周礼》开始，六祝的文辞，都是用来祈祷富贵吉祥的文章。因为它是文人所作而出现较晚，所以把它们的类例区别开来，这难道是对通晓时势变化的人来说的话吗？

夫文生于质，寿祝哀诔，因其人之质而施以文，则变化无方，后人所辟，可以过于前人矣。夫因乎人者，人万变而文亦万变也。因乎事者，事不变而文亦不变也。醮女之辞，冠男之颂，一用成文故典，古人不别为辞，载在传记，盖亦多矣。揖让之仪文[①]，鼓吹之节奏[②]，礼乐之所不废也。然而其质不存焉，虽有神圣制作，无取仪文节奏，以为特著之奇也。后人沿其流而不辨其源者，则概为之辞，所为辞费也。进士题名之碑[③]，必有记焉；明人之弊，今则无矣。科举拜献之录[④]，必有序焉；此则今尚有之。似可请改用一定格式，如贺表例⑤。自唐、宋以来，秋解春集⑥，进士登科⑦，等于转漕上计⑧，非有特出别裁之事也。题名进录，故事行焉，虽使李斯刻石⑨，指题名碑。刘向奏书⑩，指进呈录。岂能于寻常行墨之外，别著一辞哉？而能者矜焉，拙者愧焉，惟其文而不惟其事，所谓惑也。成室上梁，必有文焉⑪；婚姻通聘，必有启焉⑫；同此堂构⑬，同此男女，虽使鲁般发号⑭，高禖绍宾⑮，岂能于寻常行墨之外，别著一辞哉？而能者矜焉，拙者愧焉，惟其文而不惟其事，所谓惑也。而当世文人，方且劣彼而优此，何哉？国家令典⑯，郊庙祝版⑰，岁举常事，则有定式，无更张也。推恩循例⑱，群臣诰敕⑲，官秩相同，则有定式，无更张也。万寿庆典，嘉辰令节⑳，群臣贺表，咸有定式，无更张也。圣人制作，为之礼经，宜质宜文，必当其可。文因乎事，事万变而文亦万变，事不变而文亦不变，虽周、孔制作，岂有异哉？揖让之仪文，鼓吹之节奏，常人之所不能损者，神圣之所不能增，而文人积习相寻，必欲夸多而斗靡，宜乎文集之纷纷矣。

【注释】

①揖让之仪文：语出《周礼·秋官》："司仪掌九仪之宾客摈相之礼，以诏仪容、辞令、揖让之节。"即古代宾主相见的礼节。

②鼓吹之节奏：语出《礼记·乐记》："文采节奏，声之饰也。"

③进士题名之碑：据李肇《唐国史补》卷下记载："既捷，列书其姓名于慈恩寺塔，谓之题名。"又据《太平广记》卷二百五十六引刘禹锡《嘉话录》曰："慈恩题名，起自张莒。本于寺中闲游而题其同年人，因为故事。"唐代进士及第，有曲江宴，题名席。故称金榜

题名。今西安大雁塔下多题名碑记。

④科举拜献之录：语出《宋史》卷一百五十五《选举志》："缀行期集，列叙名氏、乡贯、三代之类书之，谓之小录。"即古代科举放榜时进呈皇帝的题名录。

⑤贺表：古代臣子为帝王庆典所上的祝贺颂扬表章。

⑥秋解春集：据《宋史》卷一百五十五《选举志》记载："初，礼部贡举……皆秋取解，冬集礼部，春考试。合格及第者，列名放榜于尚书省。"所谓"春集"，乃泛指春季会集于礼部考试而言。

⑦进士登科：唐制规定科举中榜称及第，吏部复试获中选官方称登科。自宋以来凡科举中式及第就称登科。

⑧转漕上计：转漕，语出司马迁《史记》卷七《项羽本纪》："楚汉久相持未决，丁壮苦军旅，老弱罢转漕。"意为转运粮饷。车运曰转，水运曰漕。罢，通"疲"。上计，语出班固《汉书》卷六《武帝纪》："受计于甘泉。"颜师古《注》曰："受郡国所上计簿也，若今之诸州计帐。"古代地方官年终将管辖范围内的户口、赋税、狱讼等项统计造册，逐级上报，呈奏朝廷，作为考绩的依据，称为上计。

⑨李斯刻石：李斯工书法，其《峄山刻石》、《泰山刻石》、《琅邪台刻石》、《芝罘刻石》、《碣石刻石》、《会稽刻石》，皆有一定格式，包括刻石年份、巡视地域、刻石用意等内容，形同后世进士题名碑。

⑩刘向奏书：刘向受诏校中秘书籍，每校毕一书，条列奏上，都有一定格式，包括书名、篇目、作者、卷数、版本等内容，形同后世科举进呈录。

⑪成室上梁，必有文焉：北魏温子昇撰有《阊阖门上梁祝文》，是六朝时筑室上梁就有祝祷之文。直至今日，我国有些地方建造房屋，安装屋梁时仍要用红纸书写"上梁大吉"的条幅，贴在上面祝祷。

⑫婚姻通聘，必有启焉：古代婚姻，男方纳采行聘，女方受聘接纳，

皆有启帖互通。

⑬堂构:语出《尚书·大诰》:"若考作室,即底法,厥子乃弗肯堂,矧肯构?"伪孔安国《传》曰:"父已致法,子乃不肯为堂基,况肯构立屋乎?"意为房屋。

⑭鲁般发号:古代能工巧匠的化身,被后世工匠奉为始祖。发号,语出《礼记·檀弓下》:"晋献文子成室,晋大夫发焉。"郑玄《注》曰:"文子,赵武也。作室成,晋君献之,谓贺也。诸大夫亦发礼以往。"即发礼以贺。

⑮高禖(méi)绍宾:高禖,也作"郊禖"。语出《吕氏春秋·仲春纪》:"是月也,玄鸟至。至之日,以太牢祀于高禖。"高诱《注》曰:"《周礼·媒氏》:'以仲春之月,合男女。于时也,奔则不禁。'因祭其神于郊,谓之郊禖。郊音与高相近,故或言高禖。王者后妃,以玄鸟至日,祈继嗣于高禖。"绍宾,语出《仪礼·聘礼》:"介绍而传命。"即佐宾之仪。

⑯国家令典:语出《左传·宣公十二年》:"艻敖为宰,择楚国之令典。"即国家的宪章法令。

⑰郊庙祝版:郊庙指古代天子祭祀天地与宗庙。祝版指书写祝文的木板,也指祭祀时所撰祭文。

⑱推恩循例:推恩指帝王对臣属推行封赠,以示恩典。循例指按照既成的惯例补官或升迁。

⑲群臣诰敕:皇帝对群臣封爵与授官的诏令。明、清时期规定五品以上官员用诰,称为诰封;五品以下官员用敕,称为敕封。

⑳万寿庆典,嘉辰令节:万寿,语出《诗经·小雅·南山有台》:"万寿无疆。"后世用来称皇帝生日。庆典,即庆贺典礼,如皇帝即位,册封皇子等等。唐玄宗开元以后,以皇帝生日为令节,如天长节、庆成节之类。后代相沿,形成惯例。

【译文】

　　文章由实质决定，祝寿与哀悼文章，根据此人具体情况而施展文笔，那就会变化不定，后人所开辟的境界，就可以超过前人了。根据人来写，人有万般变化文章也有万般变化；根据事来写，事没有变化文章也没有变化。女子出嫁的诫辞，男子加冠的祝语，全用现成的文字和已有的惯例，古人不再另外撰写新辞，记载在传记中的这类文辞，大概已经很多了。宾主相见作揖谦让的礼仪，击打与吹奏乐器的节奏，是礼乐制度不能废弃的内容。然而它们原来所具备的实质已经不存在了，即使有圣人来制作，也不取用那些礼仪节奏，作为稀奇之物而加以突出记述。后世顺流而下不辨其源的人，却一概撰写新辞，所撰写的文辞非常烦琐。进士题名的石碑，上面一定要有题记；这是明人的弊病，现在已经没有了。科举放榜时所进呈的题名录，一定要有序文。这种情况今天还存在。似乎可以请求改用一定的格式，如同贺表的体例。自从唐、宋以来，秋季解送应举的士子们春季会集于礼部考试，进士及第登科，如同漕运粮饷和上呈计簿，没有什么特别新鲜的事情。进士题名与进呈名单，都是按照惯例行事，即使让李斯刻碑，指题名碑。刘向奏书，指进呈录。难道能在寻常文字之外，另外再撰写一句话吗？然而擅长此道的人以此向人炫耀，而拙于此术的人却对此感到惭愧，只重其文章而不重其事情，这就是所谓的迷茫。建房安装屋梁，一定有贺喜的文字；结婚收纳聘礼，一定有告知的请帖。同是这样的建造房屋，同是这样的男女婚礼，即使让鲁班发礼祝贺落成，媒神相礼介绍宾客，难道能在寻常文字之外，另外再撰写一句吗？然而擅长此道的人以此向人炫耀，而拙于此术的人却对此感到惭愧，只重其文章而不重其事情，这就是所谓的迷茫。而当代的文人，尚且比较谁优谁劣，这是为什么呢？国家制定的宪章法令，祭祀天地祖宗的祝文，是每年都要实行的常事，那么有固定的格式，不必重新更改。根据惯例推行封赠，颁给群臣的诰敕，官阶品级规定相同，那么有固定的格式，不必重新更改。皇帝诞辰的庆祝典礼，吉祥的时辰节日,群臣上表祝贺,都有固定的格式,不必重新改换。圣人创作制度,成为礼仪中的经典,有的适应质朴有的适应华丽,一定符合时代的需要。文章根据具体事物来写,事物有千变万化文章也有千变万化,事物不变文章也不变,即使是周公、孔子来制作,难道会有不同吗?宾主相见作揖谦让的礼仪,击打和吹奏乐器的节奏,平常人所不能删削的内容,圣人也不能有所增补,然而文人积习相尚,一定要夸耀繁富华丽,难怪文集会越来越纷乱了。

《礼》曰:"君子未葬读丧礼,既葬读祭礼,丧复常读乐章。"①丧礼远近有别,而文质以分,所以本于至情也。近世文人,则有丧亲成服之祭文矣②,葬亲堂祭之祭文矣,分赠吊客之行述矣③。传曰:"孝子之丧亲也,哭不偯,礼无容,言不文,茕茕苦块之中,杖而后能起,朝夕哭无时。"④尚有人焉,能载笔而摛文,以著于竹帛,何以异于苍梧人之让妻⑤,华大夫之称祖欤⑥?或曰:未必其文之自为,相丧者之代辞也。夫文生于质也,代为之辞,必其人之可以有是言也。鸥鹭既处飘摇⑦,不为睍睆之好音⑧,鲋鱼故在涸辙,不无愤然之作色⑨,虽代禽鱼立言,亦必称其情也。岂曰代为之辞,即忘孝子之所自处欤?

【注释】

①君子未葬读丧礼,既葬读祭礼,丧复常读乐章:语出《礼记·曲礼下》。

②成服:古代丧礼,大敛之后,亲属按照与死者关系的亲疏穿上不同的丧服,叫做成服。

③行述:也称行状。记述死者世系、籍贯、生卒年月以及生平概况。

通常由死者门生故吏或亲友撰写,供朝廷议谥时参考,或撰写墓志、史传者采录。

④孝子之丧亲也,哭不偯(yǐ),礼无容,言不文,茕茕(qióng)苫(shān)块之中,杖而后能起,朝夕哭无时:语出《孝经·丧亲章》:"孝子之丧亲也,哭不偯,礼无容,言不文,服美不安,闻乐不乐,食旨不甘,此哀戚之情也。"又《礼记·问丧》曰:"寝苫枕块,哀亲之在土也,故哭泣无时。"偯,哭有余声。茕茕,孤单、孤独。苫,草垫。特指古人居丧时睡的草垫。块,土块。

⑤苍梧人之让妻:据刘向《说苑》卷三《建本》记载:"苍梧之弟,娶妻而美好,请与兄易。忠则忠矣,然非礼也。"

⑥华大夫之称祖:据《左传·文公十五年》记载:"宋华耦来盟……公与之宴。辞曰:'君之先臣督,得罪于宋殇公,名在诸侯之策。臣承其祀,其敢辱君? 请承命于亚旅。'鲁人以为敏。"杜预《注》曰:"无故扬其先祖之罪,是不敏。鲁人以为敏,明君子所不与也。"督,即华督,华耦曾祖。宋殇公,宋国国君,为华督所杀。亚旅,官名,为上大夫。鲁人,愚鲁、愚钝之人。

⑦鸱鸮既处飘摇:语出《诗经·豳风·鸱鸮》:"予羽谯谯,予尾翛翛,予室翘翘,风雨所漂摇,予维音哓哓。"

⑧睍睆(xiàn huǎn)之好音:运出《诗经·邶风·凯风》:"睍睆黄鸟,载好其音。"睍睆,美好之貌。诗中形容黄鸟声音宛转美好。

⑨鲋鱼故在涸辙,不无愤然之作色:语出《庄子·外物》:"周顾视车辙中,有鲋鱼焉。周问之曰:'鲋鱼来,子何为者邪?'对曰:'我东海之波臣也。君岂有斗升之水而活我哉?'周曰:'诺。我且南游吴、越之王,激西江之水而迎子,可乎?'鲋鱼忿然作色曰:'吾失我常与,我无所处,吾得斗升之水然活耳。君乃言此,曾不如早索我于枯鱼之肆。'"

【译文】

《礼记》说:"君子服丧在没有出葬之前要诵读丧礼;安葬之后要诵读祭礼;三年丧毕恢复正常生活就可以诵读诗歌。"丧礼亲疏远近有区别,于是分化出尚文与尚质,这是出于至诚之情的缘故。近代的文人,有父母去世亲属穿上丧服时的祭文了,也有安葬之后在灵堂吊唁的祭文了,还有给吊唁的宾客分赠的行状了。传记上说:"孝子丧失父母的时候,哭得声嘶力竭,进退举止失去了平常端庄的仪容,言语也不再加以修饰,孤独地处在草垫和土块之中,扶着拐杖才能站起来,从早到晚时时哭泣。"尚且还有人,竟能提笔作文,以便载入史册,这与苍梧人把美貌的妻子让给兄长,宋国大夫华耦宣扬祖先的罪过有什么区别呢?有人说:那些文章不一定是孝子亲自撰写,而是帮助料理丧事的人替代写成。文章由实质决定,别人代写的文辞,一定也是本人可以说出这样的话。鸱鸮既然身处风雨飘摇之中,就不能发出美好宛转的声音,鲋鱼身在干涸的车辙里,就不能不愤然作色。虽然代飞禽游鱼说话,也一定符合它们的实际情形。难道说代写的文章,就忘记了身为孝子所处的境况吗?

或谓代人属草,有父母者,不当为人述考妣也。颜氏著训,盖谓孝子远嫌①,听无声而视无形②,至谆谆也。虽然,是未明乎代言之体也。嫌之大者,莫过君臣;周公为成王诏臣庶③,则不以南面为嫌。嫌之甚者,莫过于男女;谷永为元帝报许后④,即不以内亲为忌。伊古名臣,拟为册祝制诰,则追谥先朝,册后建储,以至训敕臣下,何一不代帝制以立言,岂有嫌哉?必谓涉世远嫌,不同官守,乐府孤儿之篇⑤,岂必素冠之棘人⑥?古人寡妇之叹⑦,何非须眉之男子?文人为子述其亲,必须孤子而后可,然则为夫述其妻,必将阉寺而后可乎⑧? 夫非礼之礼,非义之义,君子弗为⑨,盖以此哉!

【注释】

①颜氏著训,盖谓孝子远嫌:据颜之推《颜氏家训》卷上《文章》记载:"凡代人为文,皆作彼语,理宜然矣。至于哀伤凶祸之辞,不可辄代。蔡邕为胡金盈作母《灵表颂》曰:'悲母氏之不永,然委我而夙丧。'又为胡颢作其父铭曰:'葬我考议郎君。'《袁三公颂》曰:'猗欤我祖,语出有妨。'王粲为潘文则《思亲诗》云:'躬此劳瘁,鞠予小人。庶我显妣,克保遐年。'而并载乎邕、粲之集。此例甚众,古人之所行,今世以为讳。"

②听无声而视无形:语出《礼记·曲礼上》:"听于无声,视于无形。"郑玄《注》曰:"恒若亲之将有教使然。"

③周公为成王诏臣庶:语出《尚书·多方》:"周公曰:'王若曰:猷!告尔四国多方。'"孔颖达《疏》曰:"成王新始即政,周公留而辅之。周公以王命告令诸侯,所告实非王言,故加'周公曰'于'王若曰'之上,以明周公成宣王之意也。"

④谷永为元帝报许后:据班固《汉书》卷八十五《谷永传》记载:"后上尝赐许皇后书,采永言以责之,语在《外戚传》。"又据班固《汉书》卷九十七下《外戚传下》记载:"孝成许皇后,大司马车骑将军平恩侯嘉女也……自为妃至即位,常宠于上,后官希得进见。皇太后及帝诸舅忧上无继嗣。时又数有灾异,刘向、谷永等皆陈其咎在于后官。上然其言,于是省减椒房掖廷用度。皇后乃上疏……上于是采刘向、谷永之言以报。"此乃汉成帝事,章学诚误记为汉元帝。

⑤乐府孤儿之篇:郭茂倩《乐府诗集》卷三十八《相和歌辞·瑟调曲》有《古辞孤儿行》。

⑥素冠之棘人：语出《诗经·桧风·素冠》："庶见素冠兮，棘人
　　栾栾兮，劳心慱慱兮。"素冠，白色的帽子，为居丧者所戴。棘
　　人，古代遭父母丧者，自称棘人。棘，通"急"。栾栾，瘦瘠之
　　状。慱慱（tuán），忧劳之状。

⑦古人寡妇之叹：语出萧统《文选》卷十六《潘安仁·寡妇赋》。

⑧阉寺：古代帝王宫中服役的奴仆。阉，语出许慎《说文解字·门
　　部》："阉，竖也。宫中阉阍闭门者。"后世作为宦官的通称。寺，
　　语出《诗经·秦风·车邻》："寺人之令。"毛《传》曰："寺人，内小
　　臣也。"即宫中供役使的小臣。

⑨非礼之礼，非义之义，君子弗为：语出《孟子·离娄下》："孟子曰：
　　'非礼之礼，非义之义，大人弗为。'"

【译文】

　　有人说替人撰写文稿，父母健在的话，就不应该为他人记述已故的
父母。颜氏撰写《家训》，大概是说孝子应当远避嫌疑，在无声无形中聆
听父母的教导与想见父母的形象，这是最恳切的话。虽然如此，这还是
不了解代言的文体。嫌疑最大之处，没有什么能超过君臣之间的事；周
公代成王诏令臣民，就不以君临天下为嫌疑。嫌疑最深之处，没有什么
能超过男女之间的事；谷永上书为汉元帝责难许皇后，就不顾忌许皇后
为内亲。自古以来的名臣，都撰写册命、祝文、制书、诰令，追谥先朝皇
帝，册命皇后设立储君，以至于告诫臣下，哪一件不是代表皇帝下令而
撰拟义辞，怎么会有嫌疑呢？一定要说人世间应当远避嫌疑，不同于官
员的职守，那么乐府中《孤儿》一类篇章，作者难道一定是戴着白帽服丧
的人吗？古人发出的寡妇叹息，哪个不是语出须眉男子呢？文人为他
人之子记述其父母，一定要找父母已不在人世的孤子写的话，那么替身
为丈夫的人称述他的妻子，一定要阉割之后的宦官才可以写吗？不合
礼制的礼，不合道义的义，君子不去做，大概就是因为这个缘故吧！

卷五　内篇五

申　郑

【题解】

　　章学诚论史，以撰述通史为贵，至于利弊得失，已在前面《释通》篇详细论述。其主要宗旨，在于撰述通史不能仅仅注重外在形式的贯通，尤其要会通人文上下而显示一家别识心裁。但因篇幅所限，只能论其宏纲大指，于是续撰《申郑》与《答客问》深入阐发其意。据庐江何氏抄本《申郑》篇题下注"《释通》传一"，《答客问上》篇题下注"《释通》传二"，《答客问中》篇题下注"《释通》传三"，可见章学诚把《释通》比作经，而《申郑》与《答客问》两篇作为传，相互补充发明，申论史学要义。他按照"作史贵知其义"的标准，对古代史学著作重新审视，从新的视角得出不同于他人的认识。本篇名为《申郑》，其实不仅仅是为郑樵一人著作而发，而是借《通志》一书阐明治史重在史意，不能仅求事文之末。他认为司马迁、班固以后，中国历代设史馆集众修史，史书逐渐成为按照固定体裁纂修的史料汇编，背离了孔子、司马迁撰史成一家之言的宗旨。只有郑樵能够窥见古人著述本原，继承通史家风，能够自为经纬，发凡起例，具有绝识旷论，取得了总古今天下学术而成一家的成就。然而后世学者习惯于从考证功力的标准和视角评价，纷纷指责《通志》援据疏略，考证不审，指责攻击，愤若不共戴天。章学诚指出，正是因为史家修史和评史注重辞章与考据而不求史意，造成史学宗旨晦而不明，所以人们对郑樵及其《通志》的评价陷入误区。文章通过矫正讥郑风气，目的在于从方法论上端正对史学性质的认识，具有重要的史学理论价值。

子长、孟坚氏不作①，而专门之史学衰。陈、范而下，或得或失，粗足名家。至唐人开局设监，整齐晋、隋故事②，亦名其书为一史；而学者误承流别，不复辨正其体，于是古人著书之旨，晦而不明。至于辞章家舒其文辞，记诵家精其考核，其于史学，似乎小有所补；而循流忘源，不知大体，用功愈勤，而识解所至，亦去古愈远而愈无所当。郑樵生千载而后，慨然有见于古人著述之源，而知作者之旨，不徒以词采为文，考据为学也。于是遂欲匡正史迁，益以博雅③，贬损班固，讥其因袭④，而独取三千年来遗文故册，运以别识心裁，盖承通史家风，而自为经纬，成一家言者也⑤。学者少见多怪，不究其发凡起例⑥，绝识旷论，所以斟酌群言，为史学要删；而徒摘其援据之疏略，裁剪之未定者，纷纷攻击，势若不共戴天。古人复起，奚足当吹剑之一吷乎⑦？若夫二十略中，《六书》、《七音》与《昆虫草木》三略，所谓以史翼经，本非断代为书，可以递续不穷者比，诚所谓专门绝业，汉、唐诸儒，不可得闻者也⑧。创条发例，巨制鸿编，即以义类明其家学⑨。其事不能不因一时成书，粗就隐括，原未尝与小学专家特为一书者，絜长较短⑩；亦未尝欲后之人守其成说，不稍变通。夫郑氏所振在鸿纲，而末学吹求，则在小节。是何异讥韩、彭名将⑪，不能邹、鲁趋跄⑫；绳伏、孔巨儒⑬，不善作雕虫篆刻耶⑭？

【注释】

①作(zuò):语出《周易·乾卦》:“圣人作而万物睹。”意为兴起,产生。

②唐人开局设监,整齐晋、隋故事:据王溥《唐会要》卷六十三《修前史》记载:“贞观十年正月二十日,尚书左仆射房玄龄、侍中魏征、散骑常侍姚思廉、太子右庶子李百药、孔颖达、礼部侍郎令狐德棻、中书侍郎岑文本、中书舍人许敬宗等,撰成周、隋、梁、陈、齐《五代史》,上之。进阶颁赐有差。二十年闰三月四日诏,令修史所更撰《晋书》,铨次旧闻,裁成义类。”《五代史》即《梁书》、《陈书》、《北齐书》、《周书》、《隋书》,合《晋书》为六史,均为唐初史馆修撰。开局设监,指设立史馆,确立监修国史之制。局,又称史局,指史馆。监,指监修国史,以宰相兼任。虽然北齐已有史馆,但以宰相兼领监修国史之职,则始于唐太宗时,以后成为定制。

③匡正史迁,益以博雅:语出郑樵《通志·总序》:“大著述者,必深于博雅,而尽见天下之书,然后无遗恨。当迁之时,挟书之律初除,得书之路未广,亘三千年之史籍,而跼蹐于七八种书,所可为迁恨者,博不足也。凡著书者,虽采前人之书,必自成一家言……今迁书全用旧文,间以俚语,良由采摭未备,笔削不遑,故曰予不敢堕先人之言,乃述故事,整齐其传,非所谓作也。刘知几亦讥其多聚旧记,时插杂言,所可为迁恨者,雅不足也。”

④贬损班固,讥其因袭:语出郑樵《通志·总序》:“[《汉书》]自高祖至武帝,凡六世之前,尽窃迁书,不以为惭。自昭帝至平帝,凡六世,资于贾逵、刘歆,复不以为耻。”

⑤承通史家风,而自为经纬,成一家言:郑樵所著《通志》,成书于宋高宗绍兴三十一年(1161)。全书二百卷,包括本纪、年谱、略、世家、列传,为纪传体通史。纪传自三皇至隋朝,据历代正史旧文而加以损益。郑氏用力多在二十略,内容自上古至宋代,为本书

的精华,多发前人所未发,故能成一家之言。

⑥发凡起例:语出杜预《春秋左氏传序》:"其发凡以言例,皆经国之常制,周公之垂法,史书之旧章。"揭示全书的要旨,制定全书的体例。

⑦吹剑之一吷(xuè):语出《庄子·则阳》:"惠子曰:'夫吹筦也,犹有嗃也。吹剑首者,吷而已矣。'"郭象《注》曰:"剑首,谓剑环头小孔也……吷然如风过。"嗃(xiāo),吹管声。吷,象声词。意为吹剑环头上的小孔所发出的微弱声音,比喻事情渺小而微不足道。

⑧专门绝业,汉、唐诸儒,不可得闻:语出郑樵《通志·总序》:"江淹有言:'修史之难,无出于志。'诚以志者,宪章之所系,非老于典故者,不能为也。不比纪传,纪则以年包事,传则以事系人,儒学之士皆能为之。惟有志难,其次莫如表。所以范晔、陈寿之徒,能为纪传,而不敢作表志。志之大原,起于《尔雅》。司马迁曰书,班固曰志,蔡邕曰意,华峤曰典,张勃曰录,何法盛曰说,余史并承班固谓之志,皆详于浮言,略于事实,不足以尽《尔雅》之义。臣今总天下之大学术,而条其纲目,名之曰略,凡二十略。百代之宪章,学者之能事,尽于此矣。其五略,汉、唐诸儒所得而闻;其十五略,汉、唐诸儒所不得而闻也。"五略,即礼、职官、选举、刑法、食货。十五略,即氏族、六书、七音、天文、地理、都邑、谥、器服、乐、艺文、校雠、图谱、金石、灾异、昆虫草木。

⑨义类:语出杜预《春秋左氏传序》:"其微显阐幽,裁成义类者,皆据旧例而发义。"意为按类分例。

⑩絜(xié):用绳围量。引申为衡量。

⑪韩、彭:韩信、彭越。两人均为汉高祖时著名的将领。

⑫邹、鲁趋跄(qiāng):语出司马迁《史记》一百三十《太史公自序》:"北涉汶、泗,讲业齐、鲁之都,观孔子之遗风,乡射邹峄。"又《诗经·齐风·猗嗟》曰:"巧趋跄兮。"毛《传》曰:"跄,巧趋貌。"意为

在邹、鲁一带观风讲学。孟子生于邹国,孔子生于鲁国,后因用
"邹鲁"指代文教兴盛之地。趋跄,行步快慢有节奏的样子。

⑬伏、孔:伏生、孔安国,均为汉初经学大师。伏生是西汉今文《尚
书》的最早传授者,今本二十八篇即由他传授下来。孔安国为古
文《尚书》作传,开《尚书》古文学派。

⑭不善作雕虫篆刻耶:《章氏遗书》本此下尚有独立一节文字,补录于此:
　　某君之治是书也,援据不可谓不精,专求不可谓不当,以此羽翼
《通志》,为郑氏功臣可也。叙例之中,反唇相讥,攻击作者,不遗余
力,则未悉古人著述之义,而不能不牵于习俗猥琐之见者也。

【译文】

　　司马子长、班孟坚不再出现,作为专门之业的史学就衰落了。陈
寿、范晔以下,某些方面有创获,某些方面又有失误,勉强还可算作名
家。到唐代设立史馆而宰相监修史书,整理晋、隋之间各朝的旧事,也
把他们的书称为史书;学者错误地继承了官修史书的支流,不再辨别和
纠正史书的体裁,于是古人著书的宗旨,逐渐隐晦不明。至于文学家抒
发文辞,博学家精于考据,他们对于史学,似乎多少有些补益;但是却因
循支流而忘记本源,不知道史学的根本,用功越勤,而所获得的见解,也
就离古人越远而且更加不恰当。郑樵生于千载之后,激昂地探寻古人
著述的源头,知道作者的旨意,不仅仅是以辞采为文章,以考据为学问。
于是就想匡正司马迁,用渊博雅正进行补益,贬损班固,讥剌他因袭前
人,独自搜集三千年以来的遗文旧籍,运用卓越的见识与独特的裁断,
继承通史家的风范,独自规划经营,撰成一家之书。学者们少见多怪,
不探究他的发凡起例,卓绝的见识与宏阔的言论,如何斟酌各种观点材
料,作为史学撮要删润的方法;而只是摘取他援引材料的疏陋,剪裁史
料不确切的地方,纷纷进行攻击,势若不共戴天。即使古人再复活过
来,又怎么能够足以避免这些微不足道的缺陷而免受攻击呢?至于二
十略中,《六书》、《七音》与《昆虫草木》三略,就是所谓的用史学来辅助

经学,本来就不是那些按朝代编撰,可以一代一代延续下去的史书所能比类,的确是人们所说的专门绝学,是汉、唐时期的儒生,没有听到过的内容。开创制定条例,勒成鸿篇巨制,采用按类分例方法阐明家学。书中史事却是不能不因袭各个时代修撰的史书,粗略地加以整理编排,原本不是要和小学专家编撰的专门著作,相互比长论短;也不是想要后人遵循书中已成的学说,不敢稍作变通。郑氏的揭举在于大纲要目,而后世浅薄者吹毛求疵,则在细枝末节上面。这与讥讽韩信、彭越这些名将,不能在邹、鲁一带奔走讲学;责备伏生、孔安国这类大儒,不善于雕琢篆刻有什么区别呢?

夫史迁绝学,《春秋》之后,一人而已①。其范围千古、牢笼百家者,惟创例发凡,卓见绝识,有以追古作者之原,自具《春秋》家学耳。若其事实之失据,去取之未当,议论之未醇②,使其生唐、宋而后,未经古人论定③;或当日所据石室金匮之藏④,及《世本》、《谍记》、《楚汉春秋》之属⑤,不尽亡佚;后之溺文辞而泥考据者,相与锱铢而校,尺寸以绳,不知更作如何掊击也⑥。今之议郑樵者,何以异是?孔子作《春秋》,盖曰其事则齐桓、晋文,其文则史,其义则孔子自谓有取乎尔。夫事即后世考据家之所尚也,文即后世词章家之所重也,然夫子所取,不在彼而在此。则史家著述之道,岂可不求义意所归乎?自迁、固而后,史家既无别识心裁,所求者徒在其事其文。惟郑樵稍有志乎求义,而缀学之徒,嚣然起而争之。然则充其所论,即一切科举之文词,胥吏之簿籍,其明白无疵,确实有据,转觉贤于迁、固远矣。

【注释】

①史迁绝学，《春秋》之后，一人而已：语出郑樵《通志·总序》："仲尼既没，百家诸子兴焉……司马氏父子出焉。司马氏世司典籍，工于制作，故能上稽仲尼之意……勒成一书，分为五体……使百代而下，史官不能易其法，学者不能舍其书。六经之后，惟有此作。"

②事实之失据，去取之未当，议论之未醇：前人指摘《史记》者，如班固《汉书》卷六十二《司马迁传》谓其"是非颇缪于圣人，论大道则先黄老而后六经"；王若虚《滹南遗老集》卷九至十九《史记辨惑》对事实、编纂、文字、议论各方面均有辨正。此类甚多，不胜枚举。

③古人论定：据班固《汉书》卷六十二《司马迁传赞》曰："自刘向、扬雄博极群书，皆称迁有良史之材，服其善序事理，辨而不华，质而不俚，其文直，其事核，不虚美，不隐恶，故谓之实录。"意为古人已有定论。

④石室金匮之藏：据司马迁《史记》卷一百三十《太史公自序》记载："迁为太史令，绌史记石室金匮之书。"司马贞《索隐》曰："石室、金匮，皆国家藏书之处。"匮，通"柜"。指古代国家收藏重要文献的地方。

⑤《谍记》：据司马迁《史记》卷十三《三代世表》记载："余读谍记……稽其历谱谍终始五德之传。"记载帝王世系及谥号的书。

⑥掊（pǒu）击：语出《庄子·胠箧》："掊击圣人，纵舍盗贼，而天下始治矣。"意为攻击，打击。

【译文】

司马迁造诣独到的学问，继《春秋》之后，只有他一人而已。《史记》概括千古，包举百家，就在于开创与揭示体例，以及卓绝的见识，能够追及古代先贤的原意，自然具备《春秋》学派的要义。至于书中记载事实缺乏证据，取舍材料不够恰当，议论褒贬不能纯粹，如果他生在唐、宋之后，没有经过古人的论定，或者当日所依据的石室金柜中的藏书，以及《世本》、《谍记》、《楚汉春秋》之类的书籍，没有完全消失，那么后世沉溺于文辞与考据的人，一点一滴地加以校正，一尺一寸地进行衡量，不知道还要做出怎样的抨击。今天讥议郑樵的人，与此有什么不同呢？孔子作《春秋》，大概是说记载的史事是齐桓公、晋文公之类的事实，所用的文辞是一般史书的文字，《春秋》中所包含的大义则是孔子自己说要拿来借鉴的内容。史事就是后世考据家所崇尚的事实，文辞则是后世文学家所重视的文章，但是孔夫子所取鉴的内容，不在这些方面而在于义理和宗旨。那么史学家著述的根本，难道可以不追求意义的所在吗？自司马迁、班固以后，史学家们已经没有卓越非凡的见识和匠心独运的裁断，所追求的东西仅仅是史事与史文。只有郑樵稍微有点追求史义的志向，而那些从事缀辑前人旧文的人，却吵吵嚷嚷起来争辩。然而根据他们的观点来推论，那么一切科举应试的文章，官吏记录的簿籍，都明白无误，确实有据，反而觉得比司马迁、班固高明得多了。

虽然，郑君亦不能无过焉。马、班父子传业，终身史官，固无论矣。司马温公《资治通鉴》[①]，前后一十九年，书局自随[②]，自辟僚属；所与讨论，又皆一时名流，故能裁成绝业，为世宗师。郑君区区一身，僻处寒陋，独犯马、班以来所不敢为者而为之，立论高远，实不副名，又不幸而与马端临之《文献通考》并称于时[③]，而《通考》之疏陋[④]，转不如是之甚。末学肤受，本无定识，从而抑扬其间，妄相拟议，遂与比类纂辑之业同年而语[⑤]，而衡短论长，岑楼寸木，且有不敌之势焉，岂不诬哉？

【注释】

①司马温公：司马光，卒后追封温国公。

②书局自随：语出司马光《司马温公集》卷一《进资治通鉴表》："陛下俯从所欲，曲赐荣养，差判西京留司御史台，及提举嵩山崇福

官,前后六任,仍听以书局自随,给之禄秩,不责职业。"书局,官府设置的修书机构。

③马端临之《文献通考》:马端临(1254—1323),字贵与,宋、元之际饶州乐平(今属江西)人。南宋宰相马廷鸾之子。马廷鸾受贾似道排挤去官,马端临亦不出仕。入元后,任慈湖、柯山两书院山长。撰《文献通考》一书,共计二十四门,三百二十八卷。此书与杜佑《通典》,郑樵《通志》合称"三通"。其实《通志》的体裁属于纪传体,而《通典》和《文献通考》的体裁属于典制体,性质不同。

④《通考》之疏陋:据钱大昕《十驾斋养新录》卷十三《文献通考》曰:"予读《唐》、《宋史·艺文志》,往往一书而重见,以为史局不出一手之弊。若马贵与《经籍考》,系一人所编辑,所采者不过晁、陈两家之说,乃亦有重出者。如陆德明《经典释文》三十卷,见卷百八十五经解类,又见卷百九十小学类。宋敏求《春明退朝录》五卷,见卷二百一故事类,又见卷二百十六小说类(小说类作三卷)。郭茂倩《乐府诗集》一百卷,见卷百八十六乐类,又见卷二百四十八总集类。李匡文《资暇集》三卷,见卷二百十四杂家类,而卷二百十五又有李匡义《资暇》三卷,不知'义'与'文'乃字形相涉而误也。唐慎微《大观本草》与《证类本草》即一书,而误分为二。盖著作之家,多不免此弊,彼此相笑,自昔然矣。"此虽仅就《文献通考》中的《经籍考》而言,但其他门类的疏陋,也可据此窥见一斑。当然,一书分隶不同部类,有些属于互著之义,不一定属于失检致误。

⑤比类纂辑之业:类书,此指《文献通考》。章学诚《释通》篇自注曰:"《文献通考》之类,虽仿《通典》,而分析次比,实为类书之学,无别识通裁,便于对策敷陈之用。"

【译文】

虽然如此,郑君也不能算没有过错。司马迁、班固都是父子相传的事业,终身担任史官,固然不用说了。司马温公著《资治通鉴》,前后十九年时间,自己领导修书机构,招聘下属官员,与他讨论修史的人,又都是一时的名流,所以能够撰成绝代之书,成为后人效法的宗师。郑君孤身一人,处于偏僻简陋的山村,独自从事司马迁、班固以来的学者所不敢做的事情,立意发论目标高远,实际业绩与规定的目标不相符合,又不幸与马端临的《文献通考》被时人相提并论,而《文献通考》的疏陋之处,转觉不如《通志》那样严重。学识浅陋的人,本来就没有真正的见识,跟随他人在两者之间褒扬贬抑,妄自比拟评议,于是把《通志》和分类编排纂辑的类书同日而语,从而评短论长,把高楼大厦视如方寸之木,而且还有高楼大厦比不过方寸之木的趋势,难道不冤枉吗?

答客问上

【题解】

《答客问》上中下三篇,是承接《申郑》篇而来,通过回答世人对《申郑》篇提出的各种诘难,进一步阐明史家要旨和著述源流,是章学诚阐发史学思想的核心文章。首先,他在回顾古代学术演变的基础上,认为应该在史学中区分开"整齐故事"和"专门著作"两大部类,把"整齐故事"的史书称为"纂类之业",目的在于纂集一代旧物,保存史料而已;而把具有别识心裁能够自成一家之言的史书称为"家学",目的在于"独断于一心","推明大道"而阐发史义。章学诚认为两者功用足以相资而流别不能相混。其次,他提出"比次之书"、"独断之学"和"考索之功"的概念,并区分了它们各自在史学中的位置、意义以及三者之间的相互关系。所谓"比次之书",就是他所说的"记注"和"史纂",即按照一定体例编纂的资料汇编,这种体例适用于编纂整齐故事一类史书。所谓"独断之学",就是他所说的"撰述"和"史学",即能够称为"家学"的"专门著作"。所谓"考索之功",就是他所说的"史纂"和"史考",即钩稽考订史料的史书。三者各有所用,"比次之书"用来供采择和备稽检,"独断之学"用来辨明家学并且求义,"考索之功"用来纠谬剔误。三者之中,章学诚把"独断之学"和"考索之功"比作"嘉禾"与"旨酒",认为是学问;而把"比次之书"比作"粪土"和"糟粕",认为不是学问。再次,章学诚专门讨论"比次之书",归纳为三种编撰类型,并且提出不同类型的编纂标准。他认为如果注重"比次之道"而编纂得当,对"独断之学"和"考索之功"有裨益,反之则产生危害。章学诚从七个方面批评唐、宋以来"比次之书"的弊病,指出不仅造成自身的混乱,而且难于凭借它们形成"独断之学"和"考索之功"。这些认识是对我国历史编纂学理论的系统总结和重大贡献,直到今天仍然值得我们认真吸收和借鉴。

　　癸巳在杭州①,闻戴征君震与吴处士颖芳谈次②,痛诋郑君《通志》③,其言绝可怪笑,以谓不足深辨,置弗论也。其后学者,颇有訾謷④。因假某君叙说⑤,辨明著述源流,自谓习俗浮议,颇有摧陷廓清之功⑥。然其文上溯马、班,下辨《通考》,皆史家要旨,不尽为《通志》发也。而不知者又更端以相诘难,因作《答客问》三篇。

【注释】

①癸巳在杭州:癸巳即清高宗乾隆三十八年(1773),章学诚由宁波(今属浙江)返回和州(今安徽和县),路经杭州。

②戴征君震:戴震(1724—1777),字东原,清代安徽休宁(今安徽屯溪)人。受学江永,精通音韵训诂考证之学,名重当世,成为乾嘉朴学领军人物。同时又在思想领域颇有建树,对宋明理学提出批判,形成古代唯物主义哲学体系。著作有《原善》、《孟子字义疏证》、《水经注校》、《考工记图》、《六书论》等多种,后人辑为《戴氏遗书》。征君,古代称曾经受到朝廷征聘的隐士。戴震于清高宗乾隆三十八年以举人被征为《四库全书》纂修官,世称戴征君。

吴处士颖芳:吴颖芳(1702—1781),字西林,自号临江乡人,清代浙江仁和(今杭州市)人。幼赴童子试,为吏呵辱,自是稽古力学,终身不复仕进。生平博览群籍,不满郑樵《通志》,于是取《六书略》、《七音略》、《乐略》,尊先儒之说而探其本原,撰成《吹豳录》、《说文理董》、《音韵计论》、《文字源流》、《金石文释》诸书。处士,古代称有才德而隐居不仕的人。

③痛诋郑君《通志》:据戴震《戴东原集》卷九《与任孝廉幼植书》曰:"震向病同学者多株守古人,今于幼植反是。凡学未至贯本末,彻精粗,徒以意衡量,就令载籍极博,犹所谓思而不学则殆也。远如郑渔仲,近如毛大可,只贼经害道而已矣。"又同卷《与是仲明论学书》曰:"前人之博闻强识,如郑渔仲、杨用修诸君子,著书满家,淹博有之,精审未也。"

④訾謷(zǐ áo):语出《吕氏春秋·怀宠》:"謷丑先王,排訾旧典。"意为指责,诋毁。

⑤某君叙说:《章氏遗书》本《申郑》篇曰:"某君之治是书也,援据不可谓不精,考求不可谓不当,以此羽翼《通志》,为郑氏功臣可也。叙例之中,反唇相讥,攻击作者,不遗余力,则未悉古人著述之义,而不能不牵于习俗猥琐之见者也。"叙例、叙说,均指《续通志叙》。《续通志》为清代乾隆年间三通馆官修史书,体例仿照《通志》,共计六百四十卷,纪传内容从唐代至元末,二十略从五代至明末,惟不作世家和年谱。

⑥摧陷廓清之功:语出李汉《昌黎先生集·序》:"先生于文,摧陷廓清之功,比于武事,可谓雄伟不常者矣。"摧,底本原作"推",据《章氏遗书》本改。原意为攻破敌阵并加以扫荡,后用来比喻扫除陈言。

【译文】

　　癸巳年间路过杭州,听到戴震征君与吴颖芳隐士交谈之际,对郑樵《通志》痛加诋毁,两人的言论绝对让人感到奇怪可笑,我认为不值得深入辨析讨论,于是弃置不管。继此之后的学者,仍然对郑樵多有诽谤。因而借着某君的论述,辨明史书著述的源流,自认为对那些旧习陋俗和没有根据的议论,有摧毁肃清陈词滥调的功绩。但是那篇文章上溯司马迁、班固,下至考辨《文献通考》,都是史学家的要纲宏旨,不单纯是为《通志》而作。然而无知的人又另外找借口对我进行诘难,因而写作《答客问》三篇。

　　客有见章子《续通志叙书后》者①,问于章子曰:《通志》之不可轻议,则既闻命矣。先生之辨也,文繁而不可杀②,其推论所及,进退古人,多不与世之尚论者同科,岂故为抑扬,以佐其辨欤?抑先生别有说欤?夫学者皆称二十二史③,著录之家,皆取马、班而下,至于元、明而上,区为正史一门矣。今先生独谓唐人整齐晋、隋故事,亦名其书为一史,而学者误承流别,不复辨正其体焉。岂晋、隋而下,不得名为一史欤?观其表志成规,纪传定体,与马、班诸史,未始有殊。开局设监,集众修书,亦时势使然耳。求于其实,则一例也。今云学者误承流别,敢问晋、隋而下,其所以与陈、范而上,截然分部者安在?

【注释】

①《续通志叙书后》:本书《申郑》篇。贵阳重刻本《文史通义》内篇五《申郑》题下有按语曰:"后《答客问上》旧黏笺云:'此《续通志叙书后》,即上《申郑》篇,应将上篇改题'云云。颇疑续字费解。且原目亦未便径易,因附原笺语于此。"据此可知《续通志叙书后》当是原题篇名,而《申郑》当是《文史通义》编辑刊刻时改题之名。

②杀(shài):意为减削,剪裁。也可读 shā,意为收笔,结束。

③二十二史:明人刊刻史书,有二十一史之称。即《史记》、《汉书》、《后汉书》、《三国志》、《晋书》、《宋书》、《南齐书》、《梁书》、《陈

书》、《魏书》、《北齐书》、《周书》、《隋书》、《南史》、《北史》、《新唐
书》、《新五代史》、《宋史》、《辽史》、《金史》、《元史》。清代乾隆年
间,《明史》告成,始有二十二史之称。

【译文】

　　有客人看到我写的《续通志叙书后》,问我说:《通志》不能轻率讥
议,我已经接受您的意见了。先生的辩论,文字繁多而不可删减,其中
推论涉及的问题,褒扬贬抑古人,大多与当代喜欢评论的人不相同,难
道是故意褒贬抑扬以便帮助辩论呢? 还是先生另外有什么说法呢? 学
者都称呼二十二史,目录学家进行著录,都取司马迁、班固以下,至元、
明两代以上,区分为正史一类了。现在先生唯独说唐朝人整理晋、隋之
间各朝的旧事,也把他们的书称为史书,学者错误地继承了唐人官修史
书的支流,不再辨别纠正史学的本体。难道晋、隋以下,就不能有一部
书可以称为史书吗? 看看那些书表志有既成的规则,纪传有固定的体
例,与马、班等人的史书,并不曾有什么差异。开设史馆和创立监修制
度,招集众人纂修史书,这也是时势所造成的结果。探求其实质,则是
完全一致。现在说学者错误地继承了修史的支流,那么请问自晋、隋以
后,与陈寿、范晔以前的史书,在什么地方截然不同呢?

　　章子曰:史之大原,本乎《春秋》。《春秋》之义,昭乎笔
削。笔削之义,不仅事具始末、文成规矩已也。以夫子"义
则窃取"之旨观之,固将纲纪天人,推明大道。所以通古今
之变,而成一家之言者,必有详人之所略,异人之所同,重人
之所轻,而忽人之所谨,绳墨之所不可得而拘,类例之所不
可得而泥,而后微茫杪忽之际①,有以独断于一心。及其书
之成也,自然可以参天地而质鬼神,契前修而俟后圣②,此家
学之所以可贵也。陈、范以来,律以《春秋》之旨,则不敢谓

无失矣。然其心裁别识，家学具存，纵使反唇相议③，至谓迁书退处士而进奸雄，固书排忠节而饰主缺，要其离合变化，义无旁出，自足名家学而符经旨；初不尽如后代纂类之业，相与效子莫之执中，求乡愿之无刺，侈然自谓超迁轶固也④。若夫君臣事迹，官司典章，王者易姓受命，综核前代，纂辑比类，以存一代之旧物，是则所谓整齐故事之业也。开局设监，集众修书，正当用其义例，守其绳墨，以待后人之论定则可矣，岂所语于专门著作之伦乎？

【注释】

①微茫杪（miǎo）忽：形容细微不显。微茫，隐约模糊。杪忽，也作"秒忽"，比喻极其细微。

②参（cān）天地而质鬼神，契（qì）前修而俟后圣：语出《礼记·中庸》："质诸鬼神而无疑，知天也；百世以俟圣人而不惑，知人也。"参，参与，参合。质，就正，评判。契，投合，符合。俟，等待。

③反唇相议：语出班固《汉书》卷四十八《贾谊传》："妇姑不相说，则反唇而相稽。"说，通"悦"。反唇，翻唇。表示不服气或鄙视。稽，计较。

④轶（yì）：超过。

【译文】

章子回答说：史学的本原，语出《春秋》。《春秋》的史义，通过记录与删削史实来显示。记录和删削的要义，不仅仅是事情具备始末、文字记载符合规矩就行了。根据孔夫子所说的"史义则由我私自借用"这一宗旨来看，固然是要用来治理天下，阐明大道。史学能够通达古今变化，创立一家之说的原因，一定对他人省略之处有详细叙述，对他人相同之处有不同看法，对他人轻视之处有所重视，对他人小心之处有所忽略,不墨守过去的规则,不拘泥过去的体例,然后在隐约细微之际,能够独自用心裁断。待到其书撰成,自然可以与天地参合而质证鬼神,与前代贤人默契而等待后世圣人,这就是一家之学可贵的原因。陈寿、范晔以下,用《春秋》的宗旨来衡量,那就不敢说他们没有失误了。然而他们独具匠心的裁断与卓越的见识,自成一家的学说仍然存在,纵使有人反唇相讥,以致于说司马迁的《史记》降低隐士的地位而抬高奸雄的作用,班固的《汉书》排斥忠臣义士而掩饰君主的过失,总括书中的离合变化,宗旨没有掺杂旁门左道,自然足以称为一家之学而又符合经书的旨意;并不完全像后代分类编纂的史书,相互效法子莫折中的办法,追求乡愿左右逢源而不受讥刺,还大言不惭地自称超过司马迁与班固。至于一代君臣事迹,官府典章制度,帝王改朝换代,汇聚前朝事迹,加以编纂排比,用来保存过去一代典章文物,这就是所说的整理旧事的事业。开设史馆并创立监修制度,召集众人修史,正需要采用这种义例,遵守这种法度,以便等待后人论定就可以了,这怎么可以用来谈论专门著作这类史书呢?

《易》曰:"苟非其人,道不虚行。"史才不世出,而时世变易不可常,及时纂辑所闻见,而不用标别家学,决断去取为急务,岂特《晋》、《隋》二史为然哉?班氏以前,则有刘向、刘歆、扬雄、贾逵之《史记》[1];范氏以前,则有刘珍、李尤、蔡邕、卢植、杨彪之《汉记》[2]。其书何尝不遵表志之成规,不用纪传之定体?然而守先待后之故事,与笔削独断之专家,其功用足以相资,而流别不能相混,则断如也。溯而上之,百国宝书之于《春秋》,《世本》、《国策》之于《史记》,其义犹是耳。

【注释】

①贾逵（30—101）：字景伯，东汉扶风平陵（今陕西咸阳西北）人。曾任左中郎将、侍中。经学造诣深湛，尤重大夏侯《尚书》、《穀梁》与《左传》。与今文经学家辩论，上疏请立《左传》博士，提高古文经学地位。又通天文，参与讨论《四分历》修订之事。著有《春秋左氏传解诂》、《国语解诂》。

②刘珍、李尤、卢植、杨彪：据刘知几《史通》卷十二《古今正史》记载："熹平中，光禄大夫马日磾、议郎蔡邕、杨彪、卢植，著作东观，接续纪传之可成者。"刘珍（？—126），一名宝，字秋孙，东汉南阳蔡阳（今湖北枣阳西南）人。官谒者仆射、卫尉。汉安帝永初年间，受邓太后之诏，与刘騊駼（táo tú）、马融校定东观藏书，又受诏与刘騊駼作建武以来名臣传。李尤，字伯仁，东汉广汉雒（今四川广汉）人。汉和帝时，召诣东观，拜兰台令史。安帝时，为谏议大夫，受诏与谒者仆射刘珍等俱撰《汉记》。卢植（约159—192），字子干，东汉涿郡涿（今河北涿州）人。征为博士，拜九江太守，复为议郎。受诏与马日磾（mì dī）、蔡邕、杨彪、韩说等补续《汉纪》。杨彪（142—225），字文先，东汉弘农华阴（今陕西华阴东南）人。汉灵帝时，历任侍中、京兆尹、南阳太守、司空、司徒等职。遭董卓、曹操之忌，且其子杨修为曹操所杀，免官家居。魏国建立，文帝征拜太尉，固辞。授光禄大夫，赐几杖，待以宾礼。

【译文】

《周易》说："如果没有圣人通晓《易》理，《周易》所载之道就不会凭空流传。"具备史才的人并不是每个朝代都有，而时代变化没有一定常规，及时纂辑所见所闻，不用标明区别为某家之学，以裁断取舍为当务之急，难道只是《晋书》、《隋书》两种史书是这样吗？班固以前，有刘向、刘歆、扬雄、贾逵的《史记》；范晔以前，有刘珍、李尤、蔡邕、卢植、杨彪的《汉记》。他们的书何尝不是遵循前人确立的志、表规则，采用纪传固定的体例？然而墨守成规等待后人的那些整理旧事的著作，与运用笔削手法独自裁断而自成一家的著作，它们的功用足以互相资益，但源流派别却不能互相混淆，这是决然无疑的事实。再向上追溯，诸侯各国史书对于《春秋》,《世本》、《战国策》对于《史记》,其意义都是这样。

　　唐后史学绝,而著作无专家。后人不知《春秋》之家学,而猥以集众官修之故事,乃与马、班、陈、范诸书,并列正史焉。于是史文等于科举之程式、胥吏之文移,而不可稍有变通矣。间有好学深思之士,能自得师于古人,标一法外之义例,著一独具之心裁,而世之群怪聚骂,指目牵引为言词[1],譬若猵狙见冠服,不与龁决毁裂,至于尽绝不止也[2]。郑氏《通志》之被谤,凡以此也。

【注释】

①指目:语出司马迁《史记》卷四十八《陈涉世家》:"卒中往往语,皆指目陈胜。"意为手指而目视。

②猵狙(biān jū)见冠服,不与龁决毁裂,至于尽绝不止:语出《庄子·天运》:"故礼义法度者,应时而变者也。今取猨狙而衣以周公之服,彼必龁啮挽裂,尽去而后慊。观古今之异,犹猨狙之异乎周公也。"猵狙,又名獶犴,一种外貌像猿的灵长类动物。猨,通"猿",猿猴。

【译文】

　　唐代以后史之家学废绝,没有自成一家的著作。后人不知道《春秋》为自成一家的史学,而杂乱地把官府聚众纂修旧事的史书,竟然与司马迁、班固、陈寿、范晔等人的史书并列为正史。于是史书的文字就等同于科举考试的固定格式、官府小吏报送的公文,不能稍有变通了。

间或有好学深思的人,能独自师从古人,另标一种成法之外的义例,显示一种独具匠心的裁断,然而世上成群的怪人就聚集起来辱骂,手指目视拉扯证据作为攻击言辞,就像猿猴看见帽子和衣服,不把它咬烂撕裂,直到一点不剩就不罢休。郑氏《通志》的被世人毁谤,大概就是因为这个缘故。

嗟乎!道之不明久矣。六经皆史也,形而上者谓之道,形而下者谓之器。孔子之作《春秋》也,盖曰:"我欲托之空言,不如见诸行事之深切著明。"然则典章事实,作者之所不敢忽,盖将即器而明道耳。其书足以明道矣,笾豆之事①,则有司存,君子不以是为琐琐也。道不明而争于器,实不足而竞于文,其弊与空言制胜、华辩伤理者,相去不能以寸焉,而世之溺者不察也。太史公曰:"好学深思,心知其意。"②当今之世,安得知意之人,而与论作述之旨哉?

【注释】

①笾(biān)豆之事:具体、实在的事务。笾豆,古代祭祀使用的两种器物。

②好学深思,心知其意:语出司马迁《史记》卷一《五帝本纪》:"非好学深思,心知其意,故难为浅见寡闻道也。"

【译文】

唉!大道隐晦不明已经很久了。六经都是史书,抽象无形的东西称为"道",具体有形的东西称为"器"。孔子作《春秋》,大概是说:"我想把儒家大道寄托在空泛言论中,还不如通过具体的事物表现更加深切明显。"那么典章制度与历史事实,作者所不敢忽视,这是想通过具体的器来阐明抽象的道。如果史书足以阐明史义了,那么像笾豆祭祀这类

具体的事务,就由主管其事的人员去做,君子不管这些琐碎的事情。大
道不明而在具体事物上争辩不休,实质不足而在文采上竞相追逐,这一
弊端与空言取胜、善辩伤理的情况,危害程度几乎没有差别,然而世上
沉溺于其中的人却觉察不到。太史公司马迁说:"只有好学深思的人,
才能心知其中意蕴。"当今之世,怎么能找到心知其中意蕴的人,与他一
起来谈论著作与撰述的宗旨呢?

答客问中

客曰:孔子自谓:"述而不作,信而好古。"又曰:"好古敏以求之。"夏、殷之礼,夫子能言,然而无征不信,慨于文献之不足也。今先生谓作者有义旨[①],而笾豆器数[②],不为琐琐焉。毋乃悖于夫子之教欤? 马氏《通考》之详备,郑氏《通志》之疏舛,三尺童子所知也。先生独取其义旨,而不责其实用,遂欲申郑而屈马,其说不近于偏耶?

【注释】

①义旨:语出东汉王充《论衡》卷十三《超奇》:"抒其义旨,损益其文句,而以上书奏记,或兴论立说,结连篇章者,文人鸿儒也。"意为要义与宗旨。

②器数:古代礼仪中的器物和仪式等级制度的种种规定。

【译文】

客人说:孔子自己宣称:"阐述而不创作,以征信的态度喜爱古代文化。"又说:"爱好古代文化,勤奋地追求它。"夏、商两代的礼制,孔夫子能说出来,然而由于没有文献佐证而不能取信,因而感慨文献的不足。现在先生却说要看重作者著述的要义和宗旨,而对于笾豆器数这样的具体事务,没有必要计较细节琐事。这种认识恐怕背离了孔夫子的教诲吧? 马端临《文献通考》的详细完备,郑樵《通志》的疏漏舛误,就连三尺高的孩童都知道。先生唯独看重他们著述的义例与宗旨,而不问他们的学问是否实在可用,于是想褒扬郑樵而贬抑马端临,这种说法难道不近于偏颇吗?

　　章子曰:天下之言,各有攸当;经传之言,亦若是而已矣。读古人之书,不能会通其旨,而徒执其疑似之说,以争胜于一隅,则一隅之言,不可胜用也。天下有比次之书,有独断之学,有考索之功,三者各有所主,而不能相通。六经之于典籍也,犹天之有日月也。读《书》如无《诗》,读《易》如无《春秋》,虽圣人之籍,不能于一书之中,备数家之攻索也。《易》曰"不可为典要"①,而《书》则偏言"辞尚体要"焉。读《诗》不以辞害志②,而《春秋》则正以一言定是非焉③。向令执龙血鬼车之象,而征粤若稽古之文④,托熊、蛇、鱼、旐之梦⑤,以纪春王正月之令,则圣人之业荒,而治经之旨悖矣。若云好古敏求,文献征信,吾不谓往行前言可以灭裂也⑥。多闻而有所择⑦,博学而要于约⑧,其所取者有以自命,而不可概以成说相拘也。大道既隐,诸子争鸣,皆得先王之一端,庄生所谓"耳、目、口、鼻,皆有所明,不能相通"者也⑨。目察秋毫,而不能见雷霆。耳辨五音⑩,而不能窥泰山。谓耳目之有能有不能,则可矣;谓耳闻目见之不足为雷霆山岳,其可乎?

【注释】

　　①不可为典要:语出《周易·系辞下》。

②读《诗》不以辞害志：语出《孟子·万章上》："故说诗者，不以文害辞，不以辞害志；以意逆志，是为得之。"赵岐《注》曰："文，诗之文章，所引以兴事也；辞，诗人所歌咏之辞，志，诗人志所欲之事；意，学者之心意也。孟子言说诗者当本之志，不可以文害其辞，文不显乃反显也，不可以辞害其志。"

③《春秋》则正以一言定是非：语出杜预《春秋左氏传序》："《春秋》虽以一字为褒贬，然皆须数句以成言。"孔颖达《疏》曰："褒则书字，贬则称名，褒贬在于一字。"

④粤若稽古：语出《尚书·尧典》："曰若稽古帝尧。"伪孔安国《传》曰："若，顺。稽，考也。"粤，一作"曰"。

⑤熊、蛇、鱼、旐（zhào）之梦：语出《诗经·小雅·斯干》："吉梦维何？维熊维罴，维虺维蛇。"古人认为梦见熊罴，为生男孩的吉兆；梦见虺蛇，为生女孩的吉兆。又《无羊》曰："牧人乃梦，众维鱼矣，旐维旟矣。"旐，古代一种上面画有龟蛇的旗子。旟（yú），古代一种上面画有鸟隼的旗子。梦见为数众多的鱼，为丰年的吉兆；梦见龟蛇旗变为鸟隼旗，为人口繁衍的吉兆。

⑥往行前言可以灭裂：往行前言，语出《周易·大畜》："君子以多识前言往行，以畜其德。"指前代圣贤的言行。灭裂，违背，破坏。

⑦多闻而有所择：语出《论语·述而》："子曰：'盖有不知而作之者，我无是也。多闻择其善者而从之，多见而识之，知之次也。'"

⑧博学而要于约：语出《论语·雍也》："子曰：'君子博学于文，约之以礼，亦可以弗畔矣夫。'"

⑨庄生所谓"耳、目、口、鼻，皆有所明，不能相通"：语出《庄子·天下》。谓，底本原作"得"，叶瑛《文史通义校注》据志古堂本改。

⑩五音：古代音阶中的宫、商、角、徵、羽。

【译文】

章子回答说：天下的言论，各有它适宜之处；经传上的文字，也是像这样罢了。读古人的书,不能会通其著述宗旨,却只抓住其中是非难辨的话,用来在某一方面争胜负,那么这种片面的言论,永远用不完。天下有排比编纂的书籍,有自成一家而别识心裁的学术,有考订求索的功力,三者各有自己侧重的方面,不能彼此混通。六经对于其他典籍,如同天上有日月一样。读《尚书》要像不曾有《诗经》一样,读《周易》要像不曾有《春秋》一样,即使是圣人作的典籍,也不能在一部书中,同时具备数家不同的治学路数。《周易》认为"不能设置经常不变的准则",而《尚书》却偏偏说"言辞要追求切实简要"。读《诗经》不能拘泥于辞句而误解诗意,可是《春秋》却正是强调用一个确定的字词来判定是非。如果用《周易》中类似"龙战于野"和"载鬼一车"这样的卦象,去考证《尚书》中"粤若稽古"这样的文字,根据《诗经》中熊、蛇、鱼、旐这类解梦性质的文字,去记载《春秋》中"春王正月"这类的政令,那么圣人的事业就会荒废,治经的宗旨也就背离正常的轨道了。上面说到孔子热爱古代文化并且勤勉地探求,希望取得足够取信的文献的话,我并不是说前代圣贤的言论可以违背。知道的内容多才会有所重点选择,广泛地学习才能提炼简要的精华,作者所选择和提炼的材料都有自己的用意,不能一概用既定和现成的说法来拘囿。先王之道隐没不彰,诸子百家相互争胜,都只是得到了先王之道的某个方面,就像庄子所说的"耳朵、眼睛、嘴巴和鼻子,都有各自的特定功能,不能彼此混通"一样。眼睛能够明察秋毫,却不能看见雷霆的声音。耳朵能够分辨五音,却不能窥视泰山的形貌。如果说耳朵和眼睛各自都有能做到的方面和不能做到的方面,那是可以了;如果说靠着耳朵和眼睛不能听到雷霆和看见山岳,这怎么可以呢?

由汉氏以来,学者以其所得,托之撰述以自表见者,盖不少矣。高明者多独断之学,沉潜者尚考索之功,天下之学术,不能不具此二途。譬犹日昼而月夜,暑夏而寒冬,以之推代而成岁功^①，则有相需之益；以之自封而立畛域^②，则有两伤之弊。故马、班史祖，而伏、郑经师^③，迁乎其地而弗能为良，亦并行其道而不相为背者也^④。使伏、郑共注一经，必有抵牾之病。使马、班同修一史，必有矛盾之嫌。以此知专门之学，未有不孤行其意，虽使同侪争之而不疑^⑤，举世非之而不顾，此史迁之所以必欲传之其人，而班固之所以必待马融受业于其女弟，然后其学始显也。迁书有徐广、裴骃诸家传其业，固书有服虔、应劭诸家传其业，专门之学，口授心传，不啻经师之有章句矣。然则《春秋》经世之意^⑥，必有文字之所不可得而详，绳墨之所不可得而准。而今之学者，凡遇古人独断之著述，于意有不惬，嚣然纷起而攻之，亦见其好议论而不求成功矣。

【注释】

①岁功：语出范晔《后汉书》卷十三《律历志》："立闰定时，以成岁功。"指一年的时序。

②畛（zhěn）域：语出《庄子·秋水》："泛泛乎其若四方之无穷，其无所畛域。"意为分界，界域。

③伏、郑：伏生与郑玄。

④并行其道而不相为背：语出《礼记·中庸》："道并行而不相悖。"朱熹《中庸章句》曰："悖，犹背也。"

⑤同侪（chái）：同类，同辈。

⑥《春秋》经世：语出《庄子·齐物论》："春秋经世，先王之志，圣人议而不辩。"王先谦《注》曰："按春秋经世，谓有年时以经纬世事，非孔子所作《春秋》也。"章学诚用其语而义则有别。

【译文】

　　自汉代以来,学者把自己所获得的见识,寄托在著述中以便自我表现于世,大概有很多人了。眼光高远而智慧深邃的人大多从事独自裁断的一家之学,性格深沉而爱好钻研的人大多崇尚考订求索的工夫,普天之下的学术,不能不包括这两个治学途径。如同日出为白天而月出为夜晚,炎热是夏天而寒冷是冬天一样,它们相互循环更替而成就一年的时序,那么就会有彼此需求依赖的益处;它们相互封闭并且划分畛域,那么就有两败俱伤的弊端。所以作为史学祖师的司马迁、班固,与作为经学大师的伏生、郑玄,如果让他们调换各自的治学领域就不会取得很好的成就,这也是他们并世共存而不相互矛盾的原因。假使让伏生和郑玄同注一种经书,一定会有互相抵牾的弊病;假使让司马迁和班固共同修撰一部史书,一定会有互相矛盾的嫌疑。由此可知具有专门之业的家学,没有人不是独立地推行自己的学术主张,即使有同行的人争辩也不会怀疑,整个社会的人非议也不会动摇,这就是司马迁为什么必须寻找一个能传承其学术的人,而班固的书也要等到马融师从班昭受业,然后他们的学说才开始为世人所了解。司马迁的《史记》有徐广、裴骃等人传授学业,班固的《汉书》有服虔、应劭等人传授学业,这些专门之学,口授心传,不亚于经师之间的章句授受了。那么《春秋》为天下制定法则的意义,一定有仅仅依赖文字而无法详细表述的内容,仅仅依赖成规而无法确立准则的地方。然而现在的学者,一旦遇到古人独断别裁的著述,只要有不符合他们私意的地方,就喧嚣吵嚷纷纷起来加以攻击,这也可以看出他们喜好议论却不寻求成功了。

　　若夫比次之书,则掌故令史之孔目①,簿书记注之成格②,其原虽本柱下之所藏③,其用止于备稽检而供采择,初无他奇也。然而独断之学,非是不为取裁;考索之功,非是不为按据。如旨酒之不离乎糟粕,嘉禾之不离乎粪土,是以职官、故事、案牍、图牒之书，不可轻议也。然独断之学，考索之功欲其智，而比次之书欲其愚。亦犹酒可实尊彝④，而糟粕不可实尊彝；禾可登簠簋⑤，而粪土不可登簠簋，理至明也。古人云："言之不文，行之不远。""文不雅驯，荐绅先生难言之。"⑥为职官、故事、案牍、图牒之难以萃合而行远也，于是有比次之法。不名家学，不立识解，以之整齐故事，而待后人之裁定，是则比次欲愚之效也。举而登诸著作之堂，亦自标名为家学，谈何容易邪？且班固之才，可谓至矣。然其与陈宗、尹敏之徒，撰《世祖本纪》，与《新市》、《平林》诸列传⑦，不能与《汉书》并立，而必以范蔚宗书为正宗⑧；则集众官修之故事，与专门独断之史裁，不相缀属又明矣。

【注释】

①令史之孔目：令史为官名，汉、晋时期设置兰台令史、尚书令史，有固定品秩，可以迁补为郎。隋、唐以后各代省、部、寺、台均有令史，已无品秩，成为掌管文书案牍的低级吏职。明代废除。孔目，原意指档案条目。后来也指唐至清代设置的掌管文书档案与收储图书的吏人。取义于事无大小，均经其手，一孔一目，无不综理。

②簿书记注：簿书指官府中的文书簿册。记注，语出司马光《资治通鉴》卷二百四十六《唐纪》：唐文宗开成四年，"上就起居舍人魏谟取记注观之"。胡三省《注》曰："记注，即起居注。"

③柱下：据司马迁《史记》卷六十二《老子列传》记载："老子者……周守藏室之史也。"司马贞《索隐》曰："藏室史，周藏书室之史也。又《张苍传》'老子为柱下史'，盖即藏室之柱下，因以为官名。"柱下史，为周、秦时官名。老子为周朝的柱下史，又称作守藏室之

史,可知"柱下"本指藏书之所。一说柱下史因常在殿柱之下侍
立,掌管四方文书,故名。

④尊彝:据《周礼》记载,周代有司尊彝之官。铜器铭文常以尊彝二
字联用。尊、彝均为酒器,古代用作祭祀的礼器。

⑤簠簋(fǔ guǐ):古代两种盛禾黍稻粱的礼器。许慎《说文解字·
竹部》曰:"簋,黍稷方器也……簠,黍稷圆器也。"

⑥文不雅驯,荐绅先生难言之:语出司马迁《史记》卷一《五帝本纪
赞》。荐绅,即缙绅。搢,插。绅,大带。古代官吏垂绅搢笏,因
称官僚士大夫为缙绅。

⑦与陈宗、尹敏之徒,撰《世祖本纪》,与《新市》、《平林》诸列传:据
范晔《后汉书》卷七十上《班彪传附班固传上》记载:"显宗甚奇
之,召诣校书部,除兰台令史,与前睢阳令陈宗、长陵令尹敏、司
隶从事孟异,共成《世祖本纪》。迁为郎,典校秘书。固又撰功
臣、平林、新市、公孙述事,作列传载记二十八篇,奏之。"陈宗,东
汉人,年长于班固,曾任睢阳县令。尹敏,字幼季,东汉南阳堵阳
(今河南方城东)人。征拜郎中,迁谏议大夫。精通《毛诗》、《穀
梁》、《左氏传》。反对图谶,以为非圣人之作。显宗,即东汉明
帝。世祖,即东汉光武帝。新市、平林,均为新莽末年农民起
义军。

⑧范蔚宗书:范晔,字蔚宗,其书指《后汉书》。

【译文】

至于排比编纂的书,就如同掌故和令史的档案目录,簿册和起居注
的编纂格式,它们的起源虽然语出朝廷藏书室所典藏的资料,它们的用
途只是预备日后翻检查找供人采录选择,原本没有别的奇特之处。但
是自成一家之言的独断之学,没有它们就无法取舍剪裁;考订求索的功
力,没有它们就无法考察判断。就像美酒离不开酒糟,苗苗离不开粪土
一样,所以职官、掌故、文书、图谱之类的书籍,不能轻率訾议。然而自

成一家之言的独断之学,考订求索的功力追求的是聪慧睿智,而排比编纂的书则追求愚直地保存原始资料。这就像酒可以装进尊彝,而酒糟不可以装进尊彝;禾穗可以登上簋簠,而粪土不可以登上簋簠,这个道理是最明白不过了。古人说:"语言没有文采,不可能流传时间长久。""文辞不典雅纯正,士大夫很难说出口。"因为职官、掌故、文书、图谱之类难以收集整理而流传后世,于是就出现排比编纂的方法。不需要标明家学,也不掺杂自己的见识和解释,用来整理前代的故事,等待后世学人的裁断评定,这就是排比编纂之书追求愚笨地保存资料的效果。把这类书籍升入著述的殿堂,也自己标榜为一家之学,这谈何容易呢?况且以班固的才能,可以说是达到顶峰了。然而他与陈宗、尹敏等人,合撰《世宗本纪》,以及《新市》、《平林》等列传,就不能和《汉书》并驾齐驱,而一定要以范晔《后汉书》的记载为正宗;那么官府聚集众人撰修的纂录旧事的史书,与专门之家具有独断之学的别出心裁,彼此不能混同就很明白了。

　　自是以来,源流既失。郑樵无考索之功,而《通志》足以明独断之学,君子于斯有取焉。马贵与无独断之学①,而《通考》不足以成比次之功,谓其智既无所取,而愚之为道,又有未尽也。且其就《通典》而多分其门类②,取便翻检耳。因史志而衰集其论议,易于折衷耳。此乃经生决科之策括,不敢抒一独得之见,标一法外之意,而奄然媚世为乡愿③,至于古人著书之义旨,不可得闻也。俗学便其类例之易寻,喜其论说之平善,相与翕然交称之④,而不知著作源流之无似。此呕哑嘲哳之曲⑤,所以属和万人也⑥。

【注释】

①马贵与：马端临，字贵与。

②就《通典》而多分其门类：《通典》分为九门，《文献通考》共有二十四门，其田赋、钱币、户口、职役、征榷、市籴、土贡、国用、选举、学校、职官、郊社、宗庙、王礼、乐、兵、刑、舆地、四裔等十九门，为就《通典》析出的门类，而经籍、帝系、封建、象纬、物异等五门，为《通典》所无。

③奄（yǎn）然：语出汉代韩婴《韩诗外传》卷五："援法而度之，奄然如合符节。"一致的样子。

④翕（xī）然：共同，一致。

⑤呕哑嘲哳（zhāo zhā）：呕哑，语出杜牧《樊川文集》卷一《阿房宫赋》："管弦呕哑，多于市人之言语。"象声词，指管弦声。嘲哳，语出白居易《白氏长庆集》卷十二《琵琶引》："岂无山歌与村笛，呕哑嘲哳难为听。"象声词，形容声音烦杂细碎。

⑥属（zhǔ）和万人：语出萧统《文选》卷四十五《宋玉对楚王问》："客有歌于郢中者，其始曰下里巴人，国中属而和者数千人。其为阳阿薤露，国中属而和者数百人。其为阳春白雪，国中属而和者不过数十人。引商刻羽，杂以流徵，国中属而和者不过数人而已。是其曲弥高，其和弥寡。"又萧统《文选》卷八《司马长卿·上林赋》曰："奏陶唐氏之舞，听葛天氏之歌，千人唱，万人和。"意为随人唱和。

【译文】

从此以后，家学源流已经消失。郑樵虽然没有考订求索方面的功力，但是《通志》却足以发明一家独断之学，君子们认为在这方面多有可取之处。马端临没有自成一家的学说，而《文献通考》又够不上称为排比编纂的事业，所以说他不但在成一家之言方面没有可取之处，而且在老实规矩地奉守成法排比编纂方面，也没有完全做到。况且《文献通考》依据《通典》将门类分得更细，只是为便于翻检查阅罢了。因袭史志之文而把它们的论议汇集起来，只是为便于折中各种说法和议论而已。这是儒生为科举考试而作的策括，不敢表达一丝一毫独立的见解，在成法之外标语出已的新意，却只是为迎合讨好世俗而变成伪善的乡愿，至于古人著书的意义和宗旨，从他这里就听不到了。世俗的学者因为此书的分类和体例容易翻检而感到便利，喜欢其书论说得折中和全面，就一起交口称赞，却不知道从著作源流的角度来看并不相同。这就是呜咽嘈杂的乐曲，却有万人附和跟唱的缘故。

答客问下

客曰：独断之学，与考索之功，则既闻命矣。敢问比次之书，先生拟之糟粕与粪土，何谓邪？

【译文】

客人说：独自裁断而自成一家的学问，与考订求索的功力，我已经从您这儿听说过了。请问排比编纂的书，您把它们比作酒糟和粪土，这是什么意思呢？

章子曰：斯非贬辞也。有璞而后施雕①，有质而后运斤②，先后轻重之间，其数易明也。夫子未删之《诗》、《书》，未定之《易》、《礼》、《春秋》③，皆先王之旧典也。然非夫子之论定，则不可以传之学者矣。李焘谓"左氏将传《春秋》，先聚诸国史记，国别为语，以备《内传》之采摭"④。是虽臆度之辞，然古人著书，未有全无所本者。以是知比次之业，不可不议也。比次之道，大约有三：有及时撰集，以待后人之论定者，若刘歆、扬雄之《史记》，班固、陈宗之《汉记》是也；有有志著述，先猎群书，以为薪樵者⑤，若王氏《玉海》⑥，司马

《长编》之类是也⑦；有陶冶专家，勒成鸿业者，若迁录仓公技术⑧，固裁刘向《五行》之类是也。夫及时撰集，以待论定，则详略去取，精于条理而已。先猎群书，以为薪樵，则辨同考异，慎于覈核而已。陶冶专家，勒成鸿业，则钩玄提要，达于大体而已。比次之业，既有如是之不同；作者之旨，亦有随宜之取辨。而今之学者，以谓天下之道，在乎较量名数之异同，辨别音训之当否，如斯而已矣；是何异观坐井之天⑨，测坳堂之水⑩，而遂欲穷六合之运度，量四海之波涛，以谓可尽哉？

【注释】

①有璞而后施雕：语出《庄子·山木》："既雕既琢，复归于朴。"璞，未经雕琢的玉石。

②有质而后运斤：语出《庄子·徐无鬼》："庄子送葬，过惠子之墓，顾谓从者曰：郢人垩漫其鼻端，若蝇翼，使匠石斫之。匠石运斤成风，听而斫之，尽垩而鼻不伤，郢人立不失容。宋元君闻之，召匠石曰：'尝试为寡人为之。'匠石曰：'臣则尝能斫之。虽然，臣之质死久矣。'自夫子之死也，吾无以为质矣！吾无与言之矣。"质，指对象，目标。运斤，挥动斧头。

③夫子未删之《诗》《书》，未定之《易》《礼》《春秋》：孔丘删《诗经》《尚书》，定《周易》《周礼》《春秋》之说，出于司马迁《史记》卷四十七《孔子世家》。

④左氏将传《春秋》，先聚诸国史记，国别为语，以备《内传》之采撷：语出马端临《文献通考》卷一百八十三《经籍考》引李焘曰："昔左丘明将传《春秋》，乃先采集列国之史，国别为语，旋猎其英华，作《春秋传》。而先所采集之语，草稿具存，时人共传习之，号曰《国

语》。"后人称《左传》为《春秋内传》,《国语》为《春秋外传》。

⑤薪楰(xīn yǒu):语出《诗经·大雅·棫朴》:"薪之楰之。"意为木柴。

⑥王氏《玉海》:《玉海》二百卷,宋王应麟编。全书分天文、律历、地理、帝系等二十一部,部下又分二百四十余个子目。辑录古今诗词、历代掌故、诸子百家而成此巨制,为宋代著名类书之一。

⑦司马《长编》:据陈振孙《直斋书录解题》卷四《续通鉴长编》曰:"长编云者,司马公之为《通鉴》也,先命其属为丛目,既成,乃修长编,然后删之以为成书。唐长编六百卷,今《通鉴》惟八十卷尔。"

⑧迁录仓公技术:据司马迁《史记》卷一百零五《仓公列传》记载:"太仓公者,齐太仓长,临淄人也。姓淳于氏,名意。少而喜医方术。高后八年,更受师同郡元里公乘阳庆。庆年七十余,无子,使意尽取其故方,更悉以禁方予之,传黄帝、扁鹊之脉书,五色诊病,知人生死,决嫌疑,定可治及药论,甚精。受之三年,为人治病,决死生,多验。"传后详细附载药方。

⑨观坐井之天:语出韩愈《韩昌黎全集》卷十一《原道》:"坐井而观天,曰天小者,非天小也。"

⑩坳(ào)堂之水:语出《庄子·逍遥游》:"覆杯水于坳堂之上,则芥为之舟。"坳堂,堂上低洼处。芥,小草。芥舟指像小草一样轻微的小船。

【译文】

章子回答说:这不是贬低的言辞。有璞玉然后才能进行雕琢,有对象然后才能加以斧正,两者先后轻重之间的关系,这个道理容易明白。孔夫子没有删削的《诗经》、《尚书》,没有编定的《周易》、《周礼》、《春秋》,都是先王旧有的典籍。然而如果不经过孔夫子的论述删定,就不能够传给后世的学者了。李焘说"左氏将要给《春秋》作传,先聚集各诸侯国的史书，按照国别编纂当时的言论，准备作《春秋内传》时采用"。这虽然是推测之辞，但是古人著书，没有完全不根据史料编纂的人。据此可知排比编纂的学业，不能不讨论。排比编次的方法，大约有三种：有的是及时编撰汇集，以便等待后人论述删定，例如刘歆、扬雄的《史记》，班固、陈宗的《汉记》之类的书就是这样；有的是有志于著述，先涉猎群书，以便聚集资料，例如王氏的《玉海》、司马氏的《资治通鉴长编》一类的书就是这样；有的是对专门文章进行加工，然后撰成鸿篇巨著，例如司马迁在《史记·仓公列传》中记录仓公的医方，班固撰《汉书·五行志》采用刘向的《五行传》一类的书就是这样。及时撰集，以便等待后人论述删定，那么对于内容的详略与取舍，编纂条理完善就可以了。先涉猎群书，作为搜集资料，那么对于内容辨别考察同异，谨慎核实就可以了。把专门的文章进行加工，撰成鸿篇巨著，那么对于内容提纲挈领，通达根本就可以了。排比编纂的学业，已经有这样多的不同；作者的宗旨，也有根据具体情况而分辨的不同。然而当今学者，以为天下的学问，在于考核验证名物度数的异同，辨别读音释义是否恰当，这样就万事大吉了；这和观察坐在井中所看到的天空，检测厅堂上低洼之处的积水，从而想推究宇宙中日月星辰运行的躔度，测量五湖四海的波涛，认为这样就可以穷尽它们的道理有什么不同呢？

　　夫汉帝春秋，年寿也。具于别录；臣瓒注①。伏生、文翁之名，征于石刻②；高祖之作新丰，详于刘记③；《西京杂记》。孝武之好微行，著于外传④；《汉武故事》。而迁、固二书，未见采录，则比次之繁，不妨作者之略也。曹丕让表，详《献帝传》⑤；甄后懿行，盛称《魏书》⑥；哀牢之传，征于计吏⑦；见《论衡》。先贤之表，著于黄初⑧；而陈、范二史，不以入编，则比次之私，有待作者之公也。然而经生习业，遂纂典林，辞客探毫,因收韵藻。晚近浇漓之习,取便依检,各为兔园私册,以供陋学之取携;是比次之业,虽欲如糟粕粪土,冀其化朽腐而出神奇,何可得哉?

【注释】

①臣瓒注:班固《汉书》十二本纪均不载皇帝年寿,颜师古《注》均引臣瓒之说——标明。臣瓒,西晋人,其姓氏与籍贯皆不详。晋、隋之间的学者或称之为"于瓒",或称之为"薛瓒",或称之为"傅瓒",讫无定论。曾注《汉书》,总集诸家音义,断以己见,撰成《集解音义》。唐代颜师古注《汉书》,屡有征引。

②伏生、文翁之名,征于石刻:据班固《汉书》卷八十八《儒林传》记载:"伏生,济南人也。"颜师古《注》引"张晏曰:名胜,《伏生碑》云也"。又班固《汉书》卷八十九《循吏传》记载:"文翁,庐江舒人。少好学,通《春秋》……景帝末,为蜀郡守……见蜀地僻陋……欲诱进之,乃选郡县小吏开敏有材者……遣诣京师,受业博士……又修起学官于成都市中,招下县子弟,以为学官弟子,由是大化蜀地,学于京师者,比齐、鲁焉。"《汉书》虽给文翁立传,但不载其名。据《太平御览》卷六百一十一引《庐江七贤传》记载:"文党字仲翁。欲游学时,与人俱入丛木,谓侣人曰:'吾欲远学,先试投我斧高木上,斧当挂。'乃仰投之,斧果上挂。因之长安受经。"又杨彦龄《杨公笔录》曰:"蜀文翁名党,字仲翁。见《博物志》。"今所传《文翁碑》,系赝品,无文翁名。

③高祖之作新丰,详于刘记:据葛洪《西京杂记》卷二记载:"太上皇徙长安,居深宫,凄怆不乐。高祖窃因左右问其故,以平生所好皆屠贩少年,酤酒卖饼,斗鸡蹴鞠,以此为欢。今皆无此,故以不乐。高祖乃作新丰,移诸故人实之,太上皇乃悦。故新丰多无赖,无衣冠子弟故也。"新丰,故城在今陕西临潼东北。原为秦郦

邑,汉高祖七年,因刘邦的父亲思乡,于是按照故乡丰县的街里格式改筑而成,故称新丰。刘记,关于《西京杂记》的作者,过去多以为西汉刘歆撰,故章氏从旧说称之为"刘记"。另外,还有晋葛洪和梁吴均两说。清代四库馆臣定为刘歆撰、葛洪辑。近人余嘉锡考证,实为葛洪所撰,而托名刘歆,以重其书。原书二卷,后分为六卷,所记多为西汉时期的遗闻轶事。

④孝武之好微行,著于外传:据《汉武故事》记载:"上常轻服为微行。时丞相公孙弘数谏,弗从。弘谓其子曰:'吾年已八十余,陛下擢为宰相。士犹为知己死,况不世之君乎? 今陛下微行不已,社稷必危,吾虽不逮史鱼,冀万一能以尸谏。'因自杀。上闻而悲之,自为诔。"外传,传记之中的一类。主要为正史所不载的人物立传,或正史有记载而另外为之作传,专记传主的遗闻逸事。如《赵飞燕外传》等。章氏所言指《汉武故事》,旧题汉班固撰。宋代晁公武《郡斋读书志》卷九引张柬之《书洞冥记后》,谓出于南朝王俭。记述汉武帝自生于猗兰殿至死葬茂陵的琐闻杂事,与《史记》、《汉书》所载有出入。世称班固另有《汉武帝内传》,故以《汉武故事》为外传。

⑤曹丕让表,详《献帝传》:据陈寿《三国志》卷二《魏文帝纪》裴松之《注》引《献帝传》,载录禅代让表诸事。

⑥甄后懿行,盛称《魏书》:据陈寿《三国志》卷五《文昭甄后传》裴松之《注》引《魏书》,详载甄后贤德懿行。甄后(? —221),本为袁绍次子袁熙之妻,后曹丕纳为妃,生明帝及东乡公主。曹丕称帝以后,宠幸郭后,甄氏有怨言,被赐死。明帝立,追谥为文昭皇后。

⑦哀牢之传,征于计吏:据王充《论衡》卷二十《佚文》记载:"杨子山为郡上计吏,见三府为《哀牢传》不能成,归郡作上。孝明奇之,征在兰台。"杨终(? —100),字子山,东汉蜀郡成都(今属四川)

人。官拜校书郎、郎中等职。参与白虎观讨论《五经》异同，又受诏删《太史公书》为十余万言。哀牢，我国古代西南地区少数民族。计吏，据《礼记·射义》孔颖达《礼记正义》曰："汉时谓郡国送文书之使为计吏。"

⑧先贤之表，著于黄初：据赵翼《廿二史札记》卷七《禅代》记载："按裴松之《三国志注》引《魏略》，曹丕受禅时，汉帝下禅诏及册书凡三，丕皆拜表让还玺绶。李伏等劝进者一，许芝等劝进者一，司马懿等劝进者一，桓楷等劝进者一，尚书令等合词劝进者一，刘廙等劝进者一，刘若等劝进者一，辅国将军等百二十人劝进者一，博士苏林等劝进者一，刘廙等又劝进者一，丕皆下令辞之。最后华歆及公卿奏择日设坛，始即位。"以上表文，裴注一一详载。裴注见《魏志》卷二《文帝纪》，系引《献帝传》，并非《魏略》，此乃赵翼笔误。

【译文】

汉代皇帝的春秋，指年寿。都保存在其他的记载中；见臣瓒注。伏生、文翁的名字，从石刻上得到证实；汉高祖为太上皇作新丰城，刘氏的书中有详细的记载；见《西京杂记》。汉武帝喜欢微服私行，记载在外传里；见《汉武故事》。但是司马迁、班固的两部史书，未见采录，那么排比编纂之书的繁多，并不妨碍后来的作者加以删削。曹丕辞让献帝禅位的表文，详细记载于《献帝传》；甄皇后的美德善行，《魏书》中盛加称赞；哀牢的传记，是从送账簿的计吏手中征来；见《论衡》。前代贤哲的劝进表，黄初年间颇有盛名；但是陈寿、范晔的两部史书，未予收入，那么排比编纂之人的私心，有待于后来作者的公正裁决。然而儒生研治经学，用来编纂典故总汇；文人挥毫弄笔，因而收集作为辞藻。晚近风气浇薄，贪图方便翻检，各自编纂粗俗浅陋的书，以供浅薄的儒生检阅携带；这样一来排比编纂的学业，即使想如酒糟粪土一样，希望它能够化腐朽为神奇，又怎么能做到呢？

　　夫村书俗学①，既无良材；则比次之业，难于凭藉者一矣。所征故实，多非本文，而好易字句，漓其本质，以致学者宁习原书，怠窥新录；则比次之业，难于凭藉者二矣。比类相从，本非著作，而汇收故籍，不著所出何书，一似已所独得，使人无从征信；则比次之业，难于凭藉者三矣。传闻异辞，记载别出，不能兼收并录，以待作者之决择，而私作聪明，自定去取；则比次之业，难于凭藉者四矣。图绘之学，不入史裁②，金石之文，但征目录③，后人考核，征信无从；则比次之业，难于凭藉者五矣。专门之书，已成巨编，不为采录大凡④，预防亡逸，而听其孤行，渐致湮没；则比次之业，难于凭藉者六矣。拘牵类例，取足成书，不于法律之外，多方购备，以俟作者之辨裁，一目之罗，得鸟无日⑤；则比次之业，难于凭藉者七矣。凡此多端，并是古人未及周详，而后学尤所未悉。苟有志于三月聚粮⑥，则讲习何可不豫？而一世之士，不知度德量力，咸嚣嚣以作者自命，不肯为是筌蹄嚆矢之功程⑦，刘歆所谓"挟恐见破之私意，而无从善服义之公心"者也。术业如何得当？而著作之道，何由得正乎？

【注释】

①村书：语出陆游《剑南诗稿》卷二十五《秋日郊居》："授罢村书闭门睡，终年不着面看人。"自注："所读《杂字》、《百家姓》之类，谓之村书。"指古代农村幼童的启蒙读物。俗学：语出魏收《魏书》卷九十一《江式传》："篆形谬错，隶体失真，俗学鄙习，复加虚巧。"指世俗流行的浅薄学问。

②图绘之学，不入史裁：据《章氏遗书》外编卷八《永清县志·舆地

图》曰:"昔司马氏创定百三十篇,但知本周谱而作表,不知溯夏鼎而为图,遂使古人之世次年月,可以推求,而前世之形势名象,无能踪迹。此则学《春秋》而得其谱历之意,未知溯《易》象而得其图书之通也。"

③金石之文,但征目录:古人著录金石,自欧阳修《集古录》以下,历代金石著作中大多仅录其目,而不载其文。这样如果金石碑刻不存,则文亦不存,其书目夫复何用?

④大凡:语出《荀子·大略》:"礼之大凡:事生,饰欢也;送死,饰哀也;军旅,饰威也。"意为大要,宏纲。

⑤一目之罗,得鸟无日:语出《淮南子》卷十六《说山》:"有鸟将来,张罗而待之。得鸟者,罗之一目也。今为一目之罗,则无时得鸟矣。"罗,捕鸟的网。目,网眼。

⑥三月聚粮:语出《庄子·逍遥游》:"适千里者,三月聚粮。"这里指聚集资料准备编纂史书。

⑦筌(quán)蹄:语出《庄子·外物》:"筌者,所以在鱼,得鱼而忘筌。蹄者,所以在兔,得兔而忘蹄。"筌,用竹子编织的捕鱼器具。蹄,捕兔的器具。后来用"筌蹄"比喻达到目的的工具和手段。嚆(hāo)矢:语出《庄子·在宥》:"焉知曾、史之不为桀、跖嚆矢也?"郭象《注》曰:"嚆矢,矢之鸣者也。"带响的箭发射时声比箭先到,因而用来比喻事物的开端。

【译文】

村塾的书籍与平庸的学问,已经没有良好的材质;那么排比编纂的学业,这是难以作为凭借的第一点了。采录的典故史实,多非本来的文辞,而喜欢改窜字句,使其本质浇漓,以致学习的人宁愿学习原书,而懒于翻看新编的书籍;那么排比编纂的学业,这是难以作为凭借的第二点了。按类编次成书,本来就不是著作,而汇集旧籍中的文字,不标著语出何书,完全像是自己独自撰述,让人无从验证相信;那么排比编纂的学业，这是难以作为凭借的第三点了。说法各异的传闻，歧出互见的记载，不能做到兼收并录，等待后来的作者做出选择裁决，而是自作聪明，擅自决定取舍；那么排比编纂的学业，这是难以作为凭借的第四点了。图绘方面的内容，不载入史书，金石方面的文字，只征收目录，后人考核史实，无从验证取信；那么排比编纂的学业，这是难以作为凭借的第五点。专门学业的书籍，已经编成巨帙，不把书中主要内容采录下来，预防以后亡佚，而是任凭它们单独流传，致使逐渐湮没无闻；那么排比编纂的学业，这是难以作为凭借的第六点了。拘泥于门类体例，只求凑成一部书，而不在法则之外，多方搜求采集，以便等待后来作者的辨别裁断，好比一个眼儿的罗网，不可能有捕到鸟的日子；那么排比编纂的学业，这是难以作为凭借的第七点了。总括以上多种情况，都是古人没来得及考虑周详，而后世学者更不能得到详细了解。如果有志于从事远大的著述事业，怎么可以不在事先反复讨论呢？然而整个社会的人，不知道衡量自己的德行学力，全都吵吵嚷嚷地以专家作者自居，而不肯做一些基础资料性的工作，这就是刘歆所说的"怀着害怕被别人看穿的私意，而没有信服善良正义的公心"的那种人。学术事业如何能够顺利发展？而著述成家的原则，怎么能走上正路呢？

答 问

【题解】

本篇承接《言公》篇之旨,进一步申明文为公器之意,反对改窜古人文辞据为私有的做法。章学诚指出,古人重视为文之意,而不在文辞本身,只要表达的意思不同,文字不嫌重复。倘若文章没有特定的宗旨和内容,而又模仿前人的文辞,就会遭到人们的唾弃。根据这个原则,他把后世的文章区分为著述之文和文人之文两类,并对这两类文章点窜古人文辞的利弊得失作了详尽的分析。历代能够成一家之言的著述,重在阐明其意,文辞不过是藉以达意的工具而已,不忌讳字句和前人雷同;因为宗旨别有所在,即使删改前人文字,也没有什么妨害。至于文人之文,由于文心不同,文法亦有差别。因此后人点窜前人之文,失多得少,尤其应当慎重。针对清代桐城派文人方苞等人撰文删改唐、宋之文以示义法的陋习,章学诚提出严厉的批评,指责他们是不知古人之意,仅仅崇尚文辞的功能,又怀私心胜气,认为自己的见解一定胜过前人,于是奋笔篡改,无所顾忌。他们的做法不但对文章没有裨益,而且开后生小子肆无忌惮攻呵古人的先河,造成了极其恶劣影响,必须予以肃清,以免愈演愈烈。

或问:前人之文辞,可改窜为己作欤?答曰:何为而不可也。古者以文为公器,前人之辞如已尽,后人述而不必作也。赋诗断章,不啻若自其口出也。重在所以为文辞,而不重文辞也。苟得其意之所以然,不必有所改窜,而前人文辞与己无异也。无其意而求合于文辞,则虽字句毫无所犯,而阴仿前人之所云,君子鄙之曰窃矣①。或曰:陈琳为曹洪报魏太子,讳言陈琳为辞。丁敬礼求曹子建润色其文,则曰后世谁知定吾文者。唐韩氏云:"惟古于文必己出,降而不能乃剽窃。"古人必欲文辞自己擅也,岂曰重其意而已哉? 答曰:文人之文,与著述之文,不可同日语也。著述必有立于文辞之先者,假文辞以达之而已。譬如庙堂行礼,必用锦绅玉佩②,彼行礼者,不问绅佩之所成。著述之文是也。锦工玉工,未尝习礼,惟藉制锦攻玉以称功,而冒他工所成为己制,则人皆以为窃矣。文人之文是也。故以文人之见解,而议著述之文辞,如以锦工玉工,议庙堂之礼典也。

【注释】

①君子鄙之曰窃:据顾炎武《日知录》卷十八《窃书》记载:"汉人好以自作之书,而托为古人,张霸《百二尚书》、卫宏《诗序》之类是也。晋以下人,则有以他人之书而窃为己作,郭象《庄子注》、何法盛《晋中兴书》之类是也。若有明一代之人,其所著书,无非盗窃而已。"

②锦绅:据许慎《说文解字·丝部》曰:"绅,大带也。"古代官僚士大夫束在外衣腰间的大带,用丝锦做成,故曰锦绅。玉佩:语出《诗经·秦风·渭阳》:"何以赠之? 琼瑰玉佩。"古人腰带间佩带的饰物,用玉做成,故曰玉佩。

【译文】

　　有人问：前人撰写的文辞，可以修改成自己的作品吗？回答说：没有什么不可以。古代把文章作为大家公用的东西，前人的文辞如果很详尽了，后人就转述而不必重作。赋诗断章取义，简直就像是从自己口里说出，看重的是为什么说这些话，而不看重文辞本身。如果前人文辞具备我为什么要这样表达的意思，那就不必再作什么修改，前人的文辞与我所写的文辞没有什么不同。没有我所表达的那种意思而谋求文辞的契合，那么即使字句与前人丝毫不重复，然而暗中模仿前人所说的话，君子鄙视地称之为偷窃。有人说：陈琳代曹洪写给魏文帝的书信，曹洪信中不说陈琳代笔而说自己所作。丁敬礼请求曹子建修改润色自己的文章，还对子建说后世谁知道为我删定文章的是哪个人。唐代韩愈说："只有古代文辞一定是出于自己所作，此后不能自己创作就剿窃。"古人一定要让文辞为自己所专擅，怎么能说只是重视文意而已呢？回答说：文人的文辞，与著述的文辞，不可同日而语。著述一定有在文辞之先就已经确立的宗旨，只不过借用文辞表达出来而已。譬如在庙堂里举行祭祀活动，一定要用锦带玉佩，那些行礼的人们，不问锦带玉佩是怎么制成。著述的文辞就像行礼之人使用锦带玉佩一样。织锦治玉的工匠，从未学习过礼制，只是凭借制作锦带雕琢玉器来衡量功绩，如果用别的工匠的制品假冒为自己所作，那么人们都会认为这是偷窃了。文人的文辞就像锦玉工匠各自制作自己的制品一样。所以运用文人的见解，来讨论著述的文辞，就像让织锦治玉的工匠，来讨论庙堂上的礼仪典制。

　　或曰：古人辞命草创①，加以修润，后世诗文，亦有一字之师②；如所重在意，而辞非所计，譬如庙堂行礼，虽不计其绅佩，而绅佩敝裂，不中制度，亦岂可行邪？答曰：此就文论文，别自为一道也。就文论文，先师有辞达之训③，曾子有鄙悖之戒，圣门设科，文学言语并存④，说辞亦贵有善为者，古人文辞，未尝不求工也。而非所论于此疆彼界，争论文必己出，以矜私耳。自魏、晋以还，论文亦自有专家矣。乐府改旧什之铿锵⑤，《文选》裁前人之篇什⑥，并主声情色采，非同著述科也。《会昌制集》之序，郑亚削义山之腴⑦，元和《月蚀》之歌，韩公攉玉川之怪⑧；或存原款以归其人，或改标题以入己集，虽论文末技，有精焉者，所得既深，亦不复较量于彼我字句之琐也。

【注释】

①辞命：语出《周礼·秋官·大行人》："属象胥，谕言语，协辞命。"象、胥，通译四方语言之官。古代诸侯国之间使者聘问应对之辞，称为辞命。

②一字之师：据宋代马永易《实宾录》卷五《一字师》记载："五代僧齐己，善于风雅。郑谷任袁州，齐己一日携所为诗往谒之，中有《早梅》云：'前村深雪里，昨夜数枝开。'谷笑曰：'数枝非早也，未若一枝为佳。'齐己跃然叩地设拜，称为一字师。"

③先师有辞达之训：先师指孔子。《论语·卫灵公》曰："子曰：'辞，达而已矣。'"朱熹《集注》曰："辞取达意而止，不以富丽为工。"

④圣门设科，文学言语并存：据《论语·先进》记载："子曰：'从我于陈、蔡者，皆不及门也。德行，颜渊、闵子骞、冉伯牛、仲弓。言语，宰我、子贡。政事，冉有、季路。文学，子游、子夏。'"朱熹《集注》曰："弟子因孔子之言，记此十人，而并目其所长，分为四科。"文学，原意指文章博学与文献经典，后世泛指文才和文艺作品。

⑤乐府改旧什之铿锵：据刘勰《文心雕龙》卷二《乐府》记载："凡乐辞曰诗，诗声曰歌。声来被辞，辞繁难节。故陈思称李延年闲于

增损古辞,多者则宜减之,明贵约也。"增损古辞,指取古辞入乐,增减字辞使之符合节拍。铿锵,指诗文音调响亮有力,泛指诗文的节奏。

⑥《文选》裁前人之篇什:萧统《文选》于贾谊《过秦论》首尾三篇仅录其上篇,于魏文帝《典论》二十篇仅录其《论文》一篇,于张载《拟四愁诗》仅录一首,皆为裁前人篇什之例。

⑦《会昌制集》之序,郑亚削义山之腴:据清代徐树谷笺、徐炯注《李义山文集》卷九《太尉卫公会昌一品集序》题下李商隐注曰:"代桂府荥阳公。"荥阳公,指郑亚。又载《前题》一篇,题下注曰:"今《一品集序》用此,乃郑亚改定义山作也。典严正大,真燕、许手笔,较原作更为得体。故附录之。"据此可知,《会昌一品集序》原为李商隐代郑亚作,后又经郑亚修改润色,编李集者同时收录,故两序并存。《会昌制集》,原称《会昌一品制集》,今称《会昌一品集》,唐宰相李德裕撰。郑亚,字子佐,唐代荥阳(今属河南)人。元和进士。李德裕镇浙西,辟为从事,累官给事中,桂管观察使。受吴湘狱牵连,贬为循州刺史。义山,李商隐,字义山。

⑧元和《月蚀》之歌,韩公擢玉川之怪:据《新唐书》卷一百七十六《韩愈传》记载:"卢仝居东都,愈为河南令,爱其诗,厚礼之。仝自号玉川子。尝为《月蚀诗》以讥切元和逆党,愈称其工。"卢仝《月蚀诗》辞句险怪,韩愈加以删改,称《月蚀诗效玉川子作》,收入自己集中。

【译文】

有人说:古人的辞令草拟之后,也要加以修改润色,后世撰写诗文的人,也有称修改一个字为师的例子;如果说他们所重视的内容在于文意,而文辞不是他们所计较的东西,就像在庙堂里举行礼仪活动,虽然不计较所用的锦带玉佩,但锦带玉佩破旧开裂,不符合制度,又怎么可以使用呢?回答说:这是就文辞而论文辞,属于另外范畴的一个问题。

先师孔子有言辞用来达意的教诲,曾子有言辞应当远离鄙陋粗野的告诫,孔子门下设立四科,文学和言语两科并存,游说之辞也重视善于表达的人,古人对待文辞,未尝不追求工整。然而不是在彼此的分界上计较,争论文辞一定是自己所作,来炫耀个人。自魏、晋以来,评论文辞也已经有自己专门一家了。乐府删取古辞入乐而改变原来的节奏,《文选》选录前人的诗文而有所剪裁,都以声情辞采为准则,与著述不属于同一类。《会昌一品集》的序言,是郑亚删削李义山代撰的序文而成,元和年间的《月蚀》诗歌,由韩愈删削玉川子诗中怪言冗语改作;有的保存原来的题款而归原作之人,有的改换标题而收入自己文集,虽然这对讨论文章来说是细枝末节,但有的人精通此道,领悟得已经很深刻,也就不再衡量彼此字句上的烦琐了。

或曰:昔者乐广善言,而挚虞妙笔,乐谈挚不能对,挚笔乐不能复①,人各有偏长矣。然则有能言而不能文者,不妨藉人为操笔邪?答曰:潘岳亦为乐广撰让表矣②,必得广之辞旨,而后次为名笔,史亦未尝不两称之。两汉以下,人少兼长,优学而或歉于辞,善文而或疏于记。以至学问之中,又有偏擅,文辞一道,又有专长;本可交助为功,而世多交讥互诋,是以大道终不可得而见也。文辞末也,苟去封畛而集专长,犹有卓然之不朽,而况由学问而进求古人之大体乎?然而自古至今,无其人焉,是无可如何者也。

【注释】

①乐广善言,而挚虞妙笔,乐谈挚不能对,挚笔乐不能复:据《世说新语》卷二《文学》记载:"太叔广甚辩给,而挚仲治长于翰墨,俱为列卿。每至公座,广谈,仲治不能对;退著笔难广,广又不能

答。"刘孝标《注》引王隐《晋书》曰:"广字季思,东平人,拜成都王为太弟,欲使诣洛。广子孙多在洛,虑害,乃自杀。挚虞字仲治,京兆长安人。祖茂,秀才。父模,太仆卿。虞少好学,师事皇甫谧,善校练文义,多所著述。历秘书监,太常卿。从惠帝至长安,遂流离鄂、杜间。性好博古,而文籍荡尽。永嘉五年,洛中大饥,遂饿而死。虞与广名位略同,广长口才,虞长笔才,俱少政事。众坐广谈,虞不能对;虞退笔难广,广不能答。于是更相嗤笑,纷然于世。广无可记,虞多所录,于斯为胜也。"太叔广与乐广为两人,章氏混为一人,失考。

②潘岳亦为乐广撰让表:据《晋书》卷四十三《乐广传》记载:"广善清言而不长于笔,将让尹,请潘岳为表。岳曰:'当得君意。'广乃作二百句语,述己之志。岳因取次比,便成名笔。时人咸云:若广不假岳之笔,岳不取广之旨,无以成斯美也。"乐广(?—304),字彦辅,西晋南阳淯阳(今河南南阳)人。为人善于清谈,具有理识。官拜侍中、河南尹、尚书令。潘岳(247—300),字安仁,西晋荥阳中牟(今属河南)人。官至给事黄门侍郎。因曲附权贵贾谧,后被赵王司马伦杀害。能诗赋,与陆机齐名。让表,古代辞让授官的奏文。

【译文】

有人说:从前乐广善于言谈,挚虞善于作文,乐广谈论的时候挚虞无法应对,挚虞过后撰文诘难乐广也不能答复,可见人各有所长了。然而有善于言谈而不善于撰文的人,不妨借助他人为自己代笔吗?回答说:潘岳也曾经为乐广撰写过辞让官职的表文了,一定要先得到乐广叙述的言辞与旨意,然后才能撰成名篇,史书也未尝不是对两个人都加以称赞。两汉以后,很少有人兼备两方面特长,学问优长的人在文采辞章方面或许有欠缺,擅长文采辞章的人在知识记诵方面可能很粗疏。甚至在学问之中,又偏于擅长某个领域,在文辞方面,又偏于某一体裁具有专长;这本来可以互相补充而产生功效,然而世人大多互相讥讽诋毁,所以最终无法看见古人为文的正道。文辞是细枝末节,如果打破分割界限而汇集各方面的专长,仍然会有卓绝不朽的成绩,何况从学问入手进而探求古人的全貌呢? 然而从古至今,没有看见这样的人,这也是无可奈何的事情。

　　或曰:诚如子言,文章学问,可以互托。苟有黠者,本无所长,而谬为公义,以滥竽其中,将何以辨之? 答曰:千钧之鼎,两人举之,不能胜五百钧者,仆且蹶矣①。李广入程不识之军,而旃旌壁垒②,为之一新。才智苟逊于程,一军乱矣。富人远出,不持一钱,有所需而称贷③,人争与之,他人不能者,何也? 惟富于钱,而后可以贷人之钱也。故文学苟志于公,彼无实者,不能冒也。

【注释】

①蹶(jué):语出《孟子·公孙丑上》:"今夫蹶者、趋者,是气也,而反动其心。"意为颠仆。

②旃(qí)旌:据《周礼·春官·司常》及《注》记载,古代有九种旗帜,分别为常、旂、旜、物、旗、旐、旟、旞、旌,各缀不同图案与饰物,代表使用者具有不同身份和等级。旂是上画龙形而竿头系铃的旗,旌是用牦牛尾和彩色鸟羽作杆饰的旗。也用作旗帜的统称。

③称(chēng)贷:语出《孟子·滕文公上》:"为民父母,使民盼盼然,将终岁勤动,不得以养其父母,又称贷而益之,使老稚转乎沟壑,恶在其为民父母也?"意为举债,告贷。

【译文】

有人说:确实像您说的那样,文章与学问,可以互相依托。如果有狡猾的人,本来没有什么专长,假托文为公用作幌子,而在其中滥竽充数,将通过什么辨别呢?回答说:千钧重的大鼎,两个人把它举起来,力量不能胜任五百钧的人,就会压趴下了。李广到了程不识的军中,因而旌旗营垒,气象焕然一新。李广才智如果比程不识逊色,整个军队就乱了。富人出远门,身上不带一个铜钱,有需要时就借贷,人们争着借给他钱,别的人就不能这样,为什么呢?只因为家里有很多钱,然后才可以借到别人的钱。所以文章学问如果追求公用,那些没有真才实学的人,就不能假冒。

或曰:前人之文,不能尽善,后人从而点窜以示法,亦可为之欤?答曰:难言之矣。著述改窜前人,其意别有所主,故无伤也。论文改窜前人,文心不同,亦如人面,未可以己所见,遽谓胜前人也。刘氏《史通》,著《点烦》之篇矣[1]。左、马以降,并有涂改,人或讥其知史不知文也。然刘氏有所为而为之,得失犹可互见[2]。若夫专事论文,则宜慎矣。今古聪敏智慧,亦自难穷,今人所见,未必尽不如古。大约无心偶会,则收点金之功[3];有意更张,必多画堰之诮[4]。盖论文贵于天机自呈,不欲人事为穿凿耳。

【注释】

①刘氏《史通》,著《点烦》之篇矣:据刘知几《史通》卷十五《点烦》记载:"今辄拟其事,抄自古史传文有烦者,皆以笔点其上。凡字经点者,尽宜去之。如其间有文句亏缺者,细书侧注于其右。或回易数字,或加足片言,俾分布得所,弥缝无缺。庶观者易悟,其失自彰。"

②刘氏有所为而为之,得失犹可互见:章学诚认为刘知几的"点烦"

与方苞等人"点窜"古文不同，因为刘知几是从史学角度着眼，主张叙事有冗烦者可点，写人传神者不宜点，所以他的删改有得有失；而方苞从文学角度着眼，所以不应删改古人之文。

③点金：据清世宗雍正年间黄廷桂监修《四川通志》卷四十五《外纪》记载："许真君名逊，洪州人也。尝为德阳县令，有仙术。岁饥，点石化金以济民。"又据黄庭坚《山谷集》卷十九《答洪驹父书》曰："老杜作诗，退之作文，无一字无来处。盖后人读书少，故谓韩、杜自作此语耳。古之能为文章者，真能陶冶万物，虽取古人之陈言入于翰墨，如灵丹一粒，点铁成金也。"

④画墁（màn）：语出《孟子·滕文公下》："有人于此，毁瓦画墁，其志将以求食也，则子食之乎？"朱熹《集注》曰："墁，墙壁之饰。"意为在装饰好的墙壁上涂抹乱画。

【译文】

有人说：前人撰写的文章，没有达到完善的程度，后人跟着加以删改以便显示作文的法度，也可以这样做吧？回答说：这就难说了。专家著述删改前人的东西，作者是另有别的宗主，所以没有妨碍。文采辞章删改前人的东西，撰文的用心各不相同，也就像人的面孔一样，不能根据自己的见解，匆忙下结论说胜过了前人。刘氏撰《史通》，著有《点烦》篇了。自左丘明、司马迁以下的史书，均有涂抹删改，有的人讥讽刘知几熟悉史书而不懂文章。然而刘氏是有针对性而这样做，成绩与失误还能够相互表现出来。至于专门就文采辞章而言，就应该慎重了。古今的聪明智慧，也自然很难穷尽，今人见到的境界，不一定全都不如古人。大约无心去做而偶然领悟，就能收到点石成金的功效；存心有意删改，一定会受到在涂饰完好的墙壁上乱画的讽刺。大概是言辞文章贵在造化灵性的自然呈现，而不希望人为的穿凿附会。

或问：近世如方苞氏，删改唐、宋大家①，亦有补欤？夫方氏不过文人，所得本不甚深②，况又加以私心胜气，非徒无补于文，而反开后生小子无忌惮之渐也。小慧私智，一知半解，未必不可攻古人之间，拾前人之遗，此论于学术，则可附于不贤识小之例③，存其说以备后人之采择可也。若论于文辞，则无关大义，皆可置而不论。即人心不同如面，不必强齐之意也。果于是非得失，后人既有所见，自不容默矣，必也出之如不得已，详审至再而后为之。如国家之议旧章，名臣之策利弊，非有显然什百之相悬，宁守旧而毋妄更张矣。苟非深知此意，而轻议古人，是庸妄之尤，即未必无尺寸之得，而不足偿其寻丈之失也。方氏删改大家，有必不得已者乎？有是非得失显然什百相悬者乎？有如国家之议旧章，名臣之策利弊，宁守旧而毋妄更张之本意者乎？在方氏亦不敢自谓然也。然则私心胜气，求胜古人，此方氏之所以终不至古人也。凡能与古为化者，必先于古人绳度尺寸不敢逾越者也。盖非信之专而守之笃，则入古不深，不深则不能化。譬如人于朋友，能全管、鲍通财之义④，非严一介取与之节者⑤，必不能也。故学古而不敢曲泥乎古，乃服古而谨严之至，非轻古也。方氏不知古人之意，而惟徇于文辞，且所得于文辞者，本不甚深，其私智小慧，又适足窥见古人之当然，而不知其有所不尽然，宜其奋笔改窜之易易也。

【注释】

①近世如方苞氏，删改唐、宋大家：据方苞《方苞集》集外文卷四《古文约选序例》曰："《诗》、《书》、《春秋》及《四书》一字不可增减，文

之极则也。降而《左传》、《史记》、韩文，虽长篇，字句可薙芟者甚少。其余诸家，虽举世传诵之文，义支辞冗者，或不免矣。未便削去，姑钩划于旁，俾观者别择焉。"方苞（1668—1749），字灵皋，号望溪，清代安徽桐城人。康熙四十五年（1706）进士。后因《南山集》案牵连下狱，李光地救之得赦。累官礼部右侍郎。论文提倡义法，成为"桐城派"创始人。著作有《左传义法举要》、《望溪文集》删定《管子》、《荀子》，删定通志堂《宋元经解》等。大家，著名作家、专家。例如文学有唐宋八大家、元杂剧四大家，医学有金元四大家等等。

②方氏不过文人，所得本不甚深：此句大梁本原作"夫方氏不过古人所谓本不甚深"，叶瑛《文史通义校注》据《章氏遗书》本改。

③不贤识（zhì）小：语出《论语·子张》："子贡曰：'文、武之道，未坠于地；在人，贤者识其大者，不贤者识其小者，莫不有文、武之道焉。'"识，记。

④管、鲍通财之义：据司马迁《史记》卷六十二《管晏列传》记载："管仲夷吾者，颍上人也。少时常与鲍叔牙游，鲍叔知其贤。管仲贫困，常欺鲍叔，鲍叔终善遇之，不以为言。"又据《列子·力命》记载："管夷吾、鲍叔牙二人相友甚戚，同处于齐。管夷吾事公子纠，鲍叔牙事公子小白……管仲尝叹曰：'吾少穷困时，尝与鲍叔贾，分财多自与；鲍叔不以我为贪，知我贫也。吾尝为鲍叔谋事而大穷困，鲍叔不以我为愚，知时有利不利也。吾尝三仕，三见逐于君；鲍叔不以我为不肖，知我不遭时也。吾尝三战三北，鲍叔不以我为怯，知我有老母也。公子纠败，召忽死之，吾幽囚受辱；鲍叔不以我为无耻，知我不羞小节而耻名不显于天下也。生我者父母，知我者鲍叔也。'"

⑤一介取与之节：语出《孟子·万章上》："非其义也，非其道也，一介不以与人，一介不以取诸人。"朱熹《集注》曰："介，与草芥之芥

同。言其辞受取与，无大无细，一以道义而不苟也。"

【译文】

有人问：近代像方苞一类人，删改唐、宋名家的文章，也有补益吗？方氏不过是个文人，获得的学问本来就不是很深邃，何况又加上私心与好胜的意气，不仅对文章没有补益，反而开了后生小子肆无忌惮的先河。凭着小聪明和狡诈，具备一知半解的学问，不一定就不能纠正古人留下的缺误，掇拾前人遗漏的东西，从学术的角度看待这种做法，那么可以归于不贤明的人抓住细枝末节一类，可以保存他们的说法以备后人采用选择。如果从文章辞采的角度看待这种做法，那么就无关大是大非问题，都可放在一边不予讨论。这就是人心不同就像人的面孔，不必强求一致的意思。果真在是非得失上，后人有所发现，自然就不容沉默了，也一定要等到必不得已的时候才发表出来，反复再三地详细审察之后才付诸实行。如同朝廷讨论陈旧的法规，名臣预测施政的利弊，不是有十倍百倍明显的悬殊，宁可遵守旧法而不妄自更改了。如果不是深明此意，而随便訾议古人，那是最平庸狂妄的人，即使不一定没有半尺一寸的些微成绩，却不足以补偿百寻千丈的巨大损失。方氏删改唐、宋名家的文章，有必不得已的缘故吗？有是非得失相差十倍百倍那样明显的差距吗？有如同朝廷讨论陈旧的法规，名臣预测施政的利弊，宁愿守旧法而不妄自弦更张的本意吗？就连方氏也不敢自己说确实是这样。那么私心与好胜的意气，追求胜过古人的心理，这就是方氏最终达不到古人境界的缘故。凡是对古代文化的理解运用达到出神入化程度的人，一定先恪守古人的准绳尺寸而不敢逾越雷池半步。大约是因为如果信服不专心而且遵守不坚定，那么领会古代文化就不会很深入，不深入就不能达到出神入化的境界。拿人对于朋友做比喻，能够成全管仲与鲍叔牙之间互通财物的情谊，如果不是一丝一毫的索取和给予都严格遵守道义准则的人，一定做不到。所以学习古人而不敢徇从和拘泥于古人，是信服古人并且最为谨严，而不是轻视古人。方氏不知道古人的旨意,仅仅是徇从文章辞采,况且从文辞中所领会的内容,本来就不很深刻,他的小聪明与狡诈,又恰好足以窥见古人理所当然的东西,却不知道古人并不完全是这样,怪不得他提起笔来加以删改点窜是那么容易。

古文公式

【题解】

本篇内容和上文有关联,也是围绕后世学者删润点窜古人文章展开讨论,揭示其得失利弊。两篇文章的区别在于,上一篇中章学诚主要是从文心不同的内部原因阐明后人篡改前人文章的弊病;本篇则专论古文体制,从文体随时而变的外部原因阐明后人篡改前人文章的弊病。文中以宋代苏轼《表忠观碑》删节赵抃奏议之文和清代汪琬《睢阳汤烈妇旌门颂序》删节巡按御史奏报之文为例,认为两人运用奏议案牍资料撰文,符合史家记事记言因习成文的惯例,删改奏议词句使之更加典雅,也于事理无碍;然而奏议首尾之言,不同时代具有不同的语言格式,后人删改前人奏议必须改成符合自己时代的语言,否则就违背了古文格式。因此,章学诚明确提出文章可以学古,而制度则必从时的主张,并且称之为古文公式,谆谆告诫学者撰文应当懂得古文体制,而初学古文者尤其应当首先辨别清楚这个问题。

古文体制源流,初学入门,当首辨也。苏子瞻《表忠观碑》,全录赵抃奏议①,文无增损,其下即缀铭诗。此乃汉碑常例,见于金石诸书者,不可胜载;即唐、宋八家文中,如柳子厚《寿州安丰孝门碑》②,亦用其例,本不足奇。王介甫诧谓是学《史记》诸侯王年表③，真学究之言也。李耆卿谓其文学《汉书》④，亦全不可解。此极是寻常耳目中事，诸公何至怪怪奇奇，看成骨董？且如近日市井乡间，如有利弊得失，公议兴禁，请官约法，立碑垂久，其碑即刻官府文书告谕原文，毋庸增损字句，亦古法也。岂介甫诸人，于此等碑刻犹未见耶？当日王氏门客之訾摘骇怪⑤，更不直一笑矣。

【注释】

①苏子瞻《表忠观碑》，全录赵抃奏议：据《苏轼文集》卷十七《表忠观碑》曰："熙宁十年十月戊子，资政殿大学士、右谏议大夫、知杭州军州事臣抃言：'……臣抃昧死以闻。'制曰可，其妙因院改赐名曰表忠观。铭曰……"赵抃（1008—1084），字阅道，北宋衢州西安（今浙江衢县）人。宋仁宗景祐年间进士。官殿中侍御史，操守严正，弹劾不避权贵，京师号称"铁面御史"。历知成都、虔、越、杭等州，拜参知政事。卒谥清献。著作有《赵清献集》。

②柳子厚《寿州安丰孝门碑》：据《柳河东全集》卷二十《寿州安丰县孝门铭并序》记载："寿州刺史臣承思言：'九月丁亥，安丰县令臣某，上所部编户甿李兴，父被恶疾，岁月就亟，兴自刃股肉，假托馈献。其父老病，已不能啖啜，宿而死……请表其里闾，刻石明白，宣延风美，观示后祀，永永无极。臣昧死上请。'制曰可。其铭云……"柳子厚，柳宗元，字子厚。

③王介甫诧谓是学《史记》诸侯王年表：据南宋胡仔《苕溪渔隐丛话》前集卷三十八记载："潘子真《诗话》云：东坡作《表忠观碑》，荆公置坐隅，叶致远、杨德逢二人在坐。有客问曰：'相公亦喜斯人之作也？'公曰：'斯作绝似西汉。'坐客叹誉不已。公笑曰：'西汉谁人可拟？'德逢对曰：'王褒。'盖易之也。公曰：'不可草草。'

德逢复曰:'司马相如、扬雄之流乎?'公曰:'相如赋《子虚》、《大人》洎《谕蜀文》、《封禅书》耳,雄所著《大玄》、《法言》,以准《易》、《论语》,未见其叙事典赡如此也。直须与子长驰骋上下。'坐客又从而赞之。公曰:'毕竟似子长何语?'坐客悚然。公徐曰:'《楚汉以来诸侯王年表》也。'"另据南宋史绳祖《学斋占毕》卷二记载:"东坡《表忠观碑》先列奏状以为序,至'制曰可'而系之以铭,其格甚新,乃仿柳柳州所作《寿州安丰县孝门铭》。盖以忠比孝,全用其体制耳。柳宗元……文甚典雅,苏轼《表忠观碑》视柳有加,宜乎金陵王氏以太史公所作年表许之。"金陵王氏指王安石(1021—1086),字介甫,号半山,北宋抚州临川(今属江西)人。历仕仁宗、英宗、神宗三朝,官至宰相,主持熙宁变法。提倡新学,改革科举,名列唐宋八大家之一。两度罢相,出居金陵(今江苏南京)。著作有《诗义钩沉》、《三经新义》、《王临川全集》。

④李耆卿谓其文学《汉书》:据宋人李耆卿《文章精义》曰:"子瞻《表忠观碑》终篇述赵清献公奏,不增损一字,是学《汉书》,但王介甫以为《诸侯王年表》,则非也。"大概认为袭用班固以司马迁《太史公自序》全文入《汉书》卷六十二《司马迁传》成例。章学诚对这类见解非常反感,在《章氏遗书》外编卷二《乙卯札记》批评说:"《池北偶谈》引王秋涧论文,谓《西汉书》诸列传,加以铭辞,便是绝好碑志。此说正与予《黠陋》篇所论卜肆之应一条,可以反证。王秋涧亦号大家,渔洋亦号古文通才,而所见之陋,乃如邨荒学究,则时文之害人不浅矣。"王秋涧,即元代学者王恽。渔洋,即清代学者王士禛。

⑤王氏门客之訾摘骇怪:据宋代徐度《却扫编》卷下记载:"东坡初为赵清献作《表忠观碑》,或持以示王荆公。公读之,沉吟曰:'此何语耶?'时客有在傍者,遽指摘而诋訾之。公不答,读至再三,又携之而起,行且读,忽叹曰:'此《三王世家》也,可谓奇矣。'客

大惭。”

【译文】

古文体制的源流，初学入门的人，应当首先辨别清楚。苏子瞻的《表忠观碑》，完全抄录赵抃的奏议，文字上没有增减，最后附加一段铭辞。这是汉代碑刻常用的体例，见于金石文献著录之书的例子，都收载不过来；即使唐宋八大家的文章里，例如柳子厚的《寿州安丰孝门碑》，也用这种体例，本来不足为奇。王介甫惊异地说这是学《史记》诸侯王年表的做法，真是村荒学究说的话。李耆卿认为这种文体是学《汉书》，也完全不可理解。这是最平常的耳闻目见的事，这些人何至于大惊小怪，把它看成古董？就像近来的集市乡间，如有利弊得失，公众讨论兴利禁害，请求官府制定法规，刻石立碑以流传后世，这块碑文就刻写官府文书布告的原文，不用增减字句，这也是古代遗传下来的体制。难道王介甫等人，对这类碑刻也没见过吗？至于当时王氏门客的指责惊怪，就更不值得一笑了。

以文辞而论，赵清献请修表忠观原奏，未必如苏氏碑文之古雅①。史家记事记言，因袭成文，原有点窜涂改之法。苏氏此碑，虽似抄缮成文，实费经营裁制也。第文辞可以点窜，而制度则必从时。此碑篇首"臣抃言"三字，篇末"制曰可"三字，恐非宋时奏议上陈、诏旨下达之体②；而苏氏意中，揣摩《秦本纪》"丞相臣斯昧死言"及"制曰可"等语太熟，则不免如刘知几之所讥，貌同而心异也③。余昔修《和州志》④，有《乙亥义烈传》⑤，专记明末崇祯八年，闯贼攻破和州⑥，官吏、绅民、男妇殉难之事。用记事本末之例，以事为经，以人为纬，详悉具载。而州中是非哄起⑦。盖因闯贼怒拒守而屠城，被屠者之子孙，归咎于创议守城者⑧，陷害满城生命，又

有著论指斥守城者部署非法，以致城陷；甚至有诬创议守城
者，缒城欲逃，为贼擒杀，并非真殉难者。余搜得凤阳巡抚
朱大典奏报和州失陷、官绅殉难情节⑨，乃据江防州同申
报⑩，转据同在围城逃脱难民口述亲目所见情事，官绅忠烈，
均不可诬。余因全录奏报，以为是篇之序。中间文字点窜，
甚有佳处。然篇首必云："崇祯九年二月日，巡抚凤阳提督
军务、都察院右副都御史臣朱大典谨奏⑪：为和城陷贼，官绅
殉难堪怜，乞赐旌表，以彰义烈事。"其篇末云："奉旨：览奏
悯恻，该部察例施行。"此实当时奏陈诏报式也。或谓中间
奏文，既已删改古雅，其前后似可一例润色。余谓奏文辞
句，并无一定体式，故可点窜古雅，不碍事理。前后自是当
时公式，岂可以秦、汉之衣冠，绘明人之图像耶？苏氏《表忠
观碑》，前人不知，而相与骇怪，自是前人不学之过。苏氏之
文，本无可议，至人相习而不以为怪，其实不可通者，惟前后
不遵公式之六字耳。夫文辞不察义例，而惟以古雅为徇，则
"臣抃言"三字，何如"岳曰於"三字更古⑫？"制曰可"三字，
何如"帝曰俞"三字更古⑬？舍唐、虞而法秦、汉，未见其能好
古也。

【注释】

①赵清献请修表忠观原奏，未必如苏氏碑文之古雅：据清代方苞编
　《古文约选》曰："赵公奏本，轩鹜老健，故可用《三王世家》体。然
　赵果能此，则其他文行世传后者宜多，岂奏故子瞻代为耶？"又据
　清人萧穆《敬孚类稿》卷五《跋文史通义》曰："章氏……似以为赵
　公当日本有原奏，苏公为铭，后来入集，即就赵公原奏点窜而润

色之，此又非也。盖赵公此奏，当日即直属苏公代为主稿。今《赵清献公文集》并无此奏。苏公以此事本赵公主名，故仍存当日代为主稿原衔，乃至当也。"近人刘咸炘《文史通义识语》则曰："若谓赵公此奏即属苏公主稿，则萧氏揣测之词耳。"

②此碑篇首"臣抃言"三字，篇末"制曰可"三字，恐非宋时奏议上陈、诏旨下达之体：据清人萧穆《敬孚类稿》卷五《跋文史通义》曰："章氏所论，有'文章可以学古，而制度则必从时'，此真为千古名言，后著作之家所当奉为严师之训也。乃今观其论苏文忠公《表忠观碑》，则又有大不其然者。彼曰'臣抃言'，'制曰可'，为秦、汉时之制，宋时陈奏之制，必不如是……其实此制自汉至宋，历代相沿，并未更改。苏公此文，即当时陈奏原式。唐、宋名臣之集奏议所载，一一可考。姑以杜、韩两集言之，杜公《上三大礼赋表》曰'臣甫言'，韩公《论佛骨表》、《潮州刺史谢上表》，均曰'臣愈言'。宋代诸名公集所载奏议，莫不如是。其最昭晰显见者，莫逾于司马文正公《进资治通鉴表》，宋、元刊本均载之，一依当时陈奏原本格式。"而近人刘咸炘《文史通义识语》却说："萧说非也。唐、宋人书奏表式，表首具官姓名之下，曰'臣某言'，末云'臣谨稽首顿首，奏表以闻'。疏奏则分札子与状，其首具年月、全官，曰'某某状奏'，或'札子奏，右臣窃以'云云。状末云'谨录奏闻，伏候敕旨'。札子末云'取进止'。此真唐、宋名人集中彰彰具在之格式。表惟施于陈乞、庆贺、辞谢，不用以奏事，乃唐、宋一定不易之法。赵公此奏，必用札子状，必不用表，即表必不云'昧死以闻'。宋称'敕'不称'制'。表奏有批答，亦不但云'可'。苏氏显然摹古，何可回护？"

③刘知几之所讥，貌同而心异：语出刘知几《史通》卷八《摹拟》："盖摹拟之体，厥途有二：一曰貌同而心异，二曰貌异而心同。"貌，外表，形式。心，本质，内容。

④余昔修《和州志》：清高宗乾隆三十九年（1774），章学诚撰《和州志》四十二篇，上其书于安徽学政秦潮。秦潮以州辖含山一县，此志详州而略县，意见多与章氏不合，往复驳难，志事遂中辍。章氏乃删存为二十篇，名曰《志隅》。刘承幹刊刻《章氏遗书》，析为三卷，分在外编卷十六至卷十八。

⑤《乙亥义烈传》：章学诚所修《和州志》列传之一。《章氏遗书》所刊《和州志》列传部分仅存第一、第十至十二、第二十二至二十三六篇，此传散佚。乙亥，明毅宗崇祯八年，公元1635年。

⑥明末崇祯八年，闯贼攻破和州：据《明史纪事本末》卷七十五记载，崇祯二年，高迎祥自称闯王，李自成自延绥往迎之，号为闯将。崇祯八年十二月，江北农民军攻破巢县含山，随即攻陷和州。崇祯，明毅宗朱由检的年号，公元1628—1644年。和州，今安徽和县。

⑦哄（hòng）：喧闹。

⑧盖因闯贼怒拒守而屠城，被屠者之子孙，归咎于创议守城者：据《章氏遗书》外编卷十八《和州志·马如融传》记载："马如融……如蛟弟也。崇正乙亥之变，如蛟举家殉难，事详《义烈传》中……初，流寇大至，州中仓猝无备，群议欲弃城遁，如蛟独挺身议守城策。而贼中号令，守城至三日者，尽杀无赦。其后州城既陷，屠戮逮尽，州人以是归咎马氏。"

⑨凤阳巡抚朱大典奏报：明太祖朱元璋出生于凤阳，明朝以此作为中都。同时，还设置凤阳巡抚。凤阳，府名，治所在凤阳县（今属安徽）。巡抚，原属朝廷临时特派使者，代表朝廷巡视安抚地方。明宣宗宣德年间，在关中、江南等处专设巡抚，以安抚本地军民。后来确定为都御史的出使之职，具体职名不定，兼军事者加提督，管粮饷者加总督赞理，其余还有经略、总理、整饬、抚治等衔。清代始正式以巡抚为省级地方长官，总揽一省的军事、吏治、刑

狱、钱谷等,地位略次于总督。朱大典(? —1646),字延之,号未孩,明代浙江金华人。明神宗万历四十四年(1616)进士。崇祯年间,以右签都御史巡抚山东,率官军围剿山东乱民,迁兵部右侍郎,诏总督漕运兼凤阳巡抚,屡有战功。后因故被劾,罢归。福王时,又以兵部尚书总督上江军务。清兵南下,福王被擒,大典流亡杭州。后回金华据城固守,城破,全家被害。奏报,官吏向皇帝报告情况的文书。

⑩江防州同:清代知府的佐官,官阶从六品,属"同知"一种。江苏省江宁府、安徽省安庆府、江西省九江府各设一人,专管江防事务。申报:下级向上级报告。

⑪都察院右副都御史:明代改前代御史台为都察院,掌管监察百官,昭辨冤狱。其长官有左、右都御史,左、右副都御史。巡抚、总督必带都察院官衔,以示具有监察地方的权力和意义。

⑫岳曰於(wū):语出《尚书·尧典》:"帝曰:'咨!四岳……下民其咨,有能俾乂?'佥曰:'於,鲧哉!'"四岳,分掌四方的诸侯。於,叹词,表示赞叹或呼声。佥,皆,都。鲧,夏禹之父。按"佥曰"主语为"四岳",故章氏引作"岳曰於"。

⑬帝曰俞:语出《尚书·尧典》:"师锡帝曰:'有鳏在下,曰虞舜。'帝曰:'俞。予闻,如何?'"师,众人。锡,给予,赐给。鳏,男子无妻曰鳏。俞,然也。

【译文】

就文章辞采来说,赵清献请修表忠观的原奏,不一定像苏氏碑文这么古雅。史家记事记言,因袭现成的文字,本来就有删削修改字句的成法。苏氏的《表忠观碑》,虽然好像抄录缀写成文,实际上在构思剪裁上颇费思量。只是文辞可以删改,而制度则必须符合时代。此碑篇头的"臣抃言"三字,篇尾的"制曰可"三字,恐怕不是宋代奏议呈上、诏旨颁下的体制;而苏轼心中,揣摩《史记·秦本纪》中"丞相臣下李斯冒死上言"以及"下诏说可行"等语言太熟悉，那就不免像刘知几所讥讽的那样，外貌相似而内涵不同。我从前修撰《和州志》，有《乙亥义烈传》一篇，专门记述明朝晚期崇祯八年，闯王高迎祥攻破和州，官吏、乡绅、民众、男女殉难的事情。采用纪事本末的体例，以事件为经线，以人物为纬线，详细具体地加以记载。然而州中是非褒贬哄然而起。大概因为闯王高迎祥对和州守城抵抗感到恼怒而屠杀全城人，被屠杀者的子孙，归咎于首先建议守城的人，说他陷害了全城人的性命，又有人写文章指责守城者部署不当，以致州城被攻破；甚至有人诬蔑建议守城的人，用绳索从城墙上坠下来想逃跑，被寇贼抓住杀害了，并不是真正的殉难者。我搜检到凤阳巡抚朱大典就和州失陷、官吏乡绅殉难等情节给皇帝的奏折，乃是根据负责长江防御的州同官上呈巡抚的报告，其报告又是依据一同在围城时逃脱的难民所讲述的亲眼看到的事情，官吏乡绅的忠义节烈，全都不容诬蔑。我因而把奏折全部抄录下来，作为这篇传文的序。中间文字的修改，颇有妙笔佳胜之处。然而篇头一定说："崇祯九年二月某日，巡抚凤阳提督军务、都察院右副都御史臣下朱大典恭谨启奏：因为和州城被寇贼攻陷，官吏乡绅殉难一事令人哀怜，乞求赐准树立牌坊加以表彰，以便宣扬忠义节烈之事。"篇尾则说："遵奉皇帝圣旨：看到奏折心中怜悯恻隐，命令负责此事的礼部依照过去的惯例施行。"这实际上是当时奏折呈上和诏书颁下的格式。有人说中间奏折的文字，既然已经删改得风格古雅，文章首尾似乎可以统一润色。我认为奏折的辞句，并没有一定的体例格式，所以可以修改得古雅一些，不会妨碍事理。首尾自然应当是当时通用的格式，怎么可以用秦、汉人的衣帽，来绘制明朝人物的图像呢？苏氏的《表忠观碑》，前人不知道，因而纷纷觉得很奇怪，这自然是前人不学无知的过错。苏氏的文章，本来无可非议，以至于后人模仿沿袭而不觉得怪癖，其实解释不通的地方，只有首尾不遵守当时通用格式的六个字而已。撰写文辞不辨析它的义例，而仅仅以古雅为追求目标，那么"臣抃言"

三字,怎么比得上"岳曰於"三字更为古老呢?"制曰可"三字,怎么比得上"帝曰俞"三字更为古老呢? 舍弃唐尧、虞舜而效法秦、汉两代,看不出这种人能够崇尚古代。

汪钝翁撰《睢州汤烈妇旌门颂序》,首录巡按御史奏报①,本属常例,无可訾,亦无足矜也。但汪氏不知文用古法,而公式必遵时制;秦、汉奏报之式,不可以改今文也。篇首著"监察御史臣粹然言"②,此又读《表忠观碑》"臣抃言"三字太熟,而不知苏氏已非法也。近代章奏,篇首叙衔,无不称姓,亦公式也。粹然何姓,汪氏岂可因摩古而删之? 且近代章奏,衔名之下,必书谨奏,无称言者。一语仅四字,而两违公式,不知何以为古文辞也? 妇人有名者称名,无名者称姓,曰张曰李可也。近代官府文书,民间词状,往往舍姓而空称曰氏,甚至有称为该氏者,诚属俚俗不典;然令无明文③,胥吏苟有知识,仍称为张为李,官所不禁,则犹是通融之文法也。汪氏于一定不易之公式,则故改为秦、汉古款,已是貌同而心异矣。至于正俗通行之称谓,则又偏舍正而徇俗,何颠倒之甚耶? 结句又云"臣谨昧死以闻",亦非今制。汪氏平日以古文辞高自矜诩,而庸陋如此,何耶? 汪之序文,于"臣粹然言"句下,直起云"睢州诸生汤某妻赵氏,值明末李自成之乱"云云,是亦未善。当云"故明睢州诸生汤某妻赵氏,值李自成之乱",于辞为顺。盖突起似现在之人,下句补出"值明末李自成",文气亦近滞也。学文者,当于此等留意辨之④。

【注释】

①《睢州汤烈妇旌门颂序》，首录巡按御史奏报：据汪琬《尧峰文抄》卷三十七《睢州汤烈妇旌门颂并序》记载："顺治十七年，巡按河南监察御史臣粹然言：'睢州诸生汤祖契妻赵氏，值明末李自成之乱，贼入祖契家，挺刃劫氏，将驱之出。氏厉声呵曰："国家何负于若，乃至屠割民人，裸辱女妇？天诛将降，行见磔若曹肉，倭饲犬彘。曾不愬死，尚敢以刀锯胁我！"贼大怒，遂刃之以死。迄今举州流传，言发涕下，华颠毁齿，一无异辞。于是士民某等，白其状于长，其长上诸府若司道，以达于臣。臣加覆核，谓宜旌氏门闾，用劝流俗。臣谨昧死以闻。'"睢州，今河南睢县。巡按御史，明代制度规定，御史被专门派遣巡视地方，称为巡按御史。每年一次发遣。所至审录囚徒，昭雪冤案，大事奏裁，小事立决。

②监察御史：明代都察院的属官。明代制度规定，御史依当时行政区划，分为十三道监察御史，共一百一十人，负责纠察管辖范围内各级官吏的奸邪舞弊等事。

③令无明文：底本原作"今无明文"，叶瑛《文史通义校注》据粤雅堂本与《章氏遗书》本改。

④学文者，当于此等留意辨之：据《章氏遗书》卷二十九《论文示贻选》曰："前寄《庚辛亡友列传》，自喜情真，文体变而不诡于正……今接到永清刻本，于《乐子谓传》内'天府生员'上加一'顺'字，于事无碍。然'天府生员'四字自稳惬，加一'顺'字，便觉少却大兴籍贯矣。此无明例，细辨文义，当自得之。《顾文子传》内，'己亥下第，同考官'三字之下，原稿及录本并未出其姓氏，刻本忽填姓氏……毋论世法非宜，且文章隐恶扬善，于此等琐事，无关激扬大义，又于文子才学无所加损，必著其人姓氏，亦何取耶……又《文子传》中，'自戌徂辛'四字，今刻改为'自戌徂丑'，虽无甚碍，然题目为《庚辛亡友》，则此等处亦须文字一律，

盖用天干不用地支,《尚书》辛壬癸甲,即其例也。"可见章氏对于古文义例,用心精细。

【译文】

汪钝翁撰写的《睢州汤烈妇旌门颂序》,开头载录巡按御史的奏折,本来属于常例,无可非议,也不足矜炫。然而汪氏不懂得文辞可以采用古代法式,通用格式却必须遵照当时的制度;秦、汉时期奏折的体式,不能用来修改当今的文章。篇头标著"监察御史臣粹然言",这又是《表忠观碑》"臣抃言"三字读得太熟的缘故,却不知道苏氏已经不合法度了。近代的奏章,开篇叙述头衔,没有不称姓的事例,这也是通用的格式。粹然姓什么,汪氏怎么可以因为模仿古人而删掉它呢?况且近代的奏章,头衔姓名之下,一定要写"谨奏"二字,没有称为"言"的事例。一句话里只有四个字,却有两处违背通用的格式,不知道怎样能成为古文辞。妇女有名字就称呼名字,没有名字就称呼姓氏,叫做张氏、李氏就行了。近代官府的文书,民间诉讼的状词,往往舍弃姓而空洞地称作"氏",甚至还有的称作"该氏",确实属于粗俗而不典雅;然而法令上没有明文规定,衙门里的小吏如果有些知识,仍然称作张氏、李氏,官府并没有禁止,那么也还是文辞上一种通融的用法。汪氏对固定不变的通用格式,却故意改为秦、汉时候的古代款式,已经是外貌相同而内涵不同了。至于正规场合与俚俗习惯都通用的称呼,却又偏偏舍弃正规的称呼而曲从习俗的称谓,为什么举措颠倒这么严重呢?文章结尾又说"臣下小心翼翼冒着死罪向皇上报告"。这也不是今天的体制。汪氏平日以古文辞水平高自我夸耀吹嘘,却如此平庸浅陋,这是什么缘故呢?汪氏的序文,在"臣粹然言"一句下面,直接起句说"睢州诸生汤某之妻赵氏,遇到明末李自成造反"等等,这也不妥善。应该说"前明睢州诸生汤某之妻赵氏,遇到李自成造反",在文辞上才通顺。大概突然冒出就好像现在的人,下面才补充出现"遇到明末李自成",文气也近于滞涩不通。学习撰文的人,对于这些方面应当留意辨别。

古文十弊

【题解】

本篇写作主旨，章学诚在篇序中已经说得很清楚。他针对古文与时文作过深入的比较，并且根据自己的资质和特长，把研究领域确定在文史校雠和史学义例两个方面。所以章学诚不但在《文史通义》中撰写《文德》、《文理》、《质性》、《黠陋》、《俗嫌》、《砭俗》、《古文公式》等篇，讨论历代学者撰述古文的利弊得失，针砭各类文章痼疾；而且还撰写《论文上弇山尚书》、《与邵二云论文》、《与周永清论文》、《论文示贻选》、《与朱少白论文》、《与家正甫论文》等多篇信札，和长辈、朋友、子弟相互通论，论述古文的优劣。上述诸篇大多针砭古人，很少涉及同时代人撰写的著作。此篇则是专门就自己身边的所见所闻，把文人带有普遍性的通病归纳为十个方面。一为"剜肉补疮"，二为"八面求圆"，三为"削趾适屦"，四为"私署头衔"，五为"不达时势"，六为"同里铭旌"，七为"画蛇添足"，八为"优伶演剧"，九为"井底天文"，十为"误学邯郸"。这十个方面的问题，都是章学诚亲身经历的事实，娓娓道来，足为学界下一针砭。

余论古文辞义例①，自与知好诸君书，凡数十通②；笔为论著，又有《文德》、《文理》、《质性》、《黠陋》、《俗嫌》、《俗忌》诸篇③，亦详哉其言之矣。然多论古人，鲜及近世。兹见近日作者,所有言论与其撰著,颇有不安于心,因取最浅近者,条为十通,思与同志诸君相为讲明④。若他篇所已及者不复述,览者可互见焉。此不足以尽文之隐,然一隅三反,亦庶几其近之矣。

【注释】

①古文辞义例:据《章氏遗书》卷二十九《论文示贻选》曰:"古文辞盖难言矣。古人谓之属辞,不曰古文辞也。《记》曰:'比事属辞,《春秋》教也。'夫比则取其事之类也,属则取其言之接续也。纪述文字,取法《春秋》;比属之旨,自易遵律。显而言之,昌黎所谓'文从字顺'是也。"指使用文言撰写散文的宗旨、义法、结构、形式等内容。

②自与知好诸君书,凡数十通:今见于《章氏遗书》的信札,主要有《论文上弇山尚书》、《与邵二云论文》、《与邵二云论文书》、《与史余村论文》、《与胡雒君论文》、《与周永清论文》、《又与永清论文》、《答周永清辨论文法》、《论文示贻选》、《与朱少白论文》、《与家正甫论文》、《又与正甫论文》等篇。

③《俗忌》:今大梁本和《章氏遗书》本《文史通义》均未见此篇,疑为《砭俗》篇之旧题。

④同志:语出《国语·晋语四》:"同德则同心,同心则同志。"意为志向相同。又许慎《说文解字·手部》曰:"同志为友。"即具有同一志向的人,也称同志。

【译文】

我论述古文的义法与凡例,自己写给各位知己好友的书信,总共有数十封;撰写成的论文,又有《文德》、《文理》、《质性》、《黠陋》、《俗嫌》、《俗忌》等篇,也已经论说得很详细了。不过大多论述的是古人,很少涉及近代。现在看到近日的古文作者,发布的言论与他们的文章,心中感觉颇有不安,因而选取最浅近的弊端,整理为十条,想与志趣相投的各位朋友互相讲论阐明。如果在其他文章中已经论述过就不再重复,读者可以参阅。这些虽然不足以全部涵盖文章的隐微之处,然而举一反三,也差不多可以接近了。

　　一曰,凡为古文辞者,必先识古人大体,而文辞工拙,又其次焉。不知大体,则胸中是非,不可以凭,其所论次,未必俱当事理。而事理本无病者,彼反见为不然而补救之,则率天下之人而祸仁义矣①。有名士投其母氏行述,请大兴朱先生作志②。叙其母之节孝,则谓乃祖衰年病废卧床,溲便无时③,家无次丁④,乃母不避秽亵,躬亲薰濯⑤。其事既已美矣。又述乃祖于时蹙然不安,乃母肃然对曰:"妇年五十,今事八十老翁,何嫌何疑?"呜呼!母行可嘉,而子文不肖甚矣。本无芥蒂⑥,何有嫌疑?节母既明大义,定知无是言也。此公无故自生嫌疑,特添注以斡旋其事⑦,方自以谓得体,而不知适如冰雪肌肤⑧,剜成疮痏⑨,不免愈濯愈痕瘢矣。人苟不解文辞,如遇此等,但须据事直书,不可无故妄加雕饰。妄加雕饰,谓之剜肉为疮,此文人之通弊也。

【注释】

①率天下之人而祸仁义:语出《孟子·告子上》:"率天下之人而祸仁义者,必子之言夫!"

②志:据姚鼐《古文辞类纂·序》曰:"志者,识也。或立石墓上,或埋之圹中,古人皆曰志。为之铭者,所以识之之辞也;然恐人观之不详,故又为序。世或以石立墓上曰碑,曰表,埋乃曰志,及分

志、铭二之，独呼前序曰志者，皆失其义。"

③溲(sōu)便：语出范晔《后汉书》卷五十七《张湛传》："遗矢溲便。"溲，小便。矢，通"屎"。

④次丁：据司马迁《史记》卷二十五《律书》曰："丁者，言万物之丁壮也。"因"丁"具有"壮大"之意，所以古代把成年人称作"丁"，如丁男、丁女。人们在使用时多偏重于称呼成年男性，如白居易《白氏长庆集》卷三《新丰折臂翁》诗曰："无何天宝大征兵，户有三丁点一丁。"次丁指家中第二个男人。

⑤薰濯(xūn zhuó)：薰香洗涤。

⑥芥蒂(dì)：底本原作"介带"，据《章氏遗书》本改。意为小梗塞物。比喻心中的嫌隙或者不快。

⑦斡(wò)旋：扭转，调整。

⑧冰雪肌肤：语出《庄子·逍遥游》："藐姑射之山，有神人居焉，肌肤若冰雪，绰约若处子。"形容皮肤白净美好。

⑨疤痏(wěi)：语出葛洪《抱朴子》外篇卷二《擢才》："乃有播埃尘于白珪，生疤痏于玉肌。"意为痏疽，瘢痕。

【译文】

第一是说，凡是撰写古文的人，一定要先懂得古人的根本，而文辞的工巧与拙笨，又居于次要地位。不懂得根本原则，那么胸中的是非观念，就不能作为评判的标准，他所论定编次的东西，不一定都符合事理。而事理本来没有弊病的东西，他反而认为不对而加以补救，这就是带领天下的人来危害仁义了。有一位名士送来他母亲的行状，请大兴朱先生撰写碑志。文中叙述他母亲的贞节孝敬，就说他祖父年老得病瘫痪在床，大小便失禁，家里没有其他的男人，他母亲不避肮脏，亲自薰香擦洗，这样的事迹已经很美了。又叙述他祖父当时局促不安，他母亲庄重地对公公说道："媳妇我年纪五十，现在侍奉八十岁的老人，有什么嫌疑呢？"唉！母亲的行为值得嘉奖，可是儿子的文章太不像样了。本来就没有梗芥,哪里来的嫌疑? 守节的母亲既然深明大义,肯定知道她没有说过这种话。此人无缘无故地自生嫌疑,特意附加注解让事情圆满,正在自以为得体,却不知道恰如把冰雪一般洁白的肌肤,剜割而成疮疤,不免越清洗癥痕越清楚了。人们假如不懂写文章,如果遇到这类事情,只需根据事实直接写出来,不能无缘无故妄加雕琢修饰。妄加雕琢修饰,叫做割肉成疮,这是文人的一个通病。

　　二曰,《春秋》书内不讳小恶①。岁寒知松柏之后雕②,然则欲表松柏之贞,必明霜雪之厉,理势之必然也。自世多嫌忌,将表松柏,而又恐霜雪怀惭,则触手皆荆棘矣。但大恶讳,小恶不讳,《春秋》之书内事,自有其权衡也③。江南旧家,辑有宗谱。有群从先世④,为子聘某氏女,后以道远家贫,力不能婚,恐失婚时⑤,伪报子殇⑥,俾女别聘。其女遂不食死,不知其子故在。是于守贞殉烈⑦,两无所处。而女之行事,实不愧于贞烈,不忍泯也。据事直书,于翁诚不能无歉然矣。第《周官·媒氏》禁嫁殇⑧,是女本无死法也。《曾子问》,娶女有日,而其父母死,使人致命女氏。注谓恐失人嘉会之时⑨。是古有辞昏之礼也。今制,婿远游,三年无闻,听妇告官别嫁⑩。是律有远绝离昏之条也。是则某翁诡托子殇,比例原情⑪,尚不足为大恶而必须讳也。而其族人动色相戒⑫,必不容于直书,则匿其辞曰:"书报幼子之殇,而女家误闻以为婿也。"夫千万里外,无故报幼子殇,而又不道及男女昏期,明者知其无是理也。则文章病矣。人非圣人,安能无失? 古人叙一人之行事,尚不嫌于得失互见也。今叙一人之事,而欲顾其上下、左右、前后之人,皆无小疵,难矣。是之谓八面求圆,又文人之通弊也。

【注释】

①《春秋》书内不讳小恶:据《公羊传·隐公十年》记载:"《春秋》录内而略外。于外大恶书,小恶不书。于内大恶讳,小恶书。"何休《公羊解诂》曰:"于内大恶讳,于外大恶书者,明王者起,当先自正,内无大恶,然后乃可治诸夏大恶。因见臣子之义,当先为君父讳大恶也。内小恶书,外小恶不书者,内有小恶,适可治诸夏大恶,未可治诸夏小恶,明当先自正,然后正人。小恶不讳者,罪薄耻轻。"

②岁寒知松柏之后凋:语出《论语·子罕》。雕,通"凋",草木枯败。

③权衡:称量物体轻重的工具。权,秤砣。衡,秤杆。

④群从(zòng):堂兄弟以及诸子侄。同一宗族内次于至亲者称"从",如从兄弟、从侄等等。

⑤婚时:语出《周礼·地官·媒氏》:"令男三十而娶,女二十而嫁。"意为应当嫁娶的年龄。

⑥殇(shāng):语出《仪礼·丧服》郑玄《注》:"男女未冠、笄而死,可哀伤者。"即未成年而死,通称夭折。

⑦守贞:夫死不嫁。殉烈:夫死殉葬。

⑧《周官·媒氏》禁嫁殇:据《周礼·地官·媒氏》记载:"禁迁葬者与嫁殇者。"郑玄《注》曰:"殇,十九以下未嫁而死者。生不以礼相接,死而合之,是亦乱人伦者也。"贾公彦《疏》曰:"不言殇娶者,举女,殇男可知也。"

⑨《曾子问》,娶女有日,而其父母死,使人致命女氏。注谓恐失人嘉会之时:据《礼记·曾子问》记载:"曾子问曰:'昏礼,既纳币,有吉日,女之父母死,则如之何?'孔子曰:'婿使人吊。如婿之父母死,则女之家亦使人吊,父丧称父,母丧称母,父母不在,则称伯父世母。婿已葬,婿之伯父致命女氏曰:某之子有父母之丧,不得嗣为兄弟,使某致命。女氏许诺而不敢嫁,礼也。婿免丧,

女之父母使人请，婿弗取，而后嫁之，礼也。女之父母死，婿亦如
之。'"郑玄《注》曰："必致命者，不敢以累年之丧，使人失嘉会之
时。"嘉会，美好的相会，指男女结为夫妻。兄弟，《尔雅·释亲》
郭璞《注》谓婚姻。

⑩婿远游，三年无闻，听妇告官别嫁：据《大清律例》卷十《户律·婚
姻》规定："期约已至五年，无过不娶，及夫逃亡，三年不还者，并
听经官告给执照，别行改嫁。"

⑪比例：意为比照同类事例。原情：意为推究情理根源。

⑫动色：语出范晔《后汉书》卷七十下《班彪传附班固传》："君臣动
色，左右相趋。"因惊讶或恐惧而面色改变。

【译文】

第二是说，《春秋》记载本国历史不避讳微小的过错。天寒之后才
知道松柏最后落叶，然而想表彰松柏的坚贞，一定得说霜雪的严酷，这
是必然的道理和形势。自从世俗的嫌疑忌讳增多以后，将要表彰松柏，
又恐怕霜雪感到惭愧，那就随手都会触到荆棘了。然而重大罪恶需要
避讳，微小过错却不避讳，《春秋》记载本国的事情，自然有它的权衡标
准。江南某一世家，编辑了一部宗谱。记载有个堂兄弟的先人，为儿子
给某家的女儿下了聘礼，后来因为路远家贫，没有财力给他们完婚，恐
怕女方错过适合出嫁的年龄，就假报儿子不幸夭折，让女方另外找婆
家。这家的女子于是绝食而死，不知道那个男人原本活在世上。这种
做法对于守节与殉夫，两方面都不合适。然而这个女子的行为事迹，确
实不愧为贞节烈女，不忍心让此事泯灭无闻。依据事情如实记载，对于
那位父亲确实不能不留下一些抱恨之处了。只是《周礼·媒氏》规定禁
止未成年而死亡的人彼此嫁娶，这个女子本来就没有寻死的法律依据。
《曾子问》记载，娶亲的日子定下之后，男方的父母忽然死亡，就派人向
女方转达不能成婚的话。注释说是怕对方错过了嫁娶的好时机。这是
古代已经有推辞婚姻的礼节。当今制度规定，丈夫远游，三年没有消

息,听凭妇人上告官府后另行改嫁。这是法律上有远游隔绝允许离婚的条文。这样说来那位父亲假托儿子夭折,比照这些法令来推求他的情事,尚且够不上十恶不赦而一定要隐讳。可是他本族的人脸色严厉地劝告撰人,一定不许如实叙述,就隐瞒事实写道:"来信报告说夫家幼子夭折,而女方误听为女婿夭折。"千万里之外,无缘无故通报幼子夭折的消息,却又不提及男女婚事的日期,明白人知道没有这种道理。那么这就是文章的弊病了。人非圣人,怎么能没有过失呢?古人叙述一个人的行为事迹,尚且不以瑕瑜互见为嫌疑。如今叙述一个人的事迹,而要顾全他上下左右前后的人,都不出小小纰漏,太难了。这叫做八面玲珑,又是文人的一个通病。

三曰,文欲如其事,未闻事欲如其人者也。尝见名士为人撰志,其人盖有朋友气谊,志文乃仿韩昌黎之志柳州也[1],一步一趋,惟恐其或失也。中间感叹世情反复,已觉无病费呻吟矣。末叙丧费出于贵人,及内亲竭劳其事。询之其家,则贵人赠赙稍厚[2],非能任丧费也。而内亲则仅一临穴而已,亦并未任其事也。且其子俱长成,非若柳州之幼子孤露[3],必待人为经理者也。诘其何为失实至此?则曰:仿韩志柳墓终篇有云:"归葬费出观察使裴君行立[4],又舅弟卢遵[5],既葬子厚,又将经纪其家。"附纪二人,文情深厚。今志欲似之耳。余尝举以语人,人多笑之。不知临文摹古,迁就重轻,又往往似之矣。是之谓削趾适屦,又文人之通弊也。

【注释】

①韩昌黎之志柳州:文见韩愈《韩昌黎全集》卷三十二《柳子厚墓志铭》。柳州,柳宗元,字子厚。曾任柳州刺史,故世称柳柳州。

②赠赙(fù)：赠送财物助人办理丧事。

③柳州之幼子孤露：据韩愈《韩昌黎全集》卷三十二《柳子厚墓志铭》记载："子厚有子男二人，长曰周六，始四岁；季曰周七，子厚卒乃生。女子二人，皆幼。"孤露，幼年丧父，孤单而无所荫庇。

④观察使裴君立：唐肃宗时期设立观察使，管辖地区为一道，掌管考察州县官吏政绩，后又兼管民事。凡不设节度使之处，即以观察使为一道的行政长官。裴行立，绛州稷山（今属山西）人。曾任安南经略使，桂管观察使。不久为安南都护。召还，卒于路。

⑤舅弟卢遵：据韩愈《柳子厚墓志铭》记载："舅弟卢遵。遵，涿人，性谨慎，学问不厌。自子厚之斥，遵从而家焉，逮其死不去。既往葬子厚，又将经纪其家，庶几有始终者。"舅弟，古人称舅父之子为舅兄、舅弟，又称内兄、内弟。据《仪礼·丧服》曰："舅之子……缌。"郑玄《注》曰："内兄弟也。"又据杜佑《通典》卷六十八《礼典》曰："今称舅子为内兄弟。"柳宗元《柳河东全集》卷二十四《送内弟卢遵游桂州序》："外氏之世德，存乎古史……遵，余弟也。"又卷三十五《上桂州李中丞荐卢遵启》："伯舅叔仲，咸以孝德通于鬼神……内弟卢遵，其行类诸父。"卢遵为柳宗元之母卢氏之侄，故称内弟。

【译文】

　　第三是说，写文章应当依照所叙述的事情，没听说记述事情应当依照做事的人。曾经见到一位名家给人撰写墓志，墓主大概具备朋友的义气情谊，志文就模仿韩愈为柳宗元所作的墓志来写，亦步亦趋，唯恐文字有一点走样。行文中间感叹世事人情反复无常，已经觉得是无病而枉费呻吟了。末尾叙述丧葬费用出于达官贵人，以及家里亲戚竭力操办此事。向墓主家里询问此事，原来那位贵人所送的财礼稍微厚重一些，并不能承担丧葬的费用。而家里亲戚仅仅到墓地走了一圈而已，也并没有操办丧事。况且墓主的儿子都已经长大成人，不像柳宗元的幼子那样孤单无助,必须依靠别人料理丧事。责问撰人为什么失实到这种地步? 却回答道:模仿韩愈为柳宗元作墓志铭篇尾说:"运回故乡安葬的费用语出观察使裴行立,还有舅父的儿子卢遵,安葬好子厚以后,又将抚养子厚的家小。"附载二人,文章感情深厚。现在我撰写的墓志想要和韩愈撰写的墓志相似。我曾经把这事讲给别人听,大家多感到可笑。不懂得写文章模仿古人,不论大小轻重一律生搬硬套,又往往与此很相似了。这叫做削足适履,又是文人的一个通病。

　　四曰,仁智为圣,夫子不敢自居①。瑚琏名器,子贡安能自定②。称人之善,尚恐不得其实;自作品题,岂宜夸耀成风耶? 尝见名士为人作传,自云吾乡学者,鲜知根本,惟余与某甲,为功于经术耳。所谓某甲,固有时名,亦未见必长经术也。作者乃欲援附为名,高自标榜,恶矣③! 又有江湖游士,以诗著名,实亦未足副也。然有名实远出其人下者,为人作诗集序,述人请序之言曰:"君与某甲齐名,某甲既已弁言④,君乌得无题品⑤?"夫齐名本无其说,则请者必无是言,而自诩齐名,藉人炫己,颜颊不复知忸怩矣⑥! 且经援服、郑⑦,诗攀李、杜⑧,犹曰高山景仰⑨;若某甲之经,某甲之诗,本非可恃,而犹藉为名。是之谓私署头衔,又文人之通弊也。

【注释】

①仁智为圣,夫子不敢自居:语出《孟子·公孙丑上》:"昔者,子贡问于孔子曰:'夫子圣矣乎?'孔子曰:'圣,则吾不能,我学不厌而教不倦也。'子贡曰:'学不厌,智也。教不倦,仁也。仁且智,夫子既圣矣。'夫圣,孔子不居。"

②瑚琏名器,子贡安能自定:语出《论语·公冶长》:"子贡问曰:'赐也何如?'子曰:'女,器也。'曰:'何器也?'曰:'瑚琏也。'"何晏《集解》引包氏曰:"瑚琏,黍稷之器。夏曰瑚,殷曰琏,周曰簠簋,宗庙之器贵者。"女,通"汝"。

③恧(nǜ):惭愧。

④弁(biàn)言:弁指古人头上戴的一种皮帽。后世用其"头"、"首"之意,把写在著作前面的前言、序言称为弁言。

⑤题品:也作品题。语出范晔《后汉书》卷九十八《许劭传》:"初,劭与[从兄]靖具有高名,好共核论乡党人物,每月辄更其品题,故汝南俗有'月旦评'焉。"意为评定优劣,定其等级。

⑥忸怩(niǔ ní):语出伪古文《尚书·五子之歌》:"颜厚有忸怩。"意为羞惭。

⑦服、郑:服虔和郑玄。

⑧李、杜:李指李白(701—762),字太白,号青莲居士,唐代陇西成纪(今甘肃秦安西北)人。曾官翰林供奉,世称"李翰林"。杜指杜甫(712—770),字子美,唐代河南巩县人。曾官左拾遗,世称"杜拾遗"。又官检校工部员外郎,也称"杜工部"。二人生在同时,皆为唐代成就最高的诗人,故世人并称"李杜"。

⑨高山景仰:语出《诗经·小雅·车辖》:"高山仰止,景行行止。"高山,比喻崇高的道德。景行,比喻光明的行为。意为有高德者则仰慕之,有明行者则仿效之。

【译文】

　　第四是说,仁义与智慧被称为圣,孔夫子不敢自居。瑚琏是名贵的器皿,子贡怎么能够自己确定。称赞别人的优点,尚且害怕不符合实情;自我品评,难道应该夸耀成风吗?曾经见到一位名家给人作传,自称我们家乡的学者,很少人懂得为学的根本,只有我与某君,在经学上下了功夫。所指的某君,固然颇有时名,也没见就一定以经学见长。

作者是想攀附名流的声望，夸耀标榜来提高自己地位，羞愧啊！又有一位在江湖上漫游的人，以诗出名，实际上也名不副实。然而有些名声与实际都远在他之下的人，给别人的诗集作序，叙述别人请求作序的话说："您与某人齐名，某人既然已经写了前言，您怎么能没有品评呢？"本来就没有齐名的说法，那么请求作序的人一定没说这类话，却自己吹嘘说与某人齐名，借他人来炫耀自己，脸面再也不知道有羞耻了！况且经学援引服虔、郑玄，诗歌攀附李白、杜甫，这还可以说是仰慕效仿崇高伟大的人物；像上述某人的经术、某人的诗名，原本没有什么可以仰仗，却还要依托他们获取名望。这叫做私署头衔，又是文人的一个通病。

　　五曰，物以少为贵，人亦宜然也。天下皆圣贤，孔、孟亦弗尊尚矣。清言自可破俗①，然在典午②，则滔滔皆是也③。前人讥《晋书》，列传同于小说④，正以采掇清言，多而少择也。立朝风节，强项敢言⑤，前史侈为美谈。明中叶后，门户朋党，声气相激⑥，谁非敢言之士？观人于此，君子必有辨矣。不得因其强项申威，便标风烈，理固然也。我宪皇帝澄清吏治⑦，裁革陋规⑧，整饬官方，惩治贪墨⑨，实为千载一时。彼时居官，大法小廉⑩，殆成风俗；贪冒之徒⑪，莫不望风革面⑫，时势然也。今观传、志、碑、状之文，叙雍正年府、州、县官，盛称杜绝馈遗⑬，搜除积弊，清苦自守，革除例外供支，其文洵不愧于《循吏传》矣⑭。不知彼时逼于功令，不得不然，千万人之所同，不足以为盛节。岂可见阉寺而颂其不好色哉⑮？山居而贵薪木，涉水而宝鱼虾，人知无是理也，而称人者乃独不然。是之谓不达时势，又文人之通弊也。

【注释】

①清言:也称清谈、玄谈。指魏、晋时期以老、庄学说及《周易》为根据而谈论名理的一种风气。曹魏何晏、王弼等人开其端,至西晋王衍、乐广发扬光大,清谈之风大盛,延及齐、梁而不衰,形成风俗。起初对于扫除汉代谶纬迷信禁锢具有廓清之功,令人耳目清新,后来逐渐衍变成口谈虚无,竟为浮诞风气,弊端日益明显。

②典午:语出陈寿《三国志》卷四十二《谯周传》:"因书板示[文]立曰:'典午忽兮,月酉没兮。'典午者,谓司马也。月酉者,谓八月也。"此为隐语,"典"与"司"意思相同,"午"在生肖中属马,故用"典午"暗指司马。晋代皇室姓司马,故又作为晋朝的代称。

③滔滔皆是:语出《论语·微子》:"滔滔者,天下皆是也。"形容周流不断,到处都是。

④前人讥《晋书》,列传同于小说:语出刘知几《史通》卷五《采撰》:"晋世杂书,谅非一族,若《语林》、《世说》、《幽明录》、《搜神记》之徒,其所载或诙谐小辩,或神鬼怪物。其事非圣,扬雄所不观;其言乱神,宣尼所不语。皇朝新撰晋史,多采以为书。夫以干、邓之所粪除,王、虞之所糠秕,持为逸史,用补前传,此何异魏朝之撰《皇览》,梁世之修《遍略》,务多为美,聚博为功,虽取说于小人,终见嗤于君子矣。"晋史,唐初修撰的《晋书》。干、邓,干宝和邓粲。王、虞,王隐和虞预。四人均为六朝时期的史学家,撰有《晋书》或《晋纪》一类史书,但为唐修《晋书》所掩,后世逐渐散佚失传。说,同"悦"。

⑤强项:语出范晔《后汉书》卷一百零七《酷吏传》:"后特征[董宣]为洛阳令,时湖阳公主苍头白日杀人……因格杀之。主即还宫诉帝……使宣叩头谢主。宣不从,强使顿之。宣两手据地,终不肯俯……因敕强项令出,赐钱三十万。"项,脖子。意为不肯低头,刚正不为威武所屈。

⑥声气:语出《周易·乾卦》:"同声相应,同气相求。"意为声音气息相同,指具有共同的意趣。

⑦宪皇帝:清世宗,名胤禛,在位十三年(1723—1735),年号雍正。薨后谥为宪皇帝。

⑧陋规:相沿已久的陈规陋习,特指贿赂需索等腐败成例。

⑨贪墨:语出《左传·昭公十四年》:"贪以败官为墨。"杜预《注》曰:"墨,不洁之称。"意为贪污腐败。

⑩大法小廉:语出《礼记·礼运》:"大臣法,小臣廉,官职相序,君臣相正,国之肥也。"

⑪冒:语出《左传·襄公四年》杜预《注》曰:"冒,贪也。"

⑫革面:语出《周易·革卦》:"小人革面。"王弼《注》曰:"小人乐成,则变面以顺上也。"原意为不能化其心,只改变容貌颜色而已,后来指改过自新。

⑬馈遗:据《周礼·玉府》郑玄《注》曰:"古者致物于人,尊之则曰献,通行曰馈。"又据张揖《广雅》卷四《释诂》曰:"遗,送也。"意为赠送财物,特指行贿受贿。

⑭《循吏传》:自司马迁撰《史记》设置《循吏传》,此后正史大多沿用其例。据《史记》卷一百一十九《循吏列传》司马贞《索隐》曰:"谓奉法循理之吏也。"即奉职守法的官吏。

⑮见阉寺而颂其不好色:语出《晋书》卷四十九《嵇康传》:"岂可见黄门而称贞哉?"黄门,阉寺,指宦官、太监。东汉给事内廷的黄门令、中黄门等官都用宦官充任,后世遂称宦官为黄门。

【译文】

第五是说,物以稀为贵,人也应当如此。如果天下的人都成为圣贤,孔子、孟子也就不值得尊敬崇尚了。清雅的言谈自然可以破除庸俗,然而这在晋代,却比比皆是。前人讥讽《晋书》,列传内容形同小说,正是因为采录清谈的言论,分量太多而缺少选择。在朝为官的风范节气,为人刚正敢于直言,前代史书作为美谈而大书特书。明代中期以后,门户与党争,在言论意气上互相激发,谁不是敢于直言的人? 观察这种风气之中的人物,君子一定会有所辨别了。不能因为他们刚正不阿树立威风,就称颂他们风节刚烈,这是自然的道理。我朝宪皇帝肃清官场之风,革除陋规,整顿吏治,惩治贪污,实为千载难逢的时代。那时候做官,大官守法小官廉洁,几乎形成风俗;贪污之徒,无不随着风气而洗心革面,这是时代趋势所造成的局面。现在看看传记、碑志、行状一类文字,叙述雍正年间府、州、县的官员,极力赞扬他们杜绝馈赠,清除积弊,以清廉贫苦为操守,革除例外的供应开支,那些文辞确实不愧于《循吏传》了。不知道那时迫于官员考核的法令,不得不如此,千万人都是相同的面目,不足以成为高风亮节。难道可以看见宦官而颂扬他们不贪图女色吗? 居住于山里的人把木柴当做宝贝,生活在河边的人把鱼虾当做宝贝,人们都知道没有这种道理,但是用来称颂人却唯独不是这样。这叫做不明时势,又是文人的一个通病。

　　六曰,史既成家,文存互见,有如《管晏列传》,而勋详于《齐世家》①;张耳分题,而事总于《陈余传》②;非惟命意有殊,抑亦详略之体所宜然也。若夫文集之中,单行传记,凡遇牵联所及,更无互著之篇③,势必加详,亦其理也。但必权其事理,足以副乎其人,乃不病其繁重尔。如唐平淮西,《韩碑》归功裴度④,可谓当矣。后中谗毁,改命于段文昌⑤,千古为之叹惜。但文昌徇于李愬⑥,愬功本不可没,其失犹未甚也。假令当日无名偏裨⑦,不关得失之人,身后表阡⑧,侈陈淮西功绩,则无是理矣。朱先生尝为故编修蒋君撰志⑨,中叙国家前后平定准回要略⑩,则以蒋君总修方略,独力勤劳,书成身死,而不得叙功故也⑪。然志文雅健,学者慕之。后见某中书舍人死⑫，有为作家传者⑬，全袭《蒋志》原文，盖其人尝任分纂数月，于例得列衔名者耳，其实于书未寓目也。是与无名偏裨，居淮西功，又何以异？而文人喜于撼事，几等军吏攘功，何可训也？是之谓同里铭旌⑭。昔有夸夫，终身未膺一命，好袭头衔，将死，遍召所知，筹计铭旌题字。或徇其意，假藉例封、待赠、修职、登仕诸阶⑮，彼皆掉头不悦。最后有善谐者，取其乡之贵显，大书勋阶师保、殿阁、部院、某国、某封某公同里某人之柩⑯。人传为笑。故凡无端而影附者，谓之同里铭旌⑰，不谓文人亦效之也，是又文人之通弊也。

【注释】

①《管晏列传》，而勋详于《齐世家》：据司马迁《史记》卷六十二《管晏列传赞》记载："太史公曰：'吾读管氏《牧民》、《山高》、《乘马》、《轻重》、《九府》及《晏子春秋》，详哉其言之也。既见其著书，欲观其行事，故次其传。至其书，世多有之，是以不论。论其轶事。'"春秋时期管仲、晏婴二人政绩最卓著，司马迁详著二人功勋于《史记》卷三十二《齐太公世家》。

②张耳分题，而事总于《陈余传》：据司马迁《史记》卷八十九《张耳陈余列传》记载，仅仅把张耳娶外黄富女之事一百多字放在《张耳传》，而《陈余传》详述二人起兵始末。其后陈余被杀，张耳降汉，立为赵王；张耳之子张敖娶刘邦之女鲁元公主，被诬谋反，门客贯高为之辩雪诸事，也叙之于《陈余传》中。

③互著之篇：语出章学诚《校雠通义》卷一《互著》："班、马列传家法，人事有两关者，则详略互载之。如子贡在《仲尼弟子》为正传，其入《货殖》则互见也。《儒林传》之董仲舒、王吉、韦贤，既次于经师之篇，而别有专传。盖以事义标篇，人名离合其间，取其

发明而已。部次群书,标目之下,亦不可使其类有所缺,故详略互载,使后人溯家学者,可以求之无弗得,以是为著录之义而已。"

④唐平淮西,《韩碑》归功裴度:唐代自吴少诚割据淮西蔡州(今河南汝南),历经其子吴少阳,任淮西节度使长达三十余年。唐宪宗即位,着手削弱藩镇势力。元和九年(814),吴少阳之子吴元济请求世袭父位,朝廷不准,于是自领军务,发动叛乱,纵兵焚掠舞阳、叶县等地,威胁洛阳。元和十一年(816),李愬任唐、随、邓节度使,率兵平叛。次年,宰相裴度督师征讨,李愬乘虚袭破蔡州,生擒元济,斩于长安。韩愈为撰《平淮西碑》,其词多叙裴度筹划部署之功,欲以彰显君臣协谋,朝廷伐叛之威,试图扭转外重内轻的积弊。裴度(765—839),字中立,唐代河东闻喜(今属山西)人。宪宗时任宰相,力主铲除藩镇,加强中央集权。晚年因宦官专权,辞官退居洛阳而终。

⑤段文昌(773—835):字墨卿,唐代河东西河(今山西汾阳)人。宪宗元和年间任翰林学士,穆宗朝官至宰相。因李愬家人诉韩愈《平淮西碑》记事不实,宪宗下诏磨去韩文,命文昌重新撰文勒石。段文昌碑文载宋代姚铉编《唐文粹》卷五十九。

⑥李愬(773—821):字元直,洮州临洮(今属甘肃)人。部署平定蔡州吴元济叛乱,生擒吴元济,因功授山南东道节度使,封凉国公。后任昭义、魏博等节度使。

⑦偏裨(pí):语出班固《汉书》卷七十九《冯奉世传》:"典属国任立、护军都尉韩昌为偏裨,到陇西,分屯三处。"指偏将与裨将。也作为军队中副将的通称。

⑧表阡:也作阡表。欧阳修《欧阳文忠公集》卷二十五《泷冈阡表》,记述葬父母于永丰(今属江西)泷冈之事,刻石立表。阡,墓道。后人称立碑石于墓道为表阡或阡表。

⑨朱先生尝为故编修蒋君撰志:朱先生,朱筠。为故编修蒋君撰志,见《笥河文集》卷十二《编修蒋君墓志铭》。编修,宋代隶国史实录院,明、清两代为翰林院属官。职位次于修撰,高于检讨,同谓之史官。以一甲二三名及第进士或庶吉士之留馆者充任,掌修国史。蒋君,蒋雍植(1720—1770),字秦树,号渔村、待园,清代安徽怀宁人。清高宗乾隆二十六年(1761)进士。少游陈祖范之门,精通古文。官内阁中书舍人。

⑩国家前后平定准回要略:详见《四库全书总目》卷四十九《平定准噶尔方略提要》。

⑪蒋君总修方略,独力勤劳,书成身死,而不得叙功:据朱筠《笥河文集》卷十二《编修蒋君墓志铭》记载:"君讳雍植,字秦树……充平定准噶尔方略馆纂修官……总裁诸公皆倚重之,令总办方略一书……君早起坐书室,夕烧膏以继……书成久之,而君之精殚销亡于此矣。书既上,同修者皆得优叙,而君名以卒不与。馆中诸公议欲如故侍读杨公述曾赐衔例为之请,已而未果。"

⑫中书舍人:中书省的属官。西晋设置,历代名称和职务不尽相同。唐、宋时期负责承办各类文书,起草诏令,称为外制。明、清时期属内阁中书科,负责缮写文告、命令等事务,为低级文官。

⑬家传:语出沈约《宋书》卷六十七《谢灵运传》:"国史以载前纪,家传以申世模。"古代私人修撰的记载父兄及先祖事迹的传记,用以宣扬家族门第。后世宗谱中的附载传记也称家传。

⑭铭旌:语出《周礼·春官·司常》:"大丧,共铭旌。"也称明旌,竖在灵柩前的旗幡。多用绛帛粉书。死者为品官,官职多为借衔,题写曰某官某公之枢。士则称显考显妣。另纸书题者姓名,粘于旌下。平民之丧,原本不用铭旌,后世则普遍使用。大敛后,悬在竹杠上,依靠灵右。葬时去杠及题者姓名,以旌加于枢上。

⑮例封:朝廷按例推恩封赠。符合规定者,本人称为授官,曾祖父

母、祖父母、父母、妻在世称为封官，没世称为赠官。把自己应得官诰转让给远祖及叔伯或者外亲称为貤(yí)封。待赠：因功死于王事所应赠的官衔。清代规定赠衔有十八等，依据死者官职区分等差。修职：修职郎与修职佐郎，清代为正八品与从八品文官封赠的官阶。登仕：登仕郎与登仕佐郎，清代为正九品与从九品文官封赠的官阶。

⑯师保：太师、少师、太保、少保等官。殿阁：武英殿、文渊阁等内阁大学士。部院：六部的尚书、侍郎，翰林院侍读、侍讲与都察院都御史之类。某国、某封：封某国公、某国侯之类的爵位。均为显贵之官。

⑰同里铭旌：据梁绍壬《两般秋雨庵随笔》卷三记载："曾在苏州，见一家举殡，其铭旌云：'皇明少师、文渊阁大学士申公间壁豆腐店王阿奶之灵柩。'"可见当时借人头衔书写铭旌，实有其事。

【译文】

第六是说，史书既然自成一家，撰文采用互相参见的方法，比如《史记》有《管晏列传》，而管仲、晏婴的功劳却详载于《齐太公世家》；《张耳陈余列传》把张耳单独撰写，而事迹总述于《陈余传》；不仅是文章立意不同，也是详略不同的体例要求应该这样处理。至于文集之中，传记是单独流传的文章，凡是遇到有关联的事物，再没有互相参见的篇目，内容叙述势必更加详细，这也符合道理。但是一定要权度事理，足以与传主相称，才不会感到繁复的缺点。例如唐朝平定淮西之乱，韩愈的《平淮西碑》把功绩归为裴度，可说是很恰当了。后来遭人谗言毁谤，皇帝下令段文昌重撰，千古为之叹惋。然而段文昌曲从于李愬，李愬的功劳本来就不可抹杀，所以段氏文章失误还不怎么严重。假使是当时无名偏将，与胜败大局无关的人，死后立碑于墓道，大谈自己平定淮西的功劳，那就没有这个道理。朱先生曾经为已故的编修蒋君撰写墓志，文中叙述朝廷前后平定准噶尔部落的概况，则是因为蒋君负责修撰《平定准噶尔方略》，以个人的力量勤奋编修，书撰成而人已死，没能得到论功行赏的缘故。但是碑志的文字典雅有力，学者都很美慕。后来看到某位中书舍人死亡，有人为他撰写家传，全部抄袭《蒋志》的原文，大概是这个人曾担任过几个月的《平定准噶尔方略》分纂，按照惯例可以写上他的官衔姓名，实际上对这部书未曾过目。这与无名将佐以平定淮西之功自居，又有什么区别呢？文人喜欢掇拾事迹，几乎等同军官抢夺功劳，怎么能做为准则呢？这叫做同乡人的铭旌。从前有个爱好夸耀的人，终身没有获得一官半职，又喜欢袭用头衔，临死的时候，把所有的故旧都叫来，筹划铭旌上的题字。有人顺从他的意思，借用例封、待赠、修职郎、登仕郎等官阶，他听了都转过头去表示不高兴。最后有个善于说笑的人，选用他同乡一个达官贵人的头衔，大写勋号官阶称师保、殿阁、部院、某国、某封某公的同乡某人之灵柩，人们传为笑谈。所以凡是无缘无故牵强附会的人，就称作同乡人的铭旌，不料文人也仿效这种陋俗，这又是文人的一个通病。

　　七曰，陈平佐汉，志见社肉①；李斯亡秦，兆端厕鼠②。推微知著，固相士之玄机③；搜间传神④，亦文家之妙用也。但必得其神志所在⑤，则如图画名家，颊上妙于增毫⑥；苟徒慕前人文辞之佳，强寻猥琐，以求其似，则如见桃花而有悟⑦，遂取桃花作饭⑧，其中岂复有神妙哉？又近来学者，喜求征实，每见残碑断石，余文剩字，不关于正义者，往往藉以考古制度，补史缺遗，斯固善矣。因是行文，贪多务得，明知赘余非要，却为有益后世，推求不惮辞费。是不特文无体要，抑思居今世而欲备后世考征⑨，正如董泽矢材，可胜暨乎⑩？夫传人者文如其人，述事者文如其事，足矣。其或有关考征，要必本质所具，即或闲情逸出，正为阿堵传神⑪。不此之务，但知市菜求增^⑫，是之谓画蛇添足^⑬，又文人之通弊也。

【注释】

①陈平佐汉，志见社肉：据司马迁《史记》卷五十六《陈丞相世家》记
　　载："陈丞相平者，阳武户牖乡人也……里中社，平为宰，分肉食
　　甚均。父老曰：'善！陈孺子之为宰。'平曰：'嗟乎！使平得宰天
　　下，亦如是肉矣。'"陈平（？—178），西汉河南阳武（今河南原阳
　　东南）人。秦末参加反秦义军，随项羽入关，任都尉。后转投刘
　　邦，屡出奇谋，均被采纳。解匈奴白登之围，铲除诸吕，功勋卓
　　著。历任惠帝、吕后、文帝丞相，封曲逆侯。

②李斯亡秦，兆端厕鼠：据司马迁《史记》卷八十七《李斯列传》记
　　载："李斯者，楚上蔡人也。年少时，为郡小吏，见吏舍厕中鼠食
　　不洁，近人犬，数惊恐之。斯入仓，观仓中鼠食积粟，居大庑之
　　下，不见人犬之忧。于是李斯乃叹曰：'人之贤不肖，譬如鼠矣，
　　在所自处耳。'乃从荀卿学帝王之术。学已成……欲西入秦，辞
　　于荀卿曰：'斯闻得时无怠，今万乘方争时，游者主事。今秦王欲
　　吞天下，称帝而治，此布衣驰骛之时，而游说者之秋也……故斯
　　将西说秦王矣。'"

③相士之玄机：大梁本原作"智士之相机"，叶瑛《文史通义校注》据
　　《章氏遗书》本改。相士，古代称以谈命看相为职业的人。玄机，
　　神妙的机宜与计策。

④搜间传神：搜求一般人不注意的细节，把它写出来，起到传神写
　　照的作用。

⑤得其神志所在：语出柳宗元《柳河东全集》卷三十《与杨京兆凭
　　书》："凡为文，以神志为主。"神志，精神志气。

⑥颊上妙于增毫：据《世说新语》卷五《巧艺》记载："顾长康画裴叔
　　则，颊上益三毛。人问其故。顾曰：'裴楷俊朗有识具，正此是其

识具;看画者寻之,定觉益三毛如有神明,殊胜未安时。'"顾长康,顾恺之。

⑦见桃花而有悟:据宋僧普济《五灯会元》卷四《黄檗运禅师法嗣·灵云志勤禅师》记载:"[志勤禅师]初在沩山,因见桃华悟道。有偈曰:'三十年来寻剑客,几回落叶又抽枝;自从一见桃华后,直到如今更不疑。'"

⑧取桃花作饭:语出苏轼《东坡志林》卷二《桃花悟道》:"世人见古有见桃花而悟道者,争颂桃花,便将桃花作饭,五十年转没交涉。"

⑨抑思:然则,而且。思,语尾助词,无实义。

⑩暨:《章氏遗书》王秉恩《校记》曰:"《左宣十二年传》:'董泽之蒲,可胜既乎?'字作'既',不作'暨'。既,杜注:'尽也。'言用之不可尽也。今各本作'暨',非是。"

⑪阿堵传神:语出《世说新语》卷五《巧艺》:"顾长康画人,或数年不点目精。人问其故,顾曰:'四体妍蚩,本无关于妙处,传神写照,正在阿堵中。'"阿堵,晋人习惯用语,相当今天的"这个"之意。

⑫市菜求增:也称买菜求益。语出皇甫谧《高士传》卷下《严光》:"司徒[侯]霸与[严]光素旧,欲屈光到霸所语言,遣使西曹属侯子道奉书……光曰:'遣卿来何言?'子道传霸言,光曰:'卿言不痴,是非痴语也。天子征我,三乃来。人主尚不见,当见人臣乎?'子道求报,光曰:'我手不能书。'乃口授之。使者嫌少,可更足。光曰:'买菜乎?求益也。'"比喻计较多寡,追求数量增加。

⑬画蛇添足:语出《战国策·齐策二》:"楚有祠者,赐其舍人卮酒。舍人相谓曰:'数人饮之不足,一人饮之有余,请画地为蛇,先成者饮酒。'一人蛇先成,引酒且饮之,乃左手持卮,右手画蛇,曰:'吾能为之足。'未成,一人之蛇成,夺其卮曰:'蛇固无足,子安能为之足?'遂饮其酒。"比喻多此一举,反而弄巧成拙。

【译文】

第七是说,陈平辅佐汉朝,其志向在社祭分肉时已经表现出来;李斯导致秦国灭亡,发端于感叹茅厕中的老鼠。根据细微的征兆而知道显著的结果,固然是看相人的神妙机宜;搜寻细微隐秘之处以表现人物神态,也是撰文之家的妙用。然而必须得到人物的精神志气所在何处,那就像绘画名家,脸颊上妙在增添了三根毫毛;如果仅仅美慕前人文辞的佳胜,勉强寻找琐细的事情,以追求与之相似,那就像看见桃花而有所感悟,于是就摘取桃花作饭,其中哪里还有神妙可言呢?还有就是近来的学者,喜欢寻找实证,每当见到残碑断石,残存的文字,与主题的意义并不相关,往往借此来考释古代的制度,弥补史书的缺漏,这固然很好了。因为这个原因撰写文章,贪图字多而追求有得,明知是多余不重要的东西,却认为对后世有益,推究考求不怕废话连篇。这不仅使得文章不得要领,而且生活在当今却想为后世考辨征引做准备,正如董泽的做箭材料,能用得完吗?写人的文章能够文如其人,叙事的文章能够文如其事,这就足够了。或许有关系到考证的文章,关键在于内容上必须具备这个要求,即便是闲情旁出,也正是为文章能够传神。不在这方面下工夫,而只知道像上街买菜一样只求多添分量,这叫做画蛇添足,又是文人的一个通病。

八曰,文人固能文矣,文人所书之人,不必尽能文也。叙事之文,作者之言也。为文为质,惟其所欲,期如其事而已矣。记言之文,则非作者之言也;为文为质,期于适如其人之言,非作者所能自主也。贞烈妇女,明诗习礼,固有之矣。其有未尝学问,或出乡曲委巷①,甚至佣妪鬻婢,贞节孝义,皆出天性之优,是其质虽不愧古人,文则难期于儒雅也。每见此等传记,述其言辞,原本《论语》、《孝经》,出入《毛诗》、《内则》②，刘向之《传》③，曹昭之《诚》④，不啻自其口出，可谓文矣。抑思善相夫者，何必尽识鹿车、鸿案⑤；善教子者，岂皆熟记画荻、丸熊⑥？自文人胸有成竹⑦，遂致闺修⑧，皆如板印。与其文而失实，何如质以传真也？由是推之，名将起于卒伍⑨，义侠或奋阎间⑩，言辞不必经生，记述贵于宛肖。而世有作者，于斯多不致思，是之谓优伶演剧⑪。盖优伶歌曲，虽耕氓役隶，矢口皆叶宫商⑫，是以谓之戏也。而记传之笔，从而效之，又文人之通弊也。

【注释】

①委巷：语出《礼记·檀弓上》："是委巷之礼也。"陈澔《礼记集说》曰："委，曲也。委巷，犹言陋巷。"意为弯曲僻陋的小巷，泛指狭窄的街道胡同。

②《毛诗》：语出班固《汉书》卷八十八《儒林传》："赵人毛苌传《诗》，是为《毛诗》。"《毛诗》为古文经学，相传为秦、汉间人毛亨和毛苌所传，西汉时期未立博士。盛行于东汉以后。今通行之《诗经》即为《毛诗》。《内则》：《礼记》篇名。孔颖达《礼记注疏》引郑玄《三礼目录》曰："《内则》者，以其记男女居室，事父母舅姑之法……闺门之内，轨仪可则，故曰《内则》。"

③刘向之《传》：《列女传》。据班固《汉书》卷三十六《楚元王传附刘向传》记载，向以为王教由内及外，自近者始，故采取《诗经》、《尚书》所载贤妃贞妇，兴国显家可法则，及孽嬖乱亡者，序次为《列女传》，凡八篇，以戒天子。"另据《隋书》卷三十三《经籍志》杂传类著录："《列女传》十五卷，刘向撰，曹大家注。"

④曹昭之《诚》：据《隋书》卷三十四《经籍志》著录："曹大家《女诫》一卷。"曹昭，又名曹大家，即班昭。

⑤鹿车:语出范晔《后汉书》卷一百一十四《列女传》:"勃海鲍宣妻者,桓氏之女也,字少君。宣尝就少君父学,父奇其清苦,故以女妻之。装送资贿甚盛。宣不悦,谓妻曰:'少君生富骄,习美饰,而吾实贫贱,不敢当礼。'妻曰:'大人以先生修德守约,故使贱妾侍执巾栉,既奉承君子,唯命是从。'宣笑曰:'能如是,是吾志也。'妻乃悉归侍御服饰,更著短布裳,与宣共挽鹿车,归乡里。"鹿车,古代的一种人力推车。鸿案:语出范晔《后汉书》卷一百一十三《逸民传》:"梁鸿字伯鸾,扶风平陵人也……同县孟氏有女,状肥丑而黑,力举石臼,择对不嫁,至年三十。父母问其故,女曰:'欲得贤如梁伯鸾者。'鸿闻而聘之。女求作布衣麻履,织作筐缉绩之具。及嫁,始以装饰入门。七日而鸿不答……乃更为椎髻,著布衣,操作而前。鸿大喜曰:'此真梁鸿妻也。能奉我矣。'字之曰德耀,名孟光……遂至吴,依大家皋伯通,居庑下,为人赁舂。每归,妻为具食,不敢于鸿前仰视,举案齐眉。伯通察而异之,曰:'彼佣能使其妻敬之如此,非凡人也。'乃方舍之于家。"后世因以鹿车、鸿案作为夫妻恩爱和睦的典故。

⑥画荻:语出《宋史》卷三百一十九《欧阳修传》:"欧阳修字永叔,庐陵人。四岁而孤,母郑,守节自誓,亲诲之学。家贫,至以荻画地学书。"荻,俗名兼草,与芦同为禾科而异种,叶比芦稍宽而坚韧。丸熊:语出《新唐书》卷一百六十三《柳仲郢传》:"仲郢,字谕蒙。母韩……善训子,故仲郢幼嗜学。尝和熊胆丸,使夜咀咽以助勤。"也作"熊丸",用熊胆和药为丸。后世因以画荻、丸熊作为贤母教子的典故。

⑦胸有成竹:语出苏轼《苏轼文集》卷十一《文与可画筼筜谷偃竹记》:"故画竹必先得成竹于胸中,执笔熟视,乃见其所欲画者,急起从之,振笔直遂,以追其所见,如兔起鹘落,少纵则逝矣。与可之教予如此。"文同,字与可。意为画竹子时心里有一幅完整的

竹子形象。章学诚用来比喻文章家对儒家礼教及前代贞妇烈女的形象熟记于心，牢不可破，寓含贬意。

⑧闺修：闺指闺阁，代称妇女；修谓修德之人。意为有德行的妇女。

⑨名将起于卒伍：语出《韩非子·显学》："宰相必起于州郡，猛将必发于卒伍。"据《周礼·地官·小司徒》记载："五人为伍，五伍为两，四两为卒，五卒为旅，五旅为师，五师为军。"则是每伍五人，每卒一百人。后来泛指军队。

⑩义侠或奋阎间：语出司马迁《史记》卷一百二十四《游侠列传》："间巷之侠，修行砥名，声施于天下，莫不称贤。"阎间，里巷内外的门，借指里巷。

⑪优伶演剧：古代称呼歌舞艺人为优伶，今天通称演员。演剧，演戏。

⑫矢口皆叶(xié)宫商：矢口，语出扬雄《法言》卷八《五百》："圣人矢口而成言，肆笔而成书。"司马光《集注》曰："矢，正也；肆，操也。"意为言语正直，口吻端正。后世演化为开口，随口之意。叶，"协"的古字，意为和、合。宫商，五音之中的宫音与商音，也用来笼统地指音律。

【译文】

第八是说，文人固然是能写文章了，而文人所记载的人，不一定都能够写文章。叙事的文辞，是作者所说的话；文辞是华丽还是质朴，根据作者的愿望，只希望文如其事而已。记载言论的文辞，却不是作者的话；文辞是华丽还是质朴，期望恰如本人的言论，不是作者能够自作主张。守节殉夫的妇女，通晓诗文熟悉礼仪，固然是有了。有的从未读过书，有的语出乡里陋巷，甚至是当佣人的老妇和卖身的丫鬟，她们的贞节孝义，都语出本性的优善，那么她们的品质虽然不愧于古人，而言论却难以做到温文尔雅。经常见到这类传记，记述她们的话，来源于《论语》、《孝经》，语出于《毛诗》、《内则》，刘向的《列女传》，班昭的《女诫》，就好像从她们自己口中说出，可以说是很有文采了。然而善于辅助丈夫的妻子，何必都知道共拉鹿车、举案齐眉的典故；善于教育子女的人，难道都熟悉用芦荻画地、用熊胆和制药丸的故事？自从文人胸有定式以后，使得所记载的有德行的妇女，都像用同一块雕板刻印出来一样。与其讲究文采而失掉实质，怎么比得上保持质朴而表现真实呢？由此推论，著名的将领发迹于士卒，正义侠客有些成长在里巷，他们的言语不需要像儒生一样，记述贵在惟妙惟肖。然而现在有的作者，对此却多不加思考，这就叫做优伶演戏。因为戏子唱歌，即使是耕地的农民与服役的隶卒，出口都与宫商音调符合，因此把它称为做戏。而记传的文笔，又从而仿效演戏，这又是文人的一个通病。

　　九曰，古人文成法立，未尝有定格也。传人适如其人，述事适如其事，无定之中，有一定焉。知其意者，旦暮遇之①。不知其意，袭其形貌，神弗肖也。往余撰和州故给事《成性志传》②，性以建言著称，故采录其奏议③。然性少遭乱离，全家被害④，追悼先世，每见文辞。而《猛省》之篇尤沉痛，可以教孝，故于终篇全录其文。其乡有知名士赏余文曰："前载如许奏章，若无《猛省》之篇，譬如行船，鹢首重而舵楼轻矣⑤。今此婪尾⑥，可谓善谋篇也。"余戏诘云：设成君本无此篇，此船终不行耶？盖塾师讲授《四书》文义，谓之时文⑦，必有法度以合程式。而法度难以空言，则往往取譬以示蒙学，拟于房室，则有所谓间架结构；拟于身体，则有所谓眉目筋节；拟于绘画，则有所谓点睛添毫；拟于形家，则有所谓来龙结穴⑧。随时取譬。然为初学示法，亦自不得不然，无庸责也。惟时文结习⑨，深锢肠腑，进窥一切古书古文，皆此时文见解，动操塾师启蒙议论，则如用象棋枰布围棋子，必不合矣。是之谓井底天文⑩，又文人之通弊也。

【注释】

①知其意者，旦暮遇之：语出《庄子·齐物论》："万世之后，而一遇大圣，知其解者，是旦暮遇之也。"

②给事：给事中的省称。清代给事中隶属于都察院，职责兼掌封驳与谏言。《成性志传》：见《章氏遗书》外编卷十八《和州志三》。成性（1622—1679），字我存，明末清初安徽和州人。清圣祖康熙朝曾为六科给事中，又升为掌印给事中。前后四年所上奏疏，有关大事者即有数十通。后因病归居乡里。志传，方志中的传记。

③采录其奏议：《和州志·成性传》中载有《陈海寇郑成功形势疏》等八篇。

④少遭乱离，全家被害：明末崇祯八年（1635），流寇攻陷和州，成性全家被杀，时成性十四岁。事见《和州志》本传。

⑤鹢（yì）首：语出《淮南子》卷八《本经》："龙舟鹢首，浮吹以娱，此遁于水也。"高诱《注》曰："鹢，大鸟也。画其像著船头，故曰鹢首。"

⑥婪尾：也作蓝尾。语出唐代苏鹗《苏氏演义》卷下："今人以酒巡匝为婪尾。又云：婪，贪也。谓处于座末，得酒为贪婪。"古人饮酒风俗，规定处于末座的人连饮三杯，称作婪尾酒。后来引申为文章等内容的末尾、结尾。

⑦塾师讲授《四书》文义，谓之时文：《四书》指《论语》、《孟子》二书以及《礼记》中的《大学》、《中庸》两篇。《四库全书总目》卷三十六《经部·四书类》曰："案《四书》……至元延祐中用以取士，而阐明理道之书，遂渐为弋取功名之路。至明永乐中，《大全》出而捷径开，八比盛而俗学炽，科举之文，名为发挥经义，实则发挥注意，不问经义何如也。且所谓注意者，又不甚究其理，而惟揣测

其虚字语气,以备临文之摹拟,并不问注意何如也。"《大全》,《四书大全》。八比,八股。时文,古代对科举应试文体的通称。明、清时特指八股文。八股文的题目主要摘自《四书》,议论内容也依据朱熹的《四书集注》等书。

⑧拟于形家,则有所谓来龙结穴:语出钱谦益《牧斋有学集》卷三十八《再答杜苍略书》:"读班、马之书,辨论其同异,当知其大段落,大关键,来龙何处,结局何处,手中有手,眼中有眼,一字一句,龙脉历然。"形家,古代专门给人卜宅、相墓观测风水为职业的人,民间称为风水先生。来龙,古代风水先生以山脉为龙,称连绵起伏的姿态为龙脉。来龙,即龙脉之来源,又泛指事情的来历。前人借形家术语论文,此喻文章叙事的开头。结穴,风水先生谓地脉顿停处地形洼突,为地气所藏结,称为结穴,适宜做墓地。比喻文辞归结的要点。

⑨结习:语出《维摩所说经·观众生品》,佛教指人世的欲望等烦恼。后来泛指积久难破的习惯。

⑩井底天文:语出唐代欧阳询《艺文类聚》卷一《天部上》引《尸子》曰:"自井中视星,所见不过数星;自丘上以望,则见始出也,非明益也,其势然也。"原意指井底的天象,视野十分狭窄。章学诚用来指一种文病,即用固定的程式和时文的见解去记人叙事,不能正确反映客观事实。

【译文】

第九是说,古人文章写成后规矩也就确立了,不曾有固定的格式。记载人物恰如其人,叙述事情恰如其事,在没有固定的文法之中,又有一定的规矩。知道这个道理的人,朝夕之间就能把握它。不知道这个道理,模仿前人的形貌,而神情却不像。过去我撰写和州已故给事《成性志传》,成性以上书提出建议著称,所以传记里收录了他的奏议。然而成性少时遭逢离乱,全家被害,追悼先人,每每表现在文章中。而《猛省》一篇尤其沉痛，可以教人孝道，所以在传末全部抄录此文。他同乡中有位知名人士称赏我的文章说："前面记载这么多奏章，倘若没有《猛省》一篇，就好像行船，船头重而舵尾轻了。现在用这篇结尾，可以说善于谋篇布局。"我开玩笑地问道："假设成君原本没有这篇文章，这条船就终究不能行走吗？"大概私塾先生讲授《四书》的文义，称之为时文，一定有固定的法则以便符合科举规定的格式。然而时文的法则难以凭空讲说，就往往采用比喻的方法展示给初学者，用房屋打比方，就有所谓的间架结构；用身体打比方，就有所谓的眉目筋骨；用绘画打比方，就有所谓的画龙点睛与脸上添毛；用看风水打比方，就有所谓的来龙结穴。随时取用来做比喻。但是给初学者演示文章的做法，自然也不得不这样，不用责难非议。只是时文已成顽疾，深入禁锢肺腑，进而看待一切古书古文，都是这种关于时文的见解，动不动就采用私塾先生这种启蒙的评论，就像用象棋盘摆放围棋子，一定不会吻合。这叫做井底天象，又是文人的一个通病。

十曰，时文可以评选，古文经世之业，不可以评选也。前人业评选之，则亦就文论文可耳。但评选之人，多非深知古文之人。夫古人之书，今不尽传，其文见于史传，评选之家，多从史传采录。而史传之例，往往删节原文①，以就隐括，故于文体所具，不尽全也。评选之家，不察其故，误谓原文如是，又从而为之辞焉。于引端不具，而截中径起者，诩谓发轫之离奇②；于刊削余文，而遽入正传者，诧为篇终之崭峭③。于是好奇而寡识者，转相叹赏，刻意追摹，殆如左氏所云："非子之求，而蒲之觅矣。"④有明中叶以来，一种不情不理自命为古文者，起不知所自来，收不知所自往，专以此等出人思议，夸为奇特，于是坦荡之涂，生荆棘矣。夫文章变化侔于鬼神⑤,斗然而来⑥,戛然而止⑦,何尝无此景象? 何尝不为奇特? 但如山之岩峭,水之波澜,气积势盛,发于自然;必欲作而致之,无是理矣。文人好奇,易于受惑,是之谓误学邯郸⑧,又文人之通弊也。

【注释】

①史传之例,往往删节原文:据司马迁《史记》卷一百一十七《司马相如列传》记载:"无是公言天子上林广大,山谷水泉万物,及子虚言楚云梦所有甚众⋯⋯故删取其要。"此即史传删节原文之例。

②离奇:语出班固《汉书》卷五十一《邹阳传》:"蟠木根柢,轮囷离奇。"颜师古《注》引张宴曰:"轮囷离奇,委屈盘戾也。"原意为奇幻,后来称事之异常为离奇。

③崭峭:原意为形容山势高峻陡峭,后人用来比喻文章收笔峭拔突兀。

④非子之求,而蒲之觅矣:语出《左传·宣公十二年》。比喻舍本逐末。觅,据《章氏遗书》王秉恩《校记》曰:"觅,当从《传》作'爱'。"

⑤侔(móu):相等。

⑥斗(dǒu)然:突然。

⑦戛(jiá)然而止:猛然中止。

⑧误学邯郸:语出《庄子·秋水》:"子独不闻夫寿陵余子之学行于邯郸与? 未得国能,又失其故行矣,直匍匐而归耳。"寿陵,燕国城邑。余子,未成年童子。国能,赵国都城邯郸步法最优美之人。故行,原来的步法。也称邯郸学步,比喻错误地模仿。

【译文】

第十是说,八股文可以评选,古文是治理国家的学业,不可以评选。前人已经有过评选的文章,那也是就文论文还可以。然而评选的人,大多不是深知古文的人。古人的典籍，今天没有完全流传下来，他们的文章在史书列传里能够见到，评选的人多从史书列传中采录。然而史书列传的体例，往往删节原文内容，以便符合史家规范，所以从文章体裁所应具备的要求来看，不是都很完整。评选文章的各家，没有察觉到这个缘故，误认为原文如此，又进一步加以阐说。对于没有开篇题头，而截取中间径直起笔的文章，就夸耀说开头起笔离奇；对于删削多余的文字，而迅速转入正传叙述的文章，就惊诧为篇终峭拔突兀。于是爱好新奇而见识浅陋的人，辗转互相叹赏，刻意追求模仿，差不多就像左氏所说："不去寻找儿子，反而寻觅挑选蒲箭。"明代中期以来，有一种不合情理而自称为古文的文章，起笔不知道从何而来，收笔不知道往哪里去，专门把这类出人意料之处，夸赞为奇特，于是平坦宽阔的大路，长满荆棘了。文章的变化如同鬼神一般，突然而来，忽然而止，何尝没有这种景象呢？又何尝不是奇特呢？然而就像山的险峻，水的波澜，气势积聚旺盛，自然地表现出来；一定要人为地制造出这种景观，就没有这样的道理了。文人爱好新奇，容易受到迷惑，这叫做误学邯郸，又是文人的一个通病。

浙东学术

【题解】

在中国古代学术发展史上,浙东学术源远流长,独树一帜。而史学又是浙东学术的核心内容,名家辈出,成就卓著。这一学派自南宋吕祖谦肇基,直至近代章太炎、何炳松、陈黻宸,一脉相承。章学诚梳理浙东学术的源流,指导思想是围绕"言性命者必究于史"展开,所以不取南宋以吕祖谦为代表的金华学派,以薛季宣、陈傅良、叶适为代表的永嘉学派,以陈亮为代表的永康学派的经制与功利之学,而是站在宋学的立场取其心性之学,而以史学经世思想为辅,推原南宋陆九渊,下及王守仁、刘宗周、黄宗羲、万斯大、万斯同、全祖望等人。陆、王、刘皆言性命,然而王守仁倡"六经皆史"说,已开以史辅经先河,至黄、万、全则均邃于史。乾嘉时期浙东史学的代表人物,则是章学诚与邵晋涵。本篇着重阐明浙东史学的三个基本特征:一是反对门户之见;二是强调学贵专家;三是主张史学经世致用。这个总结系统把吕祖谦、叶适、陈亮等人排除在浙东学术之外,未免有失公允,但是从浙东史学发展的源流来看,章学诚分析和总结的这一派浙东学术还是非常系统与深刻,显示出学术总结的深度与精辟的论学见解。

浙东之学①,虽出婺源②,然自三袁之流③,多宗江西陆氏④,而通经服古,绝不空言德性,故不悖于朱子之教。至阳明王子⑤,揭孟子之良知⑥,复与朱子抵牾⑦。蕺山刘氏⑧,本良知而发明慎独⑨,与朱子不合,亦不相诋也。梨洲黄氏⑩,出蕺山刘氏之门,而开万氏弟兄经史之学⑪;以至全氏祖望辈⑫,尚存其意,宗陆而不悖于朱者也。惟西河毛氏⑬,发明良知之学,颇有所得;而门户之见,不免攻之太过,虽浙东人亦不甚以为然也。

【注释】

①浙东:浙江东部地区。清代指宁波、绍兴、台州、金华、衢州、严州、温州、处州等八府。

②婺源:朱熹,南宋徽州婺源(今属江西)人。浙东地区传朱熹之学者,据黄宗羲、全祖望《宋元学案》卷六十五《木钟学案》记载,一传为叶味道、陈埴,二传为翁敏之、叶采、王柏,三传为胡一桂、余学古,四传为严侣、胡长孺,五传为陈刚。然而并非王守仁至黄宗羲一派。章学诚认为浙东学术源于朱子,或许是指朱学从"道问学"入手,讲格物致知而不空言德性,与"浙东之学言性命者必究于史"的治学宗旨一致。

③三袁:南宋袁燮父子三人。袁燮(1144—1224),字和叔,号絜斋,学者称之曰絜斋先生,南宋鄞县(今浙江宁波)人。为人崇尚名节,刻苦力学。宋宁宗时,召为太学正,进直讲学士。师事陆九渊,主张人心与天地一本。卒谥正献。著有《絜斋集》。袁肃,字贡安,号晋斋,袁燮之子。从学舒璘。宋宁宗庆元五年(1199)进士,尝知江州。官至太府少卿,知临安府。袁甫,字广微,袁燮之子。宋宁宗嘉定七年(1214)进士,官至权兵部尚书,兼吏部尚书。卒谥正肃。著有《蒙斋集》。兄弟二人均传父学,故合称

三袁。

④江西陆氏：陆九渊，南宋抚州金溪（今属江西）人。

⑤阳明王子：王守仁，号阳明，学者尊称阳明先生。

⑥孟子之良知：语出《孟子·尽心上》："人之所不学而能者，其良能也；所不虑而知者，其良知也。孩提之童无不知爱其亲者，及其长也，无不知敬其兄也。亲亲，仁也；敬长，义也；无他，达之天下也。"

⑦与朱子抵牾：王守仁主张以心为本，与程朱理学主张求理于事物之中的格物致知学说相对抗。据王守仁《王文成全书》卷二《语录二·答顾东桥书》曰："吾心之良知，即所谓天理也。致吾心之天理于事事物物，则事事物物皆得其理矣。故曰致吾心之良知者，致知也。事事物物皆得其理者，格物也。是合心与理而为一者也。"

⑧蕺（jí）山刘氏：刘宗周（1578—1645），字起东，号念台，明代山阴（今浙江绍兴）人。明神宗万历年间进士。曾任礼部主事。崇祯年间，官至南京左都御史。南明政权覆亡，绝食而卒。因讲学蕺山（在绍兴城北昌安门内），学者称蕺山先生。著作有《刘子全书》。

⑨慎独：语出《礼记·中庸》："莫见乎隐，莫显乎微，故君子慎其独也。"刘宗周之学以"慎独"为宗，即品德高尚的人在一人独处的时候也应当谨慎不苟。主张"独外无理"，与朱熹求"理"于事物的格物方法不合，但却不诋毁朱熹。

⑩梨洲黄氏：黄宗羲（1610—1695），字太冲，号南雷，学者称梨洲先生。明末清初浙江余姚人。早年参加抗清斗争，明亡后隐居著述。虽师从刘宗周，然不空谈心性，主张穷经习史，对经史百家及释道之书，无所不究。所著《明儒学案》，开浙东史学研究的风气。其他著作有《易学象数论》、《律吕新义》、《明史案》、《宋元学

案》、《明文海》、《南雷文定》等。

⑪万氏弟兄：万斯大和万斯同，都是明代学者万泰之子，黄宗羲的弟子。万斯大（1633—1683），字充宗，学者称褐夫先生。不事科举，研治经学，尤精于《春秋》、三《礼》，著有《学春秋随笔》、《学礼质疑》等书。万斯同（1638—1702），字季野，学者称石园先生。博通诸史，尤其熟悉明代掌故，手订《明史稿》五百卷。著有《历代史表》、《儒林宗派》、《纪元汇考》、《宋季忠义录》等书。

⑫全氏祖望：全祖望（1705—1755），字绍衣，清代浙江鄞县人，学者称谢山先生。清高宗乾隆元年（1736）进士，改翰林院庶吉士。主讲蕺山、端溪书院，为士林仰重。为学博览群书，尤重研治宋末和南明史事，留心乡土文献。在学术上推崇黄宗羲，为之增补《宋元学案》。另外著有《经史答问》、《鲒埼亭文集》等，并七校《水经注》、三笺《困学纪闻》，对史书校订颇多贡献。

⑬西河毛氏：毛奇龄（1623—1713），字大可，号初晴，又以郡望称西河，清代浙江萧山人。清圣祖康熙年间，曾任翰林院检讨，充《明史》馆纂修官等职。学术渊博，研治经史、音韵、诗文、音律，无不通晓。著述颇丰，后人编为《西河合集》。平生自负甚高，对前人肆意攻击，所诋最甚者为宋人，尤以朱子为最。其《四书改错》，即专为抨击朱熹《四书集注》而作。好翻旧案，尝著《古文尚书冤词》，驳阎若璩《古文尚书疏证》。时人多不以为然，全祖望曾撰《萧山毛氏纠谬》十卷，发其谬误。《鲒埼亭集外编》卷一二《萧山毛检讨别传》也极力斥其谬妄。

【译文】

浙东学派，虽然语出婺源朱熹，然而自从三袁等人以来，大多宗仰江西陆九渊，通晓经学服膺古人，绝不空谈道德性命，所以也不违背朱子学派的教义。到王阳明揭示孟子"良知"的理念，才又和朱子学说相对抗。蕺山先生刘宗周，根据"致良知"思想而提倡"慎独"之说，与朱子学说不合,也不诋毁朱子。梨洲先生黄宗羲,语出刘宗周的门下,开创了万氏弟兄经史之学的基业;延续到全祖望等人,还保存着这一传统,尊奉陆氏心学但又不违背朱子理学。只有西河毛奇龄,阐发"致良知"之说,颇有心得;然而由于门户派别的偏见,不免对朱子攻击太过分,即使是浙东人也不太以为然。

　　世推顾亭林氏为开国儒宗①,然自是浙西之学②。不知同时有黄梨洲氏,出于浙东,虽与顾氏并峙,而上宗王、刘,下开二万,较之顾氏,源远而流长矣。顾氏宗朱,而黄氏宗陆③。盖非讲学专家,各持门户之见者,故互相推服,而不相非诋。学者不可无宗主,而必不可有门户;故浙东、浙西,道并行而不悖也。浙东贵专家,浙西尚博雅,各因其习而习也。

【注释】

①顾亭林:顾炎武,号亭林。

②浙西:南宋时期的两浙西路简称浙西,包括浙江西部及江苏东部的镇江、常州、苏州等三府。明、清时期一般指杭州、嘉兴、湖州三府。顾炎武为苏州昆山人,章学诚沿用旧称,故谓之浙西之学。

③顾氏宗朱,而黄氏宗陆:顾炎武提出经学即理学,反对宋明理学空谈义理之弊,强调博学明善,乃宗朱熹格物穷理之教,学风缜密谨严;黄宗羲仰承王守仁致良知之学,以刘宗周慎独入德为要,固宗陆九渊明心见性之教,学风专精超悟。

【译文】

世人推崇顾亭林为清朝儒学的开山之祖,但那自属浙西学派。不知同时有黄梨洲出于浙东,虽然与顾氏并驾齐驱,但黄氏上宗王守仁、刘宗周,下开万斯大与万斯同,与顾氏比较,更是源远流长了。顾氏尊崇朱熹,而黄氏尊崇陆九渊。大概都不是语录式讲学专家,各持门户之见的人,所以互相推崇,而不互相非难诋毁。学者不能没有信奉的宗主,却一定不能有门户之见;所以浙东、浙西之学,各行其道而不相违背。浙东重视专精,浙西崇尚渊博,各自根据自己的学风特点研习学问。

　　天人性命之学,不可以空言讲也。故司马迁本董氏天人性命之说①,而为经世之书。儒者欲尊德性,而空言义理以为功②,此宋学之所以见讥于大雅也。夫子曰:"我欲托之空言,不如见诸行事之深切著明也。"此《春秋》之所以经世也。圣如孔子,言为天铎③,犹且不以空言制胜,况他人乎?故善言天人性命,未有不切于人事者。三代学术,知有史而不知有经,切人事也。后人贵经术,以其即三代之史耳。近儒谈经,似于人事之外,别有所谓义理矣④。浙东之学,言性命者必究于史,此其所以卓也。

【注释】

①司马迁本董氏天人性命之说:董氏天人性命之说,指董仲舒的"天人感应"之说。司马迁学《春秋》于董仲舒,欲究天人之际而作《史记》。

②儒者欲尊德性,而空言义理以为功:语出程颢、程颐《二程遗书·卷十一《师训》:"人须学颜子。有颜子之德,则孟子之事功自有。孟子者,禹、稷之事功也。"此可见尊德性而薄事功之意。

③天铎:语出《论语·八佾》:"天将以夫子为木铎。"木铎,木舌铜

铃,古代发布政令时摇动它来召集听众。天铎,意为代上天宣布教化。

④近儒谈经,似于人事之外,别有所谓义理矣:据《章氏遗书》卷九《与邵二云论学》曰:"世儒言道,不知即事物而求所以然,故诵法圣人之言,以谓圣人别有一道,在我辈日用事为之外耳。"

【译文】

关于天道与人道、性理与天命的学说,不能用空洞的言论讲述。所以司马迁根据董仲舒的天人感应学说,著成可以有益世务的书籍。儒家学者想尊崇德性,却把空谈义理作为实际的功用,这就是宋代理学受到有德有识之士讥讽的缘故。孔夫子说:"我想把儒家大道寄托在抽象的说教中,还不如通过具体的历史事件表现出来更深刻明显。"这就是《春秋》可以经营世务的缘故。像孔子这样圣明的人,言论是代天发布命令,尚且不靠空洞的言论取胜,何况是他人呢?所以善于谈论天道与人道、性理与天命,没有不切合于人事的人。夏、商、周三代的学术,只知道有史书却不知道有经学,是为切合人事。后人重视经学,就因为它是三代的史书而已。近代儒生谈论经学,似乎在人事之外,另外有所谓的义理了。浙东的学派,谈论性理与天命的人一定结合研治史书,这就是它能够取得卓越成就的缘故。

朱、陆异同,干戈门户,千古桎梏之府①,亦千古荆棘之林也②。究其所以纷纶,则惟腾空言而不切于人事耳。知史学之本于《春秋》,知《春秋》之将以经世,则知性命无可空言,而讲学者必有事事③,不特无门户可持,亦且无以持门户矣。浙东之学,虽源流不异,而所遇不同。故其见于世者,阳明得之为事功④,蕺山得之为节义⑤,梨洲得之为隐逸⑥,万氏兄弟得之为经术史裁⑦。授受虽出于一,而面目迥殊,以其各有事事故也。彼不事所事，而但空言德性，空言问学，则黄茅白苇，极面目雷同⑧，不得不殊门户，以为自见地耳。故惟陋儒则争门户也。

【注释】

①桎梏：语出《周易·蒙卦》：“利用刑人，用说桎梏。”孔颖达《疏》曰：“在足曰桎，在手曰梏。”意为脚镣和手铐。后引申为束缚人的事物。

②荆棘：语出范晔《汉书》卷四十七《冯异传》：“异朝京师，引见，帝谓公卿曰：‘是我起兵时主簿也，为吾披荆棘，定关中。’”李贤《注》曰：“荆棘，榛梗之谓，以喻纷乱。”原意为丛生带刺的灌木，后用来比喻纷乱局面。

③事事：语出司马迁《史记》卷五十四《曹相国世家》：“日夜饮醇酒，卿大夫以下吏及宾客，见［曹］参不事事，来者皆欲有言。”裴骃《集解》引如淳曰：“不事丞相之事。”意为做事，办事。

④阳明得之为事功：王守仁平定明代皇室宸濠之乱以及镇压南方民众暴动等建功立业的事绩。

⑤蕺山得之为节义：刘宗周在清兵攻破杭州后绝食而死的忠义节操。

⑥梨洲得之为隐逸：黄宗羲在明亡之后隐居著述，屡次拒绝清廷征召而不肯出仕的隐士操守。

⑦万氏兄弟得之为经术史裁：万斯大深于经学，万斯同邃于史学。

⑧雷同：语出《礼记·曲礼上》：“毋勦说，毋雷同。”郑玄《注》曰：“雷之发声，物无不同时应者。人之言当各由己，不当然也。”意为不应相同而相同。

【译文】

朱学与陆学互有异同，各守门派如同干戈相攻，犹如千百年来收集手铐脚镣的府库一样禁锢思想,也像千百年来荆棘丛生之地一样繁杂纷乱。探究它们这样纷纭繁杂的原因,就在于仅仅腾说空洞的理论而不切合人事而已。知道史学根源于《春秋》,又知道《春秋》用来经营世务,就知道性理与天命不可以凭空谈论,而讲学的人一定要有具体之事去做,这样不仅没有门派可以坚守,也将会失去坚守门派的基础和条件了。浙东的学派,虽然源流没有差异,但各自的遭遇不同。所以它们表现在世间的形式,王阳明凭借它建立功业,戴山先生凭借它树立节操正义,黄梨洲凭借它隐身不仕,万氏兄弟凭借它研治经史之学。传授虽然语出同一来源,然而面目却迥然不同,是因为各有自己的事情要做的缘故。那些不从事具体的事业,而只是空谈道德性命,空谈文章学问的人,就像黄茅白苇一样,面目极为相似,不得不另立门户,作为自我表现的场所。所以只有浅陋的腐儒才会争立门户。

　　或问事功气节,果可与著述相提并论乎?曰:史学所以经世,固非空言著述也。且如六经,同出于孔子,先儒以为其功莫大于《春秋》[1],正以切合当时人事耳。后之言著述者,舍今而求古,舍人事而言性天,则吾不得而知之矣。学者不知斯义,不足言史学也。整辑排比,谓之史纂;参互搜讨,谓之史考;皆非史学[2]。

【注释】

[1]先儒以为其功莫大于《春秋》:据《孟子·滕文公下》记载:"世衰道微,邪说暴行有作,臣弑其君者有之,子弑其父者有之。孔子惧,作《春秋》……孔子成《春秋》而乱臣贼子惧。"又据司马迁《史记》卷一百三十《太史公自序》记载:"夫《春秋》,上明三王之道,下辨人事之纪,别嫌疑,明是非,定犹豫,善善恶恶,贤贤贱不肖,

存亡国,继绝世,补敝起废,王道之大者也。《易》著天地、阴阳、四时、五行,故长于变。《礼》经纪人伦,故长于行。《书》记先王之事,故长于政。《诗》记山川、溪谷、禽兽、草木、牝牡、雌雄,故长于风。《乐》乐所以立,故长于和。《春秋》辩是非,故长于治人。是故《礼》以节人,《乐》以发和,《书》以道事,《诗》以达意,《易》以道化,《春秋》以道义。拨乱世,反之正,莫近于《春秋》。"

②整辑排比,谓之史纂;参互搜讨,谓之史考;皆非史学:据《章氏遗书》补遗《史考释例》记载:"自史氏专官失传,而家自为学,后汉、六朝一代必有数家之史是也。同一朝代,同一纪传,而家学殊焉。此史学之初变也……自唐立史科……家自为学之风息。而一代之兴,必集众以修前代之史,则史学之再变也。"等而下之,则变成史纂、史考一类书。

【译文】

有人问事业功绩与志气节操,果真可以与著述相提并论吗?回答说:史学是要用来经营世务,本来就不是空洞谈论的著述。况且就像六经,都是语出孔子编订,前辈儒家认为治世之功最大的是《春秋》,正因为它切合当时的人事而已。后世谈论著述的人,舍弃现实而追求远古,舍弃人事而谈论性理天命,那么我就不得而知了。学者如果不明白这个道理,就没有资格谈论史学。整理编辑排比,叫做史纂;互相参证搜求,叫做史考;这些都不是史学。

妇　学

【题解】

　　本篇内容,借阐发古代妇学之名,专为批评袁枚而作。袁枚是清代乾嘉时期著名诗人,诗作在当时极负盛名,其诗歌理论也颇为时人所推许。然而袁枚性格洒脱,放情声色,大力鼓励女子作诗,晚年更是广招女弟子。一时间女优名妓,甚至大家闺秀,纷纷请业。袁枚则携带女弟子,游览唱和,举办闺秀诗会,不仅与传统礼教格格不入,而且言行不够检点,难免招致各方面的非议和攻击。章学诚在《章氏遗书》卷七《论文辨伪》、《章氏遗书》外编卷三《丙辰札记》、《章学诚遗书》佚篇《与孙渊如观察论学十规》等多处指责袁枚败坏世风,同时也批评某些妇女不知自重,伤风败俗。例如他在《丙辰札记》一则中写道:"近有无耻妄人,以风流自命,蛊惑士女,大抵以优伶杂剧所演之才子佳人惑人。大江以南,名门大家闺阁,多为所诱。征诗刻稿,标榜声名,无复男女之嫌,殆忘其身之雌矣。此等闺阁,妇学不修,岂有真才可取? 而为邪人之播弄,浸成风俗,人心世道,大可忧也! 乃更有痴妄无知妇女,自题其诗为《浣青集》,谓兼浣花、青莲之长,则不必更问其诗,其为无知无耻之妄人,不待言矣。为之夫婿,不但不知禁约,而反若喜之。呜呼! 彼之所喜,正君子之忧也。"章学诚正是出于这种对世道人心的忧虑,才作此《妇学》篇,目的是要维持世道风俗。他指出,古代妇女教育学习的真正内容是妇德、妇容、妇言、妇功，而不像后世只以文艺为学。古代妇学通诗必由礼，更不会因诗而败礼。章学诚认为妇女偶尔写诗作文，也是出于天性之优，无可非议；但是为了追求名声，尤其是不惜抛头露面而违背礼教，那就不能提倡了。他主张除官妓以外，闺阁妇女不当在门外唱酬，否则就是违背妇德。在今天看来，章学诚主张用儒家的三从四德观念束缚女子，反对女子走出户外，融入社会，其思想显然具有保守、落后的一面，应予摒弃。然而他对当时道德心术败坏的批判，仍然具有维护社会风气的意义，不应简单粗暴地指责为封建卫道士，视为维护封建礼教，这样就是苛求前贤。

　　《周官》有女祝女史①，汉制有内起居注②，妇人之于文字，于古盖有所用之矣。妇学之名，见于《天官》内职，德、言、容、功③，所该者广，非如后世只以文艺为学也。然《易》训正位乎内④，《礼》职妇功丝枲⑤，《春秋传》称赋事献功⑥，《小雅》篇言酒食是议⑦，则妇人职业，亦约略可知矣。男子弧矢，女子鞶帨⑧，自有分别。至于典礼文辞，男妇皆所服习。盖后妃、夫人、内子、命妇⑨，于宾享丧祭⑩，皆有礼文，非学不可。

【注释】

①女祝女史：语出《周礼·天官》："女祝，掌王后之内祭礼；凡内祷祠之事，掌以时招梗禬禳之事，以除疾殃。"女祝为古代掌管王后祭祀事项的女官。又《周礼·天官》曰："女史，掌王后之礼职；掌内治之贰，以诏后治内政，逆内宫，书内令，凡后之事以礼从。"女史为古代掌管王后礼仪及文书的女官。《周礼·春官·世妇》亦有女史之职，掌文书，为府史之属。

②内起居注：据《隋书》卷三十三《经籍志》记载："起居注者，录纪人

君言行动止之事……《周官》内史掌王之命,遂书其副而藏之,是其职也。汉武帝有《禁中起居注》,后汉明德马皇后撰《明帝起居注》。然则汉时起居似在宫中,为女史之职。"汉代女官名,负责在内宫记录皇帝言行。

③妇学之名,见于《天官》内职,德、言、容、功:语出《周礼·天官》:"九嫔掌妇学之法,以教九御。妇德,妇言,妇容,妇功。"郑玄《注》曰:"妇德,谓贞顺。妇言,谓辞令。妇容,谓婉娩。妇功,谓丝枲。"妇学,古代女子的学习和教育。内职,古代宫廷中由妇女担任的职务。德、言、容、功,古代衡量妇女的四种标准。德,道德品行。言,言辞。容,容貌体态。功,纺织、刺绣、缝纫等事。

④《易》训正位乎内:语出《周易·家人卦》:"象曰:家人,女正位乎内,男正位乎外,男女正,天地之大义也。"

⑤《礼》职妇功丝枲(xǐ):语出《礼记·内则》:"女子十年不出,姆教婉娩听从,执麻枲,治丝茧,织纴组紃,学女事,以共衣服。"丝枲,丝麻,纺绩之事。组紃(xún),丝带,丝绦。

⑥《春秋传》称赋事献功:语出《国语·鲁语下》:"王后亲织玄紞,公侯之夫人,加之以纮綖,卿之内子为大带。命妇成祭服。列士之妻,加之以朝服。自庶士以下,皆衣其夫。社而赋事,烝而献功,男女效绩,愆则有辟,古之制也。"《春秋传》,又称《春秋外传》,指《国语》。紞,王冠前后的垂缨。纮綖,帽缨。社而赋事,妇女在春分社祭时分配农桑之事。烝而献功,妇女在冬祭时进献五谷布帛。

⑦《小雅》篇言酒食是议:语出《诗经·小雅·斯干》:"乃生女子,载寝之地,载衣之裼,载弄之瓦。无非无仪,唯酒食是议,无父母诒罹。"裼(tì),襁褓。瓦,纺砖。罹(lí),忧患,苦难。

⑧男子弧矢,女子鞶帨(pán shuì):语出《礼记·内则》:"子生,男子设弧于门左,女子设帨于门右。三日始负子,男射女否。国君世

子生……射人以桑弧蓬矢六，射天地四方。"又曰："子能食食，教
以右手。能言，男唯女俞。男鞶革，女鞶丝。"弧矢，弓箭。鞶，盛
佩巾等物的小囊。帨，古代妇女的佩巾。唯(wěi)、俞(yú)，应答
之声。

⑨后妃、夫人、内子、命妇：据《礼记·曲礼下》记载："天子之妃曰
后，诸侯曰夫人。"古代帝王之妻称后妃，诸侯之妻称夫人。汉代
列侯之妻也称夫人。内子，古代称呼卿大夫之嫡妻。唐、宋时期
作为本人与别人之妻的通称。后来仅仅用于称呼本人之妻。命
妇，古代称大夫之妻。后来泛指朝廷赐予封号的妇人。宫廷中
的妃嫔等称为内命妇，宫廷外的臣僚母妻称为外命妇。

⑩宾享：古代宴会宾客之礼。丧祭：古代丧葬祭祀之礼。

【译文】

《周礼》中有女祝、女史等官职，汉代制度有内起居注，妇女对于文
字，在古代大概就有所使用了。妇学的名称，见于《周礼·天官》的妇职
之内，妇德、妇言、妇容、妇功，所包含的内容宽广，不像后代只把文辞技
艺当做学问。然而《周易》教诲女子居家以正道守其位而尽其职，《礼
记》以纺绩之事作为女子的职责，《春秋外传》称女子分配农桑之事和进
献五谷布帛，《诗经·小雅》有讲女子只管操持酒食的诗篇，那么妇人的
职业，也大致上可以知道了。弓箭象征男子，囊巾象征女子，自然有所分
别。至于典章礼制与文辞，男女都需要使用学习。大概后妃、夫人、内子、命
妇，在宴会宾客与丧葬祭祀中，都有礼仪文辞，非学习不可。

　　妇学之目，德、言、容、功。郑注："言为辞令。"①自非娴
于经礼，习于文章，不足为学。乃知诵《诗》习《礼》②，古之妇
学，略亚丈夫。后世妇女之文，虽稍偏于华采，要其渊源所
自，宜知有所受也。

【注释】

①言为辞令：据《周礼·天官·九嫔》郑玄《注》曰："妇言，谓辞令。"

②诵《诗》习《礼》：语出《荀子·劝学》："其数则始乎诵经，终乎读礼。"

【译文】

妇学的名目，有德、言、容、功四项内容。郑玄注释："言为辞令。"如果不是熟悉经书与礼制，服习文章，就不足以成为妇学。于是知道诵读《诗经》和学习《仪礼》，对于古代妇学而言，略微逊于男子。后代妇女的文章，虽然逐渐偏向华丽文采，概括其来源出处，应该知道它是有所相承而来。

妇学掌于九嫔①，教法行乎宫壸②；内而臣采③，外及侯封，六典未详，自可例测。《葛覃》师氏④，著于风诗。侯封妇学。婉娈姆教⑤，垂于《内则》。卿士大夫。历览《春秋》内外诸传，诸侯夫人，大夫内子，并能称文道故，斐然有章。若乃盈满之祥，邓曼详推于天道⑥；利贞之义，穆姜精解于乾元⑦；鲁穆伯之令妻，典言垂训⑧；齐司徒之内主，有礼加封⑨；士师考终牖下，妻有诔文⑩；国殇魂返沙场，嫠辞郊吊⑪。以至泉水毖流，委宛赋怀归之什⑫；燕飞上下，凄凉送归媵之诗⑬。凡斯经礼典法，文采风流，与名卿大夫有何殊别？然皆因事牵联，偶见载籍，非特著也。若出后代，史必专篇，类征列女，则如曹昭、蔡琰故事⑭，其为焜煌彪炳⑮，当十倍于刘、范之书矣⑯。是知妇学亦自后世失传，三代之隆，并与男子仪文，率由故事，初不为矜异也。不学之人，以《溱洧》诸诗⑰，为淫者自述。因谓古之孺妇，矢口成章⑱，胜于后之文人。不知万无此理，详辨其说于后,此处未暇论也。但妇学则古实有之,惟行于卿士大夫,而非齐民妇女皆知学耳。

【注释】

①九嫔:语出《周礼·天官·九嫔》:"九嫔掌妇学之法,以教九御。"即王官中的女官,也是帝王的妃子,共有九人。唐代九嫔为昭仪、昭容、昭媛、修仪、修容、修媛、充仪、充容、充媛,位居皇后之下。九御,宫中女官,九人一御,共八十一人,掌管织纴组紃之事。

②宫壸(kǔn):语出《尔雅·释宫》:"宫中衖谓之壸。"壸,通"阃"。衖(xiàng),通"巷",宫中的小巷,引申为后妃所住的内宫。

③臣采(cài):语出《礼记·礼运》:"大夫有采,以处其子孙。"即采邑,封地。

④《葛覃》师氏:语出《诗经·周南·葛覃》:"言告师氏,言告言归。"毛《传》曰:"师,女师也。古者,女师教以妇德、妇言、妇容、妇功。"

⑤婉娩(wǎn)姆教:语出《礼记·内则》:"女子十年不出,姆教婉娩听从。"郑玄《注》曰:"婉,谓言语也。娩之言媚也,媚谓容貌也。"姆,古代以妇道教女子的女师。指女子的言语仪容教育。

⑥盈满之祥,邓曼详推于天道:据《左传·庄公四年》记载:"楚武王荆尸,授师孑焉,以伐随。将齐,入告夫人邓曼曰:'余心荡。'邓曼叹曰:'王禄尽矣。盈而荡,天之道也。先君其知之矣,故临武事,将发大命,而荡王心焉。若师徒无亏,王薨于行,国之福也。'王遂行,卒于樠木之下。"邓曼,春秋时期楚武王夫人。善于观察先机,曾经预料楚将屈瑕征伐罗国因骄必败。荆尸,楚国军阵名。孑,戟。齐,通"斋",斋戒。樠(mán),一种像榆的树,俗称郎榆。

⑦利贞之义，穆姜精解于乾元：语出《左传·襄公九年》："穆姜薨于东宫。始往而筮之，遇《艮》之八。史曰：'是谓《艮》之《随》。《随》，其出也。君必速出。'姜曰：'亡！是于《周易》曰：《随》，元、亨、利、贞，无咎。元，体之长也；亨，嘉之会也；利，义之和也；贞，事之干也。体仁足以长人，嘉德足以合礼，利物足以和义，贞固足以干事。然故不可诬也，是以虽《随》无咎。今我妇人而与干乱，固在下位而有不仁，不可谓元。不靖国家，不可谓亨。作而害身，不可谓利。弃位而娇，不可谓贞。有四德者，《随》而无咎。我皆无之，岂《随》也哉？我则取恶，能无咎乎？必死于此，弗得出矣。"穆姜，鲁襄公祖母，企图废除鲁成公，而立奸夫侨如，因此被幽囚于东宫而死。

⑧鲁穆伯之令妻，典言垂训：语出《国语·鲁语下》："公父文伯退朝，朝其母。其母方绩，文伯曰：'以歜之家而主犹绩，惧干季孙之怒也，其以歜为不能事主乎？'其母叹曰：'鲁其亡乎！使童子备官而未之闻耶？居！吾语女。昔先王之处民也，择瘠土而处之，劳其民而用之，故长王天下。夫民劳则思，思则善心生。逸则淫，淫则忘善，忘善则恶心生。沃土之民不材，淫也。瘠土之民，莫不向义，劳也……尔今日胡不自安，以是承君之官，余惧穆伯之绝祀也。'"公父文伯，公父穆伯之子。歜（chù），公父文伯之名。居，坐。女，通"汝"。

⑨齐司徒之内主，有礼加封：语出《左传·成公二年》："齐侯见保者曰：'勉之！齐师败矣。'辟女子。女子曰：'君免乎？'曰：'免矣。'曰：'锐司徒免乎？'曰：'免矣。'曰：'苟君与吾父免矣，可若何？'乃奔。齐侯以为有礼。既而问之，辟司徒之妻也，予之石窌。"内主，古代称诸侯的夫人为内主。此处为泛称。保者，断后守军。锐司徒，主锐兵官。女子之父。辟司徒，主壁垒守兵官。石窌（liù），齐国邑名。

⑩士师考终牖（yǒu）下，妻有诔文：语出《论语·微子》："柳下惠为士师，三黜。"又据刘向《列女传》卷二记载："柳下既死，门人将诔之。妻曰：'将诔夫子之德耶？则二三子不如妾知之也。'乃诔曰：'夫子之不伐兮，夫子之不竭兮，夫子之信诚，而与人无害兮。屈柔从俗，不强察兮。蒙耻救民，德弥大兮。虽遇三黜，终不蔽兮。恺悌君子，永能厉兮。嗟乎惜哉！乃下世兮。庶几遐年，今遂逝兮。呜呼哀哉！魂神泄兮。夫子之谥，宜为惠兮！'门人从之以为诔，莫能窜一字。"牖，窗户。

⑪国殇魂返沙场，嫠（lí）辞郊吊：语出《礼记·檀弓下》："齐庄公袭莒于夺，杞梁死焉。其妻迎其柩于路，而哭之哀。庄公使人吊之。对曰：'君之臣不免于罪，则将肆诸市朝，而妻妾执。君之臣免于罪，则有先人之敝庐在，君无所辱命。"国殇，战国时期楚国屈原作《国殇》，讴歌为国捐躯的将士。后因指为国家而牺牲的人。嫠，寡妇。

⑫以至泉水毖（bì）流，委宛赋怀归之什：语出《诗经·邶风·泉水》："毖彼泉水，亦流于淇。有怀于卫，靡日不思。娈彼诸姬，聊与之谋。"《诗序》曰："《泉水》，卫女思归也。嫁于诸侯，父母终，思归宁而不得，故作是诗以自见也。"毖，通"泌"，泉水涌出流动的样子。

⑬燕飞上下，凄凉送归媵（yìng）之诗：语出《诗经·邶风·燕燕》："燕燕于飞，下上其音。之子于归，远送于南。瞻望弗及，实劳我心！"《诗序》曰："《燕燕》，卫庄姜送归妾也。"媵，古代随主人出嫁的侍女。指戴妫。戴妫媵庄姜于卫，生完，庄姜养为己子，是为卫桓公。州吁弑之，而逐戴妫。庄姜送之于野，而作是诗。

⑭蔡琰（yǎn）：字文姬，东汉陈留（今河南开封市东南）人。蔡邕之女。博学能辩，通晓音律。初嫁河东人卫仲道，夫亡，归家。董卓之乱中，为匈奴所掠，嫁南匈奴左贤王，居匈奴十二年，生二

子。汉献帝建安十三年(208)，曹操以金璧赎回，改嫁同郡屯田都尉董祀。著作有《悲愤诗》一首，相传又作《胡笳十八拍》。

⑮焴(yù)皇彪炳：美好盛大，光彩焕发。

⑯刘、范之书：刘向《列女传》及范晔《后汉书》卷一百一十四《列女传》。

⑰《溱洧(zhēn wěi)》：《诗经·郑风》篇名。《诗序》曰："《溱洧》，刺乱也。兵革不息，男女相弃，淫风大行，莫之能救焉。"溱、洧，河流名称，均在今河南省。此诗描写当时士女在两河岸边聚会，互赠香草的情况。

⑱矢口成章：开口说话便成文章，形容文思敏捷。

【译文】

妇学职事由九嫔掌管，教育之法行之于宫廷；至于朝内大臣的采邑，朝外诸侯的封地，六典虽未详述其妇学，自然可以根据王室之例推测。《葛覃》中的师氏，在《诗经·国风》中有记载。这是诸侯封地的妇学。女师教女子言语仪态，在《礼记·内则》中有规定。这是卿士大夫之妻的妇学。遍览《春秋》内外各传，诸侯的夫人，大夫的妻子，都能称文道典，很有文采章法。至于盈满的吉凶预兆，邓曼能据此详细地推论天道；元、亨、利、贞的意义，穆姜对《周易》卦有精到的解说；鲁国公父穆伯的贤妻，能以雅言来训子；齐国司徒的夫人，因知礼仪而加封；士师柳下惠寿终正寝，其妻亲自作诔文哀悼；杞梁为国捐躯魂归沙场，寡妻谢绝国君在郊外吊祭。以及泉水汩汩而流，卫女委婉地吟咏思归的诗篇；燕子上下飞翔，庄姜凄凉地填赋送妾的诗作。举凡这些礼经法典，文采风流，与公卿大夫有什么区别？然而都是因事牵连所致，偶然见于典籍之中，并不是特意记载著录。假使出于后代，史书必有专篇记录，按类归为列女，就像班昭、蔡琰等人的事迹，她们的辉煌光彩，较之刘向、范晔在《列女传》中的叙述应当胜过十倍了。由此可知妇学也是到后代才失传，夏、商、周三代兴盛时期，妇学与男子的礼仪文采并驾齐驱，大率通过事迹来表现,原本并未夸耀自己的与众不同。不学无知的人,认为《溱洧》等诗篇,是淫荡者的自述之辞。因而说古代的儿童妇女,出口成章,胜过后世的文人。不知万万没有这种道理,后面对这一说法有详细辨正,这里无暇论述。然而妇学在古代确实存在,只是流行于卿士大夫之间,而不是平民妇女都知道妇学。

　　春秋以降,官师分职,学不守于职司,文字流为著述。古无私门著述,说详《较雠通义》①。丈夫之秀异者,咸以性情所近,撰述名家。此指战国先秦诸子家言,以及西京以还经史专门之业。至于降为辞章,亦以才美所优,标著文采。此指西汉元、成而后,及东京而下诸人诗文集。而妇女之奇慧殊能,钟于间气②,亦遂得以文辞偏著,而为今古之所称,则亦时势使然而已。然汉廷儒术之盛,班固以谓利禄之途使然③。盖功令所崇,贤才争奋,士之学业,等于农夫治田,固其理也。妇人文字,非其职业,间有擅者,出于天性之优,非有争于风气,骛于声名者也。好名之习,起于中晚文人,古人虽有好名之病,不区区于文艺间也。丈夫而好文名,已为识者所鄙。妇女而骛声名,则非阴类矣。

【注释】

①古无私门著述,说详《较雠通义》:章学诚《校雠通义》卷一《原道》曰:"理大物博,不可殚也,圣人为之立官分守,而文字亦从而纪焉。有官斯有法,故法具于官;有法斯有书,故官守其书;有书斯有学,故师传其学;有学斯有业,故弟子习其业。官守学业,皆出于一,而天下以同文为治,故私门无著述文字。"

②间(jiān)气:语出孙毂《古书微》卷八《春秋演孔图》:"正气为帝,

间气为臣，宫商为姓，秀气为人。"古代谶纬学说以五行附会人事，认为帝王臣民各禀五行之气而生。英雄豪杰上应天象，禀天地特殊之气，间世而生，故称间气。

③班固以谓利禄之途使然：语出班固《汉书》卷八十八《儒林传赞》："自武帝立《五经》博士，开弟子员，设科射策，劝以官禄，讫于元始，百有余年，传业者浸盛，支叶蕃滋，一经说至百余万言，大师众至千余人，盖禄利之路然也。"

【译文】

　　春秋时期以后，官吏与教师职业分离，学术不再由官员主管，文字演变成著述。古代没有私家著述，解说详载《校雠通义》。男子中优秀出众的人，都根据自己性格情趣的偏爱，纷纷著书自成一家。这是指战国先秦诸子之言，以及西汉以来经学与史学方面的专门学业。至于降为诗文辞赋，也以才华超群为优，标著文章词采。这是指西汉元、成二帝之后以及东汉以下诸人的诗文集。妇女的奇异智慧和特殊才能，集天地灵气于一身，也能够借助文辞特别彰显，而为古今人所称许，这也是时代趋势造成的结果而已。然而汉代朝廷儒术的兴盛，班固认为是利禄这一途径造成了这样的结果。大概政令所尊崇的东西，贤人才士争相奋搏，读书之人的学业，就等于农夫种田，本来就是一样的道理。妇人从事文辞，本非自己的职业，偶尔也有擅长的人，是出于天性的聪颖，并不是为了趋附风气，追求名声。好名的习气，起于中晚期的文人，古人虽有好名的毛病，但不局限在文辞才艺这个圈子里。男子喜好以文出名，已被有识之士所轻视。妇女追求名声，那就不是女性了。

　　唐山《房中》之歌①，班姬《长信》之赋②，《风》、《雅》正变③，《雅》指《房中》，《风》指《长信》。起于宫闱④，事关国故⑤，史策载之。其余篇什寥寥，传者盖寡，《艺文》所录⑥，约略可以观矣。若夫乐府流传，声诗则效，《木兰》征戍，《孔雀》乖离⑦,以及陌上采桑之篇⑧,山下蘼芜之什⑨,四时《白纻》⑨,《子夜》芳香,其声啴以缓⑩,其节柔以靡,则自两汉古辞,皆无名氏。讫于六朝杂拟⑪,并是骚客拟辞,思人寄兴,情虽托于儿女,义实本于风人⑫,故其辞多骀宕⑬,不以男女酬答为嫌也。如《陌上桑》、《羽林郎》之类⑭,虽以贞洁自许,然幽闲女子,岂喋喋与狂且争口舌哉⑮!出于拟作,佳矣。至于闺房篇什,间有所传,其人无论贞淫,而措语俱有边幅⑯。文君⑰,淫奔人也,而《白头》止讽相如⑱。蔡琰,失节妇也,而抄书恳辞十吏⑲。其他安常处顺,及以贞节著者,凡有篇章,莫不静如止水,穆若清风⑳,虽文藻出于天娴,而范思不逾阃外㉑。此则妇学虽异于古,亦不悖于教化者也。

【注释】

①唐山《房中》之歌:据班固《汉书》卷二十二《礼乐志》记载:"又有《房中祠乐》,高祖唐山夫人所作也。周有《房中乐》,至秦名曰《寿人》……高祖乐楚声,故《房中乐》楚声也。孝惠二年,使乐府令夏侯宽备其箫管,更名曰《安世乐》。"颜师古《注》引韦昭曰:"唐山,姓也。"《汉安世房中歌》见郭茂倩《乐府诗集》卷八《郊庙歌辞》,相传由汉高祖唐山夫人所作。

②班姬《长信》之赋:据班固《汉书》卷九十七《外戚传》记载,汉成帝初即位,班婕妤被选入后宫,受到宠幸。后来赵飞燕姊妹入宫,婕妤失宠,自求于长信宫奉养太后,于是作《长信赋》自我伤悼。班姬,西汉班况之女,扶风人。汉成帝即位,被选入宫,始为少使,后封婕妤。

③《风》、《雅》正变:《诗经》中的《国风》与大小《雅》,都有"正风"、"变风"与"正雅"、"变雅"的区分。据《诗大序》所言,"变风"、"变

雅"指周政衰乱时期的作品。

④宫闱:宫中后妃所居之处。闱,宫中之门。

⑤国故:语出苏轼《苏轼文集》卷五十一《与滕达道六十八首》:"别后,不意遽闻国故,哀号追慕,迄今未已。"指国家遭受的凶丧、战争等重大变故。

⑥《艺文》:班固《汉书》卷三十《艺文志》。据该书《艺文志·诗赋略》著录:"李夫人及幸贵人歌诗三篇。"

⑦《孔雀》:乐府《孔雀东南飞》,又称《古诗为焦仲卿妻作》。描写东汉末年庐江府小吏焦仲卿与妻子刘兰芝受封建礼教迫害致死的悲剧,是古代少见的长篇叙事诗。

⑧陌上采桑之篇:汉乐府《陌上桑》,又名《日出东南隅行》,也称《艳歌罗敷行》,是汉代著名的民间叙事诗。描写战国时期赵王遇见王仁之妻罗敷在陌上采桑,欲强占为妻,罗敷弹筝歌《陌上桑》明志,赵王乃止。

⑨山下蘼芜之什:汉代乐府《古诗十九首》中的"上山采蘼芜,下山逢故夫"一首,无名氏作,描写夫妻感情和好。蘼芜,香草名。即芎藭苗。

⑨《白纻》:《白纻歌》,西晋乐府舞曲歌词名。白纻,细而洁白的夏布。据郭茂倩《乐府诗集》卷五十五《白纻舞歌诗序》曰:"其誉白纻曰:'质如青云色如银,制以为袍余作巾。袍以光躯巾拂尘。'"后世文人仿作很多。据《旧唐书》卷二十九《音乐志》记载:"梁[武帝]又令沈约改其辞,其《四时白纻之歌》,约集所载是也。"

⑩其声啴(chǎn)以缓:语出《礼记·乐记》:"其乐心感者,其声啴以缓。"啴,舒缓的样子。

⑪六朝杂拟:指南北朝的拟乐府诗。汉哀帝罢乐府官,乐府诗逐渐式微。汉、魏之际,曹操父子或沿旧谱而改新辞,或撰新辞并创新谱。至六朝人拟作乐府,则为不入乐之诗,如鲍照《拟行路难》。

⑫风人：古代有采诗官，采四方诗歌谣谚以观民风，故称所采之诗为风，采诗者称为风人，如《诗经》中的《国风》。后来泛指一般的民歌作者乃至诗人为风人。

⑬骀(dài)宕：也作"骀荡"。语出《康熙字典·亥集上·马部》引《正字通》："春色舒放曰骀荡。"意为放纵。

⑭《羽林郎》：乐府杂曲歌名。东汉辛延年作。描写一个酒家女子拒绝霍光家奴冯子都调笑戏弄的事情。

⑮狂且(jū)：语出《诗经·郑风·山有扶苏》："不见子都，乃见狂且。"毛《传》曰："狂，狂人也。且，辞也。"且，文中或文尾助词，无义。意为举止轻狂的男人。

⑯边幅：语出唐代刘肃《大唐新语》卷八《文章》："张九龄之文，有如轻缣素练，虽济时适用，而窘于边幅。"原意为布帛的边缘，比喻文章的润饰。

⑰文君：卓文君，西汉临邛(今四川邛崃)人，富豪卓王孙女。善弹琴。丧夫后家居，与司马相如相恋，一同私奔，逃回相如故乡成都，沽酒为生。

⑱《白头》止讽相如：据葛洪《西京杂记》卷三记载："相如将聘茂陵人女为妾，卓文君作《白头吟》以自绝，相如乃止。"《白头》即《白头吟》，又名《皑如山上雪》。

⑲抄书恳辞十吏：据范晔《后汉书》卷一百一十四《列女传》记载："[董]祀为屯田都尉，犯法当死。文姬诣曹操请之……音辞清辩，旨甚酸哀……操感其言，乃追原祀罪……因问曰：'闻夫人家，先多坟籍，犹能忆识之不？'文姬曰：'昔亡父赐书四千许卷，流离涂炭，罔有存者。今所诵忆，裁四百余篇耳。'操曰：'今当使十吏就夫人写之。'文姬曰：'妾闻男女之别，礼不亲授。乞给纸笔，真草唯命。'于是缮书送之，文无遗误。"

⑳穆若清风：语出《诗经·大雅·烝民》："吉甫作颂，穆如清风。"

穆,温和。

㉑范思不逾阃(kǔn)外:语出《礼记·曲礼上》:"外言不入于阃,内言不出于阃。"范思,范围。思,助词,可用于句首、句中和句尾。阃,通"梱",闺门,妇女所居之处。

【译文】

唐山夫人所作的《房中歌》,班婕好所撰的《长信赋》,是《风》、《雅》的正体与变体,《雅》指《房中歌》,《风》指《长信赋》。它们都创自后宫,因事关国家变故,所以史书有记载。其余的诗篇寥寥无几,流传下来的大概很少,从《汉书·艺文志》所著录的情况,大致可以看出了。至于乐府的流传,诗歌的取法仿效,例如《木兰诗》描写从军征戍,《孔雀东南飞》描写夫妻别离,以及陌上采集桑叶的诗篇,山下采摘蘼芜的诗歌,四季《白纻歌》、芳香《子夜歌》,它们的声调舒缓,节拍柔美,那么从两汉古乐府,都是无名氏所作。到六朝的杂拟乐府,都是诗人模拟的文辞,怀客寄托的兴致,情感虽然假托于儿女之态,讽喻之意实本于风诗作者,所以其辞虽多有放荡,但并不以男女之间的酬唱应答为嫌疑。比如《陌上桑》、《羽林郎》之类的诗,虽然都以贞洁自许,然而柔顺娴静的女子,怎么可能喋喋不休地与轻薄之徒进行口舌之战呢?出于拟作,就太妙了。至于闺房之作,间或也有流传,作者不论贞洁还是淫荡,而措词用语都有润饰。卓文君,是私奔的女子,而她的《白头吟》却用来阻止讽劝司马相如。蔡琰,是失节的妇人,还要辞谢十个小吏而亲自抄写典籍。其他安于正常生活和处于顺利环境,以及以贞节著名的人,凡有诗作,没有一篇不是安静得像止水,温和得像清风,虽然文采出于天生娴熟,而范围却不超出门外。这样妇学尽管不同于古代,却也不违背伦理教化。

《国风》男女之辞,皆出诗人所拟;以汉、魏、六朝篇什证之,更无可疑。古今一理,不应古人儿女,矢口成章,后世学士,力追而终不逮也。譬之男优,饰静女以登场,终不似闺房之雅素也。昧者不知斯理，妄谓古人虽儿女子，亦能矢口成章，因谓妇女宜于风雅；是犹见优伶登场演古人事，妄疑古人动止，必先歌曲也。优伶演古人故事，其歌曲之文，正如史传中夹论赞体，盖有意中之言，决非出于口者，亦有旁观之见，断不出本人者，曲文皆所不避。故君子有时涉于自赞，宵小有时或至自嘲，俾观者如读史传，而兼得咏叹之意。体应如是，不为嫌也。如使真出君子小人之口，无是理矣。《国风》男女之辞，与古人拟男女辞，正当作如是观。如谓真出男女之口，毋论淫者万无如此自暴，即贞者亦万无如此自亵也。

【译文】

《诗经·国风》中的男女情爱之辞，都是语出诗人的拟作；用汉、魏、六朝诗来做证明，更是无可怀疑。古今是同样的道理，不应该古代的儿童妇女，都能出口成章，后世的学者，努力追求却始终赶不上。比如一个男演员，扮装文静的女子登场演出，终究不像真正的闺阁女子那样文雅素静。愚昧的人不明白这个道理，妄言古人即使是儿童妇女，也能出口成章，因此说妇女适宜风流儒雅；这就像看见艺人登台表演古人的故事，就妄自怀疑古人在举手投足之前，一定要先唱上一曲。戏曲演员表演古人的故事，他们的歌曲之辞，就像史传中夹杂论赞这种体例。大概有的是意想中的话语，绝不是从口里说出来的言辞，也有旁观人的见解，肯定不是出于本人的观点，戏曲中的文字都不用避讳。所以正面人物有时会涉及自我称赞，反面人物有时或会自我嘲讽，使观众像读史传而兼得抑扬咏叹之意。戏剧性质本应如此，不会构成嫌疑。如果让戏辞果真出于君子小人之口，就没有这个道理了。《国风》中的男女情爱之辞，与古人拟作的男女之辞，正当像这样看待。如果说果真出于男女之口，不要说淫荡的人万万不会如此自我显露，即使贞洁之士也万万不会如此亵渎自己。

昔者班氏《汉书》，未成而卒，诏其女弟曹昭，躬就东观，踵而成之。于是公卿大臣，执贽请业，大儒马融，从受《汉书》句读①。可谓扩千古之所无矣。然专门绝学，家有渊源，书不尽言，非其人即无所受尔。又苻秦初建学校，广置博士经师，《五经》粗备，而《周官》失传。博士上奏，太常韦逞之母宋氏，家传《周官》音义。诏即其家讲堂，置生员百二十人，隔绛帏而受业，赐宋氏爵号为宣文君②。此亦扩千古之所无矣。然彼时文献，盛于江左③，苻氏割据山东④，遗经绝业，幸存世学家女，非名公卿所能强与闻也。此二母者，并是以妇人身行丈夫事。盖传经述史，天人道法所关，恐其湮没失传，世主不得不破格而崇礼；非谓才华炫耀，惊流俗也。即如靖边之有谯洗夫人⑤，佐命之有平阳柴主⑥，亦千古所罕矣。一则特开幕府，辟署官属；一则羽葆鼓吹，虎贲班剑⑦。以为隋、唐之主措置非宜，固属不可；必欲天下妇人以是为法，非惟不可，亦无是理也。

【注释】

①句读（dòu）：古人称文词停顿的地方叫句或读。

②赐宋氏爵号为宣文君：据《晋书》卷九十六《列女传》记载："〔苻〕坚尝幸其太学，问博士经典，乃悯礼乐遗缺。时博士卢壶对曰：'……比年缀撰，正经粗集，唯《周官礼》注未有其师。窃见太常韦逞母宋氏，世学家女，传其父业，得《周官》音义，今年八十，视听无缺。自非此母，无可以传授后生。'于是就宋氏家立讲堂，置生员百二十人，隔绛纱幔而受业。号宋氏为宣文君，赐侍婢十人。《周官》学复行于世，时称韦氏宋母焉。"太常，官名，为九卿

之一,掌管礼乐、郊庙、社稷事宜。生员,太学及州县学的学生。

③江左:江东,古人以左为东,以右为西。古代称江左实指长江下游以东地区,即今江苏一带。东晋建都建康(今江苏南京),故以江左指代东晋。

④山东:古代称函谷关、崤山以东地区。前秦建都长安(今陕西西安),统治今陕西、河北、山西、山东、河南等地区,故称为割据山东。

⑤谯洗夫人:据《隋书》卷八十《列女传》记载,冯宝之妻洗氏,高凉(今广东阳江西)人,南朝及隋初岭南少数民族女首领。屡次平定边地叛乱。隋文帝册封她为谯洗夫人,允开幕府,自置长史以下官员。

⑥平阳柴主:唐高祖李渊第三女,柴绍之妻。佐父起兵反隋,与柴绍各置幕府,军中号称娘子军。因建唐有功,被册封为平阳公主。

⑦羽葆鼓吹,虎贲(bēn)班剑:语出《旧唐书》卷五十八《柴绍传》:"平阳公主,高祖第三女也……京城平,封为平阳公主……六年薨。及将葬,诏加前后部羽葆鼓吹,大辂麾幢,班剑四十人,虎贲甲卒。"羽葆,帝王仪仗中以鸟羽连缀为饰的华盖。鼓吹,乐名。以鼓钲箫笳等乐器合奏的乐曲。虎贲,勇士。班剑,持剑武士。

【译文】

从前班固撰《汉书》,未完成就去世了,皇帝下诏给其妹班昭,班昭亲自到东观,接着续写完成《汉书》。于是公卿大臣,携带礼物前往请教,儒学大师马融,跟随班昭学习《汉书》的句读。可以说开创千古未有的先例了。然而专门的独门学问,有家学渊源,书中不能尽言,不师从传承的人就无法获得心传。还有苻坚的前秦建立学校之始,广泛设置《五经》博士与经学业师,《五经》大略都已齐备,而《周礼》却失传了。有博士上奏说,太常韦逞的母亲宋氏,家传有《周官》音义。皇帝下诏在她家里设置讲堂,招收学生一百二十人,隔着帷幔传授学业,赐给宋氏"宣文君"的封号。这也是开创千古所没有的先例了。然而那时的文献,以东晋为盛,苻氏割据崤山以东地区,遗传的经典与断绝的学业,幸存在家中世代治学的女子那里,并不是那些有名的公卿大夫能够勉强听到。这两位母亲,都是以女子身份去做男人的事业。大概传授经学和撰述史书,是天道与人道所关联,恐怕它埋没失传,国君不得不破格尊崇礼敬;并不是说她们以才华炫耀,惊动世俗。就像平定边疆有谯洗夫人,辅佐皇上有平阳公主,也是千古所罕见了。一个特开幕府,自己任命官员;另一个羽葆鼓吹,勇士仪仗威武。认为隋、唐皇帝的做法不恰当,自然是不可以;一定要天下的妇女都以此为效法的榜样,不但不能实行,也没有这个道理。

　　晋人崇尚玄风,任情作达,丈夫则糟粕六艺,妇女亦雅尚清言。步障解围之谈[1],新妇参军之戏[2],虽大节未失,而名教荡然。论者以十六国分裂[3],生灵涂炭,转咎清谈之灭礼教,诚探本之论也。

【注释】

[1]步障解围之谈:据《晋书》卷九十六《列女传》记载:"王凝之妻谢氏,字道韫,安西将军奕之女也。聪识有才辩……凝之弟献之,尝与宾客谈议,词理将屈。道韫遣婢白献之曰:'欲与小郎解围。'乃施青绫步障自蔽,申献之前议,客不能屈。"步障,用来遮挡风尘或视线的一种屏幕。

[2]新妇参军之戏:据《世说新语》卷六《排调》记载:"王浑与妇钟氏共坐,见武子从庭过,浑欣然谓妇曰:'生儿如此,足慰人意。'妇笑曰:'若使新妇得配参军,生儿故可不啻如此。'"武子,王武子,

名济,字武子,西晋太原晋阳(今山西太原西南)人。官至待中。新妇,古代已婚妇女自称的谦词。参军,王浑之弟王沦,字太冲,历大将军参军,年二十五卒。

③十六国分裂:晋室南迁以后,北方与西南广大地区陷于割据混乱局面。从西晋末年到北魏统一黄河流域的一百三十多年中,先后有汉、匈奴、鲜卑、羯、氐、羌等族建立二十四个政权。其中前凉、后凉、南凉、北凉、西凉、前燕、后燕、南燕、北燕、前秦、后秦、西秦、前赵、后赵、夏、成汉,史称五胡十六国。

【译文】

晋朝人崇尚玄学成风,任情放达,男子以六经为糟粕,女子平素也崇尚清谈。谢道韫以步障解围的谈论,钟氏想嫁给小叔子的戏言,虽然没有丧失大节,而礼教却荡然无存。论者以为五胡十六国分裂天下,生灵涂炭,转而归罪于清谈的风气毁灭礼教,确实是探求本原的论断。

王、谢大家①,虽愆礼法,然其清言名理,会心甚遥;既习儒风,亦畅玄旨;方于士学,如中行之失,流为狂简者耳②。近于异端,非近于娼优也。非仅能调五言七字③,自诩过于四德三从者也④。若其绮旎风光⑤,寒温酬答,描摩纤曲,刻画形似,脂粉增其润色,标榜饰其虚声;晋人虽曰虚诞,如其见此,挈妻子而逃矣⑥。王、谢大家,虽愆礼法,然实读书知学,故意思深远。非如才子佳人⑦,一味浅俗好名者比也。

【注释】

①王、谢大家:据李延寿《南史》卷八十《侯景传》记载:"[侯景]又请娶于王、谢。帝曰:'王、谢门高,非偶;可于朱、张以下访之。'"王、谢是六朝时的两个高门世族,世代把持朝政。

②狂简：语出《论语·公冶长》："子在陈，曰：'归与！归与！吾党之小子狂简，斐然成章，不知所以裁之。'"朱熹《集注》曰："狂简，志大而略于事也。"

③五言七字：五言诗、七言诗。也泛指各类诗。

④四德：语出陶宗仪《说郛》卷七十下引班昭《女诫》："女有四行：一曰妇德，二曰妇言，三曰妇容，四曰妇功。"三从：语出《仪礼·丧服子夏传》："妇人有三从之义，无专用之道。故未嫁从父，既嫁从夫，夫死从子。"

⑤绮旎（qǐ nǐ）：当作"旖（yǐ）旎"。语出司马迁《史记》卷一百一十七《司马相如列传》："旖旎从风。"司马贞《索隐》曰："旖旎，阿那也。"阿那，即婀娜，轻盈柔顺的样子。

⑥挈妻子而逃：章学诚《文史通义》内篇四《黠陋》篇曰："昔者西施病心而矉，里之丑妇，美而效之；富者闭门不出，贫者挈妻子而去之。"

⑦才子佳人：原意指称有才貌的男女。此处讥讽袁枚鼓励女子作诗，描写才子佳人。

【译文】

　　王、谢两大家族，行为虽然违背礼法，但她们清谈名理，内心领悟很深；既受儒学之风的熏陶，也发挥玄学之旨；拿士人求学做比喻，就像中庸之道已经丧失，而变为狂放才疏的人。他们接近异端，而不是接近歌妓艺人。并不是只要能做五言或七言之诗，就自夸胜过具备三从四德的人。如果她们也这般柔美婀娜，以寒暖唱和酬答，描摹得极为纤细，刻画得非常形似，用脂粉增加她们润泽的颜色，用标榜粉饰她们的虚名，晋朝人虽说虚妄荒诞，若他们见到这般光景，也会携带妻子儿女一起逃走。王、谢两大家族，虽然违背礼法，但实际上读书有学问，所以她们的言谈很有深意。不是才子佳人那样浅陋庸俗，一味追求名声的人所能够比拟。

唐、宋以还,妇才之可见者,不过春闺秋怨,花草荣凋,短什小篇,传其高秀。间有别出著作,如宋尚宫之《女论语》①,侯郑氏之《女孝经》②;虽才识不免迂陋,欲作女训,不知学曹大家《女诫》之体,而妄拟圣经,等于《七林》设问,子虚乌有。而趋向尚近雅正,艺林称述,恕其志足嘉尔。此皆古人妇学失传,故有志者,所成不过如此。李易安之金石编摩③,管道升之书画精妙④,后世亦鲜有其俪矣。然琳琅款识,惟资对勘于湖州⑤;笔墨精能,亦藉观摩于承旨⑥;未闻宰相子妇,得偕三舍论文⑦;李易安与赵明诚集《金石录》,明诚方在太学⑧,故云尔。翰林夫人,可共九卿挥麈⑨。盖文章虽曰公器,而男女实千古大防,凛然名义纲常,何可诬耶?

【注释】

① 宋尚宫之《女论语》:据《旧唐书》卷五十二《后妃传下》记载:"女学士尚宫宋氏者,长曰若莘……著《女论语》十篇。"尚宫,隋、唐宫中女官名。掌管导引皇后及闺阁廪赐,为六尚之一。

② 侯郑氏之《女孝经》:据《四库全书总目》卷九十五《子部·儒家类存目》著录:"《女孝经》一卷,唐郑氏撰。郑氏,朝散郎侯莫陈邈之妻。"

③ 李易安:李清照(1084—约1151),号易安居士,南宋济南(今属山东)人。嫁宰相赵挺之子赵明诚为妻。明诚酷好历代鼎彝、书画、金石碑刻,李清照助其编成《金石录》一书,并为之作《金石录后序》。原有《易安居士文集》、《易安词》,已散佚。后人辑有《漱玉词》。

④ 管道升(1262—1319):字仲姬,一字瑶姬,元代吴兴(今浙江湖州)人,赵孟頫(fǔ)妻。女画家,善画墨竹梅兰,也工山水佛像,翰

墨词章,不学而通。封吴兴郡夫人,后加封魏国夫人,世称"管夫
人"。

⑤湖州:李清照《金石录后序》记载:"建炎戊申秋九月,侯起复知建
康府。己酉春三月,罢,具舟上芜湖……夏五月,至池阳,被旨知
湖州。"侯,指赵明诚。建康府,治今江苏南京。建炎戊申,宋高
宗建炎二年,公元1128年。己酉,建炎三年,公元1129年。

⑥承旨:赵孟頫(1254—1322),字子昂,号雪松道人,湖州(今属浙
江)人。累官至翰林学士承旨,封魏国公。诗文清新飘逸,善画
山水、木石、花竹、人马,篆书、隶书、行草冠绝古今,驰名天下。

⑦三舍:北宋熙丰变法期间,改革科举制度,制定三舍法。分太学
为上舍、内舍和外舍,初入太学者为外舍,人数不限;由外舍升内
舍,限二百人;由内舍再升上舍,限一百人,合称"三舍"。

⑧太学:中国古代的最高学府。自汉代设置,历代沿袭,或设太学,
或设国子学(即国子监),或二者并设,名称不一,均为全国最高
学府。

⑨九卿:官名。秦朝以奉常、郎中令、卫尉、太仆、廷尉、典客、宗正、
治粟内史、少府为九卿。汉代改奉常为太常,郎中令为光禄勋,
典客为大鸿胪,治粟内史为大司农,历代因之。此处泛指职位高
的官吏。

【译文】

唐、宋以来,妇女表现出来的才识,不过是春天的闺思与秋天的哀
怨,花草的茂盛与凋谢,撰写短篇小诗,传颂她们卓越的才行。偶尔出
现一些著作,例如宋若莘的《女论语》,侯郑氏的《女孝经》,尽管才识不
免迂腐浅陋,想撰写教育女子的著作,不知道学习曹大家《女诫》的体例,
而妄自模拟圣人的经典,如同《上林》设问,等于子虚乌有。然而追求还近
于雅正,文坛述说称道,是体谅她们的志向值得赞誉罢了。这都因为古
人的妇学失传,所以有志于此的人,成就不过如此。李易安的金石编纂

研究,管道升的书画精致高妙,后代也很少有能和她们匹敌的人了。然而那些琳琅满目的钟鼎碑志,只能是协助赵明诚进行对比校勘;笔墨精妙高超,也只有依靠赵孟頫来观摩;不曾听说宰相的媳妇李清照,能和太学生一起讨论文章;李易安与赵明诚纂集《金石录》,赵明诚当时正在太学读书,所以这样说。翰林学士的夫人,可以与达官显贵一起谈论学问。大概文章虽说是共用的工具,而男女关系实在是千古以来重点防范的对象,严肃敬畏的名分纲常,怎么可以受到诬蔑呢?

　　盖自唐、宋以讫前明,国制不废女乐①。公卿入直②,则有翠袖薰炉③;官司供张④,每见红裙侑酒。梧桐金井,驿亭有秋感之缘⑤;兰麝天香,曲江有春明之誓⑥。见于纪载,盖亦详矣。又前朝虐政,凡缙绅籍没⑦,波及妻孥⑧,以致诗礼大家,多沦北里⑨。其有妙兼色艺,慧擅声诗,都士大夫,从而酬唱;大抵情绵春草⑩,思远秋枫⑪,投赠类于交游,殷勤通于燕婉⑫;诗情阔达,不复嫌疑,闺阁之篇,鼓钟阃外,其道固当然耳。且如声诗盛于三唐⑬,而女子传篇亦寡。今就一代计之,篇什最富,莫如李冶、薛涛、鱼玄机三人⑭,其他莫能并焉。是知女冠坊妓⑮,多文因酬接之繁,礼法名门,篇简自非仪之诚⑯,此亦其明征矣。

【注释】

①女乐:唐、宋时期,各级官场应酬会宴,有官妓侍候。明代官妓隶属教坊司,不再侍候官吏游宴。清初废除官妓制度。

②入直:古代大臣朝见皇帝,或官员入宫值班供职,皆称入直。

③翠袖:形容女子的华丽衣袖。薰炉:用来薰香或取暖的炉子。

④供张:又称"供帐",陈设宴会用的帷帐、用具、食物等。也指举行

宴会。

⑤梧桐金井，驿亭有秋感之缘：据宋人陈世崇《随隐漫录》卷五记
载："陆放翁宿驿中，见题壁云：'玉阶蟋蟀闹清夜，金井梧桐辞故
枝。一枕凄凉眠不得，呼灯起作感秋诗。'放翁询之，驿卒女也，
遂纳为妾。方余半载，夫人逐之。妾赋《卜算子》云：'只知眉上
愁，不识愁来路。窗外有芭蕉，阵阵黄昏雨。晓起理残妆，整顿
教愁去。不合画春山，依旧留愁住。'"

⑥兰麝天香，曲江有春明之誓：唐代传奇小说有白行简《李娃传》，
元代杂剧有石君宝《李亚仙花酒曲江池》，明代杂剧有徐霖《绣襦
记》，主题相同，多处使用兰麝天香词语，描写秦楼楚馆。剧中写
道："郑元和离了父亲，来到都下，举场未开。时遇春天明媚，引
着张千，且去那曲江池上赏玩一遭。"遇名妓李亚仙结成姻缘，李
亚仙立誓说："咱既然结姻缘，又何须置酒张筵？虽然那爱钞的
虔婆他可也难恕免，争奈我心坚石穿，准备着从良弃贱，我则索
你个正腔钱，省了你那买闲钱。"兰花与麝香，均为名贵香料，借
指美人。曲江，唐代京城长安有曲江池，供游人玩赏。

⑦缙绅：通"搢绅"。插笏垂绅，为古代高级官吏的服饰。引申为官
僚，士大夫。籍没：官吏因犯罪等原因，由官府登记所有财产并
加以没收，家属没为奴婢。

⑧妻孥：妻妾子孙。

⑨北里：语出司马迁《史记》卷三《殷本纪》："于是使师涓作新淫声，
北里之舞，靡靡之乐。"后人因称娼妓所居之地为北里。陶宗仪
《说郛》卷七十八上引唐人孙棨《北里志》："平康里入北门，东回
三曲，即诸妓所居之聚也。"

⑩情绵春草：语出江淹《江文通集》卷一《别赋》："春草碧色，春水绿
波。送君南浦，伤如之何！"

⑪思远秋枫：语出《楚辞·招魂》："湛湛江水兮上有枫，目极千里兮

伤春心。"

⑫燕婉:语出《诗经·邶风·新台》:"燕婉之求。"毛《传》曰:"燕,
安。婉,顺也。"意为安娴柔顺。

⑬三唐:初唐、盛唐、晚唐。明代高棅《唐诗品汇》则采用四分法,即
初唐、盛唐、中唐、晚唐,至今沿用。

⑭李冶(?—784):字季兰,唐代乌程(今浙江湖州)人。女道士。
工诗,与刘长卿、释皎然等有交往。被召入宫中,因上诗叛将朱
泚,为唐德宗所杀。薛涛(?—约834):字洪度,唐代长安(今陕
西西安)人。幼时随父入蜀,善诗,后为乐妓。韦皋镇蜀,召令侍
酒赋诗,称为女校书。晚年著女冠服,制松花小笺,人称薛涛笺。
鱼玄机(约844—约871):字幼微,一字慧兰,唐代长安(今陕西西
安)人。本为李亿妾,后出家为女道士。与温庭筠有诗赠答。后
因杀侍婢被处死。

⑮坊妓:城内教坊中的妓女。坊,城内划分为方形而为街巷所包围
的区域。

⑯非仪之诫:语出《诗经·小雅·斯干》:"无非无仪,唯酒食是议。"
又《孔子家语》卷六《本命》曰:"[女子]教令不出于闺门,事在供
酒食而已,无闻外之非仪也。"非,通"斐",文饰。意谓不要文采
不要威仪,只管供应酒食。

【译文】

从唐、宋一直到明代,国家制度不废除歌舞艺伎。公卿大臣入宫值
班,就有侍女手提薰炉在前面引导;官府宴会,经常看见身穿红裙的歌
伎在旁边劝酒。梧桐树下的金井栏边,驿馆中有感伤秋天的缘分;身洒
兰麝的天香国色,在春光明媚的曲江池边立下誓言。见于记载的事例,
大概也很详细了。另外明代政治残暴,凡是官宦犯罪而没收家产,连累
妻妾子孙,以至于书香门第的女子,大多沦落为北里之妓。她们中间有
些色艺双全的人,聪慧擅长歌诗,京城里的士大夫,与她们互相酬唱赠

答;大致都是情意绵绵似春日的青草,思绪悠远犹秋天的枫叶,这类酬唱寄赠就像交游,殷勤往来显得柔顺安娴;诗情阔远豁达,不再有什么嫌疑,闺阁中的诗篇,就像鼓钟声传于屋外,道理本来就应该如此。比如诗歌盛于唐代,而女子传下来的诗作也很少。现在就李唐一代统计,诗篇最多的人,当属李冶、薛涛、鱼玄机三位,其他的人都不能和她们并驾齐驱。由此知道女道士与娼妓,诗文丰富是因为应酬频繁。而恪守礼法的名门闺秀,诗文少是源自"无非无仪"的告诫,这也是明显的验证了。

　　夫倾城名妓,屡接名流,酬答诗章,其命意也,兼具夫妻朋友,可谓善藉辞矣。而古人思君怀友,多托男女殷情。若诗人风刺邪淫,文代姣狂自述①。区分三种,蹊径略同,品骘韵言②,不可不知所辨也。夫忠臣谊友,隐跃存恳挚之诚;讽恶嫉邪,言外见忧伤之意。自序说放废,而诗之得失悬殊,本旨不明,而辞之工拙迥异。《离骚》求女为真情,则语无伦次;《国风·溱洧》为自述,亦径直无味。作为拟托,文情自深。故无名男女之诗,殆如太极阴阳之理③,存诸天壤,而智者见智,仁者自见仁也。名妓工诗,亦通古义,转以男女慕悦之实,托于诗人温厚之辞;故其遣言,雅而有则,真而不秽,流传千载,得耀简编,不能以人废也④。第立言有体,妇异于男。比如《薤露》虽工,惟施于挽郎为称⑤;《棹歌》纵妙,亦用于舟妇为宜⑥。彼之赠李和张,所处应尔。良家闺阁,内言且不可闻,门外唱酬,此言何为而至耶?自官妓革,而闺阁不当有门外唱酬,丈夫拟为男女之辞,不可藉以为例,古之列女皆然。

【注释】

①诗人风刺邪淫,文代姣狂自述:语出《诗经·郑风》中的《狡童》与《褰裳》。古人以为这两首诗有寄托,如卫宏《诗序》曰:"《狡童》,刺[郑]忽也。不能与贤人图事,权臣擅命也。"又曰:"《褰裳》,思见正也。狂童恣行,国人思大国之正己也。"狡童,意为姣好俊美的青年。狂童,意为狂妄愚蠢的青年。

②品骘(zhì):品鉴,评定。

③太极阴阳之理:北宋周敦颐《太极图说》曰:"无极而太极。太极动而生阳,动极而静,静而生阴,静极复动。一动一静,互为其根。分阴分阳,两仪立焉。"邵雍《皇极经世书》卷十四《观物外篇下》认为:"心为太极。"南宋朱熹《朱子全书》卷四十九则认为:"总天地万物之理便是太极。"太极,指派生万物的本原。阴阳,古代哲学家用以指通贯于一切事物的两个对立面。

④不能以人废:语出《论语·卫灵公》:"子曰:'君子不以言举人,不以人废言。'"

⑤《薤(xiè)露》虽工,惟施于挽郎为称:《薤露》,乐府歌名。原为先秦齐国东郊的歌谣,是出殡时挽柩人所唱的挽歌。汉代以《薤露曲》送王公贵人出殡,以《蒿里》送士大夫与平民出殡。

⑥《棹(zhào)歌》纵妙,亦用于舟妇为宜:语出萧统《文选》卷四十五《汉武帝·秋风辞》:"箫鼓鸣兮发棹歌。"《棹歌》即《棹歌行》,乐府歌名。为行船拉纤人相属和的歌辞。

【译文】

倾城倾国的名妓,屡屡接待名流,酬酢应答的诗文,它们确立的主旨,兼有夫妻与朋友之意,可以说是善于借辞了。然而古人思念君主与怀念朋友,大多假托男女深情。如果诗人讽刺淫邪,文中则代狂狡之徒自述。区分这三种情况,路径大致相同,评定诗文,不能不知道要有所辨别。写忠心的大臣和讲究义气的朋友,隐约存有真挚的诚心;讽刺丑

陋与憎恨邪恶，话外可见忧伤的意思。自从废除了诗序，而评判诗歌的
成就与失误相差很大，原来的旨意不明确，而论述言辞的工整与拙劣也
迥然不同。《离骚》寻求美女若是出于真情，就显得语无伦次；《国风·溱
洧》如果是诗人自述，也太直白而没有余味。作为拟托，文中的情思自然很
深。所以无名氏的男女情诗，大概就像太极阴阳的道理，存在于天地之
间，而智者见智，仁者自然见仁。名妓擅长作诗，也通晓古代的义法，反
过来用男女爱慕的实事，寄托于诗人温柔敦厚的言辞之中；所以她们遣
词造句，雅正而有法度，真实而不淫秽，流传千年，得以在史籍中闪耀光
辉，不能因人而废诗。只不过写诗作文有体统，妇女不同于男人。比如
《薤露》虽然工整，只有用于出殡的人歌唱才相称；《棹歌》纵然很妙，也
是用于船家妇女歌唱才合宜。那些与李氏或张氏赠答唱和的诗篇，所
采取的原则也应该这样。良家妇女，闺房里的话尚且不可外传，门外的
诗歌唱酬，这些话又是怎么写进诗里的呢？自从官府的歌妓制度废除之
后，妇女就不该再有门外的酬唱，男子写诗拟作男女之辞，不可借此作为例
子，古代的妇女都是这样。

　　夫教坊曲里①，虽非先王法制，实前代故事相沿；自非
濂、洛诸公②，何妨小德出入③。故有功名匡济之佐，忠义气
节之流，文章道德之儒，高尚隐逸之士，往往闲情有寄，著于
简编，禁网所施，亦不甚为盛德累也。第文章可以学古，而
制度则必从时。我朝礼教精严，嫌疑慎别，三代以还，未有
如是之肃者也。自宫禁革除女乐，官司不设教坊，则天下男
女之际，无有可以假藉者矣。其有流娼顿妓，渔色售奸，并
干三尺严条④，决杖不能援赎⑤。职官生监，并是行止有亏，永不
叙用⑥。虽吞舟有漏⑦，未必尽罥爰书⑧；而君子怀刑⑨，岂可
自拘司败⑩？每见名流板镌诗稿⑪，未窥全集，先阅标题，或

纪红粉丽情⑫,或著青楼唱和⑬,自命风流倜傥,以谓古人同
然;不知生今之世,为今之人,苟于禁令未娴,更何论乎文
墨? 周公制礼⑭,同姓不昏⑮。假令生周之后,以谓上古男女
无别,而渎乱人伦,行同禽兽,以谓古人有然,可乎? 名士诗
集,先自具枷杖供招,虽谓未识字可矣。

【注释】

①教坊:据宋人高承《事物纪原》卷二《教坊》记载:"唐明皇开元二
　年,于蓬莱宫侧始立教坊,以隶散乐倡优曼衍之戏。"即掌管女乐
　的官署名,始于唐代。唐高祖于禁中置内教坊,掌管演习音乐,
　其官隶属太常。唐玄宗开元二年,更置内教坊于蓬莱宫侧,京都
　置左右教坊,以教俗乐,以中官为教坊使。此后凡祭祀朝会,则
　用太常雅乐;岁时宴事,则用教坊诸部乐。宋、元也置教坊,明置
　教坊司。清代改为和声署,不用女乐,教坊始废。曲里:又称曲
　巷。语出蒲松龄《聊斋志异》卷六《林氏》:"戚不以为丑,爱恋逾
　于平昔。曲巷之游,从此绝迹。"原意为偏僻里巷,后也指妓院。

②濂、洛诸公:濂指周敦颐(1017—1073),字茂叔,道州营道(今湖
　南道县)人。宋代著名理学家之一。因所居室名濂溪,后人称濂
　溪先生。著有《周子全书》。洛指程颢、程颐,因二人为洛阳人,
　故称其学为洛学。理学讲存天理灭人欲,所以章学诚举理学家
　为例。

③小德出入:语出《论语·子张》:"子夏曰:'大德不逾闲,小德出入
　可也。'"

④干(gān):冒犯,触犯。三尺:法律。古代以三尺竹简书写法令,
　故用以指称法令。严条:严格的法律条令。

⑤决杖:用刑杖击打背部或臀部。

⑥职官生监,并是行止有亏,永不叙用:据《大清律例》卷三十三规定:"凡文武官吏宿娼者,杖六十(挟妓饮酒,亦坐此律),媒合人减一等。若官员子孙宿娼者,罪亦如之。"生监,国子监生。

⑦吞舟有漏:语出司马迁《史记》卷一百二十二《酷吏列传》:"网漏于吞舟之鱼。"吞舟,指大鱼,比喻大奸大恶之人。网漏,言法网疏阔,有逃脱刑罚之人。

⑧罣(guà)爰书:语出司马迁《史记》卷一百二十二《酷吏列传》:"[张]汤掘窟,得盗鼠及余肉,劾鼠掠治,传爰书,讯鞫论报。"罣,通"挂"。爰书,审问后据被告供词写成的文书。爰,换。古代判决重刑,为避免个人爱憎,故移换狱书,使他官考实,故曰传爰书。

⑨君子怀刑:语出《论语·里仁》:"君子怀刑,小人怀惠。"朱熹《集注》曰:"怀刑,谓畏法。"

⑩司败:语出《左传·文公十年》:"子西……惧而辞曰:'臣免于死,又有谗言,谓臣将逃,臣归死于司败也。"杜预《注》曰:"陈、楚名司寇曰司败。"司寇,主管刑法的官员。借指司法机关。

⑪板镌(juān):雕版刻印。

⑫红粉:妇女化妆用的胭脂与白粉。也代指美女。

⑬青楼:语出南朝陈徐陵《玉台新咏》卷八引南朝梁刘邈《万山见采桑人》诗:"倡妾不胜愁,结束下青楼。"指妓院。

⑭周公制礼:周代的礼乐制度,相传为周公旦制订。

⑮同姓不昏:语出《礼记·曲礼上》:"取妻不娶同姓。"又《左传·僖公二十三年》记载:"男女同姓,其生不蕃。"昏,通"婚"。

【译文】

教坊曲巷,虽不是先王的制度,实际也是沿袭前代制度而来;如果不是周敦颐、二程那样的君子,不妨小节方面有点出入。所以成就功名与匡时济世的辅佐之臣,忠义有气节的人物,文章道德兼备的儒士,情操高尚的隐居之士,往往也有闲情寄托,编入书中,即使触犯禁令,也不会成为盛德的牵累。只是文章可以学习古人,而制度则必须适合时宜。我们清朝礼教精密严厉,慎防嫌疑,三代以下,没有这样严肃的朝代。自从宫廷废除歌舞伎,官府不设教坊,那么天下男女之间,就没有可以假托的事例了。如有游弋和定居的娼妓,猎取美色狎妓的嫖客,均为触犯法律,要受到刑杖的惩罚而不能赎罪。对于官员与学生来说,这样都属于品行上有污点,永远不再录用为官吏。虽然也有漏网的奸人,不一定都会被狱讼文书所禁锢;然而君子畏惧刑法,难道可以自投法网吗? 每当看到名流刻印诗稿,尚未窥见全集,先翻阅标题,有的记红粉佳人的绚丽情思,有的写在青楼与妓女的唱和,自认为风流偶傥,以为与古人一样;不知道生在当今这个社会,作为今世之人,假如连禁令也不熟悉,还侈谈什么诗文呢? 周公制定礼仪,规定同姓之人不能结婚。假如生于周代之后,以为上古男女之间没有区别,因而亵渎扰乱人伦,行为如同禽兽,以为古人就是如此,怎么可以呢? 名士的诗集,先自己准备了枷锁棍杖来招供,即使说他们不识字也可以了。

　　夫才须学也,学贵识也。才而不学,是为小慧。小慧无识,是为不才。不才小慧之人,无所不至,以纤佻轻薄为风雅,雅者,正也,与恶俗相反。习染风气谓之俗,纤佻鄙俚皆俗也。鄙俚之俗,犹无伤于世道人心,纤佻之俗,则风雅之罪人也。以造饰标榜为声名,好名之人,未有不俗者也。炫耀后生,猖披士女①,人心风俗,流弊不可胜言矣。夫佻达出于子衿②,古人所有;矜标流于巾帼③,前代所无。盖实不足而争骛于名,已非夫而藉人为重④,男子有志,皆耻为之。乃至谊绝丝萝⑤,礼殊授受⑥,辄以缘情绮靡之作⑦,托于斯文气类之通⑧,因而听甲乙于胪传⑨,求品题于月旦⑩;此则钗楼勾曲⑪,前代往往有之；静女闺姝^⑫，自有天地以来，未闻有是礼也。

【注释】

①猖披：语出屈原《楚辞·离骚》："何桀纣之猖披兮，夫惟捷径以窘步。"穿衣不系带，散乱不整的样子。引申为放荡不羁，放纵自恣。

②佻达出于子衿：语出《诗经·郑风·子衿》："挑兮达兮，在城阙兮。一日不见，如三月兮。"子衿，青年学子所服之青衣，此指青年学子。佻达，轻薄放纵。

③巾帼：妇女的头巾和首饰。后来作为妇女的代称。

④非夫：语出《左传·宣公十二年》："闻敌强而退，非夫也。"杜预《注》曰："非夫，非丈夫。"意为不是大丈夫。

⑤丝萝：菟丝子与女萝，两种藤蔓植物。二者和树木纠缠在一起，不容易分开，故用来比喻结为夫妻。

⑥礼殊授受：语出《礼记·曲礼上》："男女不杂坐，不同椸枷，不同巾栉，不亲授。"即男女授受不亲。

⑦缘情绮靡之作：语出萧统《文选》卷十七《陆士衡·文赋》："诗缘情而绮靡。"指诗歌。

⑧气类之通：语出萧子显《南齐书》卷五十二《陆厥传》："永明末，盛为文章。吴兴沈约、陈郡谢朓、琅邪王融以气类相推毂。"意为气味相投的人。

⑨甲乙：科举考试甲、乙二科的合称，甲科赐进士及第，乙科赐进士出身。也泛指科举等第。胪传：科举考试殿试揭晓的一种仪式。其制始于宋代。殿试公布名次之日，皇帝至殿宣布，由阁门承接，传于阶下，卫士接续齐声传名高呼，称为胪传，又叫胪唱或传胪。

⑩品题：评定优劣，定其高下。月旦：每月初一。后用"月旦评"指品评人物。

⑪钗楼：语出陆游《剑南诗稿》卷十三《对酒》诗："但恨宝钗楼，胡沙
　　隔咸阳。"自注："宝钗楼，咸阳旗亭也。"宝钗楼是唐、宋时期咸阳
　　的著名酒楼。后用来指灯红酒绿的绮丽生活。勾曲：也称勾栏，
　　语出李商隐《李义山诗集》卷下《河内诗·楼上曲》："帘轻幕重金
　　钩栏。"原指宋、元时期百戏杂剧的演出场所。后用来指娼家
　　妓院。
⑫静女闺姝：语出《诗经·邶风·静女》："静女其姝。"毛《传》曰：
　　"静，贞静也……姝，美色也。"

【译文】

才华必须辅以学问，学问贵在具备见识。有才华而没有学问，这是
小聪明。有小聪明而没有学识，这是不成才。不成才而有小聪明的人，
没有什么不敢做的事，他们以轻佻浅薄为风雅，雅，是正的意思，与丑陋庸
俗相反。受到风气熏洗感染叫做俗，轻佻粗鄙都属于庸俗。粗鄙这种庸俗，
还对世道人心没有什么损害，轻佻这种庸俗，却是风雅的罪人。以刻意粉
饰标榜为名声，好名的人，无一例外不庸俗。面对后生小子炫耀夸饰，在
青年女子面前放荡不羁，对于人心风俗来说，流弊不可胜言了。轻佻放
纵出于青年学子，古人曾经有过；矜夸标榜流行于妇女之中，则为前代
所无。大概是实质不够充实就要追求名声，自己非大丈夫而借重他人，
有志气的男子，都耻于这样做。以至于断绝夫妻情谊，超越男女授受不
亲的礼法，总是把抒发感情的浮艳诗歌，托付于气味相通的文人，就像
听候皇帝宣布进士及第名次，寻求每月对她们评定优劣。这事在青楼
妓院，前代往往有过；娴静的闺中淑女，自有天地以来，没听说过有这种
礼仪。

古之妇学，如女史、女祝、女巫①，各以职业为学，略如男
子之专艺而守官矣。至于通方之学，要于德、言、容、功，德
隐难名，必如任、姒之圣②，方称德之全体。功粗易举。蚕绩之类，

通乎士庶。至其学之近于文者，言、容二事为最重也。盖自家庭内则③，以至天子、诸侯、卿、大夫、士，莫不习于礼容，至于朝聘丧祭④，后妃、夫人、内子、命妇，皆有职事，平日讲求不预，临事何以成文？汉之经师，多以章句言礼⑤，尚赖徐生，善为容者，盖以威仪进止，非徒诵说所能尽也。是妇容之必习于礼，后世大儒，且有不得闻也。但观传载敬姜之言⑥，森然礼法，岂后世经师大儒所能及？至于妇言主于辞命，古者内言不出于阃，所谓辞命，亦必礼文之所须也。孔子云："不学《诗》，无以言。"善辞命者，未有不深于诗。但观春秋妇人辞命，婉而多风。乃知古之妇学，必由礼而通诗，非礼不知容，非诗不知言。六艺或其兼擅者耳。穆姜论《易》之类。后世妇学失传，其秀颖而知文者，方自谓女兼士业，德色见于面矣。不知妇人本自有学，学必以礼为本；舍其本业而妄托于诗，而诗又非古人之所谓习辞命而善妇言也；是则即以学言，亦如农夫之舍其田，而士失出疆之贽矣⑦。何足征妇学乎？嗟乎！古之妇学，必由礼以通诗；今之妇学，转因诗而败礼。礼防决，而人心风俗不可复言矣。夫固由无行之文人，倡邪说以陷之。彼真知妇学者，其视无行文人，若粪土然，无行文人学本浅陋，真知学者不难窥破。何至为所惑哉？古之贤女，贵有才也。前人有云"女子无才便是德"者，非恶才也；正谓小有才而不知学，乃为矜饰骛名，转不如村姬田妪⑧，不致贻笑于大方也⑨。

【注释】

①女巫：语出《周礼·春官》："女巫掌岁时被除衅浴，旱暵则舞雩。"即古代以歌舞迎神、掌管占卜祈祷的女官。

②任、姒：太任与太姒。太任为文王之母，太姒为武王之母，后世尊奉二人为贤母的典范。

③内则：妇女在家庭内必须遵守的规范和准则。此处指代妇女。

④朝聘丧祭：语出《礼记·昏义》："夫礼始于冠，本于昏，重于丧祭，尊于朝聘。"古代诸侯定期朝见君主，称为朝聘。古代丧礼，葬前之祭称为"奠"，葬后之祭称为"丧祭"。

⑤汉之经师，多以章句言礼：据范晔《后汉书》卷八十一《桥玄传》记载："桥玄字公祖，梁国睢阳人也。七世祖仁，从同郡戴德学，著《礼记章句》四十九篇，号桥君学。"

⑥传载敬姜之言：据《国语·鲁语下》记载："公父文伯之母如季氏。康子在其朝，与之言，弗应。从之，及寝门，弗应而入。康子辞于朝而入见曰：'肥也不得闻命，无乃罪乎？'曰：'子弗闻乎？天子及诸侯合民事于外朝，合神事于内朝。自卿以下，合官职于外朝，合家事于内朝。寝门之内，妇人治其业焉。上下同之。夫外朝，子将业君之官职焉，内朝，子将庀季氏之政焉。皆非吾所敢言也。'"庀（pǐ），治理。敬姜，公父文伯之母。肥，季孙肥（？—前468），又称季康子，春秋末年鲁国人。鲁哀公时任执政，实行征收田赋的改革。

⑦出疆之贽：语出《孟子·滕文公下》："出疆必载质，何也？曰：'士之仕也，犹农夫之耕也。农夫岂为出疆舍其耒耜哉？'"质，通"贽"，古代去别国求官的读书人给国君携带的见面礼物。

⑧村姬田妪：姬，底本原作"妪"，据《章氏遗书》本改。古代对妇女的美称。妪，年老的女人。泛指农村妇女。

⑨贻笑于大方：贻笑于大方之家。指被有识者所讥笑。大方，大道理。引申为见识广博。

【译文】

古代的妇学，例如女史、女祝、女巫，各自都以自己的职业为学问，大约就像男子有专门的技艺而恪守其职一样了。至于贯通的学问，归结于德、言、容、功，妇德较为隐微难以称说，一定要像太任、太姒那样的圣贤，才能符合妇德的全部内容。妇功较为粗略容易列举。养蚕纺织之类，与贵族平民相通。至于妇学中与文章相近的内容，以妇言与妇容二事最为重要。大概从家庭妇女，到天子、诸侯、卿、大夫、士的命妇，没有人不学习礼制仪容。至于古代的朝聘、丧祭之礼，后妃、夫人，内子、命妇，都各有职责，平时讲习求教不准备充分，遇到事情怎么能够形成仪礼呢？汉代的经师，大多通过经书的章句讲习礼法，尚且依赖徐生，善于讲习仪容，大约是因为威严的仪容及进退举止，并不只是诵读讲说就能完全涵盖。这是妇容一定要熟习礼仪，后世的大儒，也还有无法知道的内容。只要看史传所载敬姜的言谈，礼法肃然，难道是后世的经学大师所能企及？至于妇言主要在于辞令，古时候闺房之言不出于门外，所谓辞令，也一定是礼仪中所需要的内容。孔子说："不学《诗经》，就无法答对。"擅长辞令的人，没有不通晓诗文的先例。只要看春秋时妇人的应对言辞，都婉转而多含讽谕。于是知道古代的妇学，一定从礼文进而通晓诗文，不学礼文就不懂仪容，不学诗文就不懂言辞。六经或为她们所兼备。例如穆姜论《周易》之类。后代妇学失传，那些秀慧而懂文章的人，方自称是女子兼擅男子的事业，对人有恩德的神色就表现在脸上了。不知道妇女本来有自己的学习内容，学业一定要以礼仪为根本；舍弃本来的学业而妄自寄托于诗歌，而诗歌又不是为了古人所说的熟习辞令而善于妇言；所以即使从学问上讲，也就像农夫舍弃自己的田地，读书人丢掉离开国境时所带的见面礼物一样了。怎么能够证明她们具备妇学呢？唉！古代的妇学，一定先从礼制入手然后通晓诗歌；今天的妇学，反而因为诗歌而毁坏礼法。礼法的堤岸决口，而人心风俗就不可再提了。这当然是由于行为不端的文人，提倡邪说而导致的恶果。那些真正懂得妇学的人，他们视行为不端的文人，就像粪土一样，无行的文人，学问本来很浅陋，真正有学问的人不难看破。怎么至于被他们所迷惑呢？古代的贤女,贵在有才学。前人曾经说过"女子无才便是德"的话,这不是厌恶有才学;正是说小有才华而不懂妇学的人,矜夸粉饰追逐名声,反而不如村姑农妇,不至于贻笑大方。

饰时髦之中驷[1],为闺阁之绝尘[2],彼假藉以品题,或誉过其实,或改饰其文。不过怜其色也。无行文人,其心不可问也。呜呼! 己方以为才而炫之,人且以为色而怜之。不知其故而趋之,愚矣。微知其故,而亦且趋之,愚之愚矣! 女子佳称,谓之静女,静则近于学矣。今之号才女者,何其动耶? 何扰扰之甚耶? 噫!

【注释】

①时髦之中驷:中等体质的马。时髦,语出范晔《后汉书》卷六《顺帝纪赞》:"孝顺初立,时髦允集。"李贤《注》曰:"《尔雅》曰:'髦,俊也。'郭璞《注》云:'士中之俊,犹毛中之髦。'"意谓时彦,时俊。中驷,语出司马迁《史记》卷六十六《孙子吴起列传附孙膑传》:"[田]忌数与齐诸公子骑逐重射。孙子见其马足不甚相远……及临质,孙子曰:'今以君之下驷与彼上驷,取君上驷与彼中驷,取君中驷与彼下驷。'既驰三辈毕,田忌一不胜而再胜。"

②绝尘:据葛洪《西京杂记》卷二记载:"文帝自代还,有良马九匹,皆天下之骏马也。一名浮云,一名赤电,一名绝群,一名逸骠,一名紫燕骝,一名绿螭骢,一名龙子,一名麟驹,一名绝尘,号为九逸。"汉文帝良马之一。比喻才学绝佳的女子。

【译文】

以装饰时髦的中等马,作为闺阁中的骏马,此人假借来进行品评,或是称赞超过了她们的实际,或是对她们的文字修改润色。不过是怜爱她们

的美色而已。行为不端的文人,他们的用心就不能追问了。唉! 自己正
以为有才华而向人炫耀,此人却因为她的美貌而怜爱她。不知其中的缘
故而追随仿效,就是愚蠢了。略知其中的缘故,还要追随仿效,那就是愚
蠢之中的愚蠢了! 女子的美称,叫做静女,娴静就接近于妇女之学了。
今天号称才女的人,怎么这么好动呢? 怎么这样烦躁不堪呢? 唉!

妇学篇书后

【题解】

本篇相当于《妇学》篇跋语，明确点出撰述背景和目的，从辨析《诗经》旨趣入手，极力抨击袁枚以"风趣"之说解释《诗经》的见解。章学诚参取古义，认为卫宏《诗序》以"讥刺"之说解释《诗经》的宗旨不可尽废，朱子解说《诗经》不尽可据。《国风》中的情诗均出诗人讽刺，寄托深刻的寓意，而不是当时男女即兴吟诵的爱慕之情。既然这样，那么袁枚的"风趣"之论自然站不住脚。更为严重的是，倡导"风趣"之说对于世道人心危害很深，蛊惑闺阁士女不安本分，逐渐形成弃礼而骛名的不良风气。究其原因，在于妇学不修，礼法不讲。因此，章学诚提出欲修"妇学"，根本在明于《诗经》与《周礼》。在今天看来，这种看法得失参半。袁枚继承宋代朱熹、杨万里等人，以"风趣"之说解释《诗经》之义，进一步启发后人概括出"性灵说"，揭示了诗歌创作的某些艺术规律，对当时及后来都曾有过积极的影响，具有解放思想的启蒙价值。然而只讲"风趣"而不讲礼法，很容易导致偏颇，被某些人利用为导欲宣淫之具。章学诚从儒家《诗经》之教的立场出发，把袁枚之说视为甚于洪水猛兽的邪说，断言将会造成人兽不分的局面，自然是危言耸听，言过其实。然而主张研治《诗经》不废礼法，严明是非大义，净化社会风气，在任何社会中都是不可或缺的思想，不应简单视为封建陈腐之论，一概抛弃或者一味批判，这样做也不妥当。

　　《妇学》之篇，所以救颓风，维世教，饬伦纪，别人禽，盖有所不得已而为之，非好辨也。说者谓解《诗》与朱子异指[1]，违于功令[2]。不知诸经参取古义，未始非功令也。盖以情理言之，蚩氓妇竖[3]，矢口成章，远出后世文人之上，古今不应若是悬殊。且两汉之去春秋，近于今日之去两汉。汉人诗文，存于今者，无不高古浑朴；人遂疑汉世人才，远胜后代。然观金石诸编[4]，汉人之辞，不著竹素而以金石传后代者，其中实多芜蔓冗阘[5]，与近人不能文者，未始悬殊。可知汉人不尽能文，传者特其尤善者耳。三代传文，当亦如是。必谓彼时妇竖矢音，皆足以垂经训，岂理也哉？朱子之解[6]，初不过自存一说，宜若无大害也。而近日不学之徒，援据以诱无知士女，逾闲荡检[7]，无复人禽之分；则解《诗》之误，何异误解《金縢》而启居摄[8]，误解《周礼》而启青苗[9]，朱子岂知流祸至于斯极？即当日与朱子辨难者，亦不知流祸之至斯极也。从来诗贵风雅。即唐、宋诗话，论诗虽至浅近，不过较论工拙，比拟字句，为古人所不屑道耳。彼不学之徒，无端标为风趣之目[10]，尽抹邪正贞淫、是非得失，而使人但求风趣。甚至言采兰赠芍之诗，有何关系，而夫子录之[11]，以证风趣之说。无知士女，顿忘廉检，从风波靡[12]。是以六经为导欲宣淫之具，则非圣无法矣。

　　【注释】

　　①解《诗》与朱子异指：朱熹因不满于《诗序》，故作《诗集传》二十

卷、《诗序辨说》一卷,解说《诗经》与《诗序》颇多不同,对风情投赠之作,往往称为男女自述。章学诚解说《诗经》,则仍尊《诗序》之说,而与朱熹异指。

②违于功令:据《元史》卷八十一《选举志》记载:仁宗皇庆二年十一月,诏科举之法,"经义一道,各治一经,《诗》以朱氏为主"。又据《明史》卷七十《选举志》记载:"后颁科举定式……《诗》主朱子《集传》。"章学诚解说《诗经》不遵朱熹之说,故违朝廷功令。

③蚩氓:语出《诗经·卫风·氓》:"氓之蚩蚩,抱布贸丝。"氓,民。蚩蚩,憨厚老实的样子。氓,通"民"。竖:儿童。

④金石诸编:宋代欧阳修所编《集古录》,赵明诚所编《金石录》,清代王昶所编《金石萃编》等金石类著作。

⑤冗阘:也作阘冗、阘茸。语出班固《汉书》卷六十二《司马迁传》:"在阘茸之中。"颜师古《注》曰:"阘茸,猥贱也。"意为松散拖沓。

⑥朱子之解:据朱熹《诗集传》卷四论《郑风》曰:"郑、卫之乐,皆为淫声。然以《诗》考之,卫诗三十有九,而淫奔之诗才四之一;郑诗二十有一,而淫奔之诗已不七之五;卫犹为男悦女之词,而郑皆为女惑男之语;卫人犹多刺讥惩创之意,而郑人几于荡然无复羞愧悔悟之萌。是则郑声之淫,有甚于卫矣。故夫子论为邦,独以郑声为戒而不及卫,盖举重而言,固自有次第也。《诗》可以观,岂不信哉!"

⑦逾闲:语出《论语·子张》:"大德不逾闲。"闲,范围。意为超越范围。检:约束,限制。

⑧误解《金縢》而启居摄:据班固《汉书》卷九十九上《王莽传上》记载:元始五年冬,"荧惑入月中。平帝疾,莽作策请命于泰畤,戴璧秉圭,愿以身代。藏策金縢,置于前殿,敕诸公勿敢言。"颜师古《注》曰:"诈依周公为武王请命,作《金縢》也。"《金縢》,《尚书·周书》篇名。记载周武王克殷二年,天下未定,武王有疾,周

公作册书告神,请代武王死。事毕,纳册书于金縢之匮。武王死,成王即位,周公摄政。史官记其事,命曰《金縢》。居摄,代居皇位处理国家政务。王莽篡位前曾仿周公之例居摄三年,自称"假皇帝",臣民称为"摄皇"。

⑨误解《周礼》而启青苗:据《宋史》卷三百二十七《王安石传》记载:"青苗法者,以常平籴本作青苗钱,散与人户,令出息二分,春散秋敛。"反对新法的人遂称王安石误解《周礼》而推行青苗法。据《周礼·地官·泉府》记载:"凡民之贷者,与其有司辨而授之,以国服为之息。"意谓凡有平民借贷,会同地方长官验明品质、数量发放给他们,按照向国家缴纳租税的税率收取利息。

⑩标风趣之目:据袁枚《随园诗话》卷一记载:"杨诚斋曰:'从来天分低拙之人,好谈格调而不解风趣。何也?格调是空架子,有腔口易描。风趣专写性灵,非天才不办。'余深爱其言。须知有性情,便有格律,格律不在性情外。三百篇半是劳人思妇率意言情之事,谁为之格?谁为之律?而今之谈格调者,能出其范围否?"

⑪言采兰赠芍之诗,有何关系,而夫子录之:语出袁枚《随园诗话》卷十四:"选家选近人之诗,有七病焉……动称纲常名教,箴刺褒讥,以为非有关系者不录。不知赠芍采兰,有何关系?而圣人不删。宋儒责蔡文姬不应登《列女传》,然则十七史列传,尽皆龙逢、比干乎?学究条规,令人欲呕,四病也。"采兰赠芍之诗,即《诗经·郑风·溱洧》:"溱与洧,方涣涣兮。士与女,方秉蕑兮。女曰观乎?士曰既且。且往观乎?洧之外,洵讦且乐。维士与女,伊其相谑,赠之以芍药。"毛《传》曰:"蕑,兰也……芍药,香草。"

⑫波靡:语出刘祁《归潜志》卷十二:"世之愚俗,徒以二氏之诡诞怪异出耳目外,则波靡而从之。"意谓随波起伏,顺风而倒。比喻胸无定见,相率而从。

【译文】

《妇学》这一篇，是用来纠正颓败的风气，维护社会教化，整饬人伦纲纪，区别人与禽兽，大概有些不得已而写作，并不是出于好辩的缘故。评论者认为我解说《诗经》与朱熹的旨意不同，违背国家科举考试规定。却不知解释诸经参取古人的注释，未尝不是国家功令。从情理上来说，朴实的民众与妇女儿童，出言成章，远在后代文人之上，古代与今天不应该如此悬殊。而且两汉距离春秋时代，比今日距离两汉时代近。汉代人的诗文，保存到今天的篇章，篇篇都高雅古朴、浑厚朴实；人们于是怀疑汉代人的才能，远远胜过后代。然而考察历代的金石著作，汉代人的文辞，不载于典籍而凭借钟鼎碑刻流传到后代的篇章，其中确实有很多芜杂烦琐与松散拖沓的地方，与近代不会写诗作文的人，并没有什么两样。可知汉代人不是都擅长写文章，只是那些特别好的文章流传下来罢了。夏、商、周三代所流传下来的诗文，应当也是如此。一定要说那时候的妇女儿童脱口而出的话，都足以载入经传，哪有这个道理呢？朱子的解说，最初不过是自立一家之说，似乎没有什么大的害处。而近日不学无术的人，援引朱子的解说来诱惑无知的青年女子，超越礼法的界限而行为放荡失检，人与禽兽不再有区分，那么解说《诗经》的失误，与误解《尚书·金滕》而启发王莽代居皇位处理政务，误解《周礼》而启发王安石推行青苗法有什么不同，朱子怎么知道留下的祸患会到达这种极限呢？即使当时与朱子辩论的人，也不知道留下的祸患会到这种极端的程度。历来诗歌贵在风雅。即使唐、宋时期的诗话，论诗虽然非常浅近，不过是校核工巧与拙笨，比较文字词句，以致古人所不屑于谈论。那些不学无术的人，无端地标示成"风趣"的名目，完全泯灭了邪正与贞淫、是非与得失的界限，诱使人们只追求"风趣"。甚至说采摘兰草与赠送芍药的诗句，与礼法教化有什么关系，而孔夫子收录下来不作删削，以此证明"风趣"之说。无知的士家女子，顿时忘记廉耻检点，犹如风吹水波起伏而折服倾倒。这是把六经作为疏通宣泄淫欲的工具，那就是亵渎圣人不守礼法了。

　　或曰:《诗序》诚不可尽废矣。顾谓古之氓庶,不应能诗,则如役者之谣①,舆人之祝②,皆出氓庶,其辞至今诵之,岂传记之诬欤? 答曰:此当日谚语,非复雅言,正如先儒所谓殷盘周诰,因于土俗,历时久远,转为古奥,故其辞多奇崛③;非如风诗和平庄雅,出于文学士者,亦如典谟之文,虽历久而无难于诵识也。以风诗之和雅,与民俗之谣谚,绝然不同,益知《国风》男女之辞,皆出诗人讽刺,而非蚩氓男女所能作也。是则风趣之说,不待攻而破,不待教而诛者也。

【注释】

①役者之谣:据《左传·宣公二年》记载:"宋师败绩,囚华元……宋人以兵车百乘,文马百驷,以赎华元于郑。半入,华元逃归……宋城,华元为植,巡功。城者讴曰:'睅其目,皤其腹,弃甲而复。于思于思,弃甲复来。'使其骖乘谓之曰:'牛则有皮,犀兕尚多,弃甲则那?'役人曰:'从其有皮,丹漆若何?'华元曰:'去之,夫其口众我寡。'"

②舆人之祝:据《左传·襄公三十年》记载:"[子产]从政一年,舆人诵之曰:'取我衣冠而褚之,取我田畴而伍之。孰杀子产? 吾其与之。'及三年,又诵之曰:'我有子弟,子产诲之。我有田畴,子产殖之。子产而死,谁其嗣之?'"舆人,众人。

③先儒所谓殷盘周诰,因于土俗,历时久远,转为古奥,故其辞多奇崛:据韩愈《韩昌黎全集》卷十二《进学解》曰:"周《诰》殷《盘》,诘屈聱牙。"又据朱熹《朱子语类》卷七十八曰:"《书》有两体。有极分晓者,有极难晓者。某恐如《盘庚》、周《诰》、《多方》、《多士》之

类,是当时召之来而面命之,面教告之,自是当时一类说话。至于《旅獒》、《毕命》、《微子之命》、《君陈》、《君牙》、《冏命》之属,则是当时修其词命。所以当时百姓都晓得者,有今时老师宿儒之所不晓。今人之所不晓者,未必不当时之人却识其词义也。"又曰:"典谟之书,恐是曾经史官润色来。如周《诰》等篇,恐只似如今榜文晓谕俗人者。方言俚语,随地随时,各自不同。林少颖尝曰:如今人'即日伏惟尊候万福',使古人闻之,亦不知是何等说话。"殷《盘》,《尚书·盘庚》。周《诰》,《尚书》中的《大诰》、《康诰》、《酒诰》、《召诰》、《洛诰》等篇。

【译文】

有人说:《诗序》确实不能完全废除。但是说古代的民众不应该会写诗,那么像服劳役者的歌谣,众人的祝辞,都出于普通民众,那些歌辞至今为人吟诵,难道传记上的记载是欺骗人吗? 回答说:这是当时的谚语,并不是雅言,正像前辈经师所说殷代的《盘庚》、周代的《大诰》等,缘于当地的习俗,经历的年代久远,反而变得古老深奥,所以辞句大多奇特怪异;不像《诗经》那样温和平淡、庄重典雅,是出于文人之手,也像《尚书》中典谟一类的文章,虽然历时久远却不难于诵读和识记。根据《诗经》的平和典雅,与民间通俗谣谚的截然不同,更能知道《国风》中关于男女爱情的辞句,都是出于诗人的讽刺,而不是敦厚质朴的民众所能够写出来。所以"风趣"的说法,不用等待攻击就自行破灭,不用等待施教就可以绞杀。

至于古人妇学,虽异丈夫,然于礼陶乐淑①,则上自王公后妃,下及民间俊秀②,男女无不相服习也。盖四德之中,非礼不能为容,非诗不能为言;《诗》教故通于乐,故《关雎》化起房中,而天下夫妇无不治也③。三代以后,小学废,而儒多师说之歧;妇学废,而士少齐家之效。师说歧,而异端得乱其教,自古以为病矣。若夫妇学之废,人谓家政不甚修耳。岂知千载而后,乃有不学之徒,创为风趣之说,遂使闺阁不安义分,慕贱士之趋名,其祸烈于洪水猛兽,名义君子,能无世道忧哉?昔欧阳氏病佛教之蔓延④,则欲修先王之政,自固元气,《本论》所为作也。今不学之徒,以邪说蛊惑闺阁,亦惟妇学不修,故闺阁易为惑也。妇人虽有非仪之诚,至于执礼通诗,则如日用饮食,不可斯须去也⑤。

【注释】

①礼陶乐淑:指礼乐对人具有陶冶作用而使之美好。

②俊秀:语出陈寿《三国志》卷四十七《孙权传》:"招延俊秀,聘求名士。"意谓才智出众的人。

③《关雎》化起房中,而天下夫妇无不治也:语出《诗经·周南·关雎》卫宏《诗序》:"《关雎》,后妃之德也,风之始也,所以风天下而正夫妇也。"

④欧阳氏病佛教之蔓延:欧阳氏,欧阳修。据《欧阳文忠公集》卷十七《本论中》曰:"佛法为中国患千余岁,世之卓然不惑而有力者,莫不欲去之。已尝去矣而复大集,攻之暂破而愈坚,扑之未灭而愈炽,遂至于无可奈何……尧、舜、三代之际,王政修明,礼义之教,充于天下。于此之时,虽有佛,无由而入。及三代衰,王政缺,礼义废,后二百余年,而佛至乎中国。由是言之,佛所以为吾患者乘其缺废之时而来。此其受患之本也。补其缺,修其废,使王政明而礼义充,则虽有佛,无所施于吾民矣。此亦自然之势也。"

⑤斯须:须臾,片刻。比喻时间极短。

【译文】

　　至于古人的妇学，虽然不同于男子所学，然而对于礼仪音乐陶冶人的美好作用，上自王公后妃，下至民间才智出众的人，无论男女无不信服学习。大概因为在四德之中，不懂礼就不会修饰仪态，不学诗就不擅发挥言辞；《诗经》的教化作用与音乐相通，所以《关雎》的教化语出家庭，而天下的夫妇关系都得到协调。三代以后，文字训诂被废弃，因而儒学产生了很多不同的师说；妇学被废弃，因而男子缺少了治理家庭的效果。经师的解说有分歧，因而异端邪说才得以扰乱教化，自古以来就被认为是弊病了。至于妇学被废弃，人们只说不大治理家政而已。怎么知道千年以后，竟有不学无术之徒，创立"风趣"之说，于是使得妇人不安道义和本分，美慕低贱之人而追求名声，这种祸患比洪水猛兽还要厉害，讲求名声和道义的君子，对这种世道能没有忧患吗？过去欧阳修担心佛教蔓延，于是想整饬先王政教，培植儒学元气，《本论》就是为此而作。今天那些不学无术的人，以邪说蛊惑闺中妇女，也是因为妇学没有振兴，所以闺中妇女容易被迷惑。妇女虽然有"无非无仪"的告诫，至于遵守礼制而明晓诗文，就像日用物品与饮食一样，片刻也不能离开。

　　或以妇职丝枲中馈①，文辞非所当先，则又过矣。夫聪明秀慧，天之赋畀②，初不择于男女，如草木之有英华，山川之有珠玉，虽圣人未尝不宝贵也。岂可遏抑？正当善成之耳。故女子生而质朴，但使粗明内教，不陷过失而已。如其秀慧通书，必也因其所通，申明诗礼渊源，进以古人大体，班姬、韦母③，何必去人远哉？夫以班姬、韦母为师，其视不学之徒，直妄人尔。

【注释】

①枲(xǐ):麻类植物的纤维。中馈:语出《周易·家人卦》:"无攸遂,在中馈。"指妇女在家主持饮食之事。后来引申代指妻子。

②赋畀(bì):赋予,给予。

③班姬、韦母:东汉班昭和前秦韦逞之母宋氏。

【译文】

有的人认为妇女的职责就是缫丝绩麻与供应饮食等事,文辞不应该是她们的当务之急,那就又过分了。聪明智慧,是上天的赋予,从不选择男女,就像草木有英华,山川有珠玉,即使是圣人也未尝不珍视。怎么可以阻止和抑制呢?正应该妥善成全她们才对。所以女子生来比较质朴,只要让她粗略地懂点妇学就行,不要陷于过失而已。如果她很聪明而且通晓典籍,一定要根据她所通的东西,申明诗文礼教的渊源,进一步给她讲明古人的根本,那么班昭、韦母,怎么一定就远不可及呢?如果以班昭、韦母为师,她们视那些不学无术之徒,简直就是狂妄之人而已。

诗　话

【题解】

　　本篇为斥责袁枚《随园诗话》而作。《章氏遗书》本此篇之后，还附有《书坊刻诗话后》一篇，以及《题〈随园诗话〉》诗十二首，可以相互参阅。袁枚撰《随园诗话》，成为清代乾嘉时期乃至中国古代最有影响的诗话著作之一。书中阐发"性灵说"的诗论见解，认为作诗应当抒发个人性情，无疑具有积极意义。问题在于袁枚倡言性情，往往流于男女狎亵之情，描摹才子佳人的闺梦，不但限制了其诗论的认识，而且招致包括章学诚在内不少乾嘉学人的种种批评。章学诚认为诗话体裁本于钟嵘《诗品》，其评诗论文知溯流别，为有本之学。后世诗话沿流忘源，不复知其初意。然而前人诗话的弊病，不过存在文人相轻之习，表现为是非好恶缺乏客观公正，危害尚且不大。至《随园诗话》之弊，始为世道人心之害。作者文中对诗话渊源流别的剖析，很有见地；批评袁枚及其女弟子的诗作以传奇小说中的才子佳人为仰慕仿效的对象，缺乏反映现实社会的深刻意义，也是正确的看法。然而作者的文学批评主要是从维护封建伦理纲常出发，而缺乏深入具体的学术批评内涵和文论评判标准，极大地限制了文学理论的建树，这也是毋庸讳言的事实。

　　诗话之源①，本于钟嵘《诗品》。然考之经传，如云："为

此诗者,其知道乎?"②又云:"未之思也,何远之有?"③此论诗
而及事也。又如"吉甫作诵,穆如清风"④;"其诗孔硕,其风
肆好"⑤,此论诗而及辞也。事有是非,辞有工拙,触类旁通,
启发实多。江河始于滥觞。后世诗话家言,虽曰本于钟嵘,
要其流别滋繁,不可一端尽矣。

【注释】

①诗话:用札记条目形式写成的评论诗歌、诗人、诗派以及记录诗
　人故实的著作。

②为此诗者,其知道乎:语出《孟子·公孙丑上》:"《诗》云:'迨天之
　未阴雨,彻彼桑土,绸缪牖户。今此下民,或敢侮予?'孔子曰:
　'为此诗者,其知道乎! 能治其国家,谁敢侮之?'"

③未之思也,何远之有:语出《论语·子罕》:"'唐棣之华,偏其反
　而。岂不尔思? 室是远而。'子曰:'未之思也,夫何远之有?'"

④吉甫作诵,穆如清风:语出《诗经·大雅·烝民》。诵,诗篇。

⑤其诗孔硕,其风肆好:语出《诗经·大雅·嵩高》。孔,很。硕,
　大。引申为好。风,诗。肆,极。

【译文】

　　诗话的起源,语出钟嵘《诗品》。然而根据儒家经典来考察,例如孔
子说:"作这首诗的人,大概懂得治国的道理吧?"又说道:他是不去想
念,若要想念有什么遥远呢?"这是评论诗歌而涉及事情。又比如"吉甫
作诗,宛如清风一样和煦";"他的诗非常出色,他的诗多么美妙",这是
评论诗歌而涉及文辞。事情有是有非,文辞有工巧与笨拙,触类可以旁
通,启发确实很多。江河发源于很小的水流。后世诗话之家的著作,虽
然说源出钟嵘,但是总括它的流派很繁杂,无法从一个方面去穷尽了。

《诗品》之于论诗,视《文心雕龙》之于论文,皆专门名家,勒为成书之初祖也。《文心》体大而虑周,《诗品》思深而意远;盖《文心》笼罩群言[①],而《诗品》深从六艺溯流别也。如云某人之诗,其源出于某家之类,最为有本之学。其法出于刘向父子。论诗论文,而知溯流别,则可以探源经籍,而进窥天地之纯、古人之大体矣。此意非后世诗话家流所能喻也。钟氏所推流别,亦有不甚可晓处[②]。盖古书多亡,难以取证。但已能窥见大意,实非论诗家所及。

【注释】

① 笼罩:语出葛洪《抱朴子》内篇卷一《畅玄》:"玄者,自然之始祖,而万殊之大宗也……其高则冠盖乎九霄,其旷则笼罩乎八隅。"笼,捕鱼之器。罩,也称籗,取鱼之器。均为竹制品。后用来比喻如笼之罩于事物之上,犹言高出而无所不包。

② 钟氏所推流别,亦有不甚可晓处:据宋人叶梦得《石林诗话》卷下记载:"[钟嵘]论陶渊明,乃以为出于应璩,此语不知其所据。应璩诗不多见,惟《文选》载其《百一诗》一篇,所谓'下流不可处,君子慎厥初'者,与陶诗了不相类。五臣注引《文章录》云:'曹爽用事,多违法度,璩作此诗以刺在位,意若百分有补于一者。'渊明正以脱略世故,超然物外为意,顾区区在位者,何足累其心哉?且此老何尝有意欲以诗自名,而追取一人而模放之?此乃当时文士与世进取,竞进而争长者所为,何期此老之浅?盖嵘之陋也。"此可证章氏所云"不甚可晓处"之一例。

【译文】

《诗品》对于诗歌的评论,如同《文心雕龙》对于文章的评论,都属专门的名家,是撰成著作的鼻祖。《文心雕龙》体系庞大而思虑周密,《诗品》思想深刻而意义深远；大概《文心雕龙》包罗总括各家言论，而《诗品》则深入到从六经来追溯各家流派。例如说某人的诗，来源于某家之类，是最有根本源流的学说。这种方法语出刘向父子。论诗与论文，知道追溯源流，就可以探求典籍的源头，进而窥见天地的纯美、古人的全貌了。这种用意不是后代诗话之家都能明白。钟氏所探求的源流，也有令人不很明白的地方。大概古书有很多亡佚，难以取证。但是已经能窥见古人的大意，确实不是后世的诗话之家所能达到的水平。

唐人诗话，初本论诗，自孟棨《本事诗》出[①]，亦本《诗小序》[②]。乃使人知国史叙诗之意；而好事者踵而广之，则诗话而通于史部之传记矣。间或诠释名物，则诗话而通于经部之小学矣。《尔雅》训诂类也。或泛述闻见，则诗话而通于子部之杂家矣[③]。此二条，宋人以后较多[④]。虽书旨不一其端，而大略不出论辞论事，推作者之志，期于诗教有益而已矣。

【注释】

①孟棨(qǐ)《本事诗》：孟棨或作孟启，字初中，唐代后期人。唐文宗开成年间在广西梧州任职。又曾任尚书司勋郎中。累举进士不第，唐僖宗年间始中进士。著有《本事诗》，分为情感、事感、高逸、怨愤、徵异、徵咎、嘲戏等七类，所记基本上为唐人诗篇的本事，其材料大都为采录前人作品改写而成，有的则采自唐人传奇。

②《诗小序》：《毛诗》中列在各诗之前，解释各篇主题的文字，被称作小序。

③子部之杂家：杂家是战国末期至汉代形成的诸子九流之一，宗旨在于折中、糅合各家学说而自成一家。后来杂家演变成古籍中

内容庞杂而无所不包的一个门类,目录学家多将它归入子部。
《四库全书总目》分杂家为六类:立说者称为杂学,辨证者称为杂考,议论兼叙述者称为杂说,旁究物理、杂陈众品者称为杂品,分类纂辑旧文者称为杂纂,合刻众书者称为杂编。

④宋人以后较多:宋代欧阳修撰《六一诗话》,司马光撰《续诗话》,刘攽撰《中山诗话》,陈师道撰《后山诗话》等等,大概有数十家。清人吴景旭辑有《历代诗话》八十卷,搜罗宏富,兼包传记、小学、杂家三类诗话作品。

【译文】

唐朝人的诗话,起初本来是评论诗歌,自从孟棨的《本事诗》问世后,也源于《诗小序》。于是使人知道了朝廷史官为诗作序的用意;好事者追随其后加以推演,那么诗话就和史部的传记相通了。间或解释事物的名称和特征,那么诗话就和经部的小学相通了。就像《尔雅》训诂之类的著作。或者广泛地叙述见闻,那么诗话又和子部的杂家相通了。这两条,宋人以后较多。虽然这些书的宗旨不在同一个方面,但是大致不超出论辞论事的范围,探求作者心志,希望对于诗歌教化有所裨益而已。

《诗品》、《文心》,专门著述,自非学富才优,为之不易,故降而为诗话。沿流忘源,为诗话者,不复知著作之初意矣。犹之训诂与子史专家,子指上章杂家,史指上章传记。为之不易,故降而为说部①。沿流忘源,为说部者,不复知专家之初意也。诗话说部之末流,纠纷而不可犁别②,学术不明,而人心风俗或因之而受其敝矣。

【注释】

①说部：古代小说、笔记一类的著作。

②犁别：明显区别开来。

【译文】

《诗品》与《文心雕龙》，是专门的著述，如果不是学问渊博而且才华出众的人，不容易写出这样的著作，所以退一步撰写诗话。沿着支流忘记了本源，撰写诗话的人，不再知道著作的本来意义了。犹如训诂与子、史方面的专家，子指上一章所说的杂家，史指上一章所说的传记。这些学问不容易做，所以退一步撰写笔记小说。沿着支流忘记了本源，撰写笔记小说的人，不再知道专家的本来意义。诗话与说部著作的末流，纷乱繁杂而无法区分清楚，学术源流不明，人心风俗或许因此而受到危害了。

宋儒讲学，躬行实践，不易为也。风气所趋，撰语录以主奴朱、陆①，则尽人可能也。论文考艺，渊源流别，不易知也。好名之习，作诗话以党伐同异②，则尽人可能也。以不能名家之学，如能名家，即自成著述矣。入趋风好名之习，挟人尽可能之笔，著惟意所欲之言，可忧也，可危也！

【注释】

①主奴：意为尊崇与贬抑。朱、陆：朱熹理学和陆九渊心学。

②党伐同异：通称党同伐异，语出范晔《汉书》卷九十七《党锢传序》："自武帝以后，崇尚儒学，怀经协术，所在雾会，至有石渠分争之论、党同伐异之说，受文之徒盛于时矣。"意为论点相同的人联合起来攻击观点不同的人。

【译文】

宋代儒家学者讲学,亲身实践学术宗旨,做到很不容易。追随风气,撰写语录来尊崇或贬斥朱熹与陆九渊,那么人人都能做到。评论诗文考辨学术,渊源流别所在,弄懂很不容易。出于追求名声的习气,作诗话来党同伐异,那么人人都能做到。以不能自成一家的学问,如果能够自成一家,就自然会撰成著作。堕入追随风尚爱好名声的习气之中,挟带人人都会使用的文笔,撰写随心所欲的言论,值得担忧,也很危险!

　　说部流弊,至于诬善党奸,诡名托姓①。前人所论,如《龙城录》、《碧云騢》之类②,盖亦不可胜数,史家所以有别择稗野之道也③。事有纪载可以互证,而文则惟意之所予夺,诗话之不可凭,或甚于说部也。

【注释】

①诡名托姓:捏造虚假姓名。诡,欺诈。托,假托。

②《龙城录》、《碧云騢(xiá)》:陈振孙《直斋书录解题》卷十一著录《龙城录》一卷,旧题柳宗元撰,不见于两《唐书》记载。宋何薳《春渚纪闻》、朱熹《朱子语类》以及清代《四库全书总目》都指为宋人王铚假托柳宗元之名。龙城,柳州,柳宗元曾任柳州刺史。又《直斋书录解题》卷十一著录《碧云騢》一卷,题为梅尧臣撰。王铚《默记》考辨为宋人魏泰假托梅尧臣之名。騢,毛色赤白相杂的马。

③稗野:稗官野史。指记录逸闻琐事的野史小说。

【译文】

说部著作沿袭而成的弊端,以至于诬蔑善良而偏袒奸邪,捏造假名而妄托他人。前人所议论的书,例如《龙城录》、《碧云騢》之类,大概也是数不胜数,这就是史学家为什么要讲究区别和选择稗官野史的方法。事情有记载可以互相印证,而文辞只凭主观意图褒贬抑扬,诗话的不足为凭,有些和笔记小说相比更有过之而无不及。

前人诗话之弊,不过失是非好恶之公。今人诗话之弊,乃至为世道人心之害。失在是非好恶,不过文人相轻之气习①,公论久而自定,其患未足忧也。害在世道人心,则将醉天下之聪明才智,而网人于禽兽之域也②。其机甚深,其术甚狡,而其祸患将有不可胜言者;名义君子,不可不峻其防而严其辨也。

【注释】

①文人相轻之气习:语出魏文帝《典论》卷一《论文》:"文人相轻,自古而然。"

②网人于禽兽之域:意为网罗拘执人而变为禽兽。网,捕鱼、鳖、鸟、兽的工具。

【译文】

前人诗话的弊病,不过是失去了是非好坏的公正。今人诗话的弊病,竟然成为世道人心的祸害。过失在是非好坏的不公正,不过是出于文人相轻的习气,时间久了自然会有公论,这种弊病还不足以令人担忧。危害在世道人心,却将使天下的聪明才智之人都变得神志不清,把人网罗进禽兽的圈子里。他们的心机很深,他们的手段很狡猾,而他们带来的祸患也将数不胜数;注重名声道义的君子,不可不严加防范而且严格辨别。

小说出于稗官,委巷传闻琐屑,虽古人亦所不废①。然俚野多不足凭,大约事杂鬼神,报兼恩怨,《洞冥》、《拾遗》之篇②,《搜神》、《灵异》之部③,六代以降④,家自为书。唐人乃有单篇,别为传奇一类⑤。专书一事始末,不复比类为书。大抵情钟男女,不外离合悲欢。红拂辞杨⑥,绣襦报郑⑦,韩、李缘通落叶⑧,崔、张情导琴心⑨,以及明珠生还⑩,小玉死报⑪,凡如此类,或附会疑似,或竟托子虚,虽情态万殊,而大致略似。其始不过淫思古意⑫,辞客寄怀,犹诗家之乐府古艳诸篇也⑬。宋、元以降,则广为演义⑭,谱为词曲,遂使瞽史弦诵⑮,优伶登场,无分雅俗男女,莫不声色耳目。盖自稗官见于《汉志》,历三变而尽失古人之源流矣。

【注释】

①小说出于稗官,委巷传闻琐屑,虽古人亦所不废:语出班固《汉书》卷三十《艺文志》:"小说家者流,盖出于稗官。街谈巷语,道听途说者之所造也。孔子曰:'虽小道,必有可观者焉。致远恐泥,是以君子弗为也。'然亦弗灭也。闾里小知者之所及,亦使缀而不忘。如或一言可采,此亦刍荛狂夫之议也。"小说,各种杂言琐记。稗官,为帝王述说街谈巷议、风俗故事的小官。

②《洞冥》、《拾遗》:据陈振孙《直斋书录解题》卷十一著录:"《洞冥记》四卷、《拾遗》一卷,东汉光禄大夫郭宪子横撰,题《汉武别国洞冥记》。其别录又于《御览》中抄出,然则四卷亦非全书也。"《拾遗》,《王子年拾遗记》。

③《搜神》:干宝《搜神记》。《灵异》:据《隋书》卷三十三《经籍志》著录:"《灵异记》十卷。"不著撰人姓名。

④六代:又称六朝,指三国吴、东晋与南朝的宋、齐、梁、陈。这六个朝代都建都今江苏南京,故合称六朝。

⑤唐人乃有单篇,别为传奇一类:据晁公武《郡斋读书志》卷十三
《小说类》著录:"《传奇》三卷,右唐裴铏撰。"传奇为古代小说体裁
之一,因其记述神仙怪异之事,情节大多奇特神异,故名传奇。
一般指唐、宋人用文言写作的短篇小说。

⑥红拂辞杨:据《太平广记》卷一百九十三引杜光庭《虬髯客传》记
载,隋炀帝宰相杨素骄贵奢侈,每次宾客拜见,都令美人簇拥而
出,侍女罗列身旁。李靖以布衣上谒,进献奇策。一妓有殊色,
手执红拂,立于面前,屡屡顾盼李靖。是夜五更,有人叩李靖之
门。靖问是谁,回答说:"妾,杨家之红拂妓也。"李靖开门延入,
乃是十八九岁佳丽人。对李靖说:"妾侍杨司空久,阅天下之人
多矣,未有如公者。丝萝非独生,愿托乔木,故来奔耳。"李靖与
红拂一起投奔太原。

⑦绣襦(rú)报郑:据《太平广记》卷四百八十四引唐代郑翰《异闻
集》记载,唐玄宗天宝年间,郑元和与妓女李亚仙相爱,几乎被其
父鞭打至死,因而流落街头,靠给出殡之家唱挽歌糊口。一日大
雪,郑生冒雪乞食,冻饿街头。李亚仙闻声,认出郑生,于是"前
抱其颈,以绣襦拥而归",经过精心救护,方痊愈如初。后郑生在
李亚仙的劝勉下立志求学,得以仕途显达,二人也终成夫妇。
襦,短袄,绵上衣。

⑧韩、李缘通落叶:据宋人刘斧《青琐高议》前集卷五引张实《流红
记》记载,唐僖宗年间,于祐看见御沟中漂浮的落叶上似有墨迹,
取而视之,其上有四句题诗:"流水何太急,深宫尽日闲。殷勤谢
红叶,好去到人间。"于祐也在红叶上题诗二句:"曾闻叶上题红
怨,叶上题诗寄阿谁?"并置于御沟上流,让红叶流入宫中。后来
于祐娶朝廷放出的宫女韩夫人为妻,韩氏在于祐书简中见到红
叶,大惊说:"此吾所作之句,君何故得之?"于祐以实相告。韩氏
又说:"吾于水中亦得红叶,不知何人作也?"取出一看,正是于祐

所题之诗,相互惊叹感慨。韩氏索笔作诗说:"一联佳句题流水,十载幽思满素怀。今日却成鸾凤友,方知红叶是良媒。"韩、于之姻,章学诚记作韩、李,当为笔误。

⑨崔、张情导琴心:据《太平广记》卷四百八十八引元稹《莺莺传》记载,唐德宗贞元年间,张生与崔莺莺在蒲州普济寺相爱私合。数月后,张生将赴京应试,愁叹于崔氏之侧。崔氏知道即将诀别,对张说:"始乱之,终弃之,固其宜矣,愚不敢恨……君常谓我善鼓琴,向时羞颜,所不能及。今且往矣,既君此诚。"因而拂琴,演奏《霓裳羽衣序》。不数声,哀音怨乱,不复成调。琴心,用琴声表达的情意。

⑩明珠生还:据《太平广记》卷四百八十六引薛调《无双传》记载,唐代后期,王仙客的未婚妻刘无双因父罪被籍投入宫。后来王仙客听说刘无双将出京为守陵宫女,就假扮成修桥官,因得见刘无双。刘无双请他向富平县古押衙求助。王仙客竭力结交古生,古生感其厚意,答应帮忙。后来古生从茅山道士处求得假死药丸,派人装扮成朝廷宦官,让刘无双服药,佯装自杀,再赎出尸首,加以治疗,三日后又起死回生。两人终于结为夫妇,白头偕老。明代陆采据此作《明珠记》。明珠,指刘无双。

⑪小玉死报:据《太平广记》卷四百八十七引蒋防《霍小玉传》记载,进士李十郎与霍小玉结婚,二年后,李十郎离京赴任,相约到任后奉迎妻子。李十郎回家省亲,受母命又与表妹卢氏定婚。霍小玉见李十郎过期不至,忧郁成疾。正当李十郎入京欲与卢氏成亲之际,有侠义之士挟李十郎到霍小玉家,霍小玉见到李十郎说:"我为女子,薄命如斯。君是丈夫,负心若此! ……今当永诀! 我死之后,必为厉鬼,使君妻妾,终日不安。"说罢号哭数声而死。此后果如其言,李十郎三次结婚,婚姻都不美满。

⑫淫思:语出《列子·仲尼》:"子贡茫然自失,归家淫思七日,不寝

不食，以至骨立。"意为深思，沉思。

⑬乐府古艳诸篇：据郭茂倩《乐府诗集》卷三十九《艳歌行》下引《古今乐录》记载："《艳歌行》非一，有直云'艳歌'，即《艳歌行》（'翩翩堂前燕'等）是也。若《罗敷》、《何尝》、《双鸿》、《福钟》等行，亦皆艳歌。"

⑭演义：语出萧统《文选》卷十《潘安仁·西征赋》："灵壅川以止斗，晋演义以献说。"用《国语》周灵王二十二年谷、洛二水斗，王欲壅堵，太子晋谏说的典故。演义是根据史事、传说而敷演成文的一种小说体裁。

⑮瞽（gǔ）史弦诵：乐师弦歌诵读。瞽，眼瞎。上古以瞎子担任乐师。弦诵，古人读诗，有的用琴瑟等弦乐器配合歌唱，有的只口诵而不用乐器。

【译文】

小说家语出稗官，僻陋小巷里的传闻细屑琐碎，就是古人也不废弃。然而俚语粗野大多不足凭信，大约混杂着鬼神之事，兼有恩怨报应。《洞冥记》、《拾遗记》等篇，《搜神记》、《灵异记》等部，六朝以下，各家独自撰写成书。唐朝人才有单篇，另外撰成传奇一类。专门叙述一件事情的始末，不再是分类编排成书。大致写些男女钟情，不外乎悲欢离合。如红拂辞别杨素私奔太原，李娃用绣袄报答郑生，韩、李二人以红叶题诗喜结奇缘，崔、张二人通过琴声传达爱恨之情，以及明珠设计死而复生，小玉死后报仇雪恨，凡此种种，有的牵强附会似真似假，有的竟然假托为子虚乌有，虽然情态各异，而大致相似。最初不过表达思古之意，寄托辞客情怀，犹如诗人撰写乐府《古艳行》之类的诗篇。宋、元以来，则普遍撰著为演义，谱写成词曲，于是乐师配乐歌唱诵读，艺人登台演出，不分雅俗男女，无不以耳闻目睹歌舞美色为快。大概从小说始见于《汉书·艺文志》，经历三次演变已经完全失去了古人的源流。

　　小说、歌曲、传奇、演义之流，其叙男女也，男必纤佻轻薄，而美其名曰才子风流[①]；女必冶荡多情，而美其名曰佳人绝世。世之男子有小慧而无学识，女子解文墨而暗礼教者，皆以传奇之才子佳人，为古之人，古之人也[②]。今之为诗话者，又即有小慧而无学识者也。有小慧而无学识矣，济以心术之倾邪，斯为小人而无忌惮矣！何所不至哉[③]？

【注释】

①才子风流：语出范晔《后汉书》卷一百一十二上《方术传上》："汉世之所谓名士者，其风流可知矣。"指名士才子恃才而不拘礼法的气度。也指放荡不羁的男女关系。

②古之人，古之人：语出《孟子·尽心下》："何以谓之狂也？曰：其志嘐嘐然，曰'古之人，古之人'。夷考其行，而不掩焉者也。"

③何所不至哉：《章氏遗书》本此下尚有独立九节文字，补录于此：

　　诗话论诗，非论貌也。就使论貌，所以称丈夫者，或魁梧奇伟，或丰硕美髯，或丰骨棱峻，或英姿飒爽，何所不可。今则概未有闻，惟于少年弱冠之辈，不曰美如好女，必曰顾影堪怜；不曰玉映冰肤，必曰兰薰蕙质；此亦约略之辞，非一定字样也。不知其意将何为也？甚至盛称邪说，以为礼制但旌节妇，不褒贞男，以见美男之不妨作嬖。斯乃人首畜鸣，而毅然笔为诗话，人可戮而书可焚矣。男子为娼，古有禁律，其人不学，无由知也。

　　古今妇女之诗，比于男子诗篇，不过千百中之十一。诗话偶有所举，比于论男子诗，亦不过千百中之十一。盖论诗多寡，必因诗篇之多寡以为区分，理势之必然者也。今乃累轴连编，所称闺阁之诗，几与男子相埒。甚至比连母女姑妇，缀合娣姒姊妹，殆于家称王、谢，户尽崔、卢，岂壶内文风，自古以来，于今为烈耶？君子可欺以其方，其然，岂其然乎？且其叙述闺流，强半皆称容貌，非夸国色，即诩天人，非赞联珠，即标合璧，遂使观其书者，忘为评诗之话，更成品艳之编，自有诗话以来所未见也。

妇女内言不出阃外，诗话为之私立名字，标榜声气，为虚为实，吾不得知也。**诗话何由知人闺阁如是之详，即此便见倾邪，更无论伪饰矣。**丈夫姓字，弧矢四方，诗话所名，岂能终秘？其中名德巨公，志其余事；奇才宿望，著其精能；或有身地寒微，表其幽隽；一节可取，藉端留芳，此诚诗话应有事也。今乃玉石不分，苗莠无别，往往诗话识其名姓，邂逅偶遇斯人，实乃风尘游乞，庸奴贱品。助语不辨虚实，引喻全乖向方，臃肿无知，赘瘤可厌，亦不乏其徒焉。此而可邀题品，则真才宿学，宁不以同类为羞乎？乃知闺阁称诗，何从按实？观其镂雕纤曲，酝酿尖新，虽面目万殊，而情态不异，其为窜易饰伪，情状显然。岂无静女名姝，清思佳什，牵于茅黄苇白，转觉恶紫夺朱矣。

自衒自媒，士女之丑；桃李不言，下自成蹊。凡人之足以千古者，必有得于古人之所谓诚然，而终身忧乐其中，不顾举世之所为是与非也。倾邪之人，欲有所取于世，则先以标榜声气，骚激人心。又恐人之不为动也，则诱人以好名，甚且倡为邪说，至云人之所以异于禽兽，以好名也。夫好名之人，矫情饰伪，竞趋时誉，虽禽兽所不为耳。亦犹椎埋胠箧，亦禽兽所不为，今倡说曰：人之所以异于禽兽，以能椎埋胠箧也，可乎？至于附会经传，肆侮圣言，尤丧心而病狂矣。**《论语》"君子去仁，恶乎成名"，"疾没世而名不称"，皆妄引为好名之证。**

人之所以应传名者，义类多矣。而彼之诱人，惟务文学之名，不亦小乎！即文学之所以应得名者，途辙广矣。而彼之所以诱人，又不过纤佻轻隽之辞章，才子佳人之小说，男必张生、李十，女必宏度、幼微，将率天下之士女，翩翩然化为蛱蝶杨花，而后大快于心焉。则斯人之所谓名，乃名教之罪人也；斯人之所谓名，亦有识者所深耻也。

学者亦知雅俗之别乎？雅者，正也，亦曰常也。安其正而守其常，实至而名自归之，斯天下之大雅也。好名者流，忘己徇人，世俗誉之，则沾沾以喜；世俗非之，则戚戚以忧。以世俗之予夺为趋避，是己之所处，方以俗为依归也。且人以好名为雅，好利为俗，尤非也。名者，有所利而好之，所好不同而其心无异。故好名之人，其俗甚于好利也；诱人好名者，其罪浮于教人胠箧也。一有名心，即沾俗气；与众争趋，俗安可医！

倾邪之人，必有所恃。挟纤仄便娟之笔，为称功颂德之辞，以摩符抵掌之谈，运宛转逢迎之术。权贵显要，无不逢也；声望巨公，无不媚也。笔舌不足，导以景物娱游；追随未足，媚以烹庖口味；自记为某贵人品尝属下进馔，又某贵人屡索其姬妾手调饮馔，有谢赏姬人启事。至乃陪公子于青楼，贵人公子，时同句曲。颂娇姿于金屋，贵人爱宠，无不详于笔记。尤称绝技，备极精能。贵人公退之余，亦思娱乐，优伶是其习见，狗马亦所常调，数见不鲜，神思倦矣。忽见通文墨之优伶，解声歌之犬马，屈曲如意，宛约解人，能不爱怜，几于得宝！加之便佞间如谐隐，饰情或托山林，自托山林隐遁之流，足迹不离毂辕铃阁。使人误认清流，因而揖之上坐，赐以颜色，假以羽毛。遂能登高而呼，有挟以令，舟车所向，到处逢迎，荧惑听闻，干谒州县。或关说阴讼，恣其不肖之图；乘机渔色。或聚集少年，肆为冶荡之说。斯乃人伦之蟊贼，名教所必诛。昧者不知，夸其传食列城，风声炫耀，是犹羡仪、衍之大丈夫，而不知其为妾妇所羞也。

声诗三百，圣教所存，千古名儒，不闻异议。今乃丧心无忌，敢侮圣言，邪说倡狂，骇人耳目。六义甚广，而彼谓《雅》、《颂》劣于《国风》；风诗甚多，而彼谓言情妙于男女。凡圣贤典训，无不横征曲引,以为导欲宣淫之具,其罪可胜诛乎!自负诗才天下第一,庸妄无知甚矣!昔李白论诗,贵于清真,此乃今古论诗文之准则,故至今悬功令焉。清真者,学问有得于中,而以诗文抒写其所见,无意工辞,而尽力于辞者莫及也。**毋论诗文,皆须学问;空言性情,毕竟小家。**彼方视学问为仇雠,而益以胸怀之鄙俗,是质已丧而文无可附矣。斤斤争胜于言语之工,是鹦鹉猩猩之效人语也,不必展卷而已知其诗无可录矣。

　　人各有能有不能,无能强也。鄙俗之怀,倾邪之心,诗则无其质矣。然舍质论文,则其轻隽便给之才,如效鹦鹉猩猩之语,未尝不足娱人耳目。虽非艺林所贵,亦堪附下驷以传名矣。彼不自揣,妄谈学问文章,**古文辞颇有才气,而文理全然不通。**而其言不类,殆于娼家读《烈女传》也。学问之途甚广,记诵名数,特其一端。彼空疏不学,而厌汉儒以为糟粕,岂知其言之为粪土耶?经学历有渊源,自非殊慧而益以深功,不能成一家学也。而彼则谓不能诗者,遁为经学。是伏、郑大儒,乃是有所遁而为之,鄙且悖矣!考据者,学问之所有事耳;学问不一家,考据亦不一家也。鄙陋之夫,不知学问之有流别,见人学问,眩于目而莫能指识,则概名之曰考据家。夫考据岂有家哉?学问之有考据,犹诗文之有事实耳。今见有如韩、柳之文,李、杜之诗,不能定为何家诗文,惟见中有事实,即概名为事实家,可乎?学问成家,则发挥而为文辞,证实而为考据。比如人身,学问,其神智也;文辞,其肌肤也;考据,其骸骨也;三者备而后谓之著述。著述可随学问而各自名家,别无所谓考据家与著述家也。鄙俗之夫,不知著述随学问以名家,辄以私意妄分为考据家、著述家,而又以私心妄议为著述家终胜于考据家。彼之所谓考据,不过类书策括;所谓著述,不过如伊所自撰无根柢之诗文耳,其实皆算不得成家。是直见人具体,不知其有神智;而妄别人有骸骨家与肌肤家,又谓肌肤家之终胜骸骨家也。此为何许语耶？诗话论诗，全失宗旨。然暗于大而犹明于细，比于杂艺，小道可观，君子犹节取焉。至其妄不自忖，僭论学问文章，直如蜀晴岭雪，奔吠苍黄；每论学问处，辄厌恶如吠所怪。揣籥闻钟，臆言天日；比类则置甲而误联乙丙，摘非则忘衰而核议功缌。剿袭唾余，稍近理者，皆出剿袭，浅显易知。强效不类，学人口气，每失其意。妄虽可恶，愚实堪怜！俚女村姬，臆度昭阳、长信；畦呡野老，纷争金马玉堂。大似载鬼一车，使人喷饭满案。岂天夺其魄乎？何为自状其丑，津津有余味耶！

【译文】

小说、歌曲、传奇、演义等等，它们描写男女关系，男人一定纤巧轻浮而又浅薄，却美其名曰才子风流；女人必定艳丽放荡而又多情，却美其名曰绝代佳人。世上有小聪明而无学识的男子，懂文墨而不知礼教的女子，都把传奇中的才子佳人，作为心中仰慕的古人，仰慕的古人。当今作诗话的人，也就是那种有小聪明而没有学识的人。有小聪明而没有学识，再加上邪恶不正的心术，这就成了肆无忌惮的小人了，还有什么事情做不出来呢？

全本全注全译丛书

中华经典名著

罗炳良◎译注

文史通义 下

中华书局

卷六 外篇一

方志立三书议

【题解】

本篇是章学诚论方志的总纲，对此前所撰《和州志》、《永清县志》、《亳州志》的修志实践加以总结，提出系统完整的方志改革理论，反过来又运用于撰修《湖北通志》。他明确提出方志应当确立三家之学，即"仿纪传正史之体而作志，仿律令典例之体而作掌故，仿《文选》、《文苑》之体而作文征。三书相辅而行，缺一不可"。所谓三书，就是把"志"作为中心，按照修史原则勒成一方之史，以备国史取材；"掌故"收录地方官府文书中的各项具体制度，作为考察一方典制的材料；"文征"收录地方记事文献，适当选取诗文名篇，大旨在于证史之用。全篇以问答形式，依次阐述方志设立三书的依据、性质和作用，体现出深入思考与别识心裁的见解。三书之外，章学诚还附立"丛谈"，把取材之余而弃之可惜的材料附录在后，以便最大限度保存一方文献。章学诚提出的方志学新理论，是把"志"当作方志的主体，以"掌故"、"文征"和"丛谈"作为重要的补充资料，最大程度地发挥保存地方文献的功能，使方志编纂与文献保存紧密联系在一起，从而纠正了历来把方志视作地理书的错误。

凡欲经纪一方之文献，必立三家之学①，而始可以通古人之遗意也。仿纪传正史之体而作志，仿律令典例之体而作掌故②,仿《文选》、《文苑》之体而作文征。三书相辅而行,缺一不可;合而为一,尤不可也。惧人以谓有意创奇,因假推或问以尽其义。

【注释】

①三家之学:三种各自成家的专门学问。

②典例:可以作为准则的成例。清代法律有《会典》、《则例》。

【译文】

　　凡是想要整理一个地区的文献,必须设立三种专门的学问,才可以凭借它们贯通古人遗留的旨意。仿照纪传正史的体制而作志,仿照法令成例的体制而作掌故,仿《文选》、《文苑英华》的体制而作文征。三种书互相辅助而实行,缺一不可;合并成一体,尤其不行。担心有人认为这是有意创设新奇事物,因此假设有人提问来完全表达出其中的含意。

　　或曰:方志之由来久矣,未有析而为三书者。今忽析而为三,何也? 曰:明史学也。贾子尝言古人治天下,至纤至析①。余考之于《周官》,而知古人之于史事,未尝不至纤析也。外史掌四方之志,注谓若晋《乘》、鲁《春秋》、楚《梼杌》之类②,是一国之全史也。而行人又献五书③,太师又陈风诗④。详见《志科议》,此但取与三书针对者。是王朝之取于侯国,其文献之征,固不一而足也。苟可缺其一,则古人不当设是官;苟可合而为一,则古人当先有合一之书矣。

【注释】

①贾子尝言古人治天下,至纤至析:语出贾谊《论积贮疏》。析,原

著作"悉"。

②外史掌四方之志，注谓若晋《乘》、鲁《春秋》、楚《梼杌》之类：语出
《周礼·春官》："外史……掌四方之志。"郑玄《注》曰："志，记也。
谓若鲁之《春秋》、晋之《乘》、楚之《梼杌》。"

③行人又献五书：据《周礼·秋官》记载，属官有大行人、小行人，掌
管接待四方邦国的宾客使臣。小行人负责了解各邦国情，献于
天子。五书，据《周礼·秋官》记载："其万民之利害为一书，其礼
俗政事教治刑禁之逆顺为一书，其悖逆暴乱作慝犹犯令者为一
书，其札丧凶荒厄贫为一书，其康乐和亲安平为一书。"

④大师又陈风诗：语出《礼记·王制》："岁二月，东巡狩……命大师
陈诗，以观民风。"大师，即太师，春秋时期乐官。

【译文】

有人说：方志的由来已经很久了，从来没有分开而作三种书的人。
现在忽然分开而作三种，为什么呢？回答说：为了使史学显明。贾子曾
经说古人治理天下，极其细致入微。我从《周礼》中考察，从而知道古人
对于史事，未尝不细致入微。外史掌管四方诸侯国的志书，注释说像晋
国的《乘》、鲁国的《春秋》、楚国《梼杌》之类，这是一国的全史。而且行
人又献五种书，太师又呈上民间诗歌。详见《州县请立志科议》，这里只选
取和三书相对应的内容。这样王朝从诸侯国取得资料，对于文献的征
集，本来不止一个方面。假如可以缺少其中一方面，那么古人不应当设
立这个官职；假如可以合成一体，那么古人应当先有合成一体的书了。

或曰：封建罢为郡县，今之方志，不得拟于古国史也。
曰：今之天下，民彝物则①，未尝稍异于古也。方志不得拟于
国史，以言乎守令之官，皆自吏部迁除，既已不世其家，即不
得如侯封之自纪其元于书耳②。其文献之上备朝廷征取者，

岂有异乎？人见春秋列国之自擅，以谓诸侯各自为制度，略如后世割据之国史，不可推行于方志耳。不知《周官》之法，乃是同文共轨之盛治③，侯封之禀王章，不异后世之郡县也。

【注释】

①民彝物则：人和物所遵循的法则。彝，常法，常道。

②侯封之自纪其元于书：上古分封诸侯，每年天子给各国颁布正朔，象征天下一统。各诸侯国内部则根据当地具体情况，制定自己的历法，在本国实行。

③同文共轨：语出《礼记·中庸》"今天下车同轨，书同文"。形容国家文物制度统一的局面。

【译文】

有人说：封邦建国制度废除而实行郡县制度，现在撰修的方志，不能比照古代诸侯国史。回答说：现在的天下，人际关系与事物法则，和古代没有多少不同。方志不能比照诸侯国史，说的是郡守县令的官职，都由吏部调动和任命，既然已经不是世袭传家，就不能像诸侯国那样自己在书上记载本国年代。至于预备朝廷征取的文献，难道有什么不同吗？人们见到春秋列国自行擅权，以为是诸侯国各自实行制度，诸侯国史大抵像后世割据政权的国史，不能推行到方志纂修之中。不知道《周礼》的法度，乃是文字相同与车轨相等的大一统政治，诸侯国奉行朝廷法令，和后世的郡县没有什么不同。

古无私门之著述，六经皆史也。后世袭用而莫之或废者，惟《春秋》、《诗》、《礼》三家之流别耳。纪传正史，《春秋》之流别也；掌故典要，《官礼》之流别也；文征诸选，风诗之流别也。获麟绝笔以还，后学鲜能全识古人之大体，必积久而然后渐推以著也。马《史》班《书》以来，已演《春秋》之绪矣。刘氏《政典》，杜氏《通典》，始演《官礼》之绪焉。吕氏《文鉴》，苏氏《文类》，始演风诗之绪焉。并取括代为书，互相资证，无空言也。

【译文】

　　古代没有私家的著述，六经都是史书。后世沿用而没有废止，只有《春秋》、《诗经》、《周礼》三家的流派而已。纪传体正史，是《春秋》的流派；掌故准则，是《周礼》的流派。文章选集，是《诗经》的流派。孔子著《春秋》以后，后世学者很少能完全了解古人的全貌，一定要经过很长时间推阐然后逐渐趋向明显。司马迁《史记》与班固《汉书》以来，已经延续《春秋》开设的传统了。刘秩的《政典》，杜佑的《通典》，已开始延续《周礼》的端绪了。吕祖谦的《宋文鉴》，苏天爵的《元文类》，已开始延续《诗经》的端绪了。这些都是采用包容一代编撰成书的方式，互相凭借证实，没有空泛的言论。

　　或曰：文中子曰："圣人述史有三，《书》、《诗》与《春秋》也。"①今论三史，则去《书》而加《礼》，文中之说，岂异指欤？曰：《书》与《春秋》，本一家之学也。《竹书》虽不可尽信，编年盖古有之矣。《书》篇乃史文之别具。古人简质，未尝合撰纪传耳。左氏以传翼经，则合为一矣。其中辞命，即训诰之遗也；所征典实，即《贡》、《范》之类也。故《周书》讫平王，《秦誓》乃附侯国之书②。而《春秋》托始于平王，明乎其相继也。左氏合而马、班因之，遂为史家一定之科律，殆如江汉分源而合流，不知其然而然也。后人不解，而以《尚书》、《春

秋》分别记言记事者，不知六艺之流别者也。若夫《官礼》之
不可缺，则前言已备矣。

【注释】

①文中子曰："圣人述史有三，《书》、《诗》与《春秋》也"：语出王通
　《中说》卷一《王道》："昔圣人述史三焉：其述《书》也，帝王之事备
　矣，故索焉而皆获；其述《诗》也，兴衰之由显，故究焉而皆得；其
　述《春秋》也，邪正之迹明，故考焉而皆当。"文中子，王通。

②《秦誓》：《尚书》篇名，记载春秋秦穆公时期秦国与晋国交战兵败
　崤山之后在军中的誓词。《尚书·周书》讫于周平王作《文侯之
　命》，其下所收鲁侯伯禽所作《费誓》和秦穆公所作《秦誓》，乃是
　附录的诸侯国之书。

【译文】

　　有人说：文中子说："圣人传述的史书有三部，《尚书》、《诗经》与《春
秋》。"现在讨论三种史书，去掉《尚书》而增加《周礼》，文中子的说法，难
道是不同的意思吗？回答说：《尚书》和《春秋》，本来就是一家的学术。
《竹书纪年》虽然不能完全相信，大概编年体在古代就有了。《尚书》的
篇章是史书文字的另外存流形式。古人简朴，不曾把它们聚合成纪传
而已。左氏用传文辅助经书，就合为一书了。书中的应对言辞，就是训
诰誓命诰的遗留；所征引的典故史实，就是《禹贡》、《洪范》一类。所以《周
书》截止到平王，《秦誓》是附入诸侯国的书。而《春秋》从平王时代开始，
表明是相互继承的关系。左氏聚合而司马迁、班固因袭，于是就成为史
学一家固定的规则，大约像长江、汉水源头不同而合流为一，不知道为什
么就这样了。后人不了解，认为《尚书》、《春秋》是分别记言与记事，这是
不知道六经的流派。至于《周礼》不可缺少，前面的话里已经详细说了。

　　或曰：《乐》亡而《书》合于《春秋》，六艺仅存其四矣。既

曰六经皆史矣，后史何无演《易》之流别欤？曰：古治详天道而简于人事，后世详人事而简于天道，时势使然，圣人有所不能强也。上古云鸟纪官，命以天时，唐、虞始命以人事；《尧典》详命羲和，《周官》保章，仅隶春官之中秩，此可推其详略之概矣。《易》之为书也，开物成务，圣人神道设教，作为神物，以前民用。羲、农、黄帝不相袭，夏、商、周代不相沿，盖与治历明时，同为一朝之创制，作新兆人之耳目者也。后世惟以颁历授时为政典，而占时卜日为司天之官守焉；所谓天道远而人事迩[1]，时势之不得不然。是以后代史家，惟司马犹掌天官[2]，而班氏以下，不言天事也。

【注释】

[1]天道远而人事迩：语出《左传·昭公十七年》："郑裨灶言于子产曰：'宋、卫、陈、郑将同日火。若我用瓘斝玉瓒，郑必不火。'子产弗与。"《左传·昭公十八年》又记载："五月……宋、卫、陈、郑也，数日皆来告火。裨灶曰：'不用吾言，郑又将火。'郑人请用之，子产不可。子大叔曰：'宝，以保民也，若有火，国几亡。可以救亡，子何爱焉？'子产曰：'天道远，人道迩，非所及也，何以知之？灶焉知天道！是亦多言矣，岂不或信？'遂不与，亦不复火。"

[2]司马犹掌天官：语出司马迁《史记》卷一百三十《太史公自序》："司马氏世主天官。"司马贞《索隐》曰："天官，乃广知天文星历之事。"

【译文】

有人说：《乐经》消失而《尚书》与《春秋》合并，六经只留下其中四经了。既然说六经都是史书，为什么后世史书没有延续《周易》的流派呢？回答说：古代治理天下在天道上详尽而在人事上简略，后世在人事上详尽而在天道上简略,是时势造成这样,圣人也不能勉强。上古用云和鸟名作官名,命令官员掌握天时,唐尧和虞舜才开始命令官员管理人事;《尧典》详细记载命令羲和掌管天文,而《周礼》中掌管天文保章氏,仅属于春官的中等级别,由此可以推究天人关系详细和简略的大体情况了。《周易》作为一部书,揭示事理而成就世务,圣人依据神妙的道理设立教化,作为神奇的事理,用来引导百姓使用。伏羲、神农、黄帝不相因袭,夏、商、周三代不相沿用,大概和制定历法说明时令,同是一个朝代创立的制度,用来教化百姓移风易俗。后世只把颁布历法时令当作典章制度,而预测天象只是作为掌管天象官员的职责,这就是人们所说的天道遥远而人事接近,是时势造成不得不这样。所以后代的史学家,只有司马谈和司马迁父子还掌管天文,而班固以后的人,不谈论天道之事。

或曰:六经演而为三史,亦一朝典制之巨也。方州蕞尔之地[1],一志足以尽之,何必取于备物欤? 曰:类例不容合一也。古者天子之服,十有二章,公、侯、卿、大夫、士差降,至于元裳一章[2],斯为极矣。然以为贱,而使与冠履并合为一物,必不可也。前人于六部、卿、监,盖有志矣[3]。然吏不知兵,而户不侵礼,虽合天下之大,其实一官之偏,不必责以备物也。方州虽小,其所承奉而施布者,吏、户、礼、兵、刑、工,无所不备,是则所谓具体而微矣[4]。国史于是取裁,方将如《春秋》之藉资于百国宝书也,又何可忽欤?

【注释】

①蕞(zuì)尔:语出《左传·昭公七年》:"蕞尔国。"杜预《注》曰:"蕞,小貌。"

②天子之服,十有二章,公、侯、卿、大夫、士差降,至于元裳一章:语

出《周礼·春官》："司服掌王之吉凶衣服，辨其名物与其用事。"
郑玄《注》曰："《书》曰：'予欲观古人之象，日、月、星辰、山、龙、华
虫，作缋。宗彝、藻、火、粉米、黼、黻，绨绣。'此古天子冕服十二
章。"章，古代君臣礼服上的图案。每图为一章。天子十二章，公
九章，以下群臣按七、五、三章递减，至玄裳一章。元裳，即玄裳，
避清圣祖玄烨讳而改。

③六部、卿、监(jiàn)，盖有志矣：据《明史》卷九十七《艺文志》职官
类著录，有《吏部志》、《南京户部志》、《刑部志》、《工部志》、《太常
志》、《太仆志》、《国子监志》等。六部，指中央行政机构吏、户、
礼、兵、刑、工六部。卿，封建社会中央事务机构的长官，有太常
等九卿。监，封建社会官府机构名称，如秘书监、国子监。

④具体而微：语出《孟子·公孙丑上》："昔者窃闻之：子夏、子游、子
张皆有圣人之一体，冉牛、闵子、颜渊则具体而微。"一体，一部
分。具体，全体，整体。

【译文】

有人说：六经演变成三史，也是一朝典章制度中的重大内容。州郡
小小的地方，一部方志足够全部包括，何必要求全面具备呢？回答说：
类别和体例不容许合在一起。古代天子的礼服有十二章，公、侯、卿、大
夫、士依次递减，到玄裳一章，就是尽头了。但是如果认为玄裳卑微，而
把它和鞋帽合并成一件东西，一定不可以。前人对于六部、卿、监，大概
都编撰志书了。然而吏部不管理军事，而户部不干涉礼仪，即使合在全
国的大范围，实际上一个官署掌管一方面，不一定要求全面负责。一方
州郡虽然狭小，然而它所承受上司并发布施行的命令，吏、户、礼、兵、
刑、工六部，无不具备，这就是所说的具备全体而规模稍小而已。国史
从这里取材，正像孔子修《春秋》借助各国史书一样，又怎么可以忽
视呢？

　　或曰：自有方志以来，未闻国史取以为凭也。今言国史取裁于方志，何也？曰：方志久失其传。今之所谓方志，非方志也。其古雅者，文人游戏、小记短书、清言丛说而已耳①。其鄙俚者，文移案牍、江湖游乞、随俗应酬而已耳。搢绅先生每难言之②。国史不得已，而下取于家谱、志状、文集、记述，所谓礼失求诸野也。然而私门撰著，恐有失实，无方志以为之持证，故不胜其考核之劳，且误信之弊，正恐不免也。盖方志亡而国史之受病也久矣。方志既不为国史所凭，则虚设而不得其用，所谓觚不觚也③，方志乎哉！

【注释】

①小记短书：语出王充《论衡》卷三《骨相》："若夫短书俗记，竹帛胤文，非儒者所见，众多非一。"指短篇杂记之书。

②搢绅先生每难言之：语出司马迁《史记》卷一《五帝本纪赞》："百家言黄帝，其文不雅驯，荐绅先生难言之。"荐绅，即搢绅，也作缙绅。

③觚(gū)不觚：语出《论语·雍也》："子曰：'觚不觚，觚哉觚哉！'"孔子慨叹觚的形制发生变化，不合古法，就不成其为觚了。觚，酒器，身长，口部与底部呈喇叭形状。

【译文】

　　有人说：自从有方志以来，没听说国史取用方志来作依据。现在说国史从方志里取材，为什么呢？回答说：方志失去传承已经很长久了。现在人们所说的方志，不是方志。那些古雅的志书，是文人游戏、短记杂书、清谈丛说而已；那些粗俗的志书，是公文案卷、江湖乞丐、随俗应酬而已。士大夫与读书先生常常难以说出口。国史无可奈何，向下采取家谱、墓志、行状、文集、记述之中的材料，这是所说的礼制亡失而从郊野寻求。然而私家撰著，恐怕有失实的地方，没有方志来为它们提供证据，所以考查核实的劳苦承受不了，况且误信的弊病，只恐怕不能避免。大概方志消亡而国史受到损害已经很久了。方志既然不被国史凭借，就会虚设而不起作用，人们所说的觚不再是觚，就是指方志吧！

　　或曰：今三书并立，将分向来方志之所有而析之欤？抑增方志之所无而鼎立欤？曰：有所分，亦有所增。然而其义难以一言尽也。史之为道也，文士雅言，与胥吏簿牒，皆不可用；然舍是二者，则无所以为史矣。孟子曰：其事，其文，其义，《春秋》之所取也。即簿牒之事而润以尔雅之文①，而断之以义，国史方志，皆《春秋》之流别也。譬之人身，事者其骨，文者其肤，义者其精神也。断之以义，而书始成家。书必成家，而后有典有法，可诵可识，乃能传世而行远。故曰：志者志也②，欲其经久而可记也。

【注释】

①尔雅：语出班固《汉书》卷三十《艺文志》："古文读应尔雅。"颜师古《注》曰："尔雅，近正也。"

②志者志也：《汉书》十志，颜师古《注》曰："志，记也，积记其事也。"

【译文】

　　有人说：现在同时设立三书，是把方志向来所有的项目分开呢，还是增加以前方志所缺而三足鼎立呢？回答说：有的内容分开，也有的内容增加。然而这个意思很难用一句话说清楚。修史的原则，文人典雅的语言，和官府吏人的文书，都不能使用；然而舍弃这两种东西，那就没有办法修史了。孟子说：那些事，那些文辞，那些道理，被《春秋》所采用。依据文书的记事而用典雅的文辞润色，再运用道理决断是非，国史与方志，都是《春秋》的流派。用人的身体做比喻，事件是骨骼，文辞是皮肤，道理是精神。运用道理决断是非，史书才能成一家。史书一定成家，然后有准则有规范，可以诵读可以识记，才能传到后世而流行久远。所以说：志就是记载，想要它经历长久而可以识记。

　　或曰：志既取簿牒以为之骨矣，何又删簿牒而为掌故乎？曰：说详《亳州掌故》之例议矣，今复约略言之。马迁八书，皆综核典章，发明大旨者也。其《礼书》例曰："笾豆之事，则有司存。"①此史部书志之通例也。马迁所指为有司者，如叔孙朝仪，韩信军法，萧何律令②，各有官守而存其掌故，史文不能一概而收耳。惜无刘秩、杜佑其人，别删掌故而裁为典要。故求汉典者，仅有班书，而名数不能如唐代之详，其效易见也。则别删掌故以辅志，犹《唐书》之有《唐会要》③，《宋史》之有《宋会要》④，《元史》之有《元典章》⑤，《明史》之有《明会典》而已矣⑥。

【注释】

①《礼书》例曰："笾豆之事，则有司存"：语出司马迁《史记》卷二十八《封禅书》："若至俎豆珪币之详，献酬之礼，则有司存。"此处言出于《礼书》，属于误记。

②马迁所指为有司者，如叔孙朝仪，韩信军法，萧何律令：语出司马迁《史记》卷一百三十《太史公自序》："汉兴，萧何次律令，韩信申军法，张苍为章程，叔孙通定礼仪。"

③《唐会要》：记述唐代典章制度沿革变迁的典制体史书。唐德宗时苏冕编《会要》四十卷，唐宣宗时杨绍复续编《会要》四十卷。五代王溥重加整理，并补录唐宣宗以后史事，编为《唐会要》一百

卷。北宋太祖建隆二年(961)，奏上其书。

④《宋会要》：宋代各朝接续编修的会要，有王珪《六朝会要》三百卷，起宋太祖建隆元年(960)讫宋神宗熙宁十年(1077)；卢允文《续四朝会要》三百卷，起宋神宗元丰元年(1078)讫宋钦宗靖康二年(1127)；梁克家《中兴会要》一百卷，起宋高宗建炎元年(1127)讫绍兴三十二年(1162)；南宋中后期则有《孝宗会要》、《光宗会要》、《宁宗会要》、《理宗会要》等官修史书，成书二千二百余卷。私人撰修的会要有李心传所编宋太祖至宋宁宗十三朝《国朝会要总类》，又称为《十三朝会要》；张从祖私辑的宋太祖至宋孝宗十一朝会要，名为《总类国朝会要》，两书大抵删改官修实录而成。宋代官私会要后来散佚殆尽，至清代嘉庆年间徐松从《永乐大典》中辑出残存之稿，共三百六十六卷，名为《宋会要辑稿》。

⑤《元典章》：元代官修史书，记载元英宗以前的典章制度，六十卷。分为十门，包括诏令、圣政、朝纲、台纲、吏部、户部、礼部、兵部、刑部、工部，共三百七十三目。不著撰人姓名。附新集不分卷，记载元英宗至治二年之事，体例同正集。今人陈垣有《元典章校补》十卷。

⑥《明会典》：明李东阳等奉敕撰，一百八十卷。以六部为纲，分述各官署职掌。明孝宗弘治十五年(1480)成书。明神宗万历十五年(1587)续修，编成二百二十八卷。

【译文】

有人说：方志已经取文书来作骨骼了，为什么又节取文书作掌故呢？回答说：解释已经详见《亳州志·掌故》的例议了，现在进一步粗略说说。司马迁的八书，都是综括考核典章制度，阐发大旨。《史记》的《礼书》讲到体例说："笾豆等礼器的小事，有主管官员保存。"这是史书中撰修书志的常规。司马迁所指的主管官员，例如叔孙通的朝仪、韩信的兵法、萧何的法令，各有官员保存那些掌故，史书记事文字不能全部收入。可惜当时没有刘秩、杜佑这样的人,另外节取掌故而形成固定准则。所以探求汉代典章制度,只有班固《汉书》,因而名物度数不能像唐代那样详细,效果容易看出。那么另外节取掌故来辅助志文,就像《唐书》有《唐会要》,《宋史》有《宋会要》,《元史》有《元典章》,《明史》有《明会典》了。

　　或曰:今之方志,所谓艺文,置书目而多选诗文,似取事言互证,得变通之道矣。今必别撰一书为文征,意岂有异乎?曰:说详《永清文征》之序例矣,今复约略言之。志既仿史体而为之,则诗文有关于史裁者,当入纪传之中,如班《书》传志所载汉廷诏疏诸文,可也。以选文之例而为《艺文志》,是《宋文鉴》可合《宋史》为一书,《元文类》可合《元史》为一书矣,与纪传中所载之文,何以别乎?

【译文】

　　有人说:现在的方志,所说的艺文部分,弃置收录书目而大量选取诗文,似乎采用事和言互相证明的方法,已经找到变通的途径了。现在一定要另外编撰一部文征,难道有不同意图吗?回答说:解释已经详见《永清县志·文征》的序例了,现在进一步粗略说说。方志既然是仿照史书体裁编纂,那么诗文和史书体裁有关的部分,应该收进纪传里面,就像班固《汉书》传、志记载的汉朝诏令、奏疏诸文,就可以了。如果按照选择诗文的体例而作《艺文志》,那么《宋文鉴》可以和《宋史》合成一部书,《元文类》可以和《元史》合成一部书了,这和纪传中所记载的文章,用什么区别呢?

　　或曰:选事仿于萧梁①,继之《文苑英华》与《唐文粹》,其所由来久矣。今举《文鉴》、《文类》，始演风诗之绪，何也？曰：《文选》、《文苑》诸家意在文藻，不征实事也。《文鉴》始有意于政治②，《文类》乃有意于故事③，是后人相习久，而所见长于古人也。

【注释】

①仿：当作"昉"。原意是曙光初现，引申为开始。

②《文鉴》始有意于政治：据宋人周必大《文忠集》卷一百零四《皇朝文鉴序》曰："[孝宗]皇帝陛下……万机余暇，犹玩意于众作，谓篇帙繁夥，难于遍览，择有补治道者，表而出之……略存一代之制，定为一百五十卷。"此所谓有意于政治也。

③《文类》乃有意于故事：据元人陈旅《安雅堂集》卷四《国朝文类序》曰："国朝文章之盛，不采而汇之，遂将散轶沉泯，赫然休光，弗耀于将来，非当务之大缺者欤？乃搜撮国初至今名人所作……为七十卷，名曰《国朝文类》。百年文物之英，尽在是矣。"此所谓有意于故事也。

【译文】

有人说：选文编录之事从萧梁开始，接下来有《文苑英华》和《唐文粹》，来源已经很久了。现在举出《宋文鉴》、《元文类》，开始延续《诗经》的开端，为什么呢？回答说：《文选》、《文苑英华》诸书重视文采，不选征实的事情。《宋文鉴》才开始重视政治，《元文类》才开始重视典故，这是后人互相沿袭时间长了，而见识比古人高超之处。

或曰：方州文字无多，既取经要之篇入纪传矣①，又辑诗文与志可互证者，别为一书，恐篇次寥寥无几许也。曰：既已别为一书，义例自可稍宽。即《文鉴》、《文类》，大旨在于证史,亦不能篇皆绳以一概也。名笔佳章,人所同好,即不尽合于证史,未尝不可兼收也。盖一书自有一书之体例,《诗》教自与《春秋》分辙也②。近代方志之艺文,其猥滥者,毋庸议矣。其稍有识者,亦知择取其有用,而慎选无多也。不知律以史志之义,即此已为滥收;若欲见一方文物之盛,虽倍增其艺文,犹嫌其隘矣。不为专辑一书,以明三家之学,进退皆失所据也。

【注释】

①经要(yào):经指通行的义理、法度、原则等常道。要指要点、要纲、总要。

②《诗》教自与《春秋》分辙:辞章本于《诗经》,史学本于《春秋》,途辙自分。

【译文】

有人说:州郡值得记载的文字不多,已经选取关系治道常法的篇章收入纪传了,又收集可以和方志互相印证的诗文,另外再作一部书,恐怕篇章就寥寥无几了。回答说:既然已经另作一书,宗旨和体例自然可以稍微放宽。即使《宋文鉴》、《元文类》,大的原则在于印证史事,也不能每篇都用这个标准一概衡量。著名的好文章,人们共同爱好,即使不完全符合印证史事的要求,未尝不可以兼收并蓄。大概一部书自有一部书的体例,《诗经》的教义自然和《春秋》不同。近代方志选择的艺文部分,那些烦杂冗滥的选家,就不需要谈论了。那些稍有见识的选家,也知道选取有用的文章,而慎重选择防止过多。不懂得用编撰史书志体的义例规范方志,上述这样已经是收入过滥;如果想要展示一个地区文物的兴盛,虽然成倍增加艺文的篇幅,也还是嫌它范围狭小了。如果不为艺文专门编集一部书,用来表明三种专门的学业,那就前进后退都失掉凭借的依据。

　　或曰:《文选》诸体,无所不备,今乃归于风诗之流别,何谓也? 曰:说详《诗教》之篇矣,今复约略言之。《书》曰:"诗言志。"古无私门之著述,经、子、诸史,皆本古人之官守;诗则可以惟意所欲言。唐、宋以前,文集之中无著述[①]。文之不为义解[②]、经学。传记、史学。论撰子家。诸品者[③],古人始称之为文。其有义解、传记、论撰诸体者,古人称书,不称文也。萧统《文选》,合诗、文而皆称为文者[④],见文集之与诗,同一流别也。今仿选例而为文征,入选之文,虽不一例,要皆自以其意为言者,故附之于风诗也。

【注释】

①唐、宋以前,文集之中无著述:解说详见本书《文集》之篇。著述,指诗文以外的经学、史学、子学文章。

②义解:解释阐发经书义理的著作。

③论撰:具有特定宗旨的议论文章。

④萧统《文选》,合诗文而皆称为文:据萧统《昭明太子集》卷五《文选序》曰:"若其赞论之综缉辞采,序述之错比文华,事出于沉思,义归乎翰藻,故与夫篇什,杂而集之。"翰藻,指文章。篇什,指诗作。此可见文与诗为同一流别。

【译文】

　　有人说:《文选》各种文体,无不具备,现在却归入《诗经》的流派,为什么呢? 回答说:解释已经详见《诗教》篇了,现在进一步粗略说说。《尚书》说:"诗言志。"古代没有私家的著述,经书、子书、诸史,都语出古人的专官职守,诗却可以任凭心意说话。唐、宋以前,文集里面没有专家著述。文章不是义解、经学。传记、史学。论撰子家。各类，古人才称它是文。那些有义解、传记、论撰诸体的撰述，古人称为书，不称文。萧统的《文选》，汇合诗、文而全部都称为文，是看到文集和诗为同一流派。现在仿照文选体例编文征，入选的诗文，虽然不完全是同一体例，总之都是凭自己心意说话的文章，所以归附《诗经》流派。

　　或曰：孔衍有《汉魏尚书》，王通亦有《续书》，皆取诏、诰、章、疏，都为一集，亦《文选》之流也。然彼以衍《书》家，而不以入《诗》部，何也？曰：《书》学自左氏以后，并入《春秋》。孔衍、王通之徒，不达其义而强为之，故其道亦卒不能行。譬犹后世，济水已入于河[①]，而泥《禹贡》者，犹欲于荥泽、陶邱浚故道也[②]。

【注释】

①济水已入于河：语出《尚书·禹贡》："导沇水，东流为济，入于河，溢为荥，东出于陶丘北。"济水，古代四渎之一，源出今河南济源市西王屋山。故道流过黄河又南流，东向与黄河并行入海。后下游为黄河所夺。

②荥泽：在今河南郑州西北，西汉末渐淤为平地。陶邱：在今山东定陶县境。

【译文】

　　有人说：孔衍有《汉尚书》与《魏尚书》，王通也有《续尚书》，都是取材诏、诰、章、疏，汇集成一书，也是《文选》一类。然而它们因为延续《尚书》家，而不被列入《诗经》部类，为什么呢？回答说：《尚书》学从左氏以后，合并进《春秋》家。孔衍、王通一类人，不懂得这个道理而勉强续《尚书》，所以他们的主张也终究不能通行。譬如后世济水已经并入黄河，而拘泥于《禹贡》的人，还想在荥泽、陶邱疏浚故道。

或曰：三书之外，亦有相仍而不废者，如《通鉴》之编年，《本末》之纪事[1]，后此相承，当如俎豆之不祧矣。是于六艺，何所演其流别欤？曰：是皆《春秋》之支别也。盖纪传之史，本衍《春秋》家学，而《通鉴》即衍本纪之文，而合其志传为一也。若夫《纪事本末》，其源出于《尚书》；而《尚书》中折而入于《春秋》，故亦为《春秋》之别也。马、班以下，代演《春秋》于纪传矣，《通鉴》取纪传之分，而合之以编年，《纪事本末》又取《通鉴》之合，而分之以事类；而因事命篇，不为常例，转得《尚书》之遗法。所谓事经屡变而反其初，贲饰所为受以剥，剥穷所为受以复也[2]。譬烧丹砂以为水银，取水银而烧之，复为丹砂，即其理矣。此说别有专篇讨论[3]，不具详也。此乃附论，非言方志。

【注释】

①《本末》：宋代史家袁枢的《通鉴纪事本末》。

②贲饰所为受以剥，剥穷所为受以复：语出《周易·序卦》："贲者，饰也。致饰然后亨则尽矣，故受之以剥。剥者，剥也。物不可终尽，剥穷上反下，故受之以复。"

③别有专篇讨论：本书的《书教》篇。

【译文】

有人说：三书之外，也有继续延续而不废弃的书，例如《资治通鉴》的编年，《通鉴纪事本末》的纪事，自此以后继承不断，应当像祭祀始祖而不迁庙了。这些对于六经，延续的是什么流派呢？回答说：这些都是《春秋》的支派。大概纪传体史书，本来延续《春秋》家的学术，而《资治通鉴》就是延续本纪的文字，而与志、传合为一体。至于《通鉴纪事本末》，它的源头语出《尚书》，而《尚书》后来转而并入《春秋》，所以也是《春秋》的流派。司马迁、班固以下，世代用纪传体延续《春秋》了，《资治通鉴》取分割体裁的纪传体，用编年法整合在一处；《通鉴纪事本末》又取整合的《资治通鉴》，按事类分开；而根据事件确立篇目，不按照惯例，反而得到《尚书》遗留的方法。这就是常说的事情经过多次变化而回到起初状态，承续文饰的卦是剥落，剥落到尽头而承续剥落的卦是回复。譬如烧丹砂而变成水银，取水银来烧，又变成丹砂，就是这个道理了。这一说法另外有专篇探讨，这里不详细说明。这是附论，不是说方志。

　　或曰：子修方志，更于三书之外，别有《丛谈》一书①，何为邪？曰：此征材之所余也。古人书欲成家，非夸多而求尽也。然不博览，无以为约取地。既约取矣，博览所余，拦入则不伦②，弃之则可惜，故附稗野说部之流，而作《丛谈》，犹经之别解，史之外传，子之外篇也。其不合三书之目而称四，何邪？三书皆经要，而《丛谈》则非必不可缺之书也。前人修志，则常以此类附于志后，或称余编，或称杂志。彼于书之例义，未见卓然成家，附于其后，故无伤也。既立三家之学，以著三部之书，则义无可借，不如别著一编为得所矣。《汉志》所谓小说家流，出于稗官，街谈巷议③，亦采风所不废云尔。

【注释】

①《丛谈》一书：章学诚为毕沅纂修《湖北通志》，撰有《丛谈》四卷，分为考据、轶事、琐语、异闻。

②拦入：阑入。意为擅入。

③《汉志》所谓小说家流，出于稗官，街谈巷议：语出班固《汉书》卷
　　三十《艺文志》："小说家者流，盖出于稗官。街谈巷语，道听途说
　　者之所造也。"稗官，《汉书》颜师古《注》为先秦小官，采集街谈巷
　　语，以供君主了解闾巷风俗。

【译文】

　　有人说：您编修方志，又在三书之外，另有《丛谈》一书，为什么呢？
回答说：这是收集材料的剩余。古人著书想要成一家，不夸耀数量多和
追求穷尽。然而不广泛阅览，就没有可以简约的基础。已经可以简约
了，广泛阅览所剩余的材料，掺杂进去不伦不类，丢弃不要又可惜，所以
附入野史笔记一类，而作成《丛谈》，犹如经书的别解，史书的外传，子书
的外篇。它不与三书的名目合并而称四，是为什么呢？三书都关系常
道准则，而《丛谈》却不是一定不可缺少的书。前人修志，就经常把这一
类内容附在志后，有的书叫做余编，有的书叫做杂志。那些人的方志在
宗旨和体例方面，看不出超然出众自成一家，把这一类东西附在后面，
本来没有损害。既然设立三家的学术，著成三个部类的书，那么原则不
能假借，不如另外撰述一编就找到合适的位置了。《汉书·艺文志》所
说的小说家一流，出于稗官，街谈巷议，也是了解民间风俗时不能废弃
罢了。

州县请立志科议

　　本篇所论，缘起于章学诚在多年纂修方志的实践中，认识到方志取材不易，主要原因是没有形成修志的稳固制度，于是提出州县设立志科的建议。他通过研究《周礼》，认为周代对于四方诸侯国文献的采集，有多种官员分别掌管，形成一套自下而上的制度，极其详细周密，所以王室能够保存丰富的四方之志。后世的方志相当于周代诸侯国史，然而历代朝廷却没有专门官员职掌文献，以至于造成各种方志体例不一致。章氏指出，修史应当具有不同的层次，有天下之史，有一国之史，有一家之史，有一人之史。天下之史指一个朝代的国史，一国之史指地方志，一家之史指家谱和家传，一人之史指个人的传记与行状等。朝廷修撰国史，主要应当从地方志选取材料。而在各级地方志中，州县志尤为关键，上可以为通志与府志取材，下可以考察采纳家谱、传记等情况。正因为州县志关系至重，所以州县应当设立专门的志科，作为官府长设行政机构，专门负责修志事宜。章学诚提出志科的具体职责，一是摘取州县六科文书案卷的要点，保存副本；二是记载离任长官在任史实，作为宦迹；三是核实境内家谱、传记、行状等资料，以备方志取材；四是收藏境内人士著述、诗文等，保留副本；七是记载地方典礼、兴建等事宜。另外每乡设采访一人，搜集遗文逸事，汇集于志科。对于以上各类文献，需要辟专室建柜收藏，分门别类，标记时间，不至于紊乱。一旦全国形成制度，方志纂修局面将会大大改善。这一建议非常合理与必要，可惜由于章学诚人微言轻而无人采纳。

　　鄙人少长贫困①，笔墨干人②，屡膺志乘之聘③，阅历志事多矣。其间评骘古人是非，斟酌后志凡例，盖尝详哉其言之矣。要皆披文相质④，因体立裁。至于立法开先，善规防后，既非职业所及，嫌为出位之谋⑤，间或清燕谈天⑥，辄付泥牛入海⑦。美志不效，中怀缺如。然定法既不为一时，则立说亦何妨俟后，是以愿终言之，以待知者择焉。

【注释】

①鄙人：古人自称的谦辞。

②干(gān)人：求人。干，求取。

③屡膺(yīng)志乘之聘：清高宗乾隆二十九年(1764)，章学诚协助父亲章镳纂修《天门县志》；乾隆三十八年(1773)，应和州知州刘长城之聘，纂修《和州志》；乾隆四十二年(1777)，应永清县知县周震荣之请，纂修《永清县志》；乾隆五十四年(1789)，应亳州知州裴振之聘，纂修《亳州志》；乾隆五十七年(1792)，应湖广总督毕沅之聘，纂修《湖北通志》。膺，受，当。

④披文相(xiàng)质：语出萧统《文选》卷十七《陆士衡·文赋》：“碑披文以相质。”李善《注》曰：“碑以叙德，故文质相半。”披，翻阅，翻开。相，辅佐，帮助。

⑤出位之谋：语出《论语·宪问》：“曾子曰：‘君子思不出其位。’”意为超出本职范围，越俎代庖之意。

⑥清燕谈天：清燕也作清晏，语出陈寿《三国志》卷二十八《钟会

传》:"拓平西夏,方隅清晏。"清静安宁。谈天,语出司马迁《史记》卷七十四《孟子荀卿列传》:"故齐人颂曰:谈天衍,雕龙奭。"裴骃《集解》引刘向《别录》曰:"邹衍之所言五德终始,天地广大,尽言天事,故曰谈天。"意为闲居高谈,闳辩阔论。

⑦泥牛入海:语出《锦绣万花谷》前集卷二十八《佛祖》:"洞山问龙山和尚:'见什么道理便住此山?'师云:'我见两个泥牛斗入海,直至如今无消息。'"比喻一去不返,杳无音信。

【译文】

我从少年到成年身处贫困,凭借笔墨向别人干请,多次接受编修方志的聘请,经历有关方志的事情很多了。在这期间评定古人是非,推敲以后修志的凡例,大约也曾经谈论得很详细了。总之都运用文采辅助实质内容,根据本体确立体裁。至于设立法则开创先例,妥善制定规则防止以后出现弊病,既然不是职务涉及的范围,不愿做超越本分的谋划,有时清谈高论,总是归于泥牛入海。美好的志愿不能实现,心中感到失落。然而制定法则既然不是为一时之用,那么提出的学说又何妨等待后人,所以终究愿意说出来,等待知音的人选择。

　　按《周官》宗伯之属,外史掌四方之志,注谓若晋《乘》、楚《梼杌》之类,是则诸侯之成书也。成书岂无所藉?盖尝考之周制,而知古人之于史事,未尝不至纤悉也。司会既于郊野县都掌其书契版图之贰①;党正"属民读法,书其德行道艺"②;闾胥比众,"书其敬敏任恤"③;诵训"掌道方志,以诏观事,掌道方慝,以诏避忌,以知地俗"④;小史"掌邦国之志,奠系世,辨昭穆"⑤;训方"掌导四方之政事,与其上下之志,诵四方之传道"⑥;形方"掌邦国之地域,而正其封疆"⑦;山师、川师"各掌山林川泽之名,辨物与其利害"⑧;原师"掌四方之地名,辨其邱、陵、坟、衍、原、隰之名"⑨;是于乡、遂、都、鄙之间⑩,山川风俗,物产人伦,亦已巨细无遗矣。至于行人之献五书,职方之聚图籍⑪,太师之陈风诗,则其达之于上者也。盖制度由上而下,采摭由下而上,惟采摭备,斯制度愈精,三代之良法也。后世史事,上详于下。郡县异于封建,方志不复视古国史,而入于地理家言,则其事已偏而不全。且其书无官守制度,而听人之自为,故其例亦参差而不可为典要,势使然也。

【注释】

①司会既于郊野县都掌其书契版图之贰:语出《周礼·天官·司会》:"掌国之官府郊野县都之百物财用,凡在书契版图者之贰。"郑玄《注》曰:"版,户籍也。图,土地形象,田地广狭。"司会,天官的属官,辅助管理财政经济和对群官政绩的考察。县,古代邦畿千里之地为县,后来王畿内都邑也称县。都,周代王族以及公卿大夫在畿内的封地。贰,副本。

②党正"属民读法,书其德行道艺":语出《周礼·地官·党正》。贾公彦《疏》曰:"党正于正岁建寅朔日,聚众庶读法,因即书其德行道义。"党正,地官的属官,一党的长官。五百家为一党。

③闾胥比众,"书其敬敏任恤":语出《周礼·地官·闾胥》:"聚众庶,既比,则读法,书其敬敏任恤者。"闾胥,地官的属官,一闾的长官。二十五家为一闾。

④诵训"掌道方志,以诏观事,掌道方慝,以诏避忌,以知地俗":语出《周礼·地官》。诵训,地官的属官。

⑤小史"掌邦国之志,奠系世,辨昭穆":语出《周礼·春官》。小史,春官的属官,为大史副职,掌管史书、帝王世系及礼仪等事。

⑥训方"掌道四方之政事,与其上下之志,诵四方之传道":语出《周礼·夏官》。训方氏,夏官的属官,掌管对天子述说四方诸侯政事,以及训导四方人民。

⑦形方"掌邦国之地域,而正其封疆":语出《周礼·夏官·形方氏》。形方氏,夏官的属官。

⑧山师、川师"各掌山林川泽之名,辨物与其利害":语出《周礼·夏官》。山师、川师,夏官的属官。

⑨原师"掌四方之地名,辨其丘、陵、坟、衍、原、隰(xí)之名":语出《周礼·夏官》。原师,夏官的属官。丘,低矮的土山。陵,高大的土山。坟,水边高地。衍,低平之地。原,平原之地。隰,低洼湿地。

⑩乡、遂、都、鄙:据《周礼》记载,畿内王城之外为郊甸之地。郊有六乡,五家为比,五比为闾,四闾为族,五族为党,五党为州,五州为乡。则近郊一乡一万二千五百家。甸有六遂,五家为邻,五邻为里,四里为酂,五酂为鄙,五鄙为县,五县为遂。则远郊一遂一万二千五百家为。都鄙,语出《周礼·天官·冢宰》:"以八则治都鄙。"郑玄《注》曰:"都鄙,公卿大夫之采邑,王子弟所食邑。"即王族子弟及公卿大夫在畿内的封地。

⑪职方之聚图籍:语出《周礼·夏官》:"职方氏掌天下之图,以掌天下之地……周知其厉害。"职方氏,夏官的属官,掌管天下地图与四方进贡。

【译文】

考察《周礼》宗伯的属官,外史掌管四方诸侯国的志书,注疏说像晋国的《乘》、楚国的《梼杌》之类,那么这是诸侯国修成的书。修成的书怎么能没有凭借的依据呢? 大致曾经考察周代制度,知道古人对于史事,未尝不非常详细完备。司会已经对郊野县邑掌管书契、户籍、地图的副本;党正"聚集民众读法令,记录他们的德行和技能";闾胥考核民众,

"记录他们的恭敬、通达、诚信、助人的德行";诵训"掌管述说方志,让君主能博览众事,掌管述说四方罪恶,让君主能避开禁忌,以便知道各地风俗";小史"掌管王朝和诸侯国的史书,确定王族世系,辨明昭穆辈分";训方"掌管述说四方诸侯的政事,和他们君臣上下的心意,诵说四方世代传说的古事";形方"掌管划定王室和诸侯国的地域,确定它们的边界";山师、川师各自掌管山林、河流、湖泊的名称,辨别出产物品和它们的利害";原师"掌管四方的地名,辨别丘、陵、坟、衍、原、隰的名称"。这是对于乡、遂、都、鄙之间,山川、风俗、物产、人际关系,也已经从大到小都没有遗漏了。至于行人献进五种书,职方氏聚拢图籍,太师呈上民间诗歌,这是送达到上面王朝的图书。大约制度是由上到下,采集是由下到上,只有采集完备,那么制度才会更加周密,这是夏、商、周三代的好方法。后代的史事,上面比下面详细。郡县制和封邦建国制度不同,方志不再比照古代诸侯国史,而流入地理之家的书籍,那么方志的事情已经偏颇而不全面。况且修方志没有专职机构和制度,而听任人们自己纂修,所以方志的体例也参差不齐而不能当做固定准则,这是时势造成这样的结果。

　　夫文章视诸政事而已矣。三代以后之文章,可无三代之遗制;三代以后之政事,不能不师三代之遗意也。苟于政法亦存三代文章之遗制,又何患乎文章不得三代之美备哉?天下政事,始于州县,而达乎朝廷,犹三代比、闾、族、党,以上于六卿;其在侯国,则由长、帅、正、伯[1],以通于天子也。朝廷六部尚书之所治,则合天下州县六科吏典之掌故以立政也。其自下而上,亦犹三代比、闾、族、党,长、帅、正、伯之遗也。六部必合天下掌故而政存,史官必合天下纪载而籍备也。乃州县掌故,因事为名,承行典吏[2],多添注于六科之外③。而州县纪载，并无专人典守，大义缺如。间有好事者流，修辑志乘，率凭一时采访，人多庸猥，例罕完善；甚至挟私诬罔，贿赂行文。是以言及方志，荐绅先生每难言之。史官采风自下，州县志乘如是，将凭何者为笔削资也？且有天下之史，有一国之史，有一家之史，有一人之史。传、状、志、述，一人之史也；家乘谱牒④，一家之史也；部、府、县志⑤，一国之史也；综纪一朝，天下之史也。比人而后有家，比家而后有国，比国而后有天下。惟分者极其详，然后合者能择善而无憾也。谱牒散而难稽，传志私而多谀；朝廷修史，必将于方志取其裁。而方志之中，则统部取于诸府⑥，诸府取于州县，亦自下而上之道也。然则州县志书，下为谱牒传志持平，上为部府征信，实朝史之要删也。期会工程⑦，赋税狱讼，州县恃有吏典掌故，能供六部之征求；至于考献征文，州县仅恃猥滥无法之志乘，曾何足以当史官之采择乎？州县挈要之籍，既不足观，宜乎朝史宁下求之谱牒传志，而不复问之州县矣。夫期会工程，赋税狱讼，六部不由州县，而直问于民间，庸有当欤？则三代以后之史事，不亦难乎？夫文章视诸政事而已矣。无三代之官守典籍，即无三代之文章；苟无三代之文章，虽有三代之事功，不能昭揭如日月也。令史案牍，文学之儒，不屑道也。而经纶政教，未有舍是而别出者也。后世专以史事责之于文学，而官司掌故，不为史氏备其法制焉，斯则三代以后，离质言文，史事所以难言也。今天下大计⑧，既始于州县，则史事责成，亦当始于州县之志。州县有荒陋无稽之志，而无荒陋无稽之令史案牍。志有因人臧否、因人工拙之义例文辞，案牍无因人臧否、因人工拙之义例文辞；盖以登载有一定之法，典守有一定之人，所谓师三代之遗意也。故州县之志，不可取办于一时⑨，平日当于诸典吏中，特立志科，佥典吏之稍明于文法者⑩，以充其选。而且立为成法，俾如法以纪载，略如案牍之有公式焉，则无妄作聪明之弊矣。积数十年之久，则访能文学而通史裁者，笔削以为成书，所谓待其人而后行也。如是又积而又修之，于事不劳，而功效已为文史之儒所不能及，所谓政法亦存三代文章之遗制也。

【注释】

①长、帅、正、伯：语出《礼记·王制》："千里之外设方伯，五国以为属，属有长；十国以为连，连有帅；三十国以为卒，卒有正；二百一十国以为州，州有伯。"下文"长、帅、正、伯"，底本误作"长、卒、正、伯"，据《章氏遗书》卷十四《州县请立志科议》改。

②典吏：语出《隋书》卷二十五《刑法志》："上又以典吏久居其职，肆情为奸。诸州县佐史，三年一代，经任者不得重居之。"指地方官府的吏员。

③添注：明代官员家居被任用，补官缺，称为添注。

④家乘（shèng）：语出宋人罗大经《鹤林玉露》乙编卷四《家乘》："山谷晚年作日录，题曰《家乘》，取孟子'晋之《乘》'之义。"山谷，黄庭坚，号山谷。后称家谱为家乘。

⑤部：汉武帝分全国为十三州部，派刺史巡察郡县。章学诚以部或统部称呼布政使司（俗称省）机构，参见下篇《地志统部》。

⑥统部：总领区域单位。统，统一，统领。部，古代区域单位。一般指地方最高行政区划，例如唐代的道、宋代的路、元代的行中书

省、明清两代的布政使司。

⑦期会：语出司马迁《史记》卷一百二十九《货殖列传》："此宁有政教发征期会哉？"意为指定期限，也泛指政令的施行。

⑧大计：语出《周礼·天官》："三岁则大计群吏之治，以知民之财，器械之数。"意为统计功过作为赏罚依据。明、清两代则把考核外官的制度称为大计，由县、州、府、省每月逐级升报，巡抚每三年造册申报朝廷，赏功罚罪。

⑨办：底本误作"辨"，据《章氏遗书》卷十四《州县请立志科议》改。

⑩佥：通"签"。原意为以记号标出标志，此处指委派、任用吏人。

【译文】

　　文章比照政事就可以了。三代以后的文章，可以没有三代遗留下来的制度；三代以后的政事，不能不仿效三代遗留下来的旨意。假使政事法令中也保存三代文章遗留的制度，又何必担心文章不能达到三代的完美齐备呢？天下的政事，从州县开始，而上达朝廷，就像三代地方的比、闾、族、党，把政事上报王室的六卿；在诸侯国里，就由长、帅、正、伯负责，把政事告知天子。朝廷六部尚书所治理的政务，就是汇合天下州县六科吏治的掌故来确立执行政务的原则。这种由下到上，也就像三代比、闾、族、党，长、帅、正、伯的遗法。六部一定要汇合天下掌故才能实行政务，史官一定要汇合天下记载才能完备文献。可是州县掌故，依据事情设立名目，承办的主管官吏，大多在六科之外任命。而州县记载，并没有专人主管，缺少大原则。偶尔有喜欢多事的人，纂修一方史志，大多根据短期搜集寻访的资料，人员多半平庸浅陋，体例很少能够完善；甚至夹带私念诬陷毁谤，接受贿赂而撰文。所以提到方志，士大夫与乡绅常常难以说出口。史官从下面采集风俗，州县方志这样猥滥，将根据什么做著述的凭借呢？况且有天下之史，有一国之史，有一家之史，有一人之史。家传、行状、墓志、行述，是一人之史，家史、家谱，是一家之史；部、府、州、县志，是一国之史；综合记载一个朝代，是天下之史。

汇聚人然后有家,汇聚家然后有国,汇聚国然后有天下。只有分区达到最详细的记载,然后统和才能择善而从没有遗憾。家谱分散而难于考察,家传、墓志夹带私念而自我吹嘘;朝廷修史,一定要在方志中选取材料。而方志当中,统部从诸府选材,诸府从州县选材,也是从下到上的途径。那么州县志书,下对家谱、家传、墓志衡量公平,上被省府所凭信,实际是朝廷修史撮要删定的依据。政令实施与工作程式,赋税征收与案件诉讼,州县赖有吏员的掌故,能供给六部的求取;至于考核与征集文献,州县只依靠杂乱繁多而没有准则的方志,怎么能够适应史官的选材呢? 州县提纲挈领的书籍,既然不值得观览,难怪朝廷修史宁愿向下从家谱、家传、墓志求取,而不再从州县方志取材了。政令实施与工作程式,赋税征收与案件诉讼,六部不经过州县,而直接从民间求取,怎么能适合呢? 那么三代以后的史事,不是很难办吗? 文章比照政事就可以了。没有三代的官员职掌典籍,就没有三代的文章;如果没有三代的文章,即使有三代的功绩,不能像日月那样明确显示出来。胥吏的文书,有文才的儒者,不屑于谈论。而治理国家与政治教化,不能舍弃这些而从另外的地方产生。后世专门把史事要求文学之士负责,而官府的掌故,不为史官建立完备制度,这就是三代以后,离开实质讲究文辞、史事难于谈论的原因。现在天下的官员考核,既然从州县开始,那么史事要求的责任,也应当从州县方志开始。州县有荒疏而缺乏依据的方志,却没有荒疏而没有依据的胥吏文书。方志存在因为撰修之人有君子与小人、撰修之人有精巧与拙劣的不同体例和文辞,文书则不存在因为撰修之人有君子与小人、撰修之人有精巧与拙劣的不同体例和文辞;大概因为官府记载有确定的规则,主管有确定的专人负责,这就是所说的效法三代遗留的旨意。所以州县纂修方志,不能在短时期内仓促办理,平时应当在各位吏员中,特别设立志科,指派吏员中略微懂得文章作法的人,挑选出来担当这项工作。而且还要确立固定法规,让他们按照法规来记载,大略像文书的记录有一定格式,就没有随意妄作而自作聪明的弊病了。长期积累几十年，就寻求有文才而通晓史学裁断的人，加以删改编成完整的书，这就是所说的等待适当的人然后施行。照这样再积累而再编修，在事情上做起来不费力，而功效却是从事文史的儒生不能达到的程度了，这就是所说的在政事法令中也保存三代文章遗留的制度。

然则立为成法将奈何？六科案牍，约取大略，而录藏其副可也。官长师儒，去官之日，取其平日行事善恶有实据者，录其始末可也。所属之中，家修其谱，人撰其传志、状、述，必呈其副；学校师儒，采取公论，核正而藏于志科可也。所属人士，或有经史撰著，诗辞文笔，论定成编，必呈其副，藏于志科，兼录部目可也。衙廨城池，学庙祠宇，堤堰桥梁，有所修建，必告于科，而呈其端委可也。铭金刻石，纪事摛辞，必摩其本，而藏之于科可也。宾兴乡饮①，读法讲书②，凡有举行，必书一时官秩及诸名姓，录其所闻所见可也。置藏室焉，水火不可得而侵也。置锁楗焉，分科别类，岁月有时，封志以藏，无故不得而私启也。仿乡塾义学之意③，四乡各设采访一人④，遴绅士之公正符人望者为之，俾搜遗文逸事，以时呈纳可也。学校师儒，慎选老成，凡有呈纳，相与持公核实可也。夫礼乐与政事，相为表里者也。学士讨论礼乐，必询器数于宗祝⑤，考音节于工师⑥，乃为文章不托于空言也。令史案牍，则大臣讨论国政之所资，犹礼之有宗祝器数，乐之有工师音节也。苟议政事而鄙令史案牍，定礼乐而不屑宗祝器数，与夫工师音节，则是无质之文，不可用也。独于史氏之业，不为立法无弊，岂曰委之文学之儒已足办欤？

【注释】

①宾兴乡饮:周代乡大夫自乡学荐举人才升入国学,叫做宾兴。对荐举的人才,乡大夫设酒宴以宾客礼相待,叫做乡饮。科举时代,地方官设宴招待应举士人,也叫做宾兴。乡饮,有时也指地方官按时在学校举行的一种敬老仪式。

②读法讲书:据《周礼·地官》记载,地方官长每年按时召集公众,宣读一年的法令,称为读法。讲书,明、清两代设提督学道之官,至清中叶改称提督学政,负责一省儒学事务。学政赴州县考试生员,考试前先举行讲书仪式。

③乡塾:语出唐代欧阳询《艺文类聚》卷十四引南朝梁任昉《齐明帝谥议》:"岩廊有缙绅之谈,乡塾无横议之士。"意为乡间私塾。义学:又称义塾,官学以外的免费学校,多由私人兴办。

④四乡:语出《国语·越语下》:"皇天后土四乡地主正之。"意为四方。后来称城区四周稍远的地方为四乡。此处指州县四边东西南北四个方位。

⑤宗祝:据《周礼·春官》记载,春官之属有内宗、外宗、大(太)祝、小祝,为掌管祭祀礼器之官。一般指宗伯和太祝。

⑥工师:据《周礼·春官》记载,春官之属有乐工、乐师,掌管音乐。

【译文】

那么确立为固定法规应该怎么办呢? 六科文书,择要摘取大略,而誊写收藏文书副本就可以。长官和学官,离任的时候,选取他们平日行事善恶有确实证据的事例,记录始末原委。所管辖的范围之中,各家编修家谱,各人撰写家传、墓志、行状与行述,一定要呈交副本;让学校教官,采取公众评论,核实以后收藏在志科就可以。管辖范围内的人士,如果有经史著述、诗赋文章,编排确定成书后,一定要呈交副本,收藏在志科,同时登记类别就可以。官署城池,学庙祠堂,堤坝桥梁,倘若有所修建,一定要告知志科,呈报始末原委就可以。铭刻金石文字,记事铺展文辞,一定要拓印原件,收藏在志科就可以。地方科举考试设宴,举行乡饮酒礼,聚众宣读法令,学校讲书仪式,凡是有举行的事情,一定要记载当时的官职和各人姓名,记录所听到与所见到的内容就可以。设置收藏室,水火不能损害。设置上锁的文件柜,区分科目类别,按照年月日期,封存标记收藏起来,没有缘故不能私自打开。仿照乡塾义学的意图,四乡各设采访一人,选择绅士中公正有声望的人担任,让他们搜寻遗文逸事,按时交纳就可以。在学校教官之中,谨慎选择年高有德之人,凡是交纳的文献,一同秉公核实就可以。礼乐和政事,是互相配合的关系。士大夫探讨研究礼乐,一定要向宗祝询问有关礼器礼仪的规定,从乐工、乐师那里考察音调节奏,才算是文章不依托空泛言论。胥吏文书,是大臣商讨国家政事所凭借的依据,就像礼仪有宗祝主管的礼器礼仪,音乐有乐工、乐师主管的音调节奏。假使议论政事而轻视胥吏文书,制定礼乐而对宗祝主管的礼器礼仪,和乐工、乐师主管的音调节奏不屑一顾,就是没有实质的文章,无法使用。唯独对史家的事情,不设立法规避免弊病,难道说托付给有辞章之学的文人就足以办好了吗?

　　或曰:州县既立志科,不患文献之散逸矣。由州县而达乎史官,其地悬而其势亦无统要,府与布政使司,可不过而问欤?曰:州县奉行不实,司府必当以条察也。至于志科,既约六科案牍之要,以存其籍矣。府吏必约州县志科之要,以为府志取裁;司吏必约府科之要,以为通志取裁;不特司府之志,有所取裁,且兼收并蓄,参互考求,可以稽州县志科之实否也。至于统部大僚,司科亦于去官之日,如州县志科之于其官长师儒,录其平日行事善恶有实据者,详其始末,存于科也。诸府官僚,府科亦于去官之日,录如州县可也。

此则府志科吏,不特合州县科册而存其副,司志科吏,不特合诸府科而存其副,且有自为其司与府者,不容略也。

【译文】

有人说:州县既然设立志科,就不用担心文献的散逸了。由州县到达史官那里,地位相隔悬殊运作也不得统辖要领,府和布政使司,可以不过问吗? 回答说:州县执行如果不属实,布政使司与府一定会按条规审察。至于志科,已经摘取六科文书的要点,用来保存书册了。府衙的胥吏一定摘取州县志科的要点,用来供府志选择;布政使司的胥吏一定摘取府志科的要点,用来供通志选择;不仅布政使司与府的方志,有选择材料的依据,而且兼收并蓄,相互参证与稽考寻求,可以考察州县志科记载是否确实。至于统部的长官,布政使司的志科也在他们离任的时候,就像州县志科对待州县长官与学官那样,记录他们平时行事善恶有确凿证据的事实,详细叙述始末,保存在志科。诸府的长官,府衙志科也可以在他们离任的时候,就像州县那样记录就可以。这样府衙志科胥吏不仅汇合州县志科书册而保存其副本,布政使司志科胥吏不仅汇合诸府志科而保存其副本,而且有自己对布政使司和诸府事实的记载,不容忽略。

或曰:是于史事,诚有裨矣。不识政理亦有赖于是欤?曰:文章政事,未有不相表里者也。令史案牍,政事之凭藉也。有事出不虞,而失于水火者焉,有收藏不谨,而蚀于湿蠹者焉;有奸吏舞法,而窜窃更改者焉;如皆录其要,而藏副于志科,则无数者之患矣。此补于政理者不尠也①。谱牒不掌于官,亦今古异宜,天下门族之繁,不能悉核于京曹也②。然祠袭争夺,则有讼焉;产业继嗣,则有讼焉;冒姓占籍,降服归宗③，则有讼焉；昏姻违律，则有讼焉；户役隐漏，则有讼焉。或谱据遗失，或奸徒伪撰，临时炫惑，丛弊滋焉。平日凡有谱牒，悉呈其副于志科，则无数者之患矣。此补于政理者，又不尠也。古无私门之著述，盖自战国以还，未有可以古法拘也。然文字不隶于官守，则人不胜自用之私。圣学衰而横议乱其教，史官失而野史逞其私④；晚近文集、传、志之猥滥，说部是非之混淆，其渎乱纪载，荧惑清议，盖有不可得而胜诘者矣。苟于论定成编之业，必呈副于志科，而学校师儒从公讨论，则地近而易于质实，时近而不能托于传闻，又不致有数者之患矣。此补于政理者，殆不可以胜计也。故曰文章政事，未有不相表里者也。

【注释】

①尠（xiǎn）：也作"尟"，通"鲜"，少。

②京曹：朝廷各部司以下的属官均为京官，故曰京曹。

③降服归宗：古代丧制规定，出嗣之子为本生父母持丧，丧服降低一等，等级由斩衰降为齐衰，期限由三年降为一年，称为降服。随母育于异性或者出继异姓亲戚者回归本姓，称为归宗。

④野史：据《新唐书》卷五十八《艺文志》杂史类著录："公沙仲穆《大和野史》十卷。起大和，尽龙纪。"此乃以"野史"名书之始。后世泛称私家记载的朝野见闻为野史。

【译文】

有人说：这对于修史，确实是有裨益了。不知道这对于政事治理是否也有帮助呢？回答说：文章和政事，没有不互相配合的情况。胥吏的文书，是政事的凭借。有出现意外事故，而在水火灾害中损失的事情；有收藏不谨慎，而被潮气与蠹虫损伤的事情；有奸诈胥吏舞文弄法，而窃取窜改的事情；如果都摘录文书要点，而把副本收藏在志科，就没有这几种损害情况了。这对政事治理具有不少补益。家谱不由官府掌管，也是由于古今情况不同，天下门第家族繁多，不能全部由朝廷官署查验。然而宗族祠堂承袭的争夺，就有诉讼；家产的继承，就有诉讼；冒用他人姓氏填入户籍，由外姓之家还归本宗，就有诉讼；婚姻违反法律，就有诉讼；按户分派的差役有隐瞒遗漏，就有诉讼。有时家谱遗失，有时奸诈之徒伪造家谱，趁机迷乱众人，种种弊病由此产生。平时凡是有家谱，都把副本呈交给志科，就没有这几种祸害情况了。这对政事治理的补益，又不为少。古代没有私家的著述，大概从战国以来，就没有可以用古代方法规范的著述了。然而著述不归属官员职掌，人们自以为是的私心就没有限制。圣贤之学衰落而纵横议论扰乱儒学的教化，史官失去职守而野史放纵恣肆；近代的文集、家传、墓志杂滥繁冗，笔记小说是非混淆，它们搅乱史书记载，迷惑社会舆论，大概有不能尽数责问的了。假如对编排确定成书的文字，一定要向志科呈送副本，而由学校教官秉公讨论是非，那么地理位置接近容易对证事实，相距时间接近不能妄托传闻，又不致有这几种祸害情况了。这对政事治理的补益，大概无法尽数计算了。所以说文章和政事，没有不互相配合的情况。

地志统部

【题解】

清仁宗嘉庆二年(1797),章学诚在安徽桐城披阅试卷,看到洪亮吉刊刻《卷施阁文集》,其中有《与章进士书》一篇,反驳章学诚十年前之说,于是章学诚又作此篇申论。十年之前,章学诚见洪亮吉所作《乾隆府厅州县图志》,认为对清代各大行政区划的称呼,不应沿用《大清一统志》的旧例仍称布政使司,而应该按照清代中叶制度称为部院。他在文中列举应称部院的十条理由,其中最根本的理由就是,清初沿用明制,称布政使司,后来逐渐把明代的巡抚按察制度固定下来,各省设立巡抚之职,巡抚均兼兵部侍郎与都察院副都御史衔,成为固定长官,布政使成为属员,因此不能继续称布政使司,而应当称为部院。这种说法从职官制度演变的角度来看比较合理,更符合清代社会的实际情况,能够做到名正言顺。然而任何时代的名物度数都会产生变化,而称呼不一定立即废除。汉代的州和隋、唐的州管辖地域有天壤之别,未尝不称州;唐代的节度使和宋代的节度使职权有天壤之别,未尝不称节度使。历代各大行政区划,唐代称道,宋代称路,元代称行中书省,明、清两代称布政使司,形成固定的制度。自元、明、清以来,人们习惯于把各大行政区划称为省,这一制度名称一直沿用到现在,久已深入人心。章学诚不同意使用省的名称,说省是俗称,所以主张应称部院,替代省作为各大政区名称。这一做法不免矫枉过正,因为过于强调制度名称随时,就难免造成割断历史联系、过分拘泥于名称而不顾客观时势的失误。

　　阳湖洪编修亮吉①,尝撰辑《乾隆府厅州县志》②,其分部乃用《一统志》例③,以布政使司分隶府、厅、州、县。余于十年前,访洪君于其家,谓此书于今制当称部院④,不当泥布政使司旧文。因历言今制分部与初制异者,以明例义。洪君意未然也。近见其所刻《卷施阁文集》,内有《与章进士书》⑤,繁称博引,痛驳分部之说。余终不敢为然。又其所辨,多余向所已剖,不当复云云者。则余本旨,洪君殆亦不甚忆矣。因疏别其说,存示子弟,明其所见然耳,不敢谓己说之必是也。

【注释】

①阳湖洪编修亮吉:洪亮吉(1746—1809),字稚存,号北江,清代江苏阳湖(今江苏武进)人。清高宗乾隆五十五年(1790)进士,授翰林院编修。嘉庆初年,上书指摘朝政,谪戍新疆伊犁。次年赦还,改号更生居士。著述颇多,有《春秋左传诂》、《卷施阁文集》、《更生阁文集》等。编修,翰林院官员,掌编修国史及实录等。

②《乾隆府厅州县志》:洪亮吉撰《乾隆府厅州县图志》五十卷,清高宗乾隆五十四年(1789)刊刻。

③《一统志》:《大清一统志》。始撰于清高宗乾隆八年(1743),编成三百四十二卷,另外附录外藩及朝贡诸国。至乾隆二十年(1755),伊犁平定,又诏重修,编成五百卷定本。

④部院:部指朝廷六部,院指都察院。清代总督、巡抚例加兵部尚书、侍郎及都察院都御史、副都御史衔。故称巡抚为部院。

⑤《与章进士书》：洪亮吉《卷施阁文甲集》卷八《与章进士学诚书》。

【译文】

阳湖洪亮吉编修曾经编撰《乾隆府厅州县志》，书中划分政区却使用《一统志》的体例，以布政使司分别统辖府、厅、州、县。我在十年之前，去洪君家中拜访，说这部书里按照当今制度应该叫做部院，不应该拘泥于布政使司的旧称。于是一一说明当今划分政区制度和当初制度的不同，用来表明宗旨和体例。洪君之意不以为然。近来看到他刻印的《卷施阁文集》，里面有《与章进士书》，广泛论说征引，彻底驳斥我关于划分政区的说法。我终究不能认为像他所说的这样。另外他所分辨的观点，大多是我以前已经剖析明白的内容，不应当再说怎么怎么样。那么我的本意，洪君恐怕也不太记得清楚了。因而分条辨析关于政区的说法，留给子弟观看，表明对此问题的见解是这样罢了，不敢说自己的说法一定对。

统部之制，封建之世，则有方伯①。郡县之世，则自汉分十三部州②；六朝州郡，制度迭改，其统部之官，虽有都督总管诸名③，而建府无常，故唐人修五代地志④，即《隋志》。不得统部之说，至以《禹贡》九州，画分郡县，其弊然也。唐人分道⑤，宋人分路⑥，虽官制统辖不常，而道、路之名不改；故修地志者，但举道、路而分部明也。元制虽亦分路，而诸路俱以行省平章为主，故又称行省⑦。而明改行省为十三布政使司⑧，其守土之官，则曰布政使司布政使⑨。布政使司者，分部之名，而布政使者，统部之官，不可混也。然布政使司，连四字为言，而行省则又可单称为省，人情乐趋简便，故制度虽改，而当时流俗，止称为省。沿习既久，往往见于章奏文移，积渐非一日矣。我朝布政使司，仍明旧制；而沿习称省，亦仍明旧。此如汉制子弟封国，颁爵为王，而诏诰章奏，乃称为诸侯王；当时本非诸侯，则亦徇古而沿其名也。但初制尽如明旧，故正名自当为布政使司。百余年来，因时制宜，名称虽沿明故，而体制与明渐殊⑩。

【注释】

①方伯：商、周时期统领一方的诸侯国首领。后来泛称地方最高行政长官。

②汉分十三部州：据班固《汉书》卷二十八《地理志》记载，汉武帝分全国为十三个监察区，称为十三州部，部置刺史，大体沿用《禹贡》九州之名而略微损益，曰冀州、幽州、并州、兖州、青州、徐州、扬州、荆州、豫州、凉州、益州、交州、朔方。

③都督总管：魏、晋、南北朝时中央派往地方的领军长官，后兼管辖区民政，演变为大区军政长官。据杜佑《通典》记载，魏、晋、宋、齐、梁、陈设置都督诸州诸军事、都督某州诸军事，北魏设置京畿大都督，后周改都督诸州诸军事为总管，隋、唐于要州设置大总管，其于州府设置总管。

④五代地志：五代指梁、陈、北齐、北周、隋五朝。唐初命史官分撰五朝史，只有纪传而无志。唐高宗命修《五代史志》，后附于《隋书》。地志，《五代史志·地理志》，亦即《隋书》卷二十九《地理志》。

⑤道：唐太宗贞观时期，根据山川形势，把全国分为十道，即关内道、河南道、河东道、河北道、山南道、陇右道、淮南道、江南道、剑南道、岭南道。唐玄宗开元年间，又分为十五道，即分山南、江南各为东、西两道，新增黔中道、京畿道、都畿道。

⑥路：宋太宗至道年间，分全国为十五路；宋仁宗天圣年间，析为十八路；神宗元丰年间，又析为二十三路，即京东东、西路，京西南、

北路，河北东、西路，永兴军路、秦凤路、河东路、淮南东、西路，两
浙路、江南东、西路，荆湖南、北路，成都府路、梓州路、利州路、夔
州路、福建路、广南东、西路。

⑦行省：元世祖至元年间，设立中书省一，统辖山东西部、河北之
地，称为腹里；行中书省十一，即岭北行省、辽东行省、河南行省、
陕西行省、四川行省、甘肃行省、云南行省、江浙行省、江西行省、
湖广行省、征东行省。行省长官为丞相、平章等。无丞相则以平
章统理行省事。

⑧十三布政使司：明代除京师、南京直隶朝廷外，全国设置十三个
布政使司，即山东布政使司、山西布政使司、河南布政使司、陕西
布政使司、四川布政使司、湖广布政使司、浙江布政使司、江西布
政使司、福建布政使司、广东布政使司、广西布政使司、云南布政
使司、贵州布政使司。

⑨布政使司布政使：据《明史》卷七十五《职官志》记载："承宣布政
使司左右布政使各一人，从二品……掌一省之政，朝廷有德泽禁
令，承流宣播，以下于有司。"清代略有损益，据《清通典》卷三十
四《职官》记载："国初每省设承宣布政使司，置左右布政使各一
人。顺治十八年，分江南布政使司为江苏、安徽，各二人。康
熙……六年，去左右系衔，每省只设布政使一人。"

⑩体制与明渐殊：明代布政使司长官布政使掌管一省行政，清代布
政使成为总督、巡抚的下属，这是明、清体制的不同。

【译文】

统部的制度，在封邦建国的时代，就有方伯。在郡县制的时代，从
汉代开始分十三部州；六朝时代的州郡，制度交替改变，此时统部的长
官，虽然有都督、总管等名目，而设置府衙不固定。所以唐代史家编撰
五代地理志，即《隋书·地理志》。不了解统部的含意，以至于按照《禹
贡》九州，划分郡县，弊病竟然如此。唐代分道，宋代分路，虽然官制和

统辖区域分合不定,而道、路的名称不改,所以编修地理志的人,只标举道、路而统部划分明确。元代制度虽然也分路,而诸路都以行省平章为长官,所以又称行省。而明代改行省为十三布政使司,管理一方的长官,叫做布政使司布政使。布政使司,是划分统部的名称,而布政使,是统部的长官,不可混淆。然而布政使司,连用四个字作为称呼,而行省却可以单字称作省,人情喜欢趋向简便,所以制度虽然改变,而当时流行的习惯,只称作省。习惯因循已经长久,往往在章奏、公文中见到这样的称呼,逐渐形成而不是短暂的时间了。我朝布政使司,仍然沿用明代旧制;而习惯因循称省,也沿用明代的旧习。这就像汉代制度中子弟封国,授予的爵位是王,而诏书章奏中,却称为诸侯王;当时本不是诸侯,也就顺从古代沿用这个名称。只是起初的制度完全如同明代旧制,所以端正名称自然应当做为布政使司。一百多年来,根据时势确立原则,名称尽管沿袭明代旧制,体制和明代却逐渐不同。

　　今洪君书以乾隆为名,则循名责实,必当称部院而不当称布政使司矣。盖初制巡抚无专地[①],前明两京无布政司[②],而顺天、应天间设巡抚[③];顺天之外,又有正定[④],应天之外,又有凤阳诸抚[⑤]。不似今之统辖全部,自有专地。此当称部院者一也。初制巡抚无专官,故康熙以前,巡抚有二品、三品、四品之不同,其兼侍郎则二品[⑥],副都御史则三品,佥都御史则四品;今则皆兼兵部侍郎、右副都御史矣。其画一制度,不复如钦差无定之例。此当称部院者二也。学差关部[⑦],皆有京职,去其京职,即无其官矣。今巡抚新除,吏部必请应否兼兵部、都察院衔。虽故事相沿,未有不兼衔者;但既有应否之请,则亦有可不兼衔之理矣。按《会典》、《品级考》诸书[⑧],已列巡抚为从二品,注云:“加侍郎衔正二。"则巡抚虽不兼京衔,已有一定阶级⑨,正如宋之京朝官,知州军知县事⑩,虽有京衔,不得谓州县非职方也⑪。此当称部院者三也。国之大事,在祀与戎⑫。今戎政为总督专司⑬,而巡抚亦有标兵⑭,固无论矣。坛庙祭祀,向由布政使主祭者,而今用巡抚主祭⑮。则当称部院者四也。宾兴大典,向用布政使印钤榜者,而今用巡抚关防⑯。此当称部院者五也。初制布政使司有左右使,分理吏、户、礼、工之事。都司掌兵⑰,按察使司提刑⑱。是布政二使,内比六部;而按察一使,内比都察院也。今裁二使归一,而分驿传之责于按察使,裁都司而兵权归于督抚,其职任与前异。故上自诏旨,下及章奏文移,皆指督抚为封疆⑲,而不曰辂使⑳;皆谓布政之司为钱谷总汇㉑,按察之司为刑名总汇㉒,而不以布政使为封疆。此尤准时立制,必当称部院者六也。督抚虽同曰封疆,而总督头衔则称部堂㉓;盖兵部堂官㉔,虽兼右都御史,而仍以戎政为主者也。巡抚头衔则称部院;盖都察院堂官,虽兼兵部侍郎,而仍以察吏为主者也。故今制陪京以外㉕,有不隶总督之府、州、县,而断无不隶巡抚之府、州、县也。如河南、山东、山西,有巡抚而无总督,巡抚不必兼总督衔。直隶、四川、甘肃㉖,有总督而无巡抚,则总督必兼巡抚衔㉗。督抚事权相等,何以有督无抚,督必兼抚衔哉? 正以巡抚部院,画一职方制度,并非无端多此兼衔。此尤生今之时,宜达今之体制,其必当称部院者七也。今天下有十九布政使司㉘,而《会典》则例,六部文移,若吏部大计,户部奏销㉙,礼部会试㉚,刑部秋勘㉛,皆止知有十八直省㉜,而不知有十九布政使司；盖巡抚止有十八部院故也。巡抚实止十五，总督兼缺有三。故江苏部院，相沿称江苏省久矣。苏松布政使司，与江淮布政使司，分治八府三州㉝，不闻公私文告，有苏松直省、江淮直省之分。此尤见分部制度，今日万万不当称使司，必当称部院者八也。洪君以巡抚印用关防，不如布政使司正印，不得为地方正主，可谓知一十而忘其为二五矣。如洪君说，则其所为府、厅、州、县之称，亦不当也。府、州、县固自有印，厅乃直隶同知㉞，止有关防而无印也。同知分知府印，而关防可领职方；巡抚分都察院印，而关防不可以领职方，何明于小而暗于大也？此当称部院者九也。洪君又谓今制督抚，当如汉用丞相长史出刺州事㉟，州虽领郡，而《汉志》仍以郡国为主㊱，不以刺史列于其间。此比不甚亲切。今制惟江苏一部院，有两布政使司；此外使司所治，即部院所治，不比汉制之一州必领若干郡也。然即洪君所言，则阚氏《十三州志》㊲，自有专书，何尝不以州刺史著职方哉㊳？此当称部院者十也。

【注释】

①必当称部院而不当称布政使司矣。盖初制巡抚无专地：必当称部院而不当称，《章氏遗书》卷十四《地志统部》作"必当以巡抚为主而称、部院，不当更称"。初制巡抚无专地，语出《续文献通考》卷五十四《职官考》："巡抚之名，始于洪武中……盖大灾重事，则遣行视，谓之巡抚。迄事而止，无定员也。"明初，朝廷派遣官员巡抚地方，属于临时性质，后来逐渐演变为一省的实际长官。清初定制，每省以巡抚为长官，地位次于总督。

②前明两京：明代的北京和南京。北京设顺天府，南京设应天府。

③顺天、应天间设巡抚：据《明史》卷七十三《职官志》记载："[成化]八年，以畿辅地广，从居庸关中分，设二巡抚，其东为巡抚顺天、永平二府，驻遵化。"又记载："总理粮储提督军务，兼巡抚应天等府一员。"

④正定：据《明史》卷七十三《职官志》记载："成化八年，分居庸关以西，另设巡抚保定、真定、河间、顺德、大名、广平六府……驻真定。"明代改元代真定路为真定府，治所在真定（今河北正定），隶属北京。清代雍正年间，避清世宗胤禛（zhēn）之讳，改称正定。

⑤凤阳：据《明史》卷七十三《职官志》记载："总督漕运兼提督军务巡抚凤阳等处兼管河道一员。"明代设凤阳府，治所在凤阳（今属安徽），隶属南京。

⑥兼侍郎则二品：据《清通典》卷三十三《职官》记载："凡巡抚例兼都察院右副都御使衔。其应否兼兵部侍郎衔，由吏部请旨定夺。"明代巡抚例兼都察院官衔。都察院长官为都御史，副长官为副都御史、佥都御史。

⑦学差：学政。清代各省设提督学政，由京官派出，与总督、巡抚平行，督察各府、州、县的儒学事务。关：官府之间行文质询。

⑧《会典》、《品级考》：《会典》指《清会典》，一百卷。清圣祖康熙年间初修，清世宗雍正、清高宗乾隆、清仁宗嘉庆、清德宗光绪各朝迭加修改。体例仿照《明会典》，记载各官署的职掌和事例。《品级考》一卷，撰成于清圣祖康熙年间，撰人不详。

⑨阶级：官阶和品级。

⑩宋之京朝官，知州军知县事：据《宋史》一百六十七《职官志》记载："宋初革五季之患，召诸镇节度会于京师，赐第以留之。分命朝臣出守列郡，号权知军州事。军谓兵，州谓民政焉。"又记载："县令……若京、朝、幕官，则为知县事。有戍兵则兼兵马都监或监押。"宋代高级文官每日朝参者称为朝官，品级较低不能常参者称为京官，合称京朝官。军，宋代行政区划。有两种级别：一

种与府州同级,隶属于路。一种与县同级,隶属于府州。

⑪职方:官名。《周礼》有职方氏,隋有职方侍郎,唐、宋有职方郎中和职方员外郎,明、清有职方清吏司,虽历代执掌权限不尽相同,但都负责掌管天下舆图之事。此处指职掌方面之官。

⑫国之大事,在祀与戎:语出《左传·成公十三年》。

⑬总督:据《清通典》卷三十三《职官》记载:"总督……掌总治军民,统辖文武,考核官吏,修饬封疆。"明代派遣大臣作为军事重镇总督,主管地方军政,废置不常。清代变为常设制度,总督成为地方最高长官,总管一省或二三省的军民大政。巡抚位在其下。山东、山西、河南、江西等省不设总督,由巡抚兼任总督之职。

⑭标兵:标为清代绿营兵的最高军事编制单位,以三营为一标。标下之兵由总督统辖者称为督标,由巡抚统辖者称为抚标,由提督统辖者称为提标。

⑮巡抚主祭:清代社稷坛、祖庙、圣贤庙、诸神庙等坛庙祭祀,由巡抚主祭。

⑯关防:一种长方形的官印。明、清两代,正规职官使用的正方形印称为"印",临时派遣官员使用的长方形印称为"关防"。总督、巡抚起初属于临时派遣,故使用关防。

⑰都司:据《明史》卷七十六《职官志》记载:"都司掌一方之军政,各率其卫所,以隶于五府而听于兵部。"都司即都指挥使司的简称。明代在各省设立的与布政使司地位平等的机构,其长官都指挥使掌管一省的军事,隶属于中央的五军都督府。清代因兵权归属督抚,都司地位大大下降,仅为四品武官,位居游击之下。

⑱按察使司:据《清通典》卷三十四《职官》记载:"提刑按察使司按察使……掌全省刑名按核之事,振扬风纪,澄清吏治……与布政使称两司。"明代每省设按察使司,长官按察使掌管一省司法。清代沿置。

⑲封疆：语出《战国策·燕策三》："国之有封疆，犹家之有垣墙。"又据司马迁《史记》卷六十八《商君列传》记载："为田开阡陌封疆。"张守节《正义》曰："封，聚土也。疆，界也。谓界上封记也。"明、清两代总督、巡抚总领地方的军政大权，被称作封疆大臣或封疆大吏。

⑳轺使：语出萧统《文选》卷四十三《丘希范·与陈伯之书》："乘轺建节，奉疆埸之任。"又称轺车、轺传，均指使者乘坐的使车。

㉑钱谷总汇：管理赋税、财政的总机构。

㉒刑名总汇：管理刑事案件的总机构。

㉓部堂：清代的六部尚书、侍郎，因有大堂、左右堂名目，故称部堂。各省总督加兵部尚书衔，也称作部堂。

㉔堂官：明、清时期对朝廷六部长官尚书、侍郎的通称，因在各官署大堂、左右堂办公而得名。其他独立机构以及地方长官也被称作堂官。

㉕陪京：也称陪都。清代以盛京（今辽宁沈阳）为陪京。

㉖直隶：清代建都北京，以京师所辖地区为直隶，大致相当于今北京、天津两市以及河北省地区。

㉗总督必兼巡抚衔：清代设置总督八人，直隶、两江、闽浙、湖广、陕甘、四川、两广、云贵各一人。巡抚十五人，山东、山西、河南、江苏、安徽、江西、浙江、湖北、湖南、陕西、新疆、广东、广西、云南、贵州省各一人。以总督兼巡抚者，直隶、甘肃、福建、四川省四人。

㉘今天下有十九布政使司：据《清通典》卷三十四《职官》记载："承宣布政使司布政使，直隶、山东、山西、河南、江宁、苏州、安徽、江西、福建、浙江、湖北、湖南、陕西、甘肃、四川、广东、广西、云南、贵州各一人。"其中江宁、苏州是清高宗乾隆二十五年（1760）由江苏分出，同归江苏巡抚管辖。

㉙奏销：清代各州县每年将赋税征收的实数上报户部，称为奏销。

㉚会试：明、清科举制度，每三年会集各省举人赴京城参加礼部考试，称为会试。

㉛秋勘：清制，每年秋天，刑部会同大理寺等机构，对已判死刑的案件复审，称为秋审或秋勘。

㉜直省：各省直属朝廷，故称直省。

㉝苏松布政使司，与江淮布政使司，分治八府三州：清高宗乾隆年间，江苏省分设两布政使司，一驻江宁（今南京），一驻苏州。江宁布政使司辖江宁、扬州、淮安、徐州四府，海州、通州二州，海门一厅。苏州布政使司辖苏州、松江、常州、镇江四府，太仓州。

㉞同知：明、清时期府州的佐官，分掌各类事务。

㉟丞相长史出刺州事：汉代相国、丞相及三公府各设长史，协助主管各项事务，权任甚重。汉武帝分全国为十三州，设刺史监察诸郡，汉成帝改称州牧，汉哀帝复名刺史。

㊱郡国：汉代兼用郡县和分封两种体制，分天下为郡与国，并称郡国。

㊲阚氏《十三州志》：据《隋书》卷三十三《经籍志》地理类著录："《十三州志》十卷，阚骃撰。"

㊳何尝不以州刺史著职方哉：《章氏遗书》卷十四《地志统部》此后尚有一段文字："阚书今虽不传，而《隋志》著录，章怀太子《后汉书注》、六臣《文选注》多引之。洪君以博雅名，岂未见邪？"

【译文】

现在洪君的书用乾隆作书名，那么按照名称要求实际，一定应该称部院而不应该称布政使了。大概起初的制度是巡抚没有专门统领的地域，前明两京没有布政使司，而顺天府、应天府有时设置巡抚；顺天府之外，又有正定巡抚，应天府之外，又有凤阳巡抚。不像现在的巡抚管辖整个统部，自有专门统领的地域。这是应该称呼部院的第一个理由。

起初的制度是巡抚没有专门官职，所以康熙以前，巡抚有二品、三品、四品的不同，巡抚兼侍郎就是二品，兼副都御史就是三品，兼佥都御史就是四品；现在就全部兼兵部侍郎、右副都御史了。这样使制度整齐统一，不再有像钦差那样没有固定品级的事例。这是应该称呼部院的第二个理由。学政行文质询统部，署衔都有京官官职，去掉他们的京官官职，就没有学政这个官了。当今巡抚新任命，吏部一定请示是否应该兼兵部与都察院官衔。这虽然是沿用过去的惯例，现在没有不兼衔的巡抚，但是既然有是否应该的请示，那就也有可以不兼衔的道理了。考察《清会典》、《品级考》等书，已经把巡抚列为从二品，并作注释说："加侍郎衔巡抚为正二品。"那么巡抚即使不兼京官头衔，已经有固定的官阶品级，正像宋代的京朝官知州军和知县事，虽然有京朝官头衔，不能说州县官不是地方官。这是应该称呼部院的第三个理由。国家的大事，在于祭祀和战争。现在军事是总督专管，而巡抚也有标兵，本来就不用说了。神坛和庙宇的祭祀，一向由布政使主祭，而现在改用巡抚主祭。这是应该称呼部院的第四个理由。科举考试大典，一向用布政使印在榜上盖章，而现在用巡抚的关防长印。这是应该称呼部院的第五个理由。起初的制度是布政使司有左右二使，分别管理吏、户、礼、工的事务，都司掌管军事，按察使司主管刑狱。这是布政司左右二使，比照朝内的六部，而按察使一官，比照朝内的都察院。现在裁减左右二使归属一使，而把驿站的责任分给按察使，削减都司权力而把兵权归属总督与巡抚，它们的职务和以前不同。所以上自皇帝诏旨，下到臣僚章奏和诸司公文，都把总督、巡抚视为封疆大吏，而不称乘轺使臣；都说布政使司是管理钱粮机构，按察使司是管理刑名机构，而不把布政使看作封疆大吏。这尤其是参照时势设立制度，一定应该称呼部院的第六个理由。总督和巡抚虽然同样叫做封疆大吏，而总督头衔称作部堂；大概是兵部长官，虽然兼任右都御史，而仍然以管辖军事为主。巡抚头衔称作部院；大概是都察院长官，虽然兼任兵部侍郎，而仍然以监察官员为主。

所以现在制度规定陪京以外，有不隶属总督的府、州、县，而绝对没有不隶属巡抚的府、州、县。例如河南、山东、山西，有巡抚而没有总督，巡抚不需要兼总督之衔；直隶、四川、甘肃，有总督而没有巡抚，那么总督一定兼巡抚之衔。总督与巡抚职权相等，为什么有总督没有巡抚的情况下，总督一定兼巡抚之衔呢？正是要用巡抚部院，使地方官制整齐划一，并不是无缘无故地增加这个兼衔。这尤其是生活在当今时代，应当了解当今的体制，一定应该称呼部院的第七个理由。现在天下有十九个布政使司，而《会典》法规，六部公文，像吏部考核地方官的大计，户部征收赋税的奏销，礼部考试举人的会试，刑部秋天的复审，都只知道有十八个直省，而不知道有十九个布政使司，大概是因为巡抚只有十八个部院的缘故。巡抚实际上只有十五个，总督兼巡抚有三个。所以江苏部院，相沿称江苏省很久了。苏松布政使司，和江淮布政使司，分治江苏八府三州，没听说公府公文与私人奏告里，有苏松直省、江淮直省的分别。这尤其可以看出划分统部的制度，当今万万不应当称使司，一定应该称呼部院的第八个理由。洪君认为巡抚的印使用关防长印，不如布政使司方印，不能当做地方主要长官，可以说是知道一十是十而忘掉二五也是十了。如果按照洪君的说法，那么他对府、厅、州、县的称呼，也不适当了。府、州、县固然自己有印，厅是直接隶属同知，只有关防长印而没有方印。同知分享知府印权，而关防长印可以统辖地方官；巡抚分享都察院印权，而关防长印不可以统辖地方官，为什么对于小官明白而对大官糊涂呢？这是应该称呼部院的第九个理由。洪君又说现在制度的总督与巡抚，应当就像汉代用丞相长史出使监察州事，州虽然统辖郡，而《汉书·地理志》仍然以郡国为主，不把刺史列在书里面。这个比方不太贴切。现在制度只有江苏一个部院，设有两个布政使司；此外布政使司所治理的区域，就是部院所治理的区域，不能和汉代制度中一州一定统辖若干郡相比。但是就按照洪君的说法，那么阚氏《十三州志》，本来有专书，何尝不把州刺史标著为地方官呢？这是应该称呼部院的第十个理由。

　　夫制度更改，必有明文。前明初遣巡抚，与三使司官[1]，宾主间耳。其稍尊者，不过王臣列于诸侯之上例耳。自后台权渐重[2]，三司奉行台旨。然制度未改，一切计典奏销，宾兴祭祀，皆布政使专主，故为统部长官，不得以权轻而改其称也。我朝百余年来，职掌制度，逐渐更易。至今日而布政使官与按察使官，分治钱谷刑名，同为部院属吏，略如元制行省之有参政、参议耳[3]。一切大政大典，夺布政使职而归部院者，历有明文，此朝野所共知也。而统部之当称使司，与改称部院，乃转无明文，何哉？以官私文告，皆沿习便而称直省，不特部院无更新之名，即使司亦并未沿旧之名耳。律令典例，诏旨文移，皆有直省之称；惟《一统志》尚沿旧例，称布政使司，偶未改正。洪君既以乾隆名志，岂可不知乾隆六十年中时事乎？

【注释】

①三使司：明代各省设承宣布政使司、提刑按察使司、都指挥使司，分掌一省行政、司法、军事。

②台：御史台。明代改称都察院。总督、巡抚例兼都察院长官衔，故称台官。

③参政、参议：元代行中书省以丞相、平章为长官，参知政事为副长官。元代中书省设参议，行省未见参议之官。明代布政使司设参政、参议，为副长官。

【译文】

　　制度的更改，一定有明确的文字。前明起初派遣巡抚，和三使司的长官，是宾主之间的关系而已。稍微尊贵的巡抚，仅仅是王朝使臣列在诸侯之上的惯例罢了。从那以后御史台使臣权力逐渐加重，三使司长官奉行御史台使臣意旨。然而制度并没有改变，所有官员考核的计典与征收赋税的奏销，科举考试与祠庙祭祀大典，都是布政使主管，所以作为统部的长官，不能因为权力渐轻而改变称呼。我朝一百多年来，地方官职掌制度，逐渐变革改易。到现在的布政使官和按察使官，分管钱粮和刑法，同为部院属官，大致像元代制度的行省有参政、参议而已。所有大政事和大典礼，夺去布政使的职责而归属部院，历来有明确文字，这是朝廷和民间都知道的事情。而统部应该称使司，和改称部院，却反而没有明确文字，为什么呢？因为官府公文和私人奏告，都沿用习惯而称直省，不仅没有改用部院的新名，即使布政使司也并没有沿用旧名。法律条令与典章成例，诏旨与公文，都有直省的称呼，只有《大清一统志》还沿用旧例，称为布政使司，偶然没有改正。洪君既然用乾隆作志的名称，怎么能不知道乾隆六十年间的时事呢？

或曰：《统志》乃馆阁书[①]，洪君遵制度而立例，何可非之？余谓《统志》初例已定，其后相沿未及改耳。初例本当以司为主。其制度之改使司而为部院者，以渐而更，非有一旦创新之举，故馆阁不及改也。私门自著，例以义起，正为制度云然。且余所辨，不尽为洪君书也。今之为古文辞者，于统部称谓，亦曰诸省，或曰某省。弃现行之制度，而借元人之名称，于古盖未之闻也。雍正、康熙以前，古文亦无使司之称；彼时理必当称使司。则明人便省文，而因仍元制，为古文之病也久矣。故余于古文辞，有当称统部者，流俗或云某省，余必曰某部院，或节文称某部；流俗或云诸省及、某某等省，余必曰诸部院或某某等部院，节文则曰诸部、某某等部；庶几名正为言顺耳。使非今日制度，则必曰使司，或节文称司，未为不可，其称省则不可行也。或云：诏旨、章奏、文移，何以皆仍用之？答曰：此用为辞语故无伤，非古文书事例也。且如诏旨、章奏、文移，称布政为藩②，按察为臬③，府、州、县长为守、牧、令④，辞语故无害也，史文无此例矣。

【注释】

①馆阁：北宋有昭文馆、史馆、集贤院三馆和秘阁、龙图阁等阁，分掌图书经籍和编修国史等事，通称馆阁。明、清时期，馆阁的职掌归属翰林院，故翰林院也称馆阁。

②称布政为藩：明、清时期人们习惯称布政使司为藩司，布政使为藩台。

③按察为臬（niè）：元代称肃政廉访司为臬司。明、清时期人们习惯称按察使司为臬司，按察使为臬台。臬，法度，刑律。

④府、州、县长为守、牧、令：隋、唐以前郡的长官称太守，州的长官称州牧，县的长官为县令。明、清时期，人们在书信、笔记等私人文书中沿用旧名，习惯于称知府为太守，知州为州牧，知县为县令。

【译文】

　　有人说：《一统志》是馆阁编撰的书，洪君遵照制度而设立体例，怎么能够非议呢？我认为《一统志》起初体例已经确定，此后相沿没有更改罢了。起初的体例本来应当以布政使司为主。改布政使司而为部院制度，因为是逐渐改变，没有一时之间创新的举措，所以馆阁没有更改。私家独自著述，体例依照宗旨确立，正因为制度是这样。况且我所分辨的事，也不完全是为洪君的书。现在作古文辞的人，对于统部的称呼，也说诸省，有的说某省。抛开现在施行的制度，而借用元代人的名称，在古代没有听说有这样的事。雍正、康熙以前，古文也没有布政使司的名称；那时按道理一定应该称布政使司。那么明代的人为省略文字的方便，而因袭元代制度，成为古文的弊病已经很久了。所以我在古文辞中,有应该称呼统部的时候,流行习惯有时说某省,我一定说某部院,或者节省文字称某部;流行习惯有时说诸省以及某某等省,我一定说诸部院或者某某等部院,节省文字就说诸部或某某等部;期望名称端正而言辞顺当。假使不是现在的制度,那么一定要说布政使司,或者节省文字称司,未尝不可以,称省就行不通了。有人说:诏旨、章奏、公文,为什么都还沿用省的名称呢? 回答说:这用作辞语本来没有什么危害,却不是古文记事的惯例。况且像诏旨、章奏、公文,称布政为藩,按察为臬,府、州、县长官为郡守、州牧、县令,辞语本来没有什么危害,史书文字就没有这样的惯例了。

和州志皇言纪序例

【题解】

　　本篇是《和州志》的首篇,主要说明为方志作《皇言纪》的缘由,体现出他的史学见识和创新。清高宗乾隆三十八年(1773),章学诚应安徽和州知州刘长城之聘修志,于次年成书。此志立纪、表、图、书、政略、传六种体例,共四十二篇。另外又编成《和州文征》八卷。呈上安徽学政秦潮,因意见不合而作废。章学诚于是将志稿删存为二十篇,名为《志隅》。《章氏遗书》外编卷十六载其《自叙》说:"志者,史之一隅也。获麟而后,迁、固极著作之能,向、歆尽条别之理,史家所谓规矩方圆之至也。魏、晋、六朝,时得时失,至唐而史学绝矣。其后如刘知几、曾巩、郑樵皆良史才,生史学废绝之后,能推古人大体,非六朝、唐、宋诸儒所能测识,余子则有似于史而非史,有似于学而非学尔。然郑樵有史识而未有史学,曾巩具史学而不具史法,刘知几得史法而不得史意,此予《文史通义》所为作也。《通义》示人,而人犹疑信参之,盖空言不及征诸实事也。《志隅》二十篇,略示推行之一端。能反其隅,《通义》非迂言可比也。"可见诸方志叙例,与其内篇的史学创见,相互发明,体现出史学理论与方法论的成就。章氏在这篇文章里引据《周礼》,认为周代外史掌四方之志,四方诸侯编撰史书,尊崇王室命令,在书中详细记载。司马迁《史记》的诸侯世家,仍然遗留保存各国各自成书的传统,所以《三王世家》

记载诏策。而后世方志没有得到古诸侯国的修史传统，对诏令的记载没有恰当妥善的方法。这个意见，充分体现出章学诚修志尊崇功令的思想。

《周官》，外史"掌四方之志"，又"以书使于四方，则书其令"①。郑氏注四方之志，"若鲁之《春秋》，晋之《乘》，楚之《梼杌》"是也。书其令，谓"书王命以授使者"是也。乡大夫于"正月之吉，受教法于司徒，退而颁之乡吏"②。孔氏疏"谓若大司徒职十二教以下"是也③。夫畿内六乡④，天子自治，则受法于司徒，而畿外侯封，各治其国，以其国制自为《春秋》⑤。列国之史，总名《春秋》。然而四方之书，必隶外史；书令所出，奉为典章。则古者国别为书，而简策所昭，首重王命，信可征也。是以《春秋》岁首必书王正⑥，而韩宣子聘鲁，得见《易》象、《春秋》，以谓周礼在是。盖书在四方，则入而正于外史；而命行王国，亦自外史颁而出之。故事有专官，而书有定制，天下所以协于同文之治也。

【注释】

①以书使于四方，则书其令：语出《周礼·春官》。

②正月之吉，受教法于司徒，退而颁之乡吏：语出《周礼·地官》："乡大夫之职，各掌其乡之政教禁令。正月之吉，受教法于司徒，退而颁之于其乡吏，使各以教所治。"

③孔氏疏"谓若大司徒职十二教以下"：《周礼·地官》贾公彦《疏》曰："云受法于司徒者，谓若大司徒职十二教已下，其法皆受于司徒而来。"章学诚此处把贾公彦《疏》误作孔颖达《疏》。吉，农历每月初一。

④六乡：据《周礼·地官》郑玄《注》曰："司徒掌六乡，乡师分而治
　之。"叶瑛《文史通义校注》校勘曰："按各本'六乡'讹作'六卿'，
　兹依刘刻《遗书》本正。"

⑤以其国制自为《春秋》：据《墨子·明鬼下》记载："鬼神者……著
　在周之《春秋》……著在燕之《春秋》……著在宋之《春秋》……著
　在齐之《春秋》。"

⑥王正：王正月。史家修史用来表示大一统观念的纪事原则。

【译文】

　　《周礼》记载，外史"掌管四方诸侯国的志书"，又记载"以书籍的事
出使四方诸侯，外史就书写命令"。郑氏注释四方诸侯国的志书，说"像
鲁国的《春秋》，晋国的《乘》，楚国的《梼杌》"就是这样。书写命令，郑氏
说"书写周天子的王命交给使臣"就是这样。乡大夫在"正月初一，接受
司徒颁发的教法，然后颁发给本乡的官吏"。孔氏解释为"指像大司徒
主管的十二类教法以下"就是这样。京畿之内的六乡，是天子自己治
理，各乡就从司徒那里接受法令，而京畿之外的诸侯，各自治理自己的
封国，按照本国的制度自己编撰《春秋》。各国的史书，总称《春秋》。然而
四方诸侯国的书，一定隶属于外史；外史书写的王命，各国尊奉为典章。
那么古代各国各自作史书，而书籍所昭显的内容，首先重视天子的命
令，确实可以证实了。所以《春秋》每年开端一定记载王正月，而韩宣子
出使鲁国，见到《易》的卦象、《春秋》，认为周王朝的礼制保存在这里。
大概书在四方诸侯国，交给王室而由外史修正；而王命在王畿实行，也
从外史那里颁发出来。所以事务有专官管理，而书有确定的制度，天下
凭借这种体制协调而形成同文共轨的王道政治。

　　窃意《周官》之治，列国史记，必有成法①，受于王朝，如
乡大夫之受教法，考察文字，罔有奇衺②。至晋、楚之史，自
以《乘》与《梼杌》名书，乃周衰官失，列国自擅之制欤？司马

迁侯国世家③，亦存国别为书之义，而孝武《三王》之篇，详书诏策，冠于篇首④。王言丝纶，史家所重，有由来矣。后代方州之书，编次失伦，体要无当，而朝廷诏诰，或入艺文，篇首标纪，或载沿革。又或以州县偏隅，未有特布德音，遂使中朝掌故，散见四方之志者，缺然无所考见。是固编摩之业，世久失传；然亦外史专官，秦、汉以来，未有识职故也⑤。夫封建之世，国别为史，然篇首尚重王正之书。郡县受治，守令承奉诏条⑥，一如古者畿内乡、党、州、闾之法⑦，而外史掌故，未尝特立专条。宋、元、明州县志书，今可见者，迄用一律，亦甚矣其不讲于《春秋》之义也！今裒录州中所有，恭编为《皇言纪》，一以时代相次，蔚光篇首⑧，以志祗承所自云尔⑨。

【注释】

①列国史记，必有成法：据《国语·鲁语上》记载，曹刿对鲁庄公说："君举必书，书而不法，后嗣何观？"又《礼记·玉藻》曰："动则左史书之，言则右史书之。"另据《左传·僖公七年》记载，管仲对齐桓公说："夫诸侯之会，其德、刑、礼、义，无国不记。"此外《左传·襄公二十年》还记载："卫宁惠子疾，招悼子曰：'吾得罪于君，悔而无及也。名藏在诸侯之策，曰孙林父、宁殖出其君。'"由此可见列国史记成法之一斑。

②奇衺(xié)：语出《周礼·天官》："去其淫怠与其奇衺之民。"郑玄《注》曰："奇衺，谲觚非常。"又《内宰》曰："禁其奇衺。"郑玄《注》曰："奇衺，若今媚道。"意为诡媚欺诈，行为不正。

③侯国世家：司马迁《史记》记载春秋战国时期各诸侯而确立的世家体例。赵翼《廿二史札记》卷一《各史例目异同》曰："《史记·

卫世家赞》：'余读《世家》言'云云。是古来本有世家一体，迁用
之以记王侯诸国，《汉书》乃尽改为列传。传者，传一人之生平
也。王侯开国，子孙世袭，故称世家。今改作传，而其子孙嗣爵
者，又不能不附其后，究非体矣。"

④孝武《三王》之篇，详书诏策，冠于篇首：据司马迁《史记》卷六十
《三王世家》记载："维六年四月乙巳……立子闳为齐王……旦为
燕王……胥为广陵王。"并载汉武帝封齐王刘闳、燕王刘旦、广陵
王刘胥的策文。

⑤识职：语出韩愈《韩昌黎全集》卷三十四《南阳樊绍述墓志铭》：
"文从字顺各识职。"意为认清职责。

⑥郡县受治，守令承奉诏条：郡县受治，《章氏遗书》外编卷十六《和
州志皇言纪序例》作"列卿或慕《周官》之典，至于郡县受治"。诏
条，语出班固《汉书》卷十九上《百官公卿表上》："武帝元封五年，
初置部刺史，掌奉诏条察州。"意为诏书所颁列的条款，用来考察
官员的条令。

⑦乡、党、州、闾：据《周礼·地官》记载，二十五家为一闾，五百家为
一党，五党为州，五州为乡。

⑧蔚光：语出《周易·革卦》："君子豹变，其文蔚也。"意为华美
光彩。

⑨祗（zhī）承：语出伪古文《尚书·大禹谟》："文命敷于四海，祗承于
帝。"意为敬承，恭奉。

【译文】

　　我认为《周礼》的制度，各国的史书，一定有固定方法，从王室接受
而来，就像乡大夫接受教法，考察文字，使得没有诡诈不正的内容。至
于晋、楚的史书，自己用《乘》和《梼杌》作为书名，这大概是周代衰败后
史官失去职守，各国自作主张的制度吧？司马迁为诸侯国作世家，也还
存留诸国各自作书的意思，而孝武帝《三王世家》，一律详细记载策封诏

书,放在篇首。帝王的诏令,被史学家所重视,是有源头了。后世地方
州县的志书,编排没有条理,体制不适当,而朝廷的诏书,有的收进艺文
部分;篇首标明纪的名称,有的却记载沿革。又有的方志因为州县在偏
僻地区,没有特地颁发诏书,于是使朝廷的掌故,散见在四方志书的内
容,缺少记载而无处考察。这本来是编集书籍的事业,久已失去传承;
然而也是外史这一专门官职从秦、汉以来不知道职责的缘故。封邦建
国的时代,诸国各自作史,然而篇首还重视王正月的记载。郡县接受朝
廷统治,长官奉行朝廷条令,完全像古代王畿之内乡、党、州、闾的制度,
而外史掌故,不曾特地设立专门条例。宋、元、明州县志书,现在可见的
版本,始终千篇一律,不研究《春秋》的撰述宗旨也太严重了。现在集录
州中所有的诏书,恭敬地编成《皇言纪》,一律按照时代排列,文采照耀
篇首,用来表明恭敬奉行的由来如此而已。

和州志官师表序例

【题解】

本篇所称《官师表》，即《职官表》。章学诚上溯《周礼》，认为班固所撰《汉书·百官公卿表》尚存古意，篇序叙述官职，类似《周礼》太宰统辖的纲纪，表目类似御史统计官员数目。后世修史之家未能继承班固之法，对于编制《职官表》不甚措意，至多只能编列宰相表。历代虽有专门的职官书，由于受正史编撰观念的拘囿，记载不得要领。历代方志记载职官，存在的问题更多。章学诚对方志中《职官表》的做法提语出己的主张，强调序录应当详细叙述，然后广泛搜集官员姓名，按职官归类，分格立目。根据上述原则，他把从汉代至清代和州一地的职官列为一表，有助于读者详细了解和州地区历代职官设置情况。

《周官》，御史"掌赞书，数从政"。郑氏注谓"凡数及其见在空缺者"①。盖赞太宰建六典而掌邦治之故事也。夫官有先后，政有得失；太宰存其纲纪，而御史指数其人以赞之，则百工叙而庶绩熙也②。后代官仪之篇③，考选之格④，《汉官仪》、《唐六典》、《梁选簿》、《隋官序录》⑤。代有成书，而官职姓名，浩繁莫纪，则是有太宰之纲纪，而无御史之数从政者也。

班固《百官公卿表》⑥，犹存古意，其篇首叙官，则太宰六典之遗也，其后表职官姓氏，则御史数从政之遗也⑦。范、陈而后，斯风渺矣⑧。至于《唐书》、《宋史》，乃有《宰相年表》⑨，然亦无暇旁及卿尹诸官⑩；非惟史臣思虑有所未周，抑史籍猥繁，其势亦难概举也。

【注释】

①御史"掌赞书，数从政"。郑氏注谓"凡数及其见在空缺者"：语出《周礼·春官·御史》："掌赞书，凡数从政者。"郑玄《注》曰："自公卿以下至胥徒，凡数及其见在空缺者。"御史，《周礼》春官属官，掌管王畿之内和诸侯国的治民法令，起草诏令。数，统计，计数。

②百工叙而庶绩熙：语出《尚书·尧典》："允厘百工，庶绩咸熙。"伪孔安国《传》曰："允，信。厘，治。工，官。绩，功。咸，皆。熙，广也。"

③官仪：官府的典制礼仪。

④考选：通过考试和选拔任用官员。

⑤《汉官仪》、《唐六典》、《梁选簿》、《隋官序录》：东汉应劭撰《汉官仪》十卷。记载西汉官制。已佚。唐玄宗撰、李林甫等注《唐六典》三十卷。唐玄宗时期官修，开元二十七年(739)成书。以三师、三公、三省、九寺、五监、十二卫等为目，述其职守、官佐、品级。当时虽未能完全实行，而此后唐人讨论典章，常引以为据。南朝梁徐勉撰《梁选簿》三卷。唐代郎颖撰《隋官序录》十二卷。

⑥班固《百官公卿表》：班固《汉书》中的一篇，分为上下两卷。上卷叙述百官职掌，下卷表列公卿姓名。

⑦表职官姓氏，则御史数从政之遗：语出《隋书》卷三十三《经籍志》

职官类叙录:"古之仕者,名书于所臣之策,各有分职,以相统治。《周官》冢宰掌建邦之六典,而御史数凡从政者。然则冢宰总六卿之属以治其政,御史掌其在位名数先后之次焉。今《汉书·百官表》列众职之事,记在位之次,盖亦古之制也。"

⑧范、陈而后,斯风渺矣:范晔《后汉书》中的《百官志》,即司马彪《续汉书》中的《百官志》,仅叙职官而无姓名。

⑨《唐书》、《宋史》,乃有《宰相年表》:《新唐书》有《宰相表》。《宋史》有《宰辅表》。

⑩卿尹:唐、宋时期的九卿和京兆府尹、开封府尹等高级官员。

【译文】

《周礼》记载,御史"掌管协助天子作文辞,统计官员数目"。郑玄注释说"统计那些官职在任和空缺的数目"。大概是辅佐太宰建立施政的六典而掌管治国的典章故实。官职有先后变动,政事有得有失,太宰掌握法度,而御史统计官员以辅助太宰,那么百官有次序且众多事情都顺利推广了。后世官府礼仪的篇目,考选官员的条例,《汉官仪》、《唐六典》、《梁选簿》、《隋官序录》。各个朝代都有完整的书,而担任官职的姓名,繁多而没有记载,这就是有太宰的法度,而没有御史统计官员数目。班固撰《汉书·百官公卿表》,还保留古人遗意,篇首叙述官职,就是太宰六典的遗留,后面表列职官姓名,就是御史统计官员数目的遗留。范晔、陈寿以后,这种风气已经很渺茫了。到了《唐书》、《宋史》,只有《宰相年表》,然而也来不及连带记载卿尹等其他高级官员。这不仅是史臣思虑有不周到的地方,也是史籍繁多,情势之下难以一律列举出来。

至于嗜古之士,掇辑品令①,联缀姓名,职官故事之书,六朝以还,于斯为盛②。然而中朝掌故,不及方州,猥琐之编,难登史志;则记载无法,而编次失伦,前史不得不职其咎也。夫百职卿尹,中朝叙官;方州守令,外史纪载。《周官》

御史数从政之士，则外史所掌四方之志，不徒山川土俗，凡所谓分职受事，必有其书，以归柱下之掌③，可知也。唐人文集，往往有厅壁题名之记④，盖亦叙官之意也。然文存而名不可考，自非蒐罗金石⑤，详定碑碣，莫得而知，则未尝勒为专书之故也。宋、元以来，至于近代，方州之书，颇记任人名氏；然猥琐无文，如阅县令署役卯簿⑥，则亦非班史年经月纬之遗也⑦。或编次为表者，序录不详，品秩无次；或限于尺幅，其有官阶稍多，沿革异制，即文武分编，或府州别记，以趋苟简。是不知班史三十四官，分一十四级之遗法也⑧。又前人姓氏，不可周知，然遗编具存，他说互见，不为博采旁搜，徒托缺文之义，是又不可语于稽古之功者也。

【注释】

①品令：语出陈寿《三国志》卷七下《高祖纪下》：太和十九年"十有二月乙未朔，引见群臣于光极堂，宣示品令，为大选之始"。即选拔官吏的格令，分为九品。

②职官故事之书，六朝以还，于斯为盛：语出《隋书》卷三十三《经籍志》职官类叙录："汉末王隆、应劭等以百官表不具，乃作《汉官解诂》、《汉官仪》等书，是后相因，正史表志无复百僚在官之名矣。搢绅之徒，咸取官曹名品之书，撰而录之，别行于世。宋、齐已后，其书益繁。"

③柱下之掌：语出司马迁《史记》卷九十六《张苍列传》司马贞《索隐》："周、秦皆有柱下史。"

④厅壁题名之记：写在官厅墙壁上的文章，叙述官职设置及任职官员情况。如李华《李暇叔文集》卷三有《御史大夫壁记》，韩愈《韩昌黎全集》卷十三有《兰田县丞厅壁记》，柳宗元《柳河东全集》卷

二十六有《监察使壁记》等等。

⑤蒐(sōu)罗金石：蒐，通"搜"。金，指钟鼎等金属器物，石，指碑碣等石质器物。

⑥卯簿：点名册。古代官衙卯时开始办公，吏役按时报到，查点人数，称作点卯。

⑦年经月纬：当是"年经事纬"之误。按后文《永清县志职官表序例》正作"年经事纬"。

⑧班史三十四官，分一十四级之遗法：班固《汉书》卷十九《百官公卿表》列相国、丞相、大司徒、太师、太傅、太保为一级，太尉、大司马为一级，御史大夫、大司空为一级，将军为一级，奉常、太常为一级，郎中令、光禄勋为一级，卫尉、中大夫令为一级，太仆为一级，廷尉、大理为一级，典客、大行令、大鸿胪为一级，宗正、治粟内史为一级，中尉、执金吾、少府为一级，水衡都尉、主爵都尉、右扶风为一级，左内史、左冯翊、右内史、京兆尹为一级，共三十五个官职，分十四级。章学诚言三十四官，不准确。

【译文】

至于好古的人，掇拾编辑选官品令，排列姓名，职官旧例一类的书，六朝以来，在这方面最兴盛。然而朝廷的掌故，不涉及州郡，琐碎的篇章，难以收入史志；就是因为记载没有法则，编排没有条理，前代史官不能不承担这项过失。卿尹百官，由朝廷叙述官职；州郡长官，由外史记载任官。《周礼》御史统计官员的数目，那么外史掌管的四方诸侯国的志书，不仅仅是山川、风俗，凡是所说的授予官职担任事务，一定有这方面的书，归属御史掌管，可以推知。唐人文集里，往往有官厅墙壁题名的记载，大概也是叙述官员职掌的意思。然而文章保存下来而姓名不可考察，如果不搜罗金石记载，考据核定碑碣文字，无法知道，就是不曾编撰成专书的缘故。宋、元以来，直到近代，州郡的志书，大都记载担任官职者的姓名；然而琐碎没有文采，如同看县令差役点名册，那么也不是班固《百官公卿表》以年为经以月为纬的遗留方法。有些编排成表的书，序录内容不详细，品级排列没有顺序；有的书限于篇幅，遇到官阶稍多，沿革不同的制度，就按文武官分开排列，或者府州分别记载，而追求简便省事。这是不知道班固《百官公卿表》列三十四个官职，分十四级的遗留方法。另外前人的姓名，无法完全知道，然而历代留下的著作都存在，不同说法交错出现，不加以广泛的搜集，仅仅假托慎言缺文的借口，这就又不可以用来讨论考察古事的功效了。

今折衷诸家，考次前后，上始汉代，迄于今兹，勒为一表，疑者缺之。后之览者，得以详焉。

【译文】

现在协调各家之说，考察前后编排体例，上从汉代开始，截至目前，编成一篇表，有疑惑的地方空缺。以后参阅的人，可以从中详细了解。

和州志选举表序例

【题解】

本篇通过简述历代选举制度的概况,说明选拔荐举人才的重要,纂修地方志应当反映出来。章学诚认为,从《周礼》乡大夫将荐举贤能的文书进献周王,中间经汉代举荐孝廉、秀才,隋、唐实行科举取士,制度延续不断,因而也产生大量有关选举制度书籍。他把唐、宋以来记载科举的书籍划分为三类,即律例功令之书,题名记传之书,稗野杂记。这些书都是史官撰修正史《选举志》采择资料的对象。与此同时,自明代以来,也出现记载地方科举情况的书。有些方志记载科举,较之宋、元方志是一大进步。章学诚在肯定成绩的同时,也指出某些方志编纂的选举表体例不恰当,最显著的缺陷是不熟悉年经事纬的编纂方法和表中附载事迹造成表传不分。他申明义例之后,选取唐代至清代的科举事迹,前述制度,后列题名,撰为《和州志·选举表》。

《周官》,乡大夫"三年大比,兴一乡之贤能,献书于王。王再拜受之,登于天府"①,甚盛典也。汉制,孝廉、茂才、力田、贤良之举②,盖以古者乡、党、州、闾之遗,当时贤书典籍,辟举掌故③,未可专书;则以科条未繁④,兴替人文,散见纪传;潜心之士,自可考而知也。江左六朝,州郡侨迁⑤,士不土著⑥，学不专业，乡举里选，势渐难行。至于隋氏，一以文学词章，创为进士之举，有唐以来，于斯为盛。选举既专，资格愈重⑦，科条繁委，故事相传。于是文学之士，蒐罗典章，采撷闻见，识大识小⑧，并有成书。传记故事，杂以俳谐，而选举之书，盖衰然与柱下所藏等矣⑨。

【注释】

① 三年大比，兴一乡之贤能，献书于王。王再拜受之，登于天府：语出《周礼·地官》："三年则大比，考其德行道艺，而兴贤者能者。乡老及乡大夫帅其吏与其众寡以礼礼宾之。厥明，乡老及乡大夫群吏献贤能之书于王。王再拜受之，登于天府，内史贰之。"大比，周制每三年对乡人考察一次，选择贤能，向朝廷荐举，称作大比。天府，《周礼》春官的属官，掌管保存祖庙的宝物及官府考核文书。

② 孝廉、茂才、力田、贤良之举：汉代举荐人才的科目。孝指孝敬父母，廉指品行清廉。汉武帝采纳董仲舒对策，令郡国每年各举孝廉一人。茂才，优异人才。初名秀才。汉武帝时期丞相公孙弘等议，各地有秀才异等，许以名闻。东汉时期避光武帝刘秀之讳，改称茂才。汉代州举秀才，郡举孝廉，成为定例。力田，努力农耕之人。汉惠帝时期，诏举民孝弟力田者，免除本人徭役。贤良，又称贤良方正，有德行才能之人。汉武帝建元初年，诏天下举贤良方正直言极谏之士。

③ 辟（bì）举：语出范晔《后汉书》卷八十三《黄宪传》："宪初举孝廉，又辟公府。"举指地方官员察举人才向皇帝推荐，辟指朝廷和地方长官自行征辟招聘属员。

④ 未：底本原作"为"，据《章氏遗书》外编卷十六《和州志选举表叙例》改。

⑤州郡侨迁：六朝时期南北分裂，北方人为躲避战乱而大批南渡，在寄居地仍然集体定居，使用北方原来州郡名称命名，称为侨置州郡。

⑥土著：语出司马迁《史记》卷一百一十六《西南夷列传》："其俗或土著，或迁徙。"原意指有城郭居住，不随畜牧迁徙，世代定居一地。后来把世代居住在本地的人称为土著。

⑦资格：语出唐人封演《封氏闻见记》卷三《铨曹》："十四年，玄宗在东都，敕吏部置十铨……吏部窄狭，乃权寄诸厅引注。选人喧繁，满于省闼。明年，铨注复归之吏部，承前所司注拟，皆约官资，升降之时，难于允惬。侍郎裴光庭始奏立条例，谓之循资格。自后皆率为标准。"即官员根据任官年限资历升迁的制度。自宋代以后，按年资升迁成为常法。

⑧识大识小：语出《论语·子张》："子贡曰：'文武之道，未坠于地，在人。贤者识其大者，不贤者识其小者。莫不有文武之道焉。'"

⑨衮然：语出《诗经·小雅·常棣》："原隰衮矣，兄弟求矣。"原意为聚集，引申为众多。

【译文】

《周礼》记载，乡大夫"三年一次大比，举荐一乡有德行与才能的人，并把举荐文书呈给天子，天子恭敬地拜两次接受它，交给天府收藏"，是非常盛大的典礼。汉代制度，孝廉、茂才、力田、贤良的举荐，大概是因为古代地方乡、党、州、闾举荐的遗留之法，当时举荐贤能的文献，征辟察举的掌故，没有专门书籍；那是由于条例不多，人事的盛衰，散见纪传；专心探究的人，自然可以通过考察而了解。江左六朝，侨置州郡，士大夫不在一地定居，学术没有专门职业，乡里举荐人才，形势逐渐难以实行。到了隋代，统一考试文学词章，创设进士科举。唐代以来，在这方面最兴盛。选拔举荐的制度已经专门化，越来越看重官员的年限资格，条令繁多细碎，旧例沿袭相传。于是有文才的士人，搜罗典章制度，采集所见所闻,无论重大还是细小,都撰有完整的专书。传记旧事之中,,混杂进诙谐文字,选拔举荐一类的书,大概多得和御史收藏的职官一类书相等了。

撰著既繁,条贯义例,未能一辙,就求其指,略有三门:若晁迥《进士编敕》①,陆深《科场条贯》之属②,律例功令之书也;姚康、乐史《科第录》③,姚康十六卷,乐史十卷。李奕、洪适《登科记》④,李奕二卷,亡。洪适十五卷。题名记传之类也;王定保《唐摭言》⑤,钱明逸《宋衣冠盛事》⑥,稗野杂记之属也。史臣采辑掌故,编于书志,裁择人事,次入列传;一代浩繁,义例严谨,其笔削之余,等于弃土之苴⑦,吐果之核。而陈编猥琐,杂录无文,小牍短书,不能传世行远;遂使甲第人文⑧,《周官》所以拜献于王而登之天府者,缺焉不备。是亦方州之书⑨,不遵乡大夫慎重贤书之制,记载无法,条贯未明之咎也。

【注释】

①晁迥《进士编敕》:据《宋史》卷二百零四《艺文志》刑法类著录:"晁迥《礼部考试进士敕》一卷。"晁迥(951—1034),字明远,北宋澶州清丰(今属河南)人。宋太宗太平兴国年间进士。历任知制诰、翰林学士、知审官院、翰林学士承旨、工部尚书、礼部尚书。朝廷封泰山、祀汾阴,参与制定仪注,起草诏令。著有《法藏碎金录》等书。

②陆深《科场条贯》:据《明史》卷九十七《艺文志》故事类著录:"陆深《科场条贯》一卷。"陆深(1477—1544),初名荣,字子渊,号俨山,明代松江府上海(今属上海)人。明孝宗弘治十八年(1505)

进士，授编修。历官国子祭酒、四川左布政使、太常卿兼侍读学士，进詹事府詹事。著作有《俨山集》等。

③姚康、乐史《科第录》：据《新唐书》卷五十八《艺文志》杂传记类著录："姚康《科第录》十六卷。"又据郑樵《通志》卷六十五《艺文略》传记类著录："《重定科第录》十卷，宋朝乐史撰。"姚康，姚康复。乐史（930—1007），字子正，北宋抚州宜黄（今属江西）人。曾官南唐，任秘书郎。入宋为平原县主簿。历三馆编修、直史馆，知舒、黄、商州。著有《太平寰宇记》等书。

④李奕、洪适（kuò）《登科记》：据《新唐书》卷五十八《艺文志》杂传记类著录："李奕《唐登科记》二卷。"又据《宋史》卷二百零三《艺文志》传记类著录："洪适《宋登科记》二十一卷。"洪适（1117—1184），字景伯，号盘洲，南宋饶州鄱阳（今江西波阳）人。绍兴十二年（1142），中博学宏词科。孝宗时期官至同中书门下平章事，兼枢密使。任相仅三月，罢免。喜好收藏金石拓本，据以考证史事。著者《隶释》、《盘洲集》等书。

⑤王定保《唐摭言》：据陈振孙《直斋书录解题》卷十一小说家类著录："《摭言》十五卷，唐王定保撰。专记进士科名事。"王定保（870—940），唐末五代南昌（今属江西）人。唐昭宗光化三年（900）进士，为容管巡官，至广州，值乱不能北归，仕于南汉，官宁远军节度使，后为宰相，不久卒。

⑥钱明逸《宋衣冠盛事》：据《宋史》卷二百零六《艺文志》小说类著录："钱明逸《衣冠盛事》一卷。"钱明逸（1015—1071），字子飞，北宋临安（今浙江杭州）人。仁宗庆历二年（1042），中制科。擢右正言。为翰林学士，知开府。英宗时，复为翰林学士。神宗初年，御史奏其倾险，罢学士。

⑦弃土之苴（chá）：语出《庄子·让王》："其土苴以治天下。"郭象《注》曰："土苴，如粪草也。"苴，枯干的草。

⑧甲第：语出《新唐书》卷四十四《选举志》："凡进士，试时务策五
　道，帖一大经，经、策全通为甲第，策通四、帖过四以上为乙第。"
　指科举考试第一等。

⑨是亦：底本原作"是以"，据《章氏遗书》外编卷十六《和州志选举
　表叙例》改。

【译文】

　　撰著既已繁多，条理统贯和宗旨体例，不能相互一致，探求它们的
大意，大约有三个门类：像晁迥的《进士编敕》，陆深的《科场条贯》一类，
是律例功令方面的书。姚康、乐史的《科第录》，姚康十六卷，乐史十卷。
李奕、洪适的《登科记》，李奕二卷，亡佚。洪适十五卷。是题名传记一类。
王定保的《唐摭言》，钱明逸的《宋衣冠盛事》，是野史杂记一类。史臣采
集掌故，编进书志，裁剪选择人物事迹，编入列传；一代史事浩盛繁多，
宗旨和体例严谨，那些删削的剩余资料，相当于弃置粪土之上的枯草，
吃掉果肉后吐出的果核。而旧书繁多细碎，内容杂乱没有文采，书册简
短，不能传到后世流行久远；于是使甲科进士的人物事迹，《周礼》用来
恭敬地呈献给天子而交给天府收藏的制度，空缺而不完备。这也是州
郡的志书，不遵循古代乡大夫慎重对待荐举贤能文书的制度，记载没有
章法，条理统贯不明确的过失。

　　近代颇有考定方州自为一书者，若乐史《江南登科
记》①，张朝瑞《南国贤书》②，陈汝元《皇明浙士登科考》③，皆
类萃一方掌故，惜未见之天下通行。而州县志书，编次科
目，表列举贡④，前明以来，颇存其例，较之宋、元州郡之书，
可谓寸有所长者矣⑤。特其体例未纯，纪载无法，不熟年经
事纬之例，亦有用表例者，举贡、掾仕、封荫之条⑥，多所抵牾。猥
杂成书；甚者附载事迹，表传不分，此则相率成风，未可悉数

其谬者也。论辨详列传第一篇总论内。今撷史志之文，先详制度，后列题名，以世相次，起于唐代，讫于今兹，为《选举表》。其封、荫、辟、举，不可纪以年者，附其后云。

【注释】

①乐史《江南登科记》：据郑樵《通志》卷六十五《艺文略》传记类著录："《江南登科记》一卷，乐史撰。"

②张朝瑞《南国贤书》：据明人焦竑《国史经籍志》卷三传记类著录："《南国贤书》四卷，张朝瑞撰。"而清代杭州丁氏《八千卷楼书目》则记载该书前编二卷，后编四卷。张朝瑞（1536—1603），字子祯，明代淮安府海州（今江苏连云港）人。明穆宗隆庆二年（1568）进士，历任安丘、鹿邑知县，金华知府，湖广参政，应天府丞等官。著作有《忠节录》、《明贡举考》等书。

③陈汝元《皇明浙士登科考》：据焦竑《国史经籍志》卷三传记类著录："《皇明浙士登科考》十卷，陈汝元撰。"陈汝元，字太乙，明代绍兴府会稽（今浙江绍兴）人。著作有杂剧《红莲债》、传奇《金莲记》等。

④举贡：地方向朝廷荐举人才。通常指科举考试中式及第。

⑤寸有所长者：语出《楚辞·卜居》："夫尺有所短，寸有所长。"比喻事物各有短处和长处。

⑥掾仕、封荫：汉代高级官员可以自行辟召任用人才为掾属，作为仕途的一种，称为掾仕。清代地方官府可自聘幕僚，与古掾属性质相同。封，古代朝廷对高级官员父祖等授予相应官号，称为封官。荫，以父祖的官爵而任用子孙做官，称为荫子。

【译文】

近代多有考核审定州郡选拔荐举自成一书的著作，像乐史的《江南登科记》，张朝瑞的《南国贤书》，陈汝元的《皇明浙士登科考》，都是聚集一个地区的掌故，可惜没见到这些著作在全国流行。而州县编纂的方志，编排科举名目，制表列科举中第之人，从前明以来，大多存有这种体例，比起宋、元州郡的志书，可以说具备一日之长了。只是它体例尚未纯粹划一，记载没有章法，不熟悉利用以年为经以事为纬的体例，也有使用表体的书，科举、掾仕、封官、荫子的条目，多有彼此矛盾。杂乱编纂成书，甚至附带记载事迹，表、传不分，这就互相接续形成风气，不能一一列举它们的错误。论辩详见列传第一篇总论内。现在摘取史志的文献，首先详细记载制度，然后胪列题名，按时代排列，从唐代开始，直至现今，作成《选举表》。其中封官、荫子、征辟、荐举，不能按年代记载的人，附在表的后面。

和州志氏族表序例上

【题解】

《和州志氏族表序例》上中下三篇，通过叙述家族谱牒的源流，说明方志设立氏族表的必要性，以及编纂表体的方法，体现出作者注重溯源、致用和变通的史学思想。章学诚引据《周礼》，认为古代谱牒有专官掌管，制度严密。司马迁《史记》作《三代世表》，还能继承古代谱学传统；而班固《汉书》以下的史书不重视谱系，造成谱学失传。他赞同刘知几在正史中设立氏族志的观点，对郑樵《通志·氏族略》中批评后世没有继承谱学的错误表示认同。章学诚指出，从历史编纂学的角度来看，家谱应当是撰修国史最基本的凭借，否则就失去基础史料。然而家谱容易散佚，更不可能全部收正史，而方志最便于汇集家谱，以备国史选用。他认为方志设立氏族表，可以有效地保存与核实地方各家族谱系的真伪，记载大族历史与人文状况，具有十大便利之处。最后，章学诚针对和州地区经过战乱而文献缺乏的具体情况，根据中国史学传统多闻缺疑的原则，一方面强调要录其可考而略其不知，另一方面也遵循与其过废毋宁过存的原则，尽量多地保存已经极其缺乏的文献，使方志真正承担起家史与国史之间的桥梁作用。

《周官》，小史"奠系世，辨昭穆"。谱牒之掌，古有专官。

司马迁以《五帝系》牒、《尚书集世》记，为《三代世表》①，氏族渊源②，有自来矣。班固以还，不载谱系。而王符《氏姓》之篇③，《潜夫论》第三十五篇。杜预《世族》之谱④，《春秋释例》第二篇。则治经著论，别有专长，义尽而止，不复更求谱学也⑤。自魏、晋以降，迄乎六朝，族望渐崇⑥。学士大夫，辄推太史世家遗意，自为家传。其命名之别，若《王肃家传》、虞览《家记》、范汪《世传》、明粲《世录》、陆煦《家史》陆史十五卷。之属⑦，并于谱牒之外，勒为专书，以俟采录者也。至于挚虞《昭穆记》、王俭《百家谱》，以及何氏《姓苑》、贾氏《要状》贾希鉴《氏族要状》十五卷。诸编⑧，则总汇群伦，编分类次，上者可裨史乘，下或流入类书，其别甚广，不可不辨也。族属既严，郡望愈重。若沛国刘氏、陇西李氏、太原王氏、陈郡谢氏⑨，虽子姓散处，或本非同居，然而推言族望，必本所始。后魏迁洛，则有八氏、十姓、三十六族、九十二姓⑩，并居河南、洛阳。而中国人士，各第门阀，有四海大姓、州姓、郡姓、县姓，撰为谱录⑪。齐、梁之间，斯风益盛，郡谱州牒，并有专书。若王俭、王僧孺之所著录⑫，王俭《诸州谱》十二卷。王僧孺《十八州谱》七百卷。《冀州姓族》、《扬州谱抄》之属⑬，不可胜纪，俱以州郡系其世望者也。唐刘知几讨论史志，以谓族谱之书，允宜入史⑭。其后欧阳《唐书》，撰为宰相世系⑮；顾清门巨族⑯，但不为宰相者，时有所遗。至郑樵《通志》，首著《氏族》之略，其叙例之文⑰，发明谱学所系，推原史家不得师承之故，盖尝慨切言之。而后人修史，不师其法，是亦史部之缺典也。

【注释】

① 司马迁以《五帝系》牒、《尚书集世》记，为《三代世表》：语出司马迁《史记》卷十三《三代世表序》："余读谍记，皇帝以来，皆有年数。稽其历谱谍终始五德之传，古文咸不同乖异。夫子之弗论次其年月，岂虚哉！于是以《五帝系》谍、《尚书集世》纪黄帝以来讫共和为世表。"《五帝系》，《大戴礼》有《五帝德》及《帝系》两篇。谱谍，即谱牒，记载世系名谥之书。集世记，通"集世纪"。唐人司马贞《索隐》解释为"集而纪黄帝以来为系表也"；日人泷川资言《史记会注考证》引日本学界之说，认为："《尚书集世》，盖书名。"按司马迁"余读谍记"之言，"谍"当指《五帝系》谍"，"记"当指《尚书集世》记（纪）"，故此处采用泷川所引之说。

② 氏族：语出《左传·隐公八年》："胙之土而命之氏。"唐孔颖达《疏》曰："氏、族一也，所从言之异耳。《释例》曰：'别而称之谓之氏，合而言之则曰族。'"意为独指个人则称氏，并称其宗则称族。

③ 王符《氏姓》之篇：王符《潜夫论》卷九《志氏姓》。王符（约85—162），字节信，东汉安定临泾（今甘肃镇原）人。一生隐居著书，指陈时政得失，反对谶纬迷信。著有《潜夫论》十卷三十六篇。与王充《论衡》、仲长统《昌言》并称。

④ 杜预《世族》之谱：杜预《春秋释例》一书中的《氏族谱》。《春秋释例》十五卷，西晋杜预撰。内容分为地名、谱牒、历数等十四部，解释春秋时期地名、世族、历法等。其中《氏族谱》、《土地名》、《长历》篇，尤为精核。原书散佚，清人从《永乐大典》裒为辑本。

⑤ 谱学：研究谱牒的学问。魏、晋以来注重门第，选举必稽谱牒，谱学成为专门之学。五代以后，门阀制度衰落，谱学亦废。

⑥ 族望：据宋代王谠《唐语林》卷五《补遗》记载："高宗朝，太原王，范阳卢，荥阳郑，清河、博陵崔，陇西、赵郡李等七姓，恃有族望，耻与诸姓为婚。"即封建社会名门大族相互标榜出身门第而形成

的宗族或家族声望。

⑦《王肃家传》、虞览《家记》、范汪《世传》、明粲《世录》、陆煦《家史》：据《隋书》卷三十三《经籍志》杂传类著录："《王朗王肃家传》一卷……《虞氏家记》五卷，虞览撰……《范氏家传》一卷，范汪撰……《明氏世录》六卷，梁信武记室明粲撰。《陆史》十五卷，陆煦撰。"郑樵《通志》卷六十五《艺文略》作"《范氏世传》一卷，范汪撰"。

⑧挚虞《昭穆记》、王俭《百家谱》，以及何氏《姓苑》、贾氏《要状》：据《隋书》卷三十三《经籍志》谱系类著录："《百家集谱》十卷，王俭撰……《姓苑》一卷，何氏撰……晋世挚虞作《族姓昭穆记》十卷。"而《新唐书》卷五十八《艺文志》谱牒类著录："何承天《姓苑》十卷。贾希镜《氏族要状》十五卷。"

⑨沛国刘氏：汉高祖刘邦始置沛郡，后改为沛国，辖境在今安徽北部以及江苏丰、沛一带。刘氏有一支语出沛国，故后人以沛国作为刘氏郡望。陇西李氏：秦置陇西郡，辖境在今甘肃东南部一带。李氏有一支语出陇西，故后人以陇西作为李氏郡望。太原王氏：秦置太原郡，辖境在今山西太原一带。王氏有一支语出太原，故后人以太原作为王氏郡望。陈郡谢氏：秦置陈郡，汉改称淮阳国，辖境在今河南淮阳一带。谢氏有一支语出陈郡，故后世以陈郡作为谢氏郡望。

⑩后魏迁洛，则有八氏、十姓、三十六族、九十二姓：语出《隋书》卷三十三《经籍志》谱系类叙录："后魏迁洛，有八氏、十姓，咸出帝族。又有三十六族，则诸国之从魏者。九十二姓，世为部落大人者。并为河南洛阳人。"后魏，即北魏。西晋末年，鲜卑人拓跋珪自立为代王，国号为魏，建都平阳（今山西临汾）。传至孝文帝拓跋宏，迁都洛阳（今属河南），改姓元氏，故又称元魏。

⑪中国人士，各第门阀，有四海大姓、州姓、郡姓、县姓，撰为谱录：

语出《隋书》卷三十三《经籍志》谱系类叙录："其中国士人,则第其门阀,有四海大姓、郡姓、州姓、县姓。及周太祖入关,诸姓子孙有功者,并令为其宗长,仍撰谱录。"门阀,门第和阀阅。门第指家族的等级,阀阅指功绩和声望。谱录,谱牒。周太祖,宇文泰(505 或 507—556),字黑獭,北魏代郡武川(今属内蒙古)人。迎北魏孝武帝入关,形成东、西魏分裂局面。把持西魏朝政二十余年,奠定北周代魏的基础。北周孝闵帝宇文觉受禅,追谥文皇帝,庙号太祖。

⑫王僧孺(464—521 或 465—522):南朝梁东海郯(今山东郯城)人。历官治书侍御史、钱塘令、南海太守、尚书左丞、御史中丞等。有文名,精谱学。有文集,已散佚。明人辑有《王右丞集》。

⑬《冀州姓族》、《扬州谱抄》:据《隋书》卷三十三《经籍志》谱系类叙录:"《冀州姓族谱》二卷……《扬州谱抄》五卷。"均无撰人姓名。

⑭族谱之书,允宜入史:语出刘知几《史通》卷三《书志》:"凡为国史者,宜各撰《氏族志》,列于《百官[志]》之下。"

⑮宰相世系:《新唐书》卷七十二至七十五为《宰相世系表》。

⑯清门:又称寒门,清寒门第。魏、晋至隋、唐时期的门阀制度,士族把持要职,官高爵显,称作高门;庶族官职地位低下,称作清门或寒门。后来随着寒人掌机要,庶族势力不断壮大,成为掌握实权的新贵族。故也指清贵显要之家为清门,谓其职位清贵,掌握枢要。

⑰叙例之文:郑樵《通志》卷二十五《氏族略·氏族序》。

【译文】

《周礼》记载,小史"确定王室的系世关系,辨明宗庙的昭穆位置"。谱牒的掌管,古代有专门官员。司马迁根据《五帝系》牒、《尚书集世》记,写成《史记》的《三代世表》,氏族的起源,有由来了。班固以后,修史不记载谱系。王符的《志氏姓》,《潜夫论》第三十五篇。杜预的《氏族谱》、《春秋释例》第二篇。就是佐治经书与著论辨物，另外有学术专长，意思表述清楚就终止，不再进一步讲求谱学。自从魏、晋以来，直到六朝，家族声望逐渐受到推崇。学者与官员，往往推广司马迁作世家的遗留宗旨，自己作家传。这些家传确定名称有区别，像《王肃家传》、虞览的《家记》、范汪的《世传》、明粲的《世录》、陆煦的《家史》陆煦的史书十五卷。之类，都是在谱牒之外，编集成专书，以便等待史家采择。至于挚虞的《昭穆记》、王俭的《百家谱》、以及何氏《姓苑》、贾氏《要状》贾希鉴《氏族要状》十五卷。等书，就是汇总同一类人，按类别编纂，上等书可以对正史有补益，下等书有些演变成类书，它们的区别很大，不可不分辨。同族亲属确认非常严格，家族郡望越来越重要。像沛国刘氏、陇西李氏、太原王氏、陈郡谢氏，虽然后代散居各地，或者本来就不是同居一地，然而推论族望所属，一定依据起初之地。后魏迁都洛阳，就有八氏、十姓、三六族、九十二姓，共同居住河南、洛阳等地。而中原人士，各自评定门第，有四海大姓、州姓、郡姓、县姓，编撰成谱录。齐、梁之间，这种风气更加兴盛，州郡谱牒，都有专书。像王俭、王僧孺所收录的谱牒，王俭的《诸州谱》十二卷，王僧孺的《十八州谱》七百卷。《冀州姓族》、《扬州谱抄》之类，多得记载不过来，都是用州郡联结世家大族的书。唐代刘知几探讨史书中志的编纂，认为族谱一类的书，确实应当载入正史。以后欧阳修撰《新唐书》，编撰成《宰相世系表》；然而清要门第的世家大族，只要没有人做宰相，常常有遗漏。到郑樵的《通志》，率先写出《氏族略》，书中序言的文字，阐明谱学所涉及的方面，推究史学家不能师承古人的原因，曾经感慨深切地谈到这个问题。而后人修史，不仿效他的方法，这也是史部的记载缺漏。

古者，瞽矇诵诗，并诵世系，以戒劝人君①。《国语》所谓"教之世，而为之昭明德"者是也②。然则奠系之属，掌于小史，诵于瞽矇，先王所重；盖以尊人道而追本始也。当时州、间、族、党之长，属民读法③；乡大夫三年大比，考德艺而献书于王；则其系世之属，必有成数，以集上于小史，可知也。夫比人斯有家，比家斯有国，比国斯有天下。家牒不修，则国之掌故，何所资而为之征信耶？《易》曰："天与火同人。君子以类族辨物。"④物之大者，莫过于人。人之重者，莫重于族。记传之别，或及虫鱼；地理之书，必征土产；而于先王锡土分姓⑤，所以重人类而明伦叙者⑥，缺焉无闻，非所以明大通之义也。且谱牒之书，藏之于家，易于散乱；尽入国史，又惧繁多；是则方州之志，考定成编，可以领诸家之总，而备国史之要删，亦载笔之不可不知所务者也。

【注释】

①瞽矇（gǔ méng）诵诗，并诵世系，以戒劝人君：语出《周礼·春官》瞽矇"讽诵诗，世奠系"。郑玄《注》引杜子春曰："瞽矇主诵诗，并诵世系，以戒劝人君也。"瞽矇，盲人，充任乐官。

②教之世，而为之昭明德：语出《国语·楚语上》，申叔时谈论辅导太子。

③州、闾、族、党之长，属民读法：据《周礼·地官》记载，周代州长、党正、族师、闾胥，都有"属民而读法"的责任。

④天与火同人。君子以类族辨物：语出《周易·同人卦》。

⑤锡土分姓：语出《尚书·禹贡》："锡土姓。"伪孔安国《传》曰："天子建德，因生以赐姓，谓有德之人生此地，以此地名赐之姓以显之。"锡，通"赐"。

⑥伦叙：语出《尚书·洪范》："彝伦攸叙。"彝伦，天地人之常道。攸，所。叙，次序。意为条理次序。

【译文】

古时候,瞽矇诵读诗,并且诵读世系,用来告诫君主。《国语》所说的"教给世系,而替他显示美德"就是这样。那么确定世系的一类事,由小史掌管,由瞽矇诵读,是上古帝王所重视的事情;大概是用来尊崇人伦之道而追溯本生初始。当时州、间、族、党的长官,聚集民众诵读法令,乡大夫三年一次大比,考察管辖之人的德行和才能,而把荐举人才的书进献给天子;那么他们的世系之类,一定有完整的统核数目,聚集起来上交给小史,可以知道。聚集起人而有家,聚集起家而有国,聚集起国而有天下。家谱不编纂,那么国家的掌故,又凭借什么而对它考核求证呢?《周易》说:"天与火和人和同。君子聚集同类辨别事物。"事物中最大的东西,没有什么能超过人类。人类中重要的东西,没有什么比家族更重大。记传的分支,有些记载虫鱼这些小动物;地理类的书,一定记载土产;而对于上古帝王赐国土授予族姓,重视人的族类而明确人伦秩序的内容,反而缺漏不管,这不是用来阐明深刻道理的做法。况且谱牒一类的书,保存在个人家里,容易散乱;完全收入国史,又担心繁杂;那么州县的方志,考定成书,可以统领诸家谱牒的汇聚,而预备国史撮要删选,也是修史之人不可不知道应该致力的事情。

和州志氏族表序例中

奠系世之掌于小史,与民数之掌于司徒①,其义一也。杜子春曰:"奠系世为帝系、诸侯卿大夫世本之属。"②然则比伍小民③,其世系之牒,不隶小史可知也。乡大夫以岁时登夫家之众寡④,三年以大比兴一乡之贤能。夫夫家众寡,即上大司徒之民数,其贤能为卿大夫之选,又可知也。民贱,故仅登户口众寡之数;卿大夫贵,则详系世之牒,理势之自然也。后代史志,详书户口,而谱系之作无闻,则是有小民而无卿大夫也。《书》曰:"九族既睦,平章百姓。"⑤郑氏注:"百姓,为群臣之父子兄弟。"见司马迁《五帝本纪》注。平章,乃辨别而章明之,是即《周官》小史奠系之权舆也。孟子曰:"所谓故国者,非谓有乔木之谓也,有世臣之谓也。"⑥近代州县之志,留连故迹,附会桑梓⑦;至于世牒之书,缺而不议,则是重乔木而轻世家也。且夫国史不录,州志不载;谱系之法,不掌于官,则家自为书,人自为说,子孙或过誉其祖父,是非或颇谬于国史。其不肖者流,或谬托贤哲,或私鬻宗谱,以伪乱真,悠谬恍惚,不可胜言。其清门华胄⑧,则门阀相矜，私立名字。若江左王、谢诸家，但有官勋，即标列传，史臣含毫⑨，莫能裁断。以至李必陇西，刘必沛国，但求资望，不问从来，则有谱之弊，不如无谱。史志缺略，盖亦前人之过也。

【注释】

①民数之掌于司徒：语出《周礼·地官》："大司徒'掌建邦之土地之图与其人民之数，以佐王安扰邦国'。"

②莫系世为帝系、诸侯卿大夫世本之属：语出《周礼·春官》瞽矇"讽诵诗，世奠系"，郑玄《注》引"杜子春云：'世奠系，谓帝系、诸侯卿大夫世本之属是也。'"

③比伍：据《周礼·地官》记载，五家为比，五人为伍。后以比伍泛指乡里。

④乡大夫以岁时登夫家之众寡：语出《周礼·地官》："乡大夫之职……以岁时登其夫家之众寡，辨其可任者……以岁时入其书。"夫家，男女。

⑤九族既睦，平章百姓：语出《尚书·尧典》。平章，也作便章、辩章。据范晔《后汉书》卷六十九《刘恺传》李贤《注》引郑玄《注》曰："辩，别也。章，明也。"意为辨别而彰显。

⑥所谓故国者，非谓有乔木之谓也，有世臣之谓也：语出《孟子·梁惠王下》。乔木，古称木之高而上曲者曰乔，后世通称高大树木。世臣，世代承袭官职之臣。

⑦桑梓(zǐ)：语出《诗经·小雅·小弁》："惟桑与梓，必恭敬止。"古人经常在住宅旁边栽种桑树和梓树，后来遂用来比喻故乡。

⑧华胄：古代世家贵族后代子孙称为华胄。

⑨含毫：以口润笔。根据上下文义，可以指吮笔不写，也可以指吮笔写作。

【译文】

　　确定世系由小史掌管,和民众数目由司徒掌管,两者意义相同。杜子春说:"确定系世就是帝系、诸侯卿大夫世系谱牒一类。"那么乡里小民,他们的世系谱牒,不归属小史就可以知道了。乡大夫每年时定登记男女人数的多少,每三年根据大比荐举一乡有德行与才能的人。男女人数的多少,就是上呈大司徒的民众数目,有德行与才能的人是卿大夫的人选,又可以知道了。民众地位低,所以只登记户口多少的数目;卿大夫高贵,就详细记载世系谱牒,是事势的自然趋势。后世正史的书志,详细记载户口,而谱系的书不予记载,就是有小民而没有卿大夫了。《尚书》说:"九族已经和睦,然后平章百姓。"郑玄注释说:"百姓,是群臣的父子兄弟。"见司马迁《史记·五帝本纪》注。平章,即辨别而彰显,这就是《周礼》小史掌管世系的开始。孟子说:"人们所说的故国,不是说有高大树木的意思,是有累代世袭的功臣的意思。"近代州县的方志,留恋人物遗迹,附会乡里籍贯,至于世系谱牒的书,空缺而不讨论,就是重视高大的树木而轻视世家。况且国史不收入,州志不记载;谱系的撰法,不由官府掌管,各家就自己作书,每人自己立说,子孙有时过分称赞自己的祖父与父亲,是非有时和国史互相乖谬。那些品行不端之徒,有的人假托贤哲后裔,有的人私下贩卖宗谱,以假乱真,荒诞模糊,多得不能说完。那些显贵之家的后代,彼此相互夸耀门第,私下创立称呼。像江东王、谢等各家,只要有官位勋号,就进入史书列传。史官停笔思虑,没人能够裁断。以至于李姓一定称陇西,刘氏一定称沛国,只求资历声望,不问家族来源,那么有谱牒产生弊病,还不如没有谱牒。正史的书志在这方面存在缺漏,大概也是前人的过失。

　　夫以司府领州县,以州县领世族,以世族率齐民,天下大计,可以指掌言也①。唐三百年谱系,仅录宰相②,彼一代浩繁,出于计之无如何耳。方州之书,登其科甲仕宦,则固成周乡大夫之所以书上贤能者也。今仿《周官》遗意,特表氏族,其便盖有十焉。一则史权不散,私门之书,有所折衷,其便一也。一则谱法画一,私谱凡例未纯,可以参取,其便二也。一则清浊分涂③,非其族类,不能依托,流品攸分,其便三也。一则著籍已定,衡文取士④,自有族属可稽;非其籍者,无难勾检,其便四也。一则昭穆亲疏⑤,秩然有叙;或先贤奉祀之生,或绝嗣嗣续之议,争为人后,其讼易平,其便五也。一则祖系分明,或自他邦迁至,或后迁他邦,世表编于州志,其他州县,或有谱牒散亡,可以借此证彼,其便六也。一则改姓易氏,其时世前后及其所改之故,明著于书,庶几婚姻有辨;且修明谱学者,得以考厥由来,其便七也。一则世系蝉联⑥,修门望族⑦,或科甲仕宦,系谱有书,而德行道艺,列传无录,没世不称,志士所耻⑧;是文无增损,义兼劝惩,其便八也。一则地望著重⑨,坊表都里⑩,不为虚设,其便九也。一则征文考献,馆阁橄收,按志而求,易如指掌,其便十也。然则修而明之,可以推于诸府、州、县,不特一州之志已也。

【注释】

①指掌:语出《论语·八佾》:"或问禘之说。子曰:'不知也;知其说者之于天下也,其如示诸斯乎!'指其掌。"意为指其手掌。比喻事理浅近而易明。

②唐三百年谱系,仅录宰相:欧阳修撰《新唐书》,仅作《宰相世系表》收录宰相,未及其他官职。

③清浊:原意指门阀士族制度的清官和浊官,后来泛指人品的善

恶、优劣、高下之别。

④衡文:衡鉴品评文章。特指主持科举考试评定文章。

⑤昭穆:语出《礼记·祭统》:"夫祭有昭穆。昭穆者,所以别父子、
　远近、长幼、亲疏之序而无乱也。"古代宗法制度,宗庙和墓地的
　排列次序,以始祖居中,二、四、六世位于始祖左方,称昭;三、五、
　七世位于始祖右方,称穆,以此分别宗族内部的长幼、亲疏关系。
　后来泛指家族的辈分。

⑥蝉联:也作"蝉连",连续不断。

⑦修门:高门。修,长,高。

⑧没世不称,志士所耻:语出《论语·卫灵公》:"君子疾没世而名不
　称焉。"

⑨地望:地位与名望。通常指一个地方有声望的家族。

⑩坊表:牌坊。封建时代为表彰忠孝节义、功名道德、科第出身而
　建造的纪念建筑物。后用来代指街巷。

【译文】

　　用布政使司和府统领州县,用州县统领世家大族,用世家大族率领
民众,天下的重大谋划,可以像指着手掌那样容易谈论。唐代三百年的
谱系,仅仅记录宰相,那一代史书浩大繁多,出于谋划无可奈何罢了。
州郡的方志,登载该地科第仕宦,本来就是周代乡大夫用文书献上有德
行与才能之人的方式。现在仿照《周礼》遗留的旨意,专门为氏族作表,
这反面的便利大概有十条。一是修史职责不分散,私家的谱系之书,有
可以评判的依据,这是第一条便利。一是作谱方法整齐划一,私谱凡例
杂乱,可以参照吸取,这是第二条便利。一是区分不同家族,不属于同
一家族,不能假托冒认,门第品级于是区别开来,这是第三条便利。一
是户籍已经登记确定,评定文章录取士人,自有家族属籍可以查考;不
属于谱籍的人,不难考核检查,这是第四条便利。一是昭穆亲疏关系,
排列井然有序;或者有先贤供奉祭祀问题的发生,或者有断绝后代立嗣

承传家业的议论,争辩属于某人后代,这类诉讼容易平息,这是第五条便利。一是祖宗世系分明,有的家族从外地迁来,有的家族后来迁至外地,世系表编在州志里,其他的州县,有时遇到谱牒散失,可以借此证实,这是第六条便利。一是改变姓氏,前后时事背景以及改变的原因,明确记载在方志里,或许结婚联姻能够区别;而且撰修阐释谱学的人,能够凭借它考察姓氏由来,这是第七条便利。一是世系连续不断,高门大族,或者科第仕宦,世系谱牒有记载,而德行才能,史书列传没有记录,死后不被世人称道,是有志的人感到耻辱的事情;这样文字没有增加减少,意思同时有勉励警戒,这是第八条便利。一是世家大族名重一方,街巷邑里的设立,不是徒有其名,这是第九条便利。一是征集与考察文献,朝廷馆阁用檄文征收,按照方志寻求,易如反掌,这是第十条便利。那么撰修并且阐明氏族表,可以推广到各级府、州、县,不仅作为一州的志书而已。

和州志氏族表序例下

　　《易》曰："物不可穷也,故受之以《未济》。"①夫网罗散失,是先有散失,而后有网罗者也。表章潜隐,是先有潜隐,而后有表章者也。陈寿《蜀志》列传,殿以杨戏之赞②;常璩《华阳》序志,概存士女之名③。二子知掌故之有时而穷也,故以赞序名字,存其大略,而明著所以不得已而仅存之故,是亦史氏缺文之旧例也。和州在唐、宋为望郡④,而文献之征,不少概见。至于家谱世牒,寥寥无闻。询之故老,则云明季乙亥寇变⑤,图书毁于兵燹⑥。今州境之人士,皆当日仅存幸免者之曾若玄也⑦。所闻所传,闻者不过五世七世而止,不复能远溯也。传世既未久远,子姓亦无繁多,故谱法大率不修。就求其所有,则出私札笔记之属,体例未定,难为典则,甚者至不能溯受姓所由来。余于是为之慨然叹焉。

【注释】

①物不可穷也,故受之以《未济》:语出《周易·序卦》。

②陈寿《蜀志》列传,殿以杨戏之赞:陈寿《三国志》中的《蜀书》最后一篇传是《杨戏传》,传末附录杨戏蜀后主刘禅延熙四年(241)所

著《季汉辅臣赞》,颂扬昭烈皇帝刘备、诸葛亮等五十多人。杨戏(?—261),字文然,蜀汉键为武阳(今四川彭山)人。诸葛亮辟为丞相府主簿,后为蒋济大将军府东曹掾,历建宁、梓潼太守,为射声校尉。后因触犯大将军姜维,被免为庶人。

③常璩《华阳》序志,概存士女之名:据常璩《华阳国志·序志》篇末列《梁益宁三州先汉以来士女目录》,记载汉兴至三国士女三百四十人;三国两晋以来士女五十一人,共计三百九十人。常璩,字道将,十六国时期江原(今四川崇庆西北)人。在西南成汉政权中官至散骑常侍。劝李势归降东晋。著有《华阳国志》、《汉之书》。

④望郡:唐代府、州、县,根据实力地位大小高低,划分为雄、望、紧、赤、畿、上、中、下各种等级。

⑤明季乙亥寇变:明毅宗崇祯八年(1635)张献忠农民军攻占和州之事。

⑥兵燹(xiǎn):战火。燹,火。

⑦曾若玄:语出《尔雅·释亲》:"孙之子为曾孙,曾孙之子为玄孙。"若,与,和。

【译文】

《周易》说:"事物不可能穷尽,所以用象征事情未成的《未济》卦接续。"网罗散失的文献,是先有散失的文献,然后才有网罗。表扬彰显隐藏的事物,是先有隐藏的事物,然后才有表扬彰显。陈寿《三国志·蜀志》的列传,把杨戏的《季汉辅臣赞》放在最后;常璩《华阳国志》的《序志》,概括保存蜀地士女的姓名。两人知道掌故有穷尽的时候,所以用赞、序记录姓名,保存掌故大略,而明确记叙不得已而只留下姓名的原因,这也是史家多闻缺疑的惯例。和州在唐、宋时期是大郡,而文献的存留征验,没有略微的梗概记载。至于家谱世系,寥寥无几。询问当地老人,说是明末乙亥年间强盗祸乱,图书在战火中焚毁。现在州境内的人士，都是当时幸免仅存者的曾孙和玄孙。所听到和辗转听到的轶事，不超过五世、七世而止，不再能向上推求。传世既不久远，子孙也不众多，所以大多不讲求作家谱方法。寻求他们所撰修的东西，就拿出私人札记和笔记之类，体例没有确定，难以当做准则，甚至不能向上追溯授予姓氏的由来。我于是为他们感慨而叹息。

　　夫家谱简帙，轻于州志；兵燹之后，家谱无存。而明嘉靖中知州易鸾与万历中知州康诰所修之州志[①]，为时更久，而其书今日具存；是在官易守，而私门难保之明征也。及今而不急为之所，则并此区区者，后亦莫之征矣。且吾观《唐书·宰相世系》，列其先世，有及梁、陈者矣，有及元魏、后周者矣，不复更溯奕叶而上[②]；则史牒缺文，非一朝一夕之故也。然则录其所可考，而略其所不可知，乃免不知而作之诮焉[③]。每姓推所自出，备稽古之资也。详入籍之世代，定州略也[④]。科甲仕宦为目，而贡监生员与封君[⑤]，及赍授空阶皆与焉[⑥]，从其类也。无科甲仕宦，而仅有生员及赍授空阶，不为立表，定主宾轻重之衡也。科甲仕宦之族，旁支皆齐民，则及分支之人而止。不复列其子若孙者，君子之泽，五世而斩[⑦]。若皆列之，是与版图之籍无异也。虽有科甲仕宦，而无谱者缺之，严讹滥之防也。正贡亦为科甲[⑧]，微秩亦为仕宦，不复分其资级，以文献无征，与其过而废也，毋宁过而存之[⑨]，是《未济》之义也。

【注释】

①明嘉靖中知州易鸾与万历中知州康诰所修之州志：据《章氏遗

书》外编卷十八《和州志·前志列传》记载：易鸾，字鸣和，明代分宜(今属江西)人。明世宗嘉靖三年(1524)，任和州知州。为政之暇，取陈钧、黄公标两家旧州志删定为新志十七篇。康诰，字瀛湖，明代汀州卫(今福建长汀)人。明穆宗隆庆五年(1571)，任和州知州。明神宗万历三年(1575)，命和州学正齐柯等人修志，定为大纲八篇。

②奕叶：犹言累世，一代接一代。

③不知而作：语出《论语·述而》："子曰：'盖有不知而作之者，我无是也。'"

④略：语出《左传·庄公二十一年》："王与之武公之略，自虎牢以东。"指疆界，地域。

⑤贡监(jiàn)生员与封君：贡，贡生。明、清时期从地方学校选拔生员进入京城国子监学习，称为贡生。贡生名目繁多，有副贡、拔贡、优贡、岁贡、恩贡等。监，监生。明、清时期在国子监学习的生员，统称监生。有举监、贡监等名目。一般所称监生，指由捐纳而买得空名的人。生员，经过各级考试而进入府、州、县学的学生，都叫做生员。习惯称呼秀才。封君，因子孙显贵而受朝廷封官者，称为封君。

⑥赀授：通过交纳钱财而授予官职。

⑦君子之泽，五世而斩：语出《孟子·离娄下》。朱熹《集注》曰："泽，犹言流风余韵也……斩，绝也。"

⑧正贡：贡生中非捐纳而得者，属于入仕正途，故称正贡。清代有恩贡、拔贡、副贡、岁贡、优贡五贡。

⑨与其过而废也，毋宁过而存之：语出班固《汉书》卷三十六《楚元王传附刘歆传》："与其过而废之也，宁过而存之。"

【译文】

家谱的篇幅，比方志少；战乱之后，家谱没有保存下来。而明代嘉靖中知州易鸾和万历中知州康诰所修的方志，经过的时间更长久，而他们的书现在都保存下来；这是书在官府容易保存，而私家难以保存的明显证据。到今天不紧急采取措施妥善处置，那么连这点很少的东西，以后也不能求取了。况且我看《唐书·宰相世系表》，胪列宰相先世，有到梁、陈的人了，也有到元魏、后周的人了，不再向前追溯累世以上，那么史书谱牒的缺失，不是一朝一夕短时间的缘故。那么记录那些可以考知的内容，而省略那不能知道的内容，就可以避免不知道情况而写作的责备了。每姓推求来源，是准备考察古事的凭借。详细说明入籍的世代，是划定一州的疆界。用科第仕宦作名目，而贡生、监生、生员和封君，以及纳资财授虚衔的人都列入，是以类相从。没有科第仕宦，而只有生员及纳资财授虚衔的人，不为他们立表，是确定主宾轻重的衡量标准。科第仕宦的家族，旁支都是平民，就截止到分支的人。不再列入他们的子孙，因为君子的恩泽，五世以后就断绝。如果全部列入，这和户籍、土地图册上的人没有不同。虽然有科第仕宦，而没有家谱的人空缺，是严格对谬误失实的防范。正途贡生也是科第，低微的官阶也是仕宦，不再分资格品级，因为文献没有征验。与其过分而废弃，不如过分而保存，这是《未济》的道理。

和州志舆地图序例

【题解】

本篇为《和州志》舆地、建置、营汛、水利四图中的第一篇序文，其实是阐明全书设置图这一体例的总体论述。全篇三部分内容，据《章氏遗书》外编卷十六《和州志·舆地图》分别标名为考图、定体、著例。考图旨在说明图学失传原因以及图的作用，定体旨在辨别图的体式，著例则旨在申论图与文辞之间的关系。章学诚认为图谱之学在古代是专门学问，地位同样重要。到司马迁作《史记》，效法周谱而列表，却不效法象魏而置图，于是后世史书相承，导致图学衰亡。郑樵撰《通志·图谱略》，虽然感慨前人之失，自己却也没有作图。后世的图学，仅仅在方志一类书中存饩羊一线。章学诚指出，图与谱对于研究经学都是必不可少的内容。同样，这两种体例对于研究史学也具有不可替代的价值。谱牒为无文之书，图象为无言之史，可以对史书的文字表述起到相辅相成的作用。历代方志之图，尽管尚存古人之意，然而沿流忘源，已失古学之大体。章学诚对方志中的图加以辨别，认为前人作图只为显示绘画技巧和觉得可有可无两种不良风气，都不符合史书体裁的要求，正确的做法应该是图与文辞互相配合，追求文省而事无所晦，形著而言有所归的境界。

图谱之学，古有专门，郑氏樵论之详矣①。司马迁为史，独取旁行斜上之遗②，列为十表；而不取象魏悬法之掌③，列为诸图。于是后史相承，表志愈繁，图经浸失。好古之士，载考陈编，口诵其辞，目迷其象，是亦载笔之通弊，斯文之缺典也。郑樵生千载而后，慨然有志于三代遗文，而于《图谱》一篇，既明其用④；又推后代失所依据之故，本于班固收书遗图⑤，亦既感慨言之矣。然郑氏之意，只为著录诸家，不立图谱专门，故欲别为一录，以辅《七略》、四部之不逮耳；其实未尝深考，图学失传，由于司马迁有表无图，遂使后人修史，不知采录；故其自为《通志》，纪、传、谱、略诸体具备，而形势名象，亦未为图。以此而议班氏，岂所谓楚则失之，而齐亦未为得者非耶⑥？夫图谱之用，相为表里。周谱之亡久矣，而三代世次，诸侯年月，今具可考，以司马迁采撷为表故也。象魏之藏既失，而形名制度，方圆曲直，今不可知，以司马迁未列为图故也。然则书之存亡，系于史臣之笔削，明矣。图之远者，姑弗具论。自《三辅黄图》、《洛阳宫殿图》以来⑦，都邑之簿，代有成书，后代蒐罗，百不存一。郑氏独具心裁，立为专录⑧，以谓有其举之，莫或废矣。然今按以郑氏所收，其遗亡散失，与前代所著，未始径庭⑨；则书之存亡，系于史臣之笔削者尤重，而系于著录之部次者犹轻，又明矣。罇罍之微⑩，或资博雅，卤簿之属⑪，或著威仪，前人并有图书，盖亦繁富。史臣识其经要，未遑悉入编摩⑫；郑氏列为专录，使有所考，但求本书可也。至于方州形势，天下大计，不于表志之间，列为专部；使读其书者，乃若冥行擿埴⑬，如之何其可也？治《易》者必明乎象，治《春秋》者必通乎谱；图象谱牒，《易》与《春秋》之大原也。《易》曰："系辞焉以尽其言。"⑭《记》曰："比事属辞，《春秋》教也。"⑮夫谓之系辞属辞者，明乎文辞从其后也。然则图象为无言之史，谱牒为无文之书，相辅而行，虽欲缺一而不可者也。况州郡图经，尤前人之所重耶？

【注释】

①图谱之学，古有专门，郑氏樵论之详矣：据郑樵《通志》卷七十二《图谱略·索象》记载："古之学者，为学有要，置图于左，置书于右，索象于图，索理于书，故人亦易为学，学亦易为功，举而措之，如执左契。后之学者离图即书，尚辞务说，故人亦难为学，学亦难为功，虽平日胸中有千章万卷，及置之行事之间，则茫茫然不知所向……且有专门之书，则有专门之学；有专门之学，则其学必传，而书亦不失……隋家藏书富于古今，然图谱无所系。自此以来，荡然无纪。至今虞、夏、商、周、秦、汉上代之书具在，而图无传焉。图既无传，书复日多，兹学者之难成也。"

②司马迁为史，独取旁行斜上之遗：据姚思廉《梁书》卷五十《刘杳传》记载："杳云：'桓谭《新论》云：太史《三代世表》，旁行邪上，并效周谱。'"邪，通"斜"。司马迁《史记》的《三代世表》等十表，旁行斜上，分标子注，用表格形式排列，乃周代谱牒之遗法。

③象魏悬法：语出《周礼·天官·太宰》："正月之吉……县治象之法于象魏，使万民观治象。"象魏，又称阙或观，是官门外相对而立的高大建筑。

④《图谱》一篇，既明其用：郑樵《通志》卷七十二《图谱略》有《明用》篇，列古今待图谱之用而明者十六类，一曰天文，二曰地理，三曰

宫室,四曰器用,五曰车旂,六曰衣裳,七曰坛兆,八曰都邑,九曰城筑,十曰田里,十一曰会计,十二曰法制,十三曰班爵,十四曰古今,十五曰名物,十六曰书。这十六类,有书无图,不可用。

⑤推后代失所依据之故,本于班固收书遗图:据郑樵《通志·总序》曰:"古之学者,左图右书,不可偏废。刘氏作《七略》,收书不收图,班固即其书为《艺文志》。自此以还,图谱日亡,书籍日冗,所以困后学而隳良材者,皆由于此。"

⑥楚则失之,而齐亦未为得:语出萧统《文选》卷八《司马长卿·上林赋》:"楚则失矣,而齐亦未为得也。"

⑦《三辅黄图》、《洛阳宫殿图》:据《隋书》卷三十三《经籍志》地理类著录:"《黄图》一卷。记三辅宫观、陵庙、明堂、辟雍、郊畤等事。"大抵汉、魏之间人所撰。记载秦、汉时期京城长安一带城池、宫殿、苑囿、陵庙等建筑。郑樵《通志》卷七十二《图谱略》著录《洛阳宫阙图》,无卷数与撰人。

⑧郑氏独具心裁,立为专录:据郑樵《通志·总序》曰:"臣乃立为二记:一曰记有,记今之所有者,不可不聚;二曰记无,记今之所无者,不可不求。故作《图谱略》。"

⑨径庭:语出《庄子·逍遥游》:"大有径庭。"径指门前小路,庭指居中庭院。原意指两者偏正悬绝,犹如霄壤。后来用"大相径庭"比喻相距遥远。

⑩罇罍(zūn léi):泛指盛酒器皿。罇,也作"尊"、"樽",古代盛酒器。罍,也作"櫑"。古代盛酒器。体型比樽大,因装饰外表云雷纹,故曰罍。

⑪卤簿之属:语出蔡邕《独断》卷下:"天子出,车驾次第谓之卤簿。"卤,大楯。用作护卫仪器。封演《封氏闻见记》卷五《卤簿》曰:"舆驾行幸,羽仪导从谓之卤簿……甲楯有先后部伍之次,皆著之簿籍,天子出入,则按次导从,故谓之卤簿耳。"即帝王、太子、

后妃、王公大臣出行时的仪仗队。

⑫未遑(huáng)：即"不遑"。语出《诗经·小雅·小弁》："心之忧矣，不遑假寐。"意为来不及，没有空闲。遑，闲暇。假寐，打盹。

⑬冥行擿(zhì)埴(zhí)：语出扬雄《法言》卷三《修身》："擿埴索途，冥行而已矣。"司马光《集注》曰："埴，土也。盲人以杖擿地而求道。"擿，通"掷"，投掷。埴，细密的黄粘土。也用作泥土的通称。

⑭系辞焉以尽其言：语出《周易·系辞上》。

⑮比事属辞，《春秋》教也：语出《礼记·经解》。原文为："属辞比事，《春秋》教也。"

【译文】

图谱的研究，古代有专门学问，郑樵论述得很详细了。司马迁作史，只继承横排斜线列表的遗法，列为十表，而不继承宫阙悬挂法令的职掌，绘画排列为图。于是后世史书互相沿袭，表志越来越多，图类经籍逐渐失传。喜好古代文化的人，考察故籍陈编，嘴里诵读古书文辞，眼睛却看不到古物形象，这也是史家记事的通病，古典文化的缺失。郑樵生在千年以后，慷慨有志愿研究夏商周三代遗文，而在《图谱略》一篇里，已经阐明图谱的功用；又推究后世失去根据的原因，是起源于班固收录书而舍弃图，也已经感慨地说过了。然而郑氏的意图，只是因为书目著录诸家，不设立图谱专有门类，所以想要另外作一录，用来辅助《七略》、四部的分类没有涉及的图类罢了；实际上他并不曾深入考察，图学之所以失传，是由于司马迁《史记》有表无图，就使后人修史，不知道采集；所以他自己作《通志》，纪、传、谱、略各种体例完备，然而地理形势和器物形状，也没有画图表现。凭这点来议论班氏，难道不是所谓的楚人错了，而齐人也不算对吗？图与谱的功用，互相配合。周代的族谱散亡很久了，而三代的传承世系，诸侯的时事年月，现在都可以考知，是因为司马迁采用它们作表的缘故。宫阙悬挂的法令已经失传，而古代器物的形状和样式，方圆曲直，现在无法知道，是因为司马迁没有列图的缘故。那么书的存在和散失，和史官的记载删削有关系，就很清楚了。年代久远的图，姑且不详细讨论。自《三辅黄图》、《洛阳宫殿图》以来，记载城镇的图册，世代都有已成的书，后世搜罗，一百种也留不下一种。郑氏别具心裁，设立专门著录，认为把现有的书标著下来，就不会丢弃了。然而现在根据郑氏所收的书考察，遗落散失的图录，比起前代有著录而遗落散失的书，没有多大差距；那么书的存在和散失，和史官的记载删削关系特别大，而和书目著录的分类编排关系还比较小，又很清楚了。酒器微小，有时帮助增进学识，仪仗之类，有时显示尊威礼仪，前人都有图书，大概也繁多丰富。史官记载它们的大要，无暇全部收进编撰的史书；郑氏列为专门著录，假使需要考察，只寻求他的书就行了。至于州郡地理形势，关系天下的重大谋划，不在表志之间，列为专门部类；使得读这类书的人，竟像盲人用杖探地而行，这怎么可以呢？研究《周易》的人必须了解卦象，研究《春秋》的人必须通晓谱牒；图象与谱牒，是《周易》和《春秋》的根本。《周易》说："联缀文辞以便说尽要说的话。"《礼记》说："排比事情连结文辞，是《春秋》的教化。"称作联缀与连结文辞，很明显是文辞跟随在图象谱牒后面。那么图象是没有言辞的史册，谱牒是没有语句的书籍，互相辅助而流传，即使想要缺少哪一方面都不行。何况州郡图经，尤其受前人所重视呢？

或曰：学者亦知图象之用大矣。第辞可传习，而图不可以诵读，故书具存，而图不可考也，其势然也。虽然，非知言也。夫图不可诵，则表亦非有文辞者也。表著于史，而图不入编，此其所以亡失也。且图之不可传者有二：一则争于绘事之工也①。以古人专门艺事，自以名家，实无当于大经大法。若郭璞《山海经图赞》②，赞存图亡。今观赞文，自类雕龙之工③，则知图绘，殆亦画虎之技也④。一则同乎髦弁之微也⑤。近代方州之志，绘为图象，厕于序例之间⑥，不立专门，但缀名胜，以为一书之标识，而实无当于古人图谱之学也。夫争于绘事，则艺术无当于史裁；而厕于弁髦，则书肆苟为标帜⑦，以为市易之道⑧，皆不可语于史学之精微也。古人有专门之学，即有专门之书；有专门之书，即有专门之体例。旁行斜上，标分子注，谱牒之体例也。开方计里，推表山川，舆图之体例也。图不详而系之以说，说不显而实之以图，互著之义也。文省而事无所晦，形著而言有所归，述作之则也。亥豕不得淆其传，笔削无能损其质，久远之业也。要使不履其地、不深于文者，依检其图，洞如观火，是又通方之道也。夫《天官》、《河渠》图⑨，而八书可以六；《地理》、《沟洫》图⑩，而十志可以八；然而今日求太初之星象⑪，稽西京之版舆，或不至于若是茫茫也。况夫方州之书，征名辨物，尤宜详赡无遗，庶几一家之作；而乃流连景物，附会名胜，以为丹青末艺之观耶？其亦不讲于古人所以左图右史之义也夫⑫？

【注释】

①绘事之工：语出《论语·八佾》："子曰：'绘事后素。'"意为先以白色打底，再涂上颜色。

②郭璞《山海经图赞》：据《隋书》卷三十三《经籍志》地理类著录："《山海经图赞》二卷，郭璞注。"

③雕龙之工：语出司马迁《史记》卷七十四《孟子荀卿列传》："故齐人颂曰：谈天衍，雕龙奭。"裴骃《集解》引刘向《别录》曰："邹奭修[邹]衍之文，饰若雕镂龙文，故曰雕龙。"战国时期齐国人邹奭善

于修饰文辞，像雕刻龙纹，人称"雕龙奭"。后用来指善于修改文章。

④画虎之技：语出范晔《后汉书》卷五十四《马援传》马援诫兄子马严敕书："效伯高不得，犹为谨敕之士，所谓刻鹄不成尚类鹜者也。效季良不得，陷为天下轻薄子，所谓画虎不成反类狗者也。"敕（chì），整饬。鹄，天鹅。鹜（wù），鸭子。

⑤髦弁（máo biàn）：语出《左传·昭公九年》："岂如弁髦而因以敝之？"髦，童子下垂的头发。弁，缁布冠。古代男子行加冠礼，先加缁布冠敛括垂髦，再加皮弁，最后加爵弁，然后剃掉垂髦，丢弃缁布冠不用，故曰因以敝之。后用髦弁比喻弃置无用的事物。

⑥厕：安置，放置。

⑦书肆：语出扬雄《法言》卷二《吾子》："好书而不要诸仲尼，书肆也。"司马光《集注》曰："卖书市肆，不能释义。"即售书的店铺。

⑧市易：语出司马迁《史记》卷一百二十九《货殖列传》："汶山之下，沃野下有蹲鸱，至死不饥。民工于市易贾。"意为买卖交易。

⑨《天官》、《河渠》：司马迁《史记》有《天官书》、《河渠书》。

⑩《地理》、《沟洫》：班固《汉书》有《地理志》、《沟洫志》。

⑪太初：汉武帝年号，公元前104—前101年。

⑫左图右史：语出《新唐书》卷一百四十二《杨绾传》："性沉靖，独处一室，左图右史。"郑樵《通志》卷七十二《图谱略》亦言："古之学者，为学有要，置图于左，置书于右，索象于图，索理于书。"

【译文】

有人说：学者也知道图象的用处大了。只是文辞可以传授学习，而图不能诵读，所以书都保存下来，而图不可考见，那是形势造成这样。虽然如此，却不是有见识的话。图不能诵读，那么表也不是有文辞的东西。表记载于史书，而图不编入史书，这是图散失的原因。况且图不能流传的原因有两点：一是在绘画技术的工巧上竞争。利用古人绘画的专门艺术,作为自己成名成家的资本,实际上不符合根本的大原则。像郭璞的《山海经图赞》,赞存在而图散失。现在看赞的文字,自然类似雕刻龙纹的工巧,就知道图绘之事,恐怕也是画虎不成反类狗的技艺。一是等同弃置不戴的帽子那样微不足道。近代州郡的方志,绘画图象,和序例放在一起,不设立专门部类,仅仅联缀名胜,当做一部书的标记,而实际上不符合古人图谱的学问。在绘画技术上竞争,就属于艺术而不符合史学裁制;而等同弃置不戴的帽子,就被书铺随意充当标志,把这当成做买卖的途径,都不能用来谈论史学的精深微妙。古人有专门的学问,就有专门的书籍;有专门的书籍,就有专门的体例。标明横排斜线,区分正文小注,这是谱牒的体例。计算面积里程,表明山川位置,这是地图的体例。图不详细而联缀附加文辞,文辞不明显而用图充实,这是互相说明的意思。文字减省而叙事不隐晦,形状明显而言辞有归属,这是著述的原则。以亥为豕一类的误字不会弄乱它的流传,记载删除不会损害它的内容,这是长远的事业。要让不亲身到达该地、不精通文辞的人,查看所绘的地图,就像看火一样观察得清楚,这又是贯通整体的原则。《天官书》、《河渠书》改作图,《史记》八书可以减成六书;《地理志》、《沟洫志》改作图,《汉书》十志可以减成八志;那么今天推求太初年间的星象,考察西汉时期的版图,也许不至于像现在这样模糊不清。何况州郡的志书,验证名称与辨别事物,尤其应当详细丰满而没有遗漏,差不多就能成一家的著作;却贪恋绘制景物,附会名胜古迹,是要当做绘画这种小技艺的观赏之用吗?这也太不讲究古人读书左边放置舆图而右边放史书的宗旨了吧?

　　图不能不系之说,而说之详者,即同于书,图之名不亦缀欤①?曰:非缀也。体有所专,意亦有所重也。古人书有专名,篇有专义。辞之出入非所计,而名实宾主之际②,作者所谓窃取其义焉耳。且吾见前史之文,有表似乎志者矣,《汉书·百官公卿表》，篇首历叙官制。**不必皆旁行斜上之文也。有志似乎表者矣**，《汉书·律历志》，排列三统甲子③。**不必皆比事属辞之例也。**《三辅黄图》，今亡其书矣，其见于他说所称引，则其辞也。遁甲、通统之图④，今存其说，犹《华黍》、《由庚》之有其义耳⑤。虽一尺之图，系以寻丈之说可也。既曰图矣，统谓之图可也。图又以类相次，不亦繁欤？曰：非繁也。图之有类别，犹书之有篇名也。以图附书，则义不显，分图而系之以说，义斯显也。若皇朝《明史·律历志》，于仪象推步皆绘为图⑥，盖前人所未有矣。当时史臣，未尝别立为图，故不列专门，事各有所宜也。今州志分图为四：一曰舆地，二曰建置⑦，三曰营汛⑧，四曰水利。皆取其有关经要，而规方形势所必需者，详系之说，而次诸纪表之后，用备一家之学，而发其例于首简云尔。

【注释】

①缀：通"赘"。据《诗经·大雅·桑柔》曰："具赘卒荒。"孔颖达《疏》曰："赘，犹缀。"

②名实宾主：语出《庄子·逍遥游》："名者，实之宾也。"比喻内容和形式的关系。

③三统：《三统历》。西汉末年刘歆根据《太初历》等历法修订而成，是我国史书上第一完整记载天象的历法。

④遁甲、通统之图：据《隋书》卷三十四《经籍志》五行类著录：《三元遁甲上图》一卷，《三元遁甲图》三卷，《遁甲九官八门图》一卷，荣氏撰《遁甲开山图》三卷，葛洪撰《遁甲返覆图》一卷，《易通统卦验玄图》一卷，《易通统图》二卷等，均为古代方士的术数之书。

⑤《华黍》、《由庚》：《诗经·小雅》中的篇名，已佚。

⑥仪象推步皆绘为图:《明史》卷三十二至三十三《历志》有《割圆弧矢图》、《月道距差图》、《二至出入差图》三图。仪象,观测天象的仪器。

⑦建置:语出班固《汉书》卷六十三《武五子传赞》:"略取河南,建置朔方。"指设立郡县。

⑧营汛:清代兵制,各省驻防绿营兵在标下设协,协下设营,营下设汛。营由参将、游击、都司、守备分别统领,汛由千总、把总、外委统领。

【译文】

有人说:图不能不联缀文字解说,而文字详细的解说,就等同于书,图的名称不也就成了点缀吗? 回答说:这不是点缀。体裁具有专门独特之处,意图也就有具有重点所在。古人的书有专一名称,篇有专一宗旨。言辞的差别不是所要考虑的内容,而名称与实质、主体与客体之间的关系,才是著书的人所说的寄托主张的地方。况且我看过去史书的文字,有表体类似志体的文字了,《汉书·百官公卿表》,篇首一一叙述官制。不一定都是横行斜线的文字。有志体类似表体的文字了,《汉书·律历志》,排列《三统历》干支。不一定都是排比事情连缀文辞的体例。《三辅黄图》,今天此书亡佚了,那些在别的书里引用所见到的内容,就是它的文辞。遁甲、通统的图,现在还保留它们的说辞,就像《诗经》中《华黍》、《由庚》篇无歌辞而有含意。即使一尺大小的图,联缀一丈长的文辞也可以。有人说:既然叫做图了,总称是图就行了。图又按照类别顺序排列,不也很繁杂吗? 回答说:这不是繁杂。图具有类别,如同书具有篇名。把图附在书里,那么意思就不明显,图分出来而联缀文辞,意思就明显了。就像皇朝撰修《明史·律历志》,对天象仪器和推算历法都画成图,大概是前人所没有了。当时的史官,不曾另外作图,所以不设立专门部类,这是事情各有适当之处。现在编纂州志把图分成四种:第一叫做舆地,第二叫做建置,第三叫做营汛,第四叫做水利。都选取那些和治理要领有关联，而规划地理形势所必需的内容，详细地附缀解说文辞，编排在纪、表的后面，用来完备自成一家的学问，而在开篇说明体例而已。

和州志田赋书序例

【题解】

本篇通过考察历代赋税记载的始末,论述方志记载赋税的重要性以及具体做法。章学诚认为,关于赋税的记载,可以上溯到《尚书·禹贡》和《周礼》,班固《汉书》设立《食货志》,成为后世史书的准则。除正史之外,历代还编有《国计簿》、《会计录》一类书,依据财政部门胥吏文书汇编而成,琐碎而不成体系,仅备一时之需,不能传世行远。又有《通典》、《会要》一类掌故汇编,概括一代赋税大要,而不能考察细微详情。所以很难见到记载赋税的专书,无法窥见一代赋税制度完整全貌。赋税制度关系到国计民生大事,对于某一地方的利弊影响尤其明显。国史记载大略,统其要纲,至于方志,恰恰可以详细分目,记载具体得失,补充国史所不能涉及的范围。章学诚明确认识到过去方志对赋税之事重视不够,仅仅依据文书编录,无法看到一方民瘼之所在。章学诚指出,方志对于赋税的记载,要做到考究古今,深求原委,使后人可以考究得失,洞察利弊。所以,对于私家议论、官府公文中有关赋税利弊的文献,应当采入方志。一旦赋税制度有改变,或者以后有不法官吏增添名目,就可以根据方志的记载考察制度原委,真正实现方志作为史学分支而达到经世致用的效果。

自画土制贡，创于夏书[①]，任土授职，载师物地事及授地职[②]。详于《周礼》；而田赋之书，专司之掌，有由来矣。班氏约取《洪范》八政，裁为《食货》之篇[③]，后史相仍，著为圭臬。然而司农图籍[④]，会稽簿录[⑤]，填委架阁[⑥]，不可胜穷；于是酌取一代之中，以为定制。其有沿革大凡，盈缩总计，略存史氏要删，计臣章奏[⑦]；使读者观书可以自得，则亦其势然也。若李吉甫、韦处厚所为《国计》之簿[⑧]，李吉甫《元和国计簿》十卷，韦处厚《太和国计》二十卷。丁谓、田况所为《会计》之录[⑨]，丁谓《景德会计录》六卷，田况《皇祐会计录》六卷。则仿《周官》司会所贰书契版图之制也。杜佑、宋白之《通典》[⑩]，王溥、章得象之《会要》[⑪]，则掌故汇编；其中首重食货，义取综核，事该古今；至于麻缕之微，铢两之细，不复委折求尽也。赵过均田之议[⑫]，李翱《平赋》之书[⑬]，则公牍私论，各抒所见；惟以一时利病，求所折衷，非复史氏记实之法也。夫令史簿录，猥琐无文，不能传世行远；文学掌故，博综大要，莫能深鉴隐微；此田赋之所以难明，而成书之所以难觏者也[⑭]。古者财赋之事，征于司徒，载师属大司徒。会于太宰。司会属太宰。太宰制三十年为通九式，均节九赋，自祭祀宾客之大，以至刍秣匪颁之细[⑮]，俱有定数，以其所出，准之以其所入；虽欲于定式之外，多取于民，其道无由。此财赋所以贵簿正之法也。自唐变租庸调而为两税[⑯]，明又变两税而为一条鞭法[⑰]，势趋简便，令无苛扰，亦度时揆势，可谓得所权宜者矣。然而存留供亿诸费[⑱]，土贡方物等目[⑲]，金差募运之资，总括毕输，便于民间，使无纷扰可也。有司文牍，令史簿籍，自当具录旧有款目，明著功令所以并省之由，然后折以时之法度，庶几计司职守^⑳，与编户齐民，皆晓然于制有变更，数无增损也。文移日趋简省，而案牍久远无征，但存当时总括之数，不为条列诸科，则遇禁网稍弛，官吏不饬于法，或至增饰名目，抑配均输^㉑，以为合于古者惟正之贡^㉒，孰从而议其非制耶？

【注释】

①画土制贡，创于夏书：语出《尚书·禹贡》："禹别九州，随山浚川，任土作贡。"伪孔安国《传》曰："任其土地所有，定其贡赋之差。"

②载师物地事及授地职：语出《周礼·地官》："载师掌任土之法，以物地事，授地职，而待其政令。"郑玄《注》曰："任土者，任其力势所能生育，且以制贡赋也。物，物色之，以知其所宜之事者，而授农牧衡虞，使职之。"载师，地官属官，掌管土地赋役等事。

③班氏约取《洪范》八政，裁为《食货》之篇：据班固《汉书》卷二十四上《食货志上》记载："《洪范》八政，一曰食，二曰货。食谓农殖嘉谷可食之物，货谓布帛可衣，及金刀龟贝，所以分财布利，通有无者也。"

④司农：大司农。秦设治粟内史，汉景帝改称大农令，汉武帝又改称大司农，掌管国家赋税等财政事务，为九卿之一。

⑤会稽：会计。《周礼》天官属官有司会，掌管会计事物。

⑥架阁：宋、元时期，朝廷各部门有架阁库，储藏文牍案卷。

⑦计臣：原意指谋臣。这里意同计官，指掌管国家财政事务的大臣。

⑧李吉甫、韦处厚所为《国计》之簿：据《新唐书》卷五十八《艺文志》职官类著录："李吉甫《元和国计簿》十卷……韦处厚《太和国计》

二十卷。"李吉甫(758—814),字弘宪,唐代赞皇(今属河北)人。以父荫任仓曹参军。唐宪宗即位,任中书舍人,后拜中书侍郎同平章事。任相期间,削弱藩镇势力,加强中央集权。出任淮南节度使,不久再度为相。封赞皇县侯,卒谥忠懿。著有《元和郡县图志》等书。韦处厚(773—828),字德载,唐代京兆万年(今陕西西安)人。宪宗元和元年(806)登进士第。官翰林承旨学士。文宗即位,为中书侍郎同平章事。封灵昌郡公,号为贤相。参与撰修《德宗实录》、《宪宗实录》等书。

⑨丁谓、田况所为《会计》之录:据陈振孙《直斋书录解题》卷五典故类著录:"《景德会计录》六卷,丞相吴郡丁谓谓之撰……《皇祐会计录》六卷,枢密信都田况元均权三司使时所撰。"丁谓(962—1033),字谓之,又字公言,北宋苏州长洲(今江苏吴县)人。太宗淳化年间进士。真宗时期任三司使。与王钦若造作天书,营造宫观,崇奉道教。后任参知政事,排挤寇准,升任宰相,封晋国公。仁宗即位,贬为崖州司户参军。卒于光州(今河南光山)。田况(1005—1063),字元均,北宋开封(今属河南)人。仁宗天圣年间进士。曾知成德军,又随夏竦经略陕西,言治边十四事。参与平定保州兵变。历翰林学士、三司使、枢密副使、枢密使。著有《儒林公议》等书。

⑩宋白之《通典》:宋白(936—1012),字太素,北宋大名(今属河北)人。太祖建隆年间进士。曾任著作佐郎,翰林学士承旨,官至吏部尚书。与李昉等共同编纂《文苑英华》。宋真宗咸平三年(1012),诏翰林学士承旨宋白等修《续通典》,次年书成,共二百卷。记载自唐至德初到后周显德末二百余年的典章制度,分为食货等九门。已佚。

⑪王溥、章得象之《会要》:王溥《唐会要》与《五代会要》、章得象《国朝会要》。王溥(922—982),字齐物。五代并州祁县(今属山西)

人。后汉乾祐年间进士。后周太祖时期任宰相。入宋后数年罢相，后进位司空，封祁国公。整理编撰《唐会要》一百卷，又撰《五代会要》三十卷。章得象（978—1048），字希言，北宋建州浦城（今属福建）人。真宗咸平年间进士，任翰林学士。仁宗朝，官居相位。宋仁宗庆历年间，主持编纂《国朝会要》一百五十卷。庆历五年（1045），出判陈州。

⑫赵过均田之议：据班固《汉书》卷二十四上《食货志上》记载："[汉武帝]以赵过为搜粟都尉。过能为代田，一亩三甽，岁代处，故曰代田。"颜师古《注》曰："代，易也。"甽（quǎn），古"畎"字。据班固《汉书》卷三十六《楚元王传附刘向传》颜师古《注》曰："甽者，田中之沟也。田沟之法，耜广五寸，二耜为耦，一耦之伐，广尺深尺，谓之甽。六甽而为一亩……字或作畎，其音同耳。"赵过，汉武帝在位末年任搜粟都尉，改进农具，创设使农田轮流休耕的代田法，休养地力，提高粮食产量。则赵过所行当为代田，而非均田。按唐代元稹《元氏长庆集》卷三十八《同州奏均田》，内容属于均田之议。当是章学诚把元稹误作赵过。

⑬李翱《平赋》之书：李翱《李文公文集》卷三《平赋书》，旨在建议田赋实行十一赋，即按照产量的十分之一缴纳赋税。

⑭觏（gòu）：通"遘"、"逅"，遇见。

⑮太宰制三十年为通九式，均节九赋，自祭祀宾客之大，以至刍秣匪颁之细：据《周礼·天官》记载："太宰……以九赋敛财贿，一曰邦中之赋，二曰四郊之赋，三曰邦甸之赋，四曰家削之赋，五曰邦县之赋，六曰邦都之赋，七曰关市之赋，八曰山泽之赋，九曰币余之赋。以九式均节财用，一曰祭祀之式，二曰宾客之式，三曰丧荒之式，四曰羞服之式，五曰工事之式，六曰币帛之式，七曰刍秣之式，八曰匪颁之式，九曰好用之式。"式，用财之节度法式。羞，饮食之物。刍秣，饲养牛马的禾谷。匪颁，分赐。好用，燕好之

赐。太宰制三十年,语出《礼记·王制》:"冢宰制国用……以三十年之通制国用,量入为出……三年耕必有一年之食,九年耕必有三年之食,以三十年之通,虽有凶旱水溢,民无菜色。"

⑯唐变租庸调而为两税:唐初制定的田租、力庸、户调三种赋役制度,合称租庸调。这一赋税制度建立在均田制的基础上,以地主和自耕农为征收对象。安史之乱以后,均田制已经彻底破坏,租庸调制度无法实行。唐德宗建中元年(780),开始实行征收两税的赋税制度。按产业确定民户的等级,分夏秋两次纳税,将原来租庸调折钱并入两税征收。这种税法历经宋、元,一直沿用到明代中期。

⑰明又变两税而为一条鞭法:明神宗万历年间,制定新的赋税制度。将役钱并入田赋,各种杂税也合并征收,史称一条鞭法。其最显著特点,是由实物税改为货币税。

⑱存留供亿:古代地方机构所征收的赋税,除按规定缴纳朝廷以外,允许留下一定数量供应本地开支,称作留州或存留。供亿,语出《左传·隐公十一年》:"寡人唯是一二父兄不能共亿。"杜预《注》曰:"共,给;亿,安也。"即供给所需。

⑲土贡:语出班固《汉书》卷九十四下《匈奴传》:"物土贡,制内外。"颜师古《注》曰:"各因其土所生之物而贡之也。"指各地或藩属国向君主进献的土特产。方物:语出伪古文《尚书·旅獒》:"无有远迩,毕献方物。"指地方的产物。

⑳计司:对于掌管国家财政赋税事务的官署的统称。

㉑抑配均输:抑配,语出《宋史》卷十五《神宗纪》:"[熙宁]三年春正月……乙卯,诏诸路散青苗钱禁抑配。"意为强制配给份额。均输,古代朝廷为调节市场物价而采取的货物统购统销和运输政策。汉武帝首先实行均输法。北宋王安石变法,于宋神宗熙宁二年(1069)制定市易均输法。明末也曾经实行均输法。

㉒惟正之贡:语出《尚书·无逸》:"以庶邦惟正之供。"宋代蔡沈《书经集传》卷五曰:"常供正数之外,无横敛也。"

【译文】

自从划分州境制定贡赋,最早创建于《夏书》,根据土地好坏情况确定用途,载师了解各种土地的适宜性质以及确定不同土地的用途。详细记载在《周礼》;而登载田赋的书籍,专设官署的掌管,由来已久了。班固对《尚书·洪范》八政摘取要领,写成《食货志》一篇,后世史书互相沿袭,当做准则。然而司农官署的图籍,会计机构的簿册,堆满了档案库架,不可穷尽;于是从一个朝代的图籍簿册当中斟酌采取,成为确定的制度。至于沿革的大略情形,盈余和亏损的统计,简略地保存在史官撮要删定的史书,和掌管财政的大臣的章奏里;让读者看书可以自己了解,那么也是形势造成这样。像李吉甫、韦处厚所撰的《国计簿》,李吉甫《元和国计簿》十卷,韦处厚《太和国计》二十卷。丁谓、田况所撰的《会计录》,丁谓《景德会计录》六卷,田况《皇祐会计录》六卷。就是仿照《周礼》司会掌管书契、户籍、地图副本的制度。杜佑、宋白的《通典》,王溥、章得象的《会要》,就是掌故汇编;书中把食货放在首要位置,大致采取汇总而考核的方法,事情包括自古迄今的范围;至于麻线的轻微,铢两的细小,不再周备地追求详尽。赵过均田的奏议,李翱的《平赋书》,就是公家文书与私人议论,各自抒发见解;只是对某个时期的利弊,寻求适宜措施,不再是史家记载实事的方法。胥吏经手的簿册,琐碎没有文采,不能传布后世流行久远;文人记载的掌故,广博综合大要,不能深入观察隐约细微;这就是田赋难以弄清,而已成的书难以遇到的原因。古代财赋的事情,由司徒征收,载师隶属大司徒。由太宰总核,司会隶属太宰。太宰制定三十年贯通九种用财法式,调节九种赋税,从祭祀和接待宾客的大事,到牛马饲料和赏赐群臣的小事,都有数量规定,根据各种支出,估量确定征收的数目;即使想要在规定数量之外,从民众那里多取,也没有多征收的途径。这就是对赋税重视确立文书规定制度的缘故。自从唐代把租庸调法变为两税法，明代又把两税法变为一条鞭法，形势趋向简便，法令不会扰民，也是估量时势，可以说是得到变通方法了。然而存留和供给等费用，土贡与特产等名目，派遣差使和招募运输的钱财，总括计算一并交纳，民间感到便利，使民间不扰乱就可以。官署的文案，胥吏的簿册，自然应该完整记录原有的款项，明确记载法令合并减省的原由，然后按照当时的法度折算，差不多可以让财政机构的官员，和编入户籍的平民，都明白制度有变更，数量没有增减。公文越来越趋向简便，而案卷时间久远没有验证，只留下当时总括计算的数量，不逐一列出各项数目，那么遇到法网略微松弛，官吏不谨慎守法，也许会增添名目，强行摊派实行均输，认为符合古代正常赋税之外不再征收的原则，有谁因而指责这种做法没有遵从制度呢？

夫变法所以便民，而吏或缘法以为奸，文案之势，或不能备，图史所以为经国之典也。然而一代浩繁，史官之籍，有所不胜；独州县志书，方隅有限①，可以条别诸目，琐屑无遗，庶以补国史之力之所不给也。自有明以来，外志纪载，率皆猥陋无法；至于田赋之事，以谓吏胥簿籍，总无当于文章巨丽之观，遂据见行案牍，一例通编，不复考究古今，深求原委；譬彼玉卮无当②，谁能赏其华美者乎？明代条鞭之法，定于嘉靖之年，而和州旧志，今可考者，亦自嘉靖中易鸾州志而止。当时正值初更章程，而州志即用新法，尽削旧条，遂使唐人两税以来沿革莫考，惜哉！又私门论议，官府文移，有关田赋利病，自当采入本书；如班书叙次晁错《贵粟》之奏入《食货志》③，贾让《治河》之策入《沟洫志》④，庶使事显文明，学归有用。否则裁入本人列传，便人参互考求，亦赵充国《屯田》诸议之成法也⑤。近代志家类皆截去文词，别编为《艺文志》；而本门事实，及本人行业，转使扩落无材⑥。岂志目大书专门，特标义例，积成卷轴，乃等于匏瓜之悬，仰而不食者耶⑦？康诰旧志，略窥此风⑧。后来秉笔诸家，毅然删去，一而至再，无复挽回，可为太息者也！今自易《志》以前，其有遗者，不可追已；自易《志》以后，具录颠末，编次为书。其康诰《均田》之议，实有当于田赋利病；他若州中有关田赋之文，皆采录之，次于诸条之后；兼或采入列传，互相发明，疑者缺之。后之览者，或有取于斯焉。

【注释】

①方隅：语出陈寿《三国志》卷十九《陈思王植传》："疆埸骚动，方隅内侵，没军丧众，干戈不息者，边将之忧也。"意为边疆四隅。

②玉卮无当：语出《韩非子·外储说右上》："为人主而漏其君臣之语，譬犹玉卮之无当。"卮，酒杯。当，底。杯无底则水迸散，比喻人主不密，泄露君臣之语。后多借喻事物华丽而不合实用。

③晁错《贵粟》之奏：《论贵粟疏》，载于班固《汉书》卷二十四上《食货志上》，建议朝廷使民纳粟拜爵。晁错（200—154），西汉颍川（今河南禹州）人。文帝时，为太子家令，得到太子信任。景帝即位，任御史大夫。提出纳粟受爵，募民充实塞下，逐步削减诸侯王国封地等主张，均被采纳。不久，因吴楚七国以清君侧为名起兵，以谗言被杀。

④贾让《治河》之策：据班固《汉书》卷二十九《沟洫志》记载："待诏贾让奏言治河有上中下策。"贾让，西汉人。汉哀帝时官待诏，上奏提出治理黄河的上中下三策。

⑤赵充国《屯田》诸议：赵充国上奏在西北屯田十二便，寓兵于农。

赵充国(前137—前52)，字翁孙，西汉陇西上邽(今甘肃天水西南)人。汉武帝与昭帝时期，随军反击匈奴，升任后将军。宣帝即位，封营平侯。年七十余，驰赴金城(今甘肃兰州)与羌人作战，画图奏上方略，因以破羌。

⑥扩落：也作廓落。语出《庄子·逍遥游》：“剖之以为瓢，则瓠落无所容。”陆德明《经典释文》曰：“简文云：瓠落，犹廓落也。”意为空洞无实。

⑦匏瓜之悬，仰而不食：语出《论语·阳货》：“吾岂匏瓜也哉？焉能系而不食？”何晏《集解》曰：“言匏，瓠也。瓜得系一处者，不食故也。吾自食物，当东西南北，不得如不食之物，系滞一处。”

⑧康诰旧志，略窥此风：康诰有《均田议》，载于所撰《和州志·田赋书》。

【译文】

变法用来便利民众，而胥吏有时玩弄法令来作恶，文书案牍的工作，有时不能完备，所以地图和史书是治理国家的重要文献。然而一代史事浩大繁多，史官撰修的史书，不能全部承受；只有州县志书，地域有界限，可以逐一分列各类事项，而不遗漏细碎之物，差不多能用来补充国史力所不能及的范围。自从明代以来，方志的记载，大都猥琐简陋没有方法；至于田赋的事情，认为是胥吏的簿册，全不符合文章雅好的观览，于是根据当前施行的案卷，一律通贯编排，不再研究古今，深入探求始末；譬如玉制酒杯没有杯底，有谁能欣赏它的华美呢？明代一条鞭法，在嘉靖年间制定，而和州以前的方志，现在可以考知的书，也到嘉靖中易写的州志为止。当时正遇上制度变革初期，而州志就采用新法，完全削除旧有条目，于是使唐人实行两税法以来的沿革不能考知，可惜啊！另外私家议论，官府公文，和田赋利弊有关的内容，自然应当采入《田赋书》；就像班固《汉书》把晁错的《论贵粟疏》奏议编入《食货志》，把贾让《治河三策》的谋划编入《沟洫志》，希望让事情明显而文辞清楚，学问归于有用。否则编排进本人列传，便于人们相互参阅而考察求证，也是史家对待赵充国诸奏议的既定方法。近代方志家大都截取文辞，另外编成《艺文志》；而本门事情，以及本人操行功业，反而弄得空虚没有材料。难道方志的目录郑重记载门类，特地显示宗旨和体例，积聚成篇卷，却相当于悬挂着的葫芦，让人仰望而不食用吗？康诰的旧志，略微窥测到这种风气。以后握笔编撰诸家，毫不犹豫地删除，一次不行两次，不可能挽回，值得为此叹息！现在从易鸾的《和州志》以前，有遗留的内容，不能追溯了；从易鸾的《和州志》以后，详细记录始末，编排成书。康诰关于《均田议》文章，确实恰当地说出了田赋的利弊，其他像一州之中有关田赋的文章，都采录下来，排列在各条后面；有些同时编入列传，互相证明，有疑惑的地方空缺。以后阅览的人，或许能从书里有所选择取用。

和州志艺文书序例

【题解】

　　本篇虽然是为说明方志中设立《艺文书》体例而作,然而主旨却着眼于辨明学术源流,阐发文献校雠著录理论。其中一部分内容,可以视为后来《校雠通义》的先声与发端。文章的主要论点有以下几个方面:第一,古代官师合一,典籍与学术守在官府,后世官师分离,书籍分散失统,于是书目著录之法产生。第二,刘向、刘歆撰《七略》尚未完全失去师传,故能辨别学术源流。魏、晋以后,师法失传,不得已而改用四部著录法。第三,《七略》推究学术源流,以部类管理书籍,四部以书籍乱部类,所以应该回复到《七略》。第四,刘氏著录图书,有别出互见之法,至班固《汉书·艺文志》已不明原委,以致后来失传。第五,方志著录一方图书,不仅可以正家藏之目,备朝廷之征,而且后世可以因人因地而征求遗书,故应详细讨论部次条别之法。需要指出的是,章学诚此时欲以《七略》正四部的观点,后来在《校雠通义·宗刘》中有所修正,认为从《七略》到四部是大势所趋,不可能再回到《七略》。而他提出继承《七略》别出互见之法,则是对校雠学的重大贡献。所谓别出,就是把一部书按其类著录的同时,将书中与其他类相通的篇章裁出,著录在其他相应部类。所谓互见,就是把一书同时著录在两个相关的部类。运用别出互见之法,可以解决书目著录中无所适从的困境,使得方法和体系更加完善合理。

　　《易》曰："上古结绳而治，后世圣人易之以书契，百官以治，万民以察。"夫文字之原，古人所以为治法也。三代之盛，法具于书，书守之官。天下之术业[①]，皆出于官师之掌故，道艺于此焉齐，德行于此焉通，天下所以以同文为治。而《周官》六篇，皆古人所以即守官而存师法者也。不为官师职业所存，是为非法，虽孔子言礼，必访柱下之藏是也。三代而后，文字不隶于职司，于是官府章程，师儒习业，分而为二，以致人自为书，家自为说；盖泛滥而出于百司掌故之外者，遂纷然矣。六经皆属掌故，如《易》藏太卜，《诗》在太师之类。书既散在天下，无所统宗，于是著录部次之法，出而治之，亦势之所不容已。然自有著录以来，学者视为纪数簿籍，求能推究同文为治，而存六典识职之遗者，惟刘向、刘歆所为《七略》、《别录》之书而已。故其分别九流，论次诸子，必云出于古者某官之掌，其流而为某家之学，失而为某事之敝，条宣究极，隐括无遗。学者苟能循流而溯源，虽曲艺小数，诐辞邪说，皆可返而通乎大道；而治其说者，亦得以自辨其力之至与不至焉。有其守之，莫或流也；有其趋之，莫或歧也。言语文章，胥归识职，则师法可复，而古学可兴，岂不盛哉？韩氏愈曰："辨古书之正伪，昭昭然若黑白分。"[②]孟子曰："诐辞知其所蔽，淫辞知其所陷，邪辞知其所离，遁辞知其所穷。"[③]孔子曰："多闻，择其善者而从之。"[④]夫欲辨古书正伪，以几于知言，几于多闻择善，则必深明官师之掌，而后悉流别之故,竟末流之失;是刘氏著录,所以为学术绝续之几也。不能究官师之掌,将无以条流别之故,而因以不知末流之失;则天下学术,无所宗师。"生心发政,作政害事"⑤,孟子言之,断断如也。然而涉猎之士⑥,方且炫博综之才;索隐之功⑦,方且矜隅墟之见⑧;以为区区著录之文,校雠之业,可以有裨于文事。噫!其惑也。

【注释】

① 术:底本误作"衡",据《章氏遗书》外编卷十七《和州志艺文书序例》改。

② 辨古书之正伪,昭昭然若黑白分:语出韩愈《韩昌黎全集》卷十六《答李翊书》:"然后识古书之正伪,与虽正而不至焉者,昭昭然白黑分矣。"

③ 诐(bì)辞知其所蔽,淫辞知其所陷,邪辞知其所离,遁辞知其所穷:语出《孟子·公孙丑上》。诐,偏颇,邪僻。

④ 多闻,择其善者而从之:语出《论语·述而》。

⑤ 生心发政,作政害事:语出《孟子·公孙丑上》:"生于其心,害于其政;发于其政,害于其事。"

⑥ 涉猎:语出班固《汉书》卷五十一《贾山传》:"所言涉猎书记,不能为醇儒。"颜师古《注》曰:"涉,若涉水。猎,若猎兽。言历览之不专精也。"意为读书涉及广泛而不专精。

⑦ 索隐:语出《礼记·中庸》:"子曰:素隐行怪,后世有述焉,吾弗为之矣。"朱熹《中庸章句》曰:"素,按《汉书》当作索,盖字之误也。索隐行怪,言深求隐僻之理,而过为诡异之行也。"意为探索隐微。通常指对古籍的注释考证。

⑧ 隅墟:隅即一隅,语出《荀子·解蔽》:"夫道者,体常而尽变,一隅不足以举之。"墟即拘墟,语出《庄子·秋水》:"井蛙不可以语于

海者,拘于虚也。"陆德明《经典释文》曰:"虚,本亦作墟。"指所居
之地。比喻人孤居一隅,见闻不广。

【译文】

《周易》说:"远古时代用结绳的方法记事,后世的圣人改用文字,百
官用来治理,民众用来观察。"文字的起源,是古人用来作为治理的方
法。三代兴盛的时候,法令完备地记录在书上,书由官员掌管。天下的
技艺学问,都语出官员教师的掌故,学问技艺在这里一致,道德品行在
这里贯通,这就是天下用统一文字作为治理的原因。而《周礼》六篇,都
是古人用来守住官职而保存师法的书。书不被官员教师的职守保存,
就是不合法度,即使孔子讲论礼制,也一定寻访柱下史掌管的宫廷藏书
就是如此。三代以后,文字不由官员掌管,于是官府的规章制度,教师
的艺业学问,一分为二,以致人人自己著书,家家自己立说;大概广泛扩
散到官府掌故之外的学术,就纷繁众多了。六经都属于掌故,如《易经》由
太卜收藏,《诗经》由太师保管之类。书既然散布在天下,没有办法统辖综
理,于是著录书目和按部胪列的方法,就产生出来而管理书籍,也是事
物趋势不能不这样。然而自从有书目著录以来,学者看成是记录数目
的簿册,寻求能够推究用统一文字达到治理,而保存《周礼》六典明确职
守的遗留,只有刘向、刘歆所作的《七略》、《别录》的书而已。所以他们
区分九流,论定诸子,一定说出于古代某官职掌,逐渐演变为某家学术,
错误在于某事的弊病,逐一述说并且探究穷尽,概括得没有遗漏。学者
如果能沿着流变而上溯源头,即使是小技末艺,偏颇不正的论说,都可
以返归通向正道;而研究这类学说的人,也能自己辨别学力是否已经达
到。达到就保持它,不要让它改变;达到就遵循它,不要走上岔路。言
语文章,都趋向认识得当,就可以恢复师法,而古代学术可以振兴,难道
不是盛举吗? 韩愈说:"辨别古书的正和伪,明显得就像黑白分明。"孟
子说:"对偏颇的言辞知道它片面的地方,对过分的言辞知道它缺陷的
地方,对邪僻的言辞知道它偏离的地方,对躲闪的言辞知道它理屈的地

方。"孔子说:"多听,选择那些好的言论而遵从。"想要辨别古书的正和伪,来接近能辨析言论的真意,接近能多听而选择好的言论,就一定要深刻理解官员教师的职掌,然后详细了解流派的由来,彻底追究末流的失误;这就是刘氏的著录,能够作为学术断绝或延续的征兆的原因。不能探究官员教师的职掌,就会没有办法列举流派的由来,而因此不知道末流的失误;那么天下的学术,就没有可以尊崇的榜样。"从心意中产生并在政治上体现,从事政治就会危害具体事务",孟子说的话,断然无疑。然而广泛涉猎的人,正在炫耀博通综理的才学;探求细微的人,正在夸耀一孔的见解;认为微不足道的书目著录的文字,校雠的事业,可以对文化有补益。唉!这就迷惑了。

六典亡而为《七略》,是官失其守也。《七略》亡而为四部,是师失其传也。《周官》之籍富矣;保章天文,职方地理,虞衡理物①,巫祝交神②,各守成书以布治法,即各精其业以传学术,不特师氏、保氏所谓六艺《诗》、《书》之文也③。司空篇亡,刘歆取《考工记》补之④。非补之也,考工当为司空官属,其所谓记,即冬官之典籍;犹《仪礼》十七篇,为春官之典籍⑤;《司马法》百五十篇,为夏官之典籍⑥,皆幸而获传后世者也。当日典籍具存,而三百六十之篇,即以官秩为之部次,文章安得散也?衰周而后,官制不行,而书籍散亡,千百之中,存十一矣。就十一之仅存,而欲复三百六十之部次,非凿则漏,势有难行,故不得已而裁为《七略》尔。其云盖出古者某官之掌,盖之为言,犹疑辞也。欲人深思,而旷然自得于官师掌故之原也。故曰六典亡而为《七略》,官失其守也。虽然,官师失业,处士著书,虽曰法无统纪,要其本旨,皆欲推其所学,可以见于当世施行。其文虽连缀,而指趋可约也;其说虽谲诡,而驳杂不出也。故老庄、申韩、名墨、纵横,汉初诸儒犹有治其业者⑦,是师传未失之明验也。师传未亡,则文字必有所本。凡有所本,无不出于古人官守,刘氏所以易于条其别也。魏、晋之间,专门之学渐亡,文章之士,以著作为荣华;诗、赋、章、表、铭、箴、颂、诔,因事结构,命意各殊;其旨非儒非墨,其言时离时合,哀而次之,谓之文集。流别之不可分者一也。文章无本,斯求助于词采;纂组经传,摘抉子史,譬医师之聚毒,以待应时取给;选青妃紫⑧,不主一家,谓之类书。流别之不可分者二也。学术既无专门,斯读书不能精一,删略诸家,取便省览;其始不过备一时之捷给⑨,未尝有意留青⑩,继乃积渐相沿,后学传为津逮⑪;分之则其本书具在,合之则非一家之言,纷然杂出,谓之书抄⑫。流别之不可分者三也。会心不足,求之文貌,指摘句调工拙,品节宫商抑扬;俗师小儒,奉为模楷,裁节经传,摘比词章,一例丹铅⑬,谓之评选。流别之不可分者四也。凡此四者,并由师法不立,学无专门,末俗支离,不知古人大体,下流所趋,实繁且炽;其书既不能悉付丙丁,惟有强编甲乙。而欲执《七略》之旧法,部末世之文章,比于枘凿方圆⑭,岂能有合? 故曰《七略》流而为四部,是师失其传也。若谓史籍浩繁,《春秋》附庸,蔚成大国;《七略》以《太史公》列《春秋》家,至二十一史,不得不别立史部。名墨寥落,小宗支别⑮,再世失传;名家者流,墨家者流,寥寥数家者,后代不复有其书矣。以谓《七略》之势,不得不变而为四部,是又浅之乎论著录之道者矣。

【注释】

①虞衡：据《周礼·地官》记载，地官之属山虞、泽虞、林衡、川衡，分别管理山林川泽之政令及其物产。

②巫祝：据《周礼·春官》记载，春官之属有司巫、太祝。司巫管理群巫，祈祷祭祀。太祝为六祝之长，祈祷鬼神。

③师氏、保氏所谓六艺《诗》、《书》之文：据《周礼·地官》记载："师氏掌以媺诏王。以三德教国子：一曰至德，以为道本；二曰敏德，以为行本；三曰孝德，以知逆恶。教三行：一曰孝行，以亲父母；二曰友行，以尊贤良；三曰顺行，以事师长。"又据《周礼·地官》记载："保氏掌谏王恶。而养国子以道，乃教之六艺：一曰五礼，二曰六乐，三曰五射，四曰五驭，五曰六书，六曰九数。"媺（měi），通"美"，好，善。

④司空篇亡，刘歆取《考工记》补之：秦始皇焚书以后，《周礼》六篇，至汉武帝时期才出现。汉成帝命刘歆校勘，缺《冬官·司空》一篇，以《考工记》补入，代替《冬官》。《考工记》是记录官府手工业技术的书，大约是战国时期齐国人所作。

⑤《仪礼》十七篇，为春官之典籍：《仪礼》为儒家经典之一，是周代春官宗伯所掌五礼部分礼制威仪的汇编，约成书于战国时期。可知《仪礼》为周朝春官政典。

⑥《司马法》百五十篇，为夏官之典籍：据班固《汉书》卷三十《艺文志·六艺略》礼类著录："《军礼司马法》百五十五篇。"据《周礼·夏官》记载："大司马之职，掌建邦国之九法，以佐王平邦国。"又据《周礼·夏官》记载："小司马之职……掌其事，如大司马之法。"又据《周礼·夏官·司兵》记载："授兵，从司马之法以颁之。"可知《司马法》为周朝夏官政典。

⑦老庄、申韩、名墨、纵横，汉初诸儒犹有治其业者：老庄即老子、庄子，指道家。汉代田叔、司马谈、曹参、陈平、汲黯、郑当时、刘德等人，皆好黄老之术，为道家之流。申韩即申不害、韩非，指法家。汉代贾谊、晁错、张汤等人，学申商刑法之术，为法家之流。名墨即名家和墨家。汉代季布、司马迁、朱云等人任侠自喜，为墨家之流。纵横即纵横家。汉代陆贾、刘敬、严助、朱买臣等辩士，以及邹阳、枚乘、司马相如等辞赋家，为纵横家之流。

⑧选青妃(pèi)紫：语出柳宗元《柳河东全集》卷二十一《读韩愈所著毛颖传后题》："世之模拟窜窃，取青媲白，肥皮厚肉，柔筋脆骨，而以为辞者。"妃，通"配"，配合。媲，《尔雅·释诂》曰："妃，媲也。"比喻诗文讲求对仗。

⑨捷给：答对反应敏捷。

⑩留青：杀青。语出范晔《后汉书》卷九十四《吴祐传》："欲杀青简，以写经书。"古人用竹简写字，先把青竹简烤出竹汗，不但容易书写，而且可免虫蛀，叫做杀青。后泛指书籍写定。

⑪津逮：语出郦道元《水经注》卷二《河水》："河北有层山，山甚灵秀……悬岩之中，多石室焉，室中若有积卷矣，而世士罕有津逮者，因谓之积书岩。"即由津渡而到达。比喻达到目的所通过的途径。

⑫书抄：语出钟嵘《诗品》卷二："大明、泰始中，文章殆同书抄。"大明，南朝宋孝武帝刘骏年号，公元457—464年。泰始，南朝宋明帝刘彧年号，公元465—471年。指资料之辑录。

⑬丹铅：语出韩愈《韩昌黎全集》卷一《秋怀》诗："不如觑文字，丹铅事点勘。"指朱砂和铅粉。古人多用来校勘文字，所以称考订勘误为丹铅。

⑭枘凿(ruì zuò)方圆：语出《楚辞·九辩》："圆凿而方枘兮，吾固知其鉏铻而难入。"枘，木器的榫头。凿，孔洞。意为彼此不合，比

喻格格不入。

⑮小宗：古代宗法制度，嫡长子一系为大宗，其余儿子为小宗。

【译文】

六典消亡而产生《七略》，这是官员失去职守。《七略》消亡而产生四部，这是教师失去传承。《周礼》的典籍很丰富了；保章氏掌管天文，职方氏掌管地理，虞衡管理物产，巫祝交接神灵，各自管理已成的书来宣布治理法令，也就是各自精通自己的职业来传授学术，不单单是师氏、保氏所说的六艺《诗》、《书》的文字。《冬官·司空》篇亡佚，刘歆取《考工记》补充。实际上不是补充，考工应当是司空的官属，它所说的记，就是冬官的典籍；就像《仪礼》十七篇，是春官的典籍；《司马法》一百五十篇，是夏官的典籍，都是幸而能够传到后世的书。当时典籍都存在，而《周礼》三百六十篇，就用官职作为部类排列，文章怎么会散失呢？周代衰落以后，官制不再实行，而书籍散失，千百种之中，也就保存十分之一了。根据仅存的十分之一，而想要恢复三百六十官职的部类排列，不是穿凿就是缺漏，时势有难以施行的地方，所以不得已而编成《七略》罢了。《七略》说大概出于古代某官的职掌，之所以说"大概"，就是不确定的辞语。目的是要人深入思考，而自己豁然通晓官员和教师的掌故的根源。所以说六典消亡而产生《七略》，这是官员失去职守。虽然这样，官员和教师失去职守，处士著书立说，虽然说准则没有条理，探求他们的本意，都是想要推广他们的学术，可以在当世显现和施行。他们的文字虽然连缀而成，而宗旨可以概括出来；他们的学说虽然怪诞，而不会产生舛驳纷杂。所以老庄、申韩、名墨、纵横诸家，汉初的儒家学者还有研究他们学术的人，这是师传没有丧失的明显验证。师传没有丧失，那么文字必然有根源。凡是有根源，没有不出于古人官员的职守，这是刘氏容易分条举出他们之间区别的原因。魏、晋之间，自成一家的学术渐渐消亡，善于写文章的文人，把著作当做荣耀；诗、赋、章、表、铭、箴、颂、诔，依据事情写篇章，确立旨意各不相同；它们的宗旨既不是儒家也不是墨家，它们的言论有时分歧有时接近，聚集编排起来，叫做文集。这是流派无法区分的第一种情况。文章没有根源，就借助于词藻；搜集经典传记，选择子书史书，就像医生聚集毒性药物，用来等待随时供应；选青色配紫色，不专宗某一家，叫做类书。这是流派无法区分的第二种情况。学术既然没有成为一家之学，那么读书就不能精纯专一，删选各家，为了阅览方便；起初只是预备临时应对敏捷，未尝想到刊刻书籍，而后逐渐互相沿用，后来的读书人传递当成门径；把它们分开那么原来的书都在，合并起来就不是一家的言论，繁多杂乱地出现，叫做书抄。这是流派无法区分的第三种情况。领会含意不够，就从文章外表考究，指出语句格式的精巧或拙劣，品评宫商声调的高下与起伏；平庸的教师和浅陋的儒生，尊崇为楷模，截取经传，编选诗文，一律用丹铅点校，叫做评选。这是流派无法区分的第四种情况。所有这四种，都是由于师法不能确立，学术没有自成一家，末流的习俗烦琐杂乱，不知道古人的整体，沿流趋下，实在众多而且兴盛；那些书既不能都放到火里烧毁，只有勉强按部类编排次序。如果想要按照《七略》的故有方法，对衰败时期的文章分类编排，好比方形榫头放入圆形孔洞，怎么能相符合呢？所以说《七略》演变为四部，这是教师失去传承。如果说史籍浩大繁多，原来是《春秋》的附属，现在扩展成为大国；《七略》把《史记》列入《春秋》家，到有二十一史，不得不另外设立史部。名家与墨家孤单冷落，就像小宗分支，经过两世而失传；名家一派，墨家一派，寥寥几家的学派，后世不再有他们的书了。认为《七略》的发展趋势，不得不演变成四部，这又是浅薄地谈论书目著录的准则了。

闻以部次治书籍，未闻以书籍乱部次者也。汉初诸子百家，浩无统摄，《官礼》之意亡矣。刘氏承西京之敝，而能推究古者官师合一之故，著为条贯，以溯其源，则治之未尝不精也。魏、晋之间，文集类书，无所统系，魏文帝撰徐、陈、应、刘之文，都为一集，挚虞作《文章流别》，集之始也，魏文帝作《皇览》[①]，类书之始也。专门传授之业微矣。而荀、李诸家，荀勖、李充[②]。不能推究《七略》源流；至于王、阮诸家，王俭、阮孝绪。相去逾远。其后方技兵书，合于子部，而文集自为专门，类书列于诸子，唐人四部之书，四部创于荀勖，体例与后代四部不同[③]，故云始于唐人也。乃为后代著录不祧之成法，而天下学术，益纷然而无复纲纪矣。盖《七略》承六典之敝，而知存六典之遗法；四部承《七略》之敝，而不知存《七略》之遗法；是《七略》能以部次治书籍，而四部不能不以书籍乱部次也。且四部之藉口于不能复《七略》者：一曰史籍之繁，不能附《春秋》家学也。夫二十一史，部勒非难；至于职官故事之书，谱牒纪传之体，或本《官礼》制作，或涉儒杂家言，不必皆史裁也。今欲括囊诸体，断史为部，于是仪注不入礼经，职官不通六典，谟诰离绝《尚书》，史评分途诸子；史评皆诸子之遗，入史部，非也。变乱古人立言本旨、部次成法以就简易，如之何其可也？二曰文集日繁，不列专部，无所统摄也。夫诸子百家，非出官守，而刘氏推为官守之流别；则文集非诸子百家，而著录之书，又何不可治以诸子百家之识职乎？夫集体虽曰繁赜，要当先定作集之人。人之性情必有所近；得其性情本趣，则诗赋之所寄托，论辨之所引喻，纪叙之所宗尚，掇其大旨，略其枝叶，古人所谓一家之言，如儒、墨、名、法之中，必有得其流别者矣。如韩愈之儒家，柳宗元之名家，苏轼之纵横家，王安石之礼家。存录其文集本名，论次其源流所自，附其目于刘氏部次之后，而别白其至与不至焉，以为后学辨途之津逮；则卮言无所附丽④，文集之弊，可以稍歇。庶几言有物而行有恒，将由《七略》专家，而窥六典遗则乎？家法既专，其无根驳杂，类抄评选之属，可以不烦而自治。是著录之道，通于教法，何可遽以数纪部目之属，轻言编次哉？但学者不先有以窥乎天地之纯，识古人之大体，而遽欲部次群言，辨章流别，将有希几于一言之是而不可得者；是以著录之家，好言四部，而惮闻《七略》也。

【注释】

①《皇览》：据陈寿《三国志》卷二《魏文帝纪》："初，帝好文学，以著述为务，自所勒成垂百篇。又使诸儒撰集经传，随类相从，凡千余篇，号曰《皇览》。"三国魏文帝曹丕命刘劭等人，摘取《五经》群书，分类为篇，名为《皇览》，是我国最早的类书。久佚。

②李充：字弘度，东晋江夏（今湖北安陆）人。丞相王导辟为掾。官至中书侍郎。曾任大著作郎时，整理典籍，沿用荀勖四部著录法名称，实际分作经、史、子、诗赋四部。著作有《论语注》、《翰林论》等，皆佚。

③四部创于荀勖，体例与后代四部不同：荀勖的四部称甲、乙、丙、丁，分别收录经书、子书、史书、诗赋。唐人所撰《隋书》卷三十二至三十五《经籍志》定为经、史、子、集四部，历代沿袭不改。

④附丽：语出《晋书》卷五十五《张载传》："设使秦、莽修三王之法，时致隆平，则汉祖泗上之健吏，光武春陵之侠客耳，况乎附丽者哉！"意为附着，依附。

【译文】

听说过用部类排列著录书籍，没听说过用书籍搞乱部类排列。汉代初年的诸子百家，繁多而没有统摄，《周礼》的旨意丧失了。刘氏接续西汉的衰败，而能推究古代官员与教师合为一体的原因，编成条理统贯，向上推求源头，那么研究得未尝不精密。魏、晋之间，文集与类书，没有地方归属，魏文帝纂集徐干、陈琳、应场、刘桢的诗文，汇聚成一集，挚虞作《文章流别集》，是文集的开始。魏文帝作《皇览》，是类书的开始。自成一家传授的学术衰微了。而荀、李各家，荀勖、李充。不能推究《七略》的源流；至于王、阮诸家，王俭、阮孝绪。距离更远。此后方技与兵书，合并到子部，而文集独自成为一门，类书列在子部；唐人四部分类的书籍，四部分类法由荀勖创始，体例和后世四部不同，所以说从唐人开始。于是成为后世书集著录遵用而不废除的既定方法，而天下的学术，更加纷乱而不再有纲领法纪了。大概《七略》接续六典的衰败，而知道保存六典的遗留方法；四部接续《七略》的衰败，而不知道保存《七略》的遗留方法；这是《七略》能用部类排列著录书籍，而四部不能不用书籍搞乱部类排列了。况且四部不能回复到《七略》的借口是：一是说史书繁多，不能附属《春秋》一家学术。二十一部正史，著录在一起并不困难；至于职官典故的书籍，谱牒纪传的体裁，有的书依据官府礼仪的制度，有的书涉及儒家与杂家的言论，不一定都是史书体裁。现在想要包容各种体裁，划分为史学部类，于是仪注书籍不列入《礼》经，职官书籍不和六典相通，谟、诰的文体和《尚书》隔绝，史评和诸子途径分离；史评都是诸子的遗留，列入史部，并不正确。搞乱古人立言的本来主旨、部类排列的既定方法来趋向简易，这怎么可以呢？二是说文集越来越多，不列为专部，就没办法统摄。诸子百家，不是出于官府职守，而刘氏推究为官府职守的流派；那么文集不是诸子百家，而书目著录的书，又为什么不能用对诸子百家的认识著录文集呢？文集的体裁虽说复杂艰深，总之应当首先评定作集的人。人的性情一定有所接近的方面，了解作者性情的本来意趣，那么诗赋的寄托，论辩的引喻，记叙的追求，摘取它们的大旨，略去它们的枝节，古人所说的一家之言，例如儒家、墨家、名家、法家之中，一定有人了解这些流派的归属了。例如韩愈的儒家，柳宗元的名家，苏轼的纵横家，王安石的礼家。保存和著录他们文集的本名，论定他们学术源流的由来，把这些书目附在刘氏部类排列的后面，而区分清楚它们的恰当与不恰当，当做后来读书人辨别道路的门径；那么不实言论没有类例依附，文集的弊病，可以渐渐消失。这样差不多就可以言论有实质内容而行为能够持久不变，将通过《七略》一家之学，而观察六典遗留的法则吧？家法已经专一，那些没有根源，驳杂的类抄和评选之类，可以不费精力而自行清理。这是书目著录的方法，和教化法规贯通，怎么能够用数字部目之类，轻率谈论书籍的编排呢？只是学者不首先想办法观察天地的纯粹，了解古人的整体，而是匆忙地想要分部类排列各家著述，辨明学术流派，将会有希望一句话的正确都不能做到的情况；所以书目著录之家，喜欢谈论四部，而害怕听到谈论《七略》。

史家所谓部次条别之法，备于班固，而实仿于司马迁①。司马迁未著成法，班固承刘歆之学而未精。则言著录之精微，亦在乎熟究刘氏之业而已矣。究刘氏之业，将由班固之书，人知之；究刘氏之业，当参以司马迁之法，人不知也。夫司马迁所谓序次六家，条辨学术同异，推究利病，本其家学，司马谈论阴阳、儒、墨、名、法、道德，以为六家。尚已。纪首推本《尚书》②，《五帝本纪赞》。表首推本《春秋》③，《三代世表序》。传首推本《诗》、《书》所缺，至于虞、夏之文④，《伯夷列传》。皆著录渊源所自启也。其于六艺而后，周、秦诸子，若孟荀三邹、老庄申韩、管晏、屈原、虞卿、吕不韦诸传⑤，论次著述，约其归趣，详略其辞，颉颃其品⑥；抑扬咏叹，义不拘墟，在人即为列传，在书即为叙录；古人命意标篇，俗学何可绳尺限也？刘氏之业，其部次之法，本乎《官礼》；至若叙录之文，则于太史列传,微得其裁。盖条别源流,治百家之纷纷,欲通之于大道,此本旨也。至于卷次部目,篇第甲乙,虽按部就班,秩然不乱,实通官联事,交济为功。如《管子》列于道家,而叙小学流别,取其《弟子职》篇,附诸《尔雅》之后⑦;则知一家之书,其言可采,例得别出也。《伊尹》、《太公》,道家之祖;次其书在道家。《苏子》、《蒯通》,纵横家言。以其兵法所宗,遂重录于兵法权谋之部次,冠冕孙吴诸家⑧,则知道德兵谋,凡宗旨有所统会,例得互见也。夫篇次可以别出,则学术源流,无缺间不全之患也。部目可以互见,则分纲别纪,无两歧牵掣之患也。学术之源流,无缺间不全;分纲别纪,无两歧牵掣;则《周官》六卿联事之意存,而太史列传互详之旨见。如《货殖》叙子贡,不涉《弟子列传》。《儒林》叙董仲舒、王吉,别有专传⑨。治书之法,古人自有授受,何可忽也?自班固删《辑略》,而刘氏之绪论不传⑩;《辑略》乃总论群书大旨。省部目,而刘氏之要法不著;班省刘氏之重见者而归于一。于是学者不知著录之法,所以辨章百家,通于大道,《庄子·天下》篇亦此意也。而徒视为甲乙纪数之所需;无惑乎学无专门,书无世守,转不若巫祝符箓、医士秘方,犹有师传不失之道也。郑樵《校雠》之略,力纠《崇文》部次之失⑪,自班固以下,皆有讥焉。然郑氏未明著录源流,当追《官礼》,徒斤斤焉纠其某书当甲而误乙,某书宜丙而讹丁。夫部次错乱,虽由家法失传,然儒杂二家之易混,职官故事之多歧,其书本在两可之间,初非著录之误。如使刘氏别出互见之法,不明于后世,虽使太史复生,扬雄再见,其于部次之法,犹是茫然不可统纪也。郑氏能讥班《志》附类之失当,而不能纠其并省之不当,可谓知一十而不知二五者也。且吾观后人之著录,有别出《小尔雅》以归《论语》者⑫,本《孔丛子》中篇名。《隋·经籍志》别出归《论语》。有别出《夏小正》以入时令者⑬。本《大戴礼》篇名。《文献通考》别出归时令。是岂足以知古人别出之法耶?特忘其所本之书,附类而失其依据者尔。《嘉瑞记》既入五行,又互见于杂传⑭;《隋书·经籍志》。《西京杂记》既入故事,又互见于地理⑮;《唐书·艺文志》。是岂足以知古人互见之法耶?特忘其已登著录,重复而至于讹错者尔。夫末学支离,至附类失据,重复错讹,可谓极矣。究其所以歧误之由,则理本有以致疑,势有所以必至。徒拘甲乙之成法,而不于古人之所以别出、所以互见者,析其精微,其中茫无定识,弊固至乎此也。然校雠之家,苟未能深于学术源流,使之徒事裁篇而别出,断部而互见,将破碎纷扰,无复规矩章程,斯救弊益以滋弊矣。是以校雠师法,不可不传,而著录专家,不可不立也。

【注释】

①仿:当作"昉",开始。

②纪首推本《尚书》:语出司马迁《史记》卷一《五帝本纪赞》:"学者多称五帝,尚矣。然《尚书》独载尧以来。"

③表首推本《春秋》:语出司马迁《史记》卷十三《三代世表序》:"自殷以前,诸侯不可得而谱,周以来乃颇可著。孔子因史文次《春秋》,纪元年,正时日月,盖其详哉!"

④传首推本《诗》、《书》所缺,至于虞、夏之文:语出司马迁《史记》卷

六十一《伯夷列传序》："夫学者载籍极博,犹考信于六艺。《诗》、《书》虽缺,然虞、夏之文可知也。"

⑤周、秦诸子,若孟荀三邹、老庄申韩、管晏、屈原、虞卿、吕不韦诸传:此论司马迁部次条别之法。《史记》将孟子、荀子、邹忌、邹衍、邹奭合为一传,题为《孟子荀卿列传》,因诸人皆言仁义与德政;将老子、庄子、申不害、韩非合为一传,题为《老子韩非列传》(一本题《老庄申韩列传》),因诸人均好刑名法术之学;将管仲、晏婴合为一传,题为《管晏列传》,因二人均为齐国贤相;将屈原与贾谊合为一传,名为《屈原贾生列传》,因二人身世遭遇相同;将虞卿与平原君合为一传,名为《平原君虞卿列传》,因二人计策给赵国带来截然不同的影响;最后举吕不韦一人之传,说明部次之法有合传,有专传。章学诚文中未提贾谊和平原君,是因为两人一为汉代人,一为战国时期赵国公子,均不属于"周、秦诸子"的范围。

⑥颉颃(xié háng):原意是鸟飞上曰颉,飞下曰颃。后来引申为不相上下,彼此抗衡。

⑦《管子》列于道家,而叙小学流别,取其《弟子职》篇,附诸《尔雅》之后:据班固《汉书》卷三十《艺文志·诸子略》道家类著录"《筦子》八十六篇",而《六艺略》的《孝经》类著录"《弟子职》一篇",列在《尔雅》、《小尔雅》之后。《弟子职》为《管子》中一篇。

⑧《伊尹》、《太公》,道家之祖;《苏子》、《蒯通》,纵横家言。以其兵法所宗,遂重录于兵法权谋之部次,冠冕孙吴诸家:班固《汉书》卷三十《艺文志·诸子略》道家类著录"《伊尹》五十一篇,《太公》二百三十七篇",纵横家类著录"《苏子》三十一篇……《蒯子》五篇",《兵书略》兵权谋类著录"《吴孙子兵法》八十二篇"等十三家,班固《注》曰:"省《伊尹》、《太公》、《管子》、《孙卿子》、《鹖冠子》、《苏子》、《蒯通》、《陆贾》、《淮南王》二百五十九种。"可见《七

略》此类原有《伊尹》、《太公》等书,班固鉴于重复省去。

⑨《儒林》叙董仲舒、王吉,别有专传:大梁本原脱"《儒林》叙董仲
舒"六子,叶瑛《文史通义校注》据《章氏遗书》外编卷十七《和州
志艺文书序例》校补。按《儒林传》叙董仲舒、王吉,而又另为两
人作专传者,乃班固《汉书》,而非司马迁《史记》,章学诚注文
有误。

⑩班固删《辑略》,而刘氏之绪论不传:章学诚《校雠通义》卷一《原
道》曰:"刘歆《七略》,班固删其《辑略》而存其六。颜师古曰:
'《辑略》为诸书之总要。'盖刘氏讨论群书之要旨也。此最为明
道之要,惜乎其文不传。"

⑪郑樵《校雠》之略,力纠《崇文》部次之失:据郑樵《通志》卷七十一
《校雠略》曰:"岁时自一家书,如《岁时广记》百二十卷,《崇文总
目》不列于岁时,而列于类书,何也?"又曰:"《唐志》别出明堂经
脉一条,而《崇文总目》合为医书。据明堂一类,亦有数家,以为
一条,已自疏矣。况合于医书,而其类又不相附,可乎?"

⑫《小尔雅》:《孔丛子》中一篇,内容为训话词语,包括《广诂》、《广
言》、《广训》、《广义》、《广名》、《广服》、《广器》、《广物》、《广鸟》、
《广兽》十章。古代有单行本流传,班固《汉书》卷三十《艺文志》
著录一篇,不著撰人,《新唐书》卷五十七《艺文志》著录一卷,李
轨解。陈振孙《直斋书录解题》卷三小学类著录:"今《馆阁书目》
云,孔鲋撰。盖即《孔从子》第十一篇也。"

⑬《夏小正》:据陈振孙《直斋书录解题》卷六时令类著录:"《夏小正
传》四卷,汉戴德传,给事中山阴傅崧卿注。"《夏小正》为《大戴礼
记》中一篇,主要记载时令与一些动植物的习性。

⑭《嘉瑞记》既入五行,又互见于杂传:语出郑樵《通志》卷七十一
《校雠略》:"《隋志》最可信,缘分类不考,故亦有重复者。《嘉瑞
记》、《祥瑞记》二书,既出杂传,又出五行。"据《隋书》卷三十三

《经籍志二》史部杂传类著录:"《嘉瑞记》三卷,陆琼撰。《祥瑞记》三卷。"而卷三十四《经籍志三》子部五行类并无《嘉瑞记》与《祥瑞记》二书,只有《瑞应图》、《祥瑞图》等书。

⑮《西京杂记》既入故事,又互见于地理:据《新唐书》卷五十八《艺文志》故事类著录葛洪《西京杂记》二卷,而该书又在地理类著录。

【译文】

　　史学家所说的按部类排列辨别的方法,在班固的书里完备,而实际是从司马迁开始。司马迁没有形成既定方法,班固接续刘歆的学术而不精密。那么讨论书目著录的精深微妙,也就在于仔细探究刘氏的学术罢了。探究刘氏的学术,要通过班固的《汉书》,人们都知道;探究刘氏的学术,应当参照司马迁的方法,人们不知道。司马迁所说的依次论述六家,逐条辨析学术的相同和不同,推察探究利弊,是依据他的家传学问,司马谈论述阴阳家、儒家、墨家、名家、道德家,把他们作为六家。时代久远了。纪的第一篇向上推到《尚书》,《五帝本纪赞》。表的第一篇向上推到《春秋》,《三代世表序》。传的第一篇向上推到《诗经》与《尚书》的残缺,直到虞舜、夏禹的文字记载,《伯夷列传》。都是书目著录渊源的开始。他对六经以后,周、秦各个学派,像孟荀三邹、老庄申韩、管晏、屈原、虞卿、吕不韦等传,论定编排他们的著述,摘取各家的旨趣,或详或略选择各家文辞,对他们的品格区分高下;语调起伏吟咏,思想不浅陋狭隘,对于人来说就是列传,对于书来说就是叙录;古人立意标题,平庸的学者怎么能用固定的标准来匡限呢?刘氏的学业之中,他的部类排列的方法,依据《周礼》;至于叙录的文字,就在《史记》的列传中,略微能够得到《七略》的体制。大概依次辨别源流,整齐繁多杂乱的百家,想要让他们和大道贯通,这是根本宗旨。至于卷的部类名目,篇的甲乙次第,虽然是按部就班,有条理不混乱,实际上像各官署事务相通,互相帮助收到功效。例如《管子》列在道家,而叙述小学的流派,取它的《弟子职》篇,附在《尔雅》的后面;就知道一家之书,它的言论可以采纳,照例可以另外分出。《伊尹》、《太公》,是道家的始祖;把他们的书排列在道家。《苏子》、《蒯通》,是纵横家的言论。因为它们为兵法所尊崇,就重复著录在兵法权谋的部类,列在孙、吴诸家的首位,就知道道德与兵法权谋,凡是宗旨有所统辖汇合,照例可以重出互见。篇次可以另外分出,那么学术的源流,就没有缺略不全的危害;部类可以重出互见,那么划分纲领条贯,就没有各不统一互相牵制的危害。学术的源流,没有缺略不全的危害;划分纲领条贯,没有各不统一互相牵制的危害;那么《周礼》六卿联合办事的意思存在,而《史记》列传互相参见的意图就显现出来。例如《货殖列传》叙述子贡,和《仲尼弟子列传》无关。《儒林传》叙述董仲舒、王吉,两人另外有专传。管理书籍的方法,古人自有传授,怎么能忽视呢?自从班固删掉《七略》中的《辑略》,而刘氏绪论不流传;《辑略》是总论群书的大旨。减省部类名目,而刘氏的重要方法不显露。班氏省去刘氏重见的部分而归属一类。于是学者不知书目著录的方法,是用来辨明百家,和大道贯通,《庄子·天下》篇也有这个意思。而仅仅看成用甲乙部类标记数字所需要;怪不得学术没有成一家之学,书籍没有世代相传的掌管,反倒不如巫祝的符箓、医师的秘方,还有师徒相传而不丧失的方法。郑樵的《校雠略》,极力纠正《崇文总目》部类排列的错误,从班固以下,都受到指责。然而郑氏不明白著录源流应当追溯《周礼》,只是拘泥地纠正某书应当著录在甲类而误入乙类,某书应当著录在丙类而错成丁类。部类排列错乱,虽然由于家法失传,然而儒家、杂家两家容易混合,职官、故事两类多不一致,这些书本来归属两类都可以,当初并不是著录的错误。假如刘氏另外分出而并见多处的方法,在后世得不到彰显,即使让太史公马迁复活,扬雄再现人世,对于部类排列的方法,还是模糊不清而不得要领。郑氏能指责班固《艺文志》归类的不妥当,却不能纠正他合并减省的不妥当,可以说是知道一十是十而不知道二五也是十了。况且我看后人的书目著录,有另外分出《小尔雅》归入《论语》类的人，原本是《孔丛子》中的篇名。《隋书·经籍志》另外分出归入《论语》类。有另外分出《夏小正》归入时令类的人，原本是《大戴礼记》篇名。《文献通考》另外分出归入时令类。这难道是真正懂得古人另外分出的方法吗？只不过是忘记所本原的书，归类失去依据罢了。《嘉瑞记》既列入五行类，又在杂传类重见；《隋书·经籍志》。《西京杂记》既列入故事类，又在地理类重见。《新唐书·艺文志》。这难道是真正知道古人彼此互见的方法吗？只不过是忘记已经著录，重复以至于出现差错罢了。末流的学问散乱琐碎，以至于归类失去依据，重复引起差错，可以说达到极点了。探究他们造成差错的原因，那是按照道理本来就有产生疑惑的因素，按照趋势有必然到达这种境地的缘故。仅仅拘泥于甲乙计数的既定方法，而不对古人用来别出的方法、用来互见的方法，分析它们的精深微妙，内心模糊没有明确见识，弊病当然就达到这个地步。然而从事校雠的人，假如不能深知学术源流，让他们仅仅从事裁取篇章而另外分出，隔开部类而彼此互见，将会破碎扰乱，不再有规矩章法，这是纠正弊病反而更加滋长弊病了。所以校雠的师法，不能不传授，而著录的专门学术，不能不确立。

州县志乘艺文之篇，不可不熟议也。古者行人采书，太史掌典，文章载籍，皆聚于上；故官司所守之外，无坟籍也。后世人自为书，家别其说，纵遇右文之代，购典之期，其能入于秘府①，领在史官者，十无七八，其势然也。文章散在天下，史官又无专守，则同文之治，惟学校师儒得而讲习，州县志乘得而部次，著为成法，守于方州，所以备輶轩之采风②，待秘书之论定③；其有奇衺不衷之说，亦得就其闻见，校雠是正；庶几文章典籍，有其统宗，而学术人心，得所规范也。昔蔡邕正定石经④，以谓四方之士，至有贿改兰台漆书⑤，以合私家文字者,是当时郡国传习,与中书不合之明征也。文字点画,小学之功,犹有四方传习之异,况纪载传闻,私书别录,学校不传其讲习,志乘不治其部次,则文章散著,疑似两淆,后世何所依据而为之考定耶? 郑樵论求书之法⑥,以谓因地而求,因人而求,是则方州部录艺文,固将为因地因人之要删也。前代搜访图书,不悬重赏,则奇书秘策,不能会萃;苟悬重赏,则伪造古逸,妄希诡合;三坟之《易》,古文之《书》⑦,其明征也。向令方州有部次之书,下正家藏之目,上借中秘之征,则天下文字,皆著籍录;虽欲私锢而不得,虽欲伪造而不能,有固然也。夫人口孳生,犹稽版籍;水土所产,犹列职方。况乎典籍文章,为学术源流之所自出,治功事绪之所流传,不于州县志书,为之部次条别,治其要删,其何以使一方文献无所缺失耶?

【注释】

①秘府:语出班固《汉书》卷三十六《楚元王附刘歆传》:"皆古文旧书,多者二十余通,藏于秘府,伏而未发。"即古代宫廷中收藏图书秘籍的机构。

②辀(yóu)轩:语出应劭《风俗通义·序》:"周、秦常以岁八月遣辀轩之使,求异代方言,还奏籍之,藏于秘室。"即古代使臣乘坐的轻便车。也代指使臣。

③秘书:掌管秘阁图书文籍的官员。如秘书监、秘书郎等。

④蔡邕正定石经:东汉灵帝熹平四年(175),蔡邕等上奏朝廷,请校定六经文字,得到许可。蔡邕将各部经典书写石碑,使石工雕刻,立于太学门外,作为标准文本,世称熹平石经。

⑤兰台漆书:语出范晔《汉书》卷一百零九上《儒林传序》:"党人既

诛,其高名善士,多坐流废,后遂至忿争,更相言告;亦有私行金货,定兰台漆书经字,以合其私文。"漆书,用漆书写的竹简。

⑥郑樵论求书之法:据郑樵《通志》卷七十一《校雠略》记载:"求书之道有八:一曰即类以求,二曰旁类以求,三曰因地以求,四曰因家以求,五曰求之公,六曰求之私,七曰因人以求,八曰因代以求,当不一于所求也。"

⑦三坟之《易》,古文之《书》:隋人刘炫伪造《连山易》和东晋梅赜伪造《古文尚书》两事。现存《三坟书》,分山坟、气坟、形坟,以《连山易》为伏羲作,《归藏易》为神农作,《乾坤易》为黄帝作。北宋神宗元丰年间,张商英自称从民间购得《三坟》,晁公武《郡斋读书志》认为即张商英伪造。陈振孙《直斋书录解题》卷二著录《古三坟书》一卷,则说是宋人毛渐从唐州(今河南唐河)民间获得,也认为是伪书。明代程荣刻入《汉魏丛书》。

【译文】

州县方志的艺文部分,不能不仔细商讨议论。古代行人采集方书,太史掌管政典,文章典籍,都聚集到王室;所以官府所掌管的书籍之外,再没有典籍。后世人们各自著书,各学派区别自己的学说,纵使遇上崇尚文治的时代,悬赏征求书籍的时期,那些能够进入宫廷藏书机构,由史官管理的书,十分里面没有七八分,形势就是这样。文章散布在天下,史官又没有专门职掌,那么天下统一的治绩,只有学校教官可以讲论学习,州县志书可以分部排列,形成既定方法,由州府保管,用来预备朝廷使臣搜集地方文献,等待秘书官员的论定;其中有诡谲不当的学说,也能依据他们的所闻所见,校雠订正;差不多就能够使文章典籍,有它们的系统,而学术人心,得到适当的限制。从前蔡邕校定石经,认为四方的学者,竟然有行贿篡改宫廷藏书机构的漆书,用来与私家文字一致的人,这是当时郡国所传授学习的书籍,与宫中藏书不吻合的明确验证。文字笔画,属于文字学的功效,还有四方传授学习的不同,况且记载传闻,私下撰写杂录,学校不传授它们的讲论学习,方志不整理它们的部类排列,那么文章分散著录,是非混淆不明,后世依据什么而对它们考证论定呢? 郑樵论搜寻佚书的方法,提出根据地区来寻求,根据人来寻求,这样方志分类记载艺文,自然会成为根据地区与根据人寻求书籍的要纲。前代搜寻书籍,如果不公开标明重赏,那么罕见与珍贵的书都不可能汇聚;如果公开标明重赏,那就有人伪造古代逸书,妄自希图不循正道而投合;《三坟书》的《易经》,古文的《尚书》,就是最明显的验证。假使一州有分类排列的书目,对下整顿私家藏书目录,对上预备宫廷藏书的征集,那么天下的书籍,都登记在书籍目录;即使想要私下密藏也不行,即使想要伪造也不能,理应如此。人口的繁殖,还要查考户口簿册;水土的出产,还要列入职方官的掌管。何况典籍文章,学术源流凭借它们产生,治理政绩与事务条理凭借它们流传,不在州县的方志书中,对它们分类排列和依次辨别,管理它们的要纲,怎么能使一个地区的文献不缺漏遗失呢?

和州志政略序例

【题解】

本篇论述方志《政略》记载地方官政绩的必要性及其作法,内容大致相当于过去方志的名宦部分,而体裁义例则体现出作者的别识心裁。章学诚认为,方志相当于古代诸侯国史书,诸侯在史书里列为世家,地位尊崇,州县长官虽不久任一地,官位也不是世袭,但在地方政治中也起着重要作用。他之所以取名为"略",义取古人"谟略"之遗,作为方志纲纪之鸿裁,编摩之伟号。然而过去的方志习惯于把地方官称作名宦,与当地乡贤等名目并列,一体叙述,章学诚指出这是不分主次,不辨宾主,形同摘比类书。因此,他把《政略》置于列传之前,表明要以地方官的治绩为重,记载他们治郡的政绩,足以使后任者效法,兴利除弊,遗爱在民,体例比较恰当。至于具体作法,只取在本地为官时期的治绩,大凡一时循良,一方善政,只要对当地人民有利,均予以记载,而不计较其人来任以前和离任以后有无劣行。这和《列传》记载州郡人物,叙述生平,品鉴瑕瑜,体例不同。

夫州县志乘,比于古者列国史书,尚矣。列国诸侯开国承家[①],体崇势异;史策编列世家,抗于臣民之上,固其道也。州县长吏,不过古者大夫邑宰之选[②],地非久居,官不世禄[③],

其有甘棠留荫④,循迹可风⑤,编次列传,班于文学政事之间,亦其宜也。往牒所载,今不可知。若梁元帝所为《丹阳尹传》⑥,见《隋志》,凡十卷。孙仲所为《贤牧传》⑦,见《唐志》,十五卷。则专门编录,率由旧章⑧。马、班《循吏》之篇,要为不易者矣。至于州县全志,区分品地,乃用名宦为纲,与乡贤、列女、仙释、流寓诸条,均分门类;是乃摘比之类书,词人之杂纂,虽略仿乐史《太平寰宇记》中所附名目⑨,实兔园揗撦词藻之先资。欲拟《春秋》家学,外史掌故,人编列传,事具首尾;苟使官民同录,体例无殊,未免德操诣庞公之家,一室难分宾主者矣⑩。

【注释】

①开国承家:语出《周易·师卦》:"大君有命,开国承家。"开国,诸侯建立邦国。承家,大夫承受家邑。

②大夫邑宰:语出杜佑《通典》卷三十三《职官五·县令》:"县邑之长,曰宰、曰尹、曰公、曰大夫。"春秋时期卿大夫的家臣和采邑的长官称宰。后世以邑宰作为县令的称呼。

③世禄:春秋以前,贵族世代享有爵禄,称为世禄。

④甘棠留荫:语出《诗经·召南·甘棠》:"蔽芾甘棠,勿翦勿伐,召伯所茇。"蔽芾,幼小之貌。甘棠,棠梨。茇(bá),止于草舍之中。即除草平地,意为宿所。《诗序》曰:"《甘棠》,美召伯也。召伯之教,明于南国。"西周初年,召伯巡行南方,曾在甘棠树下决讼。以后百姓思念其恩德,作诗歌颂。后世用"甘棠"称颂地方官吏惠政爱民。

⑤循迹:奉职守法的治绩。风:教化,感化。

⑥梁元帝所为《丹阳尹传》:据《隋书》卷三十三《经籍志》杂传类著

录:"《丹阳尹传》十卷,梁元帝撰。"

⑦孙仲所为《贤牧传》:据《宋史》卷二百零三《艺文志》传记类著录:
"孙仲《遗士传》一卷,《贤牧传》十五卷。"章学诚注误作《新唐书》
的《艺文志》著录。

⑧率由旧章:语出《诗经·大雅·假乐》。

⑨乐史《太平寰宇记》:二百卷,北宋初年乐史等人编著的北宋地理
总志。宋太宗太平兴国年间,铲除十国政权,统一了全国。乐史
广泛采取古代地理书编撰,门类较《元和郡县志》有所增加。

⑩德操诣庞公之家,一室难分宾主:据范晔《后汉书》卷一百一十三
《逸民传》李贤《注》引《襄阳记》记载:"司马德操尝诣德公,值其
渡沔上先人墓。德操径入其室,呼德公妻子,使速作黍。徐元直
向云当来就我,与德公谈。其妻子皆罗拜于堂下,奔走供设。须
臾德公还,直入相就,不知何者是客也。"司马德操,司马徽,字德
操,东汉颍川(今河南禹州)人。善于品鉴人物,曾荐诸葛亮、庞
统于刘备。德公,庞德公,东汉南郡襄阳(今属湖北)人。躬耕陇
亩,不受刘备之聘。后登鹿门山采药,不知所终。徐元直,徐庶,
字元直,东汉颍川(今河南禹州)人。与诸葛亮友善,为刘备所
重。后其母为曹操所获,乃辞刘备而投曹操。临行向刘备举荐
诸葛亮。曹丕称帝后,官拜御史中丞。

【译文】

州县的方志,等同于古代诸侯国史书,时间久远了。列国诸侯建立
邦国和承受家邑,身分尊贵且权力特殊;史书编入世家,高居臣民之上,
固然合乎道理。州县的长官,不过是古代大夫家邑长官的人选,并非长
期留居该地,官职不是世代继承,他们若有甘棠留下树荫,循良政绩可
为教化,编排在列传里,排列在文学和政事之间,也是符合事宜。过去
书籍的记载,现在已经无法知道。像梁元帝所作的《丹阳尹传》,见《隋
书·经籍志》,共十卷。孙仲所作的《贤牧传》,见《新唐书·艺文志》,十五

卷。就是专门一类编录，遵循以往的准则。司马迁、班固设立《循吏》篇，总之是不可改变的了。至于州县全志，区别品类，却用名宦作纲，和乡贤、列女、仙释、流寓各条，一例划分门类，这是摘录排比的类书，文人的杂碎纂录，虽然大致仿效乐史《太平寰宇记》中附列的名目，实际上是兔园册之学缀辑词藻的凭借。想要仿效《春秋》一家学术，外史管理的掌故，人物编入列传，事情具备首尾；如果让官员和民众一例记载，体例没有区别，未免就像司马德操到庞德公家里，一家之中难分出谁是客人谁是主人了。

　　窃意蜀郡之慕文翁①，南阳之思邵父②，取其有以作此一方，为能兴利革弊；其人虽去，遗爱在民③，职是故也。正使伯夷之清、柳下之惠，不嫌同科。其或未仕之先，乡评未协④；去官之后，晚节不终；苟为一时循良，何害一方善政？夫以治绩为重，其余行业为轻，较之州中人物，要其始末，品其瑕瑜，草木区分，条编类次者，其例本不相侔。于斯分别标题，名为"政略"，不亦宜乎？夫略者，纲纪之鸿裁，编摩之伟号，黄石、淮南之属抗其题，《黄石公三略》、《淮南子·要略》⑤。张温、鱼豢之徒分其纪，张温《三史略》，鱼豢《典略》⑥。盖有取乎谟略之遗，不独郑樵之二十部也。郑樵《通志》二十略。以之次比政事，编著功猷⑦，足以临莅邦人，冠冕列传，揆诸记载，体例允符，非谓如裴子野之删《宋略》⑧，但取节文为义者也。

【注释】

①蜀郡：古蜀国地，战国秦置郡，治所在成都（今属四川）。文翁：文党，字仲翁，西汉舒（今安徽庐江）人。曾任蜀郡太守，在当地兴学，开化文明，受到当地人民的仰慕爱戴。

②南阳：战国秦昭王始置郡，治所在宛县（今河南南阳）。邵父：召
　（shào）信臣，字翁卿，西汉九江寿春（今安徽寿县）人。汉元帝时，
　任南阳太守，鼓励耕种，开通沟渠，筑水闸堤坝数十处，灌溉农田
　三万顷，被民众尊称为"召父"。迁河南太守，入朝任少府卿。卒
　后，南阳人立祠祭祀，以示爱戴之情。邵，即召。春秋时期邵、召
　为一氏，皆为西周召公奭的后裔。

③遗爱：语出《左传·昭公二十年》："及子产卒，仲尼闻之出涕，曰：
　'古之遗爱也。'"杜预《注》曰："子产见爱，有古人之遗风。"后用
　来指遗留及于后世之爱。

④乡评：汉代许靖和许劭兄弟喜好评论乡里人物，每月更换品题，
　被时人称作月旦评。后世通称乡党的评论为乡评。

⑤《黄石公三略》、《淮南子·要略》：据《隋书》卷三十四《经籍志》兵
　家类著录："《黄石公三略》三卷，下邳神人撰。"黄石公，秦时隐
　士，相传张良遇之于下邳，传授张良兵法。《淮南子·要略》，据
　《淮南子》卷二十一《要略》高诱《注》曰："凡《鸿烈》之书二十篇，
　略数其要，明其所指，序其微妙，论其大体，故曰《要略》。"《要略》
　为《淮南子》最后一篇。

⑥张温《三史略》，鱼豢《典略》：据《隋书》卷三十三《经籍志》杂史类
　著录："《典略》八十九卷，魏郎中鱼豢撰……《三史略》二十九卷，
　吴太子太傅张温撰。"张温，字惠恕，三国吴吴郡（今江苏苏州）
　人。孙权征拜议郎。官至太子太傅。出使蜀汉还吴，称美蜀政，
　孙权忌恨，借故罢其官。三史，魏、晋、南北朝时期，称《史记》、
　《汉书》和《东观汉记》为三史。鱼豢，三国魏京兆（今陕西西安）
　人。曾任郎中。著有《魏略》、《典略》等书。《魏略》五十卷，抄录
　诸史典故而成，上起周、秦，下至三国魏明帝，为纪传体史书。
　久佚。

⑦猷（yóu）：谋划。

⑧裴子野之删《宋略》：据姚思廉《梁书》卷三十《裴子野传》记载：
"及齐永明末，沈约所撰《宋书》既行，子野更删撰为《宋略》二十
卷。其叙事评论多善，约见而叹曰：'吾弗逮也。'"裴子野，字几
原，河东闻喜（今属山西）人。任著作郎，掌修国史及起居注。官
至鸿胪卿。曾经删改沈约《宋书》，以编年体记载南朝刘宋一代
史实，名为《宋略》。本书久佚，仅存《总论》一篇，后人收入《文苑
英华》卷七百五十四。

【译文】

我以为蜀郡仰慕文翁，南阳思念邵父，是缘自他们有能力让一方土
地兴盛，能够为此地兴利除弊；他们人虽然离开，仁爱却留给民众，就是
因为这个缘故。正是要让伯夷的高洁、柳下惠的仁惠，不嫌放在同一
类。有的地方官也许在没有做官以前，乡里的评论不和谐；离任以后，
晚节不保；如果是一时守法有治绩的人，怎么会妨害他在这个地方的善
政呢？把治理成绩看得重要，其余德行术业看得轻淡，比起记载州中人
物，总括他们的始末，品评他们的优劣，像对待草木一样划分品类，分条
按类编排，体例本来就不相等。对这两者区别标题，称作"政略"，不也
是应该的吗？"略"这个名称，是确立纲要纪统的宏大裁制，编集书籍使
用的壮伟名称，黄石公、淮南王等人标举这样的题目，《黄石公三略》、《淮
南子·要略》。张温、鱼豢等人分别用来纪事，张温《三史略》、鱼豢《典
略》。大概是对谋谟一词的遗意有所采用，不仅是郑樵的二十部使用
它。郑樵《通志》二十略。用政略排比政事，编写功绩谋划，足够凭借它
治理地方的人民，排在列传的前面。审察记事的书籍，符合体例，不是
说像裴子野删节史书而成《宋略》那样，仅仅取用减削文字当做"略"的
含意。

和州志列传总论

【题解】

　　本篇详细考察传体史书的源流，是章学诚撰写《传记》篇的实践基础之一。他认为古书传、志名称不分，本无定体。六经称经，注疏为传。《史记》、《汉书》等纪传体史书的纪传，即取法以传辅经的含义。自范晔《后汉书》以下，历代正史之中的列传，标题命名琐碎，内容如同告身，首征祖系，末缀子孙，编年叙事，绳墨拘牵，不敢寓作者之别裁，标法外之意蕴。至于正史之外，以传、记命名的史书不胜枚举。有的记载典章制度，有的记载故事小说，有的记载家族兴衰，有的记载个人事迹。自汉、魏、六朝以来，地方州县的志书，也称作传或者记。种类繁多，不一而足。章学诚指出，后人在此基础上作传，应当不受常规拘束，而能参稽各家短长，自具别识心裁，以垂不朽。他重点抨击了前代方志记载人物的不足，认为存在体例不清，名实互爽的缺陷。具体表现为分门立目混乱，纪事割裂分散，事实删略无当，摘比有失雅训。因此，章学诚提出仿照正史列传体裁，在方志中设立传体，勒为一家之学。

　　志曰①：传志之文，古无定体。《左氏》所引《军志》、《周志》诸文②，即传也。孟子所对汤、武、苑囿之问，皆曰"于传有之"，即志也。六艺为经③，则《论语》、《礼记》之文谓之传。

卦爻为经，则《彖》、《象》、《文言》谓之传。自《左氏春秋》依经起义，兼史为裁④。而司马迁七十列传，略参其例；固以十二本纪，窃比《春秋》者矣。夫其人别为篇，类从相次，按诸《左氏》，稍觉方严，而别识心裁，略规诸子⑤。揆其命名之初，诸传之依《春秋》，不过如诸记之因经礼，因名定体，非有深文。即楚之屈原，将汉之贾生合传；谈天邹衍，缀大儒孟、荀之篇；因人征类，品藻无方，咏叹激昂，抑亦吕氏六论之遗也。吕氏十二纪似本纪所宗，八览似八书所宗，六论似列传所宗。班史一卷之中，人分首尾，传名既定，规制綦密。然逸民四皓之属，王、贡之附庸也⑥。王吉、韦贤诸人⑦，《儒林》之别族也。附庸如颛臾之寄鲁⑧，署目无闻；别族如田陈之居齐⑨，重开标额；征文则相如侈陈词赋⑩，辨俗则东方不讳谐言⑪；盖卓识鸿裁，犹未可量以一辙矣。范氏东汉之作，则题目繁碎，有类米盐；传中所列姓名，篇首必标子注⑫。于是列传之体，如注告身⑬，首征祖系，末缀孙曾，循次编年，惟恐失坠。求如陈寿之述《蜀志》，旁采《季汉辅臣》⑭，沈约之传灵运，通论六朝文史者⑮，不为绳墨拘牵，微存作者之意，跫然如空谷之足音矣⑯。然师般不作⑰，规矩犹存。比缉成编，以待能者；和而不倡⑱，宜若可为；第以著述多门，通材达识，不当坐是为詹詹尔⑲。至于正史之外，杂记之书，若《高祖》、《孝文》，论述策诏⑳，皆称为传。《汉·艺文志》有《高祖传》十三篇，《孝文传》十一篇。则故事之祖也。《穆天子传》、《汉武内传》㉑，小说之属也。刘向《列女传》，嵇康《高士传》㉒，专门之纪也。《王肃家传》，王裒《世传》㉓，一家之书也。《东方朔传》、《陆先生传》^㉔，一人之行也。至于郡邑之志，则自东京以往，讫于六朝而还，若《陈留耆旧传》、《会稽先贤传》之类^㉕；其不为传名者，若《襄阳耆旧记》、《豫章志后撰》之类^㉖；载笔繁委，不可胜数。网罗放失，缀辑前闻，譬彼丛流趋壑，细大不捐；五金在冶，利钝并铸者矣。司马迁曰："百家言不雅驯，搢绅先生难言之。"又曰："不离古文者近是。"又曰："择其言尤雅者。"^㉗"载籍极博，折衷六艺。《诗》、《书》虽缺，虞、夏可知。"^㉘然则旁推曲证，闻见相参，显微阐幽^㉙，折衷至当，要使文成法立，安可拘拘为划地之趋哉^㉚？

【注释】

①志曰：据《章氏遗书》外编卷十八《和州志·列传第一》记载，该传包括序文，正文何蕃、张籍、杜默三传和后论三部分内容。此文即传后总论，因为是方志体裁中的史论，故称"志曰"，相当于正史中的"论曰"或者"史臣曰"等等。

②《左氏》所引《军志》、《周志》诸文：据《左传·僖公二十八年》记载："《军志》曰：允当则归。"杜预《注》曰："《军志》，兵书。"又据《左传·文公二年》记载：晋狼"瞫曰：《周志》有之，勇则害上，不登于明堂"。

③六艺为经：语出班固《汉书》卷三十《艺文志》颜师古《注》："六艺，六经也。"又据范晔《后汉书》卷七十下《班彪传附班固传》李贤《注》曰："六经，谓《诗》、《书》、《礼》、《乐》、《易》、《春秋》。"

④《左氏春秋》依经起义，兼史为裁：据刘知几《史通》卷一《六家》记载："观《左传》之释经也，言见经文而事详传内，或传无而经有，或经缺而传存；其言简而要，其事详而博。信圣人之羽翮，而述者之冠冕也。"

⑤略规诸子：司马迁《史记》原名《太史公书》，意欲效法《春秋》，寓理于事，自成一家之言，故曰略规诸子。

⑥逸民四皓之属，王、贡之附庸也：据班固《汉书》卷七十二《王贡两龚鲍传》，篇首叙说汉初商山四皓园公、绮里季、夏黄公、用(lù)里先生，以及谷口郑子真、蜀郡严君平，称之为逸民。逸民，隐居避世的人。王吉(？—前48)，字子阳，西汉琅邪皋虞(今山东即墨东北)人。举孝廉为郎。后为昌邑王中尉，屡次进谏，王不听。王荒淫被废，王吉受髡刑。宣帝征为博士谏大夫，因上疏不用，告病归家。元帝即位，征为谏大夫，病卒于道。贡禹(123—前44)，字少翁，西汉琅邪(治今山东诸城)人。征为博士。元帝即位，征为谏大夫，屡次上书言朝政得失。官至御史大夫。

⑦韦贤：字长孺，西汉鲁国邹(今山东邹城)人。博通经学，人称邹鲁大儒。朝廷征为博士。昭帝时，官至大鸿胪。宣帝时，拜为丞相。

⑧颛臾：春秋时小国，故地在今山东费县西北。伏羲之后，风姓。鲁国的附属国。

⑨田陈之居齐：春秋时期，陈国公子陈完避祸奔齐，改姓田氏，后代取代姜氏统治齐国。

⑩相如：司马相如。

⑪东方：东方朔。

⑫传中所列姓名，篇首必标子注：例如范晔《后汉书》卷八十四《杨震传》题下小注："子秉、孙赐、曾孙彪、玄孙修。"

⑬告身：委任官职的文凭。

⑭陈寿之述《蜀志》，旁采《季汉辅臣》：陈寿《三国志》卷四十五《杨戏传》末载其所作《季汉辅臣赞》。

⑮沈约之传灵运，通论六朝文史：沈约《宋书》六十七《谢灵运传论》综论周、汉、魏、西晋、东晋、南朝刘宋各代文学发展趋势。

⑯跫(qióng)然如空谷之足音：语出《庄子·徐无鬼》："夫逃虚空者，藜藿柱乎鼪鼬之径，踉位其空，闻人足音跫然而喜矣。"跫然，脚步声。一说欢喜的样子。

⑰师般：公输般，通称鲁班。春秋时期鲁国的巧匠。

⑱和而不倡：语出《庄子·德充符》。

⑲詹詹：语出《庄子·齐物论》："大言炎炎，小言詹詹。"形容言辞烦琐、喋喋不休的样子。

⑳《高祖》、《孝文》，论述策诏：据班固《汉书》卷三十《艺文志·诸子略》儒家类著录："《高祖传》十三篇。"自注曰："高祖与大臣述古语及诏策也。"又著录："《孝文传》十一篇。"自注曰："文帝所称及诏策。"

㉑《穆天子传》、《汉武内传》：《穆天子传》六卷，郭璞注。晋武帝时期，语出汲郡古冢。记载周穆王西征等事，体例和起居注相似。《汉武内传》一卷，旧题东汉班固撰，实为六朝人托名伪作。记载西王母降临汉武帝宫中之事。

㉒嵇康《高士传》：据《隋书》卷三十三《经籍志》杂传类著录："《圣贤高士传赞》三卷，嵇康撰，周续之注。"嵇康（223—约262），字叔夜，三国谯郡铚（今安徽濉溪）人。少有奇才，博览群书。官拜中散大夫，世称嵇中散。以吕安事被诛。为竹林七贤之一。

㉓王褒《世传》：王褒，当是王褒之误。据《隋书》卷三十三《经籍志》杂传类著录："《王氏江左世家传》二十卷，王褒撰。"

㉔《东方朔传》、《陆先生传》：据《隋书》卷三十三《经籍志》杂传类著录："《东方朔传》八卷……《陆先生传》一卷，孔稚珪撰。"

㉕《陈留耆旧传》、《会稽先贤传》：据《隋书》卷三十三《经籍志》杂传类著录："《陈留耆旧传》二卷，汉议郎圈称撰《陈留耆旧传》一卷，魏散骑侍郎苏林撰……《会稽先贤传》七卷，谢承撰。"

㉖《襄阳耆旧记》、《豫章志后撰》：据《隋书》卷三十三《经籍志》杂传

类著录:"《襄阳耆旧记》五卷,习凿齿撰……《豫章旧志后传》一卷,熊欣撰。"

㉗司马迁曰:"百家言不雅驯,搢绅先生难言之。"又曰:"不离古文者近是。"又曰:"择其言尤雅者":语出司马迁《史记》卷一《五帝本纪赞》。

㉘载籍极博,折衷六艺。《诗》、《书》虽缺,虞、夏可知:语出司马迁《史记》卷六十一《伯夷列传序》:"夫学者载籍极博,犹考信于六艺。《诗》、《书》虽缺,然虞、夏之文可知也。"

㉙显微阐幽:语出《周易·系辞下》:"夫《易》彰往而察来,而微显阐幽。"

㉚划地之趋:语出《庄子·人世间》:"殆乎!殆乎!画地而趋。"

【译文】

志说:传与志的文字,古代没有固定的体例。《左传》所引用的《军志》、《周志》等文字,也就是传。孟子回答关于商汤、周武王革命和周文王园林的询问,都说"在传里有这样的记载",也就是志。六经是经,那么《论语》、《礼记》的文字称为传。《周易》的卦辞和爻辞是经,那么《彖辞》、《象辞》、《文言》称为传。自从《左氏春秋》根据经书创为新义,同时具有史书的体制。而司马迁的七十篇列传,大致参照《左传》的体例;本来就是用十二篇本纪,拿来比照《春秋》了。《史记》人物另外单独成篇,分成品类依次排列,按照《左传》考察,略微显得方正严格,而独特见识与内心裁断,大致效法诸子之学。考量他开始确立名称的时候,各篇传的依从《春秋》,只是像各篇记的凭借礼经,根据名称确定体例,并没有深刻的含意。就像楚国的屈原,和汉代的贾生合成一传;谈天的邹衍,连结在大儒孟子、荀子一篇;根据人物寻求同类,品评不受常规拘束,长歌吟咏情调激昂,也是《吕氏春秋》六论的遗留之意。《吕氏春秋》十二纪似乎为《史记》本纪所效仿,八览似乎为八书所效仿,六论似乎为列传所效仿。班固《汉书》一卷里面,每人分叙始末,传的名称已经确定,规则极其周密。然而隐士四皓之类，成了王吉、贡禹的附庸。王吉、韦贤等人，成了《儒林传》的旁支。附庸就像颛臾依附鲁国，国家见不到署名；旁支就像陈氏迁居齐国，重立田氏之天下；收集文章就有《司马相如传》无限度地陈述辞赋，显示习俗就有《东方朔传》毫不避忌诙谐陈辞；大概高超见识与宏大裁制，尚且不能用同一种标准衡量了。范氏的《后汉书》，题目繁杂琐碎，就像米盐一样；传中所列的人名，篇首一定标明小注。于是列传的格式，如同填写官告文凭，开端考察祖宗世系，末尾连缀子孙与曾孙，按照次序编年，唯恐挂漏遗失。寻求像陈寿撰写《蜀志》，广泛搜集《季汉辅臣赞》，沈约为谢灵运作传，综合论述六个朝代文学那样的作者，不受常规体例的牵制，隐含着创作者的意图，就像空旷山谷传来的脚步声了。然而鲁班不复生，规矩却还存在。排比连缀成书，等待有才能的人；响应而不倡导，似乎是可以做的事；只是著述有多种样式，兼有多种才能和见识通达的人，不应当为此而喋喋不休罢了。至于正史之外，杂记一类的书，像《高祖传》、《孝文传》，论述诏策，都称为传，《汉书·艺文志》有《高祖传》十三，《孝文传》十一篇。就是制度典故之传的创端。《穆天子传》、《汉武内传》，是小说之类的传。刘向的《列女传》、嵇康的《高士传》，是专门一类的传。《王肃家传》、王袁的《世传》，是一个家族的传。《东方朔传》、《陆先生传》，是记载一个人事迹的传。至于郡县的方志，从东汉以下，到六朝时期，像《陈留耆旧传》、《会稽先贤传》之类；那些不用"传"作名称的书，像《襄阳耆旧记》、《豫章志后撰》之类；记载繁杂琐碎，多得数不过来。网罗散失文献，编集以前的传闻，犹如那些众多细流归向江河，无论大小都不舍弃；各种金属在熔炉里冶炼，锋利与不锋利都一同铸造了。司马迁说："各种学派的言辞不雅正，士大夫与绅士难以说出口。"又说："不偏离古代记载的文字接近正确。"又说："选取那些最典雅的言辞。""书籍很多，依据六经评判。《诗经》、《尚书》虽然残缺，虞舜和夏禹的事可以知道。"那么广泛推求详细考证，把听到的内容和见到的内容互相参考，显示细微而且阐明隐秘，折中协调到适当程度,总之使文字形成的同时准则成立,怎么能拘泥地在地上画出界限行走呢?

　　夫合甘辛而致味,通纂组以成文①,低昂时代,衡鉴土风②,论世之学也。同时比德,附出均编,类次之法也。情有激而如平,旨似讽而实惜,予夺之权也。或反证若比,或遥引如兴;一事互为详略,异撰忽尔同编③,品节之理也。言之不文,行之不远。聚公私之记载,参百家之短长,不能自具心裁,而斤斤焉徒为文案之孔目,何以使观者兴起,而遽欲刊垂不朽耶④?且国史征于外志,外志征于家牒,所征者博,然后可以备约取也。今之外志,纪传无分,名实多爽,既以人物、列女标为专门,又以文苑、乡贤区为定品;裁节史传,删略事实,逐条附注,有似类书摘比之规,非复古人传记之学;拟于国别为书,邱分作志⑤,不亦难乎?又其甲科仕宦,或详选举之条;志、状、碑、铭,列入艺文之内。一人之事,复见叠出,或注传详某卷,或注事见某条;此殆有类本草注药,根实异部分收⑥;韵书通音,平仄互标为用者矣⑦。文非雅驯,学者难言。今以正史通裁,特标列传,旁推互证,勒为专家,上裨古史遗文,下备后人采录;庶有作者,得以考求。如谓不然,请俟来哲。

【注释】

　　①通纂组以成文:语出葛洪《西京杂记》卷二:"相如曰:'合蔡组以成文,列锦绣而为质。'"

　　②土风:原意指乡土的歌谣乐曲,后用来指地方固有的风俗习惯。

③撰：语出《论语·先进》："异乎三子者之撰。"意为具，犹事也。

④不能自具心裁，而斤斤焉徒为文案之孔目，何以使观者兴起，而遽欲刊垂不朽耶：据《章氏遗书》外编卷二《乙卯札记》曰："范氏列传之体，即以文集之体行之，全失班、马立意命篇之旨矣。故一卷可分数篇，一人可占一论，章幅少则可以牵合，多则可以别分，专门成家之言不如是也。陈寿《夏侯》、《诸葛》之传，犹有深意。"

⑤邱：古代划分田地和政区的单位名称。一般以九百亩为一井，十六井为一邱。

⑥本草注药，根实异部分收：本草为记载药物的书，例如汉代《神农本草经》、唐代《唐本草》、宋代《大观本草》、明代李时珍《本草纲目》等。本草类书籍标注药物，一种药材根、实异性者，收在不同部类。

⑦韵书通音，平仄互标为用：韵书为分韵编排的字典，供写作韵文者检查押韵。最早的韵书是三国魏李登《声类》，此后南朝梁沈约《四声》，唐代孙愐《唐韵》，宋代陈彭年《广韵》，明代宋濂《正韵》，是其荦荦大者。韵书的标注方法，古韵有互相通转者，一定标明于每韵部目之下。

【译文】

调合甜辣等味道而形成美味，连结锦绣等丝品而形成图案。评论各个时代的高下，鉴别各个地方的风俗，是知人论世的学问。同时代的东西比照性质，附出的内容均衡编排，是分类编纂的方法。感情激动而表现得平静，宗旨好像讽刺而实际上爱护，是褒扬贬斥的变通。或者提出假定证据好像比喻，或者远远地征引好像起兴；同一事件在各处叙述有详有略，不同的事件忽然排列在一起，是品评等级的道理。言辞没有文采，不能流行久远。聚集官府和私家的记载，斟酌百家的短处与长处，不能自己具备内心裁断，却拘谨地只当做文书案牍的目录，凭什么让阅读的人感奋而起,而马上就想要刻印文字流传不朽呢?况且国史从地方志征引,地方志从家谱征引,所征引的内容广泛,然后可以预备选取要领。现在的地方志,纪与传没有区别,名称和实质大多不符,既把人物、列女标明为专一门类,又用文苑、乡贤划分成固定的品类;裁减史传文字,删节省略事实,逐条附注,近似类书摘录排比的格式,不再是古人传记的学问;比起诸侯国各作史书,按地区分别作志,不是很困难吗?还有方志记载科第与仕宦,或者在选拔荐举部分详细记载;墓志、行状与碑文,编列在艺文之内。一个人的事,重复出现,或者注传详见某卷,或者注事见某条;这恐怕类似草药书籍解释药物,根茎和果实药性不同就分别收在不同部类;韵书有多音字,平声仄声就重复标明使用了。文辞不雅正,学者难以说出口。现在用正史的通用体裁,特地标名为列传,广泛推求和互相证明,编写成专门一类,向上追溯对古史遗留文字有补益,向下推演以备后人采用;或许有创作者,借此可以探索求证。如果说不正确,就请等待后世有智慧的人。

和州志缺访列传序例

【题解】

本篇主旨在于阐述编纂方志对姓名可知而事迹不详的人物保留材料，以待后人考察论定的原则。章学诚主张在方志里设立《缺访列传》，提出了对史料保存的建设性意见。章学诚以孔子"多闻缺疑，慎言其余"的话作为理论根据，认为古人对于缺者存而不删，意思是说对有怀疑的地方空缺而不设法弥补，更不要以为无用而肆意删削，应当谨慎地保留原样。他认为司马迁、班固、陈寿作史，都曾经使用缺文之法，给后世留下有待考察的信息。此后的史官不懂得这一原则的深意，甚至误认为有怀疑的地方应当删除，以免累赘，以致造成历史信息的湮没无闻。章学诚指出，把缺文之法应用到州县人物传上面，应当把事迹不详或者有怀疑而不能判定的人物，另外编成缺访篇，等待后人进一步研究。前人纂修方志，记载人物没有实事，常常使用空洞不实的套话，陈词滥调，千篇一律，冒占篇幅。章学诚主张把这些人物全部收入《缺访列传》，等待后人对这类事迹不详的人物进一步搜集资料，别择利用。

孔子曰："吾犹及史之缺文也。"[①]又曰："多闻缺疑，慎言其余。"[②]夫网罗散失，绅绎简编，所见所闻，时得疑似，非贵缺然不讲也。夫郭公、夏五[③]，原无深文；末耜、网罟[④]，亦存论说。而《春秋》仍列故题，《尚书》断自《尧典》；疑者缺而弗竟，缺者存而弗删，斯其慎也。司马迁曰："书缺有间，其轶时时见于他说。"⑤夫疑似之迹，未必无他说可参，而旧简以古文为宗，百家以雅驯是择⑥，心知其意，所以慨然于好学深思之士也⑦。班固《东方朔传》，以谓奇言怪语，附著者多，遂详录其谐隐、射覆琐屑之谈，以见朔实止此，是史氏释疑之家法也⑧。陈寿《蜀志》，以诸葛不立史官，蜀事穷于搜访，因录杨戏季汉名臣之赞，略存姓氏，以致其意，是史牒缺文之旧章也⑨。寿别撰《益部耆旧传》十卷⑩，是寿未尝略蜀也。《益部耆旧传》不入《蜀志》，体例各有当也。或以讥寿，非也。自史学失传，中才史官不得缺文之义，喜繁辞者，或杂奇衺之说；好简洁者，或删经要之言；《晋书》喜采小说，《唐书》每删章奏。多闻之旨不遵，慎言之训误解。若以形涉传疑⑪，事通附会，含毫莫断，故牒难征，谓当削去篇章，方合缺文之说；是乃所谓疑者灭之而已，更复何缺之有？郑樵著《校雠略》，以谓馆阁征书，旧有缺书之目；凡考文者，必当录其部次，购访天下⑫。其论可谓精矣。

【注释】

①吾犹及史之缺文也：语出《论语·卫灵公》。

②多闻缺疑，慎言其余：语出《论语·为政》。

③郭公、夏五：据《春秋·庄公二十四年》记载："郭公。"杜预《注》曰："无传，盖经缺误也。"又《春秋·桓公十四年》记载："夏五。"杜预《注》曰："不书月，缺文。"

④耒耜、网罟：语出《周易·系辞下》："古者包牺氏之王天下也，作

结绳而为网罟，以佃以渔，盖取诸离。包牺氏没，神农氏作，斫木为耜，揉木为耒，耒耨之利，以教天下，盖取诸益。"耒、耜，耕地的农具。网、罟，捕兽和捕鱼的工具。

⑤书缺有间，其轶时时见于他说：语出司马迁《史记》卷一《五帝本纪赞》。

⑥旧简以古文为宗，百家以雅驯是择：语出司马迁《史记》卷一《五帝本纪赞》："总之不离古文者近是。"又曰："百家言黄帝，其文不雅驯……择其言尤雅者，故著为本纪书首。"古文，古文《尚书》。

⑦心知其意，所以慨然于好学深思之士也：语出司马迁《史记》卷一《五帝本纪赞》："非好学深思，心知其意，固难为浅见寡闻道也。"

⑧班固《东方朔传》，以谓奇言怪语，附著者多，遂详录其谐隐、射覆琐屑之谈，以见朔实止此，是史氏释疑之家法也：据班固《汉书》卷六十五《东方朔传赞》记载："朔之诙谐，逢占射覆，其事浮浅，行于众庶，童儿牧竖，莫不眩耀。而后世好事者，因取奇言怪语，附著之朔，故详录焉。"颜师古《注》曰："言此传所以详录朔之辞语者，为俗人多以奇异妄附于朔故耳。欲明传所不记，皆非其实也。"

⑨陈寿《蜀志》，以诸葛不立史官，蜀事穷于搜访：据陈寿《三国志》卷三十三《蜀后主传》记载："国不置史，注记无官，是以行事多遗，灾异靡书。诸葛亮虽达于为政，凡此之类，犹有未周焉。"

⑩《益部耆旧传》：据《隋书》卷三十三《经籍志》杂传类著录："《益部耆旧传》十四卷，陈寿撰。"

⑪传疑：语出《穀梁传·桓公五年》："《春秋》之义，信以传信，疑以传疑。"对有疑义的问题，不作论定，传待他人。

⑫郑樵著《校雠略》，以谓馆阁征书，旧有缺书之目；凡考文者，必当录其部次，购访天下：语出郑樵《通志》卷七十一《校雠略·编次必记亡书论》："古人亡书有记，故本所记而求之。魏人求书，有

《缺目录》一卷；唐人求书，有《搜访图书目》一卷，所以得书之

多也。"

【译文】

孔子说："我还能看到史书中有缺文的情况。"又说："多听有怀疑的地方，谨慎地谈论其余的部分。"网罗散佚文献，抽引书籍头绪，所见到和所听到的内容，常常遇到真假难辨的情况，不是看重搁置而不研究的做法。《春秋》记载的"郭公"、"夏五"，本来没有深刻的含义；创造耒耜、网罟的时代，也存留着论说。而《春秋》仍然列入旧有文字，《尚书》断限从《尧典》开始；有怀疑的地方空缺而不补足，有空缺的地方保存而不删除，这是态度谨慎。司马迁说："古书残缺有间断，那散失的内容常常在其他论说里见到。"真假难辨的事迹，不一定没有其他说法可以参考，而古代的简册以古文学说为根本，对各种派别的言辞以雅正作为选择标准，作者内心知道意思，所以对难遇好学深思的人发出感慨。班固《东方朔传》，认为世间奇异荒诞的言论，附会在东方朔身上的很多，于是详细记录下他的诙谐隐语和射覆猜物的琐屑言谈，用来显示东方朔的言谈实际上只有这些东西，这是史学家解释疑惑的家法。陈寿的《蜀志》，认为诸葛亮不设立史官，造成蜀国的史实没有办法寻访，于是收录杨戏《季汉辅臣赞》，简略地保存姓名，用来表达意思，这是史书对待缺文的惯用章法。陈寿另外撰写《益部耆旧传》十卷，这是陈寿未尝省略蜀国史事。《益部耆旧传》不收进《蜀志》，是体例各有适合的要求。有人用这一点指责陈寿，并不正确。自从史学失去家法传承，中等才能的史官不了解史书缺文的旨趣，喜欢言辞繁复的人，有的书里混杂进诡诈的说法；爱好文字简洁的人，有的书里删除重要的言论；《晋书》喜欢采用小说，《唐书》常常删除奏章。对多听缺疑的宗旨不遵循，对谨慎谈论的教导有误解。如果因为事迹涉及传疑，史实接近附会，吮笔不能决断，古书难以验证，就认为应当删除篇章，才符合史书有缺文的主张，这实在是对有怀疑的地方铲除踪迹罢了，又有什么空缺之意呢？郑樵撰写《校雠略》，

认为馆阁征集书籍,古代有缺书目录;凡是考订书籍的人,一定应当记录下它们的部类排序,在全国悬赏征求。他的论述可以说很精确了。

　　窃谓典籍如此,人文亦然。凡作史者,宜取论次之余,或有人著而事不详,若传歧而论不一者,与夫显列名品,未征事实,清标夷、齐,而失载西山之薇①;学著颜、曾,而不传东国之业②,一隅三反,其类实繁。或由载笔误删,或是虚声泛采,难凭臆断,当付传疑;列传将竟,别裁缺访之篇,以副慎言之训;后之观者,得以考求。使若陈寿之季汉名臣,见上。常璩之华阳士女,《华阳国志》有序录士女志,止列姓名,云其事未详。不亦善乎? 至于州县之志,体宜比史加详;而向来撰志,条规人物,限于尺幅,摘比事实,附注略节,与方物土产区门分类,约略相同。至其所注事实,率似计荐考语③,案牍谳文④,骈偶其词,断而不叙。士曰孝友端方,慈祥恺悌;吏称廉能清慎,忠信仁良;学尽汉儒,贞皆姜女⑤;千篇一律,葭苇茫然⑥,又何观焉? 今用史氏通裁,特标列传。务取有文可诵,据实堪书;前志所遗,搜访略尽。他若标名略注,事实难征,世远年湮,不可寻访,存之则无类可归,削之则潜德弗曜;凡若此者,悉编为《缺访列传》,以俟后来者之别择云尔。

【注释】

①清标夷、齐,而失载西山之薇:据司马迁《史记》卷六十一《伯夷列传》记载:"武王已平殷乱,天下宗周。而伯夷、叔齐耻之,义不食周粟,隐于首阳山,采薇而食之。及饿且死,作歌,其辞曰:'登彼

西山兮,采其薇矣。'"西山,首阳山。

②学著颜、曾,而不传东国之业:据司马迁《史记》卷六十七《仲尼弟子列传》记载:"颜回者,鲁人也……蚤死,孔子哭之恸,曰:'自吾有回,门人益亲。'"又记载:"曾参,南武城人……孔子以为能通孝道,故授之业,作《孝经》。"东国,鲁国。

③计荐:考核与荐举官员。

④谳(yàn)文:断案文书。

⑤姜女:据《诗经·鄘风·柏舟》小序曰:"《柏舟》,共姜自誓也。卫世子共伯蚤死,其妻守义,父母欲夺而嫁之,誓而弗许,故作是诗以绝之。"姜女即共姜。

⑥葭(jiā)苇:芦苇。

【译文】

我认为书籍如此,人事也是这样。凡是撰写史书的人,应当择取论定编排后的剩余,也许有人物著名而事情不详细,或者传文有不一致处而评论不同的情况,以及显著地列出名目,而没有引证事实,表现伯夷、叔齐的清高,而没有记载在西山采薇的事情;显示颜回、曾参的学业,而不叙述孔子传授的学术,举一反三,种类实在繁多。或者由于记载时错误地删除,或者由于有虚名而浮泛采取,难凭主观推测下判断,应当归入传疑的范围;列传将要完毕,另外写出缺访篇,用来符合谨慎谈论的教导;以后阅览的人,可以考索求证。假使像陈寿搜访季汉名臣,见上。常璩搜访华阳士女,《华阳国志》有记录士女的《序志》,只列举姓名,而说他们的事迹不清楚。不也是很好吗?至于州县的方志,体制应该比史书更详细;而向来编写方志,条别归类人物,受到篇幅限制,摘录排列事实,附注简要叙述,和特产土产的区别门类,大致相同。至于它们所附注的事实,大多好像官员考核的评语,文书档案和判决讼词,语句使用对偶,判定而不叙述。记载士人就说是孝顺友爱与庄重正直,慈爱和善与和乐平易;记载官吏则称廉洁能干与清白谨慎,忠诚真实与仁爱善良;记载学问都比得上汉儒,记载贞洁全部像共姜;行文千篇一律,如同芦苇茫然一片,又观看什么呢? 现在用史家的通用体裁,特地标名为列传。务必选取有文采可以诵读,根据事实值得记载;旧志有所遗漏,搜寻大致穷尽。其他像标出姓名省略附注,事实难以验证,时代久远年月湮没,无法寻访,保存它们就没有门类可归,删除它们就使潜藏的美德不显耀;大凡像这类情况,都编成《缺访列传》,以便等待后人的鉴别选择而已。

和州志前志列传序例上

【题解】

　　《和州志·前志列传序例》内容分为上中下三篇,明确论证了编纂方志设置《前志列传》的重要性,是章学诚方志学理论中的一大创举。所谓《前志列传》,是把某一地域历代所编纂的方志论定是非得失,评价其志书优劣,作成专门一传,借以考察志书渊源,窥见前人折中考订之法,以供后人修志作为借鉴。章学诚认为,撰修史书和编纂方志都应当为史官立传,这样可以明了史学渊源与作史之法,恢复史学家法传统。他指出,《史记》、《汉书》没有专门设置《史官传》,无法像《儒林传》反映儒学发展面貌那样反映史学源流和著述原则,以致历代正史都不关注史家法度。因此,章学诚建议仿照《儒林传》以经书为纲,用师徒传授为纬的体例作《史官传》,用史书编撰为纲,以叙明著述流派与著述宗旨为纬。至于方志中作《前志列传》,章学诚充分考虑到撰写的难度,因为旧志不讲史法,存者无多,撰人生平不详,都给撰写《前志列传》带来很大困难。然而又不可不作,因为把旧志编纂情况保存下来,既可以看到旧志不当,后志改正,可知后志的裁断,也可以看出后志误改,比较各自得失,尤其是防止用新志掩盖旧志的恶劣行径,充分尊重前人成果。章学诚的意图是希望《史官传》与《儒林传》、《文苑传》三足鼎立,真正发挥史学经世致用的价值。这一天才的设想,表明章学诚已经具备鲜明的史学史意识，无论在方志学理论还是历史编纂学理论上都达到中国传统史学的最高境界。

《记》曰："疏通知远，《书》教也。比事属辞，《春秋》教也。"①言述作殊方，而风教有异也。孟子曰："颂其诗，读其书，不知其人可乎?"②言坟籍具存，而作者之旨，不可不辨也。古者史官，各有成法，辞文旨远，存乎其人。孟子所谓其文则史，孔子以谓义则窃取，明乎史官法度不可易，而义意为圣人所独裁。然则良史善书，亦必有道矣。前古职史之官不可考，春秋列国之良史，若董狐、南史之直笔③，左史倚相之博雅④，其大较也。窃意南、董、左史之流，当时必有师法授受。第以专门之业，事远失传，今不得而悉究之也。司马迁网罗散失，采获旧闻，撰为百三十篇，以绍《春秋》之业。其于衰周战国所为《春秋》家言，如晏婴、虞卿、吕不韦之徒⑤，《晏子春秋》、《虞氏春秋》、《吕氏春秋》，皆有比事属辞之体。即当时《春秋》家言，各有派别，不尽"春王正月"一体也。皆叙录其著述之大凡，缉比论次；所以明己之博采诸家，折衷六艺，渊源流别，不得不详所自也。司马迁《自序》绍《春秋》之业，盖溯其派别有自，非僭妄之言。司马氏殁，班固氏作，论次西京史事，全录《太史自序》，推其义例，殆与相如、扬雄列传同科⑥。范蔚宗《后汉》之述班固，踵成故事⑦，墨守旧法，绳度不逾；虽无独断之才，犹有饩羊告朔，礼废文成者也。及《宋书》之传范蔚宗，《晋书》之传陈寿，或杂次文人之列，或猥编同时之人⑧，而于史学渊源，作述家法，不复致意，是亦史法失传之积渐也。至于唐修《晋》、《隋》二书，惟资众力。人才既散，共事之人，不可尽知，或附著他人传末，或互见一二文人称说所及，不复别有记载，乃使《春秋》家学，塞绝梯航⑨，史氏师传，茫如河汉⑩。譬彼收族无人⑪，家牒自乱；淄流驱散，梵刹坐荒⑫；势有必至，理有固然者也。

【注释】

①疏通知远，《书》教也。比事属辞，《春秋》教也：语出《礼记·经解》。

②颂其诗，读其书，不知其人可乎：语出《孟子·万章下》。

③董狐、南史之直笔：据《左传·宣公二年》记载，晋国大夫赵穿杀晋灵公，当时执政的上卿赵盾避祸离开朝廷，但未出境，史官董狐认为责任在赵盾，于是在史册上书写："赵盾弑其君。"董狐，春秋时期晋国史官。孔子称其为"古之良史"。南史，春秋时期齐国史官。又据《左传·襄公二十五年》记载，齐国大夫崔杼杀齐庄公，太史书写："崔杼弑其君。"被崔杼所杀。太史之弟继续书写，又被杀。其弟又书写，才免死。南史听说太史尽死，执简前往，听到此事已被记载，才返回去。后世把他与董狐并称为直笔典范。

④左史倚相之博雅：据《左传》记载，春秋楚灵王时期的左史倚相知识渊博，能读三坟、五典、八索、九丘等古书。

⑤衰周战国所为《春秋》家言，如晏婴、虞卿、吕不韦之徒：据司马迁《史记》卷七十六《虞卿列传》记载："[虞卿]不得意，乃著书，上采《春秋》，下观近世，曰《节义》、《称号》、《揣摩》、《政谋》，凡八篇，以刺讥国家得失，世传之曰《虞氏春秋》。"又据司马迁《史记》卷八十五《吕不韦列传》记载："吕不韦乃使其客人人著所闻，集论以为八览、六论、十二纪，二十余万言。以为备天地万物古今之事，号曰《吕氏春秋》。"又据司马迁《史记》卷六十二《管晏列传

　　赞》曰:"吾读……《晏子春秋》,详哉其言之也……至其书,世多
　　有之,是以不论,论其轶事。"

⑥全录《太史自序》,推其义例,殆与相如、扬雄列传同科:据刘知几
　《史通》卷三十六《杂说上》记载:"马卿为自叙传,具在其集中。子
　长因录斯篇,即为列传。班氏仍旧,曾无改作。固于马、扬传末皆
　云迁、雄之自叙如此。至于相如篇下,独无此言。盖止凭太史之
　书,未见文园之集,故使言无画一,其例不纯。"班固撰《汉书》卷八
　十七《扬雄传》沿用扬雄《自序》之文,末曰:"雄之自序云尔。"又撰
　《司马迁传》沿用《太史公自序》之文,末曰:"迁之自叙云尔。"

⑦范蔚宗《后汉》之述班固,踵成故事:范晔《后汉书》卷七十《班彪
　传附班固传》之文,大多沿用班固《汉书》卷一百《叙传》原文。

⑧《宋书》之传范蔚宗,《晋书》之传陈寿,或杂次文人之列,或猥编
　同时之人:唐修《晋书》将陈寿与王长文、虞溥、司马彪、王隐、虞
　预、孙盛、干宝、邓粲、谢沉、习凿齿、徐广等文人与史官编入同
　传。沈约《宋书》将范晔与刘湛同传,二人先后牵涉彭城王刘义
　康谋反案,属于同时之人。

⑨梯航:原意为登山与航海。借指有效的途径。

⑩河汉:语出《庄子·逍遥游》:"吾惊怖其言,犹河汉而无极也。"比
　喻言论渺茫玄远,不着边际。

⑪收族:根据尊卑亲疏的关系聚拢和团结族人。

⑫淄流驱散,梵刹坐荒:淄流指佛教徒,因其穿黑衣而得名。梵刹
　指寺庙。

【译文】

　　《礼记》说:"通达博古,是《尚书》的教义。排比史事连缀文辞,是
《春秋》的教义。"说的是传述和创作方法不同,而风貌与教化就有区别。
孟子说:"吟诵此人的诗,阅读此人的书,却不了解他的为人行吗?"说的
是典籍都存在,而作者的宗旨,不可不辨别。古代的史官,各有既定方

法，言辞有文采而且旨意深远，保存在适宜的人身上。孟子所说的文辞就用史书的作法，孔子所说的道理就借用史义，表明史官法度不可改变，而义理被圣人独自裁断利用。那么优秀的史官和完善的史书，也一定有成就的途径了。远古主管历史记载的官员不可考知，春秋时期列国的优秀史官，像董狐、南史的如实直书，左史倚相的学识渊博，就是大致情况。我觉得南、董、左史之类，当时必然有师法传授和接受。只是因为专门的学术，事情久远失去传承，现在不能详细考察它了。司马迁网罗散佚文献，搜集古代传闻，写成一百三十篇《史记》，用来继承《春秋》的学业。他对东周战国时代从事《春秋》家学说的言论，例如晏婴、虞卿、吕不韦等人，《晏子春秋》、《虞氏春秋》、《吕氏春秋》，都有排比史事连缀文辞的体例。就是当时《春秋》家学说，各有流别，不全是《春秋》"春王正月"的编年一种体例。都叙述他们著述的概况，编纂排比和论定次序，用来表明自己广泛采取各家，根据六经作出评判，对渊源流派，不得不详细叙述由来。司马迁《自序》继承《春秋》的学业，大概是向上追溯自己一派具有渊源，并不是超越名分而狂妄的言论。司马氏死后，班固出现，论定排列西汉史事，全文收录《太史公自序》，推求司马迁的宗旨和体例，大概和司马相如、扬雄传性质相同。范蔚宗《后汉书》叙述班固，沿袭而形成惯例，遵循前人的方法，不超越准绳规矩；虽然没有独自决断的才能，还有用活羊每月初一祭告祖庙，礼制虽然已废而仪式仍存的意味。到《宋书》给范蔚宗作传，《晋书》给陈寿作传，或是混杂编进文人的行列，或是随便和同时人编在一起，而对史学渊源，著述家法，不再留意，这也是史法失传之后逐渐变化而来。到了唐代修《晋书》与《隋书》，一味凭借众人的力量。人才分散以后，同编共事的人，不能全部知道，有的人附属在别人的传末，有的人在一两个文人叙述的话里顺便提到，不再另外有记载，致使《春秋》专家学术，堵塞住登山航海的途径，史学家的师传，渺茫得像天河无边。就像那些没有人团结聚拢的家族，家谱自然散乱，僧徒被逼四处遣散，佛寺因此荒废；趋势一定达到这样，道理本来就是如此。

　　夫马、班著史，等于伏、孔传经。大义微言，心传口授；或欲藏之名山，传之其人；或使大儒伏阁，受业于其女弟。岂若后代纪传，义尽于简篇，文同于胥史，拘牵凡例，一览无遗者耶？然马、班《儒林》之篇，能以六艺为纲，师儒传授，绳贯珠联，自成经纬，所以明师法之相承，溯渊源于不替者也。《儒林传》体，以经为纲，以人为纬，非若寻常列传，详一人之生平者也。自《后汉书》以下，失其传矣。后代史官之传，苟能熟究古人师法，略仿经师传例，标史为纲，因以作述流别，互相经纬。试以马、班而论，其先藉之资，《世本》、《国策》之于迁《史》[①]，扬雄、刘歆之于《汉书》是也。后衍其传，如杨恽之布迁《史》，马融之受《汉书》是也。别治疏注，如迁《史》之徐广、裴骃，《汉书》之服虔、应劭是也。凡若此者，并可依类为编，申明家学，以书为主，不复以一人首尾名篇，则《春秋》经世，虽谓至今存焉可也。至于后汉之史，刘珍、袁宏之作[②]，华峤、谢承、司马彪之书[③]，皆与范氏并列赅存[④]。晋氏之史，自王隐、虞预、何法盛、干宝、陆机、谢灵运之流[⑤]，作者凡一十八家，亦云盛矣。而后人修史，不能条别诸家体裁，论次群书得失，萃合一篇之中。比如郢人善斫，质丧何求？夏礼能言，无征不信者也。他若聚众修书，立监置纪[⑥]，尤当考定篇章，覆审文字，某纪某书，编之谁氏，某表某传，撰自何人。乃使读者察其臧匿，定其是非；庶几泾、渭虽淆[⑦]，淄、渑可辨[⑧]；末流之弊，犹恃堤防。而唐、宋诸家，讫无专录，遂使经生帖括，词赋雕虫，并得啁啾班、马之堂，攘臂汗青之业者矣[⑨]。

【注释】

①《世本》、《国策》之于迁《史》：据班固《汉书》卷六十二《司马迁传赞》记载："司马迁据《左氏》、《国语》，采《世本》、《战国策》，述《楚汉春秋》，接其后事，讫于天汉。"

②刘珍、袁宏之作：刘珍等人的纪传体史书《东观汉记》与袁宏的编年体史书《后汉纪》。

③华峤、谢承、司马彪之书：华峤的《汉后书》、谢承的《后汉书》和司马彪《续汉书》。华峤（？—293），字叔骏，西晋平原高唐（今山东禹城西南）人。晋武帝时期，任太子中庶子，又以散骑常侍典中书著作，领国子博士，迁侍中。晋惠帝初年，封东乡侯。朝廷有撰集，皆统领之。以《东观汉记》繁芜，撰《汉后书》纪、典、传、谱九十七卷。已佚。谢承，字伟平，三国吴会稽山阴（今浙江绍兴）人。历任五官郎中、长沙东部都尉、武陵太守。著《后汉书》一百三十卷，已佚。

④皆与范氏并列赅存：《章氏遗书》外编卷十八《和州志·缺访列传序例》作"皆为范氏删辑之基"。

⑤王隐：字处叔，东晋陈郡陈（今河南淮阳）人。晋元帝时期，与郭璞同为著作郎，撰晋史。后免官归家。晋成帝时期，写成《晋书》八十六卷。已佚。虞预：字叔宁，东晋会稽余姚（今属浙江）人。历任秘书丞、著作郎、散骑常侍等官。著《晋书》四十余卷，已佚。何法盛：南朝宋人。官至湘东太守。著《晋中兴书》七十八卷。已佚。干宝：字令升，东晋新蔡（今属河南）人。西晋末年为佐著作郎。东晋初年，领国史，官至散骑常侍。著《晋纪》二十卷，起自晋宣帝司马懿，讫于晋愍帝。已佚。又著有《搜神记》等书。陆机（261—303），著有《晋纪》四卷，已佚。谢灵运（385—433）：南朝宋陈郡阳夏（今河南太康）人。曾任永嘉太守、临川内史。撰写《晋书》，已成三十六卷，因谋反被杀，未完。已佚。

⑥立监置纪：确立修史宰相监修制度和设置纪纲规则。

⑦泾、渭：语出《诗经·邶风·谷风》："泾以渭浊，湜湜其沚。"毛《传》曰："泾渭相入而清浊异。"泾、渭二水在今陕西省，泾水清，渭水浊。二水交汇以后，清浊始混淆。后用泾渭来比喻优劣对立，是非分明。

⑧淄、渑(shéng)：淄、渑二水在今山东省。相传二水味道不同。比喻两种事物性质截然不同。

⑨汗青：古代在竹简上书写，先用火烤青竹，蒸烤出水分，既便于书写，又可免虫蛀，叫做汗青。后来指书籍写成。常特指史册。

【译文】

司马迁、班固撰写史书，相当于伏生、孔安国传授经书。深奥的意义与微妙言辞，用心领会而口头传授；有的想要收藏在名山，传给适合继承的人；有的让硕学儒生登堂拜师，受业于他的妹妹。难道像后世纪传体史书，意思在篇章里说尽，文辞和胥吏文书相同，受到凡例的拘束和牵扯，一眼望去就能全部看见吗？然而马、班的《儒林传》，能用六经作纲，儒学教师传授，就像绳子把珍珠串在一起，自成经纬，用来表明师法的传承，上溯渊源使之不中断。《儒林传》的体例，以经书为纲，以人为辅，不像一般列传，详细记载一个人的生平。从《后汉书》以下，就失去传承了。后世给史官作传，如果能仔细研究古人师法，大致仿效给经学教师做传的体例，标出史书作纲，接着用著述的流派，相互配合。尝试着以马、班来说，他们修史所凭借的先期资料，《世本》、《战国策》对于《史记》，扬雄、刘歆的撰述对于《汉书》就是如此。成书后推衍传播的人，例如杨恽传布《史记》，马融学习《汉书》就是如此。另外作疏注的人，例如《史记》有徐广、裴骃，《汉书》有服虔、应劭就是如此。凡是像这样的情况，都可以按类成篇，阐明一家学术，以史书为主，不再根据一人始末确定篇名，那么《春秋》治理天下的学术，即使说到现在还存在也可以。至于后汉的史书，刘珍、袁宏的著作，华峤、谢承、司马彪的书籍，都和范氏的史书同时存在。晋代的史书，从王隐、虞预、何法盛、干宝、陆机、谢灵运等人，撰作的人共计十八家，也可以说兴盛了。而后人修史，不能辨别各家体裁，论定群书得失，汇总在一篇当中。比如郢人善于斧削，搭挡死去怎么还能找到？夏代礼制能够谈论，没有验证就不确切。另外像聚集众人修书，设立监修制定规则，特别应当考订篇章，审察文字，某篇纪和某篇书，由哪个人编定，某篇表和某篇传，是什么人撰写。才能让读史的人审察这部书的好坏，判定这部书的是非；或许泾水和渭水虽然清浊混淆，淄水与渑水可以辨别出味道；对于末流的弊端，还依赖有防备。而唐、宋诸家史书，最终没有专篇记录，于是让经生的科举应试文章，诗词歌赋的雕虫小技，都能在班、马的史家厅堂喧闹，将起衣袖跻身于史书的事业了。

和州志前志列传序例中

　　晋挚虞创为《文章志》，叙文士之生平，论辞章之端委，范史《文苑列传》所由仿也。自是文士记传，代有缀笔，而文苑入史，亦遂奉为成规。至于史学流别，讨论无闻，而史官得失，亦遂置之度量之外。甚矣，世之易言文而惮言史也。夫迁、固之书，不立《文苑》，非无文也；老庄申韩、管晏、孟荀、相如、扬雄、枚乘、邹阳，所为列传，皆于著述之业，未尝不三致意焉。不标文苑，所以论次专家之学也。文苑而有传，盖由学无专家，是文章之衰也。然而史臣载笔，侈言文苑，而于《春秋》家学，派别源流，未尝稍容心焉，不知将自命其史为何如也？文章志、传，挚虞而后，沈约、傅亮、张骘诸人[1]，纷纷撰录，傅亮《续文章志》，沈约《宋世文章志》，张骘《文士传》。指亦不胜屈矣。然而史臣采撷，存其大凡，著录诸书，今皆亡失。则史氏原委，编摩故迹，当其撰辑成书之际，公縢私楮[2]，未必全无征考也。乃前史不列专题，后学不知宗要，则虽有踪迹，要亦亡失无存。遂使古人所谓官守其书，而家世其业者，乃转不如文采辞章，犹得与于常宝鼎《文选著作人名》之列也③。常书凡三卷。唐李肇著《经史释题》④，宗谏注《十三代史目》⑤，其书编于目录部类，则未通乎记传之宏裁也。赵宋孔平仲尝著《良史事迹》⑥，其书今亦不传，而著录仅有一卷，则亦猥陋不足观采也。

【注释】

①傅亮(374—426)：字季友，南朝宋北地灵州(今宁夏灵武)人。东晋末年，累官侍中黄门侍郎。帮助宋武帝刘裕受禅，为中书令，封建城县公。武帝卒，与徐羡之等受命辅佐少帝。后废少帝，迎立文帝。进爵始兴郡公，加散骑常侍，开府仪同三司。宋文帝元嘉三年(426)被杀。著作有《续文章志》二卷。

②公滕(téng)私楮(chǔ)：泛指公私载籍。滕，捆束，封缄。楮，楮树。皮可造纸，故代称纸。

③常宝鼎《文选著作人名》：据《新唐书》卷五十八《艺文志》目录类著录："常宝鼎《文选著作人名目》，三卷。"

④李肇著《经史释题》：据《新唐书》卷五十八《艺文志》目录类著录："李肇《经史释题》，二卷。"李肇，唐代人。唐宪宗元和末年，任翰林学士。唐穆宗长庆初年，自司勋员外郎贬为漳州刺史。唐文宗大和初年，官中书舍人。著《翰林志》、《国史补》等书。

⑤宗谏注《十三代史目》：据《新唐书》卷五十八《艺文志》目录类著录："宗谏注《十三代史目》，十卷。"

⑥孔平仲尝著《良史事迹》：据《宋史》卷二百零五《艺文志》杂家类著录："孔平仲《良史事证》一卷。"章学诚误作《良史事迹》。孔平仲，字毅父，又作义甫，北宋临江新淦(今江西新干)人。宋英宗治平年间进士。任秘书丞、集贤校理。徽宗时期，官户部郎中，知庆州，因党籍罢官。长于史学。著作有《续世说》、《孔氏谈苑》等。

【译文】

晋代挚虞始作《文章志》，叙述文人的生平，评论诗文的源流，是范晔撰《后汉书·文苑传》所仿效的由来。从此以后的文人记传，世代都有写作，而文苑编入史书，也就尊奉为成规。至于史学流派，没听说有人商讨议论，而史官的优劣得失，也就被置之度外不考虑了。世上容易谈论文章而畏惧谈论史学，太严重了。司马迁、班固的史书，不设立《文苑传》，不是因为没有文章；老庄申韩、管晏、孟荀、司马相如、扬雄、枚乘、邹阳，所作的列传，都对他们著述的事业，未尝不再三表达意思。不用文苑作标题，是要论定一家之学的缘故。文苑有传，大概由于学术没有一家之学，这是文章的衰落。然而史官记载，夸耀谈论文苑，而对《春秋》的家学，派别和源流，不曾稍微留心，不知道将会赋予自己的史书什么样的使命？给文章作志、传，挚虞以后，沈约、傅亮、张骘等人纷纷撰写，傅亮《续文章志》，沈约《宋世文章志》，张骘《文士传》。屈指计算也数不过来了。然而史官采集摘录，保存采摘大要，著录的各书，现在都散佚了。那么史家修史的始末原委，编集时的旧事，当他们编写成书的时候，官府档案与私人文字，不一定完全不能求取考察。可是过去的史书不列专篇，后来的读书人不知道要旨，那么即使有踪迹可循，终究也散佚无存。于是使古人所说的官员掌管相关书籍，而一家世代继承学业，反而不如讲究文采的诗文，还能存入常宝鼎《文选著作人名》的序列。常宝鼎的书总共三卷。唐代李肇著《经史释题》，宗谏注《十三代史目》，这些书编在目录一类，那么是没有和记传一类宏大体裁相通。宋代孔平仲曾经著《良史事迹》，这部书现在也没有流传下来，而且著录只有一卷，那么也是浅陋不值得观览采择。

夫史臣创例，各有所因；列女本于刘向，孝义本于萧广济，晋人，作《孝子传》[①]。忠义本于梁元帝，《忠臣传》三十卷[②]。隐逸本于皇甫谧，《逸士传》、《高士传》[③]。皆前史通裁，因时制义者也。马、班《儒林》之传,本于博士所业;惜未取史官之掌,勒为专书。后人学识,不逮前人,故使未得所承,无能为役也。汉儒传经,师法亡矣。后史《儒林》之篇,不能踵其条贯源流之法,然未尝不取当代师儒,就其所业,以志一代之学。则马、班作史,家法既失,后代史官之事,纵或不能协其义例,何不可就当时纂述大凡,人文上下,论次为传,以集一史之成乎? 夫《儒林》治经,而《文苑》谈艺,史官之业,介乎其间,亦编摩之不可不知所务者也。或以艺文部次,登其卷帙,叙录后语,略标作者之旨,以谓史部要旨,已见大凡。则不知经师传注,文士辞章,艺文未尝不著其部次;而《儒林》、《文苑》之篇,详考生平,别为品藻,参观互证,胡可忽诸④?其或事迹繁多,别标特传,不能合为一篇,则于史官篇内,亦当存录姓名,更注别自有传。董仲舒、王吉、韦贤之例,自有旧章⑤,仲舒治《春秋》,王吉治《毛诗》⑥,韦贤治《鲁诗》,并见《儒林》,而别有专传。两无妨害者也。夫荀卿著《礼》、《乐》之论,乃非十二子书⑦,庄周恣荒唐之言,犹叙禽、墨诸子⑧,欲成一家之作,而不于前人论著,条析分明,祖述渊源,折衷至当;虽欲有功前人,嘉惠来学,譬则却步求前,未有得其至焉者也。

【注释】

①《孝子传》:据《隋书》卷三十三《经籍志》杂传类著录:"《孝子传》十五卷,晋辅国将军萧广济撰。"

②《忠臣传》:据《隋书》卷三十三《经籍志》杂传类著录:"《忠臣传》三十卷,梁元帝撰。"

③《逸士传》、《高士传》:据《隋书》卷三十三《经籍志》杂传类著录:

　　"《高士传》六卷,皇甫谧撰。《逸士传》一卷,皇甫谧撰。"

④胡:何,何故。诸:"之乎"的合音。

⑤董仲舒、王吉、韦贤之例,自有旧章:班固《汉书》卷八十八《儒林传》只叙董仲舒传《公羊春秋》,王吉传《韩诗》,韦贤传《鲁诗》。其余事迹,分载诸人列传,此所谓旧章。

⑥王吉治《毛诗》:据班固《汉书》卷八十八《儒林传》言王吉传《韩诗》,章学诚此处引证有误。

⑦非十二子书:《荀子》有《非十二子》篇,评论指责它嚣、魏牟、陈仲、史鳆、墨翟、宋钘、慎到、田骈、惠施、邓析、子思、孟轲的学术,阐明《礼》、《乐》思想。

⑧庄周恣荒唐之言,犹叙禽、墨诸子:《庄子·天下》称其书"以谬悠之说、荒唐之言、无端崖之辞,时恣纵而不傥,不以觭见之也"。篇中墨翟、禽滑厘师徒一家,宋钘、尹文一家,彭蒙、田骄、慎到一家,关尹、老聃一家,惠施一家,各有评论。

【译文】

　　史官创立体例,各自都有所因袭。《列女传》源出刘向,《孝义传》源出萧广济,晋朝人,作《孝子传》。《忠义传》源出梁元帝,《忠臣传》三十卷。《隐逸传》源出皇甫谧,《逸士传》、《高士传》。都是前人史书通用的体裁,根据时势确定义例。司马迁、班固的《儒林传》,源出博士的学业;可惜没有选取史官的职掌,编写成专门之书。后人的学识,比不上前人,所以使他们没有得到可以继承的东西,没有能力做这件事。汉儒传授经学,师法失传了。后世史书的《儒林传》,不能接续经师贯穿源流的方法,但未尝不取当代儒者,根据他们所研究的内容,来记载一代的学术。那么马、班撰修史书的家法已经失传,后代史官的事迹,纵使不能符合他们的宗旨和体例,怎么不可以当时编纂著述的大体情况,人事的前后始末,论定排列成传,用来集中论述一部史书撰修的成书呢?《儒林传》研治经学,《文苑传》评论文学,史官的职业,介于两者之间,也是编撰史书的人不可不知当做的事。有人认为《艺文志》分类排列,登载史书卷数,叙录跋语,大略显示作者的宗旨,就说史部大要旨趣,已经见到大概。却不知道经学宗师的注解,文人的诗词文章,《艺文志》未尝不著录它们的部类;而《儒林传》与《文苑传》等篇,详细考察他们的生平,另外作出品评,对照考察和互相证明,怎么能够忽视它们呢?有人事迹繁多,另外作单独的传,不能合成一篇,那么在《史官传》篇内也应当保存姓名,再注明另外单独有传。董仲舒、王吉、韦贤的例子,自然有过去的规矩,董仲舒研治《春秋》,王吉研治《毛诗》,韦贤研治《鲁诗》,都见于《儒林传》,而且另外有单独的传。两者并不妨害。荀卿著《礼论》和《乐论》,而指责十二子书,庄周侈谈广阔无边际的言论,还评论禽滑厘、墨翟诸子各家,想要完成一家之作,而不对前人论著作品,条别剖析分明,对继承渊源,评判得最适当;即使想要对前人有功绩,对后学给予恩惠,就像是要求向前反而后退,没有能够到达目的地的人。

和州志前志列传序例下

州县志书，论次前人撰述，特编列传，盖创例也。举此而推之四方，使《春秋》经世，史氏家法，灿然大明于天下；则外志既治，书有统会，而国史要删，可以抵掌言也。虽然，有难叙者三，有不可不叙者三，载笔之士，不可不熟察此论也。

【译文】

州县方志，论定前人著述，专门编纂列传，大概是首创的体例。标举这种体例而推广到全国，使《春秋》治理天下的学术，史官的家法，在世人面前非常鲜明地彰显出来；那么地方志已经得到治理了，书有统辖聚汇，而且国史加以撮要删定，就可以像执着手掌一样容易讨论。虽然如此，也有难于叙述的三个方面，还有不可不叙述的三个方面，纂修之人，不能不仔细审察这个见解。

何谓难叙者三？一曰书无家法，文不足观，易于散落也。唐、宋以后，史法失传，特言乎马、班专门之业，不能复耳。若其纪表成规，志传旧例，历久不渝，等于科举程式，功令条例，虽中庸史官，皆可勉副绳墨，粗就隐括；故书虽优劣不齐,短长互见,观者犹得操成格以衡笔削也。外志规矩荡然,体裁无准,摘比似类书,注记如簿册,质言似胥吏,文语若尺牍;观者茫然,莫能知其宗旨。文学之士,鄙弃不观;新编告成,旧志遽没。比如寒暑之易冠衣,传舍之留过客①,欲求存录,不亦难乎? 二曰纂修诸家,行业不详,难于立传也。史馆征儒,类皆文学之士,通籍朝绅②,其中且有名公卿焉。著述或见艺文,行业或详列传,参伍考求,犹易集也。州县志书,不过一时游宦之士,偶尔过从;启局杀青,不逾岁月,讨论商榷③,不出州闾。其人或有潜德莫征,懿修未显;所游不知其常,所习不知其业④,等于萍踪之聚,鸿爪之留⑤;即欲效《文苑》之联编,仿《儒林》之列传,何可得耶? 三曰题序芜滥,体要久亡,难征录例也。马、班之传,皆录自序。盖其生平行业,与夫笔削大凡,自序已明;据本直书,编入列传;读者苟能自得,则于其书思过半矣。原叙录之所作,虽本《易·系》《诗》篇⑥,而史氏要删,实自校雠诸家,特重其体。刘向所谓条其篇目,撮其指意,录而奏上之文⑦,类皆明白峻洁,于其书与人,确然并有发明。简首题辞,有裨后学,职是故也。后代文无体要,职非校勘,皆能率尔操觚⑧;凡有简编,辄题弁语⑨,言出公家,理皆泛指。掩其部次,骤读序言,不知所指何人,所称何事。而文人积习相沿,莫能自反,抑亦惑矣。州县修志,尤以多序为荣,隶草夸书,风云竞体。棠阴花满⑩,先为循吏颂辞;水激山峨⑪,又作人文通赞。千书一律,观者索然⑫;移之甲乙可也,畀之丙丁可也。尚得采其旧志序言,录其前书凡例,作列传之取材,为一书之条贯耶？凡此三者，所为难叙者也。

【注释】

①传（zhuàn）舍：语出司马迁《史记》卷九十七《郦生列传》："沛公至高阳传舍。"刘熙《释名》卷五《释官室》曰："传，传也。人所止息而去，后者复来，转相传，无常主也。"意为供行人休息住宿的驿馆。

②通籍：汉代规定符合品级的官员将本人或者祖父母、父母、兄弟的名字、年龄、身份等内容写在竹简上，悬挂在宫门之外，检验核对后准许入宫。籍，汉代长二尺的竹牒，用于书写人名和籍贯。

③商榷：语出李延寿《北史》卷三十二《崔挺传附崔孝芬传》："商榷古今，间以嘲谑。"意为商量评定。

④所游不知其常，所习不知其业：语出《礼记·曲礼上》："夫为人子者，出必告，反必面，所游必有常，所习必有业。"

⑤鸿爪之留：语出苏轼《东坡全集》卷一《和子由渑池怀旧》诗："人生到处知何似，应似飞鸿踏雪泥。泥上偶然留指爪，鸿飞那复计东西。"用来比喻往事留下的痕迹。

⑥叙录之所作，虽本《易·系》、《诗》篇：据姚鼐《古文辞类纂·序》曰："序跋类者，昔前圣作《易》，孔子为作《系辞》、《说卦》、《文言》、《序卦》、《杂卦》之传，以推论本原，广大其义。《诗》、《书》皆有序，而《仪礼》篇后有记，皆儒者所为。其余诸子，或自序其意，或弟子作之，《庄子·天下》篇、《荀子》末篇，皆是也。"

⑦刘向所谓条其篇目，撮其指意，录而奏上之文：语出班固《汉书》卷三十《艺文志》："每一书已，向辄条其篇目，撮其指意，录而奏之。"

⑧率尔操觚（gū）：语出萧统《文选》卷十七《陆士衡·文赋》："或操觚以率尔，或含毫而邈然。"觚，书写用的木板。意为草率撰写，

不负责任。

⑨弁语：语出《仪礼·士冠礼》："周弁，殷冔，夏收。"贾公彦《疏》曰："弁，是古冠之大号。"序置于篇首，犹冠戴在人头。故称序文为弁语，也作弁言。

⑩棠阴花满：棠阴为民众爱戴召公之事。花满，据宋人叶廷珪《海录碎事》卷十二《臣职部》记载："潘岳为河阳令，种桃李花，人号曰河阳一县花。"后世用来歌颂地方官爱民政绩。

⑪水激山峨：据《世说新语》卷一《言语》记载，王济、孙楚各自夸言自己家乡土地人物之美。王济曰："其地坦而平，其水淡而清，其人廉且贞。"孙楚说："其山崒巍以嵯峨，其水㳠渫而扬波，其人磊砢而英多。"

⑫索然：语出薛居正《旧五代史》卷五十七《郭崇韬传》："将吏辐辏，降人争先略遗。都统府唯大将省谒，牙门索然。"意为寂寞，枯燥无味。

【译文】

什么是难以叙述的三个方面呢？一是方志没有家法，文字不值得观看，容易散佚流落。唐、宋以后，史学家法失传，着重是说司马迁、班固一家之学的学术，不能恢复而已。至于纪、表的成规，志、传的惯例，经历很长时间没有改变，等同于科举考试格式，法令规章条例，即使是才能平庸的史官，都可以勉强符合尺度，粗略接近规矩；所以史书虽然优劣不等，缺陷和长处交错出现，阅览的人仍然能够用固定的格式来衡量记载优劣。地方志书规矩消失不存，体例没有准则，摘录排比好像类书，记录如同文书簿册，质朴的语言就像胥吏，文雅的语言如同书信；阅览的人迷茫模糊，不能了解方志的宗旨。有文才的士人，鄙薄不予观览；新编宣告完成，旧志很快湮没。好像寒暑季节改换衣帽，旅舍馆驿留宿过往客人，希望得以保存下来，不是很困难吗？二是纂修方志的各家，操行事业不详细，难以给他们立传。史馆聘请的学者，大抵都是有文才的士人，朝廷的官员，其中又有声望崇高的大臣。他们的著述有的在《艺文志》中能见到，操行事业有的在列传有详细记载，错综比较和探索考证，还容易汇集。州县的方志，纂修者只是一段时间在当地做官的士人，偶尔来往；开设修志局编定书稿，不超过一年，探讨商榷的范围，不出一州乡里。本州人有的具备隐藏的美德没有验证，美好的行为没有显露；不知道他游历的经常去处，也不知道他研修的学业，等同于浮萍漂泊的踪迹偶然聚合，鸿雁爪痕留在地上的遗迹；即使想要效法《文苑传》的联合成篇，仿照《儒林传》的排列作传，怎么能做到呢？三是标题序言杂乱繁多，体统纲要早已消失，很难探求序录体例。马、班的传，都收录自序。大概他们的生平和操行事业，与撰修史学著述的大要，自序已经表明；根据原样如实书写，编入列传；读书的人如果能自己体会，那么对他们的书就领悟大半了。推究序录的兴起，虽然源于《周易·系辞》《诗经》篇序，而史家作史书的撮要删定，实际上从校雠之家而来，他们特别重视这种体例。刘向所说的分条列举篇目，摘取书中旨意，著录而呈上的文字，大抵都明白简练，对于各书及其作者，都有确凿的阐述发明。篇首题辞，对后来读书人有裨益，正是这个原因。后世文章没有体统，职业不是校勘之人，都能轻率地写作；凡是有书籍，总是写上前言，言辞使用官府格式，道理都是空泛地论说。如果遮盖上目录，马上阅读序言，不知道指的是什么人，说的是什么事。然而文人长期形成的习惯互相沿袭，没有人能够反躬自问，也就很费解了。州县编修方志，尤其把序多当做荣耀，用隶书与草书夸耀书法，风起云涌一般比赛字体。甘棠留下树荫和桃花开满全县，首先成了守法有治绩的官吏的颂辞；流水激荡和山岭巍峨，又作为人事通用的赞语。千百部书一个模样，阅读的人全无兴致；移用在甲乙身上可以，把它们给予丙丁也可以。这样还能采用旧志序言，记载前书凡例，来供《前志列传》选取材料，当做一部书的条理统贯吗？凡是这三个方面，是所说的难以叙述的内容。

何谓不可不叙者三？ 一曰前志不当，后志改之，宜存互证也。天下耳目无穷，一人聪明有限。《禹贡》岷山之文尚矣，得《缅志》，而江源详于金沙①。郑玄娈尊之说古矣，得王肃，而铸金凿其牺背②。穷经之业，后或胜前；岂作志之才，一成不易耶？ 然后人裁定新编，未必遽存故录；苟前志失叙，何由知更定之苦心，识辨裁之至当？ 是则论次前录，非特为旧志存其姓氏，亦可为新志明其别裁耳。二曰前志有征，后志误改，当备采择也。人心不同，如其面也，为文亦复称是。史家积习，喜改旧文，取其易就凡例，本非有意苛求。然淮阴带剑③，不辨何人；太史公《韩信传》云：淮阴少年辱信云"若虽长大，中情怯耳"。班固删去"若"字，文义便晦。太尉携头④，谁当假借？ 前人议《新唐书·段秀实传》云：柳宗元状称太尉曰："吾带吾头来矣。"文自明。《新唐书》改云："吾带头来矣。"是谁之头耶？ 不存当日原文，则三更其手，非特亥豕传讹，将恐虫鱼易体矣⑤。三曰志当递续，不当迭改，宜衷凡例也。迁书采《世本》、《国策》，集《尚书》世纪，《南北史》集沈、萧、姚、李八家之书⑥，未闻新编告成，遽将旧书覆瓿也。区区州县志乘，既无别识心裁，便当述而不作。乃近人载笔，务欲炫长，未窥龙门之藩⑦，先习狙公之术⑧，移三易四，辗转相因，所谓自扰也。夫三十年为一世，可以补辑遗文，蒐罗掌故。更三十年而往，遗待后贤，使甲编乙录，新新相承，略如班之续马，范之继班，不亦善乎？ 藉使前书义例未全，凡目有缺，后人创起，欲补逸文，亦当如马无地理，班《志》直溯《夏书》；梁、陈无志，《隋书》上通五代；梁、陈、北齐、后周、隋五代。例由义制，何在不然？乃竟粗更凡目，全录旧文；得鱼忘筌，有同剽窃，如之何其可也？然琴瑟不调，改而更张⑨。今兹创定一书，不能拘于递续之例；或且以矛陷盾⑩，我则不辞；后有来者，或当鉴其衷曲耳。历叙前志，存其规模，亦见创例新编，初非得已。凡此三者，所谓不得不叙者也。

【注释】

①《禹贡》岷山之文尚矣，得《缅志》，而江源详于金沙：据《尚书·禹贡》记载："岷山导江。"古人认为长江源头在岷山。《缅志》，《缅甸志》，又称《缅甸宣慰司志》。据明代方以智《东西均·扩信》记载："江源止详茂州汶山，而不知马湖江溯金沙江。《缅甸志》乃溯江于吐蕃之犁石，则千古江河之真源始显。《禹贡》导河自积石、江自岷，则半路截之耳。"

②郑玄娑尊之说古矣，得王肃，而铸金凿其牺背：据《诗经·鲁颂·閟宫》记载："牺尊将将。"毛《传》曰："牺尊，有沙饰也。"郑玄以为牺尊有鸟羽装饰。王肃根据地下出土的牺尊是牛形器，认为尊在牛背上。另据姚思廉《梁书》卷五十《刘杳传》记载："杳少好学，博综群书，沈约、任昉以下，每有遗忘，皆访问焉。尝于约坐语及宗庙牺樽，约云：'郑玄答张逸，谓为画凤皇尾娑娑然。今无复此器，则不依古。'杳曰：'此言未必可按。古者樽、彝，皆刻木为鸟、兽，凿顶及背，以出内酒。顷魏世鲁郡地中得齐大夫子尾送女器，有牺樽作牺牛形；晋永嘉贼曹嶷于青州发齐景公冢，又得此二樽，形亦为牛象。二处皆古之遗器，知非虚也。'约大以为然。"凤皇，凤凰。出内，出纳。

③淮阴：西汉淮阴侯韩信。

④太尉：段秀实（719—783），字成功，唐代陇州汧阳（今陕西千阳）

人。唐玄宗时期,任绥德府折冲都尉。代宗年间,历官四镇、北庭、泾原、郑颍节度使。唐德宗即位,召为司农卿。朱泚叛乱,遇害,谥为忠烈。

⑤虫鱼:语出韩愈《韩昌黎全集》卷六《读皇甫湜公安园池诗书其后》:"《尔雅》注虫鱼,定非磊落人。"此处借指虫书,又名虫篆,为先秦古书体之一。

⑥《南北史》集沈、萧、姚、李八家之书:李延寿撰《南史》和《北史》,删取沈约《宋书》、萧子显《南齐书》、姚思廉《梁书》和《陈书》、魏收《魏书》、李百药《北齐书》、令狐德棻《周书》、魏征《隋书》史料而成。

⑦龙门之藩:语出司马迁《史记》卷一百三十《太史公自序》:"迁生龙门。"司马迁生于龙门,在今陕西韩城。故后人用龙门指代司马迁。藩,篱笆。引申为庭院。

⑧狙(jū)公之术:语出《庄子·齐物论》:"狙公赋芧,曰:'朝三而暮四。'众狙皆怒。曰:'然则朝四而暮三。'众狙皆悦。"原意为以诈术欺骗。后引申为言而无信,随意更改。狙,猕猴。赋,给予。芧,橡子。

⑨琴瑟不调,改而更张:语出班固《汉书》卷五十六《董仲舒传》:"窃譬之琴瑟不调,甚者必解而更张之,乃可鼓也。"意为调整乐器之弦,使声音和谐。比喻改变法度或者做法。

⑩以矛陷盾:语出《韩非子·难一》:"楚人有鬻楯与矛者,誉之曰:'吾楯之坚,莫能陷也。'又誉其矛曰:'吾矛之利,于物无不陷也。'或曰:'以子之矛,陷子之楯,何如?'其人弗能应也。"楯,通"盾"。意为彼此互相冲突,无法自圆其说。

【译文】

什么是不可不叙述的三个方面呢?一是前人的方志不恰当,后人重修方志改正它,应当保存旧志和新志互相证明。天下人的见闻没有穷尽，一个人的见闻有限。《禹贡》关于长江源头语出岷山的文字时间久远了，得见《缅甸志》以后，才详细知道长江源头是金沙江。郑玄娑尊的说法年代很古老了，得到王肃的解说，才知道是铸金凿牛背之尊。深入钻研经书的学业，后人有的超过前人；难道作方志的才能，一旦形成就不改变吗？然而后人裁定新编，不一定就马上想到保存旧志；如果前代方志散佚，从哪里得知修订者的苦心，了解叙事和剪裁是否恰当呢？那么论定编次前人的撰录，不仅为旧志保存撰人姓名，也可以为新志表明撰人独特裁断。二是前人方志有征验，后人修志误改其文，应当预备选择。人心不相同，就像面貌各不相同一样，做文章也应当是这样。史官长期形成的习惯，喜欢改动原有文字，用意是容易接近凡例，本来不是有意识地过分要求。然而写淮阴侯佩带宝剑，不能辨别究竟是什么人；司马迁《韩信传》说：淮阴的年轻人羞辱韩信说"你虽然身材高大，内心却胆小"。班固删掉"你"字，文意就不明显。写段太尉携带头颅，谁应当借用？前人议论《新唐书·段秀实传》说：柳宗元写的行状叙述段太尉说："我带我的头颅来了。"文意自然明确。《新唐书》改成说"我带头颅来了"，是谁的头颅呢？不保存当时原文，那么经过几次变换，不仅亥豕一类的形近字流传错误，恐怕会使各类字体改变形状了。三是方志应当交替续编，不应当交替改撰，应该协调凡例。司马迁《史记》采用《世本》、《战国策》，汇聚《尚书》世系，《南北史》汇聚沈约、萧子显、姚思廉、李百药八部史书，没听说新编宣告完成，就把旧书覆盖酱瓮。小小的州县方志，既然没有独特见识和内心裁断，就应当传述而不创作。然而近人记载，一定想要夸耀长处，还没有见到司马迁的藩篱，先揣摩养猴老翁的手段，把三个变成四个，相互辗转沿袭，这就是所说的自己扰乱。三十年作为一世，可以补缀辑录以前遗留的文章，搜罗掌故。经过三十年以后，留下等待后世有贤德的人，让前代甲编和后代乙录，新的和新的互相延续，大致像班固接续司马迁，范晔继承班固，不也很好吗？假使前书宗旨和体例不完备，凡例纲目有缺失，后人创建体例，想要补充逸文，也应当像《史记》没有记载地理，班固的《地理志》径直上溯到《夏书·禹贡》；《梁书》、《陈书》没有作志，《隋书》向上贯通五代。梁、陈、北齐、北周、隋五个朝代。体例依据宗旨制定，在哪里不如此呢？竟然大致改变纲目，全部抄写原文；得到鱼就忘记了鱼具，行为如同剽窃，这怎么能行呢？然而琴瑟音调不和谐，就换弦重新安装。现在创作一部书，不能受交替续编体例的限制；或者将要用矛穿透盾，我不推辞；以后有继起的人，也许会体察到我的内心。一一叙述前志，保存它们的格局，也可见创立体例新编一书，本来就是不得已。总共这三个方面，就是所说的不能不叙述的内容。

和州文征序例

【题解】

　　本篇内容论述编纂地方志设立《文征》的必要性，并且阐述其纂集方法与价值。自从古代史学家法消亡以后，以辑录文章为宗旨的别集和总集相继出现。尽管史书包括记事和记言两个方面，然而历代大量的著作文章，史书远远无法全部收录。刘知几《史通》主张在史书中设立"书"体，把制册章表各类文章，仿照"志"体形式区分类别，称为纪传体史书的一部分。但因实际操作有很大难度，后代修史并未采用他的建议。章学诚从历代选文之家的实践中汲取灵感，认为选家区分为注重文采与注重事实两种途径，并且主张《唐文粹》、《宋文鉴》、《元文类》应当归入史部，而与《文选》、《文苑英华》等选择文章性质不同。这个认识，萌生于章学诚早年在国子监肄业时参与纂修《国子监志》，而在撰修《和州志》时首次付诸实践。他把和州士人的文章单独收录成编，同时扩大选录的题材范围，选文注重史实而不在表彰文采，主要意图在于以文证史，和方志并行，相互辅翼。章学诚在《和州文征》中划分出奏议、征述、论著、诗赋四种类例，并且各自作出简略的叙录，说明缘故。可以看出，在方志中设立《文征》体例，是章学诚方志学理论的重要组成部分，目的在于以文证史。

乾隆三十九年，撰《和州志》四十二篇。编摩既讫，因采州中著述有裨文献，若文辞典雅有壮观瞻者，辑为奏议二卷，征述三卷，论著一卷，诗赋二卷，合为《文征》八卷，凡若干篇。既条其别，因述所以采辑之故，为之叙录。

【译文】

乾隆三十九年，编撰《和州志》四十二篇。编辑完毕以后，接着采集州中对文献有补益，以及文辞典雅值得观赏的著述，辑录成《奏议》二卷，《征述》三卷，《论著》一卷，《诗赋》二卷，合编为《文征》八卷，共若干篇。划分上述类别之后，因而叙述搜集编辑的缘故，作为它们的叙录。

叙曰：古人著述，各自名家，未有采辑诸人，裒合为集者也。自专门之学散，而别集之风日繁，其文既非一律，而其言时有所长，则选辑之事兴焉①。至于史部所征，汉代犹为近古。虽相如、扬雄、枚乘、邹阳，但取辞赋华言，编为列传②；原史臣之意，虽以存录当时风雅，亦以人类不齐，文章之重，未尝不可与事业同传；不尽如后世拘牵文义，列传止征行迹也。但西京风气简质，而迁、固亦自为一家之书，故得用其义例。后世文字，如滥觞之流为江河，不与分部别收，则纪载充栋③，将不可纪极矣④。唐刘知几尝患史传载言繁富，欲取朝廷诏令，臣下章奏，仿表志专门之例，别为一体；类次纪传之中，其意可为善矣。然纪传既不能尽削文辞，而文辞特编入史，亦恐浩博难罄，此后世所以存其说，而讫不能行也。

【注释】

①选辑之事：古代选集之作，当始于晋人挚虞。挚虞作《文章志》，以人为纲；《文章流别集》，以文体为纲。

②相如、扬雄、枚乘、邹阳，但取辞赋华言，编为列传：司马迁《史记》和班固《汉书》为司马相如、扬雄、枚乘、邹阳四人作传，传内完备收录各人文辞，是为以文传人之法。

③充栋：语出柳宗元《柳河东全集》卷九《唐故给事中皇太子侍读陆文通先生墓表》："其为书，处则充栋宇，出则汗牛马。"形容书籍太多，收藏则充满屋子，搬运则累得拉车的牛马出汗。

④纪极：语出《左传·文公十八年》："聚敛积实，不知纪极。"意为终极，限度。

【译文】

叙言：古人的著述，各自成一家，没有搜集编辑很多人，聚合成文集的情况。自从各成一家的学术消亡，而编集个人文集的风气越来越兴盛，各篇文章既不一致，而他们的言论常常有长处，选择编辑的事就产生了。至于史部所收集的文章，汉代还算接近古代。尽管对司马相如、扬雄、枚乘、邹阳，仅仅选取他们辞赋华美的语言，编为列传；推求史家的用意，虽然是凭借文辞保存当时的文学作品，也因为各人的品类不一致，文章的重要性，未尝不能和功业同在一传；不完全像后世拘泥于传体的义例，列传只收集事迹。只是西汉风气简朴，而司马迁、班固也是自成一家之书，所以能够使用这体例。后世的文字，就像源头细流汇聚成江河，不对它们分部类另外收集，那么史籍将堆满房屋，就没有穷尽了。唐代刘知几曾经担忧史书记载言论繁多，想要选取朝廷诏令，臣下章奏，仿效表志专列门类的义法，另外作一种体例；分类编排在纪传之间，他的意思可以说是很好了。然而纪传既不能完全削除文辞，而文辞单独编集收入史书，也恐怕广博繁多难以穷尽，这是后世保留他的说法，却终究不能实行的原因。

　　夫史氏之书，义例甚广；《诗》、《书》之体，有异《春秋》。若《国语》十二①，《国风》十五②，所谓典训风谣，各有攸当。是以太师陈诗，外史又掌四方之志；未闻独取备于一类之书也。自孔逭《文苑》、萧统《文选》而后，唐有《文粹》，宋有《文鉴》，皆括代选文，广搜众体。然其命意发凡，仍未脱才子论文之习，经生帖括之风，其于史事，未甚亲切也。至于元人《文类》，则习久而渐觉其非；故其撰辑文辞，每存史意，序例亦既明言之矣③。然条别未分，其于文学源流，鲜所论次。又古人云："诵其诗，读其书，不知其人可乎？"④作者生平大节，及其所著书名，似宜存李善《文选》注例⑤，稍为疏证。至于建言发论，往往有文采斐然，读者兴起，而终篇扼腕⑥，不知本事始末何如⑦。此殆如梦古人而遽醒，聆妙曲而不终，未免使人难为怀矣。凡若此者，并是论文有余，证史不足，后来攻史诸家，不可不熟议者也。至若方州选文，《国语》、《国风》之说远矣。若近代《中州》、《河汾》诸集⑧，《梁园》、《金陵》诸编⑨，皆能画界论文，略寓征献之意，是亦可矣。奈何志家编次艺文，不明诸史体裁，乃以诗辞歌赋、记传杂文，全仿选文之例，列于书志之中，可谓不知伦类者也。是用修志余暇，采摭诸体，草创规制，约略以类相从，为叙录其流别，庶几踵斯事者，得以增华云尔⑩。

【注释】

①《国语》十二：按《国语》乃国别之书，计有《周语》、《鲁语》、《齐语》、《晋语》、《郑语》、《楚语》、《吴语》、《越语》八国。此云十二，不确。

②《国风》十五:《诗经》十五《国风》,计有《周南》、《召南》、《邶风》、《鄘风》、《卫风》、《王风》、《郑风》、《齐风》、《魏风》、《唐风》、《秦风》、《陈风》、《桧风》、《曹风》、豳风》。

③序例亦既明言:据元代陈旅《安雅堂集》卷四《国朝文类序》曰:"然所取者,必其有系于政治,有补于世教,或取其雅制之足以范俗,或取其论述之足以辅翼史氏,凡非此者,虽好弗取也。"

④诵其诗,读其书,不知其人可乎:语出《孟子·万章下》。诵,孟子原文作"颂"。

⑤李善《文选》注例:李善注释《文选》,叙述该书收录的各篇文章的作者生平及其作文缘由,亦即叙述本事始末。李善(约630—690),唐代扬州江都(今江苏扬州)人。唐高宗显庆年间,任太子内率府录事参军,崇贤馆直学士,兼沛王侍读。著作有《汉书辨惑》、《〈文选〉注》等。

⑥扼腕:语出司马迁《史记》卷八十六《刺客列传》:"樊於期偏袒搤捥而进。"搤捥,通"扼腕"。意为用一只手握住另一只手腕,表示振奋、愤慨、惋惜等情绪。

⑦本事:作品所依据之事的情节或始末。

⑧《中州》、《河汾》诸籍:《中州集》十卷,附《中州乐府》一卷,金末元好问编辑。选录金代二百多人诗作,每人附小传,兼评其诗,具有以诗存史的用意。由于收录的作者大多聚集于中州(今河南一带),故以名书。《河汾诸老诗集》八卷,元代房祺编辑。选录金末元初平阳(今山西临汾)一带和元好问交游密切的麻革等八人的诗作,每人各为一卷,用以补充元好问《中州集》。

⑨《梁园》、《金陵》诸编:《梁园风雅》二十七卷,明代赵彦复编。选录与中州有关的李梦阳、何景明等九人诗作。梁园,西汉梁孝王园林,在今河南开封附近。据明代焦竑《国史经籍志》卷五总集类著录:"《金陵风雅》四十卷,姚汝循撰。"

⑩踵斯事者,得以增华:语出梁萧统《昭明太子集》卷五《文选序》:"盖踵其事而增华,变其本而加厉。"

【译文】

史家的史书,宗旨和体例很广泛;《诗经》与《尚书》的体例,和《春秋》不同。像十二国《国语》,十五国《国风》,就是所说的训诰歌谣,各自都有适合的地方。所以太师呈上诗歌,外史又掌管四方诸侯国的志书;没听说仅仅在一个门类的书中具备全部内容。自从孔逭《文苑》、萧统《文选》以后,唐代有《唐文粹》,宋代有《宋文鉴》,都是总括一个朝代的文章,广泛搜集各种体裁。然而这些书确立旨意与揭示体例,仍然没有摆脱才子谈论诗文的习惯,经生科举应试文章的风气,它们对于史事,不是太贴近。等到元人的《元文类》,那就习见长久而逐渐觉察到不对,所以书中编集文辞,常常带有史学见解,序例也已经明确说到了。但是细目没有划分,该书对于文学源流,很少论定编次。另外古人说:"吟诵此人的诗,阅读此人的书,不了解他的为人行吗?"作者生平的主要方面,和他撰写的书名,似乎应当保存李善注释《文选》的体例,略微加以解释考证。至于有所建议与发表议论,往往有文采鲜明,读者受到感染而奋起,而读完全篇扼腕叹息,不知道本事始末是怎样的情况。这恐怕像梦见古人而突然惊醒,聆听美好的乐曲而没有听完,不免让人难以开心。凡是像这类情况,都是谈论文章有余,证验史实不足,以后的考察历史的人们,不可不仔细讨论。至于州郡方志选文,《国语》、《国风》的说法由来已久了。像近代的《中州集》与《河汾遗老集》,《梁园风雅》与《金陵风雅》,都能划分界限评论文章,寄托收集文献的用意,这也可以了。为什么方志家编排艺文,不清楚史书的体裁,而把诗辞歌赋、记传杂文,完全仿照选文的体例,罗列在方志当中,可以说是不知道区分类别。故此利用修志的剩闲时间,采集各种文体,创设规则体制,大致按类归属,撰写叙录说明它们的流派,期望接续修志的人,能够进一步发扬光大而已。

奏议第一

文征首奏议①，犹志首编纪也。自萧统选文，以赋为一书冠冕，论时则班固后于屈原，论体则赋乃诗之流别②，此其义例，岂复可为典要？而后代选文之家，奉为百世不祧之祖，亦可怪已。今取奏议冠首，而官府文移附之。奏议拟之于纪，而文移拟之政略，皆掌故之藏也。

【注释】

①奏议：据姚鼐《古文辞类纂·序》曰："奏议类者，盖唐、虞、三代圣贤陈说其君之辞，《尚书》具之矣。周衰，列国臣子为国谋者，谊忠而辞美，皆本谟、诰之遗，学者多诵之。"

②赋乃诗之流别：语出萧统《文选》卷一《班孟坚·两都赋序》："赋者，古诗之流。"章学诚认为萧统《文选》以骚区别于赋，收录次序又以赋先于诗，类别不清，原委失序。

【译文】

文征开端编录奏议，犹如方志开端编录年纪。自从萧统选文为集以来，把赋作为一书的开端，论时间是班固在屈原之后，论体裁赋是诗的流派，这样的选文体例，难道还能当做根本准则吗？而后代选文的人，尊奉为百世不迁庙的始祖，也很可怪了。现在取奏议放在开端，而官府公文附在后面。奏议比照纪，而公文比照政略，都是掌故之官的收藏。

征述第二

征述者，记、传、序、述、志、状、碑、铭诸体也。其文与列传、图、书，互为详略。盖史学散而书不专家，文人别集之中,应酬存录之作,亦往往有记传诸体,可裨史事者。萧统选文之时,尚未有此也。后代文集中兼史体,修史传者往往从而取之,则征述之文,要为不易者矣。

【译文】

征述,是记、传、序、行述、墓志、行状、碑文、铭文等体裁。它们的文字和列传、图、书,互有详细和简略。大概史学消亡书籍不再有一家之学,文人别集当中,应酬保存的作品,也往往有记传等体裁,可以对史事有裨益的文章。萧统选文的时候,还没有收录这类文体。后代文集中同时有史学体裁,撰修史书的人往往从这里采择,那么征述一类的文章,总之是不可改变了。

论著第三

论著者,诸子遗风①,所以托于古之立言垂不朽者,其端于是焉在。刘勰谓论之命名,始于《论语》②,其言当矣。晁氏《读书志》,援“论道经邦”,出于《尚书》,因诋刘氏之疏略③。夫《周官》篇出伪古文,晁氏曾不之察,亦其惑也④。诸子风衰,而文士集中乃有论、说、辨、解诸体;若书、牍、题、跋之类,则又因事立言,亦论著之派别也。

【注释】

①论著者,诸子遗风:语出刘勰《文心雕龙》卷四《诸子》:“博明万事为子,适辨一理为论。”又据姚鼐《古文辞类纂·序》曰:“论辩类者,盖原于古之诸子,各类所学著书诏后世。孔孟之道与文,至矣。自老、庄以降,道有是非,文有工拙……盖退之著论,取于六经、孟子;子厚取于韩非、贾生;明允杂以苏、张之流;子瞻兼及于

《庄子》。学之至善者,神合焉;善而不至者,貌存焉。惜乎!子厚之才,可以为其至,而不及至者,年为之也。"

②刘勰谓论之命名,始于《论语》:据刘勰《文心雕龙》卷四《论说》记载:"圣哲彝训曰经,述经叙理曰论。论者,伦也。伦理无爽,则圣意不坠。昔仲尼微言,门人追记,故抑其经目,称为《论语》。盖群论立名,始于兹矣。自《论语》以前,经无论字。《六韬》二论,后人追题乎!……论也者,弥纶群言,而研精一理者也。"

③晁氏《读书志》,援"论道经邦",出于《尚书》,因诋刘氏之疏略:据南宋晁公武《郡斋读书志》卷二十《文说类》著录:"《文心雕龙》,右晋刘勰撰……乃《论说》篇称'《论语》以前,经无论字;《六韬》三论,后人追题'。殊不知《书》有'论道经邦'之言,其疏略殆过于王、杜矣。"论道经邦,语出伪古文《尚书·周官》。王,王维。杜,杜牧。近人范文澜注《文心雕龙》曰:"非谓经书中不见'论'字,乃谓经书中无以'论'为名者也。"晁公武所驳不当。

④夫《周官》篇出伪古文,晁氏曾不之察,亦其惑也:按古文《尚书》为伪书,宋代朱熹等人虽有怀疑,并未动摇其官学地位,至清初阎若璩《古文尚书疏证》出始成定论,晁公武当时还不能觉察。章学诚此言,未免苛求前人。

【译文】

论著,是诸子遗留的风气,用来依附古时立言流传不朽的人,它的发端就在这里。刘勰称"论"作为名称,从《论语》开始,他的说法很恰当了。晁氏的《郡斋读书志》,援引"论道经邦"一语,出于《尚书》,因而指责刘氏粗疏陋略。《周官》一篇出于伪古文《尚书》,晁氏竟然对此不考察,也是他的迷惑。诸子风气衰落,而文人集中才有论、说、辨、解等文体;至于书、牍、题、跋之类,却又是根据事情发表言论,也是论著的派别。

诗赋第四

　　诗赋者,六义之遗。《国风》一体,实于州县文征为近。《甘泉》、《上林》,班固录于列传①,行之当世可也。后代文繁,固当别为专书。惟诗赋家流,至于近世,溺于辞采,不得古者国史序《诗》之意②;而蚩蚩焉争于文字工拙之间③,皆不可与言文征者也。兹取前人赋咏,依次编列,以存风雅之遗;同时之人,概从附录,以俟后来者之别择焉。

【注释】

①《甘泉》、《上林》,班固录于列传:扬雄所作《甘泉赋》,司马相如所作《上林赋》,班固《汉书》分别收进两人之传。

②国史序《诗》:章学诚《文史通义》内篇四《黠陋》作"国史叙《诗》"。两者出处相同。

③蚩蚩:语出西汉扬雄《法言》卷十《重黎》:"六国蚩蚩,为嬴弱姬。"意为纷扰忙乱的样子。

【译文】

　　诗赋,是《诗经》六义的遗留。《国风》这种文体,确实和州县的文征接近。《甘泉赋》与《上林赋》,班固《汉书》记载在列传,在当时可以实行。后世文章繁富,本来就应当另外编辑成专书。只是诗赋家一派,到了近代,沉溺在文才和辞藻方面,不了解古代朝廷史官作《诗》序的意图,而纷纷争胜于文字的精巧和拙劣,都是不能共同谈论文征的人。现在选取前人诗赋歌咏,依次编排,来保存《诗经》的遗留;同时代人的作品,一律随从附录,以便等待后世之人的辨别选择。

永清县志皇言纪序例

【题解】

　　本篇为《永清县志》首篇,收录元、明至清代永清县境内存留的诏诰皇言。《永清县志》是章学诚应永清知县周震荣之请,继《和州志》后撰修的又一部重要方志。始于清高宗乾隆四十二年(1777),讫于乾隆四十四年(1779),撰成二十五篇,分纪、表、图、书、政略、列传六体。另撰《文征》一部,包括《奏议》、《征实》、《论说》、《诗赋》四卷。按《章氏遗书》外编卷十三至十五《永清文征》为《奏议》、《征实》、《论说》、《诗赋》、《金石》五卷,与大梁本略微不同。《皇言纪序例》的内容,主要阐述为方志作纪的起源和性质。章学诚指出,纪乃史书总纲,相当于儒家典籍的经,地位非常重要。后代撰修方志,仅仅等同于地理之书,不明古代四方诸侯国史之义,往往不得要领。纪传体正史有纪,那么方志也应当效仿撰纪,作为志书纲领。两者的区别有以下三方面:第一,正史体尊而称本纪,方志应当避嫌仅称纪;正史本纪内容记录一代军国大事,方志备正史取材而纪用来载录皇帝诏诰地方的文书。第二,古人称帝王诏诰为"王言",而章学诚则主张不可泥古,通称"皇言"。因为三代天子称王,故天子之言可称"王言";秦、汉以后天子称皇帝,"王"为其子孙乃至重臣的爵号。所以他强调称三代以后的朝代为"皇朝"而不称"王朝",皇帝诏诰称"皇言"而不称"王言",避免历代概念混淆。第三,正史本纪记录皇言不包括诗赋,方志则需兼收并蓄。

　　史之有纪,肇于《吕氏春秋》十二月纪。司马迁用以载述帝王行事,冠冕百三十篇,盖《春秋》之旧法也①。厥后二十一家②,迭相祖述,体肃例严,有如律令。而方州之志,则多惑于地理类书之例,不闻有所遵循;是则振衣而不知挈领③,详目而不能举纲④,宜其散漫无章,而失国史要删之义矣。夫古者封建之世,列国自有史书;然正月必系周王,鲁史必称周典,韩宣子见《易》象、《春秋》,以谓周礼尽在于鲁是也。盖著承业所由始也。后世郡县,虽在万里之外,制如古者畿甸之法⑤,乃其分门次类,略无规矩章程,岂有当于《周官》外史之义欤?《周官》外史掌四方之志,掌达书名于四方。此见列国之书,不得自擅,必禀外史一成之例也。此则撰志诸家,不明史学之过也。

　　【注释】

　　①司马迁用以载述帝王行事,冠冕百三十篇,盖《春秋》之旧法也:
　　　据刘知几《史通》卷一《六家》记载:"至太史公著《史记》,始以天子为本纪。考其宗旨,如法《春秋》。"

　　②二十一家:二十一史。

　　③振衣而不知挈领:据《荀子·劝学》曰:"若挈裘领,诎五指而顿之,顺者不可胜数也。"振,摇动,抖动。挈,提起。

　　④详目而不能举纲:据郑玄《诗谱序》曰:"举一纲而万目张。"纲,拉网的绳子。目,网眼。提起纲绳,网眼全部张开,所谓纲举目张。

　　⑤古者畿甸之法:语出《周礼·夏官》:"职方……乃辨九服之邦国,方千里曰王畿,其外方五百里曰侯服,又其外方五百里曰甸服,

又其外方五百里曰男服，又其外方五百里曰采服，又其外方五百里曰卫服，又其外方五百里曰蛮服，又其外方五百里曰夷服，又其外方五百里曰镇服，又其外方五百里曰藩服。"

【译文】

史书里出现"纪"，从《吕氏春秋》的十二月纪开始。司马迁用来记载和叙述帝王的行为事迹，置于《史记》一百三十篇的首位，大概是《春秋》的故有史法。以后的二十一部正史，前后继承和效法，体例规格谨严，就像法令一样。而州郡的方志，却大多受地理类书体例的诱导，没听说遵循什么原则；这就像抖动衣服而不知道提起衣领，详究网眼细节而不能提起纲绳，难怪它们零散没有条理，而失掉作为国史撮要删定的宗旨了。古代封邦建国的时期，各国都有自己的史书；然而在正月记事前面一定连缀书写周王，鲁国的史书一定称作周王室的典章，韩宣子见到《周易》的卦象和鲁《春秋》，认为周礼的礼制在鲁国得到完全保存。大概是要标著所承受的起始由来。后世的郡县，即使远在万里之外，制度犹如古代侯甸的划分方法，而志的区分和编排门类，丝毫没有规矩章程，难道符合《周礼》外史的准则吗？《周礼》外史掌管四方诸侯国的志书，负责把书籍的目录布告四方。由此可见各国的史书，不能自作主张，必须接受外史已定的体例。这是撰写方志的人不通晓史学的过错。

吕氏十二月令，但名为纪；而司马迁、班固之徒，则称本纪。原其称本之义，司马迁意在绍法《春秋》；顾左氏、公、縠专家，各为之传；而迁则一人之书，更著书、表、列传以为之纬，故加纪以本，而明其纪之为经耳。其定名则仿《世本》之旧称①。班固不达其意，遂并十志而题为本志②。然则表、传之不加本称者，特以表称年表，传称列传，与本纪俱以二字定名，惟志止是单名，故强配其数，而不知其有害于经纪纬传之义也。古人配字双单，往往有之，如《七略》之方称经方③，《淮南子》论称书论之类④，不一而足。惟无害于文义，乃可为之耳。至于例以义起，方志撰纪，以为一书之经，当矣。如亦从史而称本纪，则名实混淆，非所以尊严国史之义也。且如后世文人所著诗文，有关当代人君行事，其文本非纪体，而亦称恭纪以致尊崇，于义固无害也。若称本纪，则无是理矣。是则方志所谓纪者，临本书之表、传，则体为经，对国史之本纪，则又为纬矣。是以著纪而不得称本焉。

【注释】

①其定名则仿《世本》之旧称：《世本》十五篇，为战国时史官所撰。记黄帝至春秋时期诸侯大夫的世系、都邑、制作等。原书约在宋代散佚，清代有辑本多种，其中秦嘉谟《世本辑补》十卷最为完善，包括《帝系篇》、《纪》、《王侯谱》、《世家》、《大夫谱》、《传》、《氏姓》、《居篇》、《作篇》、《谥法》。秦嘉谟在《纪》篇《注》曰："此即《史记》本纪之所本。"

②班固不达其意，遂并十志而题为本志：班固《汉书》十志有《律历志》、《礼乐志》、《刑法志》、《食货志》、《郊祀志》、《天文志》、《五行志》、《地理志》、《沟洫志》、《艺文志》。今传《汉书》志前无"本"字，《序传》亦无"本志"之称。唯毛晋所刻汲古阁本《汉书》目录作"本志"，未必是班固原本。

③《七略》之方称经方：语出班固《汉书》卷三十《艺文志·方技略》。

④《淮南子》论称书论：语出《淮南子》卷二十一《要略》。

【译文】

《吕氏春秋》十二个月，只是称作纪；而司马迁、班固等人，却称作本纪。考察他们称"本"的意思，司马迁的用意在于继承和效法《春秋》；不过左氏、公羊、穀梁是专门一家，各自为《春秋》作传；而司马迁是一个人的著作，又写了书、表、列传用来当做纬，所以纪前加上"本"，表明那些纪是作为经罢了。纪的名称的确定是仿效《世本》的旧称。班固不通晓司马迁的意思，于是连十志一并题为本志。那么表、传不加"本"称呼的原因，只是因为表称作年表，传称作列传，和本纪都用两个字确定名称，只有志只用一个字作名称，所以勉强配齐数字，却不知道这样做对纪是经而传是纬的宗旨有害。古人铨配单双字，往往有这种情况，例如《七略》的方称作经方，《淮南子》的论称作书论之类，已经有很多。只有对文字意思无害，才可以这样做。至于体例由于内容而产生，方志撰写纪，把它当做整部书的经，是恰当了。如果也随从正史而称作本纪，名称和实质就会混淆，不是尊崇严敬国史的意义了。况且像后世文人所写的诗文，与当代君主的行为有关联，这类诗文本来不是纪的文体，而也称"恭纪"来表达尊崇，对纪的意思本来无害。如果称作本纪，就没有这样的道理了。那么方志所称的纪，对应本书的表、传，那么本体就是经；对于国史本纪来说，那就又成纬了。所以方志撰写纪而不能在纪前称"本"。

　　迁、固而下，本纪虽法《春秋》，而中载诏诰号令，又杂《尚书》之体①。至欧阳修撰《新唐书》，始用大书之法，笔削谨严②，乃出迁、固之上，此则可谓善于师《春秋》者矣。至于方志撰纪，所以备外史之拾遗，存一方之祇奉③，所谓循堂楹而测太阳之照④，处牖隙而窥天光之通，期于慎辑详志，无所取于《春秋》书事之例也。是以恭录皇言，冠于首简；与史家之例，互相经纬，不可执一例以相拘焉。

【注释】

①迁、固而下，本纪虽法《春秋》，而中载诏诰号令，又杂《尚书》之
　体：《史记》、《汉书》以下，本纪记事之中多载帝王诏诰等记言之
　书，故曰夹杂《尚书》之体。

②欧阳修撰《新唐书》，始用大书之法，笔削谨严：欧阳修、宋祁撰修
　《新唐书》，本纪之中凡遇诏诰章书四六行文者，全部删除，所谓
　笔削谨严也。

③祗（zhī）奉：语出《晋书》卷七《成帝纪》："以祗奉祖宗明祀，协和内
　外。"意为敬奉。

④楹（yíng）：厅堂的前柱。

【译文】

　　司马迁、班固以来的史书，本纪虽然效法《春秋》，而中间收录诏诰
命令，又夹杂《尚书》的文体。到欧阳修撰《新唐书》，开始使用郑重记载
的方法，记录和删削谨严，于是超过了司马迁和班固，这就可以说是善
于效法《春秋》了。至于方志撰写纪，用来预备外史补充遗漏，保存一个
地方对帝王的恭敬尊奉，这是人们所说的顺着厅堂前柱观测太阳的照
耀，停在窗户孔隙前观察天光的贯穿，希望慎重收集与详细记载，没有
地方需要采用《春秋》记载史事的体例。所以恭敬地记录皇帝的言论，
放在全书的最前面；以此和史家的体例，互相纵横配合，不能够固执于
一种体例来加以限制。

　　大哉王言①，出于《尚书》；王言如丝②，出于《礼记》。盖
三代天子称王，所以天子之言称王言也。后世以王言承用，
据为典故。而不知三代以后，王亦人臣之爵；凡称天子诏诰
亦为王言，此则拘于泥古，未见其能从时者也。夫《尚书》之
文，臣子自称为朕③，所言亦可称诰④。后世尊称，既定于一，

则文辞必当名实相符，岂得拘执古例，不知更易？是以易王言之旧文，称皇言之鸿号⑤，庶几事从其质，而名实不淆。

【注释】

①大哉王言：语出伪古文《尚书·咸有一德》。

②王言如丝：语出《礼记·缁衣》

③臣子自称为朕：据《尚书·皋陶谟》曰："皋陶曰：朕言惠，可厎行。"是臣子可以称朕。

④所言亦可称诰：据卫宏《诗序》曰："汤归自夏，至于大坰，仲虺作诰。"是臣子所言可以称诰。

⑤鸿号：大号。鸿，大。

【译文】

王的言论重大啊，这话语出《尚书》；王的言论像丝线，这话语出《礼记》。大概三代的天子称王，所以天子的言论称为王的言论。后世沿用王的言论这个词，根据古人记载作为典故。却不知道三代以后，王也是臣下的爵位，凡是称呼天子的诏诰也叫做王的言论，这就拘泥于古代的制度，看不出能够顺从时势变化了。《尚书》的文字，臣下自称为"朕"，所说的话也可以称为"诰"。后世作为尊称，已经统一于皇帝，那么文辞就应该名称和实质相符合，怎么能拘泥于古代的惯例，不知道改变呢？所以这里改变"王的言论"旧名，改称"皇帝的言论"大号，就差不多事实跟随实质，而名称和实质不会混淆。

敕天之歌，载于谟典①；而后史本纪，惟录诏诰。盖诗歌抒发性情，而诏诰施于政事，故史部所收，各有当也。至于方志之体，义在崇奉所尊，于例不当别择。前总督李卫所修《畿辅通志》②，首列诏谕、宸章二门③，于义较为允协。至永清一县,密迩畿南④,固无特颁诏谕。若牵连诸府、州、县,及统该直隶全部,则当载入通志,又不得以永清亦在其内,遂冒录以入书。如有恩赐蠲逋赈恤⑤,则事实恭登恩泽之纪,而诏谕所该者广,是亦未敢越界而书。惟是覃恩恺泽⑥,褒赠貤封⑦,固家乘之光辉,亦邑书之弁冕⑧,是以辑而纪之。御制诗章,止有《冰窖》一篇⑨,不能分置卷帙,恭录诏谕之后,以志云汉光华云尔⑩。

【注释】

①敕天之歌,载于谟典:语出《尚书·益稷》:"帝庸作歌,曰:敕天之命,惟时惟几。"《益稷》实乃截取《皋陶谟》后半部分,故曰出于谟典。

②前总督李卫所修《畿辅通志》:据《四库全书总目》卷六十八地理类著录:"《畿辅通志》一百二十卷,国朝兵部尚书直隶总督李卫等监修。"李卫(1686—1738),字又玠,清代江苏砀山人。清世宗雍正年间,历任云南布政使、浙江巡抚、浙江总督,官至直隶总督。

③宸章:皇帝的御制诗。宸,帝王的代称。

④永清一县,密迩畿南:清代永清县隶属直隶顺天府,位置在京畿南面。密迩,紧邻。

⑤蠲逋(juān bū):免除拖欠的赋税。蠲,蠲免。逋,拖欠。

⑥覃(tán)恩恺泽:朝廷广行封赏或者赦免以施恩泽。覃,布施。恺,安乐。

⑦褒赠貤封:褒赠指嘉奖死者而赠予官爵。貤封,即官员以自身所受的封爵名号请朝廷移授亲族尊长。貤,通"移"。

⑧弁冕:古代贵族的礼帽。吉礼服用冕,常礼服用弁。引申为冠居

首位。

⑨《冰窖》:《章氏遗书》外编卷六附录《御制诗》一首,题下注曰:"一章不能编卷,特为恭录于此。"诗为清高宗所作。冰窖,永清县境内永定河边村名。

⑩云汉:语出《诗经·大雅·云汉》:"倬彼云汉,昭回于天。"郑玄《笺》曰:"云汉,谓天河也。"天河即银河。

【译文】

谨慎奉行天命的歌,在《尚书》中有记载;而后世史书的本纪,只记载诏诰。大概诗歌是用来抒发性情,而诏诰施用于政事,所以史书所收录的内容,各有适当之处。至于方志这种体裁,意义在于崇奉所尊仰的文章,按照体例不应当有所选择。前任总督李卫编修的《畿辅通志》,前面首列诏谕、宸章二门,在义理上比较适当。至于永清一县,紧紧靠近京城南部,本来没有特地颁发的诏谕。如果诏谕牵涉到各府、州、县,并且包括直隶全部,就应当收录进通志,不能因为永清县也在里面,于是冒失地记载而收进县志。如果有恩赐免除拖欠和救济灾民,那么事实恭敬地登载在《恩泽纪》里,而诏谕所包括的地区广大,也不敢超出县界而收录。只是广泛施予散布恩泽,嘉奖死者和移封亲属,本来就是家史的荣耀,也是县志的首位,所以收辑而记载下来。皇帝亲自作的诗文,只有《冰窖》一篇,不能分门立卷,恭敬地附录在诏谕的后面,用来记录天河一般的光彩而已。

永清县志恩泽纪序例

【题解】

　　本篇为《永清县志》两篇纪之中的一篇，用来记述永清县境内有关皇帝的行事。章学诚征引古人左史记言、右史记事之说，认为记言记事不可偏废，故用《皇言纪》记言，用《恩泽纪》记事。章学诚指出：史书纪与传的关系，前人认为纪属于帝王、传属于臣下，而有尊卑之分的看法不正确。中国古代的纪传体裁正史，都是把皇帝的生平事迹放在本纪里叙述，开篇述其父母族，出生时的祥瑞，幼年时的聪明；篇尾撷取皇帝几段言行议论，寥寥数言，作为结语。这些内容完全属于传的体例，但它们又被本纪中编年记载国家大事体例所冲淡，反而不如群臣列传详细。这种记人、记事混淆在一起的做法，使得史书义例不清。他主张撰修史书不再把帝王个人生平事迹列入本纪内，而是另外增加列传类例，设立帝王传。帝王列传和帝王本纪相辅而行，既可以对本纪起到相互对照和相互补充的作用，又能够把皇帝的个人行事较为全面地记载下来，最大限度地丰富史书的记事含量，更好地体现史学的价值。

　　古者左史纪言，右史纪事，朱子以谓言为《尚书》之属，事为《春秋》之属①，其说似矣。顾《尚书》之例，非尽纪言；而所谓纪事之法，亦不尽于春王正月一体也②。《周官》五史之法,详且尽矣;而记注之书,后代不可尽详。盖自《书》与《春秋》而外,可参考者,《汲冢周书》似《尚书》,《竹书纪年》似《春秋》而已。然而《穆天子传》,独近起居之注③。其书虽若不可尽信,要亦古者记载之法,经纬表里,各有所主;初不拘拘《尚书》、《春秋》二体,而即谓法备于是,亦可知矣。三代而后,细为宫史,若汉武《禁中起居注》,马后《显宗起居注》是也④。大为时政,若唐《贞观政要》、周《显德日历》是也⑤。以时记录,历朝起居注是也⑥。荟粹全书,梁太清以下实录是也⑦。盖人君之德如天,晷计躔测⑧,玑量圭度⑨,法制周遍,乃得无所缺遗。是以《周官》立典,不可不详其义,而《礼》言左史右史之职⑩,诚废一而不可者也⑪。

【注释】

①朱子以谓言为《尚书》之属,事为《春秋》之属:据朱熹《朱文公文集》卷六十九《天子之礼》记载:"动则左史书之,言则右史书之。"自注曰:"其书《春秋》、《尚书》有存者。"

②所谓纪事之法,亦不尽于春王正月一体也:纪事之书,不止于编年一体。

③起居之注:宫廷史官对帝王言行居止的记录。汉武帝时有《禁中起居注》,是已知最早的起居注。

④汉武《禁中起居注》,马后《显宗起居注》:据《隋书》卷三十三《经籍志》史部起居注类著录:"汉武帝有《禁中起居注》,后汉明德马后撰《明帝起居注》。"马后,东汉明帝刘庄的皇后。

⑤唐《贞观政要》,周《显德日历》:据《新唐书》卷五十八《经籍志》杂史类著录:"吴兢……《贞观政要》十卷。"该书分类纂辑唐太宗与魏征、房玄龄、杜如晦等大臣的问答,朝臣谏言,以及政治措施。

贞观，唐太宗李世民年号，公元 627—649 年。又据《宋史》卷二百零二《艺文志》史部编年类著录："《显德日历》一卷，扈蒙、董淳、贾黄中撰。"显德，后周太祖郭威、世宗柴荣、恭帝柴宗训共用的年号，公元 954—960 年。

⑥历朝起居注：自汉代以后，史官撰修起居注，每帝一书，皆近侍之臣所录。魏、晋、南北朝均有撰述，唐、宋最详，元、明、清记载渐简。

⑦梁太清以下实录：据《隋书》卷三十三《经籍志》杂史类著录："《梁太清录》八卷。"另据《新唐书》卷五十八《艺文志》实录类著录："《梁太清实录》十卷。"实录，历代各朝皇帝在位时期的编年大事记。最早见于记载的有梁周兴嗣等编《梁皇帝实录》。太清，梁武帝萧衍年号，公元 547—549 年。

⑧晷（guǐ）计躔（chán）测：据许慎《说文解字·日部》记载："晷，日景也。"即日影。也指观测日影以定时刻的仪器。另据《说文解字·足部》记载："躔，践也。"指日月星辰运行的躔次度数。

⑨玑（jī）量圭度（duó）：据《尚书·舜典》记载："在璇玑玉衡，以齐七政。"为观测天体的仪器，即浑天仪的前身。又据《周礼·地官》记载："大司徒……以土圭之法测土深，正日景，以求地中。"圭为观测日影的仪器，与表配合使用。

⑩《礼》言左史右史之职：语出《礼记·玉藻》："动则左史书之，言则右史书之。"

⑪诚废一而不可者也：《章氏遗书》外编卷六《永清县志恩泽纪序例》此下尚有独立两节文字，补录于此：

　　史官各自为书，所以备一书之采择；方志各随所及，详赡登纪，所以备诸史之外篇，固其宜也。史部本纪，事言并载，虽非《春秋》本旨，文义犹或可通。方志敬慎采辑，体当录而不叙，左右之史，不分类例，则法度混淆，而纪载不可观本末矣。是以略仿左史而恭纪皇言,仿右史而恭纪恩泽焉。

　　纪体本法《春秋》,而纪言固非列史正体。今以言冠于事,则以正史本纪,法具专家,而方志外书,本备采撷,故左言属阳而居首,右事属阴而居次,事有所宜,不拘拘于古法也。

【译文】

　　古代左史记载言语,右史记载事件。朱子认为记载言语是《尚书》一类著作,记载事件是《春秋》一类著作,他的说法比较接近。不过《尚书》的体例,不都是记载言语;而他所说的记载事件的方法,也不能全部包括在《春秋》一类编年体史书之中。《周礼》五史的制度,详细又全面了;而记言载事一类的书,后世不能完全知晓。大概除《尚书》和《春秋》以外,可参合考察的著作,《汲冢周书》类似《尚书》,《竹书纪年》类似《春秋》而已。然而《穆天子传》一书,唯独接近起居注。这部书虽然好像不能完全相信,总之也是古代记载的方法,经纬和内外,各自有所主导;本来就不拘泥于《尚书》、《春秋》两种体裁,而即使认为方法在这两种体裁中完备,也可以知道了。夏、商、周三代以后,细小的有宫中记载,例如汉武帝时《禁中起居注》,后汉马皇后《显宗起居注》就是如此。大的有政治措施的记载,例如唐代《贞观政要》、后周《显德日历》就是如此。按照时代记录,历朝的起居注就是如此。聚集成一书,梁太清以下的实录就是如此。大概君主的德行像天一样广大,用日晷计算并按天体运行度次推测,靠璇玑玉衡度量并依据圭表测算,制度周全,于是才能没有遗漏。所以对《周礼》建立的典章,不可不了解它的宗旨,而《礼记》说到左史和右史的职责,确实是废弃其中一项都不可以。

　　纪之与传,古人所以分别经纬,初非区辨崇卑。是以迁《史》中有无年之纪,刘子玄首以为讥[①],班《书》自叙,称十二纪为春秋考纪[②],意可知矣。自班、马而后,列史相仍,皆以纪为尊称,而传乃专属臣下,则无以解于《穆天子传》,与《高祖》、《孝文》诸传也。今即列史诸帝有纪无传之弊论之。如人君行迹，不如臣下之详，篇首叙其灵征，篇终断其大略；其余年编月次，但有政事，以为志、传之纲领；而文势不能更及于他，则以一经一纬，体自不可相兼故也。诚以《春秋》大旨断之，则本纪但具元年即位，以至大经大法，足为事目，于义惬矣。人君行事，当参以传体，详载生平，冠于后妃列传之上。是亦左氏之传，以惠公元妃数语，先经起事，即属隐公题下传文③，可互证也。但纪、传崇卑，分别已久；君臣一例，事理未安；则莫若一帝纪终，即以一帝之传次其纪后。如郑氏《易》之以《象传》、《彖辞》，附于本卦之后之例，且崇其名曰大传④，而不混列传；则名实相符，亦似折中之一道也。方志纪载，则分别事言，统名以纪，盖所以备外史之是正，初无师法《春秋》之义例，以是不可议更张耳⑤。

【注释】

①迁《史》中有无年之纪，刘子玄首以为讥：据刘知几《史通》卷二《列传》篇所言，纪传体史书从《史记》、《汉书》开始，纪用来编年，记载帝王大政，犹如《春秋》之经，传用来叙事，记载臣子行事，犹如《春秋》之传，故有尊卑主从之分。项羽应该立传，而《史记》为他作本纪，不仅项羽不能与皇帝并列，况且其叙事乃是传体，不合纪体。

②班《书》自叙，称十二纪为春秋考纪：据班固《汉书》卷一百下《叙传下》记载："为春秋考纪、表、志、传凡百篇。"颜师古《注》曰："春秋考纪，谓帝纪也。"

③左氏之传，以惠公元妃数语，先经起事，即属隐公题下传文：《春秋》记事，起自鲁隐公元年（前722）。《左传·隐公元年》开端记

载:"惠公元妃孟子。孟子卒,继室以声子,生隐公。宋武公生仲子。仲子生而有文在其手,曰'为鲁夫人',故仲子归于我,生桓公。而惠公薨,是以隐公立而奉之。"所叙皆为《春秋》以前之事,作为传文。

④郑氏《易》之以《象传》、《彖辞》,附于本卦之后之例,且崇其名曰大传:郑玄《周易注》,至宋、元之际仅存《文言》、《说卦》、《序卦》、《杂卦》四篇,其余散佚。郑玄注《周易》,把彖、象附合于经文之下,王弼因之。大传,语出班固《汉书》卷六十二《司马迁传》颜师古《注》引张晏曰:"大传,谓《易·系辞》。"

⑤以是不可议更张耳:《章氏遗书》外编卷六《永清县志·恩泽纪》此下尚有独立一节文字,补录与此:

> 我朝列圣相承,覃恩恺泽,史不绝书。永清密迩神京,被德尤普,而案牍或有遗轶,一时不及周详,谨志其可考者,勒为一典,以次《皇言》之后云。

【译文】

纪和传,古人用来区别经纬,起初不是要区分和辨别高下。所以司马迁《史记》中有不编年的纪,刘知几最先根据这点提出指责;班固《汉书》的自序,称书中十二篇纪为春秋考纪,旨趣就可以知道了。自从班固、司马迁以后,历代史书互相沿袭,都把纪当做尊称,而把传专门归属臣下,这就没有理由解释《穆天子传》,和《高祖传》、《孝文传》称作传的情况。现在根据历代史书中诸帝有纪而没有传的弊病议论评价。例如君主的事迹,还不如臣下的事迹详细,篇首叙述出生的感应征兆,篇末评判一生的大要;其余内容按年月编排,仅仅记载政事,当做志、传的纲领;而行文趋势不能再涉及其他内容,就是因为一经一纬,体制自然不能兼有的缘故。如果用《春秋》的大要宗旨判断,那么本纪仅仅陈述元年即位的情况,以及重要的制度和法则,足够当做纲目,在意义上就恰当了。君主的事迹,应当参照传的体例,详细记载生平,放在后妃列传的前面。这也就像《左传》,用叙述惠公第一位夫人的几句话,叙述《春秋》经文之前的事,就作为鲁隐公题下的传文,可以互相证明。然而纪和传的地位高下,区分已经很长久了;如果君臣并列作传,在道理上不合适;那么不如一位皇帝的纪结束之后,就把这位皇帝的传排在他的纪后面。就像郑玄注《周易》把象传、象辞附在本卦后面的例子,并且尊崇其名称叫做大传,而不和列传混合在一起;那就名称和实质相互符合,也好像把握适度的一个方法。方志的记载,则区分记事和记言,统一用纪作为名称,用来预备史官的修正,本来就没有效法《春秋》的宗旨和体例,由此而不能讨论改变方法。

永清县志职官表序例

【题解】

本篇序例论述方志中撰修《职官表》的性质和体例,内容比《和州志官师表序例》更加丰富和完善。章学诚认为,方志中记载州郡职官,不应该仿照正史采用志的体例。因为历代正史的职官志记载国家的典章制度内容及其沿革变迁,而方志中记载职官不涉及典章制度,只记载官员的任官时间和在任政绩,供人检索,二者性质不同。前人编修的方志常常为职官作志,是循名而不思其义,不能继续以讹传讹。章学诚进一步指出,即使后世正史也没有继承《汉书·百官公卿表》的方法,只是编纂规模很小的《宰辅表》,略存梗概。至于历代方志关于历任职官的记载,更不讲究方法,必须加以改正。他提出方志编修《职官表》的基本原则,就是仿照《汉书·百官公卿表》的体系,按照官员等级划分,按类归属人物,以年月为经,人物为纬,从而能够执简驭繁,简明易寻又不会遗漏,最大限度地保存一方文献,以备国史采择。

职官、选举,入于方志,皆表体也。而今之编方志者,则曰史有《百官志》与《选举志》[①],是以法古为例,定以鸿名,而皆编为志,斯则迂疏而寡当者矣。夫史志之文,职官详其制度,选举明其典则,其文或仿《周官》之经,或杂记传之体，编之为志，不亦宜乎？至于方志所书，乃是历官岁月，与夫科举甲庚②，年经事纬，足以爽豁眉目，有所考索，按格而稽，于事足矣。今编书志之体，乃以知县、典史、教谕、训导之属③，分类相从，遂使乾隆知县，居于顺治典史之前；康熙训导，次诸雍正教谕之后④。其有时事后先，须资检阅，及同僚共事⑤，欲考岁年；使人反复披寻⑥，难为究竟，虚占篇幅，不知所裁。不识何故而好为自扰如斯也！夫人编列传，史部鸿裁，方志载笔，不闻有所规从；至于职官、选举，实异名同，乃欲巧为附依，此永州铁炉之步，所以致慨于千古也⑦。

【注释】

①史有《百官志》与《选举志》：东晋司马彪《续汉书》有《百官志》，后人补入范晔《后汉书》。唐修《晋书》有《职官志》。以后史书或称《百官志》，或称《职官志》。《新唐书》始立《选举志》。

②甲庚：甲指科举的等第，庚指年龄。

③典史、教谕、训导：典史为知县属官，元代始置，明、清沿袭，掌管一县捕盗、监狱之事。教谕为学官，明、清县学皆置，掌管文庙祭祀、教育生员之事。训导也为学官，明、清府、州、县学皆置，协助府学教授、州学学正、县学教谕处理学校之事。

④乾隆知县，居于顺治典史之前；康熙训导，次诸雍正教谕之后：清代入关以后皇帝庙号与年号次序分别为清世祖顺治（1644—1661）、清圣祖康熙（1662—1722）、清世宗雍正（1723—1735）、清高宗乾隆（1736—1795），故曰方志叙次颠倒。

⑤同僚：语出《诗经·大雅·板》："我虽异事，及尔同僚。"僚，也作"寮"。古代称呼在同一部门做官的人。

⑥披寻：翻开寻找。披，原意为劈开，披露，引申为翻开，翻阅。

⑦永州铁炉之步，所以致慨于千古也：据柳宗元《柳河东全集》卷二十八《永州铁炉步志》记载，唐人称江边可以系船上下的地方为"步"，永州（治所在今湖南零陵）有个称作铁炉步的地名，其地名来由，原来曾经有打铁人居住，后打铁人离去，打铁炉也毁掉，已经不知过了多少年，只有那个称呼还冒名存在。于是作者感叹世上固有事去名存的情况，并且联想到一些大家族的后人借先人地位与德望冒充名号的现象。

【译文】

职官、选举，列入方志，都是表的体例。可是现在编纂方志的人，却说史书有《百官志》和《选举志》，于是仿效古人作为惯例，确定大名，都编成志，这就迂阔疏失而且不恰当了。史书中志的文字，《职官志》详尽叙述职官制度，《选举志》明确记载选举法则，它们的文字有的仿照《周礼》经典，有的夹杂记传的体例，把这些内容编为志，不也很合适吗？至于方志所记载的内容，只是任官先后的年月，和科举的等第与年龄，用年月作经，用事件作纬，足以使眉目清楚明显，有需要考求的地方，按照表格查寻，对此事就足够了。现在编成像史书志一样的体例，却把知县、典史、教谕、训导等官，分类排列，于是使乾隆时代的知县，排在顺治时代典史的前面；康熙时代的训导，排在雍正时代教谕的后面。遇到时事的先后时间，需要凭借它查找，以及在一起做官共事的人，想要考察他们的年代；让人反复翻阅寻找，难以看出头绪，白白地占用篇幅，不知道如何剪裁。不理解他们为什么喜欢这样自找麻烦！人物编成列传，是史书的宏大体裁，方志的编写，没听说对此有所效法；至于方志的《职官志》与《选举志》，和史书内涵不同而名称相同，却想要取巧比附，这就是永州铁炉步的名称引起年代久远的后人感慨的原因。

《周官》御史掌赞书，数从政，郑氏注谓"数其现在之官位"①，则官职姓名，于古盖有其书矣。三百六十之官属，而以从政记数之登书，窃意亦必有法焉。周谱经纬之凡例，恐不尽为星历一家之用也。刘向以谱与历合为一家，归于术数②。而司马迁之称周谱，则非术数之书也③。疑古人于累计之法，多用谱体。班固《百官公卿表》，叙例全为志体，而不以志名者，知历官之须乎谱法也。以《周官》之体为经，而以汉表之法为纬，古人之立法，博大而不疏，概可见矣。

【注释】

①郑氏注谓"数其现在之官位"：据《周礼·春官》记载："御史……掌赞书，凡数从政者。"郑玄《注》曰："自公卿以下至胥徒，凡数及其见在空缺者。"章学诚此处所引郑玄注有误。

②刘向以谱与历合为一家，归于术数：据班固《汉书》卷三十《艺文志·术数略》历谱类著录："《帝王诸侯世谱》二十卷，《古来帝王年谱》五卷。"班固《汉书》的《艺文志》依据刘向、刘歆《七略》而成，故归之刘向。

③司马迁之称周谱，则非术数之书也：据《梁书》卷五十《刘杳传》引桓谭《新论》曰："太史《三代世表》，旁行邪上，并效周谱。"可知司马迁以周谱为世系之书，修史多次提及周谱。例如《史记》卷十三《三代世表》曰："余读谍记，黄帝以来皆有年数，稽其历谱谍。"《史记》卷十四《十二诸侯年表》曰："太史公读春秋历谱牒。"

【译文】

《周礼》说御史掌管协助天子作文辞，统计官员数目，郑玄注释说"统计现任官员的职位"，那么官职姓名，古代大概已有这类书了。《周礼》记载三百六十个官职，而把官员统计数目记载在书中，我认为那也一定有方法。周代的谱经纬配合的凡例，恐怕不是完全被天文历法一家所使用。刘向把谱和历合为一家，归于术数一类。然而司马迁所说的周代的谱，就不是术数的书。怀疑古人对多重计算的方法，大多使用谱的体例。班固《汉书》的《百官公卿表》，叙例完全是志的体例，而不用志作名称的原因，是懂得记载先后历任官员需要使用谱牒的方法。用《周礼》的体例作为经，用《百官公卿表》的方法作为纬，古人制定的方法，博大而不疏漏，大约可以看出来了。

东京以还，仅有《职官志》，而《唐》、《宋》之史，乃有《宰辅表》①，亦谓百职卿尹之不可胜收也。至于专门之书，官仪簿状，自两汉以还，代有其编，而列表编年，宋世始多其籍；司马光《百官公卿表》百五十卷之类②。亦见历官纪数之书，每以无文而易亡也。至于方州记载，唐、宋厅壁题名，与时湮没，其图经古制，不复类聚官人，非缺典欤？元、明以来，州县志书，往往存其历任，而又以记载无法，致易混淆，此则不可不为厘正者也。或谓职官列表，仅可施于三公宰辅，与州县方志；一则体尊而例严，一则官少而易约也。若夫部府之志，官职繁多，而尺幅难竟，如皆表之，恐其易经而难纬也。上方年月为经，首行官阶为纬，官多布格无容处也。夫立例不精，而徒争于纪载之难约，此马、班以后，所以书繁而事缺也。班史《百官》之表，卷帙无多，而所载详及九卿；唐、宋《宰辅》之表，卷帙倍增，而所载止画于丞弼③。非为古书事简，而后史例繁也，盖以班分类附之法，不行于年经事纬之中，宜其进退失据，难于执简而驭繁也。按班史，表列三十四官④，格止一十四级，或以沿革，并注首篇，相国、丞相、奉常、太常之类。

或以官联⑤,共居一格;大行令、大鸿胪同格,左冯翊、京兆尹同格之类。篇幅简而易省,事类从而易明,故能使流览者按简而无复遗逸也。苟为统部列表,则督、抚、提、镇之属⑥,共为一格。布、按、巡、守之属⑦,共为一格。其余以府州画格,府属官吏,同编一格之中,固无害也。及撰府州之志,即以州县各占一格,亦可不致缺遗。是则历官著表,断无穷于无例可通,况县志之固可一官自为一格欤?

【注释】

①《唐》、《宋》之史,乃有《宰辅表》:欧阳修所撰《新唐书》有《宰相表》,脱脱等所修《宋史》有《宰辅表》。宰辅,辅政大臣。多指宰相。

②司马光《百官公卿表》百五十卷:据晁公武《郡斋读书志》卷七职官类著录司马光等撰《百官公卿表》一百四十二卷,仿班固《汉书》卷十九《百官公卿表》的做法,记载宋初至熙宁年间百官的除拜任免。陈振孙《直斋书录解题》卷四编年类、《宋史》卷二百零三《艺文志》职官类著录,皆作十五卷。南宋李焘有《续百官公卿表》一百四十二卷,根据司马光之表重编,又续编至宣和年间。由此可知司马光《百官公卿表》原编为十五卷,李焘续编为一百四十二卷。

③丞弼:宰辅。宰相辅弼皇帝,故曰丞弼。

④班史,表列三十四官:班固《汉书》卷十九《百官公卿表》实际列出三十五种职官。

⑤官联:通官联事之意。

⑥督、抚、提、镇:语出《世宗宪皇帝上谕内阁》卷九十三:"各省兵制,有督标、抚标、提标、镇标、协标各名目。"督标指总督,抚标指巡抚,

提标指提督,镇标指总兵。凡副将所统之绿营兵称为协标。清代的绿营兵武官,一般以提督作为一省的最高级别统兵官,但仍然受总督或巡抚节制。总兵低于提督一级。提督直接统辖的绿营兵称提标。总兵统辖的绿营兵称镇标。

⑦布、按、巡、守:明代在布政使司、按察使司之下,设官分理各道事务,布政使司的下属称分守道,按察使司的下属称分巡道,长官称道员。清沿用明制,后正式设分守道和分巡道,管辖府州,成为省以下、府州以上的高级行政长官。

【译文】

东汉以来,史书只有《职官志》,而《新唐书》、《宋史》才有《宰辅表》,也说大小官员多得不能全部收入。至于专门的书,官府礼仪的簿册,从两汉以来,历代都有这样的书;而采用列表编年的格式,到宋代这样的书才多起来;司马光《百官公卿表》一百五十卷之类。也可见前后任官统计数目的书,常常因为没有文采而容易散佚。至于州郡的记载,唐、宋时期官厅墙壁的题名,随着时间久远而埋没,而编撰图经的旧制度,不再按类集中记载官员,这不是典制的缺失吗?元、明以来,州县的方志之书,往往保存历任官员姓名,却又因为记载没有章法,导致容易混淆,这就是不能不对它们加以改正的原因。有人说官员列表,只能实行于三公、宰相,以及州县的方志,一是职位尊贵而体例严格,一是官员较少而容易做到简明。至于通志与府志,官职繁复众多,而在有限的篇幅里难以尽收,如果全部列入表,恐怕容易纵贯而难以横通。上边用年月作经,第一行用官员等级作纬,官职众多分布格子就没有地方放。建立凡例不周密,却只是争论记载难以简明,这是司马迁、班固以后,史书文字繁多而事件缺少的原因。班固《汉书·百官公卿表》,篇幅不多,而记载详细到包括九卿;《新唐书》、《宋史》的《宰辅表》,篇幅成倍增加,而记载的官员只以辅政大臣为限。不是因为古书记事简要,后世史书凡例众多,大概因为按等级划分和按类归属的方法,不能应用在以年为经以事为纬的表中，难怪他们进退两难而无可依凭，难以把握简要之处而操控繁多的事项。考察班固的史书，《百官公卿表》开列三十四种官职，分格只有十四级，有的因为沿袭而有所变革，都在开端注明，相国、丞相、奉常、太常之类。有的因为联合办公，共同放置在一格里，大行令、大鸿胪同在一格，左冯翊、京兆尹同在一格之类。篇幅简短明了而容易查阅，事项按类相随而容易明白，所以能让阅览的人，查看书册而不会再有遗漏。如果为通志列表，总督、巡抚、提督、总兵等人，共同编在一格。布政使、按察使、巡守道员等人，共同编在一格。其余按照府州画格，府下所属的官吏，共同编在一格里面，本来就没有妨碍。等到编纂府州的方志，就用州县各占一格，也可以不造成遗漏。这样把历任官员编列成表，绝对不会面临没有规矩可循的困境，何况县志本来就可以一个官职自身作一格呢？

姓名之下，注其乡贯科甲，盖其人不尽收于《政略》，注其首趾①，亦所以省传文也。无者缺之。至于金石纪载②，他有所征，而补收于志，即以金石年月冠之，不复更详其初仕何年，去官何月，是亦势之无可如何者耳。至于不可稽年月而但有其姓名者，则于经纬列表之终，横列以存其目，亦缺疑俟后意云尔。

【注释】

①首趾：头颅和脚趾。引申为人物的生卒始末。

②金石纪载：钟鼎、碑碣中记载的地方官员和士人。

【译文】

姓名的下面，注明此人的乡里籍贯和科举等第，大概这些人不能全部收录在《政略》里，注明他们的始末，也是用来节省传的文字。没有材料的人名下面就空缺内容。至于金石上记载的人物，别处有可验证的材料，补收进志里，就把金石上的年月放在前面，不再进一步详细说明此人哪一年开始做官，哪一月离任，这也是情势无可奈何而已。至于不能考察出年月而只有姓名的官员，就在按经纬列表的最后，横行排列来保存这个条目，也是存疑不作判断而等待后人解决的意思罢了。

永清县志选举表序例

【题解】

本篇论述历代选拔举用人才制度的渊源流变以及方志之中编纂《选举表》的做法,内容与《和州志选举表序例》一致而论述更加详细。章学诚首先追溯史书记载选举制度之源,认为来源于《周礼》所说的荐举贤能的文书的遗留,到隋、唐科举制度确立以后,选举之书逐渐繁多,史书也专门设立了《选举志》。他接着指出方志中不宜仿正史之体为选举作志,理由和上篇论述不宜为职官作志相同,所以应当编撰《选举表》。然而前人编撰《选举表》存在两大不当之处:一是不能运用以年为经以事为纬的方法,常常使同一个人的事迹先后倒置;一是表格中杂入传体,人名之下附录事迹,使头绪混乱。章学诚在文章最后提出借鉴古人之法而加以变通的方法,成为纂修方志因时制宜的主张。

选举之表,即古人贤书之遗也。古者取士,不立专科,兴贤出长,兴能出治[①];举才即见于用,用人即见于事。两汉贤良、孝、秀[②],与夫州郡辟署,事亦见于纪传,不必更求选举之书也。隋、唐以来,选举既专,资格愈重。科条繁委,故事相传,选举之书,累然充栋[③]。则举而不必尽用,用而不必尽见于事。旧章故典，不可求之纪传之中，而选举之文，乃为史志之专篇矣④。

【注释】

①兴贤出长，兴能出治：语出《周礼·地官》："乡大夫……使民兴贤，出使长之；使民兴能，入使治之。"

②孝、秀：孝廉和秀才。

③选举之书，累然充栋：据《隋书》卷三十三《经籍志》职官类著录："《梁选簿》三卷，徐勉撰《梁勋选格》一卷……《吏部用人格》一卷。"又据《新唐书》卷五十八《艺文志》职官类著录："裴行俭《选谱》十卷。《唐循资格》一卷，天宝中定。沈既济《选举志》十卷。"

④乃为史志之专篇矣：《章氏遗书》外编卷七《永清县志选举表序例》此下尚有独立一节文字，补录于此：

　　晁迥《进士编敕》，陆深《科场条贯》，律例功令之书也；王定保《唐摭言》，钱明逸《宋衣冠盛事》，稗野杂记之属也。律令可采于书志，杂记有资于列传，史部之所仰给也。至于题名历年之书，浩博难罄，而取材实鲜，故姚康《科第录》，洪适《登科记》，仅为专门之书，而问津者寡矣。若夫搜辑方隅，画分疆界，则掌故不备，而取材愈鲜，如乐史《江南登科记》，陈汝元《浙士登科考》，缙绅先生往往至于不能忆其目焉。夫历科先后，姓氏隐显，乃考古者所必资，而徒以书无文采，简帙浩繁，遂使其书不可踪迹，则方志之表选举，所系岂鲜浅欤！

【译文】

选举作表，就是古人荐举贤能的文书的遗留。古代选用士人，不设立专门科目，荐举有德行的人出任长官，荐举有才能的人出位治事；人才受到举荐就被使用，人才得到使用就被委任事务。两汉的贤良、孝廉、秀才，以及州郡征召任官，事情也在史书的纪传里有记载，不必再寻找选拔荐举人才的文书。隋、唐以来,选拔荐举的制度已经专门,任官资历越来越重要。选举条令繁多细碎,按照贯例相互传承,选拔荐举的书籍,重重堆积装满房屋。于是荐举而不一定完全被使用,使用而不一定全部被委任事务。前代的典章制度,不能在纪传之中寻求,有关选拔荐举的文字,就成为史书里志的专篇了。

　　志家之载选举,不解年经事纬之法,率以进士、举人、贡生、武选①,各分门类,又以进士冠首,而举、贡以次编于后。于是一人之由贡获举而成进士者,先见进士科年,再搜乡举时代,终篇而始明其入贡年甲焉。于事为倒置,而文岂非复沓乎?间有经纬而作表者,又于旁行斜上之中,注其事实。以列传之体而作年表,乃元人撰《辽》、《金史》之弊法②,虚占行幅,而又混眉目,不识何所取乎此也。

【注释】

①进士、举人、贡生、武选:明、清时期在各省乡试中式者为举人,赴京城参加会试和殿试,登第者为进士。科举制度中选拔武官的科目称为武选。清代沿袭明制,以弓、箭、刀、石为外场,以默写武经为内场。其乡试、会试、殿试,以及童生、生员、举人、进士、状元等名目,皆与文举相同,惟加武字作区别。

②以列传之体而作年表,乃元人撰《辽》、《金史》之弊法:《辽史》一百一十六卷,元代脱脱等撰。凡本纪三十卷,志三十一卷,表八卷,列传四十六卷,国语解一卷。《金史》一百三十五卷,元代脱脱等撰。凡本纪十九卷,志三十九卷,表四卷,列传七十三卷。《辽史》卷六十四《皇子表》分格标目为帝系、名字、第行、封爵、官职、功罪、薨寿、子孙;《辽史》卷六十五《公主表》分格标目为属、

母、名、封、下嫁、事、罪、薨、子，此即以列传之体而作年表。《金史》表无此类作法，不在此弊之列。

【译文】

编纂方志的人记载选拔荐举，不懂得以年为经以事为纬的方法，随意把进士、举人、贡生、武选，各自分成门类，又把进士放在最前面，而举人、贡生按照次序编在后面。于是一个人由贡生成为举人再成为进士，先看见他中进士的年份，再查找他乡试中举的时代，等到篇末才看清那个人成为贡生的年代和等第。从事情上来说是弄颠倒了，而文字难道不重复累赘吗？间或有经纬配合作表的志书，又在横排斜线的表格当中，注明人物的行为事迹。用列传的体例来作年表，乃是元代史家编撰《辽史》、《金史》的错误方法，白白地占用行格篇幅，又使得头绪混杂，不理解他们为什么采用这种办法。

　　史之有表，乃列传之叙目。名列于表，而传无其人者，乃无德可称，而书事从略者也①。其有立传而不出于表者，事有可纪，而用特书之例也。今撰志者，《选举》、《职官》之下，往往杂书一二事实；至其人之生平大节，又用总括大略，编于《人物》、《名宦》条中②；然后更取传志全篇，载于《艺文》之内；此云详见某项，彼云已列某条，一人之事，复见叠出。而能作表者，亦不免于表名之下，更注有传之文，何其扰而不精之甚欤？

【注释】

①名列于表，而传无其人者，乃无德可称，而书事从略者也：据清代朱鹤龄《愚庵小集》卷十三《读后汉书》曰："盖表所由立，昉于周之谱牒，与纪传相为出入。凡列侯、将相、三公、九卿，其功名表

著者,既系之以传;此外大臣,无积劳亦无显过,传之不可胜书,而姓名、爵里、存没、盛衰之迹,要不容以遽泯,则于表乎载之。又功罪事实,列传中有未及悉备者,亦于表乎载之。年经月纬,一览了如,作史体裁,莫大于是。"

②名宦:有名望政声的地方官员。

【译文】

史书有表,是列传的叙文和目录。人名列在表中,而列传里没有这个人,乃是没有德行值得称赞,而记载事迹采用简略的方式。那些设立了传而表中没有出现的人,是因为有值得记载的事情,而采用特别记载的方法。现在编纂方志的人,在《选举表》、《职官表》部分,往往夹杂撰写一些事迹;至于一个人生平品行的主要方面,又用总括大要的方式,编在《人物》、《名宦》部分里;然后又采取列传、墓志的全篇文字,登在《艺文》部分里;此处说详细参见某项,彼处说已经列入某条,一个人的事情,重复出现。而能够作表的人,也不免在表的名称下面,另外注明"有传"的文字,为什么纷扰而不严密到这么严重的程度呢?

表有有经纬者,亦有不可以经纬者。如永清岁贡①,嘉靖以前,不可稽年甲者七十七人,载之无格可归,删之于理未惬,则列叙其名于嘉靖选举之前,殿于正德选举之末②,是《春秋》归余于终③,而《易》卦终于《未济》之义也④。史迁《三代世表》,于夏泄而下,无可经纬,则列叙而不复纵横其体⑤,是亦古法之可通者矣。

【注释】

①岁贡:明、清两代,一般每年或者两三年从府、州、县学中选送生员升入京师国子监读书,称作岁贡。

②正德:明武宗朱厚照年号,公元 1506—1521 年。

③《春秋》归余于终:据《左传·文公元年》记载:"先王之正时也,履
　端于始,举正于中,归余于终。"杜预《注》曰:"步历之始,以为术
　之端首。期之日,三百六十有六日,日月之行又有迟速,而必分
　为十二月,举中气以正。月有余日,则归之于终,积而为闰,故言
　归余于终。"

④《易》卦终于《未济》:语出《周易·序卦》:"物不可穷也,故受之以
　《未济》终焉。"《周易》六十四卦,最后一卦是《未济》,未济有未成
　之意。

⑤史迁《三代世表》,于夏泄而下,无可经纬,则列叙而不复纵横其
　体:司马迁《史记》卷十三《三代世表》,夏代自帝泄开始依次列
　名,不再使用表的形式。泄,帝芒之子,在位二十年左右。

【译文】

　　表有能用经纬配合的方式,也有不能用经纬配合的方式。例如永
清县的岁贡生员,明世宗嘉靖以前,不能查考出年代和等第的有七十七
人,记载他们就没有表格可以归入,删掉从事理来说又不恰当,于是把
他们的名字排列在明世宗嘉靖年间选拔荐举的人物前面,明武宗正德
年间选拔荐举的人物后面,这是《春秋》把剩余的日子当闰月总归在一
年末尾,和《周易》之卦以《未济》结束的宗旨。司马迁《史记》的《三代世
表》,从夏帝泄以下,没有内容可用经纬方法组织,就依次排列而不再使
用纵线与横线相交的体例,这也是古代史法可以在当今实行的例子了。

永清县志士族表序例

【题解】

本篇与《和州志氏族表序例》相比，在许多方面的阐述都互有详略。尤其是辨明重视士族与魏、晋、南北朝时期重视门第截然不同，这是《和州志》未曾论及的新内容，表明章学诚的认识不断深入和提高。他首先说明方志作《士族表》久有渊源，出于古法，并非自己标新立异。同时借鉴历代史书得失，阐述作《士族表》的意义和必要性。章学诚认识到正史不为士族立表之，缺失较多。《新唐书》尽管设立《世系表》，但也只以宰相为限，而那些未出宰相的有声望与地位的士族，没有立表。他指出，方志应当遵循国史立表的基本原则，自大至小而详细，并视各地的不同情况而决定具体记载范围。因为地方的士族比普通民众地位重要，士族可统领民众，称为联系官民之间的纽带，使治理教化逐级施行到各级行政区划，达到稳固地方统治的效果。地方志设立《士族表》，可以有效地把私家谱牒集中到官府掌管，纠正家谱的虚浮不实、浅陋芜杂等流弊。方志重视谱牒，还有助于激励士家大族培养人才，扩大封建国家统治的社会基础。

方志之表士族[①]，盖出古法，非创例也。《周官》小史："奠系世，辨昭穆。"杜子春注："系世若诸侯卿大夫系本之属"是也。《书》曰:"平章百姓。"郑康成曰:"百姓,谓群臣之父子兄弟。"平章乃辨别而章明之也。先王锡土分姓,所以尊人治而明伦叙者,莫不由此。故欲协和万邦②,必先平章百姓,典綦重矣。

【注释】

① 士族:东汉以后逐渐形成的在政治、经济方面享有特权的士家大族。章学诚用来指代清代地方的有实力的家族,意义和"氏族"相同。

② 协和万邦:语出《尚书·尧典》,接在"平章百姓"之后。

【译文】

方志为士族作表,大概语出古代的方法,不是新创的体例。《周礼》小史:"确定王室的系世,辨明昭穆关系。"杜子春注曰:"系世比如诸侯卿大夫世系谱牒之类"就是这一类书。《尚书》记载:"平章百姓。"郑康成《注》说:"百姓指群臣的父子兄弟。"平章就是辨别而彰显他们。上古君王赐予土地分配姓氏,用来推崇人治而明确人际顺序的方法,无不从这里而来。所以想要协调和睦各诸侯国,必须首先辨别和彰显百官的姓氏,这项制度就非常重要了。

　　士亦民也,详士族而略民姓,亦犹行古之道也。《周官》乡大夫"以岁时登夫家之众寡",三年以大比兴一乡之贤能。夫民贱而士贵,故夫家众寡,仅登其数;而贤能为卿大夫者,乃详世系之牒①,是世系之牒,重于户口之书②,其明征也。近代方志,无不详书户口,而世系之载,阒尔无闻③,亦失所以重轻之义矣。

【注释】

①世系之牒:《周礼》小史奠系世,故贤能之为卿大夫者,详登其世
　系之牒也。牒,谱牒。

②户口之书:《周礼》乡大夫每年定时登记男女众寡之数,以进于王
　室,即所谓户口之书。

③阒(qù):寂静。

【译文】

　　士也是民众,详细记载士族谱系而简略记载民众姓氏,也还是遵循
古代的准则行事。《周礼》乡大夫"按时核定男女人数的多少",每三年
根据大比荐举一乡有德行有才能的人。民众地位低微而士族地位尊
贵,所以男女人数的多少,只核定他们的数目;而有德行有才能做卿大
夫的人,就详细记载世系的谱牒;所以世系的谱牒,比户口的簿册重要,
这是明显的证据。近代的方志,无不详细记载户口,而世系的记载,却
寂寥无闻,这也就丧失用来显示重视与轻视的宗旨了。

　　夫合人而为家,合家而为国,合国而为天下。天下之
大,由合人为家始也。家不可以悉数,是以贵世族焉①。夫
以世族率齐民,以州县领世族,以司府领州县,以部院领司
府②,则执简驭繁,天下可以运于掌也。孟子曰:"所谓故国
者,非谓有乔木也,有世臣之谓也。"州县之书,苟能部次世
族,因以达于司府部院,则伦叙有所联,而治化有所属矣。
今修志者,往往留连故迹,附会桑梓,而谱牒之辑缺然,是则
所谓重乔木而轻世家矣。

【注释】

①世族:语出《左传·隐公八年》:"官有世功,则有官族。"犹言世家

也。即世代为官的家族,也作士族。

②部院领司府:部院指巡抚,章学诚用来代称省级行政区划。司指
　　布政使司。

【译文】

　　聚合人而成为家,聚合家而成为国,聚合国而成为天下。天下的广
大,从聚合人成为家开始。家不能一一记载,所以尊重世家大族。用世
家大族率领编户齐民,用州县统领世家大族,用布政使司、府统领州县,
用部院统领布政使司、府,就把握住简要之处而能够掌控繁多的事务,
把天下运转在手掌当中了。孟子说:"人们所说的故国,不是说具有高
大树木的意思,而是有累代立功的旧臣的意思。"州县的方志,如果能编
排世家大族的世系,借此上达布政使司、府、部院,那么人际顺序有所连
接,治理教化有所归属。现在编修方志的人,往往留恋人物遗迹,附会
乡里籍贯,而谱牒的编集欠缺不顾,这就是所说的重视高大的树木而轻
视世家大族了。

　　谱牒掌之于官,则事有统会,人有著籍,而天下大势可
以均平也。今大江以南,人文称盛,习尚或近浮华。私门谱
牒,往往附会名贤,侈陈德业,其失则诬。大河以北,风俗简
朴,其人率多椎鲁无文①。谱牒之学,缺焉不备,往往子孙不
志高曾名字②,间有所录,荒略难稽,其失则陋。夫何地无
人,何人无祖,而偏诬偏陋,流弊至于如是之甚者,谱牒不掌
于官,而史权无统之故也。

【注释】

①椎(chuí)鲁无文:语出司马迁《史记》卷五十七《周勃世家》:"勃不
　　好文学,每召诸生说士,东向坐而责之:'趣为我语。'其椎少文如

此。"椎,朴实。鲁,愚钝。

②子孙不志高曾名字:据《晋书》卷五十一《挚虞传》记载:"汉末丧
乱,谱传多亡,虽其子孙,不能言其先祖。"志,识记。高曾,高祖
和曾祖。

【译文】

谱牒归官府掌管,于是事有统辖交汇,人有固定户籍,而天下大势
可以均衡。现在长江以南,人事文化兴盛,有些地方风尚接近浮华。私
家的谱牒,往往依附名人,夸耀陈述德行功业,这种过失在于虚浮。黄
河以北,风俗简易质朴,那里的人大多愚钝没有文采。谱牒的学问,欠
缺而不完备,往往子孙不记得高祖、曾祖名字,间或有记录的书籍,粗疏
难以考察,这种过失在于浅陋。哪个地方没有人,哪个人没有祖先,而
偏于虚浮和偏于浅陋,积弊相沿到这样严重的程度,是因为谱牒不归官
府掌管,而作史的职责没有统辖的缘故。

或谓古人重世家,而其后流弊,至于争门第。魏、晋而
后,王、谢、崔、卢动以流品相倾轧①;而门户风声,贤者亦不
免于存轩轾②,何可为训耶? 此非然也。吏部选格,州郡中
正③,不当执门阀而定铨衡④,斯为得矣。若其谱牒,掌于曹
郎令史⑤,则固所以防散佚而杜伪托,初非有弊也。且郎吏
掌其谱系,而吏部登其俊良,则清门巨族,无贤可以出长,无
能可以出治者,将激劝而争于自见矣。是亦鼓舞贤才之一
道也。

【注释】

①王、谢、崔、卢:据《新唐书》卷一百九十九《柳冲传》记载:"过江则
为侨姓,王、谢、袁、萧为大。东南则为吴姓,朱、张、顾、陆为大。

山东则为郡姓,王、崔、卢、李、郑为大。"南北朝时期,南朝以王、谢、袁、萧为大族,北朝河北、山东一带以王、崔、卢、李、郑为大族。

②轩轾(xuān zhì):语出范晔《后汉书》卷五十四《马援传》:"夫居前不能令人轾,居后不能令人轩。"李贤《注》曰:"言为人无所轻重也。"车子前高后低为轩,前低后高为轾。引申为轻重、高低。

③州郡中正:魏文帝曹丕即位之初,设立九品官人法,推选州郡有声望的人出任中正,将当地士人评定为九品,按品选用。曹魏末期,司马氏当政,在各州设大中正,由世家大族担任,选拔原则以家世为重,逐渐形成"上品无寒门,下品无势族"的门阀政治。九品中正制度延续三百余年,到隋朝废除,实行科举制。

④铨衡:原意为衡量轻重的器具。后来指铨选之事,也指执掌铨选的职位。

⑤曹郎:尚书郎。曹为分科办事的官署。尚书省各部均设曹,由郎官任职。

【译文】

有人认为古人重视世家,而以后积弊相沿,以至于互争门第。魏、晋以后,王、谢、崔、卢动不动以家族等级高下互相排挤攻击;而讲究门户的风气,使贤人也不免有高低轻重的看法,怎么能当做准则呢?这种认识不对。吏部选拔官员的标准,州郡的中正官,不应该根据门第而确定官员的选拔,这就做到适当了。至于家族的谱牒,归于曹郎、令史掌管,本来就是用来防止失散遗佚和杜绝伪造假托,起初并没有弊病。况且郎官胥吏掌管世家的谱系,吏部进用世家的优秀人才,于是清要门第和世家大族,没有有德行的人可以做长官,没有有才能的人可以治理民事,将会受到激发劝勉而争着显现自身了。这也是鼓舞和激励人才的一种办法。

史迁世表①，但纪三五之渊源；而《春秋》氏族，仅存杜预之世谱②，于是史家不知氏族矣。欧阳《宰相世系》，似有得于知几之寓言③；《史通·书志》篇，欲立《氏族志》，然意存商榷，非刘本旨。第邓州韩氏④，不为宰相，以退之之故，而著于篇，是亦创例而不纯者也。魏收《官氏》与郑樵《氏族》⑤，则但纪姓氏源流，不为条列支系。是史家之表系世，仅见于欧阳，而后人又不为宗法，毋亦有鉴于欧阳之为例不纯乎？窃惟网罗一代，典籍浩繁，所贵持大体，而明断足以决去取，乃为不刊之典尔⑥。世系不必尽律以宰相，而一朝右族⑦，声望与国相终始者，纂次为表，篇帙亦自无多也。标题但署为世族，又何至于为例不纯欤？刘歆曰："与其过而废也，毋宁过而存之。"其是之谓矣。

【注释】

①史迁世表：司马迁《史记》卷十三《三代世表》。

②杜预之世谱：杜预《春秋氏族谱》。

③知几之寓言：据刘知几《史通》卷三《书志》曰："盖可以为志者，其道有三焉。一曰都邑志，二曰氏族志，三曰方物志。"清代浦起龙《史通通释》曰："三说乃是商语。"故章学诚称之为寓言。

④邓州韩氏：唐代韩愈家族。邓州，治所在今河南邓州。

⑤魏收《官氏》：魏收《魏书》卷一百一十三《官氏志》，兼及记载氏族。

⑥不刊：语出杜预《春秋左传序》："左丘明受经于仲尼，以为经者，不刊之书也。"孔颖达《疏》曰："丘明以为经者，圣人之所制，是不可刊削之书也。"古代文书刻于竹简，刻错即削掉，叫做刊。不刊，意为无须修改，不可磨灭。

⑦右族：古代以右为尊，故称强宗大族为右族。

【译文】

　　司马迁《史记》的《三代世表》，只记载三皇五帝的渊源；《春秋》里的氏族，仅留下杜预的《世族谱》，于是史家就不了解氏族了。欧阳修《新唐书》有《宰相世系表》，似乎对刘知几寄托的言论有所领悟；《史通·书志》篇，提出要立《氏族志》，然而意思里有商讨的成分，不是刘知几的本意。只是邓州韩氏家族，没有人做宰相，因为韩退之的缘故，而收入表里，这也是新创体例而不能纯粹。魏收《魏书》的《官氏志》和郑樵《通志》的《氏族略》，却只是记载姓氏源流，不为氏族分条列举支派。所以史家为世系作表的人，只看到欧阳修，而后人又不去效法，不也是对欧阳修制定体例不纯粹而有所鉴察吗？我认为包罗一个朝代，典籍浩大繁多，所重视的是把握大要，而判断明确得足够决定取舍，才能成为不能删改的典籍。世系不一定完全限制在宰相的范围，而一个朝代的强宗大族，声望自始至终和国家一同存在，编排成表，篇幅也不会多。标题只署名世族，又何至于制定体例不纯粹划一呢？刘歆说："与其过分而废止，不如过分而保存。"指的就是这种情况了。

　　正史既存大体，而部、府、州、县之志，以渐加详焉。所谓行远自迩，登高自卑①，州县博收，乃所以备正史之约取也。或曰：州县有大小，而陋邑未必尽可备谱系。则一县之内，固已有士有民矣。民可计户口，而士自不虞无系也。或又曰：生员以上，皆曰士矣。文献大邦，惧其不可胜收也。是则量其地之盛衰，而加宽严焉。或以举贡为律，或以进士为律，至于部府之志，则或以官至五品或至三品者为律，亦自不患其芜也。夫志之载事，如鉴之示影也②。径寸之鉴，体具而微，盈尺以上，形之舒展亦称是矣。未有至于穷而无所置其影者也。

【注释】

①行远自迩，登高自卑：语出《礼记·中庸》：“君子之道，辟如行远，必自迩；辟如登高，必自卑。”

②鉴之示影：镜子反映出影象。鉴，镜子。

【译文】

正史已经保存了纲要，而省、府、州、县的方志，逐渐一级比一级详细。人们所说的走远路从近处开始，登高山从低处开始，州县广泛收集，正是用来准备正史择要选取。有人说：州县有大有小，狭小的县不一定都可以具备谱系。那么一个县里本来就有士族有民众了，民众可以统计户口，士族自然不担心没有谱系。有人又说：生员以上，都称作士了。文化繁荣的大州郡，恐怕多得收集不过来。那么就考虑各个地方的兴盛程度，而加以或宽或严的限制，有的用举人和贡生作为限制的范围，有的用进士作为限制的范围。至于通志与府志，那就或者用官至五品或者用官至三品作为限制的范围，也自然不用担心会杂乱无章。方志的记事，就像镜子显示物体的影像。直径一寸的镜子，照出的物像整体具备而规模较小，直径超过一尺的镜子，照出的形体扩大开来而形状也是一样了。不会有到了镜框尽头而没有地方安放物体影像的情况。

州县之志，尽勒谱牒矣，官人取士之祖贯可稽检也①，争为人后之狱讼可平反也，私门不经之纪载可勘正也，官府谱牒之讹误谱牒之在官者。可借雠也。借私家之谱较官谱，借他县之谱较本县，皆可也。清浊流品可分也，姻睦孝友可劝也②；凡所以助化理而惠士民者，于此可得其要略焉。

【注释】

①官人：选拔人才做官。官，名词动用，为官之意。

②姻睦孝友：语出《周礼·地官》，大司徒教民六行：孝、友、睦、姻、任、恤。

【译文】

州和县的方志，如果都写进谱牒了，那么被授官选拔之人的祖籍可以查找，争夺出继某人后代的官司可以平反，私家无根不实的记载可以校正，官府谱牒的讹误谱牒保存在官府的家族。可以借用校对。借用私家的谱牒校雠官府保存的谱牒，借用他县的谱牒校雠本县的谱牒，都可以。门第品类的高低可以区分，亲姻、睦族、孝顺、友悌的品行可以劝勉；凡是可以用来帮助教化治理而有益于士人与民众的方法，在这里可以得到大略概况。

先王赐土分姓，以地著人，何尝以人著地哉？封建罢，而人不土著矣。然六朝郡望，问谢而知为阳夏①，问崔而知为清河②，是则人户以籍为定，而坊表都里，不为虚设也。至于梅里、郑乡③，则又人伦之望，而乡里以人为隐显者也。是以氏族之表，一以所居之乡里为次焉。

【注释】

①问谢而知为阳夏（jiǎ）：语出陈彭年等《重修广韵》卷四："谢，姓，出陈郡、会稽二望。"阳夏为秦朝古县，自东汉末至两晋属陈郡。隋朝废除陈郡，改阳夏县为太康县，治所在今河南太康。

②问崔而知为清河：语出陈彭年等《重修广韵》卷一："崔，姓也……出清河、博陵二望。"清河郡，西汉初年设置，辖境在今河北清河及山东临清一带。

③梅里、郑乡：梅里在今江苏无锡市东南，又名泰伯城。相传周太
　　王之子泰伯南来，居于此地，号句吴。二十世孙诸樊向南迁往吴
　　（今江苏苏州），建立吴国。郑乡即郑公乡。东汉末年，北海高密
　　（今属山东）人郑玄晚年归里乡居，北海国相孔融命高密县为郑
　　玄立郑公乡。

【译文】

　　上古君王赐予土地分配姓氏，按照地域登载人口，何尝按照人登载
地域呢？封邦建国的制度废除后，而人不按照地域登载定居了。然而
六朝的郡望，问到谢姓就知道是阳夏，问到崔姓就知道是清河，那么人
户按照祖籍确定，而街巷乡里，不是徒有虚名地设立。至于梅里、郑乡，
那么又是人伦道德的声望，而乡里因为名人得到彰显。所以氏族的表，
一概用所居住的乡里排列顺序。

　　先城中，一县所主之地也。次东，次南，而后西乡焉①，
北则无而缺之，记其实也。城内先北街而后南街，方位北上
而南下，城中方位有定者也。四乡先东、南而后西、北，《禹
贡》先青、兖，次扬、荆，而殿梁、雍之指也②。然亦不为定例，
就一县之形势，无不可也。

【注释】

　　①西乡（xiàng）：西方。乡，通"向"，方向。
　　②《禹贡》先青、兖，次扬、荆，而殿梁、雍之指也：《尚书·禹贡》划分
　　　九州的次序为冀、兖、青、徐、扬、荆、豫、梁、雍。青州大致相当于
　　　今山东东部，兖州大致相当于今河南东北部、河北南部与山东北
　　　部，扬州大致相当于今淮河以南直到长江下游以南地区，荆州大
　　　致相当于今湖北和湖南地区，梁州大致相当于今四川和陕西南

部,雍州大致相当于今陕西和甘肃大部。

【译文】

排列顺序首先是县城中央,这是一县主管所在的地方。其次东城,再次南城,然后是西城,北城没有就空缺,记载城中实际情况。城里先北街然后南街,方位是北在上而南在下,城里方位有固定的顺序。四乡先东、南然后西、北,是《禹贡》先青州、兖州,其次扬州、荆州,而梁州、雍州排在最后的意思。然而也不当做固定的格式,随着一县的地理形势而制定凡例,没有什么不可以。

凡为士者,皆得立表,而无谱系者缺之。子孙无为士者不入,而昆弟则非士亦书,所以定其行次也[①]。为人后者[②],录于所后之下,不复详其所生;志文从略,家谱自可详也。寥寥数人,亦与入谱;先世失考,亦著于篇;盖私书易失,官谱易存,急为录之,庶后来可以详定,兹所谓先示之例焉耳。

【注释】

①行(háng)次:班辈与排行的次序。

②为人后者:出继给无子的同宗长辈。

【译文】

凡是成为士的人,都可以列表,而没有谱系的士人就空缺。子孙没有成为士的人不列入,而兄弟不是士也写上,用来确定排行次序。出继给别人做后代继承人,记在他所继承的那个人的下面,不再详细说明他语出什么人所生;方志的文字简略记载,家谱自然可详细说明。一族寥寥数人,也把他们列入表内;先世不能查考的士人,也记载在表里。大概私家的书容易散失,官府的谱容易保存,赶紧记载下来,希望以后可以审查确定,这就是所说的先把凡例给人看而已。

私谱自叙官、阶、封、赠，讹谬甚多。如同知、通判称分府①，守备称守府②，犹徇流俗所称也。锦衣、千户③，则称冠带将军，或御前将军，或称金吾④，则鄙倍已甚，使人不解果为何官也。今并与较明更正。又谱中多称省祭官者，不解是何名号，今仍之，而不入总计官数云。

【注释】

①同知、通判：明、清时期知府、知州的佐官，分掌巡捕、钱粮、水利、屯田、牧马等各类事务。

②守备：武官。明代在总兵之下设守备。清代绿营兵千总之上设守备，称营守备。

③锦衣：锦衣卫。明初设置，掌管侍卫、刑狱、缉捕等事宜，最高长官为指挥使，常由功臣、外戚充任。明中叶以后，与宦官的东、西厂组织合称厂卫。千户：明代卫所兵制中千户所长官，设置正、副千户各一人，管辖十个百户所。

④金吾：原意为仪仗金棒。汉武帝时期，改中尉为执金吾，负责京城治安。晋以后废。唐代禁军设置十六卫，其中包括左右金吾卫。宋代以后成为环卫官称，授予宗室，或者作为武臣赠官。明代侍卫亲军二十六司中有金吾前卫、金吾后卫、金吾左卫、金吾右卫等官。

【译文】

私人家谱自己叙述官位、勋阶、封号、赠官，舛讹谬误很多。例如同知、通判称作分府，守备称作守府，这还是随从流俗的称呼。锦衣、千户，却称作冠带将军，有的称作御前将军，有的称作金吾，那就粗俗背理太严重了，让人不明白究竟是什么官。现在一并搞清楚加以更正。另外，家谱里有很多地方称省祭官，不明白是什么名号，现在沿用此称，而不列入总计的官职数目。

永清县志舆地图序例

【题解】

本篇内容论述纂修方志设立《舆地图》的重要性,同时针砭前代方志作图存在的弊病,阐述正确的方法。章学诚指出,司马迁《史记》不立图体,造成后代名物象数失传难稽。此后班固《汉书·地理志》无图之弊,郑樵《通志·图谱略》有目无图,沿而不改。章学诚认为史书不收图,使图不能流后世,危害相当严重。因为史书以本纪为经,以诸体为纬,各种体例之中,有文辞的是书、传,没有文辞的是表、图,相辅相成,详略互见。再就图、表而言,图的重要性又胜过表,因为史书不立表,而世次年月,还可以通过补缀;可是图的内容是不能用文字表达清楚,若没有图,有些内容后世将永远无法知道。章学诚尤其强调图的作用,认为近代的方志虽然往往有图,却只是为了悦人耳目,不能成为典则。他提出使用经纬之法作《舆地图》的主张,以开方计里为经,以县乡村落为纬,使后人容易阅览,从而发挥图经的经世作用,彻底抛弃前代作图注重丹青绘事的陋习,而达于史部之通裁。

史部要义,本纪为经,而诸体为纬。有文辞者,曰书,曰传;无文辞者,曰表,曰图;虚实相资,详略互见,庶几可以无遗憾矣。昔司马氏创定百三十篇,但知本周谱而作表,不知溯夏鼎而为图①；遂使古人之世次年月，可以推求，而前世之形势名象②，无能踪迹③；此则学《春秋》而得其谱历之义，未知溯《易》象而得其图书之通也。夫列传之需表而整齐，犹书志之待图而明显也。先儒尝谓表缺而列传不得不繁，殊不知其图缺而书志不得不冗也。呜呼！马、班以来，二千年矣，曾无创其例者，此则穷源竟委④，深为百三十篇惜矣。

【注释】

①夏鼎：据《左传·宣公三年》记载："昔夏之方有德也，远方图物，贡金九牧，铸鼎象物，百物而为之备，使民知神奸。"相传夏朝曾经铸九鼎。

②形势：地理形势。名象：称谓、法制、器物。名，指称。象，法象。

③踪迹：按照行踪影迹跟踪追查。

④穷源竟委：彻底探究事物的始末。委，水流的末尾。

【译文】

史书的要旨，本纪作经，其他各种体例作纬。有文辞的部分，叫做书，叫做传；没有文辞的部分，叫做表，叫做图；虚和实互相凭借，详和略互相参见，差不多可以没有遗憾了。从前司马迁创立《史记》一百三十篇的规模，只知道根据周代的谱而作表，不知道追溯夏代的鼎而绘图；致使古人的世系年月，可以寻求，然而前世的地理形势和器物形状，却无法追踪查找；这就是学《春秋》而得到它谱历的宗旨，不知道追溯《周易》的形象而得到图和文字的会通。列传需要表才有条理，就像书志需要图才能明显。前代儒生曾经说表缺少而列传不得不多，却不知道图缺少而书志不得不繁杂。唉！司马迁、班固以来，已经二千年了，竟然没有创立这种体例的人，这就值得彻底探究始末，深深地为《史记》一百三十篇惋惜了。

郑樵《图谱》之略①，自谓独得之学；此特为著录书目，表章部次之法尔。其实史部鸿裁，兼收博采，并存家学，以备遗忘，樵亦未能见及此也。且如《通志》，纪传悉仍古人；反表为谱，改志称略，体亦可为备矣。如何但知收录图谱之目，而不知自创图体，以补前史之所无；以此而傲汉、唐诸儒所不得闻，宁不愧欤？又樵录图谱，自谓部次，专则易存，分则易失②，其说似矣。然今按以樵之部目，依检前代之图，其流亡散失，正复与前不甚相远。然则专家之学，不可不入史氏鸿编，非仅区区著于部录，便能保使无失也。司马迁有表，而周谱遗法，至今犹存；任宏录图，郑樵云：任宏校兵书，有书有图③，其法可谓善矣。而汉家仪制，魏、晋已不可考④；则争于著录之功小，创定史体之功大，其理易明也。

【注释】

①郑樵《图谱》之略：郑樵《通志》卷七十二《图谱略》。

②樵录图谱，自谓部次，专则易存，分则易失：语出郑樵《通志》卷七十二《图谱略·索象》："盖积书犹调兵也，聚则易固，散则易亡。积书犹赋粟也，聚则易赢，散则易乏。"

③任宏校兵书，有书有图：语出郑樵《通志》卷七十二《图谱略·索象》："惟任宏校兵书一类，分为四种，有书五十三家，有图四十三卷，载在《七略》。"

④汉家仪制，魏、晋已不可考：据《隋书》卷三十三《经籍志》记载："汉兴，叔孙通定朝仪。武帝时，始祀汾阴后土。成帝时，初定南北之郊，节文渐具。后汉又使曹褒定汉仪。是后相承，世有制作……而后世多故……遗文余事亦多散亡。"

【译文】

郑樵《通志》的《图谱略》，自认为是独到的学问；这不过是著录书目，宣传图书分类的方法而已。实际上史部书籍有宏大体制，广泛搜罗选取，一并保存各家学术，用来防备遗忘，郑樵也没有认识到这一点。就拿《通志》来说，纪传都沿袭古人；把表改称谱，把志改称略，体裁也可以说完备了。怎么只知道收录图谱的书目，却不知道自己创立图的体例，用来弥补前人史书所没有的内容；凭这一点来轻视汉、唐儒者们没有听说过，难道不惭愧吗？另外郑樵收录图谱，自己认为图书分类，专门就容易保存，分散就容易散失，这说法似乎不错了。然而现在考察郑樵的目录，据此查看前代的图，它们的消亡散失，正和郑樵以前相差不了多少。那么自成一家的学术，不可以不编入史学家的宏大著作，而不是仅仅稍微编录在目录书里，就能保证使它们不会散失。司马迁《史记》有表，周代谱系遗留的方法，到如今还存在；任宏收录图，郑樵说：任宏校兵书，有书有图，他的方法可以说很好了。而汉代的礼仪制度，到魏、晋时期已经不能考知；那么争相著录书目的功绩小，创立史书体例的功绩大，这个道理容易明白。

史不立表，而世次年月，犹可补缀于文辞；史不立图，而形状名象，必不可旁求于文字。此耳治目治之所以不同[①]，而图之要义，所以更甚于表也。古人口耳之学，有非文字所能著者，贵其心领而神会也。至于图象之学，又非口耳之所能授者，贵其目击而道存也[②]。以郑康成之学，而凭文字以求，则娑尊诂为凤舞；至于凿背之牺既出，而王肃之义长矣。以孔颖达之学，而就文义以解，江源出自岷山；至金沙之道既通，而《缅志》之流远矣。此无他，一则困于三代图亡，一则困于班固《地理》无图学也。《地理志》自班固始，故专责之。

虽有好学深思之士,读史而不见其图,未免冥行而擿埴矣。

【注释】

①耳治目治:语出《穀梁传·僖公十六年》:"陨石于宋,五。先陨而后石,何也? 陨而后石也。于宋,四竟之内曰宋。后数,散辞也,耳治也⋯⋯六鹢退飞,过宋都。先数,聚辞也,目治也。"原意为耳闻目见,此处耳治指可用耳得知的文字,目治指须用眼看到的图像。

②目击而道存:语出《庄子·田子方》:"仲尼曰:'若夫人者,目击而道存矣。'"

【译文】

史书不设立表体,而世系年月,还可以用文辞补充;史书不设立图体,而形状物像,一定不可能从文字中旁证。这是用耳听和用眼看之间的不同,而图的重要意义,更胜过表的原因。古人口耳相传的学问,有的并不是文字所能写出来,贵在传习的人心领神会。至于图像的学问,不是口耳所能相互传授,贵在亲眼所见而存道的方法。以郑康成的学问,而根据文字来探求,就把娑尊解释成有凤凰飞舞装饰的尊像;等到凿开背部的牛形铜尊发现以后,才知道是王肃的释义有长处了。以孔颖达的学问,而根据字义来解释,认为长江源头出自岷山;等金沙江的水道打通以后,才知道是《缅甸志》记载的长江源头更长远了。这没有别的原因,一是受到夏商周三代图像散佚的限制,一是受到班固《汉书·地理志》没有图学的限制。史书的《地理志》从班固开始,故而专门责备他。虽然有努力学习深入思考的人,读史书却看不到图,也不免像盲人行走而用手杖探地一样了。

唐、宋州郡之书,多以图经为号,而地理统图,起于萧何之收图籍①。是图之存于古者,代有其书,而特以史部不收,则其力不能孤行于千古也。且其为体也，无文辞可以诵习，非纂辑可以约收；事存专家之学，业非文士所能；史部不与编摩，则再传而失其本矣。且如《三辅黄图》、《元和图志》②，今俱存书亡图，是岂一朝一夕故耶？盖古无镌木印书③，图学难以摹画；而竹帛之体繁重，则又难家有其编。马、班专门之学，不为裁定其体，而后人溯流忘源，宜其相率而不为也。解经多舛，而读史如迷，凡以此也。

【注释】

①萧何之收图籍：语出司马迁《史记》卷五十三《萧相国世家》："沛公至咸阳，诸将皆争走金帛财物之府，分之。何独先入收秦丞相御史律令图书，藏之……汉王所以具知天下厄塞户口多少强弱之处，民所疾苦者，以何具得秦图书也。"萧何（？—193），秦、汉之际沛县（今属江苏）人。曾任秦朝沛县吏。秦末辅佐刘邦参加反秦起义。刘邦攻占咸阳，萧何收取秦朝律令图书，从而掌握了全国的山川险要、郡县户口等情况。楚汉战争中，荐韩信为大将，以相国身份留守关中，输送士卒粮饷，支援作战，对刘邦战胜项羽起了重要作用。后封酂侯，论功居首。西汉建立后，负责制定律令制度。

②《元和图志》：《元和郡县图志》，唐李吉甫撰。唐宪宗元和八年（813）成书，按当时四十七节镇分镇记载，详尽有据。据《新唐书》卷五十八《艺文志》地理类著录："李吉甫《元和郡县图志》五十四卷。"至南宋陈振孙撰《直斋书录解题》卷八则著录为四十卷，当有部分志文散佚，图则全部散佚。是现存最早的地理总志。

③镌（juān）木：雕刻木板。镌，破木之器。

【译文】

唐、宋时期州郡的志书,大多用图经作为名称,而地理书包括地图,从萧何收集地图和户口薄开始。可知古代保存图,每个朝代都有这类书,只是因为史部书籍不收图,那么凭借图本身的力量不能独自流传千年。况且图的体例,没有文辞可以诵读,不是纂辑一类的书能够简略收录;图事属于专家的学问,不是文人所能做到;史部书籍不把它们编集起来,那么两传之后就失去它们的原本了。况且像《三辅黄图》、《元和郡县图志》,现在都是书保存下来而图亡佚了,这难道是一朝一夕的缘故吗? 大概古代没有刻板印书,图难以描摹绘画;而用来书写的竹帛物体繁重,却又难以家家有书。司马迁、班固专门的学术,不为图确立体例,后人沿流而忘记源头,难怪他们互相仿效而不做这件事。解释经书出现很多错误,而阅读史书如入迷雾,都是因为这个缘故。

近代方志,往往有图,而不闻可以为典则者,其弊有二:一则逐于景物,而山水摩画,工其绘事,则无当于史裁也。一则厕于序目凡例,而视同弁髦①,不为系说命名,厘定篇次,则不可以立体也。夫表有经纬而无辞说,图有形象而无经纬,皆为书志、列传之要删;而流俗相沿,苟为悦人耳目之具矣。则传之既久,欲望如《三辅黄图》、《元和图志》之犹存文字,且不可得,而况能补马、班之不逮,成史部之大观也哉②!

【注释】

①弁髦:髦弁。

②大观:景物的盛大壮观。

【译文】

近代的方志,往往附有图,而没有听说可以当做准则的原因,其中的弊病有两个:一个是追求景物,而山水的描画,在绘画技术上很精巧,就不适合史书的体例了。另一个是和序目、凡例放在一起,把图看做不需要戴的帽子一样,不给图添加文字定取名称,整理排定篇序,这就不能确立体例。表有经纬而没有文辞,图有形象而没有经纬,都是书志、列传的撮要删定;而流俗互相沿袭,随便当做悦人耳目的东西了。那么流传长久以后,期望像《三辅黄图》、《元和郡县图志》那样仍然保存文字,尚且不能做到,何况能补充司马迁、班固所没有做到的事情,构成史书的宏大规模呢?

　　图体无经纬,而地理之图则亦略存经纬焉。孟子曰:"行仁政,必自经界始。"《释名》曰①:"南北为经,东西为纬。"②地理之求经纬尚已。今之州县舆图,往往即楮幅之广狭③,为图体之舒缩;此则丹青绘事之故习,而不可入于史部之通裁也。今以开方计里为经,而以县乡村落为纬;使后之阅者,按格而稽,不爽铢黍④,此图经之义也。

【注释】

①《释名》:东汉刘熙撰。八卷,二十七篇。以音同、音近的字解释意义,推究事物命名的由来,是我国古代一部重要的训诂书。刘熙,字成国,东汉北海人。汉献帝建安年间,曾在交州任太守。吴人程秉、薛综,蜀人许慈,均师从问学。

②南北为经,东西为纬:刘熙《释名》释经纬,无此文字。语出《周礼·天官》"体国经野"孔颖达《疏》:"南北之道谓之经,东西之道谓之纬。"又《晋书》卷十四《地理志》曰:"南北为经,东西为纬。"

③楮(chǔ)幅：书页纸张的宽度。

④铢黍：古代重量单位。一百颗黍粒为一铢，二十四铢为一两。比
　喻数量极少。

【译文】

　　图的体例没有经纬，而绘制地理的图，那么也大致存在经纬。孟子
说："实行仁政，必须从经界开始。"《释名》说："南北一线叫做经，东西一
线叫做纬。"地理学寻求经纬，来源很久远了。现在的州县地图，往往依
照纸张的大小，作为图体的伸缩，这就是描摹绘画的古老习惯，而不可
列入史书的会通裁制。现在用计算面积里程作为经，用县乡村落作为
纬，让后世阅览方志的人按照格子而检查，不会相差丝毫，这就是图经
的意义。

永清县志建置图序例

【题解】

　　本篇阐述方志设立《建置图》的意义，并对具体作法提出改革主张。章学诚认为，官署等建置是施行典章制度的处所，可以从中窥见一代典制的内容。由图可知当时建置情况，进而有助于了解当时的典章制度。自《史记》、《汉书》以下，史书不立《建置图》，致使后世对历代礼仪典制只闻其名而不见其形，异说纷起，莫衷一是。章学诚鉴于前代方志虽有图而体例乖舛的现象，深入辨析体例，指出其内容应当根据建置与制度相关联的原则确定，包括城垣、县署、文庙、学署、祠庙、义仓等。至于图的方位，应当北在上而南在下，比较符合情理。对于旧方志中的八景及题咏之作，以及州县古迹、寺观与风景，章学诚更是大力抨击，一律排除在《建置图》之外。

　　《周官》象魏之法，不可考矣。后世《三辅黄图》及《洛阳宫殿》之图，则都邑、宫室之所由仿也。建章宫千门万户[①]，张华遂能历举其名[②]；郑樵以为观图之效，而非读书之效[③]，是则建制之图，所系岂不重欤？朱子尝著《仪礼释宫》[④]，以为不得其制，则仪节度数，无所附著。盖古今宫室异宜，学者求于文辞，而不得其解，则图缺而书亦从而废置矣。后之视今，亦犹今之视古。城邑衙廨⑤，坛壝祠庙⑥，典章制度，社稷民人所由重也⑦。不为慎著其图，则后人观志，亦不知所向往矣。迁、固以还，史无建置之图；是则元、成而后，明堂太庙⑧，所以纷纷多异说也。

【注释】

①建章宫千门万户：据《三辅黄图》卷二记载："武帝太初元年，柏梁殿灾。粤巫勇之曰：'粤俗，有火灾即复起大屋以压胜之。'帝于是作建章宫，度为千门万户。宫在未央宫西，长安城外。"建章宫故址，在今陕西长安县西。

②张华遂能历举其名：据《晋书》卷三十六《张华传》记载："[晋]武帝尝问汉宫室制度，及建章千门万户。华应对如流，听者忘倦，画地成图，左右属目。帝甚异之。"张华（232—300），字茂先，西晋范阳方城（今河北固安南）人。晋初任中书令、散骑常侍，力劝武帝定灭吴之计。惠帝时，历任侍中、中书监、司空。后为赵王伦和孙秀所杀。博览群书，强记多识，尤其熟悉典章制度。著有《博物志》。有集已佚，后人辑为《张司空集》。

③郑樵以为观图之效，而非读书之效：语出郑樵《通志》卷七十二《图谱略·原学》："张华，晋人也。汉之宫室，千门万户，其应如响，时人服其博物。张华固博物矣，此非博物之效也，见汉宫室图焉……使华不见图，虽读尽汉人之书，亦莫知前代宫室之出处。"

④《仪礼释宫》：南宋李如圭撰，考证古人宫室制度。朱熹文集中亦载此文。清代《四库全书总目》卷二十《仪礼释宫提要》以为朱熹曾经校定馆阁礼书，摘录此文备用，而编朱熹文集的人误认为朱

熹所撰，收入集中。据《章氏遗书》外编卷三《丙辰札记》亦曰：
"朱子《仪礼释官》，乃李兆珪之书，朱子尝录之耳。"兆珪当为如
圭之误。

⑤衙廨(xiè)：衙门，官署。

⑥坛壝(wéi)：坛是祭祀场地。壝是围绕坛的矮墙。也作为坛和墠
的统称。墠(shàn)，祭祀场地。

⑦社稷：语出《周礼·春官·大宗伯》："以血祭祭社稷、五祀、五
岳。"郑玄《注》曰："社稷，土、谷诸神，有德者配食焉。"社，土地之
神。稷，五谷之神。

⑧明堂：语出《礼记·明堂位》："明堂也者，明诸侯之尊卑也。"古代
帝王宣布政教的地方。举凡朝会、祭祀、庆典、选士、养老、教学
等大典，均在其中举行。

【译文】

《周礼》关于宫阙的制度，已经无法考知了。后世的《三辅黄图》和
《洛阳宫殿图》，就是记载都邑、宫室的开端。汉代建章宫千门万户，张
华竟然能一一说出它们的名称；郑樵认为是看图的效果，而不是读书的
效果，所以关于建置的图，所关系的事情难道不重要吗？朱子曾经著
《仪礼释官》，认为不了解宫室的制度，那么礼仪形式和规章制度，就没
有地方依附。大概古今宫室的制度不同，学者从文辞中探求，得不到解
释，于是图缺少而书也就跟着废弃了。后世看待今天，也就像今天看待
古代。城邑和官署，祭坛和祠庙，是典章制度，国家人民之所以重要的
依据。不为这些内容慎重地作图，那么后人看方志，也就不知道所向往
的东西了。司马迁、班固以来，史书没有建置方面的图，这就是汉元帝、
汉成帝以后，关于明堂和太庙众说纷纭的原因。

　　邵子曰："天道见乎南，而潜乎北；是以人知其前，而昧
其后也。"①夫万物之情，多背北而向南。故绘图者，必南下

而北上焉。山川之向背，地理之广袤②，列之于图，犹可北下而南上，然而已失向背之宜矣。庙祠衙廨之建置，若取北下而南上，则檐额门扉③，不复有所安处矣。华亭黄氏之隽④，执八卦之图，乾南居上，坤北居下⑤，因谓凡图俱宜南上者，是不知《河》、《洛》、《先、后天图》⑥，至宋始著，误认为古物也。且理数之本质，从无形而立象体，当适如其本位也。山川宫室，以及一切有形之物，皆从有象而入图，必当作对面观而始肖也。且如绘人观八卦图，其人南面而坐，观者当北面矣。是八卦图，则必南下北上，此则物情之极致也。无形之理，如日临檐，分寸不可逾也。有形之物，如鉴照影，对面则互易也，是图绘必然之势也。彼好言尚古，而不知情理之安，则亦不可以论著述矣。

【注释】

①邵子曰："天道见乎南，而潜乎北；是以人知其前，而昧其后也"：语出邵雍《皇极经世书》卷十三《观物外篇》："天见乎南，而潜乎北，极于六，而余于七，是以人知其前昧其后，而略其左右也。"邵子，邵雍（1011—1077），字尧夫，号安乐先生，北宋范阳（今河北涿州）人。幼年随父迁居卫州共城（今河南辉县），遂为河南人。屡次辞官不赴。曾从学李之才，根据《易传》关于八卦形成的解释，掺杂道教思想，形成先天象数之学。晚年迁居洛阳，与司马光、吕公著等过从甚密。卒谥康节。著作有《皇极经世》、《伊川击壤集》等书。

②广袤（mào）：广为宽度，东西的距离。袤为长度，南北的距离。

③檐：房屋的屋檐。额：悬挂在门屏之上的牌匾。扉：门扇。

④黄氏之隽：黄之隽（1668—1748），字石牧，号痦（wù）堂，清代江苏

华亭(今上海松江)人。清圣祖康熙六十年(1721)进士,改庶吉士。世宗雍正元年(1723),授编修,充日讲起居注官。五年(1727),因赃革职。曾纂修《江南通志》。著作有《瘖堂集》六十卷,《香屑集》十八卷。

⑤八卦之图,乾南居上,坤北居下:据朱熹《周易本义》所附《伏羲八卦方位图》记载,"乾一"居上,"坤八"居下。此即章学诚所谓"乾南居上,坤北居下",乃宋人所作之图,非宋以前之古物,不当据此定南上北下。

⑥《先、后天图》:宋初儒家学者认为伏羲八卦是先天之学,文王八卦是后天之学。邵雍继承陈抟至李之才的传授系统,根据《周易·说卦》中关于八卦方位的两种不同的说法,认为分别是先天卦位图与后天卦位图,制定出《先天图》、《后天图》等多种图式。《先天图》尤为著名,代表宇宙的构造,用来推测自然界和人事的变化。

【译文】

邵子说:"天道在南方显示出来,而在北方隐蔽;所以人们知道自己面前的物体,而不清楚自己后面的物体。"万物的情状,大多背朝北方而面向南方。所以绘图的人,一定让南方在下面而北方在上面。山川的朝向和背向,地域的宽度和长度,列在图上,还可以北方在下面而南方在上面,但是已经失去朝向和背向的适宜方法了。祠庙和官署的建置图,如果采取北方在下面而南方在上面的办法,那么屋檐、门匾和门扇,就不再有安置的地方了。华亭人黄之隽,依据八卦图,主张乾在南而位置在上面,坤在北而位置在下面,因而认为一切图都应该南方在上面,这是不知道《河图》、《洛书》、《先天图》、《后天图》,到宋代才显著,误认为是古代的遗物。况且义理和象数的本质,是从没有形状到树立形体,应当恰好符合它的本来位置。山川宫室,以及一切有形状的物体,都是从有形状而入图,一定要从对面观看才能相似。例如画人看八卦图,画像的人面朝南坐,看八卦图的人就应当面朝北坐了。所以八卦图,就一定南方在下面而北方在上面,这就是事理情状的最高境界。没有形状的道理,如同太阳对着屋檐,不能超越分寸;有形状的物体,如同镜子照出影子,对面就互相变换位置,这是图画必然的形势。那些喜爱谈论崇尚古代,却不知道情理是否妥当的人,那么也就不可以谈论著述了。

　　建置所以志法度也,制度所不在,则不入于建置矣。近代方志,或入古迹,则古迹本非建而置之也。或入寺观,则寺观不足为建置也。旧志之图,不详经制,而绘八景之图,其目有曰:南桥秋水,三塔春虹,韩城留角,汉庙西风①,西山叠翠,通镇鸣钟,灵泉鼓韵,雁口声嗈②。命名庸陋,构意勉强,无所取材;故志中一切削去,不留题咏,所以严史体也。且如风、月天所自有,春、秋时之必然,而强叶景物③,附会支离,何所不至。即如一室之内,晓霞夕照,旭日清风,东西南北,触类可名,亦复何取? 而今之好为题咏,喜竞时名,日异月新,逐狂罔觉,亦可已矣。

【注释】

①韩城留角,汉庙西风:据《章氏遗书》外编卷八《永清县志·舆地图·西乡古迹》记载:"韩淮阴城在县西八里。韩信平燕,筑城于此,遗址未湮。人称韩城留角,汉庙西风,旧志为八景之一,又称韩侯乡。八景之说无稽,今并删去。说见《建置叙例》。"

②嗈(yōng):鸟相互鸣和之声。

③叶(xié):通"协",协同,和谐。

【译文】

建置用来标记法令制度,制度不存在的地方,就不列入建置范畴了。近代的方志,有的收入古迹,然而古迹本来不是建造而设置;有的收入佛寺与道观,然而佛寺与道观不能当作建置。旧县志里的图,不详细表明制度,却绘画出八幅景物图,它们的名称叫做:南桥秋水,三塔春虹,韩城留角,汉庙西风,西山叠翠,通镇鸣钟,灵泉鼓韵,雁口声嘡。选取的名称平庸浅薄,构思命意附会勉强,没有可采用的地方;所以在新志中一概削除,不留题咏文字,用来严格史体。况且风月是自然界本来就有,春秋是时令的必然,而牵强拿来勉强配合景物,附会又散乱残缺,还有什么做不到的事情呢? 就拿一间屋子里面来说,朝霞夕照,旭日清风,东西南北,接触到的事都可以命名,又有什么可取用呢? 而现在那些爱好题咏,喜欢争竞一时的名声,时常喜好新鲜奇异,追随狂态而不觉察的人,也可以停止了。

永清县志水道图序例

【题解】

　　本篇序例主要说明方志中《水道图》命名的理由以及作《水道图》的必要性。所谓《水道图》，章学诚在《和州志》中名为《水利图》，可惜已经失传，没有留下序例文字。他从司马迁《史记》把记载水道的书命名为《河渠书》、班固《汉书》却命名为《沟洫志》而言，认为"河渠"之名胜于"沟洫"之称。因为"河渠"可以概括水道分布与水利设施，而"沟洫"本属于井田制度，《汉书》命名失当。所以后世史书沿用"河渠"之名，而不取班固"沟洫"之说。章学诚进一步指出，"河渠"之名也不能达到完美无瑕。因为《史记·河渠书》所说的"河"专指黄河而言，并不是泛指川流河道。后代史书沿用"河渠"之名泛称水系，是名不副实，故而应当命名为《水道图》。在今天看来，章学诚的认识也不无可议之处。司马迁所说的"河"虽为黄河专名，然而后世已经成为共名通称；班固的"沟洫"为井田之法，乃东汉应劭一家之说，而《论语·泰伯》赞誉大禹治水"尽力乎沟洫"，明指水利而言。这些地方，章学诚不免有泥古之嫌。

　　史迁为《河渠书》，班固为《沟洫志》[①]，盖以地理为经，而水道为纬。地理有定，而水则迁徙无常，此班氏之所以别《沟洫》于《地理》也[②]。顾河自天设，而渠则人为，迁以《河渠》定名,固兼天险人工之义;而固之命名《沟洫》,则《考工》水地之法,井田浍畎所为,专隶于匠人也③。不识四尺为洫,倍洫为沟④,果有当于瓠子决河、碣石入海之义否乎⑤?然则诸史标题,仍马而不依班,非无故矣。

【注释】

① 史迁为《河渠书》,班固为《沟洫志》:据刘知几《史通·书志》曰:"司马迁曰书,班固曰志……其义一也……古号《河渠》,今称《沟洫》。"《史记》名为《河渠书》,《汉书》名为《沟洫志》。

② 班氏之所以别《沟洫》于《地理》:班固《汉书》分别作《沟洫志》和《地理志》。

③ 《考工》水地之法,井田浍畎(kuài quǎn)所为,专隶于匠人也:语出《周礼·考工记》:"匠人为沟洫。耜广五寸,二耜为耦,一耦之伐,广尺深尺,谓之畎。田首倍之,广二尺深二尺,谓之遂。九夫为井,井间广四尺深四尺,谓之沟。方十里为成,成间广八尺深八尺,谓之洫。方百里为同,同间广二寻深二仞,谓之浍。"匠人,据《考工记》记载,主管营造宫室、城郭、沟洫。畎,田间的水沟。遂,小沟。洫,田间水道。浍,田间排水之渠。寻,长八尺为寻。仞,高或深八尺为仞。

④ 四尺为洫,倍洫为沟:据上引《考工记》记载,四尺为沟,八尺为洫。班固《汉书》卷二十九《沟洫志》颜师古《注》引应劭曰:"沟广四尺,深四尺。洫广、深倍于沟。"则此处章学诚引反,当曰四尺为沟,倍沟为洫。

⑤ 瓠子决河、碣石入海:据班固《汉书》卷二十九《沟洫志》记载,汉武帝元光三年(前132),黄河决入瓠子河,河水注入古巨野泽,通于淮河、泗水,下游广大地区泛滥成灾。元封二年(前109),武帝亲临治河,命汲黯、郑当时发数万人工堵塞。然而时堵时坏,瓠

子河遂无水。瓠子河，古水名，自今河南濮阳南分黄河水东出，在山东注入济水。又据《尚书·禹贡》记载："太行、恒山，至于碣石，入于海。"碣石山，其地说法不一致，一般认为在河北昌黎。

【译文】

司马迁作《史记·河渠书》，班固作《汉书·沟洫志》，大概用地理作经，而用水道作纬。地理有稳定性，而水却迁移不定，这就是班氏把《沟洫志》同《地理志》区别开来的原因。只是河天然形成，而渠却为人造，司马迁用《河渠》确定名称，本来兼有天险和人工的意思；而班固用《沟洫》的名称，那么按照《周礼·考工记》水道和田地的制度，井田之中浍、畎的开凿，专门属于匠人。不知道四尺作洫，八尺作沟，果真适合瓠子河段黄河决口、河水从碣石山流入海的意思吗？那么各代史书关于水道的标题，沿用司马迁的定名而不依照班固的定名，不是没有缘故了。

河为一渎之名[①]，与江、汉、淮、济等耳。迁书之目《河渠》，盖汉代治河之法，与郑、白诸渠缀合而名[②]，未尝及于江、淮、汶、泗之水[③]，故为独蒙以河号也。《宋》、《元》诸史，概举天下水利，如汴、洛、漳、蔡、江、淮圩闸[④]，皆存其制，而其目亦为《河渠》，且取北条诸水，而悉命为河，不曰汴而曰汴河，不曰洛而曰洛河之类，不一而足。则几于饮水而忘其源矣。《水经》称诸水，无以河字作统名者。夫以一渎之水，概名天下穿渠之制，包罗陂闸[⑤]，虽曰命名从古，未免失所变通矣。孟子曰："禹之治水，水之道也。"[⑥]倘以水为统名，而道存制度，标题入志，称为水道，不差愈乎？永定河名，圣祖所锡[⑦]；浑河、芦沟[⑧]，古已云然；题为河渠，是固宜矣；然减水、哑吧诸水[⑨]，未尝悉入一河，则标以《水道》，而全县之水，皆可概其中矣。

【注释】

①河为一渎之名:语出《尔雅·释水》:"江、河、淮、济为四渎。"我国古代以长江、黄河、淮河、济水为四渎。渎,大川。

②郑、白诸渠:郑指郑国渠。白指白渠。先秦时期,秦王嬴政采纳韩国水利专家郑国的建议,开渠引泾水东流,进入渭水支流,名为郑国渠。渠长三百多里,灌溉田地四万余顷(约合今二百八十万亩),使关中平原成为沃野。西汉武帝时期,采用赵国中大夫白公的建议,引泾水东南流,进入渭水,名为白渠。全长约二百里,灌溉土地一千五百余顷(约合今二十八万亩),民得其利。

③未尝及于江、淮、汶、泗之水:章学诚此说不确,司马迁《史记》卷二十九《河渠书》亦言"襃水通沔,斜水通渭"。襃水、沔水、斜水皆称水而不称河,司马迁并非仅论治河而不及渠。汶水源出山东莱芜市北原山,向西南流。古汶水至梁山东南流入济水。今名大汶水或大汶河,主流注入东平湖,北入黄河。泗水源出山东泗水县东的蒙山。古泗水流至今江苏清江市西南注入淮河,长一千余里。金、元以后,中下游或为黄河所夺,或成为大运河一部分,仅余济宁鲁桥以上河段称泗水。

④汴、洛、漳、蔡:汴水又称汴渠,源出今河南荥阳西南,向东流经开封,通向江苏徐州,注入淮河。魏、晋时期为中原通向东南的水运干道。隋开通济渠,自荥阳至开封一段即汴水。唐、宋时期,把荥阳至入淮一段统称汴水。金、元以后,全部为黄河所夺。洛水源出陕西华山,向东流经河南西部,在偃师纳伊水,至巩义洛口汇入黄河,全长八百多里。漳水,漳河。蔡河本古沙水,为古鸿沟,从河南开封流至今安徽怀远南汇入淮河。隋、唐以后下游由今淮阳东南流入颍水。五代后周显德中自开封城东导汴水入蔡。北宋太祖建隆初年又自开封西南导闵水合蔡。自后蔡河即以闵水为源,闵、蔡连为一体。太祖开宝中改闵水为惠民河,亦

通称蔡河为惠民河。元、明时期屡为黄河所夺,故道淤塞,仅存淮阳以下入颍一段。

⑤陂(bēi):池塘,圩岸。

⑥禹之治水,水之道也:语出《孟子·告子下》。

⑦永定河名,圣祖所锡:永定河即桑干河,古称㶟水,源出山西北部管涔山,流经河北怀来进入北京,至天津汇入海河。由于含沙量大,河水浑浊,又称浑河。下游经常淤塞,河道迁移不定,有无定河之称。清圣祖康熙三十七年(1698)疏浚筑堤,定名永定河。圣祖,爱新觉罗·玄烨。年号康熙。锡,赐予。

⑧浑河、芦沟:据《章氏遗书》外编卷八《永清县志·水道图》记载:"永定河即桑干河,古㶟水也。以其水浊,故曰浑河。以其色黑,故曰卢沟河。"

⑨减水、哑吧诸水:减水即减河,为分泄永定河洪水而人工开挖的河道,以减杀水势,故名。据《永清县志·水道图》记载,永定河北岸减河,本为古河,清高宗乾隆四年(1739),北岸建筑草坝,疏古河为草坝减河。另据《永清县志·水道图》记载,哑吧水即永定河北岸哑吧河,上无来源,自固安县境经东安县境,入永清县境,复归东安县境,汇入干沟河。

【译文】

黄河是一条大水道的名称,和长江、汉水、淮水、济水相等而已。司马迁《史记》题作《河渠书》,大概把汉代治理黄河的方法,和郑国渠、白渠等渠连缀在一起称呼,未尝提到长江、淮水、汶水、泗水等河流,所以单独加上"河"的名称。《宋史》、《元史》等史书,概括举出全国的水利,例如汴水、洛水、漳水、蔡水、长江、淮水的圩岸、水闸,都存留下它们的制度,标题也叫做《河渠志》,而且把北方水系的各条水道,全部命名为"河",不叫汴水而叫汴河,不叫洛水而叫洛河之类,不一而足。这就近于饮水而忘记水的源头了。《水经》称呼各条水道,没有用"河"字作统称的情况。用一条水道的名称，通称天下凿渠的制度，包括堤岸、水闸，虽说是随着古代的先例起名称，未免不能变通了。孟子说："大禹治水，是顺着水的本性疏导而行。"假如用"水"作为统称，而用"道"保存制度，标明题目写进志里，称作"水道"，不是比原来的名称更好吗？永定河的名称，是圣祖皇帝赐予的称呼；浑河、芦沟河，古代已经这样称呼；题名为"河渠"，这本来是适当的做法。然而减水、哑吧水等水流，未尝都流入一条河，那么，用《水道图》作标题，而全县的水流，都可以包括在这当中了。

　　地理之书，略有三例，沿革、形势、水利是也。沿革宜表，而形势、水利之体宜图，俱不可以求之文辞者也。迁、固以来，但为书志，而不绘其图，是使读者记诵，以备发策决科之用尔。天下大势，读者了然于目，乃可豁然于心。今使论事甚明，而行之不可以步，岂非徇文辞而不求实用之过欤？

【译文】

　　记载地理的书，大致有三种体例，就是沿革、形势、水利。沿革适宜作表，而形势、水利的性质适宜作图，都不可以求助于文辞。司马迁、班固以来，史书仅仅作书志，却不绘图，这是让读者记诵文字，用来准备科举考试使用而已。天下的山川地貌，读者清楚地看在眼里，才能够在心里通晓。现在让谈论事情很明白，而实行起来不能举步，难道不是屈从文辞而不求实用的过失吗？

　　地名之沿革，可以表治，而水利之沿革，则不可以表治也。盖表所以齐名目，而不可以齐形象也。图可得形象，而形象之有沿革，则非图之所得概焉。是以随其形象之沿革，而各为之图，所以使览之者可一望而周知也。《禹贡》之纪地理，以山川为表，而九州疆界，因是以定所至①。后儒遂谓山川有定，而疆界不常②，此则举其大体而言之也。永定河形屡徙，往往不三数年，而形势即改旧观，以此定界，不可明也。今以村落为经，而开方计里，著为定法，河形之变易，即于村落方里表其所经，此则古人互证之义也。

【注释】

①《禹贡》之纪地理，以山川为表，而九州疆界，因是以定所至：语出《尚书·禹贡》："济、河惟兖州……海、岱惟青州……海、岱及淮惟徐州……淮、海惟扬州……荆及衡阳惟荆州……荆、河惟豫州……华阳、黑水惟梁州……黑水、西河惟雍州。"皆举山川为表，以定九州所至。

②疆界：语出《诗经·周颂·思文》："无此疆尔界，陈常于夏时。"意为国界，地界。这里指行政区划的边界。

【译文】

地名的沿革，可以用表处理，而水利的沿革，就不能用表处理。大概表是用来整齐各种名目，却不能用来使形象整齐。图可以保留形象，而形象若有沿革，就不是图所能包括了。所以随着水道形象的沿革，而各作一图，用来使看图的人能一眼看过而遍知。《禹贡》记载地理的方法，用山川作为标志，而九州的疆界，根据山川位置来确定地界所到达的方位。后世儒家学者于是说山川固定，然而政区边界变化不常，这是列举主要方面而说的情况。永定河形状多次变动，往往没过几年，形势就改变了原来的样子，如果根据这条河确定政区边界，就不能弄清楚。现在用村庄作经，而把计算面积里程，规定为固定的方法，河流形状的改变，就在村庄和面积里程中表示它所经过的地方，这就是古人互相证明的宗旨。

志为一县而作，水之不隶于永清者①，亦总于图，此何义耶？所以明水之源委，而见治水者之施功有次第也。班史止记西京之事，而《地理》之志，上溯《禹贡》、《周官》②，亦见源委之有所自耳。然而开方计里之法，沿革变迁之故，止详于永清，而不复及于全河之形势，是主宾轻重之义。滨河州县，皆仿是而为之，则修永定河道之掌故，盖秩如焉。

【注释】

①水之不隶于永清者：流经永清县境内的河流，有的发源于本县随即出境，有的从境外而来随即消失，皆不隶属永清县。

②《地理》之志，上溯《禹贡》、《周官》：语出班固《汉书》卷二十八上《地理志上》："先王之迹既远，地名又数改易，是以采获旧闻，考迹《诗》、《书》，推表山川，以缀《禹贡》、《周官》、《春秋》，下及战国、秦、汉焉。"

【译文】

县志是为一个县而作，河流不属于永清县境的部分，也包括在图中，这是什么意思呢？是要用来表明河流的源头和尾流，而看出治水的人施行工程有顺序。班固《汉书》只记载西汉的事，而《地理志》上溯到《禹贡》、《周礼》，也表现出叙事的始末首尾有由来。然而计算面积里程的方法，沿革变迁的缘故，只详细记载永清县境内的内容，而不再涉及整条河道的形势，这是主与宾有轻有重的意思。沿河的州县，都仿照这样做，那么编撰治理永定河河道的章程和旧事，大概就有条理了。

永清县志六书例议

【题解】

本篇篇题的命名,与《章氏遗书》外编卷九《永清县志》命名不同。后者将本篇内容作为《吏书》第一序例,以下尚有《户书》第二、《礼书》第三、《兵书》第四、《刑书》第五、《工书》第六等五篇序例,本书则未收录。综观文意,这篇内容实为针对六书整体而言,所以本书的篇题命名也有道理。章学诚认为,正史的书志,应当以一代典章制度为纲领。他批驳了唐代刘知几《史通·书志》所谓出于三《礼》和宋代郑樵《通志·总序》所谓起于《尔雅》的观点。指出史家书志一体,源于古代《官礼》之遗。章学诚在《丙辰札记》中曾经明确指出:"刘氏《史通》知书志为三《礼》之遗,不知《史记》之《天官》、《平准》名篇,乃是官名。班固改《天官》为《天文》,改《平准》为《食货》,全失《官礼》之意矣。尝议书志一体,实《官礼》之遗,非三《礼》之遗也。"他还详细解释书志记载典章制度与保存掌故的《会要》、《会典》之间的关系,指出书志以记载典章制度作为纲纪,对掌故取其要纲,而具体内容和制度原委则载于《会要》、《会典》,相辅而行。对于方志编纂,章学诚认为必须与正史对应,也应当因地制宜,以记载地方官制为纲领,并撰六书序例加以阐述。

史家书志一体,古人《官礼》之遗也。周礼在鲁,而《左氏春秋》,典章灿著,不能复备全官,则以依经编年,随时错见,势使然也。自司马八书①,孟坚十志②,师心自用③,不知六典之文,遂使一朝大典,难以纲纪。后史因之,而详略弃取,无所折衷,则弊之由来,盖已久矣。

【注释】

①司马八书:司马迁《史记》八书,分别为《礼书》、《乐书》、《律书》、《历书》、《天官书》、《封禅书》、《河渠书》、《平准书》。

②孟坚十志:班固《汉书》十志,分别为《律历志》、《礼乐志》、《刑法志》、《食货志》、《郊祀志》、《天文志》、《五行志》、《地理志》、《沟洫志》、《艺文志》。

③师心自用:以己意为师,不拘守成法。

【译文】

史学家书志这一体例,是古代《周礼》制度的遗留。周代礼制保存在鲁国,而《春秋左氏传》,对于显著的典章制度,不能完备记载全部官制,就是因为依据《春秋》经编年的方法,使它们随着时事交错出现,这是事势造成这样的局面。自从司马迁的八书,班固的十志,放纵心意自创义例,不通晓周代六典的内容,于是使两汉一个朝代的典章制度,难以掌握要领。后世的史书沿袭不改,而详细和简略、舍弃和采取,没有判断的准则,那么弊病的由来,大概已经很久了。

　　郑樵尝谓书志之原,出于《尔雅》①。彼固特著《六书》、《七音》、《昆虫草木》之属,欲使经史相为经纬,此则自成一家之言可也。若论制作,备乎《官礼》,则其所谓六书、七音,名物训诂,皆本司徒之属,所谓师氏、保氏之官,是其职矣②。而大经大法,所以纲纪天人而敷张王道者,《尔雅》之义,何足以尽之？《官礼》之义大，则书志不得系之《尔雅》，其理易见者也。

【注释】

①郑樵尝谓书志之原，出于《尔雅》：语出郑樵《通志·总序》："志之大原，起于《尔雅》。司马迁曰书，班固曰志，蔡邕曰意，华峤曰典，张勃曰录，何法盛曰说，余史并承班固谓之志，皆详于浮言，略于事实，不足以尽《尔雅》之义。"

②师氏、保氏之官，是其职矣：据《周礼·地官》记载，师氏和保氏掌管国子教育，其内容为礼、乐、射、御、书、数六艺，包括六书、七音。

【译文】

郑樵曾经说书志的根源，语出《尔雅》。他于是特地撰写《六书略》、《七音略》、《昆虫草木略》等篇，想要让经和史互相经纬，这作为自己的一家之言当然可以。至于说到制度，完备保存在《周礼》，那么郑樵所说的六书、七音，是名物度数的解释，都来自司徒的下属，就是所说的师氏、保氏的官员，这是他们的职责了。而根本的制度法规，是用来管理自然和人事而传布宣扬王道政治，《尔雅》的宗旨，怎么能够包括它呢？《周礼》的宗旨宏大，那么书志不能归属于《尔雅》，这个道理显而易见。

宇文仿《周官》①，唐人作《六典》②，虽不尽合乎古，亦一代之章程也。而牛宏、刘昫之徒③，不知挈其纲领，以序一代之典章，遂使《会要》、《会典》之书④，不能与史家之书志合而为一，此则不可不深长思者也。

【注释】

①宇文仿《周官》:西魏宇文泰辅政,令苏绰、卢辩依《周礼》改定官
制,设六卿之官。恭帝三年(556)正月,实行新官制。当年宇文
泰之子宇文觉取代西魏,建立北周。

②唐人作《六典》:旧题唐玄宗撰、李林甫等奉敕注《唐六典》。

③牛宏、刘昫:牛弘(545—601),字里仁,安定鹑觚(今甘肃灵台北)
人。北周时期,曾掌文翰。隋文帝开皇年间,历任秘书监、礼部
尚书等职。受命修撰《五礼》、《大业律》。另撰《周纪》十八卷,后
世不传。刘昫(888—947),字耀远,五代涿州归义(今河北雄县
西北)人。后唐庄宗即位,拜太常博士,官翰林学士。明宗时期,
任宰相。后晋时期,继任宰相,监修国史。后晋开运二年(945),
史官赵莹、张昭远等奉诏修撰《唐书》,书成,由刘昫领衔进呈。

④《会要》、《会典》:专门记载一代典制之书,唐、宋时期称为《会
要》,明、清时期称为《会典》。

【译文】

北周宇文氏仿照《周礼》,唐代人编纂《六典》,虽然不完全符合古代
制度,也是一个朝代的典章程式。然而牛弘、刘昫等人,不知道提纲挈
领,来编排一代的典章制度,于是使《会要》、《会典》一类的书,不能和史
书的书志合为一体,这就不能不深远地思考了。

　　古今载籍,合则易存,分则难恃。如谓掌故备于《会
要》、《会典》,而史中书志,不妨意存所重焉,则《汉志》不用
汉官为纲领,而应劭之《仪》①,残缺不备;《晋志》不取晋官为
纲领,而徐宣瑜之《品》,徐氏有《晋官品》②,亡逸无存,其中大
经大法,因是而不可窥其全体者,亦不少矣。且意存所重,
一家私言,难为典则。若文章本乎制作,制作存乎官守③;推

而至于其极，则立官建制，圣人且不以天下为己私也；而载
笔之士，又安可以己之意见为详略耶？

【注释】

①应劭之《仪》：应劭所撰《汉官仪》。

②徐氏之《晋官品》：据《隋书》卷三十三《经籍志》职官类著录："梁
　有徐宣瑜《晋官品》一卷……亡。"

③制作存乎官守：底本原脱"制作"二字，叶瑛《文史通义校注》据
　《章氏遗书》外编卷九《永清县志吏书序例》校补。

【译文】

　　从古到今的书籍，合在一起就容易保存，分散开来就难以倚仗。如
果认为掌故保存在《会要》、《会典》里，而史书中的书志，不妨凭心意保
存所重视的内容，那么《汉书》的志不用汉代官制作纲领，而应劭的《汉
官仪》残缺不完备；《晋书》的志不取晋代官制作纲领，而徐宣瑜的《晋官
品》，徐氏著有《晋官品》，亡逸没有保存下来。其中根本的制度法规，由
于这个原因而不能够观察到它们的整体情况，也不少了。况且凭心意
保存所重视的内容，是一家的个人言论，难以当作法则。如果文章根据
制度，制度保存在官府，推广而达到极致，那么设置官职建立制度，圣人
尚且不把天下当做自己的私有之物，而笔削记载的人，又怎么可以凭自
己的意见决定详细或简略呢？

　　书志之体宜画一，而史家以参差失之；列传之体本参
差，而史家以画一失之。典章制度，一本《官礼》，体例本截
然也，然或有《天官》而无《地理》①，或分《礼》、《乐》而合
《兵》、《刑》②，不知以当代人官为纲纪，其失则散。列传本乎
《春秋》，原无定式，裁于司马，略示区分。抑扬咏叹，予夺分

合,其中有《春秋》之直笔,亦兼诗人之微婉,难以一概绳也。后史分别门类,整齐先后,执泥官阀③,锱铢尺寸,不敢稍越,其失则拘。散也,拘也,非著作之通裁也。

【注释】

①或有《天官》而无《地理》:司马迁《史记》八书有《天官书》无《地理书》。

②或分《礼》、《乐》而合《兵》、《刑》:司马迁《史记》分别有《礼书》、《乐书》,班固《汉书》则合为《礼乐志》,又有《刑法志》,兼叙兵制。

③官阀:语出范晔《后汉书》卷六十五《郑玄传》:"[应劭]因自赞曰:'故太山太守应仲远北面称弟子如何?'玄笑曰:'仲尼之门,考以四科,回、赐之徒不称官阀。'"意为官阶门第。

【译文】

书志的体例应当整齐一致,而史学家以参差不齐造成失误;列传的体例本来参差不齐,而史学家以整齐一致造成失误。典章制度,完全根据《周礼》,体例本来截然分明,然而有的史书有《天官书》而没有《地理书》,有的史书分设《礼书》、《乐书》而合兵制于《刑法志》,不知道用当代的官制作为纲要统纪,他们的过失就是散乱。列传来源于《春秋》,本来没有固定的格式,经过司马迁裁定,大致表示区别;抒发情调有抑扬有感叹,记载人物或褒贬或分合,其中有《春秋》的据事直书,又兼有《诗经》诗人的含蓄婉转,很难用一个标准衡量。后世的史书分别门类,使前后整齐划一,拘泥于官职门第,极其微小的事情,不敢稍微越过界限,他们的过失就是拘泥。散乱,拘泥,不是著作的会通体裁。

州县修志,古者侯封一国之书也①。吏、户、兵、刑之事,具体而微焉②。今无其官而有吏,是亦职守之所在,掌故莫备于是,治法莫备于是矣。且府史之属,《周官》具书其数,《会典》亦存其制③,而所职一县之典章,实兼该而可以为纲领;惟其人微而缙绅所不道,故志家不以取裁焉。然有入境而问故④,舍是莫由知其要,是以书吏为令史,首领之官曰典史。知令史、典史之史,即纲纪掌故之史也,可以得修志之要义矣。

【注释】

①侯封一国:古代封国之君分为五等爵位,依次为公、侯、伯、子、男。此处泛指诸侯的封国。

②吏、户、兵、刑之事,具体而微焉:古代吏、户、礼、兵、刑、工,在朝廷曰六部,在州县曰六房,仅仅是规模大小的差异,性质完全相同。

③《会典》亦存其制:明、清《会典》记载,吏部辖吏员,州吏首领为吏目,县吏首领为典史。

④入境而问故:语出《礼记·曲礼上》:“入竟而问禁,入国而问俗。”竟,通“境”。故,掌故。

【译文】

　　州县编修方志,相当于古代一个诸侯国的史书。吏、户、兵、刑的事务,整体具备而规模稍小。现在州县没有吏、户、兵、刑官而只有吏,这也是州县职守的所在,掌故没有地方比这里完备,治理方法也没有地方比这里完备了。况且府史之类,《周礼》全部记载他们的数目,《会典》也保存着这一制度,而所主管一个县的典章,实际上全面具备而且能够当做纲领;只是这些人地位低微不被官僚绅士提起,所以纂修方志的人不用这些内容来取裁。然而有入境询问掌故的人,离开这些内容就没有途径知道大要梗概,所以书吏称作令史,他们的首领之官叫做典史。知道令史、典史的史，就是管理掌故的史，就可以把握编修方志的主要宗旨了。

　　今之州县，繁简异势，而掌故令史，因事定制，不尽皆吏、户、兵、刑之六曹也①。然就一县而志其事，即以一县之制定其书，且举其凡目，而愈可以见一县之事势矣。案牍簿籍无文章，而一县之文章，则必考端于此，常人日用而不知耳。今为挈其纲领，修明其书，使之因书而守其法度，因法而明其职掌，于是修其业而传授得其人焉，古人所谓书契易而百官治②，胥是道也。

【注释】

①六曹：隋朝称吏、户、礼、兵、刑、工六部为六曹。唐代府、州、县佐史亦分六曹，分别称为功曹、仓曹、户曹、兵曹、法曹、士曹。明、清时期六曹也称吏、户、礼、兵、刑、工，与中央六部之名相对应。

②书契易而百官治：语出《周易·系辞下》："上古结绳而治，后世圣人易之以书契，百官以治，万民以察。"

【译文】

　　现在的州县，事情的繁简情况不同，而掌故、令史，根据事情确定制度，不完全都是吏、户、兵、刑等六曹。不过按照一县记载县里的事，就用一县的制度确定方志的体例，并且举出一县大纲细目，那就更加可以看出一县的情况了。文书簿册没有文采可言，而一县的文采，就一定要从这里考察开端，平常人天天运用却不知道罢了。现在为他们提纲挈领，纂修方志之书，使他们依据志书遵守法度，依据法度明确职守，于是整饬他们的职业传授给适当的人，古人所说的文字代替结绳，百官用它们治理政事，全是这个道理。

　　或谓掌故之书,各守专官,连床架屋①,书志之体所不能该,是以存之《会典》《会要》,而史志别具心裁焉。此亦不可谓之知言也。《周官》挈一代之大纲,而《仪礼》三千②,不闻全入《春官》;《司马法》六篇,不闻全入《夏官》;然存宗伯、司马之职掌,而礼、兵要义,可以指掌而谈也。且如马作《天官》③,而太初历象,不尽见于篇籍也。班著《艺文》④,而刘歆《七略》,不尽存其论说也。史家约取掌故,以为学者之要删,其与专门成书,不可一律求详,亦其势也。既不求详,而又无纲纪以统摄之,则是散漫而无法也。以散漫无法之文,而欲部次一代之典章,宜乎难矣!

【注释】

①连床架屋:语出颜之推《颜氏家训》卷上《序致》:"魏、晋以来,所著诸子,理重事复,递相模敩,犹屋下架屋,床上施床耳。"比喻内容重复累赘。

②《仪礼》三千:据班固《汉书》卷三十《艺文志》礼类记载:"礼经三百,威仪三千。"颜师古《注》曰:"威仪三千,乃谓冠、婚、吉、凶,盖《仪礼》是也。"

③马作《天官》:司马迁《史记》卷二十七《天官书》。

④班著《艺文》:班固《汉书》卷三十《艺文志》。

【译文】

有人说掌故的书,是各自守住专门官职,多得像床上施床和屋上架屋,正史书志的体例所不能包括,所以把它保存在《会典》《会要》里,而史书的志另外又匠心独运。这也不能叫做有见识的言论。《周礼》提举一代制度的大纲,而《仪礼》三千条,没听说全部收入《春官》;《司马法》六篇,没听说全部收入《夏官》;然而《周礼》保存了春官宗伯、夏官司马的职掌,而礼、兵方面的主要宗旨,可以凭借《周礼》拍着手掌谈论。况且像司马迁作《天官书》,而汉武帝太初时期的历法,不能完全在篇中见到。班固著《艺文志》,而对刘歆的《七略》,不能完全保存他的论说。史学家对掌故选取要点,当做学者的撮要删定,这和按照专一门类撰成的书相比,不能同样追求详细,这也是它自身的趋势。既不能追求详细,而又没有纲领来统摄它,就是散乱而没有法则。用散乱没有法则的文字,却分类编排一个朝代的典章,怪不得困难了!

　　或谓求掌故于令史,而以吏、户、兵、刑为纲领,则纪、表、图、书之体,不可复分也。如选举之表当入《吏书》,河道之图当入《工书》,充类之尽,则一志但存六书而已矣①,何以复分诸体也? 此亦不可谓之知言也。古人著书,各有义类;义类既分,不可强合也。司马氏本周谱而作表,然谱历之书,掌之太史,而旁行斜上之体,不闻杂入六典之中。盖图谱各有专书,而书志一体,专重典章与制度,自宜一代人官为统纪耳。非谓专门别为体例之作,皆杂其中,乃称隐括也。且如六艺皆周官所掌,而《易》不载于太卜,《诗》不载于太师,然三《易》之名,未尝不见于太卜;而四《诗》之目②,则又未尝不著于太师也,是其义矣。

【注释】

①六书:据《章氏遗书》外编卷九《永清县志》六书,一曰吏书,二曰户书,三曰礼书,四曰兵书,五曰刑书,六曰工书。

②四《诗》之目:据《周礼·春官》记载,太师"教六诗,曰风,曰赋,曰比,曰兴,曰雅,曰颂"。故"四《诗》"当作"六《诗》"。

【译文】

有人说从令史那里寻求掌故，而用吏、户、兵、刑等作纲领，那么纪、表、图、书的体例，不能再区分了。例如《选举表》应当归入《吏书》，《河道图》应当归入《工书》，以此类推到极致，那么一部方志只保留六书就行了，为什么又分成各种体例呢？这种观点也不能叫做有见识的言论。古人著书，各有类别；类别已经分开，不能勉强合并。司马迁依据周人的谱牒作表，但谱牒一类书由太史掌管，而横排斜线的表体，没听说混杂进六典里面。大概图和谱各有专门的书，而书志这种体例，专门重视典章和制度，自然应该以一代的官职作为纲要统纪。不是说专一门类而另外制定体例的著作，都混杂在里面，才被称作剪裁编撰。况且像六经都是周代官员所掌管的书籍，而《周易》的内容不记载在太卜之官，《诗经》的内容不记载在太师之官，然而三《易》的名称，未尝不出现在太卜名下；四《诗》的名称，又未尝不出现在太师名下，这就是著述的宗旨了。

六卿联事，交互见功，前人所以有《冬官》散在五典之疑也①。州县因地制宜，尤无一成之法，如丁口为户房所领②，而编户烟册③，乃属刑房；以烟册非赋丁，而立意在诘奸也④。武生武举隶兵部，而承办乃在礼房；以生员不分文武，皆在学校，而学校通于贡举也。分合详略之间，求其所以然者而考之，何莫非学问耶？

【注释】

①《冬官》散在五典之疑：《周礼》原失《冬官》，汉人以《考工记》补入。宋代俞庭椿撰《周礼复古编》，认为《冬官》并未亡佚，而是分散在《天官》等五官之中。

②丁口为户房所领：中国古代规定承担赋役的成年男子称丁，女子称口。明、清时期，府、州、县设有吏、户、礼、兵、刑、工六房，又称六曹，分别负责地方行政事务的管理，并与朝廷六部相对应。

③编户：编入户籍的平民。烟册：烟户册，即户籍簿。烟户为户籍总称，清代烟户有民户、军户、匠户、灶户、流户、回户、番户、羌户、苗户、猺户、黎户、夷户十二类。

④诘奸：语出《左传·昭公十四年》："赦罪戾，诘奸慝。"诘，责问，审查。奸慝，犯奸作科的不宄行为。

【译文】

六卿联合办事，相互表现功效，前人因此有《冬官》分散在《周礼》其他五官里面的怀疑。州县根据当地的情况制定适宜规定，尤其没有固定不变的方法，例如人丁户口由户房统管，而编民户籍的烟册，却归属刑房，因为烟册不是向人丁征收赋税，而用意在于审查邪恶犯罪。武生武举隶属兵部，而承办却在礼房；因为生员不分文武，都在学校，而学校和贡举相通。分离与合并、详细和简略之间，探求它们之所以这样的原并加以考察，哪里没有学问呢？

永清县志政略序例

【题解】

本篇所论述的《政略》，大体相当于通行方志的名宦部分，按时代先后概述地方官的治绩。章学诚对方志性质的认识明显不同于他人，主张方志是国史的基础，所以应当记载一方之政要，不能仅仅以风流文采为文章儒雅之能事。他指出通行方志对名宦的编排存在失误，一是人物不应分类编纂，名宦不应该与乡贤同在列传，应别出一类；二是通行方志的职官部分详尽记载政绩，而名宦部分仅记姓名，应当以职官作为名宦的纲目。章学诚之所以把《政略》置于列传之前，是因为地方官以治绩为重，可以临莅邦人，冠冕列传。他强调《政略》之体应当直而简，义取谨严，意存补救，同时还列举《政略》记事有七难，惟知其难而更应慎重，并且在修志实践中最大限度弥补旧有方志的缺陷，取得了显著效果。

近代志家，以人物为纲，而名宦、乡贤、流寓诸条，标分为目，其例盖创于元、明之《一统志》①。而部、府、州、县之国别为书，亦用《统志》类纂之法，可谓失其体矣。夫人物之不当类纂，义例详于列传首篇；名宦之不当收于人物，则未达乎著述体裁，而因昧于权衡义理者也。古者侯封世治，列国自具《春秋》,羊舌肸《晋春秋》[2],《墨子》所引《燕春秋》[3]。则君临封内,元年但奉王正而已。至封建罢而郡县,守令承奉诏条,万里之外,亦如畿内守土之官,《甘棠》之咏召公[4],郑人之歌子产[5],马、班《循吏》之传,所以与时为升降也。若夫正史而外,州部专书,古有作者,义例非无可绎。梁元帝有《丹阳尹传》,《隋志》凡十卷。贺氏有《会稽太守赞》[6],《唐志》凡二卷。唐人有《成都幕府记》[7],《唐志》凡二卷,起贞元,讫咸通。皆取莅是邦者,注其名迹。其书别出,初不与《广陵烈士传》、华隔撰,见《隋志》。《会稽先贤传》、谢承撰,见《隋志》。《益部耆旧传》[8],陈寿撰,见《隋志》。猥杂登书。是则棠阴长吏,与夫梓里名流,初非类附云龙,固亦事同风马者也。叙次名宦,不可与乡贤同为列传,非第客主异形,抑亦详略殊体也。长吏官于斯土,取其有以作此一方,兴利除弊,遗德在民,即当尸而祝之。否则学类颜、曾[9],行同连、惠[10],于县无补,志笔不能越境而书,亦其理也。如其未仕之前,乡评未允,去官之后,晚节不终,苟为一时循良,便纪一方善政。吴起杀妻,而效奏西河[11],于志不当追既往也。黄霸为相,而誉减颍川[12],于志不逆其将来也。以政为重,而他事皆在所轻;岂与斯土之人,原始要终,而编为列传者,可同其体制欤?

【注释】

①元、明之《一统志》:《大元大一统志》和《大明一统志》。《大元大一统志》一千三百卷,孛兰肸(xī)、岳铉等主持修撰,元成宗大德七年(1303)成书。《大明一统志》九十卷,李贤等修撰,体例仿照《大元大一统志》,明英宗天顺五年(1461)成书。

②羊舌肸《晋春秋》:语出《国语·晋语七》:"[司马侯]曰:'羊舌肸
习于《春秋》。'"羊舌肸,叔向。春秋时晋国大夫,平公时为太子
彪太傅。

③《墨子》所引《燕春秋》:语出《墨子·明鬼下》:"著在燕之《春
秋》。"

④《甘棠》之咏召(shào)公:《甘棠》即《诗经·召南·甘棠》。召公,
又称召伯,名奭。采邑在召(今陕西岐山西南)。辅佐周武王灭
商,被封于燕,为燕国的始祖。成王时与周公旦共同辅政,分陕
而治。

⑤郑人之歌子产:据《左传·襄公三十年》记载,子产治理郑国,三
年大治,民众歌颂说:"我有子弟,子产诲之;我有田畴,子产殖
之;子产而死,谁其嗣之!"子产(?—前522),公孙侨,字子产。
春秋时郑国政治家。执政时期实行对内改革,对外注重外交,使
郑国繁荣稳定,能够立于诸侯之林。

⑥贺氏有《会稽太守赞》:据《新唐书》卷五十八《艺文志》杂传记类
著录:"贺氏《会稽太守像赞》二卷。"

⑦《成都幕府记》:据郑樵《通志》卷六十五《艺文略》传记类著录:
"《成都幕府石幢记》二卷,记宾佐姓名,起贞元,迄咸通。"按此
《记》欧阳修在《新唐书》的《艺文志》里未著录,章学诚注文有误。

⑧《广陵烈士传》:据《新唐书》卷五十八《艺文志》杂传记类著录:
"华隔《广陵烈士传》一卷。"按此书《隋书》的《经籍志》里未著录,
章学诚注文有误。

⑨颜、曾:颜回和曾参。

⑩连、惠:鲁仲连和柳下惠。

⑪吴起杀妻,而效奏西河:据司马迁《史记》卷六十五《吴起列传》记
载,齐国攻打鲁国,鲁国想用吴起为将,而吴起之妻是齐国人,引
起鲁国人猜疑,吴起于是杀妻以表示决心。鲁国任用吴起为将,

大败齐国。鲁国有人说吴起为人残忍，鲁君因而辞退吴起。吴起投奔魏国，魏文侯任命他为西河郡（辖境在今陕西东部黄河西岸地区）守，功绩显著。

⑫黄霸为相，而誉减颍川：据班固《汉书》卷八十九《循吏传》记载，汉宣帝时期，黄霸治理颍川郡（治所在今河南禹州），前后八年，郡中大治，百姓称颂。后入朝为丞相，政绩平平，声名比治颍川时期大为逊色。黄霸（？—前51），字次公，西汉淮阳郡阳夏（今河南太康）人。曾任颍川郡太守、丞相之职。

【译文】

近代编修方志的人，用人物作为纲，而名宦、乡贤、流寓等条，标志区分作为目，这种体例大概从元、明的《一统志》开创，而省、府、州、县按地区划分作书，也采用《一统志》按类编纂的方法，可以说是不符合体例了。人物不应当按类编纂，体例在列传首篇已经详细说明；名宦不应当收在人物部分，那是没有弄明白著述体裁，而因为在权衡宗旨和事理上糊涂。古代的诸侯封国世代统治，各国自己具有《春秋》，羊舌肸《晋春秋》，《墨子》所引《燕春秋》。就是主宰国境之内，而纪元只尊奉周王的正朔而已。到封邦建国的制度废除而实行郡县制度，太守和县令受命奉行诏令，万里之外，也好像京城一带管理地方的长官，《甘棠》歌咏召公，郑国人歌颂子产，司马迁、班固的《循吏传》，都是用来根据时势决定取舍。至于正史以外，州郡专门志书，古代有撰作的事例，宗旨和体例不是不能理出头绪。梁元帝有《丹阳尹传》，《隋书·经籍志》著录共十卷。贺氏有《会稽太守赞》，《新唐书·艺文志》著录共二卷。唐人有《成都幕府记》，《新唐书·艺文志》著录共二卷，起自贞元年间，截止咸通年间。都选取管理那些地方的官员，注明他们的名声和功绩。这些书另外流传，本来不和《广陵烈士传》、华隔撰，见《隋书·经籍志》。《会稽先贤传》、谢承撰，见《隋书·经籍志》。《益部耆旧传》，陈寿撰，见《隋书·经籍志》。混杂在一起记载。那么有善政的地方长官，和乡里的名流，起初并不像云跟随龙那样归于一类,本来也是风马牛不相及的事情。按顺序排列名宦,不可以和乡贤共同作列传,不仅是客官与地主形势不同,也是详细和简略体制悬殊。长官管理这个地区,选取他有办法使这一方土地兴盛,兴利除弊,遗留的恩德流播民众之中,就应当崇敬而且祝祷他。否则学问类似颜回、曾参,行为如同鲁仲连、柳下惠,对本县没有裨益,编写方志的人不能超越县境而记载,也是有道理的事情。假使这位官员没做官以前,乡里的评论不赞许,离开任官的州县以后,晚节不保,如果是在任期间守法有治绩的人,就记载他在这一地方的善政。吴起杀妻,而在西河立功,在方志中不应当追究已经过去的事情;黄霸作丞相,而声誉比在颍川时期降低,在方志中也不预先记载他将来的事情。把政事当最重要,而其他事情都看轻;难道能和生存在这片土地,应当探究始末而编为列传的人,使用相同的体制吗?

旧志于职官条下,备书政迹,而名宦仅占虚篇,惟于姓名之下,注云事已详前而已。是不但宾主倒置,抑亦未辨于褒贬去取,全失《春秋》之据事直书也①。夫选举为人物之纲目,犹职官为名宦之纲目也。选举、职官之不计贤否②,犹名宦、人物之不计崇卑,例不相俟而义实相资也。选举有表而列传无名,与职官有表而政略无志,观者依检先后,责实循名,语无褒贬而意具抑扬,岂不可为后起者劝耶?

【注释】

①褒贬去取,全失《春秋》之据事直书也:据清人钱大昕《潜研堂文集》卷二《春秋论》曰:"《春秋》褒善贬恶之书也。其褒贬奈何?直书其事,使人之善恶无所隐而已……纪其实于《春秋》,俾其恶不没于后世,是之谓褒贬之正也。"

②贤否(pǐ)：贤良和不善。否，坏，恶。

【译文】

旧县志的职官部分，完备地记载行政事迹，而名宦部分只是空占篇幅，仅在姓名的下面，注释说事情在前面已经详细记载而已。这不仅宾主倒置，而且也不能对赞扬与贬低、舍弃与取用加以区别，完全失去《春秋》根据事情如实记载的精神。选举是人物的纲目，如同职官是名宦的纲目。选举、职官记人不计较为人善恶，如同名宦、人物记人不计较地位高低，事类不相等而意义实际上互相凭借。《选举表》上有名字而列传里没有名字，和《职官表》上有名字而政略里没有记载，阅览的人查看前后次序，依照实际而寻求名称，语言没有赞扬或贬斥而意思具有贬低或颂扬，难道不可以作为后来人的劝勉吗？

　　列传之体缛而文①，政略之体直而简，非载笔有殊致，盖事理有宜然也。列传包罗巨细，品藻人物，有类从如族，有分部如井；变化不拘，《易》之象也；敷道陈谟，《书》之质也；抑扬咏叹，《诗》之旨也；繁曲委折，《礼》之伦也；比事属辞，《春秋》之本义也。具人伦之鉴，尽事物之理，怀千古之志，撷经传之腴②，发为文章，不可方物。故马、班之才，不尽于本纪、表、志，而尽于列传也。至于政略之体，义取谨严，意存补救，时世拘于先后，纪述要于经纶。盖将峻洁其体，可以临莅邦人，冠冕列传，经纬错综，主在枢纽，是固难为文士言也。

【注释】

①缛(rù)：细密，繁琐。

②撷(xié)经传之腴(yú)：采集经传精华。撷，摘取。腴，原意为腹

下的肥肉。引申指美好的事物。

【译文】

列传的体例繁密而有文采,政略的体裁直截而简要,不是记载有不同的情趣,大概事理有应当如此的地方。列传包罗大小,评论人物,有的分类归属如同家族的构成,有的划分区域如同井田的制度;变化没有拘束,有《易经》的形象;铺叙治理陈述谋划,有《尚书》的本质;情调起伏长声吟咏,有《诗经》的旨意;繁密周全,有《周礼》的条理;排比事情连结文辞,有《春秋》的本义。具备人际关系的借鉴,穷尽事物的道理,怀抱千古的志向,摘取经传的美辞,表现出来成为文章,不可以想象比拟。所以司马迁与班固的才能,不全部用在本纪、表、志里,而全部用在列传里。至于政略的体例,宗旨要求谨严,用意是要补救不足,时世有先后的限制,记述关键在于纲领。大概想要使体例简练,可以用它治理地方民众,编排在列传的前面,经纬纵横交叉,作为枢纽根本,这本来就很难对文人谈论。

古人有经无纬之书,大抵名之以略。裴子野取沈约《宋书》,而编年称略①,亦其例也。而刘知几讥裴氏之书名略,而文不免繁②,斯亦未达于古人之旨。《黄石》、《淮南》,《黄石公三略》、《淮南子·要略》。诸子之篇也。张温、鱼豢,张温《三史略》、鱼豢《典略》。史册之文也。其中亦有谟略之意,何尝尽取节文为义欤?

【注释】

①裴子野取沈约《宋书》,而编年称略:裴子野删润沈约《宋书》而撰成《宋略》。

②刘知几讥裴氏之书名略,而文不免繁:据刘知几《史通》卷十七

《杂说中》记载："裴几原删略宋史,定为二十篇,芟繁撮要,实有
其力,而所录文章,颇伤芜秒。"

【译文】

古人有经没有纬的书,大多使用"略"作为名称。裴子野节取沈约
的《宋书》,而使用编年体称作《宋略》,也属于这一类。然而刘知几指责
裴氏的书称作"略",而文字不免繁芜,这也是没有通晓古人的旨意。
《黄石公》、《淮南子》,《黄石公三略》、《淮南子·要略》。是诸子的篇章;张
温、鱼豢的书,张温《三史略》、鱼豢《典略》。是史册的文字。其中也有谋
略的意思,何尝完全采取删减文字的意思呢?

循吏之迹,难于志乡贤也。治有赏罚,赏罚出而恩怨
生,人言之不齐,其难一也。事有废兴,废兴异而难易殊,今
昔之互视①,其难二也。官有去留,非若乡人之子姓具在,则
迹远者易湮,其难三也。循吏悃愊无华②,巧宦善于缘饰,去
思之碑③,半是愧辞,颂祝之言,难征实迹,其难四也。擢当
要路,载笔不敢直道,移治邻封,瞻顾岂遂无情④? 其难五
也。世法本多顾忌,人情成败论才,偶遭里误弹章⑤,便谓其
人不善,其难六也。旧志纪载无法,风尘金石易湮⑥,纵能粗
举大凡,岁月首趾莫考,其难七也。知其难,而不敢不即闻
见以存其涯略⑦,所以穷于无可如何,而益致其慎尔。

【注释】

①今昔之互视:语出东汉荀悦《汉纪》卷二十三,汉元帝建昭二年十
一月:"后之视今,犹今之视昔也。"

②循吏悃愊(kǔn bì)无华:语出范晔《后汉书》卷三《章帝纪》:"安静
之吏,悃愊无华,日计不足,月计有余。"李贤《注》曰:"《说文》曰:

恫恫，至诚也。"

③去思之碑：语出班固《汉书》卷八十九《循吏传》："王成、黄霸、朱邑、龚遂、郑弘、召信臣等，所居见富，所去民思。"古代做出政绩的地方长官离任，当地士人立碑纪念，表示对离任官员的怀念。欧阳修《集古录》卷八《虞城李令去思颂》碑，唐代李白撰文，王通篆书，即古代去思碑。

④瞻顾："瞻前顾后"的省略语，意为兼顾前后，比喻做事谨慎，考虑周全，也指顾虑较多，行事犹豫不决。

⑤罣（guà）误弹章：罣误，本作"诖误"，语出班固《汉书》卷九十九上《王莽传上》："臣莽当被诖上误朝之罪。"指官吏因过失或牵连而受到处分。弹章，弹劾官吏的奏章。

⑥风尘：语出班固《汉书》卷六十四下《终军传》："边境时有风尘之警，臣宜被坚执锐，当矢石，启前行。"比喻烽火战乱。

⑦涯略：边际，梗概。

【译文】

记载循吏的事迹，比记载乡贤困难。治理有赏有罚，实行赏罚而恩怨产生，人们的言论不一致，这是第一个难处。事情有衰败和兴盛，衰败兴盛不同而难易程度悬殊，现在看过去犹如后世看现在，这是第二个难处。官员有在任和离任的时候，不像当地人子孙都在此地，那么相隔遥远的事情容易湮没，这是第三个难处。循吏诚实而不浮华，喜好钻营的官吏善于文饰过错，离任怀思立碑，有一半是不真实的言辞，歌颂祝福的话，难以验证实事，这是第四个难处。升任显要官职，记事的人不敢如实记载；移任治理相邻的地方，瞻前顾后地考虑难道就没有私情？这是第五个难处。世间人际交往本来就多顾忌，人情好用成败议论才干，偶然因为过失受到弹劾，就说这个人不好，这是第六个难处。旧的县志记载没有方法，兵燹战乱金石文字容易湮没，即使能粗略地列举出大概，时间和事情首尾也考查不出来，这是第七个难处。知道这些困难,而不敢不根据所闻所见来保存一县的梗概,用来在无可奈何的困境中,而更加采取慎重的态度罢了。

列传首标姓名,次叙官阀,史文一定之例也。政略以官标首,非惟宾主之理宜然,抑亦顾名思义之旨,不可忽尔。旧志以知县、县丞之属,分类编次,不以历官先后为序,非政略之意,故无足责也。

【译文】

　　列传首先标明姓名,接着叙述官阶门第,这是史书确定的体例。《政略》把官职记载在最前面,不只宾主关系的道理应当如此,而且也是顾名思义的旨意,不可以忽视。旧的县志按知县、县丞等官分类编排,不按历任先后为次序,不是政略的含意,因而不值得责怪。

永清县志列传序例

【题解】

本篇主旨在于阐述传体源流，指陈方志列传纂修中存在的问题。章学诚指出，传由经所派生，《春秋》经有《左传》，司马迁继承《春秋》之学，创为记载人物的列传。唐、宋以来，文人在自己文集中纷纷撰写记载人物的传体，则背离了经的本原。至于方志之中编纂的人物传，失误更为严重，根本原因就在于编修者不懂得方志属于历史体裁的道理。他概括出方志中人物传的三大缺陷，要求后世修志者深长思之。其一，方志人物分类编排，各加标目，却不知道《汉书》等史书确立《儒林》、《循吏》等传目，是因为事重于人，而不在品评人物。其二，方志采用史传本文，却不知道兼采原书中他传互见的文字，因而非常不全面。其三，方志删节史传文字，不懂得没有证据不宜凭胸臆删节，结果导致不少错误。章学诚提出为方志撰写列传要善于融通变化，从而体现出纂修者的别具心裁。

传者对经之称，所以转授训诂，演绎义蕴，不得已而笔之于书者也。左氏汇萃宝书，详具《春秋》终始，而司马氏以人别为篇，标传称列，所由名矣。经旨简严，而传文华美，于是文人沿流忘源，相率而撰无经之传，则唐、宋文集之中，所以纷纷多传体也。近人有谓文人不作史官，于分不得撰传。夫以绎经之题，逐末遗本，折以法度，彼实无辞。而乃称说史官，罪其越俎^①，使彼反唇相讥^②，以谓公、穀非鲁太史，何以亦有传文？则其人当无说以自解也。且使身为史官，未有本纪，岂遽可以为列传耶？此传例之不可不明者也。

【注释】

①越俎：语出《庄子·逍遥游》："庖人虽不治庖，尸祝不越樽俎而代之矣。"俎，祭祀时盛祭品的器具。意为超越自己的职责范围去做别人所管的事情。

②反唇相讥：语出班固《汉书》卷四十八《贾谊传》："妇姑不相说，则反唇而相稽。"反唇，翻唇，表示不服气或鄙视。说，通"悦"。稽，计较。

【译文】

传是对经而定的名称，用来转授对经的解释，推演经的含义，不得已而写成书。左丘明荟萃各国的史书，详细叙述《春秋》记言记事的始终，而司马迁把人区分开来分成篇，把他们标明称为列传，从此而得名了。经的意旨简要严谨，而传的文辞华丽艳美，于是文人顺着水流而忘记源头，互相效仿撰写没有经的传，唐、宋人的文集里面，因而纷纷多包括传的文体。近代有人说文人不作史官，在职责上不能给别人作传。用推演经义的题目，追求细节而舍弃根本，如果用法度批驳，那些文人确实没有言辞回答。然而却提到史官，责备文人超越职责，假使文人反唇相讥，说公羊、穀梁都不是鲁国史官，为什么也作传文呢？那么这些人将会没有言辞来自我辩解。而且假如身为史官，没有本纪，难道就可以作列传吗？这就是传的体例不能不辨析明白的原因。

无经之传,文人之集也。无传之经,方州之志也。文集失之艳而诬,方志失之短而俗矣。自获麟绝笔以来,史官不知百国宝书之义。州郡掌故,名曰图经①;历世既久,图亡而经孤,传体不详,其书遂成瓠落矣②。乐史《寰宇记》,袭用《元和志》体,而名胜故迹,略存于点缀。其后元、明《一统志》,遂以人物、列女、名宦、流寓诸目,与山川、祠墓,分类相次焉。此则地理专门,略具类纂之意,以供词章家之应时取给尔,初不以是为重轻者也。阎若璩欲去《一统志》之人物门③,此说似是。其实此等亦自无伤,古人亦不尽废也。盖此等处,原不关正史体裁也。州县之志,本具一国之史裁,而撰述者转用一统类纂之标目,岂曰博收以备国史之约取乎?

【注释】

①州郡掌故,名曰图经:据《章氏遗书》卷十四《姑孰备考书后》曰:"晋、唐人作《左传》注疏,及唐人作《正义》,所称图经,乃当代见行州郡图经也。"

②瓠落:语出《庄子·逍遥游》:"剖之以为瓢,则瓠落而无所容。"意为廓落,空旷。

③阎若璩欲去《一统志》之人物门:据王应麟《困学纪闻》卷十《地理》翁元圻《注》引阎若璩曰:"万斯同季野曩谓余云:'撰《一统志》,奚必及人物?人物自有史传诸书。'予甚骇其说,及近览《元和郡县图志》、《太平寰宇记》,意果不足重在此,一州内或人物无,或仅姓名贯址,即间举生平,亦寥寥数语,不似《明一统志》夸多浮滥,令人厌观。乃悟著书自有体要,苟其人其事无关地理,不容阑入。"可见阎若璩主张《一统志》人物门不宜阑入无关地理之人,并非主张删除人物一门,章学诚此言不确。

【译文】

　　没有经的传，在文人的文集里；没有传的经，是州郡的方志。文集的过失是华丽而不真实，方志的过失就是短浅而平庸了。自从孔子因麒麟被捕获而停止《春秋》的修订以来，史官不懂得各国史书的意义，把州郡掌故的书籍，称作图经；经过的年代已经长久，图散佚而经孤立存在，传的体例不清晰，图经之书就变得廓落空泛了。乐史撰《太平寰宇记》，沿袭《元和郡县志》的体例，而名胜、古迹，大略收入作为点缀。此后元、明的《一统志》，就把人物、列女、名宦、流寓等名目，和山川、祠墓，放在一起分类排列。这乃是地理专门书，大致具备分类编纂的意图，用来供应诗文作家随时取用罢了，本来没有把这些当做重要的内容。阎若璩想要去掉《一统志》的人物一门，这种说法似乎正确。实际上有这些名目本来也没有损害，古人也不都废弃。大概这些地方，原本不涉及正史的体裁。州县的方志，本来具备一国史书的规模，而撰述的人反过来用《一统志》分类编纂的标题，难道能说是广泛搜罗用来预备国史摘取要领吗？

　　列传之有题目，盖事重于人，如《儒林》、《循吏》之篇，初不为施、孟、梁邱、龚、黄、卓、鲁诸人而设也①。其余人类之不同，奚翅什百倍蓰而千万？必欲尽以二字为标题，夫子亦云，方人我则不暇矣②。欧阳《五代》一史，尽人皆署其品目③，岂所语于《春秋》经世，圣人所以议而不断哉？方州之志，删取事略，区类以编，观者索然，如窥点鬼之簿④。至于名贤、列女，别有状、志、传、铭，又为分裂篇章，别著《艺文》之下。于是无可奈何，但增子注，此云详见某卷，彼云已列某条，复见叠出，使人披阅为劳，不识何故而好为自扰也！此又志家列传之不可不深长思者也。

【注释】

①《儒林》、《循吏》之篇，初不为施、孟、梁邱、龚、黄、卓、鲁诸人而设也：班固《汉书》卷八十八《儒林传》记载施雠、孟喜、梁邱贺；卷八十九《循吏传》记载龚遂、黄霸。卓茂、鲁恭，范晔《后汉书》各为立传，未入《循吏传》。

②夫子亦云方人，我则不暇矣：语出《论语·宪问》："子贡方人。子曰：'赐也贤乎哉？夫我则不暇。'"方，讥评，品评。

③欧阳《五代》一史，尽人皆署其品目：欧阳修撰《新五代史》，欲效《春秋》因乱世而立法，把五代时期的人物区分品类，只事一代者称某臣传，更事历代者称杂传，其余还设立死节、死事、一行、唐六臣、义儿、伶官等传目，寓含褒贬之意。

④点鬼之簿：据宋代曾慥《类说》卷二十五《点鬼簿算博士》记载："王、杨、卢、骆有文名，人议其疵曰：杨好用古人姓名，谓之点鬼簿；骆好用数对，谓之算博士。"四人指唐初王勃、杨炯、卢照邻、骆宾王。唐代张鷟《朝野佥载》卷六记载："杨之为文，好以古人姓名连用，如'张平子之略谈，陆士衡之所记'；'潘安仁宜其陋矣，仲长统何足知之'，号为点鬼簿。骆宾王好以数对，如'秦地重关一百二，汉家离宫三十六'，时人号为算博士。"张平子即张衡，陆士衡即陆机，潘安仁即潘岳。

【译文】

列传设有题目，大概是因为事比人重要，例如《儒林》、《循吏》等篇章，本来不是为施雠、孟喜、梁邱贺、龚遂、黄霸、卓茂、鲁恭等人设立。其他人的类别不同，何止一倍、五倍、十倍、百倍甚至千倍、万倍？一定要全部用两个字作为标题，孔夫子也说过，讥评人我就没有闲工夫了。欧阳修《五代史》一书，每个人都题署名目，这难道能谈论《春秋》经世致用，圣人用来评议而不判断吗？州郡的方志，节取人物生平事迹的大概，区分类别加以编纂，阅览的人毫无兴趣，好像观看记录死人姓名的点鬼簿。至于名贤、列女，另外有行状、墓志、传记、碑铭，又把它们分裂篇章，另外记载在《艺文》部分。于是弄得无可奈何，只好增加小注，这里说详细参见某卷，那里说已经列入某条，反复重叠出现，使人翻阅起来费力劳神，不知道他们为什么喜欢给自己找麻烦！这又是纂修方志的人编纂列传不能不深远思考的内容。

近代之人，据所见闻，编次列传，固其宜也。伊古有人，已详前史，录其史传正文，无所更易，抑亦马、班递相删述，而不肯擅作聪明之旨也。虽然，列史作传，一书之中，互为详略，观者可以周览而知也。是以《陈余传》中，并详张耳之迹①，管、晏政事，备于太公之篇②，其明验也。今既裁史以入志，犹仍列传原文，而不采史文之互见，是何以异于锲彼舟痕，而求我故剑也③？

【注释】

①是以《陈余传》中，并详张耳之迹：张耳、陈余，《史记》、《汉书》两人均为合传，此处说法不准确。

②管、晏政事，并详太公之篇：司马迁把管仲、晏婴二人的政绩功勋，详载于《史记》卷三十二《齐太公世家》。

③锲彼舟痕，而求我故剑也：语出《吕氏春秋·察今》："楚人有涉江者，其剑自舟中坠于水，遽契其舟曰：'是吾剑之所从坠。'舟止，从其所契者入水求之。舟已行矣，而剑不行，求剑若此，不亦惑乎？"

【译文】

近代的人，根据所见所闻，编纂列传，本来是恰当的事情。古代的人，已经详细记载在以前的史书里，抄录他们在史书传记的正文，没有改动的地方,恐怕也是司马迁、班固交替删节和传述旧文,而不肯自作聪明的意图。虽然如此,历代史书作传,一部书当中,互有详细和简略相配合,阅览的人可以通读全书知道。所以《陈余传》里,一并详细记载张耳的事迹,管仲、晏婴的政事,完备记载在《齐太公世家》里,就是明显的证据。现在已经裁剪史书文字写入方志,仍然沿用列传原文,却不采用史书中互见的文字,这和在船上刻出痕迹,而寻找自己落水的宝剑有什么区别呢?

　　史文有讹谬,而志家订正之,则必证明其故,而见我之改易,初非出于得已也。是亦时势使然。故司马氏《通鉴考异》,不得同马、班之自我作古也①。至于史文有褒贬,《春秋》以来,未有易焉者也。乃撰志者,往往采其长而讳所短,则不如勿用其文,犹得相忘于不觉也。志家选史传以入《艺文》,题曰某史某人列传矣。按传文而非其史意也,求其所删所节之故,而又无所证也,是则欲讳所短,而不知适以暴之矣②。

【注释】

①自我作古:语出宋敏求《唐大诏令集》卷七十三《亲享明堂制》:"时既沿革,莫或相遵;自我作古,用适于时。"也作"自我作故"。意为不拘泥前人之例,由我创始。

②暴(pù):显著,暴露。

【译文】

　　史书文字有讹误,编纂方志的人订正它们,那么一定要证明修改的缘故,以便显示语出己的改动,本来是出于不得已。这也是时势造成这样。所以司马光的《资治通鉴考异》,不能像司马迁、班固那样由我创始。至于史书文字有褒贬，从《春秋》以来，就没有改变的先例。然而编纂方志的人，往往采用史书的长处而避讳短处，那就不如不要用史书的文字，还可以在没有察觉之中忘掉两者的关系。编纂方志的人选取史书的传文收进《艺文》部分，却题作某史某人列传了。考察传文却不是原来史书的意思，考察他们对史书采录和省略的原因，而又不能证明，这就导致想要避讳短处，而不知道恰巧显露出短处了。

　　史传之先后，约略以代次；否则《屈贾》、《老庄》之别有命意也①。比事属辞，《春秋》之教也，比兴于是存焉尔②；疏通知远，《尚书》之教也，象变亦有会焉尔③。为列传而不知神明存乎人④，是则为人作自陈年甲状而已矣。

【注释】

①《屈贾》、《老庄》之别有命意也：此言方志列传，当以时代先后为序，倘若别有命意所在，也可以像司马迁《史记》把屈原和贾谊置于一传，老子、庄子和申不害、韩非置于一传，有所变通。

②比兴于是存焉尔：据章学诚《文史通义》内篇三《史德》曰："吾则以谓通六义比兴之旨，而后可以讲春王正月之书。"此言比兴存于比事属辞之教。

③象变亦有会焉尔：章学诚《文史通义》内篇一《书教下》曰："此《尚书》之所以神明变化，不可方物。"此言象变通于疏通知远之教。

④神明存乎人：语出《周易·系辞上》："神而明之，存乎其人。"

【译文】

　　史书列传的先后，大致按时代排列，否则可以像《史记》把屈原和贾谊合传、老子和庄子合传那样另外富有含意。排比事情连缀文辞，是《春秋》的教义，而《诗经》的比兴在这里同时存在。通达博古，是《尚书》的教义，而《周易》的形象变化也在这里交汇。作列传而不懂得表明神妙变化在于各人，这就像替别人作自述逐年经历的行状而已了。

永清县志列女列传序例

【题解】

　　本篇序例的内容,在于追溯妇女立传的渊源,论述传文体例,阐明方志的作用。《列女传》自西汉刘向创始,自范晔《后汉书》列入正史。史家编撰《列女传》,历来都以封建纲常和伦理道德为准则,以表彰妇德为主要内容。然而随着理学的兴起,妇女被表彰的内涵逐渐局限在忠孝节烈的范围,无法反应妇女丰富多彩的社会生活。章学诚一方面在县志中正名,指出为"列女"而非"烈女"立传,不能仅仅记载忠孝节烈;另一方面又指出表彰贞女节妇对于维护纲常大义与人伦道德意义重大,不可不载。他鉴于很多乡村妇女默默遵守节义而多不幸失载的现象,用了很多精力搜访永清县境内的妇女加以表彰。他在《章氏遗书》卷十八《周筤谷别传》里讲述了搜集永清境内贞节孝烈妇女的经过,访求那些现存者,公车迎到馆驿之中,让她们自述生平;对于不愿意赴馆驿的人,就到她们家中采访,以礼相见,访谈生平始末,尽得悲欢情乐之状。章学诚前后接见五十余人,全部详细给她们立传,根据各人不同情况,诸传内容各具特色,避免了以往县志千篇一律的官话和套话语言。这种重视实际调查的做法,大大拓宽了方志取材范围,值得重视和借鉴。篇末叙述《列女传》的体例与作法,对传体分合、标目论赞、排列顺序、系年叙事等史法问题,一一加以说明,表现出章学诚重视县志在宣扬封建伦理道德教化功能方面的作用。

　　列女之传,传其幸也。史家标题署目之传,儒林、文苑、忠义、循良,及于列女之篇,莫不以类相次,盖自蔚宗、伯起以还①,率由无改者也。第儒林、文苑,自有传家,忠义、循良,勒名金石,且其人世不数见,见非一端,太史搜罗,易为识也。贞女节妇,人微迹隐,而纲维大义,冠冕人伦;地不乏人,人不乏事,辁轩远而难采,舆论习而为常②。不幸不值其时,或值其时而托之非人,虽有高行奇节,归于草木同萎,岂不惜哉! 永清旧志,列女姓氏寥寥;覆按其文,事实莫考,则托非其人之效也。旧志留青而后,新编未辑以前,中数十年,略无可纪,则值非其时之效也。今兹博采广询,备详行实,其得与于列传,兹非其幸欤? 幸其遇,所以深悲夫不遇者也!

【注释】

　　①蔚宗、伯起:范晔和魏收。范晔《后汉书》和魏收《魏书》均有《列女传》。

　　②舆论:语出陈寿《三国志》卷十三《王朗传》:"设其傲狠,殊无入志,惧彼舆论之未畅者,并怀伊邑。"意为公众的言论。舆,众。

【译文】

　　列女的传,记载她们的幸运。史学家标明题目的传,儒林、文苑、忠义、循良,以及列女等篇,全部都是按类编排,大概从范蔚宗、魏伯起以后,都遵循而不加改变。只是儒林、文苑,自然有写传的人,忠义、循良,名字刻于金石;况且这样的人世间不常见,表现也不在一个方面,史官搜罗,容易记载。贞女和节妇,地位低微而事迹不显,却能维护纲常大义，作为人伦道德之表；各地不缺少这类人，各人不缺少这类事，朝廷使者相距遥远而难以采集，当地舆论熟习以为平常事。不幸没有遇到时机，或者遇到时机而委托给不恰当的人，虽然有高尚的品行与奇特的节操，结局却是和草木一同枯萎，难道不可惜吗！永清县的旧方志，列女人数寥寥无几，审查记载的文字，事实无从考证，就是委托给不恰当之人的结果。旧方志定稿以后，新方志没有编集以前，中间几十年，没有被记载下来，就是没有遇到时机的结果。今天在此广泛采择询问，完备详细记载她们的生平事迹，她们能够进入列传，这不是她们的幸运吗？庆幸她们遇到时机，是因为对那些没有遇到时机的人深感悲伤。

列女之名，仿于刘向，非烈女也。曹昭重其学，使为丈夫，则儒林之选也。蔡琰著其才，使为丈夫，则文苑之材也。刘知几讥范史之传蔡琰①，其说甚谬；而后史奉为科律，专书节烈一门。然则充其义例，史书男子，但具忠臣一传足矣；是之谓不知类也。永清列女，固无文苑、儒林之选，然而夫死在三十内，行年历五十外②，中间嫠处③，亦必满三十年；不幸夭亡，亦须十五年后，与夫四十岁外，律令不得不如是尔。妇德之贤否，不可以年律也。穆伯之死④，未必在敬姜三十岁前⑤；杞梁妻亡⑥，未必去战莒十五年后也⑦。以此推求，但核真伪，不复拘岁年也。州县之书，密迩而易于征实，非若律令之所包者多，不得不存限制者也。

【注释】

①刘知几讥范史之传蔡琰（yǎn）：语出刘知几《史通》卷八《人物》："观东汉一代，贤明妇人，如秦嘉妻徐氏，动合礼仪，言成规矩，毁形不嫁，哀恸伤生，此则才德兼美者也。董祀妻蔡氏，载诞胡子，

　　受辱虏廷，文词有余，节概不足，此则言行相乖者也。至蔚宗《后汉》，传标《列女》，徐淑不齿，而蔡琰见书，欲使彤管所载，将安准的？"

②夫死在三十内，行年历五十外：据《清会典则例》卷七十一《礼部》记载："兵、民节烈，原宜一例旌表……有三十岁以内守节，至五十岁以后；及守节十五载以上，年逾四十身故者……由部汇请旌表，永为定例。"守节，寡妇守寡不改嫁。身故，死亡。

③嫠(lí)处：寡居。嫠，寡妇。

④穆伯：公父穆伯，春秋时期鲁国大夫，公父文伯之父。

⑤敬姜：春秋时期鲁大夫公父穆伯之妻，公父文伯之母。《国语·鲁语下》记载其言行数则，贤明知礼，教子有方。

⑥杞梁妻亡：据刘向《列女传》卷四记载："齐杞梁妻，齐杞梁殖之妻也。庄公袭莒，殖战而死……杞梁之妻无子，内外皆无五属之亲……既葬……遂赴淄水而死。"

⑦莒：西周初年分封的诸侯国。己姓，一说曹姓。建都计斤，一作介根(今山东胶州西南)。春秋初年，迁都于莒(今山东莒县)。公元前431年，为楚国所灭。

【译文】

　　列女的名称，始于刘向的《列女传》，并非烈女。班昭看重的是学问，假如是男子，就是儒林中的人选。蔡琰显示的是文才，假如是男子，就是文苑中的人才。刘知几指责范晔《后汉书》为蔡琰立传，他的说法很荒谬；以后的史书把他的话当做金科玉律，仅仅记载节烈一门。那么推衍这种体例，史书记载男子，仅仅具备忠臣一传就足够了；这就叫做不知道类例。永清县的列女，固然没有文苑、儒林的人选，然而丈夫死的时候寡妻年龄在三十以内，年龄超过五十以上，这段时间寡居，也一定要满三十年；寡妇不幸早死，也一定要寡居十五年以上，以及年龄超过四十以外，律令不得不这样规定。妇女品德的好坏，不能用年岁作为标准。穆伯死亡，不一定在敬姜三十岁以前；杞梁妻死亡，不一定距离攻打莒国十五年以后。根据这些来推究，只核实真假，不再用年龄和年数加以限制。州县的方志，距离接近而容易求得实际情况，不像法令规定所包括的人物多，不得不有所限制。

迁、固之书不著列女，非不著也；巴清叙于《货殖》①，文君附著《相如》②，唐山之入《艺文》③，缇萦之见《刑志》④，或节或孝，或学或文，磊落相望；不特杨敞之有智妻⑤，买臣之有愚妇也⑥。盖马、班法简，尚存《左》、《国》余风，不屑屑为区分类别；亦犹四皓、君平之不标隐逸⑦，邹、枚、严、乐之不署文苑也⑧。李延寿《南》、《北》二史，同出一家；《北史》仍魏、隋之题，特著《列女》；《南史》因无列女原题，乃以萧矫妻羊以下，杂次《孝义》之篇⑨；遂使一卷之中，男女无所区别，又非别有取义，是直谓之缪乱而已，不得妄托于马、班之例也。至于类族之篇，亦是世家遗意，若王、谢、崔、卢孙曾支属，越代同篇；王、谢、崔、卢，本史各分朝代，而李氏合为一处也。又李氏之寸有所长，不可以一疵而掩他善也。今以《列女》之篇，自立义例。其牵连而及者，或姑年迈而有懿德⑩，或子妇齿稚而著芳型，并援刘向之例，刘向之例，列女乃罗列女行，不拘拘为节烈也。姑妇相附，又世家遗意也。一并联编，所谓人弃而我取者也。其或事系三从，行详一族，虽是贞节正文，亦为别出门类；如刘氏守节，而归《义门列传》之类。庶几事有统贯，义无枝离，不拘拘以标题为绳，犹得《春秋》家法，是又所谓人合而我分者也。

【注释】

①巴清叙于《货殖》：据司马迁《史记》卷一百二十九《货殖列传》记载，巴蜀寡妇清，先世有丹砂矿穴，占有其利，家业巨富。清能守家业，用财自卫，不被侵犯。秦始皇认为是贞妇，特意为她修筑女怀清台。

②文君附著《相如》：据司马迁《史记》一百一十七《司马相如列传》记载，卓文君与司马相如相爱，奔蜀经营酒业。

③唐山之入《艺文》：据班固《汉书》卷二十二《礼乐志》记载，汉高祖唐山夫人曾经作《房中祠乐》。章学诚曰《艺文志》，有误。

④缇（tí）萦之见《刑志》：据班固《汉书》卷二十三《刑法志》记载，汉文帝时期，齐国太仓令淳于意有罪判刑，捕往长安，淳于意无男，五女之中缇萦最小，随父至长安，上书愿为官婢以赎父罪。文帝怜之，赦免淳于意，并下令废除肉刑。

⑤杨敞之有智妻：司马迁之女，杨恽之母。杨敞，西汉华阴（今属陕西）人。为大将军霍光司马，甚得爱重，后官至大司农、御史大夫，任丞相，封安平侯。汉昭帝卒，昌邑王即位，荒淫无道。霍光和车骑将军张安世谋废昌邑王，使大司农田延年告杨敞。杨敞闻言惊惧，不知所对。杨敞夫人劝其不可犹豫，否则有灭门之祸，于是三人共语许诺，汉宣帝始立。

⑥买臣之有愚妇：据班固《汉书》卷六十四上《朱买臣传》记载，朱买臣为官前家贫，喜好读书，砍柴谋生，常担柴诵书，其妻随后跟随。妻以为羞，劝他不要路上诵歌，屡劝不止，于是离婚另嫁。后来朱买臣做了会稽太守，遇其故妻与后夫，迎至太守官舍。一月之后，妻悔恨自尽。朱买臣（？—前115），字翁子，西汉吴县（今属江苏）人。汉武帝时期，朱买臣年近五十，得荐召见，说《春秋》与《楚辞》，拜为中大夫。东越不臣服，任为会稽太守，与横海将军韩说等击破东越，官主爵都尉。后为丞相长史，与御史大夫

张汤有怨,告张汤阴事,张汤自杀,朱买臣也被诛。

⑦四皓、君平之不标隐逸:班固《汉书》卷七十二《王贡两龚鲍传》传首记载四皓园公、绮里季、夏黄公、甪(lù)里先生和严君平事迹,而不为诸人设立《隐逸传》。严君平,名遵,西汉蜀郡(今属四川)人。汉成帝时,在成都卜筮,日得百钱能够维持温饱,即歇业闭门读书。阐释老子、庄子学说,著书十余万言。

⑧邹、枚、严、乐之不署文苑:班固《汉书》各为邹阳、枚乘、严安、徐乐立传,表彰他们的文才,而不为诸人设立《文苑传》。

⑨萧矫妻羊以下,杂次《孝义》之篇:据李延寿《南史》卷七十三《孝义传上》记载,萧矫之妻羊氏,字淑祎,性情至孝。该传传末还附有萧睿明之姊萧文英等人。

⑩威姑:语出许慎《说文解字·女部》引“《汉律》曰妇告威姑”。即君姑,汉代妇人称呼丈夫的母亲。“威”与“君”,古声相近,字义相通。

【译文】

司马迁、班固的书不设《列女传》,并不是不撰写列女;巴寡妇清在《货殖列传》里叙述,卓文君附在《司马相如传》里,唐山夫人写进《艺文志》,缇萦在《刑法志》里出现,有的人有节操而有的人有孝义,有的人有学问而有的人有文才,人物众多接连不断;不只是杨敞有聪明的爱妻,朱买臣有愚昧的妇人。大概司马迁、班固法则简要,还保存着《左传》、《国语》的余风,不是琐屑地对人物加以分类;也就像商山四皓、严君平等人不用“隐逸”作标题,邹阳、枚乘、严安、徐乐等人不用“文苑”作名目。李延寿的《南史》、《北史》,同出一人;《北史》沿用《魏书》、《隋书》的标题,特地作《列女传》;《南史》因为所据各书没有“列女”的标题,就把萧矫妻羊氏以下诸人混杂排编在《孝义传》里;于是使一卷里面,男女没有区别,又不是另外有含义,这直接说它错乱罢了,不可以妄自依附司马迁、班固例子。至于家族的列传,也是世家遗传的意图。像王、谢、崔、卢的子孙、曾孙以及宗支属系,跨越不同朝代而编在同一篇里,王、谢、崔、卢,原来的史书各分朝代,而李氏合在一处。另外李氏的不足之外也有长处,不能用个别缺点掩盖其他的优点。现在把《列女》一篇,单独确定凡例。那些有关联而涉及的人,有的是姑婆年老而具有美德,有的是儿媳年少而成为典型,都援引刘向的体例,刘向的体例,列女是罗列女子操行,不局限在在节烈方面。婆媳互相依附,又是世家遗传的意图。一起合编,这就是人们所说的别人舍弃而我取来的意思。有的事情属于三从方面,行为举族遍知,虽然是贞节的内容,也另外分出门类,例如刘氏守节,而归入《义门列传》之类。期望事情有系统,宗旨不分散,不拘泥于用标题作准则,还能得到《春秋》家法的传统,这又是人们所说的别人合并而我分开的意思。

　　范史列传之体,人自为篇,篇各为论,全失马、班合传,师法《春秋》之比事属辞也。马、班分合篇次,具有深意,非如范史之取足成卷而已。故前《汉书》于简帙繁重之处,宁分上中下而仍为一篇,不肯分其篇为一二三也。至于《列女》一篇,叙例明云不专一操矣。《自叙》云:"录其高秀,不专一操而已。"① 乃杂次为编,不为分别置论,他传往往一人事毕,便立论断,破坏体裁。此处当分,反无论断。抑何相反而各成其误耶?今志中列传,不敢妄意分合,破体而作论赞。惟兹《列女》一篇,参用刘向遗意,列传不拘一操,每人各为之赞。各为论列,抑亦诗人咏叹之义云尔。其事属平恒,义无特著,则不复缀述焉。太史标题,不拘绳尺,传首直称张廷尉、李将军之类②。盖春秋诸子以意命篇之遗旨也。至班氏列传,而名称无假借矣。范史列传,皆用班传书法;而《列女》一篇,章首皆用郡望夫名,既非地理之志,何以地名冠首?又非男子之文,何必先出夫名?

是已有失列女命篇之义矣。当云某氏，某郡某人之妻，不当云某郡某人妻某也。至于曹娥、叔先雄二女③，又以孝女之称，揭于其上，何蔚宗之不惮烦也？篇首既标列女，曹昭不闻署贤母也，蔡琰不闻署才女也，皇甫不闻称烈妇也④，庞氏不闻称孝妇也⑤，是则娥、雄之加藻饰，又岂《春秋》据事直书、善恶自见之旨乎？末世行文，至有叙次列女之行事，不书姓氏，而直以贞女节妇二字代姓名者，何以异于科举制义破题，人不称名⑥，而称圣人、大贤、贤者、时人之例乎？是则蔚宗实阶之厉也⑦。今以女氏冠章，而用夫名父族次于其下，且详书其村落，以为后此分乡析县之考征。其贞烈节孝之事，观文自悉，不复强裂题目，俾览者得以详焉。妇人称姓，曰张曰李可也。今人不称节妇贞女，即称之曰氏，古人无此例也。称其节妇贞女，是破题也。称之谓氏，是呈状式也。

【注释】

①录其高秀，不专一操而已：语出范晔《后汉书》卷一百一十四《列女传》："搜次才行尤高秀者，不必专在一操而已。"

②传首直称张廷尉、李将军之类：司马迁《史记》卷一百零二《张释之列传》传首称"张廷尉释之"，同书卷一百零九《李将军列传》传首称"李将军广"，等等。

③曹娥、叔先雄：二人均载范晔《后汉书》卷一百一十四《列女传》。曹娥，东汉会稽郡上虞（今属浙江）女子。其父为巫祝，祭江迎神时溺死，尸体无法找到。曹娥时年十四岁，沿江恸哭不绝，十七天后投江而死。汉桓帝元嘉元年（151），会稽县长度尚为她改葬立碑，世称曹娥碑。叔先雄，东汉犍为郡（治所在今四川彭山东）女子。汉顺帝时期，其父为县功曹，外出公干，乘船淹死，不见尸

体。叔先雄昼夜哭泣，欲投水自尽，多次与幼儿幼女作诀别之
语。后家人防备松懈，乘小船在父亲落水处投水自尽。数天以
后，尸体与父尸一起浮出水面。郡县为之立碑，并且图画影像。

④皇甫：东汉安定郡（治所在今甘肃镇原东南）皇甫规妻，姓氏不
详。貌美有文才，擅长草书。皇甫规先亡，妻犹年少。后董卓为
相国，闻名聘娶。她至董卓之门，陈辞谢绝。董卓威逼，她痛骂
不从，被鞭打而死。后人为之画像，号为礼宗。

⑤庞氏：庞淯（yù）之母赵娥。

⑥破题：唐、宋时期，参加科举考试所作的诗赋和经义，起首数句必
须说破题目要义，称为破题。明、清时期，科举考试所作八股文
的开头两句，俗称破题，成为固定格式。

⑦阶之厉：语出《诗经·大雅·瞻卬》："妇有长舌，维厉之阶。"厉，
恶。阶，阶梯，台阶。

【译文】

范晔《后汉书》列传的体例，每人各自成篇，每篇各自撰论，完全失
掉司马迁、班固合传效法《春秋》的排比史事连缀文辞。司马迁、班固对
各篇的区分与合并，具有深刻的含义，不像范晔《后汉书》只求能够成卷而
已。所以前《汉书》在篇幅繁多的地方，宁肯分上、中、下卷而仍然当做一篇，
也不肯把一篇分作一、二、三卷。至于《列女传》一篇，叙例中明明说不专
门记载一种操行，《自叙》说："记录那些高尚优秀的妇女，不专门记载一种
操行而已。"却混杂编排，不对各人分别撰论，其他的传往往一个人的事情
叙述完以后，就作出论断，割裂体裁。这里应当分开，反而没有论断。为什
么做法相反而各自出现错误呢？现在方志中的列传，不敢随意区分与
合并，割裂体裁而撰论赞，只有这篇《列女传》，参用刘向遗留的旨意，刘
向《列女传》不拘泥于一种操行，每人各为作赞。各自撰写评论，也是《诗
经》作者歌咏赞叹的意思吧。那些事迹属于平常，意义不是特别显著的
妇女，就不再叙述了。太史公标明题目，不受规矩限制，传文开端径直称

张廷尉、李将军之类。大概是春秋时期诸子根据用意命名篇题的遗留旨意。到班固的列传，名称就很谨严了。范晔《后汉书》列传，完全采用班固列传的史法；然而《列女传》一篇，每章开端都使用郡望和丈夫姓名，既不是地理志书，为什么把地名放在开头？又不是记载男子的文字，何必先写出丈夫姓名？这已经违背用"列女"称呼篇名的宗旨了。应当说某氏，某郡某人之妻，不应当说某郡某人之妻某。至于曹娥、叔先雄两名女子，又用"孝女"的称呼，标著在她们姓名前面，为什么范蔚宗这样不怕麻烦呢？篇首既然标署"列女"，班昭没听说题作"贤母"，蔡琰没听说题作"才女"，皇甫氏妻没听说称作"烈妇"，庞氏妻没听说称作"孝妇"，那么曹娥、叔先雄前面加上修饰文字，又难道是《春秋》按照事情如实记载、善恶之迹自然显现的旨意吗？世风日下的时代撰写文章，甚至有叙述列女的行为事迹，不记载姓氏，而径直用"贞女"、"节妇"二字代替姓名，这和科举八股文破题，对人不称姓名，而称圣人、大贤、贤者、时人的事例有什么两样呢？那样说来范蔚宗实际上是祸根。现在把女子姓氏列在每章开端，而把丈夫姓名与父族排在下面，并且详细写明她们的村庄，把这作为以后析出乡县的考求证据。关于贞烈节孝的事迹，观看文章自然清楚，不再勉强分割题目，让阅览的人能够详细了解。妇人称呼姓氏，叫张叫李都可以。现在的人不是称呼"节妇"、"贞女"，就是把他们称作"氏"，古人没有这样的例子。称她们为"节妇"、"贞女"，是破题。称她们为"氏"，是诉状的格式。

先后略以时代为次。其出于一族者，合为一处；时代不可详者，亦约略而附焉。

【译文】

先后顺序大致按时代编排。那些语出一个家族的妇女，合编在一处；时代无法搞清楚的人，也大致附在里面。

无事可叙，亦必详其婚姻岁月，及其见存之年岁者，其所以不与人人同面目，惟此区区焉耳。噫！人且以是为不惮烦也。其有不载年岁者，询之而不得耳。

【译文】

没有事迹可以叙述，也一定详细说明这个人的婚姻岁月，以及现在活着的人的年龄，这个人和别人面目不相同的原因，只在这小小的地方而已。唉！有人还把这个事情看作不怕麻烦呢。其中有不记载年龄的人，询访而没有得到答案。

永清县志缺访列传序例

【题解】

本篇主旨在于阐明史学多闻缺疑的重要性,对已知姓名而事迹不详或者众说难断的人物搜访和保留材料,以待后人考察。这是章学诚在方志中设立《缺访列传》的主要目的。他认为,方志中设立《缺访列传》是采取《春秋》缺疑的意旨,司马迁、班固虽然了解缺疑之法,却没有很好地运用;陈寿《三国志》在《杨戏传》末尾录其《季汉辅臣赞》,常璩《华阳国志·序志》列举人物姓名,尚对此法有所领悟。此后史家不得其传,遇到疑者删削灭裂而已。如果把这篇文章与章学诚数年前撰写的《和州志缺访列传序例》比较,可以看出他在这方面的观点有所变化和发展。此篇归纳出缺疑之例三条,史书无缺访专篇之弊十条,这都是《和州志缺访列传序例》所不曾涉及的新内容。至于例举《春秋》的"夏五"、"郭公"作为孔子缺疑之意,恐怕未必恰当。这类残缺大多属于后世书籍流传过程中造成的脱漏,在章学诚之前的顾炎武等人就曾经明确指出过,可以作为定论。

史家缺文之义,备于《春秋》。两汉以还,伏、郑传经,马、班著史;经守师说①,而史取心裁,于是六艺有缺简之文,而三传无互存之例矣。《公》、《穀》异闻,不著于《左氏》;《左氏》别见,不存于《公》、《穀》。夫经尊而传别其文,故入主出奴,体不妨于并载;史直而语统于一,则因削明笔,例不可以兼存,固其势也。司马氏肇法《春秋》,创为纪传,其于传闻异辞,折衷去取,可谓慎矣。顾石室金匮,方策留遗,名山大川,见闻增益。其叙例所谓疑者缺之②,与夫古文乖异③,以及书缺有间,其轶时时见于他说云云者,但著所取,而不明取之之由;自以为缺,而不存缺之之说;是则厕足而致之黄泉,容足之外,皆弃物矣④。夫子曰:"多闻缺疑,慎言其余。"闻欲多而疑存其缺,慎之至也。马、班而下,存其信而不著所疑以待访,是直所谓疑者削之而已矣,又复何缺之有哉?

【注释】

①经守师说:据范晔《后汉书》卷一百零九上《儒林传上》记载:"若师资所承,宜标名为证者,乃著之云。"汉儒传经,各有师说,家法传承,守而不失,彼此之间不容混淆。

②疑者缺之:语出司马迁《史记》卷十八《高祖功臣侯者年表》:"著其明,疑者缺之。"

③古文乖异:语出司马迁《史记》卷十三《三代世表》:"古文咸不同,乖异。"

④厕足而致之黄泉,容足之外,皆弃物矣:语出《庄子·外物》:"夫地非不广且大也,人之所用容足耳。然则厕足而垫之致黄泉,人尚有用乎?"

【译文】

　　史学家空缺文字的宗旨,《春秋》已经具备。两汉以来,伏生、郑玄传授六经,司马迁、班固修撰史书;传授经旨遵守经师的学说,修撰史书要求匠心的裁断,于是六经有空缺竹简的文字,而《春秋》三传没有互相别存的义例了。《公羊传》、《穀梁传》别有所闻,没有载入《左传》里,《左传》别有所见,也没有收在《公羊传》、《穀梁传》里。经旨尊严而传疏各有自己的文字,所以彼此之间有出入,根据体例不妨一同记录;史书如实记载而言辞归于一致,于是根据对前人记载的删削阐明自己的文笔,在体例上不能同时存在,本来就是这种趋势。司马迁开始效法《春秋》,创立纪传体裁,他对于传闻的不同说法,加以调和取舍,可以说很慎重了。只是馆阁具有藏书,方策保存典籍,游历名山大川,见闻不断增加。《史记》叙例所说"有疑问的地方空缺",和"古文经书内容互相背离",以及"古书残缺有间断,它们的遗文常常在其他书里见到"等等,仅仅标明所采取的内容,而不说明采用它们的原因;自己认为是空缺,而不留下空缺它们的说法;这就成了立脚到深渊边缘,除了站脚的地方以外,其他地方都是没用的东西了。孔夫子说:"多听,有疑问的地方空缺不论,谨慎地谈论其部分。"听得需要多而有疑问要保留空缺不知的内容,这是非常谨慎了。司马迁、班固以下,保存他们认为可信的记载而不记载有所疑问的内容等待寻访,这不过是人们所说的有怀疑之处删掉而已了,又有什么空缺待访之意呢?

缺疑之例有三:有一事两传而难为衷一者,《春秋》书陈侯鲍卒,并存"甲戌"、"己丑"之文是也[①]。有旧著其文而今亡其说者,《春秋》书"夏五"、"郭公"之法是也。有慎书闻见而不自为解者,《春秋》书恒星不见,而不言恒星之陨是也[②]。韩非《储说》,比次春秋时事,凡有异同,必加或曰云云,而著本文之下,则"甲戌"、"己丑"之例也。孟子言献子五友,而仅著二人[③],则"郭公"、"夏五"之例也。《檀弓》书马惊败绩,而不书马中流矢[④],是恒星不见之例也。马、班以还,书闻见而示意者,盖有之矣;一事两书,以及空存事目者,绝无闻焉。如谓经文得传而明，史笔不便于自著而自释，则别存篇目，而明著缺疑以俟访，未见体裁之有害也。

【注释】

①《春秋》书陈侯鲍卒，并存"甲戌"、"己丑"之文：据《春秋·桓公五年》记载："春正月甲戌己丑，陈侯鲍卒。"杜预《注》曰："甲戌，前年十二月二十一日。己丑，此年正月六日。"《穀梁传》曰："《春秋》之义，信以传信，疑以传疑。陈侯以甲戌之日出，己丑之日得，不知死之日，故举二日以包也。"

②《春秋》书恒星不见，而不言恒星之陨：据《春秋·庄公七年》记载："夏四月辛卯，夜，恒星不见。夜中，星陨如雨。"

③孟子言献子五友，而仅著二人：据《孟子·万章下》记载："孟献子，百乘之家也，有友五人焉，乐正裘、牧仲，其三人则予忘之矣。"孟献子，又称仲孙蔑，鲁国的贤大夫。

④《檀弓》书马惊败绩，而不书马中流矢：据《礼记·檀弓上》记载，鲁庄公与宋国交战，驾车的马受惊导致败退，庄公坠地。驾驭马车的人觉得耻辱，奋力战死。后来发现是马中流矢而受惊，并非驾车人之罪，鲁庄公为他作诔文纪念。

【译文】

有疑问缺而不论的凡例有三条：有的是一件事两种传说而难于统一，《春秋》记载陈侯鲍死亡的日期，同时保存"甲戌"、"己丑"的文字就是如此。有的是以前文献有记载而现在说法失传，《春秋》记载"夏五"、"郭公"的方法就是如此。有的是慎重记载所闻所见而自己不加解释，《春秋》记载恒星不出现，而不说恒星陨落就是如此。韩非的《外储说》，编纂春秋时期的事件，凡是有不同的地方，一定加上"某人说如何如何"，记载在本文的下面，就是"甲戌"、"己丑"一类的体例。孟子说孟献子有五位友人，而只记住两人的姓名，就是"郭公"、"夏五"一类的体例。

《檀弓》记载马受惊败退，而不记载马中流矢，是"恒星不出现"一类的体例。司马迁、班固以来，记载所闻所见而表示意图的事例，大概已经有了；一件事保存两种记载，以及空留下事件的标目，绝对没有听说过。如果认为经文有了传而意思明显，修史的笔法不便于自己撰作而自己解释，那就另外留下篇目，而明确写出有疑问缺而不论来等待寻访，看不出这种体裁有什么害处。

　　史无缺访之篇，其弊有十。一己之见，折衷群说，稍有失中，后人无由辨正，其弊一也。才士意在好奇，文人义难割爱，猥杂登书，有妨史体，削而不录，又缺情文，其弊二也。传闻必有异同，势难尽灭其迹，不为叙列大凡，则稗说丛言，起而淆乱，其弊三也。初因事实未详，暂置不录，后遂缺其事目，等于入海泥牛，其弊四也。载籍易散难聚，不为存证崖略①，则一时之书，遂与篇目俱亡，后人虽欲考求，渊源无自，其弊五也。一时就所见闻，易为存录，后代蜷蜷补缀②，辞费心劳，且又难以得实，其弊六也。《春秋》有口耳之受，马、班有专家之学，史宗久失，难以期之马氏外孙、班门女弟③，不存缺访，遂致心事难明，其弊七也。史传之立意命篇，如《老庄》、《屈贾》是也；标题类叙，如《循吏》、《儒林》是也；是于史法，皆有一定之位置，断无可缀之旁文。凡有略而不详，疑而难决之事，不存缺访之篇，不得不附著于正文之内，类例不清，文辞难称粹洁，其弊八也。开局修书，是非哄起，子孙欲表扬其祖父，朋党各自逞其所私；苟使金石无征，传闻难信，不立缺访，以杜请谒，如云事实尚缺，而所言既有如此，谨存其略，而容后此之参访，则虽有惼心之人，亦无从起争端也。无以谢绝一偏之言,其弊九也。史无别识心裁,便如文案孔目;苟具别识心裁,不以缺访存其补救,则才非素王④,笔削必多失平,其弊十也。

【注释】

①崖略:语出《庄子·知北游》:"夫道,窅然难言哉! 将为汝言其崖略。"意为大要,梗概。

②蜷蜷(quán):也作"连卷",意为屈曲不伸的样子。

③马氏外孙:司马迁的外孙杨恽。班门女弟:班固的妹妹班昭。

④素王:语出《庄子·天道》:"以此处下,玄圣素王之道也。"古代道家称有王者道德但不居王位的人。后世儒家特指孔子。

【译文】

史书没有缺文待访的篇章,这一弊病有十处。采用个人的意见,调和各种说法,稍微有不恰当的地方,后人没有途径辨析更正,这是第一处弊病。才士心意追求好奇,文人道义难于割爱,把他们的作品杂乱记载,对史书体例会有妨碍,删掉而不予记载,又缺少情思和文才,这是第二处弊病。传闻一定有不一致的地方,势必难以完全消除歧互痕迹,不为它们叙述大要,那么各种传说和言论,就纷起而造成混乱,这是第三处弊病。起初因为事实不清楚,暂时放置不加记录,以后缺少了那件事的名目,犹如泥牛入海消失得无影无踪,这是第四处弊病。书籍容易散失而难以聚集,不为书籍存留概要,那么一个时期的书籍,于是和篇目一同亡佚,后人即使想要考查寻求,也没有途径找到渊源,这是第五处弊病。一个时期根据所见所闻,容易记录,后代曲折地补缀编辑,言辞烦琐而且精神疲惫,又难以得到真实情况,这是第六处弊病。《春秋》有口耳相传的家学,司马迁、班固有一家的学术,史学的家法久已丧失,难以期望有司马迁的外孙、班固的妹妹那样的人出现,不设立缺文待访的篇章,就造成别识心裁难于说明,这是第七处弊病。史书列传根据用意设置篇名,例如《老庄》、《屈贾》就是如此;有的标明类传题目,例如《循吏》、《儒林》就是如此;这些在修史法则里,都有固定的安置,绝对没有可以连缀上去的附加文字。凡是有简略而不详细,或有疑问而难决定的事,没有缺文待访的篇章,就不得不附记在正文里面,体例不清晰,文辞难以做到纯粹简洁,这是第八处弊病。设立史馆修书,是是非非的议论哄然而起,子孙想要表彰自己的祖辈父辈,朋党各自追逐自己的私利欲望;假如金石文字没有验证,传闻难以相信,不设立缺文待访的篇章,来堵塞请托干谒,例如说事实还有空缺,而所说的既然有这样的事情,那就谨存其大要,而等待以后的访查,那么即使有心胸狭隘的人,也没有理由挑起争端。就没有办法谢绝片面的言辞,这是第九处弊病。史书没有独特见识和匠心裁断,就像掌管公文案卷的胥吏;如果具有独特见识和匠心裁断,不用缺文待访的篇章存留补救的地步,那么才能达不到孔子的水平,修撰史书一定多有不恰当的地方,这是第十处弊病。

或谓史至马、班极矣,未闻有如是之詹詹也。今必远例《春秋》,而近祧《史》、《汉》,后代史家亦有见及于此者乎?答曰:后史皆宗《史》、《汉》。《史》、《汉》未具之法,后人以意创之,大率近于类聚之书,皆马、班之吐弃而不取者也。夫以步趋马、班,犹恐不及,况能创意以救马、班之失乎?然有窥见一二,而微存其意者,功亦不可尽诬也。陈寿《蜀志》,以诸葛不立史官,蜀事穷于搜访,因于十五列传之末①,独取杨戏《季汉辅臣赞》,与《益部耆旧杂记》以补之②。常璩《华阳国志》,以汉中士女有名贤贞节③,历久相传,而遗言轶事,无所考见者,《序志》之篇,皆列其名,而无所笔削。此则似有会于多闻缺疑之旨者。惜其未能发凡起例,特著专篇;后人不暇搜其义蕴,遂使独断之学,与比类之书,接踵于世④,

而《春秋》之旨微矣。

【注释】

①十五列传：陈寿《三国志》卷三十一至四十五《蜀书》所设立的《刘二牧传》、《先主传》、《后主传》、《二主妃子传》、《诸葛亮传》、《关张马黄赵传》、《庞统法正传》、《许麋孙简伊秦传》、《董刘马陈董吕传》、《刘彭廖李刘魏杨传》、《霍王向张扬费传》、《杜周杜许孟来尹李谯郤传》、《黄李吕马王张传》、《蒋琬费祎姜维传》、《邓张宗杨传》。

②《益部耆旧杂记》以补之：语出陈寿《三国志》卷四十五《杨戏传》："《益部耆旧杂记》载王嗣、常播、卫继三人，皆刘氏王蜀时人，故录于篇。"下面分载三人小传。章学诚认为这是陈寿取《益部耆旧杂记》以补足蜀事，乃因历来《三国志》刻本多将《杨戏传》中此段文字刻作陈寿正文之误，其实是裴松之注所引。中华书局1959 年点校本《三国志》已经校正。

③汉中：战国时期秦国设置汉中郡，治所在南郑（今陕西汉中东）。西汉移治西城（今陕西安康西北），东汉复还旧治。汉献帝建安以后辖境多次减缩。西晋至隋、唐时期，改称梁州。

④接踵（zhǒng）：语出《战国策·秦策四》："王既无重世之德于韩、魏，而有累世之怨矣，韩、魏父子兄弟，接踵而死于秦者百世矣。"踵，脚跟。意为足跟相接。形容人多，连续不断。

【译文】

有人说史书到司马迁、班固达到极致了，没听过有像你这样喋喋不休地议论。现在一定要仿效遥远的《春秋》，而不尊奉年代近的《史记》、《汉书》，后世的史学家也还有理解这个问题的人吗？回答说：后世的史学家都尊奉《史记》、《汉书》。《史记》、《汉书》没有完备的方法，后人凭借心意创造，大都接近分门汇聚编集的类书，都是司马迁、班固唾弃而不采用的东西。让他们或走或跑地跟在司马迁、班固后面，还恐怕赶不上，何况能创立新意来补救司马迁、班固的过失呢？然而有少许了解一些，而略微存有新意的内容，功绩也不可以完全抹杀。陈寿撰《蜀志》，认为诸葛亮不设立史官，使蜀国的史事没有办法寻访，于是在十五篇列传的后面，唯独采用杨戏所作的《季汉辅臣赞》，和《益部耆旧杂记》来补充蜀事。常璩撰《华阳国志》，认为汉中士女有名贤和贞节，经历长时间相传，而他们的遗言逸事，没有地方能够查考，在《序志》一篇里，都列出他们的姓名，而不作删削。这就好像有领会到多听而有疑问之处空缺不论的旨意之处。可惜他们没能揭示宗旨和体例，特意写成专篇；后人没有时间寻访他们的深刻含义，于是使得显示独自裁断的学问，和排列材料的类书，在世间接连不断地出现，而《春秋》的旨意衰微了。

近代府县志书，例编《人物》一门，厕于《山川》、《祠墓》、《方物》、《土产》之间，而前史列传之体，不复致思焉。其有丰功伟绩，与夫潜德幽光，皆约束于盈寸之节略，排纂比次，略如类书；其体既亵，所收亦猥滥而无度矣。旧志所载，人物寥寥，而称许之间，漫无区别，学皆伏、郑，才尽班、扬，吏必龚、黄[①]，行惟曾、史[②]。且其文字之体，尤不可通，或如应酬肤语，或如案牍文移，泛填排偶之辞，间杂帖括之句，循名按实[③]，开卷茫然。凡若此者，或是乡人庸行，请托滥收；或是当日名流，失传事实；削之则九原负屈，编之则传例难归。又如一事两说，参差异同，偏主则褒贬悬殊，并载则抑扬无主，欲求名实无憾，位置良难。至于近代之人，开送事迹，俱为详询端末，纤悉无遗，具编列传之中，曾无时世之限；其间亦有姓氏可闻，实行莫著，滥收比类之册，或可奄藏，入诸史氏体裁,难相假借。今为别裁缺访,同占列传之篇,各为标目,可与正载诸传,互相发明。是用叙其义例,以待后来者之知所审定云尔。

【注释】

①龚、黄:龚遂与黄霸。龚遂(? —前 62),字少卿,西汉山阳南平阳(今山东邹城)人。初仕昌邑王刘贺郎中令,勇于劝谏。昌邑王废,受牵连被髡为城旦。汉宣帝时期,起为渤海太守,采取鼓励农桑措施,使百姓富裕,境内大治。后来入朝,任水衡都尉。后人把他与黄霸作为循吏的代表,并称龚、黄。

②曾、史:底本原作"曾子",据《章氏遗书》外编卷十二《永清县志缺仿列传序例》改。语出《庄子·骈拇》:"枝于仁者,擢德塞性,以收名声,使天下簧鼓,以奉不急之法,非乎? 而曾、史是已。"陆德明《经典释文》曰:"曾、史,曾参、史鳅也。曾参行仁,史鳅行义。"史鳅,字子鱼,春秋时期卫国大夫。正直敢谏。临死遗言,劝卫灵公任用贤臣蘧伯玉,疏远佞臣弥子瑕,人称尸谏。

③循名按实:也作"循名责实"、"循名质实"、"循名督实"。意为就其名而求其实,据其言而观其行,考察名实是否相副。

【译文】

近代府与县的方志,照例编纂《人物》一门,夹杂在《山川》、《祠墓》、《方物》、《土产》各门之间,而对前代史书列传的体例,不再加以思考了。那些具有丰功伟绩,和美德与光辉隐藏不为人知的人,都限制在仅满一寸篇幅的概要里,编纂排列,大致像类书;这种体例既不严肃,所收录的内容也杂乱过多而没有节制。旧县志的记载,人物寥寥无几,而在称赞当中,完全没有区别,学问都像伏生、郑玄,才华都像班固、扬雄,吏治一定像龚遂、黄霸,品行只能是曾参、史鳅。而且文字的文体,尤其不可通晓,有的像应酬的肤泛言语,有的像官府案卷文书,空泛地填上排比词语,中间夹杂帖括的句子,依照名称探求实际,打开书卷茫然无序。凡是像这样的方志,有的是乡人行为平常,因受请托而不加限制地收入;有的是当时名流,事迹没有流下来;删掉姓名地下死者就受到委屈,编为列传那么体例难以归属。又比如一件事有两种说法,内容参差不一致,偏向主张一种就会褒贬悬殊,同时记载就评价高低没有主见,想要求得名称和实际相符而没有遗憾,安排起来确实困难。至于近代的人,开列报送事迹,都对他们详细询问始末,细微详尽而没有遗漏,全部编在列传里面,全然没有时代的限制;这里面也有姓名可以知道,而实际行事不显著的人,不加限制地收入按类编纂的书籍,也许可以包藏,放在史书的体裁里,难以宽容。现在为此另外辟出缺文待访的部分,共同占据列传的篇章,对它们各自标明题目,可以和正编的各传,互相阐发证明。所以叙述这篇列传的宗旨和体例,用来等待后来的人知道应该审察确定的地方,如此而已。

永清县志前志列传序例

【题解】

    本篇序例中论述史学著作汇聚前人史著,是为辨别家学渊源,明确折中去取,所以纪传体史书应当为史官立传。而方志通于国史,重修新志也应为作旧志之人立传,以明了史学渊源和家法。章学诚在自己专修的方志中,他把这种专传称作《前志列传》。他认识到作史而不论述前代史书的是非得失,无法看到前人折中考定的来龙去脉,以便效法和借鉴,指出了历来后代史书不为前代史家设立专篇,致使史学著述的事业难以考查的弊端。章学诚充分考虑到撰作《前志列传》的难度,列举出五点困难,然而因为设立专篇可以明确家学渊源,看清诸家流别,藉以判定修志过程中各人功过,所以仍然勉为其难,尽力搜寻补苴成篇,作为后人参照的先例。他的这一设想和修志的史学实践,奠定了史学史的雏形,具有重要的史学理论价值。

    史家著作成书,必取前人撰述,汇而列之;所以辨家学之渊源,明折衷之有自也。司马谈推论六家学术①,犹是庄生之叙禽、墨②,荀子之非十二家言而已。至司马迁《十二诸侯表叙》,则于《吕览》、虞卿、铎椒、左邱明诸家,所为《春秋》家言③,反复推明著书之旨,此即百三十篇所由祖述者也。

史迁绍述《春秋》，即虞、吕、铎、左之意，人讥其僭妄，非也。**班固作迁列传，范氏作固列传，家学具存。至沈约之传范氏，姚氏之传沈约**④，**不以史事专篇为重，于是史家不复有祖述渊源之法矣。今兹修志，而不为前志作传，是直攘人所有而没其姓名**⑤，**又甚于沈、姚之不存家学也。盖州县旧志之易亡，又不若范史、沈书之力能自寿也**⑥。

【注释】

① 司马谈推论六家学术：司马谈《论六家要旨》。司马谈论六家学术，仅仅指出各家分野，未及著述宗旨，仍是沿袭庄子、荀子论学旧法。

② 庄生之叙禽、墨：语出《庄子·天下》："不靡于万物，不晖于度数，以绳墨自矫，而备世之急，古之道术有在于是者，墨翟、禽滑厘闻其风而说之。"说，通"悦"。

③ 铎椒：战国时期楚国人，曾任楚威王傅。根据《春秋》作《铎氏微》。

④ 姚氏：姚思廉（557—637），字简之，南朝陈吴兴（今浙江湖州）人。隋灭陈后，迁居关中，始为万年（今陕西西安）人。官为代王杨侑侍读。入唐，为秦王李世民文学馆学士。后官至散骑常侍。依据父亲姚察所撰旧稿，撰成《梁书》五十卷、《陈书》三十卷。

⑤ 攘：侵夺，掠取。

⑥ 寿：语出《诗经·小雅·天保》："如南山之寿，不骞不崩。"寿，长久，长远。骞，减损，塌陷。

【译文】

　　史学家撰著成书，一定要采取前人撰述，汇聚排列起来；用来辨别各家学术的渊源，表明裁定评断有来由。司马谈推究论述六家学术，还是沿袭庄子叙述禽滑厘、墨翟，荀子非议十二家学说罢了。到司马迁作《十二诸侯年表序》，就对吕不韦、虞卿、铎椒、左邱明各家所作的《春秋》学著作，反复阐明他们著书的旨意，这就是一百三十篇的《史记》所继承的由来。司马迁继承《春秋》，就是虞卿、吕不韦、铎椒、左丘明的旨意，有人指责他超越本分且狂妄，并非如此。班固为司马迁作传，范晔为班固作传，都完备保存一家的学术。到沈约为范晔作传，姚思廉为沈约作传，不注重把修史事业设立专篇，于是史学家不再有遵循家学渊源的方法了。现在此处修志，而不为先前的旧志作传，这就是掠夺别人的东西而埋没他们的姓名，又比沈约、姚思廉不知保存一家学术更严重。大概州县的旧志容易散失，又不如范晔《后汉书》、沈约《宋书》那样可以凭借自身能力长久流传。

纪述之重史官，犹《儒林》之重经师，《文苑》之重作者也。《儒林列传》当明大道散著，师授渊源；《文苑列传》当明风会变迁，文人流别；此则所谓史家之书，非徒纪事，亦以明道也①。如使《儒林》、《文苑》不能发明道要，但叙学人才士一二行事，已失古人命篇之义矣。况史学之重，远绍《春秋》②，而后史不立专篇，乃令专门著述之业，湮而莫考，岂非史家弗思之甚耶？夫列史具存，而不立专传，弊已如是，况州县之书，迹微易隐，而可无专录乎？

【注释】

①史家之书，非徒纪事，亦以明道也：章学诚通过分析唐代古文家"因文见道"、宋代理学家"义理明道"和清代朴学家"训诂明道"的利弊得失，明确提出"史学明道"观念。

②史学之重，远绍《春秋》：章学诚认为史学贵在寓理于事，通古今

之变,成一家之言,这是继承孔子《春秋》"义则窃取"宗旨而来。

【译文】

记述史事重视史官,就如同《儒林传》里重视经师,《文苑传》里重视作者。《儒林列传》应当说明大道的消亡和显著,经师传授渊源;《文苑列传》应当说明风气变化和迁转,文人流派;这就是人们所说的史家的书,不仅仅在于记事,也要用来阐明大道。假使《儒林传》、《文苑传》不能阐明道体大要,只是叙述学人才士的少许事迹,已经丧失古人设立专篇的意思了。何况史学的重要,远溯承继《春秋》,而后世的史书不设立专篇,于是使专门著述的事业,埋没而无法考察,难道不是史学家不加思考的严重过错吗? 历代史书都存在,而不设立专传,弊病已经像这样严重,何况州县的方志,事情微小容易埋没,而可以没有专门的记录吗?

书之未成,必有所取裁,如迁史之资于《世本》、《国策》,固书之资于冯商、刘歆是也。书之既成,必有其传述,如杨恽之布迁书,马融之受汉史是也①。书既成家,必有其攻习,如徐广、崔骃之注马②,服虔、应劭之释班是也。此家学渊源之必待专篇列传而明者也。

【注释】

①汉史:班固所撰《汉书》。

②崔骃:当为裴骃之误。《章氏遗书》外编卷十二《永清县志前志列传序例》误同。

【译文】

史书尚未撰成的时候,一定有所取材,例如司马迁《史记》凭借《世本》、《战国策》,班固《汉书》凭借冯商、刘歆的书就是这样。史书已经撰成之后,一定有传述的人,例如杨恽传布《史记》,马融接受《汉书》就是这样。史书既然自成一家,一定有攻索研习的人,例如徐广、崔骃注解《史记》,服虔、应劭疏释《汉书》就是这样。这就是自成一家的学术渊源一定需要专篇列传才能彰显。

马、班而后,家学渐衰,世传之家学也。而豪杰之士,特立名家之学起,如《后汉书》之有司马彪、华峤、谢承、范蔚宗诸家,而《晋书》之有何法盛等一十八家是也。同纪一朝之迹,而史臣不领专官,则人自为编,家各为说;不为叙述讨论,萃合一篇之内,何以得其折衷? 此诸家流别之必待专篇列传而明者也。

【译文】

司马迁、班固以后,家传学术逐渐衰落,是世代相传的家传学术啊。而才华出众的人,独立自成一家的学术兴起,例如编撰《后汉书》的人有司马彪、华峤、谢承、范蔚宗各家,而编撰《晋书》的人有何法盛等十八家就是如此。同是记述一个朝代的事迹,而史臣没有专门职官管理,于是每人各自著书,各家自为一说;不对这些记载叙述讨论,汇集在一篇里面,怎么能够求得适当的评判准则呢? 这就是各家学术流派一定要依靠专篇列传才能彰显。

六代以还,名家复歇,父子世传为家学,一人特撰为名家。而集众修书之法行,如唐人之修《晋书》,元人之修《宋》、《辽》、《金》三史是也。监修大臣,著名简端,而编纂校勘之官,则隐显不一。即或偶著其人与修史事,而某纪某表编之谁氏,某志某传辑自何人,孰为草创规条,孰为润色文采,不为整齐缀合,各溯所由,未免一书之中,优劣互见,而功过难知。此一书功力之必待专篇列传而明者也。

【译文】

六朝以后,自成一家的学术又消亡,父子世代相传是家传学术,一人独立撰述是自成一家。而聚集众人编撰史书的方法盛行,例如唐人编撰的《晋书》,元人编撰的《宋》、《辽》、《金》三史就是这样。负责监修的大臣,姓名列在书前,而编纂校勘的官员,却是埋没和彰显各不相同。即使有的书里偶尔标明哪些人参加编撰史书,然而某篇纪或者某篇表由谁编写,某篇志或者某篇传是谁辑录,什么人起草规章条文,什么人润色文采辞章,不把这些内容整理汇合,各为追溯来源,不免一部史书当中,优劣交替出现,而各自的功绩和过错难以考察。这就是一部书的功力厚薄一定要依靠专篇列传才能彰显。

若夫日历、起居之法①,延阁、广内之藏②,投牒议谥之制③,稗官野史之征,或于传首叙例,详明其制;或于传终论述,推说其由,无施不可。亦犹《儒林传叙》,申明学制,表立学官之遗意也④。诚得此意而通于著作,犹患史学不举,史道不明,未之闻也。

【注释】

①日历、起居:唐、宋时期史官对朝政事务按日记载,纂修成编年体记事长编,称作日历。起居,起居注。

②延阁、广内:据《太平御览》卷二百三十三《职官部》引刘歆《七略》曰:"武帝广献书之路,百年之间,书积如丘山,故外有太常、太史、博士之藏,内则延阁、广内、秘室之府。"两者皆为汉代宫廷藏

书处所。

③投牒议谥：语出《礼记·檀弓上》：“死谥，周道也。”古代品官去世，其家将牒状送于礼部，根据其生前行事议定谥号。

④亦犹《儒林传叙》：《史记》、《汉书》的《儒林传叙》，详细叙述汉帝时期公孙弘上表，建议立《五经》博士，并为博士官置弟子员，地方荐举人才入京师随太常受业，通经者为官。申明学制，表立学官，汉武帝采纳实行。

【译文】

　　至于日历、起居注的方法，宫廷藏书处所的收藏，呈上牒状讨论谥号的制度，小说与野史的征集，有的在传文开头的叙例，详细记载这些制度，有的在传文末尾的论述，推究述说制度的缘由，无论怎样实行都适当。这也如同《儒林传叙》，说明学习制度，上表设置学官的遗意。果真达到这样的意图而贯通到著作之中，还担心史学事业不兴盛，史家之道不显著，没听说有这样的事。

　　志乘为一县之书，即古者一国之史也，而世人忽之；则以家学不立，师法失传，文不雅驯，难垂典则故也。新编告成，而旧书覆瓿①，未必新书皆优，而旧志尽劣也。旧志所有，新志重复载之，其笔削之善否，初未暇辨；而旧志所未及载，新志必有增益，则旧志之易为厌弃者一矣。纂述之家，喜炫己长，后起之书，易于攻摘②。每见修志诸家，创定凡例，不曰旧书荒陋，则云前人无稽，后复攻前，效尤无已。其实狙公颠倒三四，本无大相径庭；但前人已往，质证无由，则旧志之易为厌弃者二矣。州县之书，率多荒陋，文人学士，束而不观。其有特事搜罗，旁资稽索，不过因此证彼，初非耽悦本书。新旧二本，杂陈于前，其翻阅者，犹如科举之士，购求程墨③，阴阳之家，检视宪书④，取新弃旧，理势固然，本非有所特择，则旧志之易为厌弃者三矣。夫索绥《春秋》，索绥撰《前凉春秋》。端资边浏⑤；浏承张骏之命⑥，集凉内外事。常璩《国志》，《华阳国志》也。半袭谯周。《华阳国志》载李氏始末⑦。其刘氏二志⑧，大率取裁谯周《蜀本纪》⑨。是则一方之书，不能无藉于一方之纪载，而志家不列前人之传，岂非得鱼忘筌，习而不察？又何怪于方志之书，放失难考耶？

【注释】

①覆瓮：也作"覆瓿"。比喻著作没有价值。

②攻摘：攻呵指摘。

③程墨：科举时代的应试文字。因为有固定的程式，故曰程墨。

④宪书：历书。以避清高宗弘历之讳而改。

⑤索绥《春秋》，端资边浏：据刘知几《史通》卷十二《古今正史》记载："命其西曹边浏集内外事，以付秀才索绥，作《凉国春秋》五十卷。"索绥，字士艾，十六国时期前凉敦煌（今属甘肃）人。官拜儒林祭酒。著有《凉春秋》，为前凉安定张氏之史。

⑥张骏（307—346）：十六国时期前凉国王，公元324—346年在位，统治二十二年。

⑦李氏始末：据刘知几《史通》卷十二《古今正史》记载："蜀初号曰成，后改称汉。李势散骑常侍常璩撰《汉书》十卷，后入晋秘阁，改为《蜀李书》。璩又撰《华阳国志》，具载李氏兴灭。"李氏即十六国时期成汉统治者李特家族及其政权。

⑧刘氏二志：常璩《华阳国志》中有蜀国《刘先主志》、《刘后主志》。

⑨《蜀本纪》：三国蜀人谯周撰。记载自上古至三国时期在蜀地建立政权的帝王事迹，久佚。

【译文】

　　方志是一县的书籍,也就是古代一国的史书,然而世人轻视它,就是因为家传学术不复存在,师法失去传承,文辞不典雅纯正,难以传世作为法则。新志宣告完成,而旧志被盖酱瓮,不一定新志都好,而旧志都差。旧志已有的内容,新志重复记载,其间删削修改的好坏,本来没有时间辨析;而旧志所没有记载的内容,新志一定会有增添,这就是旧志容易被厌弃的第一个原因了。编纂方志的人,喜欢炫耀自己的长处,后来纂修的志书,容易对前志攻击指责。常常见到编修方志的各家,制定凡例的时候,不是说旧志浅陋,就是说前人没有根据;后面的人又指责前面的人,相互效仿而没有停止的时候。实际上是豢养猕猴的老翁颠倒三个和四个的数目,本来没有多大差别;只是前人已经过世,没有办法核实验证,这就是旧志容易被厌弃的二个原因了。州县的志书,大多浅陋,文人学士,搁置不看。那些特意加以搜罗,广泛征询考索的方志,不过是据此来证实其他的书,本来不是钟爱方志。新旧两种志书,交互陈列在前面,那些翻看的人,如同科举之人,购求范文,阴阳学家,查看历书,采用新书舍弃旧书,道理和趋势就是这样,本来不是有什么特意选择,这就是旧志容易被厌弃的第三个原因了。索绥《春秋》,索绥撰《前凉春秋》。实际上是依据边浏的书;边浏接受张骏的命令,集录前凉朝廷内外的事。常璩《国志》,就是《华阳国志》。一半沿袭谯周的书。《华阳国志》记载李氏立国始末。书中关于刘氏的二志,大多采用谯周的《蜀本纪》。那么一个地方的志书,不能不凭借这个地方的记载,而编修方志的人不给前代修志的人作传,难道不是捕到鱼就忘记渔具,形成习惯而没有觉察吗?又怎么能怪方志散佚而难以考察呢?

　　主修之官,与载笔之士,撰著文辞,不分名实;前志之难传,一也。序跋虚设,于书无所发明;前志之难传,二也。如有发明,则如马、班之录《自序》,可以作传矣。作志之人,行业不详；前志之难传，三也。书之取裁，不标所自；前志之难传，四也。志当递续，非万不得已，不当迭改；迭改之书，而欲并存，繁重难胜；前志之难传，五也。于难传之中，而为之作传，盖不得已而存之，推明其故，以为后人例也。

【译文】

　　主持编修的官员，和握笔记载的人士，撰写的文辞，分不清徒挂虚名和实际执笔；对前志难以作传，这是第一个原因。序文和跋语形同虚设，对方志本身没有什么阐明；对前志难以作传，这是第二个原因。如果有所阐明，就像司马迁和班固在书中收录《自序》，就可以作传了。前代修志的人，操行学业不清楚；对前志难以作传，这是第三个原因。旧志选取材料，不标明来源；对前志难以作传，这是第四个原因。方志应当接续编纂，不到万不得已，不应当交替改撰；交替改撰的志书，想要一同保存，繁重得无法承受；对前志难以作传，这是第五个原因。在难以作传的情况下，而为前志作传，大概是不得已而保存这些内容，阐明缘故，用来给后人作先例。

永清县志文征序例

【题解】

  本篇序例说明方志设立《文征》篇的目的，论述文征选文分类，阐明新方志学理论。在方志中设立《文征》，是章学诚方志理论的一个重要组成部分。他认为设立《文征》选文，最根本的目的是以文证史，有裨于史事。章学诚在总叙里指出，史书与诗辞歌赋相辅而行，自古已然，例如《国风》、《国语》与《春秋》的关系，彼此互相发明。后世选文逐渐背离实用宗旨，只取文辞华美，而不说明文辞撰作始末，无助于了解历史。以下分别为奏议、征实、论说、诗赋四部分作叙录，分别探讨各部类发展源流及其与史书的关系。奏议为文章之重，能够保存一代典制沿革损益和利弊得失的信息，可补书志之缺。征实之文包括记事、数典两类，内容涉及一代事实和朝章典故，是史书传记的支流，当隶史部。论说之文源出先秦诸子，旨在阐明一家学术，立论有根据，此乃论说文章本体，自诸子一变而为后世文集中的论说，再变而为读书札记，源流渐失。诗赋虽重在辞藻，但有助于教化，原本与政事相通，故选录诗赋不能仅仅注重文辞的华美，丧失《国风》选辑诗赋考辞证事的遗意。《章氏遗书》外编卷十五《永清文征三》还有《金石叙录》，言金石文字可补史书记载之缺略，并把金石学区分为三门，内容更加丰富。

《永清县志》告成，区分纪、表、图、书、政略、列传六体，定著二十五篇，篇各有例。又取一时征集故事文章，择其有关永清而不能并收入本志者，又自以类相从，别为奏议、征实、论说、诗赋，各为一卷，总四卷①。卷为叙录如左，而总叙大指②，以冠其编。

【注释】

①别为奏议、征实、论说、诗赋，各为一卷，总四卷：《章氏遗书》外编卷十三《永清文征叙例》此句作"别为奏议、征实、论说、诗赋、金石，各为一卷，总五卷"。

②大指：大旨。意为旨意、目的、意向。指，通"恉"，常作"旨"。

【译文】

《永清县志》宣告纂成，划分为纪、表、图、书、政略、列传六种体例，编成定稿二十五篇，每篇各有序例。又把这个时期征集的旧事和文章，选择那些和永清县有关系而不能一同收入方志的内容，另外各自按类编排，分成奏议、征实、论说、诗赋，各自编为一卷，总共四卷，每卷撰作叙录如下，而总叙大纲要旨，放在这一编的最前面。

叙曰：古人有专守之官，即有专掌之故；有专门之学，即有专家之言；未有博采诸家，汇辑众体，如后世文选之所为也。官失学废，文采愈繁。以意所尚，采掇名隽，若萧氏《文选》，姚氏《文粹》是也。循流溯源，推而达于治道，《宋文之鉴》是也①。相质披文②，进而欲为史翼，《元文之类》是也③。是数子之用心，可谓至矣。然而古者十五《国风》、八国《国语》，以及晋《乘》、楚《梼杌》、与夫各国《春秋》之旨，绎之则列国史书,与其文诰声诗,相辅而行,在昔非无其例也。唐刘知几尝患史体载言繁琐,欲取诏诰章疏之属,以类相从,别为一体,入于纪传之史,是未察古人各有成书,相辅益章之义矣。第窥古人之书,《国语》载言,必叙事之终始,《春秋》义授左氏,《诗》有国史之叙,故事去千载,读者洞然无疑[④]。后代选文诸家,掇取文辞,不复具其始末,如奏议可观,而不载报可;寄言有托,而不述时世;诗歌寓意,而不缀事由,则读者无从委决[⑤],于史事复奚裨乎?《文选》、《文粹》,固无足责;《文鉴》、《文类》,见不及斯,岂非尺有所短者哉? 近人修志,艺文不载书目,滥入诗文杂体,其失固不待言;亦缘撰志之时,先已不辨为一国史裁,其猥陋杂书,无所不有,亦何足怪? 今兹稍为厘正,别具《文征》,仍于诗文篇后,略具始末,便人观览,疑者缺之。聊于叙例,申明其旨云尔。

【注释】

①《宋文之鉴》:宋人吕祖谦所编《宋文鉴》。

②相(xiàng)质披文:章学诚《文史通义》外篇卷一《州县请立志科议》作"披文相质"。

③《元文之类》:元人苏天爵所编《元文类》。

④洞然:敞开、透明的样子。

⑤委决:曲折辗转作出判断决定。委,原委,曲折。

【译文】

　　叙例说:古人有专门指掌的官员,就有专门掌管的故事;有专门成家的学术,就有专家授受的言论;没有广泛采录各家,汇集各种文体,像后代文章选辑那样的做法。官职失守而学术衰败，文章辞采越来越兴盛。人们根据心意所喜好，搜集俊秀出众的文章，像萧统《文选》、姚铉《文粹》就是这样。沿着水流追溯源头，推衍而贯通治理国家的措施，《宋文鉴》就是这样。观察内容以阅览文辞，进一步而想要成为史书的羽翼，《元文类》就是这样。上述几个人的用心，可以说达到了极致。然而古代十五国《国风》、八国《国语》，以及晋国的《乘》、楚国的《梼杌》，和各国《春秋》的旨意，理出头绪就可以看到各国的史书，和它们的文诰与乐诗互相辅助而并行，在过去不是没有这样的先例。唐代刘知几曾经担心史书记载言论烦琐，想要摘取诏诰章疏之类，按类编排在一起，另外专作一种体例，放在纪传体史书里，这是没有察觉古人各有既定的书籍，互相辅助而更加明显的宗旨了。不过观看古人的书，《国语》记载言论，一定叙述事情的始末，《春秋》的宗旨传授给左氏，《诗经》有史官的叙文，所以事情相隔千年，读书的人清楚而没有疑惑。后代选文的各家，选取作品文章，不再叙述撰文始末。就像奏议很值得看，却不记载允准的文字；言论虽有寄托，却不叙述时世背景；诗歌富有含意，却不标明事由，那么读者无法细致分析并判断决定，对史事又有什么补益呢？《文选》、《文粹》，固然不值得责备，《文鉴》、《文类》，见识没有达到这个程度，难道不是长处里面存在短处吗？近代编修方志的人，艺文部分不记载书目，不加限制地收入诗文杂体，他们的过失本来用不着说；也由于编修方志的时候，首先就已经不能辨别方志是一国史书的体例，其间浅陋地杂乱记载，什么东西都有，又怎么值得奇怪呢？现在稍微对它们加以整理，另外保存在《文征》里，并且在诗文篇后大致陈述始末，方便人们阅览，有疑问之处空缺。姑且在叙例之中，说明旨意而已。

奏议叙录

奏议之文，所以经事综物，敷陈治道；文章之用，莫重于斯。而萧统选文，用赋冠首；后代撰辑诸家，奉为一定科律，亦失所以重轻之义矣。如谓彼固辞章家言，本无当于史例，则赋乃六义附庸，而列于诗前；骚为赋之鼻祖①，而别居诗后，其任情颠倒，亦复难以自解。而《文苑》、《文鉴》②，从而宗之，又何说也？今以奏议冠首，以为辑文通例，窃比列史之首冠本纪云尔。

【注释】

①鼻祖：语出扬雄《方言》卷十三："鼻，始也。兽之初生谓之鼻，人之初生谓之首。梁、益之间，谓鼻为初，或谓之祖。"郭璞《注》曰："鼻、祖，皆始之别名也。"意为初祖，始祖。

②《文苑》、《文鉴》：北宋李昉等人所编《文苑英华》和南宋吕祖谦所编《宋文鉴》。

【译文】

奏议一类文章，用来管理统筹各种事务，铺陈治国方针措施。文章的用途，没有什么比这个更重要。可是萧统选录文章，把赋排在最前面；后代编选文章的各家，尊奉为固定的金科玉律，也就失去用来评定权衡的意义了。如果说《文选》原本代表文学家的主张，本来就不适合史书的体例，那么赋是六义的附属，却排列在诗的前面，骚是赋的始祖，却另外编在诗的后面，任凭心意颠倒次序，也就难以自我解释。而《文苑》、《文鉴》追随尊奉《文选》，又有什么说法呢？现在把奏议放在最前面，作为编集文章的通例，自认为和历代史书的前面排列本纪相比而已。

　　史家之取奏议，如《尚书》之载训诰，其有关一时之制度者，裁入书志之篇；其关于一人之树立者，编诸列传之内。然而纪传篇幅，各有限断，一代奏牍，文字繁多，广收则史体不类,割爱则文有缺遗。按班氏《汉书》,备详书奏,然复检《艺文志》内,石渠奏议之属①,《高祖》、《孝文》论述册诏之传,未尝不于正史之外,别有专书②。然则奏议之编,固与实录、起居注相为表里者也。前人编《汉魏尚书》③,近代编《名臣章奏》④,皆体严用巨,不若文士选文之例,而不知者,往往忽而不察,良可惜也。

【注释】

①石渠奏议:语出班固《汉书》卷八《宣帝纪》:“诏诸儒讲《五经》同异,太子太傅萧望之等平奏其议,上亲称制临决焉。”石渠阁,汉代宫中藏书之所。西汉高祖时期创建,在未央宫内。汉宣帝时期,在阁中召集当时著名学者论定《五经》文字和章句。《汉书》卷三十《艺文志》六艺类著录诸儒议奏,《尚书》四十二篇、《三礼》三十八篇、《春秋》三十九篇、《论语》十八篇、《五经杂议》十八篇,共计一百六十五篇。唯独失载《周易》、《诗经》奏议。

②正史之外,别有专书:《高祖传》、《孝文传》单独成书,而与班固《汉书》中的《高祖纪》、《文帝纪》同时存在。

③《汉魏尚书》:孔衍所撰《汉尚书》、《后汉尚书》和《魏尚书》。

④《名臣章奏》:明成祖永乐十四年(1416)黄淮、杨士奇等奉敕编《历代名臣奏议》,三百五十卷。

【译文】

史学家对奏议的选用,如同《尚书》对训诰的记载,那些有关一个时代制度的内容,撰写进书志篇里面;那些关于一个人建功立业的内容,编进列传之中。然而本纪和列传的篇幅,各自都有起讫限制,一个朝代的奏议文字繁多,广泛收录就不像史书的体裁,割爱舍弃就使文章有欠缺遗漏。考察班氏《汉书》,记载书奏周备详尽,然而检查《艺文志》里,石渠阁奏议之类，《高祖》《孝文》论述及诏策的传，未尝不是在正史之外，另外还有专书。那么奏议一类的书，本来就是和实录、起居注互相补充。前人编《汉尚书》和《魏尚书》，近代编《名臣章奏》，都是体制严密用途巨大，不像文士选文的体例，而不懂选文宗旨的人，往往忽视不觉察，非常可惜。

杜佑撰《通典》，于累朝制度之外，别为礼议二十余卷[1]，不必其言之见用与否，而谈言有中，存其名理。此则著书之独断，编次之通裁，其旨可以意会，而其说不可得而迹泥者也。然而专门之书，自为裁制，或删或节，固无不可。史志之体，各有识职，征文以补书志之缺，则录而不叙，自由旧章。今采得奏议四篇，咨、详、禀帖三篇[2]，亦附录之，为其官府文书，近于奏议，故类入焉。其先后一以年月为次，所以备事之本末云尔。

【注释】

[1] 礼议二十余卷：章学诚《文史通义》内篇一《书教中》论杜佑《通典》曰："然叙典章制度，不异诸史之文，而礼文疑似，或事变参差，博士经生，折中详议，或取裁而径行，或中格而未用，入于正文，则繁复难胜，削而去之，则事理未备；杜氏并为采辑其文，附著礼门之后，凡二十余卷。"即历代学者研究《三礼》以及各朝礼仪沿革损益的章奏、驳难、议论文章。

[2] 奏议四篇，咨、详、禀帖三篇：《章氏遗书》外编卷十三《永清文征一》收录赵之符《敬陈民困疏》、《福建司井田科奏案》、《敬陈屯庄事宜奏疏》、《租种空分官地咨文》、《回赎旗地奏议》、《河滩租息归入养局经费详文》、《双营养局经费禀帖》七篇。咨，即咨文。

古代公文的一种。多用于同级官署之间。详，即详文。明、清时期州县地方官吏向上级官署陈报请示的文书。禀帖，明、清时期州县官吏对上司有所报告请示，有时不便或者不必见于详文，呈报上级官府的文书。

【译文】

杜佑撰写《通典》，在记述历代制度以外，另外编入礼议二十多卷，不管这些言论是否被采用，而言语有切中事理的内容，保存了议论的道理。这就是著书的独自裁断，编纂的贯通安排，其中的旨意可以凭心意领会，而那些说法不能按照形迹而拘泥地理解。然而专门的著书，独自作出规划安排，或是删削或是省略，本来没有什么不可以。史书书志的体裁，各有适合自身的地方，征集文章来弥补书志的欠缺，那就抄录而不记述，自应遵循前人的章程。现在收集到奏议四篇，咨文、详文、禀帖三篇，也附录在里面，因为它们属于官府文书，性质接近奏议，所以按类归入里面。它们的先后顺序一概按照年月编排，用来具备事情的本末而已。

征实叙录

征实之文，史部传记支流。古者史法谨严，记述之体，各有专家。是以魏、晋以还，文人率有别集。然而诸史列传，载其生平著述，止云诗、赋、箴、铭、颂、诔之属，共若干篇而已。未闻载其记若干首，传若干章，志若干条，述若干种者也。由是观之，则记、传、志、述之体，古人各为专门之书，初无散著文集之内，概可知矣。唐、宋以还，文集之风日炽，而专门之学杳然①。于是一集之中，诗赋与经解并存，论说与记述同载，而哀然成集之书，始难定其家学之所在矣。若夫选辑之书，则萧统《文选》不载传记②，《文苑》、《文鉴》始渐加详，盖其时势然也。文人之集，可征史裁，由于学不专家，事多旁出，岂不洵欤？

【注释】

①杳(yǎo)然：昏暗、深远的样子，引申为不见踪影。

②萧统《文选》不载传记：据萧统《昭明太子集》卷五《文选序》曰："至于记事之史，系年之书，所以褒贬是非，纪别同异，方之篇翰，亦已不同。"

【译文】

征实一类文章，是史部传记的支流。古代作史方法谨严，记述的体裁各有专门家学。所以魏、晋以来，文人大多有别集，然而各部史书的列传，记载文人的生平著述，只是说诗、赋、箴、铭、颂、诔之类共计若干篇而已。没有听说记载一个人撰写记若干篇，传若干章，志若干条，述若干种的事例。由此看来，记、传、志、述的文体，古人各自撰作专门的书，开始并没有分散在文集里面，大概可以知道了。唐、宋以来，编辑文集的风气越来越盛行，而专门成家的学术杳无踪影。于是一部文集里面，诗赋和经解同时存在，论说和记述一齐收录，而聚汇成集的书籍，开始变得难以判定它们一家学术所在的地方了。至于选编的书籍，那么萧统《文选》不收录传记，《文苑》、《文鉴》才开始逐渐完备，大概是时势造成这样的结果。文人的集子，可以从中考求历史体裁，这是因为学问不能专主一家，学术大多由别的途径表现，难道不是确实如此吗？

征实之体，自记事而外，又有数典之文①，考据之家，所以别于叙述之文也。以史法例之，记事乃纪传之余，数典为书志之裔，所谓同源而异流者也。记事之源，出于《春秋》，而数典之源，本乎《官礼》，其大端矣。数典之文，古来亦具专家,《戴记》而后②,若班氏《白虎通议》,应氏《风俗通议》,蔡氏《独断》之类,不可胜数。而文人入集,则自隋、唐以前,此体尤所未见者也。至于专门学衰,而文士偶据所得,笔为考辨,著为述议,成书则不足,削弃又可惜,于是无可如何,编入文集之中,与诗、赋、书、表之属,分占一体,此后世选文之不得不收者也。

【注释】

①数(shǔ)典之文:语出《左传·昭公十五年》:"王曰:'籍父其无后乎! 数典而忘其祖。'"春秋时期晋国大夫籍谈不熟悉本国典故,被时人讥讽为"数典忘祖"。数典之文指记载典故琐闻之类历史事实的文章。

②《戴记》:戴德的《大戴礼记》和戴圣的《小戴礼记》。

【译文】

征实的文体,自从记事文章之外,又有历举典故的文章,考求证据的流派,用来和叙述史事的文体相互区别。用修史的方法做比照,记事是纪传的余波,历举典故是书志的后续,这就是人们所说的起源相同而流别不同。记事文体的源头,出于《春秋》,而历举典故文体的源头,根据《周礼》,这大概是主要方面了。历举典故的文章,自古以来也有专家,大小二戴《礼记》以后,像班固《白虎通义》、应劭《风俗通义》、蔡邕《独断》之类,多得数不过来。而文人把这类文章编入文集里,却是在隋、唐以前,尤其没有见过这种体例。到了专门的学术衰败,而文人偶然根据心得,写成考辨之文,著为述议之篇,形成一部书分量不够,删除又感觉可惜,于是无可奈何,编到文集里面,和诗、赋、书、表之类文章,分别占居一种体例,这是后代选文之家不得不收入这类文章的原因。

征实之文,与本书纪事①,尤相表里,故采录校别体为多。其传状之文,有与本志列传相仿佛者,正以详略互存,且以见列传采摭之所自,而笔削之善否工拙,可以听后人之别择审定焉,不敢自据为私也。碑刻之文,有时不入《金石》者②,录其全文,其重在征事得实也。仍于篇后著石刻之款识,所以与《金石》相互见也。

【注释】

①本书:章学诚所纂《永清县志》正文。

②《金石》:《章氏遗书》外编卷十五《永清文征三·金石》所收录的永清县境内存留的金石碑刻之文及其立碑原委始末情况。

【译文】

征实一类文章,和县志书中的记事,尤其能够互相补充,所以采录的文章比其他文体多。其中的传状文章,有的内容和本县志的列传类似,正好详细和简略相互并存,而且可以借此看出列传选取材料的来源,而删削剪裁的好坏与巧拙,可以借此任凭后人鉴别选择和审查评判,不敢自己据为私有。碑刻文章,有时不放在《金石》一类,收录它们的全文,重在征验事实获得实情,仍然在篇后注明石刻的款识,用来和《金石》一类文章互相参见。

论说叙录

论说之文,其原出于《论语》。郑氏《易》云:“云雷屯,君子以经论。言论撰《书》、《礼》、《乐》,施政事。”①盖当其用,则为典、谟、训、诰;当其未用,则为论、撰、说、议;圣人制作,其用虽异,而其本出于一也。周、秦诸子,各守专家,虽其学有醇驳,语有平陂②;然推其本意,则皆取其所欲行而不得行者,笔之于书,而非有意为文章华美之观;是论说之本体也。自学不专门,而文求绮丽,于是文人撰集,说议繁多。其中一得之见,与夫偶合之言,往往亦有合于古人;而根本不深,旨趣未卓,或诸体杂出,自致参差;或先后汇观,竟成复沓;此文集中之论说,所以异于诸子一家之言也。唐马总撰《意林》③,裁节诸子,标其名隽,此亦弃短取长之意也。今兹选文,存其论之合者,亦撰述之通义也。

【注释】

①云雷屯,君子以经论。言论撰《书》、《礼》、《乐》,施政事:语出《周易·屯卦》象辞及郑玄《注》。大梁本"撰"讹作"选",叶瑛《文史通义校注》据《章氏遗书》外编卷十五《永清文征三·论说叙录》校正。

②平陂(bì):语出《周易·泰卦》:"无平不陂,无往不复。"陂,倾,斜。引申为偏私。

③马总《意林》:据《新唐书》卷五十九《艺文志》杂家类著录:"马总《意林》一卷。"马总(一作摠?—823),字会元,唐代扶风(今陕西凤翔)人。唐德宗贞元时期,入滑州姚南仲幕府。唐宪宗时期,自虔州刺史迁安南都护,擢淮西节度使,入朝任户部尚书。著有《意林》等百余卷。《意林》,今通行本五卷。南朝梁庾仲容选取周、秦以来诸家杂记一百零七家,摘录要语,成书三十卷,名为《子抄》。马总据此增损改动,保存七十一家。今本已不全。

【译文】

论说一类文章,根源语出《论语》。郑玄注《周易》说:"云和雷构成'屯',君子以此作为治理法则。说的是讨论著作《书》、《礼》、《乐》,施行政事。"大概君子在受到任用的时候,就撰作典、谟、训、诰一类文章;在不受任用的时候,就撰作论、撰、说、议一类文章;圣人的创作,它们的功用虽然不同,而它们的本原出于同一个。周秦时期的诸子,各自遵守专门家学,虽然他们学术有纯正有驳杂,言论有平稳有偏颇;然而推究他们的本意,那么都是选取他们想要实行而不能实行的思想,撰写成书,而不是有意修饰文章华丽的外观;这是论说文的本来文体。自从学术不再专门成家,而文章追求华丽辞采,于是文人编辑文集,说理议论文章众多。其中有所收获的见解,和偶尔说对的言论,往往也有和古人一致的地方;然而根底不深厚,宗旨不高超,有的各种体裁混杂出现,自己造成参差不齐;有的把前后合起来观看,竟然变成重叠堆积;这是文集里的论说文章,和诸子专家言论不同的原因。唐马总撰《意林》,削减诸子篇幅,标明他的出众言论,这也是舍弃短处而采用长处的意思。现在选录文章,保留那些论说和古人一致的地方,也是撰述普遍适用的原则。

《文选》诸论,若《过秦》、《辨亡》诸篇①,义取抑扬咏叹,旨非抉摘发挥;是乃史家论赞之属,其源略近诗人比兴一流②,与唐、宋诸论,名同实异。然《养生》、《博弈》诸篇③,则已自有命意;斯固文集盛行、诸子风衰之会也。萧氏不察,同编一类,非其质矣。

【注释】

①《过秦》、《辨亡》:西汉贾谊所作《过秦论》和西晋陆机所作《辨亡论》,两文分别分析秦朝和东吴兴亡原因。

②史家论赞之属,其源略近诗人比兴一流:章学诚《章氏遗书》卷九《与乔迁安明府论初学课业三简》曰:"史家论赞,本于《诗》教,与《纲目发明》、《书法》、《通鉴辑评》之类有异。后乃源于《春秋》之

教，与纪传史家，本属并行不背……若马、班诸人论赞，虽为《春秋》之学，然本《左氏》假说君子推论之遗，其言似近实远，似正实反，情激而语转平，意严而说更缓，尺幅无多，而抑扬咏叹，往复流连，使人寻味行中，会心言外，温柔敦厚，《诗》教为深。"

③《养生》、《博弈》：曹魏嵇康所作《养生论》和东吴韦耀所作《博弈论》，两文分别论述善养长寿和博弈无益。

【译文】

《文选》里的各篇论，像《过秦论》、《辨亡论》等篇，宗旨追求情节起伏和声调吟咏，意图不在于揭示发挥；这是史学家论赞之流，它的起源大体接近《诗经》比兴一类，和唐、宋时期的各篇论，名称相同而实质不同。然而《养生论》、《博弈论》等篇，就已经各有命篇立意；这本来是文集盛行、诸子风气衰落的际会。萧氏不加考察，共同编在一类，就不是它们的本质了。

诸子一变而为文集之论议，再变而为说部之札记①，则宋人有志于学，而为返朴还淳之会也。然嗜好多端，既不能屏除文士习气，而为之太易，又不能得其深造逢源②。遍阅作者，求其始末，大抵是收拾文集之余，取其偶然所得，一时未能结撰者，札而记之，积少致多，裒成其帙耳。故义理率多可观，而宗旨终难究索也。

【注释】

①札记：古人多写作"劄记"，为文体之一种。古代称竹木小简为札，把读书时摘记的要点、心得，或者随笔摘录、校勘、考证等文字，条记于札上，故称札记。

②深造逢源：语出《孟子·离娄下》："孟子曰：君子深造之以道，欲

其自得之也。自得之，则居之安；居之安，则资之深；资之深，则取之左右逢其原，故君子欲其自得之也。"意为自得学问造诣深厚，议论才能左右逢源。

【译文】

诸子文风第一次改变成为文集中的论议，第二次改变成为说部中的札记，这是宋人有志于学术，而返归淳朴学风的际会。然而他们嗜好方面很多，既不能排除文士议论习气；而且做得太轻易，又不能达到自身造诣高深而左右逢源的境地。全部考察这些作者，探求他们的始末，大多是收取拾用文集的剩余，摘取自己偶然有所心得，而一时不能组织成篇的内容，写成札记，积少成多，聚集成书罢了。所以辨析说理大都值得观看，而宗旨终究难以探究考察。

永清文献荒芜①，论说之文，无可采择，约存一首②，聊以备体，非敢谓有合于古人也③。

【注释】

①荒芜：语出《国语·周语下》："田畴荒芜，资用乏匮。"韦昭《注》曰："荒，虚也。芜，秽也。"原意为田地不治，杂草丛生。引申为荒废、弃置。

②约存一首：大梁本"一"讹作"二"，叶瑛《文史通义校注》据《章氏遗书》外编卷十五《永清文征三·论说叙录》"仅存一首"校正。

③非敢谓有合于古人也：《章氏遗书》外编卷十五《永清文征三·论说叙录》作"云尔"。

【译文】

永清文献荒废，论说文章，没有什么可以选择，只保留一篇，暂且用来当做一种文体，不敢自认为有和古人一致的地方。

诗赋叙录

诗赋者,六籍之鼓吹,文章之宣节也①。古者声诗立教,铿锵肄于司乐②,篇什叙于太史③;事领专官,业传学者;欲通声音之道,或求风教所施,询诸掌故,本末犁然④,其具存矣。自诗乐分源,俗工惟习工尺⑤,文士仅攻月露⑥;于是声诗之道,不与政事相通;而业之守在专官,存诸掌故者,盖茫然而不可复追矣。然汉、魏而还,歌行乐府⑦,指事类情;就其至者,亦可考其文辞,证其时事。唐、宋以后,虽云文士所业,而作者继起,发挥微隐,敷陈政教;采其尤者,亦可不愧古人。故选文至于诗赋,能不坠于文人绮语之习,斯庶几矣。

【注释】

①宣节:也作"节宣"。语出《左传·昭公元年》:"君子有四时,朝以听政,昼以访问,夕以修令,夜以安身,于是乎节宣其气,勿使有所壅闭湫底,以露其体。"原意指养生之道,对气或散发或节制,劳逸适度。此处指声诗音节最密,故谓为文章之宣节。

②铿锵肄于司乐:据班固《汉书》卷二十二《礼乐志》记载:"但能纪其铿枪鼓舞。"颜师古《注》曰:"铿枪,金石之声也。"又据《周礼·春官》记载,宗伯属官有大司乐,为教导贵族子弟的乐官。

③篇什叙于太史:据《礼记·王制》记载:"命太师陈诗,以观民风。"此处作"太史"误。

④犁然:语出《庄子·山木》:"木声与人声,犁然有当于人之心。"王先谦《注》引宣颖曰:"犁然,犹释然,如犁田者,其土释然也。"意为分解清楚的样子。

⑤工尺(chě):古代记乐谱,使用"五"、"凡"、"工"、"尺"、"上"、"一"、

"四"、"六"、"勾"、"合"等字,称为工尺谱。

⑥月露:据《隋书》卷六十六《李谔传》记载,隋文帝开皇年间,李谔上书朝廷,请求端正文风,极言南朝风气之弊说:"连篇累牍,不出月露之形;积案盈箱,唯是风云之状。"

⑦歌行:古代诗歌的一种文体。汉、魏以来的乐府诗,题名为"歌"或"行"颇多,没有严格的区别。后来形成"歌行"一体,形式自由不拘。如汉乐府有《长歌行》,曹操有《短歌行》等。

【译文】

诗赋,是六经的宣传品,文章的调节物。古代用乐诗进行教育,从司乐那里学习音乐节奏,由太史之官叙说诗篇,学习的事务有专官掌管,把诗赋学业传授给学生;想要通晓音乐的道理,或者考察风化教育的施行,询问掌管故实的官员,本末清清楚楚,大概保存完整了。自从诗和音乐分离,一般的乐工只熟悉乐谱,文士只专注景物描摹;于是配乐诗歌的道理,不再和政事相通;而由专官主管,由掌管故实的官员保存的学业,大概模糊不清而无法再追溯了。然而汉、魏以来,歌行与乐府,说明事物表达感情;根据它们之中达到极致的作品,也可以考察它们的文辞,证实它们的时事。唐、宋以后,虽然说诗赋是文人所从事的职业,而作者接连出现,阐发精微隐秘的道理,铺陈政治教化;选取其中特别突出的作品,也可以无愧于古人。所以选文涉及诗赋,能不陷入文人华丽辞采的习气里,这就差不多可以了。

刘氏《七略》,以封禅仪记入《礼经》①,秦官奏议、《太史公书》入《春秋》②,而《诗赋》自为一略,不隶《诗经》;则以部帙繁多,不能不别为部次也。惜其叙例,不能申明原委,致开后世诗赋文集混一而不能犁晰之端耳。至于赋乃六义之一,其体诵而不歌。而刘《略》所收,篇第倍蓰于诗,于是以赋冠前，而诗歌杂体，反附于后③，以致萧《选》以下，奉为一定章程，可谓失所轻重者矣。又其诗赋区为五种④，若杂赋一门，皆无专主名氏，体如后世总集之异于别集。诗歌一门，自为一类，虽无叙例，观者犹可以意辨之，知所类别。至屈原以下二十家，陆贾以下二十一家，孙卿以下二十五家⑤，门类既分为三，当日必有其说；而叙例缺如，如诸子之目后叙明某家者流，其原出于古者某官云云是也。不与诸子之书，同申原委；此《诗赋》一略，后人所为欲究遗文，而莫知宗旨者也。

【注释】

①刘氏《七略》，以封禅仪记入《礼经》：据班固《汉书》卷三十《艺文志·六艺略》礼类著录："《古封禅群祀》二十二篇，《封禅议对》十九篇，《汉封禅群祀》三十六篇。"

②秦官奏议、《太史公书》入《春秋》：据班固《汉书》卷三十《艺文志·六艺略》春秋类著录："《奏事》二十篇（自注：秦时大臣奏事，及刻石名山文也）……《太史公》百三十篇。"

③刘《略》所收，篇第倍蓰于诗，于是以赋冠前，而诗歌杂体，反附于后：据班固《汉书》卷三十《艺文志·诗赋略》著录屈原赋二十家，三百六十一篇；陆贾赋二十一家，二百七十四篇；孙卿赋二十五家，一百三十六篇；杂赋十二家，二百三十三篇。歌诗二十八家，三百一十四篇。总计赋的篇数，约为歌诗篇幅的三倍。

④诗赋区为五种：据班固《汉书》卷三十《艺文志·诗赋略》著录，歌诗一门，屈原赋一门，陆贾赋一门，孙卿赋一门，共分五门。

⑤孙卿：荀卿。或谓汉人避汉宣帝刘询之讳，改"荀"为"孙"；或谓汉人不讳嫌名，乃是"荀"、"孙"同音通转之故。

【译文】

刘氏的《七略》，把封禅仪记著录在《礼经》门类，把秦朝官员奏议、《太史公书》著录在《春秋》门类；而《诗赋》独自作为一略，不隶属《诗经》；就是因为篇幅繁重，不能不另外作为一类编排。可惜它们的叙例，不能说明缘故本末，以致开启后世把诗赋、文集混编在一起而不能清晰划分的先例。至于赋乃是《诗经》六义之一，它的文体是朗诵而不歌唱，而刘氏《七略》所收的赋，篇数是诗歌的数倍，于是把赋排在前面，诗歌杂体反而附在后面；以致萧统《文选》以后，尊奉为固定的程式，可以说是失去评判标准了。另外《七略》把诗赋分成五种，至于杂赋一门，都没有作者的姓名，体例如同后世总集和别集的不同。诗歌一门，独自作为一类，虽然没有叙例，观览的人还可以依据意思辨明，知道分类的原因。到屈原以下二十家，陆贾以下二十一家，孙卿以下二十五家，门类既然分成三个，当时一定有这样分类的说法，而叙例空缺，例如诸子的目录后面说明某家的源流，他们的根源语出古代某个官守等等就是。不和诸子的书，同样说明本末；这是对于《诗赋》一略，后人所说的想要探究遗文，却不知道宗旨的原因。

州县文征，选辑诗赋，古者《国风》之遗意也。旧志八景诸诗，颇染文士习气，故悉删之，所以严史例也。文丞相词①，与《祭潔河文》②，非诗赋而并录之者，有韵之文，如铭、箴、颂、诔，皆古诗之遗也③。

【注释】

①文丞相词：据章学诚《章氏遗书》外编卷八《永清县志·舆地图》古迹类记载："旧志，信安镇有文丞相馆次。宋右相天祥北上，次信安。馆人供帐甚盛，天祥达旦不寐，题《旅恨》词于壁。"文丞相

即文天祥（1236—1283），字履善，一字宋瑞，号文山，吉州庐陵（今江西吉安）人。宋理宗宝祐四年（1256）进士第一名。历任刑部郎官，知瑞、赣等州。闻元兵东下，在赣州组织义军，入卫临安。擢任右丞相，被派往元军营中谈判，遭到扣留。后于镇江脱险，辗转至福建，与世杰、陆秀夫等坚持抗元。后在广东兵败被俘，送至大都（今北京），元人百般劝降，始终不屈，于至元十九年十二月（1283 年 1 月）被害。在狱中作《正气歌》，传诵于世。著有《文山先生全集》。文天祥被押送北上时，路经永清信安镇，于馆舍题《唐多令》（"雨过水明霞"）词一首。

②《祭漯河文》：明代顺天巡抚王一鹗撰。漯河，桑干河。

③皆古诗之遗也：《章氏遗书》外编卷十五《永清文征三》此下尚有《金石叙录》一篇文字，补录于此：

　　金石之文，古人所以垂示久远。三代以上，铭钟图鼎，著于载籍。三代而下，庸器渐少，石刻遂多。然以著录所存，推求遗迹，则或亡或缺，十无二三。是金石虽坚，有时湮泐，而著录编次，竹帛代兴，其功为不鲜矣。然陵谷变迁，桑沧迭改，千百年后，人迹所至，其有残碑古鼎，偶获于山椒水涘之间，覆按前代纪载，校其缺遗，洞如发覆，则古人作为文字，托之器物，以自寿于天地之间，其旨良深远矣。然留著既多，取用亦异，约而榷之，略有三门：其定著文字，垂示法式，若三字石经、一字石经之属，经学之准绳也。考核姓名官阀，辨别年月干支，若欧、赵诸录，洪、晁诸家之所辨订，史部之羽翼也。至于书家之评法帖，赏鉴家之论古今，《宣和博古》之图，《清河书画》之舫，则又韵人墨客所为，均之不为无补者也。兹于志乘之余，裁取文征，既已与志相表里矣。搜罗金石，非取参古横今，勒成家学，惟以年月、姓名、官阶、科第，足以补志文之所未备者，详慎志之，以备后人之采录焉，初非计其文之善否、字之工劣也。其全文有可采者，存于征实，则不在此例焉。郑樵尝以历代艺文，著录多缺，发愤而为《图谱》、《金石》二略，以备前史之缺遗，是不知申明艺文类例，而别为篇帙之咎也。然郑氏所争，其功要自不可没矣。金石不录其文，而仅著其目，自当隶入《艺文》之篇，为著录之附庸可耳，何为编次《文征》之内耶？盖以永清无艺文，而推太史叙《诗》之意，窃比《华黍》、《由庚》之存其义尔，初不以是为一成之法也。

【译文】

州县的文征，选取编辑诗赋，是古代《国风》的遗留旨意。旧县志记载的八景各诗，颇多沾染文士习气，所以全部删去，用来严肃史书体例。文丞相的词，和《祭漯河文》，虽然不是诗赋却一起收录，这是因为有韵的文章，例如铭、箴、颂、诔，都是古诗的遗留。

亳州志人物表例议上

【题解】

《亳州志人物表例议》上中下三篇,论述史书为人物立表的必要性及其在史学发展中的作用。清高宗乾隆五十四年(1789)秋冬之际至次年二月,章学诚为亳州知州裴振作《亳州志》,吸收了《和州志》与《永清县志》的经验教训,后来居上,成为撰述成就较高的一部方志。他对《亳州志》相当满意,也颇为自负。据《章氏遗书》卷九《又与永清论文》记载,章学诚曾经对周振荣说道:"近日撰《亳州志》,颇有新得,视和州、永清之志,一半为土苴矣……此志拟之于史,当与陈、范抗行,义例之精,则又《文史通义》中之最上乘也。世人忽近贵远,自不察耳。后世是非,终有定评,如有良史才出,读《亳志》而心知其意,不特方志奉为开山之祖,即史家得其一二精义,亦当尊为不祧之宗。此中自信颇真,言大实非夸也。"遗憾的是此书因裴振去任而未能刊刻,大部分散佚,仅存留《人物表例议》和《掌故例议》两部分。《章氏遗书》补遗《又与史余村》一文谈及《亳州志》,也高度评价说:"近撰《亳州志》,更有进境。《新唐书》以至《宋》、《元》诸史,书志之体不免繁芜,而汰之又似不可,则不解掌故别有专书,不当事事求备也;列传猥滥,固由文笔不任,然亦不解表例,不特如顾宁人所指班、马诸年表已也……今州县创立其例,便觉旧撰诸志列传,不免玉石杂而不分,正坐不立人表故耳。"章学诚认为人表远比年表重要,然而历来对班固《汉书·古今人表》横加指责,以致后世史家撰史不立人表,列传越来越繁芜。他称赞班固立人表乃千古之良法,后世应该借鉴和继承。《人物表例议》上篇论通史立人物表的必要性,因为通史的人表与列传有紧密关系,人表不立则列传不得不繁。中篇论述断代史也不可不立人物表,原因在于列传所收人物有限制,即使加上年表与世表,也不能包括各方面的人物。章学诚根据史书的编撰特点,把断代史大致分为三类,上者是成一家之言的专门名家之史,中间是汇集各方面专长人才而修成的集众所长之史,下者是纠集文人而修成的强分抑配之史,而三者如果没有人表,就难以做到知人论世。下篇论述方志为人物立表可以救方志之弊,具有三方面优点。一是前代帝王后妃收入人物传不妥当,历代为此争论不休,列入《人物表》比较适宜;二是人物列传所收人物有限,那么有些无法撰传之人可以列入《人物表》,弥补历史记载的疏漏;三是有些乡里之人品行优秀但地位不突出,方志尤其应该列入,通过《人物表》起到彰善瘅恶的作用。

　　班固《古今人表》,为世诟詈久矣[1]。由今观之,断代之书,或可无需人表;通古之史,不可无人表也。固以断代为书,承迁有作,凡迁史所缺门类,固则补之;非如纪传所列君臣事迹,但画西京为界也。是以《地理》及于《禹贡》、《周官》,《五行》罗列春秋、战国;《人表》之例,可类推矣。《人表》之失,不当以九格定人[2],强分位置,而圣、仁、智、愚,妄加品藻,不得《春秋》谨严之旨。又刘知几摘其有古无今,名与实舛,说亦良允。其余纷纷议其不当作者,皆不足为班氏病也。向令去其九等高下,与夫仁、圣、愚、智之名,而以贵贱尊卑区分品地,或以都分国别异其标题,横列为经,而以年代先后标著上方,以为之纬;且明著其说曰,取补迁书,作列传之稽检。则其立例，当为后代著通史者一定科律，而岂至反为人诟詈哉？甚矣，千古良法，沉溺于众毁之余③，而无有精史裁者，为之救其弊而善所用也。近代马氏《绎史》，盖尝用其例矣。然马氏之书，本属纂类，不为著作。推其用意，不过三代去今日久，事文杂出，茫无端绪，列为人表，则一经传姓名考耳。且犹贬置班表，不解可为迁书补隙；又不解扩其义类，可为史氏通裁；顾曰《人表》，若为《绎史》而作④，则亦未为知类者也。

【注释】

①班固《古今人表》，为世诟詈久矣：据刘知几《史通》卷三《表历》曰："异哉，班氏之《人表》也！区别九品，网罗千载，论世则异时，语姓则他族，自可方以类聚，物以群分，使善恶相从，先后为次，何藉而为表乎？且其书上自庖牺，下穷嬴氏，不言汉事，而编入《汉书》，鸠居雀巢，茑施松上，附生疣赘，不知剪裁，何断而为限乎？"

②九格定人：班固《汉书》卷二十《古今人表》把历史人物分成九等：上上为圣人，上中为仁人，上下为智人，中上、中中、中下、下上、下中为中人，下下为愚人。

③千古良法，沉溺于众毁之余：据《章氏遗书》外编卷一《信摭》曰："《华阳国志》有三州士女目录，《江表志》有诸王大臣标名，而无事实，此皆《古今人表》之遗轨也。史家失其传，而方隅别史时见其意。惜乎作者亦不知为正史遗风，而览者更昧所自矣。礼失求野，亦在有心人哉！"又据《章氏遗书》补遗《又与史余村》曰："班氏《古今人表》，史家诟詈，几如众射之的……此例一复，则列传自可清其芜累，惜为丛毁所集，无人进而原其心尔。"

④顾曰《人表》,若为《绎史》而作:马骕《绎史》卷一百六十附录班固《古今人表》,并为之作跋曰:"班氏《古今人表》,后人讥其妄作,一曰甲乙纷错,二曰纪载不悉,三曰前代人物无关汉事也。余独取为《绎史》终篇何? 曰:上自宓羲,下逮秦亡,所纪之世,《绎史》之世也,所录之人,《绎史》之人也,故《人表》若为《绎史》作也。"

【译文】

班固《汉书》的《古今人表》,被世人诟骂很久了。在今天看来,断代的史书,也许可以不需要人表;贯通古今的史书,不能没有人表。班固用断代的体例作史书,继承司马迁进一步创作,凡是司马迁《史记》所缺少的门类,班固就补充它们,不像纪传部分所记载的君臣事迹,仅仅依据西汉一代划分界限。所以《地理志》上溯《禹贡》、《周礼》,《五行志》罗列春秋、战国的史事;《古今人表》的例子,可以类推了。《古今人表》的失误,在于不应该用九种定格评定人物,勉强区别位置,而用圣、仁、智、愚等名称,胡乱加以品评,没有得到《春秋》谨严的宗旨。另外刘知几指出《古今人表》只有古代的人而没有当代的人,名称和实际相互违背,说法也很恰当。其他纷纷议论《古今人表》不应该做的责难,都不能够成为班氏的缺点。假使去掉九等高下的区分,和仁、圣、愚、智的名称,而根据贵贱尊卑区分品格,或者按照城邑国家的区别改变那些标题,横行排列当做经线,而按照年代先后标记在上端,当做纬线;并且明确标著自己的说法,用来补充司马迁的书,作为考核检查列传的依据。那么他设立的体例,应当成为后世撰写通史的既定程式,怎么至于反倒被人诟骂呢? 太过分了,本来可以流传千年的好办法,埋没在众人的诽谤之中,却没有精通史事裁断的人,替它补救弊病而好好加以利用。近代马骕撰《绎史》,曾经使用这一体例。然而马氏的书本来属于分类纂集,不是著作。推究他的用意,不过是三代距离现在年代久远,事情和文字记载纷乱出现,茫然没有头绪,排列成人表,就是一篇经传中的人物姓名考罢了。马氏尚且贬低班固的表,不知道它可以为司马迁的书弥补缺陷；又不知道扩充它的义例准则，可以作为史家的贯通裁断；只是说《古今人表》，就像是为《绎史》而作，那么也不算是懂得类推的人。

　　夫通古之史，所书事迹，多取简编故实；非如当代纪载，得于耳闻目见，虚实可以互参。而既为著作，自命专家，则列传去取，必有别识心裁，成其家言；而不能尽类以收，同于排纂，亦其势也。即如《左传》中事，收入《史记》。而子产、叔向诸人，不能皆编列传。《人表》安可不立？至前人行事，杂见传记，姓名隐显，不无详略异同。列传裁断所余，不以人表收其梗概，则略者致讥挂漏①，详者被谤偏徇，即后人读我之书，亦觉缺然少绳检矣。故班氏之《人表》，于古盖有所受②，不可以轻议也。

【注释】

　　①挂漏：犹遗漏。意为顾此失彼，所举甚少，而遗漏甚多。也作"挂一漏万"。

　　②班氏之《人表》，于古盖有所受：据《章氏遗书》补遗《又与史余村》曰："班氏《古今人表》，史家诟詈，几如众射之的。仆细审之，岂惟不可轻訾，乃大有关系之作，史家必当奉为不祧之宗。颇疑班氏未必出于创造，于古必有所受；或西京诸儒治《春秋》者所传，班氏删改入《汉书》耳。"

【译文】

　　贯通古代的史书，所记载的事迹，大多取用典籍上的旧事；不像当代的记载，是根据耳闻目睹获得，虚实可以互相参验。然而既然是著作，自己认为是专门一家，那么列传对材料的舍弃和选取，一定会有独特见识和匠心裁断，成为一家之言，而不能尽数收入各类人物，形同按类编排,也是著述情势如此。就像《左传》中的事迹,收进《史记》。然而子产、叔向等人,不能都编入列传。《古今人表》怎么可以不作呢? 至于前人的事迹,纷乱地出现在传记里,姓名的隐没和显著,不能没有或详细或简略的不同。列传裁断后所剩余的人物,不用列表收录他们的大概情况,那么记载简略的史书招来过多遗漏的非议,记载详细的史书被指责偏私徇情,即使后人阅读我编撰的史书,也会感觉缺少法度检核了。所以班氏的《古今人表》,对于古代的史法大概有所承受,不能够轻率非议。

亳州志人物表例议中

或曰：通史之需人表，信矣。断代之史，子言或可无需人表，或之云者，未定辞也。断代无需征古，何当有人表欤？曰：断代书不一类，约计盖有三门，然皆不可无人表也。较于通史，自稍缓耳；有之，斯为美矣。史之有列传也，犹《春秋》之有《左氏》也。《左氏》依经而次年月，列传分人而著标题，其体稍异；而其为用，则皆取足以备经《春秋》。纪本纪。之本末而已矣。治《左氏》者，尝有列国《公子谱》矣①。治断代纪传之文者，仅有班书《人表》，甫著录而已为丛诟所加②，孰敢再议人物之条贯欤？夫《春秋》《公子》、《谥族》诸谱③，杜预等。《名字异同》诸录④，冯继先等。治编年者，如彼其详。而纪传之史，仅一列传目录，而列传数有限制；即年表世表，亦仅著王侯将相，势自不能兼该人物，类别区分。是以学者论世知人，与夫检寻史传去取义例，大抵渺然难知；则人表之不可缺也，信矣。

【注释】

①治《左氏》者，尝有列国《公子谱》矣：据郑樵《通志》卷六十三《艺

文略》春秋类著录:"《小公子谱》六卷,杜预撰。《春秋公子谱》一卷,吴杨蕴撰。"

②甫:方才,刚刚。

③《春秋》《公子》、《谥族》诸谱:据郑樵《通志》卷六十三《艺文略》春秋类著录:"《春秋宗族名谥谱》五卷。《春秋谥族谱》一卷。"而《宋史》卷二百零四《艺文志》谱谍类著录:"《春秋氏族谱》一卷。《春秋宗族名谥谱》一卷。"

④《名字异同》诸录:据郑樵《通志》卷六十三《艺文略》春秋类著录:"《春秋名字异同录》五卷,冯继先撰。"

【译文】

有人说:通史需要人表,可以确信了。断代的史书,您说或许可以不需要人表,或许这种话,是不确定的用语。断代史不需要考证古代,为什么应该有人表呢? 回答说:断代的史书不只一类,大约统计有三门,然而都不能没有人表。和通史比较而言,程度自然略缓而已;如果有人表,这就完美了。史书有列传,如同《春秋》有《左传》。《左传》按照《春秋》经而排列年月,列传区别人物而注明标题,它们的体例略微不同;然而它们的用处,就是都用来充分完备经《春秋》。和纪本纪。的本末罢了。研究《左传》的人,曾经编有列国《公子谱》了。研究断代纪传体史书的人,只有班固《汉书》的《古今人表》,刚刚写成就已经被施加众多诟骂,谁还敢再议论人物的条理统贯呢?《春秋》有《公子》、《谥族》等谱,杜预等。《名字异同》等录,冯继先等。研究编年体的书,像这样详细。然而纪传体史书,只有一篇列传目录,而列传篇数有限制;即使有年表、世表,也只记载王侯将相,情势自然不能包括各方面的人物,按类分别记载。所以学者评论时代了解人物,和查找史书列传对人物的舍弃或选取的宗旨和体例,大都茫然不清楚;那么人表不能缺少,确信无疑了。

顾氏炎武曰："史无年表，则列传不得不多；列传既多，则文繁而事反遗漏。"因谓其失始于陈寿，而范、沈、姚、李诸家，咸短于此①。顾氏之说，可谓知一而不知二矣。年表自不可废；然王公将相，范、沈、姚、李诸史②，所占篇幅几何？《唐》、《宋》之史，复立年表③，而列传之繁，乃数倍于范、沈诸书，年表何救于列传之多欤？ 夫不立人表，则列传不得不多，年表犹其次焉者耳。而人表方为史家怪笑，不敢复犯，宜其纷纷著传，如填户版，而难为决断，定去取矣。

【注释】

①因谓其失始于陈寿，而范、沈、姚、李诸家，咸短于此：据顾炎武
　　《日知录》卷二十六《作史不立表志》曰："其失始于陈寿《三国
　　志》，而范晔踵之。其后作者，又援范书为例，年表皆在所略（原
　　注：姚思廉《梁》、《陈》二书，李百药《北齐书》，令狐德棻《周书》，
　　李延寿《南北史》，皆无表、志）。不知作史无表，则立传不得不
　　多；传愈多，文愈繁，而事迹或反遗漏而不举。"

②范、沈、姚、李诸史：范晔《后汉书》，沈约《宋书》，姚思廉《梁书》和
　　《陈书》，李延寿《南史》和《北史》。

③《唐》、《宋》之史，复立年表：《新唐书》撰有《宰相表》、《方镇表》、
　　《宗室世系表》、《宰相世系表》。脱脱监修《宋史》撰有《宰辅表》、
　　《宗室世系表》。

【译文】

顾炎武说："史书没有年表，那么列传就不得不多；列传既然众多，那么就会文字繁多而事情反有遗漏。"于是说这个失误从陈寿开始，而范晔、沈约、姚思廉、李百药各家，都在这方面具有短处。顾氏的说法，可以说是只知其一而不知其二了。年表自然不可以废除；然而王公将

相,在范晔、沈约、姚思廉、李百药各家史书里,所占的篇幅有多少呢?《唐书》与《宋史》,又设立了年表,而列传数量的众多,却是范晔和沈约等史书的数倍,年表对列传的繁芜有什么补救呢? 不设立人表,于是列传不得不多,年表还是处于次要的地位。然而人表正被史学家责怪和嗤笑,不敢继续冒犯编撰,怪不得他们纷纷作传,就像填充户籍版图,而难以作出决断,决定舍弃和选取了。

　　夫通古之史,所取于古纪载,简册具存;不立人表,或可如迁史之待补于固,未为晚也。断代之史,或取裁于簿书记注,或得之于耳目见闻,势必不能尽类而书,而又不能必其事之无有,牵联而及;则纵揽人名,区类为表,亦足以自见凡例,且严列传通裁,岂可更待后之人乎? 夫断代之史,上者如班、陈之专门名家①,次者如《晋》、《唐》之集众所长②,下者如《宋》、《元》之强分抑配③。专门名家之史,非人表不足以明其独断别裁;集众所长之史,非人表不足以杜其参差同异;强分抑配之史,非人表不足以制其芜滥猥琐。故曰:断代之史,约计三门,皆不可无人表也。

【注释】

①班、陈之专门名家:班固《汉书》,承继班彪家学;陈寿《三国志》,叙事简严有法,有良史之称,此所谓专门名家之史。

②《晋》、《唐》之集众所长:二十四史中的《晋书》、《旧唐书》和《新唐书》,都是官修史书。唐初修《晋书》,以臧荣绪《晋书》为主要依据,宰相房玄龄、褚遂良、许敬宗监修,先后有令狐德棻、敬播、李淳风等十八人分工编撰。五代后晋时期修《旧唐书》,以唐代国史、实录等为基本材料,先后由宰相赵莹、桑维翰、刘昫监修,史

官张昭远、贾纬、赵熙等人分工编撰写。北宋中期修《新唐书》，由欧阳修、宋祁主修，欧阳修负责纪、表、志部分，宋祁负责列传部分，史官范镇、王畴、宋敏求、吕夏卿、刘羲叟等人参与编撰。以上分撰诸人，各有学术专长，能够保证自己编撰部分质量可靠，此所谓集众所长之史。

③《宋》、《元》之强分抑配：元代后期脱脱主持撰修《宋史》，仅用两年半时间仓促成书。明初修《元史》，以宋濂、王祎为总裁，实际只用一年时间成书。两书卷帙浩繁，仅仅照抄旧史料成书，因时间仓促而无法删削订正，史官被分派任务督促完成，彼此互不照应，以致矛盾百出，错误比比皆是，此所谓强分抑配之史。

【译文】

　　贯通古代的史书，从古代记载里取材，那些书籍都存在；不设立人表，也许可以像司马迁《史记》等候班固来补充一样，不算太晚。断代的史书，有的是从官府文书和史料记录中取材，有的是根据耳闻目见来取材，势必不能穷尽各类人而全部记载，而且又不能断定那些未被记载的人一定没有事情可供记载，可以附带涉及；那么广泛采取人名，分类作表，也就足够表现凡例，而且严格列传的贯通裁断，难道能再等待后世的人吗？断代的史书，上等的像班固和陈寿专门自成一家，中等的像《晋书》和《唐书》集合众人的长处，下等的像《宋史》和《元史》强行摊派仓促而成。专门自成一家的史书，没有人表就不能够显示作者的独自决定与特别裁断；集合众人长处的史书，没有人表就不能够杜绝那些参差不齐的差误与彼此矛盾；强行摊派仓促而成的史书，没有人表就不能够节制繁杂无度与琐碎纷乱。所以说：断代的史书，大约统计有三门，都不可以没有人表。

亳州志人物表例议下

方志之表人物,何所仿乎?曰:将以救方志之弊也,非谓必欲仿乎史也,而史裁亦于是具焉而已。今之修方志者,其志人物,使人无可表也。且其所志人物,反类人物表焉,而更无所谓人物志焉,而表又非其表也。盖方志之弊也久矣!史自司马以来,列传之体,未有易焉者也。方志为国史所取裁,则列人物而为传,宜较国史加详。而今之志人物者,删略事实,总撷大意,约略方幅①,区分门类。其文非叙非论,似散似骈;尺牍寒温之辞,簿书结勘之语,滥收猥入,无复翦裁。至于品皆曾、史,治尽龚、黄,学必汉儒,贞皆姜女,面目如一,情性难求;斯固等于自郐无讥②,存而不论可矣。即有一二矫矫,雅尚别裁,则又简略其辞,谬托高古;或仿竹书记注,或摩石刻题名,虽无庸恶肤言,实昧通裁达识;所谓似表非表,似注非注,其为痼弊久矣③。是以国史宁取家乘,不收方志,凡以此也。

【注释】

①方幅:语出《新唐书》卷四十八《百官志》:"凡有弹劾,御史以白大

　　夫,大事以方幅,小事署名而已。"古人书写典诰、诏命、章表等使
　　用方形笺册,故借指此类重要文书。有时也泛指篇章。
②自郐(kuài)无讥:语出《左传·襄公二十九年》:"吴公子札来
　　聘……请观于周乐……自郐以下,无讥焉。"春秋时期吴国季札
　　出使鲁国,对各国乐歌一一作出评论,截止到郐国,以后的国家
　　不再加以评论。后用"自郐无讥"表示不值得评论。郐,西周初
　　年分封的诸侯国,妘姓,相传为祝融之后。封地在今河南密县东
　　南。东周初年为郑国所灭。
③痼(gù)弊:积重难治的弊病。

【译文】

　　方志为人物作表,是仿效什么呢? 回答说:将要用它挽救方志的弊
病,不是说一定想要仿效正史,但作史的裁断也在这里具备罢了。现在
纂修方志的人,他们收录记载人物,让人没有办法作表。而且他们所收
录记载的人物,反而类似人物表,根本谈不上什么人物志,而表又不是
表的样子。大概方志的弊病已经太久了! 史书从司马迁以来,列传的
体例,没有人改变它。方志被国史所选用,那么排列人物作传,应该比
国史更加详细。而现在收录记载人物的方志,删减省略事实,总结摘取
大意,概括文章内容,区别分开门类。列传文字不像叙述又不像论说,
好像散文又好像骈文;私人书信嘘寒问暖的言辞,官府文书审狱结案的
话语,不加限制地杂乱收入,不再修饰剪裁。至于人品都像曾参和史
鳅,治绩都像龚遂和黄霸,学问一定像汉儒,贞节都像共姜,人人面目一
致,情性难以寻求;这本来相当于自《郐风》以下不值得评论,保存而不
评论就可以了。即使有少数卓越出众的方志,崇尚别裁独创,却又简略
志书辞语,荒谬地假托高雅古朴;或者仿照《竹书纪年》,或者模仿石刻题
名,虽然没有平庸恶劣的肤浅语言,实际上不清楚什么是贯通裁断和通
达识见;就是所说的像表又不像表,像注又不像注,成为难治的弊病已经
很久了。所以国史宁可采用家史,也不收载方志,都是因为这个缘故。

夫志者,志也。人物列传,必取别识心裁,法《春秋》之谨严,含诗人之比兴。离合取舍,将以成其家言;虽曰一方之志,亦国史之具体而微矣。今为人物列表,其善盖有三焉。前代帝王后妃,今存故里,志家收于人物,于义未安;削而不载,又似缺典。是以方志遇此,聚讼纷然^①,而私智穿凿之流^②,往往节录本纪,巧更名目,辗转位置,终无确当。今于传删人物,而于表列帝王,则去取皆宜,永为成法。其善一也。史传人物本详,志家反节其略,此本类书摘比,实非史氏通裁。然既举事文,归于其义,则简册具有名姓,亦必不能一概而收,如类纂也。兹于古人见史策者,传例苟无可登,列名人物之表,庶几密而不猥,疏而不漏。其善二也。史家事迹,目详于耳,宽今严古,势有使然。至于乡党自好^③,家庭小善,义行但存标题,节操止开年例;史法不收,志家宜具。传无可著之实,则文不繁猥;表有特著之名,则义无屈抑。其善三也。凡此三者,皆近志之通病,而作家之所难言。故曰:方志之表人物,将以救方志之弊也。

【注释】

①聚讼:语出范晔《后汉书》卷六十五《曹褒传》:"谚言作舍道旁,三年不成,会礼之家,名为聚讼,互生疑异,笔不得下。"意为众人争论不休。

②私智穿凿:语出《孟子·离娄下》:"所恶于智者,为其凿也。如智者若禹之行水也,则无恶于智矣。禹之行水也,行其所无事也。如智者亦行其所无事,则智亦大矣。"意为自作聪明而穿凿附会。

③乡党自好:语出《孟子·万章上》:"百里奚,虞人也……相秦而显

其君于天下，可传于后世，不贤而能之乎？自鬻以成其君，乡党自好者不为，而谓贤者为之乎？"指乡里洁身自好而注重名誉之人。

【译文】

方志，就是一方的记载。人物列传，一定要有独特见识和匠心裁断，效法《春秋》的谨严，包含《诗经》的比兴，对人物分开或者合并与选取或者舍弃，将要借此成为自己的一家之言，虽然说是一个地方的志书，相对于国史也是具备整体而规模稍小了。现在为人物列表，它的优点大概有三方面。前代的帝王后妃，故乡至今存在，编纂方志的人把他们收在人物部分，从道理上说并不妥当；如果删除而不记载，又好像是典故有欠缺。所以方志遇到这种情况，众说纷纭而争论不休，那些凭借个人聪明牵强附会的一类人，往往节录本纪，取巧而改换名目，颠来倒去安排次序，终究无法确切适当。现在在传里删掉此类人物，而在表里排列帝王，那就舍弃和取用全部适宜，永久作为固定的方法。这是第一方面优点。史书列传的人物本来记载详细，方志反而节取它们的梗概，这原本是类书的摘录排比，确实不是史学家的贯通裁断。然而既已标举出事情和文辞，归宿到它的思想，那么史书具有名姓的人物，也一定不能一概收入，就像分类编纂文献一样。这里对古人姓名出现在史书里的事例，按照列传的体例如果没有内容可以记载，就把姓名列在人物表里，差不多可以细密而不杂乱，疏阔而不遗漏。这是第二方面优点。史学家记载事迹，见到的内容比听说的内容详细，对当今要求宽而对古代要求严，这是情势造成这样。至于乡里中洁身自好的人，家庭里细小的好行为，对仗义行为仅仅保存标题，对贞节操履只开列年代；按照作史的原则不收这些内容，编纂方志应当具备。列传没有可以记载的实事，文字就不会繁冗；人表有特地记载的名称，道义就不会受到委屈压抑。这是第三方面优点。所有这三个方面，都是近代方志的通病，是编纂方志的人所难以谈论的义例。所以说：方志为人物作表，将要用来挽救方志的弊病。

亳州志掌故例议上

【题解】

　　《亳州志掌故例议》上中下三篇，阐述纂修方志重视掌故，保存一方制度和旧例的重要性。章学诚撰《和州志》与《永清县志》，均未曾专门为两地掌故设置篇幅，《亳州志》确立掌故一类，可以看出他的方志纂修体例得以完备。正是在此基础上，后来章学诚作《方志立三书议》，从理论上加以概括，把掌故和文征放在与方志正文同等重要的地位，三足鼎立，缺一不可。上篇指出掌故无论在正史还是方志中，都具有重大作用，所以应当予以记载。然而宋、元以来的史家背离司马迁、班固创作书志对官府礼制采取要领而保存一代制度大略的修史传统，不懂得掌故别有专书，专门记载名物器数，以致书志部分越来越繁冗，混淆了书志和掌故的不同作用。中篇分析欧阳修《新唐书》以下史书的利弊得失，指出他们想要用史志保存制度细则，造成篇幅繁冗，殊不知制度细则容易导致文字繁重，其后果将是连同史书文字一起亡失。章学诚认为唐、宋时期的人已经发现典章制度不可求全于史志的问题，所以刘秩《政典》、杜佑《通典》、王溥《唐会要》与《五代会要》、徐天麟《两汉会要》，都是聚汇考核典章制度，和史志相互区别，专门成书。他从这种史义受到启发，主张史书的纪、表、志、传仍然沿用旧的撰修，此外另设掌故，与史书相辅而不相侵，从而挽救书志冗滥的痼疾。下篇论述方志与掌故不可混淆的原因，并且立论祛方志不得分志与掌故之疑。章学诚认为州县掌故都来源于朝廷制度，方志记载大要总纲，掌故记载委曲细故，各有攸当，所以志和掌故不能混在一处。他指出通行的方志的弊病是似志非志，似掌故非掌故。鉴于这个问题，他对于志与掌故的繁简以及两者之间的关系作出详细说明，强调志文要简明，但事情不能不完备，不能只求简略而造成遗漏；掌故要整齐有条理，但要点不能不突出，不能只求详细造成繁芜。最后，章学诚进一步强调，记载掌故的原则应当是在事情和文辞之外，更重要的任务还要凸显史义。

先王制作，存乎六艺，明其条贯，天下示诸掌乎①？夫《书》道政事②，典、谟、贡、范，可以为经要矣。而《周官》器数，不入四代之书③。夏礼殷礼，夫子能言，而今已不存其籍。盖政教典训之大，自为专书；而人官物曲之细，别存其籍，其义各有攸当。故以周、孔经纶，不能合为一也。司马迁氏绍法《春秋》，著为十二本纪，其年表列传，次第为篇，足以备其事之本末；而于典章制度，所以经纬人伦，纲维世宙之具，别为八书，以讨论之。班氏广为十志，后史因之，互有损益，遂为史家一定法矣。昔韩宣子见《易》象、《春秋》，以谓周礼在鲁。左氏综纪《春秋》，多称礼经④。书志之原，盖出《官礼》。《天官》未改《天文》，《平准》未改《食货》⑤，犹存《汉书》一二名义，可想见也。郑樵乃云："志之大原，出于《尔雅》。"非其质矣。然迁、固书志，采其纲领，讨论大凡，使诵习者可以推验一朝梗概，得与纪传互相发明，足矣。至于名物器数，以谓别有专书，不求全备，犹左氏之数典征文⑥，不必具《周官》之纤悉也。司马《礼书》末云："俎豆之事，则有司存。"⑦其他抑可知矣。

【注释】

①天下示诸掌乎：语出《论语·八佾》："或问禘之说。子曰：'不知
也；知其说者之于天下也，其如示诸斯乎！'指其掌。"形容事理浅
近而易明。

②《书》道政事：语出《庄子·天下》："《书》以道事。"道，通"导"。又
据司马迁《史记》卷一百三十《太史公自序》曰："《书》记先王之
事，故长于政。"

③四代之书：《尚书》里的《虞书》、《夏书》、《商书》、《周书》。

④左氏综纪《春秋》，多称礼经：据《左传·隐公七年》记载："春，滕
侯卒，不书名，未同盟也。凡诸侯同盟，于是称名，故薨则赴以
名，告终称嗣也，以继好息民，谓之礼经。"杜预《注》曰："此言凡
例，乃周公所制礼经也。"

⑤《天官》未改《天文》，《平准》未改《食货》：据章学诚《章氏遗书》外
编卷三《丙辰札记》曰："《史记》之《天官》、《平准》名篇，乃是官
名。班固改《天官》为《天文》，改《平准》为《食货》，全失《官礼》之
意矣。"

⑥左氏之数典征文：据《左传》记载，鲁桓公二年，臧孙达谏取宋诰
鼎，陈先王昭明令德之典；鲁僖公二十四年，富辰谏以狄伐郑，陈
宗周亲亲相爱之典；鲁文公十八年，季文子逐莒仆，引周公制礼
誓命之文；鲁昭公十二年，子革谏周灵王，引祭公谋父《祈招》之
诗；等等。

⑦司马《礼书》末云："俎豆之事，则有司存。"语出司马迁《史记》卷
二十八《封禅书》："于是退而论次自古以来用事于鬼神者，具见
其表里，后有君子，得以览焉。若至俎豆珪币之详，献酬之礼，则
有司存。"此处言出于《礼书》，不确。

【译文】

上古君王创立制度,保存在六经里,明了它们的条理统贯,治理天下就像掌握在手心一样容易吧?《尚书》叙述政事,典、谟、贡、范等篇,可以作为重要法则了。然而《周礼》中关于礼器与仪制的记载,没有收入《尚书》。夏代礼制和殷代礼制,孔夫子能够谈论,可是现在那些典籍已经不复存在。大概政治教化和经典训诂的性质重大,单独成为专书;而人世管理和万物效用的性质细密,另存在其他书籍,两者内容各有适当之处。所以周公、孔子经营治理,也不能把它们合成一体。司马迁效法《春秋》,写成十二篇本纪,书中的年表和列传,依次编纂成篇,足够具备所载事情的本末;而对于典章制度,即用来规定人际关系,维系世间秩序的器物,另外撰作八篇书,来探讨评论它们。班固扩充为十篇志,后世的史书沿袭他们,历代各有增减,于是成为史学家固定的法则了。从前韩宣子看见《易》的卦象与《春秋》,认为周代的礼制保存在鲁国。左氏研治《春秋》,多次称说礼经。书志的根源,大概语出《周礼》。《史记》的《天官书》没有改称《天文志》,《平准书》没有改称《食货志》,还在《汉书》里保存着少许名称,可以见到。郑樵却说:"志的根源,语出《尔雅》。"这就不是它的本质了。然而司马迁、班固的书志,摘取官府礼制的纲领,探讨研究大要宏旨,让诵读学习的人可以凭借它们推究验证一个朝代制度的梗概,能够和列传互相证明,就足够了。至于事物的名称,礼器与仪制的规定,认为另外有专书,不追求全面完备,就像左氏历举典故和引证成文,不一定具备《周礼》那样细微详尽的记载。司马迁在《礼书》末尾说:"俎豆等礼器一类小事,有主管官员掌管和保存。"其他也就可想而知了。

自沈、范以降,讨论之旨渐微,器数之加渐广。至欧阳《新唐》之志,以十三名目,成书至五十卷[①],官府簿书,泉货注记[②],分门别类,惟恐不详。《宋》、《金》、《元史》繁猥愈甚,盈床叠几,难窥统要。是殆欲以《周官》职事,经礼容仪,尽入《春秋》,始称全体。则夫子删述《礼》、《乐》、《诗》、《书》,不必分经为六矣。夫马、班书志,当其创始,略存诸子之遗。《管子》、《吕览》、《鸿烈》诸家,所述《天文》、《地圆》、《官图》、《乐制》之篇③,采掇制数,运以心裁,勒成一家之言,其所仿也。马、班岂不知名数器物,不容忽略,盖谓各有成书,不容于一家之言,曲折求备耳。如欲曲折求备,则文必繁芜,例必庞杂,而事或反晦而不显矣。惟夫经生策括,类家纂要,本非著作,但欲事物兼该,便于寻检,此则猥陋无足责耳。史家纲纪群言,将勒不朽,而惟沾沾器数,拾给不暇,是不知《春秋》、《官礼》,意可互求,而例则不可混合者也。

【注释】

①欧阳《新唐》之志,以十三名目,成书至五十卷:欧阳修《新唐书》有《礼乐志》、《仪卫志》、《车服志》、《历志》、《天文志》、《五行志》、《地理志》、《选举志》、《百官志》、《兵志》、《食货志》、《刑法志》、《艺文志》,共十三志,五十卷。

②泉货:语出班固《汉书》卷二十四下《食货志下》:"故货,宝于金,利于刀,流于泉。"颜师古《注》引如淳曰:"流行如泉也。"古代称钱币为"泉"或"泉布"。

③《管子》、《吕览》、《鸿烈》诸家,所述《天文》、《地圆》、《官图》、《乐制》之篇:《淮南子》有《天文》篇、《地形》篇,《管子》有《地圆》篇、《幼官图》篇,《吕氏春秋》仲夏纪有《大乐》、《侈乐》、《适音》、《古乐》等篇,季夏纪有《音律》、《音初》、《制乐》等篇。

【译文】

自从沈约和范晔以后,探讨议论的宗旨逐渐衰微,礼器和仪制的记载增加逐渐扩展。到欧阳修《新唐书》的志，利用十三个名目，成书多到五十卷，官府的文书，货币的记载，分门别类编入，惟恐不详细完备。《宋史》、《金史》、《元史》更加繁冗，堆满书架几案，很难考察要领。这恐怕是想要把《周礼》的职事，礼制和仪容，全写进《春秋》，才称得上全面。那么孔夫子删定和传述《周礼》、《诗经》、《尚书》，就不需要把经分成六部了。司马迁与班固的书志，当他们创始的时候，大致保存了诸子所遗留的传统。《管子》、《吕览》、《淮南鸿烈》各家，所记述的《天文》、《地圆》、《官图》、《乐制》等篇章，掇拾制度名数，运用匠心裁断，撰成一家之言，就是马班所仿效的先例。司马迁和班固怎么能不知道名物度数和礼器之物，不容忽略，大概认为各自已有撰成的专书，不允许在一家之言中，详细记载追求完备罢了。如果想要详细记载追求完备，那么文字一定繁芜杂乱，体例一定庞杂不纯，而事情也许反倒隐晦而不明显了。只有那些经生准备策试的资料，类书之家汇集的摘要，本来就不是著作，只是想要事物兼备，便于检查寻找，这些就浅陋不值得责备了。史学家笔削众人言论，将要勒成不朽的史书，而只是对礼器和仪制斤斤求备，收集忙得不可开交，这是不明白《春秋》和《周礼》，用意可以互相求证，而体例却不可以混合在一起。

亳州志掌故例议中

簿书纤悉，既不可溷史志，而古人甲乙张本①，后世又无由而知，则欲考古制而得其详，其道何从？曰：叔孙章程，韩信军法，萧何律令②，皆汉初经要之书，犹《周官》之六典也。《汉志》礼、乐、刑、法，不能赅而存之，亦以其书自隶官府，人可咨于有司而得之也。官失书亡，则以其体繁重，势自不能行远，自古如是，不独汉为然矣。欧、宋诸家③，不达其故，乃欲藉史力以传之。夫文章易传，而度数难久，故《礼》亡过半，而《乐经》全逸④。六艺且然，况史文乎？且《唐书》倍《汉》，而《宋史》倍《唐》，已若不可胜矣。万物之情，各有所极。倘后人再倍《唐》、《宋》而成书，则连床架屋，毋论人生耳目之力必不能周，抑且迟之又久，终亦必亡。是则因度数繁重，反并史文而亡之矣，又何史力尚能存度数哉？

【注释】

① 张本：语出《左传·庄公二十六年》："秋，虢人侵晋。冬，虢人又侵晋。"杜预《注》曰："为《传》明年晋将伐虢张本。"意为预留后来之地。也指写文章预设伏笔。

②叔孙章程,韩信军法,萧何律令:据司马迁《史记》卷一百三十《太
　史公自序》记载:"汉兴,萧何次律令,韩信申军法,张苍为章程,
　叔孙通定礼仪。"裴骃《集解》引如淳曰:"章,历数之章术也。程
　者,权衡丈尺斛斗之平法也。"即历数和度量衡的推算法式。章
　学诚此处言"叔孙章程",有误。

③欧、宋诸家:欧阳修、宋祁撰修《新唐书》,开志文繁琐收录章程器
　数之例。后世正史沿用,造成卷帙越来越繁重。

④《礼》亡过半,而《乐经》全逸:据班固《汉书》卷三十《艺文志》记
　载:"帝王质文,世有损益。至周,曲为之防,事为之制。故曰:礼
　经三百,威仪三千。及周之衰,诸侯将逾法度,恶其害己,皆灭去
　其籍。自孔子时而不具。至秦大坏。"《隋书》卷三十三《经籍志》
　著录:"今《周官》六篇,《古经》十七篇,《小戴记》四十九篇,凡三
　种。"可见《礼》亡过半。《乐经》为六经之一。后人或者认为《乐》
　本有经,因秦焚书而亡佚;或者认为"乐"本无经,与《诗》、《礼》结
　合而称经。

【译文】

　　官府文书细微详尽,既然不可以混杂在正史的书志里,而古人排列
顺序以待来者的用心,后世又没有途径了解,那么想要考察古代制度而
获得它们的详细情况,这样的方法从哪里来呢? 回答说:叔孙通指定的
章程,韩信制定的军法,萧何制定的律令,都是汉初经营治理国家的书
籍,就像《周礼》的六典一样。《汉书》记载礼乐与刑法制度,不能全部保
存在书中,也是因为这些书各自隶属于官府,人们可以向官吏询问而获
得它们的情况。官职丧失,书籍散亡,就因为书籍的规模繁重,自然不
能流传久远,自古一来就是如此,并不仅汉代是这样了。欧阳修和宋祁
等人,不通晓这个缘故,竟然想要凭借史书的力量来传播章程掌故。文
章容易流传,而名物度数难以长久流传,所以《周礼》亡佚过半,而《乐
经》全部散逸。六经尚且这样,何况史书的文字呢? 况且《唐书》的篇幅

超过《汉书》一倍,而《宋史》的篇幅又超过《唐书》一倍,多得好像承受不住了。万事万物的情况,各自都有极限。倘若后人再用《唐书》、《宋史》的成倍篇幅而成书,那就多得床上施床而屋上架屋,不要说人生耳目的能力一定不能周遍,而且还会随着时间推迟长久,最终也一定会亡佚。这就是因为章程制度繁重,反而连同史书文字一起消亡了,又有什么史书的力量还能保存章程制度呢?

　　然则前代章程故事,将遂听其亡欤? 曰:史学亡于唐,而史法亦莫具于唐。欧阳《唐志》未出,而唐人已有窥于典章制度不可求全于史志也。刘氏有《政典》,杜氏有《通典》,并仿《周官》六典,包罗典章,巨细兼收,书盈百帙。未尝不曰君臣事迹,纪传可详,制度名数,书志难于赅备,故修之至汲汲也。至于宋初,王氏有《唐会要》、《五代会要》①,其后徐氏更为《两汉会要》②,则补苴前古,括代为书。虽与刘、杜之典同源异流,要皆综核典章,别于史志,义例昭然,不可易矣。夫唐、宋所为典要,既已如彼;后人修唐、宋书,即以其法,纪纲唐、宋制度,使与纪传之史,相辅而行;则《春秋》、《周礼》,并接源流。弈世遵行,不亦善乎? 何欧阳述《唐》,元人纂《宋》,反取前史未收之器数,而猥加罗列,则亦不善度乎时矣。或谓《通典》、《会要》之书,较马、班书志之体为加详耳。其于器物名数,亦复不能甄综赅备③,故考古者不能不参质他书,此又非知言也。古物苟存于今,虽户版之籍,市井泉货之簿,未始不可备考证也。如欲皆存而无裁制,则岱岳不足供藏书,沧海不足为墨沛也④。故为史学计其长策,纪、表、志、传,率由旧章;再推周典遗意,就其官司簿籍,删取名物器数，略有条贯，以存一时掌故，与史相辅而不相侵，虽为百世不易之规，可也。

【注释】

①《五代会要》：三十卷，二百七十九目，北宋王溥撰。根据五代历朝的实录，分类记述五十余年的制度典章，于宋太祖建隆二年（961）成书。

②徐氏更为《两汉会要》：徐氏即徐天麟，字仲祥，南宋临江（今江西清江）人。宋宁宗开禧年间进士，先后任抚州、临安府教授及武学博士，通判惠、潭二州，权知英德府。父亲徐得之，伯父徐梦莘，皆通史学，徐天麟继承家学，亦好史学，著有《西汉会要》、《东汉会要》等书。《两汉会要》，即《西汉会要》与《东汉会要》的合称。《西汉会要》七十卷，仿照《唐会要》体例，辑取《史记》、《汉书》中分散记载的西汉典章制度，分类编纂，共计十五门，三百六十七事。于宋宁宗嘉定四年（1211）奏进于朝。《东汉会要》四十卷，体例与《西汉会要》略同，专记东汉一代典章制度，所据资料以范晔《后汉书》为本，旁采《东观汉记》等书。分十五门，三百八十四事。于宋理宗宝庆二年（1226）奏进于朝。《西汉会要》不加论断，《东汉会要》间有论断，二者稍有不同。

③甄综：语出陈寿《三国志》卷三十七《庞统传》裴松之《注》曰："〔顾〕劭就〔庞〕统宿，语，因问：'卿名知人，吾与卿孰愈？'统曰：'陶冶世俗，甄综人物，吾不及卿。论帝王之秘策，揽倚伏之要最，吾似有一日之长。'"意为综合分析，鉴别品评。

④墨渖（shěi）：语出南宋陆游《老学庵笔记》卷八："晁以道藏砚，必取玉斗样，喜其受墨渖多也。"意为墨水，墨汁。

【译文】

那么前代的制度和旧例，难道就任凭它们亡佚吗？回答说：史学在唐代消亡，而撰史方法也以唐代最为完备。欧阳修《唐书》各志产生以前，唐人已经觉察到典章制度不能在史书的志里追求全面。刘秩有《政典》，杜佑有《通典》，都是仿效《周礼》六典，包罗典制和章程，大小轻重一起收入，书篇充满百卷。未尝不认为君臣的事迹，列传可以详细记载，制度的名物度数，书志难以全面完备，所以急切地修撰。到了宋初，王溥有《唐会要》与《五代会要》，此后徐天麟又作《两汉会要》，就是补缀古代事实，总括一代撰写成书。虽然和刘秩、杜佑的典制之书源头相同而分流各异，总之都是对典章制度聚汇和考核，与书志相区别，宗旨和体例显著，不能改变了。唐、宋时期的人所作的典制纲要，既然已经这样；后人撰修唐、宋时代的史书，就使用他们的方法，整理关于唐、宋制度的记载，使它们和纪传体史书互相辅助流行，于是《春秋》和《周礼》，共同接续源流，一代接一代遵循实行，不是也很好吗？为什么欧阳修撰修《唐书》，元人撰编《宋史》，反而取前代史书没有收入的礼器和仪制的名物度数，而猥滥地加以罗列，那也是不善于审度时势了。有人认为《通典》、《会要》等书，比起司马迁和班固书志的体例是更加详细而已；它们对于器物的名称度数，也不能综合鉴别而全面完备，所以考察古代制度的人不能不参考质证其他的书籍，这又不是有见识的言论。古代器物假如保存到现在，即使是登载户口的簿记，城坊贸易的账本，未尝不可以预备考证。如果想要全部保存下来而不加以剪裁，那么泰山不够供藏书，大海不够当墨汁。所以为史学谋划长久的办法，纪、表、志、传，遵循旧的规则；再推究《周礼》六典的遗意，根据官府的文书，对事物的名称以及礼器仪制的规定加以删削，大致具有条理统贯，用来保存一个时代的掌故，和史书互相辅助而不互相侵犯，即使当做百代不变的准则也可以。

亳州志掌故例议下

掌故之原,始于《官礼》。百官具于朝廷,则惟国史书志,得而撷其要,国家《会典》、《会要》之书,得而备其物与数矣①。撰方志者,何得分志与掌故乎? 曰:部、寺、卿、监之志②,即掌故也;拟于《周官》,犹夏官之有《司马法》,冬官之有《考工记》也。部、府、州、县之志,乃国史之分体,拟于周制,犹晋《乘》、楚《梼杌》与鲁《春秋》也。郡县异于封建,则掌故皆出朝廷之制度耳。六曹职掌,在上颁而行之,在下承而奉之,较之国史,具体而微。志与掌故,各有其不可易,不容溷也。

【注释】

① 而备其物与数:底本“而备其”与下文“志即掌”串行,据《章氏遗书》卷十五《亳州志掌故例议下》乙正。物与数,典章制度的名物和度数。

② 部、寺、卿、监:隋朝设置吏、民、礼、兵、刑、工六部。唐代避太宗李世民之讳,改“民部”为“户部”,此后历代沿袭,名称不改。秦、汉时期以奉常(太常)、郎中令(光禄勋)、卫尉、太仆、廷尉、典客(大鸿胪)、宗正、治粟内史(大司农)、少府为九卿。北魏以后,沿用汉代名称,官署称为九寺。明、清以大理寺、太常寺、光禄寺、

太仆寺、鸿胪寺为五寺,长官称卿。唐代以国子监、少府监、将作监、军器监、都水监为五监。明、清有国子监、钦天监。

【译文】

掌故的来源,从《周礼》开始。百官备列朝廷,那么只有国史的书志,能够摘取职官梗概;而国家的《会典》、《会要》一类书,能够具备职官制度的名物与度数了。编纂方志的人,为什么要区别志和掌故呢?回答说:部、寺、卿、监的志书,就是掌故;比拟《周礼》,犹如夏官有《司马法》,冬官有《考工记》。省、府、州、县的方志,是国史体例的分支;比拟周代制度,犹如晋《乘》、楚《梼杌》和鲁《春秋》。郡县制度和分封制度不同,就是掌故都是语出朝廷的制度罢了。六曹的职责,在上面的官署公布而推行,在下面的官署接受而尊奉,和国史比较,具备整体而规模微小。志和掌故,各自有不可改换的内容,不容许混淆界限。

今之方志,猥琐庸陋,求于史家义例,似志非志,似掌故而又非掌故,盖无以讥为也。然簿书案牍,颁于功令,守于吏典①,自有一定科律;虽有奇才,不能为加;虽有愚拙,不能为损;名胜大邦,与荒僻陋邑,无以异也。故求于今日之志,不可得而见古人之史裁;求于今日之案牍,实可因而见古人之章程制度。故曰:礼失求诸野也。夫治国史者,因推国史以及掌故,盖史法未亡,而掌故之义不明,故病史也。治方志者,转从掌故而正方志;盖志义久亡,而掌故之守未坠;修其掌故,则志义转可明矣。《易》曰:"穷则变,变则通,通则久。"志义欲其简而明也,然而事不可不备也。掌故欲其整以理也,然而要不容不挈也。徒以简略为志,此《朝邑》、《武功》之陋识也②。但知详备为掌故,则胥史优为之,而不知其不可行矣。夫志者,志也。其事其文之外,盖有义焉。所谓操约之道者此也。而或误以并省事迹，删削文字，谓之简也③；其去古人，不亦远乎？夫名家撰述，意之所在，必有别裁，或详人之所略，或弃人之所取，初无一成之法。要读之者，美爱传久④，而恍然见义于事文间，斯乃有关于名教也。然不整齐掌故，别为专书，则志亦不能自见其意矣。

【注释】

①吏典：元、明、清时期府县的吏员，掌管吏治文书。

②《朝邑》、《武功》：《朝邑县志》二卷，明代韩邦靖编纂。《武功县志》三卷，明代康海编纂。二志刻意求简，造成记事内容疏漏。章学诚曾撰《书朝邑志后》与《书武功志后》两文，予以辨析。

③而或误以并省事迹，删削文字，谓之简也：语出欧阳修《欧阳文忠公集》卷九十一《进新修唐书表》："其事则增于前，其文则省于旧。"

④美爱传久：语出北宋周敦颐《通书》："文辞，艺也。道德，实也。笃其实而艺者书之，美则爱，爱则传焉。"

【译文】

现在的方志，繁琐浅陋，按照史学家的体例探求，像方志而不是方志，像掌故而又不是掌故，大概不值得指责。然而官府的簿籍文书，通过法令颁布，由胥吏管理保存，自身具有固定的格式；虽然有奇特卓越的人才，不能对它有所增益；虽然有愚昧笨拙的庸人，不能对它有所减损；著名繁华的大城，和荒凉偏僻的小县，没有什么不同。所以探求现在的方志，不可能看出古人的史学剪裁；探求现在的官府文书，确实可以根据它看出古人的典章制度。所以说：朝廷礼制散失而向边鄙寻求。研治国史的人，由于推究国史而涉及掌故；大概撰史方法没有亡失，而掌故的意义不明显，所以损害史学。研治方志的人，反过来通过掌故而纠正方志；大概方志的要义长久亡失，而掌故的管理没有失传；整理掌故，那么方志的要义反而可以明显了。《周易》说："事物穷尽就发生变化，变化就能顺畅通达，通达就能长久发展。"方志的要义是要让自身简洁明白，然而事情不能够不完备。掌故的要义是要自身整齐有条理，然而要点不容许不把握。仅仅使用简略的方式作志，这是《朝邑县志》、《武功县志》的浅陋见识。仅仅知道使用详细完备的方式作掌故，那么办理文书的胥吏做起来更得心应手，却不知道这样就不能实行了。方志，就是一方记载。它的事情和它的文辞以外，大概其中寓含宗旨。人们所说的把握简要的方法就是这个意思。而有人误认为合并省略事迹，删减文字，就叫做简约；这种认识距离古人，不也相距太远了吗？专门成家的撰述，用意所在之处，一定有独特裁断，或是详细记载别人所简省的内容，或是舍弃别人所采用的事迹，本来没有固定的方法。总之是使读书的人，赞美喜爱传述久远，而在事情和文辞当中忽然领悟看出意义，这样才能发挥礼教的作用。然而不整理掌故，另外纂成专书，那么方志也就不能表现语出身的意义了。

卷八 外篇三

答甄秀才论修志第一书

【题解】

　　章学诚在国子监肄业期间，结识同学甄松年，两人相交甚好。章学诚曾为其父甄崇德作《甄鸿斋公传》和《甄鸿斋先生家传》二文，据《章氏遗书》卷十七《甄鸿斋先生家传》记载："乾隆二十八年癸未，学诚肄业国子监，新宁甄松年亦在监中，与学诚志义相得。"当甄松年六十岁的时候，章学诚又作《甄青圃六十寿序》，详细叙述两人交往。据《章氏遗书》卷二十三《甄青圃六十寿序》记载："始余识青圃于太学，六馆内外诸生三百余人，莫不爱青圃而土苴视余。祭酒月较诸生文艺，青圃必首擢，而余卷涂抹若将不胜。榜未揭，其他未可知，余与青圃名，虽书吏皂隶可先知殿最也。然青圃乃与余交。青圃先余十二年举于乡，后余十一年成进士，中历离合穷通，出处小异，而踪迹不甚相远。"甄松年史学素养较高，在清高宗乾隆二十八九年（1763—1764）前后，曾经受聘纂修《文安县志》，致书章学诚意见，章学诚先后撰写两文答复。本篇提出纂修方志的六条观点，分别就体例、艺文、前志、志科、史德、风教六个方面的问题发表看法。这些意见虽然在后来修志实践中有所变化，但基本上奠定了章学诚方志学理论的雏形。尤其是文中最早提出"志乃史体"的创见，把方志学作为史学分支，意义极为重要。

文安宰币聘修志①，兄于史事久负②，不得小试③，此行宜踊跃④。仆有何知⑤，乃承辱询⑥。抑盛意不可不复，敢于平日所留意者，约举数条，希高明裁择⑦！有不然处，还相告也。

【注释】

①文安：西汉置县，治所在今河北文安东北大柳河。唐太宗贞观元年(627)移治文安县城。五代后周隶属霸州，至清不改。今属河北省。宰：邑宰，先秦时期卿大夫采邑的长官。秦、汉以后用作知县的俗称。币聘：用礼物聘请贤人。

②兄：用于同辈相称，此处指甄秀才，即甄松年(1733—?)，字青圃，广东新宁人。清高宗乾隆三十年(1765)举人。官内阁中书舍人二十年。乾隆五十四年(1789)进士。

③小试：语出司马迁《史记》卷六十五《孙子列传》："阖庐曰：'子之十三篇，吾尽观之矣，可以小试勒兵乎？'"意为稍试技艺。

④踊跃：语出《诗经·邶风·击鼓》："击鼓其镗，踊跃用兵。"形容欢欣奋起。

⑤仆：古人对自己的谦称。

⑥承：接受，担任。辱：古人对别人使用的谦词，意思是自己让对方受到屈辱。

⑦高明：敬辞。崇高而有智慧的人。

【译文】

文安知县聘人纂修方志，仁兄在史学上久有抱负，没有机会稍微展示一下，这次去修志应当情绪高涨。我哪有什么见解，竟然承蒙你不顾屈辱而询问，不过盛情厚意不能不答复，斗胆对平常所留意的事情，大略举出几条，希望高明之士权衡选择。有不对的地方，再告诉我。

一、州郡均隶职方，自不得如封建之国别为史，然义例不可不明。如传之与志，本二体也。今之修志，既举人物典制而概称曰志，则名宦乡贤之属，不得别立传之色目。传既别分色目，则礼、乐、兵、刑之属，不得仍从志之公称矣①。窃思志为全书总名，皇恩庆典，当录为外纪②；官师铨除③，当画为年谱④；典籍法制，则为考以著之⑤；人物名宦，则为传以列之。变易名色，既无僭史之嫌；纲举目张，又无遗漏之患。其他率以类附。至事有不伦，则例以义起，别为创制可也。琐屑繁碎，无关惩创，则削而不存可也。详赡明备，整齐画一，乃可为国史取材；否则总极精采，不过一家小说耳，又何裨焉？

【注释】

①公称：共称，通称。

②外纪：国史称本纪，方志称外纪。

③官师铨除：官员的铨选和任命。

④年谱：年表。

⑤考：欧阳修撰《新五代史》，作《司天考》和《职方考》记载五代典制。章学诚后来撰《和州志》与《永清县志》则称为"书"。

【译文】

一、州郡都隶属朝廷，自然不能像封邦建国制度下按国别修史，然而宗旨和体例不能不明确。例如传和志，本来是两种体例。现在编修方志，既然把人物和典章制度一律称作志，那么名宦与乡贤之类，不能另外设立传的各类名目。传既然另外划分各类名目，那么礼、乐、兵、刑之类，不能仍然依从志的通称了。我想既然"志"是全书的总名，那么皇帝恩德和庆祝典礼，应当记载成外纪；各类官员的选拔任命，应当规划成年表；典籍和法制，就作为考来记载；人物名宦，就作为传来排列。改变名目，既没有僭越正史的名分；纲举目张，又没有遗漏的担忧。其他大抵按类归附。至于事情有无法归类的事例，那就根据宗旨制定体例，另外创立就可以了。琐屑繁碎的内容，和惩戒劝勉没有关系，那么删除不保存就可以了。详细充实和明确完备，整齐一致，才可以被国史选取；否则纵然极其精彩出色，不过是一家小说杂记罢了，又有什么裨益呢？

　　一、今世志艺文者，多取长吏及邑绅所为诗、赋、记、序杂文，依类相附；甚而风云月露之无关惩创，生祠碑颂之全无实征①，亦胥入焉。此姑无论是非，即使文俱典则，诗必雅驯，而铨次类录，诸体务臻②，此亦选文之例，非复志乘之体矣。夫既志艺文，当仿《三通》、《七略》之意③，取是邦学士著撰书籍，分其部汇，首标目录，次序颠末，删芜撷秀，掇取大旨，论其得失，比类成编，乃使后人得所考据，或可为馆阁雠校取材，斯不失为志乘体尔。至坛庙碑铭，城堤纪述，利弊论著，土物题咏，则附入《物产》、《田赋》、《风俗》、《地理》诸考，以见得失之由，沿革之故；如班史取延年、贾让诸疏入《河渠志》④，贾谊、晁错诸疏入《食货志》之例可也⑤。学士论著，有可见其生平抱负，则全录于本传；如班史录《天人三策》于《董仲舒传》⑥，录《治安》诸疏于《贾谊列传》之例可也⑦。至墓志传赞之属，核实无虚，已有定论，则即取为传文；如班史仍《史记·自序》而为《司马迁传》，仍扬雄《自序》而为《扬雄列传》之例可也。此一定之例，无可疑虑，而相沿不改，则甚矣史识之难也！

【注释】

①生祠:为造福一方而活着的人立的祠庙。

②臻(zhēn):至于,到达。

③《三通》:杜佑所撰《通典》、郑樵所撰《通志》与马端临所撰《文献通考》。

④班史取延年、贾让诸疏入《河渠志》:据班固《汉书》卷二十九《沟洫志》记载,汉武帝时期,齐人延年上书,建议在黄河上游开凿山岭,让河道改向北流,再向东入海。汉哀帝时期,待诏贾让上奏,陈述治河上中下三策。章学诚此处言《河渠志》,有误。

⑤贾谊、晁错诸疏入《食货志》:据班固《汉书》卷二十四《食货志》记载,汉文帝时期,贾谊上《论积贮疏》,晁错上《论贵粟疏》。

⑥班史录《天人三策》于《董仲舒传》:据班固《汉书》卷五十六《董仲舒传》记载,汉武帝时期,董仲舒上《贤良对策》,又称《天人三策》。

⑦录《治安》诸疏于《贾谊列传》:据班固《汉书》卷四十八《贾谊传》记载,汉文帝时期,贾谊《治安策》,又称《陈政事疏》,以及《为梁王立后疏》和《谏封淮南四子疏》。

【译文】

一、当今编纂《艺文志》的人,大多选取长官和地方绅士所作的诗、赋、记、序各类杂文,按照类别归属在一起;甚至描绘风云月露而与奖惩劝诫没有关系的词句,写作生祠碑颂而根本没有确实验证的赞语,也都一齐收入。这些暂且不论是非如何,即使文章都是高雅而符合法度,诗句一定典雅而纯正无瑕,而编排次序分类收录,各种文体务求周备,这也是选文的体例,而不再是方志的体例了。既然要作《艺文志》,应当仿照《三通》和《七略》的意图,选取这个地方的文人撰著编纂的书籍,区别门类汇编,首先标出目录,其次叙述本末,删除繁芜而摘录俊秀,选择宏纲大旨,论述它们的得失,按类纂集成编,才能使后人得以进行考据,或者可以被馆阁校勘所采用，这样才不失为方志体例。至于建造坛庙的碑铭，修城河堤的记述，措施利弊的论著，土产方物的题咏，就归附在《物产》、《田赋》、《风俗》、《地理》等考，用来考察得失的原因，沿革的缘故；就像班固《汉书》把延年、贾让奏疏收入《河渠志》，把贾谊、晁错奏疏收入《食货志》的例子就可以。学士论著，那些可以看出作者生平抱负的文章，就全部收录在个人的传中；就像班固《汉书》把《天人三策》收录在《董仲舒传》，把《治安策》等奏疏收录在《贾谊列传》的例子就可以。至于墓志和传赞之类，核实证明不存在虚假，已经有定论，就用来作为传文；就像班固《汉书》因袭《史记·自序》而作《司马迁传》，因袭扬雄《自序》而作《扬雄列传》的例子就可以。这是固定的体例，没有什么可以疑虑，而世人互相沿袭不知改变，那么可见具有史识太难了！

一、凡捐资修志，开局延儒，实学未闻，凡例先广，务新耳目，顿易旧书；其实颠倒狙公，有何真见？州郡立志，仿自前明。当时草创之初，虽义例不甚整齐，文辞尚贵真实，翦裁多自己出；非若近日之习套相沿①，轻隽小生②，史字未曾全识，皆可奋笔妄修，窃叨饩脯③。然其书百无一存。此皆后凌前替，修新志者，袭旧志之纪载，而灭作者之姓名。充其义类，将班《书》既出，《史记》即付祖龙④；欧、宋成书，《旧唐》遂可覆瓿与？仆以谓修志者，当续前人之纪载，不当毁前人之成书。即前志义例不明，文辞乖舛，我别为创制，更改成书，亦当听其并行，新新相续，不得擅毁；彼此得失，观者自有公论。仍取前书卷帙目录，作者姓氏，录入新志《艺文考》中，以备遗亡；庶得大公无我之意，且吾亦不致见毁于后人矣。

【注释】

①习套：习指惯常，习惯；套指成规，俗套。

②轻隽(juàn)小生：年轻而有才华的青年。此处含有贬义，指少不更事而耍小聪明。

③窃叨(tāo)饩(xì)脯(fǔ)：虚占廪食。窃，占有。叨，通"饕"，贪。饩，泛指各类粮食。脯，肉干。也指薪俸。

④祖龙：语出司马迁《史记》卷六《秦始皇本纪》："有人持璧遮使者曰：'为吾遗滈池君。'因言曰：'今年祖龙死。'"裴骃《集解》引苏林曰："祖，始也。龙，人君象，谓始皇也。"按秦始皇焚书坑儒，所以后人用"付祖龙"一语指付之一炬。

【译文】

一、凡是捐献资财编纂方志，开局邀请儒者编修，没听说有切实的学问，首先扩展凡例，力求耳目一新，马上改换旧志；这实际上是养猴人颠倒三四的把戏，有什么真知灼见呢？州郡设立志书，是仿效前朝明代的做法。当时开创初期，虽然宗旨和体例不太完备，文辞还算注重真实，取舍排纂大多由修志的人自己决定；不像近来修志习惯旧套互相沿袭，轻率而耍聪明的小辈，史书文字还没来得及全部认识，都可以挥笔胡乱编纂，占有贪取薪俸。然而这样的书一百种里也保存不下一种。这些都是后来的新志把以前的旧志废弃，编纂新志的人，因袭旧志的记载，却埋没作者的姓名。如果把这类事情推广到极限，难道班固《汉书》撰成以后，就要把司马迁《史记》烧掉；欧阳修和宋祁《新唐书》撰成以后，刘昫的《旧唐书》就可以盖酱瓮吗？我认为编纂方志的人，应当接续前人的记载，不应当损毁前人已经撰成的方志。即使前志的宗旨和体例不明显，文辞舛驳错乱，我另外创修一部，更改旧志的不妥，那也应当听任它们一同流行，新志和旧志互相接续，不能轻易损毁；两者各自的得失，阅览的人自有公论。仍然要把前志的卷次目录，作者姓名，收录进新志的《艺文考》里，用来防备散佚；这样差不多就是大公无私的意思了,而且我也不至于受到后人指责了。

一、志之为体,当详于史,而今之志乘所载,百不及一。此无他,搜罗采辑,一时之耳目难周;掌故备藏,平日之专司无主也。尝拟当事者,欲使志无遗漏,平日当立一志乘科房,佥掾吏之稍通文墨者为之^①。凡政教典故,堂行事实^②,六曹案牍,一切皆令关会^③,目录真迹,汇册存库。异日开局纂修,取裁甚富,虽不当比拟列国史官,亦庶得州间史胥之遗意^④。今既无及,当建言为将来法也。

【注释】

①掾吏:古代官府中下属官吏的通称。

②堂:公堂,古代各级官府议论政事与审理案件的地方。

③关会:禀报和知会。关,关白,通告。会,知会,照会。

④州间史胥:据《周礼·地官》记载,二十五家为间,二千五百家为州。后世泛指乡里。另据《周礼》记载,六卿之属均设置史和胥,负责记事并且掌管文书。后世通称掌管文书的小吏为史胥。

【译文】

一、方志的体例,应当比史书详细,然而现在的方志所记载的事实,尚且不到百分之一的内容。这没有别的原因,搜罗采辑史实,一时之间耳闻目见难以周遍;掌故储备收藏,平时的专门管理没有主管。我曾经揣测应当做的事情,要想让方志没有遗漏,平时应当设立一个方志科房,委派下属胥吏中略微通晓文辞的人做这件事。凡属政治教化的典故,公堂施行的掌故旧事,六曹的文书案牍,全部都通知照会志科,把收到的真迹编辑目录,汇编成册存在库房。将来开局纂修方志,可以选取的材料非常丰富,虽然不应该比拟古代列国史官,也差不多得到古代地方胥吏掌管文书的遗意。现在既然来不及,应当提出建议作为将来的法则。

一、志乃史体,原属天下公物,非一家墓志寿文,可以漫为浮誉,悦人耳目者。闻近世纂修,往往贿赂公行,请托作传,全无征实。此虽不肖浮薄文人所为[1],然善恶惩创,自不可废。今之志书,从无录及不善者,一则善善欲长之习见[2],一则惧罹后患之虚心尔[3]。仆谓讥贬原不可为,志体据事直书善否,自见直宽隐彰之意,固不可专事浮文,以虚誉为事也[5]。

【注释】

[1]浮薄:语出唐代高适《高常侍集》卷七《淇上酬薛三据兼寄郭少府》诗:"皇情念淳古,时俗何浮薄。"意为轻浮,不朴实。

[2]善善欲长:语出《公羊传·昭公二十年》:"君子之善善也长,恶恶也短;恶恶止其身,善善及子孙。"

[3]惧罹后患:语出韩愈《韩昌黎外集》卷二《答刘秀才论史书》:"夫为史者,不有人祸,则有天刑,岂可不畏惧,而轻为之哉?"

[4]仆谓讥贬原不可为,志体据事直书善否,自见直宽隐彰之意,固不可专事浮文,以虚誉为事也:固,大梁本误作"同"。叶瑛《文史通义校注》作"仆谓讥贬原不可为志体,据事直书,善否自见,直宽隐彰之意同;不可专事浮文,以虚誉为事也",文字费解。此据《章氏遗书》卷十五《答甄秀才论修志第一书》改。

【译文】

一、方志乃是史书体裁,原本属于天下公用之物,不是一家的墓志碑铭和祝寿文词,可以漫无限制夸耀吹嘘,用来悦人耳目。听说近世纂修方志,公然收受贿赂,请托人情作传,完全不顾真实。这虽然是轻薄无行的文人所做的事,然而对善恶的劝惩和警戒,自然不能废弃。现在的方志,从来没有记载不善的事迹,一个是囿于褒奖善行想要家世长久的习惯见闻,再一个是害怕记人之恶遭遇后患的恐惧心理而已。我认为讥刺褒贬原本不可以行使,方志的体例是根据事情如实记载善恶行为,自然显现出史文直截、宽缓、隐晦、明显的意思,本来就不可以专门追求华而不实的虚辞,把吹嘘奉承当做史家之事。

　　一、史志之书,有裨风教者,原因传述忠孝节义,凛凛烈烈,有声有色,使百世而下,怯者勇生,贪者廉立①。《史记》好侠,多写刺客畸流②,犹足令人轻生增气;况天地间大节大义,纲常赖以扶持,世教赖以撑柱者乎? 每见文人修志,凡景物流连,可骋文笔,典故考订,可夸博雅之处,无不津津累牍。一至孝子忠臣,义夫节妇,则寥寥数笔;甚而空存姓氏,行述一字不详,使观者若阅县令署役卯簿,又何取焉? 窃谓邑志搜罗不过数十年,采访不过百十里,闻见自有真据,宜加意采辑,广为传述;使观者有所兴起,宿草秋原之下③,必有拜彤管而泣秋雨者矣④。尤当取穷乡僻壤,畸行奇节,子孙困于无力,或有格于成例,不得邀旌奖者,踪迹既实,务为立传,以备采风者观览⑤,庶乎善善欲长之意。

【注释】

①怯者勇生,贪者廉立:语出《孟子·万章下》:"故闻伯夷之风者,顽夫廉,懦夫有立志。"

②畸流:行为奇特脱俗的人。

③宿草:语出《礼记·檀弓上》:"朋友之墓,有宿草而不哭焉。"郑玄

《注》曰："宿草,谓陈根也。"意为隔年的草,比喻墓地。

④彤管:语出范晔《后汉书》卷十上《皇后纪上》:"女史彤管,记功书过。"李贤《注》曰:"彤管,赤管笔也。《诗》云:'贻我彤管。'注云:'古者,后夫人必有女史彤管之法也。'"原指古代女史记事使用的管笔,后来泛指史书记事。

⑤采风者:据班固《汉书》卷三十《艺文志》记载:"古有采诗之官,王者所以观风俗,知得失,自考正也。"

【译文】

　　一、史志的书,对风俗教化有裨益,本来是因为传播记述忠孝节义,大义凛凛烈烈,人物有声有色,促使百世以下,胆怯的人产生勇气,贪婪的人树立廉洁。《史记》喜好侠客,往往描写刺客奇人,还足以令人不吝惜生命而增长气概;何况人世间的大节大义,三纲五常依靠它来扶持,当代的教化依靠它来支撑呢?常常见到文人编纂方志,凡是景物使人留恋,可以驰骋文笔的地方,或者对典故的考订,可以夸耀学识渊博的地方,没有人不津津乐道地连篇累牍撰写。一到记载孝子忠臣,义夫节妇,就只有寥寥数笔,甚至仅仅保存姓氏,平生事迹连一个字也不愿详细记载,让观览方志的人好像阅读县令使用衙役的名册,又怎么能从中取材呢?我认为县志搜罗文献不超过数十年,采访范围不超过百十里,听到和看到的内容自然有真凭实据,应该特别注意采录搜辑,广泛传播叙述;使观览的人有所感激奋发,在生长隔年野草的秋天原野之下,一定有拜谢记事的管笔在秋雨中哭泣的灵魂了。尤其应该搜寻穷乡僻壤,有脱俗行为和奇特节操,子孙陷入没有力量的困境,或者由于以前惯例的阻碍,不能获得表彰奖赏的人,行事踪迹察实之后,务必为他们立传,用来预备采集风俗的人观看,差不多就是褒奖善行想要家世长久的意思。

　　已上六条,就仆所见,未敢自谓必然。而今世刻行诸志,诚有未见其可者。丈夫生不为史臣,亦当从名公巨卿,执笔充书记①,而因得论列当世,以文章见用于时。如纂修志乘,亦其中之一事也。今之所谓修志,令长徒务空名,作者又鲜学识;上不过图注勤事考成②,下不过苟资馆谷禄利③。甚而邑绅因之以启奔竞,文士得之以舞曲笔;主宾各挟成见,同局或起抵牾,则其于修志事,虽不为亦可也。乃如足下负抱史才④,常恨不得一当牛刀小试⑤。向与仆往复商论,窥兄底蕴,当非苟然为者。文安君又能虚心倾领,致币敦请,自必一破从前宿习;杀青未毕,而观者骇愕,以为创特,又岂一邑之书,而实天下之书矣。仆于此事,无能为役,辱存商榷,陈其固陋之衷,以庶几萤烛增辉之义⑥,兄其有以进我乎?

【注释】

①书记:在官府负责文案记录的人员。

②考成:在规定限期之内考核官吏的政绩。

③馆谷:塾师或幕僚的酬金。

④足下:敬辞。用于称呼对方。

⑤牛刀小试:语出《论语·阳货》:"子之武城,闻弦歌之声。夫子莞尔笑曰:'割鸡焉用牛刀?'"牛刀,宰牛之刀,比喻大器之材。意为有很大的本领,先在小事上显露一下身手。

⑥萤烛增辉:语出曹植《曹子建集》卷八《求自试表》:"萤烛末光,增辉日月。"

【译文】

以上六条,仅就我所理解而言,不敢自认为一定正确。而当代刊刻盛行的各种方志,确实存在看不到它们长处的问题。大丈夫生前不能作史官,也应当追随有声望的显赫人物,握笔充当书记,因而能够评论当代时事,凭借文章受到当世的重用。例如纂修方志,也是其中的一件事。现在所说的编纂方志,地方长官仅仅署挂空名,作者又缺少学识;上面的官员只不过谋求尽力职事的考核,下面的撰人只不过苟且获取酬金禄利。甚至州县的绅士由此而掀起奔走竞争风气,文人获得这个位置而舞弄歪曲事实的文笔;主人与宾客各自抱有成见,同在志局的人有时也产生矛盾,那么他们对于编纂方志的事,即使不做也可以。至于像您这样具有史学才能的人,经常遗憾不能得到小试牛刀的机会。以前和我反复商量讨论,我能看出仁兄内心蕴藏的智识,应该不是随随便便地做这件事情。文安知县又能虚心钦佩领教,奉送财物诚恳聘请,自然一定会破除从前长久的习惯,方志尚未编定,而阅览的人惊讶,认为是独特创造,又哪里是一个县的志书,而实际是天下的志书了。我对于这件事,没有机会参与,承蒙讨论商榷,陈述我浅陋的内心想法,用来期望像萤火虫和蜡烛能给日月增加微弱的光辉一样,仁兄有什么教诲能够促使我进步吗?

答甄秀才论修志第二书

【题解】

本篇接续前篇，继续回答撰修方志中应当注意的问题。章学诚提出关于修志的八条意见，进一步丰富了第一书中的论述。第一条是继续讨论方志体例，认为必须按照史裁部勒成书，前人方志中关于考和传的内容大多失之繁碎与混同，应当有所统摄。第二条讨论引文规范，提出使用现成文字应该标明作者。第三条讨论传体，指出方志供国史取材，所作人物传应当详细，又不能全部归入类传。第四条讨论论赞，认为不能任意褒贬立异，更不必勉强撰写充数。第五条讨论典章制度，强调应该比国史详细记载。第六条讨论自注，遇到必须详细考证的内容，可加自注，解释文义的内容，则不需要自注。第七条讨论设立"文选"，是仿效《国风》遗意，选取有关风流的诗文记序诸体，勒为专书，与方志相辅而行。第八条讨论列女之传，认为方志应传"列女"而不能仅限"烈女"，局限于节烈方面。这些内容，后来在章学诚修志实践中得到贯彻，并且进一步完善，例如把"文选"改作"文征"，并在《方志立三书议》中得到完备的论述，形成了丰富的方志学理论。

日前敬筹末议①，薄殖浅陋②，猥无定见③，非复冀有补高深，聊以塞责云耳。乃辱教答，借奖有加，高标远引，辞意挚恳,读之真愧且畏也！足下负良史才,博而能断,轩视前古④,意志直欲驾范轶陈,区区郡邑志乘,不啻牛刀割鷇⑤。乃才大心虚,不耻往复下问⑥。鄙陋如仆,何以副若谷之怀耶⑦？前书粗陈梗概,过辱虚誉,且欲悉询其详。仆虽非其人,辄因高情肫挚之深⑧,不敢无一辞以复,幸商择焉⑨。

【注释】

①末议:语出班固《汉书》卷六十二《司马迁传》:"仆亦尝侧下大夫之列,陪外廷末议。"后多用来谦称自己的议论。

②薄殖:轻微浅薄的学术根基。殖,树立,建树。

③猥:谦辞。用来表示自己的意见猥琐不足称道。

④轩视:犹言高瞻。轩,原意为一种曲辕有轓的车,也用作车的通称。引申为高起,高仰。

⑤鷇(kòu):语出《庄子·齐物论》王先谦《注》:"司马曰:'鷇,鸟子欲出者也。'"意为巢中待哺的雏鸟。

⑥下问:语出《论语·公冶长》:"不耻下问。"意为向比自己学问差的人请教。

⑦若谷之怀:虚怀若谷。意为谦虚的胸怀像山谷一样宽阔。

⑧肫(zhūn)挚:诚恳真挚。

⑨幸:敬辞。意为由于对方的做法自己感到庆幸。

【译文】

前些日子恭敬地策划微不足道的议论,根基浅薄鄙陋,琐碎而没有明确的主张,并不奢望对您高深的见解有什么补益,姑且用来聊以塞责罢了。反倒竟然承蒙教诲答复,极为奖励赞许,目标高而引导远,辞意真诚恳切,读后实在惭愧而且敬畏。您负有优秀史学才能,博学而能够裁断,视野高瞻千古,心意简直想要凌驾范晔而超越陈寿,小小的州县方志，犹如使用宰牛刀割杀雏鸟，却又才大而且虚心，不把向学问差的人反复询问当做可耻的事情，像我这样浅陋的人，拿什么符合您山谷一样宽广的胸怀呢？上一封书信粗略地陈述梗概，承蒙您过分的赞誉，而且想要全面询问那些意见的详情。我虽然不是恰当的人选，就因为您高尚情怀和真诚心意的深厚，不敢没有一句话作答复，荣幸地请您酌情选择。

　　一、体裁宜得史法也。州县志乘，混杂无次，既非正体，编分纪表，亦涉僭妄。故前书折衷立法，以外纪、年谱、考、传四体为主，所以避僭史之嫌，而求纪载之实也。然虚名宜避国史，而实意当法古人。外纪年谱之属，今世志乘，百中仅见一二。若考之与传，今虽浑称志传，其实二者之实，未尝不载；特不能合于古史良法者，考体多失之繁碎，而传体多失之浑同也。考之为体，乃仿书志而作。子长八书，孟坚十志，综核典章，包函甚广。范史分三十志①，《唐书》广五十篇②，则已浸广。至元修《宋史》，志分百六十余③。议者讥为科吏档册。然亦仅失裁制，致成汗漫④；非若今之州县志书，多分题目，浩无统摄也。如星野、疆域、沿革、山川、物产⑤，俱《地理志》中事也；户口、赋役、征榷、市籴⑥，俱《食货考》中事也；灾祥、歌谣、变异、水旱，俱《五行志》中事也；朝贺、坛庙、祀典、乡饮、宾兴，俱《礼仪志》中事也。凡百大小，均可类推。篇首冠以总名，下乃缕分件悉，汇列成编；非惟总萃易观，亦且谨严得体。此等款目，直在一更置耳。而今志猥琐繁碎，不啻市井泉货注簿，米盐凌杂，又何观焉？或以长篇大章，如班固《食货》，马迁《平准》，大难结构。岂知文体既合史例，即使措辞如布算子，亦自条理可观，切实有用。文字正不必沾沾顾虑，好为繁琐也。

【注释】

①范史分三十志：司马彪所作《续汉书》除纪传外，有志八篇。后纪传散佚，刘昭将八志析为三十卷，以补范晔《后汉书》。

②《唐书》广五十篇：欧阳修等所撰《新唐书》有十三志，分为五十卷。

③元修《宋史》，志分百六十余：脱脱监修《宋史》有十五志，分为一百六十二卷。

④汗漫：语出《淮南子》卷十二《道应》："吾与汗漫期于九垓之外，吾不可以久驻。"高诱《注》曰："汗漫，不可知之也。"意为不着边际。

⑤星野：分野。古人以天上的星宿与地上的列国州郡相对应。

⑥征榷：国家征收商品税与官府垄断专卖制度。

【译文】

一、方志的体裁应当运用史学方法。州县方志，混乱而没有次序，既然不是正史体例，编排区分纪和表，也涉及超越名分而狂妄自大。所以上一封书信折中确立方法，以外纪、年谱、考、传四种体例为主，用来避开冒犯史书的嫌疑，而追求记载的真实。然而各种体例的名目应当避免和国史相同，而实际的意图应当效法古人。外纪、年谱之类，当今的方志，一百部里面只见到一二部有。至于考和传，现在尽管笼统地称作志传，其实这两种的实际内容，现在的方志未尝不记载；只是不能符合古代史书良好方法的地方，考体大多失误在琐碎，而传体大多失误在混同。考作为一种体例，是仿照书志而作。司马子长八书，班孟坚十志，对典章聚汇考核，包罗非常广泛。范晔《后汉书》分三十卷志，《新唐书》增广为五十卷，就已经渐渐扩展。到元代编修《宋史》，志分一百六十余卷。议论评价的人讥讽这是各科官吏掌管的簿册。然而不过仅仅有失剪裁，以致漫无边际；不像现在的州县方志，划分很多题目，浩繁而没有统辖。例如分野、疆域、沿革、山川、物产，都是《地理志》中的事件；户口、赋役、税收专卖、统购粮食，都是《食货考》中的事件；吉凶征兆、俗讖歌谣、反常现象、水旱灾害，都是《五行志》中的事件；朝觐拜贺、祠坛神庙、祭祀庆典、乡饮酒俗、宾朋礼仪，都是《礼仪志》中的事件。举凡大大小小的众事，都能以此类推。篇首加上总名，以下详细划分叙述，聚汇排列成编；不但总汇在一起容易观看，而且也谨严得当。这些项目，只是在于一番改换罢了。而现在的方志烦杂琐碎，不亚于商人货物帐册，米盐杂乱互陈，又能看到什么呢？有人认为宏大篇章，像班固的《食货志》、司马迁的《平准书》，很难结构。怎么晓得文体既然符合史书体例，即使措辞细密得像排列算子，也自然条理可观，切实可用。对于文字完全不必拘泥而心存顾虑，喜好弄得烦琐。

一、成文宜标作者也。班袭迁史，孝武以前，多用原文，不更别异；以《史》、《汉》同一纪载，而迁史久已通行，故无嫌也。他若诏、令、书、表之属，则因其本人本事而明叙之，故亦无嫌于抄录成文。至《史记》赞秦，全用贾生三论，则以"善哉贾生推言"一句引起①。《汉书·迁传》全用《史记·自序》，则以"迁之自序云尔"一句作收②。虽用成文，而宾主分明，不同袭善。志为史体，其中不无引用成文，若如俗下之艺文选集，则作者本名，自应标于目录之下。今若刊去所载文辞，分类载入考、传诸体，则作者本名易于刊去，须仍复如《史》、《汉》之例，标而出之。至文有蔓长，须加删节者，则以"其略曰"三字领起，如孟坚载贾谊诸疏之例可也③。援引旧文，自足以议论者，则如《伯夷列传》中，入"其传曰"云云一段文字之例可也④。至若前缀序引，后附论赞，今世纂家，多

称野史氏曰，或称外史氏曰，揆之于理，均未允协；莫如直仿
东汉之例，标出论曰、序曰之体为安⑤。至反复辨正，存疑附
异，或加案曰亦可。否则直入本文，不加标目，随时斟酌，均
在夫相体裁衣耳⑥。

【注释】

①至《史记》赞秦，全用贾生三论，则以"善哉贾生推言"一句引起：
　据司马迁《史记》卷六《秦始皇本纪》记载："太史公曰：善哉乎贾
　生之推言也！"以下即录贾谊《过秦论》三篇。

②《汉书·迁传》全用《史记·自序》，则以"迁之自叙云尔"一句作
　收：据班固《汉书》卷六十二《司马迁传》记载："迁之自叙云尔。"
　以上全用《史记》卷一百三十《太史公自序》原文，以下为班固
　自作。

③至文有蔓长，须加删节者，则以"其略曰"三字领起，如孟坚载贾
　谊诸疏之例可也：据班固《汉书》卷四十八《贾谊传》记载："谊数
　上疏陈政事，多所欲匡建，其大略曰……"以下节录奏疏文字
　入传。

④援引旧文，自足以议论者，则如《伯夷列传》中，入"其传曰"云云
　一段文字之例可也：据司马迁《史记》卷六十一《伯夷列传》记载：
　"其传曰：伯夷、叔齐，孤竹君之二子也。"以下收录一段传记
　文字。

⑤莫如直仿东汉之例，标出论曰、序曰之体为安：语出刘知几《史
　通》卷四《论赞》："既而班固曰赞，荀悦曰论，《东观》曰序。"

⑥相体裁衣：比喻根据实际情况处理问题。

【译文】

　一、引用成文应当标明作者。班固沿用司马迁的史文，汉武帝以前
的纪事，大多利用原文，不再另撰；因为《史记》、《汉书》记载相同的事

情,而司马迁的书久已流传,所以没有嫌疑。其他像诏令与书表之类,就按照它们所牵涉的本人本事而明确地叙述,所以抄录现成文字也没有嫌疑。至于《史记》评论秦朝,完全用贾谊《过秦论》三篇,就用"贾生推断论说得多么好啊"一句作为引言。《汉书·司马迁传》全部使用《史记·太史公自序》,就用"司马迁的《自序》这样说"一句作为收尾。虽然使用现成文字,而宾主分明,和攘袭别人长处不同。方志属于史书体裁,其中不能不引用现成文字,假如像世俗的文章选集,那么作者本人名字,自然应该标在题目下面。现在如果删除所载的文辞,分类载入考、传等各种体例,那么作者本人名字容易被删掉,必须还像《史记》、《汉书》的例子,标示出来。至于那些文辞冗长,需要加以删节的文章,就用"其略曰"三字领起,像班孟坚记载贾谊诸疏的例子就可以。援引前人文字,自身足够表达议论的文章,像《伯夷列传》中,加入"其传曰"如何如何一段文字的例子就可以。至于前面连缀序言或引言,后面附上论赞,当代的编纂各家,大多称作野氏曰,或者称作外史氏曰,用情理来衡量,都不恰当;不如直接仿照东汉史学家的例子,标出论曰、序曰的体例为妥当。至于反复辨析归正,保留疑问附录异文,或许加上案曰也可以。否则直接写进本文,不加标题,根据时势斟酌损益,都在于测量身体剪裁衣服。

一、传体宜归画一也。列传行述入《艺文志》,前书已辨其非。然国史取材邑志,人物尤属紧要。盖典章法令,国有《会典》,官有案牍,其事由上而下,故天下通同,即或偶有遗脱,不患无从考证。至于人物一流,自非位望通显,太常议谥,史臣立传,则姓名无由达乎京师。其幽独之士,贞淑之女,幸邀旌奖,按厥档册,直不啻花名卯册耳[①]。必待下诏纂修,开馆投牒,然后得核。故其事由下而上,邑志不详备,则日后何由而证也？夫传即史之列传体尔。《儒林》、《游侠》，迁《史》首标总目；《文苑》、《道学》，《宋史》又画三科②。先儒讥其标帜启争，然亦止标目不及审慎尔③。非若后世志乘传述碑版，统列艺文。及作人物列传，又必专标色目，若忠臣、孝子、名贤、文苑之类，挨次排纂，每人多不过八九行，少或一二三行，名曰传略。夫志曰轺轩实录，宜详于史，而乃以略体行之，此何说也？至于标目所不能该，义类兼有所附，非以董宣入《酷吏》④，则于《周臣》缺韩通耳⑤。按《史记》列传七十，惟《循吏》、《儒林》而下九篇，标出总目⑥。《汉书》自《外戚》、《佞幸》而上七篇，标出总目⑦。江都传列三策，不必列以《儒林》⑧；东方特好诙谐，不必列入《滑稽》⑨。传例既宽，便可载瑰特之行于法律之外⑩；行相似者，比而附之；文章多者，录而入之。但以庸滥徇情为戒，不以篇幅广狭为拘，乃属善之善耳。

【注释】

①花名：公文册籍登录的人名。因为参差不一，故曰花名。

②《儒林》、《游侠》，迁《史》首标总目；《文苑》、《道学》，《宋史》又画三科：司马迁《史记》创立《儒林传》、《游侠传》；范晔《后汉书》在《儒林传》之外又设立《文苑传》；元修《宋史》又增设《道学传》。故称《儒林》、《文苑》、《道学》为三科。

③先儒讥其标帜启争，然亦止标目不及审慎尔：据《章氏遗书》外编卷三《丙辰札记》曰："《道学》、《儒林》分为二传，前人多訾议之，以谓吾道一贯，德行、文学，何非夫子所许，而分门别户以起争端？此说非是。史家法度，自学《春秋》据事直书，枝指不可断，

而兀足不可伸，期于适如其事而已矣。儒术至宋而盛，儒学亦至宋而歧，《道学》诸传人物，实与《儒林》诸公迥然分别，自不得不如当日途辙分歧之实迹以载之。夫道学之名，前人本无，则如画马，自然不应有角；宋后忽有道学之名、之事、之宗风派别，则如画麟，安得但为鹿而角哉！如云吾道一贯，不当分别门户，则德行、文学之外，岂无言语、政事？然则《滑稽》、《循吏》，亦可合于《儒林传》乎！"又据《章氏遗书》外编卷四《知非日札》曰："前人议元人修《宋史》不应分别《儒林》、《道学》，余既有论辨矣……道德宜出师氏，儒林宜出保氏，官守截然有分，古人辨之审矣。后世官、师分事，治、教分途，遂并古人之官守而忘之，转以吾道本一之说，讥史官之标别门户。夫吾道本一，则尧、舜、周、孔无二致也，则圣君、贤相皆可入《儒林传》矣，其说岂可通乎！"

④以董宣入《酷吏》：范晔《后汉书》将董宣载入《酷吏传》。董宣，字少平，东汉陈留圉（今河南杞县西南）人。累迁北海国相。后为洛阳令。公主奴仆仗势杀人，董宣将其捉拿格杀。公主诉于汉光武帝刘秀，光武帝命董宣向公主叩头谢罪，董宣不从，世人称谓"强项令"。严厉打击镇压豪强，京师号称"卧虎"。年七十四，卒于任官。

⑤《周臣》缺韩通：《新五代史》卷三十一《周臣传》不记载韩通，因其不拥戴赵匡胤称帝被杀之故。

⑥《史记》列传七十，《循吏》、《儒林》而下九篇，标出总目：司马迁《史记》自《循吏列传》、《儒林列传》以下，有《酷吏列传》、《游侠列传》、《佞幸列传》、《滑稽列传》、《日者列传》、《龟策列传》、《货殖列传》，共计九篇类传。

⑦《汉书》自《外戚》、《佞幸》而上七篇，标出总目：班固《汉书》在《佞幸传》、《外戚传》以上，有《儒林传》、《循吏传》、《酷吏传》、《货殖传》、《游侠传》，共计七篇类传。

⑧江都传列三策，不必列以《儒林》：江都指董仲舒，因其曾任江都
　　国相。班固《汉书》为董仲舒单独立传，而不载入《儒林传》，传中
　　收录董仲舒《天人三策》。

⑨东方特好诙谐，不必列入《滑稽》：褚少孙补司马迁《史记》，将东
　　方朔补入《滑稽列传》。班固《汉书》为东方朔单独立传，而不立
　　《滑稽传》。

⑩瑰特之行：语出《淮南子》卷十四《诠言》："圣人无屈奇之服，无瑰
　　异之行。"指奇异特别的行为。

【译文】

一、传的体例应当整齐一致。列传与行状收入《艺文志》，上一封书
信已经辨析这种做法不对。然而国史取材于县志，一方人物尤其重要。
大概典章和法令，国家有《会典》记载，官府有文书案牍，这类史事从上
而下具存，所以天下贯通相同，即使偶尔有遗漏，不用担心没有地方考
证。至于人物一类，如果不是官位和名望显赫，太常议论谥号，史臣撰
为专传，那么姓名就没有办法传到京城。那些幽寂独处的士人，贞洁贤
淑的女子，有幸获得表彰奖赏，查看记录他们的簿录，简直就像花名册
一样。一定要等到下诏书纂修史书，开馆后人们呈递文辞，然后才能得
到核实。所以这类史事从下而上存在，县志不周详完备记载，那么以后
怎么能够核实呢？方志的传就是史书的列传体例。《儒林列传》《游侠
列传》，是司马迁《史记》最先标出总目；《文苑传》、《道学传》，《宋史》又
划分成三科。前代儒者抨击《宋史》独树旗帜引起争端，然而也仅仅是
标明题目不够审慎罢了。不像后世纂修方志，传记、行状、碑文，全部列
入《艺文志》。等到撰作人物列传，又一定专门标出名目，例如忠臣、孝
子、名贤、文范之类，依次编纂，每人传文最多不过八九行字，最少也许
一二或二三行，称为传略。方志号称使臣采访的实录，应当比史书记载
详细，却以简略的文体通行，这又怎么解释呢？至于标题所无法包括，
类别之中兼有附录，不是把董宣放进《酷吏传》，就是在《周臣传》里缺少

韩通。检核《史记》七十篇列传,只有《循吏列传》、《儒林列传》以下九篇,标出总目。《汉书》自《外戚传》、《佞幸传》以上七篇,标出总目。江都相《董仲舒传》里收入《天人三策》,不一定列在《儒林传》;东方朔特别喜爱诙谐,不一定列入《滑稽传》。传的体例做到宽泛,就可以在规矩之外记载奇特的行事。行为相似的人,排比类附;文章多的人,记载收入。只有把平庸浮泛和曲徇私情作为警戒,而不是把篇幅大小当做限制,才是最好的做法。

　　一、论断宜守谨严也。史迁序引断语,俱称太史公曰云云①,所以别于叙事之文,并非专标色目。自班固作赞,范史撰论,亦已少靡。南朝诸史,则于传志之末,散文作论,又用韵语,仿孟坚自叙体作赞②,以缀论文之后,屋下架屋,斯为多文。自后相沿,制体不一。至明祖纂修《元史》,谕宋濂等据事直书,勿加论赞③。虽寓谨严之意,亦非公是之道。仆则以为是非褒贬,第欲其平,论赞不妨附入;但不可作意轩轾,亦不得故恣吊诡④。其有是非显然、不待推论,及传文已极抑扬、更无不尽之情者,不必勉强结撰,充备其数。

【注释】

①史迁序引断语,俱称太史公曰云云:司马迁《史记》卷一《五帝本纪赞》、卷一百三十《太史公自序》末尾评论史事,皆言"太史公曰"。唐人张守节《正义》曰:"太史公,司马迁自谓也……迁为太史公官,题赞首也。"

②孟坚自叙体作赞:班固《汉书》卷一百下《叙传下》用韵语论述各篇宗旨。例如末尾曰:"凡《汉书》,叙帝皇,列官司,建侯王。准天地,统阴阳,阐元极,步三光。分州域,物土疆,穷人理,该万

方。纬六经，缀道纲，总百氏，赞篇章。函雅故，通古今，正文字，惟学林。述《叙传》第七十。"

③至明祖纂修《元史》，谕宋濂等据事直书，勿加论赞：据《纂修元史凡例》曰："历代史书，纪、志、表、传之末，各有论赞之辞。今修《元史》，不作论赞，但据事直书，具文见意，使其善恶自见，准《春秋》及钦奉圣旨事意。"谕，上级晓告下级的指示。也特指皇帝的诏令。宋濂（1310—1381），字景濂，元、明之际浦江（今属浙江）人。元末不仕，固辞征召。入明以后，官为翰林学士承旨、知制诰，奉命主修《元史》。后因长孙宋慎受到胡惟庸案牵连，全家遣戍四川茂州，中途病死在夔州境内。一生著述甚多，有《宋学士文集》等传世。

④吊诡：语出《庄子·齐物论》："丘也与女皆梦也，予谓女梦，亦梦也。是其言也，其名为吊诡。"意为奇异，怪异。后世称言行诡异为吊诡。

【译文】

一、评论应当保持谨严。司马迁序言和引言的评论语言，都称"太史公曰"如何如何，用来和叙事的文字相互区别，并不是专门标署名目。自从班固撰写赞，范晔撰写论，就已经稍微偏颇了。南朝各部史书，于是在传和志的末尾，用散文作论，又使用韵语，仿照班孟坚自叙的文体作赞，用来接续论的文字后面，犹如屋下架屋，这是多余的文字。从此以后互相沿袭，设置的体例各不相同。到明太祖编修《元史》，诏令宋濂等人根据事情直接记载，不加论赞。虽然包含谨严的意思，也不是公论是非的原则。我却认为是非褒贬，只希望评价公平，论赞不妨附入；然而不可随意抬高或者贬低，也不能故意宣扬怪异论调。那些是非明显、不需要推衍论断的文章，和传文已经极尽抑扬、再也没有未表达出情意的文章，不一定勉强撰写，勉强凑足数量。

一、典章宜归详悉也。仆言典章自上而下，可较人物为略，然是极言传之宜更详耳。学校祭祀①，一切开载《会典》者，苟州县所常举行，岂可因而不载？《会典》简帙浩繁，购阅非易。使散在州县各志，则人人可观，岂非盛事？况州县举行之典，不过多费梨枣十余枚耳②。今志多删不载，未知所谓。

【注释】

①学校祭祀：中国古代从朝廷到地方州县逐级设立学校，定期举行祭祀先圣先师活动。

②梨枣：据明代徐𤊹《徐氏笔精》卷四《黄秋声》记载："元季词人辈出，而邵武有黄镇成，诗多奇警。《秋声集》十卷，佳句叠出……惜梨枣朽腐，鲜有睹其全篇者。"雕刻书版多用质地坚硬和纹理细密的梨木或枣木，因而作为书版的代称。

【译文】

一、典章应当趋向详尽完备。我所说的典章从上而下，可以比记载人物简略，只不过这是尽量说传应该更加详细罢了。学校和祭祀，所有逐一记载在《会典》的制度，如果是州县经常举行的内容，难道可以因为《会典》有而县志就不记载吗？《会典》篇幅浩繁，购买和阅读不是容易的事情。假使内容分散在州县各志里，那么人人都能看到，难道不是盛况空前的事情吗？何况州县实行的典章，不过多费几页梨枣木版而已。现在的方志大多删除不记载，不知道是什么意思。

一、自注宜加酌量也。班史自注，于十志尤多。以后史家文字，每用自注①。宋人刻伪《苏注杜诗》②，其不可强通者，则又妄加"公自注"三字③。后人觉其伪者，转矫之曰：古人文字，从无自注。然则如司马《潜虚》，自加象传，又何如耶？志体既取详赡，行文又贵简洁，以类纂之意，而行纪传之文，非加自注，何以明畅？但行文所载之事实，有须详考颠末，则可自注。如《潜虚》之自解文义，则非志体所宜尔。

【注释】

①史家文字，每用自注：据《章氏遗书》卷七《史篇别录例议》曰："史家自注之例，或谓始于班氏诸志，其实史迁诸表，已有子注矣。表志中有名数，不系属辞，故大书分注，其道易行。纪传自以纯体属辞，例无自注。故历史纪传，凡事涉互详，皆以旁注之义，同入正文，习久不察其非，无人敢于纠正……史以纪事者也，纪传之史，事同而人隔其篇，犹编年之史，事同而年异其卷也。《左氏》年次正文，忽入'详具某年'之句，人知无是理也。马、班纪传正文，遽曰'详具某人之传'，何以异乎？然杜氏之治《左》也，于事之先见者，注曰'为某年某事张本'；于事之后出者，注曰'事见某公某年'。乃知自注不入正文，则属辞既无扞格，而核事又易周详，斯无憾矣。马、班未见杜氏治《左》之例，而为是不得已，后人盍亦知所变通欤！"

②宋人刻伪《苏注杜诗》：据宋代洪迈《容斋随笔》卷一《浅妄书》记载："俗间所传浅妄之书，如所谓《云仙散录》、《老杜事实》、《开元天宝遗事》之属，皆绝可笑。然士大夫或信之，至以《老杜事实》为东坡所作者。今蜀本刻《杜集》，遂以入注。"

③其不可强通者，则又妄加"公自注"三字：南宋宁宗嘉泰年间，福建建宁人蔡梦弼刊刻《集千家注杜工部诗集》，卷一《龙门》曰："金银佛寺开。公自注：山有佛寺，金碧照耀，最为盛概。"又"《过宋员外之问旧庄》：公自注：员外季弟执金吾，见知于代，故有下句"。

【译文】

一、自注应该加以斟酌考量。班固《汉书》自注，在十篇志里特别多。以后史学家的文字，经常使用自注。宋人刻印伪托《苏注杜诗》，文中不能勉强解释通顺的文字，就又妄自添加"公自注"三个字。后人察觉到那是作伪，反转来矫正它们说：古人的文字，从来没有自注。然而像司马光的《潜虚》，自己加上象传，又是什么呢？方志的体例既然要求内容丰富，行文又贵在简洁，用分类编纂的意图，而作成纪传的文字，不加自注，怎么能明白晓畅？只要行文所记载的事实，有必须详细考证始末的，就可以自注。像《潜虚》篇自己解释文义，就不是方志的体例所适宜了。

　　一、文选宜相辅佐也。诗文杂体入《艺文志》，固非体裁，是以前书欲取各体归于传、考。然西京文字甚富，而班史所收之外，寥寥无觏者，以学士著撰，必合史例方收，而一切诗文赋颂，无昭明、李昉其人①，先出而采辑之也。史体纵看，志体横看，其为综核一也。然综核者，事详而因以及文。文有关于土风人事者，其类颇夥，史固不得而尽收之。以故昭明以来，括代为选，唐有《文苑》②，宋有《文鉴》，元有《文类》，明有《文选》③，广为铨次，巨细毕收，其可证史事之不逮者，不一而足。故左氏论次《国语》，未尝不引谚证谣④；而十五《国风》，亦未尝不别为一编，均隶太史⑤。此文选志乘，交相裨益之明验也。近楚抚于《湖广通志》之外⑥，又选《三楚文献录》。江苏宋抚军聘邵毗陵修《明文录》外⑦，更撰《三吴文献录》等集，亦佐《江南通志》之不及⑧。仆浅陋寡闻，未知他省皆如是否？然即此一端，亦可类及。何如略仿《国风》遗意，取其有关民风流俗，参伍质证，可资考校，分列诗、文、记、序诸体，勒为一邑之书，与志相辅，当亦不为无补。但此非足下之力所克为者,盍乘间为当事告焉?

【注释】

①昭明、李昉:昭明即萧统,谥为昭明。李昉(925—996),字明远,
　北宋深州饶阳(今属河北)人。五代后汉乾祐年间进士,后周时
　期任知制诰、翰林学士。入宋加官中书舍人,累官参知政事、中
　书侍郎、同中书门下平章事。宋太宗曾命其主编《太平御览》、
　《太平广记》、《文苑英华》等书。

②唐有《文苑》:李昉主持编纂《文苑英华》,收录唐代各种文章最
　多。后来姚铉选取汇编成《唐文粹》一书。

③明有《文选》:明神宗万历年间,孙𬭚编辑《今文选》十二卷。其中
　前七卷称作《今文选》,后五卷称作《续选》。选录标准尊奉李梦
　阳文章,收录明代罗玘至李维桢三十一人文章,各卷前缀录作者
　小传。

④左氏论次《国语》,未尝不引谚证谣:据《国语·周语中》记载,单
　襄公引谚曰:“兽恶其网,民恶其上。”又《国语·周语下》州鸠对
　周景王引谚曰:“众心成城,众口铄金。”卫彪傒引谚曰:“从善如
　登,从恶如崩。”等等。

⑤十五《国风》,亦未尝不别为一编,均隶太史:据《诗大序》曰:“国
　史明乎得失之迹,伤人伦之废,哀刑政之苛,吟咏性情,以风其
　上。”国史,包括《周礼》中太史、小史、外史等。

⑥《湖广通志》:一百二十卷,总计三十一门,附见十三门。清代湖
　广总督迈柱、湖北巡抚德龄、湖南巡抚赵宏恩等监修。成书于清
　世宗雍正十一年(1733),范围包括湖北、湖南两省。

⑦江苏宋抚军聘邵毗陵修《明文录》:宋抚军指宋荦(1634—1713),
　字牧仲,号漫堂,又号西陂,清代河南商丘人。官至江苏巡抚、吏

部尚书。著作有《绵津山人诗集》。抚军，对巡抚的俗称。因巡
抚亦掌军事，故有此称。邵毗陵指邵长蘅（1637—1704），字子
湘，号青门山人。清代江苏武进人。与宋荦为布衣之交，久客江
苏巡抚幕府。选王士禛及宋荦诗，编为《二家诗抄》。著作有《青
门稿》。毗陵，今江苏武进的古称。《明文录》，据薄音湖、王雄等
编辑点校，内蒙古大学出版社 2006 年出版的《明代蒙古汉籍史
料汇编》（第一辑）记载，清廷在文字狱时代曾经对有关蒙古和清
入关前的各种记录做过系统的销毁和篡改。其中部分被销毁的
史料名册中，"明"字头书目即包括《明文录》。

⑧《江南通志》：二百卷，共分十门。清代两江总督赵宏恩等监修，
黄之隽主纂，范围包括江苏、安徽两省。清高宗乾隆元年（1736）
成书。

【译文】

一、文选应该与方志互相辅佐。诗文杂体收入《艺文志》，本来不合
体裁，所以上一封书信想要把各类文体归入传和考之中。可是西汉文
章很丰富，而班固《汉书》所收之外，能见到的文章寥寥无几，是因为学
士的著作，必须符合史书的体例才能收入，而全部诗文赋颂，没有昭明
太子、李昉那样的人，率先出来收集它们。史体纵向看，志体横向看，它
们聚汇与考核的作用相同。然而聚汇与考核的方法，事情详细而因此
涉及文章。文章有关风俗人事的内容，它们的同类很多，史书本来就不
能全部收入。所以昭明太子以来，总括一代编纂选集，唐代文章有《文
苑英华》，宋代文章有《文鉴》，元代文章有《文类》，明代文章有《文选》，
广泛选择而编录，长短文章全都收入，其中可以证实史书所没有涉及的
记载，远不止个别事例。所以左氏编纂《国语》，未尝不引证谚语民谣；
而《诗经》中十五《国风》，也未尝不另外作为一编，都归太史掌管。这是
文选和方志，彼此互相裨益的明显验证。近代楚地督抚在《湖广通志》
以外，又选编《三楚文献录》。江苏宋抚军聘请昆陵邵氏编辑《明文录》

以外，又编撰《三吴文献录》等集，也是辅助《江南通志》没有涉及之处。我浅陋缺少见闻，不知道其他各省是否都像这样。然而就是这一个方面，也可以类推。哪如大致仿效《国风》遗意，选取那些有关民风习俗的文章，错综排比而核实验证，可以凭借它们来考验比对，分别排列诗、文、记、序各类文体，纂集成一县之书，和县志互相辅助，应当不会没有益处。只是这不是您一个人的力量所能完成，为什么不趁修志的机会向主管此事的人汇报呢？

一、列女宜分传例也。列女名传，创于刘向，分汇七篇，义近乎子；缀《颂》述《雅》，学通乎《诗》；而比事属辞，实为史家之籍。班、马二史，均缺此传。自范蔚宗东《汉书》中，始载列女，后史因之，遂为定则。然后世史家所谓列女，则节烈之谓，而刘向所叙，乃罗列之谓也。节烈之烈为《列女传》，则贞节之与殉烈，已自有殊；若孝女义妇，更不相入，而闺秀才妇，道姑仙女，永无入传之例矣。夫妇道无成，节烈孝义之外，原可稍略；然班姬之盛德①，曹昭之史才，蔡琰之文学，岂转不及方技伶官之伦②，更无可传之道哉？刘向《传》中，节烈孝义之外，才如妾婧③，奇如鲁女④，无所不载；即下至施、旦⑤，亦胥附焉。列之为义，可为广矣。自东汉以后，诸史误以罗列之列，为殉烈之烈，于是法律之外，可载者少，而蔡文姬之入史，人亦议之。今当另立贞节之传，以载旌奖之名；其正载之外，苟有才情卓越，操守不同，或有文采可观，一长擅绝者，不妨入于《列女》，以附《方技》、《文苑》、《独行》诸传之例；庶妇德之不尽出于节烈，而苟有一长足录者，亦不致有湮没之叹云。

【注释】

① 班姬：本书《妇学篇书后》一文中以才学见称的"班姬"，指班昭。此处以德行见称的"班姬"，则指汉成帝班婕妤。据班固《汉书》九十七下《外戚传下》记载："孝成班婕妤……居增城舍。成帝游于后庭，尝欲与婕妤同辇载。婕妤辞曰：'观古图画，圣贤之君，皆有名臣在侧。三代末主，乃有嬖女。今欲同辇，得无近似之乎！'上善其言而止。"

② 伶官：语出《诗经·邶风·简兮》序："卫之贤者，仕于伶官。"郑玄《笺》曰："伶官，乐官也。伶氏世掌乐官而善焉，故后世多号乐官为伶官。"即掌管宫廷音乐的官员。

③ 妾婧（jìng）：据刘向《列女传》卷六记载，婧为齐相管仲之妾。宁戚想要拜谒齐桓公，叩击牛角而作歌。桓公命管仲接待，宁戚说："浩浩乎白水。"管仲不知其意，忧虑不上朝。妾婧对管仲解释说："古有《白水》之诗，诗不云乎：'浩浩白水，儵儵之鱼。君来召我，我将安居？国家未定，从我焉如。'表示宁戚欲出仕为官之意。"于是管仲报告给齐桓公，桓公重用宁戚为相，齐国大治。

④ 鲁女：据刘向《列女传》卷三记载，鲁国漆室邑有一女子，超过婚嫁年龄尚未嫁人。鲁穆公时期，君老而太子年幼，漆室女倚柱悲歌，担忧鲁国将有祸乱，殃及平民。三年后，鲁国果然受到齐、楚两国攻击，国家动乱。

⑤ 施、旦：语出汉代赵煜《吴越春秋》卷五："越王……乃使相者国中得苎罗山鬻薪之女曰西施、郑旦，饰以罗縠，教以容步，习于土城，临于都巷，三年学服而献于吴……吴王大悦。"西施，春秋末年越国苎罗（今浙江诸暨南）美女。由越王勾践献给吴王夫差，深受宠爱。传说吴亡后，与越谋臣范蠡同隐五湖。郑旦，春秋末年越国人，貌美而鬻薪。与西施同时为越王勾践使范蠡献于吴王夫差。刘向《列女传》未载此二人。另据《国语·晋语一》记

载："夏桀伐有施,有施人以妹喜女焉……殷辛伐有苏氏,有苏以妲己女焉。"叶瑛《文史通义校注》认为"施、旦"可能指有施氏妹喜和有苏氏妲己,即刘向《列女传》卷七中的末喜和妲己,可备一说。

【译文】

一、列女应当区分作传体例。用"列女"作为传的名称,由刘向创始。分类汇聚成七篇,宗旨接近子书;接续《颂》而陈述《雅》,学问贯通《诗经》;而排纂史事写成文辞,实际属于史学书籍。班固和司马迁的两部史书,都缺少这一类传。自从范蔚宗《后汉书》里,开始记载《列女传》,后世的史书沿袭《后汉书》,于是成为准则。然而后世史学家所说的列女,却说的是节烈的意思,而刘向所叙列的人物,却说的是罗列的意思。根据节烈的"烈"作《列女传》,那么贞节和殉烈,已经各自不同;至于孝女和义妇,更不符合标准,而闺秀才女,道姑仙女,永远没有入传的例子了。如女道德没有修成,节烈与孝义之外,本来可以稍微忽略;然而班婕妤的美好品德,曹大家的史学才能,蔡琰的文学才能,难道反而不如杂技艺能和歌舞艺人之流,更没有可以流传的道理吗? 刘向《列女传》中,节烈与孝义之外,有才能的人像妾婧,奇特的人像鲁国女子,没有什么不记载;即使下至西施和郑旦,也都附在里面。"列"的含义,可以说范围很广了。自从《后汉书》以后,历代史书误把罗列的"列",当作殉烈的"烈",于是朝廷旌表法律之外,可列入记载的人很少,而蔡文姬载入史书,人们也加以非议。如今应当另外给贞节之人立传,用来记载受到表彰奖赏的妇女姓名;这类正编之外,如果有才华卓越,操守不同常人,或者有文采可观,某一方面长处超众的人,不妨收入《列女传》中,而依附《方技》、《文苑》、《独行》等传的体例;期望妇女德行不完全由节烈显现出来,而假使有一个方面长处值得记载的人,也不至于有被埋没的叹息。

狂瞽之言①,幸惟择之! 醉中草草②,勿罪。

【注释】

①狂瞽(gǔ):语出范晔《后汉书》卷一百零九上《戴凭传》:"臣无謇谔之节,而有狂瞽之言。"狂,背理。瞽,不明事理。意为狂妄无知,常用作自谦之词。

②草草:语出唐代杜甫《杜工部诗集》卷三《送长孙九侍御赴武威判官》:"问君适万里,取别何草草。"意为匆忙,仓促,草率,苟简。

【译文】

狂妄无知的话,荣幸地请你采择。醉酒后草率书写,不要怪罪。

与甄秀才论文选义例书(二)

【题解】

本篇内容是章学诚与甄松年讨论萧统《文选》义例的两篇书信,应当和前面《与甄秀才论修志》两篇书信写作时间接近。大梁本目录只有第一封书信题目,没有出现第二封书信题目,故在第一封书信题目后面用(二)涵盖两者内容。刘刻《章氏遗书》卷十五《方志略例二》把这四封书信合刻一处,并在《与甄秀才论〈文选〉义例书》目录题下注曰:"此与下篇虽论《文选》义例,实以方志另立文征,是仿《文选》而作,申明前书之意,故类列于此。"前信中由《文选》而论及文学总集,认为一代文献,史书不可尽详,提出应当按照史书体例看待总集,与文章家评选文字性质不同。《文选》可以比照《史记》,断代总集可比照断代史,丰富史书所无法包含的内容,与史书相互补充。章学诚后信中针对甄秀才所谓文章包含广泛,史学仅仅是其中一类,史书记载已经很清楚,不需要文选配合,不同意用史例看待括代文选以及文选可补史书之所不及的观点,指出古人文字原本不分类,一切都可以作为史料看待。他认为自《诗经》以来,文选和史书一直互相配合,不能把文选排除在史学范围之外。这一分歧,实际上代表了对文选功能认识的两种视野,体现出文学和史学两个不同学科的分野。

　　辱示《文选》义例，大有意思，非熟知此道甘苦，何以得此？第有少意商复。夫踵事增华，后来易为力；括代总选，须以史例观之。昭明草创，与马迁略同。由六朝视两汉，略已，先秦略之略已。周则子夏《诗序》，屈子《离骚》而外，无他策焉①。亦犹天汉视先秦②，略已，周则略之略已。五帝三王，则本纪略载而外，不更详焉。昭明兼八代③，《史记》采三古，而又当创事，故例疏而文约。《文苑》、《文鉴》，皆包括一代；《汉书》、《唐书》，皆专纪一朝；而又藉前规，故条密而文详。《文苑》之补载陈、隋，则续昭明之未备④；《文鉴》之并收制科，则广昭明之未登⑤。亦犹班固《地志》之兼采《职方》、《禹贡》，《隋书》诸志之补述梁、陈、周、齐，例以义起，斟酌损益，固无不可耳。夫一代文献，史不尽详，全恃大部总选，得载诸部文字于律令之外，参互考校，可补二十一史之不逮。其事綦重，原与揣摩家评选文字不同⑥，工拙繁简，不可屑屑校量。读书者但当采掇大意，以为博古之功，斯有益耳。

【注释】

①周则子夏《诗序》，屈子《离骚》而外，无他策焉：萧统《文选》对先秦作品仅选屈原、宋玉辞赋数篇，以及卜子夏《毛诗序》。此处仅举《离骚》，以之涵盖楚辞全体。

②天汉：汉武帝年号，公元前 100—前 97 年。

③昭明兼八代：语出萧统《昭明太子集》卷五《文选序》："远自周室，迄于圣代，都为三十卷，名曰《文选》云尔。"内容包括周、秦、汉、魏、晋、宋、齐、梁，故曰八代。

④《文苑》之补载陈、隋，则续昭明之未备：李昉等人编纂《文苑英

华》,接续萧统《文选》,包括梁末、陈、隋、唐代文章。故章学诚认
识是补续昭明太子之所不及,并且认为李昉意在编选有唐一代
之文,而把梁、陈、隋三代文章视为补录。

⑤《文鉴》之并收制科,则广昭明之未登:制科即制举,古代科举制
度中由皇帝临时设置并亲自殿试的考试科目,名目不一,增损无
定。这类文章始自隋代,故萧统《文选》不载,而吕祖谦编纂《宋
文鉴》则大量收录。

⑥揣摩家:反复揣度文章的结构、文辞、义例等内容而编录文选的
一类人。

【译文】

　　承蒙您归纳《文选》的宗旨和体例给我看,非常有意思,不是熟知这
项工作的甘苦,怎么能有这样的心得? 只是还有少许意见商量。继承
前人事业并增添光彩,后来的人容易借力而行;汇总包括一个朝代的文
选,必须用史书的体例观看。昭明太子创始,和司马迁大致相同。《文
选》中从六朝看待两汉,已经很简略了,先秦就简略又简略了。周代除
子夏《诗序》、屈原《离骚》以外,没有其余作品。这也就像《史记》中从天
汉年间看待先秦,已经很简略了,周代就简略又简略了。五帝三王事
迹,除本纪简略记载以外,不再详细叙述。昭明《文选》兼括八代,《史
记》采摭上古、中古、近古,而又正值创始之初,所以体例疏阔而文辞简
略。《文苑英华》与《宋文鉴》,都是包罗涵括一个朝代;《汉书》和《唐
书》,都是专门记载一个朝代;而又凭借前人的规范,所以条例周密而文
章周详。《文苑英华》补充登载陈隋之文,就是接续昭明《文选》所没有
具备的内容;《宋文鉴》同时收录制科应试文章,就是扩大昭明《文选》所
没有登载的范围。这也就像班固《地理志》兼收并采《周礼·职方氏》、
《尚书·禹贡》,《隋书》各志补充记载梁、陈、周、齐的典章制度,体例根
据宗旨而设立,斟酌增减,本来没有什么不可以。一个朝代的文献,史
书不能详尽记载,完全依靠大部头的汇总选录,得以登载史家法度限制

以外的各类文字,相互考证核对,可以补充二十一史无法涉及的内容。这种事情非常重大,原本就和揣摩家评选文字不同,工整拙劣与繁富简当,不能够琐碎地计较。读书的人只应当采纳主要旨意,以此达到博古的功效,这样就有益处了。

驳文选义例书再答

来书云:"得兄所论《文选》义例,甚以为不然。文章一道,所该甚广,史特其中一类耳。选家之例,繁博不伦,四部九流,何所不有? 而兄概欲以史拟之。若马若班,若表若志,斤斤焉以萧唐诸选,削趾适履,求其一得符合。将毋陈大士初学时文,而家书悉裁为八股式否①? 东西两京文字,入选寥寥,而班、范两史排纂,遂为定本。惟李陵塞外一书,班史不载,便近齐、梁小儿②。果选裨史之不逮乎? 抑史裨选之不逮乎? 编年有《纲目》,纪传有廿一史,历朝事已昭如日星。而兄复思配以文选,连床架屋,岂为风云月露之辞,可以补柱下之藏耶? 选事仿于六朝,而史体亦坏于是,选之无裨于史明矣。考镜古今③,论列得失,在乎卓荦之士④,不循循株守章句⑤;孺歌妇叹,均可观采,岂皆与史等哉? 昔人称杜甫诗史,而杨万里驳之,以为《诗经》果可兼《尚书》否⑥? 兄观书素卓荦,而今言犹似牵于训诂然者,仆窃不喜。或有不然,速赐裁示!"

【注释】

①将毋陈大士初学时文,而家书悉裁为八股式否:陈大士即陈际泰(1567—1641),字大士,明代临川(今江西抚州)人。明毅宗崇祯

年间进士,与艾南英等以八股时文著名天下。八股式,据顾炎武《日知录》卷十六《试文格式》记载:"经义之文,流俗谓之八股,盖始于成化以后。股者,对偶之名也。天顺以前,经义之文,不过敷演传注,或对或散,初无定式,其单句题亦甚少。成化二十三年,会试《乐天者保天下》文,起讲先提三句,即讲'乐天'四股,中间过接四句,复讲'保天下'四股,复收四句,再作大结……每四股之中,一反一正,一虚一实,一浅一深,其两扇立格,则每扇之中,各有四股,其次第之法,亦复如之,故今人相传,谓之八股。"

②惟李陵塞外一书,班史不载,便近齐、梁小儿:语出《苏轼文集》卷四十九《答刘沔都曹书》:"陵与武书,词句儇浅,正齐、梁间小儿所拟作,决非西汉文。"

③考镜:也作"镜考"。语出班固《汉书》卷八十五《谷永传》:"愿陛下追观夏、商、周、秦所以失之,以镜考己行。"颜师古《注》曰:"镜谓鉴照之。考,校也。"意为借鉴比照他事以自省。

④卓荦:语出萧统《文选》卷四十八《班孟坚·典引》:"卓荦乎方州,洋溢乎要荒。"意为卓绝出众,卓越不凡。

⑤循循株守:语出《韩非子·五蠹》:"宋人有耕者,田中有株。兔走触株,折颈而死,因释其耒而守株,冀复得兔。兔不可复得,而身为宋国笑。"循循,依顺有序的样子。株守,比喻拘泥守旧,不知变通。

⑥昔人称杜甫诗史,而杨万里驳之,以为《诗经》果可兼《尚书》否:据唐代孟棨《本事诗》曰:"杜逢禄山之乱,流离陇蜀,毕陈于诗,推见至隐,殆无遗事,故当时号为诗史。"诗史,指诗作能够反映一个历史时期的现实情况。杨万里(1127—1206):字廷秀,号诚斋,南宋吉水(今属江西)人。宋高宗绍兴二十四年(1154)进士。曾任秘书省秘书监。诗作构思新巧,语言通俗明畅,时人称为诚斋体。与尤袤、范成大、陆游齐名。著有《诚斋集》。甄秀才云杨

万里驳杜诗之言，有误。据杨慎《升庵集》卷六十《诗史》曰："宋人以杜子美能以韵语纪时事，谓之诗史，鄙哉！宋人之见，不足以论诗也。夫六经各有体，《易》以道阴阳，《书》以道政事，《诗》以道性情，《春秋》以道名分。后世之所谓史者，左记言，右纪事，古之《尚书》《春秋》也。若《诗》者，其体其旨，与《易》、《书》、《春秋》判然矣。三百篇，皆约情合性而归之道德也。然未尝有道德性情句也……杜诗之含蓄蕴藉者，盖亦多矣，宋人不能学之。至于直陈时事，类于讪讦，乃其下乘，而宋人拾以为己宝。又撰出'诗史'二字，以误后人。如诗可兼史，则《尚书》、《春秋》可以并省。"

【译文】

来信说："得到仁兄所论《文选》的宗旨和体例，我以为很不正确。文章的原则，包括的范围很广泛，史文只是其中一类罢了。选文之家的体例，繁多广泛而没有伦类，四部九流，哪个方面不包括呢？而仁兄一概想要用史书比照，像司马迁像班固，像表像志，拘谨地把萧氏和唐文等选集，削足适履，寻求一定的符合。这不是陈大士初学八股文，而家信都写成八股式样吗？东西两汉的文字，入选寥寥无几，而班固、范晔两部史书编纂的内容，就成为定本。只有李陵塞外的那封书信，班固《汉书》没有记载，就因为接近齐、梁儿童的文字。果真是文选补充史书的不足呢？还是史书补充文选的不足呢？编年体有《通鉴纲目》，纪传体有二十一史，历朝史事已经像太阳和星辰一样明显。而仁兄又想用文选配合，叠床架屋，难道认为风云月露一类描摹景物的文辞，可以用来补充朝廷的藏书吗？选文的事情始于六朝，而史书体裁也从六朝败坏，文选对史书无益很明显了。考校借鉴古今，论述列举得失，在于卓越不凡的士人，不循规蹈矩死守文字注疏；儿童歌唱与妇女感叹，都可以欣赏选取，难道都和史书相等吗？前人称道杜甫的诗为诗史，而杨万里批驳这种说法，认为《诗经》果真可以兼包《尚书》的作用吗？仁兄读书素来卓越不凡,而现在所说的话好像是被训诂所拘束的样子,我很不喜欢。也许有不对的地方,请尽快赐予定夺后的书信。

　　惠书甚华而能辨,所赐于仆,岂浅鲜哉？然意旨似犹不甚相悉,而盛意不可虚,故敢以书报。文章一道,体制初不相沿,而原本各有所自。古人文字,其初繁然杂出,惟用所适,岂斤斤焉立一色目,而规规以求其一似哉①？若云文事本博,而史特于中占其一类,则类将不胜其繁。《伯夷》、《屈原》诸传,夹叙夹议;而《庄周》、《列子》之书,又多假叙事以行文②。兄以选例不可一概,则此等文字,将何以画分乎？经、史、子、集,久列四库,其原始亦非远。试论六艺之初,则经目本无有也。大《易》非以圣人之书而尊之,一子书耳。《书》与《春秋》,两史籍耳。《诗》三百篇,文集耳。《仪礼》、《周官》,律令会典耳。自《易》藏太卜而外,其余四者,均隶柱下之籍,而后人取以考证古今得失之林,未闻沾沾取其若《纲目》纪传者,而专为史类,其他体近繁博,遽不得与于是选也。《诗》亡而后《春秋》作,《诗》类今之文选耳,而亦得与史相终始,何哉？土风殊异,人事兴衰,纪传所不及详,编年所不能录,而参互考验,其合于是中者,如《鸱鸮》之于《金縢》③,《乘舟》之于《左传》之类④;其出于是外者,如《七月》追述周先⑤,《商颂》兼及异代之类⑥;岂非文章史事,固相终始者与？两京文字,入选甚少,不敌班、范所收,使当年早有如选《文苑》其人,裁为大部盛典,则两汉事迹,吾知更赫赫如昨日矣。史体坏于六朝,自是风气日下,非关《文选》。昭明所收过略,乃可恨耳。所云不循循株守章句,不必列文于史中,顾斤斤画文于史外,其见尚可谓之卓荦否? 杨万里不通太史观风之意,故驳诗史之说⑦。以兄之卓见而惑之,何哉?

【注释】

① 规规:语出《庄子·秋水》:"子乃规规然而求之以察,索之以辩,是直用管窥天、用锥指地也,不亦小乎!"也作"覵覵"。意为浅陋拘谨的样子。

②《庄周》、《列子》之书,又多假叙事以行文:语出《庄子·寓言》郭象《注》:"寄之他人,则十言而九见信。"此所谓假叙事以行文。

③《鸱鸮》之于《金縢》:《鸱鸮》为《诗经·豳风》中篇名,假托鸟的口气,诉说处境艰难。据《毛诗·豳风·鸱鸮序》曰:"《鸱鸮》,周公救乱也。成王未知周公之志,公乃为诗以遗王,名之曰《鸱鸮》焉。"《金縢》为《尚书》中篇名,记载周公在周武王病重时祷告,请以自身代替武王而死,并将祝词放在用金线捆扎的柜子里。周成王即位后,曾怀疑周公,后来见到祝词而大受感动。据《尚书·金縢》记载:"武王既丧,管叔及其群弟乃流言于国曰:'公将不利于孺子。'周公乃告二公曰:'我之弗辟,我无以告我先王。'周公居东二年,则罪人斯得。于后公乃为诗以贻王,名之曰《鸱鸮》。"

④《乘舟》之于《左传》:《乘舟》即《二子乘舟》,为《诗经·邶风》中篇名。《毛诗·邶风·二子乘舟序》曰:"《二子乘舟》,思伋、寿也。卫宣公之二子,争相为死,国人伤而思之,作是诗也。"据《左传·桓公十六年》记载:"初,卫宣公烝于夷姜,生急子,属诸右公子。为之娶于齐而美,公取之,生寿及朔,属寿于左公子。夷姜缢。宣姜与公子朔构急子。公使诸齐,使盗待诸莘,将杀之。寿子告之,使之行。不可,曰:'弃父之命,恶用子矣! 有无父之国,则可也。'及行,饮以酒,寿子载其旌以先,盗杀之。急子至,曰:'我之

求也,此何罪? 请杀我乎!'又杀之。"

⑤《七月》追述周先:《七月》为《诗经·豳风》中篇名。据《毛诗·豳风·七月序》曰:"《七月》,陈王业也。周公遭变,故陈后稷先公风化之所由,致王业之艰难也。"诗中叙述西周时期农夫们一年之间每个月从事的农业劳动和生活情况。

⑥《商颂》兼及异代:《诗经》中有《商颂》五篇,内容是对殷商代先公先王的赞颂,故曰兼及异代。据《毛诗·商颂·那序》曰:"《那》,祀成汤也。微子至于戴公,其间礼乐废坏,有正考甫者,得《商颂》十二篇于周之太师,以《那》为首。"郑玄《笺》曰:"自正考甫至孔子,又无其七篇矣。"认为是春秋初期宋国大夫正考父校定《商颂》。另据司马迁《史记》卷三十八《宋世家》记载:"襄公之时,修行仁义,欲为盟主。其大夫正考父美之,故追道契、汤、高宗,殷所以兴,作《商颂》。"认为《商颂》是正考父所作。近人多信从司马迁之说。例如王国维《观堂集林》卷二《说商颂》,即认为其诗作于《鲁颂》之后。

⑦杨万里不通太史观风之意,故驳诗史之说:据《礼记·王制》记载:"命大师陈诗以观民风。"章学诚言"太史观风",有误。又据刘咸炘《文史通义识语》曰:"驳诗史之说者乃杨升庵,非诚斋。"杨升庵即杨慎,诚斋即杨万里。

【译文】

惠予的书信非常华丽又能辩解,您所赐给我的东西,难道浅显微薄吗? 然而您的意思好像对我的话还不太理解,而盛情又不可虚空,所以冒昧写信回答。文章的原理,体制本来就不相互沿袭,而根源各有由来。古人的文字,起初纷繁地错杂出现,只趋向有用之处,难道拘谨地确立一个名目,而浅陋地追求一定相似吗? 如果说文章之事本来广泛,而史文仅仅在当中占据一类,那么分出的类别将会繁多得无法忍受。《史记》的《伯夷列传》、《屈原列传》各传,叙事而夹杂议论;而《庄子》、

《列子》等书，又往往借叙事来行文。仁兄认为选文的体例不可一概包容，那么这一类文字，将要怎么划分呢？经、史、子、集，早就分为四部，它们的起源在开始的时候也相距不远。尝试讨论六经的源头，那么本来是没有经的名目。《周易》如果不是因为圣人的书而受到尊奉，只不过一部子书而已。《尚书》和《春秋》，两部史书而已。《诗经》三百篇，文集而已。《仪礼》和《周礼》，法令典章的汇集而已。自《周易》由太卜之官掌管以外，其余四种典籍，都属于史官的藏书，而后人用来考证古今得失的众多问题。没听说拘泥地选取那些像《通鉴纲目》和纪传体史书，而专门作为史家一类，其余文体接近繁杂广博，断然不能包含在史部之中。《诗经》消亡之后《春秋》产生，《诗经》类似当今的文选，也可以和史书始终相互关联，是什么原因呢？风土人情各不相同，人文世事兴亡盛衰，纪传体史书所不及详载，编年体史书所不能记录，而互相考核检验，那些符合史书纪事的篇章，例如《鸱鸮》对于《金縢》，《二子乘舟》对于《左传》之类；那些出于史书之外的篇章，例如《七月》追述周代祖先，《商颂》同时涉及不同朝代之类；这难道不是文章和史事，本来就始终相互关联吗？两汉文字，入选的很少，比不上班固、范晔的史书收录多，假使当年早就有像编选《文苑英华》那样的人，剪裁编排成大部头的盛大典籍，那么两汉的事迹，我知道又像近在昨天一样显赫了。史书体裁在六朝败坏，自然是风气每况愈下，不关《文选》什么事。昭明太子所收的文章过于简略，才是令人抱恨的事情。仁兄说不循规蹈矩地死守文字注疏，不一定把文章列在史书当中，但却拘泥地把文章划在史书之外，这种见解还可以叫做卓越不凡吗？杨万里不通晓太史观察民情的旨意，所以批驳诗史的说法。以仁兄的卓越见识而受到迷惑，这是为什么呢？

修志十议呈天门胡明府

【题解】

清高宗乾隆二十九年(1764)冬天,章学诚之父章镳在安陆府天门县(今湖北天门市)主持书院讲席。知县胡翼商议纂修县志,章学诚代父撰文作答。本篇开端提出纂修方志有二便、三长、五难、八忌、四体、四要,纂修者应当做到"乘二便,尽三长,去五难,除八忌,而立四体,以归四要"。这篇纲领性文字,语出二十七岁的章学诚之手,其主张已开后来修志实践之先河,在其方志学理论中起着重要作用。接着依次讨论十条修志义例:一曰议执掌,即修志工作的职责;二曰议考证,即修志资料的搜集;三曰议征信,即审查呈送修志的行状内容;四曰议征文,即制定《艺文志》凡例;五曰议传例,即讨论立传体例;六曰议书法,即志文撰写体例与方法;七曰议援引,即引用文字方法;八曰议裁制,即改编旧传内容;九曰议标题,即废除琐碎分类;十曰议外编,即设立外编。章学诚尤其重视《艺文志》的编纂,指出过去的方志弊病,根源就在于《艺文志》不符合史书体例。他建议仿照《汉书·艺文志》,分别部类,撮要取材,说明原委,从而根除旧方志拘牵俗例的弊端,达到拔本塞源的效果。

修志有二便:地近则易核,时近则迹真。有三长:识足以断凡例,明足以决去取,公足以绝请托。有五难:清晰天度难①,考衷古界难,调剂众议难,广征藏书难,预杜是非难。有八忌:忌条理混杂,忌详略失体,忌偏尚文辞,忌妆点名胜,忌擅翻旧案,忌浮记功绩,忌泥古不变,忌贪载传奇。有四体:皇恩庆典宜作纪,官师科甲宜作谱,典籍法制宜作考,名宦人物宜作传。有四要:要简,要严,要核,要雅。今拟乘二便,尽三长,去五难,除八忌,而立四体,以归四要。请略议其所以然者为十条。先陈事宜,后定凡例,庶乎画宫于堵之意云②。

【注释】

①天度:环天度数。古代天文学家把周天区域划分为三百六十度,用来观测天象,制定历法。

②画宫于堵:语出柳宗元《柳河东全集》卷十七《梓人传》:"画宫于堵,盈尺而曲尽其制,计其毫厘而构大厦,无进退焉。"宫,宫室,屋宇。堵,墙壁。比喻事先设计的蓝图。

【译文】

纂修方志有两项便利:地域近就容易核查,时间近就事迹真实。有三项长处:见识足够断定凡例,明智足够决定弃取,公正足够杜绝请托。有五项困难:清楚明晰周天度数难,考查判定古代地界难,调和折中各种意见难,广泛征集各家藏书难,预先杜绝是非议论难。有八项忌讳:忌讳条理混杂,忌讳详略失当,忌讳偏爱文辞,忌讳装饰名胜,忌讳随意翻案,忌讳虚记功劳,忌讳泥古不化,忌讳贪图新奇。有四项体例:皇恩庆典应当作纪,职官、科举登第应当作谱,典籍制度应当作考,名宦人物应当作传。有四项要纲:简洁之要,严谨之要,精核之要,典雅之要。现在想要利用两项便利,实现三项长处,去掉五项困难,排除八项忌讳,而确立四项体例,达到四项要纲。请允许我大致说说这样划分的十条原因,先述说事宜,后确定凡例,差不多具有在墙壁上画出房屋结构的意思。

一、议职掌。提调专主决断是非①,总裁专主笔削文辞②,投牒者叙而不议,参阅者议而不断,庶各不相侵,事有专责。

【注释】

①提调:清代开馆编纂史书或方志,编纂机构设置一位主管官员,管理一切杂务。

②总裁:清代设置国史、方略各馆作为编纂机构,进呈领衔的主管官员,汇总裁决修书事务。

【译文】

一、评议职掌。提调专门主管判断和决定是非,总裁专门主管删改文辞,呈送文稿的人叙述而不议论,参加校阅的人议论而不裁断,以期各不侵扰,事情有专人负责任。

二、议考证。邑志虽小,体例无所不备。考核不厌精详,折衷务祈尽善。所有应用之书,自省府邻境诸志而外,如廿二史、《三楚文献录》、《一统志》、圣祖仁皇帝御纂《方舆路程图》、《大清会典》、《赋役全书》之属①,俱须加意采访。他若邑绅所撰野乘、私记、文编、稗史、家谱、图牒之类②,凡可资搜讨者,亦须出示征收,博观约取。其六曹案牍,律令文移,有关政教典故、风土利弊者,概令录出副本,一体送馆,以凭详慎铨次。庶能巨细无遗,永垂信史。

【注释】

①《三楚文献录》、圣祖仁皇帝御纂《方舆路程图》、《赋役全书》：《三楚文献录》乃是辑录两湖地区文献而成的书籍。明代末年高世泰任湖广提学佥事，曾经纂集《五朝三楚文献录》十六卷。清高宗时期纂修《四库全书》，列入禁毁书目。清世宗雍正年间，湖广总督迈柱、湖北巡抚德龄、湖南巡抚赵宏恩等监修《湖广通志》，也曾经纂集《三楚文献录》，后世未见传本。圣祖仁皇帝，即爱新觉罗·玄烨，庙号圣祖，年号康熙。《方舆路程图》，康熙四十六年至四十七年（1707—1708），由汪士铉（1658—1723）等奉敕编撰的一部官方地图集。然而似乎并未最终完成，刊印也不是完整的定本。今残存稿本三册，其第三册封面上原题《钦定方舆路程考略》，又用朱笔改为《钦定皇舆全览》。封面有签记曰："此三册系武英殿开馆纂修底稿，乃寿光李琪园故物也。"内容主要描绘了山西各县和地区的地形以及连接中国中、东、北部邻省河南、陕西的道路。《赋役全书》，又名《条鞭赋役册》。明、清两代记载各地赋役数额的册籍，是官府公布的征收赋税税则。明代首次纂修约在明神宗万历十一年（1583），以一省或一府、一州县为编制单位，开列地丁原额、逃亡人丁和抛荒田亩数、实征数、起运和存留数、开垦地亩和招来人丁数等。每一州县颁发两部，一部存官衙备查，一部存学官供士民查阅。清世祖顺治三年（1646），按照明代万历年间赋额修订刊行。顺治十一年（1654）再加修订，顺治十四年（1654）刊行。清圣祖康熙二十四年（1685）重修，但未刊行。清世宗雍正十年（1732）再修，将各项杂税一并列入。以后每十年纂修一次，但未按规定施行。

②稗史：记录遗闻琐事的笔记。因其有别于正史，故名稗史。

【译文】

二、评议考证。县志虽然规模小，体例却无不具备。考证与审核不嫌精密周详,调和诸说务必追求高度完善。所有应该使用的书籍,自通志、府志、邻县诸志以外,例如二十二史、《三楚文献录》、《一统志》、圣祖仁皇帝御纂《方舆路程图》、《大清会典》、《赋役全书》之类,都必须留意搜求寻访。其他像县里绅士所撰写的野史、私记、文编、稗史、家谱、图册之类,凡是有助于搜文讨献的记载,也必须出具告示征收,广泛阅览而选取精要。一县的六曹文书、法令公文,关系到政治教化故实、风俗利弊得失的资料,全部让人抄写出副本,一并送到县志馆,以便凭借它们详细谨慎地编定。期望能够大小都不遗漏,永远留下真实可信的历史记载。

三、议征信。邑志尤重人物,取舍贵辨真伪。凡旧志人物列传,例应有改无削。新志人物,一凭本家子孙列状投柜,核实无虚,送馆立传。此俱无可议者。但所送行状,务有可记之实,详悉开列,以备采择,方准收录。如开送名宦,必详曾任何职,实兴何利,实除何弊,实于何事有益国计民生,乃为合例。如但云清廉勤慎①,慈惠严明,全无实征,但作计荐考语体者,概不收受。又如卓行亦必开列行如何卓,文苑亦必开列著有何书,见推士林,儒林亦必核其有功何经,何等著作有关名教,孝友亦必开明于何事见其能孝能友。品虽毋论庸奇偏全,要有真迹,便易采访。否则行皆曾、史,学皆程、朱,文皆马、班,品皆夷、惠②,鱼鱼鹿鹿③,何以辨真伪哉?至前志所收人物,果有遗漏,或生平大节,载不尽详,亦准其与新收人物,一例开送,核实增补。

【注释】

①清廉勤慎:语出陈寿《三国志》卷十八《李通传》裴松之《注》引王隐《晋书》曰:“上曰:‘为官长当清,当慎,当勤。修此三者,何患不治乎!’”意为居官清明廉洁,勤政慎行。

②夷、惠:伯夷和柳下惠。

③鱼鱼鹿鹿:鱼鱼,语出韩愈《韩昌黎全集》卷一《元和圣德诗》:“天兵四罗,旂常婀娜。驾龙十二,鱼鱼雅雅。”雅,“鸦”的本字。意为鱼贯成行,鸦飞成阵。形容整齐之貌。鹿鹿,语出班固《汉书》卷三十九《萧何传赞》:“萧何、曹参,皆起秦刀笔吏,当时录录未有奇节。”颜师古《注》曰:“录录犹鹿鹿,言在凡庶之中也。”鹿鹿,今作“碌碌”,意为平庸。章学诚借用来讥讽前人修志千篇一律,平庸无奇。

【译文】

三、评议征实。县志尤其重视人物,采用或者舍弃贵在辨别真假。凡是旧县志的人物列传,按照贯例应当有改动而不删削。新修县志的人物,一概依凭各家子孙写出行状投入专柜,经过核实没有虚假,送到县志馆立传。这都是没有什么可以议论的事情。只是送来的行状,务必要有可供记载的事迹,详细完备地开列清楚,用来预备选用,方可准许收录。例如开列呈报名宦,一定要详细说明曾任什么官职,确实兴办过什么善事,确实清除了什么弊病,确实在什么事情上有益于国计民生,才是符合则例。如果只是说清白廉洁和勤勉谨慎,仁爱恩惠和严肃明察,完全没有实际验证,仅仅撰写成官员年终考核评语格式的行状,一概不予接受。又如卓行也一定要开列行为怎样卓著,文苑也一定要开列著有什么书籍,在文人群体中受到推崇,儒林也一定要核实传主对哪部经书有功绩,什么著作有关纲常礼教,孝友也一定要开列清楚在什么事情上看出传主对父母孝敬和对兄弟友爱。品行虽然不论平庸与奇特还是偏重与全面,总之需要具有真实的事迹,就容易搜讨寻访。否则行为都是曾参、史鳅，学问都是二程、朱熹，史文都是司马迁、班固，品德都是伯夷、柳下惠，千篇一律，用什么辨别真假呢？至于前人志修所收人物，如果确实有遗漏，或者生平大节，记载得不完备详尽，也准许把这些人和新收入的人物，一起按例开列呈送，核实以后增补缺遗。

　　四、议征文。人物之次，艺文为要。近世志艺文者，类辑诗、文、记、序，其体直如文选；而一邑著述目录，作者源流始末，俱无稽考，非志体也。今拟更定凡例，一仿班《志》刘《略》①；标分部汇，删芜撷秀，跋其端委，自勒一考，可为他日馆阁校雠取材，斯则有裨文献耳。但艺文入志，例取盖棺论定②；现存之人，虽有著作，例不入志。此系御纂《续考》馆成法③，不同近日志乘，掇拾诗文，可取一时题咏，广登尺幅者也。凡本朝前代学士文人，果有卓然成家，可垂不朽之业，无论经、史、子、集，方技杂流，释门道藏，图画谱牒，帖括训诂，均得净录副本，投柜送馆，以凭核纂。然所送之书，须属共见共闻；即未刻行，亦必论定成集者，方准收录。倘系抄撮稿本，畸零篇页，及从无序跋论定之书，概不入编，庶乎循名责实之意。惟旧志原有目录，而藏书至今散逸者，仍准入志，而于目录之下，注一"亡"字以别之。

【注释】

①班《志》刘《略》：班固《汉书》的《艺文志》和刘歆的《七略》。

②盖棺论定：语出杜甫《杜工部诗集》卷十四《君不见简苏徯》："丈夫盖棺事始定。"又据《明史》卷一百八十二《刘大夏传》曰："人生盖棺论定，一日未死，即一日忧责未已。"意为人死之后才能评定

一生的是非功过。

③《续考》:《续文献通考》。清高宗乾隆十二年(1747)开始撰修,历
时三十余年成书。体例与南宋马端临《文献通考》相同,内容接
其下限,记载自宋宁宗嘉定年间至明末四百多年政治经济等各
项制度的沿革。

【译文】

四、评议征集文献。人物的后面,艺文最为重要。近代记载艺文的
人,按类收集诗、文、记、序,这种体例简直像文选,而一县著述的目录,
作者的源流本末,都无法查考,不是方志的体制。现在准备另行修订凡
例,完全仿照班固《汉书·艺文志》和刘歆《七略》,标示划分部类编汇,
删除杂乱而摘取精华,作跋说明始末原委,单独写成一篇考,可以预备
以后馆阁校勘采用,这就有益于保存文献了。不过艺文收入方志,按照
惯例要求盖棺论定,现在存活的人,即使撰有著作,照例不收入方志。
这是御纂《续文献通考》馆的既定方法,和近来的方志不同,补缀搜集诗
文,可以采取某一时期的题咏,广泛登载于有限的篇幅。凡是进入本朝
的前代学士文人,确实有卓越地成为一家,有可以流传不朽的业绩,无
论经、史、子、集,方技杂流,佛书道藏,图画谱牒,举业注疏,都可以清楚
地抄写副本,投入专柜送交方志馆,以便依靠核实编纂。然而所送的书
籍,应当属于人们共同见到听到;即使尚未刻印流行,也一定要编排确
定成集,方可准许收录。倘若是摘抄的稿本,零星的篇页,以及从来没
有序跋编排确定的书籍,一概不允许编入,差不多就是依照名称要求实
际的宗旨。只是旧志原来有目录,而藏书到今天已经散逸,仍然准许写
入方志,而在目录下面,标注一个“亡”字加以区别。

五、议传例。史传之作,例取盖棺论定,不为生人立传。
历考两汉以下,如《非有先生》、《李赤》诸传,皆以传为游
戏①。《圬者》、《橐驼》之作,则借传为议论②。至《何蕃》、《方

山》等传,则又作贻赠序文之用③。沿至宋人,遂多为生人作传,其实非史法也。邑志列传,全用史例,凡现存之人,例不入传。惟妇人守节,已邀旌典④;或虽未旌奖,而年例已符,操守粹白者,统得破格录入。盖妇人从一而终⑤,既无他志,其一生责任已毕,可无更俟没身。而此等单寒之家⑥,不必尽如文苑、卓行之出入缙绅;或在穷乡僻壤,子孙困于无力,以及偶格成例;今日不予表章,恐后此修志,不免遗漏,故搜求至汲汲也。至去任之官,苟一时政绩卓然可传,舆论交推,更无拟议者,虽未经没身论定,于法亦得立传。盖志为此县而作,为宰有功此县,则甘棠可留;虽或缘故被劾,及乡论未详,安得没其现施事迹?且其人已去,即无谀颂之嫌,而隔越方州,亦无遥访其人存否之例。惟其人现居本县,或现升本省上官及有统辖者,仍不立传;所以远迎合之嫌,杜是非之议耳。其例得立传人物,投递行状,务取生平大节合史例者,详慎开载;纤琐钉饾⑦,凡属浮文,俱宜刊去。其有事涉怪诞,义非惩创;或托神鬼,或称奇梦者,虽有所凭,亦不收录,庶免凫履羊鸣之诮⑧。

【注释】

①《非有先生》、《李赤》诸传,皆以传为游戏:萧统《文选》卷五十一《东方曼倩·非有先生论》,假托非有先生其人,劝告君主纳谏。唐代柳宗元《柳河东全集》卷十七《李赤传》讽刺世人崇拜神仙利欲,是非颠倒而不悟。虽然属于游戏之文,而旨在警戒。

②《圬者》、《橐驼》之作,则借传为议论:唐代韩愈《韩昌黎全集》卷十二《圬者王承福传》,寓意讽刺居官而懈怠者,告诫他们必遭天

殃。圬者,泥瓦工匠。柳宗元《柳河东全集》卷十七《种树郭橐驼传》,寓意讽刺为政而扰民者,告诫他们应当顺从自然之性。两文均借传文而发议论。

③《何蕃》、《方山》等传,则又作贻赠序文之用:据《章氏遗书》补遗《又答吴胥石书》曰:"韩退之述太学生何蕃,乃投赠之书,略如序记之类,对见存人言,理宜如是。故方崧卿本题为《太学生何蕃书》,盖本书事之体,如孙樵书何易于之类。或当时书以赠之,故李汉见其文属投赠,而标题为书,遂编次于书类耳。"韩愈《韩昌黎全集》卷十四《太学生何蕃传》,为何蕃下第而作。宋代苏轼《苏轼文集》卷十三《方山子传》,因遇故人陈慥而作。两传实为赠序的变体。

④旌典:中国古代朝廷提倡封建礼教,对贞妇烈女、孝子顺孙等人,由官府赐匾额,立牌坊,称为旌典或旌表。

⑤妇人从一而终:语出《周易·恒卦》:"妇人贞吉,从一而终也。"指封建社会女子只事一夫,夫死不再改嫁。

⑥单寒:语出范晔《后汉书》卷八十下《高彪传》:"高彪字义方,吴郡无锡人也。家本单寒。"意为家世寒微。

⑦饤饾(dìng dòu):语出韩愈《韩昌黎全集》卷一《南山诗》:"或如临食案,肴核纷饤饾。"《玉篇·食部》曰:"饤饾,贮食。"意为食品叠放在器具里。比喻罗列和堆砌文辞。

⑧凫履羊鸣:刘知几《史通》卷五《采撰》曰:"至范晔增损东汉一代,自谓无惭良直,而王乔凫履,出于《风俗通》,左慈羊鸣,传于《抱朴子》,朱紫不别,秽莫大焉。"据范晔《后汉书》卷一百一十二《方术传》记载,叶县县令王乔通神仙之术,每月朔望两次来京城朝见,而不见车马仪仗随从。皇帝密令侦查,发现他是随着一双野鸭而来。于是张网捕鸭,只得到一双鞋,原来是朝廷赐给王乔的鞋。又记载左慈有神术道法,曹操想要收捕诛杀,他嵌入墙壁不

知去向。后来又在阳城山相遇，曹操率人追杀，他躲进羊群，踪迹不见。曹操命人对着羊群说不再诛杀，只是试试他的法术。忽然一只老公羊像人一样站立起来，弯曲前腿作拜谢之状，出来答话。曹操手下的人纷纷去抓这只公羊，然而数百只群羊都变成公羊，用同样的姿势站立并说人话应答曹操。

【译文】

五、评议传的体例。史传的写作，按惯例要求盖棺定论，不给活着的人立传。——考察两汉以后，例如《非有先生传》、《李赤传》等文章，都把传当做游戏文章。《圬者王承福传》、《种树郭橐驼传》等作品，却是借传发表议论。至于《何蕃传》、《方山子传》等传文，那么又作为赠送序文的用途。沿袭到宋人，于是大多为活着的人作传，实际上不符合史家法度。县志的列传，完全使用史书体例，凡是现在活着的人，按惯例不能入传。只有妇人守节，已经获准旌表；或者虽然没有受到旌赏，而守节年岁规定已经符合，操守纯洁的人，统统可以破格收入。大概妇女从一而终，既然没有改嫁志向，她一生应该负的责任已经完成，可以不用再等她去世。而这一类寒微的人家，不一定完全像文苑、卓行那样限定在士大夫范围；有的在穷乡僻壤，子孙陷在没有力量的困境，还有偶然受到已定旌表法令的阻碍；如果现在不给予表彰，恐怕以后修志，免不了出现遗漏，所以搜集显得非常急切。至于离任的官员，如果在任期间政绩卓越可以流传，舆论相互推许，再没有争议的人，虽然没有经过去世之后盖棺论定，在史法上也可以立传。大概方志是为这个县而作，作为县官对这个县有功，那么恩惠可以遗留；即使有人因犯事被弹劾，以及不了解乡里评论如何，怎么能埋没他当时实政的事迹呢？况且此人已经离任，就没有奉承赞美的嫌疑，而且远隔州郡，也没有路途遥遥去询问此人是否生存的例子。只有此人现在居住本县，或者现在升任本省上级官员以及有统辖关系，仍然不立传，用来远离迎合的嫌疑，杜绝是非的议论。那些按例可以立传的人物，投送行状，务必选取生平大节符合史书体例的人，详细缜密地开列记载；细微琐屑地罗列堆砌，凡是属于虚浮的文辞，都应当删除。那些有的事情涉及怪诞，宗旨不是劝诫；或是假托神鬼，或是称述奇梦的行状，即使有根据，也不收录，以免受到鸱变野鸭和羊说人话那样的讥诮。

　　六、议书法。典故作考，人物作传，二体去取，均须断制尽善，有体有要，乃属不刊之书，可为后人取法。如考体但重政教典礼、民风土俗，而浮夸形胜、附会景物者，在所当略。其有古迹胜概，确乎可凭，名人题咏，卓然可纪者，亦从小书分注之例，酌量附入正考之下；所以厘正史体，别于稗乘耳。盖志体譬之治室，厅堂甲第，谓之府宅可也。若依岩之构，跨水之亭，谓之别业可，谓之正寝则不可①。玉麈丝绦②，谓之仙服可，谓之绅笏则不可③。此乃郡县志乘，与《卧游》、《清福》诸编之分别也④。列传亦以名宦、乡贤、忠孝、节义、儒林、卓行为重。文苑、方技有长可见者，次之。如职官而无可纪之迹，科目而无可著之业，于法均不得立传。盖志属信史，非如宪纲册籍，一以爵秩衣冠为序者也。其不应立传者，官师另立历任年谱，邑绅另有科甲年谱，年经月纬之下，但注姓名，不得更有浮辞填入。即其中有应立传者，亦不必更于谱内，注明"有传"字样，以昭画一。若如近日通行之例，则纪官师者，既有《职官志》，以载受事年月，又有《名宦志》，以载历任政绩；而于他事有见于生祠碑颂、政绩序记者，又收入《艺文志》。记邑绅者，既有《科目志》，又有《人物志》，亦分及第年分与一生行业为两志；而其行业有见于志、铭、传、诔者，则又收入《艺文志》。一人之事，叠见三四门类,于是或于此处注传见某卷,于彼处注详见某志,字样纷错,事实倒乱,体裁烦碎,莫此为甚。今日修志,尤当首为厘定,一破俗例者也。

【注释】

① 正寝:原意指路寝。语出《公羊传·庄公三十二年》:"八年癸亥,公薨于路寝。路寝者何? 正寝也。"即古代天子和诸侯常居治事之所。也泛指屋舍的正室。据《旧唐书》卷七十一《魏征传》记载:"征宅先无正寝。"即指正屋。

② 玉麈(zhǔ):语出《世说新语》卷五《容止》:"王夷甫容貌整丽,妙于谈玄,恒捉白玉柄麈尾,与手都无分别。"麈,鹿类动物,尾毛可作拂尘。魏、晋人清谈,手中常持玉柄麈尾。

③ 绅笏(hù):绅指士大夫束在衣外的大带。笏指大臣朝见时用作记事的手板。

④《卧游》、《清福》诸编:据宋代陈振孙《直斋书录解题》卷七传类著录:"《卧游录》一卷,吕祖谦撰。"意为欣赏山水画替代游览。另据章兆惠修、周轿纂[康熙]《南和县志》卷八记载:"《清福录》……[明]朱正色撰。"意为享受清闲之福。

【译文】

六、评议修志笔法。给典章与掌故作考,给人物作传,两种体例的舍弃和采用,都应该裁断达到完善,有主体有要纲,才属于不能删改的书,可以被后人效法。例如考体只注重政治教化和制度礼仪、民情风俗和风土人情,而浮夸山川胜迹、附会景物的内容,都应该省略。那些存有古迹美景,确实可以依据,名人的题辞咏诗,卓越可以记载的内容,也遵从小字分注的惯例,酌情附入正考文字的下面,用来改正史书体裁,和稗史野乘区别开来。大概方志体裁犹如建造房屋,有厅堂的上等宅第,称作府宅完全可以。如果是依傍山岩的建筑,跨越水面的亭子,称作别墅可以，称作正屋就不可以。玉柄麈尾与丝带，称作仙服可以，称作官服就不可以。这就是州县的方志，和《卧游录》、《清福录》等书的区别。列传也把名宦和乡贤、忠孝和节义、儒林和卓行作为重要方面。文苑和方技有专长处可见的人物，放在次要位置。如果官员没有可记载的事迹，举人与进士没有可记录的学业，根据史法都不能立传。大概方志属于真实可信的史书，不像官府名册，一律按照官爵品级和官服颜色排顺序。那些不应该立传的人物，官员另外设立历任年谱，县里绅士另外编有科举年谱，以年为经以月为纬的谱里只标注姓名，不可以再有浮泛文辞填入。即使其中有应该立传的人物，也不需要再在谱里，注明"有传"的字样，以此显示整齐一致。如果像近来通行的惯例，那么记载官员的篇幅，已经有《职官志》，记载任职年月，又有《名宦志》，记载历任的政绩；而对其他事在生祠碑颂、政绩序记中见到的文字，又收入《艺文志》。记载一县绅士的篇幅，已经有《科举志》，又有《人物志》，也划分及第年份和一生德行事业作两种志；而那些德行事业在墓志、碑铭、传记、哀诔中见到的人物，却又收入《艺文志》。一个人的事情，在三四个门类里重叠出现，于是或者在这里注"传见某卷"，或者在那里注"详见某志"，文字纷乱错杂，事实颠倒混乱，结构复杂琐碎，没有比这更严重了。今天纂修方志，尤其应当首先对此整治改定，完全破除世俗的惯例。

七、议援引。史志引用成文，期明事实，非尚文辞。苟于事实有关，即胥吏文移，亦所采录，况上此者乎？苟于事实无关，虽班、扬述作，亦所不取，况下此者乎？但旧志艺文所录文辞，今悉散隶本人本事之下，则篇次繁简不伦；收入考、传方幅之内，其势不无删润。如恐嫌似剿袭，则于本文之上，仍标作者姓名，以明其所自而已。而标题之法，一仿《史》、《汉》之例。《史》、《汉》引用周、秦诸子，凡寻常删改字句,更不识别,直标"其辞曰"三字领起。惟大有删改,不更仍其篇幅者,始用"其略曰"三字别之。若贾长沙诸疏是也①。今所援引,一皆仿此。然诸文体中,各有应得援引之处,独诗赋一体,应用之处甚少。惟《地理考》内,名胜条中,分注之下,可载少许,以证灵杰。他若抒写性灵,风云月露之作,果系佳构,自应别具行稿,或入专主选文之书,不应搀入史志之内,方为得体。且古来十五《国风》,十二《国语》,并行不悖,未闻可以合为一书。则志中盛选诗词,亦俗例之不可不亟改者。倘风俗篇中,有必须征引歌谣之处,又不在其列。是又即《左》、《国》引谚征谣之义也②。

【注释】

①贾长沙诸疏:贾长沙即贾谊,曾任西汉长沙国王太傅,故名。曾经向朝廷奏上《论政事疏》、《论积贮疏》等。

②《左》、《国》引谚征谣:例如《左传·隐公十一年》记载:"周谚有之,曰:'山有木,工则度之。宾有礼,主则择之。'"又《国语·周语中》记载,单襄公引谚曰:"兽恶其网,民恶其上。"

【译文】

七、评议援引。史书诸志引用已有文字,期望说明事实,并非崇尚文辞。如果对事实有关联,即使是胥吏的文书,也要采集记录,何况超过这一类的文献呢?如果对事实没有关联,即使是班固、扬雄的著述,也不能采用,何况不如这一类的文献呢?只是旧方志艺文部分所记录的文辞,现在如果全部分散归属本人本事的下面,那么篇章繁简就不对称;收入考和传有限的篇幅里,这种形势不能不删改润饰。如果恐怕有抄袭的嫌疑,那就在本文的上面,仍然标出作者姓名,用来表明文章来源而已。至于标明主题的方法,一律仿效《史记》、《汉书》的例子。《史记》、《汉书》引用周、秦诸子之文,凡是一般删改字句,不再另加标记区别,直接标出"其辞曰"三字领起开头。只有较大的删改,不再沿用原来篇幅的文字,才用"其略曰"三字区别。像贾长沙诸疏就是。如今援引文字,一律仿照这样。然而各种文体中,各有应当援引的地方,唯独诗赋这一文体,使用的地方很少。只是《地理考》里,名胜一条中,分注的下面,可以少量登载一些,用来证实景物的灵秀。其他像抒发性情,描摹风云月露一类景物的作品,如果是好文章,自然应该另外准备传布文稿,或者收入专门选编文学作品的书籍,不应该混杂在史志里,方才得体。况且古来十五国《国风》,十二国《国语》,同时流行而不冲突,没听说能够合成一部书籍。那么方志中大量选编诗词,也是世俗惯例中不可不亟待改变的事情。倘若风俗篇中,有必须征引歌谣的地方,又不属于这一惯例。这又是《左传》、《国语》征引谣谚的宗旨。

　　八、议裁制。取艺文应载一切文辞,各归本人本事,俱无可议。惟应载传、志、行状诸体,今俱删去,仍取其文裁入列传,则有难处者三焉。一则法所不应立传,与传所不应尽载者,当日碑、铭、传、述,或因文辞为重,不无滥收。二则志中列传,方幅无多,而原传或有洋洋大篇;全录原文,则繁简不伦;删去事迹,则召怨取讥。三则取用成文,缀入本考本传,原属文中援引之体,故可标作者姓名及"其辞曰"三字,以归征引之体。今若即取旧传,裁为新传,则一体连编,未便更著作者姓名。譬班史作《司马迁传》,全用《史记·自序》,则以"迁之自序云尔"一句,标清宾主①。盖史公《自序》,原非本传,故得以此句识别之耳。若孝武以前纪传,全用《史记》成文者,更不识别;则以纪即此纪,传即此传,赞即此赞②,其体更不容标"司马迁曰"字样也。今若遵同此例,则近来少见此种体裁，必有剿袭雷同之谤。此三端者，决无他法可处，惟有大书分注之例，可以两全。盖取彼旧传，就今志义例，裁为新传，而于法所应删之事，未便遽删者，亦与作为双行小字，并作者姓氏，及删润之故，一体附注本文之下。庶几旧志征实之文，不尽刊落，而新志谨严之体，又不相妨矣。其原文不甚散漫，尚合谨严之例者，一仍其旧，以见本非好为更张也。

【注释】

①班史作《司马迁传》，全用《史记·自序》，则以"迁之自序云尔"一句，标清宾主：班固《汉书》卷六十二《司马迁传》，内容全用《史记》卷一百三十《太史公自序》原文，只有文尾"迁之自叙云尔"一句话为班固自作。宾，指代司马迁《太史公自序》。主，指代班固的话。

②纪即此纪，传即此传，赞即此赞：意思是说班固撰《汉书》，汉武帝以前的史实沿用司马迁《史记》文字，《汉书》的某纪就是《史记》的某纪，《汉书》的某传就是《史记》的某传，《汉书》的某赞就是《史记》的某赞，没有区别。

【译文】

八、评议剪裁。拿艺文部分应该登载的全部文辞，各自归属本人本事之内，都没有什么值得评议。只是应该登载的传记、墓志、行状等文体，如今全部删除，仍然把这类文章剪裁收入列传，就有三个方面难于处理。一是按史法不应该立传，和传不应全面记载的人物，当时碑文、墓铭、传记、行述，或许因为重视文辞，不是没有滥载的情况。二是方志里的列传，篇幅不多，而原来的传文有些是洋洋长篇，如果全部抄录原文，就会详略失当；删除事迹，就会招致怨恨并受到指责。三是采用已有文字,写进本考和本传,本来属于文中援引的体例,所以能够标明作者姓名以及"其辞曰"三个字,以便归属征引的体例。现在如果选取旧传,剪裁成新传,那么使用同一体例编撰,不便再标出作者姓名。譬如班固《汉书》作《司马迁传》,全部用《史记·自序》文字,就用"司马迁的《自序》这样说"一句,标明宾主关系。大概太史公的《自序》,原来就不是本传,所以能用这句话区别开来。像孝武帝以前的本纪和列传,全部利用《史记》已成文字的事例,再不另加标记区别,就是因为纪就是这篇纪,传就是这篇传,赞就是这篇赞,它们的体例再不容许标著"司马迁曰"的字样。现在如果马上采用这样的先例,那么近来很少见到这种体裁,一定会受到抄袭和雷同的谤议。这三个方面,绝对没有其他办法可以处理,只有正文大字下面加小注的体例,可以两方面都照顾到。大概是取用那些旧传,按照新志的体例,剪裁成新传,而按照史法所应当删除的事,不便立即删除的事例,也把它们变成双行小字,连同作者姓名,以及删改润色的原因,一同附注在本文的下面。这样差不多旧志征实的文字,不完全被删掉,而新志谨严的体例,又不互相妨碍了。那些原文不太零碎,还算符合谨严体例的文章,完全沿用它们的原貌,以显示本来不是喜欢任意改变。

九、议标题。近行志乘,去取失伦,芜陋不足观采者,不特文无体要,即其标题,先已不得史法也。如采典故而作考,则天文、地理、礼仪、食货数大端,本足以该一切细目。而今人每好分析,于是天文则分星野占候为两志①,于地理又分疆域山川为数篇,连编累牍,动分几十门类。夫《史》、《汉》八书十志之例具在,曷常作如是之繁碎哉?如访人物而立传,则名宦、乡贤、儒林、卓行数端,本不足以该古今人类。而今人每好合并,于是得一逸才,不问其行业如何超卓,而先拟其有何色目可归;得一全才,不问其学行如何兼至,而先拟其归何门类为重;抵牾牵强,以类括之。夫历史合传、独传之文具在②,曷尝必首标其色目哉? 所以然者,良由典故证据诸文,不隶本考而隶《艺文志》,则事无原委,不得不散著焉,以藏其苟简之羞。行状碑版诸文,不隶本传而隶《艺文志》,则人无全传,不得不强合焉,以足其款目之数。故志体坏于标题不得史法,标题坏于艺文不合史例;而艺文不合史例之原,则又原于创修郡县志时,误仿名山图志之广载诗文也。夫志州县与志名山不同③。彼以形胜景物为主,描摩宛肖为工,崖颠之碑,壁阴之记,以及雷电鬼怪之迹,洞天符检之文④,与夫今古名流游览登眺之作⑤,收无孑遗⑥,即征奥博⑦,盖原无所用史法也。若夫州县志乘,即当时一国之书,民人社稷,政教典故,所用甚广,岂可与彼一例? 而有明以来,相沿不改,故州县志乘,虽有彼善于此,而卒鲜卓然独断、裁定史例、可垂法式者。今日尤当一破夙习⑧,以还正史体裁者也。

【注释】

①占候:语出范晔《后汉书》卷六十下《郎颚传》:“能望气,占候吉凶,常卖卜自奉。”意为根据天象变化预言人事吉凶或自然界的灾变。

②历史合传、独传:历史即历代史书之意,多指历代正史。合传,数人合为一传。独传,一人单独立传。

③志名山:为名山作志。据郑樵《通志》卷六十六《艺文略》著录:“《名山洞天记》一卷。《十大洞天记三十六小洞天记》一卷。《洞

天集》五卷，王正范撰。"天下各大名山，几乎全部有志。

④洞天符检：据宋代张君房《云笈七签》卷二十七《十大洞天》记载：
"十大洞天者，处天地名山之间，是上天遣群仙统治之所。"道教
认为神仙居住之地，有十大洞天，三十六小洞天，七十二福地，合
称洞天福地。符检指符箓，道教所传秘密文书的统称。

⑤登眺(tiào)：登高远望。眺，远视。

⑥孑(jié)遗：语出《诗经·大雅·云汉》："周余黎民，靡有孑遗。"残
余，剩余。原意指人，后来也泛指事物。

⑦奥博：语出颜之推《颜氏家训》卷上《治家》："南阳有人，为生奥
博，性殊俭吝。"意为富裕。后来也指学问精深渊博。

⑧夙习：长期形成的习惯。夙，通"宿"，旧有，平素。

【译文】

九、评议标题。近来流行的方志，弃置和取用材料没有条理，芜杂
鄙陋不值得观看和采择，不仅文字不得要领，就是它们的标题，先已没
有运用史学方法。例如采用典制和掌故作考，那么天文、地理、礼仪、食
货几个主要方面，本来足够包括所有细小项目。可是现在的人常常喜
欢把它们分开，于是天文就分成星野与占候两篇志，对地理又分成疆域
和山川等几篇，连篇累牍，动不动就分成几十个门类。《史记》八书和
《汉书》十志的例子都在，何尝作得这样繁复琐碎呢？例如寻访人物而
立传，那么名宦、乡贤、儒林、卓行几个方面，本来不足以包括古今人物
类别。而今天的人总喜欢把它们合并，于是求得一个出众的人才，不问
他德行事业怎样超凡卓越，却先考虑他可以归属什么名目；求得一个全
面人才，不问他学问德行如何兼备，却先考虑把他归属哪个门类重要；
矛盾牵强，用门类包容人物。历代史书中合传与独传的文字都在，何尝
一定首先标出他们的各色名目呢？所以这样，确实由于典章制度和事
实证据等文字，不隶属本考而隶属《艺文志》，那么事情没有本末始终，
不得不分散记载，用来掩藏自己草率简略的羞耻。行状与碑版等文字，

不隶属本传而隶属《艺文志》，那么人物没有全传，不得不勉强合在一起，用来凑足门目的数额。所以方志的体裁坏在标题没有运用史学方法，标题坏在《艺文志》不符合史书体例；而《艺文志》不符合史书体例的根源，却又源于创始编修州县方志的时候，错误地仿效名山图志大量登载诗文。为州县作志和为名山作志不同。名山的志以地理名胜和自然景物为主，描摹得相像作为精巧，山崖顶端的碑，石壁背面的记，以及雷电鬼怪的痕迹，洞天符箓的文字，和古今名人游览与登高远望的作品，收集得没有遗留，就证明深奥广博，大概本来用不上史学方法。至于州县方志，就是古代一国史书，民众生活与社稷之祀，政治教化与典章制度，用处很广泛，怎么能和名山的志一样呢？而明代以来，互相沿袭没有改变，所以州县方志，虽然有一些比这些好，而终究缺少卓越地独自裁断、根据史书体例斟酌定夺、可以流传后世作为法式的著作。今天尤其应当打破故有习惯，以便恢复到正史的体裁。

　　十、议外编。廿一史中，纪、表、志、传四体而外，《晋书》有载记①，《五代史》有附录②，《辽史》有《国语解》③，至本朝纂修《明史》，亦于年表之外，又有图式④；所用虽各不同，要皆例以义起，期于无遗无滥者也。邑志猥并错杂，使同稗野小说，固非正体；若遽以国史简严之例处之，又非广收以备约取之意。凡事属琐屑而不可或遗者，如一产三男，人寿百岁，神仙踪迹，科第盛事，一切新奇可喜之传，虽非史体所重，亦难遽议刊落；当于正传之后，用杂著体，零星纪录，或名外编，或名杂记，另成一体，使纤屑钉饺，先有门类可归，正以厘清正载之体裁也。谣歌谚语⑤，巷说街谈，苟有可观，皆用此律。

【注释】

①《晋书》有载记：唐修《晋书》，列传之后有载记三十卷，记十六国事。以两晋为正统皇朝，而十六国为闰位政权。

②《五代史》有附录：欧阳修撰《新五代史》，末尾有《四夷附录》三卷，记载十国以及周边各少数民族史事。以五代为正统皇朝，其余为闰位政权。

③《辽史》有《国语解》：元人修《辽史》，末尾有《国语解》一卷，对"史之所载官制、宫卫、部族、地理，率以国语为之称号，不有注释以辨之，则世何从而知，后何从而考哉？今即本史参互研究，撰次辽《国语解》，以附其后，庶几读者无龃龉之患云"。即用汉语对契丹语官制、宫帐、部族、地理名称作出解释。

④本朝纂修《明史》，亦于年表之外，又有图式：《明史》有《诸王世表》、《功臣世表》、《外戚恩泽侯表》、《宰辅年表》、《七卿年表》，共十三卷。《历志》增加图以说明历法。

⑤谣歌谚语：谣歌，语出《诗经·魏风·园有桃》："我歌且谣。"毛《传》曰："曲，合乐曰歌，徒歌曰谣。"韩《诗》曰："有章曲曰歌，无章曲曰谣。"谚语，语出《尚书·无逸》："乃逸乃谚。"宋代蔡沈《书经集传》曰："俚语曰谚。"

【译文】

十、评议外编。二十一史之中，纪、表、志、传四种体例以外，《晋书》有载记，《五代史》有附录，《辽史》有《国语解》，到本朝纂修《明史》，也在年表以外，又有图式；用途虽然各不相同，总归都是体例根据宗旨产生，期望纪事不遗漏也不泛滥。县志内容纷繁错杂，把它等同于轶闻小说，固然不是正体；如果用国史简要严谨的体例处理，又不是广泛收集以备采择要领的意思。凡是属于琐碎而不可遗弃的事情，例如一次生育三个男孩，人长寿活到百岁，神仙踪迹，科举盛事，所有新奇可喜的传说，虽然不是史书体例所应重视，也难以立即就把它们删掉；应当在正传的后面,用杂著的形式,零星记载下来,或者称为外编,或者称为杂记,另外作成一种体例;让细微而众多的零碎材料,先有门类可以归属,正好用它们清理正编的体例。歌谣谚语,街谈巷议,如果有可观赏的内容,都运用这个法则。

　　甲申冬杪①,天门胡明府议修县志②,因作此篇,以附商榷。其论笔削义例,大意与旧答甄秀才前后两书相出入。而此议前五条,则先事之事宜,有彼书所不及者。若彼书所条,此议亦不尽入,则此乃就事论事,而余意推广于纂修之外者,所未遑也。至论俗例拘牵之病,此较前书为畅;而艺文一志,反复论之特详。是又历考俗例受病之原,皆不出此,故欲为是拔本塞源之论,而断行新定义例,初非好为更张耳。阅者取二书而互考焉,从事编纂之中,庶几小有裨补云。自跋

【注释】

①甲申冬杪:清高宗乾隆二十九年,公元1764年。杪,末尾,末端。

②天门胡明府:天门,春秋时期属风国之地。清代置县,隶属湖北安陆府。据[嘉庆]《一统志》注曰:安陆府天门县"在府东南二百二十里"。胡明府,胡翼,曾任天门知县,在任期间聘请章镳纂修县志。明府,汉代对郡守的尊称。唐代以后多用来尊称县令。

【译文】

　　甲申年冬末,天门县胡明府商议编修县志,因而撰写这篇议论,以便附上商榷意见。文章评论作史的宗旨和体例,大意和以前答复甄秀才前后两篇书信互有详略。而这篇评议的前五条,却是修史之前的事情,有那两篇书信所没有涉及的内容。至于那两篇书信所分条陈述的

事情,这篇评议也没有完全写进来,这是因为这篇乃是就事论事,而推广到纂修以外的其他意思,没有闲暇谈论。至于谈论世俗体例拘泥牵扯的弊病,这篇比前两篇信畅达;而对于《艺文志》,反复议论得特别详细。这是又一一考察世俗体例产生弊病的根源,都不超出这些方面,所以想要发表这通拔去根本堵塞源头的议论,而断然实行新定的宗旨和体例,原本不是喜欢任意改变。读者取那两篇书信与本篇互相对比考察,从事编纂的时候,或许可以得到一些小小的好处。自跋

天门县志艺文考序艺文论附

【题解】

《天门县志》为章学诚之父章镳所修，其中各序当是章学诚代笔，大约在乾隆二十九年至三十三年（1764—1768）之间撰写。据《章氏遗书》卷二十二《与族孙汝楠论学书》曰："《天门志》呈览，中为俗人所改，所存才十之六七。"最后流传下来只有《艺文考序》、《五行考序》、《学校考序》三篇，其余散佚不存。本篇针对方志纂修中艺文部分不记载书目而汇聚诗文的做法展开评论，认为这样会造成文字繁多，志书猥滥。章学诚指出，汇聚诗文本来可以有助于佐证实事，历代文选就起了辅翼正史的作用。他提出纂修方志应当汇聚诗文另成一书，和方志互相辅助并行。这是对《答甄秀才论修志第二书》中"文选宜相辅佐"观点的初步实践，也开了后来提出方志确立"文征"的先河。

　　呜呼！艺文一考，非第志文之盛，且以慨其衰也。有志之士，负其胸中之奇，至于抵牾掎摭①，不得已而见之于文，伤已！乃其所谓文者，往往竭数十年萤灯雪案②，苦雨凄风③，所与刻肝肾，耗心血，而郑重以出者。曾不数世，而一觚拓落④，存没人间，冷露飘风，同归于尽，可胜慨哉！幸而轺轩载笔,得以传示来兹⑤。然汉史所录,《隋志》缺亡者若而人;《隋志》所录,《唐书》残逸者若干家;《崇文总目》、《中兴书目》、《文渊阁目》⑥,上下千年,大率称是。岂造物忌才,精华欲秘欤?抑所撰述,精采不称,不足传久远欤?而两汉以下,百家丛脞⑦,雅俗杂揉,猥鄙琐屑之谈,亦具有存者,则其中亦自有幸不幸焉。《景陵旧志》⑧,艺文不载书目,故前人著作,未尽搜罗;而本传附录生平著书,今亦不少概见。然则斯考所采,更阅三数十年,其散逸遗亡,视今又何如耶?此余之所以重为诸家惜也。今采摭诸家,勒为一考,厥类有四:曰经,曰史,曰子,曰集。其别有三:曰传世,曰藏家,俱分隶四部;曰亡逸,别自为类,附篇末。

【注释】

①掎摭(jǐ jué):牵制,拔起。

②萤灯雪案:晋代车胤以囊盛萤,孙康冬夜映雪,取萤、雪之光读书。后来比喻贫寒之士发奋苦读。

③苦雨凄风:语出《左传·昭公四年》:“春无凄风,秋无苦雨。”形容读书环境艰难困苦。

④一觚(gū)拓落:觚指古代书写用的木板,比喻著述。拓落,也作“落拓”。意为失意,不得志。

⑤来兹:语出《吕氏春秋·任地》:“今兹美禾,来兹美麦。”高诱《注》曰:“兹,年也。”意为后世。

⑥《中兴书目》:南宋陈骙等撰《中兴馆阁书目》,宋孝宗淳熙五年(1179)成书,七十卷,著录南宋宫廷藏书四万四千多卷。后来散佚。

⑦丛脞(cuǒ):语出《尚书·益稷》:“元首丛脞哉!”唐代陆龟蒙《甫里

集》卷十六《丛书序》曰："丛书者，丛脞之书也。丛脞，犹细碎
也。"意为烦琐，细碎。

⑧《景陵旧志》：据《宋史》卷二百零四《艺文志》地理类著录："林英
发《景陵志》十四卷。"秦置竟陵县，南齐置竟陵郡，梁末一度废
弃，北周复置。五代后晋改竟陵县为景陵县，清代改为天门县，
即今湖北天门市。

【译文】

唉！一篇《艺文考》，不仅记录著作的兴盛，而且用来慨叹著作的衰
落。胸有大志的人士，抱负着胸中的优异才能，落到遭遇抵触牵制的境
地，不得已而在文章中表现出来，悲伤啊！至于这里所说的文章，往往
是竭尽几十年的萤雪为光，苦雨寒风，损伤肝肾，耗费心血，郑重撰写出
来的著作。竟然没有经过几代，书就受到冷遇，在人世间若存若湮，经
受寒露疾风，一同消失，难道感慨得过来吗！有幸得到朝廷使臣载录，
借此可以留传来世。然而《汉书》所记录的著作，到《隋书·经籍志》缺
失的有若干人；《隋书·经籍志》所记录的著作，到《唐书》残缺散逸的有
若干家。《崇文总目》、《中兴书目》、《文渊阁书目》，上下千年时间，大概
都是这样。难道是造物之神忌妒才能，想要隐藏精华吗？还是所撰写
的文章，精华文采不相称，不能够流传久远呢？而两汉以来，百家学说
烦琐细碎，雅俗相互混杂，粗鄙琐屑的言谈，也都有保存下来的事例，那
么这当中也就各有幸运和不幸运了。以前的《景陵志》，艺文部分不记
载书目，所以前人的著作，没有全面搜罗，而人物本传附录的生平著述，
现在也无法略微见到梗概。那么《艺文考》所采集的著作，再经过三五
十年，它们的散逸遗失，比起现在又怎么样呢？这就是我很为诸家惋惜
的原因。现在选取各家著作，编撰成一篇考，它的部类有四种：称作经，
称作史，称作子，称作集。它的分类有三项：称作传世，称作藏家，都各
自归属四部；称作亡逸，另外单作一类，附在篇末。

论曰:近志艺文,一变古法,类萃诗文,而不载书目,非无意也。文章汇次甲乙成编,其有裨于史事者,事以旁证而易详,文以兼收而大备。故昭明以后,唐有《文苑》,宋有《文鉴》,元有《文类》,括代总选,雅俗互陈,凡以辅正史,广见闻,昭文章也。第十五《国风》,十二《国语》,固宜各有成书,理无可杂。近世多仿《国语》而修邑志,不闻仿《国风》而汇辑一邑诗文,以为专集;此其所以爱不忍删,牵率抵牾,一变艺文成法欤!夫史体尚谨严,选事贵博采。以此诗文拦入志乘,已觉繁多,而以选例推之,则又方嫌其少。然则二者自宜各为成书,交相裨佐明矣。至著作部目,所关至巨,未宜轻议刊置。故今一用古法,以归史裁。其文之尤不忍删者,暂隶附录。苟踵事增华,更汇成书,以裨志之不逮。呜呼!庶有闻风而嗣辑者欤?

【译文】

评论说:近来方志的艺文部分,一变古代的方法,按类汇聚诗文,而不记载书目,并非没有旨意。文章汇聚排比按照甲乙顺序成编,那些对史事有补益的内容,史事得到侧面证明而容易清晰,文章因为广泛收集而非常完备。所以从昭明太子以后,唐代文章有《文苑英华》,宋代文章有《宋文鉴》,元代文章有《元文类》,包括一个朝代的总集,雅俗并列,都用来辅翼正史,扩充见闻,彰显文章。只是十五国《国风》,十二国《国语》,本来就应当各自具有完整的书籍,按道理不能混杂。近世大多仿效《国语》而编修县志,没听说仿效《国风》而汇编一县诗文,作为专集;这大概是对诗文喜爱得不忍删弃,牵强矛盾,一变《艺文志》既定方法的原因吧!史书的体裁崇尚书法谨严,选文的事情贵在广泛采集。把这些诗文掺杂进方志,已经觉得繁多,而用选文的体例推究,却又正嫌它们太少。那么二者自然应该各自编为完整的书籍，互相辅助就很明显了。至于著作名目，所关系的事情很重要，不宜随便谈论刊除弃置。所以现在完全使用古代方法，以便归属史书体裁。那些尤其不忍心删除的文章，暂且隶属在附录里。倘若有人继续以前的事业而增添光采，进一步汇集成完整的书籍，以便增补方志所不及的范围。唉！或许有听到音讯而随后汇集的人吧？

天门县志五行考序

【题解】

本篇序文阐明《五行考》的做法，一改正史《五行志》将自然现象的变化和人事相互联系，充满神秘色彩而牵强附会解释的积弊。章学诚认为孔子对天道和人事关系的论述态度谨慎，不语怪力乱神，《春秋》记载天变和灾异，意在警戒统治者注重人事。然而汉代以后，天人感应和谶纬神学甚嚣尘上，愈演愈烈。史书受其影响，失去纪事谨严的宗旨，大多附会灾异，削弱了史学惩恶劝善的作用。章学诚主张对灾异据事直书，不分门类，不载应验，从而避免了以灾异附会人事的做法，具有明显的积极意义。

尧水汤旱①，圣世不能无灾。回星反火②，外物岂能为异？然而石鹢必书③，螟蝗谨志者④，将以修人事，答天变也。自《援神》、《钩命》⑤，符谶荒唐⑥，遂失谨严。而班、范所录，一准刘向《洪范》之传⑦，连类比附，证合人事，虽存警戒，未始无附会矣。夫天人之际，圣人谨焉。春秋二百四十二年，五行灾祥，杂出不一；圣人第谨书之，而不与斤斤规合⑧，若者应何事，若者应何人。非不能也，盖征应常变之理，存其概,足以警人心,而牵合其事,必至一有不合,或反疑灾变之不足畏,毋乃欲谨而反怠欤? 草木变异,虫兽祸孽,史家悉隶五类,列按五事⑨。余以为祥异固有为而作,亦有不必尽然,难以附合者。故据事直书,不分门类,不注征应,一以年月为次。人事有相关者,杂见他篇,可自得焉。

【注释】

①尧水汤旱:据《墨子·七患》、《荀子·王霸》、贾谊《新书·忧民》等记载,相传禹时曾连年大水,汤时曾连年大旱。至于水旱时间,各书记载不一,分别有七年水、五年旱,十年水、七年旱,九年水、七年旱,盖传闻异辞,无从确证。

②回星反火:回星指星辰改变运行方向。据《晏子春秋·谏上》记载,齐景公时荧惑(火星)运行到虚宿,正当齐国分野,一年不离开。晏子谏景公行德政,实行三月,荧惑迁徙而去。另据《吕氏春秋·季夏纪》记载,宋景公时荧惑运行到心宿,主国君有灾。子韦让景公把灾祸转嫁给相、民、岁,景公不同意,结果感动上天,荧惑迁徙三舍,景公延年二十一岁。反火即反风灭火。据范晔《后汉书》卷一百零九《儒林传上》记载,刘昆为江陵县令,连年火灾,刘昆向火叩头,常能雨降风止。后来迁为弘农太守,境内老虎都渡河离去而不为害。汉光武帝刘秀诏问他有何德能够"反风灭火"和"虎北渡河"? 刘昆回答说只是偶然而已。

③石鹢(yì)必书:据《春秋·僖公十六年》记载:"十有六年春王正月戊申朔,陨石于宋,五。是月,六鹢退飞,过宋都。"《公羊传》曰:"五石、六鹢,何以书? 记异也。"鹢,古人称一种像鹭的水鸟。

④螟(míng)蝗谨志:据《春秋·隐公五年》记载:"螟。"《公羊传》曰:"螟,何以书? 记灾也。"螟,螟蛾的幼虫,蛀食禾稻之心。蝗,

蝗虫。

⑤《援神》、《钩命》：《援神契》与《钩命诀》，《孝经》纬书之名。

⑥符谶(chèn)：符指符命，表示帝王受命于天的祥瑞征兆。谶即图谶，是巫师和方士编造的预测吉凶的图卦谶言。

⑦班、范所录，一准刘向《洪范》之传：班固《汉书》卷二十七《五行志》记载灾祥，以《尚书·洪范》为依据，采录董仲舒、刘向等人的解释。范晔《后汉书》卷二十三《五行志》沿袭《汉书》，记东汉时灾异。据其《五行志序》曰："《五行传》说及其占应，《汉书·五行志》录之详矣。故泰山太守应劭、给事中董巴、散骑常侍谯周，并撰建武以来灾异。今合而论之，以续前志云。"然而此乃司马彪《续汉书·五行志》文，梁人刘昭补入《后汉书》，并非范晔所作。刘向《洪范》之传，即刘向《洪范五行传》。

⑧圣人第谨书之，而不与斤斤规合：据刘知几《史通》卷三《书志》曰："古之国史，闻异则书，未必皆审其休咎，详其美恶也。故诸侯相赴，有异不为灾，见于《春秋》，其事非一。"

⑨草木变异，虫兽祸孽，史家悉隶五类，列按五事：据班固《汉书》卷二十七中之上《五行志中之上》记载："经曰：羞用五事。五事，一曰貌，二曰言，三曰视，四曰听，五曰思。貌曰恭，言曰从，视曰明，听曰聪，思曰睿……传曰：貌之不恭，是谓不肃，厥咎狂，厥罚恒雨，厥极恶。时则有服妖，时则有龟孽，时则有鸡祸，时则有下体生上之痾，时则有青眚青祥，唯金沴木。"以下一一记载"言之不从"、"视之不明"、"听之不聪"、"思之不睿"的不同咎征，并历引灾祥加以论证。五类，金、木、水、火、土五行。五事，貌、言、视、听、思。

【译文】

尧有水灾而汤有旱灾，圣明的时代也不可能没有自然灾害。灾星迁移而反风灭火，外部事物怎么能造成怪异？然而一定要记载天降陨石和鹢鸟倒飞，谨慎地记录螟虫和蝗虫为害，将要借此修明人事，应答自然变化。从《援神契》、《钩命诀》以来，符箓图谶荒唐不羁，于是失去谨严的宗旨。而班固、范晔所记录的内容，都是以刘向《洪范五行传》作为准则，连缀同类现象比照附会，来验证与人事相合，虽然具有警戒的意图，却未尝没有附会了。天道和人事的关系，孔圣人谨慎对待。《春秋》记载二百四十二年的史事，五行的吉凶征兆，混杂出现不止一处，圣人只是谨慎记载它们，而不把它们拘泥地牵强符合，哪一件应验什么事，哪一件应验什么人。不是不能牵合，大概应验恒定和变化的道理，保存它们的概略，足够警戒人心，而牵强符会那些事情，一定会造成一旦有不符合，有的人反而怀疑灾害变异不值得畏惧，这不是想要谨慎却反而懈怠吗？草木的变异，虫兽的灾祸，史学家都把它们隶属五行，一一对应五事。我认为祥瑞和灾异本来就是有针对而产生，也有不一定都是如此，而难以附会的例子。所以根据事情如实记载，不区分门类，不注明应验，一律按年月为次序。人事有相互关联之处，分散在其他篇里，可以自己找到。

天门县志学校考序

【题解】

本篇解释《天门县志》里作《学校考》的缘由，因为学校到处设置，各地相同，似乎没有必要再专门作考。章学诚简要地回顾了两汉以来学校的设置及其作用，指出礼法刑政，风俗教化，都离不开学校的培育。可见学校和政治相为表里，缺一不可。县志记载当地办学的兴盛，可以给后人树立典型，达到教育后世的效果。从这里可以看出，章学诚的思想中表现出对学校教育的高度重视，同时也期望方志在这方面起到传承作用。

阙里备家乘矣①，成均辑故事矣②。胶庠泮水③，寰宇同风④，曷事连编采撷，更为专考？抑自两汉以下，政教各有所崇，而学校有兴无废。披水筑宫⑤，拂虞拭履⑥，有事则于中讲明而施行之；无事则父老子弟，于以观游自淑，而礼法刑政，民彝物则，胥出于是焉。则学校固与吏治相为表里者也。典型具在⑦，坠绪茫然⑧，抚钟鼓而想音徽⑨，可以蹶然兴矣⑩。

【注释】

①阙里备家乘：据班固《汉书》卷六十七《梅福传》记载："今仲尼之庙，不出阙里。"颜师古《注》曰："阙里，孔子旧里也。"即孔子生前居住地，在今山东曲阜城内阙里街。家乘，据《宋史》卷二百零四《艺文志》谱牒类著录："黄恭之《孔子系叶传》三卷。《文宣王四十二代家状》一卷。《阙里谱系》一卷。"后两书不著撰人。

②成均辑故事：据《周礼·春官》记载："大司乐掌成均之法。"周代大学有五，在南曰成均。即后世的国子监。故事，据《明史》卷九十七《艺文志》职官类著录："萧彦……《国子监规》一卷，录洪武以来训谕，邢让《国子监志》二十二卷，谢铎《国子监续志》十一卷，吴节《南雍旧志》十八卷，黄佐《南雍志》二十四卷，王材《南雍申教录》十五卷，崔铣《国子监条例类编》六卷，卢上铭《辟雍纪事》十五卷……焦竑《京学志》八卷。"

③胶庠泮(pàn)水：胶庠为周代学校的名称。胶为太学，庠为乡学。后泛指学校。泮水，泮一作"頖"。据《礼记·王制》记载："大学在郊，天子曰辟雍，诸侯曰頖宫。"又据《诗经·鲁颂·閟宫》曰："思乐泮水。"郑玄《笺》曰："泮之言半也。半水者，盖东西门以南通水，北无也。"指学官前的水池，呈半月形状。

④寰宇：语出李百药《北齐书》卷四《文宣帝纪》："功浃寰宇，威稜海外。"犹言天下，国家全境。

⑤披水筑宫：语出《礼记·明堂位》孔颖达《正义》引蔡邕《明堂月令章句》："取其圆水，则曰辟雍。"周代太学有五，在中曰辟雍。四周环水，形如璧环，故称辟雍。

⑥拂虡(jù)拭履：据范晔《后汉书》卷七十一《钟离意传》李贤《注》引《钟离意别传》记载："意为鲁相，到官出私钱万三千文，付户曹孔䜣，修孔子车；身入庙，拭几席剑履。"虡，悬挂钟磬的架子。履，孔子履，在曲阜孔庙中陈设。

⑦典型具在：语出《诗经·大雅·荡》："虽无老成人，尚有典刑。"范晔《后汉书》卷一百《孔融传》记载："与蔡邕素善。邕卒后，有虎贲士，貌类于邕。融每酒酣，引与同坐，曰：'虽无老成人，且有典刑。'"刑，通"型"，常规，旧法。

⑧坠绪：语出韩愈《韩昌黎全集》卷十二《进学解》："寻坠绪之茫茫，独旁搜而远绍。"意为衰亡或者将绝而未绝的事业。

⑨音徽：据郭茂倩《乐府诗集》卷六十一引南朝宋谢灵运《君子有所思行》曰："长夜恣酣饮，穷年弄音徽。"即琴面上供按弦识别的标志。又指琴、乐器或音调。

⑩蹶(jué)然：语出《礼记·孔子闲居》："子夏蹶然而起。"形容行动迅速的样子。

【译文】

孔子故乡阙里具备家史了，国家太学有汇集典故的书籍了，建立各级学校，天下共同接受教化，为什么还用众多篇幅收集选取，再作专考呢？况且从两汉以来，政治教化各自有所推崇，而学校只有兴办没有废除。引水环绕建筑学宫，掸拂钟磬擦拭孔屦，有事就在里面讲解说明而施行，无事父老子弟就在这里观赏游览与自我向善，而礼制、法律、刑罚、政事，人际关系和各种事物的准则，都从这里产生。那么学校本来就是和政治互相配合。常规旧法全都存在，没落事业模糊不清，抚摩钟鼓想象乐曲，可以猛然产生感触了。

与石首王明府论志例

【题解】

自清高宗乾隆五十五（1789）年至乾隆五十九年（1794），章学诚客居武昌，为湖广总督毕沅编纂《湖北通志》。为修志有充分的资料依据，毕沅征集所属各州县方志，因而促使两湖地区形成一次修志热潮。当时湖北荆州府石首县（今湖北石首市）知县王维屏，乃重修《石首县志》，志分八门，为书十篇。从本篇文中可知，修志之前王维屏曾经把目录寄给章学诚，请他制定县志的体例，而成书以后，文字也经过章学诚润饰。乾隆五十八年（1793），章学诚就新修《石首县志》存在的问题，致书王维屏商榷义例。他在开篇强调方志属于史学著作，必须遵循作史方法，不能漠然忽视。世俗之人编修方志，由于不把方志当做史学著作，沾染文人讲究文辞习气，而不懂得史家的体例和法度，不但造成文辞不雅训，更重要的是有害于事理。章学诚按照这个标准，指出《石首县志》文字虚浮，体例杂乱，妨碍叙事，影响实用。具体表现在以下几个方面：一是地名不用全称，不易识别；二是官称不用今制，迷惑后人；三是记人只称字号，不知姓名；四是妇女不称姓氏，泛称节烈。章学诚认为，倘若遵循史家法度，运用史学著作的原则纂修方志，不杂入作诗赋使用的辞藻，就可以做到文字简洁，纯粹而不驳杂，从根本上解决上述问题。

志为史裁,全书自有体例。志中文字,俱关史法,则全书中之命辞措字,亦必有规矩准绳,不可忽也。体例本无一定,但取全书足以自覆,不致互歧;毋庸以意见异同,轻为改易。即原定八门大纲①,中分数十子目,略施调剂,亦足自成一家,为目录以就正矣②。惟是记传叙述之人,皆出史学。史学不讲,而记传叙述之文,全无法度。以至方志家言,习而不察,不惟文不雅驯,抑亦有害事理。曾子曰:"出辞气,斯远鄙倍矣。"鄙则文不雅也,倍则害于事也。文士囿于习气,各矜所尚,争强于无形之平奇浓淡。此如人心不同,面目各异,何可争,亦何必争哉? 惟法度义例,不知斟酌,不惟辞不雅驯,难以行远;抑且害于事理,失其所以为言。今既随文改正,附商榷矣。恐未悉所以必改之故,约举数端,以为梗概。则不惟志例洁清,即推而及于记传叙述之文,亦无不可以明白峻洁,切实有用,不致虚文害实事矣。

【注释】

①八门大纲:据后文《为毕秋帆制府撰石首县志序》记载,一曰编年,二曰方舆,三曰建置,四曰民政,五曰秩官,六曰选举,七曰人物,八曰艺文。

②为目录以就正:据此可知,此前章学诚与王维屏尚有商定志目一书,今已不可见。

【译文】

方志是史书体裁,全书自然有固定体例。方志中的文字,都关系到修史的方法,那么全书中的字辞运用,也一定要有规矩准绳,不可忽视。体例本来没有一成不变的定法,只是要求全书完全能够自身检验,不至于互相有分歧，不用因为意见不相同，而轻率地加以改动。即使原来确定的八门大纲，其中分成几十个细目，稍微加以调整，也足够自成一家之言，已经制定出目录向您请教了。只是记传中叙述的人，都来自史学。史学不讲讨研究，而记传叙述的文章，完全没有法度。以至于纂修方志的人使用的语言，习惯如此而觉察不出问题，不仅文辞不够典雅，而且也损害事理。曾子说："讲究言辞语调，就会远离粗俗和背理。"粗俗就会文辞不够典雅，背理就对事情有损害。文人受到习气的局限，各自夸耀所崇尚的东西，在无形的平奇浓淡上争强好胜。这就像人心不同，面貌各有区别，有什么可争论，又何必争论呢？唯独对于修史法度与宗旨体例，不知道斟酌，不仅文辞不能雅正，难以流传久远；而且也会危害到事理，失去发表言论的针对性。现在已经随着文字改正，附上商榷意见了。恐怕不明白一定要据此改正的缘故，简要举出几个方面，当做梗概。这样就不仅使方志的体例简洁清晰，即使推广到记传叙述的文章，也都可以清楚明白而严谨整洁，切实有用，不至于用虚浮的文辞妨害实事了。

如《石首县志》，举文动称石邑，害于事也。地名两字，摘取一字，则同一字者，何所分别？即如石首言石，则古之县名，汉有石成①，齐有石秋②，隋有石南③，唐有石岩④，今四川有石柱厅⑤，云南有石屏州⑥，山西有石楼县⑦，江南有石埭县⑧，江西、广东又俱有石城县⑨，后之观者，何由而知为今石首也？至以县称邑⑩，亦习而不察其实，不可训也。邑者城堡之通称，大而都城、省城、府州之城，皆可称邑。《诗》称京邑⑪，春秋诸国通好，自称敝邑⑫，岂专为今县名乎？小而乡村筑堡，十家之聚，皆可称邑，亦岂为县治邪？

【注释】

① 石成：据班固《汉书》卷二十八下《地理志下》记载，西汉置石成县，隶属右北平郡。治所在今内蒙古喀喇沁旗。

② 石秋：据萧子显《南齐书》卷十四《州郡志上》记载，南朝齐置石秋县，隶属越州安昌郡。治所在今广西合浦县境内。梁、陈时期废。

③ 石南：据《隋书》卷三十一《地理志下》记载，南朝陈置石南县，隶属扬州郁林郡。治所在今广西玉林市石南镇。唐代中期废。

④ 石岩：据《新唐书》卷四十三上《地理志》记载，唐代置石岩县，隶属岭南道岩州。治所在今广西贵港一带。

⑤ 石柱厅：石砫厅。清高宗乾隆二十二年（1757），改石砫宣慰土司为石砫厅，隶属夔州府。二十六年（1761）升为直隶厅，隶属四川省。1913 年降为县。治所在今四川石柱土家族自治县。

⑥ 石屏州：元代置石坪州，明代改石屏州，清代隶属临安府，民国降为石屏县。治所在今云南石屏县。

⑦ 石楼县：据《隋书》卷三十《地理志》记载，隋代改吐京县为石楼县。清代隶属汾州府。治所在今山西石楼县。

⑧ 江南有石埭县：清初设置江南省，圣祖康熙初年分为江苏省和安徽省。石埭县，南朝梁置。治所在今安徽石台县。1959 年废。1965 年改设石台县。

⑨ 石城县：五代时期南唐置石城县，清代隶属宁都州。治所在今江西石城县。据《新唐书》卷四十三上《地理志》记载，唐代置石城县，清代隶属高州府。1914 年改称廉江县。治所在今广东廉江市。

⑩ 以县称邑：据《左传·庄公二十八年》记载："凡邑，有宗庙先君之主曰都，无曰邑。"古代的城镇，规模大的称都，规模小的称邑。后来经常俗称县为邑。

⑪《诗》称京邑:《诗经》中未见"京邑"一词。《大雅·思齐》有"京
　室";《商颂·殷武》有"商邑翼翼"。萧统《文选》卷三《张平子·
　东京赋》始有"京邑翼翼,四方所视"。薛综《注》曰:"京,大也。
　京邑,谓洛阳也。"
⑫春秋诸国通好,自称敝邑:据《左传·僖公二年》记载晋荀息借途
　于虞以伐虢曰:"今虢为不道,保于逆旅,以侵敝邑之南鄙。"又
　《左传·僖公二十六年》记载展喜犒齐师曰:"闻君亲举玉趾,将
　辱于敝邑。"古人用来谦称自己的国家。

【译文】

　　例如《石首县志》,行文动不动称呼石邑,就对事理有害。地名有两
个字,摘取其中一个字,那么有一个字相同的地名,用什么加以区别呢?
就像石首称作石,那么古代的县名,汉代有石成,南齐有石秋,隋代有石
南,唐代有石岩,今四川有石柱厅,云南有石屏州,山西有石楼县,江南
有石埭县,江西、广东又都有石城县,后世观览方志的人,怎么知道就是
现在的石首呢?至于把县称作邑,也是习以为常而不考察实际情况,不
可作为准则。邑是城堡的通称,大到都城、省城、府州的城,都可以称为
邑。《诗经》称作京邑,春秋时期各国友好往来,自称敝邑,难道唯独是
对现在县的称呼吗?小到乡村修筑堡垒,十户人家的村庄,都可以称
邑,难道也是县治吗?

　　至称今知县为知某县事,亦非实也①。宋以京朝官知外
县事,体视县令为尊②,结衔犹带京秩,故曰某官知某县事
耳。今若袭用其称,后人必以宋制疑今制矣。若邑侯、邑大
夫③,则治下尊之之辞;施于辞章则可,用以叙事,鄙且倍矣。
邑宰则春秋之官④,虽汉人施于碑刻⑤,毕竟不可为训。令、
尹亦古官名⑥,不可滥用以疑后人也。官称不用制度而多文

语，大有害于事理。曾记有称人先世为司马公者，适欲考其先世，为之迷闷数日，不得其解。盖流俗好用文语，以《周官》司马，名今之兵部⑦；然尚书、侍郎与其属官，皆可通名司马，已难分矣。又府同知，俗称亦为司马，州同亦有州司马之称⑧。自兵部尚书以至州同，其官相悬绝矣。司马公三字，今人已不能辨为何官，况后世乎？以古成均称今之国子监生⑨，以古庠、序称今之廪、增、附生⑩。明经本与进士分科，而今为贡生通号⑪，然恩、拔、副、岁、优、功、廪、增、附、例十等⑫，分别则不可知矣。通显贵官，则谥率恭、文、懿、敏⑬；文人学子，号多峰、岩、溪、泉。谥则称公，号则先生、处士，或如上寿祝辞⑭，或似荐亡告牒⑮，其体不知从何而来。项籍曰："书足以记姓名。"⑯今读其书，见其事，而不知其人何名，岂可为史家书事法欤？

【注释】

①至称今知县为知某县事，亦非实也：据顾炎武《日知录》卷九《知县》曰："宋时结衔曰以某官知某府事，以某官知某州事，以某官知某县事，以其本非此府、此州、此县之正官而任其事，故云然。后则直云某府知府、某州知州、某县知县，文复而义乖矣。"知，语出《左传·襄公二十六年》："公孙挥曰：'子产其将知政矣，让不失礼。'"意为主持，指掌。后世官职上"知"字，始于此。

②宋以京朝官知外县事，体视县令为尊：据明代于慎行《山谷笔麈》卷九《官制》曰："宋时大县四千户以上，选朝官知，小县三千户以下，选京官知，故知县与县令异。县令即古长吏之职，知县则以京朝官之衔知其县事，非外吏也。"

③邑侯、邑大夫：俗称县令为邑侯，以其治理一邑，犹古代诸侯。邑

大夫,语出《左传·襄公三十一年》:"子皮欲使尹何为邑。"杜预《注》曰:"为邑大夫。"

④邑宰则春秋之官:春秋时期卿大夫的封地置邑,以家臣为邑宰。如《论语·雍也》记载:"原思为之宰,与之粟九百,辞。"何晏《集解》引包曰:"孔子为鲁司寇,以原宪为家邑宰。"又记载:"季氏使闵子骞为费宰。"何晏《集解》引孔曰:"费,季氏邑。季氏不臣,而其邑宰数畔。闻闵子骞贤,故欲用之。"

⑤汉人施于碑刻:据《章氏遗书》外编卷一《信摭》曰:"汉碑文字,已多俗例。如《孙叔敖碑》,以固始县为期思,令长为宰。"孙叔敖,春秋时期楚相。期思,春秋时期楚邑。故址在今河南淮滨。

⑥令、尹:据宋代赵彦卫《云麓漫抄》卷三记载:"百里之长,周曰县正,春秋时鲁、卫谓之宰,楚谓之令尹,晋谓之大夫,秦谓之令。汉因之,大曰令,次曰长,至唐不改。唐末始有知县之称。"秦、汉以来一县之长通称县令,元代称为县尹,因而后世作为县官的别称。

⑦《周官》司马,名今之兵部:据《周礼·夏官》记载:"大司马之职,掌建邦之九法……制军诘禁,以纠邦国。"周代司马掌管军事,负责警戒征伐。故后世常用作兵部尚书的别称。清代《八旗通志》卷一百二十五《人物志五》多尔衮《致史可法书》曰:"予向在沈阳,即知燕京物望,咸推司马。"当时史可法以兵部尚书督师扬州,故以司马相称。

⑧又府同知,俗称亦为司马,州同亦有州司马之称:府同知为知府副官;州同即州同知的简称,为知州副官。据《旧唐书》卷四十四《职官志》记载:"上州:刺史一员,从三品。别驾一人,从四品下;长史一人,从五品上。司马一人,从五品下……中州:刺史一员,正四品上。别驾一人,正五品下;长史一人,正六品上。司马一人,[从]六品上……下州:刺史一员,正四品下。别驾一人,从五

品上。司马一人,从六品下。"后世称府同知、州同知为司马,盖本于此。

⑨国子监(jiàn)生:古代教育管理机构和最高学府。西晋始设,称国子学,与太学并立。北齐称为国子寺。隋炀帝改称国子监。唐、宋时期,以国子监总辖国子学、太学、四门学等学府。元、明、清沿置。清德宗光绪三十一年(1905)改设学部,国子监遂废。监生,清制,凡入国子监学习的贡举、监举生员,统称监生。

⑩以古庠、序称今之廪、增、附生:三代之学,相据夏朝称校,商朝称序,周朝称庠。廪、增、附生,明、清时期中央以及府、州、县学生员名目。廪,即廪膳生员的简称,国家发给一定数量的米、银廪给。增,即增广生员的简称,意为在定额以外录取的生员,地位次于廪生。附,即附学生员的简称,在增生之外再增加的名额。初入学的生员均称附生,以后经过考试递补增生和廪生。

⑪明经本与进士分科,而今为贡生通号:据顾炎武《日知录》卷十六《明经》曰:"今人但以贡生为明经,非也。唐制有六科,一曰秀才,二曰明经,三曰进士,四曰明法,五曰书,六曰算。当时以诗赋取者,谓之进士;以经义取者,谓之明经。今罢诗赋而用经义,则今之进士乃唐之明经也。"明经,唐代科举制度中科目之一,与进士科并列,主要考试经义。清代则以明经作为贡生的别称。

⑫恩、拔、副、岁、优、功、廪、增、附、例十等:清代科举制度中贡入国子监生员的名目。恩贡、拔贡、副贡、岁贡、优贡又称五贡。恩贡,凡遇国家庆典或皇帝即位颁布恩诏,根据每年常额,在本年加贡一次,称为恩贡。拔贡,府、州、县学限额送生员进京参加廷试,入国子监肄业,称为拔贡。清高宗乾隆时期,定制十二年一次。副贡,乡试中副榜者,例准贡入国子监肄业,称为副贡。岁贡,每年从府、州、县学中选拔资深的廪生入国子监肄业,称为岁贡。实际操作都是依据生员的资格挨次升贡,故俗称"挨贡"。

优贡,每省限定考选生员数人入国子监肄业,称为优贡。乾隆后期定制,优贡生员须赴礼部朝考。功贡,凡生员从军者,若立军功可升入国子监为贡生,称为功贡。例贡,廪、增、附生及监生援例捐纳而入贡者,称为例贡,不属于入仕的正途。

⑬谥率恭、文、懿、敏:语出宋代苏洵《谥法》卷一:"施而中理曰文,经纬天地曰文,敏而好学曰文,修德来远曰文,忠信接礼曰文,道德博闻曰文,刚柔相济曰文,修治班制曰文……柔克有光曰懿。"同书卷二:"卑以自牧曰恭,不懈为德曰恭,治典不易曰恭,责难于君曰恭,既过能改曰恭。"同书卷三:"应事有功曰敏。"

⑭上寿:语出司马迁《史记》卷二十八《封禅书》:"天子从禅还,坐明堂,群臣更上寿。"意为祝颂长寿。

⑮荐亡:为死者念经或做佛事,使亡灵早日脱离苦难。

⑯书足以记姓名:语出司马迁《史记》卷七《项羽本纪》:"籍曰:书足以记名姓而已。"

【译文】

至于称呼现在的知县为知某县事,也不是实际情况。宋代任用京朝官执掌外县事务,体制比县令尊贵,官衔署名仍然连带京朝官职,所以说某官执掌某县事务。现在如果沿用这一称呼,后人一定会用宋代制度推测现在的制度了。像邑侯、邑大夫,则是属下尊称官长的辞语,用在诗文里可以,用来记载史事,粗俗而且背理。邑宰是春秋时期的官称,虽然汉代人曾经在碑刻上使用,毕竟不可当做准则。县令、县尹也是古代官名,不能滥用以致迷惑后人。官称不用当时制度而过多使用文绉绉的语言,对事理非常有害。曾经记得有人称别人先世为司马公的事例,恰好想要考察那个人先世,对这个称呼迷茫了几天,没有得到解释。大概世俗喜欢使用文绉绉的语言,用《周礼》的司马,称呼现在的兵部官员;然而兵部尚书、侍郎和他们的属官,都可以通称司马,已经难以区别了。另外府同知,俗称也是司马,州同知也有州司马的称呼。从兵部尚书一直到州同知,他们的官职相差太悬殊了。司马公三个字,现在的人已经不能辨别清楚是什么官,何况后世呢?用古代的成均称呼现在的国子监生,用古代的庠、序称呼现在的廪生、增生、附生。明经本来和进士分科,而现在是贡生的通称。这样恩贡、拔贡、副贡、岁贡、优贡、功贡、廪生、增生、附生、例贡十等,区别就无法知道了。通达显要的高官,谥号大抵都是恭、文、懿、敏;文人与学者,别号大多使用峰、岩、溪、泉。谥号就称作公,别号就称作先生、处士,或者像祝愿长寿的颂辞,或者像超度亡灵的祷告,这种体式不知道是从哪里而来。项籍说:"学习写字记得姓名就足够了。"现在读某个人的书,看到某个人的事,却不知道这个人的姓名是什么,难道可以作为史学家记载史事的方法吗?

又如双名止称一字,古人已久摘其非①。如杜台卿称卿②,则语不完,而荀卿、虞卿③,皆可通用。安重荣称荣④,则语不完,而桓荣、寇荣⑤,皆可通用。至去疾称疾,无忌称忌,不害称害⑥,且与命名之意相反,岂尚得谓其人欤?妇女有名者称名,无名者称姓。《左》、《史》以来,未有改者。今志家乃去姓而称氏,甚至称为该氏,则于义为不通,而于文亦鄙塞也。今世为节烈妇女撰文,往往不称姓氏,而即以节妇、烈女称之,尤害理也。妇人守节,比于男子抒忠⑦;使为逄、比诸公撰传⑧,不称逄、比之名,而称忠臣云云,有是理乎?经生之为时艺⑨,首用二语破题。破题例不书名,先师则称圣人,弟子则称贤者,颜、曾、孟子则称大贤;盖仿律赋发端⑩,先虚后实,试帖之制度然尔⑪。今用其法以称节孝,真所谓习焉不察者也。

【注释】

①双名止称一字,古人已久摘其非:据顾炎武《日知录》卷二十三《古人二名止用一字》曰:"班固《幽通赋》:'发还师以成命令,重醉行而自偶。'潘岳《西征赋》:'重戮带以定襄,弘大顺以霸世。'文公名止用一字,本于践土载书,却非剪截古人名字之比。至岳为《关中》诗云:'纷纭齐万,亦孔之丑。'《马汧督诔》云:'万齐哮阚,震惊台司。'则不通矣。岂有以齐万年为齐万者邪?若梁王肜为征西大将军,而诗云'桓桓梁征',尤不成语。"重,晋文公重耳。带(?—前635),王子带,亦称太叔带,周惠王少子。惠王卒,诸侯立太子郑为周襄王,带招聚戎人攻王城,焚毁东门。秦晋等国来救,带出奔齐国。周襄王十四年(前638)返周。后周惠王被狄人所攻,出奔郑国,带被奉为王。晋文公出兵助周襄王归国,带被杀。襄,周襄王。齐万,齐万年(?—约299),西晋时期氐族首领。晋惠帝元康六年(296),匈奴人郝度元起兵反晋,关中氐、羌等族纷纷响应,推举齐万年为帝。屡破晋军,杀其建威将军周处。元康九年(299),为孟观所败,被俘。梁王肜,司马肜(?—301),字子徽,西晋河内温县(今属河南)人。司马懿之子。晋武帝司马炎即位,受封梁王。晋惠帝拜为征西将军督关中军事,率兵征讨齐万年。后司马伦篡位,被任命为阿衡之官。

②杜台卿:字少山,北齐博陵曲阳(今属河北)人。好学博览,官至中书黄门侍郎。齐亡,归乡教授子弟。隋初,征召入朝,官至著作郎。撰有《玉烛宝典》十二卷、《齐记》二十卷,文集十三卷。

③虞卿:名字失传,战国时期人。因游说赵国孝成王,被任命为上卿,故号虞卿。主张以赵为主,合纵抗秦。后因救魏相魏齐,弃赵国相印,一同奔魏。魏齐自杀后,虞卿被困大梁,穷愁著书,撰《虞氏春秋》。已佚。

④安重荣(?—942):小字铁胡,五代时期朔州(今属山西)人。初

仕后唐,任振武巡边指挥使。后来叛归后晋,官至成德军节度使。后又连结吐谷浑等部叛晋,被杜重威所杀。

⑤桓荣、寇荣:桓荣,字春卿,东汉沛郡龙亢(今安徽怀远龙亢集)人。少学长安,通欧阳《尚书》。汉光武帝时期,征拜议郎,教授太子。后为太子少傅,官至太常。汉明帝即位,尊以师礼。卒年八十有余。寇荣,东汉上谷昌平(今属北京市)人。汉光武帝功臣寇恂曾孙。汉桓帝即位,拜为侍中,因得罪权贵,免官归乡。后以擅离职守,被追捕数年,上书汉桓帝,竟遭诛杀。

⑥去疾称疾,无忌称忌,不害称害:据《章氏遗书》补遗《评沈梅村古文》:"颜氏《匡谬》,谓'延寿称寿,相如称如,犹与命名之意无碍。若弃疾称疾,不害称害,无忌称忌,则与命名之意且大背矣'。是则唐人已明戒之。"春秋、战国时期,郑国有公子去疾,魏国有公子无忌,韩国有申不害。

⑦抒(shū)忠:输忠。献纳忠心。

⑧逢、比:逢即关龙逢,夏朝末年大臣。屡次直言进谏,被夏桀囚禁杀死。比即比干,商朝少师,纣王的叔父。因屡次劝谏,被商纣剖心而死。

⑨时艺:时文制艺,明、清时期对八股文的称呼。

⑩律赋:语出宋人洪迈《容斋四笔》卷七《黄文江赋》:"晚唐士人作律赋,多以古事为题,寓悲伤之旨。"古赋虽用排偶,但不甚严格;自六朝以后,日益强调音韵对偶,体式益趋工整,称为律赋。另据清人孙梅《四六丛话》卷四记载:"自唐讫宋,以赋造士,创为律赋,用便程式。新巧以制题,险难以立韵,课以四声之切,幅以八韵之凡,栫以重棘之围,刻以三条之烛。然后铢量寸度,与帖括同科;夏课秋卷,将揣摹其术矣。徒观其绳墨所设,步骤所同。起谓之破题,承谓之含接,送迎互换其声,进退递新其格。"律赋作为唐、宋科举考试的一种文体,要求对偶工整,对音韵有严格

规定,一般要有八个韵脚。开头起句叫做破题。

⑪试帖:分为帖经与帖诗。帖经为唐代明经科帖经试士。帖诗为唐代以来科举考试中采用的一种文体,大都以古人诗句命名,作出五言或七言诗,限定韵脚,成为六韵或八韵的排律。因经常冠以"赋得"二字,故也称作"赋得体"。

【译文】

又比如取名两个字只称呼一个字,古人早就已经指摘这种做法的错误。例如把杜台卿称作卿,语言就不完整,而荀卿、虞卿等人,都可以通用。把安重荣称作荣,语言就不完整,而桓荣、寇荣等人,都可以通用。至于把去疾称作疾,无忌称作忌,不害称作害,将和命名的意思相反,难道还能说是他们本人吗?妇女有名的称名,无名的称姓。《左传》《史记》以来,没有更改的人。现在编修的方志却去掉姓而称作氏,甚至称作该氏,那么在情理上说不通,而在文辞上也浅薄塞滞。当代为节烈妇女撰写传文,往往不称姓氏,就用节妇、烈女称呼她们,尤其妨碍事理。妇人守节,比照男子献纳忠心;假使为关龙逢、比干等人作传,不称呼关龙逢、比干的名字,而称忠臣如何如何,有这样的道理吗?经生制作八股文,开首用两句话破题。破题按例不写姓名,对先师孔子就称作圣人,对弟子就称作贤者,颜子、曾子、孟子就称作大贤;大概是仿照律赋起首发端,先虚文而后实文,试帖诗的格式是这样罢了。现在用这种方法来称呼节孝妇女,真是人们所说的习惯如此而觉察不出问题。

柳子曰:"参之太史以著其洁。"①未有不洁而可以言史文者。文如何而为洁,选辞欲其纯而不杂也。古人读《易》如无《书》②,不杂之谓也。同为经典,同为圣人之言,倘以龙血鬼车之象,而参粤若稽古之文;取熊蛇鱼旐之梦,而系春王正月之次;则圣人之业荒,而六经之文且不洁矣。今为节妇著传,不叙节妇行事,往往称为矢志柏舟^③,文指不可得而解也。夫柏舟者,以柏木为舟耳。诗人托以起兴,非柏舟遂为贞节之实事也。《关雎》可以兴淑女^④,而雎鸠不可遂指为淑女;《鹿鸣》可以兴嘉宾^⑤,而鸣鹿岂可遂指为嘉宾? 理甚晓然。奈何纪事之文,杂入诗赋藻饰之绮语? 夫子曰:"必也正名乎!"^⑥文字则名言之萃著也。"名不正则言不顺",而事理于焉不可得而明。是以书有体裁,而文有法度,君子之不得已也。苟徇俗而无伤于理,不害于事,虽非古人所有,自可援随时变通之义,今亦不尽执矣。

【注释】

①参之太史以著其洁:语出柳宗元《柳河东全集》卷三十四《答韦中立论师道书》:"参之太史公以著其洁。"

②古人读《易》如无《书》:语出唐李翱《李文公集》卷六《答朱载言书》:"其读《易》也,如未尝有《书》也。"

③矢志柏舟:《诗经·鄘风·柏舟》曰:"泛彼柏舟,在彼中河。髧彼两髦,实维我仪。之死矢靡他。母也天只,不谅人只。"卫宏《诗序》曰:"《柏舟》,共姜自誓也。"后人因有"之死矢靡他",一句,遂用"矢志柏舟"比喻寡妇守志不嫁。

④《关雎》可以兴淑女:《诗经·周南·关雎》曰:"关关雎鸠,在河之洲。窈窕淑女,君子好逑。"卫宏《诗序》曰:"《关雎》,后妃之德也。"雎鸠,一种水鸟。后人因有"窈窕淑女,君子好逑"一句,遂用来比喻妇女贤淑。

⑤《鹿鸣》可以兴嘉宾:《诗经·小雅·鹿鸣》曰:"呦呦鹿鸣,食野之苹。我有嘉宾,鼓瑟吹笙。"卫宏《诗序》曰:"《鹿鸣》,燕群臣嘉宾也。"后人因有"我有嘉宾,鼓瑟吹笙"一句,遂用来比喻宾客

宴会。

⑥必也正名乎:语出《论语·子路》。

【译文】

柳子说:"参验《史记》来显示简洁。"没有不简洁而可以谈论史书文字的事例。文字怎么达到简洁,选择辞语要使它纯粹而不驳杂。古人读《易经》就像没有《尚书》存在,说的就是不驳杂。同样是经典,同样是圣人的言论,假如用《易经》龙交战流血和大车满载鬼的卦象,而掺杂进《尚书》考查古代传说的文字;拿《诗经》出现熊和蛇、鱼和旗帜的梦兆,而接续在《春秋》春王正月纪事的后面;那么圣人的事业荒废,而六经的文字将会不简洁了。现在为节妇作传,不叙述节妇的行为事迹,往往称为矢志柏舟,文字的意思无法得到解释。柏舟,用柏木做舟船而已。诗人凭借它来引发比喻,并不是柏舟就是贞节的实事。《关雎》一诗可以用来比喻淑女,而不能就把雎鸠指为淑女;《鹿鸣》可以用来比喻嘉宾,而难道能就把鸣鹿指为嘉宾吗? 道理非常明白。为什么纪事的文字里面,掺杂进诗赋中经过修饰的华丽词语呢? 孔夫子说:"一定要端正名称啊!"文字就是名称语言的汇聚。"名称不端正说话就不得当",而事理在这里就不能得到阐明。所以书籍有体裁,而文章有法度,君子不得不这样。假如顺从世俗而对道理没有损害,对事情没有妨碍,即使不是古人具备的东西,自然可以援据根据时势加以变通的道理,今天也就不完全坚持了。

记与戴东原论修志

【题解】

　　本篇文章是章学诚晚年追记自己在清高宗乾隆三十八年(1773)与著名学者戴震偶遇讨论修志事宜,目的在于阐明方志的性质和体裁。当时戴震新修《汾州府志》和《汾阳县志》,认为方志应该详细记载地理沿革,不当侈谈和搜罗地方文献。章学诚此时编纂《和州志》,先作《志例》,认为方志犹如古代国史,本非地理专书,地理沿革固然重要,却可以凭借书籍记载考察,而一方文献不及时搜罗将会散佚不存,倘若无法两全,宁可重文献而轻沿革。两人产生分歧和争论的根源,就是对方志性质和体裁的认识截然不同。戴震把方志视为地理专门之书,而章学诚则认为方志属于史书。另外他们对于修志义例的认识,也不尽相同。例如关于修志的断限,戴震强调考证地理沿革,详远略近;章学诚则指出史书都是详近略远,方志同样应该如此。后人修志应当接续前代之志,续其所有,补其所无,达到实用效果。再如关于人物类例,戴震把僧侣排除在人物之外而随庙宇归入古迹一类;章学诚则对这一做法加以激烈抨击,指出其强作解释而不伦不类的错误。这篇文章,充分表现章学诚对于方志的理论认识和清代浙东学派经世致用的思想。

　　乾隆三十八年癸巳夏,与戴东原相遇于宁波道署,冯君弼方官宁绍台兵备道也^①。戴君经术淹贯^②，名久著于公卿间，而不解史学；闻余言史事，辄盛气凌之。见余《和州志例》^③，乃曰："此于体例，则甚古雅，然修志不贵古雅。余撰《汾州》诸志^④，皆从世俗，绝不异人，亦无一定义例，惟所便尔。夫志以考地理，但悉心于地理沿革，则志事已竟。侈言文献，岂所谓急务哉？"余曰："余于体例，求其是尔，非有心于求古雅也。然得其是者，未有不合于古雅者也。如云但须随俗，则世俗人皆可为之，又何须择人而后与哉？方志如古国史，本非地理专门。如云但重沿革，而文献非其所急，则但作《沿革考》一篇足矣，何为集众启馆，敛费以数千金，卑辞厚币，邀君远赴，旷日持久^⑤，成书且累函哉？且古今沿革，非我臆测所能为也。考沿革者，取资载籍。载籍具在，人人得而考之，虽我今日有失，后人犹得而更正也。若夫一方文献，及时不与搜罗，编次不得其法，去取或失其宜，则他日将有放失难稽、湮没无闻者矣。夫图事之要，莫若取后人所不得而救正者，加之意也。然则如余所见，考古固宜详慎；不得已而势不两全，无宁重文献而轻沿革耳。"戴他顾而语人曰："沿革苟误，是通部之书皆误矣。名为此府若州之志，实非此府若州也，而可乎？"余曰："所谓沿革误，而通部之书皆误者，亦止能误入载籍可稽之古事尔。古事误入，亦可凭古书而正之，事与沿革等耳。至若三数百年之内，遗文逸献之散见旁出，与夫口耳流传，未能必后人之不湮没者。以及兴举利弊、切于一方之实用者，则皆核实可稽，断无误于沿革之失考，而不切合于此府若州者也。"

【注释】

①冯君弼方官宁绍台兵备道也：冯君弼即冯廷丞（1728—1784），字子弼，号康斋，清代代州（今山西代县）人。清高宗乾隆十七年（1752）举人，历官浙江宁绍台道、福建台湾道、江西按察使、湖北按察使任。据《章氏遗书》卷十七《冯定九家传》记载："学诚与冯氏交，实自按察君廷丞。壬辰癸丑间，余访按察君于宁波使署。"宁绍台，浙江宁波、绍兴、台州三府。兵备道，全称整饬兵备道，为明、清时期设置的专职道员名称，以文官协理军务或兼理其他专务。

②淹贯：语出《新唐书》卷一百三十二《柳登传》："登字成伯，淹贯群书，年六十余始仕宦。"意为渊博而贯通。也指博通之人。

③《和州志例》：章学诚于清高宗乾隆三十八年（1773）春应和州知州刘长城之聘，撰修《和州志》，先作《志例》。是年夏天，在宁波道署遇见戴震，戴震得以见到章学诚的《和州志例》。

④《汾州》诸志：戴震于清高宗乾隆三十四年（1769）修《汾州府志》三十四卷，三十六年（1771）修《汾阳县志》。汾州，治所在山西汾阳县（今山西汾阳市）。

⑤旷日持久：语出《战国策·赵策四》："今得强赵之兵以杜燕将，旷日持久数岁。"意为旷费时日，相持长久。

【译文】

乾隆三十八年农历癸巳年的夏天，和戴东原在宁波道官署相遇，冯子弼正担任宁绍台兵备道员。戴君经学渊博贯通，在公卿之间久已著名，却不懂史学；听我谈论史事，动不动就气势傲慢地压制别人。看到我作的《和州志例》，就说："这在体例方面，确实很古雅，但是编修方志不在于注重古雅。我编修《汾州府志》等书，都是顺从世俗，绝不和别人不同，也没有固定的宗旨和体例，只是按照便利的方法去做罢了。方志用来考查地理，只要在地理沿革方面尽心尽力，那么方志的事情已经完成。夸大谈论文献,难道是所说的要紧事情吗?"我说:"我在体例方面,追求它们的确切而已,并不是有意追求古雅。然而得到确切内涵的体例,没有不符合古雅的事例。如果说只需要顺从世俗,那么世俗的人都可以做这件事,又何必需要选择人然后交给他去做呢? 方志犹如古代国史,本来就不是地理专门之书。如果说只重视沿革,而文献不是纂修方志所急切的事情,那么仅仅作一篇《沿革考》足够了,为什么要集合众人并开设方志馆,聚集经费达到几千两白银,语言谦恭而礼品优厚,聘请您老远地前去,耗时旷日持久,编成的书又一函接着一函呢? 况且古今地理沿革,不是我主观推测所能编撰。考察沿革的人,可以从书籍中得到凭借。书籍都还存在,每个人都能考察;即使我今天出现失误,后人还能够得以更正。至于一个地方的文献,到了时候不对它们加以搜罗,编排没有恰当的方法,舍弃或者选取违背适度合宜,那么以后就会有散失难以考察、埋没而后世无法闻见的了。谋划事情的要点,莫不如取后人所不能补救的方面,用心留意。那么按照我的意见,考察古代沿革本来应当周详审慎;如果不得已而情势不能两全的时候,宁可重视文献而看轻沿革而已。"戴君看着别处对他人说:"沿革如果错误,这是整个一部书都错误了。名称叫做这一府或这一州的方志,实际上不是这一府或这一州,难道可以吗?"我说:"所说的沿革出现错误,而整个一部书都错误的情况,也只能是误收书籍里可以考察出来的古事罢了。古事误收进方志,也可以根据古书纠正它们,事情和沿革相当罢了。至于三四百年之内,遗失的文献散见别出,和那些口头流传,不能断定到后人的时代不会埋没的材料,还有兴办有利事业、切合一个地方实用的记载,那么都真实可以考察,绝对不会在考察沿革方面出现差错,而不切合这一府或这一州的情况。"

　　冯君曰:"方志统合古今,乃为完书,岂仅为三数百年以内设邪?"余曰:"史部之书,详近略远①,诸家类然,不独在方志也。《太史公书》详于汉制,其述虞、夏、商、周,显与六艺背者②,亦颇有之。然六艺具在,人可凭而正史迁之失,则迁书虽误,犹无伤也。秦、楚之际,下逮天汉③,百余年间,人将一惟迁书是凭;迁于此而不详,后世何由考其事邪?且今之修方志者,必欲统合今古,盖为前人之修是志,率多猥陋,无所取裁,不得已而发凡起例,如创造尔。如前志无憾,则但当续其所有;前志有缺,但当补其所无。夫方志之修,远者不过百年,近者不过三数十年。今远期于三数百年,以其事虽递修,而义同创造,特宽为之计尔。若果前志可取,正不必尽方志而皆计及于三数百年也。夫修志者,非示观美,将求其实用也。时殊势异,旧志不能兼该,是以远或百年,近或三数十年,须更修也。若云但考沿革,而他非所重,则沿革明显,毋庸考订之州县,可无庸修志矣。"冯君恍悟曰:"然。"

【注释】

①详近略远:语出《荀子·非相》:"传者久则论略,近则论详。"意为史书记载近代史事详细而记载古代史事简略。

②述虞、夏、商、周,显与六艺背者:例如司马迁《史记》卷二《夏本纪》记载:"皋陶作士以理民……乃言曰:'……翕受普施,九德咸事,俊乂在官,百吏肃谨。毋教邪淫奇谋。非其人居其官,是谓乱天事。'"司马贞《索隐》曰:"此取《尚书·皋陶谟》为文,断绝殊无次序,即班固所谓'疏略抵牾'是也,今亦不能深考。"又如《史记》卷三十二《齐太公世家》记载:"武王……还师,与太公作此《泰誓》。"而《史记》卷三十三《鲁周公世家》则记载:"武王……伐纣,

至牧野。周功佐武王，作《牧誓》。"金人王若虚《滹南遗老集》卷
九曰："按《尚书》二篇，皆王言也。而一以为与太公作，一以为周
公佐之而作，何所据也？"

③秦、楚之际，下逮天汉：据班固《汉书》卷六十二《司马迁传赞》记
载："司马迁据《左氏》、《国语》，采《世本》、《战国策》，述《楚汉春
秋》，接其后事，讫于天汉。"

【译文】

冯君说："方志统辖总括古今，才是完整的书，难道只是为三四百年
以内预设吗？"我说："史部的书，详细叙述近代事而简略叙述远古事，各
家大都是这样，不只是在于方志如此。《史记》对于汉朝制度记载详细，
那些叙述舜、夏、商、周时期的史事，明显和六经违背的地方，也颇有不
少。然而六经全部存在，人们可以凭借它们纠正司马迁的缺失，那么司
马迁撰写的书虽然有错误，还没有造成损失。秦、楚之间，下至汉武帝
天汉年间，一百多年的时间，人们将完全依据司马迁一家之书；司马迁
在这里如果不详细叙述，后世通过什么途径考察那些史事呢？况且现
在撰修方志的人，一定想要统辖总括今古，大概因为前人撰修本地方
志，大多繁琐鄙陋，没有什么可供选材，不得已而陈述宗旨并制定体例，
就像创始一样。如果以前的方志没有缺憾，就只应该接续它所有的部
类；前志有缺少的类例，只应该补充它所没有的内容。方志的撰修，远
的不过百年，近的不过三四十年。而现在远远地限定在三四百年，是因
为那些史事虽然依次编修，而宗旨和创始相同，特地宽泛地谋划罢了。
如果以前的方志果然可取，恰恰不一定所有方志都谋划到三四百年。
撰修方志，不是要显示外观华美，而是要求得它们的实用。时代不同而
形势各异，旧志不能同时包括，所以远的或许百年，近的或许三四十年，
就需要重新撰修。如果说只考察沿革，而其他不是所重视的内容，那么
沿革明显，不需要考订的州县，就可以不用撰修方志了。"冯君恍然大悟
说："确实如此。"

　　戴拂衣径去①。明日示余《汾州府志》曰："余于沿革之外，非无别裁卓见者也。旧志人物门类，乃首名僧，余欲删之，而所载实事，卓卓如彼，又不可去。然僧岂可以为人？他志编次人物之中，无识甚矣。余思名僧必居古寺，古寺当归古迹，故取名僧事实，归之古迹，庸史不解此创例也。"余曰："古迹非志所重，当附见于舆地之图，不当自为专门，古迹而立专门，乃《统志》类纂名目，陋儒袭之，入于方志，非通裁也。如云僧不可以为人，则彼血肉之躯，非木非石，毕竟是何物邪？笔削之例至严，极于《春秋》。其所诛贬，极于乱臣贼子。亦止正其名而诛贬之，不闻不以为人，而书法异于圆首方足之伦也②。且人物仿史例也，史于奸臣叛贼，犹与忠良并列于传，不闻不以为人，而附于《地理志》也。削僧事而不载，不过俚儒之见耳。以古迹为名僧之留辙，而不以人物为名，则《会稽志》禹穴③，而人物无禹；《偃师志》汤墓④，而人物无汤；《曲阜志》孔林⑤，而人物无孔子，彼名僧者，何幸而得与禹、汤、孔子同其尊欤？无其识而强作解事，固不如庸俗之犹免于怪妄也⑥。"

【注释】

①拂衣：意为提衣，振衣。表示激动、喜悦、决绝等情感。

②圆首方足：语出《淮南子》卷七《精神》："头之圆也象天，足之方也象地。"据李延寿《北史》卷七十一《越王侗传》记载："圆首方足，禀气食毛，莫不尽入提封。"也作"方趾圆颅"。据李延寿《南史》卷九《陈本纪上》记载："方趾圆颅，万不遗一。"指人类。

③《会稽志》禹穴：会稽为古地名，在今浙江绍兴。秦置会稽郡，管

辖今江苏东南部及浙江西部。隋文帝析山阴县置会稽县。历代因之。1912 年与山阴县合并为绍兴县。禹穴，据司马迁《史记》卷一百三十《太史公自序》曰："二十而南游江、淮，上会稽，探禹穴。"裴骃《集解》引张晏曰："禹巡狩至会稽而崩，因葬焉。上有孔穴，民间云禹入此穴。"司马贞《索隐》曰："《越绝书》云：'禹上茅山大会计，更名曰会稽。'张勃《吴录》云：'本名苗山，一名覆釜，禹会诸侯计功，改曰会稽。上有孔，号曰禹穴也。'"张守节《正义》则曰："《扩地志》云：'石箐山一名玉笥山，又名宛委山，即会稽山一峰也，在会稽县东南十八里。《吴越春秋》云："禹案《黄帝中经》九山，东南天柱，号曰宛委，赤帝左阙之填，承以文玉，覆以盘石，其书金简青玉为字，编以白银，皆琢其文。禹乃东巡，登衡山，血白马以祭。禹乃登山，仰天而笑，忽然而卧，梦见绣衣男子自称玄夷仓水使者，却倚覆釜之山，东顾谓禹曰：欲得我山神书者，齐于黄帝之岳岩，岩之下，三月季庚，登山发石。"禹乃登宛委之山，发石，乃得金简玉字，以水泉之脉。山中又有一穴，深不见底，谓之禹穴。'史迁云'上会稽，探禹穴'，即此穴也。"今绍兴会稽山上有洞穴，相传禹南巡到此。《会稽志》，明神宗万历年间杨维新修、张元忭纂《会稽县志》十六卷，清圣祖康熙年间王元臣修、董钦德纂《会稽县志》二十八卷。

④《偃(yǎn)师志》汤墓：偃师在今河南省境内。相传周武王伐纣，在此筑城休整，故名。汉代置县，历代相沿不废。汤墓，据清代顾祖禹《读史方舆纪要》卷四十八《河南》偃师县亳城注引《晋太康地记》记载："尸乡，南有亳坂，东有桐城，太甲所放处，亦曰桐宫，汤墓在焉。"今河南偃师为古代商汤都城，名为亳。相传汤墓在此。《偃师志》，明孝宗弘治年间魏津纂修《偃师县志》四卷，清高宗乾隆年间汤毓倬修、孙星衍纂《偃师县志》三十卷。

⑤《曲阜志》孔林：曲阜为孔子故乡，在今山东省境内。孔林在曲阜

城北门外,是孔子及其后裔的墓地。立有历代颂扬孔子的碑刻。《曲阜志》,明神宗万历年间孔弘修《曲阜县志》,明毅宗崇祯年间孔弘毅修《曲府县志》六卷,清圣祖康熙年间孔衍淳续修《曲阜县志》,清高宗乾隆年间潘相修《曲阜县志》一百卷,民国年间孙永汉修、李经野纂、孔昭曾代总纂《续修曲阜县志》八卷。

⑥无其识而强作解事,固不如庸俗之犹免于怪妄也:据《章氏遗书》补遗《又答朱少白书》曰:"程易田《通艺录》,直《周官》之精要义也;而不今不古之传、志、状、述,犹自以为文也,而亦列其中。岂非自具村俚招供? 若戴东原氏,则更进乎程矣。然戴集中应酬传志,亦自以为文也而存之;且以惹人笑柄之《汾州府志》,津津自道得意。然则人之真自知者,寡矣!"

【译文】

戴君整整衣服就离开了。他第二天给我看《汾州府志》说:"我在沿革之外,并不是没有独特裁制和卓越见识。旧方志的人物门类,首先标列名僧,我想要删掉它,而所记载的实事,却是那样突出,又不能去掉。然而怎么可以把僧当做人? 其他方志编排在人物之中,就很没有见识了。我想名僧一定住在古寺,古寺应当归属古迹一类,所以截取名僧事迹,归于古迹一门,平庸的史官不理解这种首创体例。"我说:"古迹不是方志所重视的内容,应当在地图里附录出现,不应当自己专立一门;古迹设立专门,是《一统志》分类编纂的名目,浅陋的儒生沿用此例,收进方志里,不是贯通的裁断。如果说僧侣不可以当做人,那么他们血肉的躯体,不是木头也不是石头,究竟是什么事物呢? 史家笔削的义例最为严格,至《春秋》达到极限。《春秋》所诛伐贬抑的人物,对乱臣贼子达到极端。也只是是非名称而诛伐贬抑他们,没听说不把他们当做人,而在纪事书法上和圆首方足的同类不相同。况且方志的人物仿效史书,史书对于奸臣叛贼,还和忠良一并编排在列传里,没听说不把他们当做人,而附在《地理志》后面。削除僧侣事迹而不记载,不过是凡庸儒生的见解。把古迹当做名僧遗留的痕迹，而不用人物作名称，那么《会稽志》记载禹穴，而人物部分没有禹；《偃师志》记载汤墓，而人物部分没有汤；《曲阜志》记载孔林，而人物部分没有孔子；那些名僧何等幸运，而能和禹、汤、孔子同样享受尊贵呢？没有见识而勉强装作通达事理，本来就不如平庸还能避免怪异虚妄。"

报广济黄大尹论修志书

【题解】

清高宗乾隆末年,湖广总督毕沅委托章学诚纂修《湖北通志》,征集所辖各州县方志,以备通志采择。湖北黄州府广济知县黄恺将新修的《广济县志》草稿请章学诚评议,商讨改订。章学诚就志稿中存在的一些问题提出意见,诸如体例不一致,引文后面有的加注,有的不加注;有关沿革的记载尚未搜集完备,遗漏过多;学校制度中记载乐章和先儒配享之位,各地规定相同,不须专门记载;收录诗文,诗常全篇录入而文多删节;表体未得到正确使用,名虽为表而实非表;艺文部分载录文人传,亦不得体。尤其是文中明确区分各家之书,提出以史家之书最为近正,而史家之书又有著作之史与纂辑之史,各自承担的使命不同,有助于对方志的体例及其性质深刻认识,进一步提高编纂质量。

承示志稿①,体裁简贵,法律森严,而殷殷辱赐下询,惟恐有辜盛意,则仅就鄙衷所见,约举一二,以备采菲②,然亦未必是也。盖方志之弊久矣,流俗猥滥之书,固可不论;而雅意拂拭③,取足成家,则往往有之。大抵有文人之书,学人之书,辞人之书④,说家之书⑤,史家之书;惟史家为得其正宗。而史家又有著作之史,与纂辑之史,途径不一。著作之史,宋人以还,绝不多见。而纂辑之史,则以博雅为事,以一字必有按据为归,错综排比,整炼而有剪裁,斯为美也。

【注释】

①志稿:乾隆癸丑《广济县志》,十二卷,清代黄恺修、陈诗纂,成稿于清高宗乾隆五十八年(1793),次年刊刻。

②采菲:语出《诗经·邶风·谷风》:"采葑采菲,无以下体。"葑,蔓菁。菲,芦菔,即萝卜。下体,根茎。两者叶和根茎都可食用,但根茎有时味苦。诗人之意谓采集根茎者不可因根苦而并弃其叶。后来作为请人采纳自己意见的谦辞。

③拂拭:原意为除去尘垢。后来引申为器重和提拔。也比喻修饰文章。

④辞人:语出扬雄《法言》卷二《吾子》:"诗人之赋丽以则,辞人之赋丽以淫。"意为辞赋作家。后来泛指专重诗文辞藻的文人。

⑤说家:笔记小说家。说家之书,喜好掇拾琐屑传闻。

【译文】

承蒙给我看县志初稿,结构简要可贵,规则严谨整齐,却殷切诚恳不耻下问,我惟恐辜负盛情美意,那么就仅仅根据我鄙陋的浅见,大略举出一二,以备采纳拙见,然而也不一定正确。大概方志的弊病很长久了,流俗杂乱繁芜的书,自然可以不谈论;而雅意修饰润色,能够自成一家,却往往有这样的书。大抵有文人之书,学人之书,辞人之书,说家之书,史家之书;只有史学家的书是得到著书的正宗。而史学家又有著作之史和纂辑之史,途径各不相同。著作之史,宋人以来,绝不多见。而纂辑之史,就把广博优雅当做职事,把每个字一定有根有据当做归宿,错综排比,整齐精练而有剪裁之法,这就是完美的了。

今来稿大抵仿朱氏《旧闻》[1]，所谓纂辑之善者也；而用之似不能画一其体。前周书昌与李南涧合修《历城县志》[2]，无一字不著来历[3]。其古书旧志有明文者，固注原书名目，即新收之事，无书可注，如取于案牍，则注某房案卷字样；如取投送传状，则注家传呈状字样；其有得于口述者，则注某人口述字样；此明全书并无自己一语之征，乃真仿《旧闻》而画一矣。志中或注新增二字，或不加注，似非义例。

【注释】

[1] 朱氏：朱彝尊（1629—1709），字锡鬯（chàng），号竹垞（chá），清代浙江秀水（今浙江嘉兴）人。清圣祖康熙年间，举博学鸿词科，授检讨官。博通经史典籍，以诗词古文闻名。著有《经义考》、《日下旧闻》、《曝书亭集》等。编辑《词综》、《明诗综》等。《旧闻》，即《日下旧闻》，四十二卷，朱彝尊撰。成书于康熙二十七年（1688），仿《三辅黄图》、《西京杂记》体例，征引前人著述以及金石文字一千六百多种，逐条排列，记载北京地理沿革、历代掌故，兼及畿辅等地史迹与风土人物，上自远古，下至明末，分为星土、世纪、形胜、宫室、城市、郊坰、京畿等十三门。

[2] 周书昌与李南涧合修《历城县志》：周书昌即周永年（1730—1791），字书昌，号林汲山人，清代山东历城（今山东济南）人。清高宗乾隆二十六年（1761）进士，参与编修《四库全书》。改翰林院庶吉士，授编修官。著有《先正读书诀》、《东昌府志》等。李南涧即李文藻（1730—1778），字素伯，号南涧，清代山东益都（今山东青州）人。清高宗乾隆二十五年（1760）进士，历官桂林府同知。著有《恩平》、《潮阳》、《桂林》诸文集。《历城县志》，据清代桂馥《晚学集》卷七《周先生传》记载："县令胡德琳延先生与青州

李文藻同修《历城县志》。"本书五十卷，由胡德琳修，周永年、李文藻合纂。清高宗乾隆三十六年成书。历城，县名。战国齐国历下邑。西汉置县，属济南郡。西晋永嘉以后为济南郡治。隋代齐郡，唐代齐州，宋代济南府，元代济南路，均以为治所。明、清两代为济南府治。

③无一字不著来历：据清代焦循《雕菰楼集》卷十三《上郡守伊公书》曰："近时朱竹垞《日下旧闻》、黄玉圃《南台旧闻》皆用此体，而其书实皆述古，不及今时事。若郡县志书，卢牟今古，则有不可徒以纂录成书者。夫汲于古者，纂而编之，其验于今者，无书名可述，无卷数可言，岂其诡设所由来乎？若使半为纂录，半为心裁，则是醢酱合于酒浆，狐貉蒙于绨绤。前此《雍正府志》、《甘泉县志》，体例杂糅，颇堪哂笑，职此之故。不合一也。行状、行述，作于子孙，所称不曰先府君，即曰先王父，将仍其称乎？抑易其名乎？仍其称，断无此理；易其名，则已非行状、行述矣。若已易其名，而仍系以行状、行述，则名为征实，已蹈虚诬。顾案牍之文不删，诮明儒之修史；隋代之称未汰，讥唐士之疏经。设如小吏书供，前朝颂圣，亦仍而列之乎？不合二也。且事有原诸典籍，而其说非诚；播自传闻，而偏为至确。此符生之录，不及赵逸之舌也。山川道里，十目共征，道德文章，百声均合，转以其不见于书，而概从屏弃，何轻目而重笔也？不合三也。前古之书，或数行之中，仅取一语，割之则脉络不完，备之则字句冗费，且有前后相间，不容备载，仍将裁彼偏辞，成我专义。夫班固改列传一二字，已名《汉书》；马迁述荆轲数百言，不称《国策》。但名言所本，不复琐述书名，既凭我意为改移，又举而归之古昔。不合四也。史传之文，互为详略，或此篇之意，待彼而通，今节取一端，莫测首尾，是必集腋成裘，酿花为蜜。况长勺师驰，别传'标剑'；荧泽败绩，更记'藏肝'。合则簇为奇观，析则伤其零乱。不合五

也。至于孟子述庾斯，业殊盲左；史迁论艾猎，似袭於菟。如谓载籍可凭，书堪尽信，徒以胪列为藏拙之巧，不且以草创失润色之权。不合六也。且夫獭祭之谋，有同卖菜，宜兼收而并采，难主一而废百，势必汗牛充栋，纸不胜书，作者既徒见其烦，阅者恐难终其卷。不合七也。割裂则本末不明，堆垛则繁复无次，果使纂录之书可以千古，则是卫湜之《礼记集说》，高出康成；李昉之《太平御览》，贤于杜佑矣。不合八也。纂录之书，最忌里一漏万，卷帙不得不多。既多矣，始则抄写难，继则刻难，刻矣而印又难，印矣而购者又难。刘表之牛，徒堪享士；庄生之木，止以全天。不合九也。典、谟、誓、诰，读《书》者判以七观；雅、颂、豳、南，学《诗》者亦分四体。《史记》作本纪、世家、列传、书、表，以各归其例，本诸是也。至《元史》则增以《国语》，《明史》且别出《天图》，莫不按事立格，依文树义。今概用纂录，不分纪传，不列书表，将上述天子之恩，下等编氓之例，已非臣子敬谨之所宜，而一郡典型，千秋著作，仅以供诗人之取材，矜博尚奢，有肉无骨。不合十也。”

【译文】

现在送来的县志稿大抵仿照朱彝尊《日下旧闻》，是所说纂辑之史中的优秀者，而运用纂例似乎不能使体例整齐划一。从前周书昌和李南涧合修《历城县志》，没有一个字不注明来历。其中古书和旧志有明文记载，固然注明原书名目；即使新收入的史事，没有书籍可供标注，如果是从官府文书采择而来，就注明某房案卷的字样；如果是采自呈送的家传和行状，就注明家传与呈状的字样；其中有从口述中得来，就注明某人口述的字样；这是表明全书并没有自己杜撰一句话的征验，才是确实仿照《日下旧闻》而整齐划一了。《广济县志》中有的地方注明新增二字，有的地方不加注，似乎没有明确的体例。

又《世纪》遗漏过多,于本地沿革之见于史志者,尚未采备,其余亦似少头绪;此门似尚未可用。至《城市》中之学校,录及乐章及先贤先儒配位[①],此乃率土所同[②],颁于令典,本不须载;今载之,又不注出于《会典》,而注出于旧志,亦似失其本原。又诗文入志,本宜斟酌,鄙意故欲别为文征。今仿《旧闻》之例,载于本门之下,则亦宜画一其例。按《旧闻》无论诗文,概为低格分载。今但于《山川门》中,全篇录诗,而诸门有应入传、志、记、叙之文,多删节而不列正文,恐简要虽得,而未能包举也。

【注释】

①配位:配享的位置。配享:历代以开国功臣附祭于祖庙。也指以名儒贤者附祭于孔庙。唐代以前,配享与从祀不分,宋代以来文庙典礼,颜渊、曾参、子思、孟轲称为配享,闵子骞、冉伯牛等十哲以下称为从祀。

②率土:语出《诗经·小雅·北山》:“溥天之下,莫非王土。率土之滨,莫非王臣。”意为全国疆域之内。

【译文】

另外《世纪门》内容遗漏过多,对于本地沿革见于史书的材料,尚未收集完备,其余也好像缺少头绪,这一门似乎还不能用。至于《城市门》中学校部分,记录乐章以及先贤、先儒的配享位置,这是普天之下所相同的制度,在法令典章里颁布,本来不需要记载;现在记载了这些内容,又不注明语出《会典》,而标注出于旧县志,也似乎失去根源。再有诗文收入方志,本来应当斟酌,我的浅见是想要另外设立文征。现在仿照《日下旧闻》的体例,记载在本门的后面,那么也应当使体例整齐划一。考《日下旧闻》无论诗词和文章,一概都是低格分开记载。现在只是在

《山川门》中全篇录诗，而其余各门有应该收入的碑传、墓志、杂记、叙说等文体，大多加以删削而不列全文，恐怕简要虽然做到了，却没能做到包容并举。

又表之为体，纵横经纬，所以爽豁眉目，省约篇章，义至善也。今职官、选举^①，仍散著如花名簿，名虽为表，而实非表。户籍之表善矣，然注图甲姓氏可也^②；今有注人名者，不知所指何人，似宜覈核。

【注释】

①职官、选举：《广济县志》中的《职官表》和《选举表》。

②图甲：保甲。据《清会典》卷九《户部》记载："凡保甲之法，户给印单，书其姓名、习业，出注所往，入稽所来。十户为牌，立牌长。十牌为甲，立甲长。十甲为保，立保长。"即古代户籍编制，兼具治安防盗功能。

【译文】

又表的体例，纵横相交而经纬配合，用来使眉目清晰，节省篇幅，宗旨非常完善。现在的《职官表》、《选举表》，仍然分散著录如同花名册，名称虽然是表，而实际上不是表。《户籍表》编得很好，然而标注保甲、姓氏就可以，现在有标注人名的事例，不知道指的是什么人，似乎应当核实清楚。

艺文之例，经、史、子、集，无不当收。其著书之人，不尽出于文苑。今裁文苑之传而入艺文，谓仿《书录解题》^①。其实刘向《七略别录》，未尝不表其人，略同传体^②。然班氏撰入《汉·艺文志》，则各自为传，而于《艺文》目下，但注有传二字③,乃为得体。今又不免反客而为主矣。

【注释】

①《书录解题》:全名《直斋书录解题》,南宋陈振孙撰。著录历代书籍五万一千余卷,分为五十三类。书目下多考订作者与卷帙,评价著述得失,故名解题。原本失传,今本为清代编纂《四库全书》时从《永乐大典》辑出,定为二十二卷。

②刘向《七略别录》,未尝不表其人,略同传体:据虞世南《北堂书抄》卷一百零九引《别录》曰:"《师氏雅琴》者,名忠,东海下邳人,言师旷之后。至今邳俗,犹多好琴也。"

③班氏撰入《汉·艺文志》,则各自为传,而于《艺文》目下,但注有传二字:例如班固《汉书》卷三十《艺文志·诸子略》儒家类著录:"《晏子》八篇。"自注曰:"有列传。"

【译文】

艺文部分的体例,经部、史部、子部、集部,没有不应该收录的内容。那些著书的人,不完全出于文苑。现在裁减文苑的传记而列入艺文部分,说是仿照《书录解题》。实际上刘向撰《七略别录》,未尝不表明著书之人,和传体大致相同。然而班氏编入《汉书·艺文志》,就各自作传,而在《艺文志》书目下面,只标注有传两个字,这才是得体。现在又不免反客为主了。

已上诸条,极知瞽蒙之见①,无当采择。且不自揣,而为出位之谋,是以琐屑不敢渎陈②;然既承询及,不敢不举其大略也。

【注释】

①瞽蒙之见：谦辞，意为愚昧无知的见解。瞽，目盲。蒙，通"矇"，盲人。据东汉王充《论衡》卷十二《量知》曰："人未学问曰矇。"引申为愚昧无知。

②渎陈：谦称自己的陈言轻慢和亵渎对方。渎，通"嬻"、"嬻"，意为轻慢，亵渎。

【译文】

以上各条，完全知道是愚昧的见解，不适合选取采纳。况且不自量力，作出超越本分的谋划，所以琐碎的东西不敢轻慢地陈述；然而既然承蒙询问，不敢不举出梗概和大要。

覆崔荆州书

【题解】

清高宗乾隆末年,在湖广总督毕沅主持下,两湖境内出现一次修志高潮。湖北荆州知府崔龙见聘请章学诚撰修《荆州府志》,内容包括纪、表、考、传,又附《文征》、《丛录》,卷数不详。志稿修成以后,崔龙见请荆州(今属湖北)士绅审阅,提出商订意见。本篇就是章学诚对签批意见提出的问题,择要做出的答复。荆州士绅的意见主要是指出《职官表》与《科目表》中人名存在颠倒错落,《文征》中收录的碑记不按时代先后排列。章学诚承认其中确实有不妥之处,但同时指出造成这种结果的具体原因,是因为两表根据班固《汉书·百官公卿表》制作而成,是执简驭繁的好方法,然而有些士绅不通文理,没有考察全书体例,只是一味斥责甚至谩骂,有失文人道德风貌。

前月过从,正在公事旁午之际①,荷蒙赐照赠舟②,深切不安。措大眼孔③,不达官场缓急情事,屡书冒渎,抱惭无地! 冬寒,敬想尊候近佳④。所付志稿,解缆匆忙,未及开视,曾拜书,俟旋省申复;舟中无事,亦粗一过目,则叹执事明鉴⑤,非他人可及。前在省相见,送志稿时,执事留日无多,即云:"志颇精当;内有讹错,亦易改正。"数语即为定评。

【注释】

①旁午:语出班固《汉书》卷六十八《霍光传》:"使者旁午。"颜师古
　《注》曰:"如淳曰:'旁午,分布也。'一纵一横为旁午,犹言交横
　也。"意为交错,纷繁。

②赆(jìn):语出《孟子·公孙丑下》:"当在宋也,予将有远行,行者
　必以赆,辞曰馈赆,予何为不受?"意为临别时赠送的财物。

③措大:据唐代李匡乂《资暇集》卷下《措大》记载:"代称士流为醋
　大,言其峭醋而冠四人之首。一说衣冠俨然,黎庶望之,有不可
　犯之色,犯必有验,比于醋而更验,故谓之焉。或云往有士人,贫
　居新郑之郊,以驴负醋,巡邑而卖,复落魄不调,邑人指其醋驮而
　号之。新郑多衣冠所居,因总被斯号。亦云郑有醋沟,士流多居
　其州,沟之东尤多甲族,以甲乙叙之,故曰醋大。愚以为四说皆
　非也。醋宜作措,止言其能举措大事而已。"唐代笔记中多有"措
　大"一词,借指贫寒失意的读书人,往往带有轻视意味。至于如
　何被称为措大,言人人殊,已无可考证。

④尊候:古人书信中用来问候对方日常生活情况的敬辞。

⑤执事:语出《左传·成公十三年》:"敢尽布之执事,俾执事实图利
　之。"原指古代侍从官长左右供应役使的人。后在书信中常用来
　称呼对方,表示不敢向对方直陈,故向其执事陈述,以示尊敬。

【译文】

　　上个月去拜访,正在您公事繁忙的时候,承蒙赠送财物和舟船,深
感不安。穷困书生的眼里,不懂得官场事情的缓急,多次致信冒犯亵
渎,惭愧得无地自容。冬日天气寒冷,敬想尊候近况佳胜。您交给我的
府志稿,开船时匆匆忙忙,没有来得及打开看,曾经恭敬地给您写信,说
等回到省城呈上答复。船中无事可做,也曾经粗略过目,就感叹您能够

明察，不是别人能比得上。以前在省城相见，送志稿的时候，您停留的日子不多，就说："志稿颇为精当，里面有差错，也容易改正。"这几句话就是定评。

　　今诸缙绅磨勘月余①，签摘如麻，甚至屡加诋诘嘲笑，全失雅道，乃使鄙人抱惭无地！然究竟推敲不过《职官》《科目》二表②，人名有颠倒错落；《文征》碑记一卷，时代不按先后，诚然抵牾。然较书如仇，议礼成讼，办书之有签商往复，亦事理之常。否则古人不必立较雠之学；今人修书，亦不必列较订参阅之衔名矣。况《职官》《科目》二表，实有办理错误之处；亦有开送册籍本不完全之处。《文征》则因先已成卷，后有续收，以致时代有差。虽曰舛误，亦不尽无因也。而诸绅指摘之外，严加诋诃，如塾师之于孺子，官长之于胥吏，则亦过矣。况文理果系明通，指摘果无差失，鄙又何难以严师奉之！今开卷第一条，则凡例原文云"方志为国史要删"，语本明白。要删，犹云删要以备用尔，语出《史记》③，初非深僻。而签改为"要典"，则是国史反藉方志为重，事理失实，而语亦费解矣。《文征·二圣祠记》，上云"立化像前"④，下云"食顷复活"。化即死也，故字书死字从化字之半⑤。其文亦自明白。今签"立化"句云"有误，否则下文复活无根"。由此观之，其人文理本未明通，宜其任意诃叱，不知斯文有面目也。至《职官》《科目》之表，舛误自应改正。然职官有文武正佐，科目亦有文武甲乙，既以所属七县画分七格⑥，再取每属之职官、科目，逐一分格，则尺幅所不能容；是以止分七格，而以各款名目，注于人名之下。此法本于《汉书·百官表》，以三十四官，并列一十四格，而仍于表内各注名目，最为执简驭繁之良法。今签指云："混合一表，眉目不清。"又《文征》以各体文字分编，通部一例，偶因碑记编次舛误，自应签驳改正可也。今签忽云："学校之记当前，署廨列后，寺观再次于后。"则一体之中，又须分类；分类未为不可，然表奏、序论、诗赋诸体，又不分类，亦不签改，则一书之例，自相矛盾。由此观之，其人于书之体例，原不谙习，但知信口詈骂，不知交际有礼义也⑦。其余摘所非摘、驳所非驳之处甚多，姑举一二以概其余。则诸绅见教之签，容有不可尽信者矣。

【注释】

①磨勘：语出明、清之际黄宗羲《明儒学案》卷二十《太常王塘南先生时槐》："塘南之学，八十年磨勘至此，可谓洞彻心境者矣。"意为反复琢磨，推求学理。许慎《说文解字·力部》曰："勘，校也。"即校勘。

②推敲：据五代何光远《鉴戒录》卷八《贾忤旨》记载："贾岛（字阆仙）忤旨，授长江主簿。卑则至卑，名流海内矣。岛初赴洛阳日，常轻于先辈，以八百举子所业悉不如己。自是往往独语，旁若无人，或闹市高吟，或长衢啸傲。忽一日于驴上吟得'鸟宿池中树，僧敲月下门'，初欲著'推'字，或欲著'敲'字。炼之未定，遂于驴上作推字手势，又作敲字手势，不觉行半坊，观者讶之，岛似不见。时韩吏部（愈）权京尹，意气清严，威振紫陌，经第三对呵唱，岛但手势未已，俄为官者推下驴，拥至尹前，岛方觉悟。顾问欲责之，岛具对：'偶吟得一联，安一字未定，神游不觉，致冲大官。非敢取尤，希垂至览。'韩立马良思久之，谓岛曰：'作敲字佳矣。'

遂与岛并辔语笑,同入府署,共论诗道,数日不厌,因与岛为布衣之交。"意为对诗文辞赋字句反复斟酌,后来又引申为对某种情况或思想意图进行反复分析研究。

③要删,犹云删要以备用尔,语出《史记》:据司马迁《史记》卷十四《十二诸侯年表序》曰:"表见《春秋》、《国语》学者所讥盛衰大指,著于篇,为成学治古文者要删焉。"司马贞《索隐》曰:"言表见《春秋》、《国语》,本为成学之人、攻文之士,以欲览其要,故删为此篇焉。"

④立化:站立而死。

⑤字书死字从化字之半:据许慎《说文解字·歹部》曰:"死,澌也,人所离也。从歹从人。"又《说文解字·人部》曰:"匕,变也。从到人。"段玉裁《说文解字注》曰:"今变匕字尽作化。"故曰从化字之半。

⑥所属七县:清代湖北荆州府所辖七县,即江陵、公安、石首、监利、松滋、枝江、宜都。

⑦交际:语出《孟子·万章下》:"万章问曰:'敢问交际何心也?'孟子曰:'恭也。'……曰:'其交也以道,其接也以礼。'"意为交往关系。

【译文】

现在诸位绅士审查了一个多月,挑出的错字像乱麻一样众多,甚至多次加以责骂斥问和讥讽嘲笑,完全丧失温文尔雅的道理,竟然让我惭愧得无地自容。然而探究推敲终究只是《职官》、《科目》两篇表,人名有颠倒错乱之处;《文征》之中碑记一卷,时代不按先后编排,确实存在矛盾抵牾。但是校书就像面对仇人,议论礼制就会形成争辩,编纂书籍有往返商议的字条,也是常有的事理。否则古人也就不必设立校雠学;今人编修书籍,也就不必开列校订、参阅的头衔名称了。况且《职官》、《科目》两篇表,确实有处理错乱的地方;也有呈送上来的名册,本来就有不完全的地方。《文征》是因为原先已经成卷，以后编入续收文章，以致时代先后有差误。虽说是错误，也不是完全没有原因。而诸位绅士在指摘之外，严厉地加以斥责，好像塾师对于童子，官长对于胥吏，那也过分了。何况文理果真是明白通达，指摘果真没有失误，我把他们当做严师尊崇又有什么难处呢！现在开卷第一条，就是凡例原文说"方志为国史要删"一句，语义本来明白。要删，如同说删削取要以备用罢了，语辞语出《史记》，原本不是艰深冷僻。而签出的字条改成"要典"，那就是国史反而借助方志为重，不仅事实和道理失去本来意思，而且辞语也不容易理解了。《文征》中的《二圣祠记》，上文说"立地而死于画像面前"，下文说"一顿饭时间又活过来"。化就是死，所以字书"死"字随从"化"字的右半边。这句文字也自然就明白。现在字条批"立化"一句说"有误，否则下文复活就没有根由"。由此看来，这些人文理本来就不够明白通达，怪不得他们任意斥责，不知道文人需要有脸面。至于《职官》、《科目》两篇表，错误自然应当改正。然而职官有文官、武官、正职、属官，科目也有文举、武举、甲等、乙等，既然已经把所属七县划分为七格，再把每个属县的职官、科目，一一分格，那就篇幅不能容纳，所以只分出七格，而把各项名目，标注在人名的下面。这一方法依据《汉书·百官公卿表》，把三十四种官职，并列为十四格，而仍然在表内各自标注名目，最能显示掌握简要而驾驭繁多的好方法。现在字条指出："混合在一个表里，条理不够清晰。"另外《文征》把各种文体文字分类编排，整个部类一律如此，偶然因为碑记编排错误，本来应当签出批驳改正就可以。现在字条忽然说："学校之记应该排在前面，官署之记列在后面，寺观之记又排在后面。"那么一种文体之中，又需要分类；分类不是不可以，然而表奏、序论、诗赋等文体又不分类，也不签出字条改动，那么整部书籍的体例，就会自相矛盾。由此看来，这些人对于修书的体例，原本并不熟悉，只知道随口谩骂，不懂得人际交往需要有礼义。其余指摘不是该指摘、批驳不是该批驳的地方很多，暂且列举一两处用来概括其他事例。那么诸位绅士给我签出的指教，或许有不能够完全相信的地方了。

　　《荆志》风俗，袭用旧文，以谓士敦廉让。今观此书签议，出于诸绅，则于文理既不知字句反正虚实，而于体例又不知款目前后编次，一味横肆斥骂[1]，殆于庸妄之尤，难以语文风土习矣。因思执事数日之间，评定志稿得失，较诸绅汇集多日，纷指如麻，为远胜之，无任钦佩之至。但此时执事无暇及此，而鄙人又逼归期[2]，俟明岁如签声复，以听进止可耳[3]。

【注释】

[1] 横（hèng）肆：也作"横恣"。语出司马迁《史记》卷一百零七《魏其武安侯列传》："武安又盛毁灌夫所为横恣，罪逆不道。"又据班固《汉书》卷七十六《赵广汉传》记载："郡大姓原褚宗族横恣，宾客犯法为盗贼，前二千石莫能禽制。"二千石，指郡守。禽，通"擒"。意为专横恣肆，形容盛气凌人。

[2] 鄙人又逼归期：清高宗乾隆五十九年（1794）八月，湖广总督毕沅因为奏报湖北白莲教案不详实，降补山东巡抚。章学诚也随即离开湖北，返归故乡绍兴。

[3] 进止：语出《晋书》卷一百二十二《吕光载记》："光于是大飨文武，博议进止。"意为进退、去留。后来唐人奏札或面奏称"取进止"，指所奏之事或进或止，亦即或采纳或不用，听凭皇帝处分，就是由此引申而来。

【译文】

　　《荆州府志·风俗门》中沿用旧文，以为当地士人敦崇清廉谦让。现在观看本书签出的批驳意见，语出各位绅士，却对于文理既不知道字句的反正和虚实,而对于体例又不知道条目的前后编排次序,一味专横放纵地责骂,几乎是浅陋狂妄到了极点,难以谈论文德教化和士风习尚了。因而想到您短暂的几天里面,评定府志稿本的得失,比起诸位绅士聚集很多天,纷纷指责如同乱麻一样众多,是远远超过他们,不胜钦佩得无以复加。只是这时候您没有时间关注这件事,而我又紧近归乡日期,等到明年再依照字条答复,以便听候存留进退就可以了。

为张吉甫司马撰大名县志序

【题解】

清高宗乾隆五十年(1785),大名知县张维祺编纂《大名县志》成书。张维祺与章学诚同年进士,交往较多,故采用章学诚修志义例,修成后又将志稿交章学诚审阅,并请他代作序言。本篇以宾主问答形式,阐述方志的性质、源流、作用等。关于方志性质,章学诚指出方志相当于古代诸侯国的史书,而近代修志者错误地当做地理类的图经看待。他认为方志和图经的性质截然不同,源流各异。图经来源于古代官府所掌管的户籍和地形图册,早期图经虽可见,而宋代有《吴郡图经》书等,其后元、明的《一统志》属于图经的总汇,是分类纂集的地理专书。而方志起源于春秋时期各国史书,汉代有各地的地志,宋代方志流传下来约有十几种,仍然沿袭作史方法,此后的方志成了文人追求名声的产物,逐渐误入歧途。需要指出的是,章学诚区分图经和方志源流虽然清晰,却未免过于绝对。因为唐、宋时期的图经,已经不是早期图经仅仅记载地理,而是包括进大量方志内容。所以唐代到北宋多称图经,而到南宋则改称方志,内容一脉相传。

乾隆四十六年冬,余自肥乡知县移剧大名①。大名自并魏移治府城②,号称畿南冲要③;而县志尚未裒合成书,文献之征,缺焉未备。余有志蒐罗,下车之始④,姑未遑暇⑤。至四十九年,乃与乡缙绅讨论商榷,采取两县旧志,参互考订,益以后所见闻,汇辑为编;得图说二篇,表二篇,志七篇,传五篇,凡一十六篇,而叙例、目录之列于卷首,杂采缀记之附于卷末者,不与焉。五十年春正月,书成。会余迁河间府同知⑥,寻以罣误免官⑦,羁迹旧治⑧。而继为政者,休宁吴君⑨,自隆平移治兹县⑩。吴君故尝以循良名声三辅⑪,而大雅擅文,所学具有原本。及余相得,莫逆于心⑫。因以志稿属君订定,而付之梓人⑬。爰述所以为志之由,而质之吴君。

【注释】

①余自肥乡知县移剧大名:余指代张维祺,字吉甫,清代胶州(今属山东)人。清高宗乾隆四十三年(1778)进士,四十六年(1781)由肥乡知县移任大名知县。肥乡,县名。清代隶属直隶广平府,今属河北省。剧,繁重,繁忙。大名,县名。清代与元城同为大名府治。1913年,元城并入大名县。今属河北。

②大名自并魏移治府城:清高宗乾隆二十三年(1758),撤销魏县,分属大名、元城二县,大名移入府治。魏县于1913年以后重建,今属河北。

③冲要:语出范晔《后汉书》卷一百零六《王景传》:"景乃商度地势,凿山阜,破砥碛,直截沟涧,防遏冲要,疏决壅积,十里立一水门,令更相洞注,无复溃漏之患。"指在军事或者交通等方面具有重要作用的地方。

④下车:语出《礼记·乐记》:"武王克殷反商,未及下车而封黄帝之后于蓟。"后来称帝王初即位或官员到任为下车。

⑤遑暇:闲暇。

⑥余迁河间府同知：河间府，西汉为河间国，清代隶属直隶。府治河间县，今属河北省。张维祺后来升任河间府同知。清代俗称同知为司马。

⑦罣（guà）误：也作"诖误"。即官吏因过失或被牵连而受到处分。

⑧羁（jī）迹：寄居留滞。羁，也作"羇"。原意为马笼头，引申为拘束，牵制。

⑨休宁：县名。清代至今，均属安徽。吴君：吴之珩。清高宗乾隆三十一年（1766）进士。五十年（1785）由隆平知县调任大名知县。

⑩隆平：县名。清代隶属直隶赵州。1947年，与尧山县合并为隆尧县。

⑪三辅：西汉景帝分内史为左、右内史，与主爵中尉同治长安城中，所辖皆京畿之地，合称三辅。汉武帝时期改称京兆尹、左冯翊、右扶风。文中代指清代京畿之地。

⑫莫逆于心：语出《庄子·大宗师》："相视而笑，莫逆于心。"指彼此心意相通，无所违避。

⑬付之梓人：交付刻板印刷书籍的人。按张维祺《大名县志》，并未刊刻。后经继吴之珩任大名知县的李棠删补，刻于清高宗乾隆五十四年（1789）。李棠，福建永安（今福建永安市）人，清高宗乾隆五十二年（1787），调任大名县知县。据《大名县志·官师表》载其《序》曰："甲辰冬，余初任鸡泽，以公至大名，时宰大名者，胶州云嵋张君。张君以名进士出为邑宰，鸿才硕学，游刃有余。酒间语及修志，聆其议论，迥出时蹊，余心韪其言。嗣补满城，去大名益远，志之成与否，无从过问。丁未冬，余由满城移调兹土，甫下车，即询张君所为志书，始知书虽成而未授梓，而其稿亦随装而去，为怅然者久之。居无何，闻邑孝廉成君家尚存笔削遗本。取而读之，始星野，终杂记，括以图、表、志、传。约而核，赅而有

体,卓乎作者之林,余复何间焉!抑余更有感者,今之大名,非昔之大名也。昔之大名,自为一邑。今则并魏而附于郭,幅员寥阔,漳、卫经焉,河伯为灾,岁当思患。则志地理,非徒夸形胜也,有经济焉。河北为古来用武之区,民情犷悍难驯,遗风未殄。又况地连三省,易于藏奸,则志风土,非徒侈货殖也,有转移焉。大名人文甲于他邑,自汉迄今,名臣接踵,后先相望,稽之国史,则不无遗珠;采之家乘,则不无溢美。况志与史异,史则兼书善恶,而志则惟善是录;史则备述一代,而志则仅纪方舆;此中去取权衡,尤宜参酌。而其他芜者删,缺者补,不辞谤陋,而亲自操橐。盖原书不可见,所见者点窜残编,而复多未经点定之文,故与成君订定而成是书。是书成,将以备辎轩之采,岂侈言著作云乎哉?时乾隆五十四年,岁次己酉,孟秋上浣,知大名县闽永安李棠撰。"李棠删补刻本,除首卷序目、凡例以外,为《图说》十,《官师表》二,《选举表》三,《建置志》二,《祀典志》一,《赋役志》一,《风土志》一,《古迹志》二,《艺文志》四,《机祥志》一,《名宦传》一,《乡贤传》八,《列女传》二,《流寓传》一,末为《杂记》,凡四十卷。盖就张维祺旧本,加以修订而成。

【译文】

　　乾隆四十六年冬天,我从肥乡知县移任事务繁重的大名县。大名自从合并魏县而把县治迁移到府城,号称京畿南部重镇,而县志还没有汇合成书,文献的征集,缺乏而不具备。我有搜罗纂集的志向,刚刚到任之初,暂时没有闲暇。到四十九年,才和当地绅士讨论和商榷,采用魏与大名两县旧志,相互参证考订,把此后的所见所闻增加进去,汇辑为一编,纂成图说二篇,表二篇,志七篇,传五篇,总共十六篇,而列在卷首的叙例、目录,附在卷末的杂采、缀记,不包括在里面。五十年正月,县志修成。正赶上我调任河间府同知,不久因为过失免掉官职,寄居在大名县治。继任治理政事的人,是休宁人吴君,从隆平移任此县。吴君过去曾经以守法良能的名声誉满京畿地区，而且德高才大并擅长文辞，所学都有根源。和我交好，心意投合，因而把县志草稿委托吴君改订，交给刻工镂板印刷。于是叙述作县志的由来，而请吴君评定。

　　曰：往在肥乡官舍，同年友会稽章君学诚①，与余论修志事。章君所言，与今之修志者异。余征其说，章君曰："郡县志乘，即封建时列国史官之遗；而近代修志诸家，误仿唐、宋州郡图经而失之者也。《周官》外史掌四方之志，注谓若晋之《乘》、楚之《梼杌》、鲁之《春秋》。是一国之史，无所不载，乃可为一朝之史之所取裁。夫子作《春秋》，而必征百国宝书，是其义矣。若夫图经之用，乃是地理专门。按天官司会所掌书契版图，注'版谓户籍，图谓土地形象，田地广狭'，即后世图经所由仿也。是方志之与图经，其体截然不同；而后人不辨其类，盖已久矣。"余曰："图经于今，犹可考乎？"章君曰："古之图经，今不可见。间有经存图亡，如《吴郡图经》、《高丽图经》之类②；又约略见于群书之所称引，如水经、地志之类③，不能得其全也。今之图经，则州县舆图，与六条宪纲之册④，其散著也。若元、明之《一统志》书，其总汇也。散著之篇，存于官府文书，本无文理，学者所不屑道。统汇之书，则固地理专门，而人物、流寓、形胜、土产、古迹、祠庙诸名目，则因地理而类撮之，取供文学词章之所采用，而非所以为书之本意也。故形胜必用骈俪，人物节取要略，古迹流连景物，祠庙亦载游观，此则地理中之类纂，而不为一方文献之征，甚皎然也。"

【注释】

①同年：语出唐代刘禹锡《刘宾客文集》卷二十八《送张盥赴举并引》曰："古人以偕受学为同门友，今人以偕升名为同年友。"明、清之际顾炎武《亭林文集》卷一《生员论中》曰："同榜之士，谓之同年。"即科举考试中同榜中式者的互称。

②《吴郡图经》、《高丽图经》：据宋代陈振孙《直斋书录解题》卷八记载，北宋真宗年间李宗谔等人撰《苏州图经》六卷。宋神宗年间朱长文撰《吴郡图经续记》三卷，内容包括封域、城邑等二十八门，征引广博，以补前书。宋徽宗宣和年间徐兢撰《高丽图经》四十卷，南宋刊本已有经无图。

③水经、地志之类：例如旧题汉桑钦撰《水经》，记载我国古代河流水道一百三十七条。西晋武帝太康三年（282）佚名撰《晋太康地志》（又名《晋太康地记》）五卷，记载西晋初年十九州及其所属郡县概况。唐代魏王李泰命萧得言、顾胤等人撰《括地志》五百五十卷，序略五卷，为唐代分道计州的地理志书。

④六条：据班固《汉书》卷十九上《百官公卿表》颜师古《注》引《汉官典职仪》曰："一条，强宗豪右，田宅逾制，以强凌弱，以众暴寡。二条，二千石不奉诏书，遵承典制，倍公向私，旁诏守利，侵渔百姓，聚敛为奸。三条，二千石不恤疑狱，风厉杀人，怒则任刑，喜则淫赏，烦扰刻暴，剥截黎元，为百姓所疾，山崩石裂，祅祥讹言。四条，二千石选署不平，苟阿所爱，蔽贤宠顽。五条，二千石子弟恃怙荣势，请托所监。六条，二千石违公下比，阿附豪强，通行货赂，割损政令也。"汉制，刺史奉行六条诏书，以监察郡国官吏。此后西晋、北周，都有六条诏书，以肃纲纪。

【译文】

我说：过去在肥乡县官舍，同年友人会稽章君学诚，和我谈论编修方志的事。章君所说的意见，和现在的修志者不同。我征求他的说法，章君说："郡县的志书,就是封邦建国时代各国史官的遗留;而近代纂修方志的各家,错误地仿效唐、宋州郡的图经而失去史书性质。《周礼》外史掌管四方各国的史书,注疏说像晋国的《乘》、楚国的《梼杌》、鲁国的《春秋》。这样一国的史书,没有什么内容不记录,才可以被一个朝代的史书所选取剪裁。孔夫子作《春秋》,一定要征集各国史书,就是这个宗旨了。至于图经的用途,却是地理专门之书。按《周礼·天官》司会所掌管的书契版图,注疏说'版指户籍,图指土地形状,田地面积大小',这就是后世图经所仿效的由来。所以此方志和图经,它们的体制截然不同;而后人不能分辨它们的类别,大概已经很久了。"我说:"图经到如今,还可以考察吗?"章君说:"古代的图经,现在无法见到。偶尔有经保存而图散失的情况,像《吴郡图经》、《高丽图经》之类;又在群书所引用之中粗略见到,就像水经、地志之类,不能得到它们的全貌。现在的图经,就有州县地图,和六条法纪的书册,是它们的零散编录。像元、明的《一统志》,是它们的总汇。零散编录的篇章,保存在官府文书里,本来没有文理,学者不屑于提起;总汇的书籍,本来就是地理专门之书,而人物、流寓、形胜、土产、古迹、祠庙等名目,就根据地理方位而分类聚合,求取供应文学词章的采用,而不符合为什么编书的本意。所以形胜门类一定使用骈俪辞句,人物门类节取要略,古迹门类流连景物,祠庙门类也记载游览,这就是地理书中的分类纂集,而不是一个地区文献的汇集,非常明显。"

余曰:"然则统志之例,非与? 阎氏若璩以谓统志之书,不当载人物者,其言洵足法与?"章君曰:"统志创于元、明,其体本于唐、宋,质文损益,具有所受,不可以为非也。《元和郡县》之志,篇首各冠以图,图后系以四至八到,山川经纬之外,无旁缀焉;此图经之本质也。《太平寰宇》之记,则入人物、艺文，所谓踵事而增华也。嘉熙《方舆胜览》①，侈陈名胜古迹，游览辞赋，则逐流而靡矣。统志之例，补《寰宇》之剩义，删名胜之支辞，折衷前人，有所依据，阎氏从而议之，过矣。然而其体自有轻重，不可守其类纂名目，以备一方文献之全，甚晓然也。"余曰："古之方志，义例何如?"章君曰："三代封建，与后代割据之雄，大抵国自为制，其体固不侔矣。郡县之世，则汉人所为《汝南先贤》、《襄阳耆旧》、《关东风俗》诸传说②，固已偏而不备，且流传亦非其本书矣。今可见者，宋志十有余家③，虽不能无得失，而当时图经纂类名目未盛，则史氏家法犹存；未若今之直以纂类子目，取为全志，俨如天经地义之不可易也。"余曰："宋志十有余家，得失安在?"章君曰："范氏之《吴郡志》、罗氏之《新安志》④，其尤善也。罗《志》芜而不精，范《志》短而不详，其所蔽也。罗《志》意存著述，范《志》笔具翦裁，其所长也。后人得著述之意者鲜矣。知翦裁者，其文削而不腴，其事郁而不畅，其所识解，不出文人习气，而不可通于史氏宏裁；若康氏《武功》之志⑤，韩氏《朝邑》之志⑥，其显者也。何为文人习气? 盖仿韩退之《画记》而叙山川物产⑦，不知八书、十志之体，不可废也；仿柳子厚《先友记》而志人物⑧，不知七十列传之例，不可忘也。然此犹文人徇名之弊也⑨。等而下者，更无论矣。"

【注释】

①《方舆胜览》：南宋祝穆撰，七十卷。成书于宋理宗嘉熙年间。记载南宋十七路疆域，略于建置沿革，而详于名胜古迹、诗文等人文内容。

②《汝南先贤》：据《隋书》卷三十三《经籍志》史部杂传类著录："《汝
　南先贤传》五卷，魏周斐撰。"此书与《襄阳耆旧记》、《关东风俗
　传》两书，都不是汉代人所撰。章学诚此处云"汉人所为"，有误。
③宋志十有余家：两宋所修的州郡地方志虽然较多，但后世大都散
　佚，流传到现在的府、州、县、镇志仅有三十一种。它们是北宋学
　者宋敏求《长安志》二十卷、《河南志》二十卷，程大昌《雍录》十
　卷，朱长文《吴郡图经续记》三卷；南宋学者周应合《景定建康志》
　五十卷，范成大《吴郡志》五十卷，孙应时《宝祐重修琴川志》十五
　卷，史能之《咸淳毗陵志》三十卷，卢宪《嘉定镇江志》二十二卷，
　凌万顷《玉峰志》三卷，边实《玉峰续志》一卷，杨潜《云间志》三
　卷，罗愿《新安志》十卷，周淙《乾道临安志》三卷，陈仁玉《淳祐临
　安志》六卷，潜说友《咸淳临安志》一百卷，常棠《澉水志》八卷，谈
　钥《嘉泰吴兴志》二十卷，张津《乾道四明图经》十二卷，罗浚《宝
　庆四明志》二十一卷，梅应发《开庆四明续志》十二卷，施宿《嘉泰
　会稽志》二十卷，张淏《宝庆会稽续志》八卷，高似孙《剡录》十卷，
　陈耆卿《嘉定赤城志》四十卷，陈公亮《严州图经》八卷，郑瑶《景
　定严州续志》十卷，梁克家《淳熙三山志》四十二卷，赵与泌《宝祐
　仙溪志》四卷，佚名《宝庆昌国县志》二卷，佚名《寿昌乘》等。
④《吴郡志》：南宋范成大撰，五十卷。成书于宋光宗绍熙年间。内
　容分为沿革、分封等三十九门，记载平江府城尤为详细。南宋平
　江府，古称吴郡，治所在今江苏苏州。《新安志》：南宋罗愿撰，十
　卷。成书于宋孝宗淳熙二年(1175)。叙述简严概括，成就较高。
　南宋歙州，古称新安郡，治所在今安徽歙县。
⑤《武功》之志：《武功县志》，明代康海撰，三卷。内容分为地理、建
　置等七篇。武功，西汉置县，在今陕西眉县。东汉废鰲县，移武
　功县至此，即今县治。清代隶属乾州。今属陕西省。
⑥《朝邑》之志：《朝邑县志》，明代韩邦靖撰，二卷。成书于明武宗

正德十四年(1519)。内容分为总志、风俗等七篇。朝邑,在今陕
西省东部。1958年撤县,降为朝邑镇,并入陕西大荔县。

⑦《画记》:唐代韩愈作,收入《韩昌黎全集》卷十三。依次记载作者
所观画中人、马等形状和数目。《画记》仅记形状,而书志叙述典
制沿革,两者性质不同。

⑧《先友记》:柳宗元作。即《柳河东全集》卷十二《先君石表阴先友
记》,在其父墓表碑阴记载父亲生前友人六十七人姓名简历。先
友,生前友人。《先友记》只记载先人生前友人的籍贯简历,而史
书传记则叙述人物生平,两者性质不同。

⑩然此犹文人徇名之弊也:《章氏遗书》卷十四《为张吉甫司马撰大
名县志序》,此句作“盖村塾讲习,亦知所谓古文词者,推尊韩、
柳,故其所见如是,自谓远出于流俗矣,而不知文集无当于史裁
也”。

【译文】

我说:“那么统志的体例,不正确吗? 阎若璩认为统志这类书,不应
该记载人物,他的话确实值得效法吗?”章君说:“统志创立在元、明时
代,它的体例依据唐、宋时期,内容和文辞的增减,都有所承受,不能认
为是错误。《元和郡县志》,篇首各自把图放在前面,图后附载四方的分
界标志,山川、道路以外,没有杂缀的内容;这是图经的本质。《太平寰
宇记》,就加入人物、艺文,就是人们所说的继承的事业进一步发展。嘉
熙年间的《方舆胜览》,过多地叙述名胜古迹,收录游览辞赋,就追随潮
流而靡丽了。统志的体例,补充《太平寰宇记》的遗留旨意,删除名胜方
面的支离繁琐文辞,协调前人的做法,有所依据,阎氏因而加以非议,过
分了。然而它们的体例自有主次,不能固守着分类纂集的名目,用来具
备一个地区的全部文献,非常明白显然。”我说:“古代的方志,宗旨和体
例是什么样的呢?”章君说:“夏、商、周三代封邦建国,和后世割据的奸
雄,大抵每个国家各自确立制度,它们的体制本来就不相同。郡县制的

时代，汉代人作的《汝南先贤》、《襄阳耆旧》、《关东风俗》等传记，本来已经片面而不完备，况且流传后世也不是原书了。现在可以见到的例子，宋代方志有十几种，虽然不可能没有错误，而当时图经分类纂集名目不多，那么史学家的学术传统还存在；不像现在只是把分类纂集名目拿来编成全志，很像天经地义的事情不可改变。"我说："宋代方志有十几种，得失在什么地方呢？"章君说："范氏的《吴郡志》，罗氏的《新安志》，它们尤其完善。罗氏的《志》芜杂而不精练，范氏的《志》简短而不详细，是它们的障蔽。罗氏的《志》意图保存著述，范氏的《志》写法具有剪裁，是它们的长处。后世得到著述旨意的人很少了。知道剪裁的人，他的文辞枯瘦而不充实，他的叙事郁积而不流畅，他的学识见解，不超出文人习气的范围，而不能和史学家的宏大裁制相通；像康氏的《武功县志》、韩氏的《朝邑县志》，是其中显著的例子。什么是文人习气呢？大概仿效韩退之《画记》叙述山川、物产，不知道《史记》八书、《汉书》十志的体例，不可以废除；仿效柳子厚《先友记》记载人物，不知道《史记》七十列传的体例不可以忘记。然而这还是文人追求名声的弊病。从这一等再往下，更不用提及了。"

余曰："如君所言，修志如何而后可？"章君曰："志者，志也。其事其文之外，必有义焉，史家著作之微旨也。一方掌故，何取一人著作？然不托于著作，则不能以传世而行远也。文案簿籍，非不详明，特难乎其久也。是以贵专家焉。专家之旨，神而明之，存乎其人[①]，不可以言传也[②]。其可以言传者，则规矩法度，必明全史之通裁也。明全史之通裁当奈何？曰：知方志非地理专书，则山川、都里、坊表、名胜，皆当汇入地理，而不可分占篇目，失宾主之义也。知方志为国史取裁，则人物当详于史传，而不可节录大略；艺文当详载书目,而不可类选诗文也。知方志为史部要删,则胥吏案牍,文士绮言③,皆无所用,而体裁当规史法也。此则其可言者也。夫家有谱,州县有志,国有史,其义一也。然家谱有征,则县志取焉。县志有征,则国史取焉。今修一代之史,盖有取于家谱者矣,未闻取于县志。则荒略无稽,荐绅先生所难言也。然其故,实始于误仿图经纂类之名目,此则不可不明辨也。"

【注释】

①神而明之,存乎其人:语出《周易·系辞上》。

②不可以言传也:语出《庄子·天道》:"语之所贵者,意也,意有所随。意之所随者,不可以言传也。"

③绮(qǐ)言:华丽浮艳的语言。绮,华美,绮靡。

【译文】

我说:"如您所说,编修方志怎么做才可以?"章君说:"志,就是记载。它的记事与它的文辞之外,一定寓有宗旨,这是史学家著作的精微意旨。一个地方的掌故,为什么取决于一个人的著作呢?然而不依托著作,就不能凭借它传播后世而流行久远。公文簿册,不是不详细明白,只是难以长久。所以看重专门之家。专门之家的旨意,神妙而明智,存在于各个不同的人,不可以用语言表达。那些可以用语言表达的内容,就是规矩法度,一定要明确整部史书的贯通裁制。明确整部史书的贯通裁制应当怎么样呢?回答说:知道方志不是地理专门之书,那么山川、都邑、街市、名胜,都应当汇编在地理之书中,而不可分占篇幅,失去宾主关系的意义。知道方志被国史选裁,那么人物部分应当比国史的传文详细,而不可节录大概内容;艺文部分应当详细记载书目,而不可分类选编诗文。知道方志为史书撮要删定,那么胥吏的案牍文书,文人的华丽靡辞,都没有用处,而体裁应当按照作史方法规范。这就是那些可以用语言表达的内容。家族有谱牒,州县有方志,国家有史书,它们的意义一样。然而家谱有征验,那么县志就采用。县志有征验,那么国史就采用。现在编修一个朝代的史书,大概有从家谱取材的事例了,没听说有从县志取材的事例。就是因为荒诞没有根据,绅士与文儒很难说得清晰明白。然而造成这种局面的缘故,实际是从误仿图经分类纂集的名目开始,这却不能不辨析清楚。"

噫! 章君之言,余未之能尽也。然于志事,实不敢掉之以轻心焉①。二图包括地理,不敢流连名胜,侈景物也。七志分别纲目,不敢以附丽失伦,致散涣也。二表辨析经纬,不敢以花名卯簿,致芜秽也。五传详具事实,不敢节略文饰,失征信也。乡荐绅不余河汉②,勤勤讨论,勒为斯志,庶几一方之掌故,不致如章君之所谓误于地理之偏焉耳。若求其志,而欲附于著作专家,则余谢不敏矣③。

【注释】

①掉之以轻心:语出柳宗元《柳河东全集》卷三十四《答韦中立论师道书》:"吾每为文章,未尝敢以轻心掉之,惧其剽而不留也。"意为漫不经心。

②不余河汉:不以余言为河汉之意。后来多用河汉形容言论渺茫玄远,不着边际。

③不敏:语出《论语·颜渊》:"回虽不敏,请事斯语矣。"自谦之辞,推辞没有才能。

【译文】

啊! 章君的言论,我不能表述得很全面。然而对于县志的事,确实不敢掉以轻心。二幅图包括地理方位,不敢贪恋名胜,夸张景物。七篇志区分纲目,不敢因为依附失去条理,以致散乱。二篇表分清经纬,不敢因为像花名册和点卯簿,以致杂乱。五篇传详细开列事实,不敢节略或文饰,失去征信价值。本地绅士不认为我的言论不着边际,诚恳地探讨议论,编成这部县志,期望一方的掌故不至于像章君所说的误陷在地理之书的偏颇里面。如果奢求这部方志想依附在著作专门之家的后面,那么我就敬谢不敏了。

为毕秋帆制府撰常德府志序

【题解】

　　章学诚除主修《湖北通志》以外，同时还纂修所属几个府、州、县的方志。《常德府志》作于清高宗乾隆五十八年至五十九年（1793—1794），历时一年而成，是章学诚受毕沅嘱托所撰。毕沅，字秋帆，时任湖广总督。明、清时期别称总督为制军、制台、制府。《常德府志》二十四篇，分为纪二，考十，表四，略一，传七，还有《文征》七卷、《丛谈》一卷，另外单行。本篇内容重在阐明方志的功能和作用，即不仅不能把方志看作地理专书而混淆两者的性质，也不应该把方志仅仅当做历史文献资料看待，而是要在编纂方志中特别注重搜集有关经邦济世的材料，记载有助于治理国家的事实，为当前的政治教化服务，从而发挥借鉴古人成败得失而起到经世的作用。

　　常德为古名郡①，左包洞庭，右控五溪②，战国楚黔中地，秦楚争衡，必得黔中以为橐钥③；所谓旁摄溪蛮，南通岭峤，从此利尽南海者也④。后汉尝移荆州治此⑤，盖外控诸蛮，则州部之内，千里晏然。隋、唐以来，益为全楚关键。五季马氏既并朗州⑥，而后屹然雄视，诸镇莫敢与抗矣。盖北屏荆渚,南临长沙,远作滇、黔门户,实为控要之区⑦,不其然欤?
我朝奕世承平,蛮夷率服,大湖南北,皆为腹地。康熙二十
二年,满洲将军驻防荆州⑧,遂移提督军门弹压常德⑨。后虽
分湖南北为两部院⑩,而营制联络两部⑪,呼吸相通,故节制
之任,仍统于一。

【注释】

①常德:春秋战国时期,属秦、楚两国黔中郡。汉代置武陵郡。隋
　朝改为朗州。北宋改为鼎州。南宋置常德府。元代改称常德
　路。明代复为常德府。清代仍称常德府,治所在武陵县(今湖南
　常德)。

②左包洞庭,右控五溪:据[嘉庆]《一统志》记载:常德府"沅水演
　迤,阳山雄峙,南楚上游,重湖旧壤,荆渚唇齿,左包洞庭之险,右
　控五溪之要,山林蓊郁,湖水浚阔"。五溪,据郦道元《水经注》卷
　三十七记载:"武陵有五溪,谓雄溪、樠溪、酉溪、沅溪、辰溪,悉蛮
　夷所居。"指湖南西部沅水上游的五条溪流。

③橐钥:语出《老子》:"天地之间,其犹橐籥乎? 虚而不屈,动而愈
　出。"萧统《文选》李善《注》引河上公曰:"橐籥中空虚,故能育声
　气也。"钥,通"籥"。橐籥,即古代冶炼用来鼓风吹火的装置,类
　似风箱。外面的箱子称为橐,里面的风管称为籥。比喻动力、源
　泉、根本。

④所谓旁摄溪蛮,南通岭峤(qiáo),从此利尽南海者也:语出顾祖禹
　《读史方舆纪要》卷八十:"秦惠王时,欲得楚黔中地,以武关外易
　之。昭王八年,留楚怀王于咸阳,要以割巫、黔中之郡。二十七
　年,使司马错发陇西兵,因蜀攻楚黔中,拔之。秦得黔中,则旁摄
　溪蛮,南通岭峤,从此利尽南海矣。"溪蛮,即五溪蛮,是汉代以来

中原人对居住在沅水上游五溪地区少数民族的称呼。岭峤，语出唐修《晋书》卷十五《地理志下》："秦始皇既略定扬、越，以谪戍卒五十万人守五岭。自北徂南，入越之道，必由岭峤。时有五处，故曰五岭。"即五岭的别称。

⑤后汉尝移荆州治此：据顾祖禹《读史方舆纪要》卷八十记载："汉置武陵郡，以填压巴、黔。后汉阳嘉中，移荆州治此。"阳嘉，汉顺帝刘保年号，公元 132—135 年。阳嘉三年(134)，改索县为汉寿县，作为东汉荆州刺史治所，在今湖南常德市东北。

⑥五季马氏既并朗州：五季指五代十国时期。马氏指马殷，字霸图，许州鄢陵(今属河南)人。唐末马殷割据潭州(今湖南长沙)，后梁朱温封其为楚王。后朗州雷彦恭招吴人攻打平江(今属湖南)，马殷派遣部将秦彦徽攻占朗州，益称雄镇。

⑦北屏荆渚，南临长沙，远作滇、黔门户，实为控要之区：语出顾祖禹《读史方舆纪要》卷八十："王氏曰：'朗州北屏荆渚，南临长沙，实为要会。今自巴陵而西，江陵而南，取道辰、沅，指挥滇、黔者，都其揽辔之初也。'然则常德不特荆户之唇齿，亦滇、黔之喉嗌也。"

⑧康熙二十二年，满洲将军驻防荆州：据《清通典》卷三十六记载："湖北荆州将军一人。"另据[雍正]《湖广通志》卷十五《城池志》记载："荆州府……康熙二十二年，禁旅驻城东，乃以府署为将军府。"清代满州八旗兵分驻内地各省，设置将军等武官。

⑨提督军门弹压常德：据《清通典》卷三十八记载："提督军务……掌统辖本标官兵，及分防、营汛，节制各镇，阅军实，修武备，课其殿最，以听于总督……湖广提督驻常德府，节制襄阳、宜昌、镇箪、永州四镇，本标四营。"另据[雍正]《湖广通志》卷二十四《军政志》记载："提督湖广全省军务，总辖官兵、军卫、土司，控制苗夷，节制各镇，左都督一员，驻节常德府城。"清代提督为一省的

　　高级武官,统辖由汉人组成的绿营兵水陆各军。军门,对提督的敬称。

⑩分湖南北为两部院:元代置湖广行省,明代沿置湖广布政使司,清代设湖广总督,清圣祖康熙时期分为湖南、湖北两省,各设巡抚,仍由湖广总督统率。

⑪营制:语出《诗经·鄘风·鹑之奔奔》"定于方中,作于楚宫"郑玄《笺》曰:"楚宫,谓宗庙也。定星昏中而正,于是可以营制宫室,故谓之营室。"意为经营制作。

【译文】

　　常德是古代著名的大郡,东部围绕洞庭湖,西部控制五溪蛮,是战国时期楚国黔中地界,秦、楚争强抗衡,双方一定要得到黔中当做根本;正是人们所说的侧面威慑五溪蛮,向南通往五岭,从这里能够得到南海的物资了。东汉曾经把荆州治所移到此处,大概对外控制诸蛮族,那么州境之内,就会千里平安无事。隋、唐以来,更加成为整个楚境关键的地方。五代马氏兼并朗州,此后根基坚固不摇威临四方,各个方镇没有敢相抗衡的人了。大概北面屏障荆州,南面临近长沙,更远可以作为云南、贵州的门户,确实是控制要害的地方,不是这样吗?我朝累世承袭太平,四方各族顺从,洞庭湖南北地区,都成为腹里内地。康熙二十二年,满洲将军驻防荆州,于是把提督军门移驻控制常德。后来虽然分湖南与湖北为两个部院,而经营制度联络两部,彼此声气相通,所以管辖的职责,仍然统合在一起。

　　余承乏两湖①,尝按部常德,览其山川形势,慨想秦、汉通道以来,治乱机缄②,割制利弊③,与夫居安思治,化俗宜民之道,爰进守土长吏,讲求而切磋究之。知府三原李君大鑫④,恫恫吏也。六条之察,次第既略具矣。府志辑于康熙九年，故册荒陋，不可究诘；百余年之文献，又邈焉无征；于是请事重修。余谓此能知其大也。虽然，方志遍寰宇矣，贤长吏知政贵有恒，而载笔之士，不知辞尚体要⑤，猥芜杂滥，无讥焉耳。即有矫出流俗，自命成家，或文人矜于辞采，学士侈其蒐罗，而于事之关于经济，文之出于史裁，则未之议也。

【注释】

①余承乏两湖：毕沅于清高宗乾隆五十三年（1788）由河南巡抚升任湖广总督，五十九年（1794）离任。承乏，语出《左传·成公二年》："韩厥曰：'……敢告不敏，摄官承乏。'"古人谦称所任职位由于一时没有合适人选，暂时由自己充任。

②机缄：语出《庄子·天运》："天其运乎，地其处乎，日月其争于所乎？孰主张是，孰维纲是，孰居无事，推而行是。意者，其有机缄而不得已邪？"唐代成玄英《疏》曰："机，关也。缄，闭也。"原指推动事物运动的造化力量。后用来指气运。

③割制：规划裁制。

④三原：今陕西三原县。

⑤贤长吏知政事有恒，而载笔之士，不知辞尚体要：语出伪古文《尚书·毕命》："政贵有恒，辞尚体要，不惟好异。"

【译文】

我充数总督两湖，曾经巡察所部到过常德，观览那里的山川形势，慨然遥想秦、汉开辟通道以来，治乱盛衰的气运，规划裁断的利弊，以及在和平时代考虑治理，用教化改变风俗而便利人民的途径，于是召集主管本地的长官，讲求并且深入商讨探究这些内容。常德知府三原人李大霖，是一位诚恳朴实的官员，六条法纪的吏治考察，先后秩序已经大致具备了。府志在康熙九年编成,过去的簿册荒芜浅陋,不可探究查考;一百多年来的文献,又渺茫而难以征信,于是请求重修。我认为这是能够懂得大要。虽然如此,方志已经遍布天下了,贤明的长官知道政事贵在坚持长久,而握笔记载的士人,却不知道文辞崇尚精要,纷繁杂乱过度,不值得评论。即使有超出流俗,自己以为成一家的方志,有的是文人炫耀文章词采,有的是学士侈谈搜罗丰富,而对事情关系到经邦济世,文辞语出史学裁断,却没有议论。

会稽章典籍学诚,游于余门①。数为余言史事,犁然有当于余心。余嘉李君之意,因属典籍,为之撰次,阅一载而告成。凡书二十四篇:为纪者二,编年以综一郡之大事;为考者十,分类以识今古之典章;为表者四,年经事纬,以著封建、职官、选举、人物之名姓;为略者一;为传者七,采辑传记,参合见闻,以识名宦、乡贤、忠孝、节义之行事。纲举而目斯张,体立而用可达。俗志附会古迹,题咏八景,无实靡文,概从删落。其有记序文字,歌咏篇什,足以考证事实,润色风雅,志家例录为艺文者;今以艺文专载书目,诗文不可混于史裁,别撰《文征》七卷,自为一书,与志相辅而行。其搜剔之余,畸言胜说②,无当经纶,而有资谈助者,更为《丛谈》一卷。皆不入于志篇。凡此区分类别,所以辨明识职,归于体要。于是常德典故,可指掌而言也。

【注释】

①会稽章典籍学诚,游于余门:清高宗乾隆五十二年(1787)冬天,
　章学诚至开封谒见河南巡抚毕沅,为之编订《史籍考》。次年毕

沅升任湖广总督,章学诚随即到武昌,为之纂修《湖北通志》。典

籍,国子监典籍,掌管图书文籍之官。

②畸(jī)言脞(cuǒ)说:偏颇的言谈和琐碎的议论。畸,原意指零碎

的田地。引申为偏颇,不齐整。脞,琐细。

【译文】

会稽章学诚典籍,在我门下游学。他屡次向我谈论史事,释然符合

我的心意。我赞赏李君修志的美意,因而嘱托章典籍,为他编辑撰写,

历经一年而宣告完成。总计全书二十四篇:作纪二篇,用编年形式综合

一郡的大事;作考十篇,分门别类用来记载今古的典章制度;作表四篇,

以年代为经事件为纬,用来记录封邦建国、职任官位、选拔荐举、历代人

物各类姓名;作略一篇,作传七篇,采录收集传记之文,参互考察所见所

闻,用来记载名宦、乡贤、忠孝、节义的行为。提起网的纲绳而网眼就张

开,体制确立而作用可以实现。世俗的方志附会古代遗迹,题咏八种景

观,没有实质的华丽文辞,一律删除。其中有记序一类文字,歌咏一类

篇章,完全可以用来考证事实,妆点修饰文雅风范,纂修方志之家按惯

例收录进艺文部分的内容,现在由于艺文部分专门记载书目,诗文不可

以混入史书体裁里,另外编成《文征》七卷,自成一书,和志书互相配合

流传。那些搜集选择所剩余的材料,零星细碎的言谈议论,不适合经营

治理政事,而可以提供谈论的资料,再编成《丛谈》一卷。这两种文献都

不放进方志里。所有这些按类分别,是要用来辨明认清职责,达到本体

要义。这样常德的典故,就可以指着手掌而谈论了。

夫志不特表章文献,亦以辅政教也。披览舆图,则善

德、桃源之为山镇①,渐、潜、沧浪之为川泽②,悠然想见古人

清风,可以兴起末俗。爰求前迹,有若马伏波、应司隶之

流③,制苗蛮于汉世;李习之、温简舆其人④,兴水利于唐时;

因地制宜,随时应变,皆文武长吏前事之师⑤。考古即以征今,而平日讨论,不可以不豫也。盖政之有恒与辞之体要,本非两事,昧于治者不察也。余故因李君之知所务也,而推明大旨,以为求治理者法焉。

【注释】

①善德、桃源:据[嘉庆]《一统志》记载常德府山川曰:"善德山在武陵县东南十五里,一曰枉山,一曰枉人山……桃源山在桃源县西南三十里,有桃源洞,相传即陶潜所记桃花源也。"善德山在武陵县(今湖南常德)境内,桃源山在桃源县(今属湖南)境内,是当地最有名的山。

②渐、潜、沧浪:据[嘉庆]《一统志》记载常德府山川曰:"渐水在武陵县北,流入龙阳县西,北流入沅,一名澹水,一名鼎水,亦谓之鼎江……潜水在武陵县东北,一名麻河,一名从河……沧浪水在龙阳县西,源出武陵城南沧山,东北流至此,与浪水合。"渐水在今湖南常德北,东南流至今汉寿县西北入沅江。潜水在今湖南常德东北,合渐水入沅江。沧浪水在今湖南汉寿县西,流至沧港入长江。

③马伏波、应司隶:马伏波即马援(14—49),字文渊,东汉扶风茂陵(今陕西兴平东北)人。曾任陇西太守,击破先零羌。后任伏波将军,南击交趾,封新息侯。率军进击武陵五溪蛮,在军病死。应司隶即应奉,字世叔,东汉汝南南顿(今河南项城西南)人。汉桓帝时期,任武陵太守,招抚武陵蛮,兴建学校,荐举人才,政绩显著。后因事免官,武陵蛮复叛,从荆州车骑将军冯绲征蛮有功,升任司隶校尉。党锢之祸起,退闲归家。

④李习之、温简舆:李习之即李翱。唐穆宗长庆元年(821),以考功员外郎任朗州刺史时,在汉代樊陂旧址开渠,名为考功堰。温简

舆即温造(766—835),字简舆,唐代河内(今河南沁阳)人。嗜学不仕,隐居王屋山。唐德宗爱其才,召至京师。唐穆宗时期,官至京兆府司录参军。屡使藩镇称旨,迁起居舍人。后因事出为朗州刺史,任内开后乡渠九十七里,灌溉土地两千顷,名为右史渠。

⑤前事之师:语出《战国策·赵策一》:"前事之不忘,后事之师。"

【译文】

　　方志不仅是表彰文献,也用来辅助政治教化。翻阅地图,那么善德、桃源作为当地名山,渐水、潜水、沧浪水作为河流水域,悠然地想到古人的高风亮节,可以振兴末世的习俗。于是寻求前人遗迹,有像马伏波、应司隶一类的人,在汉代经制五溪苗蛮;有像李习之、温简舆那样的人,在唐代兴修水利;根据当地情况制定适宜的办法,随着时势的变化而采取应对措施,都是文武长官学习的前代榜样。考察古代就是用来验证当今,而平日里探究讨论,不可以不作准备。大概政事的持久和文辞的精要,本来就不是两件事,不懂得治理方法的人不加考察。我所以根据李君知道应该做的事情,而推演阐明主旨,作为寻求治理的人的准则。

为毕秋帆制府撰荆州府志序

【题解】

清高宗乾隆五十八、九年之间,章学诚为荆州知州崔龙见纂修《荆州府志》。志成以后,湖广总督毕沅为之作序。序文首先称述荆州地理位置的重要性,为历代朝廷所重视;继而说到由于长江发生洪灾,清廷调毕沅出任湖广总督;以下叙述水灾消除后编修府志的始末原委。本篇序文简述荆州历代方志的利弊得失之后,阐明章学诚所修新志的主张及其特征,强调一贯主张的方志作为地方史的观点,运用史法别裁新意,解释志中设立纪、表、考、传诸体的作用,以及附录《文征》、《丛谈》的目的。这不但表明章学诚的修志理论逐渐成熟,而且可以看出他的理论主张一定程度上在两湖境内得到重视和实践。

荆州富于《禹贡》、《职方》①,雄据于三国、六朝、五季,而冲要岩剧于前明②。盖至今所领仅七城,而于湖北部内十一府州,犹为重望云。三代画州,荆域袤延且数千里③,无可言也。汉分南郡,荆州所部④。蒯越说刘表曰:"荆州南据江陵,北守襄阳,八郡可传檄而定。"⑤诸葛忠武说昭烈曰:"荆州北据汉沔,利尽南海,东连吴会,西通巴蜀,用武之国。"⑥

六朝争剧于萧梁⑦，五季称雄于高氏⑧，一时献奇借箸⑨，腾说虽多，大约不出蒯、葛数语。然是时荆州，实兼武陵、桂阳诸郡⑩，幅员包湖南境。至明改元中兴路为荆州府，则今荆州境矣。彼时王国所封，蔚为都会⑪。我朝因明旧治，初以总兵官镇守其地⑫，旋改满营，设将军、都统以下如制⑬。雍正十三年，割二州三县与土司地，分置宜昌、施南两府⑭。乾隆五十六年，又以远安隶荆门州⑮。于是荆州所部，止于七县。然而形势犹最诸府，则江陵固兼南北之冲，而东延西控，联络故自若也。至于时事异宜，则满、汉分城⑯，民兵不扰；漕、兑互抵⑰，转饷无劳，亦既因时而立制矣。惟大江东下分流，故道多湮，江防堵筑，视昔为重。乾隆戊申⑱，大水灌城，军民被淹，城治倾圮。天子南顾畴咨⑲，特命重臣，持节临莅⑳，发帑二百万金㉑，巨工大役，次第兴举。余于是时，奉命来督两湖，夙夜惕惕㉒，惟恐思虑有所未周，无以仰答诏旨。咨于群公，询于寮寀㉓，群策材力㉔，幸无陨越㉕。而亿兆生灵㉖，皆蒙恺泽，而出于昏垫㉗，则荆州虽故而若新也。

【注释】

①荆州富于《禹贡》、《职方》：据《尚书·禹贡》记载："荆及衡阳惟荆州……厥土惟涂泥，厥田惟下中，厥赋上下。厥贡羽毛齿革，惟金三品，杶干栝柏，砥砺砮丹，惟箘簬楛。"又据《周礼·夏官·职方氏》记载："正南曰荆州……其利丹银齿革，其民一男二女，其畜宜鸟兽，其谷宜稻。"清代荆州府治在江陵县（今湖北荆州）。

②岩剧：语出明代陈谟《海桑集》卷五《赠永宁县丞序》："永宁处万山间，接壤衡、湘，号称岩剧。"岩，高峻，险要。剧，艰难，险峻。

③袤延：也作延袤。一般指南北之长，也泛指横长。

④汉分南郡，荆州所部：据班固《汉书》卷二十八上《地理志上》南郡注文曰："秦置。高帝元年，更为临江郡。五年，复故……属荆州。"战国时期秦昭襄王置南郡，治所在郢（今湖北荆州东北），后迁江陵（今湖北荆州）。汉代属荆州。后世曾称南郡为荆州。

⑤蒯越说刘表曰："荆州南据江陵，北守襄阳，八郡可传檄而定"：语出陈寿《三国志》卷六《刘表传》裴松之注引司马彪《战略》。蒯越，字异度，东汉末年中庐（今湖北襄阳南）人。大将军何进辟为东曹掾，劝其尽诛宦官，何进犹豫不决。求出为汝阳令。佐刘表平定荆州，任章陵太守。后随荆州归降曹操，封侯，任光禄勋。刘表于汉献帝初年任荆州刺史，后改为荆州牧。死后，其子刘琮以荆州投降曹操。八郡，长沙、零陵、桂阳、武陵、江夏、南阳、南郡、章陵。

⑥诸葛忠武说昭烈曰："荆州北据汉沔，利尽南海，东连吴会，西通巴蜀，用武之国"：语出陈寿《三国志》卷三十五《诸葛亮传》。诸葛忠武，诸葛亮（181—234），字孔明，汉末琅邪阳都（今山东沂南）人。隐居邓州隆中（今湖北襄阳西），躬耕陇亩。东汉献帝建安十二年（207），刘备三顾茅庐，他提出三国鼎立的构想。辅佐刘备占领荆州、益州，建立蜀汉政权。刘备称帝后，任命他为丞相。刘备卒后，受遗命辅佐后主刘禅，受封武乡侯。连年出兵伐魏，卒于五丈原军中。谥为忠武侯。昭烈，刘备（161—223），字玄德，汉末涿郡涿州（今属河北）人。早年以贩鞋织席为业。汉末军阀割据，曾辗转投靠曹操、刘表等人。后得诸葛亮为谋士，并且联合孙权，败曹操于赤壁，占领荆州，力量逐渐壮大。后来又夺取益州和汉中。公元221年在成都称帝，国号汉，年号章武。次年在彝陵被吴国将领陆逊击败，不久病死，谥为昭烈皇帝。吴会（kuài），吴郡和会稽郡的合称。秦始皇在原吴、越地区

设置会稽郡,治所在吴县(今江苏苏州)。东汉分置吴郡。吴郡治所在吴县,辖境相当今江苏南部、浙江东北部。会稽郡治所在山阴(今浙江绍兴),辖境相当于今浙江大部。

⑦六朝争剧于萧梁:南朝梁元帝萧绎原为湘东王,镇守江陵,派王僧辩、陈霸先讨灭侯景叛乱,于江陵即位称帝。

⑧五季称雄于高氏:五代十国时期,后梁任命高季兴为荆南节度使。高氏建立荆南国,建都江陵。

⑨借箸(zhù):语出司马迁《史记》卷五十五《留侯世家》:“张良曰:‘臣请藉前箸,为大王筹之。’”裴骃《集解》引张晏曰:“求借所食之箸,用指画也。”后借用来指替人出谋划策。箸,筷子。大王,刘邦。

⑩桂阳:西汉初年置桂阳郡,治所在郴县(今湖南郴州)。隋、唐时称郴州,一度改称桂阳郡。元、明、清三代均称郴州。

⑪彼时王国所封,蔚为都会:明太祖洪武年间,建湘王府;明成祖永乐年间,建辽王府;明神宗万历年间,建惠王府。三王均于江陵开府,故称都会。

⑫总兵:清代总兵为汉军绿营兵的高级武官,受提督节制。

⑬将军、都统:清代八旗兵驻防各省,最高长官称为将军,副长官称为都统。不设将军处,都统即为长官。

⑭雍正十三年,割二州三县与土司地,分置宜昌、施南两府:清世宗雍正十三年(1735),升荆州府所属夷陵州为宜昌府,治所在东湖(今湖北宜昌),把原来的直隶州归州(今湖北秭归)划入宜昌。又设置施南府,治所在恩施(今属湖北)。土司,元、明、清时期在西南、西北地区设置的由少数民族首领充任并世袭的官职。

⑮乾隆五十六年,又以远安隶荆门州:唐代设置荆门县,元代升为荆门州。清代乾隆五十六年(1791),升为直隶州,并把远安县划入。荆门、远安,今均属湖北。

⑯满、汉分城:清圣祖康熙年间,规定满洲将军驻荆州,绿营兵提督移驻常德府。

⑰漕、兑:漕指漕运,即把所征收的粮食由水路运往京城或其他规定地区。兑指兑运,即百姓把漕粮交到附近的规定地点,另外附加耗米等项。

⑱乾隆戊申:清高宗乾隆五十三年,公元1788年。

⑲畴咨:语出《尚书·尧典》:"畴咨若时登庸。"畴,谁。咨,嗟叹声。此处借用尧命四岳举荐治水之人的典故。

⑳持节:古代使臣奉命出行,手持旄节作为凭证。

㉑发帑二百万金:帑指国家府库。金,汉代以黄金一斤为一金。后世以黄金或白银一两为一金。清代以银作为货币流通,故指白银。

㉒惴惕:语出柳宗元《柳河东全集》卷三十《寄许京兆孟容书》:"每当春秋时飨,孑立捧奠,顾眄无后继者,恟恟然歔欷惴惕。"意为惊恐不安。

㉓寮宷(liáo cài):语出《晋书》卷四十三《王戎传》:"寻拜司徒,虽位总鼎司,而委事寮宷。"寮,通"僚"。意为官员,百官。也指僚属或同僚。

㉔群策材力:也作"群策群力"。语出扬雄《法言》卷十《重黎》:"汉屈群策,群策屈群力。"屈,尽也。指集合众人的智慧和力量。

㉕陨越:语出《左传·僖公九年》:"小白余敢贪天子之命无下拜!恐陨越于下,以遗天子羞。"小白,春秋时期齐桓公,名小白。意为跌倒,坠落。此处指失职。

㉖亿兆:古代十万为亿,百万为兆。形容数量众多。

㉗昏垫:语出《尚书·益稷》:"下民昏垫。"孔颖达《疏》引郑玄《笺》曰:"昏,没。垫,陷也。"意为陷没沉溺。

【译文】

　　荆州在《禹贡》、《周礼·职方氏》记载里属于富庶地区,在三国、六朝、五代时期是雄关重镇,在前明是险要之地。大约到现在所管辖的只有七个县,而在湖北辖区内十一个府州里,仍然有重大声望。夏、商、周三代划分州境,荆州范围将近数千里,没有什么可说。汉代分设南郡,是荆州所统辖的区域。蒯越游说刘表说:"荆州南面凭借江陵,北面掌握襄阳,所属八郡可以传布檄文而平定。"诸葛忠武劝说昭烈帝说:"荆州北面凭借汉水与沔水,向南能得到南海的物资,向东连络吴越,西面通向巴蜀,是用兵争夺之地。"六朝时期梁朝萧氏争夺这一重地,五代时期高氏在这里割据称雄,一时间指点筹划进献奇策,驰骋游说的言论虽然很多,大抵不超出蒯越、诸葛忠武这些话的范围。然而这时的荆州,实际上包括武陵、桂阳等郡,幅员统辖湖南境内。到明代改元代的中兴路为荆州府,就是现在的荆州地界了。那时是王国的封地,扩展成为都会。我朝根据明代旧有治所,起先用总兵官镇守这个地方,不久改为满洲旗兵,按照制度设置将军、都统以下官员。雍正十三年,割出二州三县和土司地域,分别设置宜昌、施南两府。乾隆五十六年,又把远安县隶属荆门州,于是荆州所统辖的范围,只有七县。然而地势还是位居湖北各府的首位,就是因为江陵本来同时属于南北的要道,而通向东方控制西方,联络本来通畅自如。至于时代不同的行事各异,就有满人与汉人分城驻守,百姓和军队不相侵扰,漕运和兑运互相接连,转运粮饷不受劳苦,也已经根据时势而确立制度了。只是长江东下分流,故道大多堵塞,长江堤防的修筑,比起以前更加重要。乾隆五十三年,大水淹灌府城,军民被水淹没,城墙倾斜倒塌。皇上遥望南方叹息,特地派遣大臣,出使来到此地,拨发库银二百万两,巨大的工程,依次兴办。我在这个时候,奉命来做湖北湖南的总督,从早到晚忧惧,只害怕思虑有不周到的地方,没有成绩报答皇上的诏旨。和群公商议,向僚属咨询,大家尽献才能和力量,幸好没有失职误事。而亿万生灵,都蒙受和乐的恩泽,得以从陷没沉溺脱身,那么荆州虽然古老却像新建一样。

逾年,民气渐苏,官司稍有清晏。知府山阴张君方理,始欲整齐掌故,为后持循;旋以事去①。继其任者,永济崔君龙见②,乃集七县长吏而议修府志。崔君以名进士起家③,学优而仕④,其于斯志,盖斤斤乎不苟作也。且《荆志》著于古者,倍他州郡,盛弘之有《荆州记》⑤,庾仲雍有《江记》⑥,宗懔有《荆楚岁时记》⑦,梁元帝有《荆南志》,又有《丹阳尹传》⑧,书虽不存,部目可考,遗文逸句,犹时见于群书所称引也。前明所修《荆州府志》⑨,仅见著录而无其籍。康熙年间,胡在恪所修⑩,号称佳本,而世亦鲜见。今存叶仰高《志》,自云多仍胡氏旧文,体例谨严,纂辑必注所出⑪,则其法之善也。而崔君之于斯志,则一秉史裁,详赡博雅之中,运以独断别裁之义。首纪以具编年史法,次表以著世次年代,掌故存于诸考,人物详于列传,亦既纲举而目张矣。又以史志之书,记事为主。艺文乃著录之篇,而近代志家,猥选诗文杂体;其有矫而正者,则又裁节诗文,分类隶于本事之下,皆失古人流别。今师史例以辑府志,更仿选例以辑文征。自云志师八家《国语》,文征师十五《国风》,各自为书,乃得相辅而不相乱。又采辑之余,琐事畸言,取则失裁,弃则可惜;近人编为志余,亦非史法。今乃别为《丛谈》一书,巨细兼收,而有条不紊,盖近日志家所罕见也。昔罗愿撰《新安志》,自谓儒者之书,不同抄撮簿记⑫。今崔君所辑,本源深远,视罗氏雅裁,有过之而无不及已。会湖北有《通志》之役,聘会稽章

典籍学诚,论次其事。章君雅有史识,与余言而有合。崔君
又屡质于典籍,往复商榷,时亦取衷于余。余故备悉其始
末,而叙于卷端。

【注释】

① 知府山阴张君方理,始欲整齐掌故,为后持循;旋以事去:据《章
氏遗书》卷二十一《赠张燮君知府序》记载:"山阴张燮君太守,宿
负耿介……拜书天府,出绾县符于山东,历试繁剧,投艰巨,刃迎
节解。稍迁佐府,屡摄要郡,所至有声。辄以罣议,久不得迁。
会乾隆五十三年戊申,荆州大水决城,洪流为患。天子南顾畴
咨,擢毕公制两湖,且命大学士阿公、同公经营相度,巨工大赈,
羽檄旁午。当事需才孔亟,于是两公合辞入告,请破格用君为荆
州知府。君下车数月,次第经理,若网在纲,有条不紊。凡所条
画,具有成书。顾再起再踬,移剧武昌,未一年,又以吏议镌阶。
督府深惋惜之,力荐其才,天子召见,俾试可于甘凉,岁在壬子冬
也。"山阴,县名,治所在今浙江绍兴。1912 年,与会稽县合并为
绍兴。张君方理,名方理,字燮君,清代浙江山阴人。乾隆五十
三年(1788)任荆州知府,后移任武昌知府。乾隆五十七年
(1792),移官甘肃。

② 永济崔君龙见:崔龙见,清代山西永济(今属山西)人。曾官湖北
荆州知府,纂修《荆州府志》。

③ 起家:语出司马迁《史记》卷一百零一《晁错列传》:"建元中,上招
贤良,公卿言邓公。时邓公免,起家为九卿。"即自家中征召出
仕,授予官职。泛指进入仕途。

④ 学优而仕:语出《论语·子张》:"子夏曰:'仕而优则学,学而优则
仕。'"朱熹《集注》曰:"优,有余力也。"

⑤ 盛弘之有《荆州记》:据《隋书》卷三十三《经籍志》地理类著录:

"《荆州记》三卷，宋临川王侍郎盛弘之撰。"

⑥庾仲雍有《江记》：据《隋书》卷三十三《经籍志》地理类著录："《江记》五卷，庾仲雍撰。"

⑦《荆楚岁时记》：据陈振孙《直斋书录解题》卷六记载："《荆楚岁时记》六卷（按唐、宋《艺文志》俱作一卷），梁吏部尚书宗懔撰。记荆楚风物故事。"

⑧梁元帝有《荆南志》，又有《丹阳尹传》：据《新唐书》卷五十八《艺文志》地理类著录："梁元帝《职贡图》一卷，又《荆南地志》二卷。"另据《隋书》卷三十三《经籍志》杂传类著录："《丹阳尹传》十卷，梁元帝撰。"

⑨前明所修《荆州府志》：据《明史》卷九十七《艺文志》地理类著录："王宠怀《荆州府志》十二卷。"

⑩康熙年间，胡在恪所修：据[雍正]《湖广通志》卷四十九《乡贤志》记载："胡在恪，字念蒿，江陵人。顺治戊子省元，乙未进士……恪博雅能文，尝总修本省通志。"历官刑部郎中，督学江南，补江西盐驿道。又据[雍正]《荆州府志》来谦鸣《序》曰："荆郡之志，明代屡修，俱佚不传。今存者，惟本朝康熙中郡人胡参议在恪所修。"

⑪叶仰高《志》，自云多仍胡氏旧文，体例谨严，纂辑必注所出：叶仰高于清高宗乾隆十五年（1750）任荆州知府，乾隆二十年（1755）开馆重修《荆州府志》，两年后成书，总计五十八卷。叶仰高《荆州府志·自序》曰："余自乾隆十五年，奉命典兹郡，比四年，公务次第举，乃集僚属议曰：'《荆志》当修者三：前郡领二州十一县，今领县八，疆索既分，记录宜异，一也。前志修于康熙二十四年，距今且七十年。七十年中，一方之典章经制，闾泽之遐周曲被，以及户口、田土之增益，官师、俊造、名贤、贞淑之姓氏德善，逮今不记，后此奚述？二也。隶邑首江陵，而邑故无志，余虽有，或舛

略不足观,则郡志之不辑,不可以后,三也。'维时大观察卢公闻
其议,亟为奖掖。于是偕二三寮寀,悉心筹画,乃撰书币,延名
宿,裕饩廪,具章程,岁在乙亥孟春,拣日开馆,越两载书成。为
类三十有二,卷三十有八,视旧志不啻衰益其半。"又《凡例》曰:
"兹分类三十有二,较之旧志,亦不大相径庭。惟旧志附祥异于
星野,附桥梁于山川,附寺观于古迹,今各析为一类。旧志无恤
政、乡镇、纪兵、杂记,今俱增辑。其帝王一类,则全削之。再旧
志征引载籍寥寥,今广为搜罗,兼详所出,或于本文前,或侧注
于下。"

⑫昔罗愿撰《新安志》,自谓儒者之书,不同抄撮簿记:语出罗愿《新
安志·序》:"至于州土沿革,吏治得失,风俗美恶,与其人材之众
寡,是皆有微旨,必使涉于学者纂之……若直抄取记簿以为书,
则凡吏之善书者,足以次之矣……盖世常以此为无事乎儒,而儒
亦卒不可废于世也,岂特此哉!"又据《四库全书总目》卷六十八
《新安志提要》曰:"愿《自序》自亦以为,儒者之书,具有微旨,不
同抄取记簿,皆不愧也。"

【译文】

过了一年,民众气力逐渐恢复,官府略微出现清闲安宁。知府山阴
人张方理,正想要整理掌故,让后任遵循;不久因事离任。接替他职务
的人,是永济人崔龙见,方才聚集七县长官而商讨编修府志。崔君以著
名进士进入仕途,学有余力来做官,他对这部府志,大概非常谨慎而不
随便编纂。况且在古代编著的《荆州志》,是其他州郡的几倍,盛弘之有
《荆州记》,庾仲雍有《江记》,宗懔有《荆楚岁时记》,梁元帝有《荆南志》,
又有《丹阳尹传》。这些志书虽然失传,类目可以考知,遗逸的文句,还
时常在群书的征引里见到。前明编修的《荆州府志》,只在书目著录中
见到却没有这部书籍。康熙年间,胡在恪所编修的府志,号称是佳本,
而世间也很少见到。现存叶仰高编修的方志,自己说大多沿用胡氏旧

文,体例谨严,汇集材料一定注明出处,就是纂修方法的优点。而崔君对于这部方志,就完全禀持史书体制,在详细充实和丰富文雅当中,运用独自决断而裁定的宗旨。开篇的纪用来具备编年纪事的史学方法,接下来的是表用来记录世系和年代,掌故在各篇考里保存,人物在列传里详细记载,也已经像纲绳提起而网眼就张开了。又认为史书与方志,以记载史事为主,艺文部类本是著录书目的篇章,而近代编修方志的人,冗滥地选入诗文杂体;有矫正这类失误的志书,就又删节诗文,分类归属在本事的下面,都失去古人分门别类的遗留。现在效法史书体例来编辑府志,又仿照选录诗文的体例来编辑文征。他自己说志效法八国的《国语》,文征效法十五国的《国风》,各自形成一书,于是可以互相辅助而不互相扰乱。另外采集所剩余的材料,琐碎事情和零星言论,采用就失去剪裁,舍弃就可惜;近代人编成方志余编,也不是作史方法。现在就另外编成《丛谈》一书,大小事情同时收入,而有条理又不紊乱,大概是近年编纂方志的人罕见的做法。从前罗愿撰《新安志》,自己说是儒者的书,和摘录簿册的书籍不同。现在崔君所编辑的方志,源头深远,比起罗氏的高雅裁制,是有过之而无不及了。正值湖北有编修《通志》的事,聘请会稽章学诚典籍,论定编排府志。章君一向很有史识,和我谈论有一致的地方。崔君又多次询问章典籍,彼此往来商榷,也常常向我征求折中意见。所以我完全了解编修府志的过程,而在卷首叙述。

为毕秋帆制府撰石首县志序

【题解】

本篇所指《石首县志》，是清代乾隆年间石首县（今湖北石首市）知县王维屏重修，大约成书于乾隆五十八、五十九年之间，志分八门，为书十篇。章学诚曾为该志制定体例，并在成书后审阅其稿，又代湖广总督毕沅为此书作序。序中重点阐述方志的作用，鲜明地体现出章学诚关于方志为一方政要的一贯主张。他把方志和地方政事紧密联系在一起，强调方志之言要见之于行政之事，也就是说方志应当有助于治理一方之政。正是基于这种认识，他竭力抨击那些修志仅仅以风流文采缘饰地方长官儒雅之名的做法，认为这样的方志不但没有价值，而且败坏社会风气，无补于施政与教化功能。所以，文中反复说明纂修方志必须做到贵体要和明体要，通过阅读方志而明晰地方利弊得失，真正发挥一县之志即一方政书的价值，凸显方志与治理法度同等重要的性质。

　　石首为荆州望县，两汉本华容地①，晋平吴，分华容置县，因山以石首名②。赵宋改治调弦，易名建宁③。寻迁绣林山左，复名石首④。元大德中，又迁楚望山下⑤。历明至今，文物声名，为荆部称盛。县志不修，近六十年。旧志疏脱，诠次无法，又缺数十年之事实。知县玉田王君维屏⑥，因余撰辑通志，檄征州县之书，乃论次其县事，犁剔八门⑦，合首尾为书十篇，以副所征，且请余为之序。

【注释】

①两汉本华容地：据顾祖禹《读史方舆纪要》卷七十八记载："荆州石首县，汉南郡华容县地。"华容，西汉置县，隶属南郡，故城在今湖北监利县东。隋以古华容城置县，故城在洞庭湖以北。北宋徙于今治，即今湖南华容县。明、清两代，均隶属岳州府（今湖南岳阳）。

②晋平吴，分华容置县，因山以石首名：据顾祖禹《读史方舆纪要》卷七十八记载："晋置石首县，以山为名，仍属南郡。刘宋省。唐武德四年，复置，属荆州。"石首山，据《明一统志》卷六十二《荆州府·山川》记载："石首山，在石首县北。江中有石孤立，为北山之首，因名。"

③赵宋改治调弦，易名建宁：据顾祖禹《读史方舆纪要》卷七十八记载："邑志云：县尝改为建宁，其址在调弦口，往东山路也。"调弦口，今湖北石首县调弦口镇。据《明一统志》卷六十二《荆州府·宫室》记载："调弦亭，在石首县东六十里。俗传伯牙鼓琴于此。"

④寻迁绣林山左，复名石首：据顾祖禹《读史方舆纪要》卷七十八记载："邑志云……元初，迁绣林山下，仍名石首。"绣林山，据《明一统志》卷六十二《荆州府·山川》记载："绣林山，在石首县西南二里。旧名岐阳山，汉昭烈娶孙夫人于此。锦障如林，因名。上旧有绣林亭。"

⑤元大德中，又迁楚望山下：据顾祖禹《读史方舆纪要》卷七十八记载："邑志云……至元中，再迁楚望山北，即今治也。"按上文称元初石首县治绣林山下，而"至元"为忽必烈建立元朝使用的第一个年号，属于"元初"，不当重出。疑"至元中"或当为"至元大德

中"之脱文。大德，元成宗年号，公元 1297—1307 年。楚望山，据《清一统志》卷二百六十八《荆州府·山川》记载："楚望山，在石首县西二里。一名望夫山。昭烈入蜀，孙夫人凿石为台，于此望之，名金石台。今台形尚存。"

⑥玉田王君维屏：王维屏，清代直隶遵化州玉田县（今属河北）人。清高宗乾隆年间任石首县知县，纂修《石首县志》。

⑦犁剔：分解，析别。犁，翻耕土地。剔，分解骨肉。

【译文】

石首是荆州府所属的大县，两汉时期本来属于华容县地界。西晋平定吴国，分华容之地置石首县，根据石首山的名称作为县名。赵宋把县治改设在调弦，改名建宁县。不久迁到绣林山东边，重新称作石首县。元代大德年间，又迁到楚望山下。经过明代到现在，文化悠久的声名，在荆州地区称为兴盛。县志没有纂修，将近六十年。以前的县志疏略脱漏，铨选编排没有准则，又缺少几十年的事实。知县玉田人王维屏，因为我编辑通志，发布文书征集州县的方志，于是编排石首县的史事，分解成八门，连同首尾成书十篇，用来配合征集，并且请我作序。

　　余披览其书，而知王君之可与论治也。夫为政必先纲纪，治书必明体要。近日为州县志者，或胥吏案牍，芜秽失裁；或景物题咏，浮华无实；而求其名义所归、政教所重，则茫然不知其所指焉。夫政者，事也。志者，言也。天下盖有言之斐然①，而不得于其事者矣；未闻言之尚无条贯，而其事转能秩然得叙者也。今王君是志，凡目数十，括以八门，若网在纲，有条不紊②。首曰编年，存史法也。志者，史所取裁，史以记事，非编年弗为纲也。次曰方舆，考地理也。县之有由立也，山川古迹，以类次焉。而水利江防，居其要矣。

次曰建置,人功修也。城池廨署,以至坛庙,依次附焉。次曰民政,法度立也。户田赋役之隶于司徒,邮驿兵防之隶于司马,皆《洪范》八政之经也。次曰秩官③,昭典守也。长佐师儒,政教所由出也。而卓然者,爰斯传矣。次曰选举,辟才俊也。论秀书升,《王制》之大④,兴贤与能,《周官》是详⑤;勒邦乘者,所不容略也。次曰人物,次曰艺文,一以征文,一以考献,皆搜罗放失,谨备遗忘,尤为乘时之要务也。人物必征实事,而不以标榜为虚名;艺文谨著部目,而不以诗文充篇幅。盖人物为马《史》列传之遗,艺文为班、刘著录之例,事必师古,而后可以法当世也。部分为八,亦既纲举而目张矣。至于序例图考,冠于编首,余文剩说,缀于简末,别为篇次,不入八门。殆如九夫画井⑥,八阵行军⑦,经纬灿然,体用具备。乃知方志为一方之政要,非徒以风流文采,为长吏饰儒雅之名也。

【注释】

①斐然:语出《论语·公冶长》:"斐然成章。"形容有文采的样子。

②若网在纲,有条不紊:语出《尚书·盘庚上》:"若网在纲,有条而不紊。"纲,网上的总绳。紊,杂乱而没有条理。

③秩官:官吏的职位和品级。

④论秀书升,《王制》之大:语出《礼记·王制》:"命乡论秀士,升之司徒,曰选士。司徒论选士之秀者而升之学,曰俊士。升于司徒者,不征于乡;升于学者,不征于司徒,曰造士……大乐正论造士之秀者,以告于王而升诸司马,曰进士。"论,挑选,选拔。升,推举,荐举。

⑤兴贤与能,《周官》是详:语出《周礼·地官·乡大夫》:"使民兴
　　贤,出使长之;使民兴能,入使治之。"

⑥九夫画井:语出《孟子·滕文公上》:"方里而井,井九百亩,其中
　　为公田。八家皆私百亩,同养公田;公事毕,然后敢治私事。"

⑦八阵行军:据乐史《太平寰宇记》卷一百四十八记载:"八阵图在
　　[奉节]县西南七里。《荆州图记》云:'永安宫南一里渚下平碛
　　上,周回四百十八丈,中有诸葛孔明八阵图,聚细石为之,各高五
　　尺,广十围,历然棋布,纵横相当,中间相去九尺,正中开南北巷,
　　广悉五尺,凡六十四聚。或为人散乱,及为夏水所没,冬水退,复
　　依然如故。'"八阵图,三国时期诸葛亮发明的一种阵法。相传他
　　曾经聚石布成阵形。

【译文】

　　我翻阅浏览这部书,知道王君是可以相互谈论治道的人。治理政
事一定要先把法度放在首位,著书一定要明确书籍的纲要。近来编修
的州县方志,有的是胥吏文书,杂乱猥滥失于剪裁;有的是景物题咏,浮
华没有实际内容;而寻求它们所归向的道义、所重视的政治教化,就迷
茫地不知道宗旨所在。为政,就是事情。修志,就是言论。天下大概有
言论斐然成章,却不适合所指的事情了;没听说过言论还没有条理,而
所指的事情反过来能够井然有次序。现在王君这部县志,共有凡例目
录数十项,用八个门类总括,就像把网系在纲上,有条理而不紊乱。开
篇叫做编年,保存史学方法。方志,是国史所选取的材料,史书用来记
事,不用编年的方法不能形成要纲。其次叫做方舆,用来考察地理。县
有设立的来由,山川古迹,按类排列。而水利江防,占据重要地位了。
再次叫做建置,致力于修人事之功。城池官署,以至于祭坛庙宇,依次
附属归类。再次叫做民政,用来树立法度。户口田亩和赋税徭役由司
徒掌管,驿站驻防由司马掌管,都是《洪范》八政的常法。再次叫做秩
官,彰显主管官员。正副长官与学官,政治教化由他们颁布。而突出的

人才政绩，于是流传后世了。再次叫做选举，征辟任用优秀人才。挑选杰出人才写入推举名单，是《王制》中的大事，荐举有贤德与才能的人，为《周礼》详细叙述；这是编修方志的人，所不容忽略的内容。再次叫做人物，再次叫做艺文，一个用来征集成文，一个用来考察言论，都是搜罗散失，谨慎地防备遗忘，尤其是把握时机的重要事务。人物门类一定要验证实事，而不借夸耀作为虚名；艺文门类谨慎记录部类目录，而不用诗文充塞篇幅。大概人物一门是司马迁《史记》列传的遗留，艺文一门是班固与刘歆著录的体例。事情一定要仿效古代，然后可以为当代效法。划分成八门，也已经像提起网上的纲绳而网眼就张开了。至于序例和图考，排在全书最前面，剩余的文字和杂说，附在正文后面，另外单独成篇，不列入八门之中。这差不多就像九家划分井田，八阵图部署军队，经纬纵横显著分明，本体和功用全部完备。于是知道方志是一个地方的为政要纲，而不是仅仅用风流文采，为长官修饰儒雅的名声。

　　且石首置县以来，凡三徙矣。今县治形势，实为不易，四顾平衍之中，至县群山涌出，东有龙盖，南有马鞍①，西有绣林，北有楚望，居中扼要，政令易均；是以明代至今，相仍为治。夫抚驭必因形势②，为政必恃纲纪，治书必贵体要，一也。王君以儒术入仕，知所先务。其于治书，洵有得于体要，后人相仍，如县治矣。抑古人云："坐而言者，期起而行。"③今之具于书者，果能实见如政治，则必不以簿书案牍为足称职业，文采绚饰为足表声誉；是则虽为一县之志，即王君一人之治书也。古之良史，莫能尚已，余于王君有厚望焉。

【注释】

①东有龙盖,南有马鞍:据顾祖禹《读史方舆纪要》卷七十八记载:
　　"笼盖山在[石首]县东二里,县之主山也。与绣林、马鞍为三峰,
　　俱错列江滨。"

②抚驭:语出魏收《魏书》卷九《肃宗纪》:"朕叼承乾历,抚驭宇宙。"
　　也作"抚御"。意为安抚而控御。

③坐而言者,期起而行:语出《荀子·性恶》:"凡论者,贵其有辨合,
　　有符验,故坐而言之,起而可设,张而可施行。"

【译文】

　　况且石首设县以来,总计迁移三次了。现在县治的地形,实在不易得,四望一片平坦之地,接近县治群山涌出,东面有龙盖山,南面有马鞍山,西面有绣林山,北面有楚望山,位居当中控制要害,政令颁布容易均衡,所以从明代到现在,相沿作为县治。安抚驾驭一定要根据地形,办理政事一定依靠法度,著书一定重视大要,是同样的道理。王君凭借儒学进入仕途,知道应该率先从事的要务。他对于著书,确实在大要方面有所得益,后人相沿,就好像一县得到治理了。也就是古人所说:"安稳地坐着谈论,期望能够起身实行。"如今保存在志书里的内容,果真能在治理地方中实际体现,就一定不会把处理簿册文书看作足以符合职责,把文采修饰看作足以显示声誉;那么虽然是一县的方志,就是王君一个人的著书。古代的优秀史官,没有人能超过,我对王君抱有很大期望。

书武功志后

【题解】

明代康海撰《武功县志》三卷,内容共分七篇,二万多字。后人对此志评价很高,奉为修志楷模。清代四库馆臣为它作《提要》说:"凡山川城郭,古迹宅墓,皆括于《地理》。官署学校,津梁市集,皆归于《建置》。祠庙寺观,则总以《祠祀》。《艺文》则用《吴郡志》例,散附各条之下,以除冗滥。《官师》则善恶并著,以寓劝惩。王士祯谓其'文简事核,训词尔雅';石邦教称其'义昭劝鉴,尤严而公,乡国之史,莫良于此'。非溢美也。"章学诚却对此志评价很低,认为撰人实际上并不是真正懂得简约之法,以致造成记载的事实芜秽不堪。存在的主要缺陷,一是全书将《璇玑图》冠于篇首,没有章法条理;二是滥收无用诗文,不知体要;三是方志僭列帝王后妃,名分混淆。究其原因,是因为撰人不知史家法度和文章体裁,一味追求简洁高雅,导致遗漏重要事实,盛名之下其实难副。

康海《武功志》三卷[①],又分七篇,各为之目:一曰《地理》,二曰《建置》,三曰《祠祀》,四曰《田赋》,五曰《官师》,六曰《人物》,七曰《选举》。首仿古人著述,别为篇叙[②],高自位置,几于不让,而世多称之。王氏士正亦谓"文简事核,训辞尔雅"[③];后人至欲奉为修志楷模[④],可为幸矣。夫康氏以二万许言，成书三卷，作一县志，自以谓高简矣。今观其书，芜秽特甚。盖缘不知史家法度，文章体裁，而惟以约省卷篇，谓之高简，则谁不能为高简邪？

【注释】

①康海（1457—1540）：字德涵，号对山，明代陕西武功人。明孝宗弘治十五年（1502）状元，任翰林院修撰。文学成就突出，为前七子之一。明武宗时期依附宦官刘瑾，后刘瑾被杀，因名列党羽而免官。著有《对山集》、杂剧《中山狼》等。

②首仿古人著述，别为篇叙：据康海《武功县志·目录叙》曰："夫志者，记也。记其地理、风俗、人物之事也。《武功志》，余先君子长公盖尝述焉。然县官掌故弗严，人匿之矣。余于是卒成先人之志，略序撰之。凡山川城郭，与风俗推移，皆地理所具，作《地理》第一。官署学校，乃诸有司所兴行，皆建置之事，作《建置》第二。治民人者先其神，故祠祀兴焉，作《祠祀》第三。有田则有赋，有身则有役，田赋之政，国所重焉。作《田赋》第四。疆域人民，非官不守，礼乐教化，非官不行，作《官师》第五。文献之事，邦邑所先，以稽古昔，以启后贤，作《人物》第六。科贡制行，士由以兴，作《选举》第七。凡七篇。"

③王氏士正亦谓"文简事核，训辞尔雅"：语出王士禛《带经堂集》卷六十五《蚕尾文一·新城县新志序》："以予所闻见，前明郡邑之志，不啻充栋。而文简事核，训辞尔雅，无如康对山之《武功》。"王士正，王士禛（1634—1711），字子真，一字贻上，号阮亭，又号渔洋山人，清代山东新城（今山东桓台）人。清世祖顺治年间进士，官至刑部尚书。卒谥文简。死后因避清世祖胤禛名讳，改称士正。著有《带经堂集》等。

④后人至欲奉为修志楷模：清代宋荦《西陂类稿》卷九《读康对山武

功志题卷尾二绝句》：“绝代风流康对山，琵琶一掷老秦关。千秋邑乘留残帙，简洁居然并马班。　　有釐风物七篇中，骚笔由来撰述工。太息斯人甘废弃，交情瑞祇笃崆峒。”清代李慧［乾隆］《大田县志》序曰：“近代志之佳者，如康对山之《武功志》，王渼陂之《鄠志》，李元仲之《宁化志》，皆考据精凿，文简事核，为丹铅家正鹄，彼所谓良史才也。”王渼陂，王九思（1468—1551），字敬夫，号渼陂，明代陕西鄠县（今陕西户县）人。与康海同为曲坛盟主，著有《碧山乐府》、《渼陂集》、《鄠县志》等。李元仲，李世熊（1602—1686），子元仲，号寒支，明末清初福建宁化（今福建宁化县东北泉上镇）人。志节清高，终身未仕。晚年自号愧庵，颜其斋曰“但月”。朝廷屡征不出，名著海内。著有《寒支集》、《宁化县志》、《狗马史记》等。

【译文】

康海撰《武功县志》三卷，又分为七篇，每篇各标题目：第一叫做《地理》，第二叫做《建置》，第三叫做《祠祀》，第四叫做《田赋》，第五叫做《官师》，第六叫做《人物》，第七叫做《选举》。开端仿照古人著述，另外撰作篇叙，把自己摆在很高的位置，近似毫不谦让，而世人大多称赞这部书，王士正也说它“文字简要而记事核实，言论语词温文尔雅”；后人甚至想要尊奉为编纂方志的榜样，可以说是侥幸了。康氏用大约二万字，编成三卷书，作一部县志，自己认为高雅简要了。现在看这部书，非常杂乱，大概由于不知道史学家的法度，撰写文章的体裁，而只是把减省篇幅，称为高雅简洁，那么有谁不能做到高雅简洁呢？

　　志乃史裁，苟于事理无关，例不滥收诗赋。康氏于名胜古迹，猥登无用诗文[①]；其与俗下修志，以文选之例为艺文者，相去有几？夫诸侯不祖天子，大夫不祖诸侯[②]，严名分也。历代帝王后妃，史尊纪传，不藉方志。修方志者，遇帝王后妃故里，表明其说可也。列帝王于人物，载后妃于列女，非惟名分混淆，且思王者天下为家，于一县乎何有？康氏于人物，则首列后稷以至文王③，节录太史《周纪》；次则列唐高祖、太宗④，又节录《唐本纪》，乖剌不可胜诘矣⑤。方志不当僭列帝王，姑且勿论。就如其例，则武王以下，何为删之？以谓后有天下，非邠之故邑耶⑥？则太王尝迁于岐⑦，文王又迁于丰⑧，何以仍列武功人物？以武王实有天下，文王以上，不过追王，故录之耶？则唐之高祖、太宗，又何取义？以谓高祖、太宗生长其地，故录之耶？则显、懿二祖⑨，何为删之？后妃上自姜嫄⑩，下及太姜⑪，何为中间独无太任⑫？姜非武功封邑，入于武功列女，以谓妇从夫耶？则唐高祖之太穆窦后⑬，太宗之文德长孙皇后⑭，皆有贤名，何为又不载乎？夫载所不当载，为芜为僭，以言识不足也。就其自为凡例，任情出入，不可诘以意指所在，天下有如是而可称高简者哉？

【注释】

①康氏于名胜古迹，猥登无用诗文：康海《武功县志·地理志》收录唐太宗于武功所作《冬狩诗》、幸庆善宫赋诗、过武功旧宅与许敬宗唱和诗，记载宋代张载寓所绿野亭而收录清代礼部尚书吴宽碑文、县学训导赵文杰诗；《建置志》记载县署收录唐代柳宗元所作《县丞厅壁记》、宋代陆游重修县厅碑文，记载儒学收录宋代赵茂曾所作碑文；《祠祀志》记载太白祠收录唐代李白和杜甫诗、明代耿忠所作祠记，记载唐太宗祠收录宋代赵茂曾所作碑文、明代耿忠所作碑阴文，记载慈德寺收录无名氏所作慈德寺诗；《官师

志》记载宋代张及、王颐任县令,刻唐代姚合所作《县居诗》三十
首于县署。

② 诸侯不祖天子,大夫不祖诸侯:语出《礼记·大传》:"礼,不王不
禘。王者禘其祖之所自出,以其祖配之。诸侯及其大祖。"孔颖
达《疏》曰:"大祖,始封君也。诸侯非王,不得郊天配祖,于庙及
祭大祖耳。"又《礼记·丧服小记》曰:"别子为祖,继别为宗。"孔
颖达《疏》曰:"别子为祖者,谓诸侯嫡子之弟,别于正嫡,故称别
子也。为祖者,别与后世为始祖,谓此别子子孙为卿大夫,立此
别子为始祖。"

③ 首列后稷以至文王:按《武功县志·人物志》于周之先祖叙至"后
稷卒,子不窋立"结束,未及文王。后稷,姬姓,名弃,古代周族的
始祖。在尧、舜时代做农师之官,教民耕种。以功封于邰(古邑
名,在武功西南)。

④ 唐高祖、太宗:唐高祖李渊及其子唐太宗李世民。

⑤ 乖剌(là):语出班固《汉书》卷三十六《楚元王传附刘向传》:"朝臣
舛午,胶戾乖剌。"颜师古《注》曰:"言志意不和,各相违背。"意为
抵触,彼此不一致。

⑥ 邠(bīn):也作"豳",在今陕西彬县。相传周族自后稷至公刘定居
于邠。公刘受到夏朝侵扰,率其民迁至豳定居。邠与武功地域
相隔较远,而邰在武功县境内。疑此处"邠"字当为"邰"字。

⑦ 太王尝迁于岐:周太王即古公亶父,是周文王的祖父。由于遭受
戎狄逼迫,由豳(今陕西彬县东北)迁到岐山(今陕西岐山县西
北)定居,发展农业生产,使周族逐渐强盛。

⑧ 文王又迁于丰:周文王灭掉崇国以后,建立丰邑(今陕西长安境
内),作为周人都城。

⑨ 显、懿二祖:唐高祖李渊追尊其高祖李熙为宣简公,曾祖李天赐
为懿王。唐高宗李治仪凤年间,追尊李熙为宣皇帝,庙号献祖,

李天赐为光皇帝,庙号懿祖。此处"显"字似当作"献"字。

⑩姜嫄(yuán):后稷之母,有邰氏之女。

⑪太姜:周太王之妻,有邰氏之女,生太伯、仲雍、王季。

⑫太任:王季之妻,文王之母,挚任氏之女。

⑬太穆窦后:唐高祖李渊之妻,隋定州总管窦毅之女,京兆始平(今陕西兴平)人。隋炀帝大业年间卒,年四十五。唐高宗李治上元元年(674),改上尊号为太穆顺圣皇后。

⑭文德长孙皇后:唐太宗李世民之妻,隋右骁骑将军长孙晟之女,京兆长安(今陕西长安)人。性节俭,常有规谏太宗之言。撰《女则》十卷。唐高宗李治上元元年(674),改上尊号为文德顺圣皇后。

【译文】

　　方志是史书体裁,如果和事理没有关系,按照惯例不过多收入诗赋。康氏在名胜古迹部分,猥滥地登载没有用处的诗文;这和时下编修的世俗方志,按照文选的体例作《艺文志》,差别有多少呢?诸侯不祭祀天子,大夫不祭祀诸侯,名分谨严。历代帝王与后妃,史书尊崇地记载在纪传里,不依靠方志记载。编修方志的人,遇到帝王与后妃的故乡,表明兴王之地的说法可以允许。在《人物传》里列入帝王,在《列女传》里记载后妃,不仅名分混淆,而且试想帝王以天下为家,和一县有什么关系呢?康氏对于人物,却在篇首胪列后稷直至文王,节选抄录《史记》的《周本纪》,其次胪列唐高祖和唐太宗,又节选抄录《唐书·本纪》,抵触舛驳多得责问不过来。方志不应当超越本分列入帝王,暂且不论。即使按照它的体例,那么周武王以下,为什么删除呢?是不是认为周武王以后统一天下,已经不是邻土城邑呢?那么周太王曾经迁到岐山,周文王又迁到丰都,为什么还列在武功人物里呢?是不是因为周武王实际统一天下,周文王以上不过是追加王号,所以记载他们呢?那么唐代的高祖和太宗,又是根据什么义例记载呢?是不是认为唐高祖和唐太宗生长在此地，所以记载他们呢？那么显祖和懿祖，为什么删除呢？后妃上起姜嫄，下到太姜，为什么中间唯独没有太任呢？姜姓不是武功的封邑，收在武功列女之中，是不是认为妇人跟随丈夫呢？那么唐高祖的太穆窦皇后，唐太宗的文德长孙皇后，都有德行贤惠的名声，为什么又不记载呢？对于记载不应该记载的人物，纷繁杂乱和超越本分而言，这是见识不够。根据作者自己定下的凡例，任意出入变化，不能责问出意旨在何处来看，天下有像这样而可以称作高雅简洁的书吗？

尤可异者，志为七篇，舆图何以不入篇次？盖亦从俗例也。篇首冠图，图止有二，而苏氏《璇玑》之图①，乃与舆图并列，可谓胸中全无伦类者矣。夫舆图冠首，或仿古人图经之例，所以揭一县之全势，犹可言也。《璇玑》之图，不过一人文字，或仿范氏录蔡琰《悲愤诗》例②，收于列女之传可也。如谓图不可以入传，附见传后可也。蓦然取以冠首③，将武功为县，特以苏氏女而显耶？然则充其义例，既列文王于人物矣，曷取六十四卦之图冠首？既列唐太宗于人物矣，曷取六阵之图冠首④？虽曰迂谬无理，犹愈《璇玑图》之仅以一女子名也。惟《官师志》褒贬并施，尚为直道不泯，稍出于流俗耳。

【注释】

①苏氏《璇玑》之图：据唐修《晋书》卷九十六《列女传》记载，前秦时期秦州刺史窦滔之妻苏蕙，字若兰，因窦滔犯罪远戍，临行织锦为回文旋图诗送别，八百四十二字，纵横循环读之，皆成诗章。宋代桑世昌编《回文类聚》卷一《武则天·璇玑图叙》则记载，苏蕙性情褊急，颇伤嫉妒，窦滔镇守襄阳，拒绝与她往来，苏蕙悔恨

伤感,织锦为回文,题诗二百余首,八百多字,题名《璇玑图》,送往襄阳,窦滔被感动,迎接苏惠至襄阳,和好如初。

②范氏录蔡琰《悲愤诗》:据范晔《后汉书》卷一百一十四《列女传》记载,东汉末年女诗人蔡琰作五言诗二章,全长一百零八句,叙述自己被匈奴乱军掠去,居于南匈奴十二年,生育二子,后来被赎还乡,母子离别的遭遇,感伤乱离,追怀悲愤。

③蓦(mò)然:语出辛弃疾《稼轩词》卷三《青玉案·元夕》:“众里寻他千百度,蓦然回首,那人却在,灯火阑珊处。”意为忽然,突然。

④六阵之图:据李靖《李卫公问对》卷中记载:“太宗曰:‘……卿所制六花阵法,出何术乎?’靖曰:‘臣所制本诸葛亮八阵法也。大阵包小阵,大营包小营,隔落钩连,曲折相对。古制如此,臣为图因之。故外画之方,内环之圆,是成六花,俗为号耳。”六花阵是唐代李靖根据诸葛亮八阵法创制的阵法,并绘制有图。

【译文】

尤其令人诧异的是,志文分成七篇,地图为什么不编入篇章顺序之中呢?大概也是随从世俗的惯例。全书开端把图放在最前面,图只有二幅,而苏氏《璇玑图》,竟然和地图并列,可以说是胸中完全没有区别伦类了。地图放在最前面,或许是仿照古人图经的例子,用来揭明一县的整个地形,还可以说得过去。《璇玑图》,不过是一个人的文字,或许仿照范晔记载蔡琰《悲愤诗》的例子,收进《列女传》就可以了。如果认为图不能收入传,附在传后也可以。突然拿来放在全书的最前面,难道武功作为一个县,只是因为苏氏女子而出名吗?那么推演这种义例,既然把周文王列入《人物志》了,为什么不取六十四卦的图放在全书最前面呢?既然把唐太宗列入《人物志》了,为什么不取六花阵图放在全书最前面呢?虽然说这是迂腐荒谬而没有道理,也还胜过只是凭借一个女子命名的《璇玑图》。只有《官师志》里赞美和贬斥同时使用,还算公正直书的原则没有消失,略微超出流俗罢了。

书朝邑志后

【题解】

明代韩邦靖所撰《朝邑县志》，成书于明武宗正德十四年（1519）。全书只有七篇，分别为总志、风俗、物产、田赋、名宦、人物、杂记，分成二卷，共计六七千字。作者极力求简，颇为引人注目。清代《四库全书总目》评论说："古今志乘之简，无过于是者。而宏纲细目，包括略备。盖他志多夸饰风土，而此志能提其要，故文省而事不漏也。然叙次点缀，若有余闲，宽然无局促束缚之迹。自明以来关中舆记，惟康海《武功志》与此志最有名。"章学诚则认为，韩邦靖与康海都是文人，并不精通史学。《朝邑县志》和《武功县志》一样，尽管文笔简洁，篇幅短小不滥，然而用史家法度衡量，却不能视作方志体裁。他列举出《朝邑县志》存在三大谬误：一是滥采野史，不考证事实；二是分类不当，记载缺漏；三是避讳尊长名字，使读者不知何许人。末尾讨论篇与卷的名称，指出《朝邑县志》和《武功县志》既然已经分篇，就不应该再分卷，名实关系混乱，难称佳作。

韩邦靖《朝邑志》二卷①，为书七篇：一曰《总志》，二曰《风俗》，三曰《物产》，四曰《田赋》，五曰《名宦》，六曰《人物》，七曰《杂记》。总约不过六七千言，用纸十六七番②，志乘之简，无有过于此者。康《武功》极意求简，望之瞠乎后矣③。康为作序，亦极称之④。

【注释】

①韩邦靖：字汝度，号五泉，明代朝邑（今陕西大荔朝邑镇）人。明武宗正德三年（1508）进士，官至工部主事。后因上书言时政，忤旨下狱，削职为民。明世宗嘉靖初年，起用为山西左参议，分守大同，请求发府库之财赈灾，朝廷不允，辞官归乡。至家病卒，年仅三十六。朝邑：明、清两代隶属陕西同州府。1958 年并入大荔县。

②番：量词，意为枚、片。古代用来表示银币、纸张以及物品的单位。

③瞠（chēng）乎后矣：语出《庄子·田子方》：“颜渊问于仲尼曰：‘夫子步亦步，夫子趋亦趋，夫子驰亦驰，夫子奔逸绝尘，而回瞠若乎后矣。”瞠，张目直视，瞪着眼睛看。

④康为作序，亦极称之：康海《朝邑志序》曰：“余读郡邑志，盖将极天下之撰矣；然益繁而不能详，晦而不能白，乱而不能理焉，此安在于志耶？夫志者，记也。记其风土文献之事，与官乎是郡邑者，可以备极其改革，省见其疾苦，景行其已行，察识其政治，使天下为士大夫者读之足以兴，为郡邑者读之足以劝而已。然非以夸灵胜之迹，崇奖饰之细也。而撰者之志，每不皆若此焉，且何以观也。朝邑令陵川王君莅县之明年，以五泉韩子汝庆所撰《朝邑志》刻成，谓予宜序诸首。予读五泉子之志，异而叹焉。曰：嗟乎！此吾五泉子之所以为志也欤？置县沿革与山川、故迹、官署诸事，惟归诸《总志》，此天下之所通见而不能裁者，斯予之所谓繁而不辞，晦而不白，乱而不理者矣，今毕以反之矣。《名宦》所以志其官师之行事，《人物》所以备其豪俊之余烈，其恐犹

有所遗而未尽也,括之以《杂记》。开卷之际,凡川源改革之实,文献散失之旧,皆缕陈而无憾矣。使郡邑之志皆若此,其奚有不可也。正德己卯九月十有八日己酉,浒西山人康海序。"

【译文】

韩邦靖撰《朝邑县志》二卷,分作七篇:第一叫做《总志》,第二叫做《风俗》,第三叫做《物产》,第四叫做《田赋》,第五叫做《名宦》,第六叫做《人物》,第七叫做《杂记》。总共大约只有六七千字,用纸十六七张,方志纂修的简略,没人能超过这部书。康氏《武功县志》极意追求简要,看到这部书也只能落在后面干瞪眼了。康氏为此书作序,也是极力表彰赞扬。

今观文笔,较康实觉简净;惟《总志》于古迹中,入唐诗数首为芜杂耳①。康氏、韩氏皆能文之士,而不解史学,又欲求异于人,故其为书,不情至此,作者所不屑道也。然康氏犹存时人修志规模,故以志法绳之,疵谬百出。韩氏则更不可以为志,直是一篇无韵之《朝邑赋》,又是一篇强分门类之《朝邑考》;入于六朝小书短记之中,如《陈留风俗》、《洛阳伽蓝》诸传记②,不以史家正例求之,未始不可通也。故余于《武功》、《朝邑》二家之志,以《朝邑》为稍优。然《朝邑志》之疵病虽少,而程济从建文事,滥采野史③,不考事实,一谬也。并选举于《人物》,而举人进士不载科年,二谬也。书其父事,称韩家君名④,至今人不知其父何名。列女有韩太宜人张氏⑤,自系邦靖尊属;但使人至今不知为何人之妻,何人之母。古人临文不讳⑥。或谓司马迁讳其父谈为同;然《滑稽传》有谈言微中⑦,不讳谈字,恐讳名之说未确。就使讳之,而自叙家世，必实著其父名，所以使后人有所考也。今邦靖讳其父，而使人不知为谁；称其尊属为太宜人，而使人不知为谁之妻、母；则是没其先人行事，欲求加人而反损矣，三谬也。

【注释】

① 惟《总志》于古迹中，入唐诗数首为芜杂耳：韩邦靖《朝邑县志·总志》记载大庆关即古蒲津关，收录唐玄宗《过蒲关诗》；记载饶益寺，收录金章宗明昌四年赵抃题名记。

② 《陈留风俗》：据《隋书》卷三十三《经籍志》地理类著录："《陈留风俗传》三卷，圈称撰。"

③ 程济从建文事，滥采野史：据《朝邑县志·人物》记载，明太祖洪武年间，程济为四川岳池县学教谕，上书言某年月日西北方将有人起兵叛乱，后果如其言。建文帝任命他为军师，随军北行，与燕王朱棣的靖难军先锋在徐州交战，大获全胜，诸将纷纷立碑记功。一天夜里，他突然去祭碑，别人莫测其故。后来燕王军队过江，程济逃走，不知所终。燕王命人击碎石碑，又突然制止，命左右按碑记录姓名，族诛诸将。而程济名字恰好被击碎，家族得以幸免。于是人们才明白他去祭碑，原来是提前祈禳消祸。按《武功县志》程济事迹，取材于明代郑晓《逊国臣记》。《明史》卷一百四十三《牛景先传附程济等传》记载："然考其实，徐州未尝有捷也。"

④ 书其父事，称韩家君名：据明刻本《朝邑县志·人物》记载："李济、樊冕、萧斌、刘让、上志、韩家君名、马骧、王峇、房瑄、韩邦奇、韩邦靖、牛斗、王朝塗，俱登进士……韩家君名至福建按察司副使。"而清代文渊阁四库全书本《朝邑县志》两处"韩家君名"皆作"家君绍宗"，未尝称其父韩绍宗之名，或为后人所改。家君，

对别人称呼自己的父亲。

⑤列女有韩太宜人张氏:据《朝邑县志·人物》记载:"节妇则蔚太
淑人薛氏,韩氏宜人张氏。"太宜人,明、清时期五品官之母或祖
母的封号。

⑥古人临文不讳:语出《礼记·曲礼上》:"临文不讳。"郑玄《注》曰:
"为其失事正。"

⑦《滑稽传》有谈言微中:据司马迁《史记》卷一百二十六《滑稽列
传》记载:"谈言微中,亦可以解纷。"

【译文】

现在看这部书的文笔,比起康氏来确实感觉简洁干净,只是《总志》
在叙述古迹的时候,收入唐诗显得杂乱罢了。康氏、韩氏都是善于做文
章的士人,却不懂史学,又想追求和别人不同,所以不合情理达到这种
程度,学业有成就的人不屑于谈论。然而康氏的书还保留着当时人编
修方志的规模,所以用修志的方法衡量它,疵病错谬百出。韩氏的书就
更不能当做方志,简直是一篇没有韵律的《朝邑赋》,又是一篇勉强划分
门类的《朝邑考》。放在六朝时期短篇记事的小书之中,就像《陈留风俗
传》、《洛阳伽蓝记》等传记,不按照史学家的正规体例要求,未尝不可通
融,所以我对于《武功》、《朝邑》两家的志书,认为《朝邑县志》略微好些。
然而《朝邑县志》的弊病虽然少,可是程济跟随建文帝的记事,胡乱采用
野史资料,不考核事实真伪,这是第一个错误。把选举内容合并进《人
物》篇,而对举人、进士不记载考中年代,这是第二个错误。记载他父亲
的事,称作"韩家君名",到现在别人不知道他父亲叫什么名字。《列女》
篇有韩太宜人张氏,自然是韩邦靖的长辈亲属,只是让人到现在不知道
她是什么人的妻子,什么人的母亲。古人写文章的时候不避讳。有人
说司马迁避讳他父亲的名字而把"谈"写成"同",然而《滑稽列传》中有
"谈言微中",并不避讳"谈"字,恐怕避讳父名的说法不确实。就算需要
避讳,而自己叙述家世,一定要如实标著自己父亲的名字,用来使后人

有考察的依据。现在韩邦靖讳他父亲的名字,而让读者不知道是什么人;称呼他的长辈亲属为太宜人,而让读者不知道是谁的妻子、母亲,这是埋没他前辈的行事,想要追求超过别人却反而受到损害了,这是第三个错误。

至于篇卷之名,古人以竹简为篇;简策不胜,则别自为编,识以甲乙,便稽核耳。后人以缯帛成卷,较竹简所载为多,故以篇为文之起讫,而卷则概以轴之所胜为量;篇有义理,而卷无义理故也。近代则纸册写书,较之卷轴,可增倍蓰,题名为卷,不过存古名耳。如累纸不须别自为册,则分篇者,毋庸更分卷数,为其本自无义理也。今《武功》、《朝邑》二志,其意嫌如俗纂之分门类,而括题俱以篇名①,可谓得古人之似矣。《武功》用纸六十余番,一册足用,而必分七篇以为三卷,于义已无所取。《朝邑》用纸仅十余番,不足一册之用,而亦分七篇以为二卷,则何说也? 或曰:此乃末节,非关文义,何为屑屑较之? 不知二家方以作者自命,此等篇题名目,犹且不达古人之意,则其一笔一削,希风前哲②,不自度德量力,概可知矣。

【注释】

①括题:语出元代陈绎曾《文说·抱题法》:"括题,只取题中紧要一节作主意,余事轻轻包括见之,此最径捷也。"意为囊括题意。

②希风:语出范晔《后汉书》卷九十七《党锢传序》:"自是正直废放,邪枉炽结,海内希风之流,遂共相标榜。"指仰慕与迎合一时流行的风尚。

【译文】

　　至于篇和卷的名称，古人用竹简作成篇；简册不能承受，就各自成为一编，用甲、乙作为标记，便于查考罢了。后人用缯帛作成卷，比起竹简所记载的内容多，因此把篇当做文章的始末，而卷就一律用木轴所能承受的程度作为限量，因为篇有完整的含义，而卷没有完整的含义。近代用纸册写书，比起卷轴，可以增加几倍，取名称作卷，只是保存古代名称罢了。如果累积纸张不需要另外作一册，那么分了篇的内容，就不用再分卷数，因为卷本来没有完整的含义。现在《武功》、《朝邑》两部县志，撰者的意思嫌弃像平庸方志编纂那样分门别类，而标题都用篇作为名称，可以说得到古人表面的形似了。《武功县志》用纸六十余张，编成一册足够了，却一定要把七篇分开编成三卷，在宗旨上已经没有可取之处。《朝邑县志》用纸只有十几张，还不够一册，却也把七篇分开编成二卷，那么这怎么解释呢？有人说：这只是细枝末节，和文章大义没有关系，为什么琐屑地计较这些东西呢？不知道这两家正以学有成就的人自命，这类篇题名目，尚且不通晓古人的意思，那么他们的记载和删削，仰慕前代贤人之风，却不估量自己的德行和能力，大概就可以知道了。

书吴郡志后

【题解】

　　南宋著名学者范成大撰《吴郡志》五十卷,分为三十九门。后附汪泰亨增补宋光宗绍熙三年(1192)至宋理宗绍定元年(1228)三十多年之事。《四库全书总目》谓其"征引浩博,而叙述简核,为地志中之善本",历来受到世人重视。章学诚虽然肯定《吴郡志》编纂文笔简洁,编次古雅,然而总体评价是作者不解史法,采用分类纂集之例,而非著作之体。本篇序文具体指摘《吴郡志》编纂疵病,归纳概括出几个方面:一是叙述详郡略县,造成历史沿革不清晰;二是划分门类不合理,各门类排列次序前后不妥当。三是行文体例不一致,导致文义不明确。所以尽管章学诚认为《吴郡志》在宋代方志中矫出时辈,和罗愿《新安志》为其中的佼佼者,但却难以达到方志的最高水平。

　　范成大《吴郡志》五十卷①,分篇三十有九:曰《沿革》,曰《分野》②,曰《户口税租》,曰《土贡》,曰《风俗》,曰《城郭》,曰《学校》,曰《营寨》,曰《官宇》,曰《仓库》,而场务附焉,曰《坊市》,曰《古迹》,曰《封爵》,曰《牧守》③,曰《题名》,曰《官吏》,曰《祠庙》,曰《园亭》,曰《山》,曰《虎邱》④,曰《桥梁》,曰

《川》，曰《水利》，曰《人物》，而列女附焉，曰《进士题名》，曰《土物》，曰《宫观》⑤，曰《府郭寺》，曰《郊外寺》，曰《县记》，曰《冢墓》，曰《仙事》，曰《浮屠》⑥，曰《方技》，曰《奇事》，曰《异闻》，曰《考证》，曰《杂咏》，曰《杂志》。篇首有绍定二年汴人赵汝谈序⑦，言："石湖志成，守具木欲刻。时有求附某事于籍而弗得者，哗曰：'是书非石湖笔也。'守莫敢刻，遂藏学宫⑧。绍定初元⑨，广德李侯寿朋以尚书郎出守⑩。其先度支公嘉言⑪，石湖客也。谒学问故，惊曰：'是书犹未刊耶？'他日拜石湖祠，从其家求遗书，校学本无少异。而书止绍熙三年，其后大建置，如百万仓、嘉定新邑、许浦水军、顾迳移屯等类皆未载⑫。于是会校官汪泰亨与文学士杂议⑬，用褚少孙例⑭，增所缺遗，订其误伪，而不自别为续焉。"又曰："石湖在时，与郡士龚颐、滕成、周南厚⑮，三人数咨焉，而龚荐所闻于公尤多，异论由是作。益公碑公墓⑯，载所为书，篇目可考"云云。其为人所推重如此。今学者论宋人方志，亦推罗氏《新安志》与范氏《吴郡志》为称首，无异辞矣。

【注释】

①范成大《吴郡志》五十卷：据清代卢文弨《宋史艺文志补》著录："范成大《吴郡志》五十卷。"范成大（1126—1193），字致能，号石湖居士，南宋苏州吴县（今江苏苏州）人。宋高宗绍兴二十四年（1154）进士。宋孝宗时期出使金朝，坚强不屈，几乎被杀。撰《揽辔录》，记录出使见闻。历任广西安抚使、四川制置使、参知政事等。晚年退居故乡石湖，以文学自娱，为南宋著名诗人。著有《石湖居士诗集》、《桂海虞衡志》等。

②分野：底本原作"分封"，据范成大《吴郡志》卷一《分野》及《章氏遗书》卷十五《书吴郡志后》改。

③牧守：汉代州郡长官的名称。州官称牧，郡官称守。

④虎邱：苏州名胜古迹。相传吴王阖闾死后葬于此地。有剑池、云岩寺虎丘塔等。

⑤官观（guàn）：道教的道场和祠庙。北宋为崇奉道教而大建官观，并设置官观使，由前任宰相、使相等元老重臣充任，另外还设有提举、提点、主管、判官、都监等官，用来安置闲散官员，没有实际事务和权力。

⑥浮屠：也作"浮图"。梵语音译。语出范晔《后汉书》卷七十二《楚王英传》："晚节更喜黄老，学为浮屠斋戒祭祀。"李贤《注》曰："浮屠，佛也。西域天竺国有佛道焉。佛者，汉言觉也，将以觉悟群生也。"原意指佛和塔，后来也指僧人。

⑦绍定二年汴人赵汝谈序：《吴郡志序》："初，石湖范公为《吴郡志》成，守具木欲刻矣，时有求附其事于籍而弗得者，因哗曰：'是书非石湖笔也。'守惮莫敢辨，亦弗敢刻，遂以书藏学官。愚按风土必志，尚矣。吴郡自阖庐以霸，更千数百年，号称虽数易，常为东南大都会。当中兴，其地视汉扶、冯，人物魁伟，井赋蕃溢，谈者至与杭等，盖亦盛矣。而旧图经芜漫失考，朱公长文虽重作，亦略，是岂非大缺者？何幸此笔属公，条章灿然，成一郡巨典，辞与事称矣。而流俗乃复掩阨使不得行，岂不使人甚太息哉！绍定初元冬，康德李侯寿朋以尚书郎出守，其先度支公嘉言，石湖客也，是以侯习知之。及谒学问故，惊曰：'是书犹未刊邪？'他日拜石湖祠，退以从其家求遗书，得数种，而斯志与焉，校学本无少异。侯曰：'嘻！信是已。吾何敢不力？'而是书止绍熙三年，其后大建置如百万亿仓、嘉定新邑、许浦水军、顾迳移屯等，类皆未载，法当补。于是会校官汪泰亨与文学士杂议，用褚少孙例，增所缺遗，订其脱讹，书用大备，而不自别为续焉。侯喜曰：'是不

没公美矣！亦吾先人志也。'书来属汝谈序，余病谢，弗果。侯重请曰：'吾以是石湖书也，故敢恩子，而子亦辞乎？'余不得已，勉诺。客有问余曰：'或疑书不尽出石湖笔，子亦信乎？'余笑曰：'是固前哗者云也。昔八公徒著道术数万言，书标《淮南》；《通典》亦出众力，而特表杜佑；自古如《吕氏春秋》、《大小戴礼》，曷尝尽出一手哉？顾提纲何人耳。余闻石湖在时，与郡士龚颐、滕宬、周南厚，三人者博雅善道古，皆州之隽民也。故公数咨焉，而龚荐所闻于公尤多，异论由是作。子亦盍观益公碑公墓乎？载其为书，篇目可考，子不信碑而信诞乎？且公盖以文名四方，位二府，余鄙何所系重，余特嘉夫侯之不忘其先，能毕力是书以卒公志，而不自表显焉，是其贤非余言莫能明也。抑余所感，则又有大此者焉。方是书始出也，疑谤横集，士至莫敢伸喙以白；曾未四十年，而向之风波自息灭澌尽，至是无一存者，书乃竟赖侯以传，是不有时数哉？然则世论是非，曷尝不待久而后定乎？此余所以重感也。余诚不足序公，姑以是寄意焉，其亦可乎否也？'疑者唯服。侯父子世儒有闻，其治吴末期，百坠交举，既上此职方氏，将复刊《石湖集》，与白氏《长庆》并行，而改命漕湖北矣。余故并志，以申后觊焉。绍定二年十一月朔，汴人赵汝谈序。"绍定，宋理宗年号，公元 1228—1233 年。赵汝谈（？—1237），字履常，赵宋宗室，故称祖籍为汴（今河南开封）人。宋孝宗淳熙十一年（1184）进士，荫补将仕郎。曾参与拥立宋宁宗。反对朝廷与蒙古开战。官至权刑部尚书。著有《介轩诗集》等。

⑧学官：地方各府、州、县的孔庙，为儒学教官的衙署所在。

⑨绍定初元：宋理宗绍定元年，公元 1228 年。

⑩广德李侯寿朋以尚书郎出守：李寿朋，字傅老，南宋广德（今属安徽）人。历官鄞县县令、太平州知州、池州知州、建康府知府、平江府知府。宋宁宗嘉定十七年（1224），任兴国军知军，因兴国军

(今湖北阳新)古名富川,主修《富川志》三卷。宋理宗绍定六年
(1233),任沿江制置使。宋理宗嘉熙元年(1237),任淮西安抚
使,以受命羁期三月,诏夺三官,建昌军居住。尚书郎,尚书省各
司正副长官郎中、员外郎,通称尚书郎。

⑪度支公嘉言:李嘉言,字圣俞,南宋广德(今属安徽)人。宋孝宗
隆兴初年进士,历任常州知州、饶州知州。曾官度支员外郎。随
范成大出使金朝,参谋机宜。宋孝宗乾道八年(1172),范成大帅
广西,随之赴任。度支,官署名。三国曹魏始置,掌管全国的财
政收支。唐代改称户部,下辖有度支司,设郎中、员外郎,掌管计
算财政收支等。唐代中期又曾专设度支使,主管度支之事。宋
代沿置。宋神宗元丰改制,度支司恢复原来职掌。公,古代对男
子的敬称。

⑫百万仓、嘉定新邑、许浦水军、顾迳移屯:据范成大《吴郡志》卷六
《官宇》记载:"户部百万仓,在阊门里,开禧三年创。"据《吴郡志》
卷三十八《县记》记载:"嘉定县在府东北一百四十里,嘉定十年
置。"嘉定,唐代为昆山县嚜城乡,宋代为练祈市。宋宁宗嘉定十
年(1217)析出置县,以年号为名,隶属平江府(今江苏苏州),故
曰新邑。今属上海市。据《吴郡志》卷五《营寨》记载:"淳熙二
年,建御前许浦水军寨。"许浦在今江苏常熟市东北浒浦镇,为滨
江要地。另据明代王鏊《姑苏志》卷二十五《兵防》记载:"顾迳水
军寨,宝庆元年,许浦都统制吴英请分屯左军,以四千人为额。"
顾迳,在嘉定县东部。

⑬会校官汪泰亨:会校即会集在一起校对书籍。汪泰亨,南宋宣城
(今属安徽)人。曾任湖州府判官、平江府府学教授。

⑭用褚少孙例:沿用褚少孙补司马迁《史记》的成例。

⑮龚颐、滕成、周南:龚颐即龚颐正,字养正。关于其籍贯,一说为
和州历阳(今安徽和县)人,一说为处州遂昌(今属浙江)人,又因

自称楚人,故一说为湖广(今属湖北)人。范成大《吴郡志》卷三十一《官观》则记载:"郡人龚颐正作[天庆观]上梁文。"当是寓居平江府(今江苏苏州)。宋孝宗时期,授和州文学。宋宁宗时期,为国史院检讨官,预修实录。著有《芥隐笔记》等。滕成当为滕宬(1154—1218),字季度,南宋平江府吴县(今江苏苏州)人。宋孝宗淳熙年间,征召就试,不取。后再召不应,朝廷授予廉靖处士之号。周南(1159—1213),字南仲,号山房,南宋平江府吴县(今江苏苏州)人。宋光宗绍熙元年(1190)进士,任池州教授。两度因言论获罪,罢官。著有《山房集》。

⑯ 益公:周必大(1126—1204),字子充,又字洪道,号平园老叟,南宋吉州庐陵(今江西吉安)人。宋高宗绍兴年间进士。历官权给事中、中书舍人,言事不避权贵。任枢密使,整肃军政。孝宗末年,任左丞相。光宗时期,封为益国公。宁宗时期,致仕归乡。著作被后人汇编为《益国周文忠公全集》。

【译文】

范成大撰《吴郡志》五十卷,分为三十九篇:叫做《沿革》,叫做《分封》,叫做《户口税租》,叫做《土贡》,叫做《风俗》,叫做《城郭》,叫做《学校》,叫做《营寨》,叫做《官宇》,叫做《仓库》,而把场务附在里面,叫做《坊市》,叫做《古迹》,叫做《封爵》,叫做《牧守》,叫做《题名》,叫做《官吏》,叫做《祠庙》,叫做《园亭》,叫做《山》,叫做《虎丘》,叫做《桥梁》,叫做《川》,叫做《水利》,叫做《人物》,而把列女附在里面,叫做《进士题名》,叫做《土物》,叫做《宫观》,叫做《府郭寺》,叫做《郊外寺》,叫做《县记》,叫做《冢墓》,叫做《仙事》,叫做《浮屠》,叫做《方技》,叫做《奇事》,叫做《异闻》,叫做《考证》,叫做《杂咏》,叫做《杂志》。篇目前面有绍定二年开封人赵汝谈作的序,说:"范石湖郡志编成以后,郡太守准备镂板将要刻印,当时有请求把某事加进书里面而没有办成的人,喧哗吵嚷说:'这部书不是石湖的文笔。'郡守不敢刻印,于是收藏在府学里。绍定元年,广德人李寿朋以尚书郎出守吴郡,他的先人度支员外郎李嘉言,是石湖的宾客。他拜谒学官询问掌故,诧异地说:'这部书还没有刻印吗?'过些日子祭拜石湖祠,从石湖家中求得遗书,和府学藏本核对没有多少差异。而志书截止绍熙三年,以后的大设置,像百万仓、嘉定新县、许浦水军、顾迳移屯之类都没有记载,于是会校官汪泰亨和有才学的士人共同商议,袭用褚少孙补《史记》的例子,增添书中所缺少遗漏的史事,订正原书的差错,而不自己另外再作续志。"又说:"石湖在世的时候,和郡内士人龚颐、滕成、周南交情深厚,屡次询问三人,而龚进呈所闻给范公特别多,书不是石湖之作的说法由此产生。周益公为范公墓作碑文,记载有他所作的书,篇目可以查考"等等。这部书竟然如此被人推重。当今学者评论宋人方志,也推举罗氏《新安志》和范氏《吴郡志》为第一,没有不同意见了。

　　余谛审之,文笔亦自清简;后世方志庸猥之习,彼时未开,编次亦尔雅洁。又其体制详郡而略县,自《沿革》、《城池》、《职官》、《题名》之属,皆有郡而无县。《县记》二卷,则但记官署,间及署中亭台,或取题石记文而无其名姓,体参差不一律。此则当日志例,与近日府志之合州县志而成者,迥不相同。余别有专篇讨论其事①,此固可无论也。第他事详郡略县,称其体例可也;《沿革》有郡无县,则眉目不分矣。宜其以平江路府冒吴郡之旧称②,冠全志而不知其谬也。且《沿革》叙入宋代,则云:"开宝元年,吴越王改中吴军为平江军。太平兴国三年,钱俶纳土。"考史,是时改苏州矣,而志文不著改州。下突接云:"政和三年,升苏州为平江府。"③上无苏州之文,忽入升州为府,文指亦不明矣。通体采掇史籍及诗文、说部,编辑而成,仍注所出于本条下,是足为纂类之法，却非著作体也。《风俗》多撤吴下诗话④，间亦考订方音⑤，是矣。徐祐辈九老之会⑥，章岵辈耆英之会⑦，皆当日偶为盛事，不当入《风俗》也。《学校》在四卷，《县记》在三十七八卷；县治官宇，既入《县记》，而《学校》兼志府县之学，是未出县名而先有学矣。《坊市》不附《城郭》，而附《官宇》，亦失其伦。提点刑狱司、提举常平盐茶司题名⑧，不入《牧守》、《题名》本类，而附见《官宇》之后，亦非法度。提点刑狱题名，皆大书名姓于上，而分注出身与来去年月于下⑨；提举常平盐茶，皆大书官阶、名姓于上，而分注任事年月于下，亦于体例未画一也。《牧守》载有名人，而《题名》反著于后，是倒置矣。《官吏》不载品制、员额⑩，而但取有可传者，亦为疏略。功曹掾属⑪，与令长相间杂次，亦嫌令长之名在《县记》之先也。《古迹》与《祠庙》、《官宇》、《园亭》、《冢墓》、《宫观》、《寺》、《山》、《川》等，颇相混乱。别出《虎邱》一门于《山》之外⑫，不解类例牵连详略互注之法，则触手皆荆棘矣。

【注释】

①余别有专篇讨论其事：见前文《为张吉甫司马撰大名县志序》。

②平江路府：元世祖至元十三年（1276），升平江府为平江路，治所在今江苏苏州市。辖境相当于今江苏苏州、常熟、吴江、吴中、昆山、太仓等市区和上海嘉定、宝山等区。

③政和三年，升苏州为平江府：语出范成大《吴郡志》卷一《沿革》："乾宁之后，属钱氏吴越国……唐同光二年，升苏州为中吴军。晋天福五年，割嘉兴县为秀州。本朝开宝八年，改中吴军为平江军。太平兴国三年，钱俶纳土。政和三年，以徽庙节镇之所，升

苏州为平江府。"乾宁,唐昭宗年号,公元 894—898 年。同光,后唐庄宗李存勖年号,公元 923—926 年。开宝,宋太祖年号,公元 968—976 年。太平兴国,宋太宗年号,公元 976—984 年。政和,宋徽宗年号,公元 1111—1118 年。钱俶(929—988),五代时期吴越国王。在位三十年。北宋建立后,向宋称臣。宋太宗太平兴国三年(978),把割据的吴越之地献给宋朝。国除以后,被封为邓王。

④《风俗》多摭吴下诗话:据范成大《吴郡志》卷二《风俗》记载:"《白纻舞》。按舞辞有'巾袍'之言,纻本吴地所出,宜是吴舞也。晋俳歌曰:'皎皎白绪,节节为双。'吴音呼绪为纻,疑白绪即白纻也。(《古今乐录》)"

⑤间亦考订方音:据范成大《吴郡志》卷二《风俗》记载::"吴语谓来为厘,本于陆德明'贻我来牟','弃甲复来',皆音厘。德明吴人,岂遂以乡音释注,或自古本有'厘'音耶? 吴谓'罢'必缀一'休'字,曰罢休。《史记》吴王谓孙武曰:'将军罢休。'盖亦古有此语。"

⑥徐祐辈九老之会:据范成大《吴郡志》卷二《风俗》记载,北宋仁宗庆历年间,都官员外郎徐祐与少卿叶参德高望重,告老还乡之后,相约筹办九老会,结果聚会者只有五人。徐祐,字受天,官至左司员外郎,以清白著称。晚年居苏州,优游自适,年七十五卒。

⑦章岵辈耆英之会:据范成大《吴郡志》卷二《风俗》记载,苏州九老会后来改名耆英会,也叫率真会。宋神宗元丰年间,章岵知苏州,与诸老会集,共有卢革仲、黄挺、程师孟、郑方平、闾丘孝终、章岵、徐九思、徐师闵、崇大年、张诜十人,总共七百四十六岁,平均年龄在七十岁以上。章岵(1013—?),字伯望,北宋建安(今属福建)人。宋仁宗宝元年间进士。宋神宗元丰年间任苏州知州。

⑧提点刑狱司、提举常平盐茶司:宋代提点刑狱司简称提刑司或宪

司,掌管一路司法刑狱、巡察等事务。提举常平盐茶司为南宋高宗绍兴年间由提举常平司与提举茶盐司合并而成。原来的提举常平司掌管一路役钱、青苗钱、义仓、水利等事务。简称仓司或庾司。原来的提举茶盐司掌管茶、盐事务。

⑨出身:个人最早的身份和经历。科举时代则称中式科第为出身,是做官的最初资历。

⑩品制:语出《旧唐书》卷十二《德宗纪》:"诏以梁州为兴元府,郑县为赤畿,官名品制视京兆、河南。"即官员的制度和品级。

⑪功曹:州郡佐官,掌管考查记录功劳。

⑫别出《虎丘》一门:据范成大《吴郡志》卷十六《虎丘》记载:"虎丘山又名海涌山,在郡西北五里。遥望平田中一小丘……比入山,则泉石奇诡,应接不暇。其最者,剑池千人坐也。剑池,吴王阖庐葬其下,以扁诸、鱼肠等剑各三千殉焉,故以剑名池。葬之三日,有白虎踞其上,故山名虎丘。"

【译文】

我仔细察看这部志书,文笔也自然清洁简约;后世方志平庸猥滥的习气,那时还没有开创,编排也雅致简洁。另外它的体制是叙述郡详细而叙述县简略,从《沿革》、《城池》、《职官》、《题名》各类以下,都有郡而无县。《县记》二卷,就仅仅记官署,偶尔涉及官署中的亭台,有的取自题在石壁上的记文而没有作者姓名,体例参差不齐。这就是当时方志的体例,和近来合并州县方志而纂成的府志,大不相同。我另外有专篇探讨这件事,这里自然可以不谈论。只是其他事情叙述郡详细而叙述县简略,可以称为符合体例;《沿革》有郡而无县,那就眉目不分了。怪不得他用平江路府的辖区来包括吴郡的旧称,当做全志的书名而不知道这样做的错误。况且《沿革》叙述到宋代,就说:"开宝元年,吴越王把中吴军改成平江军。太平兴国三年,钱俶献纳领土。"考查史书,这时改称苏州了,而志文不记载改州的事情。下面突然接着说:"政和三年,升苏州为平江府。"上面没有说明苏州的文字，忽然插入升州为府，文意也就不明白了。整部方志采集史书以及诗文、笔记小说，编辑成书，仍然在本条下注明引文出处，这样作为分类纂集的方法足够了，却不是著作的体裁。《风俗》大多采集吴地诗话，偶尔也考订方言，这就对了。徐祐等人的九老会，章岵等人的耆英会，都是当时偶然形成的盛事，不应该收进《风俗》。《学校》在第四卷，《县记》在第三十七到三十八卷；县衙官舍，已经收入《县记》之中，而《学校》同时记载府、县的学校，这是县名还没有出现却先有学校了。《坊市》不接续《城郭》，而接续《官宇》，也失于不伦不类。提点刑狱司、提举常平盐茶司的题名，不收进《牧守》、《题名》本身的门类，而附录在《官宇》的后面，也没有法度。提点刑狱题名，都在前面用大字书写姓名，而在下面分注出身和到任离任年月；提举常平盐茶题名，都在前面用大字书写官阶、姓名，而在下面分注在任年月，在体例上也没有整齐划一。《牧守》记载有姓名的人，而《题名》反而放在后面，这是本末倒置了。《官吏》不记载官职品级和官员名额，而只是选取有事迹可以流传的人，也算是疏略。州县的功曹属官，和长官互相间隔交错排列，也嫌州县长官的姓名在《县记》的前面出现。《古迹》和《祠庙》、《官宇》、《园亭》、《冢墓》、《宫观》、《寺》、《山》、《川》等门类，颇为相互混杂。在《山》门之外，另列出《虎丘》一门，不懂得类别相互关联而详细和简略互相标注的方法，就像随手都能触摸到荆棘一样了。

　　《人物》不自撰著，裁节史传，亦纂类之例也。依次编为八卷，不用标目分类，尚为大雅。然如张、顾大族，代有闻人，自宜聚族为篇，一族之中，又以代次可也。乃忽分忽合，时代亦复间有颠倒，不如诸陆之萃合一编，前后不乱。岂今本讹错，非范氏之原次欤？《仙事》、《浮屠》、《方技》，亦人物之支流，纵欲严其分别，亦当次于《人物》之后，别其题品可也。今于《人物》之后，间以《进士题名》、《土物》、《宫观》、《府郭寺》、《郊外寺》、《县记》、《冢墓》，凡十二卷后，忽出《仙事》以下三门，遂使物典人事，淆杂不清，可谓扰而不精之甚者矣。《土物》搜罗极博，证事亦佳。但干将、莫邪、属镂之剑①，吴鸿、扈稽之钩②，传记所载一时神物③，亦复难以尽信；今概入之《土物》，非其类矣。《奇事》一卷，《异闻》三卷，细勘实无分别。《考证》疏而不至于陋。诗赋杂文，既注各类之下，又取无类可归者，别为《杂咏》一门，虽所收不恶，亦颇嫌漫漶无当也。每见近人修志，识力不能裁断，而又贪奇嗜琐，不忍割爱，则于卷末编为《杂志》，或曰《余编》。盖缘全志分门，如布算子，无复别识心裁，故于事类有难附者，辄为此卷，以作蛇龙之菹，甚无谓也。今观范氏志末，亦为《杂志》，则前辈已先导之。其实所载，皆有门类可归，惜范氏析例之不精也。其五十卷中，官名、地号之称谓非法，人氏、名号之信笔乱填，盖宋人诗话家风，大变史文格律；其无当于方志专家，史官绳尺，不待言矣。其所以为世所称，则以石湖贤而有文，又贵显于当时；而蠲裁笔削，虽不合于史法，亦视近日猥滥庸妄一流，固为矫出，得名亦不偶然也。然以是为方志之佳，则不确矣。

【注释】

①干将、莫邪、属镂：均为吴国剑名。据赵煜《吴越春秋》卷二《阖闾内传》记载，春秋时期吴国的干将、莫邪夫妇善于铸剑，为吴王阖闾铸造阴阳二剑，阳剑取名干将，阴剑取名莫邪，锋利无比，自己留下阳剑，把阴剑献给吴王。又据赵煜《吴越春秋》卷三《夫差内

传》记载，吴王听说伍子胥怨恨自己，命人送给他属镂之剑，令其
自尽。

②吴鸿、扈稽：均为吴国兵器名。据赵煜《吴越春秋》卷二《阖闾内
传》记载，吴国有个善于铸钩的人，杀其二子吴鸿、扈稽，以人血
涂拭金属，铸成二钩，献给吴王阖闾。

③神物：语出《周易·系辞上》："是兴神物，以前民用。"指神异奇特
之物。

【译文】

《人物》不是自己撰写，而是节取史书的传记，也是分类纂集的体
例。按照时代顺序编成八卷，不用标注名目来分类，还算是雅正。然而
像张、顾等大家族，世代都有出名的人，自然应当聚集家族成篇，一个家
族之中，又按照世代次序排列就可以。却忽而分开忽而合并，时代也偶
然有颠倒，不如各位陆姓的人汇集成一编，前后顺序不乱。难道是今本
有差错，不是范氏的原编顺序吗？《仙事》、《浮屠》、《方技》，也是人物的
支流，纵然想要严格分别，也应当排列在《人物》的后面，区别开它们的
名目就行了。现在在《人物》的后面，间隔着《进士题名》、《土物》、《宫
观》、《府郭寺》、《郊外寺》、《县记》、《冢墓》，总共十二卷之后，忽然列出
《仙事》以下三门，于是使事物的典故和人物的事迹，彼此混杂不清，可
以说是非常纷乱而不清晰了。《土物》搜罗得极其丰富，例证也好，只是
干将、莫邪、属镂之剑，吴鸿、扈稽之钩，传记所记载的某个时代的神奇
物品，也难以完全相信，现在一律收进《土物》，不是同一类性质了。《杂
事》一卷，《异闻》三卷，仔细考察实际上没有区别。《考证》粗疏却还不
到庸陋的地步。诗赋和杂文，已经附注在各类之下，又选取没有类别可
以归属的内容，另外专列《杂咏》一门，虽然收进的内容不算恶滥，也颇
嫌模糊而不恰当。常常见近人编修方志，认识和能力不足以裁断，而又
贪图猎奇和嗜好细碎，不忍心割爱，就在卷末编成《杂志》，或者叫做《余
编》。大概由于整部方志分门别类，如同密布算筹，不再有独特见识与

内心裁断,所以对事类有难归属的东西,就做成这类篇卷,用来当做龙蛇聚集的草泽,实在没有意义。现在看范氏方志的末尾,也设立《杂志》,那是由于前辈已经引路了。实际上篇中所记载的内容,都有门类可以归属,可惜范氏区分类例不精确。这五十卷中,官名、地名的称呼不合规则,人物、名号随笔乱填,大概是宋人诗话家的风气,大大改变史书文字的法则;这样就不符合方志专门一家,史家著作准则,不需要明说了。这部书被世人称道的缘故,就是因为石湖贤明而有文才,又在当时尊贵显赫;而且剪裁删削,虽然不符合史学方法,也比近来杂滥浅陋的一类方志,确实表现突出,得到好名声也不是偶然。然而把它当做方志中的佳作,就不确切了。

书姑苏志后

【题解】

明代王鏊撰《姑苏志》，成书于明孝宗弘治年间。全书共六十卷，篇首设置《沿革》、《守令》、《科第》三表，下面分三十一个门类。清代《四库全书总目》称其"繁简得中，考核精当，在明人地志之中，犹为近古"。章学诚指出方志使用古地名作书名并不妥当，批评王鏊以姑苏命名不合理，地名、职官不宜用古称概括今称，以致名实不符。同时还指出全书分卷内容多寡不均，篇目分合没有体例的缺陷。他认为全书最荒谬可笑的地方，就是卷首的三篇表。因为有些情况下不需作表，可以区分条目排列，或者分类记载，就可以做到眉目清晰。究其原因，章学诚认为是作者暗于史裁，以文人修志的缘故，故得出文人不能修志的结论。

王鏊《姑苏志》六十卷①，首《郡邑沿革》，次《古今守令》，次《科第》，皆为之表；次《沿革》，次《分野》，次《疆域》，次《山》，次《水》，次《水利》，次《风俗》，次《户口》，次《土产》，次《田赋》，次《城池》，次《坊巷》，次《乡都》②，次《桥梁》，次《官署》，次《学校》，次《兵防》，次《仓场》③，次《驿递》④，次《坛庙》，次《寺观》，次《第宅》，次《园池》，次《古迹》，次《冢墓》，次《吴世家》，附封爵、氏族，次《平乱》，次《宦绩》⑤，次《人物》，而《人物》之中，分名臣、忠义、孝友、儒林、文学、卓行、隐逸、荐举、艺术、杂技、游寓、列女、释老⑥，凡一十三类；殿以《纪异》、《杂事》。而卷次多寡，不以篇目为齐。《名宦》分卷为六，《人物》中之名臣分卷为十，而忠义与孝友合为一卷，儒林与文学合为一卷，《仓场》与《驿递》合为一卷，如此等类，不一而足。总六十卷，亦约略纸幅多寡为之，无义例也。《苏志》名义不一⑦，即范氏成大以苏州为《吴郡志》，已失其理，而前人惟讥王氏不当以苏州府志为《姑苏志》，所谓贵耳而贱目也。然郡县志乘，古今卒鲜善本。如范氏、王氏之书，虽非史家所取，究于流俗恶烂之中，犹为矫出。今本《苏州府志》之可取者多，亦缘所因之故籍足采撷也。然有荒谬无理，不直一笑，虽末流胥吏，略解文簿款式，断不出于是者，如发端之三表是也。

【注释】

①王鏊(áo)《姑苏志》：据《明史》卷九十七《艺文志》著录："王鏊《姑苏志》六十卷。"王鏊(1450—1524)，字济之，明代吴县(今江苏苏州)人。明宪宗成化十一年(1475)进士，授官翰林院编修。明武宗正德初年，以吏部左侍郎入内阁，旋迁户部尚书、文渊阁大学士。不满宦官刘瑾专权，求退赋闲，家居十余年而卒。姑苏，苏州西南三十里有姑苏山，相传吴王阖间在山上筑姑苏台，古人因以山名称呼苏州。

②乡都：行政区划单位。历代管辖范围不尽相同。唐、宋以来县下分乡，乡下分里，里下分都。

③仓场：古代官府收纳粮食或其他物资的仓库和场务。

④驿递：古代官府传递文书的车马和驿站。汉、唐时代规定三十里置一驿，设驿长、驿丞等官。

⑤宦绩：官员在职期间的政绩。

⑥杂技：各类杂色技艺，包括星相、占卜等。游寓：游历寄居。

⑦名义不一：《章氏遗书》卷十四《书姑苏志后》作"名义不正"。

【译文】

王鏊撰《姑苏志》六十卷，首篇《郡邑沿革》，其次《古今守令》，其次《科第》，都编制成表；其次《沿革》，其次《分野》，其次《疆域》，其次《山》，其次《水》，其次《水利》，其次《风俗》，其次《户口》，其次《土产》，其次《田赋》，其次《城池》，其次《坊巷》，其次《乡都》，其次《桥梁》，其次《官署》，其次《学校》，其次《兵防》，其次《仓场》，其次《驿递》，其次《坛庙》，其次《寺观》，其次《第宅》，其次《园池》，其次《古迹》，其次《冢墓》，其次《吴世家》，附录封爵、氏族，其次《平乱》，其次《宦绩》，其次《人物》，而《人物》之中，分名臣、忠义、孝友、儒林、文学、卓行、隐逸、荐举、艺术、杂技、游寓、列女、释老，共十三类；最后是《纪异》、《杂事》。而卷数的多少，并不根据篇目取齐。《名宦》分成六卷，《人物》中的名臣分成十卷，而把忠义与孝友合成一卷，儒林与文学合成一卷，《仓场》与《驿递》合成一卷，像这样的例子，还有很多。总共六十卷，也是估量纸张多少来分卷，没有体例。《苏州志》名称和义例都不统一，就像范成大把苏州的方志称为《吴郡志》，已经不合情理，而前人仅仅指责王氏不应当把苏州府的方志称为《姑苏志》，这就是人们所说的重视传闻而轻视亲眼所见。然而郡县志书，从古到今终究缺少优秀著作。像范氏、王氏的书，虽然不被史学家所注重，毕竟在庸俗低劣的作品当中，还算超出同类。现在的《苏州府志》可取的地方很多，也是由于所依据的昔日志书足够采集材料。然而王氏的书也有荒谬无理，不值得一笑的地方，即使是末流胥吏，稍微懂得文书格式，也绝对不会这样做，例如开端的三表就是如此。

　　表一曰《郡邑沿革》，以府县为郡邑，其谬不待言矣。表以州、国、郡、军、府、路为目①，但有统部、州、郡而无县邑，无论体例不当，即其自标郡邑名目，岂不相矛盾耶？且职官有知县，而沿革无县名，不识知县等官何所附耶？尤可异者，表之为体，纵横以分经纬；盖有同年月而异地，或同世次而异支，所谓同经异纬，参差不齐，非寻常行墨所能清析，故藉纵横经纬以分别之。如《守令表》，必以郡之守、丞、判、录②，县之令、丞、簿、尉③，横列为经；而以朝代年月，纵标为纬。后人欲稽莅任年月，由纵标而得其时世，由横列而知某守、某令、某丞、某录，或先或后，或在同时，披表如指掌也。假有事出先后，必不同时，则无难列款而书，断无经纬作表之理。表以州、国、郡、军、府、路分格。夫州则苏州也，国则吴国也，郡则吴郡也，军、府、路则平江路府也，此皆一苏州府地先后沿革之名；称吴国时并无苏州，称苏州时并无吴郡，称吴郡时并无平江路府；既无同时异出参差难齐之数，则按款罗列，阅者自知。今乃纵横列表，忽上忽下，毫无义例，是徒乱人耳目；胥吏文簿，不如是颠倒也。《古守令表》以太守、都尉、权摄分格④。夫太守、都尉，固有同官年月；至于权摄，犹今之署印官也。有守即无权守，有尉即无摄尉；权摄官与本官，断无同时互见之理，则亦必无纵横列表之法。今分列格目，虚占篇幅，又胥吏之所不为也。职官列表，当以时制定名；守令之表，当题《府县官表》，以后贯前可也。今云《古守令表》，于文义固无碍矣；至于《今守令表》，则今乃指时制而言也，仍以守令称明之知府、知县，名实之谬，又不

待言矣。府官但列知府，而削同知以下；县官但列知县，而削丞、簿之属，此何说也？又表有经纬；经纬之法，所谓比其类而合之，乃是使不类者从其类也。故类之与表，势不两立。表则不能为类，类则无所用表，亦胥吏之所通晓也。《科第》之表，分上中下，以古今异制，简编繁重，画时代以分卷可也。其体自宜旁书属籍为经，上书乡会科年为纬⑤。举人、进士，皆科第也；今乃以科第为名，而又分举人、进士列为二表，是分类之法，非比类也。且第进士者，必先得举人，今以进士居前，举人列后，是于事为倒置，而观者耳目且为所乱，又胥吏所不为也。凡此谬戾，如王氏鏊，号为通人，未必出其所撰；大抵暗于史裁，又浸渍于文人习气⑥，以表无文义可观，不复措意，听一时无识之流，妄为编辑，而不知其贻笑识者，至如是也。故曰文人不可与修志也。

【注释】

①州、国、郡、军、府、路：古代地方行政区划名称。以《姑苏志》为例，所谓州指苏州，国指吴国，郡指吴郡，军指苏州军额平江军节度，府指平江府，路指平江府路，分别为春秋至元代各个时期的名称。

②郡之守、丞、判、录：古代州郡官员。守指郡守，宋代用来称呼知府、知州。丞指府丞。判指通判和判官。录指录事参军，明、清无此官。

③县之令、丞、簿、尉：古代县级官员。令指县令，宋代以京朝官宰县称作知县。丞指县丞。簿指主簿。尉指县尉，明、清设典史，相当于县尉。

④都尉、权摄：秦、汉时期辅佐郡守掌管军事的武官，秦代称作郡

尉,汉代称作都尉。权摄,古代由于铨选途径不畅以及路途遥远等缘故,在正官没有到任之前,暂时由他官代理职务。

⑤乡会科年:据《清会典》卷三十一《礼部》记载:"凡试有定期。岁在子、卯、午、酉,以八月乡试;丑、辰、未、戌,以三月会试。"

⑥浸渍(jìn zì):语出《古文苑》卷八《汉孔融·临终诗》:"三人成市虎,浸渍解胶漆。"比喻累积而沾染的影响。

【译文】

第一个表叫做《郡邑沿革》,把府县称为郡邑,这种错误就不用说了。表把州、国、郡、军、府、路作为格目,只有统部、州、郡而没有县,不要说体例不恰当,就是他自己标署的郡县名目,难道不自相矛盾吗?况且职官有知县,而沿革无县名,不知道知县等官归属到什么地方呢?尤其值得诧异的是,表作为一种体例,纵横排列来区分经纬,大概有同一年月而地区不同,或者同一世系而支派不同,就是所说的同经异纬,参差不齐,不是平常文字所能够表达清楚,所以借助纵横经纬来区别它们。例如《守令表》,一定要把郡的太守、郡丞、通判、录事参军,县的县令、县丞、主簿、县尉,横行排列当做经,而把朝代年月,纵行标著当做纬。后人想要查验到任年月,由纵行标著而得知此人时世,由横行排列而知道某守、某令、某丞、某录事参军,有的在先有的在后,有的在同一时期,翻阅表就像指着手掌一样便利。假如有事情先后发生,一定不在同一时期,就不难开列条目而记载,断然没有经纬作表的理由。表用州、国、郡、军、府、路分格。州就是苏州,国就是吴国,郡就是吴郡,军、府、路就是平江路府,这些都是一个苏州府地域先后沿革的名称;称吴国时期并没有苏州,称苏州时期并没有吴郡,称吴郡时期并没有平江路府;既然没有同时出现异称参差难齐的情况,那就按照条目罗列,阅览的人自然知道。现在却纵横列表,忽上忽下,毫无宗旨和体例,这不过是扰乱人耳目;胥吏的文簿,也不像这样颠倒。《古守令表》用太守、都尉、权摄分格。太守、都尉,自然有同时任官年月;至于权摄,如同现在的署印官。有守就没有权守，有尉就没有摄尉；权摄官和本官，断然没有同时并见的道理，那么也一定不需要纵横列表的方法。现在分别列出格目，白白地占用篇幅，又是胥吏所不做的事情。职官列表，应当依据当时制度确定名称；守令的表，应当题作《府县官表》，用后代贯穿前代就行了。现在叫做《古守令表》，在文义上本来没有妨碍；至于《今守令表》，那么"今"是指现时制度而言，仍然用守、令称呼明代的知府、知县，名称和实际不符合的谬误，又不用再说了。府官只列知府，而削去同知以下的官职；县官只列知县，而削去县丞、主簿之类，这有什么说法呢？另外表有经纬，经纬的方法，就是所说的并列排比同类而聚集它们，这是让不成类的内容归属它那一类。所以分类和列表，势不两立。作表就不能按类排列，按类排列就用不着表，这也是胥吏都知道的事情。《科第表》分上中下，因为古今制度不同，篇幅数量众多，划分时代来分卷也可以。它的体例自然应该旁边记载籍贯作经，上边记载乡试与会试科目年月作纬。举人、进士，都是科举及第；现在用科第作为名称，而又分举人、进士列为两篇表，这是分类的办法，不是并列排比同类。况且中进士等第的人，一定先中举人；现在把进士排列在前面，举人排列在后面，这对事理来说是本末倒置，而观览的人耳目将被扰乱，又是胥吏所不做的事情。凡是这些谬误乖戾，就像王鏊，号称是通人，不一定语出他的手笔；大概昧于史书裁断，又熏陶沾染了文人习气，认为表没有文义可供观览，不再留意，听任同时没有见识的一类人，妄自胡乱编辑，而不知道他们给有见识的人留下笑柄，到了这样的程度。所以说文人不可以参与修志。

至于官署建置，亭楼台阁，所列前人碑记序跋，仍其原文可也。志文叙述创建重修，一篇之中，忽称为州，忽称为郡，多仍范《志》原文[①]；不知范《志》不足法也。按宋自政和五年以前，名为苏州，政和五年以后，名为平江路府[②]；终宋之世,无吴郡名③。范《志》标题既谬,则志文法度,等于自郐无讥。王氏不知改易,所谓谬也。

【注释】

①范《志》:范成大所撰《吴郡志》。

②政和五年以后,名为平江路府:两处所言不正确。据《宋史》卷二十一《徽宗纪》记载:政和三年五月"丙申,升苏州为平江府"。宋代隶属两浙路。另据《元史》卷六十二《地理志》记载:"宋为平江府。元至元十三年升平江路。"元代隶属江浙等处行中书省。

③终宋之世,无吴郡名:两汉时期吴郡治吴县(今江苏苏州),隶属扬州,辖境相当于今江苏长江以南、浙江建德市以下钱塘江两岸地区。三国吴以后辖境逐渐缩小。南朝梁、陈改属吴州。隋文帝开皇九年(589)废。唐代中叶曾经一度改苏州为吴郡。北宋徽宗政和三年(1113)以前称为苏州,以后称为平江府,没有吴郡之称。

【译文】

至于官府署衙建置,修建亭台楼阁,所列入的前人碑记序跋,沿用它们的原文就可以了。志文叙述创建、重修的情况,一篇文章里面,忽而称为州,忽而称为郡,大多沿用范成大《吴郡志》的原文,却不知道范成大《吴郡志》不值得效法。考察宋代自政和五年以前称为苏州,政和五年以后称为平江路府,整个宋代,没有吴郡的名称。范成大《吴郡志》标著名称既然错误,那么志文的法度,相当于从《郐风》以下不值得评论。王氏不知道改变,就是所说的谬误。

又叙自古兵革之事,列为《平乱》一门①,亦不得其解也。山川田赋、坊巷风俗、户驿兵仓,皆数典之目;宦迹流寓、人物列女，皆传述之体。《平乱》名篇，既不类于书志数典，亦不等于列传标人，自当别议记载，务得伦序；否则全志皆当改如记事本末，乃不致于不类之讥[②]。然此惟精史例者，始能辨之，尚非所责于此志也。其余文字小疵，编摩偶舛，则更不足深求矣。《苏志》为世盛称，是以不得不辨，非故事苛求，好摭先哲也[③]。

【注释】

①列为《平乱》一门：据王鏊《姑苏志》卷三十六《平乱》记载："苏为东南乐土，自秦以来，亦或有乘时跳梁，倡变阶祸，而皆败不旋踵，岂亦地势使然乎？今考诸史，质诸旧闻，书之册，乱臣贼子，可以戒矣。"

②不类之讥：语出《左传·襄公十六年》："晋侯与诸侯宴于温，使诸大夫舞，曰：'歌诗必类！'齐高厚之诗不类。"杜预《注》曰："齐有二心故。"孔颖达《疏》曰："歌古诗，各从其恩好之义类。高厚所歌之诗，独不取恩好之义类。故云齐有二心。"另据宋代洪适《盘洲文集》卷六十三《跋李运使瑞芝颂》曰："所作妥然若成一笔，无齐人不类知讥，非深于《诗》者能之乎？"

③摭(zhí)：掎(jǐ)摭，捃(jùn)摭。意为摘取，指摘。

【译文】

此外叙述自古战争的事情，列为《平乱》一门，也不知道这怎么解释。山川田赋、坊巷风俗、户口驿递与兵防仓场，都属于列举典章制度的题目；宦迹流寓、人物列女，都属于传述的体例。用《平乱》作为篇题，既不和书志的列举典章制度相似，也不和列传的标举人物相同，自然应当另外斟酌记载，务必使得有条理；否则整部方志都应当改成像纪事本末体一样，才不会招致不属同类的指责。然而这只有精通史书体裁的人,才能区别它们的含义,还不是对这部方志的要求。其余文字上的小毛病,编辑当中的偶尔错误,就更不值得深究了。《姑苏志》被世人极力称赞,所以不得不加以辨析,并不是故意做出苛刻的要求,喜欢指摘先哲。

书滦志后

【题解】

明代湖广应城人陈士元任滦州知州期间，编撰《滦州志》十一卷。清代康熙年间，滦州知州侯绍岐依例续补。章学诚指出，《滦州志》的编纂者沾染明人不读书而猎奇的风气，不切实际地模仿《春秋》经传，记事矫诬迂怪，不近人情。书中采用编年体裁记事，把明朝分为"我朝"和"中兴"两个阶段，而以明世宗嘉靖二十九年（1550）作为分界线，不知道根据何在。另外分类没有章法，职官、科举人物载入编年之中，而其他各类人物却不收入。尤其是侯绍岐续书记载明代史事而使用清代年号，更加荒谬。这些大都涉及方志体例方面的问题，针砭深刻，足见章学诚对方志体例及其性质的高度重视，对后人具有深刻启发意义。

家存《滦志》四帙，板刻模糊，脱落颠倒，不可卒读；盖乾隆四十七年，主讲永平①，故滦州知州安岳蔡君薰②，欲属余撰辑州志，因取旧志视余，即其本也。按《明史·艺文志》，有陈士元《滦州志》十一卷③。陈字养吾，湖广应城人，嘉靖甲辰进士④，历滦州知州，有盛名；著述甚富，多见《明志》，而史不列传。《应城县志》有传而无书目；然县人士至今犹侈言之。余少侨应城⑤，求其所著，一无所见。闻前知县江浦金嶒⑥，尽取其家藏稿以去，意甚惜之。今此志尚称陈君原本。康熙中，知州侯绍岐依例续补⑦，虽十一卷之次，不可复寻，而门类义例，无所改易。篇首不知何人撰序，有云："昔宦中州⑧，会青螺郭公议修《许州志》⑨。公曰：'海内志书，李沧溟《青州志》第一⑩，其次即为《滦志》。'"似指陈君原本而言。其书与人，均为当世盛称，是以侯君率由而不敢议更张也。今观其书，矫诬迂怪，颇染明中叶人不读书而好奇习气；文理至此，竟不复可言矣。陈君以博赡称，而《滦志》庸妄若此，其他著述，不知更如何也。而郭青螺氏又如此妄赞，不可解矣。

【注释】

① 乾隆四十七年，主讲永平：据《章氏遗书》卷二十三《蔡滦州哀辞》记载："余主永平书院，一时官永平者，多好文学，与余无不善也……惟滦州知州蔡君……英姿飒爽，气豪一世……乾隆四十七年壬寅，余至永平，君一见如素。"永平，明代置永平府，清代沿置。治所在卢龙县（今属河北）。滦州，治所在今河北滦县。

② 安岳蔡君薰：据《章氏遗书》卷二十三《蔡滦州哀辞》记载："君讳薰，字涵斋，生雍正七年己酉月正元日，卒乾隆戊申夏，其月日不知也，得年甫六十云。"安岳，春秋、战国时代为巴蜀之境；北周建德四年（575）置安岳县，隶属普州。隋代隶属资阳郡。清代隶属潼川府。今属四川省。

③ 陈士元：字心叔，一字养吾，明代湖广应城人（今属湖北）。明世宗嘉靖二十三年（1544）进士。官至滦州知州。著有《易象钩解》、《五经异文》、《孟子杂记》、《荒史》、《梦林元解》等书。湖广，

明代湖广包括今湖北、湖南两省。

④嘉靖：明世宗年号，公元 1522—1566 年。甲辰，明世宗嘉靖二十三年，公元 1544 年。

⑤余少侨应城：据《章氏遗书》卷二十三《李清臣哀辞》记载："初，先子于乾隆辛未官应城知县……丙子，先子罢县，贫不能归，侨家故治，又十许年。"辛未，清高宗乾隆十六年（1751），章学诚之父章镳任应城知县，章学诚随父至应城，时年十四岁。丙子，乾隆二十一年（1756），章镳罢官，仍居应城十余年。

⑥江浦金嶒（céng）：清代江南江浦（今属江苏）人。清世宗雍正八年（1730）进士，官应城知县。擅长书法篆刻。

⑦侯绍岐：清代长安（今陕西西安）人。清世祖顺治十三年（1656）副榜，历任三原县知县、仙游县知县、滦州知州等官。

⑧中州：古代豫州地处九州中间，故称中州。今河南省一带为古代豫州之地，故相沿称河南为中州。也泛指黄河中游地区。

⑨青螺郭公议修《许州志》：郭子章（1542—1618），字相奎，号青螺，自号蠖衣生，明代泰和（今属江西）人。明穆宗隆庆年间进士。累官贵州巡抚。平定杨应龙之叛，以功进太子少保、兵部尚书。著述颇丰，有《易解》、《平播始末》、《黔记》、《豫章诗话》等。许州，今河南许昌。

⑩李沧溟：李攀龙，字于鳞，号沧溟。曾经纂修《青州志》。著作有《沧溟集》。青州：明代设置青州府，清代沿置，治所在益都（今山东青州市）。

【译文】

　　家中存有《滦志》四册，板刻模糊，脱漏颠倒，不能尽读。大约是乾隆四十七年，我在永平主讲书院，已故的滦州知州安岳人蔡薰，想要委托我编撰州志，于是拿旧志给我看，就是这一本。考察《明史·艺文志》，有陈士元《滦州志》十一卷。陈氏字养吾，湖广应城人，嘉靖甲辰年间进士,做过滦州知州,负有盛名,著述很多,大多见于《明史·艺文志》,然而《明史》没有给他立传。《应城县志》之中,有他的传而没有书目记载,然而本县人士至今还夸耀地谈论他。我少年时期寄居在应城,寻求他的著作,一无所见。听说前任应城知县江浦人金嶒,曾经把他家收藏的手稿全部拿走而离开,感到非常惋惜。现在的这部方志还称作陈君原本。康熙中叶,知州侯绍岐依照原书体例续补,虽然十一卷的次序不能再探寻,而门类的宗旨和体例,没有多大改变。书的前面不知道是什么人撰写的序言,有这样的话:"从前在中州做官,正值青螺郭公商议纂修《许州志》。郭公说:'天下的志书,李沧溟《青州志》第一,第二就是《滦志》。'"这好像是指陈君原本所说。这部书和撰人,都被当世极力称赞,所以侯君遵循成规而不敢议论变更。现在看这部书,虚假荒诞而迂阔怪异,颇多沾染明代中期人不读书而喜新猎奇的风气;文理到这种地步,就不再有可以谈论的余地了。陈君以学识渊博著称,而《滦志》如此浅陋妄谬,其他的著述,不知道又怎么样。而郭青螺氏又如此虚妄地赞扬,就不能够理解了。

其书分四篇:一曰《世编》,二曰《疆里》,三曰《壤则》,四曰《建置》。《世编》用编年体,仿《春秋》书法,实为妄诞不根。篇首大书云:"帝喾氏建九州①,我冀分。"传云:"书者何?志始也"云云,以考九州分域。又大书云:"黄帝逐荤粥②。"传云:"书荤粥何?我边郡也。"又大书云:"周武王十有三祀,夷、齐饿死于首阳③,封召公奭于燕④,我燕分。"此皆陈氏原编,怪妄不直一笑。《春秋》,鲁国之书,臣子措辞,义有内外,故称鲁为我⑤,非特别于他国之君。且鲁史既以国名,则书中自不便于书国为鲁,文法宜然,非有他也。郡县之世,天下统于一尊,珥笔为州县志者,孰非朝廷臣子,何我之有？至于公、穀传经，出于经师授受，隐微之旨，难以遽喻，则假问答而阐明之，非史例也。州县之志，出于一手撰述，非有前人隐义，待己阐明，而自书自解，自问自答，既非优伶演剧，何为作独对之酬酢乎？且刘氏《史通》，尝论《晋纪》及《汉晋春秋》，力诋前人摩拟，无端称我与假设问答，俱在所斥⑥。陈氏号为通博，独未之窥乎？国史且然，况州县志乎？"周武王十有三祀"，文尤纰缪。殷祀周年⑦，两不相蒙。《洪范》为箕子陈畴，书法变例⑧，非正称也。陈氏为夷、齐之故，而改年称祀，其下与封召公，同蒙其文，岂将以召公为殷人乎？且夷、齐不食周粟，饿死首阳，盖言不受禄而穷饿以死，非绝粒殉命之谓也。大书识其年岁，不傎甚乎？即此数端，尚待窥其余乎？

【注释】

①帝喾氏建九州：语出杜佑《通典》卷一百七十一《州郡》："若颛顼之所建，帝喾受之，创制九州，统领万国。"颛顼、帝喾，古代传说五帝之中的二帝。

②黄帝逐荤粥（xūn yù）：语出司马迁《史记》卷一《五帝本纪》："黄帝……北逐荤粥。"荤粥，据司马迁《史记》卷一百一十《匈奴列传》司马贞《索隐》曰："匈奴别名也。唐、虞已上曰山戎，亦曰熏粥，夏曰淳维，殷曰鬼方，周曰犭严狁，汉曰匈奴。"即古代北方匈奴族在远古时代的名称。

③夷、齐饿死于首阳：据司马迁《史记》卷六十一《伯夷列传》记载，周武王灭商，天下归周，商朝分封的孤竹国君二子伯夷、叔齐不受周粟，隐居在首阳山，采薇而食，贫困而死。首阳山，旧说不一，大约在今山西永济一带。

④封召(shào)公奭(shì)于燕:据司马迁《史记》卷四《周本纪》记载:武王灭商以后,"于是封功臣谋士……封召公奭于燕。"召公姬姓,名奭,食邑在召(今陕西岐山西南)。辅佐周武王灭商,被封于燕(今北京市)。周成王时期任太保,与周公共同辅政。

⑤称鲁为我:《春秋·隐公八年》:"庚寅,我入邴。"《公羊传》曰:"其言我何?言我者,非独我也。"

⑥刘氏《史通》,尝论《晋纪》及《汉晋春秋》,力诋前人摩拟,无端称我与假设问答,俱在所斥:据刘知几《史通》卷八《模拟》记载:"干宝撰《晋纪》,至天子之葬,必云葬我某皇帝。无二君,何我之有?以此而拟《春秋》,又所谓貌同而心异也。吴均《齐春秋》每书灾变,亦曰:'何以书?记异也。'夫事无他议,言从己出,辄自问而自答者,岂是叙事之理者耶?以此而拟《公羊》,又所谓貌同而心异也。"章学诚把吴均《齐春秋》说成习凿齿《汉晋春秋》,有误。

⑦殷祀周年:语出《尔雅·释天》:"夏曰岁,商曰祀,周曰年,唐、虞曰载。"郭璞《注》曰:"岁取岁星行一次,祀取四时一终,年取禾一熟,载取物终更始。"

⑧《洪范》为箕子陈畴,书法变例:据《尚书·洪范》记载:"惟十有三祀,王访于箕子。"伪孔安国《传》曰:"商曰祀。箕子称祀,不忘本也。"

【译文】

　　这部书分为四篇,第一篇叫做《世编》,第二篇叫做《疆里》,第三篇叫做《壤则》,第四篇叫做《建置》。《世编》采用编年体,仿照《春秋》的纪事原则,实际上荒诞没有根据。篇首大字写道:"帝喾设置九州,我冀州分界。"注释说"为什么这样记载呢?是记载初始"等等,以此考察九州地域划分。又大字写道:"黄帝驱逐荤粥。"注释说:"为什么记载荤粥的事呢?是我边境州郡。"又大字写道:"周武王十有三祀,伯夷、叔齐在首阳山饿死,封召公奭在燕,我燕地分界。"这些都是陈氏原编的文字,古怪虚妄不值得一笑。《春秋》,是鲁国的书,臣下载笔措辞,道理上有内外的区别,所以称鲁国为"我",不仅是和另外国家的君主区别开来。况且鲁国史书既然用国名作为名称,书中就自然不便把本国写作鲁国,文章的法度应该如此,没有其他原因。郡县制度的时代,天下统属定于一尊的皇帝,握笔编纂州县方志的人,哪一个不是朝廷臣下,有什么"我"呢?至于公羊氏、穀梁氏解说《春秋》经,出于经师互相传授,隐约微妙的宗旨,人们难以马上理解,就假借问答阐明它的意思,不是史书的体例。州县的志书,出于一人撰写,并不是有前人隐秘的寓意,等待自己阐明,而自己记载自己解释,自己提问自己回答,既然不是演员演戏,为什么做出独自一人的应酬呢?况且刘氏撰《史通》,曾经议论《晋纪》和《汉晋春秋》,极力指责前人模拟,没有来由地称"我"和假设问答,都在所指责的范围里。陈氏号称通达渊博,难道没有注意到这个问题吗?国史尚且这样,何况州县方志呢?"周武王十有三祀",这样的文字尤其错误。商朝称作祀,周朝称作年,两种用法并不互相牵涉。《洪范》是箕子陈述谋谟,使用"祀"字是著述原则的变例,不是正规的名称。陈氏因为伯夷、叔齐的缘故,而把"年"改称"祀",这样下面和分封召公,共同使用这个字,难道要把召公当做殷人吗?况且伯夷、叔齐不食周粟,在首阳山饿死,大概是说不接受俸禄而穷饿致死,不是绝食献出生命的意思。用大字记载这件事的年代,不是严重颠倒错乱吗?就是这几方面已经够了,还要等待察看剩下的内容吗?

　　其《世编》分目为三:一曰前代,二曰我朝,三曰中兴。其称我朝者,终于世宗嘉靖二十八年;其题中兴者,断始嘉靖二十九年,实亦不得其解。《疆里》之目有六:曰域界,曰理制,曰山水,曰胜概,曰风俗,曰往迹。《壤则》之目有七:曰户口,曰田赋,曰盐法,曰物产,曰马政,曰兵政,曰驿传。

《建置》之目十一：曰城池，曰署廨，曰儒学，曰仓库，曰铺舍①，曰街市，曰坊牌，曰楼阁，曰桥渡，曰秩祀②，曰寺观。而官师人物，科目选举，俱在编年之内。官师则大书年月，某官某人来任；其人有可称者，即仿《左传》之例，注其行实于下。科目则曰，某贡于学，某举于乡，某中某榜进士；其有可称者，亦同官师之例，无则缺之。孝义节烈之得旌者，书于受旌之日。而暗修之儒，能文之士，不由科目，与夫节孝之妇、贞淑之女，偶不及旌，则无入志之例矣。

【注释】

①铺舍：又称铺屋。城市街坊中警巡、救火等军卒驻扎的房屋。

②秩祀：古代祭祀制度，根据祭祀对象划分等级，按照不同规格举行祭礼。

【译文】

那篇《世编》分成三个类目：第一目叫做前代，第二目叫做我朝，第三目叫做中兴。其中称作我朝的部分，到世宗嘉靖二十八年为止；其中标明中兴的部分，断限从嘉靖二十九年开始，实在不明白怎么解释。《疆里》的类目有六个：叫做域界，叫做理制，叫做山水，叫做胜概，叫做风俗，叫做往迹。《壤则》的类目有七个：叫做户口，叫做田赋，叫做盐法，叫做物产，叫做马政，叫做兵政，叫做驿传。《建置》的类目有十一个：叫做城池，叫做署廨，叫做儒学，叫做仓库，叫做铺舍，叫做街市，叫做坊牌，叫做楼阁，叫做桥渡，叫做秩祀，叫做寺观。而官员师儒人物，科举铨选科目，都放在编年里记载。官员师儒就大字记载年月，某官某人来滦州任职；那些有可称道的人物，就仿照《左传》的例子，把他的事迹标注在下面。科举就记载说，某人由学校贡举，某人在乡试中举，某人考中某一榜进士；其中有可赞扬的人物，也和官员师儒的例子相同，没有就空缺。孝义与节烈得到表彰的人物，在受到表彰的日期下面记载他们。而默默研修的儒者，擅长文词的士人，没有经过科举考试，以及贞节与守孝的妇人、贞静贤淑的女子，偶然没有受到旌表，就没有收入方志的事例了。

　　尤有异者，侯君续陈之志，于明万历四十七年[①]，大书我太祖高皇帝天命四年己未[②]，分注前明年号于下；复大书冯运泰中庄际昌榜进士[③]，又书知州林应聚来任[④]。夫前明疆宇，未入我朝版图；国朝史笔，于书明事，不关于正朔者，并不斥去天启、崇祯年号[⑤]。藉曰臣子之义，内本朝而外前明，则既书天命年号于上，事之在前明者，必当加明字以别之；庶使阅者知所主客，是亦一定理也。今冯运泰乃明之进士，林应聚乃明之知州，隶于本朝年号之下，又无明字以为之区别，是直以明之进士、知州，为本朝之科第、职官，不亦诬乎！至《滦志》标题，亦甚庸妄。滦乃水名[⑥]，州亦以水得名耳。今去州字，而称《滦志》，则阅题签者，疑为滦水志矣。然《明·艺文志》以陈士元撰为《滦州志》，则题删州字，或侯绍岐之所为。要以全书观之，此等尚属细事，不足责也。

【注释】

①万历：明神宗朱翊钧年号，公元 1573—1620 年。

②太祖高皇帝天命四年己未：太祖高皇帝，清朝的创建者努尔哈赤。庙号太祖，尊号高皇帝。天命，努尔哈赤于明神宗万历四十

四年(1616)建立后金国,年号天命。天命四年,明神宗万历四十七年(1619)。

③冯运泰中庄际昌榜进士:据《明史》卷二十一《神宗纪》记载:明神宗万历四十七年(1619)二月"辛丑,赐庄际昌等进士及第出身有差"。冯运泰,滦州人。明神宗万历三十一(1603)癸卯科举人。万历四十七年己未科进士。官至太仆寺卿。庄际昌,字景说,号羹若,明代福建永春人。明熹宗天启元年(1621),授翰林院修撰。受魏忠贤排挤,罢官归里。明毅宗崇祯初年,起复左庶子。

④林应聚:明代福建漳浦人。明神宗万历四十四年(1616)进士。官滦州知州。明毅宗崇祯年间,历任浙东分守道,温州府知府。

⑤天启:明熹宗朱由校年号,公元1621—1627年。

⑥滦乃水名:清代滦水,今称滦河,在河北省东北部。其源出于河北沽源县,向北经过内蒙古多伦县,再进入河北境内,下游流经滦县,至乐亭县注入渤海。全长八百多公里。

【译文】

尤为奇特的是,侯君续补陈士元的志书,在明代万历四十七年之处,大字写上我朝太祖高皇帝天命四年己未,又在下面分注前明年号;再大字写上冯运泰考中庄际昌榜进士,还写上知州林应聚到任。前明的疆土,没有纳入我朝的版图;我朝史官,对于记载明朝史事,假如与朝廷正朔无关,并不删除天启、崇祯年号。如果说做臣下的道义,以本朝为内而以前明为外,那么已经在上面记载天命年号,发生在前明的事情,一定应该添加"明"字用来区别,差不多可以让观览的人知道主客关系,这也是固定不变的道理。现在冯运泰是明代的进士,林应聚是明代的知州,归属在本朝年号记事下面,又没有标著"明"字对他们加以区别,是直接把明代的进士、知州,当做本朝的科第、职官,不是虚假诬枉吗!至于《滦志》的标书题名,也非常浅陋谬妄。滦本来是水名,州也因为水而得名。现在去掉"州"字,而称作《滦志》,那么看到书名题签的人,怀疑是滦水志了。然而《明史·艺文志》把陈士元所撰称为《滦州志》,那么书名去掉"州"字,也许是侯绍岐所做。总之从全书来看,这类还属于细微琐事,不值得指责。

书灵寿县志后

【题解】

清圣祖康熙二十四年(1685),灵寿知县陆陇其根据县人傅维杜所纂县志初稿而稍加修改,编修《灵寿县志》十卷。书末附载陆、傅二人互相讨论修志凡例的文字,有助于读者了解修志过程及其议论得失。章学诚比较二人意见之后,认为陆陇其的主张迂阔错谬而失当。主要问题在于本书《地理门》附录纪事,体例乖谬,倘若可以这样,那么正史中的本纪也都可以编入《地理志》了;《建置门》中删除坊表、寺观,目的是要重人轻物和捍卫儒教;《人物门》列入后妃,失于谨严。这些属于体例方面的失误,章学诚一一作出驳斥。更重要的是,陆陇其在《官师门》、《选举门》全录旧志内容,记事起自明初,而不能博考前代事实,记事疏失浅陋;又貌同心异地效法《左传》不详细记载孔子事迹,强调这样做是尊崇孔子,于是把正史中有传的灵寿籍名臣,在方志中只存留梗概。章学诚尖锐地指出这是陆陇其强词夺理,为自己不懂史学义例强作辩解。总的看来,章学诚的观点是主张方志应该详尽保存一方文献,这样才有实用价值。

书有以人重者,重其人而略其书可也;文有意善而辞不逮者,重其意而略其辞可也。平湖陆氏陇其[①],理学名儒,何可轻议？然不甚深于史学。所撰《灵寿县志》②，立意甚善，然不甚解于文理。则重陆之为人，而取作志之本意可也。重其人，因重其书，以谓志家之所矜式，则耳食矣③。余按陆氏《灵寿县志》十卷：一曰《地理》，纪事、方音附焉，二曰《建置》，三曰《祀典》，四曰《灾祥》，五曰《物产》，六曰《田赋》，七曰《官师》，八曰《人物》，《人物》之中，又分后妃、名臣、仕绩、孝义、隐逸、列女，九《选举》，十《艺文》。而《田赋》、《艺文》分上下卷，《祀典》、《灾祥》、《物产》均合于一，则所分卷数，亦无义例者也。其书大率简略，而《田赋》独详，可谓知所重矣。《叙》、《例》皆云："土瘠民贫，居官者不可纷更聚敛，土著者不可侈靡争竞。"④尤为仁人恺悌之言⑤。全书大率以是为作书之旨，其用心真不愧于古循良吏矣。

【注释】

①平湖陆氏陇其：陆陇其（1630—1692），字稼书。明、清之际浙江平湖（今浙江平湖市）人。清圣祖康熙九年（1670）进士。历任嘉定、灵寿知县，补四川道，试监察御史。学宗程、朱，以居敬穷理为宗旨，力排王守仁学说，成为清初程朱理学正宗。著作极其丰富，主要有《四书大全》、《困勉录》、《三鱼堂文集》等。

②灵寿：西汉置县，隶属常山郡。明代隶属直隶真定府，清代沿置。今属河北省，位于河北省西南部。

③耳食：语出司马迁《史记》卷十五《六国年表序》："学者牵于所闻，见秦在帝位日浅，不察其终始，因举而笑之，不敢道，此与以耳食无异。"司马贞《索隐》曰："言俗学浅识，举而笑秦。此犹耳食不能知味也。"比喻不加审察而轻信传闻。

④《叙》、《例》皆云："土瘠民贫，居官者不可纷更聚敛，土著者不可

侈靡争竞。"：据《灵寿县志序》曰："灵寿于真定三十二州县中，最为瘠壤。其民遇丰岁，苴饭藿羹，仅免沟壑。一遇水旱螽雹之灾，流离转死，不可救药。盖在前代已然，兵燹之后，元气益复衰耗，以故文献散佚失征。按史传所记故事，询之土人，无有能道之者。大禹治卫，疏凿何所？鲜虞、中山之诗，疆理若何？武灵、惠文，屯兵何方？昌国君遗址安在？乐叔继封，何乡何里？邵侯食采，第宅何存？何年始废？曹武惠、韩忠献父子，聚族何村？始迁何代？大圣大贤之故迹，如烟云之过目，不可复求，穆然徒见滹沱流而太行峙而已。即户口之盛衰，赋役之繁简，典礼之废兴，自明以前，亦湮没不可考。岂不可慨也哉？国子学生傅君维枟，悯旧志之残缺，网罗放失旧闻，汇缉成编，藏于家塾，笔削详略，具有法度，不凿不滥；然其已湮没者，亦末如之何也。适余奉部檄征县志，因取其书，稍为更定，附以管见，分为十卷，聊以备采择云尔。阅是编者，见其土瘠民穷，慨然思为政者宜安静，不宜纷更，宁损上，毋损下，宁便民，毋便官，则可矣。若曰一方之文献在是，则余与傅君皆不能无愧焉。康熙乙丑仲夏，直隶真定府灵寿县知县，当湖陆陇其谨序。"

⑤仁人恺悌之言：据《灵寿县志·凡例》曰："灵寿土瘠民贫，居官知此，然后不敢以分更聚敛为事；土著者知此，然后不敢以侈靡争竞为能。纲领所在，故随处提醒。"恺悌，仁慈和乐，平易近人。

【译文】

　　书有的是因为作者而受到重视，重视此人而忽视此书就可以了；文章有的是立意好而文辞不及，重视它的内容而忽视它的文辞就可以了。平湖人陆陇其，是理学名儒，怎么可以轻易评论？但是他对史学并不很深入。他编撰的《灵寿县志》，立意虽然很好，然而不太通晓文理义法。那么重视陆的为人，而重视修志的本意就可以了。重视这个人，于是就重视他的书，认为是方志家所应当敬重和效法的榜样，就是轻信传闻了。我考察陆氏《灵寿县志》十卷，第一叫做《地理》，纪事、方音附在里面，第二叫做《建置》，第三叫做《祀典》，第四叫做《灾祥》，第五叫做《物产》，第六叫做《田赋》，第七叫做《官师》，第八叫做《人物》，《人物》中又分后妃、名臣、仕绩、孝义、隐逸、列女，第九《选举》，第十《艺文》。而《田赋》、《艺文》分上下卷，《祀典》、《灾祥》、《物产》都合在一卷，那么划分卷数，也没有宗旨和体例。这部书大致都很简略，而只有《田赋》详细，可以说知道所应当重视的要务了。《叙》和《凡例》都说："土地贫瘠而百姓穷困，在任的官员不能变易法度搜刮，本地的人士不能攀比奢侈浪费。"这尤其是仁爱的人厚道的言论。全书大致把这一点当成作书的主旨，他的用意真不愧是古代守法度有治绩的官吏了。

篇末以己所陈请于上，有所兴废于其县者，及与县人傅维云往复论修志凡例终编①。其兴废条议，固切实有用；其论修志例，则迂错而无当矣。余惧世人徇名而忘其实也，不得不辨析于后。如篇首《地理》，附以方音可也，附以纪事谬矣②。纪事，乃前代大事关灵寿者，编年而书，是于一县之中，如史之有本纪者也。纪事可附《地理》，则《舜典》可附于《禹贡》，而历史本纪可入《地理志》矣。书事贵于简而有法；似此依附，简则简矣，岂可以为法乎？《建置》之篇，删去坊表③，而云所重在人，不在于坊，其说则迂诞也。人莫重于孔子，人之无藉书志以详，亦莫如孔子，以为所重有在，而志削其文，则阙里之志④，可焚毁矣。坊表之所重在人，犹学校之所重在道也，官署之所重在政也，城池之所重在守也。以为别有所重而不载，是学校、官廨、城池皆可削去，《建置》一志，直可省其目矣。寺观删而不载，以谓辟邪崇正⑤，亦迂而无当也。《春秋》重兴作，凡不当作而作者，莫不详书⑥，所以示鉴戒也。如陆氏说，则但须削去其文，以为辟邪崇正，千百载后，谁复知其为邪而辟之耶？况寺观之中，金石可考，逸文流传，可求古事，不当削者一也。僧道之官，定于国家制度，所居必有其地，所领必有其徒，不当削者二也。水旱之有祈祷，灾荒之有赈济，弃婴之有收养，先贤祠墓之有香火，地方官吏多择寺观以为公所，多遴僧道以为典守，于事大有所赖，往往见于章奏文移，未尝害于治体；是寺观僧道之类，昔人以崇异端，近日以助官事，正使周、孔复生，因势利导⑦，必有所以区处，未必皆执人其人而庐其居也⑧。陆氏以削而不载，示其卫道，何所见之隘乎？《官师》、《选举》，止详本朝⑨，谓法旧志断自明初之意，则尤谬矣。旧志不能博考前代，而以明初为断，已是旧志之陋；然彼固未尝取其有者而弃之也。今陆氏明见旧志，而删其名姓，其无理不待辨矣。自古诸侯不祖天子，大夫不祖诸侯，理势然也。方志诸家，于前代帝王后妃，但当著其出处，不可列为《人物》，此说前人亦屡议之，而其说迄不能定。其实列《人物》者，谬也。姑无论理势当否，试问人物之例，统载古今，方志既以前代帝王后妃，列于《人物》，则修京兆志者，当以本朝帝后入《人物》矣。此不问而知其不可。则陆志《人物》之首后妃⑩，殊为不谨严也。

【注释】

①傅维云：当作傅维杬，字培公，号霄影，清代灵寿（今属河北）人。不求仕进，以诗文自娱。著有《燕川渔唱诗》、《植斋文集》。

②附以纪事：据《灵寿县志》卷一《地理志·纪事》注曰："事不可以无纪，然不能自成一卷，是以附之《地理》末。"

③删去坊表：据《灵寿县志·凡例》曰："牌坊之建，盖表厥宅里之意，所重在人，不在于坊。买椟还珠，无取乎耳。故名臣贤士，既表章于各传中，不复载其坊额。"

④阙里之志：据《四库全书总目》卷五十九《传记类存目》著录："《阙里志》二十四卷，明陈镐撰，孔允植重纂。"这里泛指记载孔子故里的方志。

⑤寺观删而不载，以谓辟邪崇正：据《灵寿县志·凡例》曰："辟邪崇正，为政之大防。故佛老寺观，概不收载，如鲁柏、祁林，止因事而见。"

⑥《春秋》重兴作，凡不当作而作者，莫不详书：据《春秋·隐公七年》记载："夏，城中丘。"另据《春秋·僖公二十年》记载："二十年春，新作南门。"又据《春秋·成公十八年》记载："八月……筑鹿苑。"《左传》在上述经文之后，都说是"书不时也"，并在鲁庄公二十九年作《传例》说："凡土功，龙见而毕务，戒事也。"杜预《注》曰："谓今九月，周十一月，龙星角、亢晨见东方，三务始毕。戒民以土功事。"

⑦因势利导：语出司马迁《史记》卷六十五《孙子列传》："善战者，因其势而利导之。"意为顺着事物的发展趋势加以引导。

⑧人其人而庐其居：语出韩愈《韩昌黎全集》卷十一《原道》："不塞不流，不止不行。人其人，火其书，庐其居。"意为佛老之道不塞不止，则周、孔之教不流不行。故主张废除佛老之教，令其徒还俗。

⑨《官师》、《选举》，止详本朝：据《灵寿县志·凡例》曰："《官师》、《选举》，止详本朝，亦本旧志断自明初之例，非敢擅削也。"

⑩《人物》之首后妃：据《灵寿县志》卷七《人物志·后妃》记载："宋

慈圣光宪曹皇后，灵寿人，彬之孙，玘之女，仁宗后也……后周德
妃董氏，镇州灵寿人也。周太祖闻妃有贤行，聘之，册为德妃。"
宋初，灵寿隶属镇州。宋仁宗庆历八年（1048），改镇州为真定
府，隶属不变。

【译文】

　　书的末尾用自己向皇上的陈请，关系到本县事情兴废的举措，以及
和本县人士傅维云反复讨论修志凡例的意见结束全书。他的事情兴废
的奏议，自然是切实有用；而他的讨论修志条例，就迂阔谬误而不恰当
了。我恐怕世人曲从他的名声而忘记他的实际，不得不在下面加以辨
析。如本书开端的《地理》篇，把方音附在后面还可以，把纪事附在后面
就错了。纪事，是前代大事关系到灵寿的内容，编年记载下来，这是在
一县之中，像史书里有本纪一样。如果纪事可以附在《地理》篇后面，那
么《舜典》可以附在《禹贡》后面，而历代史书的本纪可以放进《地理志》
了。记载事情贵在简洁而有准则；像这样依附归类，简洁倒是简洁了，
难道可以当做准则吗？《建置》一篇，删去牌坊表记，却说所重视的内容
在于人，不在于牌坊，这种说法就迂阔荒诞了。人没有谁比孔子重要，
人不需凭借史书和方志详明，也没有谁像孔子，认为所重视的内容在于
其人，而方志删除这方面文字，那么记载阙里的志书，就可以烧毁了。
坊表的重心在于人，就像学校的重心在于道统，官署的重心在于政治，
城池的重心在于守备。认为另外有所重视就不记载，这样学校、官舍、
城池都可以删掉，《建置》一志，简直可以删除这个类目了。删除寺观而
不记载，认为是排斥邪教而尊崇正道，也迂阔而不恰当。《春秋》重视兴
建，凡是不应当建造而建造，无不详细记载，用来显示鉴戒。按照陆氏
的说法，就只需要删掉兴建的文字，当做是排斥邪教而尊崇正道，千百
年以后，谁又知道那是邪教而排斥它呢？何况寺观里面，有金石文字可
以考察，有逸文流传下来，可以求证古事，这是不应该删除的第一个理
由。僧道的官职，在国家制度中确定，起居一定有他们的地方，管领一

定有他们的教徒,这是不应该删除的第二个理由。对旱涝有所祈祷,对灾荒有所赈济,对弃婴有所收养,对先贤祠墓有香火供奉,地方官吏大多选择寺观当做处理公众事务的场所,大多选任僧道来做主管,对于办理事情大有依靠,往往在章奏文书中见到,未尝对治理法度有害;这是寺观僧道一类,过去人们凭借它们尊崇异教,近来凭借它们辅助官府公事,即使周公、孔子复生,根据形势妥善引导,一定会有处理的办法,不一定都坚持让僧道还俗为人而把寺观改成民居。陆氏用删除而不记载,显示他捍卫儒道,为什么见解这样狭隘呢?《官师》、《选举》,只详细记载本朝,说是效法旧志断限从明初开始的意图,就尤其荒谬了。旧志不能广泛考察前代,而以明初作为断限,已经是旧志的浅陋;然而它本来还没有把那些已有的记载而舍弃。现在陆氏明明见到旧志有记载,却删除他们的名姓,这种作法没有道理就不需要辩解了。自古诸侯不祭祀天子,大夫不祭祀诸侯,情理和时势如此。编修方志的各家,对于前代的帝王和后妃,只应当记载他们语出何地,不可以列在《人物》门中,这种说法前人也经常讨论,而他们的说法至今没有定论。实际上列在《人物》里,是错误的的做法。姑且不论情理与时势是否妥当,试问《人物》一门的体例,总括记载古今;方志既然把前代帝王与后妃列在《人物》门,那么编修京城方志的人,就该把本朝皇帝与后妃列入《人物》中了,这不用问就知道不行。那么陆氏修志在《人物》门把后妃列在前面,极为不谨严。

　　至于篇末,与傅维云议,其初不过所见有偏,及往复再辨,而强辞不准于情理矣。其自云:"名臣言行,如乐毅、曹彬[①],章章于正史者,止存其略。"维云则谓:"三代以上圣贤,事已见经籍者,史迁仍入《史记》,史迁所叙孝武前事,班固仍入《汉书》;不以他见而遂略。前人史传文集,荒僻小县,人罕尽见,《艺文》中如乐毅《报燕王书》、韩维《僖祖庙议》②,不当刊削。"其说是也。陆氏乃云:"春秋人物,莫大于孔子,文章亦莫过于孔子。《左传》于孔子之事,不如叔向、子产之详,于孔子之文,不如叔向、子产之多;相鲁适楚,删书正乐,事之章章于万世者,曾不一见;《孝经》、《论语》、《文言》、《系辞》,昭昭于万世者,曾不一见。以孔子万世圣人,不必沾沾称述于一书,所以尊孔子也。"此则非陆氏之本意,因穷于措辨,故为大言,以气盖人,而不顾其理之安,依然诋毁阳明习气矣③。《左传》乃裁取国史为之,所记皆事之关国家者,义与《春秋》相为经纬。子产、叔向,贤而有文,又当国最久,故晋、郑之事,多涉二人言行,非故详也,关一国之政也。孔子不遇于时,惟相定公为郏谷之会④,齐人来归汶阳之田⑤,是与国事相关,何尝不详载乎? 其奔走四方⑥,与设教洙泗⑦,事与国政无关,左氏编年附经,其体径直,非如后史纪传之体,可以特著《道学》、《儒林》、《文苑》等传,曲折而书,因人加重者也。虽欲独详孔子,其道无由,岂曰以是尊孔子哉?至谓《孝经》、《论语》、《文言》、《系辞》不入《左传》,亦为左氏之尊孔子,其曲谬与前说略同,毋庸更辨。第如其所说,以不载为尊,则帝典之载尧、舜⑧,谟贡之载大禹⑨,是史臣不尊尧、舜、禹也;二南正雅之歌咏文武⑩,是诗人不尊周先王也;孔子删述《诗》、《书》,是孔子不尊二帝三王也,其说尚可通乎? 且动以孔子为拟,尤学究压人故习。试问陆氏修志初心,其视乐毅、曹彬、韩维诸人,岂谓足以当孔子耶?

【注释】

①乐毅、曹彬：乐毅为战国时期中山国灵寿（今属河北）人。燕昭王时期任亚卿，又拜上将军，率军击破齐国，攻下七十多城，被封为昌国君。燕惠王即位以后，中齐人反间计，他被迫出奔赵国，被封望诸君，死于赵国。曹彬（931—999），字国华，北宋真定灵寿（今属河北）人。宋太祖乾德年间，率兵灭后蜀，任都监。灭南唐之役，任统帅，攻下金陵（今江苏南京）后，禁止将士杀掠。任枢密使。宋太宗时期，任使相，封鲁国公。率军攻辽，败于涿州（今属河北），被降职。真宗初年复任枢密使。卒谥武惠。

②韩维《僖祖庙议》：韩维《南阳集》卷二十五《议僖祖庙状》。韩维（1017—1098），字持国，北宋开封雍丘（今河南杞县）人。先世占籍真定灵寿。宋神宗为太子时期，任东宫僚属。宋神宗即位以后，历任知汝州、权开封府等职。后为翰林学士承旨。宋哲宗元祐初年，为门下侍郎，旋被罢免。绍圣二年（1095），被列为元祐党人，安置均州（今湖北丹江口市）。著有《南阳集》。僖祖，北宋建立以后，宋太祖赵匡胤追尊高祖赵朓的庙号。

③诋毁阳明习气：据陆陇其《三鱼堂文集》卷二《学术辨上》曰："自阳明王氏倡为良知之说，以禅之实而托儒之名；且辑《朱子晚年定论》一书，以明己之学与朱子未尝异。龙溪、心斋、近溪、海门之徒，从而衍之。王氏之学遍天下，几以为圣人复起，而古先圣贤下学上达之遗法，灭裂无余。学术坏而风俗随之，其弊也，至于荡轶礼法，蔑视伦常。天下之人，恣睢横肆，不复自安于规矩绳墨之内，而百病交作。"

④相定公为郏谷之会：据《左传·定公十年》记载："夏，公会齐侯于祝其，实夹谷。孔丘相。"郏谷，即夹谷。春秋时期齐国地名。故址说法不定，一说在今山东莱芜市南，一说在今山东淄博市淄川区西南，一说在今山东淄博市博山区东。近人多主莱芜夹谷

之说。

⑤齐人来归汶阳之田：据《春秋·定公十年》记载，郏谷之会以后，"齐人来归郓、谨、龟阴田"。杜预《注》曰："三邑皆汶阳田也。"汶阳，春秋时期鲁国地名。在今山东泰安西南一带。因其在汶水（今山东大汶河）以北，古人以河川北岸为阳，故名。

⑥奔走四方：语出司马迁《史记》卷一百二十一《儒林列传》："世以混浊莫能用，是以仲尼干七十余君，无所遇。"

⑦设教洙泗：语出班固《汉书》卷二十八下《地理志下》："鲁地……濒洙泗之水……孔子闵王道将废，乃修六经，以述唐、虞、三代之道，弟子受业而通者，七十有七人。"洙泗，古时洙泗二水从今山东泗水县北合流西下，流至鲁国都城曲阜北，又分为二水。洙泗之间，是孔子聚徒讲学之地。

⑧帝典：《尚书》中的《尧典》和《舜典》。

⑨谟贡：《尚书》中的《皋陶谟》和《禹贡》。

⑩二南正雅：二南即《诗经·国风》中的《周南》、《召南》。正雅，《诗经》中《小雅》自《鹿鸣》至《菁菁者莪》，《大雅》自《文王》至《卷阿》为正雅，一般指西周兴盛时期的作品。

【译文】

至于书末和傅维云的讨论，开始的时候只是见解有些偏颇，等到反复辩论，就强辩而不符合情理了。他自己说："名臣的言行，像乐毅、曹彬，在正史中名声显赫，只须保留他们的概要。"傅维云却说："夏、商、周三代以上的圣贤，事迹已经出现在经籍中的人，司马迁仍然写进《史记》，司马迁记叙武帝以前的事，班固仍然写进《汉书》，并不因为在别的书里见到就省略。前人的史传和文集，在荒僻的小县，人们很少能都见到；艺文中像乐毅的《报燕王书》、韩维的《僖祖庙议》，不应该删除。"他的说法正确。陆氏却说："春秋时期的人物，没有谁能比孔子伟大，文章也没有谁能超过孔子。《左传》对于孔子的事，不如记载叔向、子产的事详细，对于孔子的文章，不如收录叔向、子产的文章多；作为鲁国宾相和前往楚国游历，删定经书和校正音乐，这些万代彰显的事情，竟然不能见到一处记载。《孝经》、《论语》，《易经》的《文言》、《系辞》，这些光耀万代的书籍，竟然不能见到一处记载。因为孔子是万世圣人，不一定在一部书里沾沾自喜地称赞，用来尊崇孔子。"这就不是陆氏的本意，因为辩论理屈辞穷，故意说大话，用气势压人，而不顾道理是否恰当，依然是诋毁王阳明时候的习气了。《左传》是截取国史而作，记述的内容都是关系到国家的事，宗旨和《春秋》配合。子产、叔向，贤明而有文采，又主持国政最长久，所以晋国、郑国的事情，大多涉及两人言行，不是故意详细记载，而是关系到一国的政治。孔子在当时没有遇到时机，只有辅佐定公参加郏谷的盟会，迫使齐国人来退还汶阳的土地，这两件事和国事相关，何尝不详细记载呢？孔子奔走四方，和在洙泗水滨设坛授徒，事情和国政无关，左氏编年纪事依附《春秋》经文，这种体例直截单一，不像后世的纪传体史书，可以特地撰写《道学》、《儒林》、《文苑》等传，委曲详细地记载，根据具体的人增加纪事分量。《左传》即使想要单独详细记载孔子，也没有途径，难道说是用这种方式尊崇孔子吗？至于说《孝经》、《论语》、《文言》、《系辞》不记载进《左传》里，也是左氏尊崇孔子，这一曲说谬谈和前一种说法大致相同，不用再分辨。只是按照陆氏所说，以不记载当做尊崇，那么《尚书》中《尧典》、《舜典》记载尧、舜，《大禹谟》、《禹贡》记载大禹，这是史官不尊崇尧、舜、禹了；《诗经》中二南正雅歌咏文王、武王，这是诗人不尊崇周代先王了；孔子修订《诗经》、《尚书》，这是孔子不尊崇尧、舜二帝和夏禹、商汤、周文三王了；这种说法还能解释得通吗？况且动不动就用孔子作比拟，尤其是学究压服人的老习惯。试问陆氏修志的本心，他对待乐毅、曹彬、韩维等人，是不是认为足够配得上孔子呢？

又引太史公《管晏传赞》有云："吾读管子《牧民》、《山高》、《乘马》、《轻重》、《九府》及《晏子春秋》，其书世多有之，是以不论。"①可见世所有者，不必详也。此说稍近理矣。然亦不知司马氏之微意，盖重在轶事，故为是言。且诸子著书，亦不能尽裁入传，韩非载其《说难》②，又岂因其书为世所有而不载耶？文入史传，与入方志艺文，其事又异。史传本记事之文，故裁取须严；而方志艺文，虽为俗例滥入诗文，然其法既宽，自可裁优而入选也。必欲两全而无遗憾，余别有义例③，此不复详。

【注释】

①吾读管子《牧民》、《山高》、《乘马》、《轻重》、《九府》及《晏子春秋》，其书世多有之，是以不论：语出司马迁《史记》卷六十二《管晏列传赞》："太史公曰：'吾读管氏《牧民》、《山高》、《乘马》、《轻重》、《九府》及《晏子春秋》，详哉其言之也。既见其著书，欲观其行事，故次其传。至其书，世多有之，是以不论。论其轶事。'"

②韩非载其《说难》：司马迁《史记》卷六十三《老子韩非列传》全文收录韩非《说难》。《说难》，《韩非子》第十二篇。

③余别有义例：内容详见本书《方志立三书议》篇。

【译文】

又引用司马迁《管晏列传赞》里的话说："我读管子的《牧民》、《山高》、《乘马》、《轻重》、《九府》和《晏子春秋》，他们的书世间多有流传，所以不评论。"可见世上流传的书，不必详细叙述。这种说法稍微接近道理了。然而也不知道司马氏的精微含义，大概重点在于记载轶事，所以说这样的话。况且诸子著书，也不能全部载入各人的传，《韩非传》中收入他的《说难》，又难道因为他的著作世间存在而不载入吗？文章编入史传，和编入方志的艺文部分，它们的事体又不相同。史传本来是记事的文字,所以采录选取必须严格;而方志的艺文部分,虽然被世俗的惯例过度采入诗文,然而它的标准既然宽松,自然可以采取优秀的文章入选。一定要两全其美而没有遗憾,我另外有宗旨和体例阐述,这里不再详细说明。

中华经典名著
全本全注全译丛书
（已出书目）